D1295098

W20370

DÉVELOPPEMENT PHYSIQUE

Court facile-ment; monte les marches une à la fois.

Pédale sur un tricycle; utilise des ciseaux; dessine.

Monte les escaliers en mettant un pied sur chaque marche; lance un gros ballon avec le pied ou les mains.

Saute et sautille; réussit quelques jeux de ballon avec plus d'adresse.

Saute à la corde; monte à bicyclette.

Fait de la bicyclette à deux roues.

Virtuose de la bicyclette.

Début de la puberté chez certaines filles.

Début de la puberté chez certains garçons.

DÉVELOPPEMENT COGNITIF

Utilisation des symboles; séquences de jeu en deux et trois étapes.

Classification surtout par fonction.

Début de la classification systématique par forme, taille ou couleur; logique trans-ductive.

Maîtrise des différents types de conservation.

Logique inductive; meilleure utilisation des nouvelles habiletés d'exécution des opérations concrètes; conservation du poids.

Conservation du volume.

Constance du genre; différentes habiletés sur le plan des opérations concrètes, y compris la conservation, l'inclusion de classes, les différentes stratégies de mémorisation et les stratégies d'exécution (métacognition).

Capacité à adopter la perspective physique des autres; début de la théorie de l'esprit.

Théorie plus complexe de l'esprit; notion de fausse impression.

Phrases de deux mots.

Phrases de trois et de quatre mots; flexions grammaticales.

Amélioration constante des inflexions, des temps passés, du genre et du nombre, des phrases passives, etc.

Période préopératoire de Piaget.

Période des opérations concrètes de Piaget.

Stade symbolique.

Stade intuitif.

DÉVELOPPEMENT SOCIAL ET PERSONNALITÉ

Définition de soi en comparant la taille, l'âge, le sexe.

Définition de soi fondée sur les propriétés physiques ou les habiletés.

Concept de soi de plus en plus abstrait, moins attaché à l'apparence; descriptions des autres de plus en plus basées sur des qualités internes et durables.

Identité sexuelle.

Stabilité du genre

Constance du genre.

Sens global de l'estime de soi.

Stade de l'initiative ou de la culpabilité selon Erikson.

Amitié basée sur la confiance réciproque.

Stade phallique selon Freud

Diminution des manifestations d'attachement, présentes surtout en situation de stress.

Dans les jeux avec les pairs, accepte de jouer à tour de rôle.

Quelques manifestations d'altruisme; choix de parte-naires du même sexe (début).

Premiers signes d'amitiés individuelles.

Négociation plus fréquente avec les parents (remplace le défi).

Période de latence selon Freud.

Stade de la compétence ou de l'infériorité selon Erikson.

Ségrégation sexuelle presque totale dans le jeu et les amitiés.

Amitié durable, se poursuivant au fil des années.

Agressivité principalement physique.

Agressivité de plus en plus verbale.

Jeu socio-dramatique

Jeux de rôle.

Prédominance du stade du réalisme moral de Piaget.

Prédominance du stade du relativisme moral de Piaget.

Stade 1 de Kohlberg

Stade 2 de Kohlberg

Les âges de la vie

3e édition

PSYCHOLOGIE DU DÉVELOPPEMENT HUMAIN

OUVRAGES PARUS DANS CETTE COLLECTION:

Introduction à la psychologie — Les grandes perspectives, 2e édition,
Carole Tavris et Carole Wade, adaptation française de Alain Gagnon,
Claude Goulet et Patrice Wiedmann, 2007.

Initiation à l'économie, Robin Bade, Michael Parkin et Brian Lyons,
adaptation française de Raymond Bienvenu, 2006.

Introduction à la psychologie sociale — Vivre, penser et agir avec les autres,
2e édition, Luc Bédard, Josée Déziel et Luc Lamarche, 2006.

Idéologies, idéal démocratique et régimes politiques, Terence Ball, Richard
Dagger et Jean Des Lauriers, avec la collaboration de Pascal St-Pierre, 2005.

Histoire de la civilisation occidentale — Une perspective mondiale, 2e édition,
Marc Simard et Christian Laville, 2005.

Défis sociaux et transformation des sociétés, édition revue et mise à jour,
Raymonde G. Savard, 2002.

Introduction à la psychologie — Les grands thèmes, Carole Wade et Carol
Tavris, adaptation française de Jacques Shewchuck, 2002.

Méthodologie des sciences humaines — La recherche en action, 2e édition,
Sylvain Giroux et Ginette Tremblay, 2002.

Méthodes quantitatives — Applications à la recherche en sciences humaines,
2e édition, Luc Amyotte, 2002.

Économie globale — Regard actuel, 2e édition, Renaud Bouret et
Alain Dumas, 2001.

La communication interpersonnelle — Sophie, Martin, Paul et les autres,
Joseph A. Devito, Gilles Chassé et Carole Vezeau, 2001.

Démarche d'intégration des acquis en sciences humaines, Line Cliche,
Jean Lamarche, Irène Lizotte et Ginette Tremblay, 2000.

Méthodes quantitatives — Formation complémentaire, Luc Amyotte, 1998.

Guide de communication interculturelle, 2e édition, Christian Barrette,
Édithe Gaudet et Denyse Lemay, 1996.

Les *âges* de la *vie*

3ᵉ édition

PSYCHOLOGIE DU DÉVELOPPEMENT HUMAIN

Helen Bee
Denise Boyd

Adaptation française :

François Gosselin
Cégep de Sainte-Foy

Avec la collaboration de

Marie Bolduc
Collège de l'Outaouais

Élisabeth Rheault
Collège Montmorency

 Monique Tremblay
Collège François-Xavier-Garneau

Charles Martin
Cégep de Lévis-Lauzon

COMPAGNON WEB

E RPi
ÉDITIONS DU RENOUVEAU PÉDAGOGIQUE INC.

5757, RUE CYPIHOT, SAINT-LAURENT (QUÉBEC) H4S 1R3
TÉLÉPHONE : (514) 334-2690   TÉLÉCOPIEUR : (514) 334-4720
COURRIEL : erpidlm@erpi.com   w w w . e r p i . c o m

DÉVELOPPEMENT DE PRODUITS :
Pierre Desautels

SUPERVISION ÉDITORIALE :
Jacqueline Leroux

TRADUCTION :
Les traductions l'encrier

RÉVISION LINGUISTIQUE :
Sylvie Dupont et Sylvie Roche

CORRECTION D'ÉPREUVES :
Carole Laperrière

RECHERCHE ICONOGRAPHIQUE :
Chantal Bordeleau

DIRECTION ARTISTIQUE :
Hélène Cousineau

COORDINATION DE LA PRODUCTION :
Muriel Normand

CONCEPTION GRAPHIQUE :
Claire Senneville

COUVERTURE :
Martin Tremblay

PHOTOGRAPHIES :
voir p. 460

ÉDITION ÉLECTRONIQUE :
Infoscan Collette

Dans cet ouvrage, le générique masculin est utilisé sans aucune discrimination et uniquement pour alléger le texte.

Cet ouvrage est une version française de la quatrième édition de *Lifespan Development* de Helen Bee et Denise Boyd, publiée et vendue à travers le monde avec l'autorisation de Pearson Education, Inc.

Dépôt légal — Bibliothèque et Archives nationales du Québec, 2008
Dépôt légal — Bibliothèque et Archives Canada, 2008

Imprimé au Canada

ISBN 978-2-7613-1856-3

1234567890 SO 0987
20370 ABCD LHM10

*L'*être humain est infiniment complexe, et le processus qui amène à comprendre son évolution est lent et semé d'embûches. Mais la stimulation intellectuelle qu'il engendre est prodigieuse. En effet, nous nous retrouvons devant des casse-tête extraordinaires, nous aboutissons à des impasses, mais il nous arrive aussi de procéder à de formidables avancées théoriques. En outre, l'objet de la recherche est en soi exaltant, puisqu'il s'agit de *nous-mêmes*.

Nous souhaitons vivement que ce manuel éveille votre intérêt pour l'aspect scientifique de la psychologie du développement – c'est-à-dire pour les très nombreuses recherches effectuées par des spécialistes talentueux qui visent à approfondir notre compréhension de la discipline. Puisse votre cheminement au fil des pages susciter autant d'engouement et d'occasions d'apprentissage que votre vie quotidienne au fil des ans.

Objectif

Ce manuel est une introduction au monde fascinant de la recherche scientifique. Pour ce faire, nous avons eu recours à diverses stratégies: un style simple, des exemples personnels et des applications pratiques, pour montrer combien la théorie et la recherche sont liées aux expériences de la vie de tous les jours; des explications sur les travaux de recherche et les théories les plus récentes, pour illustrer le fait que le processus de réflexion ne cesse jamais, que les notions sont constamment révisées, que de nouvelles questions surgissent toujours et que toujours il reste des incertitudes. Tout au long du manuel, nous avons veillé à doser judicieusement la théorie, la recherche et les applications. Même si la lecture est aisée, nous n'avons jamais tenté de contourner les notions difficiles et les théories complexes. Nous voulons ainsi inciter les étudiants à aborder la discipline d'une manière nouvelle et à modifier le regard qu'ils portent sur eux-mêmes.

Le manuel est organisé de façon chronologique plutôt que thématique. Nous considérons que la structure chronologique incite davantage l'auteur et le professeur à prendre en compte l'interrelation des divers développements simultanés qui se produisent à tout âge.

La troisième édition française

Cette troisième édition, revue et grandement restructurée, comporte les données pertinentes de la deuxième édition française et de très nombreux éléments puisés dans deux autres ouvrages de Bee et Boyd, soit la quatrième édition anglaise de *Lifespan development* (2006) et la onzième édition de *The developping child* (2007). Le contenu et les références sont donc très récents.

Nous avons restructuré les chapitres de façon à mieux faire ressortir les aspects du développement abordés (physique, cognitif, social et personnalité) et apporté deux changements majeurs: concernant l'enfance, nous avons construit des chapitres distincts pour l'âge préscolaire et l'âge scolaire; concernant l'âge adulte, nous avons regroupé le contenu sous deux chapitres. Tout en conservant l'essentiel des informations, le réaménagement de l'âge adulte permet une compréhension plus globale de cette période du développement – la plus longue de toutes les périodes du développement humain – et de sa dynamique propre. Nous conservons aussi, dans toute son intégrité, le dernier chapitre portant sur la mort et le deuil, une référence incontournable dans le domaine du développement humain. Nous avons remodelé l'annexe sur les méthodes de recherche, exposant en premier lieu les méthodes qui permettent d'étudier les changements selon l'âge et en deuxième lieu les méthodes qui permettent d'étudier les relations entre les variables. Des figures, des tableaux et des encadrés inédits renforcent et illustrent le contenu de cette édition. Afin de soutenir l'apprentissage, nous avons veillé comme dans la précédente édition à insérer des tableaux de récapitulation de la matière à des endroits stratégiques. Enfin, nous nous sommes abondamment appuyés sur des données issues de recherches québécoises. Cette version des *Âges de la vie*, comme d'ailleurs les précédentes, se démarque considérablement de la version américaine tant dans son organisation que dans son contenu. Nous avons toujours eu à l'esprit de construire un manuel qui non seulement reflète l'état des connaissances sur la psychologie du développement humain de façon objective et scientifique, mais qui aussi souligne les caractéristiques du Québec et de la francophonie. La plupart des modifications effectuées dans cette nouvelle édition tiennent compte des commentaires des utilisateurs de la deuxième édition française.

- Le **chapitre 1** guide délicatement l'étudiant dans l'étude du développement humain. Ainsi, nous y abordons successivement les concepts fondamentaux, les facteurs d'influence (nature et culture) et les grandes théories du développement humain. Les changements majeurs se situent principalement dans la présentation exhaustive de celles-ci ; ainsi, la théorie psychanalytique, la théorie de l'apprentissage et les théories humanistes y sont plus étoffées que dans d'autres ouvrages équivalents. Nous les avons en outre traitées selon leur ordre chronologique d'apparition. Nous nous sommes par ailleurs alignés sur le courant moderne des théories cognitives en rapatriant dans ce premier chapitre l'approche du traitement de l'information, qui était abordée initialement dans le chapitre 5 ; cette approche constitue une véritable théorie du développement dans la mesure où les processus cognitifs se modifient avec l'âge. Nous avons voulu aussi redonner à la théorie socioculturelle de Vygotsky la place majeure qu'elle doit occuper dans le développement humain, notamment en raison de son apport dans le domaine de l'éducation. Dans cette dernière section, nous avons tenu à souligner le travail exceptionnel d'une sommité mondiale en psychologie, le Canadien Albert Bandura, et son apport dans le domaine de l'apprentissage

social ainsi que sa contribution actuelle à un secteur de recherche des plus prometteurs, à savoir la perspective sociale cognitive, que nous allons reprendre dans des chapitres ultérieurs. Nous avons reporté la recherche sur le développement humain en annexe afin de ne pas alourdir le contenu de ce premier chapitre. Vous remarquerez que le thème de la résilience, qui fait l'objet de plus en plus d'études, apparaît dans le modèle interactionniste d'Horowitz. Ce thème est repris et traité de façon plus complète au chapitre 8 (âge scolaire).

- Au **chapitre 2**, nous avons retravaillé la présentation des tableaux d'informations complémentaires ; voyez le tableau 2.1, sur l'origine génétique de certains caractères normaux, ou le tout nouveau tableau 2.2 sur la grossesse décrite du point de vue de la mère, qui constitue une première dans un manuel de développement humain. Les encadrés de ce chapitre sont des plus captivants – l'un porte notamment sur l'accouchement au Québec avec l'aide d'une sage-femme. Ce chapitre consacré aux bases biologiques du développement humain a conservé sa structure solide, et son contenu scientifique à la pointe de l'actualité est illustré d'exemples concrets qui parlent vraiment aux étudiants.

- Les **chapitres 3 et 4** portent toujours sur le développement de l'enfant durant les premières années. Pour plus de logique, nous avons déplacé au début du chapitre 3 la néonatalogie – soit l'évaluation du nouveau-né, ses réflexes et ses états de conscience –, qui se trouvait au chapitre 2 dans l'édition précédente. Les encadrés susciteront l'enthousiasme des étudiants, notamment l'encadré consacré à l'effet Mozart. La section sur le développement cognitif (mémoire et apprentissage) a été repensée et nous avons scindé le contenu sur le langage – la seconde section étant reportée au chapitre 5 –, pour faciliter l'apprentissage. Au chapitre 4, nous avons ajouté à la partie déjà bien documentée sur l'attachement un encadré québécois sur l'attachement père-enfant. Enfin, la section sur le concept de soi au début de la vie a été retravaillée de façon à faciliter sa compréhension.

- Les **chapitres 5 et 6** présentent l'essentiel des connaissances accumulées et concernent uniquement l'enfant d'âge préscolaire. C'est là un des changements majeurs du manuel. Dans le chapitre 5, la présentation de la théorie de Piaget a été considérablement remaniée. Nous avons aussi modifié le titre de la première section de la période préopératoire, qui devient *Le stade de la pensée symbolique ou préconceptuelle (deux à quatre ans)*, et celui de la seconde section, qui devient *Le stade de la pensée intuitive (quatre à six ans)*. Nous nous rapprochons ainsi de la pensée initiale piagétienne. L'encadré sur la latéralisation du cerveau fait le point sur les connaissances dans ce domaine. L'âge préscolaire étant principalement l'âge du jeu, nous avons réintroduit à la fin du chapitre les notions de jeu chez l'enfant. Au début du chapitre 6, nous présentons la perspective sociale cognitive, qui explique en quoi le développement cognitif influe directement sur le développement social. Cette perspective nous permet de mieux comprendre les premières ébauches du développement social chez l'enfant, incluant les premières formes du raisonnement moral, avec à l'appui des encadrés québécois sur l'agressivité et sur les neurones miroirs. Enfin, la section sur le développement de l'identité sexuée a été étoffée considérablement, étant donné son importance cruciale.

Les **chapitres 7 et 8** sont consacrés à l'enfant d'âge scolaire. Nous présentons dans le chapitre 7 une nouvelle section sur le développement atypique incluant les troubles de l'apprentissage, l'hyperactivité avec ou sans déficit de l'attention, la déficience intellectuelle et enfin les troubles envahissants du développement. Nous terminons par une description des différents modèles du développement de l'intelligence de l'enfant. Le chapitre 8 s'ouvre sur la perspective sociale cognitive et complète les notions de développement moral introduites au chapitre 6. La dernière section de ce chapitre présente un texte remarquablement documenté sur la notion de résilience.

Les **chapitres 9 et 10** s'intéressent à l'adolescence. Au chapitre 9, nous avons introduit une nouvelle section sur la consommation de tabac, de drogues et d'alcool. Nous avons ajouté un texte sur le jeu et un encadré québécois sur l'anorexie. Enfin, nous terminons avec le décrochage scolaire et le sentiment d'efficacité personnelle de Bandura. Nous exposons les cinq traits de personnalité de McCrae et Costa au chapitre 10 plutôt que dans le chapitre suivant consacré au jeune adulte, afin de souligner

l'importance de cette période dans le développement de la personnalité. Le développement moral de Kohlberg est aussi présenté dans ce chapitre puisqu'il appartient dorénavant plus au domaine social qu'au domaine cognitif. À la fin du chapitre, nous nous attardons sur un sujet délicat et grave : la dépression chez l'adolescent.

Comme nous l'avons souligné en début d'avant-propos, la seconde transformation majeure de cette édition (la première étant celle de l'étude scindée en deux chapitres des âges préscolaire et scolaire) réside dans la structure de l'âge adulte, dont la matière fait dorénavant l'objet de deux chapitres, plus volumineux que les autres, cela va de soi. Cette restructuration permet une vision d'ensemble de la plus longue période de développement tout en maintenant l'exhaustivité de la matière. Le **chapitre 11** présente les changements physiques et cognitifs qui se produisent chez le jeune adulte, chez l'adulte d'âge moyen et enfin chez l'adulte d'âge avancé. Le chapitre s'ouvre sur les différents modèles théoriques particuliers à l'âge adulte et se termine sur des notions relatives à la santé physique et mentale ainsi qu'au bien-être. Le **chapitre 12** traite d'abord des principales perspectives théoriques touchant l'ensemble de l'âge adulte, et son originalité réside dans le regroupement des éléments théoriques portant sur les tâches développementales de l'âge adulte, soit les rôles de conjoint, de parent et de travailleur, sans oublier les relations d'amitié. L'approche du vieillissement harmonieux vient conclure le chapitre.

Le **chapitre 13** porte sur la mort et le deuil, et demeure par sa grande rigueur un incontournable, compte tenu des importants changements démographiques qui ont commencé à marquer le tissu même de la population mondiale.

L'**annexe**, qui conclut le manuel, a été revisitée afin de faciliter la compréhension des méthodes de recherche. Ainsi, on distingue les méthodes typiquement développementales, qui permettent de comprendre les changements survenant avec l'âge, des méthodes qui explicitent le type de relations entre les variables étudiées. Plusieurs encadrés ont été ajoutés à cette annexe, dont l'un portant sur une étude longitudinale d'envergure réalisée au Québec et qui a débuté en 1998.

Les outils pédagogiques

Ce manuel comprend plusieurs outils pédagogiques favorisant l'apprentissage de l'étudiant.

Ainsi, chaque chapitre s'ouvre sur une anecdote, qui fait le lien entre le sujet à l'étude et la vie de tous les jours.

Les rubriques Pause apprentissage, qui ponctuent le chapitre de questions ouvertes sur les principaux éléments théoriques exposés, invitent l'étudiant à vérifier sa compréhension de la matière.

Les mots clés apparaissent en **caractères gras** dans le texte et sont définis au bas des pages.

La plupart des chapitres comprennent également des encadrés, qui permettent des incursions dans des domaines connexes ou qui contiennent des applications pratiques. On distingue quatre types d'encadré.

Les encadrés Rapports de recherche décrivent de façon détaillée les recherches effectuées par des scientifiques reconnus ou présentent des domaines d'étude particuliers.

Les encadrés Le monde réel explorent certaines applications pratiques de la recherche ou de la théorie.

LE MONDE RÉEL

Pour adoucir le choc du divorce...

Sachant que leur rupture sera traumatisante pour leurs enfants, la plupart des parents essaient de l'éviter. Cependant, c'est parfois la seule solution. S'il n'existe aucune recette simple – ni complexe, d'ailleurs – pour éliminer tous les effets perturbateurs d'un divorce sur les enfants, certaines mesures peuvent aider les parents à les atténuer.

- Essayer d'imposer le moins possible de changements aux enfants; autant que faire se peut, les laisser dans la même maison, la même garderie, la même école, etc.
- Envisager la possibilité de laisser l'adolescent vivre avec le parent de son sexe. Cette solution semble moins stressante pour eux, bien que les recherches ne soient pas tout à fait concluantes (Lee et autres, 1994).
- Aider les enfants à rester en contact avec le parent qui n'en a pas la garde. Celui-ci devrait les appeler souvent, les voir régulièrement, assister aux réunions de parents à l'école, etc.
- Limiter autant que possible les conflits entre parents, surtout devant les enfants. Ces conflits ouverts ont toujours des effets négatifs sur les enfants (Amato, 1993; Coiro, 1995; Insabella, 1995). Dans le contexte d'un divorce, leurs effets sont encore plus néfastes.
- Quoi que l'on vive, ne jamais utiliser les enfants comme intermédiaires, ni dénigrer l'autre parent (le père ou la mère) devant eux. Les enfants déchirés entre leurs deux parents risquent davantage d'en subir des conséquences indésirables, tels la dépression ou les problèmes de comportement (Buchanan, Maccoby et Dornbusch, 1991).
- Ne pas attendre des enfants un soutien émotionnel. Entretenir son réseau social et l'utiliser. Rester en contact avec les amis, se rapprocher de personnes qui sont dans la même situation, devenir membre d'un groupe de soutien. Mettre en œuvre tous les moyens possibles pour prendre soin de soi et répondre à ses propres besoins.

Ces conseils ne sont pas faciles à suivre lorsqu'on se trouve au cœur de la tourmente; mais si les parents font tout en leur pouvoir pour y arriver, les enfants souffriront moins.

Les encadrés Sujet de discussion traitent de thèmes qui font l'objet d'une controverse dans la population.

SUJET DE DISCUSSION

Le racisme à la garderie

Comme c'est souvent le seul endroit où les enfants de divers groupes ethnoculturels se rencontrent à l'âge préscolaire, la garderie ou la maternelle peut jouer un rôle important dans l'acquisition d'attitudes raciales.

Une fois qu'ils ont acquis des schèmes raciaux, indiquent les recherches, les jeunes enfants les utilisent pour porter des jugements sur les autres. Ainsi, ils jugent que les bons compagnons de jeu sont ceux qui leur ressemblent, et les mauvais, ceux qui diffèrent d'eux. Évidemment, le développement cognitif ne se fait pas dans un vacuum social, et, dans nos sociétés, la plupart des petits Blancs de cinq ans ont déjà acquis une certaine conscience des stéréotypes et des préjugés raciaux de leur culture (Bigler et Liben, 1993). De même, les enfants des minorités visibles sentent très tôt que les gens de leur groupe ethnoculturel sont perçus négativement par bien des Blancs. Certaines études indiquent que cette conscience précoce des stéréotypes raciaux influe négativement sur leur estime de soi (Jambunathan et Burts, 2003). De plus, les éducateurs blancs ne perçoivent pas nécessairement les incidents raciaux entre les enfants dont ils s'occupent, alors que les enfants des minorités en rapportent un nombre significatif à leurs parents (Bernhard, Lefebvre, Kilbride, Chud et Lange, 1998).

Selon de nombreux psychologues, la combinaison de l'immaturité des structures cognitives des enfants (pensée égocentrique), des stéréotypes qu'ils ont déjà acquis et de l'insensibilité des éducateurs aux incidents raciaux peut favoriser des attitudes racistes. La meilleure façon pour les éducateurs d'éviter que la conscience des stéréotypes raciaux dégénère en racisme serait d'y être attentif, d'aborder ouvertement la question avec les enfants et de les aider à acquérir des attitudes exemptes de préjugés (Cushner, McClelland et Safford, 1992). Par exemple, les éducateurs peuvent les sensibiliser à des réalités historiques telles que l'esclavage, la colonisation, la discrimination raciale et la lutte des groupes minoritaires pour leurs libertés et leurs droits. Ils peuvent aussi demander à des enfants d'origines ethnoculturelles diverses de réaliser des projets ensemble. Enfin, pour contrer la tendance des enfants (et des adultes) à ne percevoir les différences individuelles que chez les gens de leur propre groupe, ils peuvent insister sur les forces de chacun en tant qu'individu (Ostrom, Carpenter, Sedikides et Li, 1993).

Idéalement, tous les enfants devraient apprendre à évaluer leur comportement et celui d'autrui selon des critères individuels plutôt qu'en fonction de l'appartenance à un groupe. Quant aux enfants des minorités, ils devraient acquérir une vision positive de leur groupe.

Les encadrés À l'ère de l'information, une nouveauté de cette édition, permettent d'aborder l'influence des médias et des nouvelles technologies de l'information.

À L'ÈRE DE L'INFORMATION

Les effets des jeux vidéo

La télévision reste le divertissement électronique le plus populaire chez les enfants d'âge préscolaire et scolaire. Toutefois, à mesure que ces derniers progressent vers l'adolescence, le temps consacré aux jeux vidéo se rapproche de plus en plus du temps passé devant la télévision, puis finit par le dépasser (Bee et Boyd, 2007). Une recherche américaine réalisée auprès de 1 000 élèves de 5e année, de 8e année (1re secondaire) et de 11e année (4e secondaire) a révélé que, en 8e année, les garçons consacraient en moyenne 23 heures par semaine aux jeux vidéo, et les filles autour de 16 heures par semaine; en 11e année, ce temps avait un peu diminué. Ces données expliquent pourquoi, aujourd'hui, les dépenses des familles en jeux vidéo ont presque dépassé leurs dépenses en films (Gentile, 2005).

Nombre d'anthropologues affirment que les jeux vidéo constituent un des outils par lesquels les sociétés industrialisées enseignent aux enfants les habiletés techniques et intellectuelles dont ils auront besoin lorsqu'ils seront adultes (Greenfield, 1994). Plusieurs recherches concluent que les jeux vidéo améliorent les habiletés de perception spatiale (Greenfield, Brannon et Lohr, 1994). La perception spatiale est associée à la réussite en mathématiques, une habileté très prisée dans le monde industrialisé. De plus, des chercheurs ont démontré que les garçons et les filles qui apprennent un nouveau jeu vidéo cherchent d'abord à se l'approprier, par exemple en consultant un guide d'utilisation plutôt qu'en demandant à leurs pairs de les aider – une forme d'autonomie particulièrement valorisée dans nos sociétés industrialisées (Blumberg et Sokol, 2004). Les jeux vidéos aident aussi les enfants à être plus autonomes relativement aux directives et aux règles des jeux. Les explications anthropologiques donnent ainsi un sens à la prolifération de ces jeux dans le monde moderne.

Mais, bien que les jeux vidéo semblent favoriser le développement cognitif, les chercheurs qui s'intéressent à l'effet de ces jeux sur le développement social et émotionnel appellent à la prudence. En effet, on retrouve le thème de la violence et du pouvoir dans 75 % de ces jeux. De plus, la majorité des joueurs, dont 70 % à 80 % sont des garçons, préfèrent des jeux violents à tout autre type de jeux vidéo (Funk et Buchman, 1999).

Les chercheurs ont découvert que le fait de jouer à des jeux vidéo violents provoque une augmentation directe des comportements agressifs et que, chez les enfants qui sont déjà plus agressifs que la moyenne de leur âge, cet effet se fait sentir à long terme (Anderson et Dill, 2000). Les enfants qui jouent à des jeux vidéo violents pendant au moins 90 minutes par jour font également preuve de niveaux élevés d'anxiété et ont un seuil de tolérance à la frustration plus bas que leurs pairs (Mediascope Press, 1999). On observe même qu'une courte exposition aux jeux vidéo violents en laboratoire augmente le niveau d'hostilité chez les participants (Anderson et Dill, 2000). Cette augmentation de l'agressivité chez les grands consommateurs de jeux vidéo serait associée, selon certains chercheurs, à un accroissement de l'agressivité hostile et émotionnelle ainsi qu'à une diminution des habiletés d'empathie envers les autres (Funk et autres, 2003; Gentile et autres, 2004).

Les jeux vidéo violents semblent aussi associés à un ensemble plus vaste de préférences allant des stimulus violents aux comportements agressifs. Ainsi, les enfants qui aiment les émissions de télévision violentes et qui préfèrent aussi les jeux vidéo violents sont plus agressifs envers leurs pairs que la moyenne (Mediascope Press, 1999). Cette observation vaut autant pour les garçons que pour les filles. La plupart des filles ne s'intéressent pas aux jeux violents, mais celles qui y jouent sont plus agressives physiquement que la moyenne. Par conséquent, les parents qui s'aperçoivent que l'agressivité et la violence prédominent dans les activités récréatives de leurs enfants et dans leurs interactions avec leurs pairs devraient s'inquiéter du fait qu'ils passent beaucoup de temps à jouer à des jeux vidéo (Funk et autres, 2000).

Enfin, les parents peuvent ignorer que de nombreux jeux vidéo contiennent de la publicité sous forme de placement de produits – par exemple, un personnage boit une certaine marque de soda (Gentile, 2005). Les jeux vidéo peuvent donc, là aussi, influer sur le développement des enfants en les incitant à acheter et à consommer certains produits. Conséquemment, les parents soucieux de ne pas exposer leurs enfants à des annonces de produits qu'ils jugent néfastes à leur santé physique ou mentale devraient veiller à ce que leurs jeux vidéo en soit exempts.

À la fin de chaque chapitre, l'étudiant trouvera quelques outils incitant à poursuivre l'étude du sujet ou facilitant la révision.

La rubrique Un dernier mot traite d'un sujet pertinent en relation avec le contenu du chapitre. Il s'agit généralement d'applications pratiques de la psychologie du développement dans la vie quotidienne.

UN DERNIER MOT

... SUR L'ÉCLECTISME

Dans ce chapitre, nous avons présenté une vision d'ensemble des concepts, des influences et des grandes théories qui touchent le développement humain. À cette étape, il importe surtout de retenir qu'il existe de nombreuses divergences entre les théoriciens sur la nature même du développement. En fait, aucune de ces théories ne peut à elle seule expliquer de façon appropriée toutes les caractéristiques du développement humain, mais chacune propose des concepts utiles et peut fournir un cadre théorique pour examiner les données obtenues par les chercheurs. De plus, depuis les deux dernières décennies, les chercheurs en psychologie développementale se sont particulièrement intéressés à la contribution de la biologie, de la génétique et des neurosciences dans l'étude du développement humain.

Éclectisme Recours aux meilleurs modèles théoriques, quelles que soient la perspective et la discipline d'où ils proviennent.

Par conséquent, pour tenter d'expliquer le développement humain, les chercheurs privilégient de plus en plus l'**éclectisme**, c'est-à-dire le recours aux meilleurs modèles théoriques, quelles que soient la perspective à laquelle ils adhèrent et la discipline d'où ils proviennent – psychologie, mais aussi biologie, sociologie, anthropologie, etc. (Parke, 2004).

Le tableau 1.5 présente une synthèse des théories du développement humain. On y récapitule notamment les conceptions de chacune : 1) l'individu joue-t-il un rôle actif ou passif dans son propre développement ? 2) les influences sur le développement proviennent-elles principalement de la nature ou de la culture ? 3) le développement se déroule-t-il selon des stades (développement discontinu) ou non (développement continu) ?

Un résumé fait ressortir les points essentiels.

RÉSUMÉ

LES PERSPECTIVES THÉORIQUES

- Dans la perspective psychanalytique, l'âge préscolaire est une étape cruciale du développement humain. Selon Freud, l'enfant d'âge préscolaire traverse deux stades de développement psychosexuel : le stade anal, qui se résout par l'apprentissage de la propreté, et le stade phallique, qui se résout par l'identification au parent du même sexe. Selon Erikson, l'enfant d'âge préscolaire traverse deux stades de développement psychosocial : le stade de l'autonomie ou honte et doute, durant lequel la force adaptative à acquérir est la volonté, et le stade de l'initiative ou culpabilité, durant lequel la force à acquérir est la capacité de se fixer un but.
- La perspective sociale cognitive postule que les changements émotionnels et sociaux que connaît l'enfant d'âge préscolaire sont étroitement liés à son développement cognitif; elle englobe donc l'étude de la théorie de l'esprit. Les théoriciens et les chercheurs qui travaillent dans cette perspective tentent de comprendre les processus qui sous-tendent la perception, le jugement et la mémoire des stimulus sociaux; l'influence des facteurs sociaux et affectifs sur ces processus; et les conséquences de ces processus sur le comportement et les relations interpersonnelles. Ainsi, ils s'intéressent à la façon dont l'enfant d'âge préscolaire apprend à percevoir et à juger autrui, à comprendre ses intentions et à différencier les règles morales des conventions sociales.

LE DÉVELOPPEMENT SOCIAL : LES RELATIONS FAMILIALES

- Vers l'âge de deux ou trois ans, bien que l'attachement de l'enfant demeure aussi fort, plusieurs de ses manifestations commencent à s'atténuer. Vers l'âge de quatre ans, la relation d'attachement, qu'elle soit sécurisante ou non, semble se réorienter pour devenir ce que Bowlby a appelé un « partenariat rectifié ».
- Selon le modèle de Baumrind, les quatre principales caractéristiques du fonctionnement familial qui influent sur le développement de l'enfant sont la chaleur et l'affection, l'encadrement, les attentes selon l'âge et la qualité de la communication.
- Le style parental influe considérablement sur le développement de l'enfant. Le style démocratique (beaucoup d'affection, de communication, d'encadrement et d'attentes) est associé aux résultats les plus positifs, et le style autoritaire (beaucoup d'encadrement et d'attentes, mais peu d'affection et de communication), aux moins positifs.
- La structure familiale influe également sur la personnalité et le développement social de l'enfant. La structure familiale biparentale d'origine est celle qui est associée aux résultats les plus positifs. Les adultes comme les enfants s'adaptent lentement et difficilement au retrait ou à l'ajout d'une autre personne dans le système familial. Le divorce a généralement des effets négatifs à long terme sur les enfants; cependant, nombre de ces effets sont liés à des facteurs préexistants. Typiquement, la monoparentalité, le divorce et la famille recomposée augmentent le risque que les parents s'éloignent du style parental démocratique.

Un schéma d'intégration présente l'organisation du contenu avec les principaux concepts abordés et les liens qui les unissent.

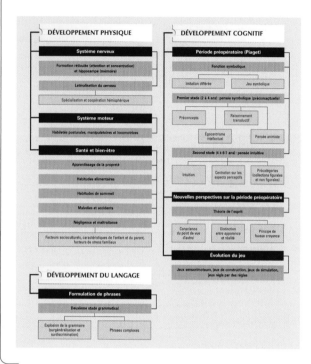

Le Compagnon Web de l'ouvrage (**www.erpi.com/bee.cw**) favorise la réussite des étudiants grâce à des questions d'autoévaluation, à des liens vers des sites Internet et à des textes additionnels pertinents. Les enseignants y trouveront une banque de questions, les Interludes de l'édition précédente, l'ensemble des figures, des tableaux et des schémas d'intégration du manuel, des exercices adaptés aux programmes (soins infirmiers, éducation à l'enfance, travail social et sciences humaines) et, la grande nouveauté, de nombreuses études de cas, qui permettent une meilleure intégration des apprentissages.

L'ouvrage est divisé en cinq parties, chacune étant associée à une couleur. Des onglets unicolores ou bicolores, en haut des pages, facilitent le repérage du lecteur. La couleur couvrant la totalité de l'onglet ou sa moitié supérieure indique la partie. Les quatre types de développement étudiés (physique, cognitif, personnalité, relations sociales) sont identifiés par une couleur que l'on retrouve dans la moitié inférieure de l'onglet.

Par exemple, dans les pages réduites ci-dessous, l'onglet de gauche signale que l'on étudie le développement physique dans la partie consacrée à l'adolescence ; celui de droite signale que l'on étudie le développement cognitif dans la partie consacrée à l'âge adulte avancé.

Le manuel se termine par une annexe, qui expose la recherche sur le développement humain, un glossaire, qui reprend en ordre alphabétique tous les mots clés de chacun des chapitres, une bibliographie de tous les auteurs cités et un index des sujets traités.

Sommaire

Table des matières

Introduction à l'étude du

développement humain

La première partie de cet ouvrage tient en un chapitre et fournit des outils théoriques qui se révéleront indispensables dans notre étude du développement humain aux divers âges de la vie. Après avoir défini le développement humain et les principaux concepts qui s'y rattachent, nous explorerons les facteurs qui influent sur le développement, notamment la très vieille et toujours actuelle question du rôle respectif de la nature et de la culture. Enfin, nous décrirons les grandes théories du développement, qui ne servent pas seulement à organiser et à interpréter les données issues de la recherche, mais orientent souvent les recherches elles-mêmes.

Les concepts fondamentaux, les influences sur le développement et les grandes théories

Nous avons tous un intérêt pour le développement humain. Dans les réunions de famille, nous commentons spontanément les changements que nous notons chez nos proches: «Il a tellement grandi depuis la dernière fois que je l'ai vu!» «Grand-mère semble plus fragile que l'an dernier.» Nous remarquons aussi ce qui semble immuable: «Tante Danièle est toujours aussi espiègle!» Par ailleurs, que nous en ayons ou non conscience, nos perceptions reflètent les attentes de la société et de la culture pour tel ou tel groupe d'âge: «Je me demande quand ces deux-là vont se décider à avoir un enfant. Ça fait presque trois ans qu'ils vivent ensemble.» Nous élaborons même des théories pour expliquer le comportement de nos proches: «Ils ont toujours laissé cet enfant faire ce qu'il veut. Résultat: c'est une petite peste.»

Les scientifiques qui étudient le développement humain procèdent sensiblement de la même façon, mais dans le but bien précis de dégager des observations et des explications qui s'appliquent au plus grand nombre possible d'individus et de milieux. Pour ce faire, ils se penchent sur les phénomènes de changements et de continuité reliés à l'âge, s'intéressent à l'influence des attentes sociales et culturelles sur le développement individuel, émettent des hypothèses et testent leurs prédictions avec des méthodes scientifiques. Ils espèrent que leurs découvertes leur permettront d'intervenir de façon adéquate et qu'elles influeront positivement sur le cours du développement individuel des êtres humains.

LES CONCEPTS FONDAMENTAUX

La **psychologie du développement humain** est l'étude scientifique des phénomènes de changement et de continuité qui marquent la vie d'un individu et des facteurs qui influent sur ces phénomènes.

LE CHANGEMENT ET LA CONTINUITÉ

Quand on étudie le développement d'un individu aux divers âges de sa vie, on observe forcément des signes de changement, mais aussi de continuité. En ce qui concerne les changements développementaux, une question se pose : de quel ordre est le changement observé ? S'il s'agit d'une variation dans le nombre, le degré ou la fréquence d'un phénomène, on parle d'un **changement quantitatif** ; par définition, ce type de changement concerne des phénomènes quantifiables, comme la taille physique ou la richesse du vocabulaire. Si le changement se rapporte à la nature, à la structure ou à l'organisation d'un phénomène — s'il s'agit de l'apparition d'un comportement différent, par exemple —, on parle de **changement qualitatif**.

En ce qui a trait à la continuité, la question est de savoir quels comportements ou conduites restent stables tout au long de la vie. Par exemple, certains traits de caractère perdurent de la naissance jusqu'à un âge avancé. Ce type de continuité s'explique presque toujours par des influences biologiques : comme nous gardons nos prédispositions génétiques toute notre vie, certains aspects de notre comportement tendent à rester relativement constants.

L'environnement et notre propre comportement peuvent aussi contribuer à la continuité de nos conduites (Caspi, Bem et Elder, 1989). Ainsi, nous avons tendance à choisir un environnement adapté à nos caractéristiques et à nous créer une « place » unique au sein de notre famille, parmi nos pairs et dans notre milieu de travail (Scarr, 1992). Dès l'enfance, nous entreprenons des activités où nous croyons pouvoir réussir et évitons les autres. De manière générale, dans une situation nouvelle, nous essayons d'abord les stratégies que nous connaissons. Cette stabilité des comportements renforcée par nos choix personnels s'appelle la **continuité cumulative**. De plus, nos modèles comportementaux, c'est-à-dire nos façons habituelles d'agir et de réagir, déclenchent chez autrui des réactions susceptibles de perpétuer ces mêmes modèles. Ainsi, un adulte geignard et névrosé risque de s'attirer plus de critiques ou de plaintes qu'une personne bien disposée, ce qui aura pour effet de renforcer son comportement geignard et névrosé. Cette stabilité des comportements renforcée par les réactions qu'ils suscitent chez autrui s'appelle la **continuité interactive**.

Vous l'aurez deviné, tout changement et toute continuité doivent toujours être interprétés en fonction de la société, de la culture et du contexte.

STADE OU SÉQUENCE ?

Si l'on considère que le développement résulte de changements principalement qualitatifs (émergence de nouvelles stratégies, réorganisations, changements discontinus), le concept de *stade* devient utile pour expliquer le développement (Lerner, Theokas et Bobek, 2005). Par contre, si l'on considère que le développement résulte de changements principalement quantitatifs (changements continus), le concept de *séquence* s'impose davantage. Aujourd'hui, la plupart des spécialistes du développement reconnaissent que beaucoup d'aspects de celui-ci sont discontinus (présence de stades), tandis que d'autres sont continus ou séquentiels (absence de stades).

L'ÉTUDE DU CYCLE COMPLET DE LA VIE

Jusqu'à récemment, les spécialistes du développement humain envisageaient l'âge adulte comme une longue période de stabilité suivie d'une courte période d'instabilité juste avant la mort et s'intéressaient de ce fait presque exclusivement à l'enfance. De nos jours, ils considèrent que le développement est un processus de transformation qui couvre l'*ensemble du cycle de la vie*, de la naissance d'un individu jusqu'à sa mort. Le cycle de la vie comprend quatre périodes de développement, soit l'enfance, l'adolescence, l'âge adulte et la vieillesse.

Cette nouvelle conception du développement humain s'explique en partie par le fait que, de nos jours,

---

Psychologie du développement humain Étude scientifique des phénomènes de changement et de continuité qui marquent la vie d'un individu et des facteurs qui influent sur ces phénomènes.

Changement quantitatif Variation dans le nombre, la grandeur ou la fréquence d'un phénomène quantifiable.

Changement qualitatif Variation dans la nature, la structure ou l'organisation d'un phénomène.

Continuité cumulative Stabilité des comportements renforcée par les choix personnels.

Continuité interactive Stabilité des comportements renforcée par les réactions qu'ils suscitent chez autrui.

les humains vivent souvent des changements profonds (divorce, réorientation professionnelle, etc.) durant l'âge adulte. L'allongement de la vie dans le monde industrialisé y est pour beaucoup : au début du XXe siècle, en Amérique du Nord, l'espérance de vie à la naissance n'était que d'une cinquantaine d'années ; à la fin du siècle, elle atteignait 76 ans (Parke, 2004).

LES DOMAINES DU DÉVELOPPEMENT

Traditionnellement, les spécialistes tendent à classer les aspects du développement humain en quatre grands domaines : le domaine physique, le domaine cognitif, le domaine social et le domaine de la personnalité.

Le **domaine physique** englobe les aspects liés à la santé, à la croissance du corps humain (taille, forme, etc.) et à sa maturation. Par exemple, les spécialistes s'intéressent à la façon dont les changements sensorimoteurs, comme le fait d'apprendre à marcher, influent sur la façon dont l'individu appréhende le monde. Le domaine physique couvre aussi des aspects comme l'étude des processus physiologiques associés à la puberté et au vieillissement.

Le **domaine cognitif** englobe les aspects liés à la pensée, à la mémoire, au langage, à l'apprentissage, à la résolution de problèmes et aux autres habiletés intellectuelles. Ainsi, les spécialistes étudient autant la manière dont l'enfant raisonne ou apprend à lire que les causes de la détérioration de certaines fonctions mémorielles à un âge avancé.

Le **domaine social** englobe les aspects liés aux rapports de l'individu avec autrui et avec la société. Les recherches sur les habiletés sociales relèvent de ce domaine. On s'intéresse, par exemple, à la façon dont l'enfant interagit avec ses parents ou avec ses camarades à la garderie.

Le **domaine de la personnalité** englobe les aspects liés au concept de soi, aux émotions, à l'affectivité et aux réactions particulières de l'individu face aux autres personnes et aux objets de son environnement. La personnalité peut se définir comme un ensemble de conduites, relativement stables, permettant de distinguer les individus les uns des autres (Huteau, 2006).

Bien que ce manuel traite séparément ces quatre domaines du développement humain, les phénomènes qui s'y rattachent se manifestent simultanément et influent constamment les uns sur les autres. Par exemple, quand une adolescente traverse la puberté (domaine physique), sa capacité d'abstraction (domaine cognitif) évolue, tout comme son affectivité, sa perception d'elle-même et ses interactions avec ses pairs (domaine de la personnalité et domaine social).

LES FACTEURS D'INFLUENCE : LA NATURE ET LA CULTURE

La nature et la culture — autrement dit, les gènes et l'environnement — interagissent dans presque tous les processus de développement observables. Le bagage génétique transmet à chaque individu un héritage unique qui le dirige vers une trajectoire particulière, alors que l'environnement tend à orienter les individus vers des trajectoires communes. Les chercheurs s'efforcent d'évaluer l'effet respectif de la nature et de la culture sur les divers aspects du développement humain.

L'INFLUENCE DE LA NATURE : LA MATURATION ET LES PRÉDISPOSITIONS INNÉES

L'influence de la nature se manifeste essentiellement par deux facteurs : la maturation et les prédispositions innées.

La maturation

On sait aujourd'hui que la nature façonne le développement par une programmation génétique qui peut déterminer des séquences entières d'événements développementaux. Le spécialiste Arnold Gesell (1880-1961) a parlé de **maturation** pour décrire ce processus naturel de transformation par lequel l'organisme atteint son plein développement (Gesell, 1925 ; Thelen et Adolph, 1992). Le terme **croissance** désigne pour sa part l'augmentation en

---

Domaine physique Domaine du développement humain qui englobe les aspects liés à la santé, à la croissance du corps et à sa maturation.

Domaine cognitif Domaine du développement humain qui englobe les aspects liés à la pensée, au langage, à la mémoire et à l'apprentissage de diverses habiletés intellectuelles, dont la résolution de problèmes.

Domaine social Domaine du développement humain qui englobe les aspects liés aux relations de l'individu avec autrui et avec la société.

Domaine de la personnalité Domaine du développement humain qui englobe les aspects liés au concept de soi, à l'affectivité, aux émotions et aux réactions particulières de l'individu face à son environnement.

Maturation Processus naturel de transformation par lequel l'organisme atteint son plein développement.

Croissance Accroissement en taille et en poids que connaît l'individu de sa naissance jusqu'à son développement physique complet ; résulte de l'interaction de la maturation et de facteurs environnementaux comme l'alimentation.

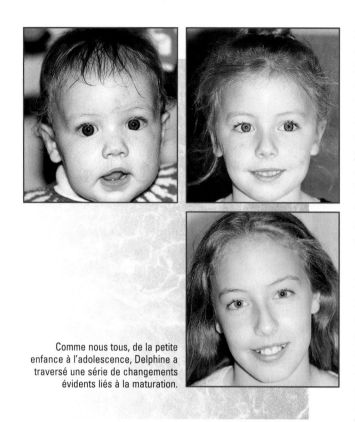

Comme nous tous, de la petite enfance à l'adolescence, Delphine a traversé une série de changements évidents liés à la maturation.

taille et en poids du corps humain de la naissance jusqu'au développement complet, qui résulte de l'interaction de la maturation et de facteurs environnementaux comme l'alimentation. Enfin, le terme **vieillissement** désigne le processus naturel de transformation graduelle que subit l'individu de la naissance à la mort du simple fait d'avancer en âge.

Tout processus de maturation est universel, séquentiel et relativement imperméable à l'environnement. Les changements associés à la maturation semblent suivre un plan inscrit dans le corps humain — dans le code génétique — et réglé par une **horloge biologique**. Dans sa forme pure, une séquence de maturation se produit sans enseignement ni entraînement : l'enfant apprend à marcher de lui-même et n'a pas à s'entraîner pour que ses poils pubiens poussent. Seules des conditions extrêmes, comme la malnutrition grave, peuvent empêcher le déroulement de ces séquences de maturation. Pourtant, même les théoriciens de la maturation en conviennent aujourd'hui, l'expérience — le vécu — joue un rôle dans la maturation.

Les prédispositions innées

L'une des idées les plus nouvelles en ce qui concerne l'influence de la nature sur le développement est le concept de **prédisposition** (ou **contrainte**) **innée**. La plupart des chercheurs et des théoriciens affirment aujourd'hui que les nouveau-nés ont des prédispositions innées qui les portent à réagir de telle ou telle manière aux stimulus environnementaux. Certaines prédispositions innées semblent *universelles*, ce qui indique qu'elles résultent probablement de modes et de séquences de développement communs. Ainsi, pendant leurs premiers jours de vie, tous les bébés manifestent une série de comportements apparemment instinctifs — pleurer, se blottir et, très tôt, sourire — qui incitent les autres à prendre soin d'eux. En outre, dans toutes les cultures, les bébés semblent prêter davantage attention au début et à la fin des phrases qu'au milieu (Slobin, 1985a, 1985b).

D'autres prédispositions innées sont *individuelles*. Les gènes influent non seulement sur des différences physiques manifestes comme la couleur des cheveux et des yeux, la taille et la tendance à la maigreur ou à l'obésité, mais aussi sur un très large éventail de caractéristiques et de comportements (Posthuma, de Geus et Boomsma, 2003). Ainsi, la recherche révèle qu'ils ont un effet important sur des aptitudes cognitives comme l'intelligence en général, sur des habiletés comme la visualisation spatiale, et sur des problèmes comme les difficultés de lecture (Rose, 1995). On sait aussi que certains comportements pathologiques et troubles mentaux ont une composante héréditaire : c'est le cas par exemple de la schizophrénie, de l'anorexie, de l'anxiété et de la dépression, de l'alcoolisme, de l'agressivité excessive et de certains comportements antisociaux (Goldsmith, Gottesman et Lemery, 1997 ; Gottesman et Goldsmith, 1994 ; McGue, 1994). Enfin, en s'intéressant aux jumeaux (identiques et fraternels) et aux enfants adoptés, les chercheurs en **génétique comportementale** ont mis en lumière l'influence des gènes sur certaines dimensions du tempérament, notamment sur l'émotivité (tendance à être facilement bouleversé ou désemparé), le niveau d'activité (tendance à agir avec vigueur et rapidité) et la sociabilité (tendance à préférer la présence des autres à la solitude) (Saudino, 1998).

Vieillissement Processus naturel de transformation graduelle que subit tout individu de la naissance à la mort du fait de son avancée en âge.

Horloge biologique Concept désignant un mécanisme qui régule la séquence normale des événements biologiques de la vie d'un individu, de la conception jusqu'à l'âge adulte le plus avancé.

Prédisposition (ou **contrainte**) **innée** Tendance innée qui porte l'individu à réagir de telle ou telle manière aux stimulus environnementaux.

Génétique comportementale Partie de la génétique qui étudie l'influence des gènes sur le comportement individuel.

Que ces prédispositions innées soient génétiques ou créées par l'environnement prénatal (ou les deux), une chose est sûre : le nouveau-né n'est pas une ardoise vierge sur laquelle ses expériences de vie viennent s'inscrire. Il entame sa vie déjà disposé à rechercher certains types d'expériences et à y réagir à sa manière propre. Son développement ultérieur sera le résultat de l'interaction entre ses prédispositions innées et ses expériences de vie.

L'INFLUENCE DE LA CULTURE : L'ENVIRONNEMENT ET L'INTERPRÉTATION QU'ON EN DONNE

L'étude de l'influence de la culture sur le développement humain se rapporte autant à l'effet de l'environnement sur l'individu qu'à la façon dont ce dernier interprète cet environnement. Les tenants de la perspective écologique mettent plutôt l'accent sur l'effet de l'environnement, alors que les tenants du modèle interne de l'expérience s'intéressent à l'interprétation qu'en fait l'individu et aux modèles internes qui en résultent.

La perspective écologique

Jusqu'à récemment, l'essentiel de la recherche sur les facteurs environnementaux qui influent sur le développement portait sur la famille de l'enfant (souvent seulement sur sa mère) et sur les stimulations (jouets, livres, etc.) qu'il trouvait à domicile. Quand ils prenaient en considération le contexte familial, plus large, les psychologues s'en tenaient habituellement à ses caractéristiques économiques — niveau de richesse ou de pauvreté. Depuis le début des années 1980, le cadre de la recherche s'est beaucoup élargi ; il est devenu de plus en plus évident que, pour expliquer le développement de l'enfant, l'observation portant sur celui-ci et sa famille ne suffit pas. Il faut étudier l'ensemble des contextes dans lequel l'enfant grandit, c'est-à-dire son *système écologique*.

Pour Urie Bronfenbrenner, l'une des figures emblématiques de la perspective écologique (1979, 1989, 2001), tout enfant grandit dans un milieu social complexe constitué d'une galerie unique de personnages — des sœurs et des frères, un ou deux parents, des grands-parents, des gardiennes, des animaux domestiques, des éducateurs et des professeurs, des pairs et des amis, etc. Tous ces personnages s'inscrivent eux-mêmes dans un système social plus large. Les parents peuvent avoir ou non de l'instruction, un emploi, de l'argent ; ils peuvent aimer ou détester ce qu'ils font ; avoir ou non des amis et des proches sur qui ils peuvent compter. Ils peuvent habiter dans un endroit agréable et sûr ou, au contraire, difficile et dangereux. Ils peuvent entretenir de bonnes ou de mauvaises relations avec l'école, et celle-ci peut être excellente ou médiocre, etc. La figure 1.1 explique le modèle écologique de Bronfenbrenner en s'appuyant sur une représentation schématique.

Selon Bronfenbrenner, les chercheurs doivent non seulement tenir compte des contextes environnementaux plus larges, mais aussi étudier la manière dont toutes les composantes de ce système écologique complexe interagissent les unes avec les autres pour influer sur le développement de l'individu.

Les travaux de Gerald Patterson fournissent un exemple impressionnant de ce type de recherches qui examinent un vaste système d'influences. Patterson a beaucoup étudié les effets de l'environnement sur le développement, plus particulièrement sur le comportement antisocial ou délinquant des enfants (Patterson, Capaldi et Bank, 1991 ; Patterson, DeBarsyshe et Ramsey, 1989). Ses recherches montrent que les parents dont la supervision et les techniques disciplinaires sont médiocres sont plus susceptibles d'avoir des enfants peu conciliants ou antisociaux. Une fois établi, le comportement antisocial de l'enfant se répercute hors de la famille : l'enfant est rejeté par ses pairs et éprouve des difficultés à l'école. Avec le temps, celles-ci risquent de le pousser vers un groupe de pairs déviants, et même vers la délinquance (Dishion, Patterson, Stoolmiller et Skinner, 1991 ; Vuchinich, Bank et Patterson, 1992). Ainsi, un comportement acquis dans la cellule familiale est maintenu et exacerbé par les interactions avec les pairs et le système scolaire. Patterson ne s'est pas arrêté là ; il s'est penché sur les raisons de la déficience des stratégies éducatives des parents. Il a ainsi pu constater que ces derniers avaient eux-mêmes eu des parents dont le comportement était antisocial et dont la gestion familiale laissait beaucoup à désirer. De plus, certains facteurs démographiques (faible revenu, faible niveau d'instruction, etc.) et certains facteurs de stress (chômage, conflits conjugaux, divorce, etc.) augmentaient la probabilité que les parents utilisent de piètres stratégies éducatives. La figure 1.2 schématise la façon dont Patterson envisage l'influence des diverses composantes du comportement antisocial. De toute évidence, la prise en considération du contexte social plus large dans lequel l'enfant et la famille évoluent explique beaucoup mieux le processus qui mène au comportement antisocial.

Alors qu'il n'apparaît pas dans le modèle de Patterson, le contexte encore plus large de la *culture* est une autre composante du système écologique décrit par

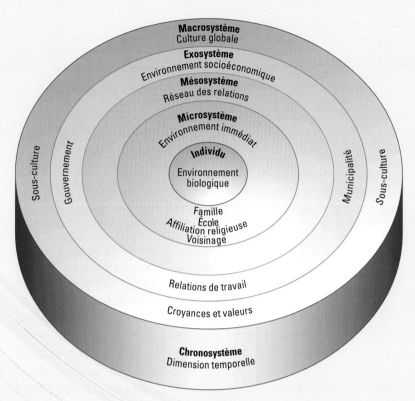

Figure 1.1
Le modèle écologique de Bronfenbrenner
Selon Bronfenbrenner, l'enfant (au milieu) grandit dans
un ensemble de systèmes environnementaux dont
les interactions complexes influent sur son développement.

Le *microsystème* correspond à l'environnement immédiat
de l'enfant, à sa réalité quotidienne, c'est-à-dire à ses relations
avec ses parents, ses frères et sœurs, ses grands-parents,
sa garderie, son école et ses amis. L'enfant est influencé
par son environnement, mais il influe aussi sur ce dernier.

Le *mésosystème* englobe le microsystème et correspond
au réseau de relations qu'entretiennent entre elles les
diverses composantes du microsystème. Les relations
entre la famille et la garderie ou l'école en sont un exemple.

L'*exosystème* englobe les deux systèmes précédents et
correspond à l'environnement socioéconomique. L'enfant
n'y participe pas, mais les décisions qu'on y prend influent
directement sur lui. Ainsi, la perte d'emploi d'un parent
aura une incidence sur l'enfant.

Le *macrosystème* englobe tous les systèmes précédents
et correspond à la culture. Ce système a particulièrement
retenu l'attention des psychologues ces dernières années.

Enfin, tous les éléments du modèle écologique sont
influencés par le *chronosystème*, où s'inscrivent
les changements qui surviennent avec le temps.

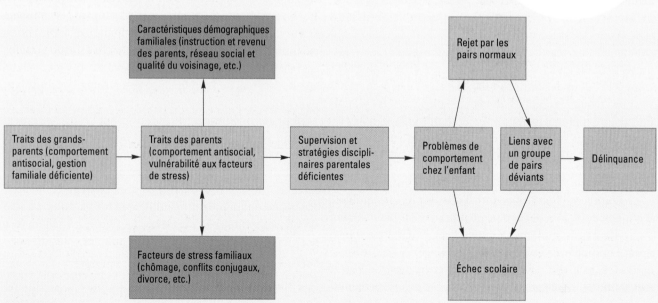

Figure 1.2
Le modèle de Patterson
Le modèle de Patterson décrit les nombreux facteurs qui influent sur le développement d'un comportement
antisocial. Dans ce modèle, le cœur du processus est l'interaction enfant-parent (le carré bleu). Cependant,
alors que certains y verraient l'origine du comportement antisocial, Patterson soutient que des facteurs écologiques
(contextuels) – comme ceux qui sont énumérés dans les carrés rouges – en sont aussi les causes.

Source: Adapté de Patterson, DeBarsyshe et Ramsey, 1989, figures 1 et 2, p. 331 et 333.

Bronfenbrenner. Le terme **culture** fait généralement référence à un système de significations et d'us et coutumes qui inclut les croyances, les valeurs, les attitudes, les buts, les lois et les règles morales, ainsi que toutes sortes d'artefacts physiques comme les outils et les habitations. Pour mériter le nom de *culture*, un système de significations et d'us et coutumes doit être partagé par un groupe identifiable — qu'il s'agisse de la population entière d'un pays ou d'un sous-groupe de la population — et se transmettre d'une génération de ce groupe à la suivante (Cole, 2005).

Certains changements sont associés à la culture parce qu'ils résultent d'expériences communes. Ainsi, une sorte d'**horloge sociale** régule la vie de tous les individus (ou presque) selon des processus de changements communs (Helson, Mitchell et Moane, 1984). Cette horloge sociale qui prescrit la séquence normale des expériences de vie dans chaque culture — l'âge approprié pour entrer à l'école, pour se marier, pour avoir des enfants, pour prendre sa retraite, etc. — se fait particulièrement entendre à l'âge adulte.

Enfin, la culture façonne non seulement notre développement, mais aussi notre conception du développement normal. Ainsi, dans certaines cultures, il est normal que les époux se choisissent mutuellement, tandis que dans d'autres cultures c'est le mariage arrangé par les parents qui est la norme. On ne peut donc pas présumer que les modèles développementaux de notre culture sont universels, ni même qu'ils se retrouvent dans tous les sous-groupes de notre société.

Le modèle de Bronfenbrenner inclut également la dimension temporelle, le *chronosystème*. Outre le fait que le développement humain s'inscrit forcément dans le temps, le contexte historique peut influer sur toute une génération ou, plus précisément, sur une **cohorte** d'individus qui ont vécu des événements semblables au cours d'une même période de leur vie. Dans une culture donnée, les cohortes successives peuvent avoir des expériences de vie très différentes. Par exemple, le boom démographique qui a suivi la Deuxième Guerre mondiale dans les pays industrialisés a créé une cohorte beaucoup plus nombreuse que les précédentes et les suivantes, ce qui a influé sur le vécu de ses membres. Les baby-boomers se sont retrouvés dans des écoles bondées et se sont heurtés à une forte concurrence au moment de trouver un emploi. Les personnes nées juste avant le baby-boom n'ont pas connu une telle concurrence dans la plupart des étapes de leur vie. La date de naissance d'un individu peut donc avoir des conséquences à long terme tant sur ses expériences personnelles que sur son développement et ses attitudes.

Le modèle interne de l'expérience

On associe souvent l'expérience à des facteurs strictement externes; pourtant, de nombreux théoriciens sont convaincus que l'interprétation que l'individu donne de ses expériences — leur aspect interne — est tout aussi importante que ses propriétés objectives. Ainsi, selon l'approche du **modèle interne**, l'effet d'une expérience dépend moins de ses propriétés objectives que de la signification qu'on lui donne. Par exemple, si un ami vous fait un commentaire que vous interprétez comme une critique, c'est votre interprétation qui aura un effet sur vous, et non ce que votre ami a vraiment voulu dire ou le contenu objectif de sa remarque.

Pour les théoriciens qui insistent sur l'importance de ces systèmes intériorisés d'interprétations et de significations, tout enfant se construit très tôt un ensemble de suppositions, d'attentes et d'hypothèses sur le monde, sur lui-même et sur ses relations avec les autres, à travers lesquelles il filtre toutes ses expériences (Epstein, 1991; Reiss, 1998). Ces présomptions sont basées en partie sur des expériences réelles mais, une fois organisées en *modèles internes*, elles se généralisent et colorent l'interprétation que l'enfant donne de ses expériences ultérieures. Un enfant qui s'attend à ce que les adultes soient fiables et affectueux sera plus susceptible d'interpréter ainsi le comportement d'adultes qu'il ne connaît pas et de créer des relations amicales et affectueuses hors de la famille. Les diverses facettes du concept de soi semblent aussi opérer comme un modèle interne définissant «qui je suis» (Bretherton, 1991); basées en partie sur les expériences passées, elles façonnent les expériences ultérieures.

Le concept de modèle interne éclaire la continuité du comportement et permet en outre de mieux comprendre qu'une même expérience puisse avoir des répercussions différentes selon les gens. Bien qu'ils ne soient pas

---

Culture Système de significations et d'us et coutumes partagé par un groupe identifiable et qui se transmet d'une génération de ce groupe à la suivante; inclut les croyances, les valeurs, les attitudes, les buts, les lois et les règles morales, ainsi que toutes sortes d'artefacts physiques comme les outils et les habitations.

Horloge sociale Concept désignant un mécanisme qui régule la séquence normale des événements et des rôles sociaux au cours de la vie de l'individu.

Cohorte Ensemble de personnes d'une même tranche d'âge ayant connu des expériences semblables au même moment de leur vie.

Modèle interne Système intériorisé d'interprétations et de significations que l'individu se construit à partir de ses expériences.

Selon les théoriciens du développement qui mettent l'accent sur le rôle des modèles internes, l'important dans l'expérience psychologique qu'ont vécue ces joueuses de soccer n'est pas tant la victoire qu'elles ont remportée que l'interprétation qu'elles en ont donnée.

immuables, les modèles internes que nous nous créons dans l'enfance tendent à nous accompagner et à façonner nos expériences d'adultes.

LES INFLUENCES CONJUGUÉES DE LA NATURE ET DE LA CULTURE : LES APPROCHES INTERACTIONNISTES

Les approches interactionnistes tentent de rendre compte de l'interaction de la biologie et de l'environnement dans le développement humain. Elles prennent donc en considération les influences de la nature dans leurs modèles.

L'interaction gènes-environnement

Le bagage génétique peut également influer sur l'environnement (Plomin, 1995), et ce, de deux façons. D'abord, l'enfant reçoit son bagage génétique de ses parents, qui créent également l'environnement dans lequel il grandira. Les gènes d'un enfant ne sont donc pas si étrangers à son environnement qu'on pourrait le croire. Par exemple, les parents dont le quotient intellectuel (QI) est supérieur à la moyenne sont plus susceptibles de transmettre un « bon QI » à leur progéniture, mais aussi de créer pour eux un milieu familial riche et stimulant.

Deuxièmement, le bagage unique de traits héréditaires influe sur la façon dont l'individu se comporte à l'égard des autres, ce qui a un effet sur la réaction de ceux-ci — adultes et enfants — et entraîne une certaine continuité des comportements. Ainsi, un nourrisson d'intelligence moyenne au tempérament difficile risque de recevoir moins de sourires et plus de gronderies qu'un enfant placide au tempérament égal, ou encore qu'un

enfant très intelligent qui exige un surcroît d'attention, pose davantage de questions ou cherche des jouets plus complexes (Saudino et Plomin, 1997). En outre, toutes les prédispositions héréditaires — l'intelligence, mais aussi le tempérament et les tendances pathologiques — influent sur la façon dont l'enfant interprète les expériences qu'il vit (Plomin, Reiss, Hetherington et Howe, 1994).

Le moment de l'expérience

Enfin, d'autres différences individuelles dépendent du moment précis où survient un événement donné. Ainsi, les théoriciens du développement accordent une place centrale au concept de **périodes critiques**, périodes durant lesquelles l'organisme serait réceptif à la présence (ou à l'absence) de certains types de stimulation qui n'auraient que peu ou pas d'influence sur son développement à d'autres moments. L'essentiel de ce que nous savons des périodes critiques provient de la recherche sur les animaux. Ainsi, chez les canetons, la quinzaine de jours qui suit l'éclosion est cruciale pour le développement de l'attachement et du comportement d'escorte. Durant cette période critique, ils suivront n'importe quel canard ou n'importe quel objet mobile qui fait « coin-coin » autour d'eux. Si rien ne se déplace ni n'émet le cri du canard durant la période critique, l'occasion est perdue, et les canetons ne manifesteront aucun comportement d'attachement ni d'escorte (Hess, 1972). Les psychologues du développement humain préfèrent souvent le concept plus large et plus souple de **périodes sensibles**, périodes durant lesquelles certains types de stimulation sont particulièrement importants ou efficaces dans le développement de l'enfant. Ainsi, la période de 6 à 12 mois est probablement une période sensible pour la formation d'un lien d'attachement aux parents.

Les facteurs de risque et de protection : le modèle de la vulnérabilité et de la résilience

On l'aura compris, la nature et la culture n'agissent pas indépendamment sur le développement de l'individu, et leurs interactions sont aussi complexes que fascinantes. Un même environnement aura donc sur les enfants des effets qui varieront selon les caractéristiques innées des uns et des autres.

Période critique Période du développement durant laquelle l'organisme est réceptif à la présence ou à l'absence de tels ou tels types de stimulation qui n'auront que peu ou pas d'effet à d'autres moments.

Période sensible Période du développement de l'enfant durant laquelle certains types de stimulation sont particulièrement importants ou efficaces.

Les modèles de la **vulnérabilité** (*facteurs de risque*) et de la **résilience** (*facteurs de protection*) explorent cette interaction de la nature et de l'environnement dans le développement humain. C'est l'éthologue Boris Cyrulnik qui a défini le concept de résilience en psychologie, c'est-à-dire la capacité de surmonter un environnement difficile ou une expérience traumatisante, à partir de l'observation des survivants des camps de concentration et d'individus appartenant à différents groupes, dont les enfants des orphelinats roumains et les enfants des rues en Bolivie. Examinons un exemple concret: dans leur étude longitudinale d'un groupe d'enfants nés en 1955 sur l'île de Kauai à Hawaii, Emmy Werner et Ruth Smith (Werner, 1993, 1995; Werner et Smith, 1992, 2001) ont constaté que seulement les deux tiers de ceux qui avaient grandi dans des familles pauvres et chaotiques présentaient eux-mêmes des problèmes graves à l'âge adulte; l'autre tiers se composait d'individus dits *résilients*, qui étaient devenus «des adultes compétents, confiants et chaleureux» (Werner, 1995, p. 82).

Des théoriciens comme Norman Garmezy, Michael Rutter, Ann Masten et d'autres (Garmezy, 1993; Garmezy et Rutter, 1983; Masten et Coatsworth, 1995; Rutter, 1987, 2005b) soutiennent que ce sont les modèles de la vulnérabilité et de la résilience qui expliquent le mieux de telles différences. Selon ces modèles, l'enfant naît avec certaines faiblesses (tempérament difficile, anomalies phy-siques, allergies, tendance héréditaire à l'alcoolisme, etc.), mais aussi avec certains facteurs de protection (grande intelligence, bonne coordination, tempérament facile, sourire irrésistible, etc.) qui lui confèrent une plus grande souplesse ou une plus grande adaptabilité. Ces faiblesses et ces facteurs de protection interagissent avec l'environnement, de sorte qu'un même environnement aura des effets différents selon les caractéristiques que l'enfant apporte dans cette interaction.

Frances Horowitz (1987, 1990) a proposé un modèle particulièrement explicite de cette interaction (figure 1.3), dont les éléments clés sont, selon elle, la vulnérabilité ou la résilience de chaque enfant et le caractère plus ou moins «facilitant» de son environnement. Ainsi, un enfant dont les parents sont aimants et réceptifs et qui a accès à des stimulations riches et nombreuses jouit d'un milieu très facilitant. Quand divers éléments de facilitation se combinent avec des vulnérabilités initiales, soutient Horowitz, ces facteurs font plus que s'additionner: ils interagissent.

> **Vulnérabilité** Trait de caractère résultant de caractéristiques innées et acquises, et qui augmente les risques que l'individu réagisse au stress de façon inadaptée ou pathologique.
>
> **Résilience** Trait de caractère résultant de caractéristiques innées et acquises, et qui augmente les possibilités que l'individu s'adapte bien au stress.

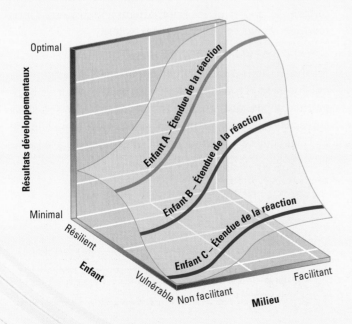

Figure 1.3
Le modèle interactionniste d'Horowitz
Le modèle interactionniste d'Horowitz décrit un type d'interaction possible entre la nature et la culture. La chercheuse soutient que le degré de vulnérabilité ou de résilience de l'enfant interagit avec le degré de facilitation qu'offre le milieu. La surface quadrillée indique le niveau de certains résultats développementaux (comme le quotient intellectuel ou les aptitudes sociales). Un environnement facilitant aura plus d'effet sur un enfant résilient (enfant A ou B) que sur un enfant vulnérable (enfant C). Seule la combinaison d'une grande vulnérabilité et d'un milieu peu facilitant (double mauvais sort) entraîne toujours de piètres résultats.

Source: Adapté de Turkheimer, Goldsmith et Gottesman, 1995.

Un enfant résilient — c'est-à-dire doté de nombreux facteurs de protection et qui a peu de faiblesses — est tout à fait capable de se développer harmonieusement dans un milieu peu stimulant, car il sait tirer profit de tous les stimulus et de toutes les occasions qui s'offrent à lui. De même, un enfant vulnérable réussit fort bien à s'épanouir dans un milieu très facilitant. Selon ce modèle, seul le **double mauvais sort** — un enfant vulnérable qui grandit dans un milieu peu stimulant — donnera de piètres résultats développementaux.

Comme vous le verrez dans cet ouvrage, des recherches de plus en plus nombreuses confirment la validité de ce modèle. Par exemple, on a observé que les enfants qui avaient un très faible poids à la naissance et qui ont grandi dans des familles pauvres ont généralement des QI très faibles. Les enfants de la classe moyenne qui avaient un très faible poids à la naissance ont un QI normal, tout comme les enfants des familles pauvres qui avaient un poids normal à la naissance (Werner, 1986). En outre, parmi les enfants des familles pauvres qui avaient un très faible poids à la naissance, ceux dont le milieu familial offrait certains facteurs de protection (un domicile relativement stable, des conditions de vie moins mauvaises, une meilleure acceptation parentale, davantage de stimulations et de matériel éducatif, etc.) présentaient les QI les plus élevés (Bradley et autres, 1994).

Pause APPRENTISSAGE

Les concepts fondamentaux et les facteurs d'influence

1. Définissez la psychologie du développement humain.

2. Expliquez la différence entre un changement *qualitatif* et un changement *quantitatif*, ainsi qu'entre un *stade* et une *séquence*.

3. Nommez les quatre domaines d'étude du développement, et donnez des exemples pour chacun.

4. Définissez les termes *maturation* et *prédispositions innées*.

5. Expliquez le modèle écologique de Bronfenbrenner.

6. Comment Patterson explique-t-il l'origine du comportement antisocial observé chez certains enfants ?

7. Expliquez les notions de *culture* et de *cohorte*.

8. Expliquez la notion de *modèle interne* et donnez-en un exemple.

9. Quelle est la différence entre une période *critique* et une période *sensible* ?

10. Expliquez les concepts de *vulnérabilité* et de *résilience*, et précisez ce que l'on entend par l'expression *double mauvais sort*.

LES GRANDES THÉORIES

Dans cette dernière partie du chapitre, nous allons présenter les grandes théories modernes qui ont façonné la pensée et la recherche sur le développement humain, à savoir les théories psychanalytiques, les théories de l'apprentissage, les théories humanistes et les théories cognitives.

LES THÉORIES PSYCHANALYTIQUES

Outre Sigmund Freud, à qui on attribue la paternité de la théorie psychanalytique, la famille des théoriciens de la psychanalyse comprend Carl Gustav Jung, Alfred Adler, Erik Erikson, Anna Freud, Melanie Klein et plusieurs autres. Tous et toutes ont tenté d'expliquer le comportement humain en étudiant les processus sous-jacents de la *psyché* — du grec *psukhê* : « âme » ou « esprit ». Nous nous pencherons ici sur la théorie du développement de la personnalité de Freud et sur la théorie psychosociale d'Erikson.

Freud et la théorie du développement de la personnalité

La théorie de Sigmund Freud (1856-1939) est complexe et comporte plusieurs volets complémentaires et interreliés. L'une des idées les plus originales de ce médecin autrichien est celle qui veut que le comportement soit gouverné non seulement par des processus conscients, mais aussi par des processus inconscients. Pour lui, le développement humain est façonné par une lutte inconsciente entre des besoins instinctifs (pulsion de vie et pulsion de mort) et les comportements sociaux appris (comme ne pas mentir ou ne pas voler).

Le plus élémentaire des processus inconscients est celui de la **libido**, énergie psychique qui se dégage de la pulsion sexuelle instinctive (ou pulsion de vie) et force motrice de presque tous nos comportements. Les pulsions agressives sont pour leur part associées à la pulsion de mort, qui pousse l'être humain à la destruction et à la haine.

Double mauvais sort Combinaison de la vulnérabilité d'un enfant et d'un milieu peu stimulant qui entraîne un développement inadapté ou pathologique.

Libido Dans la théorie freudienne, énergie psychique qui se dégage des pulsions sexuelles.

Quand les parents divorcent, les garçons sont plus susceptibles de manifester des troubles du comportement ou de connaître des problèmes scolaires que les filles. Pour nous aider à expliquer de telles observations, nous avons besoin de théories.

Freud présuppose que nous avons une inclination naturelle à être égoïstes et agressifs, et que nos comportements sont orientés vers la satisfaction sexuelle. Mais il reconnaît également que nous ne cherchons pas constamment à nuire ou à blesser les autres, ni à assouvir nos pulsions sexuelles. Il faut plonger au cœur de sa théorie du développement de la personnalité pour mieux comprendre.

Pour Freud, la personnalité a une structure qui évolue avec le temps et qui se divise en *instances psychiques* : le **ça**, siège de la libido, le **moi** (ou **ego**), beaucoup plus conscient et qui dirige la personnalité, et le **surmoi**, siège de la moralité, qui intègre les normes et les restrictions morales établies par la famille et la société.

De ces trois instances de la personnalité, seul le ça, qui répond au principe de plaisir et pousse l'individu à chercher la gratification immédiate de ses besoins, est inné. Le nourrisson n'est que *ça* — instinct et désir, pulsions sexuelles et pulsions agressives — et ne subit aucune influence inhibitrice du moi ou du surmoi.

Mais l'enfant se rend vite compte qu'il ne peut pas toujours obtenir d'emblée ce qu'il veut. C'est par ce contact avec la réalité que le moi se développe, à mesure que le jeune enfant apprend à adapter ses stratégies de gratification immédiate, à répondre au principe de réalité. Le rôle du moi est d'aider le ça à assouvir ses pulsions tout en assurant la sécurité physique de l'individu.

La société (notamment l'éducation des parents) apprend à l'enfant ce qui est bien et ce qui est mal ; là intervient le surmoi. Cette instance de la personnalité représente les aspects moraux et socialisés intériorisés de notre personnalité en développement. Le surmoi répond donc au principe de moralité. Il commence à se développer juste avant l'âge scolaire, quand l'enfant s'identifie aux parents et tente d'assimiler leurs valeurs et leurs coutumes sociales. C'est le surmoi qui fait qu'on se sent coupable ou qu'on a des remords quand on a mal agi.

Pour Freud, ces trois instances psychiques évoluent dans les trois niveaux de conscience qu'il a appelés le conscient, le préconscient et l'inconscient. Le conscient est constitué des pensées et informations de toutes sortes que notre cerveau traite au moment présent, donc de ce qui est directement accessible à la mémoire. Le préconscient est constitué des pensées et des informations qui, comme certains souvenirs, ne sont pas immédiatement accessibles à notre esprit, mais peuvent revenir à la conscience (être réactivés) après un effort de recherche. Enfin, l'inconscient est constitué de pensées, de pulsions, de désirs et de souvenirs qui échappent à l'activité consciente normale d'une personne ; certains rêves et certains lapsus proviendraient de ce vaste réservoir secret de l'énergie psychique. Dans ce système, le ça occupe uniquement le niveau inconscient, alors que le moi et le surmoi occupent chacun des trois niveaux de conscience. La figure 1.4 propose une représentation graphique de ce système.

Cette théorie du développement de la personnalité a des implications considérables. Si l'individu est incapable d'apprendre à composer efficacement avec la réalité — si son moi n'est pas assez fort, par exemple —, le ça pourra obtenir ce qu'il désire, mais peut-être au détriment de la sécurité physique de l'individu ; ainsi, une attaque à main armée peut coûter la vie à celui qui la commet. Par ailleurs, un individu au moi trop faible par rapport au surmoi risque d'être incapable de transgresser un interdit quoi qu'il arrive ; on l'imagine se refusant à dépasser la vitesse limite même pour conduire à l'hôpital une femme en train d'accoucher. Un moi trop faible par rapport au ça peut produire une personnalité impulsive, incapable de différer la satisfaction de ses pulsions et constamment à la recherche d'émotions fortes

Ça Dans la théorie freudienne, instance primitive de la personnalité et siège de la libido, laquelle exige constamment une gratification immédiate ; répond au principe de plaisir.

Moi (ou **ego**) Dans la théorie freudienne, instance de la personnalité qui dirige celle-ci ; aide le ça à assouvir ses pulsions tout en assurant la sécurité physique de l'individu ; répond au principe de réalité.

Surmoi Dans la théorie freudienne, instance de la personnalité qui représente les valeurs, les interdits et les tabous parentaux et sociaux intériorisés ; répond au principe de moralité.

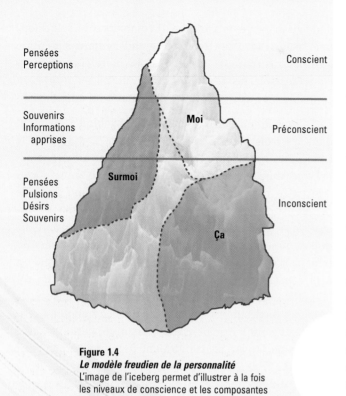

Pensées
Perceptions

Conscient

Moi

Souvenirs
Informations
apprises

Préconscient

Surmoi

Pensées
Pulsions
Désirs
Souvenirs

Inconscient

Ça

Figure 1.4
Le modèle freudien de la personnalité
L'image de l'iceberg permet d'illustrer à la fois
les niveaux de conscience et les composantes
de la personnalité (instances psychiques) dans
la théorie de Freud.

Comme le résume le tableau 1.1, à chaque stade, la libido se fixe dans la partie du corps la plus sensible à cet âge. Chez le nouveau-né, l'énergie libidinale se concentre dans la bouche ; c'est le *stade oral*. À mesure que le développement neurologique se poursuit, d'autres parties du corps deviennent sensibles, et le siège de l'énergie sexuelle se déplace vers l'anus (*stade anal*), puis vers les parties génitales (*stade phallique* et *stade génital*). Une *période de latence*, caractérisée par l'assoupissement de la pulsion sexuelle, sépare le stade phallique du stade génital.

Le développement optimal, soutient Freud, requiert un environnement qui satisfait les besoins particuliers de chaque période. Le bébé a besoin d'une stimulation orale adéquate (ni trop forte, ni trop faible) ; le garçonnet de quatre ans a besoin d'un père présent auquel il puisse s'identifier et d'une mère qui ne soit pas trop séductrice, etc. Ainsi, à chaque stade, l'enfant qui est trop stimulé ou qui au contraire l'est trop peu risque de faire une fixation à ce stade, et portera un résidu de problèmes non résolus et de besoins non comblés au stade suivant. Et ainsi de suite jusqu'à l'âge adulte. Les cinq ou six premières années de la vie sont une période particulièrement sensible, un creuset dans lequel se forge la personnalité de l'individu. Un environnement inadéquat dans l'enfance peut donc laisser de graves séquelles chez l'individu.

Erikson et la théorie psychosociale

Après Freud, l'Américain d'origine allemande Erik Erikson (1902-1994) est le psychanalyste qui a le plus marqué l'étude du développement humain. Pour l'essentiel, il partage les principes de Freud. Les théories des deux psychanalystes présentent néanmoins certaines différences fondamentales (Erikson, 1950, 1959, 1963, 1980a, 1980b, 1982 ; Erikson, Erikson et Kivnick, 1986 ; Evans, 1969).

D'une part, Erikson rejette la place centrale des pulsions instinctives, notamment de la pulsion sexuelle, au profit d'une quête progressive de l'**identité** ; selon lui, l'individu cherche à se construire une personnalité saine

qui risquent de mettre l'individu en danger. Un moi trop fort par rapport au ça et au surmoi pourra donner une personnalité fourbe et manipulatrice, qui agit souvent aux dépens d'autrui. Enfin, un moi trop faible par rapport au surmoi pourra produire une personnalité excessivement cynique, distante et inflexible, qui porte des jugements sur tout. On l'aura compris, selon Freud, une personnalité saine repose sur la capacité de l'individu de bâtir un moi solide en équilibre avec les pulsions du ça et les interdits du surmoi. Tout déséquilibre suscite un malaise, des tensions, de l'anxiété.

Par ailleurs, la tension que suscite un conflit entre deux instances de la personnalité peut engendrer divers **mécanismes de défense**, c'est-à-dire des stratégies automatiques, inconscientes et normales auxquelles nous avons recours quotidiennement pour réduire l'anxiété (Cramer, 2000). Freud considérait ces mécanismes d'adaptation comme normaux pourvu qu'ils ne deviennent pas omniprésents. Nous aborderons ces notions au chapitre 8.

La théorie freudienne propose non seulement une description des composantes de la personnalité, mais également une explication du développement de celle-ci stade par stade. Freud distingue cinq **stades psychosexuels** que l'enfant traverse selon une séquence déterminée et intimement liée au processus de maturation.

Mécanismes de défense Dans la théorie de Freud, stratégies automatiques, inconscientes et normales auxquelles nous recourons quotidiennement pour réduire l'anxiété.

Stades psychosexuels Dans la théorie de Freud, stades du développement de la personnalité ; comprennent le stade oral, le stade anal, le stade phallique, la période de latence et le stade génital.

Identité Dans la théorie d'Erikson, concept de soi qui émerge et évolue progressivement en traversant huit stades développementaux.

Tableau 1.1   *Les stades psychosexuels selon Freud*

Stade	Âge	Zones érogènes	Principale tâche développementale (source de conflit potentielle)	Particularités des adultes qui ont fait une fixation durant l'enfance
Stade oral	De la naissance à 1 an	Bouche, lèvres, langue	Sevrage	Comportement oral, comme fumer ou trop manger ; passivité et crédulité
Stade anal	De 1 an à 3 ans	Anus	Apprentissage de la propreté	Ordre, parcimonie et obstination, ou l'inverse
Stade phallique	De 3 ans à 6 ans	Parties génitales	Complexe d'Œdipe	Vanité et insouciance, ou l'inverse
Période de latence	De 6 ans à 12 ans	Aucune en particulier	Développement des mécanismes de défense ; identification aux pairs de même sexe	Aucune fixation ne survient habituellement à ce stade
Stade génital	12 ans et plus	Parties génitales	Maturité de l'intimité sexuelle	Si les stades précédents ont été bien intégrés, intérêt sincère pour autrui et épanouissement sexuel

et équilibrée en interaction avec son milieu social plutôt qu'à résoudre d'importants conflits internes. D'autre part, s'il considère comme Freud que les premières années de la vie sont cruciales, Erikson ne pense pas que la construction de l'identité s'achève avec l'adolescence : il soutient qu'elle passe par huit stades, dont trois ne sont atteints qu'à l'âge adulte.

Pour Erikson, la maturation joue un rôle relativement mineur dans la succession des stades. Les exigences sociales quant à ce que doit faire ou ne doit pas faire un individu à un âge donné sont beaucoup plus importantes — un bébé doit être propre vers l'âge de deux ans ; un enfant doit commencer l'école vers cinq ou six ans ; un jeune adulte doit rechercher l'intimité d'une relation amoureuse, etc. Pour reprendre les termes de Mathilda Riley (1976), à chaque tranche d'âge correspond une tâche psychologique centrale. Le développement résulte de l'interaction entre les forces internes et les exigences sociales, soutient Erikson, ce qui explique que sa théorie parle de **stades psychosociaux** plutôt que psychosexuels.

La théorie d'Erikson s'appuie notamment sur les deux idées suivantes : 1) chacun des huit stades a un enjeu majeur ; 2) tout changement dans les exigences sociales provoque une crise développementale chez l'individu. Pour se construire une personnalité saine, l'individu doit résoudre une crise à chacun des huit stades de développement décrits au tableau 1.2. À chaque stade, la crise se joue entre deux pôles opposés entre lesquels l'individu doit trouver un équilibre pour acquérir sa *force adaptative*. Par exemple, au premier stade (première année de vie), la méfiance coexistera avec la confiance pour que puisse apparaître l'espoir (force adaptative) ; au deuxième stade (de 1 an à 3 ans), l'autonomie coexistera avec la honte et le doute pour que puisse apparaître la volonté ; et ainsi de suite. À mesure qu'il avance en âge, l'individu se trouve bon gré mal gré devant de nouvelles tâches développementales, qu'il ait ou non réussi à assumer les précédentes. Nous ne pouvons pas vivre comme à 20 ans toute notre vie ; les exigences sociales nous poussent inexorablement vers le stade suivant. Nous devons alors traîner nos crises non résolues comme des boulets, qui rendent d'autant plus difficiles les tâches développementales suivantes. Les toutes premières restent toutefois les plus déterminantes, car elles sont la pierre angulaire du développement ultérieur. Ajoutons qu'Erikson voit essentiellement ces tâches développementales comme des occasions de grandir et d'évoluer.

Critique des théories psychanalytiques

Les théories psychanalytiques comme celles de Freud et d'Erikson ont l'avantage de mettre en lumière l'importance des toutes premières relations entre l'enfant et ses

La générativité peut s'exprimer de différentes façons ; ainsi, l'individu peut devenir enseignant ou « grand frère ».

Stades psychosociaux   Dans la théorie d'Erikson, stades du développement de la personnalité ; comprennent la confiance, l'autonomie, l'initiative, le travail, l'identité, l'intimité, la générativité et l'intégrité personnelle.

Tableau 1.2 *Les huit stades du développement selon Erikson*

Stade	Qualités du moi en émergence	Question centrale	Force adaptative et exemples de tâches ou d'activités typiques
De la naissance à 1 an	Confiance ou méfiance	Mon environnement est-il assez prévisible et me soutient-il bien ?	ESPOIR Acquérir de la confiance envers la mère ou la personne qui s'occupe du nouveau-né et de la confiance en sa propre capacité d'agir sur les choses. Un sentiment d'attachement sécurisant en est la clé.
De 1 an à 3 ans	Autonomie ou honte et doute	Puis-je faire les choses par moi-même ou dois-je toujours compter sur autrui ?	VOLONTÉ Acquérir de nouvelles habiletés physiques qui donnent davantage de choix ; apprendre la propreté. L'enfant apprend la maîtrise de son corps, mais peut commencer à ressentir de la honte s'il n'est pas supervisé correctement.
De 3 ans à 6 ans	Initiative ou culpabilité	Suis-je bon ou mauvais ?	BUT Organiser ses activités autour d'un but ; commencer à s'affirmer et manifester plus d'agressivité. Le complexe d'Œdipe envers le parent du même sexe peut conduire à la culpabilité.
De 6 ans à 12 ans	Travail ou infériorité	Est-ce que je réussis ou est-ce que tout ce que je fais est sans valeur ?	COMPÉTENCE Assimiler toutes les habiletés et les normes culturelles élémentaires, y compris les habiletés scolaires ou l'utilisation d'outils. L'incapacité de maîtriser ces tâches risque d'engendrer un sentiment d'infériorité.
De 12 ans à 18 ans	Identité ou diffusion de rôle	Qui suis-je ? Qu'est-ce que je vais faire dans la vie ?	FIDÉLITÉ Adapter la perception de soi aux changements associés à la puberté, choisir son orientation professionnelle, acquérir une identité sexuelle d'adulte et se créer de nouvelles valeurs.
De 18 ans à 30 ans	Intimité ou isolement	Vais-je partager ma vie avec une autre personne ou devrais-je vivre seul ?	AMOUR Nouer au moins une relation intime véritable ; fonder un foyer.
De 30 ans à 50 ans	Générativité ou stagnation	Vais-je produire quelque chose de vraiment valable ?	SOLLICITUDE Avoir des enfants et les éduquer, se concentrer sur la réussite professionnelle et la créativité, se tourner vers les autres, et former la prochaine génération.
50 ans et plus	Intégrité personnelle ou désespoir	Ai-je eu une vie bien remplie ou suis-je passé à côté ?	SAGESSE Intégrer les stades précédents, accepter la vie qu'on a menée et vivre en harmonie avec soi-même.

parents (ou leurs substituts) dans la formation des modèles internes, des habitudes et de la personnalité de l'individu. De plus, en soutenant que les besoins ou les tâches de l'enfant changent avec l'âge selon une séquence déterminée, Freud et Erikson soulignent que les parents doivent constamment s'adapter à l'enfant en évolution et que, pour l'enfant, le développement d'une personnalité saine et équilibrée passe par les interactions ou les transactions familiales. Ces théories insistent sur la nature *transactionnelle* du processus développemental ; l'enfant n'est pas un récepteur passif soumis à l'influence familiale ; au contraire, il arrive dans l'équation avec ses besoins et ses tâches propres.

Cependant, les théories psychanalytiques comportent des faiblesses de taille. Les théories de Freud et d'Erikson reposaient essentiellement sur des observations cliniques et non sur des recherches systématiques. La totalité des observations cliniques de Freud portait sur des personnes qui avaient voulu entreprendre une psychothérapie, ce qui a pu le conduire à se concentrer sur les pathologies et les processus psychologiques négatifs. Cette critique s'applique moins à Erikson, dont la théorie accorde autant d'importance aux adaptations saines et positives qu'aux comportements pathologiques. Cependant, les approches psychanalytiques prêtent le flanc à

la critique par le flou qui les caractérise. Comme le souligne Jack Block (1987, p. 2) :

> Malgré la richesse et la profondeur qu'elle apporte à la compréhension du fonctionnement de la personnalité, la théorie psychanalytique reste très imprécise, repose trop souvent sur de simples spéculations et ne semble pas pouvoir se plier aux exigences de la méthode scientifique. [Traduction libre]

À cause de cette imprécision, les chercheurs ont souvent eu du mal à traduire les concepts de Freud et d'Erikson en définitions opérationnelles et en mesures valides et fiables. Il est donc difficile de mettre ces théories à l'épreuve et de les valider. Cependant, ces dernières années, certaines théories à tendance psychanalytique, comme celle de Bowlby sur l'attachement (que nous étudierons au chapitre 4), ont été élaborées dans un cadre plus rigoureux, ce qui a suscité un regain d'intérêt pour l'approche psychanalytique.

LES THÉORIES DE L'APPRENTISSAGE

Les théories de l'apprentissage se concentrent sur le rôle des processus fondamentaux de l'**apprentissage** dans la

Apprentissage Tout changement relativement permanent qui résulte de l'expérience.

création et le façonnement du comportement humain, de la naissance à la mort. Les théoriciens de l'apprentissage insistent sur la façon dont l'environnement façonne l'enfant plutôt que sur la façon dont ce dernier comprend ses expériences. Pour eux, le comportement humain est façonné par des processus d'apprentissage prévisibles, les plus importants étant le conditionnement classique (ou conditionnement répondant), le conditionnement opérant (ou conditionnement instrumental) et l'apprentissage social.

Pavlov et le conditionnement classique

Popularisé par les expérimentations sur les chiens du physiologiste russe Ivan Petrovitch Pavlov (1849-1936), le **conditionnement classique** est un type d'apprentissage dans lequel un signal, après avoir été associé plusieurs fois à un stimulus qui déclenche une réaction automatique, finit par déclencher seul la même réaction automatique.

Prenons un exemple. Si on lui touche la joue, le nouveau-né se tournera du côté où on l'a touché et commencera à téter. Cette réaction est programmée ; c'est un réflexe automatique. Dans la terminologie du conditionnement classique, le toucher sur la joue est un **stimulus inconditionnel**, et le réflexe de se tourner et de téter, une **réponse inconditionnelle**. L'apprentissage se fait quand l'organisme perçoit un nouveau stimulus (un stimulus neutre) et l'associe au stimulus inconditionnel. Selon le modèle général, les autres stimulus (stimulus neutres) présents juste avant le stimulus inconditionnel ou en même temps finissent par acquérir les mêmes propriétés que ce dernier et par déclencher les mêmes réactions. Pour reprendre notre exemple, dans la vie du bébé, un certain nombre de stimulus se produisent à peu près en même temps que le toucher sur la joue avant la tétée, comme le bruit des pas de la mère, la sensation kinesthésique d'être soulevé et la sensation tactile d'être pris dans les bras maternels. À la longue, tous ces signaux peuvent devenir des **stimulus conditionnels**, de sorte que, quand il les percevra, le nouveau-né se tournera et se mettra à téter avant même qu'on touche sa joue. On dira alors qu'il a une **réponse conditionnelle**. La figure 1.5 illustre les étapes du conditionnement classique dans ce cas particulier.

Le conditionnement classique joue un rôle primordial dans le développement des réactions émotionnelles. Par exemple, les choses ou les personnes présentes quand l'individu se sent bien sont associées à des sensations de bien-être, et celles présentes quand il se sent mal, à des sensations de malaise, de crainte ou d'anxiété. Le fait est

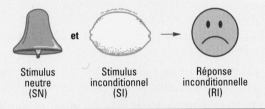

Première étape   AVANT LE CONDITIONNEMENT

Stimulus inconditionnel (SI) → Réponse inconditionnelle (RI)   et   Stimulus neutre (SN) → Pas de réponse

Deuxième étape   PENDANT LE CONDITIONNEMENT

Stimulus neutre (SN)   et   Stimulus inconditionnel (SI) → Réponse inconditionnelle (RI)

Troisième étape   APRÈS LE CONDITIONNEMENT

Stimulus conditionnel (SC) → Réponse conditionnelle (RC)

Figure 1.5
Les étapes du conditionnement classique
Vous voulez apprendre à un sujet à grimacer au son d'une cloche. Vous lui faites donc entendre le son d'une cloche une fraction de seconde avant de déposer une goutte de jus de citron sur sa langue. Vous répétez l'opération de 10 à 12 fois, puis vous lui faites entendre seulement le son de la cloche. Si votre conditionnement s'est effectué dans de bonnes conditions, le sujet devrait grimacer au seul bruit de la cloche.

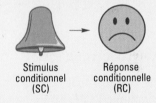

Conditionnement classique   Type d'apprentissage où un stimulus conditionnel associé plusieurs fois au stimulus inconditionnel initial finit par déclencher la même réponse automatique.

Stimulus inconditionnel   Dans la théorie du conditionnement classique, stimulus qui déclenche automatiquement (sans apprentissage) la réponse inconditionnelle.

Réponse inconditionnelle   Dans la théorie du conditionnement classique, réponse automatique et innée déclenchée par un stimulus inconditionnel.

Stimulus conditionnel   Dans la théorie du conditionnement classique, stimulus qui, après avoir été associé plusieurs fois à un stimulus inconditionnel, finit par déclencher la même réponse que ce dernier.

Réponse conditionnelle   Dans la théorie du conditionnement classique, réponse déclenchée par un stimulus conditionnel lorsque ce dernier a été associé plusieurs fois à un stimulus inconditionnel.

particulièrement important pour l'enfant. Comme ils sont très souvent présents quand l'enfant est bien — lorsqu'il se sent au chaud, en sécurité et aimé dans les bras de sa mère ou de son père, par exemple —, les parents deviennent généralement un stimulus conditionnel de sensations agréables. Par contre, un frère aîné taquin peut devenir le stimulus conditionnel d'un sentiment de colère, et ce, longtemps après qu'il a cessé de tourmenter l'enfant.

Les réponses émotionnelles conditionnelles qui résultent d'un conditionnement classique sont très fortes. Elles apparaissent très tôt dans la vie, continuent de se produire durant l'enfance et à l'âge adulte, et influent profondément sur les expériences émotionnelles de l'individu. Cependant, certaines réponses conditionnelles peuvent s'atténuer et disparaître si on présente à plusieurs reprises le stimulus conditionnel sans le faire suivre du stimulus inconditionnel : c'est ce qu'on appelle l'**extinction**.

Watson et le béhaviorisme

S'appuyant sur les travaux de Pavlov, John Watson (1878-1958) a expliqué le développement d'un point de vue *béhavioriste* — terme qu'il a inventé (Watson, 1913). Pour Watson, le développement se conçoit comme une série de changements comportementaux qui résultent de l'influence de l'environnement. Watson (1930) affirmait que, par la seule manipulation de l'environnement, on pouvait former les enfants de telle sorte qu'ils fassent ou deviennent ce qu'on désire :

> Confiez-moi une douzaine de jeunes enfants en bonne santé, bien constitués, et mon propre univers pour les élever, et je vous garantis que, prenant n'importe lequel d'entre eux au hasard, j'en ferai le spécialiste de mon choix – médecin, avocat, commerçant, directeur – ou même un voleur ou un mendiant, sans tenir compte de ses talents, de ses penchants, de ses habiletés, de sa vocation et de la race de ses ancêtres (Watson, p. 104).

Dans la célèbre expérience du «petit Albert», Watson a conditionné un bambin de telle sorte qu'il ait peur des rats blancs ; pour ce faire, il a produit des bruits effrayants chaque fois que l'enfant jouait avec un rat (Watson et Rayner, 1920). À la longue, le petit Albert a associé l'animal aux bruits qui le terrifiaient, pleurant et tentant de quitter la pièce quand le rat s'y trouvait. Se fondant sur l'étude du petit Albert et sur plusieurs autres, Watson a affirmé que tous les changements comportementaux liés à l'âge résultaient d'un apprentissage (Watson, 1928).

Skinner et le conditionnement opérant

Le psychologue américain Burrhus Frederic Skinner (1904-1990) a donné un second souffle au courant béha-

vioriste de Watson en décrivant le **conditionnement opérant**, appelé aussi **conditionnement instrumental**, comme étant un type d'apprentissage où l'on conditionne un comportement volontaire par *renforcement*. Le **renforcement** est une intervention qui consiste à faire suivre un comportement donné d'un stimulus (renforçateur) positif (agréable) ou négatif (désagréable) qui augmente la probabilité de réapparition de ce comportement. Le principe qui sous-tend cette forme d'apprentissage est simple : de tous les comportements possibles dans une situation donnée, celui qui a été renforcé est le plus susceptible de se reproduire dans des situations identiques ou semblables (Skinner, 1953, 1980).

Le renforcement peut être positif ou négatif. Le **renforcement positif** est une intervention qui augmente la probabilité d'apparition d'un comportement volontaire en le faisant suivre d'un stimulus agréable. Par exemple, donner des bonbons à un bambin quand il hurle pour en avoir augmente la probabilité qu'il hurle de nouveau à la prochaine occasion pour la même raison, et lui donner des bonbons quand il les demande poliment augmente la probabilité qu'il les demande de nouveau poliment. Le **renforcement négatif** est une intervention qui augmente la probabilité d'apparition d'un comportement en *retirant* un stimulus désagréable. Supposons, par exemple, que votre enfant pleurniche afin que vous le preniez dans vos bras. Au début, vous l'ignorez, mais vous finissez par céder et vous le prenez dans vos bras. Il arrête alors de pleurnicher. Ainsi, votre comportement qui consiste à prendre votre enfant a été renforcé négativement par l'arrêt de ses pleurs (retrait d'un stimulus désagréable) ; vous êtes maintenant plus susceptible de le prendre encore dans vos bras la prochaine fois qu'il

Extinction Dans la théorie de Pavlov (conditionnement classique), disparition progressive d'une réponse apprise lorsque le stimulus conditionnel cesse d'être associé au stimulus inconditionnel. Dans la théorie de Skinner (conditionnement opérant), disparition de certaines réactions en l'absence de renforcement.

Conditionnement opérant (ou **conditionnement instrumental**) Type d'apprentissage dans lequel des renforcements positifs ou négatifs façonnent le comportement d'un individu.

Renforcement Intervention qui augmente la probabilité de réapparition d'un comportement donné en le faisant suivre d'un stimulus agréable ou du retrait d'un stimulus désagréable.

Renforcement positif Intervention qui augmente la probabilité d'apparition d'un comportement en le faisant suivre d'un stimulus agréable.

Renforcement négatif Intervention qui augmente la probabilité d'apparition d'un comportement en le faisant suivre du retrait d'un stimulus désagréable.

va pleurnicher. Du côté de l'enfant, son comportement qui consiste à pleurnicher a probablement été renforcé positivement par votre attention (stimulus agréable); il sera maintenant plus susceptible de pleurnicher dans des occasions similaires.

Les renforcements positif et négatif visent à *augmenter* la probabilité d'apparition des comportements visés, tandis que les punitions ou les conséquences désagréables visent à *diminuer* leur probabilité d'apparition ou à les éliminer. On parle de **punition positive** quand l'intervention diminue la probabilité d'apparition d'un comportement en le faisant suivre d'un stimulus désagréable. Ainsi, envoyer « au coin » l'enfant qui frappe son petit frère diminue la probabilité qu'il recommence, et se moquer d'un enfant qui essaie de dire un mot nouveau diminue la probabilité qu'il renouvelle l'expérience. On parle de **punition négative** quand l'intervention diminue la probabilité d'apparition d'un comportement en *retirant* un stimulus agréable. Priver de télévision l'enfant qui a fait l'école buissonnière diminue la probabilité qu'il récidive, et retirer sa confiance à l'enfant qui avoue une faute diminue la probabilité qu'il se confesse de nouveau.

Les punitions ne produisent pas toujours l'effet escompté. Si votre fils vous lance son verre de lait pour attirer votre attention, il est bien possible que votre réprimande ait l'effet d'un renforcement positif plutôt que d'une punition, car il a obtenu ce qu'il voulait: votre attention.

Le délai entre le comportement et les conséquences est déterminant dans le conditionnement opérant. Pour être efficaces, renforcements et punitions doivent suivre de près le comportement, sinon le sujet risque de ne pas associer le comportement et la conséquence. Si une personne persiste à fumer même en sachant que cette habitude est néfaste pour sa santé, c'est que ce comportement procure des renforcements *immédiats*, alors que les effets négatifs peuvent mettre des années à se faire sentir (Tavris et Wade, 1999).

Les renforcements ne consolident pas les comportements de façon permanente; ici aussi, on observe un phénomène d'*extinction,* soit la disparition progressive de certains comportements lorsqu'on cesse de les renforcer. Si vous cessez de donner des bonbons à un enfant chaque fois qu'il hurle, il est probable qu'il cessera graduellement de hurler.

Le tableau 1.3 récapitule le fonctionnement du conditionnement opérant.

En laboratoire, les expérimentateurs veillent à renforcer les comportements visés *chaque fois qu'ils se produisent* (**renforcement continu**). Dans le monde réel par contre, une telle constance est exceptionnelle; le plus souvent, le comportement n'est renforcé que de temps à autre; on parle alors de **renforcement intermittent**. Les études sur le renforcement intermittent montrent que les enfants comme les adultes mettent plus de temps à apprendre certains comportements dans des conditions de renforcement intermittent, mais qu'une fois établis ces comportements résistent mieux à l'extinction. Même

---

Punition positive   Intervention qui diminue la probabilité d'apparition d'un comportement en le faisant suivre d'un stimulus désagréable.

Punition négative   Intervention qui diminue la probabilité d'apparition d'un comportement en retirant un stimulus agréable.

Renforcement continu   Renforcement d'un comportement chaque fois qu'il se produit.

Renforcement intermittent   Renforcement occasionnel d'un comportement.

Tableau 1.3   *Le conditionnement opérant: renforcement et punition*

	Stimulus ajouté	Stimulus supprimé
Pour renforcer un comportement	**RENFORCEMENT POSITIF** **Faire suivre ce comportement d'un stimulus agréable (comme donner de l'attention à un enfant).** Donner des bonbons à un bambin quand il hurle pour en avoir augmentera la probabilité qu'il hurle quand il veut des bonbons; lui donner des bonbons quand il les demande poliment augmente la probabilité qu'il les demande de nouveau poliment.	**RENFORCEMENT NÉGATIF** **Faire suivre ce comportement du retrait d'un stimulus désagréable.** Votre enfant pleurniche afin que vous le preniez dans vos bras. Au début, vous l'ignorez, mais vous finissez par céder et vous le prenez dans vos bras; il arrête alors de pleurnicher. Votre comportement ayant été renforcé négativement par l'arrêt des pleurs, vous êtes ainsi plus susceptible de le prendre dans vos bras la prochaine fois qu'il va pleurnicher.
Pour éliminer un comportement	**PUNITION POSITIVE** **Faire suivre ce comportement d'un stimulus désagréable.** Envoyer « au coin » l'enfant qui frappe son petit frère diminue la probabilité qu'il recommence, et se moquer d'un enfant qui essaie de dire un mot nouveau diminue la probabilité qu'il renouvelle l'expérience.	**PUNITION NÉGATIVE** **Faire suivre ce comportement du retrait d'un stimulus agréable.** Priver de télévision l'enfant qui a fait l'école buissonnière diminue la probabilité qu'il récidive, et retirer sa confiance à l'enfant qui avoue une faute diminue la probabilité qu'il se confesse de nouveau.

si une mère ne sourit à son enfant qu'une fois sur cinq quand celle-ci lui apporte des dessins, la fillette continuera à lui en apporter longtemps, même si la mère ne lui sourit plus du tout.

Enfin, pour conditionner des comportements plus complexes, les psychologues de l'apprentissage utilisent le **façonnement**, une technique qui consiste à renforcer d'abord des comportements qui se rapprochent du comportement désiré, puis à exiger des réponses de plus en plus proches de ce dernier. Ainsi, pour apprendre à un enfant à dire le mot *maman,* on renforcera successivement l'émission des sons «mm», «ma», «mam» et «maman». On appelle **approximations successives** ces comportements intermédiaires que l'on renforce pour atteindre l'objectif final.

Le modelage est un type d'apprentissage aussi efficace pour les enfants que pour les adultes. Pensez à tout ce que vous avez appris et à tout ce que vous continuez à apprendre en observant et en imitant les autres...

Bandura et la théorie de l'apprentissage social

De nos jours, le théoricien de l'apprentissage le plus en vue est Albert Bandura (1925-). Sans contester l'importance des théories du conditionnement classique et du conditionnement opérant, ce psychologue canadien soutient que le renforcement direct n'est pas indispensable pour l'apprentissage. Selon lui, le simple fait d'observer une autre personne accomplir une action constitue une forme d'apprentissage (Bandura, 1977a, 1982b, 1989). Cet **apprentissage par observation**, aussi appelé **modelage**, est à l'origine de tout un éventail de comportements que les enfants comme les adultes apprennent en observant d'autres personnes en leur présence ou à la télévision.

Bandura a plus tard précisé que l'apprentissage *vicariant,* comme il le nomme, est basé sur l'observation des autres et *des conséquences qui en résultent pour eux.* L'apprentissage vicariant fait donc intervenir un renforcement social direct ou indirect. Ainsi, nous n'avons pas nécessairement besoin d'expérimenter nous-mêmes les conséquences d'un comportement afin de l'apprendre. Lorsque le comportement d'un modèle est renforcé, nous sommes plus susceptibles de l'imiter. Cette forme d'apprentissage peut avoir des conséquences désastreuses chez certains enfants. Par exemple, l'émission de télévision *Jackass* peut produire certains apprentissages qui ne sont pas tous positifs.

Bandura attire aussi l'attention sur une autre catégorie de renforcements, les **renforcements intrinsèques,** liés à la satisfaction personnelle, à la fierté ou au plaisir de réaliser ou de découvrir quelque chose — comme le plaisir qu'un enfant éprouve lorsqu'il parvient enfin à dessiner une étoile ou le sentiment de satisfaction qu'on ressent après une série d'exercices vigoureux. Ces ren-

forcements intrinsèques favorisent l'apprentissage autant que les renforcements extrinsèques, comme les louanges ou l'attention.

C'est en 1986 que Bandura a modifié considérablement sa théorie de l'apprentissage social. Comme d'autres chercheurs avant lui, il s'est alors intéressé davantage aux éléments cognitifs associés à l'apprentissage par observation. Depuis, il utilise le terme de «théorie sociale cognitive» afin de désigner son champ d'étude. Cette théorie est d'autant plus utile qu'elle permet une intégration des modèles d'apprentissage et des approches du développement cognitif. Depuis les années 1990, de nombreux chercheurs se sont ralliés à la perspective sociale cognitive, que nous aborderons à la page 28.

Critique des théories de l'apprentissage

Plusieurs implications des théories de l'apprentissage méritent d'être soulignées. D'abord, elles peuvent expliquer autant la continuité que le changement des comportements. Devant un enfant aimable et souriant à

Façonnement Technique de conditionnement opérant dans laquelle on renforce des approximations successives du comportement désiré.

Approximations successives Dans la technique du façonnement, série de comportements intermédiaires que l'on renforce pour que le sujet parvienne au comportement désiré.

Apprentissage par observation (ou **modelage**) Dans la théorie de Bandura (apprentissage social), type d'apprentissage qui se fait par l'observation et l'imitation d'autrui.

Renforcement intrinsèque Renforcement interne lié à la satisfaction personnelle, à la fierté ou au plaisir de réaliser ou de découvrir quelque chose.

la maison comme à l'école, plutôt que de simplement conclure qu'il a un «tempérament grégaire», les théoriciens de l'apprentissage présumeront que, à l'école comme à la maison, on a renforcé ce comportement chez lui. Devant un adulte amical et serviable dans son milieu de travail, mais désobligeant et maussade dans son milieu familial, ils supposeront que son milieu de travail renforce un comportement amical et serviable, ce que ne fait pas son milieu familial. Il faut se rappeler que les individus sont portés à choisir des situations qui permettent la continuité de leur comportement habituel, lequel tend à *entraîner* chez autrui des réponses semblables (renforcements).

Par ailleurs, les théoriciens de l'apprentissage se montrent généralement optimistes quant à la possibilité d'un changement comportemental. Par exemple, ils affirment que les comportements problématiques des enfants peuvent changer si le système de renforcements — ou leur opinion d'eux-mêmes — change. Le principal intérêt des théories de l'apprentissage réside dans le fait qu'elles donnent une idée précise de la façon dont de nombreux comportements s'acquièrent. On sait maintenant hors de tout doute que les enfants comme les adultes peuvent apprendre par conditionnement et par observation (modelage), et que les enfants comme les adultes continueront d'adopter des comportements qui leur sont favorables.

Toutefois, les théories de l'apprentissage aident davantage à comprendre le *comportement* humain que le *développement* humain, car elles n'apportent que très peu d'informations sur les changements *associés à l'âge,* chez l'enfant ou chez l'adulte.

LES THÉORIES HUMANISTES

Les théoriciens humanistes, notamment Carl Rogers (1902-1987) et Abraham Maslow (1908-1970), dénoncent l'insistance de la plupart des approches psychanalytiques sur la pathologie. Ils réfutent toute division ou structuration de la psyché et soutiennent que le développement humain vise l'organisme tout entier (Bouchard et Morin, 1992). Par ailleurs, ils s'opposent au *déterminisme environnemental* des béhavioristes, selon lesquels l'environnement joue un rôle prépondérant dans l'orientation des comportements.

Rogers et la théorie de la congruence du concept de soi

Selon le psychologue américain Carl Rogers, la personne humaine est un être libre et rationnel doté d'une force primitive fondamentale naturellement positive qui le pousse à se développer. Sa personnalité se structure par le développement de son *concept de soi* — ensemble de croyances que l'individu entretient sur sa nature, ses qualités personnelles et ses comportements. Le concept de soi se développe en réaction aux expériences de la vie principalement durant l'enfance et se stabilise au cours de l'adolescence.

Pour Rogers, le concept de soi est forcément subjectif et peut ne pas être entièrement conforme à nos expériences. L'individu, qui cherche continuellement à s'adapter, restructure donc sans cesse son **champ phénoménologique** — c'est-à-dire l'ensemble des expériences (pensées, perceptions, sensations) qui peuvent occuper sa conscience. Selon cette approche phénoménologique, la perception subjective qu'une personne a du monde est plus importante que la réalité objective. Aussi, avance Rogers, pour comprendre le comportement d'une personne, on doit essayer de percevoir le monde comme elle, à partir de ses connaissances, de ses expériences, de ses objectifs et de ses aspirations.

Selon Rogers, la *congruence* du concept de soi — le fait qu'il soit relativement conforme à la réalité de l'individu — favorise le développement d'une personnalité saine et adaptée. Rogers s'est intéressé particulièrement au développement de l'enfant et à la façon dont les toutes premières expériences de vie peuvent favoriser ou entraver l'émergence d'une personnalité congruente. Par exemple, l'enfant qui sent que l'affection de ses parents est *conditionnelle* — qu'il doit se comporter selon leurs attentes pour l'obtenir — aura tendance à croire que l'affection d'autrui est toujours conditionnelle; de crainte de la perdre, il pourra être porté à déformer la réalité pour masquer ses erreurs ou ses défauts, ce qui entravera le développement d'un concept de soi congruent. Ainsi, l'enfant a besoin d'une *considération positive inconditionnelle*, selon les termes de Rogers, de ses proches; il a fondamentalement besoin d'être aimé, accepté et apprécié pour ce qu'il est.

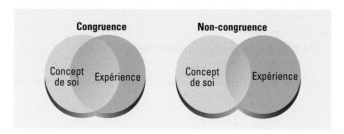

Champ phénoménologique Ensemble des expériences (pensées, perceptions, sensations) qui peuvent occuper la conscience.

Maslow et la théorie de la hiérarchie des besoins

De son côté, Abraham Maslow s'est particulièrement intéressé à la motivation (aux besoins) des individus et au développement d'une personnalité saine. Selon ce psychologue américain, tous les individus naissent avec une pulsion fondamentale positive qui leur permet de développer pleinement leurs capacités et de s'accomplir.

Maslow, dont la théorie repose sur sa célèbre hiérarchie des besoins humains, classe ceux-ci en deux sous-ensembles : les besoins de survie et les besoins de réalisation de soi (Maslow, 1968, 1970a, 1970b, 1971). Les **besoins de survie**, qui ont un objectif d'autoconservation, englobent les pulsions qui visent à maintenir l'homéostasie physique et émotionnelle, comme celles qui poussent l'être humain à boire, à manger, à dormir et à se reproduire, à assurer sa sécurité, à vivre en groupe et à chercher l'amour des autres, et, enfin, à vouloir s'estimer lui-même et obtenir le respect et l'estime d'autrui. Les **besoins de réalisation de soi** englobent les besoins cognitifs et esthétiques (apprendre, comprendre, s'entourer d'ordre et de beauté) et le besoin d'accomplissement (réaliser son plein potentiel et donner aux autres). Selon Maslow, les gens qui n'arrivent pas à réaliser leur plein potentiel deviennent frustrés, et l'accomplissement de soi est le meilleur gage d'une santé psychique optimale.

Maslow soutient qu'il y a une *hiérarchie* des besoins humains, lesquels apparaissent dans un ordre précis et doivent être comblés dans cet ordre. Ainsi, les besoins physiologiques doivent être comblés pour que les besoins de sécurité apparaissent ; une fois comblés, ceux-ci permettent aux besoins d'amour et d'appartenance de se manifester, etc. Le besoin d'accomplissement ne devient donc prédominant qu'à l'âge adulte et uniquement chez les personnes qui ont trouvé des moyens stables de satisfaire leurs besoins d'amour et d'estime — ce qui rappelle beaucoup les stades de l'intimité et de la générativité d'Erikson. La figure 1.6 illustre la hiérarchie des besoins selon Maslow.

Critique des théories humanistes

Les théories humanistes exercent un grand attrait parce qu'elles sont foncièrement optimistes. Contrairement aux théories psychanalytiques, qui voient l'individu comme un résidu de conflits non résolus, ou aux théories de l'apprentissage, qui le voient comme un produit de ses expériences passées, elles soutiennent qu'il n'est jamais trop tard pour l'individu : quels que soient ses handicaps, il a en lui la force et la motivation nécessaires pour les surmonter. Bien qu'elles comportent un aspect développemental, les théories humanistes insistent davantage

sur la séquence des besoins émergents de l'être humain que sur les stades auxquels ils correspondent. Cependant, elles sont relativement récentes, et aucune ne propose un modèle de développement de l'envergure de ceux de Freud, d'Erikson ou de Piaget.

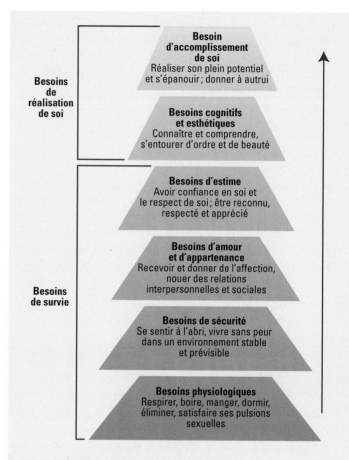

Figure 1.6
La hiérarchie des besoins selon Maslow
Selon Maslow, les besoins apparaissent dans un ordre ascendant. Aucun autre besoin ne se manifestera tant que les besoins physiologiques ne seront pas satisfaits ; les besoins d'estime n'apparaîtront pas tant que les besoins d'amour ne seront pas comblés, etc. En ce sens, la hiérarchie des besoins de Maslow comporte un aspect développemental : le bébé est avant tout dominé par ses besoins physiologiques ; le bambin, par le besoin de sécurité, et ainsi de suite. Ce n'est qu'à l'âge adulte que le besoin d'accomplissement de soi devient prédominant.

Source : Maslow, 1968, 1970b.

Besoins de survie Dans la théorie de Maslow, besoins humains fondamentaux qui visent la conservation de l'individu et de l'espèce, et auxquels visent à répondre les instincts et les pulsions qui poussent l'individu à maintenir l'homéostasie physique et émotionnelle ; comprennent les besoins physiologiques, les besoins de sécurité, les besoins d'amour et d'appartenance ainsi que le besoin d'estime de soi et d'autrui.

Besoins de réalisation de soi Dans la théorie de Maslow, besoins humains qui visent la réalisation de soi ; comprennent les besoins cognitifs et esthétiques, ainsi que le besoin d'accomplissement de soi.

La richesse de l'existence humaine commence par la sécurité affective que procure cette mère à sa fille.

LES THÉORIES COGNITIVES

Comme leur nom l'indique, les théories cognitives portent sur les activités mentales, et étudient plus particulièrement le développement des processus de la pensée ainsi que leur influence sur les comportements de l'individu, sa personnalité et ses interactions avec autrui. Ce secteur de recherche a connu un réel essor ces dernières années. Nous allons aborder successivement l'approche de Piaget, la théorie du traitement de l'information, la théorie socioculturelle de Vygotsky et enfin la perspective sociale cognitive.

Piaget et la théorie du développement cognitif

Le psychologue Jean Piaget (1896-1980) est une figure centrale de la théorie du développement cognitif (Piaget, 1952, 1970, 1977; Piaget et Inhelder, 1969), et ses idées ont marqué plusieurs générations de psychologues du développement. Pour ce chercheur suisse, la seule question a toujours été: comment la pensée se développe-t-elle? Comme d'autres précurseurs de la théorie cognitive — notamment Lev Vygotsky (1962) et Heinz Werner (1948) —, Piaget a été frappé par des constantes dans la construction de la pensée chez les enfants: tous semblaient faire le même genre de découvertes, commettre les mêmes erreurs et arriver aux mêmes solutions.

Ses observations détaillées sur les structures de pensée communes à la plupart des enfants de tel ou tel âge ont amené Piaget à formuler l'hypothèse suivante: l'être humain *s'adapte* naturellement à son environnement, et il s'agit là d'un processus actif. Autrement dit, l'enfant n'est pas façonné passivement par son milieu; il cherche activement à le comprendre et, pour ce faire, dès le début de sa vie, il explore, goûte, palpe et examine les objets et les personnes qui l'entourent.

L'un des pivots de la théorie de Piaget est le concept de schèmes. Un **schème** est une structure cognitive interne qui est à la base de l'action. Il fournit à l'individu une procédure à suivre dans une circonstance donnée; c'est à la fois une sensation, une représentation de l'esprit (action mentale) et un comportement observable (action physique). Ainsi, l'enfant qui ramasse une balle utilise son schème *ramasser une balle*: la regarder, la saisir, la tenir, la nommer, l'associer mentalement au mot *balle* ou la comparer à un autre objet, etc. Pour Piaget, le schème est l'unité cognitive fondamentale, l'assise de l'édifice de la connaissance. Le bébé commence sa vie avec un petit répertoire inné de schèmes *sensoriels* et *moteurs*, comme regarder, goûter, toucher, entendre ou sentir; pour lui, un objet est une chose qui a une certaine couleur, un certain goût, une certaine texture, un certain son, une certaine odeur, une chose qu'il peut attraper, tenir, lancer. Avec le temps, l'enfant acquiert des schèmes *mentaux*; il crée des catégories, compare les objets et apprend des mots pour désigner les catégories. À l'adolescence, on observe la création de schèmes mentaux plus complexes, comme l'analyse déductive ou le raisonnement systématique.

Mais comment l'enfant passe-t-il des simples schèmes sensorimoteurs innés aux schèmes mentaux complexes plus intériorisés qu'on observe à la fin de l'enfance? Par un mécanisme de plus en plus complexe *d'adaptation* active à son environnement qui repose sur trois processus: l'assimilation, l'accommodation et l'équilibration.

L'assimilation est un processus d'intégration par lequel un individu associe de nouvelles informations à des schèmes existants. Ainsi, le bébé qui regarde un mobile au-dessus de son berceau puis essaie de l'attraper a assimilé le mobile à son schème visuel et à son schème de préhension. De même, quand l'enfant plus âgé voit un chien d'une race qu'il ne connaît pas, et qu'il y associe le mot *chien*, il assimile le nouvel animal à son schème de chien. En lisant ce paragraphe, vous êtes en train d'assimiler de nouvelles informations, et vous les rattachez probablement à un autre concept (schème) familier ou semblable.

Schème Dans la théorie de Piaget, structure cognitive interne qui fournit à l'individu une procédure à suivre dans une circonstance donnée; peut être sensoriel, moteur ou mental.

Assimilation Dans la théorie de Piaget, processus d'intégration et d'adaptation par lequel un individu associe de nouvelles informations à des schèmes existants.

L'**accommodation** est un processus complémentaire et indissociable de l'assimilation; elle consiste à modifier et à diversifier les schèmes existants pour y intégrer les informations acquises par assimilation et s'adapter ainsi à de nouvelles expériences.

Par exemple, quand un enfant voit pour la première fois une robe rubis, son schème de rouge s'élargit pour inclure cette nouvelle teinte de rouge; s'il apprend un mot nouveau — rubis — pour désigner cette teinte, il s'adapte encore davantage en créant une sous-catégorie dans son schème de rouge, lequel se complexifie et se raffine ainsi. De même, le bébé qui regarde et saisit pour la première fois un objet carré accommode son schème de préhension à cette forme; la prochaine fois qu'il attrapera un objet carré, sa main sera recourbée de façon plus appropriée pour le saisir. Et lorsqu'il associera le mot *carré* à ce type de forme, il se créera une nouvelle catégorie mentale, un schème de carré. Pour Piaget, l'accommodation est l'une des clés du développement cognitif; grâce à elle, nous réorganisons nos pensées, ajustons nos stratégies et améliorons nos habiletés.

Dans le modèle développemental de Piaget, le troisième aspect de l'adaptation est l'**équilibration**, processus par lequel l'individu procède périodiquement à une restructuration de ses schèmes. L'individu commence sa vie avec un répertoire de schèmes très limité, inévitablement primitifs et imparfaits. Au fil des années, à mesure qu'il s'adapte par les processus d'assimilation et d'accommodation, ses schèmes se complexifient et se diversifient. Pour que sa compréhension générale du monde reste cohérente et sensée, il doit réorganiser leur structure interne de temps en temps. La figure 1.7 illustre ce processus d'adaptation.

Selon Piaget, le processus d'équilibration comporte trois réorganisations majeures, chacune conduisant à une nouvelle période de développement. La première survient vers l'âge de deux ans, lorsque la prédominance des schèmes sensorimoteurs s'estompe parce que le bambin utilise de plus en plus souvent des schèmes mentaux (représentations mentales). La seconde se produit vers l'âge de six ou sept ans, lorsque l'enfant acquiert un nouvel ensemble de schèmes mentaux supérieurs, plus complexes, qui lui permettent de penser logiquement et que Piaget appelle **opérations**; à cet âge, l'enfant commence

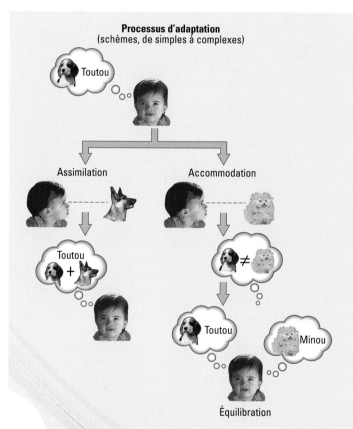

Figure 1.7
Le modèle piagétien du développement

Dans le langage de Piaget, nous dirions que Jean-Philippe, ce bébé de neuf mois, a assimilé la rondelle de plastique bleue à son schème de préhension.

Accommodation Dans la théorie de Piaget, processus d'intégration complémentaire à l'assimilation par lequel l'individu modifie et diversifie ses schèmes pour s'adapter à de nouvelles expériences.

Équilibration Dans la théorie de Piaget, processus d'adaptation qui met en œuvre une restructuration périodique des schèmes.

Opération Dans la théorie de Piaget, type de schème mental plus complexe qui permet à l'enfant de penser logiquement; apparaît vers l'âge de six ou sept ans.

Piaget utilisait le modelage d'argile pour déterminer à quel âge les enfants atteignaient la période des opérations concrètes. Le chercheur montrait à chacun deux mottes d'argile de la même grosseur, puis façonnait devant lui un boudin avec l'une d'elle. Il demandait ensuite à l'enfant laquelle des deux formes contenait le plus d'argile. L'enfant en mode préopératoire désignait le boudin « parce qu'il est plus long maintenant », tandis que l'enfant capable d'opérations concrètes savait que les deux formes contenaient la même quantité d'argile puisque le chercheur n'en avait ni ajouté ni retiré.

à faire des *opérations concrètes*, comme les additions et les soustractions mentales. La troisième réorganisation majeure des schèmes survient à l'adolescence, lorsque l'enfant devient apte à manier les idées aussi bien que les objets, c'est-à-dire à faire des *opérations formelles*.

Ces trois réorganisations majeures déterminent quatre périodes du développement cognitif: la période sensorimotrice, la période préopératoire, la période des opérations concrètes et la période des opérations formelles. Le tableau 1.4 décrit ces périodes plus en détail. Nous reviendrons sur chacune d'elles et sur les stades qu'elles comportent dans le chapitre qui traite de l'âge

correspondant. Pour l'instant, il faut surtout retenir que chaque période se nourrit de la précédente et suppose une restructuration majeure du mode de pensée de l'enfant.

Pour Piaget, la séquence de ces périodes de développement est fixe — si l'enfant progresse, ce sera dans cet ordre précis —, mais chacun évolue à son propre rythme, et tous les enfants ne parviennent pas au même niveau. La quasi-totalité passe au moins à la période préopératoire de la pensée, et la grande majorité va réaliser des opérations concrètes, mais un certain nombre ne se rendra pas aux opérations formelles.

La théorie du traitement de l'information

La **théorie du traitement de l'information** vise à expliquer la manière dont l'esprit traite l'information (Klahr, 1992). Les théoriciens du traitement de l'information se demandent, par exemple, quels processus intellectuels l'enfant utilise lorsqu'il doit effectuer une tâche, et comment ces processus pourraient changer avec l'âge. Les tenants de cette approche considèrent l'ordinateur comme un modèle de la pensée humaine, si bien qu'ils recourent souvent au vocabulaire de l'informatique — matériel de base, logiciel — pour décrire des processus cognitifs humains. De plus, ils font des expériences à l'aide de programmes conçus pour permettre aux ordinateurs de penser comme l'humain.

La théorisation et l'étude des processus mnémoniques sont à la base de la théorie du traitement de l'information (Birney et autres, 2005). Celle-ci fractionne

> **Théorie du traitement de l'information** Approche cognitive qui s'inspire du modèle informatique afin d'expliquer les changements survenant avec l'âge dans les processus cognitifs.

Tableau 1.4 *Les périodes du développement cognitif selon Piaget*

Âge	Période	Description
De la naissance à 2 ans	Période sensorimotrice	Le bébé comprend le monde par ses sens et ses actions motrices. Un mobile n'existe que par son contact au toucher, son apparence et son goût. À la fin de cette période, l'enfant commence à utiliser des symboles simples comme des mots uniques et joue à «faire semblant».
De 2 ans à 7 ans	Période préopératoire	L'enfant peut utiliser des symboles pour penser et pour communiquer; il s'exerce à envisager le point de vue d'autrui, à classifier les objets et, à la fin de la période, il utilise une logique simple.
De 7 ans à 12 ans	Période des opérations concrètes	L'enfant fait d'immenses progrès sur le plan de la logique et parvient à effectuer des opérations mentales complexes, comme l'addition et la soustraction. Il est encore limité au monde qu'il connaît, mais peut maintenant effectuer des opérations mentales sur des objets connus.
12 ans et plus	Période des opérations formelles	L'enfant devient apte à manier les idées aussi bien que les objets. Plus il approche de l'âge adulte, plus il devient habile à imaginer des choses qu'il n'a jamais vues ou des événements qui ne se sont pas encore produits, à organiser mentalement les idées et les objets, et à utiliser un mode de pensée déductif.

la mémoire en sous-processus : **encodage**, **stockage** et **récupération**. Vous pouvez par exemple *encoder* l'information de ce chapitre en l'associant avec votre enfance. Le *stockage* consiste à conserver l'information, alors que la *récupération* consiste à retrouver l'information emmagasinée. On pense que l'information retenue est transformée par encodage de façon à être intégrée à un réseau préexistant de connaissances et d'informations que l'individu a construit, appelé **schéma cognitif**. On peut comparer le schéma cognitif au modèle interne parce qu'il regroupe les connaissances, les expériences, les croyances et les attentes concernant un sujet particulier. Même lorsqu'elle n'est pratiquement pas déformée, l'information est toujours simplifiée lors de l'encodage.

La plupart des recherches partent du principe que la mémoire humaine est formée de multiples composantes dans lesquelles l'information circule de façon organisée (voir la figure 1.8). Analysons le processus de compréhension orale d'un mot. D'abord, nous entendons le mot alors que le son entre dans notre *mémoire sensorielle* — si nous l'entendons, c'est parce que notre expérience du langage nous permet de reconnaître que ce type de son est un mot. Ensuite, le mot accède à notre *mémoire à court terme*, qui est la composante de la mémoire où l'information est traitée et que l'on nomme souvent *mémoire opérationnelle*. Les connaissances sur le sens du mot que nous avons entendu sont ensuite récupérées dans la *mémoire à long terme*, qui est la composante de la mémoire où l'information est stockée

de façon permanente, puis elles sont placées dans la mémoire à court terme, où elles seront rattachées au mot afin que nous puissions le comprendre.

Chaque composante de la mémoire traite à sa façon l'information, laquelle circule en un flot constant dans la mémoire sensorielle. Les données sur lesquelles nous ne portons pas attention sont rapidement rejetées. La capacité de la mémoire à court terme est très limitée — elle ne peut contenir qu'environ sept éléments à la fois. Cependant, les données peuvent être conservées dans la mémoire à court terme jusqu'à ce qu'elles soient traitées ; c'est ce qui se produit lorsqu'on se remémore la liste de provisions sur le chemin entre la maison et l'épicerie.

La capacité de la mémoire à long terme est sans limite, et l'information y est stockée par associations logiques. Par exemple, si vous lisez la phrase suivante : « Pierre écrit une lettre à son frère », vous pouvez quelque temps plus tard, en vous la remémorant, penser à tort qu'elle contenait le mot *crayon*. Cette erreur s'explique

---

Encodage Transformation de l'information sous une forme appropriée au stockage et à la récupération.

Stockage Façon de conserver l'information encodée.

Récupération Recouvrement de l'information stockée dans la mémoire afin de l'utiliser.

Schéma cognitif Réseau d'information préexistant auquel est intégrée une nouvelle information.

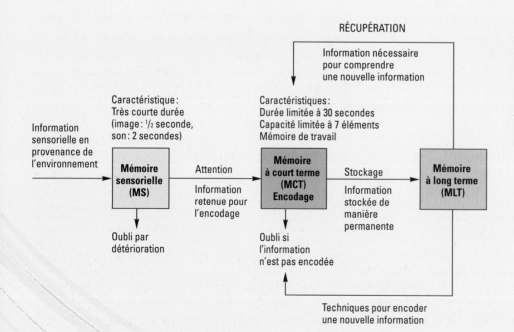

Figure 1.8
Le modèle de la mémoire selon la théorie du traitement de l'information
Selon ce modèle, l'information circule à travers la mémoire sensorielle, est encodée dans la mémoire à court terme et est stockée dans la mémoire à long terme, où elle pourra être récupérée.

par le fait que les procédés d'écriture ainsi que les outils utilisés sont stockés au même endroit dans la mémoire à long terme.

Certains spécialistes du développement ont utilisé la théorie du traitement de l'information pour expliquer les stades de Piaget. Ces théories sont qualifiées de néo-piagétiennes puisqu'elles étayent la théorie de Piaget plutôt que de la réfuter (Case, 1985, 1997). Comme nous le verrons au chapitre 7, selon les néopiagétiens, les enfants d'un certain âge et les adultes peuvent résoudre des problèmes plus complexes, comme ceux qui ont été exposés dans la recherche de Piaget, puisqu'ils peuvent conserver simultanément un plus grand nombre d'éléments d'information dans leur mémoire à court terme que les jeunes enfants.

Outre l'âge, les caractéristiques individuelles engendrent également des différences dans le traitement de l'information. Par exemple, certaines personnes appliquent des stratégies plus efficaces que d'autres pour se rappeler des informations et résoudre des problèmes. Les acquis antérieurs influent aussi sur la mémoire. Ainsi, si vous avez déjà suivi un cours de psychologie, il vous sera plus facile de comprendre ce que vous lisez dans ce manuel et de vous en souvenir. En fait, les acquis antérieurs vous tendent des « crochets » mentaux auxquels vous ancrez de nouvelles connaissances en psychologie.

La théorie socioculturelle de Vygotsky

À la suite de la révolution d'octobre 1917, le nouveau gouvernement soviétique a demandé au psychologue russe Lev Vygotsky (1896-1934), entre autres, de créer un système scolaire qui servirait les fins du nouveau régime communiste (Vygotsky, 1978). Bien qu'il ait été influencé par Freud, Pavlov et Piaget, Vygotsky a conçu une théorie unique du développement de l'enfant. Sa mort en 1934 et les événements historiques qui ont suivi — la Deuxième Guerre mondiale et la guerre froide — ont fait en sorte que son travail n'est pas sorti des frontières de l'Union soviétique pendant plusieurs décennies. Cependant, des psychologues se sont récemment intéressés à son point de vue sur l'influence de la culture (l'environnement) sur le développement de l'individu (Thomas, 2000).

Pour Vygotsky (1978), le développement résulte de l'interaction entre la culture d'une part, et la maturation de l'enfant ainsi que ses besoins biologiques de base d'autre part. Le développement survient quand le milieu fournit les occasions et que ses demandes se situent à un niveau accessible pour l'enfant (Thomas, 2000). En d'autres termes, pour que l'environnement ait un effet

Selon le psychologue Lev Vygotsky, les interactions entre les enfants jouent un rôle aussi crucial dans leur développement cognitif que dans leur développement social.

de stimulation, l'enfant doit présenter une maturation et un niveau de développement suffisamment avancés. Il existe donc pour chaque enfant une « zone proximale de développement » — c'est-à-dire une « zone d'apprentissage imminent » — où s'enclenche le processus de développement (voir la figure 1.9). L'enfant ne pourra réaliser les demandes d'apprentissage relevant de cette zone que si on lui fournit l'aide et les ressources nécessaires. Les demandes qui se situent au-delà de cette zone (tâches qui requièrent des capacités que l'enfant n'a pas) ou en deçà (tâches que l'enfant maîtrise déjà) n'amèneront pas la poursuite du développement.

Ainsi, selon Vygotsky, les formes complexes de la pensée s'épanouissent dans l'exploration du milieu (comme l'avance Piaget), mais surtout dans les interactions sociales (Thomas, 2000). Au cours de son processus d'acquisition de nouvelles habiletés cognitives, l'enfant est guidé par un adulte ou un autre enfant plus habile, comme une sœur ou un frère plus vieux. Cette personne modèle et structure son expérience d'apprentissage, que Vygotsky appelle « apprentissage par échafaudage ». Au fur et à mesure que l'enfant devient plus habile, sa zone proximale de développement monte d'un cran pour inclure des tâches plus complexes. Les parents doivent donc veiller à adapter constamment la zone proximale de développement au niveau de développement de l'enfant (Landry et autres, 1996; Rogoff, 1990). Selon Vygotsky, l'élément essentiel du processus est le langage qu'utilise l'adulte pour expliquer ou structurer la tâche. Plus tard, lorsqu'il sera seul, l'enfant utilisera ce même langage pour se guider dans la résolution de tâches identiques.

L'approche de Vygotsky présente un intérêt évident pour le monde de l'éducation, car elle met l'accent sur l'exploration du milieu et l'interaction avec celui-ci. Les

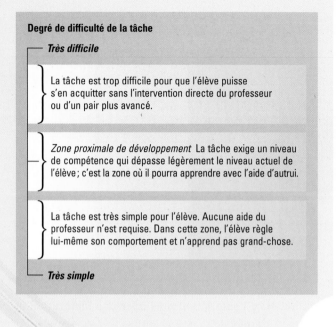

Degré de difficulté de la tâche

Très difficile

La tâche est trop difficile pour que l'élève puisse s'en acquitter sans l'intervention directe du professeur ou d'un pair plus avancé.

Zone proximale de développement La tâche exige un niveau de compétence qui dépasse légèrement le niveau actuel de l'élève; c'est la zone où il pourra apprendre avec l'aide d'autrui.

La tâche est très simple pour l'élève. Aucune aide du professeur n'est requise. Dans cette zone, l'élève règle lui-même son comportement et n'apprend pas grand-chose.

Très simple

Figure 1.9
La zone proximale de développement de Vygotsky
Source: Vygotsky, 1978.

enseignants peuvent provoquer indirectement des occasions d'apprentissage; par des questions, des démonstrations ou des explications particulières, ils peuvent fournir à l'enfant les éléments de connaissance nécessaires à sa compréhension d'une stratégie ou d'une solution (Tharp et Gallimore, 1988). Cependant, pour être efficace, ce processus de découvertes assistées devrait se situer dans les limites de la zone proximale de développement de chaque enfant, ce qui, avouons-le, est une condition difficile à respecter dans nos classes hétérogènes actuelles.

La perspective sociale cognitive

La perspective sociale cognitive stipule que la façon dont l'enfant aborde le monde social dépend de son niveau de développement cognitif. Comme nous l'avons précisé auparavant, c'est à partir de 1986 que Bandura s'est penché sur les éléments cognitifs associés à l'apprentissage par observation. Il s'est aperçu que les enfants n'imitaient pas systématiquement ce qu'ils voyaient autour d'eux, et qu'ils choisissaient comme objet d'imitation plutôt les personnes admirées au sein d'un groupe, intelligentes ou talentueuses. L'apprentissage par observation (modelage) n'est pas un processus automatique. Il dépend principalement de quatre facteurs: 1) l'objet de l'attention (attention sélective); 2) la capacité de mémoriser;

3) la capacité physique de reproduire; 4) la motivation à imiter un comportement ou une action.

Comme les habiletés d'attention et de mémorisation (toutes deux d'ordre cognitif) et les habiletés physiques se modifient au cours des années, ce qu'un enfant apprend de l'observation d'un modèle diffère considérablement de ce qu'un adulte apprend de l'observation du même modèle (Grusec, 1992). Ainsi, la théorie sociale cognitive de Bandura s'intéresse directement aux processus cognitifs en jeu dans l'acquisition et le maintien des comportements ainsi qu'au contexte de leur production (Cloutier, Gosselin et Tap, 2005).

Bandura soutient aussi que l'observation de modèles permet l'acquisition de connaissances et d'habiletés abstraites autant que concrètes. Dans l'apprentissage abstrait, l'enfant extrait une «règle» qui est à la base du comportement d'un modèle. Il intègre alors la règle et le comportement spécifique associé. Par exemple, un enfant qui voit ses parents faire du bénévolat peut apprendre «qu'il est important d'aider les autres» même si ses parents n'ont jamais abordé cette question avec lui. Ainsi, à travers le modelage, un enfant ou un adulte peut acquérir des attitudes, des valeurs, des façons de résoudre des problèmes et même des standards d'évaluation personnelle.

Bandura note aussi que, en situation d'apprentissage, les enfants comme les adultes *établissent des objectifs, ont des attentes* quant aux conséquences possibles et *jugent* leur propre performance en fonction de ce qu'ils se croient capables ou non d'accomplir. C'est ce que Bandura appelle le *sentiment d'efficacité personnelle* (ou *autoefficacité*) (Bandura, 1997).

Regroupant de nombreux chercheurs depuis quelques années, la perspective sociale cognitive, issue de la psychologie sociale, étudie l'influence des habiletés cognitives sur toute une gamme de comportements sociaux et sur les changements de la personnalité de l'enfant. Les spécialistes s'efforcent notamment de saisir la façon dont l'enfant développe ses habiletés à comprendre les situations et les comportements sociaux ainsi que leurs conséquences, leurs recherches portant entre autres sur la compréhension des émotions, des pensées et des motivations des autres.

Critique des théories cognitives

Les idées de Piaget ont eu un retentissement considérable auprès des spécialistes du développement de l'enfant. Ses travaux ont été controversés, car ils remettaient en question les théories précédentes, plus simplificatrices: en effet, les techniques très astucieuses qu'il a conçues pour explorer la pensée de l'enfant ont souvent mis en lumière des réactions inattendues et déconcertantes. En plus d'une théorie qui oblige les psychologues à envisager autrement le développement de l'enfant, Piaget a laissé un ensemble de données empiriques aussi difficiles à expliquer qu'impossibles à ignorer.

Cela dit, la recherche a révélé que le processus du développement cognitif est beaucoup moins dépendant des stades et beaucoup plus tributaire des expériences individuelles que Piaget le pensait.

Par ailleurs, les critiques de la théorie du traitement de l'information soulignent que les processus cognitifs associés à la pensée humaine sont beaucoup plus complexes que les tenants de la théorie le prétendent et qu'on ne saurait les comparer au fonctionnement d'un ordinateur. On reproche également à la théorie de Piaget et à la théorie du traitement de l'information de négliger le rôle des émotions dans le développement humain. Les critiques estiment que, pour sa part, la théorie de Vygotsky présente l'avantage de fournir un tableau plus complet des processus cognitifs qui amènent l'enfant à raisonner de façon logique et que la perspective sociale cognitive ouvre les portes d'un secteur de recherche très prometteur, à savoir l'application des recherches sur les processus cognitifs au domaine des changements sociaux et émotionnels ainsi qu'au développement de la personnalité de l'enfant.

UN DERNIER MOT   … SUR L'ÉCLECTISME

Dans ce chapitre, nous avons présenté une vision d'ensemble des concepts, des influences et des grandes théories qui touchent le développement humain. À cette étape, il importe surtout de retenir qu'il existe de nombreuses divergences entre les théoriciens sur la nature même du développement. En fait, aucune de ces théories ne peut à elle seule expliquer de façon appropriée toutes les caractéristiques du développement humain, mais chacune propose des concepts utiles et peut fournir un cadre théorique pour examiner les données obtenues par les chercheurs. De plus, depuis les deux dernières décennies, les chercheurs en psychologie développementale se sont particulièrement intéressés à la contribution de la biologie, de la génétique et des neurosciences dans l'étude du développement humain.

Par conséquent, pour tenter d'expliquer le développement humain, les chercheurs privilégient de plus en plus l'**éclectisme**, c'est-à-dire le recours aux meilleurs modèles théoriques, quelles que soient la perspective à laquelle ils adhèrent et la discipline d'où ils proviennent — psychologie, mais aussi biologie, sociologie, anthropologie, etc. (Parke, 2004).

Le tableau 1.5 présente une synthèse des théories du développement humain. On y récapitule notamment les conceptions de chacune : 1) l'individu joue-t-il un rôle actif ou passif dans son propre développement ? 2) les influences sur le développement proviennent-elles principalement de la nature ou de la culture ? 3) le développement se déroule-t-il selon des stades (développement discontinu) ou non (développement continu) ?

Éclectisme Recours aux meilleurs modèles théoriques, quelles que soient la perspective et la discipline d'où ils proviennent.

Tableau 1.5   *Les théories du développement humain*

Théories	Postulat	Caractéristiques
Théories psychanalytiques	**L'accent est mis sur les forces intérieures.**	
FREUD Théorie du développement de la personnalité	La personnalité se développe en cinq stades, de la naissance à l'adolescence. À chaque stade, la libido se fixe dans la partie du corps la plus sensible à cet âge.	Rôle passif Nature Stades
ERIKSON Théorie psychosociale	La personnalité se développe tout au long de la vie à travers une séquence de huit crises (stades psychosociaux), que l'individu résout de façon plus ou moins satisfaisante.	Rôle passif Nature et culture Stades
Théories de l'apprentissage	**L'accent est mis sur les forces extérieures.**	
PAVLOV Théorie du conditionnement classique	L'apprentissage survient quand un stimulus neutre devient si étroitement associé à un stimulus naturel qu'il génère la même réponse.	Rôle passif Nature Absence de stades
SKINNER Théorie du conditionnement opérant	Le développement implique des changements comportementaux qui sont façonnés par des renforcements et des punitions.	Rôle passif Nature Absence de stades
BANDURA Théorie de l'apprentissage social	L'apprentissage se fait en bonne partie par observation et imitation de modèles.	Rôle actif Nature Absence de stades
Théories humanistes	**L'accent est mis sur le besoin de se réaliser.**	
ROGERS Théorie de la congruence du concept de soi	L'individu est doté d'une force fondamentalement positive qui le pousse à développer pleinement son potentiel. Sa personnalité est structurée par le concept de soi qu'il se forme en réaction à ses expériences de vie, surtout durant l'enfance.	Rôle actif Nature et culture Absence de stades
MASLOW Théorie de la hiérarchie des besoins	Le développement se fait grâce à une pulsion fondamentale qui pousse l'individu à satisfaire ses besoins dans un ordre précis – des besoins physiologiques jusqu'au besoin d'accomplissement de soi.	Rôle actif Nature et culture Absence de stades
Théories cognitives	**L'accent est mis sur les processus cognitifs.**	
PIAGET Théorie du développement cognitif	L'individu se développe en cherchant activement à comprendre son environnement; un processus d'adaptation qui se fait en quatre périodes (de l'enfance à la fin de l'adolescence) délimitées par trois grandes restructurations des schèmes.	Rôle actif Nature et culture Stades
Théorie du traitement de l'information	Le fonctionnement des processus cognitifs est comparé à celui d'un ordinateur: encodage, stockage et récupération. Les processus cognitifs changent avec l'âge.	Rôle actif Nature et culture Stades selon certains, absence de stades selon d'autres
VYGOTSKY Théorie socioculturelle	L'interaction sociale constitue un élément critique du développement de la pensée et de la résolution de problèmes. Les stades de développement du raisonnement reflètent le langage intérieur.	Rôle actif Nature et culture Stades
Perspective sociale cognitive	Le niveau de maturité des processus cognitifs influe sur les comportements sociaux et le développement de la personnalité.	Rôle actif Nature et culture Stades selon certains, absence de stades selon d'autres

Pause
APPRENTISSAGE

Les grandes théories

1. Définissez les trois instances psychiques et les trois niveaux de conscience dans la théorie freudienne.

2. En quoi la théorie d'Erikson diffère-t-elle de celle de Freud ?

3. Expliquez en quoi consistent le conditionnement classique, le conditionnement opérant et l'apprentissage social.

4. Expliquez les termes *congruence du concept de soi* et *considération positive inconditionnelle*.

5. Selon Maslow, quels sont les besoins de survie et les besoins de réalisation de soi ?

6. Expliquez les termes *adaptation, schème, assimilation, accommodation* et *équilibration*.

7. Quels sont les objets d'étude respectifs de la théorie du traitement de l'information, de la théorie socioculturelle de Vygotsky et de la perspective sociale cognitive ?

8. Expliquez la notion d'éclectisme.

RÉSUMÉ

LES CONCEPTS ET LES INFLUENCES

- La psychologie du développement humain est l'étude scientifique des phénomènes de changement et de continuité qui surviennent tout au long de la vie d'un individu et des facteurs qui influent sur ces phénomènes.

- Les aspects quantitatifs (mesurables) du développement sont davantage associés à un développement séquentiel (absence de stades), alors que les aspects qualitatifs (changement dans l'organisation) sont plutôt associés à la présence de stades développementaux.

- Les quatre domaines de l'étude du développement humain sont le domaine physique, le domaine cognitif, le domaine social et le domaine de la personnalité.

- L'influence respective de la nature et de la culture demeure toujours une question centrale dans le développement humain.

- Les facteurs internes du développement (influence de la nature) incluent la maturation et les prédispositions innées, alors que les facteurs externes (influence de la culture) englobent la perspective écologique et les modèles internes de l'expérience.

- La perspective écologique essaie d'expliquer l'influence des facteurs externes comme la famille et la culture sur le développement.

- Certains changements développementaux s'expliquent aussi par l'appartenance à une culture commune ou par des expériences historiques communes (effet de cohorte).

- Les influences conjuguées de la nature et de la culture sont l'interaction gènes-environnement, le moment de l'expérience ainsi que les modèles interactionnistes.

- Les psychologues du développement évoquent souvent les questions de *vulnérabilité* et de *résilience*. Ainsi, certains facteurs de risque comme la pauvreté influent de façon négative sur la trajectoire du développement. Par contre, des facteurs de protection comme un quotient intellectuel élevé atténuent considérablement l'effet néfaste des facteurs de risque.

LES GRANDES THÉORIES

- Freud considère que le comportement est régi par des motivations conscientes et inconscientes. Il distingue trois instances psychiques – le ça, le moi et le surmoi – et une séquence de cinq stades psychosexuels – le stade oral, le stade anal, le stade phallique, la période de latence et le stade génital.

RÉSUMÉ

- Erikson insiste davantage sur les forces sociales que sur les pulsions inconscientes comme facteurs du développement. Son concept clé est la quête de l'identité, laquelle se poursuit tout au long de la vie à travers huit stades psychosociaux : la confiance, l'autonomie, l'initiative, le travail, l'identité, l'intimité, la générativité et l'intégrité personnelle.

- Selon les théories de l'apprentissage, des principes d'apprentissage fondamentaux, comme le conditionnement classique (Pavlov) ou le conditionnement opérant (Skinner) et l'apprentissage social (Bandura), régissent l'acquisition et le maintien de nombreux comportements.

- Selon Rogers, la perception subjective du monde qu'a l'individu est plus importante que la réalité objective, et c'est la congruence du concept de soi qui favorise le développement d'une personnalité saine et adaptée.

- Pour Maslow, le développement se fait grâce à une pulsion fondamentale qui pousse l'individu à satisfaire ses besoins dans un ordre précis – des besoins physiologiques jusqu'au besoin d'accomplissement de soi.

- Piaget se concentre sur le développement de la pensée ; le concept clé de sa théorie est l'adaptation, qui se fait par assimilation, accommodation et équilibration. Selon la théorie du traitement de l'information, les processus cognitifs changent avec l'âge. Selon Vygotsky, le développement des formes complexes de la pensée provient des interactions sociales. Enfin, la perspective sociale cognitive s'intéresse à l'influence des processus cognitifs dans les comportements sociaux et le développement de la personnalité.

- Depuis ces dernières années, la biologie, la génétique et les neurosciences ont contribué grandement à l'étude du développement humain. Aujourd'hui, les chercheurs du développement privilégient de plus en plus l'éclectisme, c'est-à-dire le recours aux meilleurs modèles théoriques, quelles que soient la perspective et la discipline d'où ils proviennent.

- Aucune des théories abordées précédemment ne peut expliquer de façon appropriée toutes les caractéristiques du développement humain, mais chacune propose des concepts utiles et peut fournir un cadre théorique pour examiner les données obtenues par les chercheurs. L'éclectisme permet d'utiliser de multiples perspectives théoriques afin d'étudier et d'expliquer le développement humain.

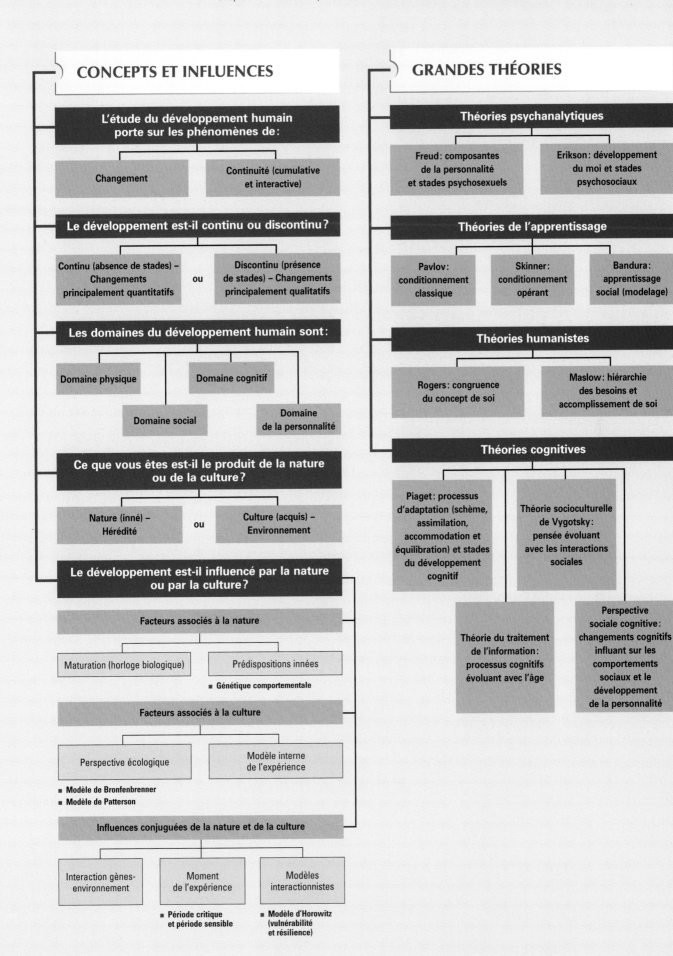

CONCEPTS ET INFLUENCES

L'étude du développement humain porte sur les phénomènes de :

Changement

Continuité (cumulative et interactive)

Le développement est-il continu ou discontinu ?

Continu (absence de stades) – Changements principalement quantitatifs

ou

Discontinu (présence de stades) – Changements principalement qualitatifs

Les domaines du développement humain sont :

Domaine physique

Domaine cognitif

Domaine social

Domaine de la personnalité

Ce que vous êtes est-il le produit de la nature ou de la culture ?

Nature (inné) – Hérédité

ou

Culture (acquis) – Environnement

Le développement est-il influencé par la nature ou par la culture ?

Facteurs associés à la nature

Maturation (horloge biologique)

Prédispositions innées

■ Génétique comportementale

Facteurs associés à la culture

Perspective écologique

Modèle interne de l'expérience

■ Modèle de Bronfenbrenner
■ Modèle de Patterson

Influences conjuguées de la nature et de la culture

Interaction gènes-environnement

Moment de l'expérience

Modèles interactionnistes

■ Période critique et période sensible

■ Modèle d'Horowitz (vulnérabilité et résilience)

GRANDES THÉORIES

Théories psychanalytiques

Freud : composantes de la personnalité et stades psychosexuels

Erikson : développement du moi et stades psychosociaux

Théories de l'apprentissage

Pavlov : conditionnement classique

Skinner : conditionnement opérant

Bandura : apprentissage social (modelage)

Théories humanistes

Rogers : congruence du concept de soi

Maslow : hiérarchie des besoins et accomplissement de soi

Théories cognitives

Piaget : processus d'adaptation (schème, assimilation, accommodation et équilibration) et stades du développement cognitif

Théorie socioculturelle de Vygotsky : pensée évoluant avec les interactions sociales

Théorie du traitement de l'information : processus cognitifs évoluant avec l'âge

Perspective sociale cognitive : changements cognitifs influant sur les comportements sociaux et le développement de la personnalité

2e partie

L'enfance

Dans la première partie de ce manuel, vous avez pu vous familiariser avec les principaux outils théoriques des psychologues du développement humain. Dans cette deuxième partie, nous entrons dans le vif du sujet : nous allons voir comment ces outils peuvent rendre compte de l'expérience de l'individu durant la période de l'enfance.

Au chapitre 2, nous nous intéresserons aux débuts de la vie, c'est-à-dire au développement prénatal, de la conception à la naissance.

Aux chapitres 3 et 4, nous étudierons les deux premières années de vie. Nous nous pencherons d'abord sur le développement physique, cognitif et langagier (chapitre 3), puis sur le développement social et le développement de la personnalité (chapitre 4). Aux chapitres 5 et 6, nous étudierons ces mêmes aspects du développement chez l'enfant d'âge préscolaire, et aux chapitres 7 et 8, chez l'enfant d'âge scolaire.

Dans chacun de ces chapitres, nous vous présenterons l'état des connaissances acquises sur divers aspects du développement, en dégageant les traits tant communs que distinctifs, tout en soulignant l'influence constante de l'environnement sur la trajectoire développementale.

Les débuts de la vie

Quiconque tient pour la première fois dans ses bras son enfant nouveau-né connaît un mélange d'émotions indescriptible, empreint d'émerveillement et de mystérieux. L'arrivée de cet être minuscule et vulnérable, qui apporte une expérience émotive intense, constitue cependant l'aboutissement d'une série d'événements qui commencent bien avant sa naissance.

Ainsi, comme toutes les histoires, celle du développement humain a un début, un milieu et une fin. Nous commencerons donc notre histoire en étudiant la conception et le développement intra-utérin, jusqu'à la naissance.

Comment se fait la conception et comment se transmet l'hérédité ? Qu'est-ce qui détermine le sexe d'un individu ? Quelles sont les étapes de la grossesse, du développement intra-utérin et de la naissance ? Dans quelle mesure des facteurs comme l'âge, l'état de santé, les habitudes de vie, l'environnement de la mère et du père influent-ils sur le développement prénatal ?

Ces questions cruciales pour quiconque veut des enfants sont également fondamentales dans l'étude du développement humain. Comme nous allons le voir, le patrimoine génétique hérité au moment de la conception ainsi que le développement neurologique et physique durant les premiers mois de vie intra-utérine posent les fondements du développement ultérieur de l'individu.

LA CONCEPTION ET L'HÉRÉDITÉ

La première étape du développement d'un être humain commence à sa conception, lorsqu'il reçoit de chacun de ses parents le bagage génétique qui façonnera ses expériences de vie jusqu'à la fin de ses jours.

LE PROCESSUS DE LA CONCEPTION

La conception est la première étape du développement d'un individu ; elle se produit quand un **spermatozoïde** (cellule reproductrice ou **gamète** mâle) perce la membrane de l'**ovule** (gamète femelle).

Habituellement, tous les mois, vers le milieu du cycle menstruel, l'un des deux ovaires libère un ovule (œuf), lequel entre dans l'une des deux **trompes de Fallope** et descend vers l'**utérus.** S'il n'est pas fécondé, cet œuf se décomposera et sera expulsé lors de la prochaine menstruation. Cependant, s'il y a coït durant les quelques jours où l'ovule se trouve dans une trompe de Fallope, l'un des millions de spermatozoïdes éjaculés lors de l'orgasme masculin peut, du vagin de la femme, traverser le col de l'utérus, l'utérus et la trompe de Fallope, pénétrer la paroi de l'ovule et le féconder. Il y a alors conception. Jusqu'à la première division cellulaire, l'œuf fécondé s'appelle le **zygote.** Seulement 50 % des zygotes survivent jusqu'à la naissance : 25 % meurent quelques jours après la conception (souvent en raison d'une anomalie génétique) et sont expulsés lors de la menstruation ; 25 % meurent spontanément plus tard durant la grossesse ; on parle alors de fausse-couche ou d'avortement spontané.

Dans certains cas, les couples qui ont du mal à concevoir un enfant recourent aux techniques de reproduction assistée (voir l'encadré « Rapports de recherche » sur les techniques de reproduction assistée, page ci-contre).

LES GÉNOTYPES, LES PHÉNOTYPES ET LA TRANSMISSION DE L'HÉRÉDITÉ

Les phénomènes génétiques qui accompagnent la conception sont cruciaux. La combinaison des gènes mâles du père et des gènes femelles de la mère crée une empreinte génétique unique, le *génotype*. Pour bien comprendre ces phénomènes, il nous faut revenir un peu en arrière.

Normalement, les gamètes mis à part, chaque cellule humaine est dotée d'un noyau qui renferme 46 **chromosomes** regroupés en 23 paires (voir la figure 2.1). Ces chromosomes contiennent à la fois le génome de l'espèce,

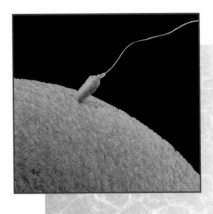

Le moment de la conception, lorsqu'un spermatozoïde perce la membrane de l'ovule.

qui détermine les caractères communs des humains (y compris la séquence des phénomènes liés au développement physiologique), et le bagage génétique de l'individu, qui détermine ses caractères individuels (comme la couleur des cheveux et des yeux, la taille, l'apparence physique, le tempérament et certains traits de l'intelligence).

Les gamètes sont les seules cellules humaines qui ne contiennent pas 46 chromosomes. Dans les premiers stades du développement, comme toutes les autres cellules, ils se divisent par un processus appelé *mitose* : chaque paire de chromosomes se scinde et se multiplie pour donner d'autres cellules identiques contenant chacune 23 paires de chromosomes. Mais les gamètes ont ceci de particulier qu'ils connaissent un stade final appelé *méiose*, au cours duquel chaque nouvelle cellule reçoit seulement un chromosome de chaque paire originale. Les gamètes ne contiennent donc plus que 23 chromosomes,

---

Spermatozoïde   Gamète mâle

Gamète   Cellule reproductrice (spermatozoïde ou ovule) qui, contrairement à toutes les autres cellules du corps, ne contient que 23 chromosomes au lieu de 23 paires.

Ovule   Gamète femelle qui, une fois fécondé par un spermatozoïde, forme l'embryon.

Trompe de Fallope   Chacun des deux conduits situés de chaque côté de l'utérus et qui le relient à un ovaire ; sert de passage à l'ovule qui descend vers l'utérus et aux spermatozoïdes qui montent vers l'ovule ; lieu fréquent de la conception.

Utérus   Organe situé dans la cavité pelvienne de la femme, entre la vessie et le rectum ; destiné à contenir l'œuf fécondé jusqu'à son complet développement.

Zygote   Œuf fécondé qui résulte de l'union de l'ovule et du spermatozoïde avant la première division cellulaire.

Chromosome   Filament d'acide désoxyribonucléique (ADN) qui sert de support physique à l'information génétique ; chaque cellule humaine possède 46 chromosomes disposés en 23 paires.

Les techniques de reproduction assistée

Les médecins parlent d'*infertilité* quand il y a échec de la conception après 12 mois consécutifs de coïts non protégés.

Le traitement de l'infertilité le plus courant consiste à administrer des stimulants ovariens qui, en favorisant la production d'un plus grand nombre d'ovules, augmentent les chances d'une conception spontanée.

Les stimulants ovariens jouent également un rôle important dans les techniques de reproduction assistée, qui consistent à placer dans l'utérus un ou plusieurs blastocystes, ou ovules fécondés *in vitro*, afin de provoquer une grossesse unique (Société des obstétriciens et gynécologues du Canada, 2006).

La première étape d'une fécondation in vitro (FIV) consiste à administrer des stimulants ovariens à la femme pour qu'elle produise plusieurs ovules, lesquels sont ensuite extraits des ovaires et fécondés par des spermatozoïdes. S'il y a conception, on transfère un ou plusieurs embryons (de six à huit cellules, idéalement) dans l'utérus de la femme en espérant qu'une grossesse normale en résultera. Les ovules utilisés lors d'une FIV peuvent être ceux de la femme qui portera l'enfant ou ceux d'une donneuse ; de même, le sperme peut être celui du partenaire de la femme ou d'un donneur. Les embryons surnuméraires issus d'un cycle de FIV peuvent être congelés (ou plus précisément préservés par cryoconservation) et utilisés lors d'un cycle de FIV ultérieur – un procédé appelé *transfert d'embryons congelés.*

Que les embryons soient congelés ou non, le taux de succès de la FIV n'est pas spectaculaire : moins d'un tiers de ces interventions débouchent sur une naissance vivante (Wright, Schieve, Reynolds et Jeng, 2005). En 2004, les cliniques de fertilité canadiennes ont obtenu un taux global de naissances vivantes de 31 % par cycle de FIV, dont 70 % étaient des naissances uniques. Plus la femme est âgée, plus la probabilité d'une grossesse par FIV est faible ; 38 % des patientes de moins de 35 ans qui recourent à la FIV donnent naissance à un bébé vivant, contre 30 % des femmes de 30 à 35 ans. Ce pourcentage tombe à environ 16 % chez les femmes de 40 ans ou plus (Société canadienne de fertilité et d'andrologie, 2006). Comme la plupart des couples ne renoncent à la FIV qu'après des mois ou même des années de tentatives infructueuses, on ne s'étonne pas que les échecs de conception par FIV entraînent parfois des dépressions (Weaver, Clifford, Hay et Robinson, 1997). De plus, la FIV est très chère et n'est pas remboursée par les régimes d'assurance privés ou publics.

Les FIV réussies comportent aussi leur lot de problèmes, car les risques de prématurité, d'insuffisance de poids à la naissance et d'ano-malies congénitales qui en résultent sont plus élevés que chez les bébés conçus naturellement. Ces risques accrus s'expliquent principa-lement par le lien entre la FIV et les grossesses multiples, plus fré-quentes chez les patientes fécondées *in vitro* : en effet, de 20 % à 25 % d'entre elles donnent naissance à des jumeaux, et de 2 % à 5 % à des triplets (Société canadienne de fertilité et d'andrologie, 2006).

Ces grossesses multiples s'expliquent principalement par le fait que les médecins transfèrent généralement plusieurs embryons pour accroître la probabilité qu'il en résulte une naissance vivante ; ainsi, au Canada, les médecins transfèrent généralement deux ovules fécondés chez les patientes de moins de 35 ans, et trois chez les patientes plus âgées. Cependant, même quand un seul embryon est transféré, la FIV est associée à un taux plus élevé de naissances multiples ; pour des rai-sons qu'on ne comprend pas encore très bien, un embryon conçu par FIV est plus susceptible de se diviser en deux embryons qu'un embryon conçu spontanément (Blickstine, Jones et Keith, 2003). Comme les nais-sances multiples sont associées à la mortalité néonatale, à la préma-turité (50 % chez les jumeaux et 80 % chez les triplets), à l'insuffisance de poids et aux anomalies congénitales, réduire le nombre de naissances multiples chez les femmes traitées pour infertilité est devenu un objectif important de la médecine reproductive.

Même quand la naissance est unique et à terme, les bébés conçus par FIV sont deux fois plus susceptibles de présenter une insuffisance de poids que les bébés conçus spontanément. Et même parmi les bébés de poids normal nés à terme, les anomalies congénitales sont deux fois plus fréquentes que chez ceux conçus spontanément (Hansen et autres, 2002).

Malgré les risques associés à la FIV, la plupart des femmes qui deviennent enceintes avec cette technique donnent naissance à des bébés normaux et en bonne santé. De plus, les études tant comparatives que longitudinales démontrent que, s'ils ont un poids normal à la nais-sance et sont exempts d'anomalies congénitales, les enfants conçus par FIV connaissent un développement identique à celui des enfants conçus spontanément. De tels résultats devraient redonner espoir aux couples qui se tournent vers les techniques de reproduction assistée.

Source : Bee et Boyd, *The developping child*, 11e éd., Pearson Education Inc., 2007, p. 26.

au lieu de 23 paires. Quand il y a conception, les 23 chromosomes de l'ovule (la moitié du patrimoine héréditaire de la mère) et les 23 chromosomes du spermatozoïde (la moitié du patrimoine héréditaire du père) s'unissent pour former les 23 paires qui composeront chaque cellule du nouvel individu.

Les chromosomes sont eux-mêmes constitués de longues chaînes de molécules d'une substance chimique appelée **acide désoxyribonucléique (ADN)**. En 1953, le biologiste anglais Francis Crick et le physicien américain James Watson publiaient dans la revue *Nature* un court article qui allait révolutionner la biologie et leur valoir le prix Nobel de médecine. Ils venaient de découvrir la structure de l'ADN : une spirale à double hélice semblable

Acide désoxyribonucléique (ADN) Composante chimique des gènes.

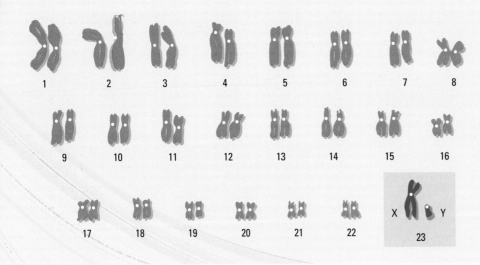

Figure 2.1
La représentation schématique des chromosomes
À l'exception des gamètes, chaque cellule humaine contient 46 chromosomes regroupés en 23 paires. La 23e paire est constituée par les chromosomes sexuels, soit, normalement, deux chromosomes X chez la femme, et un chromosome X ainsi qu'un chromosome Y (beaucoup plus petit) chez l'homme.

Source : Tortora et Grabowski, 2001.

à un escalier en colimaçon dont les marches sont disposées de telle sorte qu'elles peuvent se scinder en deux sur la longueur, si bien que chaque moitié peut guider la reconstruction de la partie manquante. Ce phénomène remarquable permet la multiplication des cellules, chacune portant l'ensemble des informations génétiques.

La chaîne d'ADN qui compose chaque chromosome se divise en segments appelés **gènes,** dont chacun détermine un caractère particulier ou une partie donnée du processus de développement. Les gènes responsables de certains caractères — comme le groupe sanguin ou la couleur des cheveux — semblent toujours être situés au même endroit, le *locus* (les *loci* au pluriel), sur le même chromosome chez tous les individus d'une même espèce. Par exemple, le locus du gène qui détermine si vous appartenez au groupe sanguin A, B ou O se trouve sur le chromosome 9; le locus du gène qui détermine si votre sang comprend un facteur Rh, sur le chromosome 1, et ainsi de suite. Ces dernières années, les généticiens ont fait des pas de géant dans la cartographie des loci d'un très grand nombre de caractères génétiques, ce qui a permis des progrès scientifiques considérables, notamment dans le diagnostic prénatal de diverses anomalies génétiques et maladies héréditaires.

Le génotype et le phénotype

Grâce à la recherche sur les jumeaux et sur les enfants adoptés, les psychologues du développement ont beaucoup progressé dans la détermination des caractéristiques physiques, des aptitudes et des traits de caractère influencés par l'hérédité. Notons qu'on parle ici d'une *influence*; aucun généticien ne prétend que la destinée d'un individu est totalement déterminée par son héritage génétique.

À la conception, les gènes du père contenus dans le sperme et les gènes de la mère contenus dans l'ovule se mélangent et créent cette combinaison génétique unique qu'est le *génotype*. Les scientifiques établissent une distinction importante entre le **génotype**, soit l'ensemble des informations inscrites dans les gènes d'un individu, et le **phénotype**, soit les particularités physiques observables chez cet individu. Le phénotype est le produit de trois éléments : 1) le génotype ; 2) les influences du milieu de la conception à la naissance ; 3) l'interaction entre le milieu et le génotype après la naissance. Par exemple, même si son génotype est associé à un quotient intellectuel très élevé, l'enfant pourra présenter une légère déficience intellectuelle résultant de lésions neurologiques causées par la consommation d'alcool de sa mère pendant sa grossesse. De même, l'enfant dont le génotype est associé à un tempérament difficile pourra acquérir beaucoup de flexibilité auprès de parents sensibles et attentionnés.

Cette distinction entre génotype et phénotype est d'une importance cruciale, car elle met en lumière le fait que le bagage génétique d'un individu ne prédit pas de manière irrévocable que tel ou tel caractère hérité — caractéristique physique, maladie, trait de caractère ou

---

Gène Segment d'ADN qui occupe un emplacement précis (locus) sur un chromosome déterminé, et qui constitue une information génétique dont la transmission est héréditaire.

Génotype Ensemble des informations inscrites dans les gènes d'un individu.

Phénotype Ensemble des caractéristiques physiques observables d'un individu ; résulte de l'interaction de facteurs génétiques et environnementaux.

modèle de développement — se manifestera chez lui, ni, le cas échéant, sous quelle forme et avec quelle force. D'abord parce que de tels phénomènes dépendent également de son milieu et de ses expériences de vie depuis sa conception, mais aussi parce que le génotype influe sur le phénotype selon des modes de transmission héréditaire complexes sur lesquels nous allons maintenant nous pencher.

Les modes de transmission de l'hérédité

Le tableau 2.1 présente une liste de caractères normaux associés au phénotype et classés selon leur origine : gène dominant, paire de gènes récessifs et polygénie. Voyons ce que cela signifie.

L'HÉRÉDITÉ DOMINANTE-RÉCESSIVE

Le mode de transmission le plus simple est celui de l'**hérédité dominante-récessive**, où un seul gène domi-nant influe fortement sur le phénotype, et où deux gènes récessifs sont nécessaires pour produire le caractère qui y est associé.

L'un des gènes de chaque caractère est transmis par la mère, l'autre par le père. L'individu qui a reçu deux gènes identiques (dominants ou récessifs) sur un locus donné est dit *homozygote* pour tel ou tel caractère ; celui qui a reçu un gène dominant et un gène récessif sur un locus donné est dit *hétérozygote* pour ce caractère.

Si un enfant reçoit d'un de ses parents un gène dominant, le caractère déterminé par ce gène s'exprimera dans son phénotype. Par contre, l'enfant devra recevoir

> **Hérédité dominante-récessive** Mode de transmission d'un caractère héréditaire où un seul gène dominant influe sur le phénotype et où deux gènes récessifs sont nécessaires pour produire le caractère qui y est associé.

Tableau 2.1   *L'origine génétique de certains caractères normaux*

  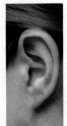 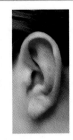

Caractère dominant — Caractère récessif

Pousse de cheveux en V sur le front (*PP* ou *Pp*) — Absence de pousse de cheveux en V sur le front (*pp*) — Lobe de l'oreille adhérent (*ll*)   Lobe de l'oreille libre (*LL* ou *Ll*)

Gène dominant	Paire de gènes récessifs	Polygénie
Taches de rousseur	Peau normale (sans taches)	Taille
Cheveux épais	Cheveux fins	Morphologie
Cheveux frisés	Cheveux lisses	Couleur des yeux
Cheveux brun foncé	Cheveux blonds ou roux	Couleur de la peau
Croissance normale des cheveux	Calvitie	Personnalité
Pousse de cheveux en V sur le front	Absence de pousse en V sur le front	
Fossettes	Absence de fossettes	
Myopie	Vision normale	
Vision normale	Presbytie	
Lèvres charnues	Lèvres minces	
Groupe sanguin Rh positif	Groupe sanguin Rh négatif	
Groupe sanguin A et B	Groupe sanguin O	
Deuxième orteil plus long que le grand	Grand orteil plus long que le deuxième	
Lobe de l'oreille libre	Lobe de l'oreille adhérent	
Oreilles détachées	Oreilles collées	

deux gènes récessifs, un de chaque parent, pour qu'un caractère récessif s'exprime dans son phénotype. Ainsi, les généticiens ont découvert que le gène des cheveux frisés est dominant. Autrement dit, si un homme a les cheveux frisés, cela signifie que son génotype comprend au moins un gène associé à ce caractère, et qu'au moins la moitié de ses spermatozoïdes portent ce gène. Le gène des cheveux lisses, lui, est récessif; il faut donc que le génotype d'un homme aux cheveux lisses contienne deux gènes «cheveux lisses» pour que ce caractère s'exprime dans son phénotype. Notons qu'un homme aux cheveux lisses ne peut transmettre que ce type de cheveux, puisque son génotype contient forcément deux gènes récessifs de cheveux lisses (voir la figure 2.2).

Les généticiens nous apprennent également que les gènes dominants et les gènes récessifs diffèrent dans leur expressivité, c'est-à-dire que leur degré d'influence sur le phénotype varie d'une personne à l'autre. Par exemple, les individus qui possèdent le gène des cheveux frisés n'ont pas tous le même type de cheveux frisés; certains ont les cheveux légèrement bouclés, et d'autres, les cheveux crépus. Ainsi, même si un enfant reçoit le gène dominant «cheveux frisés» de son père, ses cheveux frisés ne seront probablement pas exactement comme ceux de son père.

Le groupe sanguin est aussi déterminé par la règle de l'hérédité dominante-récessive. Pour avoir le groupe sanguin O, un individu doit recevoir deux gènes récessifs; le génotype d'un individu de ce groupe est donc évident. Le génotype des individus qui ont un groupe sanguin A ou B n'est pas aussi évident parce que les groupes A et B sont dominants. Ainsi, lorsque le phénotype d'un individu présente le groupe sanguin A ou le groupe sanguin B, l'un des gènes de la paire est nécessairement A ou B, mais l'autre gène peut être d'un autre groupe sanguin. Cependant, si un père de groupe sanguin A et une mère de groupe sanguin B ont un enfant de groupe sanguin O, on sait que chacun des parents est porteur d'un gène du groupe sanguin O, parce que l'enfant doit recevoir ce gène de l'un et de l'autre de ses parents pour présenter un phénotype du groupe O.

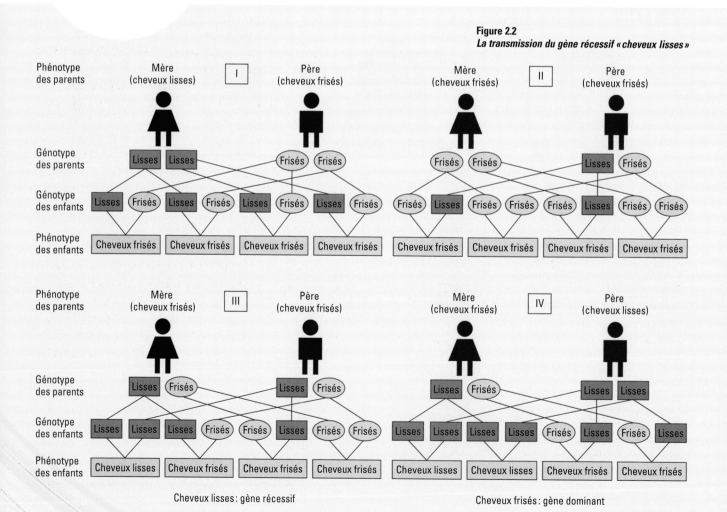

Figure 2.2
La transmission du gène récessif «cheveux lisses»

Cheveux lisses: gène récessif

Cheveux frisés: gène dominant

La figure 2.3 illustre les combinaisons possibles des différents types sanguins provenant d'un père hétérozygote de groupe sanguin A et d'une mère hétérozygote de groupe sanguin B. Notez que le groupe sanguin AB est l'un des phénotypes possibles parce que les gènes des groupes sanguins A et B sont codominants quand ils se retrouvent ensemble, c'est-à-dire que chacun exerce une influence égale sur le phénotype. La même règle s'applique à une personne qui présente un œil d'une couleur et l'autre d'une autre couleur. Cependant, ces phénomènes sont relativement rares.

L'HÉRÉDITÉ POLYGÉNIQUE

Plus complexe, le deuxième mode de transmission est celui de l'**hérédité polygénique,** où plusieurs gènes influent sur un même caractère qui s'exprime dans le phénotype. De nombreux caractères polygéniques se transmettent sur le mode dominant-récessif.

La couleur des yeux en est un exemple. S'ils ignorent encore combien de gènes exactement influent sur la couleur des yeux, les scientifiques savent que ces gènes ne sont pas responsables d'une couleur précise, mais plutôt de la nuance foncée ou claire de l'iris. Les gènes des couleurs foncées (noir, brun, noisette et vert) sont dominants; ceux des couleurs claires (bleu et gris) sont récessifs. Cependant, des mélanges de couleurs sont aussi possibles. Les personnes dont les chromosomes portent une combinaison de gènes associée à des yeux verts, bleus et gris peuvent avoir des yeux bleu-gris, vert-bleu ou bleu-vert. De même, les gènes qui déterminent différentes teintes de brun peuvent combiner leurs effets et donner à des enfants des yeux dont la couleur diffère de celle de leurs parents aux yeux bruns.

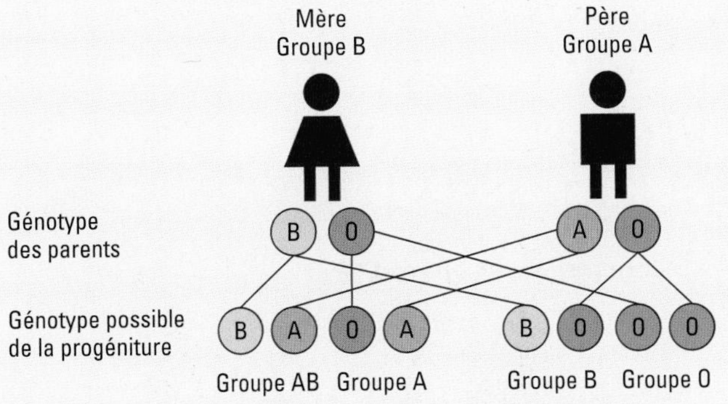

La taille d'un individu est également déterminée par plusieurs gènes, mais ces derniers ne sont pas soumis au mode de transmission dominant-récessif. La plupart des généticiens croient que chacun influe quelque peu sur la taille, qui dépend en partie de leur influence combinée. En partie, mais pas totalement, comme nous allons le voir.

L'HÉRÉDITÉ MULTIFACTORIELLE

De nombreux caractères polygéniques, comme la taille, résultent des influences combinées des gènes et de l'environnement; on parle alors d'**hérédité multifactorielle.** Si un enfant est malade, sous-alimenté ou négligé, il risque d'être petit pour son âge. C'est pourquoi les médecins utilisent des échelles de croissance comme indicateur de la santé générale d'un enfant: si ce dernier est plus petit que 97 % des enfants de son âge, ils tenteront de déterminer si cette différence est imputable à ses gènes ou à un facteur environnemental. Plusieurs caractéristiques humaines, comme le tempérament et l'intelligence, sont le produit d'une hérédité multifactorielle.

La détermination du sexe génétique et la transmission héréditaire liée au sexe

Dans les 22 paires de chromosomes non sexuels, qu'on appelle les **autosomes,** les éléments de la paire se ressemblent, et leurs loci génétiques correspondent exactement. La 23e paire est différente; ses chromosomes déterminent le sexe de l'enfant. Ces chromosomes sexuels sont de deux types, appelés par convention *chromosomes X* et *chromosomes Y.* Normalement, la 23e paire de chromosomes comprend deux chromosomes X chez la femme (génotype XX), et un chromosome X et un chromosome Y (génotype XY) chez l'homme.

Le sexe de l'enfant est déterminé par le chromosome sexuel qu'il reçoit du spermatozoïde. Comme la mère n'a que des chromosomes X, chaque ovule porte un chromosome X. Par contre, le père possède un chromosome X et un chromosome Y; quand ses gamètes se divisent au cours de la méiose, la moitié des spermatozoïdes

Figure 2.3
La transmission du groupe sanguin à la progéniture – femme hétérozygote du groupe B et homme hétérozygote du groupe A
Au Canada, 42 % des individus sont du groupe A, 9 % du groupe B, 46 % du groupe O et 3 % du groupe AB.

Hérédité polygénique Mode de transmission héréditaire d'un même caractère où plusieurs gènes influent sur le phénotype.

Hérédité multifactorielle Mode de transmission d'un caractère héréditaire où ce dernier est déterminé à la fois par des gènes et par l'environnement.

Autosome Chromosome non sexuel.

reçoit un X, et l'autre moitié, un Y. Si le spermatozoïde qui féconde l'ovule porte un X, l'enfant hérite d'un génotype XX : ce sera donc une fille ; si le spermatozoïde porte un Y, l'enfant hérite d'un génotype XY : ce sera un garçon. Précisons enfin qu'entre la 4e et la 8e semaine de gestation, les testicules rudimentaires de l'embryon mâle commencent à sécréter une hormone mâle, la testostérone. Si cette hormone n'est pas sécrétée ou l'est en quantité insuffisante, l'embryon sera « démasculinisé » et aura des organes génitaux femelles en dépit de son sexe génétique.

Le chromosome X est considérablement plus gros que le chromosome Y, et il contient de nombreux loci qui n'ont pas de correspondance sur le chromosome Y. À cause de la différence de taille entre les chromosomes X et Y, le garçon hérite de sa mère de nombreux gènes situés sur le chromosome X qui ne sont pas compensés par le matériel génétique du chromosome Y. Cela signifie notamment qu'une mère peut transmettre directement à son fils un ou plusieurs caractères récessifs. En effet, comme le chromosome Y du père ne contient pas de loci correspondant à ces caractères, il n'y a pas d'instructions compensatrices, et le gène récessif de la mère peut s'exprimer librement ; on parle alors de transmission liée au sexe. Chez les femmes, les gènes récessifs liés au sexe produisent exactement les mêmes effets que les autres gènes récessifs ; la fille n'hérite des caractères qui y sont associés que si elle reçoit *deux* gènes récessifs (un de chaque parent).

Dans le cas des maladies liées au sexe du parent, comme la dystrophie musculaire ou l'hémophilie (voir la figure 2.5, p. 50), la moitié des fils d'une mère porteuse du gène récessif seront atteints, et la moitié des filles seront porteuses du gène et transmettront à leur tour la maladie à la moitié de leurs fils.

Les jumeaux fraternels et les jumeaux vrais   Lorsqu'une femme donne naissance à plus d'un enfant, on parle de naissance multiple. La plupart du temps, il s'agit d'une naissance double.

Le cas le plus fréquent (les deux tiers des naissances gémellaires) est celui des jumeaux *fraternels* ou *dizygotes*, où deux ou plusieurs ovules ont été produits, et où chacun a été fécondé par un spermatozoïde différent. Les jumeaux fraternels ne présentent pas plus de similitudes génétiques que n'importe quels frères ou sœurs et ne sont pas forcément du même sexe. La fréquence d'apparition estimée des jumeaux fraternels naturels varie de 6,7 pour 1 000 naissances au Japon à 40 pour 1 000 naissances au Nigeria (Société des obstétriciens et gynécologues du Canada, 2006).

Dans le cas des jumeaux *vrais* ou *monozygotes* (un tiers des naissances gémellaires), un seul ovule fécondé se divise en deux juste avant l'implantation, chaque moitié se développant séparément par la suite. Issus du même zygote, les jumeaux vrais ont forcément le même patrimoine génétique, et donc le même sexe. La fréquence d'apparition estimée de jumeaux vrais naturels est de 3,5 pour 1 000 naissances dans le monde entier ; celle des triplés naturels, de 1 pour 8 100 naissances, et celle des quadruplés naturels, de 1 pour 729 000 naissances (Société des obstétriciens et gynécologues du Canada, 2006).

Le nombre de naissances multiples a explosé ces dernières décennies. Ainsi, en 20 ans, il a plus que doublé — une augmentation de 55 % — au Québec, où il s'établissait à 2,8 % des naissances en 2004 (Institut de la statistique du Québec, 2006) ; ce pourcentage est encore plus élevé en France (3 %) et aux États-Unis (3,3 %) (INSEE, 2006). Cette augmentation s'explique notamment par le nombre de femmes de 35 ans et plus qui donnent naissance à leur premier enfant ; ainsi, au Québec, le taux de fécondité pour un premier enfant chez les femmes de 35 à 39 ans est passé de 5,4 en 1961 à 10,1 en 2005 (Institut de la statistique du Québec, 2006).

Deux facteurs expliquent cette association entre l'âge maternel et les naissances multiples (Reynolds, Schieve, Martin, Jeng, et Macaluso, 2003) : après 35 ans, les femmes sont naturellement plus susceptibles d'avoir une grossesse multiple ; de plus, elles ont davantage de problèmes de fertilité et recourent davantage aux techniques de reproduction assistée, lesquelles augmentent la probabilité de grossesses multiples (voir l'encadré « Rapports de recherche » sur les techniques de reproduction assistée, p. 39).

Pause APPRENTISSAGE

La conception et l'hérédité

1. Expliquez le processus de la conception (où, quand et comment survient-elle ?).

2. Expliquez la différence entre le génotype d'un individu et son phénotype.

3. Expliquez ce que signifient les termes *hérédité dominante-récessive*, *hérédité polygénique* et *hérédité multifactorielle*.

4. Comment se détermine le sexe génétique d'un individu ?

5. Qu'est-ce qui différencie les jumeaux fraternels des jumeaux vrais ?

LA GROSSESSE ET LE DÉVELOPPEMENT PRÉNATAL

La période qui s'écoule entre la conception et la naissance d'un être humain implique deux types d'expériences que nous allons décrire tour à tour : l'expérience de la femme enceinte — la grossesse — et l'expérience du zygote, de l'embryon puis du fœtus — le développement prénatal.

LES ÉTAPES DE LA GROSSESSE

Si on suppose que la conception se produit deux semaines après le début de la menstruation (au moment de l'ovulation), la grossesse dure 38 semaines (environ 265 jours). Comme le moment de l'ovulation peut varier, la plupart des professionnels de la santé calculent 40 semaines de gestation à partir du premier jour des dernières règles. On divise habituellement la grossesse en trois trimestres (voir le tableau 2.2).

Le premier trimestre

La grossesse commence quand le zygote s'implante dans la paroi de l'utérus et libère des substances chimiques qui empêchent la menstruation et déclenchent des transformations physiques et chimiques nécessaires à son développement. Certaines de ces substances sont excrétées dans l'urine de la femme, ce qui permet de diagnostiquer la grossesse quelques jours après la conception.

Le col utérin — la partie inférieure et rétrécie de l'utérus, qui relie la cavité utérine au vagin — s'épaissit et sécrète un mucus qui protège l'embryon en empêchant

Tableau 2.2   *La grossesse en bref*

Trimestre	Événements	Malaises courants	Soins prénatals	Problèmes sérieux
Premier trimestre De la conception à la 12ᵉ semaine	Absence de menstruation Gonflement des seins Épaississement abdominal	Nausée Besoin fréquent d'uriner Seins douloureux Insomnie Fatigue	Confirmation de la grossesse Calcul de la date de l'accouchement Test prénatal Suivi médical mensuel pour vérifier les fonctions vitales, la croissance intra-utérine, la prise de poids, le taux de glucose et de protéines dans l'urine, etc.	Grossesse ectopique Résultats anormaux (tests prénatals) Pression artérielle élevée Malnutrition Saignements Avortement spontané
Deuxième trimestre De la 13ᵉ semaine à la 24ᵉ semaine	Prise de poids Grossesse apparente Perception de mouvements fœtaux Appétit accru	Varices Besoin fréquent d'uriner	Suivi médical mensuel Échographie pour évaluer la croissance fœtale et pour localiser le placenta	Diabète gestationnel Prise de poids excessive Pression artérielle élevée Incompatibilité Rh entre la mère et le fœtus Fausse-couche (entre la 13ᵉ et la 20ᵉ semaine) Travail prématuré (après la 20ᵉ semaine)
Troisième trimestre De la 25ᵉ semaine jusqu'au début du travail	Prise de poids Écoulements mammaires	Œdème (membres et extrémités) Indigestion Hémorroïdes Insomnie Baisse du désir sexuel Difficulté à se déplacer Bouffées de chaleur Fatigue Maux de dos Crampes dans les jambes Vergetures Fausses contractions	Suivi médical hebdomadaire à partir de la 32ᵉ semaine Échographie pour évaluer la position du fœtus Traitement de l'incompatibilité Rh au besoin Examen gynécologique pour suivre la dilatation du col de l'utérus et la progression du travail	Pression artérielle élevée Saignements Travail prématuré Infection de la vessie

Le soutien émotionnel du conjoint et des proches peut aider la femme enceinte à surmonter les bouleversements émotionnels qui accompagnent souvent les transformations physiques du troisième trimestre et l'anticipation de l'accouchement.

les organismes nuisibles de pénétrer dans l'utérus. L'utérus commence à changer de position et exerce une pression sur la vessie de la femme, ce qui la fera uriner plus souvent. Ce symptôme et d'autres, comme la fatigue et la sensibilité des seins gonflés, peuvent nuire au sommeil de la mère. Les nausées matinales, souvent accompagnées de vomissements, sont un autre désagrément courant en début de grossesse.

Comme tous les organes du futur bébé se forment au cours des huit premières semaines de grossesse, les soins prénatals du premier trimestre sont cruciaux pour éviter des anomalies congénitales. Les examens et les tests prénatals effectués très tôt permettent aux médecins et infirmières de déceler dès le début de la grossesse des problèmes de santé maternels dommageables pour le développement prénatal, comme les MTS, et de prévenir les futures mères des risques liés à la consommation de tabac, d'alcool, de drogues et de médicaments (voir la section suivante sur les facteurs de risque prénatals).

Les soins prénatals du premier trimestre sont également importants pour la santé de la future mère. Par exemple, en cas de grossesse ectopique, c'est-à-dire quand un zygote s'implante hors de l'utérus — dans une trompe de Fallope par exemple (grossesse tubaire) —, il est essentiel de procéder à une excision chirurgicale rapide du zygote pour préserver la vie et la santé de la femme.

Les fausses-couches ne sont pas rares au premier trimestre. Pour la femme, un avortement spontané précoce peut ressembler à une menstruation avec des malaises et des saignements plus abondants. Pourtant, une consultation médicale s'impose, car l'expulsion de l'embryon risque de ne pas être complète.

Le deuxième trimestre

Au cours du deuxième trimestre de la grossesse, qui s'étend généralement de la fin de la 12e semaine jusqu'à la 24e, les nausées matinales disparaissent et l'appétit revient. La femme prend du poids, et l'utérus s'agrandit pour contenir un fœtus qui croît rapidement. À un moment ou l'autre, la grossesse commence à paraître. Habituellement, la femme commence à sentir les mouvements du fœtus entre la 16e et la 18e semaine.

Lors de la visite de suivi mensuelle, les médecins évaluent les fonctions vitales de la mère et du fœtus ainsi que la croissance de ce dernier. Souvent, on fait une échographie, laquelle peut révéler le sexe du fœtus à partir de la 13e semaine. Les tests d'urine mensuels permettent de déceler des signes éventuels du diabète gestationnel — un type de diabète qui n'apparaît que durant la grossesse. Quel que soit leur type de diabète, les femmes diabétiques enceintes doivent être suivies étroitement, car la croissance de leur fœtus risque d'être trop rapide, ce qui peut mener à un travail prématuré ou à une césarienne parce que le bébé est trop gros pour un accouchement vaginal.

Au second trimestre, les risques de fausse-couche diminuent, mais quelques fœtus meurent entre les 13e et 20e semaines de grossesse.

Le troisième trimestre

À 25 semaines de grossesse, la femme entre dans le troisième et dernier trimestre. Durant cette période, la prise de poids et la croissance de l'abdomen sont les principaux changements physiques apparents. Les seins peuvent aussi commencer à sécréter du colostrum en préparation à l'allaitement.

À cette étape, la plupart des femmes commencent à ressentir un lien émotionnel plus étroit avec le fœtus. Dans les dernières semaines de grossesse, l'échographie révèle des images de plus en plus claires ; on observe aussi chez le fœtus des comportements qui lui sont propres : il peut avoir le hoquet ou sucer son pouce, par exemple. Ses périodes d'activité et de repos se régularisent.

Le suivi médical mensuel se poursuit jusqu'à la 32e semaine, après quoi il devient souvent hebdomadaire. La surveillance de la pression artérielle est alors particulièrement importante, car certaines femmes peuvent commencer à souffrir d'hypertension gravidique, un problème potentiellement mortel qui se manifeste par une hausse soudaine de la pression artérielle et qui peut déclencher un accident vasculaire cérébral (AVC).

LES ÉTAPES DU DÉVELOPPEMENT PRÉNATAL

Lorsqu'ils étudient le développement prénatal, les biologistes et les embryologistes le divisent en trois périodes, qui, contrairement aux trois étapes de la grossesse, sont de longueurs inégales :

- la période germinale, qui débute à la conception et dure environ deux semaines ;
- la période embryonnaire, qui couvre les six semaines suivantes (jusqu'à la 8e semaine) ;
- la période fœtale, qui couvre le reste de la grossesse jusqu'à l'accouchement.

La période germinale : de la conception à l'implantation

La division cellulaire du zygote débute entre 24 et 36 heures après la conception. En deux ou trois jours, des douzaines de cellules dont l'ensemble n'est pas plus gros qu'une tête d'épingle se forment : c'est la morula, amas de cellules qui restent indifférenciées (identiques) jusqu'au quatrième jour environ. Une cavité se creuse au cœur de la morula, qui prend alors le nom de blastocyste et se divise en deux masses cellulaires : les cellules périphériques (le trophoblaste), qui formeront les structures qui soutiendront le développement de l'embryon puis du fœtus, et la masse intérieure (le bouton embryonnaire), qui deviendra l'embryon puis le fœtus. Quand il touche la paroi de l'utérus, le trophoblaste se rompt au point de contact, et de petits crampons lui permettent de se fixer à la paroi utérine. Cette implantation se produit normalement de 10 à 14 jours après la conception ; le blastocyste compte alors près de 150 cellules.

La figure 2.4 illustre la séquence des changements au cours de la période germinale.

La période embryonnaire

La période embryonnaire débute à la fin de l'implantation (environ deux semaines après la conception) et dure jusqu'à la fin de la 8e semaine. Au terme de cette période, les diverses structures de soutien sont complètement formées, et les principaux organes du corps sont présents sous une forme rudimentaire.

Période germinale

Figure 2.4

La séquence des changements au cours de la période germinale
Ce schéma illustre le processus de fécondation et les diverses étapes qui mènent à l'implantation de l'embryon sur la paroi utérine.

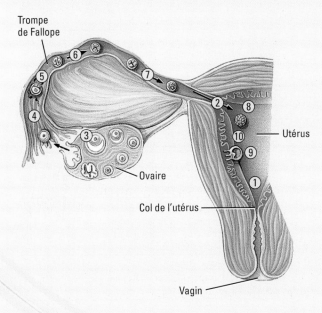

Trompe de Fallope

Utérus

Ovaire

Col de l'utérus

Vagin

1. Des millions de spermatozoïdes pénètrent dans l'utérus et se dirigent vers la trompe de Fallope.
2. Les spermatozoïdes entrent dans la trompe de Fallope.
3. L'ovaire amène un follicule immature à maturité, produisant ainsi l'ovule.
4. L'ovule quitte l'ovaire au milieu du cycle menstruel de 28 jours (entre le 9e et le 16e jour). S'il n'est pas fécondé, l'ovule est rejeté à la fin du cycle menstruel, ce qui provoque la menstruation.
5. Un seul spermatozoïde va féconder l'ovule dans la trompe de Fallope.
6. L'œuf fécondé (le zygote) poursuit son trajet à travers la trompe de Fallope vers l'utérus ; en chemin, il se divise (par mitose) et forme de nouvelles cellules. Les premières divisions se produisent de 24 à 36 heures après la fécondation.
7. Au bout de 3 jours, le zygote compte environ 32 cellules.
8. Le zygote devient un blastocyste (amas cellulaire compact entouré de liquide) ; il pénètre dans l'utérus et la différenciation cellulaire commence (de 5 à 6 jours après la fécondation de l'ovule).
9. L'embryon se fixe à la paroi utérine.
10. De 10 à 14 jours après la conception, l'embryon est implanté et compte environ 150 cellules.

Source : Adapté de Tortora et Grabowski, 2001, figure 29.4, p. 1091.

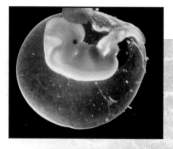
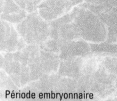

Période embryonnaire

LES STRUCTURES DE SOUTIEN

Deux structures de soutien importantes se développent à partir du trophoblaste : une membrane interne, l'**amnios**, ou *sac amniotique*, qui contient le liquide amniotique où baignera l'embryon puis le fœtus, et le **chorion**, qui donnera le **placenta** et le **cordon ombilical**. Fixé à la paroi utérine, le placenta est composé de cellules de protection et fait office de foie, de poumons et de reins pour l'embryon et le fœtus. Complètement développé après quatre semaines de gestation, cet organe est relié par le cordon ombilical au système cardiovasculaire de l'embryon, ce qui permet les échanges entre la mère et l'embryon : apport de nutriments (oxygène, protéines, glucides, vitamines, etc.) de la mère vers l'embryon et élimination des déchets digestifs et du gaz carbonique de l'embryon vers la mère. En outre, les différentes membranes du placenta empêchent le passage de substances nocives (comme les virus) et filtrent la plupart des hormones maternelles. Malheureusement, comme on le verra à la section suivante, de nombreux médicaments, anesthésiques et autres agents pathogènes parviennent à traverser la barrière placentaire.

LE DÉVELOPPEMENT DE L'EMBRYON

Durant cette période, le bouton embryonnaire se scinde encore en plusieurs types de cellules différenciées qui formeront les rudiments de la peau, des récepteurs sensoriels, des cellules nerveuses, des muscles, du système cardiovasculaire et des organes internes. Cette différenciation cellulaire est remarquablement rapide. Après huit semaines de gestation, l'embryon, qui mesure environ 3,75 centimètres, possède un cœur qui bat, un système cardiovasculaire primitif, des ébauches d'oreilles et d'yeux, une bouche qui s'ouvre et se ferme, des jambes, des bras et une colonne vertébrale primitive.

La période fœtale

Quand l'organogenèse est terminée, une nouvelle étape commence, celle du développement du **fœtus**.

Les sept mois de la période fœtale sont consacrés au perfectionnement des systèmes organiques primitifs déjà en place. Comme dans la construction d'une maison, la structure se monte rapidement, mais la finition est plus longue.

LE DÉVELOPPEMENT DU SYSTÈME NERVEUX

À la fin de la période embryonnaire, le système nerveux, encore très rudimentaire, se compose de deux types de cellules de base, les **neurones** et les **cellules gliales**. Les cellules gliales forment le ciment qui assure la cohésion des diverses structures du système nerveux et confère au cerveau sa fermeté et sa structure. Les neurones reçoivent et transmettent les messages d'une région du cerveau à une autre, ou d'une partie du corps à une autre, par l'intermédiaire des **synapses,** point de contact entre deux neurones, et des **neurotransmetteurs**, substances libérées par les terminaisons neuronales qui assurent chimiquement la transmission de l'influx nerveux dans les synapses.

LA CROISSANCE EN TAILLE ET EN POIDS

L'augmentation de la taille et du poids du fœtus est relativement tardive : celui-ci n'atteint la moitié de la longueur qu'il aura à la naissance que vers la 20ᵉ semaine de

---

Amnios Membrane remplie du liquide amniotique dans lequel baigne l'embryon puis le fœtus.

Chorion Couche externe de cellules qui, durant le stade de développement prénatal du blastocyste, va donner naissance au placenta et au cordon ombilical (prononcer *korion*).

Placenta Organe qui se développe entre le fœtus et la paroi de l'utérus ; filtre les nutriments du sang de la mère, et fait office de foie, de poumons et de reins pour le fœtus.

Cordon ombilical Structure de soutien qui se développe durant la période embryonnaire et qui relie le système cardiovasculaire de l'embryon et du fœtus au placenta, permettant ainsi d'acheminer les nutriments et d'évacuer les déchets.

Fœtus Nom donné à l'embryon humain à partir de son troisième mois de développement.

Neurone Cellule de base du système nerveux. Les neurones assurent la transmission et la réception des influx nerveux.

Cellule gliale Cellule de base du système nerveux. Les cellules gliales assurent la cohésion des centres nerveux et confèrent au cerveau sa fermeté et sa structure.

Synapse Point de contact entre l'axone d'un neurone et les dendrites d'un autre neurone ; permet la transmission des influx nerveux d'un neurone à l'autre ou d'un neurone à un autre type de cellules, comme les cellules musculaires.

Neurotransmetteurs Substances libérées par les terminaisons neuronales qui assurent chimiquement la transmission de l'influx nerveux dans les synapses.

grossesse, et la moitié de son poids de naissance que vers la 32e semaine.

Le tableau 2.3 résume les principaux événements prénatals du développement.

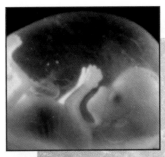
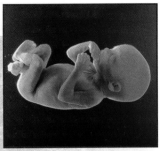
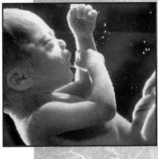

Période fœtale

Pause
APPRENTISSAGE

La grossesse et le développement prénatal

1. Décrivez les trois trimestres de la grossesse (durée, caractéristiques, événements, etc.).

2. Qu'est-ce que la *différenciation cellulaire*?

3. Décrivez les trois périodes du développement prénatal (durée, événements, etc.).

Tableau 2.3 *Les principaux événements prénatals*

Période germinale		Période embryonnaire		Période fœtale	
Semaine 1	Le zygote se déplace à l'intérieur de la trompe de Fallope.	*Semaine 3*	Les vaisseaux sanguins apparaissent ainsi que la colonne vertébrale primitive (le tube neural, qui est à l'origine du cerveau).	*Semaines 9 à 12*	Les muscles, les paupières et les lèvres sont formés, ainsi que les orteils et les doigts. Les os remplacent les cartilages. Le fœtus mesure 7,5 cm et pèse 28 g.
Semaine 2	Le blastocyste s'attache à la paroi utérine, et la différenciation cellulaire débute.	*Semaine 4*	Les yeux, la bouche et les bourgeons rudimentaires qui deviendront les membres apparaissent. Le cœur commence à battre.	*Semaines 12 à 15*	Le fœtus entend la voix de sa mère et les bruits extérieurs. Les structures majeures du cerveau prennent forme. Les cellules gliales (soutien des neurones) se développent.
		Semaine 5	Les oreilles et les mains commencent à se former.	*Semaine 16*	Les mouvements du fœtus deviennent perceptibles par la mère. Les os commencent à se développer. Les oreilles sont pratiquement formées.
		Semaine 6	Le cerveau se divise en trois parties et commence à avoir une activité électrique. Les gonades (testicules ou ovaires) se développent. Entre la 4e et la 6e semaine, les gonades se transforment en ovaires, sauf si le chromosome Y produit de la testostérone, qui transforme les gonades en testicules.	*Semaines 17 à 20*	Le cœur bat de 120 à 160 pulsations par minute. Le fœtus pèse 227 g et mesure de 20 cm à 30 cm.
				Semaines 21 à 24	Les yeux sont complètement formés ainsi que les cheveux, les ongles, les glandes sudoripares et les papilles gustatives. Certains enfants nés prématurément entre la 22e et la 24e semaine vivent parfois, mais les chances de survie sont faibles, et les risques de problèmes, très élevés. Le fœtus pèse 907 g et mesure entre 28 cm et 35 cm.
		Semaine 7	Les différentes parties du corps commencent à s'allonger. Le cortex se développe. Les paupières et les muscles apparaissent. L'embryon commence à bouger spontanément.	*Semaines 25 à 28*	Les organes internes sont formés et fonctionnels. L'âge de la viabilité du fœtus est atteint. Le fœtus reconnaît la voix de sa mère. Il réagit aux sons et aux vibrations en modifiant son rythme cardiaque, en tournant sa tête et en bougeant son corps.
		Semaine 8	Les composantes faciales et les organes sexuels externes sont visibles. Le foie commence à fonctionner. Le cœur pompe le sang dans toutes les parties de l'organisme. Les connexions entre le cerveau et le reste du corps sont bien établies. Les systèmes digestif et excréteur fonctionnent. L'organogenèse est terminée.	*Semaines 28 à 30*	Les systèmes nerveux, cardiovasculaire et respiratoire sont suffisamment développés pour assurer la survie, bien que le bébé soit encore minuscule et que son système nerveux n'en soit qu'aux premiers balbutiements du développement dendritique.
				Semaines 30 à 33	Le fœtus mesure de 40 cm à 45 cm et pèse de 1 500 g à 2 300 g; il gagne environ 200 g par semaine, et les dépôts de graisse augmentent. Vers la 32e ou 33e semaine, le fœtus peut distinguer les stimulus familiers des stimulus nouveaux.
				Semaines 34 à 38	Le fœtus reçoit des anticorps de la mère. Il pèse de 2 700 g à 3 500 g et mesure de 50 à 53 cm.

LES FACTEURS DE RISQUE PRÉNATALS

Le développement prénatal est remarquablement régulier et prévisible. S'il survit à la période critique initiale (les 12 premières semaines environ), le fœtus poursuit généralement sa croissance sans problème, et les changements qu'il connaît se produisent à intervalles réguliers, selon un plan de maturation bien précis.

Comme nous allons le voir, le développement prénatal n'est pas un processus infaillible; et, même dans l'utérus maternel, le petit humain en devenir n'est pas à l'abri des agressions extérieures. Pourtant, il importe de souligner sa grande robustesse. La liste des problèmes éventuels est longue et ne cesse de s'allonger à mesure que les connaissances progressent, mais la plupart restent rares. On peut en prévenir certains, du moins en partie; d'autres n'auront pas forcément de conséquences permanentes pour l'enfant. En lisant les pages qui suivent, gardez à l'esprit que la plupart des nouveau-nés sont normaux et bien portants.

Trois types de facteurs peuvent perturber le développement prénatal:
- les anomalies génétiques et chromosomiques;
- les agents tératogènes (facteurs environnementaux nuisibles) qui peuvent influer sur le développement à n'importe quel moment à partir de la conception;
- d'autres facteurs comme l'âge des parents, l'alimentation maternelle, l'état émotionnel de la mère, etc.

LES ANOMALIES GÉNÉTIQUES ET CHROMOSOMIQUES

Alors que les anomalies chromosomiques (qui touchent le nombre normal de chromosomes ou une partie d'un chromosome) surviennent au moment de la conception, les anomalies génétiques (défaut de fonctionnement d'un gène), elles, se transmettent par l'hérédité, généralement selon le mode dominant-récessif. Voyons cela de plus près.

Les anomalies génétiques

Les gènes jouent un rôle dans la plupart des maladies et affections. Cependant, alors que certaines, comme le cancer, résultent de l'interaction de gènes de prédisposition et de facteurs environnementaux (comme l'alimentation et le mode de vie), d'autres sont directement attribuables à la défectuosité d'un gène. Ces anomalies génétiques se transmettent généralement selon le mode dominant-récessif, et peuvent toucher les chromosomes sexuels ou les autosomes. Le tableau 2.4 décrit les anomalies génétiques les plus courantes.

Les généticiens pensent que tout adulte est un porteur sain de plusieurs maladies ou anomalies transmises par un gène récessif. Toutefois, la distribution de ces gènes n'est pas complètement aléatoire. Ainsi, la drépanocytose frappe le plus souvent les Noirs, et la maladie de Tay-Sachs, les ashkénazes (personnes d'origine juive provenant d'un pays d'Europe non méditerranéenne). De même, l'hémophilie, transmise par les femmes, est plus fréquente chez les hommes. La figure 2.5 illustre le mode de transmission de l'hémophilie (transmission liée au sexe) et permet de le comparer au mode de transmission du caractère «cheveux frisés» illustré à la figure 2.2, p. 42).

Les anomalies chromosomiques

Les anomalies chromosomiques sont une cause importante d'avortements spontanés, de malformations congénitales et de déficience intellectuelle. Environ 0,6% des nouveau-nés présentent une anomalie chromosomique, mais les recherches montrent que ce pourcentage est beaucoup plus élevé chez les embryons. À quel point? La question est controversée, mais les estimations les plus récentes situent la fréquence des anomalies à la conception entre 20% et 50% (Martin, 2002).

Le matériel génétique présente des anomalies numériques (trop ou pas assez de chromosomes) ou structurales parce que le spermatozoïde ou l'ovule ne s'est pas divisé correctement pendant la méiose. Les anomalies peuvent toucher les chromosomes sexuels (la 23e paire), comme dans le cas des syndromes de Turner ou du X fragile, ou les autosomes, comme dans le cas des

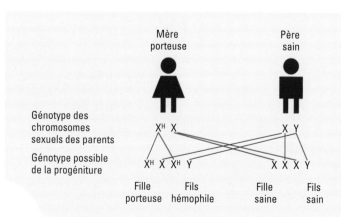

Figure 2.5
La transmission liée au sexe du parent: l'hémophilie

Tableau 2.4   *Les principales anomalies génétiques*

Anomalies à gène dominant (autosomiques)*	
Chorée de Huntington	Maladie dégénérative du système nerveux dont les symptômes (perte rapide des facultés intellectuelles et des capacités physiques) commencent à se manifester entre 35 et 45 ans. Il existe maintenant un test sanguin permettant de dépister la maladie.
Autres maladies à gène dominant	L'hypertension, la migraine et la schizophrénie sont également des troubles à gène dominant.
Anomalies à gène récessif (autosomique)	
Phénylcétonurie (PCU)	Trouble du métabolisme caractérisé par une incapacité plus ou moins prononcée du corps à transformer la phénylalanine, un acide aminé qu'on trouve dans de nombreux aliments dont le lait. Si l'enfant ne suit pas dès la naissance un régime alimentaire strict exempt de lait, les toxines s'accumulent dans son cerveau et peuvent causer une déficience intellectuelle. Le diagnostic prénatal est encore impossible, mais la maladie peut être dépistée et traitée dès la naissance. Comme plusieurs maladies récessives, la phénylcétonurie est associée à l'ethnicité; les enfants caucasiens en sont plus souvent atteints (1 sur 10 000).
Maladie de Tay-Sachs	Maladie mortelle caractérisée par une dégénérescence du système nerveux. Les enfants atteints ne vivent que trois ou quatre ans. Le gène se trouve surtout chez les Ashkénazes, et sa fréquence est d'environ 1 cas sur 3 600 naissances. Le diagnostic prénatal est maintenant possible.
Drépanocytose (anémie falciforme)	Maladie du sang potentiellement mortelle causée par une anomalie de l'hémoglobine qui entraîne une déformation des globules rouges. Il en résulte des caillots qui bloquent les artères (ce qui cause de vives douleurs dans les articulations), de l'anémie et une vulnérabilité accrue aux infections. La plupart des enfants atteints ne dépassent pas l'âge de 20 ans; ceux qui survivent à l'âge adulte meurent avant 40 ans. Le gène, qui touche 1 personne sur 400, surtout des Noirs, peut être dépisté chez les parents, et le diagnostic prénatal est maintenant possible.
Fibrose kystique	Maladie héréditaire létale la plus répandue au Canada causant un mucus épais et collant qui entraîne le dysfonctionnement des systèmes respiratoire et digestif. En Amérique du Nord, plus de la moitié des enfants souffrant de fibrose kystique atteignent ou dépassent la fin de la trentaine. Cette maladie frappe surtout les Caucasiens: 1 sur 2 600 en est victime et 1 sur 5 en est porteur. Bien qu'on connaisse le locus du gène de la fibrose kystique, on ne peut encore ni dépister les porteurs de la maladie ni procéder à un diagnostic prénatal. On sait cependant que chez un couple qui engendre un enfant atteint, pour chaque autre naissance, la probabilité que l'enfant en soit affligé est de 1 sur 4, et la probabilité qu'il soit porteur du gène, de 1 sur 2.
Dystrophie musculaire	Ensemble de maladies neuromusculaires mortelles presque toujours liées au sexe (hommes) et caractérisées par une détérioration progressive des muscles. Les chercheurs ont localisé le gène le plus courant, celui de l'atrophie musculaire progressive spinale de type Aran-Duchenne, ainsi que le gène de la dystrophie musculaire myotonique. On devrait donc pouvoir procéder bientôt au dépistage prénatal de ces maladies.
Malformations du tube neural	Défauts génétiques associés au tube neural; peuvent se manifester par un *spina-bifida* (malformation de la colonne vertébrale) ou par une anencéphalie (absence d'encéphale). La prise quotidienne d'acide folique par les femmes en âge de procréer peut réduire le risque de donner naissance à un enfant atteint de malformations du tube neural.
Diabète	Maladie incurable (mais qui peut être maîtrisée) caractérisée par une insuffisance d'insuline (hormone permettant l'assimilation par le corps du glucose), et dont certaines formes sont associées à un gène récessif.
Troubles à gène récessif liés aux chromosomes sexuels	
Syndrome du X fragile	Syndrome caractérisé par une rupture ou une cavité à un endroit précis du chromosome X. La fréquence est de 1 cas sur 2 000 naissances de garçons et de 1 cas sur 4 000 naissances pour les filles. Privés de l'action potentiellement équilibrante d'un chromosome X normal, les garçons sont plus vulnérables aux effets négatifs de ce syndrome, tant sur le plan intellectuel que sur le plan comportemental. Ils présentent des risques élevés de déficience intellectuelle et perdent 10 points aux tests de Q[di] entre l'enfance et l'adolescence, passant ainsi d'un déficit léger à un déficit moyen. Certaines études attribuent à ce syndrome de 5 % à 7 % des déficiences intellectuelles chez les hommes.
Hémophilie	Maladie transmise par la mère et qui se caractérise par l'absence dans le sang de substances chimiques nécessaires à sa coagulation; le saignement de l'hémophile qui se blesse ne s'arrête pas spontanément. Les formes les plus graves de l'hémophilie affectent surtout les hommes; les femmes ne sont gravement affectées que si le père est hémophile et la mère est porteuse du gène défectueux, ce qui est extrêmement rare. Par contre, de nombreuses porteuses présentent des symptômes d'hémophilie légère.
Daltonisme	Anomalie de la vue qui empêche la distinction de certaines couleurs, notamment le vert et le rouge. Cette anomalie bénigne touche 1 homme sur 800 et 1 femme sur 4 000.

*Les maladies graves à gène dominant sont relativement rares, car les sujets atteints sont soit infertiles soit informés de leur état et décident de ne pas avoir d'enfant.

trisomies. La trisomie 21, ou syndrome de Down, qui se caractérise par la présence de trois chromosomes sur la 21e paire en raison d'une méiose imparfaite, est l'anomalie chromosomique la plus répandue, mais on en dénombre une cinquantaine d'autres, dont plusieurs très rares. Le tableau 2.5 décrit les plus fréquentes.

Cet enfant présente les traits faciaux caractéristiques du syndrome de Down : des yeux bridés et un visage aplati.

LES AGENTS TÉRATOGÈNES

Un développement prénatal anormal peut également résulter de changements dans l'environnement de l'embryon ou du fœtus. On appelle **agent tératogène** tout agent susceptible de provoquer des malformations congénitales ou de perturber le développement prénatal de l'embryon ; il peut s'agir d'un agent physique, d'un trouble métabolique de la mère, d'un agent infectieux, d'un médicament ou autre substance chimique.

L'effet de la plupart des agents tératogènes semble lié à la dose, à l'interaction avec d'autres agents environnementaux et à la susceptibilité de l'organisme. De manière générale, un organisme est plus vulnérable au moment où son développement est le plus rapide. Comme la plupart des organes se développent très rapidement

De nos jours, beaucoup moins d'enfants naissent avec des maladies ou des malformations congénitales grâce aux nouvelles méthodes de dépistage et de diagnostic prénatal. Le tableau 2.6 présente les méthodes les plus courantes.

> **Agent tératogène** Tout agent susceptible de provoquer des malformations congénitales ou de perturber le développement prénatal de l'embryon ; il peut s'agir d'un agent physique, d'un trouble métabolique de la mère, d'un agent infectieux ou d'une substance chimique.

Tableau 2.5 *Les principales anomalies chromosomiques*

Anomalies autosomiques	
Syndrome de Down (trisomie 21, mongolisme)	Anomalie chromosomique la plus répandue. Se caractérise par la présence de 3 chromosomes sur la 21e paire en raison d'une méiose imparfaite du spermatozoïde (1 cas pour 800 naissances) ou de l'ovule (1 cas pour 1 000 naissances). Les enfants présentent des traits distinctifs, une déficience intellectuelle de légère à grave, un cerveau de volume réduit et une déficience cardiaque. Le risque s'accroît avec l'âge maternel : 1 cas pour 952 naissances chez les mères de 30 ans ; 1 cas pour 385 naissances chez les mères de 35 ans ; et 1 cas pour 106 naissances chez les mères de 40 ans.
Trisomies 13 et 18	Certaines trisomies touchent la 13e ou la 18e paire de chromosomes ; les enfants sont alors atteints très gravement ; le plus souvent, ils ne survivent pas au-delà de la première année.
Anomalies des chromosomes sexuels	
Syndrome de Klinefelter	Anomalie chromosomique caractérisée par la présence d'un chromosome X supplémentaire (XXY) et qui touche les garçons (1 sur 1 000 naissances). Les sujets atteints semblent normaux, mais leurs testicules atrophiés ne produisent que très peu de sperme à l'âge adulte. La plupart ne souffrent pas de déficience intellectuelle, mais certains présentent des troubles du langage et de l'apprentissage. À la puberté, ces garçons connaissent des changements morphologiques à la fois masculins et féminins (comme le grossissement du pénis et des seins). Le traitement requiert souvent l'injection de testostérone.
Syndrome du double Y*	Un peu moins fréquent que le syndrome de Klinefelter (1 cas pour 1 200 naissances), le triplet chromosomique XYY touche aussi les garçons. Souvent plus grands que la moyenne, ils ne présentent cependant aucun syndrome bien défini ; certains sujets présentent divers symptômes ; d'autres, aucun.
Syndrome de Turner*	Les cas de chromosome X unique (X0) sont une exception à la règle selon laquelle les embryons dotés d'un nombre insuffisant de chromosomes ne sont pas viables. Ce syndrome se caractérise par le nanisme et la stérilité chez les fillettes ; sans traitement hormonal, elles n'auront pas de menstruations, et leurs seins ne se développeront pas à la puberté. La plupart ont une intelligence normale.
Syndrome du triple X	Les filles atteintes du syndrome du triple X (1 cas pour 1 000 naissances) présentent des phénotypes variés : certaines femmes sont normales (sauf pour leur caryotype) ; d'autres ont des ovaires immatures, des problèmes de fécondité, un certain retard dans le développement intellectuel ou d'autres symptômes (1 cas pour 5 000 naissances).

*Le syndrome du double Y, le syndrome de Turner et le syndrome du triple X sont causés par des gènes récessifs.

Tableau 2.6 *Les principales méthodes de diagnostic prénatal*

Dosage de l'alphafœtoprotéine	Analyse du sérum maternel ou du liquide amniotique pour déceler une concentration anormale de l'alphafœtoprotéine (AFP), une substance secrétée par le fœtus. Un taux anormal d'AFP peut indiquer des malformations du tube neural, de la moelle épinière ou de l'encéphale.
Échographie	Technique qui utilise les ultrasons pour montrer le fœtus en mouvement. Permet de déceler de nombreuses anomalies physiques, comme les lésions du tube neural, de repérer les grossesses multiples et de déterminer l'âge gestationnel du fœtus. Se pratique généralement entre la 16e et la 20e semaine de grossesse.
Amniocentèse	Prélèvement de liquide amniotique à l'aide d'une aiguille en vue d'une analyse. Permet entre autres de déceler des anomalies chromosomiques et génétiques chez l'embryon ou le fœtus; peut se pratiquer à partir de la 16e semaine de gestation.
Choriocentèse (biopsie des villosités choriales)	Prélèvement de cellules du trophoblaste (qui deviendra le placenta); offre sensiblement les mêmes avantages que l'amniocentèse, mais peut se pratiquer plus tôt (après la 9e semaine de gestation).
Cordocentèse	Prélèvement de sang ombilical qui permet d'accélérer le diagnostic chromosomique ou génétique.
Fœtoscopie	Technique qui recourt à l'insertion d'une microcaméra dans l'utérus afin d'observer le développement fœtal. Permet aussi de pratiquer des interventions chirurgicales.

dans les huit premières semaines de gestation, l'embryon est particulièrement vulnérable aux agents tératogènes durant cette période, ce qui illustre bien les concepts de périodes critiques et de périodes sensibles.

Les maladies infectieuses de la mère

Une maladie infectieuse contractée par la mère pendant la grossesse peut endommager l'embryon ou le fœtus. Les plus dangereuses pour l'enfant sont probablement la rubéole, la cinquième maladie, le sida, l'herpès génital et le cytomégalovirus, ces trois dernières étant transmissibles sexuellement.

LA RUBÉOLE

Cette maladie est particulièrement dangereuse en début de grossesse. La plupart des embryons qui y sont exposés dans les quatre à cinq premières semaines présentent des anomalies à la naissance, contre seulement 10 % des fœtus qui y sont exposés dans les six derniers mois. La surdité, les cataractes et les troubles cardiaques sont les séquelles les plus courantes. À cause de leur gravité, on devrait vacciner tous les enfants, de même que les femmes en âge de procréer qui n'ont pas été immunisées dans l'enfance. Cependant, comme le vaccin peut aussi être tératogène, ces dernières devront attendre au moins un mois après son administration pour devenir enceintes.

LA CINQUIÈME MALADIE (OU ÉRYTHÈME INFECTIEUX AIGU)

Cette infection virale qui atteint l'appareil respiratoire se transmet comme un rhume. Chez les enfants, elle se manifeste souvent par une éruption cutanée rouge vif sur le visage, qui peut s'étendre ensuite aux bras et au reste du corps. Une femme infectée durant sa grossesse peut transmettre l'infection à l'embryon ou au fœtus. S'il est infecté durant la première moitié de la gestation, il pour-

rait en mourir, bien que ce soit peu probable. Dans la deuxième moitié de la grossesse, la mort fœtale est très rare. Le bébé d'une mère infectée durant la grossesse ne court pas plus de risque de malformations congénitales qu'un autre bébé.

LE VIH-SIDA

Le VIH-sida peut être transmis par la mère de trois manières : pendant la grossesse par le placenta, pendant l'accouchement, ou après la naissance, notamment par le lait maternel. L'utilisation de la thérapie antirétrovirale (AZT) chez la mère et le nourrisson a permis de faire passer le taux de contamination verticale de 28,3 % à 3,75 % (Santé Canada, 2001). Les bébés infectés par le VIH deviennent généralement malades durant leurs trois premières années de vie.

L'HERPÈS GÉNITAL

L'herpès génital se transmet généralement de la mère au fœtus pendant l'accouchement. Un tiers des bébés contaminés en meurent, et de 25 à 30 % souffrent de dommages au cerveau ou de cécité. Pour éviter au fœtus le contact avec le virus, on procède généralement à une césarienne, mais un accouchement vaginal est possible si le virus n'est pas actif.

LE CYTOMÉGALOVIRUS (CMV)

Ce virus qui appartient à la famille des herpès cause une maladie moins connue que l'herpès génital, mais très répandue et très grave. Le CMV est la cause infectieuse la plus courante de déficience intellectuelle et de surdité congénitales. Comme l'herpès génital, cette infection peut se transmettre au fœtus durant l'accouchement si le virus est en phase active. Même si la plupart sont symptomatiques, environ 60 % des femmes développent des anticorps contre le cytomégalovirus. Entre 0,3 % et 2,4 % des femmes enceintes contractent la maladie en cours de grossesse; la moitié des fœtus sont alors infectés par le virus, et 10 % d'entre eux présentent des symptômes à la naissance.

Les maladies chroniques de la mère

Les maladies cardiaques, le diabète, les déséquilibres hormonaux, l'épilepsie et le lupus peuvent aussi influer sur le développement prénatal. De fait, l'un des buts de la médecine anténatale consiste à surveiller la grossesse pour protéger la santé de la mère et de l'enfant. Par exemple, il est difficile pour une diabétique enceinte de maîtriser son taux de glucose sanguin; or, un taux de glucose sanguin anormal peut nuire au développement du système nerveux du fœtus ou entraîner chez lui une croissance trop rapide. Les médecins doivent donc adapter l'alimentation et les médicaments de la mère pour stabiliser son taux de glucose. De même, on peut aider les femmes épileptiques à équilibrer leur pharmacothérapie (prise d'anticonvulsivants) afin de réduire les risques de dommages au fœtus.

Les substances consommées ou absorbées par la mère

De nombreuses études se sont penchées sur les effets tératogènes des diverses substances consommées ou absorbées par les femmes enceintes: médicaments, tabac, alcool, drogues, polluants environnementaux, etc.) Déterminer les effets spécifiques de chacune de ces substances est un défi quasi insurmontable. Non seulement de nombreuses femmes enceintes consomment ou absorbent plusieurs substances à la fois, mais d'autres facteurs, comme le stress maternel, le manque de soutien social, la pauvreté ou des soins prénataux déficients, influent simultanément sur elles et sur leur fœtus. De plus, les effets des substances tératogènes peuvent être subtils ou ne se manifester que des années plus tard, sous forme de légères difficultés d'apprentissage ou de risque accru de troubles du comportement chez l'enfant, par exemple.

Cependant, indépendamment de tous les autres facteurs, plusieurs substances se sont révélées nettement tératogènes.

LE TABAC

Les femmes enceintes qui fument présentent un risque accru d'accouchement prématuré, de *placenta prævia*, de décollement placentaire, de grossesse ectopique, de rupture prématurée des membranes et de mort subite du nourrisson. Toutefois, l'effet le plus évident et le plus solidement établi du tabagisme durant la grossesse est le faible poids à la naissance: les nouveau-nés des mères fumeuses pèsent en moyenne 200 grammes de moins que ceux des non-fumeuses. Or, comme on le verra plus loin, la faiblesse de poids à la naissance a de nombreuses répercussions néfastes sur la santé et le développement de l'enfant (voir «Le faible poids à la naissance», p. 62). Cet effet tératogène du tabac semble s'expliquer par le fait que la nicotine entraîne une constriction des vaisseaux sanguins maternels, ce qui réduit l'irrigation sanguine du placenta et, par conséquent, l'apport de nutriments au fœtus. À long terme, cette carence nutritive semble accroître le risque de troubles d'apprentissage et de troubles de l'attention à l'âge scolaire. De même, on remarque chez les enfants dont les mères fumaient beaucoup durant la grossesse une plus grande fréquence des troubles de comportement antisocial (Visscher, Feder, Burns, Brady, et Bray, 2003; Tomblin, Smith et Zhang, 1997) et de déficit de l'attention/hyperactivité (Linnet et autres, 2003; Thapar et autres, 2003). Pour ces raisons, on recommande aux femmes enceintes d'arrêter complètement de fumer ou de réduire considérablement leur consommation de tabac. Pour la femme qui cesse de fumer dès qu'elle apprend qu'elle est enceinte, le risque de prématurité ou de faible poids à la naissance redevient identique à celui des non-fumeuses.

L'ALCOOL

Compte tenu de la somme de recherches qui attestent les effets néfastes de l'exposition à l'alcool sur le développement prénatal, la ligne de conduite la plus sûre pour les futures mères consiste à s'abstenir de toute consommation d'alcool dès qu'elles se savent enceintes et même, idéalement, dès qu'elles décident de concevoir un enfant. En effet, on sait maintenant que l'alcool peut avoir des effets néfastes sur l'ovule avant sa libération ou sa fécondation, et sur le zygote avant son implantation dans l'utérus.

Les effets de l'exposition prénatale à l'alcool sur le développement vont des plus mineurs aux plus sérieux. Les chercheurs ont constaté que des enfants de six ans qui avaient été exposés à l'alcool durant la période prénatale étaient plus petits que leurs pairs (Cornelius, Goldschmidt, Day, et Larkby, 2002).

Les femmes qui consomment de grandes quantités d'alcool durant leur grossesse présentent un risque important de mettre au monde un enfant atteint du **syndrome d'alcoolisation fœtale (SAF),** une anomalie

Syndrome d'alcoolisation fœtale (SAF) Anomalie congénitale permanente caractérisée par des malformations faciales et des troubles neurodéveloppementaux.

Ces enfants atteintes du syndrome d'alcoolisation fœtale présentent des traits distinctifs.

congénitale permanente due à l'exposition prénatale à l'alcool et caractérisée par des malformations faciales et des troubles neurodéveloppementaux.

Généralement, les enfants atteints du SAF ont une taille inférieure à la normale, et leur cerveau est plus petit. Ils souffrent souvent d'insuffisance cardiaque et de déficits auditifs, et leur visage présente des anomalies caractéristiques — nez aplati, sillon sous-nasal plat, ouverture des yeux courte. Leurs résultats aux tests de Q.I. indiquent généralement une légère déficience intellectuelle. En fait, le SAF est la cause la plus fréquente de déficience intellectuelle en Amérique du Nord, dépassant même le syndrome de Down. Les enfants atteints de SAF qui ne souffrent pas de déficience intellectuelle présentent souvent des troubles d'apprentissage et de comportement ainsi qu'un trouble déficitaire de l'attention (Mattson et Riley, 1999; Mattson et autres, 1998; Meyer, 1998; Uecker et Nadel, 1996); ces problèmes peuvent persister à l'adolescence et à l'âge adulte (Ornoy, 2002; Kerns et autres, 1997; Olson et autres, 1998).

LA COCAÏNE

La consommation de cocaïne sous forme de poudre ou de crack par des femmes enceintes est associée à divers troubles développementaux chez leurs enfants (Ornoy, 2002; Mayes et autres, 2003). Cependant, comme la plupart des femmes qui consomment de la cocaïne durant la grossesse vivent dans la pauvreté et sont polytoxicomanes, il est difficile de déterminer les effets spécifiques de la cocaïne. Selon certaines études, à elle seule, la consommation maternelle de cocaïne durant la grossesse augmente le risque de retard de croissance intra-utérine, de microcéphalie, de petite taille à la naissance, de mal-

formations génito-urinaires et de faible indice d'Apgar (voir p. 62). De plus, les nouveau-nés qui ont subi une exposition prénatale à la cocaïne peuvent présenter des troubles neurocomportementaux, une irritabilité accrue, un réflexe de sursaut exagéré, une humeur labile et un risque accru de mort subite du nourrisson. Enfin, la cocaïne absorbée dans le lait maternel peut entraîner chez le nouveau-né une extrême irritabilité, des vomissements, de la diarrhée et de l'apnée.

Selon certaines études, l'exposition prénatale à la cocaïne n'a pas d'effets à long terme sur le développement cognitif et social de l'enfant (Kilbride et autres, 2000), mais d'autres études indiquent qu'elle peut entraîner divers troubles développementaux, surtout si la mère en consommait plusieurs fois par semaine durant sa grossesse (Mayes et autres, 2003). Selon d'autres études encore, s'ils peuvent sembler bénins lorsqu'on évalue les enfants exposés à la cocaïne un à un en laboratoire, leurs problèmes deviennent plus apparents dans un environnement complexe comme une classe (Betancourt et autres, 1999).

Ces résultats contradictoires semblent indiquer que la drogue interagit avec d'autres facteurs environnementaux et produit une série d'effets complexes. Ainsi, un enfant exposé à la cocaïne durant la grossesse qui reçoit ensuite de bons soins et dont la mère ne consomme plus de drogue est moins susceptible d'en souffrir que l'enfant négligé d'une mère qui est toujours cocaïnomane. Les spécialistes recommandent donc une surveillance étroite du développement de ces enfants ainsi que des interventions adaptées à leur situation et à leurs particularités (Kilbride et autres, 2000).

LA MARIJUANA

La drogue illégale la plus populaire au monde est sans aucun doute la marijuana, et les femmes enceintes sont nombreuses à en consommer. Les nouveau-nés des mères qui en fumaient deux fois par semaine durant la grossesse souffrent de tremblements et de troubles du sommeil, et ne manifestent pas d'intérêt pour leur environnement durant leurs deux premières semaines de vie (Brockington, 1996). De plus, les enfants de six ans exposés à la marijuana durant la période prénatale sont plus petits que leurs pairs qui n'ont pas été exposés (Cornelius, Goldschmidt, Day et Larkby, 2002).

L'HÉROÏNE ET LA MÉTHADONE

La consommation maternelle d'héroïne ou de méthadone (un succédané de morphine utilisé dans le traitement des héroïnomanes) durant la grossesse est associée à l'avortement spontané, à la prématurité et à la mort du nouveau-né. Entre 60 % et 80 % des nouveau-nés dont la mère consommait de l'héroïne ou de la méthadone durant la grossesse naissent avec une dépendance à la drogue, et présentent des symptômes de sevrage : pleurs et cris stridents, irritabilité, tremblements incontrôlables, vomissements, convulsions et troubles du sommeil. Ces symptômes peuvent durer jusqu'à quatre mois. Les effets de l'exposition prénatale à l'héroïne et à la méthadone sur le développement de l'enfant dépendent de la qualité de l'environnement où il grandit. Les bébés dont la mère continue à consommer ne se développent pas aussi bien ceux dont la mère a cessé de consommer ou qui sont élevés par des proches ou dans des familles d'accueil (Schuler, Nair et Black, 2002). À partir de l'âge de deux ans, s'ils sont élevés dans un milieu sain, la plupart des enfants nés avec une dépendance à l'héroïne ou à la méthadone se développent normalement.

LES MÉDICAMENTS, SUPPLÉMENTS ET TRAITEMENTS, PRESCRITS OU NON

Lorsqu'ils sont absorbés par la femme enceinte, de nombreux médicaments prescrits ou en vente libre que l'on dit sûrs pour elle peuvent être tératogènes pour l'embryon et le fœtus. En faire la liste exhaustive déborde largement le cadre de cet ouvrage, mais mentionnons à titre d'exemple qu'à doses élevées, l'aspirine comporte un risque d'hémorragie maternelle ; l'acétaminophène, un risque de mort fœtale ; et la vitamine A, un risque de malformations de la tête, du visage, du cœur et du système nerveux. Depuis l'affaire de la thalidomide — un médicament contre les nausées de la grossesse, en vente libre au début des années 1960, qui a causé des malformations congénitales très graves des bras et des jambes —, on considère que, jusqu'à preuve du contraire, tout médicament prescrit ou non peut être tératogène. C'est ce qui explique qu'on recommande maintenant aux femmes enceintes de n'en prendre aucun à moins qu'il ne soit absolument nécessaire pour sa santé et, le cas échéant, de le faire sous surveillance médicale étroite. Cette recommandation s'applique également aux suppléments et aux médicaments « naturels ».

Les facteurs de risque environnementaux

Des recherches ont démontré les effets néfastes de l'exposition aux pesticides et aux rayons X durant le premier mois de la grossesse même lorsqu'il s'agit de radiographies dentaires. L'environnement des femmes enceintes les expose aussi à des substances qui peuvent nuire au développement prénatal. Ainsi, on recommande aux femmes enceintes qui travaillent avec du mercure (dans les cabinets de dentiste ou les usines de semi-conducteurs, par exemple) de limiter leur exposition à ces substances potentiellement tératogènes (*March of Dimes*, 2004). À cause de la pollution industrielle des océans et des cours d'eau, la consommation de grandes quantités de poisson expose également les femmes enceintes à des concentrations élevées de mercure et de BPC (biphényle polychloré qui entre dans la composition des pesticides et herbicides). On recommande donc aux femmes enceintes de limiter leur consommation de poisson, et en particulier de thon frais, de requin, de poisson scie et de maquereau (*March of Dimes*, 2004).

Les femmes enceintes doivent également éviter de s'exposer à de nombreux autres produits toxiques ou polluants (*March of Dimes*, 2004), tels :
- le plomb, que l'on trouve notamment dans la peinture des surfaces peintes il y a longtemps, le glaçage de certains objets de céramique, la verrerie en cristal, les tuyaux qui transportent l'eau potable, etc. ;
- l'arsenic, que l'on trouve notamment dans la poussière de certains bois traités ;
- le cadmium, que l'on trouve notamment dans les usines de semiconducteurs ;
- les gaz anesthésiants, dont on se sert dans les cabinets de dentistes et dans les salles d'opération ;
- les solvants comme l'alcool et les diluants à peinture ;
- les substances qui peuvent contenir des parasites, comme les selles animales et la viande, la volaille ou les œufs insuffisamment cuits.

AUTRES FACTEURS D'INFLUENCE

D'autres facteurs peuvent avoir des incidences sur le développement prénatal, les plus importants étant l'alimentation maternelle, l'âge des parents et l'état émotionnel de la mère.

L'âge des parents biologiques

Sur le plan biologique, le moment optimal pour la maternité semble être le début de la vingtaine. D'abord, comme la fécondité diminue après 35 ans, concevoir peut devenir plus difficile avec l'âge. De plus, après 30 ans et surtout après 35 ans, les risques d'avortements spontanés, de complications (comme les troubles hypertensifs et les hémorragies) et de mort fœtale durant la grossesse ou l'accouchement sont plus élevés. Notons que les effets de l'âge semblent amplifiés par l'absence de soins prénatals adéquats et d'habitudes de vie saines. Ainsi, l'effet du tabagisme maternel durant la grossesse sur le poids du bébé à la naissance est sensiblement accru chez les femmes de plus de 35 ans.

Outre ce qui précède, le principal problème quant à la santé de l'enfant est celui du risque accru de trisomie 21. En effet, le syndrome de Down est plus fréquent chez les bébés des femmes de plus de 35 ans (1 cas sur 356 naissances) et considérablement plus élevé chez ceux des femmes de plus de 40 ans (1 cas sur 100 naissances). On peut par contre procéder à une amniocentèse pour en savoir davantage sur l'état de santé du fœtus.

Pour le reste, les connaissances actuelles nous permettent d'être relativement optimistes. Si elles présentent un risque légèrement plus élevé que les mères de 20 ans de donner naissance à des enfants de faible poids, les mères plus âgées n'accouchent pas plus souvent avant terme. Ainsi, en l'absence de problèmes de santé préexistants, la grossesse de la femme de plus de 35 ans ne présente pas beaucoup plus de risques que celle de la femme plus jeune. D'autres études épidémiologiques révèlent que les mères plus âgées ne présentent pas un risque plus élevé de donner naissance à des bébés présentant des malformations.

L'âge du père est également un facteur important: une étude franco-américaine sur la grossesse de 5 000 Californiennes dans les années 1990 a démontré que le risque d'avortement spontané augmente d'environ 30 % lorsque le père a plus de 35 ans (Slama, Bouyer et autres, 2005). La fréquence du syndrome de Down pourrait aussi être accrue par ce facteur.

L'alimentation maternelle

Une alimentation maternelle mal équilibrée, où manquent certains nutriments essentiels au développement prénatal, présente des risques pour le fœtus. Ainsi, une carence en acide folique — une vitamine du groupe B que l'on trouve dans les haricots, les épinards, le jus d'orange, le germe de blé et d'autres aliments — est associée à un risque accru de malformations du tube neural (le spina-bifida, par exemple). Comme ce risque existe dès les premières semaines de grossesse, avant même que la femme apprenne qu'elle est enceinte, on recommande aux femmes qui planifient une grossesse d'absorber quotidiennement au moins 400 microgrammes de cette vitamine, ce qu'elle peut faire par un choix judicieux d'aliments ou par la prise d'un supplément vitaminique.

Pour éviter la malnutrition, la femme enceinte doit également consommer une quantité suffisante d'aliments énergétiques et riches en protéines. La malnutrition grave durant la grossesse, surtout dans les trois derniers mois, est associée à un risque accru de complications obstétriques, de prématurité, de faible poids à la naissance, de mortalité infantile dans la première année de vie et de maladie mentale à l'âge adulte.

Les études sur les humains et d'autres mammifères indiquent que la malnutrition prénatale a des effets importants sur le développement du système nerveux. Le développement du cerveau peut être retardé par un apport calorique insuffisant, lequel entraîne une diminution du poids et du volume du cerveau, ainsi qu'un développement moindre des neurones, des connexions dendritiques et de la formation synaptique.

L'état émotionnel de la mère

Selon certains psychologues, l'état émotionnel de la femme enceinte peut influer sur le développement prénatal. Leur raisonnement est le suivant: des états de stress psychologiques comme l'anxiété et la dépression changent la chimie de l'organisme maternel, ce qui modifie l'environnement hormonal et chimique de l'embryon et du fœtus.

Le stress et l'anxiété chez la mère sont effectivement associés à des complications de la grossesse, à l'accouchement prématuré et à l'insuffisance de poids à la naissance. D'autre part, une étude a montré qu'à l'âge de six mois et de cinq ans, les enfants dont les mères disaient avoir vécu des problèmes importants de détresse psychologique durant leur grossesse avaient un état émotionnel moins positif que les enfants des autres mères (Martin et autres, 1999). Cependant, pour les critiques, ces résultats peuvent aussi bien s'expliquer par le patrimoine génétique ou le style parental des mères — celles qui présentent un mauvais état émotionnel étant tout simplement plus susceptibles d'avoir des enfants plus fragiles sur le plan émotionnel.

Cela dit, les études établissent de manière assez constante que les fœtus des femmes soumises à un stress psychologique important ont une croissance plus lente (Linnet et autres, 2003). Les spécialistes du développement ne savent pas si cet effet doit être attribué aux hormones liées aux émotions ou à un effet indirect de l'état émotionnel de la mère. Il se peut en effet qu'une mère stressée ou déprimée mange moins ou que son système immunitaire résiste moins bien aux infections virales ou bactériennes, deux facteurs dont on sait qu'ils retardent la croissance fœtale. Par conséquent, de nombreux psychologues croient que les effets négatifs du stress sur la santé maternelle et fœtale peuvent être amoindris par un soutien social adéquat et, au besoin, par une aide thérapeutique.

Les facteurs de risque prénatals

1. Qu'est-ce qu'une *anomalie chromosomique*, une *anomalie génétique* et un *agent tératogène* ? Donnez des exemples.

2. Quelles sont les principales méthodes de diagnostic prénatal ?

3. Quelles maladies de la mère ont les effets les plus dangereux sur le fœtus ? Pourquoi ?

4. Quels effets le tabac, l'alcool et la cocaïne consommés par la mère durant la grossesse ont-ils sur le fœtus ?

5. À la lumière des connaissances actuelles, résumez les effets potentiels des facteurs suivants sur le fœtus, le nouveau-né et l'enfant : l'âge des parents, l'alimentation de la mère et son état émotionnel.

LA NAISSANCE ET L'ÉVALUATION DU NOUVEAU-NÉ

Après environ 38 semaines de gestation, le fœtus doit venir au monde — un processus associé à de la douleur, mais aussi à beaucoup de joie pour la plupart des mères et des pères.

LES CHOIX LIÉS À L'ACCOUCHEMENT

En Amérique du Nord, en Europe et dans la plupart des pays industrialisés, divers choix liés à l'accouchement s'offrent aux mères (et aux pères). Puisque ces choix se présenteront à bon nombre d'entre vous un jour, nous allons en traiter brièvement.

Avec qui accoucher et où ?

Le choix du professionnel de la santé qui suivra la grossesse et aidera la femme à accoucher détermine en partie le lieu où se fera l'accouchement. Au Québec, les possibilités sont les suivantes :

- l'accouchement avec un médecin (généraliste ou obstétricien) dans un centre hospitalier (la plupart possèdent maintenant des chambres de naissance qui offrent un décor chaleureux pour le travail et l'accouchement avec la participation des membres de la famille) ;
- l'accouchement avec une sage-femme dans un centre hospitalier, une maison de naissance ou à domicile (voir l'encadré « Le monde réel » sur l'accouchement avec une sage-femme au Québec, page ci-contre).

Actuellement, en Amérique du Nord, seulement 1 % des accouchements ont lieu à domicile avec un médecin ou une sage-femme. Ce pourcentage est beaucoup plus élevé en Europe, où l'on considère que l'accouchement à domicile est plus naturel, aussi sûr et moins coûteux pour le système médical. Cela dit, même en Europe, l'accouchement à domicile n'est autorisé que pour les femmes qui ont reçu des soins prénatals de qualité et dont la grossesse est sans complications. Pour les grossesses à risque, un centre hospitalier offre plus de sécurité. Autrement, les études indiquent que, quand l'accouchement se fait avec l'aide d'un professionnel de la santé, les complications ou problèmes qui comportent des risques pour l'enfant ne sont pas plus fréquents à domicile que dans un centre hospitalier ou une maison de naissance. Par ailleurs, rien n'indique non plus que les bébés nés à l'hôpital se développent moins bien que les enfants nés à domicile ou dans une maison de naissance. Par conséquent, compte tenu des règles de sécurité élémentaires, le choix devrait se porter sur l'endroit qui convient le mieux à la mère.

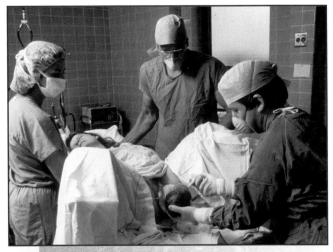

En Amérique du Nord, la plupart des accouchements se pratiquent dans les hôpitaux avec l'aide du personnel médical (photo du haut). En Europe, les accouchements à domicile avec l'aide d'une sage-femme sont plus courants (photo de gauche). Notez que le père est présent dans les deux cas, ce qui est devenu la norme dans les sociétés industrialisées.

LE MONDE RÉEL

Accoucher avec une sage-femme au Québec

Depuis 1999, année où l'Assemblée nationale du Québec a adopté la *Loi sur les sages-femmes*, les femmes du Québec peuvent choisir d'accoucher avec une sage-femme, dans une maison de naissance ou un centre hospitalier. En juin 2005, le gouvernement du Québec a adopté un règlement sur les normes de pratique et les conditions d'exercice des accouchements à domicile; l'application de ce règlement sera possible dès que l'assurance responsabilité des sages-femmes couvrira également ces accouchements.

Depuis 1999, l'Université du Québec à Trois-Rivières offre un programme de baccalauréat de quatre ans en pratique sage-femme. L'Ordre des sages-femmes du Québec régit cette pratique professionnelle et les services des sages-femmes – gratuits pour toutes les détentrices d'une carte d'assurance santé du Québec – sont offerts par des maisons de naissance rattachées à un CLSC. Au moment d'écrire ces lignes, ces maisons des naissances, au nombre de sept (Côte-des-Neiges, Pointe-Claire, Saint-Romuald, Sherbrooke, Mont-Joli, Gatineau et Nicolet), ne peuvent répondre qu'au tiers des demandes, mais trois autres projets de maison de naissance sont à l'étude (Laurentides, Plateau Mont-Royal et Québec).

La maison de naissance assure le suivi complet d'une femme enceinte – soins prénatals, accouchement et soins postnatals. On y accueille un maximum de 300 naissances par année, chaque sage-femme qui travaille à temps plein limitant sa pratique à environ 35 grossesses par année.

La pratique des sages-femmes est guidée par un objectif d'humanisation de la naissance – par opposition à sa médicalisation. En d'autres termes, il s'agit d'offrir aux femmes la possibilité de vivre leur accouchement avec leurs proches dans un environnement chaleureux et sûr en réduisant autant que possible les interventions médicales (échographie, moniteur cardiaque, péridurale, perfusions, épisiotomie, etc.). Comme les grossesses à risque sont généralement prises en charge par les médecins dans des hôpitaux, les services des sages-femmes s'adressent aux femmes en bonne santé dont la grossesse se déroule normalement. Dans ces conditions, les études indiquent que l'accouchement avec une sage-femme en maison de naissance ou à domicile ne présente pas plus de risques qu'un accouchement supervisé par un médecin en milieu hospitalier. Pour faciliter les consultations et un transfert rapide en cas de complications le jour de l'accouchement, les maisons de naissance sont affiliées à des hôpitaux. Si le transfert devient nécessaire (ce qui est rare), la sage-femme accompagne sa cliente.

Une femme enceinte peut aussi accoucher dans un centre hospitalier avec l'aide d'une sage-femme si une entente a été conclue entre la maison de naissance à laquelle elle est rattachée et ce centre hospitalier.

Source: Ordre des sages-femmes du Québec, site Web consulté le 29 octobre 2006: http://www.osfq.org/lsfq/index_champ.html.

Accoucher avec ou sans médicaments?

Utiliser ou non des médicaments durant le travail et l'accouchement est une décision très importante pour la femme enceinte. Trois types de médicaments sont d'usage courant durant l'accouchement avec un médecin:

- les analgésiques narcotiques, comme Demerol® ou la morphine, qui peuvent être administrés dans la première étape de l'accouchement (si la naissance n'est pas prévue dans les quatre heures qui vont suivre) pour atténuer la douleur;
- les sédatifs ou les tranquillisants légers (comme Gravol®, Nembutal® ou Valium®), qu'on peut administrer durant la première étape du travail pour réduire l'anxiété;
- les anesthésiques, qu'on peut administrer durant la phase de transition ou durant la deuxième étape de l'accouchement (celle de l'expulsion) pour supprimer la douleur dans une partie du corps (anesthésie régionale, comme l'épidurale) ou dans tout le corps (anesthésie générale); cette dernière peut être nécessaire lors d'une césarienne ou d'une autre intervention chirurgicale effectuée à la suite de certaines complications.

Les pratiques diffèrent d'un établissement à l'autre, mais la plupart des femmes recourent à au moins un de ces médicaments. Déterminer les liens de causalité entre l'utilisation d'analgésiques, de tranquillisants et d'anesthésiques durant l'accouchement et le comportement ou le développement futur du bébé est très difficile. Les expériences contrôlées sont impossibles — on ne peut pas répartir les femmes de façon aléatoire dans un programme de médication —, et les médicaments sont administrés selon des milliers de combinaisons différentes. Nous savons aujourd'hui que presque tous les médicaments administrés durant le travail franchissent la barrière placentaire et circulent dans le système sanguin du fœtus; le fœtus en sent les effets, et le comportement du nouveau-né en sera modifié durant ses premiers jours de vie. Bien que les données de recherches n'indiquent pas que ces médicaments entraînent des effets à long terme sur le développement de l'enfant, de nombreuses femmes choisissent l'accouchement naturel (sans médication) et préfèrent recourir à des techniques de relaxation et de respiration pour réduire les douleurs de l'accouchement.

LES ÉTAPES DE L'ACCOUCHEMENT

À partir des premières contractions, en temps normal, l'accouchement se déroule en trois étapes de longueur inégale : le travail, l'expulsion du fœtus et l'expulsion du placenta.

Première étape : le travail

La première étape, celle du travail, se divise elle-même habituellement en trois phases : la phase de latence, la phase active et la phase de transition.

Durant la première phase (phase latente), les contractions utérines s'établissent, mais sont encore relativement espacées et peu douloureuses. Deux processus importants se mettent en branle : l'effacement du col de l'utérus et sa dilatation. Situé à la base de l'utérus, le col s'amincit (**effacement**), puis s'ouvre peu à peu (**dilatation**), comme la lentille d'un appareil photo, pour permettre le passage éventuel du fœtus — l'ouverture du col devrait alors être de 10 centimètres. On compare parfois le travail aux efforts qu'on fait pour enfiler un chandail dont le col est trop étroit : on doit alors tirer sur le col et l'étirer avec sa tête pour la faire passer ; de même, le col finit par s'étirer suffisamment pour laisser passer la partie la plus large de la tête du fœtus.

La deuxième phase du travail (phase active) commence quand la dilatation du col est de trois à quatre centimètres, et se poursuit jusqu'à ce qu'elle atteigne huit centimètres. Durant cette phase, les contractions se rapprochent et s'intensifient, et le fœtus descend progressivement.

La dilatation des deux derniers centimètres se produit durant la troisième phase (phase de transition), généralement la plus pénible pour la femme, car les contractions sont très rapprochées et très intenses. Heureusement, cette phase est habituellement la plus courte.

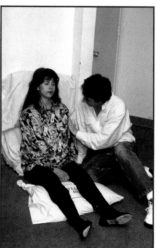

De plus en plus de pères suivent des cours prénatals avec leur conjointe, entre autres pour pouvoir l'aider et la soutenir durant le travail. Ici, les futurs parents apprennent une technique respiratoire.

La durée de la première étape de l'accouchement est très variable. Pour les femmes qui accouchent de leur premier enfant sans anesthésie, le travail prend en moyenne 8 heures, mais sa durée peut varier entre 3 et 20 heures. Habituellement, le travail est moins long pour les femmes qui ont déjà accouché et légèrement plus long pour les femmes qui accouchent sous anesthésie.

Deuxième étape : l'expulsion du fœtus

La deuxième étape de l'accouchement commence quand le col est complètement dilaté (10 centimètres) et se termine avec la naissance de l'enfant. À la fin de la phase de transition, le besoin d'expulser le fœtus devient impérieux, et la femme a envie de pousser. Si l'anesthésie l'empêche de ressentir cette envie, le médecin ou la sage-femme doit l'encourager à pousser. La tête du bébé s'engage dans le col de l'utérus étiré, puis dans le canal génital, pour finalement sortir du corps de la mère.

Notons que si la plupart des bébés se présentent par la tête, le visage tourné vers le sol, de 3 % à 4 % environ se présentent autrement, par les pieds ou par le siège, par exemple. Une présentation anormale, et en particulier une présentation du siège, peut causer une détresse fœtale, la compression du cordon entre le col utérin et la tête du bébé réduisant ou supprimant l'apport de sang maternel, donc d'oxygène, au fœtus. Comme une diminution importante ou une suppression de l'oxygène — état appelé **anoxie** — peut endommager le cerveau du fœtus et même entraîner sa mort, une présentation anormale peut être une indication d'accouchement par césarienne (voir la section « L'accouchement par césarienne », page ci-contre).

La majorité des femmes trouvent la deuxième étape du travail beaucoup moins pénible que la phase de transition de la première étape, car qu'elles peuvent participer activement à l'accouchement en poussant. Cette phase dure généralement moins d'une heure et rarement plus de deux heures.

Durant cette étape, on peut aussi avoir recours à l'épisiotomie — incision du périnée destinée à prévenir sa déchirure et à faciliter l'accouchement. Bien qu'elle soit

Effacement du col Amincissement et raccourcissement du col de l'utérus au début du travail ; précède la dilatation qui permet à la tête du fœtus de passer dans le canal génital.

Dilatation du col Ouverture du col de l'utérus pour permettre à la tête du fœtus de passer dans le canal génital.

Anoxie Suppression ou diminution importante de la quantité d'oxygène dans les tissus.

LE MONDE RÉEL

Baby-blues ou dépression postnatale ?

Après la naissance de leur enfant, la majorité des nouvelles mères traversent un bref épisode dépressif communément appelé *baby blues* ou « syndrome du troisième jour ». Ce trouble affectif relativement courant s'accompagne de pleurs, de confusion, d'anxiété et d'humeur dépressive. Les symptômes apparaissent généralement dans la semaine qui suit l'accouchement, durent de quelques heures à quelques jours et laissent peu de séquelles. La cause du *baby blues* reste nébuleuse ; les spécialistes évoquent l'adaptation psychologique et les facteurs hormonaux, bien que la fatigue, la douleur et la surexcitation puissent aussi en être responsables.

Si les symptômes persistent, il importe que la mère consulte un spécialiste de la santé pour s'assurer qu'elle ne souffre pas d'une véritable dépression postnatale, trouble qui survient chez 13 % des femmes et qui doit être diagnostiqué et traité pour le bien de la mère et de l'enfant. En effet, les études montrent que le nourrisson d'une mère dépressive risque de développer un attachement précaire, un affect négatif et des problèmes d'éveil et d'attention (Société canadienne de pédiatrie, 2004).

utilisée dans 80 % des accouchements, cette procédure n'est nécessaire que dans 20 % des cas. De plus en plus, on donne aux parturientes la possibilité de la refuser.

Dans la majorité des accouchements pratiqués en Amérique du Nord, aussitôt le cordon ombilical coupé et le nouveau-né lavé, on dépose ce dernier sur le ventre de la mère ou dans ses bras (ou ceux du père), soit quelques minutes après l'accouchement. Ce premier contact avec l'enfant représente souvent un moment de joie intense.

Troisième étape : l'expulsion du placenta

La troisième étape de l'accouchement, celle de l'expulsion du placenta et des autres tissus provenant de l'utérus, est particulièrement importante, car il y a des risques d'hémorragie si le placenta n'est pas entièrement expulsé.

L'ACCOUCHEMENT PAR CÉSARIENNE

La **césarienne** — accouchement chirurgical par incision de l'abdomen et de l'utérus pour en extraire le fœtus — peut être nécessaire dans les cas de présentation du siège, d'infection maternelle par le virus de l'herpès ou le VIH (pour éviter que l'enfant ne soit contaminé lors d'un accouchement vaginal), de travail trop long, de bébés trop gros, de détérioration de l'état de santé maternel et de détresse fœtale.

Cependant, la césarienne elle-même comporte des risques et a des conséquences (une première césarienne entraînera peut-être des accouchements ultérieurs par césarienne). Pourtant, ces dernières décennies, la proportion de césariennes a fortement augmenté dans de nombreux pays industrialisés. Ainsi, 22 % des accouchements pratiqués au Québec en 2004 l'ont été par césarienne comparativement à 29 % aux États-Unis et à 18,7 % en France (Institut de la statistique du Québec, 2006 ; Bureau américain de la statistique [US Census Bureau], 2006 ; INSEE, 2006). Cette situation suscite de vives controverses dans le milieu médical, la plupart des médecins considérant que le taux actuel de césarienne est beaucoup trop élevé, d'autant plus que de nombreuses études indiquent qu'une réduction du taux des césariennes n'est pas automatiquement accompagnée d'une augmentation de la mortalité infantile ou maternelle.

Le fait que plus de femmes accouchent à un âge avancé — et que le risque de grossesses multiples s'en trouve accru — explique en partie ces statistiques, car la césarienne est presque toujours préférable pour le bien des bébés. Cependant, l'augmentation du nombre de césariennes est surtout attribuable au nouveau phénomène des césariennes dites « programmées » ou « de convenance », qu'on pratique simplement pour éviter les douleurs et inconvénients de l'accouchement vaginal. Ainsi, aux États-Unis, le quart des césariennes sont pratiquées pour des raisons non médicales (Hall, 2003), et le phénomène est en croissance au Canada ainsi que dans de nombreux pays industrialisés.

Certains médecins acceptent de pratiquer de telles césariennes ; d'autres refusent pour des raisons éthiques. Selon de nombreux chercheurs, une intervention chirurgicale majeure telle que la césarienne expose la mère et l'enfant à des risques importants et ne justifie pas ses avantages potentiels (voir l'encadré « Rapports de recherche » sur les risques de la césarienne de convenance, page suivante). Certains vont jusqu'à dire qu'il s'agit d'un choix mal éclairé de la part de la parturiente, et d'un acte irresponsable de la part du médecin (Hall, 2003).

L'ÉVALUATION DU NOUVEAU-NÉ

Que l'enfant naisse à l'hôpital, dans une maison de naissance ou à domicile, les professionnels de la santé évaluent son état dès qu'il sort du corps de la mère pour s'assurer qu'il va bien et déceler d'éventuels problèmes nécessitant des soins.

Césarienne Accouchement chirurgical par incision de l'abdomen et de l'utérus pour extraire le fœtus.

Rapports DE RECHERCHE

Amérique latine : taux élevés de césariennes à risque pour mères et bébés

(Agence France-Presse, PARIS) Loin d'être signe de soins de qualité, des taux élevés de césariennes peuvent au contraire entraîner des conséquences négatives pour la mère et l'enfant, mettent en garde des experts à l'issue d'une étude conduite par l'Organisation mondiale de la santé (OMS) en Amérique latine.

« Les taux d'accouchement par césarienne ont grimpé, passant d'environ 5 % dans les pays développés au début des années 1970 à plus de 50 % dans certaines régions du monde à la fin des années 1990 », relève le Dr José Villar (OMS) et son équipe dans un article publié mardi en ligne par la revue médicale britannique *The Lancet.* »

Ils ont cherché à analyser l'impact de cette évolution en Amérique latine, avant de le faire pour d'autres continents. L'étude a porté sur les naissances survenues dans 120 établissements de santé de différentes régions de huit pays (Argentine, Brésil, Cuba, Équateur, Mexique, Nicaragua, Paraguay, Pérou). Sur 97.000 naissances étudiées, plus de 34.000 étaient survenues par césarienne, soit un taux de 35 %. Dans certains hôpitaux privés, la moitié des naissances avaient lieu sous césarienne.

Or, « ces taux élevés de naissance par césarienne n'entraînaient pas nécessairement de meilleurs soins » pour la mère et l'enfant, concluent les chercheurs. Les hôpitaux ayant les taux de césariennes les plus élevés enregistraient aussi de plus forts taux de problèmes de santé (besoin d'une transfusion sanguine, séjour à la maternité supérieur à sept jours, admission en réanimation...) et de décès maternels, selon leurs résultats qui tiennent compte des facteurs de risque.

Pour le bébé, naître par césarienne « n'améliorait pas la situation non plus, comme on pourrait le supposer d'après les données des pays développés. Au contraire », soulignent-ils, la mortalité augmente ainsi que le taux de naissance avant terme.

Détresse fœtale, accouchement difficile à cause notamment de la taille de la tête du bébé, précédent accouchement par césarienne étaient les principales causes de césarienne.

En Amérique latine, où onze millions de bébés naissent chaque année, constater un taux de 35 % de césariennes suppose un coût élevé : ainsi au Chili, une césarienne sans complications coûte 350 $ de plus qu'un accouchement normal. Des sommes qui, selon les chercheurs, devraient plutôt être utilisées pour améliorer les autres soins aux mères et aux nouveau-nés, et pour la recherche. [...]

Source : *La Presse*, le lundi 22 mai 2006, reproduction autorisée.

L'indice d'Apgar et l'échelle de Brazelton

La mesure la plus répandue pour évaluer l'état physique du nouveau-né est l'**indice d'Apgar**, mis au point par le médecin Virginia Apgar en 1953. L'indice d'Apgar évalue le nouveau-né selon cinq critères — la fréquence cardiaque, la respiration, le tonus musculaire, la réponse aux stimulus et la couleur de la peau (voir le tableau 2.7) —, et attribue 0, 1 ou 2 points pour chaque critère. Il est très rare que les nouveau-nés obtiennent un résultat parfait de 10 points immédiatement après la naissance, la plupart ayant encore les doigts et les orteils bleus. Cependant, si on refait le test cinq minutes plus tard, de 85 % à 90 % des nouveau-nés obtiennent alors un résultat de 9 ou 10. Un résultat de 7 ou plus indique que l'enfant se porte bien ; un résultat de 4, 5 ou 6, qu'il a besoin d'assistance pour respirer normalement ; un résultat de 3 ou moins, qu'il est dans un état critique, mais pas nécessairement désespéré (Apgar, 1953).

Tout aussi répandue, l'**échelle de Brazelton** est une mesure du comportement néonatal mise au point par le pédiatre américain mondialement connu T. Berry Brazelton (1984). Trente minutes après la naissance, on vérifie les réflexes, les capacités d'interaction, les capacités motrices et physiologiques, les réactions au stress ainsi que la capacité de maintenir un état calme et de se mettre en état d'alerte. Ces mesures permettent de déceler des troubles neurologiques chez l'enfant. Des recherches ont établi que le fait d'enseigner aux parents l'utilisation de l'échelle de Brazelton produisait des effets bénéfiques sur le plan de l'interaction parent-enfant en sensibilisant davantage les parents aux subtiles réponses (ou compétences) du nouveau-né.

Le faible poids à la naissance

Dans notre section sur les agents tératogènes, nous avons mentionné que l'une de leurs conséquences sur les nouveau-nés est le faible poids à la naissance. On parle de **faible poids à la naissance** quand le nouveau-né pèse

---

Indice d'Apgar Technique d'évaluation du nouveau-né selon cinq critères : la fréquence cardiaque, la respiration, le tonus musculaire, la réponse aux stimulus et la couleur de la peau.

Échelle de Brazelton Méthode d'évaluation qui permet de déceler des troubles neurologiques chez le nouveau-né.

Faible poids à la naissance Poids d'un nouveau-né inférieur à 2 500 g, qu'il s'agisse d'une naissance prématurée ou d'un enfant petit pour l'âge gestationnel.

Tableau 2.7 *L'indice d'Apgar*

Signe observé	Note		
	0	1	2
Fréquence cardiaque	Absente	< 100/min	> 100/min
Respiration	Absente	Faibles pleurs et respiration superficielle	Pleurs vigoureux et respiration régulière
Tonus musculaire	Flasque	Légère flexion des membres	Bonne flexibilité
Réponse aux stimulus*	Aucune	Faible mouvement	Pleurs
Couleur de la peau	Bleue ; pâle	Corps rose, doigts et orteils bleus	Rose partout

* Réponse des pieds à la stimulation.

Source : Apgar V., « A Proposal for a New Method of Evaluation of the Newborn Infant », *Anesthesia and Analgesia*, juillet-août, 1953, p. 261-262.

moins de 2 500 grammes, et de *très faible poids à la naissance*, quand il pèse moins de 1 500 grammes ; les nouveau-nés de moins de 1 000 grammes représentant des cas extrêmes. En 2003, 13,5 % des bébés nés au Québec étaient de faible poids à la naissance (Institut de la statistique du Québec, 2006).

Le faible poids à la naissance peut avoir plusieurs causes, l'une des plus courantes étant la naissance avant terme (avant la 38e semaine de gestation) ou la prématurité (naissance avant la 36e semaine de gestation). Il arrive qu'un enfant né à terme pèse moins de 2 500 grammes ou qu'un prématuré naisse avec un poids moindre que le poids normal pour son âge gestationnel ; on parle alors d'un nouveau-né *de faible poids pour l'âge gestationnel*. Ce retard développemental peut être dû à divers facteurs, comme le tabagisme maternel, la malnutrition prénatale ou d'autres problèmes graves.

Par rapport aux nouveau-nés de poids normal, ceux de faible poids à la naissance présentent des symptômes caractéristiques, notamment une plus faible réactivité à la naissance et, dans les premiers mois de vie, un développement moteur plus lent ainsi que des troubles respiratoires. Les bébés nés six semaines ou plus avant terme souffrent souvent du *syndrome de détresse respiratoire* en raison d'une insuffisance de surfactant, un liquide qui tapisse la surface interne des alvéoles pulmonaires et permet aux poumons de rester dilatés. Depuis 1990, les spécialistes en **néonatalogie** traitent ce problème en leur administrant des quantités supplémentaires de surfactant, ce qui permet de réduire considérablement le taux de mortalité associée au faible poids à la naissance.

Avec un soutien parental et éducatif adéquat, la grande majorité des enfants de faible poids à la naissance, mais qui pesaient au moins 1 500 grammes ou dont le poids était normal pour leur âge gestationnel, rattrapent leur retard développemental dans leurs premières années de vie (Hill, Brooks-Gunn, et Waldfogel, 2003). Chez ceux qui pesaient moins de 1 500 grammes, on observe des taux significatifs (de 40 % à 50 %) de problèmes à long terme, notamment des dysfonctions neurologiques, des résultats plus faibles aux tests d'intelligence, une taille plus petite et des troubles d'apprentissage (Johnson et Lucia, 2003 ; Weindrich, Jennen-Steinmetz, Laucht, et Schmidt, 2003).

Enfin, les enfants de faible poids à la naissance qui grandissent dans des familles à faibles revenus sont plus susceptibles de souffrir de problèmes à long terme, comme les troubles de l'attention (Breslau et Chilcoat, 2000). Le faible poids à la naissance semble aussi laisser plus de séquelles à long terme chez les garçons que chez les filles. Ainsi, une étude portant sur plus de 700 enfants de six ans (Johnson et Breslau, 2000) a révélé un taux plus élevé de troubles d'apprentissage et d'autres problèmes chez les garçons de faible poids à la naissance que chez les autres garçons, différence qu'on n'a pas observée entre les filles de faible poids à la naissance et les autres. La différence observée chez les garçons était toujours présente quand on les a examinés une seconde fois, lorsqu'ils avaient 11 ans.

Notons que les bébés de faible poids à la naissance ont de meilleures chances de survie lorsqu'ils reçoivent des soins dans un service de néonatologie.

Pause APPRENTISSAGE

La naissance et l'évaluation du nouveau-né

1. Décrivez les choix liés à l'accouchement (lieu et médicaments).

2. Qu'entend-on par *effacement du col de l'utérus* et par *dilatation du col de l'utérus* ?

3. Décrivez les trois étapes de l'accouchement vaginal (en distinguant les trois phases de la première étape).

4. Quelles sont les principales complications qui peuvent survenir lors de l'accouchement ?

5. Que mesurent l'indice d'Apgar et l'échelle de Brazelton ?

6. Quelles sont les conséquences d'un faible poids à la naissance ?

Néonatologie Branche de la médecine qui étudie le nouveau-né.

... SUR LES RISQUES ASSOCIÉS À LA GROSSESSE

Les médecins, les biologistes et les psychologues font sans cesse de nouvelles découvertes sur les risques associés à la période prénatale et à la naissance, si bien que le nombre de recommandations faites aux femmes enceintes ne cesse d'augmenter. Cependant, vous devez vous rappeler que la grande majorité des grossesses sont normales et se déroulent sans incident, et que les bébés sont généralement en bonne santé et normaux à la naissance. Afin de réduire les risques pour elles-mêmes et l'enfant à naître, les femmes doivent recevoir des soins prénatals adéquats dès le début de la grossesse et prendre des mesures préventives : se faire immuniser contre certains virus (avant la grossesse), s'abstenir de consommer des substances toxiques (alcool, tabac, drogues et, autant que possible, médicaments), bien s'alimenter et prendre assez de poids, mais pas trop, pendant la grossesse. Souvenez-vous que plusieurs problèmes peuvent être diagnostiqués avant la naissance, ce qui permet d'effectuer une intervention en tout début de grossesse et de réduire les effets négatifs sur l'enfant.

RÉSUMÉ

LA CONCEPTION ET L'HÉRÉDITÉ

- Au moment de la conception, les 23 chromosomes du spermatozoïde s'unissent aux 23 chromosomes de l'ovule pour former un ensemble de 46 chromosomes qui seront reproduits dans chaque cellule du corps de l'enfant. Chaque chromosome est composé d'une longue chaîne d'acide désoxyribonucléique (ADN), qui se divise en segments appelés gènes.

- Les généticiens établissent une distinction entre le génotype, qui est l'ensemble des caractères héréditaires inscrits dans les gènes d'un individu, et le phénotype, qui représente les caractères physiques observables de l'individu, lesquels résultent du génotype, des influences du milieu de la conception à la naissance, et de l'interaction entre le milieu et le génotype après la naissance.

- Les gènes sont transmis des parents à l'enfant selon des modes complexes de transmission dont l'hérédité dominante-récessive, l'hérédité polygénique et l'hérédité multifactorielle.

- Le sexe de l'enfant est déterminé par la 23e paire de chromosomes. Normalement, celle-ci comprend deux chromosomes X chez la femme (génotype XX), et un chromosome X et un chromosome Y (génotype XY) chez l'homme. À cause de la différence de taille entre les chromosomes X et Y, le garçon hérite de sa mère de nombreux gènes situés sur le chromosome X qui ne sont pas compensés par le matériel génétique du chromosome Y. Cela signifie notamment qu'une mère peut transmettre directement à son fils un ou plusieurs caractères récessifs.

- Lorsqu'un seul ovule est fécondé et qu'il se divise par la suite pour former deux zygotes, on parle de jumeaux vrais (partageant le même bagage héréditaire), alors que les jumeaux fraternels sont issus de la fécondation de deux ovules différents.

LA GROSSESSE ET LE DÉVELOPPEMENT PRÉNATAL

- La grossesse se divise en trois trimestres.

- Le développement prénatal se déroule en trois étapes de longueur inégale.

RÉSUMÉ

- Durant la période germinale, qui débute à la conception et dure environ deux semaines, la cellule initiale se divise, descend dans une trompe de Fallope et va se loger contre la paroi de l'utérus.

- La période embryonnaire (de la 3ᵉ à la 8ᵉ semaine) est celle du développement des structures qui soutiennent le développement du fœtus (comme le sac amniotique et le placenta), et de l'organogenèse.

- Les 30 dernières semaines de la gestation, soit la période fœtale, sont consacrées au développement et au perfectionnement de tous les systèmes organiques du fœtus.

LES FACTEURS DE RISQUE PRÉNATALS

- Les anomalies génétiques et chromosomiques peuvent entraîner la mort fœtale ou causer des affections et des malformations congénitales ainsi que des retards développementaux.

- Certaines maladies de la mère, comme la rubéole, la cinquième maladie, le VIH/sida, l'herpès génital et le cytomégalovirus (CMV), peuvent aussi contaminer le fœtus et entraîner la mort fœtale, des affections et des malformations congénitales ainsi que des retards développementaux.

- Les substances tératogènes comme les drogues, l'alcool, la nicotine, les médicaments et les polluants environnementaux peuvent avoir des effets néfastes considérables sur le développement fœtal. Plus la dose est élevée, plus les dommages semblent importants. Ces effets peuvent être prévenus ou réduits si la mère est en bonne santé et reçoit des soins prénatals appropriés.

- Le régime alimentaire de la mère a une importance cruciale. Si la mère souffre de malnutrition grave, les risques de mort néonatale, de malformations congénitales, de faible poids à la naissance, de retards développementaux et de mortalité infantile sont sensiblement accrus.

- Un degré élevé d'anxiété ou de stress chez la femme enceinte peut augmenter le risque de complications pendant la grossesse ou de problèmes développementaux chez l'enfant.

LA NAISSANCE ET L'ÉVALUATION DU NOUVEAU-NÉ

- Au Québec, les femmes peuvent accoucher avec un médecin (généraliste ou obstétricien) dans un centre hospitalier ou avec une sage-femme dans un centre hospitalier, une maison de naissance ou à domicile.

- La plupart des médicaments administrés à la mère durant l'accouchement passent dans le sang de l'enfant et ont des effets temporaires sur la réactivité et le mode d'alimentation de l'enfant. La chronicité potentielle de ces effets est encore controversée.

- Le processus normal de l'accouchement comprend trois étapes : le travail, l'expulsion du fœtus et l'expulsion du placenta.

- On pratique la césarienne dans les cas de présentation du siège, mais aussi dans les cas d'infection maternelle par le virus de l'herpès ou le VIH, de travail trop long, de bébés trop gros, de détérioration de l'état de santé maternel et de détresse fœtale. La césarienne sur demande (sans indication médicale) est une pratique controversée, car elle expose la mère et l'enfant à des risques accrus.

- Dès la naissance, on évalue l'état de santé du nouveau-né. L'indice d'Apgar permet d'évaluer son état physique (fréquence cardiaque, respiration, tonus musculaire, réponse aux stimulus et couleur de la peau); et l'échelle de Brazelton, son comportement néonatal (réflexes, capacités d'interaction, capacités motrices et physiologiques, réactions au stress et capacité de maintenir un état calme et de se mettre en état d'alerte).

- On parle de *faible poids à la naissance* quand le nouveau-né pèse moins de 2 500 grammes, et de *très faible poids à la naissance*, quand il pèse moins de 1 500 grammes; les nouveau-nés de moins de 1 000 grammes représentent des cas extrêmes. Plus le poids du bébé est faible, plus les risques de problèmes chroniques, comme un faible QI ou des difficultés d'apprentissage, sont élevés.

CONCEPTION ET HÉRÉDITÉ

Génotype

- Caractéristiques et séquences de développement inscrites dans les gènes (intérieur)

Phénotype

- Caractéristiques observables de l'individu (extérieur)

Modes de transmission héréditaire

- Hérédité dominante-récessive
- Hérédité polygénique
- Hérédité multifactorielle

Détermination du sexe

- XX pour les femmes
- XY pour les hommes

Jumeaux fraternels

- Deux ovules fécondés par deux spermatozoïdes

Jumeaux vrais

- Un seul ovule fécondé qui se dédouble

GROSSESSE ET DÉVELOPPEMENT PRÉNATAL

- 38 semaines

Étapes du développement prénatal

Période germinale (de la conception à la fin de la 2e semaine)	Période embryonnaire (de la 3e semaine à la fin de la 8e semaine)	Période fœtale (de la 9e semaine à la naissance)
- Division cellulaire et implantation	- Développement des structures de soutien et de l'embryon	- Perfectionnement des systèmes organiques, dont le système nerveux (formation des neurones)

FACTEURS DE RISQUE PRÉNATALS

Anomalies génétiques et chromosomiques	Agents tératogènes	Autres facteurs
- Anomalie génétique : défaut de fonctionnement d'un gène - Anomalie chromosomique : nombre anormal de chromosomes ou altération d'une partie d'un chromosome	- Maladies infectieuses de la mère - Maladies chroniques de la mère - Drogues, médicaments, produits chimiques et radiations - Polluants environnementaux	- Âge des parents biologiques - Alimentation de la mère - État émotionnel de la mère

NAISSANCE ET ÉVALUATION DU NOUVEAU-NÉ

Choix liés à l'accouchement

Médecin généraliste, obstétricien ou sage-femme	Centre hospitalier, maison de naissance ou domicile	Médication ou accouchement naturel

Étapes de l'accouchement vaginal

Première étape : travail	Deuxième étape : expulsion du fœtus	Troisième étape : expulsion du placenta

- Phase latente
- Phase active
- Phase de transition

Accouchement par césarienne

Évaluation du nouveau-né

Indice d'Apgar et échelle de Brazelton	Faible poids à la naissance

- Nouveau-nés prématurés ou petits pour l'âge gestationnel

Les deux premières années : développement physique, cognitif et langagier

*I*l y a quelque temps, je mangeais dans un restaurant avec une amie. À la table voisine se déroulait une scène charmante. Un adorable bébé de quatre ou cinq mois assis sur les genoux de sa mère échangeait des sourires avec une vieille dame qui semblait être sa grand-mère. La dame parlait au bébé en utilisant des intonations aiguës et harmonieuses, et l'enfant lui répondait par des petits cris de joie, une sorte de gazouillis accompagné de gloussements ravis. Mon amie et moi avons cessé de parler, captivées par ce spectacle enchanteur. Nous avions envie d'entrer dans cette danse qui se déroulait sous nos yeux, où chacun des partenaires s'adaptait au pas de l'autre dans un ballet interactif mariant les habiletés naissantes de l'enfant à celles d'une vieille dame au crépuscule de sa vie.

Nous allons maintenant étudier la période cruciale des deux premières années de vie de l'être humain. Dans ce chapitre, nous nous intéresserons au développement physique, cognitif et langagier, puis, au chapitre 4, nous nous pencherons sur le développement social et la personnalité.

LE DÉVELOPPEMENT PHYSIQUE

La première section de ce chapitre traite du développement physique, et plus particulièrement du développement nerveux, sensoriel et moteur, dans les deux premières années de vie.

La croissance physique est très rapide au cours de cette période. Dans leurs 12 premiers mois de vie, les bébés gagnent de 25 à 30 centimètres et triplent leur poids. À 24 mois pour les filles et 30 mois pour les garçons, ils ont déjà atteint la moitié de leur taille d'adulte. Cette observation peut surprendre, car les proportions du corps de l'enfant diffèrent de celles de l'adulte; ainsi, toutes proportions gardées, les bébés ont une tête beaucoup plus grosse que celle des adultes.

Ce qui nous amène à un deuxième constat: de manière générale, le développement physique se fait dans deux grandes directions: de la tête vers les membres inférieurs (**développement céphalocaudal**) et du tronc vers les extrémités (**développement proximodistal**). Ainsi, le bébé tient la tête droite avant de se tenir assis, et il s'assoit avant de marcher à quatre pattes. Ce processus de différenciation du développement va du simple au complexe. La connaissance de ces deux directions du développement est un atout précieux, notamment pour situer les limites des performances motrices d'un bébé.

LE SYSTÈME NERVEUX

Responsable de l'envoi, de la réception et du traitement des influx nerveux, le système nerveux humain régit les actions et les sensations de toutes les parties du corps, mais aussi la pensée, les émotions et la mémoire. Traditionnellement, on regroupe les diverses structures anatomiques du système nerveux selon qu'elles appartiennent au système nerveux central (SNC) ou au système nerveux périphérique (SNP).

Le système nerveux central est composé de l'encéphale — communément appelé cerveau, mais qui inclut en fait le cerveau proprement dit, le cervelet et le tronc cérébral —, ainsi que de la moelle épinière, qui prolonge le tronc cérébral. L'encéphale est responsable de l'envoi des influx nerveux, du traitement des données transmises par les influx nerveux et des processus supérieurs de la pensée. La moelle épinière relaie les signaux du cerveau vers les structures périphériques de l'organisme et inversement.

Le système nerveux périphérique comprend les nerfs crâniens, qui se rattachent au tronc cérébral de l'encéphale, et les nerfs rachidiens qui se rattachent à la moelle épinière. Ces nerfs constituent les voies afférentes (ou voies sensitives), qui acheminent les informations des récepteurs vers le système nerveux central, et des voies efférentes (ou voies motrices), qui acheminent les réponses du système nerveux central vers les muscles squelettiques (système nerveux autonome) ou vers les muscles lisses, le muscle cardiaque et les glandes.

Les structures cérébrales

À la naissance, les structures les plus développées de l'**encéphale** sont celles du tronc cérébral, soit le **bulbe rachidien** et le **mésencéphale**. Situé à la base du crâne, dans le prolongement de la moelle épinière, le bulbe rachidien régule des fonctions vitales comme le rythme cardiaque, la respiration et la pression artérielle. Dans le prolongement du bulbe rachidien, le mésencéphale régit des fonctions élémentaires comme l'attention, l'habituation, le sommeil, l'éveil, l'élimination et les mouvements de la tête et du cou.

La structure cérébrale la moins développée chez le nouveau-né — et celle qui connaît le développement le plus spectaculaire au cours des deux premières années de vie — est le **cortex cérébral**. Siège de la conscience, cette couche extérieure du **cerveau** constituée de substance grise en circonvolutions contient des milliards de neurones et régit les fonctions supérieures de la perception, les mouvements du corps, ainsi que tous les aspects de la pensée et du langage. La figure 3.1 illustre les principales structures de l'encéphale.

Développement céphalocaudal Chez l'enfant, développement physique qui se fait de la tête vers les membres inférieurs.

Développement proximodistal Chez l'enfant, développement physique qui se fait du tronc vers les membres.

Encéphale Ensemble constitué par le cerveau proprement dit, le cervelet et le tronc cérébral; parfois appelé cerveau par extension.

Bulbe rachidien Partie du tronc cérébral située immédiatement au-dessus de la moelle épinière et qui régule le rythme cardiaque, la respiration et la pression artérielle; déjà très développé à la naissance.

Mésencéphale Partie du tronc cérébral située au-dessous du bulbe rachidien et sous le cortex; assure la régulation de l'attention, du sommeil, de l'éveil et d'autres fonctions «automatiques»; déjà très développé à la naissance.

Cortex cérébral Couche externe du cerveau constituée de substance grise; régit les fonctions supérieures de la perception, les mouvements du corps et tous les aspects de la pensée et du langage.

Cerveau Partie antérieure de l'encéphale

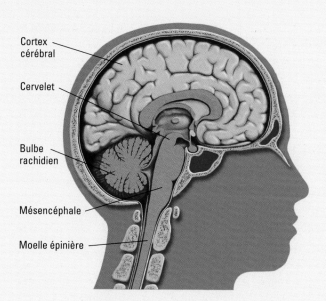

Cortex
cérébral

Cervelet

Bulbe
rachidien

Mésencéphale

Moelle épinière

Figure 3.1
Les structures de l'encéphale
La croissance de l'encéphale se fait de l'arrière
vers l'avant. À la naissance, le bulbe rachidien
et le mésencéphale sont déjà bien développés.
Dans les deux premières années de vie,
c'est surtout le cortex cérébral qui se développe:
les dendrites de chaque neurone croissent
rapidement, et le nombre de synapses augmente
de manière considérable.

On l'a vu au chapitre 2, les structures du cerveau sont essentiellement constituées de deux types de cellules: les cellules gliales et les neurones. À la naissance, des millions de neurones sont déjà formés, et les synapses ont commencé à se développer (Monk, Webb et Nelson, 2001). Le développement synaptique résulte de la croissance des axones et des dendrites (voir les figures 3.2 et 3.3), croissance à ce point rapide que la masse totale du cerveau triple de la naissance à l'âge de deux ans. Notons que le crâne du nouveau-né se compose de plusieurs os séparés par des **fontanelles**; ces espaces membraneux qui permettent à la tête d'être comprimée sans dommages à la naissance permettent aussi l'accroissement de la masse cérébrale dans les mois qui suivent. Chez la plupart des enfants, les fontanelles, qui s'ossifient progressivement, ne sont plus perceptibles au toucher de 22 à 24 mois après la naissance.

Le développement synaptique

Chez l'humain, les premiers contacts synaptiques simples apparaissent au cours du cinquième mois de gestation, et ce développement synaptique — cette **synaptogenèse** — se poursuit après la naissance. La croissance postnatale du cerveau résulte de la synaptogenèse et du développement des prolongements dendritiques, ainsi que de l'augmentation de la taille des neurones et du nombre de cellules gliales.

La synaptogenèse n'est pas un processus régulier et continu; elle se fait par à-coups. Typiquement, chaque poussée de synaptogenèse crée beaucoup plus de connexions neuronales que nécessaire et est donc suivie d'une période d'**émondage** durant laquelle les voies et les connexions inutiles sont éliminées (Huttenlocher, 1994).

Par exemple, au départ, chaque cellule musculaire établit des connexions synaptiques avec plusieurs moto-neurones (neurones qui transmettent des influx aux muscles) dans la moelle épinière. Pendant que le bébé apprend à maîtriser ses mouvements, certaines de ces connexions sont en action à répétition alors que d'autres restent inutilisées. Bientôt, les connexions inutilisées disparaissent et, une fois le processus d'émondage terminé, chaque fibre nerveuse est connectée à un seul motoneurone.

Le processus de synaptogenèse-émondage culmine dans les deux premières années de vie, mais ses cycles se poursuivent tout au long de la vie, chacun améliorant l'efficacité du cerveau. Ainsi, même si la densité dendritique et synaptique de l'enfant d'un an est bien supérieure à celle de l'adulte, son système opère beaucoup moins efficacement que celui de l'adulte. Cependant, l'efficacité du cerveau adulte a un prix. Comme ils possèdent beaucoup plus de synapses inutilisées que les adultes, les bébés peuvent se remettre plus facilement que ces derniers de toutes sortes de lésions cérébrales, leur cerveau pouvant beaucoup plus facilement établir de nouveaux circuits et de nouvelles connexions pour pallier les pertes subies. On appelle **plasticité** cette propriété du cerveau à se modifier et à se réorganiser en réponse à l'expérience et aux défis de l'environnement.

Pour les spécialistes du développement, le processus de synaptogenèse-émondage qu'on observe dans le développement neurologique a d'importantes implications.

Fontanelles Espaces membraneux entre les os du crâne qui sont présents à la naissance et qui disparaissent avec l'ossification du crâne.

Synaptogenèse Développement de synapses.

Émondage Élimination de certaines connexions neuronales de l'arbre dendritique.

Plasticité (du cerveau) Propriété du cerveau d'établir de nouveaux circuits et de se réorganiser en réponse à l'expérience et aux défis de l'environnement.

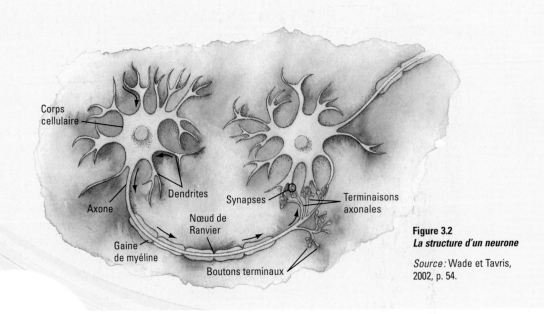

Corps cellulaire

Dendrites

Axone

Synapses

Terminaisons axonales

Nœud de Ranvier

Gaine de myéline

Boutons terminaux

Figure 3.2
La structure d'un neurone

Source: Wade et Tavris, 2002, p. 54.

#1

Premièrement, il semble que le développement du cerveau obéisse à la règle «On s'en sert ou on le perd» (*Use it or lose it*). Ainsi, l'enfant qui grandit dans un milieu riche ou intellectuellement stimulant conserve et développe un réseau synaptique plus complexe que l'enfant dont l'environnement offre moins de formes de stimulation. Ce constat s'appuie sur des données provenant d'une variété de recherches, y compris celle sur des animaux. Ainsi, les rats élevés dans des environnements très stimulants présentent des réseaux de neurones, de dendrites et de connexions synaptiques plus denses à l'âge adulte que ceux qui n'ont pas bénéficié de tels environnements.

#2

Deuxièmement, comme on l'a vu, le cerveau du bébé présente une plus grande plasticité que celui de l'adulte ou de l'enfant plus âgé. Or, paradoxalement, la période de plasticité optimale du cerveau est aussi la période de plus grande vulnérabilité aux carences graves (un peu comme l'embryon est plus vulnérable aux tératogènes durant l'organogenèse). Ainsi, le bébé a besoin de recevoir de son environnement tout ce qu'il lui faut pour optimiser cette période de croissance rapide et de grande plasticité du cerveau. Une malnutrition importante ou un manque de stimulation grave dans les premiers mois de vie peut avoir des effets subtils, mais de grande portée sur le développement cognitif ultérieur de l'enfant.

#3

Finalement, la découverte que le processus de synaptogenèse-émondage se poursuit tout au long de la vie et que le cerveau adulte peut produire de nouveaux neurones force les psychologues du développement à envisager différemment le lien entre le développement du cerveau et le comportement. Tant qu'on pensait que

le cerveau était presque entièrement formé vers l'âge de deux ans, on pouvait logiquement présumer que son développement ultérieur était essentiellement le fruit de l'expérience. Mais on sait maintenant que les changements dans le fonctionnement psychologique sont reliés à des changements dans le cerveau, et ce, tout au long de vie.

La myélinisation des fibres nerveuses

La **myélinisation**, c'est-à-dire la formation des gaines de myéline qui enveloppent chaque axone, est un autre processus crucial dans le développement neuronal. Composées d'une substance appelée myéline, ces gaines protectrices isolent les axones neuronaux les uns des autres et améliorent la conductivité de la fibre nerveuse.

La myélinisation des axones commence vers l'âge d'un an et suit les règles du développement céphalocaudal et proximodistal. Ainsi, les fibres nerveuses qui desservent les cellules musculaires du cou et des épaules sont myélinisées plus tôt que celles qui desservent l'abdomen, ce qui explique que les bébés peuvent maîtriser les mouvements de leur tête avant de pouvoir se tourner sur le dos ou sur le ventre. La myélinisation est plus rapide durant les deux premières années de vie, mais elle se poursuit durant l'enfance et l'adolescence. Par exemple, la région du cerveau qui gouverne les mouvements moteurs n'est pas complètement myélinisée avant l'âge de six ans environ.

Myélinisation Processus de développement des gaines de myéline sur les axones neuronaux.

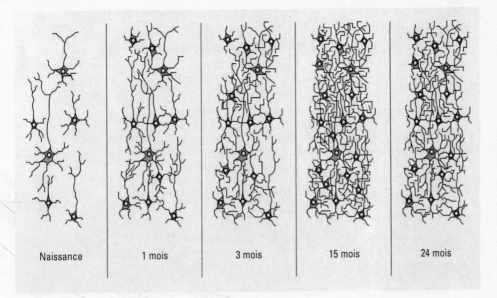

Figure 3.3
La croissance des dendrites et l'émondage
Ce schéma illustre la croissance remarquable des dendrites pendant la première année de la vie et l'émondage de l'arbre dendritique qui survient vers l'âge de deux ans pour éliminer les synapses inutilisées.

Source : Conel, 1939, 1975.

Naissance | 1 mois | 3 mois | 15 mois | 24 mois

Le processus de myélinisation est encore plus long dans d'autres structures du cerveau, comme c'est le cas de la **formation réticulée**, cette région du cerveau qui est responsable du maintien de l'attention et qui nous aide à trier les informations selon leur importance. Sa myélinisation commence dès la petite enfance, mais se poursuit par à-coups jusqu'au milieu de la vingtaine. Résultat : durant les deux premières années, les nourrissons améliorent considérablement leur capacité à se concentrer sur une tâche, et l'enfant de 12 ans a une capacité de concentration bien supérieure à celle d'un nourrisson, mais nettement inférieure à celle d'un adulte.

Les réflexes

L'être humain vient au monde avec un important bagage de **réflexes**, c'est-à-dire de réactions physiques automatiques en réponse à des stimulations. On peut regrouper les réflexes des nouveau-nés en deux catégories :
- les réflexes adaptatifs, qui sont présents à la naissance et qui persistent toute la vie ;
- les réflexes primitifs, qui sont aussi présents à la naissance, mais qui disparaissent avec l'âge.

LES RÉFLEXES ADAPTATIFS

Les **réflexes adaptatifs** nous protègent toute notre vie contre des stimulus potentiellement dangereux. Ils comprennent notamment le réflexe pupillaire (contraction involontaire de la pupille en réaction à une lumière intense), le réflexe palpébral (clignement des yeux en réaction à un souffle d'air), le réflexe de rétractation (retrait du membre qui ressent de la douleur), le réflexe de déglutition (l'action d'avaler) et d'autres réflexes qui nous permettent de survivre. La faiblesse ou l'absence de ces réflexes chez le nouveau-né suggère un mauvais fonctionnement du cerveau et commande une évaluation plus approfondie.

LES RÉFLEXES PRIMITIFS

Les **réflexes primitifs** permettent au nouveau-né de s'adapter rapidement après la naissance, mais ils sont destinés à disparaître pour laisser place aux mouvements volontaires. Certains chercheurs font l'hypothèse qu'ils ont eu leur utilité au cours de l'évolution de l'espèce, puis ont perdu leur raison d'être. Le réflexe de préhension est un bon exemple de cette thèse. Quand on met un doigt ou un objet dans sa paume, le nouveau-né referme solidement sa main ; si on le fait simultanément dans ses deux paumes, il s'agrippe aux doigts avec tant de force qu'on peut le soulever un peu de son lit. Or, on observe aussi ce réflexe chez les singes, pour qui il est très utile, car le petit doit s'agripper à sa mère quand elle grimpe aux arbres ou se déplace de liane en liane. La plupart des experts sont d'avis que ce réflexe représente un vestige de notre passé lointain.

Formation réticulée Région du cerveau qui régule l'attention et la concentration.

Réflexe Réaction physique involontaire en réponse à une stimulation sensorielle ou sensitive.

Réflexe adaptatif Réflexe qui nous protège contre certains stimulus ; persiste toute la vie.

Réflexe primitif Réflexe régi par les parties primitives du cerveau ; disparaît dans la première année de vie ou plus tard dans l'enfance.

L'effet Mozart :
la musique classique stimule-t-elle le développement du cerveau ?

Les producteurs de jouets, CD et autres articles destinés aux enfants n'hésitent pas à vanter les effets bénéfiques de leurs produits sur le développement, et en particulier sur le développement du cerveau. Parfois, leur boniment pseudoscientifique particulièrement pernicieux a de quoi donner aux parents qui n'ont pas les moyens d'acheter ces gadgets l'impression de priver leurs rejetons d'une expérience développementale cruciale. « Avez-vous les moyens de ne pas investir dans l'intelligence de votre enfant ? », va-t-on jusqu'à leur demander…

Que ces parents se rassurent. Si les recherches établissent le rôle primordial de la diversité des stimulus dans le développement du cerveau, la nécessité de fournir aux enfants des jouets ou des articles spécialement conçus pour stimuler le cerveau a très peu de fondements scientifiques. Alors comment expliquer la popularité de ces jouets et de ces gadgets ? Deux psychologues sociaux spécialisés dans la diffusion des croyances, rumeurs et légendes urbaines dans les médias, le Suisse Adrian Bangerter et l'Américain Chip Heath, se sont intéressés à la question et ont publié une recherche retraçant la genèse du fameux « effet Mozart » (Bangerter et Heath, 2004).

L'histoire commence en 1993 avec la publication dans la prestigieuse revue scientifique *Nature* d'une étude californienne : les chercheurs disent avoir observé que 36 étudiants au baccalauréat en psychologie ont obtenu des résultats plus élevés à un test de QI spatial après avoir écouté pendant dix minutes une sonate de Mozart (Rauschel, Shaw et Ky, 1993). Sitôt qu'ils en prennent connaissance, les médias s'emparent de ce qu'ils baptisent « l'effet Mozart », réduisent les résultats de l'étude à leur plus simple expression et les généralisent à tous les enfants, y compris les nouveau-nés et même les fœtus. Le message devient vite : « Écouter Mozart peut faire de votre bébé un génie ! »

Après avoir analysé toutes les mentions de « l'effet Mozart » dans la presse écrite américaine de 1993 à 2002 (plus de 500 articles), Bangerter et Heath constatent que le sujet a très vite perdu tout rapport avec l'article original, l'idée que les sonates de Mozart pouvaient accroître le QI des bébés s'étant imposée comme un fait établi scientifiquement.

Or, comme le soulignent les chercheurs, l'étude en question portait sur de jeunes adultes, et, à l'époque, aucune autre étude n'avait testé l'effet de la musique sur le QI des enfants. De plus, les médias ont omis de mentionner que la hausse du QI observée ne portait que sur le QI spatial et ne durait qu'une dizaine de minutes…

Entre-temps, ajoutent-ils, des études aussi nombreuses que rigoureuses démontrant que « l'effet Mozart » n'avait aucun fondement ont été publiées dans des revues scientifiques (Chabris, 1999 ; Steele, Bass et Crook, 1999 ; Jones et Ziglel, 2002 ; McKetvie et Law, 2002), mais les médias les ont complètement ignorées, et la rumeur a continué à s'amplifier. À tel point que certains États se sont mis à distribuer des CD gratuits aux parents de nouveau-nés, et que l'État de Floride a obligé les crèches subventionnées à passer au moins 30 minutes de musique classique par jour – des initiatives inconsidérées, mais qui ont encore renforcé la crédibilité de « l'effet Mozart » aux yeux du public.

Aujourd'hui encore, bien que la plupart des spécialistes du développement s'entendent pour dire que « l'effet Mozart » n'a aucun fondement scientifique, de nombreux ouvrages et sites Web populaires qui s'adressent aux parents continuent à propager l'idée que l'écoute de Mozart (ou de la musique classique) améliore le QI des enfants (Krakovsky, 2005).

Une des grandes hypothèses dans la recherche sur la propagation des légendes et des rumeurs est que la peur ou l'anxiété favorise leur diffusion, expliquent Bangerter et Heath. On peut donc supposer que croire en « l'effet Mozart » aide les parents et les enseignants à maîtriser l'anxiété quant au développement intellectuel des enfants, ce qui expliquerait leur tendance à accorder plus de crédit aux boniments qui magnifient l'effet Mozart qu'aux arguments scientifiques qui l'invalident.

Source : Adapté de Bee et Boyd, 2007, p. 92.

Le nouveau-né possède plusieurs autres réflexes primitifs, notamment :
- le réflexe des points cardinaux — quand on lui touche la joue, le nouveau-né tourne la tête en direction de la stimulation et ouvre la bouche pour téter (sauf si on vient de le nourrir) ;
- le réflexe de succion — dès qu'on introduit quelque chose dans sa bouche, le nouveau-né se met à le téter;
- le réflexe de Moro — dès qu'on fait entendre au nouveau-né un bruit fort ou qu'on le soulève en faisant soudain mine de l'échapper, il projette ses bras vers l'extérieur et cambre le dos ;
- le réflexe de Babinski — quand on stimule la plante de son pied, le nouveau-né réagit par l'abduction (hyper-

extension) des orteils, alors que l'adulte réagit en repliant les orteils.

On qualifie ces réflexes de primitifs parce qu'ils relèvent de régions plus primitives du cerveau — le bulbe rachidien et le mésencéphale — dont le développement est presque achevé à la naissance. Vers l'âge de six mois, quand la région du cerveau qui régit la perception, le mouvement, la pensée et le langage est plus développée et prend le relais, ces réflexes primitifs sont remplacés par des fonctions plus complexes du cerveau. Leur persistance au-delà de cette période peut indiquer certains troubles neurologiques (Di Mario, 2002).

Ce bébé de quatre semaines nous fait une démonstration du réflexe de succion.

LE SOMMEIL ET L'ÉVEIL

À sa naissance, le bébé passe environ 80 % de son temps à dormir ; il ne lui reste qu'environ deux à trois heures en état d'éveil calme ou actif, sans pleurs ou pleurnichements. Vers l'âge de six semaines, la majorité des bébés commenceront à regrouper deux ou trois périodes de sommeil sans passer par l'état d'éveil actif. À ce stade, on dira alors qu'il « fait ses nuits ». En fonction de ce rythme, le meilleur moment pour établir de bons contacts et interagir avec le nourrisson semble être celui qui suit immédiatement la tétée, quand il est en état d'éveil calme.

Les nouveau-nés n'ont pas de rythme circadien ; ils dorment autant le jour que la nuit. Toutefois, vers huit semaines, même s'ils dorment encore de 15 à 16 heures par jour en moyenne, la plupart des nourrissons ont établi un début de rythme circadien. À six mois, ils dorment encore un peu plus de 14 heures par jour, mais la régularité et la prédictibilité de leur sommeil se sont considérablement améliorées : à cet âge, ils acquièrent des habitudes de sommeil nocturne plus régulières et commencent à faire des siestes diurnes à des heures plus régulières.

La moitié du temps de sommeil du nouveau-né — le double de ce qu'on observe chez l'adulte — est consacré au sommeil paradoxal. On ignore si cette grande quantité de sommeil paradoxal chez le nouveau-né s'accompagne de rêves comme chez l'enfant et l'adulte, mais les spécialistes croient qu'elle contribue activement

Le tableau 3.1 décrit sommairement certains de ces réflexes primitifs, la façon dont on les déclenche ainsi que le moment de leur apparition et de leur disparition.

Les états de conscience

Les chercheurs distinguent chez le nouveau-né cinq états de sommeil et d'éveil appelés **états de conscience** (voir le tableau 3.2). En général, ces cinq états se succèdent dans le même ordre et à intervalles réguliers : les nouveau-nés passent du sommeil profond au sommeil actif, puis pleurnichent, mangent, passent à l'état d'éveil calme puis d'éveil actif. Après quoi, ils s'assoupissent et s'endorment profondément. Cette séquence se répète à peu près toutes les deux heures.

> **États de conscience (du nourrisson)** États fondamentaux et cycliques chez le nourrisson ; sommeil profond ; sommeil actif ; éveil calme ; éveil actif ; pleurs et pleurnichements.

Tableau 3.1 *Quelques réflexes primitifs*

Nom du réflexe	Technique de stimulation	Réponse de l'enfant	Apparition	Disparition
Succion	Placer un objet dans la bouche du bébé	Le bébé se met à téter.	*In utero*, vers 2 ou 3 mois	Vers 6 mois
Points cardinaux	Effleurer la joue du bébé avec l'index	Le bébé tourne la tête et cherche à téter le doigt.	À la naissance	Vers 3 ou 4 mois
Préhension	Placer un objet dans la main du bébé	Le bébé serre fermement l'objet.	*In utero* entre 4 et 6 mois	Vers 2 ou 3 mois
Moro	Faire un bruit soudain ou soulever le bébé puis simuler une chute	Le bébé ouvre les bras en croix.	À la naissance	Vers 3 ou 4 mois
Babinski	Effleurer la plante du pied du bébé	Le bébé étire ses orteils en abduction.	À la naissance	Vers 6 mois
Marche	Soutenir le bébé debout	Le bébé place ses jambes en position de marche.	*In utero*, vers 8 ou 9 mois	Vers 2 ou 3 mois
Nage	Soutenir le bébé sur le ventre dans l'eau	Le bébé produit des mouvements coordonnés de nage.	*In utero*, vers 8 ou 9 mois	Vers 6 mois

Tableau 3.2 *Les états de conscience chez le nourrisson*

État de conscience	Caractéristiques
Sommeil profond	Yeux fermés, respiration régulière, aucun mouvement à l'exception de quelques soubresauts occasionnels.
Sommeil actif	Yeux fermés, respiration irrégulière, petits sursauts, aucun mouvement corporel important.
Pleurs et pleurnichements	Yeux partiellement ou entièrement fermés, mouvements vigoureux avec pleurs ou pleurnichements.
Éveil calme	Yeux ouverts, aucun mouvement corporel important, respiration régulière.
Éveil actif	Yeux ouverts, mouvements de la tête, des membres et du tronc, respiration irrégulière.

au développement synaptique. On sait en effet que l'activité nerveuse très intense du sommeil paradoxal favorise l'établissement des contacts synaptiques appropriés et consolide les apprentissages. Les prématurés ne manifestent pas les signes du sommeil paradoxal, ce qui semble indiquer que ce type de sommeil nécessite une certaine maturité neurologique.

LES PLEURS

Les nourrissons passent entre 2 % et 11 % de leur temps à pleurer. Généralement, les périodes de pleurs augmentent au cours des six premières semaines, puis diminuent. Ce fait a été observé dans diverses cultures, y compris dans celles où les mères et les bébés sont en contact corporel constant (St. James-Roberts et autres, 1994). Au début, les bébés pleurent davantage le soir, mais par la suite, ils pleurent surtout avant les repas.

Les pleurs ont une importance cruciale, car ils indiquent aux adultes que le bébé a besoin de soins. Comme il ne peut se déplacer vers quelqu'un, il doit faire venir quelqu'un à lui ; les pleurs sont le moyen le plus efficace d'y parvenir.

Les bébés ont un vaste répertoire de pleurs, ceux-ci différant selon qu'ils signalent la faim, la colère ou la douleur. Les pleurs réguliers inspirés par la faim commencent généralement par des plaintes et suivent un modèle très rythmé : pleurs, silence, respiration, pleurs, silence, respiration (l'inspiration s'accompagne souvent de sifflements). Les pleurs de colère sont plus forts et plus intenses. Quant aux pleurs associés à la douleur, ils commencent de façon beaucoup plus soudaine, sans pleurnichements préalables.

De 15 à 20 % des bébés souffrent de **coliques du nourrisson**, une affection bénigne caractérisée par des douleurs violentes et soudaines entraînant d'intenses

périodes de pleurs qui peuvent totaliser trois heures par jour et plus. On ignore les causes des coliques du nourrisson ; on sait seulement qu'elles apparaissent vers l'âge de deux semaines et disparaissent spontanément vers l'âge de trois ou quatre mois (Coury, 2002).

Comme les enfants ne pleurent pas tous de la même manière, les parents doivent apprendre à reconnaître les caractéristiques de chaque type de pleur. Les chercheurs ont découvert que les mères (mais pas les pères) de bébés de cinq mois pouvaient à partir de simples enregistrements sonores distinguer les pleurs de colère des pleurs de douleur de leur enfant, ce qu'elles étaient incapables de faire pour un autre enfant.

Le fait de prendre un nouveau-né dans ses bras chaque fois qu'il pleure risque-t-il de renforcer ce comportement et d'en augmenter la fréquence ? Au contraire : cela semble rassurer l'enfant et l'aider à construire une représentation du monde sécuritaire et prévisible. Les recherches indiquent qu'une réponse rapide aux pleurs dans les trois premiers mois de vie en diminue la fréquence par la suite (Sulkes, 1998).

Les capacités sensorielles

Dès la naissance, l'ouïe, le goût, l'odorat et le toucher sont opérationnels. Et bien que la vue se développe plus lentement que les autres sens, le nouveau-né n'est pas aveugle. En fait, les recherches sur les nouveau-nés conduisent toutes à la même conclusion : ses aptitudes sensorielles sont bien supérieures à ce qu'on croit généralement et lui permettent d'interagir efficacement avec son environnement, en particulier avec la personne qui s'occupe de lui.

Le sens du toucher est présent dès la naissance, comme en témoignent notamment le réflexe de succion et le réflexe des points cardinaux. Les zones particulièrement sensibles sont la bouche, le visage, les mains et les plantes des pieds.

Les bébés naissants peuvent entendre la plupart des registres sonores, notamment les sons du registre de la voix humaine (Ceponiene et autres, 2002). Dès la naissance et même *in utero*, ils reconnaissent certaines voix, en particulier celle de leur mère. Ils peuvent également se servir des sons pour localiser approximativement les objets.

Coliques du nourrisson Affection bénigne caractérisée par des douleurs violentes et soudaines, et qui entraînent d'intenses périodes de pleurs pouvant totaliser plusieurs heures par jour.

Dès la naissance, les nouveau-nés distinguent les quatre goûts fondamentaux (le sucré, l'acide, l'amer et le salé), et les bébés allaités au sein parviennent à distinguer l'odeur de leur mère de celle d'une étrangère dès leur première semaine de vie.

Il y a quelques décennies, on pensait encore que le nouveau-né naissait complètement aveugle. En fait, si sa vision est encore très déficiente pour ce qui est des plans éloignés et moyens, le nouveau-né voit bien en gros plan. Dès la naissance, il peut focaliser son regard jusqu'à une distance de 20 à 30 centimètres, soit la distance qui sépare les yeux de l'enfant du visage de sa mère durant l'allaitement. Le nouveau-né peut même reconnaître le visage de sa mère quelques heures seulement après la naissance (voir ci-dessous l'encadré «Rapports de recherche» sur la reconnaissance des visages). Il lui faudra cependant quelques semaines pour pouvoir suivre des yeux un objet en déplacement.

Les cellules (cônes) qui permettent la perception du rouge et du vert, et probablement du bleu, sont présentes dès l'âge de quatre semaines et peut-être même dès la naissance (Bornstein et autres, 1992). Un bébé peut donc percevoir et distinguer les couleurs presque aussi bien qu'un adulte dès ses premières semaines de vie (Pereverzeva, Hui-Lin Chien, Palmer et Teller, 2002).

La perception de la distance s'acquiert progressivement au cours de la première année de vie. Comme les mouvements du bébé lui procurent les informations sur la

Le nouveau-né peut focaliser son regard à une distance de 20 à 30 centimètres.

distance et la profondeur des objets quand il s'en éloigne ou s'en approche, la perception de la profondeur s'améliore en même temps que les habiletés motrices. Les données de recherche recueillies grâce à la falaise visuelle, ce brillant dispositif expérimental conçu en 1960 par Eleanor Gibson et Richard Walk (voir la photo p. 76), semblent démontrer que les bébés commencent à percevoir la profondeur vers l'âge de trois mois. Mais ce n'est qu'autour de sept mois qu'ils réussissent réellement à coordonner les informations visuelles provenant de leurs deux yeux.

LE SYSTÈME MOTEUR

Si elle dépend beaucoup du développement du système nerveux, l'acquisition des habiletés motrices requiert d'autres changements substantiels, notamment en ce qui concerne les systèmes musculosquelettique, cardiaque et pulmonaire.

L'ossature et la musculature

Les changements musculaires et osseux sont plus progressifs que ceux du système nerveux, et ils se prolongent jusqu'à l'adolescence.

Durant la petite enfance, les os ne font pas que croître; leur nombre et leur composition changent, et ces changements permettent des progrès dans la coordination des mouvements. Par exemple, la main, le poignet, la cheville et le pied comptent moins d'os à la naissance qu'à la maturité. Ainsi, le poignet d'un adulte compte neuf os tandis que celui d'un enfant d'un an n'en compte que trois; les six autres se formeront durant l'enfance, et le développement ne sera achevé qu'au terme de l'adolescence.

Le nouveau-né et la reconnaissance des visages

De nombreuses recherches ont montré que les nouveau-nés apprennent à reconnaître le visage de leur mère dès leurs premières heures de vie, mais l'une des plus connues et des plus concluantes est celle de Gail Walton et ses collègues (Walton, Bower et Bower, 1992). Ces chercheurs de la University of Texas at Dallas ont filmé le visage de 12 mères de nouveau-nés âgés de 12 à 36 heures, et de 12 autres femmes ressemblant à chacune des mères (même couleur des cheveux et des yeux, même teint et même coiffure). Puis ils ont montré des images du visage de leur mère et de celui qui lui ressemble à chacun des nouveau-nés, qui pouvaient conserver l'image qu'ils préféraient en tétant un dispositif conçu à cet effet. Cette expérience a révélé que les nouveau-nés regardaient nettement plus longuement le visage de leur mère, ce qui indique qu'en plus de le distinguer de l'autre, ils le préféraient déjà.

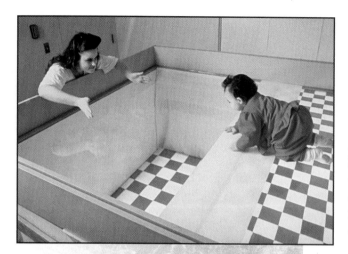

Conçu en 1960 par des chercheurs américains, l'ingénieux dispositif de la falaise visuelle sert encore aux chercheurs pour étudier la perception de la profondeur. Il s'agit d'une table de verre dont une partie de la surface recouvre un « précipice ». Sur une partie de la table, le verre s'appuie sur une plateforme quadrillée. Sur l'autre, le verre surplombe une dénivellation marquée : le sol quadrillé se trouve à plus d'un mètre de profondeur. Le bébé qui perçoit la profondeur hésite à s'engager plus avant au-dessus du précipice.

D'autre part, les os de l'enfant sont plus mous que ceux de l'adulte, et contiennent plus d'eau. L'**ossification**, c'est-à-dire le durcissement des tissus fibreux ou cartilagineux qui se transforment en os, se fait graduellement de l'enfance à la puberté. L'ossature de tout le corps se consolide selon la règle des développements proximodistal et céphalocaudal ; ainsi, les os de la main et du poignet durcissent avant ceux du pied. À mesure que son ossature se renforce, le bébé peut se servir de son corps avec plus de maîtrise et d'assurance, ce qui élargit son champ d'exploration et lui permet d'acquérir de l'indépendance.

Parallèlement, les fibres musculaires du nourrisson s'allongent et s'épaississent de façon assez régulière, et ce, jusqu'à l'adolescence. Là encore, le développement est à la fois proximodistal et céphalocaudal. Ainsi, les muscles du cou se renforcent assez vite, mais les muscles des jambes ne se fortifieront que quelques mois plus tard, ce qui permettra alors au bébé de faire ses premiers pas.

Les poumons et le cœur

Dans les deux premières années de vie, les poumons se développent rapidement et deviennent de plus en plus efficaces, ce qui, avec la force croissante des muscles cardiaques, confère à l'enfant de deux ans une résistance bien supérieure à celle du nouveau-né. À la fin de la petite enfance, les enfants peuvent donc se livrer à une activité motrice soutenue pendant des périodes assez longues pour épuiser bien des parents...

Les habiletés motrices

Tous ces changements dans les systèmes nerveux et musculosquelettique contribuent à l'impressionnant répertoire d'habiletés motrices qu'acquièrent les enfants dans leurs deux premières années de vie.

Traditionnellement, les spécialistes du développement distinguent trois types d'habiletés motrices : les habiletés locomotrices (ramper, marcher, courir, sauter, etc.) ; les habiletés posturales (maîtriser les mouvements de la tête, pousser, tirer et se pencher, etc.) ; et les habiletés manipulatoires (saisir, jeter, manipuler ou déplacer des objets, donner des coups de pied, etc.). Le tableau 3.3 (p. 78) résume le développement de ces habiletés au cours des deux premières années de vie ; on peut y constater que les mouvements du bébé sont loin de se résumer à ramper ou à marcher à quatre pattes.

De manière typique, la séquence de développement des habiletés motrices suit les règles du développement céphalocaudal et proximodistal. Toutefois, les chercheurs James Galloway et Esther Thelen (2004) ont récemment observé une importante exception à ce modèle : les bébés peuvent saisir un objet avec leurs pieds plusieurs semaines avant de pouvoir le faire avec leurs mains. Leurs travaux montrent que les jeunes bébés maîtrisent leurs jambes plus facilement que leurs bras, ce qui va à l'encontre du modèle céphalocaudal. Cette recherche devra être confirmée par d'autres études pour qu'on puisse en conclure que l'utilisation des pieds pour saisir un objet précède l'utilisation des mains chez tous les bébés ; on pourra aussi mieux comprendre comment les nourrissons utilisent cette habileté dans l'exploration et l'apprentissage. La recherche novatrice de Galloway et Thelen suggère néanmoins qu'un jour on pourra lire « saisit un objet avec ses pieds » dans les listes comme celle du tableau 3.3.

Les nourrissons semblent prendre un immense plaisir à répéter sans cesse certains mouvements : donner des coups de pied, pédaler dans le vide, se balancer, s'agiter, rebondir, frapper, frotter, griffer, secouer. Amorcées dès les premières semaines, ces **stéréotypies rythmiques**, pour reprendre le terme de Thelen (1981), semblent culminer vers l'âge de six ou sept mois. Sans être totalement volontaires et coordonnés, de tels mouvements ne sont sans doute pas non plus aléatoires. Ainsi,

Ossification Transformation de tissus fibreux ou cartilagineux en os.

Stéréotypies rythmiques Mouvements rythmiques répétés chez les jeunes enfants.

L'extraordinaire rapidité du développement des habiletés motrices au cours des premiers mois de vie est facile à illustrer. L'enfant de 5 mois est plus habile à saisir les objets qu'à ramper (en haut à gauche); l'enfant de 9 mois s'assoit tout seul (en haut à droite); l'enfant de 11 mois se déplace aisément à quatre pattes (en bas à gauche); et l'enfant de 13 mois fait ses premiers pas (en bas à droite).

Thelen a observé que le mouvement de pédalage s'accélérait juste avant que le bébé commence à ramper, comme si les coups de pieds rythmiques servaient de préparation au déplacement.

La séquence d'acquisition des habiletés motrices est virtuellement la même pour tous les enfants, y compris ceux qui souffrent de sérieux handicaps physiques ou mentaux. Les enfants qui présentent un retard mental développent leurs habiletés motrices plus lentement que les enfants normaux, mais dans le même ordre, ce qui étaye l'hypothèse voulant que le développement moteur soit en partie régi par une horloge biologique (Thelen, 1995).

Cela dit, une étude désormais classique de Wayne Dennis (1960) auprès d'enfants qui avaient grandi dans des orphelinats iraniens a démontré que les bébés qu'on laissait couchés sur le dos dans leur lit finissaient par marcher, mais avec un retard d'environ un an sur les bébés plus libres de leurs mouvements. Les études sur les nourrissons qui grandissent dans des milieux normaux indiquent aussi que l'expérience influe sur le développement moteur; l'une d'elle a démontré que de très jeunes bébés entraînés à s'asseoir plus souvent pouvaient rester assis bien droit plus longtemps que les autres (Zelazo, Zelazo, Cohen et Zelazo, 1993). Les spécialistes sont donc relativement convaincus que de restreindre sévèrement les mouvements d'un bébé ralentit l'acquisition de ses habiletés motrices, et ils sont de plus en plus nombreux à soutenir que les mouvements qu'expérimente un bébé dans un environnement normal peuvent également influer sur son développement moteur.

Tableau 3.3   *Les étapes du développement moteur de 0 à 24 mois*

Âge	Habiletés posturales	Habiletés manipulatoires	Habiletés locomotrices
1 mois	Redresse légèrement la tête ; suit des yeux les objets qui se déplacent lentement.	Tient un objet qu'on lui place dans la main.	A le réflexe de la marche.
De 2 à 3 mois	En position ventrale, redresse la tête à 90 degrés ; peut maintenir la tête dans l'axe du corps.	Commence à tendre la main vers les objets à la vue.	
De 4 à 6 mois	Se tient assis avec un support ; en position assise, tient la tête droite.	Cherche à atteindre les objets et les saisit.	Se tourne sur lui-même ; se déplace par reptation (poussée des bras avec appui ventral) ; se déplace sur les mains et les genoux (rampe).
De 7 à 9 mois	Se tient assis sans support.	Saisit les objets avec ses doigts en opposant le pouce ; transfère les objets d'une main à l'autre.	Marche à quatre pattes.
De 10 à 12 mois	S'accroupit et se penche.	Montre des signes de préférence pour l'une des deux mains ; saisit une cuillère, mais éprouve des difficultés à diriger la nourriture vers la bouche.	Se redresse pour se mettre debout ; marche en se tenant aux meubles (« cabotage ») ; puis marche sans aide.
De 13 à 18 mois	Envoie une balle à un adulte en la faisant rouler.	Empile deux cubes ; introduit des objets dans un petit récipient et les lâche.	Marche à reculons et de côté ; court (14 à 20 mois) ; monte un escalier (16 mois).
De 19 à 24 mois	Saute en l'air (les pieds quittent le sol).	Utilise une cuillère pour se nourrir ; peut empiler de 4 à 10 blocs.	Monte et descend les escaliers : 2 pieds par marche.

Sources : Overby, 2002 ; Den Ouden et autres, 1991 ; Capute et autres, 1984.

Note : En avril 2006, l'Organisation mondiale de la santé (OMS) a élaboré de nouvelles chartes de croissance (taille et poids) et de développement moteur pour tous les pays. On peut les consulter (en anglais) sur le site Web < http://www.who.int/childgrowth/en/ >.

Pause
APPRENTISSAGE

Le développement physique

1. Qu'est-ce que le *développement céphalocaudal*? le *développement proximodistal*? Donnez des exemples.

2. Quelles sont les régions du cerveau les plus développées et les moins développées à la naissance? Quelles sont leurs fonctions respectives?

3. Expliquez ce que signifient les termes *émondage, myélinisation* et *ossification*?

4. Nommez les trois types d'habiletés motrices et donnez des exemples.

5. Décrivez les capacités sensorielles du nouveau-né.

LE DÉVELOPPEMENT COGNITIF

Trois grands courants théoriques ont orienté les recherches en matière de développement de la cognition et de l'intelligence : l'approche des capacités individuelles (ou approche psychométrique), l'approche des structures de pensée communes (ou approche cognitiviste piagétienne) et l'approche du traitement de l'information (approche néopiagétienne).

Comme son nom l'indique, l'approche psychométrique, qui a longtemps prévalu, s'est attachée à mesurer et à comparer les différences individuelles. Nous ne sommes pas tous et toutes dotés des mêmes capacités d'observation, de mémorisation, d'analyse et de résolution de problèmes, et nous n'avons pas tous la même capacité de manier le langage, ce qui nous fait dire d'une personne qu'elle est très intelligente et d'une autre qu'elle l'est moins. De tels constats présupposent qu'il est possible de classer les gens selon leur degré d'intelligence, et c'est justement cette hypothèse qui a donné naissance aux tests d'intelligence utilisés pour mesurer et comparer les capacités intellectuelles individuelles même chez les nourrissons (voir l'encadré « Rapports de recherche » sur la mesure de l'intelligence des bébés, p. 85).

Proposée par Jean Piaget et portée par ses nombreux disciples, l'approche cognitiviste piagétienne étudie le développement des structures cognitives plutôt que des capacités intellectuelles, et s'attache aux modèles de développement communs à tous les enfants plutôt qu'aux différences individuelles. L'approche psychométrique et l'approche cognitiviste de Piaget se sont côtoyées pendant de nombreuses années, mais n'ont jamais fait vraiment bon ménage.

Plus récente, l'approche du traitement de l'information ou approche néopiagétienne s'inspire du modèle de l'ordinateur et intègre en partie les notions de capacités intellectuelles et de structures cognitives (Fagan, 1992). Ses tenants tentent de comprendre les mécanismes sous-jacents de la cognition, c'est-à-dire les stratégies qui sous-tendent des activités cognitives comme la mémoire, la résolution de problèmes et la planification. Une fois ces mécanismes repérés, on peut s'interroger tant sur leur développement — évoluent-ils avec l'âge, et, si oui, comment et pourquoi? — que sur les différences individuelles — l'habileté à utiliser ces mécanismes varie-t-elle d'un individu à l'autre, et, le cas échéant, comment et pourquoi?

Dans cet ouvrage, nous ferons référence à ces trois approches lorsque nous traiterons du développement cognitif. Cependant, elles ne sont pas d'un égal intérêt pour chaque âge de la vie. Ainsi, peut-être parce que Piaget a été le premier à expliquer le comportement de l'enfant à partir de l'intelligence, sa théorie prévaut encore quant aux recherches sur l'intelligence chez l'enfant. Même si celles-ci ont révélé que le développement cognitif était moins dépendant des périodes et des stades que Piaget le pensait, il importe de la connaître.

LA PÉRIODE SENSORIMOTRICE SELON PIAGET

On l'a vu au chapitre 1, Piaget postule que le bébé *assimile* l'information qui lui parvient à ses schèmes innés restreints — la vision, l'audition, la succion et la préhension — et qu'il *accommode* ces schèmes en se basant sur son expérience. Piaget appelle *intelligence sensorimotrice* cette forme primitive de pensée, et **période sensorimotrice** la période durant laquelle les nourrissons la développent et la raffinent. La période sensorimotrice, qui correspond en gros aux deux premières années de vie, comporte six stades (voir le tableau 3.4), au cours desquels les principales acquisitions cognitives sont la *causalité*, la *permanence de l'objet* et la *représentation symbolique*.

Toujours selon Piaget, le nouveau-né (jusqu'à un mois) vit dans l'immédiat, répond à n'importe quel stimulus, oublie les événements d'une fois à l'autre et ne planifie rien. Puis, peu à peu, le nourrisson commence à faire

---

Période sensorimotrice Selon Piaget, première période du développement cognitif durant laquelle le bébé passe des mouvements réflexes à la représentation symbolique ; comprend six stades et correspond en gros aux deux premières années de vie.

Tableau 3.4 *Les stades de la période sensorimotrice selon Piaget*

Stade	Technique cognitive	Caractéristiques	Développement du concept d'objet
1 De 0 à 1 mois	Exercice des réflexes	Utilisation des réflexes innés (vision, audition, succion, préhension); ces schèmes primitifs commencent à changer et à s'harmoniser grâce à de minuscules épisodes d'accommodation. Capacité d'imitation limitée; pas d'intégration des informations perçues par différents sens.	Aucune permanence de l'objet: l'enfant suit un objet ou une personne jusqu'à ce que l'un ou l'autre quitte son champ de vision, puis il perd tout intérêt.
2 De 1 à 4 mois	Réactions circulaires primaires	Accommodation accrue des schèmes fondamentaux, que le bébé pratique à répétition. Début de la coordination de données provenant de plus d'un sens (intégration intersensorielle): le bébé regarde maintenant en direction du son qu'il entend et porte à sa bouche tout ce qu'il peut attraper, mais sans faire le lien entre les actions de son corps et leurs effets à l'extérieur de lui (causalité).	Aucune permanence de l'objet. Même comportement qu'au stade 1.
3 De 4 à 8 mois	Réactions circulaires secondaires	Le bébé devient de plus en plus conscient des événements extérieurs à son corps, et les provoque de lui-même à répétition. La compréhension du lien de cause à effet n'est pas encore évidente. Il peut commencer à manifester des comportements d'imitation, mais ceux-ci se limitent aux schèmes de son propre répertoire comportemental.	Permanence d'un objet partiellement caché. Le concept d'objet commence à se développer.
4 De 8 à 12 mois	Coordination des schèmes secondaires	Début de compréhension des liens de causalité et apparition des comportements intentionnels. L'enfant ne se contente pas de chercher à obtenir ce qu'il veut, il peut planifier une série de gestes pour y parvenir (coordination des schèmes et planification). Il peut apprendre en imitant de nouveaux comportements (comportement d'imitation). Début du *transfert intermodal* qui consiste à apprendre une information par le biais d'un sens et à la transférer à un autre sens, comme toucher un objet sans le voir et le reconnaître par la suite parmi d'autres objets.	Permanence de l'objet même entièrement caché. L'enfant a conscience que l'objet continue à exister hors de son champ visuel, mais ne comprend pas qu'il peut être déplacé, même si on le déplace devant lui.
5 De 12 à 18 mois	Réactions circulaires tertiaires.	L'expérimentation commence: le jeune enfant expérimente activement diverses façons de jouer ou de manipuler les objets pour évaluer leurs effets. Ce comportement de l'enfant fait penser à une démarche expérimentale où chaque variable est étudiée systématiquement.	Permanence de l'objet avec déplacement visible. L'enfant ne cherche l'objet qu'au dernier endroit où il l'a vu disparaître.
6 De 18 à 24 mois	Représentation symbolique	L'enfant commence à utiliser des symboles (images ou mots) pour représenter les objets ou les événements. Il peut s'imaginer un objet même en son absence et comprend que le symbole est distinct de l'objet. Début de l'imitation différée. L'enfant s'est libéré de la stratégie de l'essai et de l'erreur typique du stade précédent (Bauer et autres, 1999).	Acquisition définitive de la permanence de l'objet. Même s'il n'a pas vu le déplacement de l'objet, l'enfant comprend que si celui-ci n'est pas à un endroit, il est forcément ailleurs.

des liens entre les événements et acquiert ainsi graduellement la notion de causalité. Il commence alors à comprendre que les objets continuent d'exister même lorsqu'ils sont hors de sa vue, et à se souvenir pendant un certain temps d'objets, de gestes et d'individus; il découvre ce que Piaget appelle la permanence de l'objet. Enfin, il parvient à maîtriser ses premières images mentales (ou souvenirs) et à recourir à des symboles (mots ou images) pour représenter des objets ou des événements; cette représentation symbolique apparaît vers l'âge de 18 à 24 mois et détermine l'accession à l'étape suivante, soit la *période préopératoire.*

Le passage du répertoire très limité de schèmes sensoriels et moteurs du bébé naissant à la maîtrise des symboles vers l'âge de 18 à 24 mois est très progressif, et chaque stade marque une évolution qui se traduit par l'utilisation d'une nouvelle technique.

Au premier stade, les mouvements effectués, essentiellement réflexes, vont peu à peu s'adapter et devenir de plus en plus harmonieux.

Le deuxième stade commence avec le début de la coordination entre les quelques schèmes fondamentaux dont dispose le nourrisson pour explorer son univers — entre la vision et l'audition, entre la préhension et la vision, entre la préhension et la succion. La technique associée à ce stade est celle des **réactions circulaires primaires**, c'est-à-dire de ces actions simples et répétitives du nourrisson centré sur son propre corps et qui visent à reproduire un effet agréable découvert par hasard. Par exemple, un jour, le bébé suce son pouce, trouve le geste agréable et se met à le répéter.

Au troisième stade, le nourrisson, qui est plus sensible à son environnement, commence à répéter certaines actions pour produire un effet à l'extérieur de

Réaction circulaire primaire Action simple et répétitive du nouveau-né sur son propre corps visant à reproduire un effet agréable découvert par hasard.

son propre corps ; on parle alors de **réactions circulaires secondaires**. Il gazouille, et maman sourit ; il gazouille encore, et maman sourit encore. Ces premiers liens entre les actions de son corps et leurs effets externes semblent être des associations stimulus-réponses très simples, presque mécaniques.

Par contre, au quatrième stade, le nourrisson commence à comprendre les liens de causalité, et passe à la vitesse supérieure dans ses démarches exploratoires. Cela se traduit entre autres par l'apparition de **comportements intentionnels** : le bébé a un but précis en tête et planifie le moyen de l'atteindre. Par exemple, il déplace un jouet (moyen) pour pouvoir en attraper un autre (but).

Au cinquième stade, l'exploration de l'environnement devient plus systématique avec l'apparition des **réactions circulaires tertiaires**. Le bébé ne répète plus exactement l'action initiale ; il y introduit des variations pour tester leur effet. Par exemple, il peut essayer diverses méthodes pour accomplir une tâche ou laisser tomber un objet à différentes hauteurs pour voir s'il fera un bruit différent ou s'il atterrira ailleurs. Malgré le caractère délibéré et expérimental de ce type de comportement, selon Piaget, le bébé à ce stade n'a pas encore de symboles mentaux.

La représentation symbolique — c'est-à-dire la capacité de former et de manipuler des symboles (mots ou images) — n'apparaît qu'au sixième stade (vers 18 à 24 mois). Cette nouvelle habileté permet au nourrisson de résoudre des problèmes simplement en y pensant, sans procéder par essais et erreurs comme au cinquième stade. Ses comportements intentionnels deviennent donc beaucoup plus raffinés. Un bébé de 24 mois qui sait qu'il y a des biscuits dans la boîte pourra surmonter n'importe quel obstacle pour en obtenir un (Bauer, Schwade, Wewerka et Delaney, 1999). S'il grimpe sur le comptoir de cuisine, et que ses parents déplacent la boîte à biscuits sur le réfrigérateur, il trouvera probablement le moyen de grimper sur le réfrigérateur. Comme on dit : « À cet âge-là, il ne faut pas les perdre de vue une minute. » Le sixième stade est aussi celui du début de l'**imitation différée**, qui nécessite la capacité de se représenter mentalement un événement déjà observé et de le reproduire plus tard.

Le concept d'objet

L'une des observations les plus remarquables de Piaget est la suivante : les bébés semblent ignorer totalement certaines propriétés des objets qui vont de soi à un âge plus avancé. Ainsi, pour nous, il va de soi que les objets existent en dehors de nous. Nous avons conscience de ce que Piaget appelle la **permanence de l'objet**.

Pour Piaget, les bébés naissants n'ont aucune conscience de la permanence de l'objet, et ne l'acquièrent que

progressivement au cours de la période sensorimotrice. Selon ses observations maintes fois confirmées par d'autres chercheurs, durant les deux premiers stades (de la naissance à quatre mois), le bébé suit un objet ou une personne jusqu'à ce qu'ils quittent son champ de vision, puis il s'en désintéresse totalement. Loin des yeux, loin du cœur !

Au troisième stade (de quatre à huit mois), le nourrisson commence à anticiper le mouvement des objets. S'il en fait tomber un de sa chaise haute, il se penche pour voir où celui-ci a atterri. Si on cache en partie un objet qu'il convoite, il continue à essayer de l'attraper ; il semble comprendre que l'objet en entier est là, même s'il n'en voit qu'une partie. Par contre, si on le cache complètement, il s'en désintéresse (voir la figure 3.4).

Au quatrième stade (de 8 à 12 mois), le bébé continue de chercher à attraper l'objet convoité ou retire le tissu qui le recouvre. À 12 mois, la plupart des nourrissons semblent comprendre que les objets continuent d'exister même s'ils ne sont plus dans leur champ visuel ; cependant, cette compréhension est curieusement limitée.

Par exemple, si l'on dissimule un objet plusieurs fois sous un tissu, le bébé le retrouve chaque fois. Mais si, après l'avoir dissimulé de nouveau sous le même tissu, on reprend l'objet devant lui pour le dissimuler sous un tissu différent juste à côté du premier, l'enfant cherche encore l'objet au premier endroit. Pour Piaget, cela signifie qu'à ce stade, le bébé a acquis une simple habileté sensorimotrice (il associe l'objet à l'endroit) et non une compréhension de la permanence de l'objet — il ne comprend pas encore qu'un objet peut être déplacé.

Par contre, si on reprend l'expérience au cinquième stade (12 à 18 mois), le nourrisson cherche à l'endroit où il a vu l'objet disparaître pour la dernière fois. Il est capable de suivre l'objet dans ses déplacements. Il distingue l'objet de ses propres gestes pour le retrouver. Il a partiellement acquis la permanence de l'objet. Partiellement, parce qu'il ne comprend pas encore les déplacements invisibles,

Réaction circulaire secondaire Action répétitive du nourrisson sur un objet extérieur à son propre corps visant à reproduire un effet agréable.

Comportement intentionnel Comportement qui consiste à se fixer un but et à planifier des actions afin de l'atteindre.

Réaction circulaire tertiaire Variations sur une même action qui permet au nourrisson d'en évaluer les effets.

Imitation différée Reproduction d'un geste en l'absence du modèle.

Permanence de l'objet Conscience qu'un objet a une existence propre et continue d'exister même s'il est hors de vue ou hors de portée.

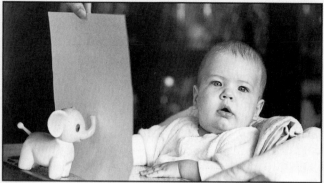

Figure 3.4
La permanence de l'objet
Ce nourrisson, qui est encore au troisième stade de la période sensorimotrice, n'a aucune conscience de la permanence de l'objet; il se désintéresse de son jouet dès qu'il ne peut plus le voir, et rien dans son comportement n'indique qu'il sait que l'objet continue d'exister quelque part.

c'est-à-dire qu'il ne sait pas chercher ailleurs qu'à l'endroit où il a vu disparaître l'objet. Si vous dissimulez l'objet sous un autre tissu à son insu, il sera incapable de le chercher parce qu'il n'a pas vu le déplacement.

Ce n'est qu'au sixième stade (de 18 à 24 mois) que le nourrisson acquiert complètement la permanence de l'objet et comprend que tout objet, même disparu, a une existence autonome : s'il n'est pas à un endroit, il est forcément ailleurs. Cette compréhension correspond au premier des principes de conservation qui seront maîtrisés à l'âge scolaire (nous y reviendrons dans un prochain chapitre).

Cette séquence du développement s'est révélée si remarquable, si intéressante et si surprenante pour la plupart des chercheurs qu'elle a fait l'objet d'un nombre considérable de travaux. La plupart en ont conclu que la description de Piaget concernant cette séquence était exacte. De fait, si l'on suit la même méthode que Piaget, on obtient des résultats très similaires, et ce, avec des enfants de n'importe quelle culture.

L'HABITUATION, L'APPRENTISSAGE ET LA MÉMOIRE

Les recherches sur les nouveau-nés et les nourrissons nous éclairent sur la façon dont ils procèdent pour comprendre leur environnement à l'aide de trois processus essentiels : l'habituation, l'apprentissage et la mémoire.

L'habituation

Préalable à l'attention, à la mémorisation et à l'apprentissage, l'**habituation** se définit comme la réduction progressive et automatique d'une réponse à un stimulus

répété. Par exemple, si vous déménagez dans une rue passante, après un certain temps, le bruit de la circulation cessera de vous déranger et vous semblera même moins fort. La capacité de *déshabituation* est tout aussi importante. Quand il y a modification importante d'un stimulus répété, la réaction originale réapparaît. Ainsi, quand vous percevez un crissement de pneus au milieu de la circulation, vous réagissez de nouveau.

Cette capacité d'adapter une réponse physique à un stimulus répété est essentielle. Si nous réagissions toujours avec la même intensité à tout ce que nous voyons, entendons et sentons, nous serions incapables d'accorder une attention particulière aux nouveautés.

Les capacités d'habituation et de déshabituation existent dès la naissance sous une forme rudimentaire et sont solidement implantées vers la dixième semaine de vie. À cet âge, le bébé cesse d'observer un objet qu'on lui présente continuellement et ne manifeste plus le réflexe de Moro après avoir été exposé plusieurs fois au même bruit fort; par contre, il recommence à réagir si on change l'objet ou si on modifie le bruit.

L'apprentissage

On peut regrouper les recherches sur l'apprentissage des nourrissons selon deux grandes approches. Pour les tenants de l'approche comportementale (décrite au chapitre 1), l'enfant apprend par conditionnement — classique

Habituation Réduction progressive et automatique de la réponse à un stimulus répété.

À quel âge les prématurés rattrapent-ils les enfants nés à terme?

Au Québec, la proportion de naissances de faible poids reste relativement stable depuis 1990, alors que la proportion de naissances prématurées s'est accrue de 22 % (Institut national de santé publique, 2007). Quand ils comparent les prématurés aux enfants nés à terme, les spécialistes du développement décrivent souvent les premiers selon leur « âge corrigé » : ainsi, un bébé de 12 mois né 2 mois avant terme a un « âge corrigé » de 10 mois.

Les études sur les fonctions neurologiques, les réflexes et les processus sensoriels des prématurés démontrent qu'on peut recourir à l'âge corrigé dans l'évaluation de leur croissance et de leur développement durant toute la première année de vie (Fearon, Hains, Muir et Kisilevsky, 2002 ; Sola, Rogido et Partridge, 2002 ; Stolarova et autres, 2003). Autrement dit, les fonctions neurologiques, les réflexes et les processus sensoriels de la plupart des prématurés de 12 mois sont très similaires à ceux de la plupart des bébés de 10 mois nés à terme. Mais à quel moment les parents et les professionnels de la santé peuvent-ils s'attendre à ne plus avoir à recourir à l'âge corrigé d'un enfant pour évaluer son développement?

On s'en doute, répondre à cette question est loin d'être simple. Commençons par la bonne nouvelle : la recherche indique qu'entre les deux tiers et les trois quarts des prématurés ne diffèrent en rien des enfants de leur âge chronologique lorsqu'ils entrent à l'école (Bowen, Gibson et Hand, 2002 ; Foulder-Hughes et Cooke, 2003a). Autrement dit, le tableau d'ensemble est encourageant. Cependant, préviennent les spécialistes, les parents et les professionnels de la santé ne doivent pas fonder leurs attentes sur ce pronostic favorable, car il s'applique à de vastes échantillons d'enfants, et non à tel ou tel enfant en particulier. En d'autres termes, le développement d'un prématuré doit être évalué individuellement.

Cela dit, plusieurs facteurs permettent de prédire le développement des prématurés, les deux principaux étant le poids et l'âge gestationnel à la naissance, tous deux associés à des retards développementaux à long terme (Foulder-Hughes et Cooke, 2003b ; McGrath et Sullivan, 2002). L'état de santé du nouveau-né est un autre facteur important : les prématurés qui souffrent de troubles respiratoires, de maladies infec-

tieuses ou de lésions cérébrales durant leurs premières semaines de vie risquent davantage de présenter des retards développementaux à long terme (McGrath et Sullivan, 2002). Le sexe entre aussi en considération, les garçons prématurés étant plus susceptibles de présenter des retards développementaux que les filles prématurées (Aylward, 2002).

Les parents et les professionnels de la santé peuvent aussi contribuer au développement des prématurés (White-Traut et autres 2002). Par exemple, la « méthode kangourou », qui consiste à porter un prématuré sur le ventre 24 heures sur 24, peau contre peau, jusqu'à ce qu'il atteigne l'équivalent de 37 ou 38 semaines de gestation plutôt que de le laisser à l'hôpital dans une couveuse, aurait des effets bénéfiques mesurables. Les études démontent en effet une croissance physique et un développement intellectuel plus rapide chez les prématurés qui bénéficient de cette intervention plutôt que des soins néonatals traditionnels (Feldman et Eidelman, 2003 ; Tessier et autres, 2003).

Chez les prématurés un peu plus vieux, la chercheuse Susan Landry et ses collègues ont observé que ceux dont la mère était particulièrement douée pour capter et retenir leur attention se développaient plus rapidement que les autres (Landry et autres, 1997 ; Landry et autres, 2001). Évidemment, des soins parentaux attentionnés contribuent également au développement des bébés nés à terme, mais Landry a découvert qu'ils étaient encore plus cruciaux pour le développement des prématurés.

D'autres recherches indiquent que deux facteurs influent sur la façon dont les parents réagissent à un enfant prématuré : le réalisme de leurs attentes quant au développement d'un prématuré et la confiance qu'ils ont en leur capacité de s'occuper adéquatement d'un enfant à risque (Bugental et Happaney, 2004). Heureusement, dans les deux cas, les programmes de formation sont d'une aide précieuse : les prématurés dont les parents suivent de tels programmes démontrent un meilleur fonctionnement neurocomportemental (Heidelise et autres, 2004)

Bref, la réponse à la question « À quel âge les prématurés rattrapent-ils les enfants nés à terme? » est la même que celle qu'on donnerait à bien d'autres questions sur le développement humain : « Cela dépend... ».

---

ou opérant — et par modelage. Pour les tenants de l'approche cognitiviste, comme on vient de le voir, ce qui importe, c'est plutôt la façon dont les enfants établissent les liens (schèmes) qui leur permettent de comprendre leur environnement. Inspiré de cette approche, le modèle de l'apprentissage schématique tente d'expliquer comment un enfant peut procéder pour bâtir son propre réseau de connaissances. Voyons cela de plus près.

L'APPRENTISSAGE PAR CONDITIONNEMENT ET PAR MODELAGE

L'apprentissage de réactions émotionnelles par conditionnement classique commence probablement dès la première semaine de vie. Dans ses recherches désormais célèbres, la pédiatre Mavis Gunther (1955, 1961) a observé

que les mères inexpérimentées qui tentaient d'allaiter tenaient souvent les nouveau-nés de telle façon que les seins leur bouchaient le nez. Comme on pouvait s'y attendre, les bébés avaient le réflexe de s'en détourner pour ne pas étouffer. Lors des séances d'allaitement suivantes, les bébés qui avaient connu cette sensation d'étouffement en buvant au sein droit refusaient de boire au sein droit, et ceux qui l'avaient associée au sein gauche refusaient le sein gauche. Supposant que ces comportements s'expliquaient par le conditionnement classique, Gunther a conçu une intervention basée sur les principes de ce type de conditionnement pour désapprendre aux bébés la réaction de se détourner qu'ils avaient appris à associer à la sensation d'étouffer.

Les recherches indiquent que les nouveau-nés apprennent aussi par conditionnement opérant, et ce, dès leurs premiers jours de vie. Les chercheurs ont démontré que l'utilisation de certains renforçateurs comme l'eau sucrée, le son de la voix de la mère ou les battements de son cœur augmentait la fréquence des comportements de succion et d'orientation (tourner la tête vers la provenance du son) (Moon et Fifer, 1990). Ces résultats prouvent à tout le moins que, quel qu'il soit, le câblage neurologique nécessaire au conditionnement opérant est déjà présent à la naissance. Ils nous informent aussi sur la nature des renforçateurs efficaces chez de très jeunes enfants; ainsi, le fait que la voix de la mère en soit un pour la presque totalité des bébés est une donnée fondamentale de l'interaction mère-enfant.

Enfin, les nourrissons peuvent apprendre par modelage, surtout durant leur deuxième année de vie. Ainsi, en constituant de manière aléatoire deux groupes de bébés de 10 à 12 mois, des chercheurs ont constaté qu'une fois livrés à eux-mêmes, les bébés qui avaient pu regarder un adulte trouver un jouet en soulevant les couvercles de divers contenants trouvaient plus rapidement le jouet que les bébés qui n'avaient pas eu cette occasion (Provasi, Dubon et Bloch, 2001).

L'APPRENTISSAGE SCHÉMATIQUE

Pour les théoriciens cognitivistes, il existe un quatrième type d'apprentissage, qualifié de *schématique*. Dans le cadre de cet apprentissage, les expériences sont organisées en «attentes» ou en «combinaisons connues», désignées par Piaget sous le nom de *schèmes*. Ceux-ci se construisent par l'exposition répétée à certaines expériences; une fois formés, ils aident le bébé à distinguer le connu de l'inconnu. La catégorisation en est un exemple. Les recherches indiquent qu'à sept mois, et peut-être même plus tôt, les bébés se servent déjà de catégories pour traiter l'information (Pauen, 2000). Ainsi, un bébé de sept mois s'habitue rapidement à une séquence de dix images d'animaux. Si l'image suivante montre encore un animal, il ne s'étonne pas et ne la regarde pas plus longtemps que les précédentes, mais si l'image suivante est celle d'un humain, il se montre surpris et la regarde plus longtemps.

La mémoire

La capacité de retenir l'information fait également partie des habiletés initiales du nourrisson. La figure 3.5 montre l'ingénieux dispositif utilisé par la psychologue Caroline Rovee-Collier pour démontrer dans une série d'études que des nourrissons d'à peine trois mois peuvent se souvenir non seulement d'un objet, mais aussi de leur interaction avec cet objet (Rovee-Collier, 1993; Hayne et

Rovee-Collier, 1995; Bhatt et Rovee-Collier, 1996; Gerhardstein, Liu et Rovee-Collier, 1998; Bhatt, Wilk, Hill et Rovee-Collier, 2004). Dans une procédure expérimentale désormais classique basée sur le conditionnement opérant, Rovee-Collier attache à la jambe du bébé une corde reliée à un mobile puis compte le nombre de mouvements de jambe que fait l'enfant pour le faire bouger. Au bout de trois à six minutes, les bébés de trois mois doublent ou triplent leurs mouvements de jambe tout en observant le mobile — ce que Piaget appelait une réaction circulaire secondaire —, prouvant ainsi la rapidité de leur apprentissage. Cette expérience est très intéressante parce qu'elle confirme l'hypothèse de Piaget selon laquelle la capacité de rétention se développe graduellement chez l'enfant, mais surtout parce qu'elle révèle que le développement cognitif du nourrisson est plus complexe que Piaget le croyait. Ainsi, Rovee-Collier a observé qu'à deux mois, le bébé ne peut retenir son apprentissage (mouvement de la jambe pour actionner le mobile) que pendant une journée, tandis qu'à trois mois, il peut s'en souvenir pendant une semaine, et à six mois, pendant deux semaines. Notons toutefois que cette mémoire est extrêmement précise : si l'on change ne serait-ce qu'un infime élément de l'environnement expérimental (la couleur du mobile, par exemple), même le bébé de six mois ne peut répéter son exploit. Avec l'âge, la capacité de rétention de l'enfant devient de moins

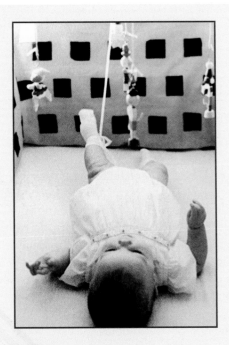

Figure 3.5
L'expérience de Rovee-Collier sur la mémoire
Ce bébé de trois mois va apprendre rapidement à bouger la jambe afin d'actionner le mobile; par la suite il reproduira le geste à répétition.

Peut-on mesurer l'intelligence des bébés ?

Bien que ce soit très difficile, mesurer l'intelligence des nourrissons est tout de même nécessaire pour aider les professionnels de la santé à repérer ceux qui nécessitent des interventions particulières visant à soutenir leur développement cognitif.

Les tests d'intelligence destinés aux nourrissons – y compris le plus courant, les échelles de Bayley –, mesurent principalement les habiletés sensorielles et motrices (Bayley, 1969, révisé en 1993). On met les bébés de 3 mois au défi d'atteindre un anneau suspendu, ou encore on observe le bébé plus âgé pendant qu'il tente d'introduire des cubes dans une tasse (9 mois) ou de construire une tour de trois cubes (17 mois). Ces tests comportent aussi des épreuves qui relèvent plus directement de la cognition, comme celle de découvrir un jouet caché sous un tissu, un test souvent utilisé avec les bébés de huit mois pour évaluer leur niveau quant à la permanence de l'objet.

Les échelles de Bayley et autres tests similaires se sont révélés utiles pour repérer les nourrissons souffrant de graves retards développementaux (Dezoete, MacArthur et Tuck, 2003 ; Sulkes, 1998). Cependant, ils sont beaucoup moins efficaces qu'on l'espérait pour ce qui est de prédire le quotient intellectuel (QI) ou la réussite scolaire. Ainsi, la corrélation typique entre le résultat du test de Bayley à un an et le résultat d'un test d'intelligence à quatre ans est trop peu concluante pour qu'on puisse prédire quoi que ce soit sur des résultats ultérieurs. En somme, il semble que ce que mesurent les tests d'intelligence destinés aux nourrissons ne correspond pas à ce que mesurent les tests qu'on utilise habituellement pour évaluer le QI des enfants et des adultes (Colombo, 1993).

Des recherches plus récentes indiquent que les tâches d'habituation ont un potentiel intéressant en tant que mesures de l'intelligence des nourrissons. Par exemple, quand on montre encore et encore un objet ou une image à un bébé, après combien de fois cesse-t-il de s'y intéresser ? La vitesse de l'habituation/reconnaissance chez le bébé peut être révélatrice de l'efficacité du fonctionnement nerveux/perceptuel/cognitif (et de ses bases neurologiques). Et, si cette efficacité intervient dans ce que les psychologues appellent l'intelligence, les différences individuelles dans la vitesse d'habituation au cours des premiers mois de la vie devraient permettre de prédire les résultats de tests de QI ultérieurs. Or, c'est exactement ce qu'indiquent certaines études sur les mesures d'habituation (Rose et Feldman, 1995 ; Rose, Feldman et Jankowski, 2004 ; Slater, 1995).

Ces résultats pourraient-ils déboucher sur la mise au point d'un véritable test d'intelligence des nourrissons ? Certains spécialistes du développement le croient. Ainsi, le psychologue Joseph Fagan a mis au point un test d'habituation standardisé, le test d'intelligence pour jeunes enfants de Fagan (*Fagan Test of Infant Intelligence* ou FTII) (Fagan et Detterman, 1992). Ce test s'est révélé utile pour les individus incapables de répondre aux tests habituels, comme les nourrissons atteints de paralysie cérébrale qui ne peuvent accomplir plusieurs des tâches qu'exigent les échelles de Bayley (Fagan, 2000 ; Smith, Fagan et Ulvund, 2002). Cependant, les études sur son utilité avec des nourrissons normaux ne sont pas concluantes. Certaines indiquent que ses résultats sont cohérents avec les mesures d'intelligence ultérieures et avec des habiletés cognitives comme la compréhension du langage (Andersson, 1996 ; Thompson, Fagan et Fulker, 1991) ; d'autres, qu'ils ne sont que très faiblement corrélés avec des mesures ultérieures de ces variables (Cardon et Fulker, 1991 ; Tasbihsazan, Nettelbeck et Kirby, 2003). L'utilité de la vitesse d'habituation en tant que mesure standardisée de l'intelligence chez les nourrissons reste donc à prouver.

en moins dépendante des stimulus externes (Barr, Marrot et Rovee-Collier, 2003 ; Bhatt et autres, 2004 ; Houston et Jusczyk, 2003).

Pause APPRENTISSAGE

Le développement cognitif

1. Quelles sont les trois approches du développement cognitif et de l'intelligence ? En quoi diffèrent-elles ?

2. Quelles sont les caractéristiques des six stades de la période sensorimotrice décrits par Piaget ?

3. Qu'entend-on par *réaction circulaire primaire* ? *secondaire* ? *tertiaire* ?

4. Qu'est-ce que l'habituation ?

5. Décrivez les quatre types d'apprentissage.

LE DÉVELOPPEMENT DU LANGAGE

« Pour les Latins […], l'*infans,* c'est celui qui ne parle pas bien, qui est sans éloquence ; et c'est ensuite celui qui ne peut pas encore prendre la parole en raison de sa jeunesse, donc le tout jeune enfant », nous apprend le *Grand dictionnaire de la psychologie* (Larousse, 1999).

Les études comparatives sur le développement cognitif des enfants et des primates montrent qu'au départ la progression est beaucoup plus rapide chez les primates. Cependant, dès qu'ils commencent à utiliser le langage, les enfants rattrapent et devancent les primates de façon spectaculaire, ce qui indique que le langage joue un rôle crucial dans le développement de la cognition.

Selon Vygotsky, le langage rend la pensée possible. Durant la phase prélinguistique, l'intelligence de l'enfant peut se comparer à celle d'un singe anthropoïde comme le chimpanzé. Cette intelligence est purement naturelle ou élémentaire et essentiellement pratique. Mais l'avènement du langage — et particulièrement du langage «intérieur» — change tout en permettant à l'enfant une réflexion sur le passé, le présent et l'avenir (Das, 1995).

Dans cette section sur le développement du langage, nous allons survoler les théories du développement du langage pour nous pencher ensuite sur les étapes de son acquisition.

LES PERSPECTIVES THÉORIQUES

En matière de langage comme ailleurs, l'éternel débat de l'inné et de l'acquis reste bien vivant. Ainsi que nous allons le voir, la facilité et la rapidité avec laquelle les enfants apprennent à parler dans leurs premières années de vie ont été expliquées tant d'un point de vue comportemental que d'un point de vue innéiste, mais aussi dans la perspective plus large du développement cognitif.

La perspective comportementale

À la fin des années 1950, Skinner, à qui l'on doit la théorie du conditionnement opérant, a proposé une explication comportementale du développement du langage (Skinner, 1957). Selon lui, tout commence avec le babillage. En babillant, expliquait-il, les bébés, émettent accidentellement des sons qui ressemblent à de vrais mots; croyant les reconnaître, les parents les renforcent par des félicitations et des encouragements. Le babillage devient donc plus fréquent, et les émissions vocales qui ne ressemblent pas aux mots reconnus par les parents disparaissent peu à peu du répertoire de l'enfant. De même, soutenait Skinner, les proches renforcent les formulations grammaticales correctes et ignorent les fautives de sorte que les premières deviennent plus fréquentes tandis que les fautives s'éteignent.

À première vue, la théorie de Skinner se tient, mais l'observation systématique des interactions entre les nourrissons et les parents révèle que les choses ne se passent pas ainsi. En pratique, les adultes renforcent *tous* les babils et parfois même les imitent, ce qui, selon la théorie du conditionnement opérant, devrait prolonger le babillage plutôt que de contribuer au développement du langage grammatical. L'erreur de Skinner a été de fonder sa théorie sur la présomption que les principes du conditionnement opérant s'appliquaient à tout apprentissage plutôt que sur l'observation systématique du développement du langage.

La perspective innéiste

Le linguiste américain Noam Chomsky a beaucoup critiqué la théorie de Skinner, son principal argument étant que, partout dans le monde, les linguistes ont observé que les erreurs grammaticales des enfants qui apprennent à parler sont, non pas fortuites, mais bien régies par des règles (Chomsky, 1959). Ainsi, vers l'âge de trois ans, presque tous les petits anglophones surgénéralisent la règle du passé des verbes: ils créent le passé de tout verbe en ajoutant *-ed* au verbe conjugué au présent: «Yesterday, we *goed* to the store» ou «I *breaked* my cookie.». (De même, les petits francophones diront d'abord «ils sontaient».) Et quand on les corrige, ajoutait Chomsky, ils «régularisent» souvent la correction elle-même: «Yesterday, we *wented* to the store» ou «I *broked* my cookie». Pour Chomsky, la seule explication possible de telles erreurs était que les enfants acquièrent les règles grammaticales avant de maîtriser leurs exceptions.

Chomsky a proposé une explication innéiste du développement du langage. Selon lui, chez les enfants, la compréhension et la production du langage sont guidées par un **dispositif d'acquisition du langage** contenant les structures grammaticales fondamentales de tous les langages humains. Ce dispositif indique aux bébés à quelles caractéristiques ils doivent être attentifs dans le flot de paroles auxquelles ils sont exposés. Par exemple, les nouveau-nés trient activement les sons du langage humain naturel en deux catégories: les voyelles et les consonnes. Pour Chomsky, ce phénomène est un exemple de l'action du dispositif d'acquisition du langage sur les données phonologiques (sonores) du langage parlé. En gros, le dispositif d'acquisition du langage dit aux bébés qu'il y a deux grands types de sons — les consonnes et les voyelles — et leur permet de diviser les paroles qu'ils entendent en deux catégories afin de pouvoir analyser et apprendre les sons spécifiques de la langue qu'ils entendent. Chomsky a documenté l'existence du dispositif d'acquisition du langage en compilant des siècles de données recueillies par les linguistes et qui démontrent que toutes les langues humaines ont les mêmes formes grammaticales. Il a également avancé que le dispositif d'acquisition du langage n'appartient qu'aux humains; comme les autres espèces en sont dépourvues, elles ne peuvent pas apprendre un langage grammatical.

Selon un autre innéiste influent, le psycholinguiste américain Dan Slobin (1985a, 1985b), la capacité innée de

Dispositif d'acquisition du langage Selon Chomsky, dispositif inné qui contient les structures grammaticales fondamentales de tous les langages humains.

créer du langage de l'enfant repose sur un ensemble de *principes d'exploitation*. Tout comme le nouveau-né semble être programmé avec des «règles d'observation», le bébé et l'enfant posséderaient des «règles d'écoute». On sait que, très tôt, les bébés se concentrent sur des sons et des syllabes parmi le flux de bruits qu'ils entendent, et qu'ils portent attention aux sons rythmés. On sait aussi qu'ils préfèrent les discours qui empruntent le mode du fameux «parler bébé» ou **langage modulé**, ce discours simplifié, prononcé sur un ton plus aigu que les adultes utilisent avec les bébés et les jeunes enfants. Toujours selon Slobin, les bébés semblent «programmés» pour porter attention au début et à la fin des suites de sons ainsi qu'aux sons accentués. En français, par exemple, on accentue généralement le verbe et le nom; or, l'enfant utilise précisément le verbe et le nom dans ses premières phrases (phrase de deux mots). En turc, on accentue les préfixes, et les enfants turcs apprennent les préfixes très tôt.

La perspective constructiviste

De toute évidence, les explications innéistes comme celles de Chomsky et de Slobin correspondent mieux aux données de recherche et à nos propres expériences de communication avec de jeunes enfants que la théorie comportementale de Skinner. Cependant, pour certains théoriciens qu'on appelle les constructivistes, le développement du langage doit être envisagé dans le cadre plus large du développement cognitif. La linguiste Melissa Bowerman (1985) résume bien cette perspective en notant qu'à ses débuts, le langage n'apporte pas de nouvelles significations à l'enfant; il ne lui sert qu'à exprimer des significations qu'il a déjà formulées indépendamment du langage. Dans la même veine, Lois Bloom (1993, 1997) avance que, dès qu'il commence à parler, l'enfant veut communiquer, partager les idées et les concepts qu'il a en tête. Il le fait du mieux qu'il peut, avec les gestes ou les mots qu'il connaît, et il apprend de nouveaux mots quand ceux-ci l'aident à communiquer ce qu'il pense et ressent.

Le fait que ce soient majoritairement les enfants, et non les mères, qui prennent l'initiative des échanges verbaux appuie cette hypothèse (Bloom, 1997). De plus, des études montrent que les progrès dans le développement du langage sont reliés au développement cognitif global de l'enfant. Par exemple, les jeux symboliques, comme le geste de boire le contenu d'une tasse vide ou l'imitation de sons et de gestes apparaissent à peu près en même temps que les premiers mots de l'enfant, ce qui suggère l'émergence d'une sorte de compréhension «symbolique» qui se manifeste dans de nombreux comportements. Chez les enfants dont l'acquisition du langage est nettement retardée, le jeu symbolique et l'imitation le sont également.

Autre exemple: à peu près au moment où apparaissent les premières phrases de deux mots, les enfants commencent à enchaîner plusieurs gestes quand ils jouent à faire semblant: par exemple, verser un liquide imaginaire, le boire et s'essuyer la bouche. De plus, les enfants qui sont les premiers à agir sont également les premiers à formuler des phrases de deux ou trois mots (McCune, 1995; Shore, 1986).

LES ÉTAPES DE L'ACQUISITION DU LANGAGE

Si la plupart des bébés disent leurs premiers mots vers 12 mois, le développement du langage commence bien avant, avec la perception des sons articulés.

Dès l'âge d'un mois, l'enfant peut distinguer des syllabes comme *pa* et *ba*. Vers l'âge de six mois, il peut reconnaître des «mots» de deux syllabes comme *bada* et *baga*; il peut même reconnaître une syllabe à l'intérieur d'un ensemble de syllabes (ti*ba*ti ou ko*ba*ko, par exemple) Plus étonnant encore, jusqu'à l'âge de six mois, les bébés peuvent nettement distinguer tous les sons, y compris ceux qui n'existent pas dans la ou les langues qu'ils entendent autour d'eux. À l'âge d'un an, cette capacité est déjà très réduite, ce qui est cohérent avec ce qu'on sait du processus de synaptogenèse-émondage et de la règle du «On s'en sert ou on le perd».

La phase prélinguistique

Durant son premier mois de vie, les sons les plus fréquents émis par le nouveau-né sont les pleurs, bien qu'on l'entende aussi émettre des cris, des gazouillis et des bruits de satisfaction. Ce répertoire sonore s'étend à partir d'un mois ou deux, quand le bébé commence à rire et à gazouiller des sons de voyelles. La tonalité de ces **gazouillis,** qui semblent associés à des moments agréables pour le nourrisson, peut varier considérablement, allant du plus aigu au plus grave.

Les sons de consonnes apparaissent vers l'âge de six ou sept mois, souvent combinés à des sons de voyelles pour former une sorte de syllabe. Les bébés de cet âge semblent jouer avec les sons en les répétant sans arrêt

---

Langage modulé («parler bébé») Discours simplifié et prononcé sur un ton plus aigu que les adultes utilisent avec les bébés et les jeunes enfants.

Gazouillis Sons de voyelles que les nourrissons répètent constamment pendant le premier stade de la phase prélinguistique (de un à quatre mois).

(*babababababa* ou *dadadada*. Ce **babillage** représente la moitié des sons autres que les pleurs qu'émettent les nourrissons de six à douze mois.

Le babillage n'est pas seulement un régal pour l'oreille des parents, c'est aussi une phase essentielle de préparation au langage parlé. Les nourrissons qui babillent acquièrent peu à peu ce que les linguistes appellent le *modèle d'intonation* de la langue qu'ils entendent autour d'eux; pour reprendre les termes d'Elizabeth Bates, ils apprennent « l'air avant la chanson » (Bates, O'Connell et Shore, 1987). Les bébés semblent acquérir ainsi au moins deux modèles d'intonations dans leur babillage: l'inflexion montante à la fin d'une suite de sons, qui exprimerait le désir d'une réponse, et l'inflexion descendante, qui indiquerait le non-désir d'une réponse.

Deuxième fait important: au début du babillage, les nourrissons émettent toutes sortes de sons, y compris des sons qui n'appartiennent pas à la langue parlée par leur entourage. Cependant, à partir de l'âge de neuf ou dix mois, leur répertoire sonore se restreint peu à peu aux sons qu'ils entendent, et ils cessent d'émettre ceux qu'ils n'entendent pas (Oller, 1981). S'il ne prouve pas que le babillage est nécessaire au développement du langage, ce constat semble indiquer que les babils s'inscrivent dans un processus développemental connexe qui débute à la naissance.

Ce processus connexe semble aussi inclure une forme de **langage gestuel** qui se développe vers neuf ou dix mois. À cet âge, les bébés commencent à demander ce qu'ils veulent par des gestes ou une combinaison de gestes et de sons. Ainsi, un bébé de dix mois qui veut que vous lui donniez son jouet préféré peut s'étirer pour atteindre l'objet en ouvrant et refermant la main, en émettant des sons plaintifs ou des gémissements, le tout de manière très explicite. À peu près au même âge, les bébés apprennent à faire ces petits gestes que les parents aiment tant: faire au revoir, applaudir, etc. (Bates et autres, 1987).

Il est intéressant de noter que vers neuf ou dix mois, la plupart des bébés peuvent comprendre entre une vingtaine et une trentaine de mots; dans les mois qui suivent, ce nombre augmente de manière spectaculaire. Le chercheur Larry Fenson et ses collaborateurs (Fenson et autres, 1994) ont demandé à des centaines de mères de dresser la liste des mots que leur bébé pouvait comprendre; les mères des bébés de 10 mois ont noté une trentaine de mots, et les mères de bébés de 13 mois, une centaine! Comme le savent tous les parents, le **langage réceptif** (langage compris) précède nettement le **langage expressif** (langage produit).

Ce bébé n'a pas encore prononcé de mots, mais il en comprend probablement quelques-uns, car le langage réceptif apparaît avant le langage expressif.

En compilant les recherches, on constate qu'une série de changements semblent converger vers l'âge de neuf ou dix mois: le début du langage gestuel, le babillage qui se restreint aux sons du langage des proches, les jeux d'imitation gestuelle et la compréhension de certains mots. On dirait que le nourrisson commence à comprendre quelque chose dans le processus de la communication et veut communiquer avec les adultes.

Les premiers mots

C'est en général vers 12 ou 13 mois que le nourrisson prononce son premier vrai mot (Fenson et autres, 1994). Cet événement que les parents attendent avec impatience est toutefois très facile à manquer. Pour les linguistes, la définition de « mot » englobe tout son ou groupe de sons utilisé de façon constante pour faire référence à une chose, à une action ou à une qualité. Cela signifie que le nourrisson qui utilise la syllabe *ba* pour désigner son biberon utilise un mot, même si ce mot n'existe pas dans sa langue. Souvent, le nourrisson n'utilise ses premiers mots que dans une ou deux situations précises et en présence de plusieurs signaux. Par exemple, il ne dira « pitou » ou « wouf wouf » que si on lui demande : « Qu'est-ce que

Babillage Vocalises de syllabes répétées que les nourrissons se plaisent à émettre au deuxième stade de la phase prélinguistique (à partir de six mois).

Langage gestuel Langage où le sujet communique par gestes ou par une combinaison de gestes et de sons.

Langage réceptif Langage que le sujet comprend (reçoit) sans toutefois arriver à l'émettre.

Langage expressif Langage que le sujet émet pour s'exprimer et communiquer oralement.

À 16 mois, la petite Catherine est dans la période que Vygotsky appelle l'*explosion de l'identification des objets*. Elle répond ici à la question « Où est la bouche de papa ? »

L'apprentissage du langage est complexe. Si une personne pointait son doigt en direction de la neige et disait « neige », comment cet enfant de deux ans saurait-il si le mot signifie « blanc », « là » ou « neige » ?

c'est ? » ou « Que fait le chien ? ». L'apprentissage des premiers mots est généralement très lent, chaque mot exigeant de nombreuses répétitions. Dans les six mois qui suivent l'utilisation du premier mot, le nourrisson n'en apprend qu'une trentaine d'autres. Selon les linguistes, durant cette phase initiale, l'enfant apprend chaque mot comme quelque chose d'associé à un contexte précis ; il n'en saisit pas la propriété symbolique.

Avant de faire des phrases de deux mots, le nourrisson combine souvent un mot et un geste pour créer une « signification à deux mots ». Elisabeth Bates (Bates et autres, 1987) donne l'exemple du bébé qui pointe le doigt en direction du soulier de son père et dit « papa » pour signifier le « soulier de papa ». Les linguistes appellent **holophrases** ces mots uniques qui servent à exprimer une phrase ou une idée complète, et dont se servent beaucoup les bébés de 12 à 18 mois.

L'explosion du vocabulaire

Entre 16 et 24 mois, après l'apprentissage très lent et laborieux des premiers mots, la plupart des enfants se mettent soudain à acquérir très rapidement de nouveaux mots. Selon une étude québécoise fondée sur les observations des mères, en moyenne le vocabulaire du nourrisson de 17 mois est d'environ 50 mots ; celui du nourrisson de 24 mois, d'environ 300 mots (Boudreault et autres, 2007). Au cours de cette nouvelle phase, l'acquisition des mots ne semble nécessiter que peu de répétitions ; les enfants sont capables de généraliser et appliquent les mots qu'ils apprennent à des situations de plus en plus nombreuses. Les premiers mots se rapportent davantage à des objets ou à des personnes ; les mots associés à des actions, comme les verbes, apparaissent vers l'âge de 18 mois (Casasola et Cohen, 2000).

Chez la plupart des enfants, cette augmentation du vocabulaire n'est ni régulière ni graduelle ; il semble se produire une explosion au moment où l'enfant atteint le seuil de 50 mots, comme en témoigne la figure 3.6. Ce modèle a été confirmé par de nombreux chercheurs (p. ex., Bloom, 1993).

Les premières phrases simples

La recherche québécoise indique que les premières phrases de deux mots apparaissent autour de 18 mois, lorsque l'enfant a acquis un vocabulaire de 50 mots — habituellement entre 17 et 27 mois, mais parfois plus tard (Boudreault et autres, 2007).

Holophrase Mot qui exprime une phrase ou une idée complète, et dont se servent beaucoup les bébés de 12 à 18 mois.

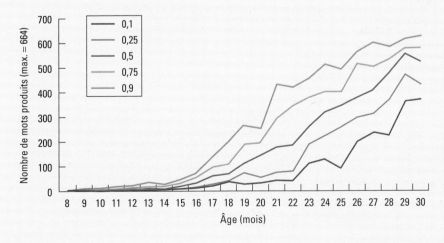

Figure 3.6
L'explosion du vocabulaire
À partir d'un échantillon composé de 777 enfants québécois âgés de 8 à 30 mois (48,3 % de filles et 51 % de garçons), cette figure présente le nombre de mots produits en fonction de l'âge pour les 10e, 25e, 50e, 75e et 90e percentiles de l'échantillon à chaque tranche d'âge. On y voit l'augmentation du nombre de mots produits et la variabilité à l'intérieur de chaque tranche d'âge, surtout entre 21 et 28 mois. L'écart entre les enfants les moins avancés (10e percentile) et les plus avancés (90e percentile) est presque de 400 mots.

Source : Boudreault et autres, 2007.

Les premières phrases sont courtes et simples. Le plus souvent, elles contiennent deux ou trois mots, mais aucun repère purement grammatical (aucune **flexion**, disent les linguistes). Ainsi, en général, les enfants qui apprennent le français n'emploient pas la règle du pluriel, ne conjuguent pas les verbes pour obtenir un temps au passé, n'utilisent ni les formes possessives ni les verbes auxiliaires. En fait, ils parlent en **langage télégraphique** : « Moi mange », « Papa toto », « Maman donne pomme ».

Même les phrases de deux mots, ou *phrases simples*, obéissent à des règles rudimentaires. Ainsi, les enfants s'intéressent à certains types de mots, les combinent dans un ordre particulier et attribuent à ces combinaisons des significations variées. Par exemple, l'enfant qui dit « chaussette maman » peut tout aussi bien vouloir dire « la chaussette de maman » (relation de possession) que « maman me met une chaussette » (sujet et objet).

Comme nous le verrons au chapitre 5 (p. 144), après plusieurs mois d'utilisation de phrases composées de deux ou trois mots, l'enfant connaîtra entre 27 et 36 mois une « explosion de la grammaire » similaire à l'explosion du vocabulaire qu'il a vécue entre 21 et 28 mois. Il pourra ensuite (entre 36 et 48 mois) passer à la production de phases complexes qui lui permettront de nuancer et de préciser sa pensée.

Le tableau 3.5 résume le développement du langage dans les quatre premières années de vie de l'enfant, et l'encadré « Sujet de discussion » (page ci-contre) se penche sur une question controversée : grandir dans un foyer bilingue est-il favorable ou néfaste au développement du langage ?

Flexion Marque grammaticale comme les pluriels, les temps passés, etc.

Langage télégraphique Langage dont les mots qui ne sont pas nécessaires à la compréhension d'un message sont laissés de côté.

Pause APPRENTISSAGE

Le développement du langage

1. Expliquez les trois grandes perspectives théoriques sur l'acquisition du langage.

2. Quelles sont les étapes de l'acquisition du langage ?

3. Définissez les termes *gazouillis* et *babillage*, et précisez quand apparaissent ces comportements.

4. Qu'est-ce que le *langage réceptif*, le *langage expressif* et le *langage gestuel* ?

Tableau 3.5   *Le développement du langage*

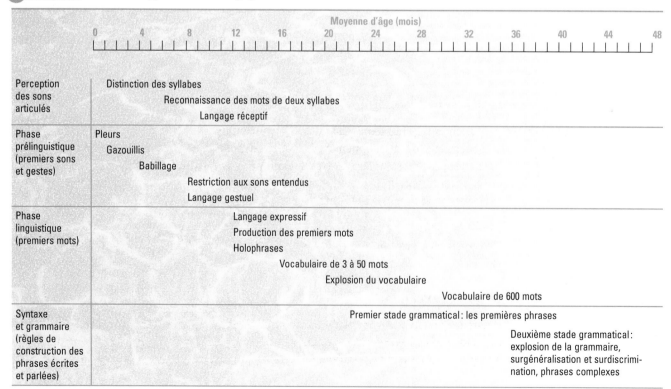

	Moyenne d'âge (mois) 0 — 48			
Perception des sons articulés	Distinction des syllabes	Reconnaissance des mots de deux syllabes	Langage réceptif	
Phase prélinguistique (premiers sons et gestes)	Pleurs / Gazouillis / Babillage	Restriction aux sons entendus / Langage gestuel		
Phase linguistique (premiers mots)		Langage expressif / Production des premiers mots / Holophrases	Vocabulaire de 3 à 50 mots / Explosion du vocabulaire	Vocabulaire de 600 mots
Syntaxe et grammaire (règles de construction des phrases écrites et parlées)			Premier stade grammatical : les premières phrases	Deuxième stade grammatical : explosion de la grammaire, surgénéralisation et surdiscrimination, phrases complexes

SUJET DE **DISCUSSION**

Apprendre à parler... dans une langue ou deux?

Si le bilinguisme est un atout indiscutable pour les adultes, la recherche indique que grandir en apprenant deux langues comporte des avantages et des désavantages.

Du côté positif, le bilinguisme semble n'avoir aucun effet sur les premières étapes de la séquence d'acquisition du langage, comme le babillage (Oller, Cobo-Lewis et Eilers, 1998). Les enfants de foyers bilingues distinguent les deux langues aussi facilement sur le plan de la phonologie que de la grammaire, et ce, *dès leurs premiers jours de vie* (Bosch et Sebastian-Galles, 1997; Koeppe, 1996). De plus, le fait d'apprendre une règle grammaticale dans une langue, comme l'ajout du *s* pour désigner le pluriel, semble faciliter son apprentissage dans l'autre langue (Schlyter, 1996). Chez les enfants d'âge préscolaire et scolaire, le bilinguisme présente des avantages évidents sur le plan métalinguistique, c'est-à-dire pour ce qui concerne la capacité de réfléchir sur les processus langagiers (Bialystok, Shenfield et Codd, 2000; Mohanty et Perregaux, 1997) et de se concentrer sur les tâches langagières (Bialystok, 2006; Bialystok et Majumder, 1998). Ces deux avantages permettent aux enfants bilingues de saisir plus rapidement les liens entre les sons et les symboles dans les premières étapes de l'apprentissage de la lecture (Bialystok, 1997; Oller, Cobo-Lewis et Eilers, 1998).

Du côté négatif, les enfants de foyers bilingues font certains apprentissages langagiers plus lentement que les enfants de foyers unilingues. La quantité de mots relevant du langage expressif et du langage réceptif est la même que celle d'un enfant unilingue, mais les mots connus sont divisés en deux langues (Patterson, 1998). Par conséquent, le vocabulaire de chacune de ces deux langues est moins imposant que dans le cas d'un enfant unilingue, différence qui persiste jusqu'à l'âge scolaire.

De plus, les enfants qui grandissent dans des foyers bilingues où les deux langues parlées sont très différentes sur le plan de l'écriture (comme le français et le chinois) apprennent à lire plus lentement dans les deux langues que leurs pairs issus de foyers unilingues (Bialystok, Majumder et Martin, 2003). Même à l'âge adulte, le bilinguisme est parfois associé à une efficacité moindre dans les tâches de mémorisation comportant des mots (Gollan et Silverberg, 2001; McElree et autres, 2000). Heureusement, les personnes bilingues semblent développer des stratégies compensatoires qui leur permettent de surmonter ces obstacles.

Les recherches nous indiquent aussi que les enfants qui parlent couramment les deux langues connaissent peu ou pas de problèmes d'apprentissage à l'école (Vuorenkoski et autres, 2000). De même, les adolescents et les adultes qui parlent couramment deux langues ne semblent pas avoir plus de difficultés dans les tâches de mémorisation verbale (McElree et autres, 2000). Cependant, la plupart des enfants n'atteignent pas une égale aisance dans les deux langues, et tendent à penser plus lentement dans la langue qu'ils maîtrisent moins bien (Chincotta et Underwood, 1997). Si cette langue est celle qui est utilisée en classe, le risque de troubles d'apprentissage est plus élevé (Anderson, 1998; Thorn et Gathercole, 1999). De plus, à l'âge adulte, ces bilingues «déséquilibrés» risquent d'être moins rapides et moins efficaces dans des tâches de mémorisation verbale que les unilingues ou les parfaits bilingues. Les parents qui envisagent une éducation bilingue devraient donc s'assurer qu'ils sont en mesure d'aider leurs enfants à apprendre à parler couramment les deux langues. Cela dit, les avantages du bilinguisme à l'âge adulte sont substantiels et peuvent pallier les désavantages qui apparaissent durant l'enfance.

... SUR LA SANTÉ

La recherche dans les domaines de la perception et de la cognition amène les spécialistes du développement à étudier l'hypothèse de l'innéité de nombreuses habiletés perceptives et cognitives. Ce qui ne relève pas de la nature par contre, c'est l'environnement physique et social requis pour assurer le bon développement des capacités innées de l'enfant.

Les bébés dépendent entièrement des adultes pour rester en vie et en santé, et pour se développer normalement. Ils ont notamment besoin d'une alimentation adéquate et de soins médicaux réguliers.

La nutrition

Plusieurs dizaines d'années de recherche intensive partout dans le monde ont convaincu les experts que, du point de vue nutritionnel, l'allaitement au sein est nettement supérieur à l'allaitement au biberon (Taveras et autres, 2004). En plus d'avoir une croissance plus rapide, les bébés nourris au sein sont moins enclins aux infections gastro-intestinales et respiratoires; de plus, le lait maternel semble stimuler les fonctions du système immunitaire à long terme et contribuer à la croissance des nerfs et des voies intestinales. Enfin, de nombreuses études associent l'allaitement au sein à un meilleur développement cognitif et psychosocial, et indiquent qu'il pourrait prévenir le développement de l'obésité chez les enfants et les adolescents (Perez-Escamilla, 2005).

Pour toutes ces raisons, les autorités médicales canadiennes préconisent le recours exclusif à l'allaitement maternel pendant les six premiers mois pour le bébé né à terme et en santé (Société canadienne de pédiatrie, Les diététistes du Canada et Santé Canada, 2005). Évidemment, cette recommandation n'est pas toujours facile à respecter, mais les bienfaits de l'allaitement sont tels que les professionnels de la santé encouragent les mères à allaiter même si ce n'est que pendant quelques semaines ou même s'il y a alternance entre le lait maternel et les biberons de préparation lactée.

Étonnamment, le lait maternel ne suffit pas toujours pour combler tous les besoins nutritionnels du bébé. Par exemple, à cause de l'immaturité de leur tractus intestinal, les prématurés ont besoin d'un supplément d'acides aminés et de lipides (Guesry, 1998; Kliegman, 1998). C'est pourquoi les médecins leur prescrivent habituellement une combinaison de lait maternel et d'une préparation lactée qui contient les nutriments nécessaires jusqu'à ce que l'allaitement maternel exclusif suffise.

Dans certains cas, l'allaitement maternel est contre-indiqué; par exemple, lorsque la mère est alcoolique ou toxicomane ou que sa santé exige qu'elle prenne des médicaments qui risquent de nuire au bébé, ou encore lorsqu'elle est séropositive et que le bébé n'est pas contaminé.

Habituellement, les enfants commencent à manger des aliments solides vers l'âge de six mois.

Il existe aujourd'hui des préparations lactées commerciales de très grande qualité; si elles sont administrées selon les indications du fabricant et dans des biberons stérilisés, les bébés ainsi nourris se développent bien (Tershakovec et Stallings, 1998). Jusqu'à l'âge de six mois, les bébés n'ont besoin de rien d'autre que de lait maternel et de suppléments de vitamine D ou de préparation lactée (Taveras et autres, 2004).

À partir de six mois, on peut entreprendre l'alimentation solide en commençant par des aliments riches en fer et en s'assurant que le nourrisson continue à boire suffisamment de lait maternel ou de préparation lactée. Au Canada, le premier aliment est souvent une céréale pour bébé enrichie de fer. En introduisant un nouvel aliment par semaine, on pourra plus facilement déterminer la cause d'une allergie ou d'une intolérance alimentaire.

La malnutrition grave est la principale cause de mortalité chez les enfants de moins de cinq ans dans le monde.

La malnutrition énergétique grave, qui résulte d'un apport calorique insuffisant, entraîne une maladie appelée *marasme*. Les nourrissons qui en sont atteints pèsent moins de 60 % de ce qu'ils devraient peser à leur âge, et présentent souvent des troubles neurologiques permanents. Comme la plupart souffrent également d'infections parasitiques qui entraînent une diarrhée chronique, il est très difficile de les traiter simplement en augmentant l'apport calorique. Un programme thérapeutique combinant l'alimentation avec une préparation spéciale, l'alimentation intraveineuse et un traitement antiparasitique peut cependant vaincre le marasme (Tershakovec et Stallings, 1998).

L'alimentation de certains nourrissons est presque suffisante pour ce qui est de l'apport calorique, mais trop pauvre en protéines. Or, une carence protéinique grave entraîne le *kwashiorkor*, une maladie fréquente dans les pays où les nourrissons n'absorbent pas assez de protéines. Le kwashiorkor se caractérise notamment par la distension de l'abdomen, et parfois par l'œdème des membres et une tendance à la léthargie. Comme le marasme, le kwashiorkor peut entraîner divers problèmes de santé ainsi que des dommages neurologiques permanents (Tershakovec et Stallings, 1998).

Les études sur les taux de croissance chez les enfants pauvres en Amérique du Nord indiquent qu'un petit pourcentage d'entre eux souffre de malnutrition grave. Certains nourrissons qui présentent des troubles alimentaires (comme un réflexe de succion sous-développé) risquent de souffrir de malnutrition (Wright et Birks, 2000). Cependant, dans les sociétés industrialisées, la plupart des problèmes nutritionnels résultent d'une carence en vitamines ou en minéraux. Surtout s'il cause une anémie ferriprive, dont les effets cognitifs sont irréversibles, ce type de malnutrition dans les premières années de vie peut entraver le développement social et le développement du langage.

Les soins de santé et la vaccination

Les nourrissons doivent subir des examens médicaux fréquents et réguliers. Loin d'être superflues, ces évaluations de routine sont cruciales, car elles permettent de déceler d'éventuels problèmes de développement et, le cas échéant, d'intervenir à temps.

L'une des interventions de routine les plus importantes pour le bien-être de l'enfant consiste à le vacciner contre diverses maladies (diphtérie, coqueluche, tétanos, poliomyélite, rougeole, rubéole, oreillons, varicelle, hépatite B, pneumonie, méningite, influenza, etc.). Même si une vaccination plus tardive peut offrir une bonne protection, les recherches indiquent que l'immunisation est plus efficace lorsqu'elle débute dans le premier mois de vie et se poursuit dans l'enfance et l'adolescence (Umetsu, 1998). Les adultes doivent eux aussi recevoir des «rappels» occasionnels pour la maintenir.

Même dans les sociétés industrialisées, les bébés sont souvent malades. Les données recueillies en Amérique du Nord indiquent qu'ils contractent en moyenne sept maladies respiratoires au cours de la première année et huit durant la deuxième année.

Des études démontrent que les enfants de 6 à 23 mois présentent des taux d'hospitalisation imputables à l'influenza (virus de la grippe) similaires à ceux des adultes de plus de 65 ans (Société canadienne de pédiatrie, 2004), ce qui explique que la Société canadienne de pédiatrie recommande le vaccin annuel contre l'influenza tant pour ce groupe d'âge que pour les personnes plus âgées.

La mortalité infantile

La plupart des décès d'enfants se produisent immédiatement après la naissance ou dans le premier mois de vie; ces décès sont directement liés à des affections périnatales, à des anomalies congénitales ou à l'insuffisance de poids à la naissance.

Au Québec en 2005, le nombre de décès d'enfants de moins de 1 an pour 1 000 habitants se situait à 4,3 (Institut de la statistique du Québec, 2006) comparativement à 7 aux États-Unis et à 3,9 en France (INSEE, 2006). La principale cause de ces décès est le **syndrome de mort subite du nourrisson (SMSN)**, terme qui désigne le décès subit et imprévu d'un nourrisson de moins d'un an apparemment en parfaite santé et dont la mort demeure inexplicable même après une enquête approfondie. Malgré la diminution du nombre de décès attribués au SMSN ces dernières années, ce syndrome reste un sujet de préoccupation en matière de santé publique au Canada et ailleurs dans le monde (voir l'encadré « Rapports de recherche » sur le syndrome de mort subite du nourrisson, page ci-contre).

Les taux de mortalité infantile et leurs causes varient considérablement selon les régions du monde. Ainsi, l'Organisation mondiale de la santé (OMS, 2005) estime que près de 90 % des décès d'enfants de moins de cinq ans dans le monde sont dus à six grands problèmes de santé :

- les problèmes aigus du nouveau-né, principalement la prématurité, la détresse respiratoire et les infections (37 %)
- les infections des voies respiratoires inférieures, principalement la pneumonie (19 %)
- la diarrhée (18 %)
- le paludisme (8 %)
- la rougeole (4 %)
- Le VIH/SIDA (3 %)

Toujours selon l'OMS, la plupart de ces décès pourraient être évités par des interventions à la fois simples, efficaces et abordables, notamment : la thérapie par réhydratation orale, les antibiotiques, les antipaludéens et les moustiquaires imprégnés d'insecticide, la vitamine A et d'autres micronutriments, la promotion de l'allaitement maternel, la vaccination et les soins qualifiés pendant la grossesse et l'accouchement.

La carte présentée à la figure 3.7 montre bien la disparité des taux de mortalité infantile dans le monde en 2005.

Syndrome de mort subite du nourrisson (SMSN) Décès subit et imprévu d'un nourrisson de moins d'un an apparemment en parfaite santé et dont la mort demeure inexplicable même après une enquête approfondie.

Rapports DE RECHERCHE

Le syndrome de mort subite du nourrisson

Les chercheurs n'ont pas encore découvert les causes du syndrome de mort subite du nourrisson (SMSN). Pour des raisons inexpliquées, son incidence varie énormément d'un pays à l'autre ; ainsi, elle est particulièrement élevée en Australie et en Nouvelle-Zélande et très faible au Japon et en Suède (Hoffman et Hillman, 1992). On sait aussi que certains groupes présentent des risques élevés, comme les prématurés ou les nouveau-nés de faible poids à la naissance, les garçons, les bébés autochtones et les bébés de très jeunes mères.

L'incidence du SMSN est plus élevée l'hiver, saison où les bébés risquent le plus de contracter des infections virales qui causent des difficultés respiratoires. De plus, les bébés qui présentent des antécédents d'apnée du sommeil (interruption de la respiration pendant de brèves périodes) sont plus susceptibles de mourir du SMSN (Kercsmar, 1998). Ces épisodes d'apnée peuvent être décelés à temps par le personnel de la pouponnière ou les parents pour que le bébé puisse être réanimé. Dans de tels cas, on recommande d'utiliser un moniteur électronique qui surveille la respiration du bébé pendant son sommeil et sonne l'alarme si le bébé arrête de respirer pendant un certain temps.

Des autopsies d'enfants décédés du SMSN et qui présentaient des problèmes d'apnée du sommeil dès leurs premiers jours de vie ont révélé que la myélinisation de leur cerveau progressait à un rythme particulièrement lent (Morgan et autres, 2002). Comme ce processus dépend du régime alimentaire (particulièrement des matières grasses absorbées), certaines recherches semblent indiquer que les régimes alimentaires pauvres en matières grasses suivis par la mère durant les dernières semaines de la grossesse ou durant l'allaitement du bébé seraient associés au SMSN (Saugstad, 1997). D'autres études établissent aussi un lien entre le SMSN et la malnutrition dans les milieux défavorisés (Bambang et autres, 2000).

Le SMSN est plus fréquent chez les bébés qui dorment sur le ventre, en particulier sur un lit moelleux, un oreiller ou une douillette. Ce constat a mené les autorités médicales à recommander aux parents de toujours coucher les nourrissons sur le dos. L'incidence du SMSN a diminué considérablement dans les pays qui font cette recommandation et, là où elle a donné lieu à de grandes campagnes d'information, la diminution observée a été de l'ordre de 50 %. Ainsi, au Québec, l'incidence du SMSN est passée de 55-60 cas par an avant 1995 à 25-27 cas depuis (Institut de la statistique du Québec, 2006).

Enfin, le tabagisme maternel durant la grossesse ou l'exposition du bébé à la fumée après sa naissance est un autre facteur important relié au SMSN : les bébés exposés à la fumée sont quatre fois plus susceptibles d'en mourir que les autres (Klonoff-Cohen et autres, 1995 ; Schoendorf et Kiely, 1992 ; Taylor et Danderson, 1995).

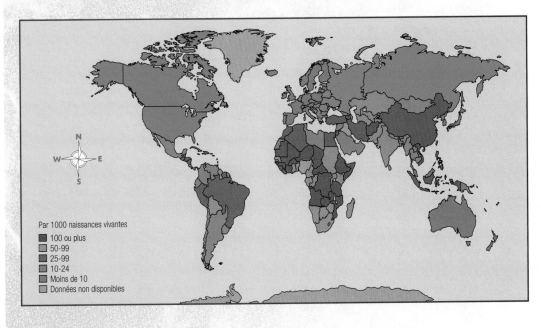

Par 1000 naissances vivantes
- 100 ou plus
- 50-99
- 25-99
- 10-24
- Moins de 10
- Données non disponibles

Figure 3.7
La mortalité infantile dans le monde

Source : Adapté de Maps of the world < http://www. mapsofworld.com/infant-mortality-rate-map.htm >.

RÉSUMÉ

LE DÉVELOPPEMENT PHYSIQUE

- De manière générale, le développement physique se fait dans deux grandes directions : de la tête vers les membres inférieurs (développement céphalocaudal) et du tronc vers les extrémités (développement proximodistal).

- La structure cérébrale la moins développée chez le nouveau-né – et celle qui connaît le développement le plus spectaculaire au cours des deux premières années de vie – est le cortex cérébral. Celui-ci régit les fonctions supérieures de la perception, les mouvements du corps ainsi que tous les aspects de la pensée et du langage.

- Des changements extrêmement rapides se produisent dans le système nerveux au cours des deux premières années de vie. Le développement des dendrites et des synapses atteint un pic entre 12 et 24 mois, après quoi il se produit un émondage. La myélinisation des fibres nerveuses se développe aussi rapidement durant les premières années.

- Les nouveau-nés possèdent des réflexes adaptatifs et des réflexes primitifs. Les réflexes adaptatifs sont des réflexes essentiels à l'adaptation du nouveau-né et sont présents durant toute la vie. Les réflexes primitifs disparaissent au bout de quelques mois.

- Les états de conscience du nourrisson vont du sommeil profond au sommeil actif puis passent par les pleurnichements, les repas, l'état d'éveil calme puis l'état d'éveil actif. En général, ces cinq états se succèdent dans le même ordre et à intervalles réguliers, chaque cycle durant à peu près deux heures. Habituellement, les périodes de pleurs augmentent au cours des six premières semaines, puis diminuent.

- Dès la naissance, l'ouïe, le goût, l'odorat et le toucher sont opérationnels. La vue se développe plus lentement que les autres sens, mais les nouveau-nés ne sont pas aveugles ; ils peuvent même reconnaître leur mère dès leurs premières heures de vie. Ils commencent à percevoir la profondeur vers l'âge de trois mois, mais ne réussissent à bien coordonner les informations visuelles captées par leurs deux yeux que vers l'âge de sept mois.

- Dans les deux premières années de vie, le nombre et la densité des os augmentent, les fibres musculaires allongent et épaississent, et la quantité de graisse commence à diminuer. Tous ces changements contribuent au développement de l'impressionnant répertoire d'habiletés motrices qu'acquièrent les enfants dans leurs deux premières années de vie.

- Les spécialistes distinguent trois types d'habiletés motrices : les habiletés locomotrices, les habiletés posturales et les habiletés manipulatoires.

LE DÉVELOPPEMENT COGNITIF

- Trois grands courants théoriques ont orienté les recherches en matière de développement de la cognition et de l'intelligence : l'approche des capacités individuelles (ou approche psychométrique), l'approche des structures de pensée communes (ou approche cognitiviste piagétienne) et l'approche du traitement de l'information (approche néopiagétienne).

- Les études sur les structures cognitives communes de l'enfant ont été largement influencées par la théorie de l'intelligence de Piaget.

- Selon Piaget, les nouveau-nés possèdent un petit répertoire de schèmes fondamentaux essentiellement axés sur les réflexes. Au cours de la période sensorimotrice, qui correspond en gros à leurs deux premières années de vie, ils traversent six stades qui les amènent jusqu'à la représentation symbolique.

- Toujours selon Piaget, les nourrissons commencent à comprendre réellement le concept de la permanence de l'objet (l'objet continue d'exister même s'il est hors de la vue) vers l'âge de huit mois.

- Les capacités d'habituation et de déshabituation existent dès la naissance sous une forme rudimentaire et sont solidement implantées vers la dixième semaine de vie.

RÉSUMÉ

- Pour les tenants de l'approche comportementale, le nourrisson apprend par conditionnement – classique ou opérant – et, surtout dans sa deuxième année, par modelage. Pour les théoriciens cognitivistes, il existe un quatrième type d'apprentissage – l'apprentissage schématique, dans lequel les expériences sont organisées en « attentes » ou « combinaisons organisées ».

- La capacité de retenir l'information et les apprentissages (mémoire) fait également partie des habiletés initiales du nourrisson.

LE DÉVELOPPEMENT DU LANGAGE

- La théorie comportementale (apprentissage par renforcement et modelage) ne peut à elle seule expliquer le développement du langage. Selon la théorie de l'innéité du langage, la compréhension et la production du langage sont guidées par un dispositif d'acquisition du langage contenant les structures grammaticales fondamentales de tous les langages humains. Les théoriciens constructivistes, quant à eux, perçoivent l'enfant comme un « petit linguiste » en puissance, qui construit progressivement son langage parallèlement à son développement cognitif.

- Dès l'âge d'un mois, les nourrissons peuvent distinguer des syllabes. Jusqu'à l'âge de six mois, les bébés peuvent nettement distinguer tous les sons, y compris ceux qui n'existent pas dans la ou les langues qu'ils entendent autour d'eux. À l'âge d'un an, cette capacité est déjà très réduite,

- Les pleurs sont les premiers sons qu'émettent les nouveau-nés. Vers deux mois, les nourrissons gazouillent et, vers six mois, ils babillent. Vers neuf mois, généralement, ils utilisent le langage gestuel et comprennent quelques mots. Les premiers mots apparaissent vers 12 mois ; le vocabulaire de l'enfant s'enrichit lentement pendant quelques mois, puis beaucoup plus rapidement. À 17 mois, la plupart des enfants possèdent un vocabulaire d'une cinquantaine de mots. Les premières phrases simples (deux ou trois mots) apparaissent lorsque l'enfant a acquis un vocabulaire de 50 à 200 mots – habituellement entre 18 à 27 mois, mais parfois plus tard.

UN DERNIER MOT... SUR LA SANTÉ

- Du point de vue nutritionnel, l'allaitement au sein est nettement supérieur à l'allaitement au biberon ; il fournit au nourrisson les anticorps nécessaires et réduit les risques d'infections. De nombreuses études l'associent également à un meilleur développement cognitif et psychosocial, et plusieurs indiquent qu'il peut prévenir l'obésité chez les enfants et les adolescents.

- Les nourrissons doivent subir des examens médicaux fréquents et réguliers. L'une des interventions de routine les plus importantes pour le bien-être de l'enfant consiste à le vacciner contre diverses maladies.

- La plupart des décès d'enfants se produisent immédiatement après la naissance ou dans le premier mois de la vie ; ces décès sont directement liés à des affections périnatales, à des anomalies congénitales ou à l'insuffisance de poids à la naissance. Après les premières semaines, dans nos sociétés, le syndrome de mort subite du nourrisson est la cause la plus répandue de mortalité durant la première année.

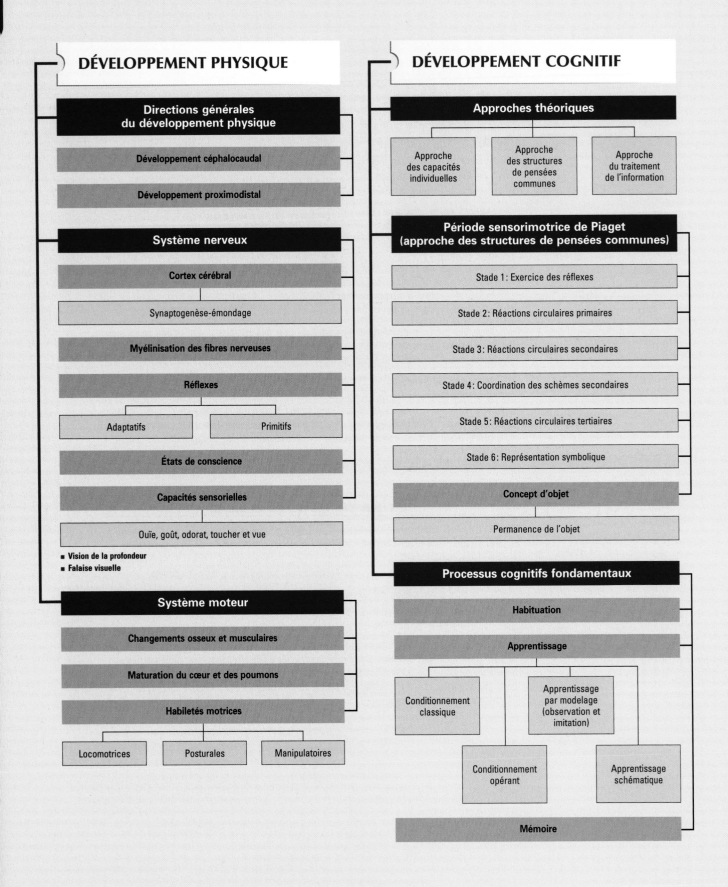

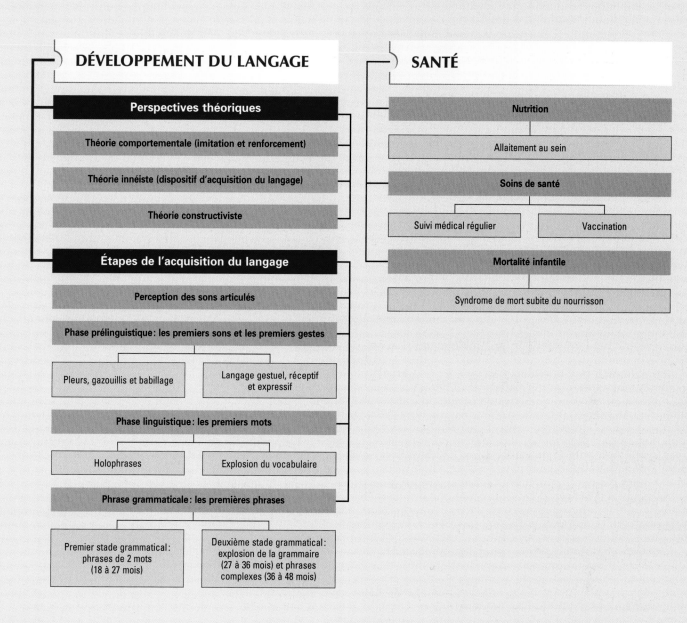

DÉVELOPPEMENT DU LANGAGE

Perspectives théoriques

Théorie comportementale (imitation et renforcement)

Théorie innéiste (dispositif d'acquisition du langage)

Théorie constructiviste

Étapes de l'acquisition du langage

Perception des sons articulés

Phase prélinguistique : les premiers sons et les premiers gestes

Pleurs, gazouillis et babillage

Langage gestuel, réceptif et expressif

Phase linguistique : les premiers mots

Holophrases

Explosion du vocabulaire

Phrase grammaticale : les premières phrases

Premier stade grammatical : phrases de 2 mots (18 à 27 mois)

Deuxième stade grammatical : explosion de la grammaire (27 à 36 mois) et phrases complexes (36 à 48 mois)

SANTÉ

Nutrition

Allaitement au sein

Soins de santé

Suivi médical régulier

Vaccination

Mortalité infantile

Syndrome de mort subite du nourrisson

Les deux premières années : développement social et personnalité

*I*maginez-vous dans un centre de la petite enfance. Personne ne vous voit, mais vous voyez tout. Vous surveillez un groupe d'enfants qui ont entre un an et demi et deux ans. Comme vous venez de vous documenter sur le développement cognitif et le développement du langage, vous vous intéressez d'abord à la façon dont ces petits bouts de chou jouent et parlent entre eux et avec leur éducatrice. Mais assez rapidement, vous constatez que, si fascinantes soient-elles, leurs habiletés cognitives et langagières ne sont pas les seules à mériter votre attention. Vite, vous êtes captivé par leurs relations sociales et les différences de personnalité qui s'observent déjà chez ces petites personnes. Vous voyez des conflits autour des jouets («C'est à moi!»), qui se terminent souvent par une agression physique ou une crise de larmes. Vous remarquez quelques manifestations de gentillesse ou d'altruisme. Vous voyez des enfants cramponnés à l'éducatrice, d'autres qui jouent ou se promènent de manière assez autonome, se tournant quand même de temps à autre vers l'éducatrice pour se rassurer ou attirer son attention. Vous voyez des petits garçons et des petites filles qui jouent ensemble, mais peu de signes d'amitié individuelle véritable.

LES PERSPECTIVES THÉORIQUES

Dans *Les origines du caractère chez l'enfant* (1934), où il décrivait déjà l'émergence des premières émotions, l'individualisation, l'apparition de la conscience de soi et des premiers sentiments sociaux, le neuropédiatre et psychologue français Henri Wallon (1879-1962) insistait sur le fait que la notion de «caractère» — de personnalité — ne doit pas s'entendre comme une somme de caractéristiques isolées, mais comme une totalité vivante, évolutive, jamais figée.

Il n'existe pas de définition universelle de la **personnalité** (que certains appellent *caractère*), mais la plupart des psychologues utilisent ce terme pour décrire l'ensemble de modes de réaction (aux objets, aux gens et aux situations) qui caractérise et distingue un individu. Cette définition très inclusive en englobe une multitude d'autres formulées au fil du temps par les théoriciens et chercheurs de diverses tendances qui ont essayé de percer les secrets de la personnalité.

Comme nous allons le voir dans les chapitres qui suivent, toutes les théories que nous avons décrites jusqu'ici ont servi et servent encore pour formuler et vérifier des hypothèses de recherche sur le développement la personnalité et des relations sociales. Cependant, en ce qui concerne le développement social et la personnalité du nourrisson, les perspectives psychanalytique et éthologique prédominent nettement.

LA PERSPECTIVE PSYCHANALYTIQUE

Pour Freud et Erikson, la personnalité est déterminée par les interactions entre les besoins de l'enfant et les caractéristiques de son milieu. Pour eux, les réactions des parents (ou de ceux qui en tiennent lieu) au comportement du nourrisson jouent un rôle crucial dans le développement social et la personnalité.

Freud et le stade oral

Pour Freud, comme on l'a vu au chapitre 1, le développement psychosexuel comporte cinq stades durant lesquels l'être humain tente de satisfaire ses pulsions sexuelles de diverses façons. À chacun de ces stades, qui vont de la naissance à l'adolescence, une partie du corps devient la zone érogène privilégiée, la principale source de plaisir de l'enfant. Investie d'énergie libidinale, cette zone restera plus ou moins importante par la suite en tant que source de satisfaction. La façon dont l'enfant vit chacun de ses stades détermine les bases de sa personnalité et de ses relations sociales ultérieures, d'où l'importance de l'enfance dans la théorie freudienne (Cloutier, Gosselin et Tap, 2005).

Pour Freud, le premier de ces stades est le stade oral, qui va de la naissance au sevrage et durant lequel le bébé tire ses plus grandes satisfactions libidinales de la zone orale (lèvres, bouche, langue). Se nourrir, téter, sucer, mâchouiller, mordre et embrasser sont pour lui autant d'occasions de libérer ses tensions sexuelles.

Dans la théorie freudienne, le sevrage est l'enjeu de ce stade. Outre une stimulation orale adéquate (ni trop, ni trop peu), la mère doit assurer un sevrage à la fois ferme et attentionné, ni trop hâtif ni trop tardif, à défaut de quoi le nourrisson pourrait rester fixé à ce stade. Cette **fixation** pourrait avoir diverses répercussions sur son développement et sur son comportement adulte : personnalité passive-réceptive (boire, manger, dormir) ; dépendance (alcoolisme, toxicomanie) ; inclinaison à user et abuser des «plaisirs de la bouche» (nourriture, alcool, baisers, paroles) ; troubles alimentaires et digestifs, sarcasmes et jurons, habitude de se ronger les ongles, etc.

Freud insistait sur la relation symbiotique de la mère et du nouveau-né. Pour lui, le nourrisson ne se percevait pas comme distinct de sa mère. Une période d'allaitement gratifiante suivie d'un processus de sevrage équilibré était donc cruciale, car elle lui permettait de vivre sainement à la fois l'attachement à la mère et la séparation — autrement dit, l'individuation.

Erikson et le stade «confiance ou méfiance»

Bien qu'il se situe dans la lignée de Freud, Erikson, on s'en souvient, retire aux pulsions instinctives, notamment les pulsions sexuelles, la place centrale qu'elles occupaient pour privilégier la quête progressive de l'*identité*. Selon lui, l'individu cherche à se construire une personnalité saine et équilibrée en interaction avec son milieu social. Pour ce faire, à chacun des huit stades de son développement psychosocial, il lui faut résoudre une crise développementale qui se joue entre deux pôles afin d'acquérir sa force adaptative.

Personnalité (ou caractère) Ensemble relativement stable de modes de réactions — aux objets, aux gens et aux situations — qui caractérise l'individu.

Fixation Persistance d'un lieu émotionnel créé autour d'un objet ou d'une personne.

Selon Freud, le sevrage est la principale tâche développementale du stade oral.

Au premier stade, qui correspond en gros aux deux premières années de vie, la méfiance coexistera avec la confiance pour que puisse apparaître l'*espoir* (force adaptative). Durant le stade « confiance ou méfiance », le nourrisson doit acquérir la certitude que le monde qui l'entoure est prévisible et sécuritaire, et qu'il peut agir sur les événements qui se déroulent autour de lui.

Pour Erikson, à ce stade, le comportement de la personne qui s'occupe de l'enfant (généralement la mère) est critique. Le nourrisson doit acquérir la conviction que cette personne l'aime et le soutient inconditionnellement — quoi qu'il arrive, elle s'occupera de lui et répondra à ses besoins. Cette confiance fondamentale permettra au nourrisson de s'ouvrir aux autres et au monde tout en gardant la méfiance nécessaire à sa propre protection. Par contre, si le milieu se montre insensible à ses besoins, le nourrisson percevra le monde comme menaçant et imprévisible, et il éprouvera de l'anxiété et de l'insécurité.

Dans une synthèse originale des travaux d'Erikson, deux auteurs québécois, André Bergeron et Yvon Bois (1999) proposent quatre attitudes éducatives qui favorisent l'acquisition de la confiance chez le nourrisson :

- assurer un environnement calme, stable et sécurisant pour l'enfant ;
- ne pas le laisser pleurer trop longtemps avant de le satisfaire ;
- lui donner l'occasion de vivre la séparation tout en lui assurant une présence sécurisante ;
- favoriser les contacts avec d'autres personnes.

LA PERSPECTIVE DE L'ÉTHOLOGIE HUMAINE

La perspective théorique qui a le plus marqué les études récentes sur la relation parent-enfant est connue sous le nom de « théorie de l'attachement ». Elle se base sur les travaux du psychiatre britannique John Bowlby (1969, 1973, 1980, 1988a, 1988b) et de la psychologue américaine Mary Ainsworth (1972, 1982, 1989 ; Ainsworth et autres, 1978), qui ont travaillé en étroite collaboration.

Bien qu'influencée par la théorie psychanalytique (importance des parents, surtout de la mère) et par l'approche cognitiviste de Piaget (modèle interne de l'attachement), la théorie de l'attachement s'inscrit surtout dans la perspective de l'éthologie humaine, où l'instinct (inné) joue un rôle primordial. « La propension à créer des liens émotionnels étroits avec un individu en particulier, affirme Bowlby, est une composante fondamentale de la nature humaine qui existe déjà à l'état de germe chez le nouveau-né » (Bowlby 1988a, p. 3). De telles relations sont liées à la survie de l'espèce, car elles assurent aux nourrissons la possibilité d'être nourris et élevés. Elles s'établissent grâce à des comportements innés qui instaurent et maintiennent une proximité entre parent et enfant.

Les travaux de Bowlby (1969, 1973, 1980, 1988a, 1988b) et d'Ainsworth (1972, 1982, 1989 ; Ainsworth et autres, 1978) s'articulent autour de trois concepts clés : le lien affectif, l'attachement et les comportements d'attachement.

Ainsworth définit le **lien affectif** comme « un lien relativement durable où l'autre a de l'importance en tant qu'être unique et irremplaçable. Dans un lien affectif, il y a le désir de maintenir un rapport étroit avec l'autre » (Ainsworthy, 1989, p. 711). Pour Ainsworth, l'**attachement** est un type particulier de lien affectif où le sentiment de sécurité de l'individu est lié à sa relation avec l'autre. Être attaché à quelqu'un, c'est éprouver (ou rechercher) un

---

Lien affectif Lien relativement durable dans lequel le partenaire est important, car il est perçu comme un individu unique et irremplaçable.

Attachement Lien affectif puissant qui unit une personne à une autre, dans lequel la présence du partenaire produit un sentiment de sécurité chez l'individu. C'est ce type de lien que l'enfant établit avec sa mère.

sentiment de sécurité et de bien-être en sa présence, et pouvoir l'utiliser comme «base de sécurité» pour explorer le monde.

En d'autres termes, si la relation qui unit l'enfant au parent est un attachement, en théorie, le lien qui unit le parent à l'enfant serait plutôt un lien affectif, la plupart les parents ne retirant pas un sentiment de sécurité accru de la présence du jeune enfant et ne l'utilisant pas comme «base de sécurité». Par contre, la relation qu'entretient un adulte avec un ami intime ou un conjoint comporte toutes les caractéristiques de l'attachement au sens d'Ainsworth et Bowlby. Bien que cette nuance soit importante pour comprendre la différence du lien selon qu'on se place du point de vue du nourrisson ou du parent, en pratique, les psychologues du développement utilisent souvent le terme «attachement» dans les deux sens.

L'attachement et les liens affectifs étant des états internes, ils ne sont pas directement observables. On ne peut qu'en déduire l'existence par l'examen des **comportements d'attachement**, c'est-à-dire des comportements utilisés pour rechercher et maintenir le contact avec l'autre ou pour obtenir une réaction de sa part. Bien que la relation d'attachement soit universelle, ces comportements peuvent varier selon la culture, mais essentiellement, ils consistent à pleurer, à saisir, à se cramponner, à chercher, à se rapprocher, à ramper, à marcher ou à courir en direction de quelqu'un, à suivre, à sourire, à accueillir, à tendre les bras ou à émettre des sons. Le nourrisson manifeste ces comportements surtout quand il a besoin de soins, d'aide ou de réconfort; l'enfant plus âgé ou l'adulte, quand il a peur, qu'il est fatigué ou anxieux.

Précisons que ce sont les caractéristiques des comportements d'attachement, et non leur fréquence, qui permettent de mesurer l'intensité et la qualité de l'attachement ou des liens affectifs.

Pour Bowlby et Ainsworth, les deux premières années de vie sont une période sensible pour le développement de l'attachement. Le nourrisson qui ne réussit pas à établir un contact étroit avec la personne qui s'occupe de lui — la figure d'attachement — risque de présenter plus tard des troubles de la personnalité et des problèmes sociaux. Les études portant sur des enfants qui n'ont pas eu l'occasion d'établir ce contact essentiel avec une figure d'attachement, comme les enfants élevés dans des orphelinats ou des enfants hospitalisés pour de longues périodes, semblent confirmer ces observations (DeAngelis, 1997; Fahrenfort et autres, 1996). D'où l'importance qu'on accorde aujourd'hui au développement et à la qualité de l'attachement, sujets auxquels nous consacrerons la prochaine section.

Pause APPRENTISSAGE

Les perspectives théoriques

1. En quoi consiste le stade oral dans la théorie de Freud? Quelle est la principale tâche développementale associée à ce stade?

2. En quoi consiste le stade « confiance ou méfiance » dans la théorie d'Erikson. Quelle est la principale tâche développementale associée à ce stade?

3. Quelle est la différence entre *lien affectif* et *attachement* dans la théorie de l'attachement de Bowlby et Ainsworth? Qu'entend-on par *comportements d'attachement*?

LE DÉVELOPPEMENT DE L'ATTACHEMENT

Étonnamment, dans le tourbillon incessant des changements de couche, des biberons, des bains, des pleurs, des coliques et d'un épuisement qui dépasse tout ce qu'ils ont connu jusque-là, l'immense majorité des parents se débrouillent pour réussir à établir un lien affectif étroit et stable avec leur enfant. Comme nous allons le voir, la qualité de ce lien influe considérablement sur certains aspects de la personnalité de leur enfant ainsi que sur ses relations sociales, et plus particulièrement sur le lien qui l'unira un jour à ses propres enfants. Pour comprendre le développement de l'attachement d'un nourrisson à ses parents, il faut donc regarder les deux côtés de l'équation.

Le contact entre le parent et le bébé immédiatement après la naissance ne semble ni indispensable ni suffisant pour créer ce lien et assurer sa stabilité à long terme. L'essentiel dans la formation de ce lien est la possibilité pour le parent et le bébé de développer un ensemble de comportements mutuels et interactifs qu'on appelle la **synchronie**. Les psychologues du développement parlent parfois de la synchronie comme d'une sorte de *danse interactive*: le bébé exprime ses besoins en pleurant ou en souriant; il se calme ou se blottit quand on le prend

Comportements d'attachement Comportements utilisés pour établir et maintenir le contact avec l'autre, ou pour obtenir son attention et son réconfort.

Synchronie (ou **danse interactive**) Ensemble de comportements d'attachement mutuels et interactifs qui jouent un rôle crucial dans la formation d'un lien affectif stable entre le nourrisson et l'adulte qui s'en occupe.

dans les bras; il regarde ses parents quand ceux-ci le regardent. Les parents entrent dans cette danse avec leur propre répertoire (peut-être inné) de comportements attentionnés.

L'un des aspects les plus intrigants de la synchronie est son caractère universel. Non seulement nous semblons tous et toutes savoir comment entrer dans cette danse interactive, mais apparemment, nous le faisons sensiblement de la même façon. Partout au monde, la plupart des adultes adoptent automatiquement une série de comportements typiques en présence d'un bébé, comme lui sourire avec les sourcils haussés et les yeux très grands ouverts ou prendre une voix aiguë et chantante pour lui parler. Une étude sur les interactions mère-enfant menée auprès de mères chinoises, allemandes et américaines (Papousek et Papousek, 1991) révèle que toutes ont tendance à prendre une voix plus aiguë pour faire participer leur bébé à l'interaction, et une voix plus basse pour le calmer.

Si nous pouvons manifester ces comportements d'attachement aux bébés que nous rencontrons au restaurant ou à l'épicerie, nous ne créons pas pour autant un lien affectif avec eux. Pour l'adulte, l'élément critique dans la formation d'un lien affectif authentique semble être la possibilité de parvenir à une réelle synchronie

— de s'exercer à cette danse interactive jusqu'à ce que les deux partenaires s'y livrent dans l'harmonie et le plaisir. Selon certaines études, le fait pour la mère d'imiter les intonations de la voix de l'enfant et pour l'enfant de répondre à ces vocalisations est une composante importante de la synchronie parent-enfant (Masur et Rodemaker, 1999).

Le lien que le père établit avec l'enfant semble dépendre davantage du développement d'une synchronie que du contact immédiat après la naissance, à l'instar du lien que la mère établit elle-même avec l'enfant. Les pères semblent disposer du même répertoire de comportements d'attachement que les mères. Dans les premières semaines, ils touchent leur nouveau-né, lui parlent et le cajolent de la même façon que les mères, ce qui permet l'établissement d'une synchronie. Après quelques semaines toutefois, on constate une spécialisation des comportements parentaux envers le nourrisson. Les pères passent plus de temps à jouer physiquement avec le bébé; les mères, à lui prodiguer les soins de routine, mais aussi à lui parler et à lui sourire (Walker, Messinger, Fogel et Karns, 1992). Cela ne signifie pas que le lien des pères avec leur bébé est moins fort, mais que, typiquement, les pères et les mères adoptent des comportements différents dans leurs interactions avec leur bébé. Notons que des recherches confirment que l'enfant distingue le père de la mère dès l'âge de deux à trois mois (LeCamus, 2000).

La synchronie exige du temps et de nombreuses répétitions, et certains parents (et bébés) acquièrent cet ensemble de comportements plus facilement que d'autres. En général, plus le processus est fluide et prévisible, plus il semble satisfaisant pour le parent, et plus le lien qui l'unit au nourrisson se renforce. De plus, la synchronie semble favoriser le développement cognitif de l'enfant. Des psychologues du développement ont découvert que les bébés de six à huit mois en grande synchronie avec leurs parents tendaient à avoir un vocabulaire plus élaboré à l'âge de deux ans et des résultats plus élevés à des tests d'intelligence à l'âge de trois ans (Saxon et autres, 2000).

LES PHASES DE L'ATTACHEMENT

L'attachement du bébé aux parents apparaît graduellement et repose sur son habileté à distinguer ses parents des autres personnes de son entourage. Nous avons vu au chapitre précédent que le fœtus peut distinguer la voix de sa mère dans l'utérus, et que le nouveau-né reconnaît l'odeur et le visage maternels quelques heures après la naissance. Les fondements cognitifs de l'attachement sont donc en place dès les premiers jours de vie.

La plupart des adultes ont la même expression exagérée de surprise amusée en présence d'un bébé: bouche grande ouverte, yeux écarquillés, sourcils levés et front plissé.

Bowlby (1969) distingue trois phases dans le développement de l'attachement de l'enfant: le préattachement, l'émergence de l'attachement et l'attachement proprement dit.

Le préattachement

Comme Piaget, Bowlby pense que le bébé arrive au monde avec un répertoire de comportements innés qui l'orientent vers les autres et lui permettent de signaler ses besoins. Mary Ainsworth dit de ces comportements instinctifs qu'ils «favorisent la proximité», c'est-à-dire qu'ils rapprochent les gens. Comme on l'a vu, le nourrisson peut pleurer, regarder dans les yeux, s'agripper, se blottir et réagir aux soins attentionnés en se laissant réconforter. Cependant, fait observer Mary Ainsworth, dans les trois premiers mois, «ces comportements d'attachement sont simplement émis, et ne s'adressent pas à une personne en particulier» (1989, p. 710). Durant la phase de préattachement, peu de signes témoignent d'un véritable attachement, qui est encore en germe: le bébé construit ses «attentes», ses schèmes et sa capacité de distinguer son père et sa mère des autres.

L'émergence de l'attachement

Vers l'âge de trois mois, le bébé commence à se montrer plus sélectif dans l'expression de ses comportements d'attachement et à se focaliser sur une ou deux personnes. Il sourit plus souvent aux gens qui s'occupent régulièrement de lui qu'aux étrangers. Pourtant, soutiennent Bowlby et Ainsworth, il n'est pas encore complètement attaché. Les comportements «qui favorisent la proximité» sont encore dirigés vers plusieurs individus privilégiés, et personne n'est encore devenu sa «base de sécurité». Durant cette phase, les nourrissons ne manifestent ni anxiété particulière quand ils sont séparés de leurs parents, ni peur des étrangers.

L'attachement proprement dit

Le véritable attachement ne se forme que vers six mois — âge de la «base de sécurité». À ce stade, la nature des comportements d'attachement change. Parce qu'il commence à se déplacer en rampant et en marchant à quatre pattes, le nourrisson peut aller vers la personne qui s'occupe de lui ou l'inciter à venir à lui. Le bébé qui se contentait jusque-là des signaux qui *favorisent* la proximité passe à ce que Ainsworth appelle la «recherche de la proximité». À cet âge, le nourrisson se met à utiliser la personne la plus importante pour lui — la figure d'attachement — comme «base de sécurité» à partir de

Typiquement, les pères passent moins de temps que les mères à prodiguer des soins de routine à l'enfant, à lui parler et à lui sourire, mais plus de temps qu'elles à jouer physiquement avec lui.

laquelle il va explorer le monde. Ce comportement est un des signes clés de la présence d'un attachement.

Même à ce stade, les enfants ne sont pas tous aussi exclusifs dans leur attachement. Certains manifestent un fort attachement envers les deux parents, ou envers un parent et une gardienne ou un grand-parent. Mais en situation de stress, même ceux-là montrent une préférence marquée pour une personne à l'exclusion des autres. Généralement, la figure d'attachement est la mère, mais l'attachement au père existe aussi (Miljkovitch et Pierrehumbert, 2005).

On l'a vu, la plupart des pères manifestent sensiblement les mêmes comportements d'attachement que les mères avec leur nouveau-né, mais par la suite, les comportements parentaux tendent à se spécialiser: les pères passent plus de temps à jouer physiquement avec le bébé, et les mères, à lui prodiguer des soins, à lui parler et à lui sourire.

À six mois, les réactions des nourrissons reflètent déjà cette spécialisation des comportements parentaux (Feldman, 2003). Avec leur mère, les signes d'états émotifs positifs, comme le sourire, se manifestent de façon graduelle et subtile. Avec leur père, ils semblent plutôt connaître des moments d'excitation brefs et intenses, qui se traduisent par des éclats de rire et des cris de joie. Ces réactions différentes ne dénotent pas une préférence de la part du nourrisson. Elles indiquent simplement que, comme les scientifiques, il observe une spécialisation des comportements de ses parents, et qu'il y réagit. Selon certains chercheurs, des mesures du lien parent-enfant basées sur les interactions mère-enfant typiques risquent de les amener à conclure à tort que les pères sont moins engagés que les mères dans leur relation avec le nourrisson, et qu'ils sont donc moins importants pour son développement (Lewis et Lamb, 2003). En fait, la recherche indique clairement que les nourrissons bénéficient considérablement des deux types d'interactions s'ils y ont accès (voir l'encadré « Rapports de recherche » sur l'attachement père-enfant, p. 108).

Une fois que le nourrisson a développé un attachement solide, on assiste à l'apparition de plusieurs comportements connexes.

Vers 10 mois, le bébé, qui comprend maintenant les expressions faciales et corporelles d'autrui, se sert de cette nouvelle habileté pour orienter ses réactions — un phénomène qu'on appelle la **référence sociale** (Walden, 1991). Autrement dit, avant de réagir à une situation nouvelle ou de s'aventurer dans une nouvelle expérience, il observe la réaction de la figure d'attachement et agit en conséquence.

Deux autres comportements apparaissent en présence de la figure d'attachement : la **peur des étrangers**, qui se manifeste par exemple par le cramponnement à la mère, et l'**anxiété de séparation**, qui se traduit par des pleurs et des protestations lorsque l'enfant est séparé de la figure d'attachement.

Les données de recherche ne concordent pas toutes sur ce point, mais il semble que la peur des étrangers apparaît en premier, suivie de près par l'anxiété de séparation, qui dure plus longtemps. Rares avant l'âge de 5 ou 6 mois, ces comportements s'intensifient généralement entre 12 et 16 mois, pour disparaître progressivement entre le milieu et la fin de la deuxième année (voir la figure 4.1).

On a observé une augmentation de la peur et de l'anxiété chez des enfants de diverses cultures, et aussi bien chez les petits Nord-Américains élevés à la maison que chez ceux qui fréquentent la garderie. Mais si ces phénomènes semblent assez universels, leur intensité varie. Ainsi, un bouleversement ou une situation stressante (déménagement, changement d'emploi d'un des parents, etc.) peut augmenter les manifestations de peur des étrangers et d'anxiété de séparation chez le nourrisson. Par ailleurs, les enfants réagissent différemment devant

Référence sociale   Utilisation des émotions et des réactions d'une autre personne pour orienter son propre comportement.

Peur des étrangers   Chez le nourrisson, peur qui se manifeste par divers comportements comme le cramponnement à sa mère en présence d'étrangers.

Anxiété de séparation   Chez le nourrisson, fait de pleurer ou de protester lorsqu'il est séparé de la personne à qui il est attaché.

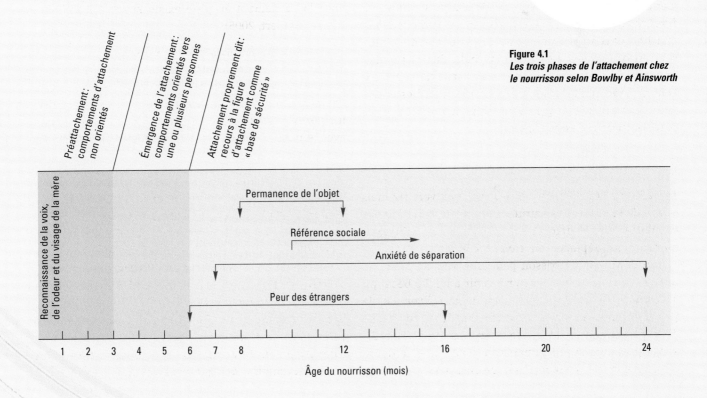

Figure 4.1
Les trois phases de l'attachement chez le nourrisson selon Bowlby et Ainsworth

RAPPORTS DE RECHERCHE

L'attachement père-enfant aide le jeune à se surpasser

Par Dominique Nancy

FORUM, UNIVERSITÉ DE MONTRÉAL, VOL. 40, Nº 30, 15 MAI 2006.

« L'enfant a-t-il besoin d'un père ? » C'est la question que pose Daniel Paquette dans les conférences qu'il donne occasionnellement dans les bibliothèques et les centres culturels du Québec. La réponse ? « Oui, déclare ce professeur du Département de psychologie [de l'Université de Montréal]. Une relation de qualité père-enfant permet au jeune d'apprendre à se fier à ses propres capacités, à réagir aux menaces et à la nouveauté de son environnement physique et social. Le père l'incite à aller plus loin dans ses explorations. »

Depuis 11 ans, ce chercheur rattaché à l'Institut de recherche pour le développement social des jeunes étudie différentes facettes du phénomène de l'attachement. Ses travaux sur le développement des enfants en difficulté l'ont convaincu d'une chose : pour bien s'intégrer dans son groupe, l'enfant doit établir une relation privilégiée avec un ou plusieurs adultes de son milieu immédiat, et le père constitue un modèle essentiel. Ce lien affectif primaire aura des conséquences significatives sur ses rapports sociaux à venir.

Mais comme il serait irresponsable de simplement reporter sur la relation père-enfant les approches déjà utilisées pour étudier les relations mère-enfant, le chercheur a élaboré une méthode pour évaluer l'influence de l'attachement du père vis-à-vis de son enfant.

Pour ce faire, il s'est attardé aux rôles parentaux habituellement dévolus aux pères. « Les pères, constate-t-il, adoptent une fonction générale d'ouverture au monde auprès de leurs enfants. L'enfant a tout autant besoin de stimulation, d'impulsions et d'incitations que de sécurité et de stabilité. Les pères se livrent à davantage de jeux physiques avec leurs enfants. Ils font des taquineries qui visent à déstabiliser l'enfant, émotionnellement et cognitivement. Ils agissent en tant que catalyseurs de prise de risques en ce sens que, devant la nouveauté, ils incitent l'enfant à prendre des initiatives, à explorer, à s'aventurer, à se mesurer à l'obstacle, à être plus audacieux en présence d'étrangers, à s'affirmer face aux autres. »

« En général, le père est beaucoup plus physique que la mère avec ses enfants et c'est une excellente chose, lance-t-il. Grâce aux jeux de lutte père-enfant à l'âge préscolaire, par exemple, les jeunes apprennent à prendre leur place dans un monde compétitif de façon sécuritaire. Quand les pères qui assistent à mes conférences entendent ça, ils se sentent très valorisés. »

La « relation d'activation »

Selon le chercheur, l'absence ou la présence discontinue du père dans la vie d'un enfant pourrait expliquer l'augmentation des problèmes d'adaptation sociale des jeunes, en particulier des garçons.

M. Paquette estime même qu'il est possible de faire un lien entre une relation père-enfant de faible qualité et des difficultés d'adaptation sociale telles que les problèmes extériorisés, les problèmes intériorisés, le décrochage scolaire, les problèmes d'insertion au marché du travail, le phénomène des gangs, les jeunes de la rue, etc.

Pour caractériser le rôle parental des pères, le professeur Paquette propose sa théorie de la « relation d'activation ». « C'est par le lien affectif que l'enfant tisse avec son père qu'il va s'ouvrir au monde », explique-t-il. Alors que la mère offre le plus souvent à son fils ou à sa fille un apaisement ou une sécurité, le père, lui, amène l'enfant à s'activer et à se surpasser. « C'est connu, les pères prennent plus de risques que les mères, affirme le chercheur. Ainsi au parc, ils sont davantage portés à encourager l'enfant à atteindre le barreau le plus haut de l'échelle. Lorsque le risque est calculé, c'est positif. Cela permet à l'enfant de développer sa confiance et son estime de lui-même. » Il s'agit ici d'une relation de stimulation mais également de contrôle, car le père sait aussi poser des limites.

La relation père-enfant n'a pas, dans le passé, bénéficié d'autant d'attention que celle de la mère avec son enfant. Elle a toujours été plus difficile à mesurer. Cela s'explique, en partie, par le contexte de la lutte pour l'égalité des sexes, qui défendait l'idée que les hommes et les femmes étaient en quelque sorte interchangeables, même dans leurs rapports avec leurs enfants. De plus, les jeux physiques – domaine davantage associé aux hommes – ont longtemps été perçus comme violents et potentiellement dangereux. « On porte actuellement un nouveau regard sur ces comportements que presque tous les mammifères adoptent dès l'enfance et délaissent progressivement par la suite », indique le professeur Paquette. Les batailles et autres jeux physiques seraient, à son avis, non pas une incitation à la violence, mais une façon de canaliser positivement l'agressivité, voire d'apprendre la régulation des émotions trop vives, ce qui favorise la confiance en soi.

Avec la croissance des familles monoparentales et des familles recomposées, on ne peut plus faire aujourd'hui l'économie de l'étude des relations père-enfant. Sans remettre en question la richesse des liens avec la mère, la « relation d'activation » du père semble la compléter de façon positive. « Les nourrissons, écrit Daniel Paquette, seraient prédisposés à rechercher une balance entre l'apaisement et la stimulation. Tout comme ils manifestent des signaux pour maintenir la proximité, pour obtenir des soins et pour être réconfortés par les adultes, les enfants rechercheraient une stimulation de forte intensité et inciteraient les hommes et les femmes à la leur procurer, mais c'est généralement auprès des hommes qu'ils vont trouver ce type de stimulation. »

Les pères dans un monde complexe

La psychologie a longtemps négligé l'étude des émotions au profit de l'étude de l'intelligence, déplore le professeur Paquette. « Il devrait être possible de déterminer quelles sont les caractéristiques de la sensibilité paternelle, et peut-être ultérieurement de développer une méthode permettant d'évaluer la qualité de la relation d'activation père-enfant », écrit l'auteur en conclusion de son étude sur la relation père-enfant et l'ouverture au monde.

Dans un article récent que publiait *Enfances, familles et générations* (automne 2005), Daniel Paquette va plus loin. Selon lui, les pères seraient encore plus importants de nos jours qu'au temps de nos grands-parents. Plus l'environnement se complexifie, mentionne-t-il, plus l'adaptation des enfants nécessite l'engagement direct du père.

Enfin, les rôles attribués au père et à la mère ne sont pas nécessairement tranchés au couteau. Le chercheur se propose de vérifier dans un avenir proche jusqu'à quel point les deux pôles de la relation d'attachement, soit la sécurité de base et l'ouverture au monde, peuvent être investis par les adultes indépendamment de leur sexe.

les étrangers ou les situations nouvelles. Certaines différences tiennent au tempérament individuel (nous y reviendrons) ; d'autres, à la qualité de l'attachement.

LA QUALITÉ DE L'ATTACHEMENT

Presque tous les bébés semblent traverser les trois stades de l'attachement décrits par Bowlby et Ainsworth. Cependant, la qualité de l'attachement diffère selon les nourrissons, ce qui influe sur leur développement ultérieur. Bowlby explique cette influence en recourant au concept cognitiviste du « modèle interne ».

Les nourrissons, explique Bowlby, se créent des modèles internes de relations avec leurs parents et d'autres figures adultes importantes pour eux. Ces modèles internes de relations comprennent divers éléments, comme la confiance (ou l'absence de confiance) en la disponibilité ou en la fiabilité de la figure d'attachement, la probabilité de recevoir d'elle de l'affection (ou une rebuffade) et l'assurance qu'elle représente (ou non) une base de sécurité à partir de laquelle explorer le monde. Le modèle interne de l'attachement commence à se former vers la fin de la première année de vie, et continue de s'élaborer et de se consolider durant les quatre ou cinq premières années. À cinq ans, la plupart des enfants ont établi un modèle interne d'attachement à la mère (ou à la personne qui s'occupe d'eux), un modèle interne de concept de soi et un modèle interne de relations sociales. Une fois établis, ces modèles façonnent les expériences, fournissent des explications, et influent sur la mémoire et l'attention. Les enfants se souviennent des expériences qui concordent avec leurs modèles et oublient les autres. Comme l'aurait dit Piaget, l'enfant *assimile* les données qui se conforment à son modèle. Plus important encore, lorsque l'enfant s'est familiarisé avec un modèle, celui-ci influe sur son comportement, et il tente de le recréer dans chaque nouvelle relation.

Les attachements sécurisants et les attachements insécurisants

Presque toutes les études sur la qualité du premier attachement recourent au système de classification désormais classique établi par Mary Ainsworth (Ainsworth et autres, 1978). Ce système distingue divers types d'attachement, que les psychologues peuvent évaluer à l'aide de la technique d'observation standardisée qu'elle a mise au point : la « situation étrange » (*strange situation procedure*).

Surtout utilisée avec des nourrissons de 12 à 18 mois, la **situation étrange** consiste à observer dans un environnement contrôlé (laboratoire) les réactions d'un nourrisson placé successivement dans les situations suivantes :
- avec sa mère (épisode 1) ;
- avec sa mère et un étranger (épisode 2) ;
- seul avec l'étranger (épisode 3) ;
- seul pendant quelques minutes (épisode 4) ;
- de nouveau avec sa mère (épisode 5) ;
- de nouveau seul (épisode 6) ;
- de nouveau seul avec l'étranger (épisode 7) ;
- avec l'étranger et sa mère (épisode 8).

Ainsworth avance que les réactions du nourrisson dans ces diverses situations — et particulièrement quand il est seul avec la mère —, permettent de distinguer trois types d'attachement :
(1) l'**attachement sécurisant** — le nourrisson recherche la proximité de la figure d'attachement après une séparation ou une situation stressante, et s'en sert comme d'une base de sécurité ;
(2) l'**attachement insécurisant de type fuyant** — le nourrisson évite le contact avec la figure d'attachement et ne semble pas la préférer à d'autres personnes.
(3) l'**attachement insécurisant de type ambivalent** — le nourrisson a peu tendance à partir en exploration, semble très perturbé lorsqu'il est séparé de la figure d'attachement, et n'est pas rassuré par son retour ou ses efforts pour le réconforter.

Plus récemment, des chercheurs (Main et Solomon, 1990) ont décrit un quatrième type d'attachement :
(4) l'**attachement insécurisant de type désorganisé** — le nourrisson semble confus ou craintif, et adopte des comportements contradictoires avec la figure d'attachement, comme se diriger vers sa mère tout en regardant ailleurs.

Situation étrange Technique d'observation mise au point Mary Ainsworth pour étudier la qualité de l'attachement chez le nourrisson ; consiste à observer ce dernier en présence de la mère, seul avec un étranger, complètement seul, et en présence de la mère et d'un étranger.

Attachement sécurisant Type d'attachement où le nourrisson recherche la proximité de la figure d'attachement après une séparation ou une situation stressante, et s'en sert comme d'une base de sécurité lorsqu'il part en exploration.

Attachement insécurisant de type fuyant Type d'attachement où le nourrisson évite le contact avec la figure d'attachement et ne semble pas la préférer à d'autres personnes.

Attachement insécurisant de type ambivalent Type d'attachement où le nourrisson a peu tendance à partir en exploration, semble très perturbé lorsqu'il est séparé de la figure d'attachement, mais n'est pas rassuré par son retour ou ses efforts pour le réconforter.

Attachement insécurisant de type désorganisé Type d'attachement où le nourrisson semble confus ou craintif et adopte des comportements contradictoires envers la figure d'attachement, comme se diriger vers sa mère tout en regardant ailleurs.

Le tableau 4.1 présente une liste des comportements du nourrisson selon son type d'attachement. Comme on le voit, le fait qu'il pleure ou non lorsqu'il est séparé de sa mère n'est pas un indicateur de son type d'attachement. Quel que soit le type d'attachement, certains bébés pleurent, d'autres non. Dans la «situation étrange», c'est l'ensemble des comportements du nourrisson, et non l'un ou l'autre comportement, qui importe.

Les chercheurs ont observé ces types d'attachement dans divers pays et constaté que l'attachement sécurisant est le plus courant (65%), tandis que les attachements insécurisants de type fuyant et de type ambivalent se retrouvent respectivement chez 21% et 14% des enfants étudiés (van IJzendoorn et Kroonenberg, 1988).

Les déterminants de la qualité de l'attachement

Des études récentes indiquent que l'un des déterminants de l'attachement sécurisant est la **disponibilité émotionnelle** de la figure d'attachement (Biringen, 2000). Une personne émotionnellement disponible peut *et veut* établir un lien affectif avec le nourrisson. Certains parents aux prises avec des difficultés économiques ou émotives sont trop absorbés par leurs propres problèmes pour pouvoir s'investir émotionnellement dans la relation parents-enfant. Au mieux, ils peuvent répondre aux besoins physiques d'un nourrisson, mais sont incapables de combler ses besoins affectifs ou ne le désirent pas.

Il existe un autre déterminant de l'attachement sécurisant, que les chercheurs appellent la **réaction parentale appropriée** (Isabella, 1995; Pederson et Moran, 1995; Pederson et autres, 1990; Seifer et autres, 1996). Outre qu'ils aiment leur bébé et en prennent soin,

les parents capables de réaction appropriée sont sensibles aux signaux qu'il émet et y réagissent adéquatement (synchronie). Ils lui sourient quand il sourit, lui parlent lorsqu'il gazouille, le prennent dans leurs bras quand il pleure, etc. (Ainsworth et Marvin, 1995). Les nourrissons des parents qui ont réagi ainsi avec eux dès les premiers mois sont plus susceptibles de présenter un attachement sécurisant à l'âge de 12 mois (Heinicke et autres, 2000).

Si une faible réceptivité parentale semble être le trait commun des trois types d'attachement insécurisant, chacun a ses déterminants propres. Par exemple, si la mère rejette son bébé ou coupe constamment le contact avec lui, le nourrisson sera plus susceptible de développer un attachement insécurisant de type évitant, qu'on observe aussi chez les nourrissons dont la mère est trop envahissante ou que la mère stimule exagérément (Isabella, 1995). Le modèle de l'attachement insécurisant de type ambivalent s'observe le plus souvent chez les nourrissons dont la figure d'attachement manque de constance ou de fiabilité, souvent en raison d'un problème de santé mentale (dépression de la mère, par exemple). Quant à l'attachement de type désorganisé, on le retrouve surtout chez les enfants victimes de violence physique ou sexuelle, et dans les familles où l'un des

---

Disponibilité émotionnelle Capacité et désir d'établir un lien affectif avec un enfant.

Réaction parentale appropriée Caractéristique d'une personne qui réagit au bon moment et de façon efficace aux signaux d'un enfant.

Tableau 4.1   *Les comportements associés à divers types d'attachements dans la «situation étrange» d'Ainsworth chez des nourrissons de 12 mois*

Type d'attachement	Comportements
Attachement sécurisant	L'enfant se sépare facilement de sa mère et n'hésite pas à partir en exploration. Quand il est effrayé ou qu'il se sent menacé, il recherche activement le contact avec sa mère et se console vite (il n'évite pas le contact avec la mère et n'y résiste pas). Quand il la retrouve après avoir été séparé d'elle, il l'accueille favorablement ou se calme vite à son contact. Il montre nettement qu'il préfère sa mère à l'étranger.
Attachement insécurisant de type fuyant	L'enfant évite le contact avec sa mère, surtout quand il la retrouve après avoir été séparé d'elle. Il ne résiste pas aux efforts qu'elle déploie pour établir un contact avec lui, mais il ne fait pas les premiers pas. Il ne montre pas de préférence ni pour sa mère ni pour l'étranger.
Attachement insécurisant de type ambivalent	L'enfant a peu tendance à partir en exploration et se montre circonspect devant un étranger. Il est très bouleversé par la séparation d'avec sa mère, et ne semble pas réconforté par son retour ni pas les efforts qu'elle déploie pour le rassurer. Selon le moment, il peut rechercher le contact avec sa mère ou l'éviter. Il peut manifester de la colère à sa mère quand il la retrouve. Il refuse le contact avec l'étranger et résiste aux efforts que déploie ce dernier pour le consoler.
Attachement insécurisant de type désorganisé	L'enfant semble figé, confus ou craintif. Il peut avoir des comportements contradictoires à l'égard de sa mère, comme se diriger vers elle tout en regardant ailleurs.

Sources: Ainsworth et autres, 1978; Main et Solomon, 1990; Carlson et Sroufe, 1995.

parents souffre d'un traumatisme d'enfance non résolu (maltraitance, agression sexuelle ou mort précoce d'un des parents) (Cassidy et Berlin, 1994 ; Main et Hesse, 1990).

Les effets à long terme de la qualité de l'attachement

La classification d'Ainsworth s'est avérée extrêmement utile pour prédire un vaste éventail d'autres comportements chez les nourrissons, mais aussi chez les enfants, les adolescents et les adultes. Des douzaines d'études ont établi que, de manière générale, les nourrissons classés comme ayant un attachement sécurisant deviennent des enfants plus sociables, plus positifs dans leurs comportements envers leurs frères et sœurs et leurs petits camarades, moins agressifs et moins turbulents, plus enclins à l'empathie, plus mûrs dans leurs interactions à l'école et ailleurs, réclamant moins d'attention de la part de leurs enseignants et se montrant moins dépendants d'eux (Carlson, Sampson et Sroufe, 2003 ; Carlson et Sroufe, 1995 ; Jacobsen et autres, 1997 ; Leve et Fagot, 1995 ; etc.).

De manière générale, les adolescents et adolescentes classés comme présentant un attachement sécurisant lorsqu'ils étaient nourrissons (ou à l'adolescence à partir d'interviews) ont de meilleures habiletés sociales et davantage d'amitiés profondes, une meilleure estime de soi et de meilleurs résultats scolaires, et sont plus souvent considérés comme ayant des qualités de chef (Black et McCartney, 1995 ; Jacobsen et Hofmann, 1997 ; Lieberman, Doyle et Markiewicz, 1995 ; Ostoja, McCrone, Lehn, Reed et Sroufe, 1995).

Par comparaison, de manière générale, ceux qui présentaient un attachement insécurisant — en particulier de type fuyant — développent moins d'amitiés profondes ; ils sont plus susceptibles d'avoir des relations sexuelles précoces et d'adopter des comportements sexuels à risque (Carlson, Sroufe et Egeland, 2004 ; O'Beirne et Moore, 1995 ; Sroufe, Carlson et Schulman, 1993 ; Urban, Carlson, Egeland et Sroufe, 1991).

L'attachement sécurisant chez le nourrisson est aussi un prédicteur de sociabilité à l'âge adulte (Van Lange et autres, 1997). Plus important encore, les chercheurs ont découvert une relation entre le modèle d'attachement de l'adulte et ses propres comportements parentaux (Steele et autres, 2003 ; Crittenden, Partridge et Claussen, 1991). Ainsi, les mères qui ont acquis un modèle interne d'attachement sécurisant se montrent généralement plus attentives et plus réceptives à leurs bébés et à leurs jeunes enfants (Hammond et autres, 2000 ; van IJzendoorn, 1995). D'autres études indiquent que les parents qui ont un modèle d'attachement insécurisant sont plus enclins à avoir une perception négative de leurs bébés (Pesonen et autres, 2004) et à douter de leurs capacités parentales (Huth-Bocks et autres, 2004).

Bref, les données de recherches sur les conséquences à long terme de la qualité du premier attachement semblent confirmer le postulat commun des approches psychanalytique et éthologiste : la qualité de l'attachement initial est le fondement des relations à l'âge adulte. Qui plus est, elle semble cruciale dans la relation qui lui ressemble le plus : celle que l'adulte établira avec son propre enfant.

La stabilité du modèle d'attachement

Un enfant peut se « rétablir » d'un attachement initial insécurisant, tout comme il peut perdre un attachement sécurisant. Les recherches montrent en effet que le type d'attachement peut, selon les circonstances, se maintenir ou se modifier. Si le milieu familial et le contexte de vie demeurent relativement constants, le caractère sécurisant ou insécurisant de son attachement reste ce qu'il était, même plusieurs années plus tard (Weinfield et Egeland, 2004 ; Hamilton, 1995 ; Wartner, Grossman, Fremmer-Bombik et Suess, 1994). Par contre, s'il survient un changement important, un attachement sécurisant peut devenir insécurisant et réciproquement. Ainsi, dans une étude d'envergure, des chercheurs ont suivi l'évolution d'un groupe d'enfants blancs de classe moyenne de 1 an à 21 ans (Waters et autres, 1995). Ils ont constaté que presque tous ceux et celles dont le type d'attachement avait changé sur cette longue période avaient vécu un bouleversement majeur (mort d'un parent, maltraitance, violence physique ou sexuelle, ou maladie grave).

Le fait que la qualité de l'attachement de l'enfant puisse changer avec le temps n'est pas contradictoire avec l'existence d'un modèle interne d'attachement. Bowlby avance que, dans les deux ou trois premières années de vie, le modèle d'attachement de l'enfant « appartient » en quelque sorte à la figure d'attachement. Ainsi, des études menées auprès d'enfants de cet âge sur l'attachement au père et à la mère révèlent qu'environ 30 % d'entre eux ont un attachement sécurisant à l'un des parents et un attachement insécurisant à l'autre, et ce, sans égard au sexe du parent (Fox, Kimmerly et Schafer, 1991). C'est la qualité de la relation spécifique avec telle ou telle figure d'attachement qui détermine si cet attachement est sécurisant ou non. Si cette relation connaît un changement marqué, son caractère sécurisant ou insécurisant peut changer lui aussi. Cependant, soutient Bowlby, vers l'âge de quatre ou cinq ans, le modèle interne devient de plus en plus propre à l'enfant lui-même et s'étend aux autres relations. L'enfant commence alors à devenir réfractaire au changement et tend à imposer son modèle d'attachement à ses nouvelles relations, y compris à ses relations avec ses enseignants et ses pairs.

Toutefois, la continuité du type s'attachement est plus courante parce que les relations des enfants sont relativement stables durant les premières années de vie et parce que, une fois qu'il est bien implanté, le modèle interne d'attachement tend à se perpétuer.

Pause APPRENTISSAGE

Le développement de l'attachement

1. Comment le lien affectif des parents à l'enfant se développe-t-il?

2. Qu'est-ce que la synchronie (ou danse interactive)?

3. Expliquez ce qu'on entend par *spécialisation des comportements des parents envers le nourrisson*.

4. Expliquez les trois étapes du processus de l'attachement de l'enfant aux parents.

5. À quel moment apparaissent la peur des étrangers et l'anxiété de séparation? Comment peut-on expliquer ces comportements?

6. Quels sont les différents types d'attachement et leurs caractéristiques respectives?

7. Quelles peuvent être les causes de l'échec de l'établissement du lien d'attachement?

L'ÉMERGENCE DU CONCEPT DE SOI

À quel moment un bébé prend-il conscience de sa propre existence? Quand et comment commence-t-il à se percevoir comme un être distinct, à apprendre des choses sur lui-même, puis à penser à lui-même comme à un être humain doté de caractéristiques propres?

La façon dont nous envisageons aujourd'hui l'émergence du moi chez le nourrisson doit beaucoup à Freud et à Piaget, qui ont tous deux postulé qu'au départ, le bébé n'a pas conscience d'être un être distinct. Pour Freud, le nourrisson devait d'abord se différencier de sa mère (sevrage) pour pouvoir former son moi; et pour Piaget, l'acquisition du concept de la permanence de l'objet était précurseur de celui de la permanence du soi. Mais, si influentes que soient les théories de Freud et de Piaget, c'est le psychologue américain William James

La reconnaissance de soi dans un miroir s'observe vers le milieu de la deuxième année.

(1890, 1892) qui a compartimenté le **concept de soi** global en deux composantes: le «je», souvent appelé le moi subjectif, et le «moi», aussi appelé moi objectif. Ces aspects du développement dans les premières années de vie reviennent dans les descriptions plus récentes de l'émergence de la conscience de soi chez le nourrisson, notamment dans les travaux de Michael Lewis (1990, 1991).

LE MOI SUBJECTIF

Dans l'élaboration du concept de soi, la première tâche du nourrisson consiste à comprendre qu'il est une personne distincte des autres et que son moi persiste dans le temps et l'espace. Les spécialistes du développement parlent de cet aspect du concept de soi comme du **moi subjectif,** parfois appelé *moi existentiel*, car il repose sur le «je», et plus précisément sur le «j'existe». Cette compréhension se construit à même les innombrables interactions quotidiennes que le bébé a avec les objets et les gens, et qui l'amènent à comprendre vers l'âge de deux ou trois mois qu'il peut agir sur eux (Lewis, 1991). Quand

Concept de soi   Ensemble des connaissances et perceptions de soi.

Moi subjectif (ou **moi existentiel**)   Compréhension qu'acquiert le nourrisson d'être une personne distincte qui existe dans le temps et dans l'espace et qui peut agir sur son environnement.

l'enfant touche le mobile, celui-ci bouge; quand il pleure, quelqu'un vient; quand il sourit, sa mère fait de même. Peu à peu, le bébé se met ainsi à se percevoir comme une entité distincte du reste: un «je» commence à émerger. Quand le nourrisson comprend relativement bien la permanence de l'objet, généralement entre 8 et 12 mois, son moi subjectif est pleinement formé. De la même façon qu'il comprend que ses parents continuent d'exister hors de son champ de vision, l'enfant saisit — au moins de façon rudimentaire — qu'il ou elle a une existence propre et une certaine permanence.

LE MOI OBJECTIF

Pour atteindre une pleine conscience de soi, le nourrisson a une deuxième tâche à accomplir: il doit comprendre qu'il est un *objet* dans le monde (Lewis, 1991). Un objet — disons une balle — a ses propriétés particulières (forme, poids, couleur, dureté ou élasticité, façon de rouler, provoque une sensation particulière dans la main, etc.). Le «soi» en a aussi: nom, sexe, poids et taille, qualités et défauts (timidité ou assurance, adresse ou maladresse, etc.).

Cette conscience de soi caractérise le deuxième aspect de l'identité — le **moi objectif**, parfois appelé *moi catégoriel* parce qu'une fois que le nourrisson a acquis cette conscience de soi, le processus de définition du «moi» l'amène à se mettre lui-même dans une série de catégories comme son sexe, ses traits physiques ou ses qualités et défauts.

Déterminer à quel moment un nourrisson acquérait la conscience de soi initiale, qui indiquait le début de la formation du moi objectif, n'allait pas de soi. À ce jour, la technique la plus utilisée pour y arriver est celle du miroir. D'abord, on place le bébé devant un miroir et on observe son comportement — entre 9 et 12 mois, la plupart des nourrissons regardent leur image, font des grimaces ou essaient d'une façon ou d'une autre d'interagir avec le bébé dans le miroir. Ensuite, faisant comme s'il lui essuyait le visage avec un linge, l'expérimentateur met une tache rouge sur le nez du bébé et le laisse se regarder dans le miroir de nouveau — si l'enfant cherche à toucher la tache sur son propre nez et non dans le miroir, on peut en conclure qu'il a établi la reconnaissance de soi (donc, la conscience de soi).

La figure 4.2 présente les résultats d'une étude classique réalisée à l'aide de ce procédé (Lewis et Brooks, 1978). On constate qu'aucun des enfants âgés de 9 à 12 mois ne touche son nez, mais qu'à partir de 21 mois les trois quarts d'entre eux le font; ce résultat a été confirmé par d'autres études, y compris des recherches

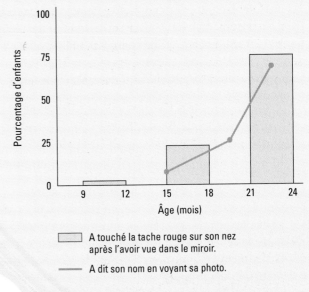

Figure 4.2
La conscience de soi
La reconnaissance de soi et le fait de se nommer apparaissent presque en même temps.

Source: Lewis et Brooks, 1978, p. 214-215.

effectuées en Europe (p. ex., Asendorpf, Warkentin et Baudonnière, 1996). La figure montre également à quel moment les nourrissons font référence à eux-mêmes en disant leur nom lorsqu'on leur montre leur photographie — une autre technique courante pour évaluer la conscience de soi. Comme vous le voyez, ce comportement apparaît presque au même moment que la reconnaissance de soi dans le miroir. Les deux comportements s'observent vers le milieu de la deuxième année — conclusion à laquelle sont aussi arrivés d'autres chercheurs (Bullock et Lütkenhaus, 1990).

À partir de là, les nourrissons commencent à avoir une attitude de propriétaire envers les jouets et autres objets précieux («C'est à moi!»). Les données de recherche sur le développement de la conscience de soi indiquent que le terme «âge terrible» («*terrible two*») est malencontreux et dénote une incompréhension du comportement de l'enfant de deux ans qui fait une poussée de conscience de soi.

Moi objectif (ou **moi catégoriel**) Conscience qu'acquiert le nourrisson d'être un objet pourvu de propriétés particulières, comme son sexe, ses traits physiques ou ses qualités et défauts.

À mesure que leur conscience de soi se développe, les nourrissons commencent à se désigner eux-mêmes par leur nom, et, vers la fin de la deuxième année, à se qualifier eux-mêmes de garçon ou de fille. De plus, ils sont conscients d'appartenir à la catégorie «enfant». Ils utilisent aussi des termes catégoriels comme «bon» et «grand» pour se décrire. Par exemple, l'enfant pourra dire «bonne fille» quand elle obéit au parent ou «grande fille» quand elle réussit à s'acquitter d'une tâche comme se servir des toilettes (Stipek, Gralinski et Kopp, 1990).

Selon la terminologie de Bowlby, il semble que l'enfant de cet âge crée un modèle interne du concept de soi en même temps qu'il élabore un modèle interne de relations avec autrui. Il apprend d'abord qu'il est une entité distincte et qu'il peut agir sur le monde. Puis, il commence à comprendre qu'il est aussi un objet de ce monde, doté de caractéristiques comme le sexe — le genre — et l'âge. À deux ans, le modèle interne du concept de soi — ou *schème de soi* comme on dit souvent — est incomplet, mais l'enfant est déjà en train de se construire une image de soi, de ses qualités et de ses habiletés. Comme le modèle interne de l'attachement, ce modèle, ou ce schème de soi, influe sur ses choix (comme jouer avec des enfants de son sexe) et sa façon d'interpréter ses expériences. Ainsi renforcé, le modèle interne tend à se perpétuer.

LE MOI ÉMOTIONNEL

Pour Wallon (1934), les premiers signes observables de vie psychique sont émotionnels. Dans la série de stades du développement social qu'il a proposés, le premier est le «stade impulsif pur» au cours duquel la vie psychique du bébé se traduit par des mouvements sans coordination ni but externe. Puis vient, entre trois et neuf mois, avec un apogée à six mois, un stade émotionnel. Peu à peu, les réactions physiologiques du nourrisson (comme le malaise relié à la faim) qui s'expriment au départ par des pleurs deviennent émotives. Selon Wallon, cette évolution n'est possible que par l'interaction des facteurs neurobiologiques de maturation et des facteurs sociaux et relationnels (entourage familial). Wallon a en effet vu dans les signaux émotionnels un système biologique de communication très précocement fonctionnel et propice à l'instauration d'un dialogue. Cette hypothèse, qui diffère considérablement de celle de Piaget (pour qui l'adaptation au monde physique précède l'adaptation au monde social), est reprise aujourd'hui par de nombreux chercheurs.

Les recherches indiquent que le développement du «moi émotionnel» commence quand les bébés apprennent à reconnaître les expressions émotionnelles d'autrui, soit vers l'âge de deux ou trois mois. Au début, ils reconnaissent les émotions plus facilement quand l'information passe simultanément par plusieurs canaux — quand ils voient une expression faciale particulière et entendent la même émotion dans la voix de l'adulte (Walker-Andrews, 1997). À cette étape, les nourrissons sont beaucoup plus habiles à reconnaître les expressions émotionnelles sur un visage familier que sur un visage étranger (Kahana-Kalman et Walker-Andrews, 2001).

Vers l'âge de cinq à sept mois, les nourrissons commencent à «décoder» les émotions exprimées par un seul canal; ils répondent à des émotions exprimées seulement par le visage ou seulement par la voix, même par une personne étrangère (Balaban, 1995). De plus, ils réagissent à une gamme d'émotions beaucoup plus grande que les enfants plus jeunes: joie, surprise, colère, peur, intérêt et tristesse (Soken et Pick, 1999; Walker-Andrews et Lennon, 1991).

Vers la fin de leur première année, les nourrissons utilisent la perception des émotions chez les autres pour anticiper leurs actions et guider leur propre comportement (Phillips, Wellman et Spelke, 2002). Par exemple, ils réagiront à une expression faciale neutre chez un autre enfant en essayant activement de susciter chez lui une expression émotionnelle (Striano et Rochat, 1999). Autrement dit, ils se comportent envers l'autre bébé exactement comme les adultes se comportent avec eux pour les faire sourire.

La capacité du nourrisson à exprimer ses propres émotions progresse parallèlement à sa compréhension des émotions d'autrui. À la naissance, les bébés manifestent déjà intérêt, douleur et dégoût par des expressions faciales différentes, et une expression exprimant la joie apparaît rapidement. Vers deux ou trois mois, on peut

Cette mère sait manifestement ce qu'il faut faire pour obtenir un sourire de son enfant!

À 10 mois, la réaction émotionnelle de Guillaume peut se caractériser par de la joie ou du plaisir plutôt que par de la fierté ; il n'a pas encore un concept de soi assez développé pour manifester des émotions sociales.

LE MOI SEXUÉ

Tandis que le terme « sexe » se rapporte aux aspects biologiques (génétiques et anatomiques) de la féminité et de la masculinité, le concept de genre réfère généralement à leurs aspects psychologiques et sociaux. Typiquement, les enfants de sexe masculin développent très tôt dans leur vie un sentiment d'appartenance au genre masculin qui les aide à se sentir à l'aise avec la plupart des comportements considérés comme acceptables pour les hommes dans leur culture. De même, la plupart des enfants de sexe féminin acquièrent un sentiment d'appartenance au genre féminin qui correspond au modèle culturel de la culture où elles grandissent. Cette identification à un sexe ou à l'autre repose-t-elle sur des différences innées dans le tempérament et l'émotivité, ou se forme-t-elle sous l'influence des attentes et des pressions sociales ? Dans la section suivante, qui est consacrée au tempérament, un encadré « Rapports de recherche » sur l'origine des différences de tempérament liées au sexe (p. 116) tente de répondre à cette question.

observer chez eux des expressions de colère et de tristesse, les expressions de peur apparaissant vers six ou sept mois (Izard et autres, 1995 ; Izard et Harris, 1995). À peu près au même moment, les nourrissons se mettent à sourire davantage aux visages humains qu'au visage d'une poupée ou à un autre objet inanimé, ce qui indique qu'ils répondent déjà aux signaux sociaux supplémentaires qu'ils perçoivent sur le visage humain (Ellsworth, Muir et Hains, 1993 ; Legerstee et autres, 1987).

Dans les mois qui suivent, les expressions émotionnelles du nourrisson et les comportements qui en découlent se complexifient et se raffinent. Ainsi, comme on l'a vu, c'est généralement vers 9 ou 10 mois que les nourrissons utilisent les émotions de leur figure d'attachement pour déterminer leurs propres émotions (référence sociale). De plus, les bébés de cet âge ont appris à se calmer eux-mêmes quand les personnes qui s'occupent d'eux se comportent d'une certaine façon (Cole et autres, 2004). Par exemple, un bébé frustré par la faim peut se calmer quand il voit que sa mère se prépare à le nourrir.

Enfin, dans les derniers mois de la deuxième année, à peu près quand il se met à se reconnaître dans un miroir, le nourrisson commence à manifester des émotions liées au concept de soi, comme la gêne, la fierté et la honte (Mascolo et Fischer, 1995 ; Lewis, Allesandri et Sullivan, 1992 ; Lewis, Sullivan, Stanger et Weiss, 1989). Ces « émotions sociales » sont en fait des sentiments, qu'on pourrait définir comme des états affectifs plus complexes que les émotions primaires, assez stables, durables et associés à des représentations.

Pause APPRENTISSAGE

L'émergence du concept de soi

1. Nommez et définissez les deux étapes du développement du concept de soi selon James.

2. Quelle est la séquence du développement du moi émotionnel de la naissance à l'âge de deux ans ?

LE TEMPÉRAMENT ET LA PERSONNALITÉ

On l'a dit en début de chapitre, les psychologues utilisent le terme personnalité (ou caractère) pour décrire les modes de réaction — aux objets, aux gens et à l'environnement — qui caractérisent l'individu. Cette définition inclut les modes de réaction tant innés qu'acquis, car la plupart des chercheurs s'entendent aujourd'hui sur le fait que le nouveau-né n'est pas une page blanche, et que les différences individuelles qui apparaissent dans l'enfance et à l'adolescence ne sont pas toutes attribuables à des facteurs environnementaux.

Ces différences individuelles semblent s'établir sur la base de prédispositions émotionnelles et comportementales innées (McCrae et autres, 2000), lesquelles

Les différences de tempérament selon le sexe : la poule ou l'œuf ?

Si on parle de différences de tempérament entre garçons et filles, qu'est-ce qui vous vient à l'esprit ? Peut-être que les petits garçons sont plus actifs et plus irritables, ou que les petites filles sont plus craintives ? Mais ces différences sont-elles réelles ou s'agit-il de simples stéréotypes ? Diverses études ont révélé de nettes différences entre garçons et filles dans certaines dimensions du tempérament. Ainsi, leur niveau d'activité diffère, et cette différence est perceptible même avant la naissance (DiPietro, Hodgson, Costigan et Johnson, 1996 ; DiPietro, Hodgson, Costigan, Hilton et Johnson, 1996). Des chercheurs ont également observé que les garçons manifestent des réactions émotives plus intenses et sont moins craintifs que les filles, tandis que celles-ci sont généralement plus sociables (Gartstein et Rothbart, 2003 ; Calkins et autres, 2002).

Cependant, les différences tempéramentales entre garçons et filles sont beaucoup moins grandes que les différences *perçues* par les parents et les autres adultes. Dans une étude désormais classique, les chercheurs ont découvert que des adultes qui observaient sur vidéo le comportement d'un bébé l'interprétaient différemment selon qu'on leur avait dit qu'il s'agissait d'un petit garçon ou d'une petite fille. Ainsi, les sujets qui croyaient que le bébé était une fille qualifiaient son comportement de « peur » et ceux qui croyaient qu'il s'agissait d'un garçon, de « colère » (Condry et Condry, 1976). Des recherches plus récentes menées avec la même technique indiquent que les adultes d'aujourd'hui ont un peu moins tendance à stéréotyper ainsi le comportement des bébés, bien que, comme les sujets des années 1970, ils s'occupaient davantage des activités motrices du bébé et les commentaient davantage quand ils croyaient se trouver devant un garçon (Pomerleau, Malcuit, Turgeon et Cossette, 1997).

Cette façon de stéréotyper les comportements peut influer sur la qualité de l'attachement parent-enfant. Par exemple, les parents d'une petite fille calme et tranquille risquent de voir son niveau d'activité comme un signe de féminité et y réagir avec approbation. De même, les parents d'un petit garçon très actif peuvent interpréter son niveau d'activité comme un signe de masculinité, et le tolérer voire l'encourager. Cependant, les parents d'un bébé fille très actif déploient souvent beaucoup d'efforts pour lui apprendre à « se calmer », et ceux d'un

bébé garçon très tranquille, pour le pousser à être plus actif. Ce faisant, ils développent une attitude de désapprobation, voire de rejet, envers leur enfant, attitude qui se généralise à tous les aspects de leur relation avec elle ou lui. Les réactions aux nourrissons basées sur des stéréotypes sexuels peuvent amener des différences dans la qualité de l'attachement.

La recherche sur une autre dimension du tempérament – l'émotivité – fournit d'autres exemples de différences perçues qui peuvent influer sur les réactions parentales au comportement des enfants. La plupart des études indiquent que, même dans la petite enfance, les filles utilisent plus souvent que les garçons des gestes et des mots qui expriment des émotions (Kuebli, Butler et Fivush, 1995) et qu'elles répondent davantage aux expressions faciales (McClure, 2000). Ces différences donnent souvent l'impression que les filles sont dotées d'une plus grande sensibilité émotionnelle. Cependant, les études sur le comportement révèlent que les garçons sont tout aussi affectueux et capables d'empathie que les filles durant la petite enfance (Melson, Peet et Sparks, 1991 ; Zahn-Waxler, Radke-Yarrow, Wagner et Chapman, 1992). Il n'en demeure pas moins que la perception de la sensibilité émotionnelle du nourrisson influe sur la façon d'agir avec lui ou elle. Comme on pouvait s'y attendre, les parents entament plus souvent avec les filles qu'avec les garçons des conversations sur les émotions et sur les événements qui les suscitent (Kuebli et autres, 1995). Mais qu'est-ce qui vient en premier : le fait que les filles expriment plus souvent des émotions ou le fait que les parents acceptent davantage de parler d'émotions avec elles ? Les garçons sont-ils moins expansifs parce que leurs parents ont rarement avec eux des conversations qui les incitent à exprimer leurs émotions ? Encore une fois, ces questions nous ramènent au débat « nature ou culture ? ». Les découvertes des généticiens du comportement ainsi que le fait qu'on décèle certaines différences prénatales de tempérament entre les sexes semblent faire pencher la balance du côté de l'inné. Cependant, il est aussi évident que les parents traitent différemment les garçons et les filles, et ce, dès la naissance. Il est donc probable que les différences de tempérament qu'on observe entre les sexes résultent de caractéristiques innées tout autant que des attentes et des comportements des parents en fonction du sexe de leurs enfants.

---

influent sur la réaction des autres envers l'enfant et sur la façon dont ce dernier comprend ou interprète ses expériences et y réagit. C'est cet ensemble de prédispositions présentes à la naissance qu'on appelle le **tempérament**.

Certains chercheurs ont décrit le tempérament comme une sorte de « matrice fondamentale » à partir de laquelle se développe la personnalité de l'enfant et de l'adulte (Rothbart, Ahadi et Evans, 2000). La distinction entre tempérament et personnalité est analogue à la différence entre génotype et phénotype. Comme le géno-

type, le tempérament est le modèle fondamental ; et comme le phénotype, la personnalité résulte de l'influence d'une myriade d'expériences relatives à ce modèle fondamental.

Tempérament Ensemble de prédispositions émotionnelles et comportementales innées, comme le niveau d'activité, à partir duquel se forme la personnalité.

LES DIMENSIONS DU TEMPÉRAMENT

Les psychologues qui étudient le tempérament des enfants ne s'entendent toujours pas sur la meilleure façon de décrire les dimensions clés des différences tempéramentales. Les premiers théoriciens les plus influents dans ce domaine, Thomas et Chess (1977), proposaient une liste de neuf dimensions du tempérament: niveau d'activité de l'enfant (bouge beaucoup ou peu); rythmicité (degré de régularité des fonctions biologiques); approche-recul (réaction du visage à une nouvelle stimulation); adaptabilité aux expériences nouvelles; seuil de réactivité (quantité de stimulations nécessaire pour qu'il réagisse); intensité des réactions (faible ou forte); humeur (positive ou négative); distractivité (incapacité à fixer son attention); capacité d'attention et de persistance. Lors de leur étude, Thomas et Chess ont constaté, en analysant ces caractéristiques chez leurs sujets — des nourrissons de deux à six mois —, qu'on pouvait regrouper ces neuf dimensions en trois types de tempérament: l'enfant facile (environ 40% des sujets), l'enfant difficile (environ 10% des sujets) et l'enfant lent à s'adapter (environ 15% des sujets). Les 35% restants n'entraient pas dans une catégorie précise.

D'autres chercheurs, Buss et Plomin (Buss, 1989; Buss et Plomin, 1984, 1986), ont donné trois dimensions fondamentales au tempérament: l'activité (variations dans le rythme, vigueur et persistance); l'émotivité (variations dans la propension à devenir facilement ou fortement bouleversé ou contrarié, accompagnées d'un sentiment de peur et de colère) et la sociabilité. Le questionnaire qu'ils ont élaboré pour évaluer ces trois dimensions a été largement utilisé dans des études sur les enfants et sur les adultes.

Aucune de ces deux approches n'a vraiment réussi à s'imposer, et les chercheurs qui s'intéressent au tempérament tentent encore d'en établir les dimensions clés. Cependant, cinq aspects du tempérament semblent maintenant faire l'objet d'un certain consensus (Rothbart et Bates, 1998; Belsky, Hsieh et Crnic, 1996; Ahadi et Rothbart, 1994; Kagan, 1994; Martin, Wisenbaker et Huttunen, 1994):

- niveau d'activité — tendance à bouger souvent et de façon vigoureuse plutôt que de demeurer passif et immobile;

- affectivité positive — tendance (généralement accompagnée d'une émotion) à aller vers les objets nouveaux ou les personnes et les situations nouvelles (cette dimension rappelle ce que Buss et Plomin nomment la sociabilité);

Les neurotransmetteurs et le tempérament

Les études sur les gènes responsables du fonctionnement de deux importants neurotransmetteurs, la *dopamine* et la *sérotonine*, confortent l'hypothèse de Kagan (Lakatos et autres, 2003). Ces neurotransmetteurs régularisent la réponse du cerveau aux nouvelles informations ou aux situations inhabituelles – type de stimulus qui semble suractiver les enfants timides dans la recherche de Kagan.

Un autre facteur neurologique associé à la timidité est *l'asymétrie du lobe frontal*. Chez la plupart des gens, l'hémisphère gauche et l'hémisphère droit du lobe frontal répondent simultanément à une nouvelle stimulation. Chez les enfants timides, on observe une asymétrie de la réponse, l'hémisphère droit montrant une activation plus importante que l'hémisphère gauche (Fox et autres, 2001; Henderson et autres, 2004). De telles découvertes nous portent à penser que des processus neurologiques jouent un rôle dans les différences de tempérament. Par contre, il est difficile d'établir si les différences neurologiques observées sont la cause ou l'effet des différences de tempérament. Ainsi, les chercheurs en développement ont aussi observé que chez les enfants timides dont le tempérament se modifie (ceux qui deviennent plus extravertis) dans leurs quatre premières années de vie, ce modèle de réaction asymétrique tend à se résorber (Fox et autres, 2001).

- inhibition — tendance à avoir une réaction de peur ou de recul devant les objets nouveaux ou les personnes et les situations nouvelles (cette dimension a été particulièrement étudiée par Jerome Kagan et ses collaborateurs [p. ex., Kagan, 1994; Kagan, Reznick et Snidman, 1990], qui y voient le signe précurseur de ce qu'on appelle couramment la timidité);

- affectivité négative — tendance à réagir à la frustration avec colère, agitation, force et irritabilité (dimension que Thomas et Chess associent au tempérament difficile, et que Buss et Plomin appellent l'émotivité);

- capacité d'attention et persistance dans l'effort — capacité à rester concentré sur une tâche, à focaliser son attention et ses efforts.

L'ORIGINE ET LA STABILITÉ DU TEMPÉRAMENT

Comme les différences de tempérament apparaissent dès les débuts de la vie, on pourrait penser qu'elles sont entièrement attribuables aux gènes. Pourtant, ici encore, les recherches indiquent que nature et culture y contribuent.

L'hérédité

Des données de recherche solides et concluantes, provenant d'études tant sur la personnalité à l'âge adulte que sur le tempérament des bébés, indiquent que les différences de tempérament sont innées (Goldsmith, Buss et Lemery, 1995; Rose, 1995). Des études auprès de jumeaux dans de nombreux pays montrent que les jumeaux identiques se ressemblent davantage sur le plan du tempérament que les jumeaux fraternels (Rose, 1995). Par exemple, un groupe de chercheurs (Emde et autres, 1992; Plomin et autres, 1993) ont étudié 100 paires de jumeaux identiques et 100 paires de jumeaux fraternels à l'âge de 14 mois, puis à l'âge de 20 mois. À chacun de ces âges, on a demandé aux mères d'évaluer leurs enfants selon les dimensions du tempérament décrites par Buss et Plomin. On a également mesuré les réactions (niveau d'inhibition) de chacun des bébés en présence d'un adulte étranger et d'un nouveau jouet dans un laboratoire aménagé en salle de jeu. (L'enfant s'approchait-il rapidement et avec enthousiasme de l'adulte étranger ou du nouveau jouet? S'accrochait-il à sa mère ou semblait-il effrayé?) Les corrélations entre les mesures du tempérament dans les quatre dimensions évaluées étaient sensiblement plus élevées chez les jumeaux vrais (monozygotes) que chez les jumeaux fraternels, ce qui indique une importante composante génétique.

Les processus neurologiques

Certains théoriciens du tempérament vont plus loin en attribuant les différences fondamentales de comportement à des modèles physiologiques sous-jacents (Gunnar, 1994; Rothbart, Derryberry et Posner, 1994). Ainsi, Jerome Kagan et d'autres ont émis l'idée que des différences dans le seuil de stimulation de certaines régions du cerveau (l'amygdale cérébelleuse et l'hypothalamus) qui régissent les réactions à l'incertitude peuvent expliquer des différences dans l'inhibition ou la timidité (Kagan, 1994; Kagan, Snidman et Arcus, 1993; Kagan, Reznick et Snidman, 1990). La stimulation de ces régions du cerveau entraîne des augmentations de la tension musculaire et du rythme cardiaque. On suppose que les enfants timides ou inhibés ont un faible seuil de tolérance à ces stimulations, et qu'ils sont donc plus facilement tendus et en alerte quand ils sont soumis à l'incertitude. Il semble aussi qu'ils interprètent beaucoup plus de situations comme étant incertaines (Kagan, Reznick et Snidman, 1990). Par conséquent, nous n'héritons pas d'un «gène de la timidité», mais d'une propension du cerveau à réagir de façon particulière (Davidson, 1994).

L'environnement

Les expériences particulières de l'enfant jouent un rôle crucial dans le développement de la personnalité, et même du tempérament. Certaines interactions entre le tempérament et l'environnement tendent à renforcer des prédispositions innées du tempérament. En voici trois exemples.

À tout âge, nous *choisissons* nos expériences, et nos choix reflètent les caractéristiques de notre tempérament, processus que Sandra Scarr décrit comme «un choix dans son propre créneau» (Scarr et McCartney, 1983). Ainsi, les enfants qui manifestent un fort degré de sociabilité recherchent les contacts avec les autres, et ceux qui ont un faible degré d'activité sont plus susceptibles de choisir des activités sédentaires, comme les casse-tête ou les jeux de société, plutôt que le football ou le soccer.

De la même façon, le tempérament peut influer sur la manière d'*interpréter* une expérience donnée. Ce facteur nous permet de mieux comprendre comment deux enfants appartenant à la même famille peuvent vivre les mêmes interactions familiales et les mêmes événements de façon totalement différente. Imaginez, par exemple, une famille qui déménage souvent. Si l'un des enfants est fortement prédisposé à l'inhibition, les multiples changements et nouveautés auxquels il sera exposé risquent d'entraîner chez lui des réactions de crainte de plus en plus marquées. Il peut en venir à redouter chaque déménagement et à interpréter sa vie familiale comme très stressante. Un autre enfant de la même famille doté d'une affectivité positive innée qui le pousse à aller vers les autres et à accueillir favorablement la nouveauté vivra beaucoup mieux une enfance nomade.

Les parents (et les proches) ont tendance à *réagir* différemment selon le tempérament de l'enfant. Ainsi, l'enfant sociable et souriant est plus susceptible de provoquer des sourires et des interactions positives chez ses parents. Buss et Plomin (1984) suggèrent qu'en général, les enfants dont le tempérament se situe dans la moyenne s'adaptent à leur environnement, tandis que les enfants difficiles forcent leur environnement à s'adapter à eux. Ainsi, ils sont punis plus souvent que les autres enfants, et reçoivent moins de soutien ou de stimulation de la part des parents (Luster, Boger et Hannan, 1993).

Toutefois, même si elles reposent sur des données de recherche, les conclusions de Buss et Plomin ne rendent pas compte de l'énorme complexité du processus. D'abord, les parents sensibles, qui réagissent bien et qui ont de bonnes habiletés parentales, peuvent atténuer grandement les effets négatifs des aspects extrêmes du

Si ce poupon est toujours aussi souriant
que sur la photographie, nous pouvons dire
qu'il a un tempérament facile.

tempérament de leurs enfants. Megan Gunnar et ses collaborateurs (Gunnar, 1994 ; Colton et autres, 1992) ont étudié un groupe d'enfants présentant tous un fort degré d'inhibition, mais dont le type d'attachement à la mère différait. Dans une série d'études, ils ont découvert que, devant une situation nouvelle ou une difficulté, les enfants très inhibés dont l'attachement à la mère était insécurisant manifestaient les réponses physiologiques typiques de l'anxiété ou de la peur. Par contre, les enfants tout aussi inhibés dont l'attachement à la mère était sécurisant ne manifestaient aucune de ces réponses physiologiques. Un attachement sécurisant semblait avoir modifié une tendance comportementale et physiologique innée. À long terme, un attachement sécurisant peut donc éviter que l'enfant consolide un tempérament très inhibé ou une timidité extrême.

Si l'environnement tend à renforcer les dimensions fondamentales du tempérament de l'enfant, contribuant ainsi à la stabilité et à la continuité du tempérament et de la personnalité, il peut aussi amener l'enfant vers de nouveaux modèles ou l'aider à maîtriser des formes extrêmes de réactions physiologiques innées.

La stabilité à long terme

Bien qu'ils soient partagés, les résultats de recherche tendent de plus en plus à confirmer une certaine continuité dans les résultats des tests de tempérament, et ce, sur d'assez longues périodes de la petite enfance et de l'enfance. Ainsi, des chercheurs australiens qui ont étudié un groupe de 450 enfants ont constaté que les évaluations maternelles de plusieurs dimensions du tempérament de

leur enfant restaient assez constantes, de la petite enfance à l'âge de 8 ans (Pedlow, Sanson, Prior et Oberklaid, 1993). De même, une étude longitudinale américaine menée auprès d'enfants de 1 an à 12 ans (Guerin et Gottfried, 1994a,1994b) a permis de constater une grande continuité dans les évaluations parentales tant en ce qui concerne le type de tempérament (facile/difficile) que les dimensions particulières (niveau d'activité, tendance approche/recul, affectivité positive/négative). D'autres études indiquent également que les différences de tempéraments sont stables de l'âge préscolaire à l'âge adulte (Caspi, 2000).

Les chercheurs ont également constaté dans les résultats concernant divers âges une grande continuité de la mesure d'inhibition de Kagan, laquelle repose sur l'observation directe du comportement de l'enfant plutôt que sur l'évaluation maternelle. Ainsi, une étude montre qu'à 24 mois, les enfants qui avaient été classés comme inhibés à 4 mois se montraient moins sociables avec les adultes et avec les enfants que leurs pairs non inhibés (Young, Fox et Zahn-Waxler, 1999). Dans l'étude longitudinale de Kagan, la moitié des enfants qui avaient déployé une grande agitation motrice en réaction à une nouvelle situation à quatre mois étaient encore fortement inhibés à huit ans, et les trois quarts de ceux qui n'étaient pas qualifiés d'inhibés à quatre mois ne l'étaient toujours pas à huit ans (Kagan et autres, 1993). Cependant, au moins une étude indique que la sociabilité est plus stable que la timidité (Fox et autres, 2001). Par ailleurs, les bébés plus ouverts, plus enthousiastes et plus positifs le restent dans l'enfance, et les bébés très inhibés sont plus enclins à devenir des enfants timides. De même, les bébés de tempérament difficile gardent plusieurs de leurs caractéristiques tempéramentales à 10 ans (Kagan et autres, 1993).

Pause
APPRENTISSAGE

Le tempérament et la personnalité

1. Qu'est-ce que le tempérament ?

2. Décrivez les cinq dimensions du tempérament qui font l'objet d'un certain consensus chez les chercheurs.

3. La timidité est-elle un trait de tempérament d'origine génétique ? Expliquez.

4. Nommez et expliquez les facteurs de l'environnement qui tendent à renforcer ou à atténuer le tempérament chez le nourrisson ou le jeune enfant.

UN DERNIER MOT

... SUR L'ADOPTION

Dans ce chapitre, nous avons vu à quel point le modèle interne de l'attachement, bien que perméable au changement, influe sur les relations interpersonnelles de l'enfant, mais aussi sur d'autres aspects développementaux, comme son tempérament et sa personnalité, et sur son développement cognitif.

Les gens qui adoptent un enfant se disent souvent qu'avec de l'amour et de l'affection et un soutien approprié, il se développera comme l'aurait fait leur enfant biologique, tant sur le plan émotionnel que cognitif. Vous en savez maintenant assez sur le développement humain pour deviner que les choses ne sont pas toujours aussi simples.

D'abord, plusieurs aspects du tempérament de l'enfant sont héréditaires. Un enfant adopté est donc plus susceptible qu'un enfant biologique d'avoir un tempérament différent de ses parents, ce qui, en soi, peut poser des problèmes. Par exemple, deux parents très timides qui adoptent un enfant très sociable et extraverti (ou vice versa) risquent d'être fortement déconcertés par ses comportements, et même de le percevoir comme un enfant difficile ou perturbé.

Pour être réalistes dans leurs attentes, les parents doivent aussi tenir compte des conditions de vie de l'enfant avant son adoption. En ce qui concerne la qualité de l'attachement, le développement cognitif et l'adaptation sociale, les enfants adoptés avant l'âge de six mois qui n'ont ni vécu en foyer d'accueil ni subi de mauvais traitements ne diffèrent généralement pas des autres enfants, et ce, indépendamment de l'origine ethnoculturelle des parents et de l'enfant (Juffer et Rosenboom, 1997). Ainsi, selon une étude menée auprès de 211 adolescents adoptés en très bas âge par des familles suédoises, 90 % des enfants adoptés se percevaient comme Suédois, même si nombre d'entre eux n'étaient pas issus du continent européen et possédaient des caractéristiques physiques sensiblement différentes de celles du peuple suédois (Cederblad et autres, 1999). Une étude semblable démontre que les enfants coréens adoptés dans des familles américaines grandissent en pensant qu'ils partageaient l'origine ethnique de leurs parents adoptifs même si ces derniers leur ont enseigné des rudiments de la culture coréenne (Lee et Quintana, 2005). De telles découvertes autorisent à penser que l'éducation d'un enfant adopté à faible risque et celle d'un enfant biologique diffèrent peu.

En revanche, les enfants adoptés après avoir passé plus de deux ans dans un orphelinat risquent davantage que les enfants adoptés très tôt de souffrir d'un **désordre réactionnel de l'attachement** (DeAngelis, 1997). Le cas échéant, ils semblent incapables d'établir des relations intimes avec qui que ce soit, y compris les parents adoptifs. Les longs séjours en foyer d'accueil sont aussi associés à des déficiences cognitives (Castle et autres, 1999).

Les enfants adoptés tardivement, qui ont des antécédents de mauvais traitements ou de négligence ou qui sont demeurés en foyer d'accueil pendant de longues périodes, sont plus susceptibles de présenter des problèmes à la fois cognitifs et émotionnels que des enfants non adoptés (Castle et autres, 1999 ; Marcovitch et autres., 1997 ; O'Connor, Bredenkamp et Rutter, 1999 ; Roy, Rutter et Pickles, 2000 ; Verhulst et Versluis-Den Bieman, 1995 ; Rebollo et autres, 2004). Une étude a

Désordre réactionnel de l'attachement Trouble affectif qui apparaît chez l'enfant et l'empêche d'établir des relations sociales intimes.

démontré que 91% des enfants adoptés après avoir été maltraités, négligés ou placés en foyer d'accueil souffrent de troubles émotionnels, même si leur adoption a eu lieu en moyenne neuf ans plus tôt (Smith, Howard et Monroe, 1998). Il n'est donc pas étonnant que les parents de ces enfants vivent un stress plus élevé en raison des conditions de vie déficientes que ces derniers auront connues avant d'être adoptés que les parents qui élèvent leurs enfants biologiques ou des enfants adoptés qui n'ont pas de tels antécédents (Mainemer, Gilman et Ames, 1998). Et même, les enfants qui n'ont pas passé plus de deux ans dans un foyer sont malgré tout plus susceptibles de présenter des retards de développement et des difficultés émotionnelles s'ils sont adoptés tard dans l'enfance (DeAngelis, 1997). Par conséquent, les parents qui adoptent ces enfants doivent s'attendre à ce que leur éducation ne soit pas facile.

Doit-on renoncer pour autant à adopter des enfants à risque élevé? Non et pour plusieurs raisons. Premièrement, une fois dans leur foyer adoptif, ces enfants jouiront d'une situation bien plus favorable à leur développement que s'ils restent en centre d'accueil, en foyer d'accueil ou encore auprès de leurs parents biologiques qui les maltraitent ou les négligent (Bohman et Sigvardsson, 1990). De plus, malgré le risque plus élevé que présentent ces enfants, la grande majorité à la fin de l'adolescence et à l'âge adulte ne diffère guère des autres enfants sur le plan social et émotionnel (Brand et Brinich, 1999; Cederblad et autres, 1999).

Deuxièmement, la tâche d'élever un enfant à risque peut être considérablement facilitée si on suit des ateliers sur l'art d'être parent (Juffer et autres, 2005). Les parents adoptifs devraient donc profiter des cours offerts par l'organisme responsable de l'adoption ou par des organismes communautaires.

Troisièmement, au premier signe de difficulté, les parents adoptifs peuvent et doivent consulter un travailleur social ou un psychologue. Les thérapeutes peuvent fournir une aide précieuse pour les tâches quotidiennes, comme l'apprentissage de la propreté, et enseigner aux parents des stratégies leur permettant de faire face aux comportements qui témoignent de troubles émotionnels graves, telle l'automutilation. Selon les psychologues du développement, les organismes qui trouvent des familles adoptives ou des familles de placement à long terme pour des enfants à risque élevé devraient épauler ces familles en leur procurant des services thérapeutiques après l'adoption (Mainemer, Gilman et Ames, 1998; Minty, 1999; Smith, Howard et Monroe, 2000).

Mentionnons en terminant qu'une analyse documentaire a été effectuée par une équipe de recherche. Dirigée par Réjean Tessier, professeur de psychologie à l'Université Laval, cette analyse démontre que sur 9 700 enfants étrangers adoptés en bas âge par des parents québécois entre 1990 et 2001, la très grande majorité ne semble pas présenter de problème d'attachement dans leur relation avec les parents adoptifs. Selon M. Tessier, une importante étude a été menée en Angleterre sur les cas pathétiques d'enfants roumains soumis, en orphelinat, à des conditions extrêmes de survie sous le régime Ceaucescu et adoptés après la chute du dictateur, en 1989. Or, cette étude révèle une récupération importante de poids, de taille et de quotient intellectuel après quatre ans dans leur famille adoptive. Les enfants adoptés avant l'âge de six mois présentaient quant à eux une récupération complète.

RÉSUMÉ

LES PERSPECTIVES THÉORIQUES

- Le terme *personnalité* désigne un ensemble relativement stable de modes de réaction – aux objets, aux gens et aux situations – qui caractérise l'individu.

- Pour Freud, le premier stade du développement de la personnalité est le stade oral, durant lequel la tâche principale est le sevrage.

- Pour Erikson, le premier stade du développement de la personnalité est le stade « confiance ou méfiance », où la force adaptatrice du moi est l'espoir.

- Selon la théorie de l'attachement, la propension à créer des liens affectifs est une composante fondamentale et innée de la nature humaine. On doit distinguer le lien affectif (un lien durable établi avec un partenaire unique) de l'attachement du nourrisson (sentiment de sécurité et utilisation de la figure d'attachement comme base de sécurité). Les comportements d'attachement attestent l'existence de l'attachement et permettent d'en évaluer les caractéristiques.

LE DÉVELOPPEMENT DE L'ATTACHEMENT

- Dès la naissance, le nourrisson et la personne qui s'en occupe établissent un ensemble de comportements d'attachement mutuels et interactifs que l'on nomme *synchronie* ou *danse interactive* et qui jouent un rôle crucial dans la formation d'un lien affectif stable.

- Selon Bowlby, l'attachement du nourrisson à la mère (ou à la personne qui s'occupe de lui) comporte trois étapes : le préattachement, l'émergence de l'attachement et, vers six mois, quand il commence à utiliser la figure d'attachement comme « base de sécurité », l'attachement manifeste (étape de l'attachement proprement dit).

- Entre 6 et 12 mois, les bébés manifestent une peur des étrangers et une anxiété de séparation (de la figure d'attachement).

- Les pères comme les mères établissent des liens affectifs forts avec l'enfant. Les pères passent plus de temps à jouer avec l'enfant que les mères, tandis que ces dernières passent plus de temps à donner des soins au bébé, à lui sourire et à lui parler. L'attachement à la mère est plus fréquent, mais l'attachement au père existe aussi.

- Selon Ainsworth, la réaction du nourrisson dans la « situation étrange » permet de distinguer trois types d'attachement : l'attachement sécurisant, l'attachement insécurisant de type fuyant et l'attachement insécurisant de type ambivalent. Plus récemment, des chercheurs ont établi un quatrième type : l'attachement insécurisant de type désorganisé.

- Les enfants diffèrent quant à la sécurité de l'attachement initial et au modèle interne de l'attachement qu'ils acquièrent par la suite. L'enfant dont l'attachement est sécurisant utilise la figure d'attachement comme une base de sécurité à partir de laquelle il explore le monde. Il se laisse facilement consoler.

- La disponibilité émotionnelle et la réaction parentale appropriée sont des déterminants de la qualité de l'attachement de l'enfant.

- Les enfants dont l'attachement initial est sécurisant font preuve de plus de compétences sociales, de plus de curiosité et de persévérance devant les nouvelles tâches. Ils semblent également plus matures.

L'ÉMERGENCE DU CONCEPT DE SOI

- Dans sa première année de vie, l'enfant franchit la première étape de l'élaboration du concept de soi, celle du moi subjectif (ou moi existentiel). Il comprend alors qu'il a une existence propre, qu'il est distinct de sa mère et qu'il peut agir sur les objets ou les gens qui l'entourent. Il acquiert aussi la notion de sa propre permanence en tant que personne.

RÉSUMÉ

- Dans sa deuxième année de vie, le bébé prend conscience qu'il existe en tant qu'objet dans le monde, qu'il est doté de caractéristiques propres : sexe, taille, etc. C'est l'étape du moi objectif (ou moi catégoriel).

- Dès l'âge de deux mois, les bébés réagissent différemment aux expressions faciales de joie ou de tristesse de leur mère. Au même moment, ils sont capables d'utiliser un répertoire d'expressions faciales pour traduire leurs propres émotions.

- À la naissance, les bébés expriment des émotions primaires. Vers deux ans, ils commencent à exprimer des émotions sociales liées à la conscience de soi et que l'on peut qualifier de premiers sentiments.

LE TEMPÉRAMENT ET LA PERSONNALITÉ

- Pour comprendre le tempérament, les chercheurs étudient les différences individuelles dans les réponses des enfants à diverses stimulations. Le tempérament peut se définir comme un ensemble de prédispositions émotionnelles et comportementales innées à partir duquel se forme la personnalité.

- Les bébés ont des tempéraments différents à la naissance, et ils ne réagissent pas de la même façon aux objets et aux personnes.

- Théoriciens et chercheurs ne s'entendent pas sur la meilleure façon de décrire les dimensions du tempérament. Thomas et Chess ont décrit neuf dimensions qu'ils regroupent selon trois types de tempérament (facile, difficile et lent à s'adapter). Buss et Plomin ont décrit trois dimensions fondamentales : le niveau d'activité, l'émotivité et la sociabilité. Un certain consensus commence à se dégager pour décrire le tempérament selon cinq dimensions : le niveau d'activité, l'approche émotionnelle positive, l'inhibition, la réponse émotionnelle négative et la capacité d'attention et de persistance.

- Le tempérament a une composante génétique et présente une certaine continuité de la petite enfance à l'âge adulte. Cependant, il n'est pas uniquement déterminé par l'hérédité ou par des processus neurologiques ; certaines interactions du tempérament et de l'environnement tendent à renforcer des prédispositions innées du tempérament.

UN DERNIER MOT... SUR L'ADOPTION

- Les psychologues du développement croient que les deux premières années de vie sont une période sensible pour l'établissement de l'attachement de l'enfant. Les nourrissons qui ne peuvent pas développer un lien d'attachement durant cette période risquent entre autres de souffrir d'un désordre réactionnel de l'attachement.

- Dans l'ensemble, les enfants adoptés ne semblent avoir aucun problème dans leur relation d'attachement avec leurs parents adoptifs. Si les enfants ayant souffert de mauvais traitements d'ordres divers et ayant été adoptés tardivement sont plus susceptibles de présenter des problèmes cognitifs et émotionnels, la majorité d'entre eux ne diffèrent guère des enfants biologiques une fois arrivés à l'adolescence ou à l'âge adulte.

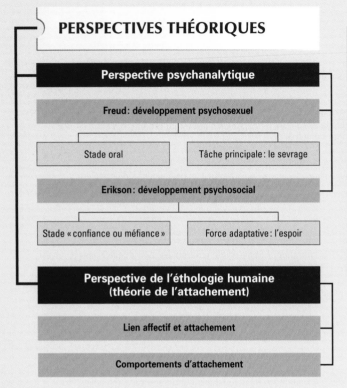

PERSPECTIVES THÉORIQUES

Perspective psychanalytique

Freud : développement psychosexuel

Stade oral

Tâche principale : le sevrage

Erikson : développement psychosocial

Stade « confiance ou méfiance »

Force adaptative : l'espoir

**Perspective de l'éthologie humaine
(théorie de l'attachement)**

Lien affectif et attachement

Comportements d'attachement

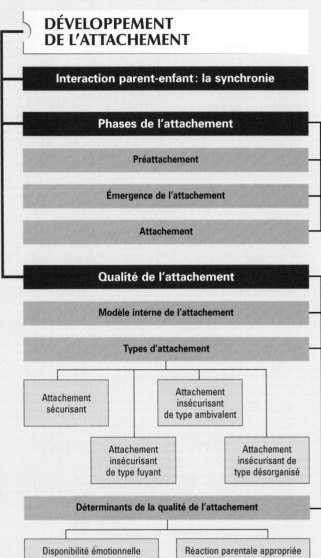

DÉVELOPPEMENT DE L'ATTACHEMENT

Interaction parent-enfant : la synchronie

Phases de l'attachement

Préattachement

Émergence de l'attachement

Attachement

Qualité de l'attachement

Modèle interne de l'attachement

Types d'attachement

Attachement sécurisant

Attachement insécurisant de type ambivalent

Attachement insécurisant de type fuyant

Attachement insécurisant de type désorganisé

Déterminants de la qualité de l'attachement

Disponibilité émotionnelle

Réaction parentale appropriée

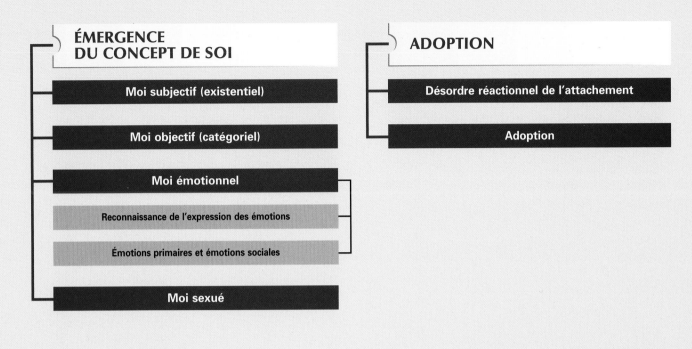

ÉMERGENCE DU CONCEPT DE SOI

- Moi subjectif (existentiel)
- Moi objectif (catégoriel)
- Moi émotionnel
  - Reconnaissance de l'expression des émotions
  - Émotions primaires et émotions sociales
- Moi sexué

ADOPTION

- Désordre réactionnel de l'attachement
- Adoption

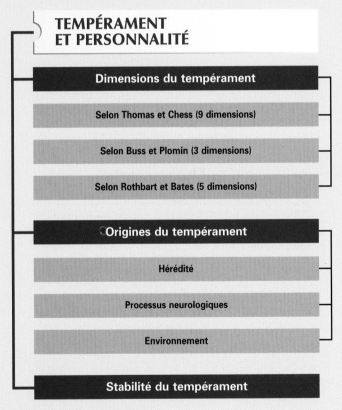

TEMPÉRAMENT ET PERSONNALITÉ

- Dimensions du tempérament
  - Selon Thomas et Chess (9 dimensions)
  - Selon Buss et Plomin (3 dimensions)
  - Selon Rothbart et Bates (5 dimensions)
- Origines du tempérament
  - Hérédité
  - Processus neurologiques
  - Environnement
- Stabilité du tempérament

L'âge préscolaire : développement physique, cognitif et langagier

Si vous observez une enfant de 18 mois qui joue près de sa mère ou de son père, vous remarquerez qu'elle jette régulièrement un coup d'œil dans la direction du parent pour s'assurer que sa «base de sécurité» est toujours là. Vous constaterez aussi que l'ensemble de son jeu se caractérise par une exploration sensorielle des objets: elle touche et manipule tout ce qui se trouve dans son environnement immédiat.

Si vous observez cette même enfant un an plus tard, vous remarquerez qu'elle a ajouté une nouvelle dimension à ses activités sensorimotrices. Comme elle comprend maintenant que les objets portent un nom, la plupart de ses explorations s'accompagnent de questions qu'elle pose à l'adulte à ses côtés: «C'est quoi, ça?» Dans quelques mois, elle commencera à jouer à «faire semblant» – feindre de monter un cheval, de se nourrir avec une cuillère, etc. – et à donner aux objets une fonction nouvelle – un balai deviendra un cheval, et un cube, une voiture. Vers trois ou quatre ans, son jeu se transformera de nouveau, mettant à contribution des formes plus subtiles de représentation, par le déguisement ou la reproduction de rôles sociaux.

Cette évolution dans le jeu témoigne des profonds changements physiques et cognitifs qui surviennent chez l'enfant entre deux et six ans. Durant cette période, le nourrisson dépendant qui communique de façon rudimentaire avec son entourage devient graduellement une petite personne habile qui cause, se socialise, et qui est bientôt prête à entrer à l'école.

LE DÉVELOPPEMENT PHYSIQUE

Les changements physiologiques qui surviennent chez l'enfant âgé de deux à six ans sont moins spectaculaires que ceux qu'on observe dans ses deux premières années de vie. De l'âge de deux ans à l'adolescence, l'enfant gagne chaque année de 5 à 8 centimètres en hauteur et environ 2,7 kilogrammes en poids. Dans le cerveau, de nouvelles synapses continuent à se créer, et la myélinisation des fibres nerveuses suit son cours pendant que l'enfant explore le monde. Ces changements graduels lui permettent de développer sa motricité, sa mémoire et son langage, et d'acquérir des habiletés qui élargiront son indépendance et ses champs d'exploration.

LE SYSTÈME NERVEUX

De deux à six ans, le cerveau poursuit sa croissance, mais plus lentement qu'au cours des deux premières années. Néanmoins, les importants changements neurologiques qui se produisent durant cette période expliquent les développements prodigieux de la pensée et du langage qui caractérisent l'âge préscolaire.

La formation réticulée et l'hippocampe

La myélinisation de deux structures cérébrales, la formation réticulée, qui régularise l'attention ainsi que la concentration, et l'**hippocampe**, qui joue un rôle dans l'apprentissage en contribuant au transfert de l'information de la mémoire à court terme à la mémoire à long terme, est une étape cruciale de cette phase du développement nerveux. La maturation de l'hippocampe est probablement à l'origine de l'amélioration du fonctionnement de la mémoire durant les années préscolaires (Rolls, 2000).

La latéralisation du cerveau

Le **corps calleux** est la structure du cerveau qui relie les hémisphères droit et gauche du cortex cérébral et qui leur permet de communiquer. Sa croissance et sa maturation durant cette période accompagnent l'asymétrie fonctionnelle des hémisphères du cerveau, un processus appelé **latéralisation**.

La division en deux hémisphères, qui dédouble pratiquement toutes les structures cérébrales, est l'une des caractéristiques anatomiques les plus frappantes du cerveau humain. Notons que les deux hémisphères ne sont pas exactement symétriques ; ils présentent souvent des différences dans leur taille et leur forme, mais aussi dans leurs fonctions respectives. Lorsqu'une fonction est latéralisée, cela signifie qu'elle est prise en charge davantage par l'un des deux hémisphères du cerveau. On dit alors que cet hémisphère « domine » une fonction, mais il serait plus exact de parler de spécialisation et de coopération hémisphériques.

Les deux fonctions les plus latéralisées dans le cerveau humain sont la motricité — qui se traduit notamment par la préférence manuelle (le fait d'être droitier ou gaucher) — et le langage. Cependant, le phénomène est beaucoup moins simple ou tranché qu'on pourrait le croire (voir l'encadré « Rapports de recherche » sur la latéralisation de la préférence manuelle et du langage, page ci-contre.

Les chercheurs tentent encore de vérifier diverses hypothèses sur l'origine de la latéralisation. Les recherches actuelles semblent toutefois indiquer que ses paramètres (montrant quelles fonctions sont latéralisées, et dans quel hémisphère, chez quel individu) sont déterminés par l'interaction des gènes et de l'environnement prénatal et postnatal.

LE SYSTÈME MOTEUR

Le tableau 5.1 (p. 130), qui fait suite au tableau 3.3 (p. 78), présente les principales habiletés posturales, manipulatoires et locomotrices que l'enfant acquiert entre deux et six ans. À cinq ou six ans, il peut habituellement se déplacer avec assurance dans toutes les directions, monter à bicyclette et faire des mouvements et des gestes relativement précis comme ramasser, tenir et manipuler des petits objets tels un crayon ou des ciseaux. Sa coordination visuelle et motrice lui permet de botter un ballon ou de frapper une balle avec un bâton. Les mouvements assurés de l'enfant de cinq ans sont impressionnants en comparaison des mouvements instables et maladroits d'un enfant d'un an et demi.

Ces habiletés, rappelons-le, s'acquièrent graduellement. L'enfant de trois ans a gagné en adresse, mais sa motricité fine commence tout juste à apparaître ; il a besoin d'entraînement. Même l'enfant de cinq ou six ans est encore malhabile quand il utilise un crayon et des ciseaux, car il se sert de tout son corps — langue, bras,

---

Hippocampe Structure du cerveau qui contribue au transfert de l'information de la mémoire à court terme à la mémoire à long terme.

Corps calleux Masse de fibres nerveuses qui relie l'hémisphère droit et l'hémisphère gauche du cortex cérébral.

Latéralisation Organisation de l'asymétrie fonctionnelle du corps (à droite ou à gauche) résultant de la spécialisation des hémisphères cérébraux.

La latéralisation des fonctions du cerveau: préférence manuelle et langage

Les deux fonctions les plus latéralisées chez l'humain sont la motricité et le langage. Le phénomène de la motricité se traduit notamment par la latéralité manuelle, c'est-à-dire le fait d'être droitier ou gaucher. Chez les droitiers, l'hémisphère gauche «domine», alors que chez les gauchers, c'est l'hémisphère droit. Pourquoi une telle inversion? Parce que les voies motrices changent de côté en descendant dans la moelle épinière. Ainsi, les mouvements d'un côté du corps sont régis par l'hémisphère cérébral opposé. Chez les personnes ambidextres, le cerveau est peu ou n'est pas latéralisé pour la motricité.

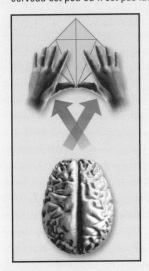

Y a-t-il un lien entre la préférence manuelle et la latéralisation du langage? Oui, mais il est loin d'être simple ou parfait. Certaines fonctions langagières, notamment la compréhension et la production de la parole, sont davantage situées dans l'hémisphère gauche chez les droitiers, mais d'autres, comme la prosodie (intonation, accentuation, tons et rythme), la connotation émotionnelle et les sens imagés ou figurés des mots, sont traitées par l'hémisphère droit. Si par exemple on demande à un patient souffrant d'une lésion dans l'hémisphère droit de montrer l'image qui correspond le mieux à la phrase «Elle a le cœur gros», il pourra montrer l'image d'une femme dont le chandail est orné d'un gros cœur plutôt que celle d'une femme en pleurs. Et si on lui dit avec ironie: «Vraiment gentil, ce type!», il prendra l'expression au pied de la lettre.

Contrairement à ce qu'on pourrait croire, ce n'est pas l'inverse qui se produit chez les gauchers: nombre d'entre eux portent la spécialisation du langage dans l'hémisphère gauche, certains dans l'hémisphère droit, tandis que chez d'autres encore ce sont les deux hémisphères qui contribuent à peu près également au langage!

Si l'hémisphère gauche est lésé, l'hémisphère droit peut jouer un rôle encore plus important dans le langage. Ainsi, certains jeunes enfants épileptiques qui répondent mal aux traitements médicamenteux voient leur développement cognitif compromis par des crises violentes et fréquentes. Dans les cas les plus graves, une intervention chirurgicale appelée hémisphérectomie permet de maîtriser les crises par le retrait d'une grande partie de l'hémisphère malade. Mais qu'arrive-t-il si l'hémisphère enlevé est celui qui domine la fonction du langage? Si l'intervention a lieu dans les premières années de vie de l'enfant, l'hémisphère droit prend alors presque parfaitement en charge la fonction du langage, ce qui donne à penser que l'hémisphère droit possède lui aussi ce qu'il faut pour s'occuper des principaux aspects du langage.

Même si on entend encore dire que l'hémisphère gauche domine la fonction du langage, il serait plus juste d'envisager les spécialités langagières des deux hémisphères non plus comme des fonctions séparées, mais bien comme des habiletés diverses fonctionnant en parallèle et dont l'interaction rend possible le langage humain dans toute sa complexité.

Voilà qui devrait nous inciter à nous méfier des explications simplistes sur la latéralisation des fonctions cérébrales.

Source: Adapté de : «Le cerveau à tous les niveaux», < http://lecerveau.mcgill.ca/flash/index_d.html >.

Novateur et convivial, ce remarquable site de vulgarisation scientifique a été conçu pour les étudiants de tous les niveaux et mis au point par le neuroscientifique Bruno Dubuc, sous les conseils de Rémi Quirion, directeur scientifique de l'Institut des neurosciences, de la santé mentale et des toxicomanies (Institut de recherche en santé du Canada) associé à ce site.

épaule, torse, etc. — pour y parvenir. Les adultes doivent tenir compte de ces limites.

Les études portant sur les dessins d'enfants montrent également les effets accélérateurs de l'entraînement (Callaghan et Rankin, 2002). Notons que, avec ou sans entraînement, l'évolution du dessin se fait toujours selon la même séquence (Toomela, 1999). De plus, l'efficacité de l'entraînement paraît dépendre de la compréhension qu'a l'enfant de ce que les chercheurs tentent de lui apprendre à dessiner. Ainsi, l'enfant qui a une idée de ce que sont des lettres sera plus réceptif à l'apprentissage de l'écriture des lettres (Callaghan, 1999). Les enfants de plus de trois ans bénéficient donc davantage de ce type d'entraînement que les plus jeunes. De plus, le fait d'apprendre à tracer des lettres semble aider l'enfant à mieux les comprendre (Callaghan et Rankin, 2002). Par ailleurs, la recherche sur l'écriture chez les jeunes enfants indique que, dans certains cas, les développements physique et cognitif sont des processus interactifs.

LA SANTÉ ET LE BIEN-ÊTRE

Dorénavant, l'enfant n'est plus un bébé. Il fait l'apprentissage de la propreté; son alimentation et ses habitudes de sommeil changent. Cependant, il requiert encore des examens médicaux périodiques, des vaccins contre diverses maladies et une surveillance étroite qui préviendra les multiples accidents auxquels l'expose sa nouvelle autonomie.

Tableau 5.1   *Les étapes du développement moteur de deux ans à six ans*

Âge	Habiletés posturales	Habiletés manipulatoires	Habiletés locomotrices
De 18 mois à 24 mois	Pousse et tire des boîtes ou des jouets sur roues; ramasse des objets sans perdre l'équilibre.	Montre des signes de préférence pour l'une des deux mains; empile quatre à six cubes; tourne les pages d'un livre une à une; dévisse les couvercles sur les pots.	Court (20 mois); marche bien (24 mois); monte un escalier en posant les deux pieds sur chaque marche.
De 2 ans à 3 ans	Pousse et traîne de gros jouets autour d'obstacles; lance une petite balle en se tenant debout.	Ramasse des petits objets (des céréales, par exemple).	Court aisément; grimpe sur un meuble et en descend sans aide.
De 3 ans à 4 ans	Pédale et conduit un tricycle; marche dans toutes les directions en tirant un gros jouet.	Attrape une grosse balle en tendant les bras; découpe du papier avec des ciseaux; tient un crayon entre le pouce, l'index et le majeur.	Monte un escalier en posant un pied par marche; saute sur ses deux pieds; marche sur la pointe des pieds.
De 4 ans à 5 ans	Donne un coup de pied sur un ballon.	Frappe une balle avec un bâton; attrape une balle; enfile des perles (mais pas une aiguille); tient un crayon de façon appropriée.	Monte et descend un escalier en posant un pied par marche; se tient debout, court et marche sur la pointe des pieds.
De 5 ans à 6 ans		Joue assez bien à des jeux de ballon; enfile une aiguille et fait quelques points.	Saute sur un pied et sur l'autre; marche sur une ligne étroite; glisse, se balance.

Sources : Connolly et Dalgleish, 1989 ; Fagard et Jacquet, 1989 ; Mathew et Cook, 1990 ; Thomas, 1990.

L'apprentissage de la propreté

Les parents s'interrogent souvent sur le meilleur moment et la meilleure méthode pour apprendre à l'enfant à devenir propre. L'âge jugé approprié a changé avec le temps. Le laisser-faire en cours au début du XXe siècle a fait place, dans les années 1920 et 1930, à une démarche plus rigide axée sur les parents. Cette conduite a ensuite été rejetée en faveur de l'approche axée sur l'enfant, prônée par les célèbres pédiatres Benjamin Spock (1946) et T. Berry Brazelton (1962; Brazelton et autres, 1999), qui est devenue la norme des conseils offerts par les géné-ralistes et les pédiatres. Ainsi, la Société canadienne de pédiatrie (2000) recommande aux parents de ne pas entreprendre l'entraînement à la propreté avant que l'enfant donne les signes physiques et psychologiques suivants :

- il peut marcher jusqu'au petit pot (ou au siège adapté), et être stable et équilibré une fois assis;
- il peut rester sec dans sa couche plusieurs heures d'affilée;
- il peut suivre une ou deux directives simples;
- il peut demander quand il a besoin d'utiliser le petit pot;
- il veut faire plaisir à ses parents;
- il veut être indépendant.

À trois ans, la plupart des enfants peuvent conduire un tricycle.

La plupart des enfants des pays occidentaux contrôlent leur vessie et leurs intestins quand ils sont âgés de 24 mois à 48 mois. La période moyenne entre l'initiation de l'apprentissage de la propreté et la propreté réelle oscille entre trois et six mois. Le contrôle de la vessie ne coïncide pas toujours avec celui des intestins, et la continence urinaire nocturne peut concorder avec la continence diurne ou se produire plusieurs mois ou même plusieurs années plus tard (Société canadienne de pédiatrie, 2000).

Les habitudes alimentaires

Les conflits entre les parents et les bambins portent fréquemment sur des comportements alimentaires (Wong, 1993). Comme leur croissance ralentit, on remarque souvent que les enfants mangent moins que lorsqu'ils étaient bébés et qu'ils manifestent des aversions alimentaires. Par exemple, vers deux ou trois ans, le bébé qui adorait les carottes peut se mettre à les refuser obstinément.

Les parents ne doivent pas trop s'inquiéter de la quantité de nourriture qu'absorbe le jeune enfant. Les diététistes conseillent de ne pas le forcer à manger, sans céder pour autant à son goût immodéré pour les sucreries ou les aliments gras («Il faut bien qu'il mange quelque chose»). Si l'obésité est rare dans la petite enfance, les mauvaises habitudes alimentaires acquises en bas âge risquent fort d'entraîner des problèmes de poids plus tard. Mieux vaut garder sous la main une belle variété d'aliments nutritifs et laisser l'enfant décider de la quantité de nourriture qu'il prendra selon son appétit. Bien sûr, cette approche ne fonctionne que si les bambins ne se gavent pas de sucreries ou d'autres aliments vides. Notons que les jeunes enfants ne mangent que la moitié de ce qu'absorbent les adultes et que, contrairement à ces derniers, ils ne tirent pas des repas la majeure partie de l'apport énergétique nécessaire — d'où l'importance des collations nutritives.

Les habitudes de sommeil

Selon les pédiatres, les parents se plaignent davantage des habitudes de sommeil de leur enfant après son deuxième anniversaire (Coury, 2002). Il y a plusieurs raisons à cela. D'abord, c'est souvent à cet âge que les parents changent l'enfant de lit, voire de chambre. De plus, les différences de tempérament se manifestent souvent dans les habitudes de sommeil (Hayes, Parker, Sallinen et Davare, 2001). Enfin, l'enfant de deux ou trois ans peut voir dans «l'heure du dodo» une sorte de jeu qui consiste à retarder le moment de dormir en usant de stratagèmes variés.

Il faut aussi dire que, lorsque les enfants atteignent deux ou trois ans, les attentes des parents à leur égard changent. Des parents qui jusque-là trouvaient normal de bercer le nourrisson pour l'endormir ou de le laisser s'endormir dans leur lit s'attendent désormais à plus d'indépendance. L'enfant doit apprendre à se réveiller pour aller aux toilettes et à dormir autrement. Cet apprentissage, qui ne va pas de soi, exige souvent l'intervention parentale à des heures indues, surtout si l'enfant prend l'habitude de se lever la nuit.

Les cauchemars et les terreurs nocturnes qui apparaissent vers l'âge de trois ans n'arrangent pas les choses (Coury, 2002). Le cas typique est celui de l'enfant qui se réveille en pleurs ou très perturbé parce qu'il a fait un cauchemar et se souvient, par exemple, du monstre qui le poursuivait. La plupart du temps, le parent réussira à le calmer et à le réconforter. En cas de cauchemar récurrent, on peut demander à l'enfant d'inventer une fin heureuse à son histoire ou en trouver une avec lui — il va construire un piège pour capturer le monstre, par exemple. On peut dessiner avec lui cette fin heureuse ou la raconter au coucher. Après quelques semaines, le cauchemar devrait avoir disparu. Le cas des terreurs nocturnes est différent: l'enfant se réveille très perturbé, mais ne se souvient pas d'avoir rêvé et il demeure

[annotations manuscrites en haut : « dormir ds lit des parents! = récompense réveil nocturnes »]

insensible aux efforts de réconfort de ses parents. Habituellement, il lui faut plusieurs minutes pour revenir à la réalité et se calmer.

Les parents prennent souvent l'habitude de laisser l'enfant dormir dans leur lit pour faciliter son apprentissage de la propreté ou pour le rassurer quand il a des cauchemars ou des terreurs nocturnes. Cependant, dans les termes du conditionnement opérant, agir ainsi équivaut à récompenser, donc à renforcer les réveils nocturnes. Par conséquent, on recommande aux parents d'éviter toute forme de récompense quand l'enfant se réveille la nuit, et de le ramener doucement mais fermement dans son propre lit. Les choses devraient rentrer dans l'ordre en quelques semaines, voire en quelques jours.

[annotation manuscrite en marge : « tactiques »]

On peut prévenir ou éviter les conflits interminables à l'heure du coucher ou en pleine nuit par quelques pratiques simples (Borkowski, Hunter et Johnson, 2001) : structurer l'horaire quotidien de l'enfant et s'y tenir; supprimer la sieste si l'enfant a du mal à s'endormir ou se lève trop tôt; fixer l'heure du coucher selon l'heure souhaitée du réveil pour lui assurer une nuit de huit à dix heures, et s'y tenir; établir une routine du coucher (par exemple, bain, pyjama, lecture d'une histoire, baiser et dodo) et résister aux tentatives de l'enfant de la prolonger ou de la modifier; donner à l'enfant une poupée ou un toutou réservé au dodo.

Les maladies et les accidents

Les médecins distinguent les maladies aiguës, qui durent moins de 12 semaines, des maladies chroniques, qui persistent plusieurs mois, parfois des années et même toute la vie, comme le diabète, la dystrophie musculaire ou l'asthme.

En Amérique du Nord, l'enfant d'âge préscolaire contracte en moyenne de quatre à six maladies aiguës par année, le rhume et la grippe étant les plus fréquentes (Sulkes, 1998). Au Canada, un enfant d'âge préscolaire sur six souffre d'une maladie chronique. Les plus courantes sont liées au système respiratoire : les allergies, la bronchite et la sinusite chroniques, et l'asthme, la plus répandue et la première cause d'hospitalisation chez les enfants de ce groupe d'âge (Santé Canada, 2005).

Au Québec comme dans la plupart des pays développés, les accidents sont la principale cause de décès chez les enfants de 1 an à 14 ans (Statistique Canada, 2005). Si les types d'accident varient selon l'âge, à tous les âges les garçons en sont plus souvent victimes que les filles, peut-être parce qu'ils sont plus actifs, téméraires ou enclins à avoir des activités potentiellement dangereuses. Chez les

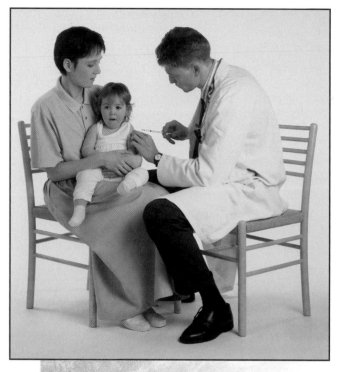

Les programmes de vaccination prémunissent les jeunes enfants contre plusieurs maladies.

enfants de un an à quatre ans, les principales causes de décès accidentel sont la noyade (23 %), les accidents de la route en tant que passager (14 %) ou piéton (14 %), les brûlures (14 %) et les accidents qui provoquent un étouffement (11 %). Les principales autres causes d'hospitalisation pour le même groupe d'âge sont les chutes (33 %) et les empoisonnements (18 %).

La négligence et la maltraitance

Il n'existe pas une définition universelle ou consensuelle de la maltraitance des enfants, mais ce terme englobe généralement toutes les formes de violence ou de mauvais traitements — physiques, psychologiques, affectifs ou sexuels — infligés aux enfants, y compris l'exploitation financière ou sexuelle et la négligence. La négligence est une forme passive de maltraitance; elle se manifeste par l'omission répétée et consciente de pourvoir aux besoins physiques (soins divers, hygiène, nourriture, santé, sécurité, etc.) et psychologiques (affection, amour, attention et stimulation) de l'enfant.

Comme elle peut avoir des conséquences catastrophiques et même fatales pour l'enfant, la maltraitance requiert une intervention rapide. En pratique cependant, il n'est pas toujours facile de déterminer où commence la maltraitance ou la négligence. Si les parents d'un enfant de deux ans lui permettent d'aller jouer dehors seul et qu'il se fracture le bras, s'agit-il d'un accident ou d'un cas de négligence? Tel est le type de dilemme que rencontrent les professionnels qui travaillent auprès des enfants et qui sont tenus par la loi de signaler aux autorités les cas potentiels de maltraitance ou de négligence.

Outre la difficulté de définir la maltraitance et la négligence, le fait que leurs manifestations restent souvent cachées aux autorités rend très difficile l'estimation de leur prévalence réelle. Néanmoins, à titre indicatif, l'*Étude canadienne sur l'incidence des signalements des cas de violence et de négligence envers les enfants* (Trocmé et autres, 2003) estime à 235 315 le nombre d'enquêtes sur la maltraitance d'enfants menées par les services canadiens de protection de l'enfance en 2003. Dans près de la moitié des enquêtes, la maltraitance a été corroborée par l'enquêteur, ce qui donne un taux national de 18,67 cas de mauvais traitements corroborés pour 1 000 enfants. La négligence (30%), l'exposition à la violence familiale (28%) et la violence physique (24%) sont les trois catégories principales de mauvais traitements corroborés. Viennent ensuite la violence psychologique (15%) et les agressions sexuelles (3%).

La violence physique infligée aux enfants entraîne des sévices physiques: ecchymoses, coupures ou écorchures, fracture des os, traumatisme crânien, etc. Dans les cas les plus graves, elle peut entraîner la mort (Trocmé et autres, 2003). Les enfants maltraités sont par ailleurs plus susceptibles que les autres de connaître des retards dans tous les aspects de leur développement (Glaser, 2000; Malinosky-Rummell et Hansen, 1993; Rogosch, Cicchetti et Aber, 1995; Cicchetti et autres, 2003).

Par ailleurs, certains enfants qui sont fréquemment ou grièvement maltraités présentent le *syndrome de stress post-traumatique* (Margolin et Gordis, 2000; Morrissette, 1999). Ce trouble comprend des niveaux extrêmes d'anxiété, des souvenirs récurrents d'épisodes de mauvais traitements, des cauchemars et des troubles du sommeil.

Selon un modèle qui s'est avéré utile pour mieux comprendre les causes de la maltraitance des enfants (Bittner et Newberger, 1981), les épisodes de mauvais traitements sont habituellement déclenchés par les interactions quotidiennes et souvent banales entre les parents et l'enfant. Plusieurs facteurs de risque se conjuguent alors pour produire une réaction violente ou inappropriée chez certains parents. Les quatre grands types de facteurs de risque qui distinguent les situations de maltraitance sont: 1) les facteurs socioculturels; 2) les carac-

téristiques de l'enfant; 3) celles de la personne qui le maltraite; 4) les facteurs de stress familiaux. En lisant ce qui suit, gardez à l'esprit qu'un seul facteur de risque suffit rarement à déclencher la violence; c'est la combinaison de plusieurs de ces facteurs qui augmente la probabilité que l'enfant soit maltraité.

LES FACTEURS SOCIOCULTURELS

Les parents sont plus susceptibles de maltraiter leurs enfants si leur système de valeurs ne leur impose pas de limites quant au recours à la violence physique ou psychologique pour les punir ou les éduquer. Ainsi, l'*Étude canadienne sur l'incidence des signalements des cas de violence et de négligence envers les enfants* révèle que 75% des cas de mauvais traitements physiques signalés et corroborés avaient été infligés en tant que punition (Durrant et autres, 2003). Selon certains sociologues, les valeurs qui permettent de considérer les sévices infligés aux enfants comme moralement acceptables découlent de traditions socioculturelles et reposent essentiellement sur la croyance que l'enfant est la propriété du parent plutôt qu'un être humain qui a des droits individuels (Mooney, Knox et Schacht, 2000a). Les parents qui vivent dans une communauté où d'autres individus partagent ces valeurs et agissent en conséquence sont plus susceptibles de devenir des parents violents.

LES CARACTÉRISTIQUES DE L'ENFANT ET DU PARENT

Plusieurs caractéristiques des enfants et des parents jouent un rôle dans la maltraitance. Ainsi, un enfant malade, prématuré ou handicapé risque de ne pas manifester les comportements d'attachement qui l'aideraient à attirer et à conserver l'attention de ses parents (van IJzendoorn et autres, 1992). De nombreuses études (par exemple, Sulkes, 1998) démontrent que les enfants qui souffrent d'un handicap physique ou mental, ou qui ont un tempérament difficile, sont plus susceptibles d'être victimes de violence que les autres enfants à risque. Le risque est d'autant plus élevé si l'un ou l'autre des parents n'a pas les compétences sociales et parentales nécessaires pour remplir son rôle. On sait, par exemple, que les mères qui souffrent de dépression réagissent moins rapidement aux signaux émis par leur bébé et qu'elles ont une attitude plus négative voire hostile envers leur progéniture (Field, 1995). Par ailleurs, les parents qui maltraitent leurs enfants semblent avoir une plus faible capacité d'empathie et de maîtrise de leurs réactions émotionnelles que les autres (Wiehe, 2003). Enfin, ceux qui sont dépressifs, qui ont des compétences parentales déficientes, qui ont eux-mêmes été maltraités dans l'enfance ou qui sont toxicomanes sont davantage susceptibles de maltraiter ou de négliger leurs enfants (Emery et Laumann-Billings, 1998).

LES FACTEURS DE STRESS FAMILIAUX

Les facteurs de stress associés à la famille incluent la pauvreté, le chômage, la structure familiale (la monoparentalité, par exemple) et les conflits entre les parents (Sulkes, 1998).

La prévention des mauvais traitements commence par l'information et l'éducation. Il faut informer les parents des conséquences potentielles de certains gestes ; le fait de secouer un bébé, par exemple, peut causer des dommages au cerveau. Les parents doivent aussi savoir que les enfants ont des droits, et que les maltraiter, même sous prétexte de les discipliner, est un crime. Dans les cas les plus flagrants de mauvais traitements — la violence physique et sexuelle —, la législation en vigueur en Amérique du Nord et en Europe oblige tout témoin à signaler la situation aux autorités compétentes.

La violence et la négligence réclament des interventions différentes. La première nécessite l'intervention des autorités (policiers, services de protection de l'enfance) alors que la seconde requiert souvent l'aide d'un intervenant spécialisé dans le développement de l'enfant et les compétences parentales (Mooney, Knox et Schacht, 2000b).

Ainsi, pour lutter contre le «syndrome du bébé secoué», le Centre hospitalier universitaire mère-enfant Sainte-Justine, à Montréal, propose aux parents un «thermomètre de la colère». Offert sur Internet, cet outil simple et pratique permet au parent excédé par les pleurs incessants de son bébé de suivre la progression de ses états émotifs qui mènent à la colère. Il lui fournit des consignes simples et claires sur la conduite à tenir et l'aide à désamorcer une crise imminente (CHU Sainte-Justine, 2006).

Pause
APPRENTISSAGE

Le développement physique

1. Décrivez brièvement les changements du système nerveux à l'âge préscolaire.

2. Quelle est la différence entre une maladie aiguë et une maladie chronique ? Donnez des exemples.

3. Quelles sont les principales causes d'hospitalisation et de décès chez les enfants de un à quatre ans au Canada ?

4. Nommez et expliquez brièvement les facteurs de risque associés à la maltraitance et à la négligence.

LE DÉVELOPPEMENT COGNITIF

On l'a constaté aux chapitres 1 et 3, l'influence de Piaget demeure prépondérante en matière de développement de la cognition. Dans cette section, nous verrons comment Piaget décrit la période préopératoire du développement cognitif, qui correspond en gros à l'âge préscolaire.

Nous nous pencherons ensuite sur des travaux plus récents qui jettent un nouvel éclairage sur la période préopératoire. Depuis une vingtaine d'années, en effet, des théoriciens et des chercheurs ont étudié une série de phénomènes relatifs à la façon dont l'enfant d'âge préscolaire s'explique les pensées, les croyances, les sentiments et les intentions d'autrui — à la façon dont il se construit une «théorie de l'esprit», pour reprendre leur terme.

LA PÉRIODE PRÉOPÉRATOIRE SELON PIAGET

Durant la période sensorimotrice décrite par Piaget, (chapitre 3), l'intelligence de l'enfant repose sur la perception et la sensation immédiates. L'action prime la pensée. L'enfant est incapable de se représenter les choses mentalement, il agit *hic et nunc*, dans l'immédiateté. Les premières représentations intérieures, ou *symboles*, n'émergent qu'au dernier stade sensorimoteur (le stade 6), entre 18 et 24 mois. C'est alors que l'enfant commence à utiliser des images, des actions et des mots qui représentent des objets, des personnes, des situations, etc. Ainsi, l'acquisition de la permanence de l'objet implique l'intériorisation de l'image de l'objet et, par conséquent, l'apparition d'un signe ou d'un symbole, lui aussi distinct, mais associé à l'objet (Cloutier, Gosselin et Tap, 2005). L'image d'une chaise, par exemple, représente ou «signifie» une chaise, et le mot «minou» désigne un chat.

L'émergence de cette **fonction symbolique** (ou **sémiotique**), c'est-à-dire de cette propriété qu'a une chose (objet, comportement, signe) d'en représenter une autre, annonce que la période sensorimotrice tire à sa fin. L'intelligence de l'enfant a commencé à fonctionner sur le mode *représentatif* (Bergeron et Bois, 1999, p. 109).

Lorsque l'enfant a acquis une bonne maîtrise de la fonction symbolique, il entre de plain-pied dans la période

Fonction symbolique (ou **sémiotique**) Propriété qu'a une chose (objet, comportement, signe) d'en représenter une autre.

préopératoire. C'est ici qu'apparaissent ses premières conduites symboliques, tels l'imitation différée (imitation d'un modèle en son absence) et le jeu symbolique.

Dans son jeu symbolique, l'enfant de deux ou trois ans détourne la fonction des objets, transformant un pinceau en balai et un balai en cheval (Walker-Andrews et Kahana-Kalman, 1999). Ensuite, il s'amusera à se déguiser ou à faire semblant. Des recherches transculturelles établissent que le jeu symbolique est un phénomène universel (par exemple, Haight et autres, 1999).

Notons que l'utilisation de symboles coïncide avec l'émergence du langage et l'apparition des premiers mots (DeLoache, 1995). Lorsque l'enfant apprend à mieux manipuler les symboles, on remarque que sa mémoire s'améliore aussi et qu'il cherche de façon plus systématique des objets perdus ou cachés (résolution de problèmes). Plus tard, il pourra comprendre les symboles graphiques complexes, comme les lettres (Callaghan, 1999).

La période préopératoire se divise en deux stades:
- le stade de la pensée symbolique (ou préconceptuelle), chez l'enfant de deux à quatre ans environ;
- le stade de la pensée intuitive, chez l'enfant de quatre à six ou sept ans environ.

Le tableau 5.2 (p. 136) présente les caractéristiques de ces deux stades de la période préopératoire.

Le stade de la pensée symbolique (ou préconceptuelle)

À la fin de la période sensorimotrice, l'enfant de deux ans peut se représenter mentalement des actions. Il peut aussi, jusqu'à un certain point, en comprendre les conséquences et les planifier pour atteindre un but. Autrement dit, il a commencé à penser. Cependant, il a encore du mal à le faire.

Au premier stade préopératoire, celui de la pensée symbolique ou préconceptuelle, la pensée de l'enfant se caractérise par l'apparition des préconcepts, l'égocentrisme intellectuel, le raisonnement transductif et la pensée animiste.

LES PRÉCONCEPTS

L'enfant de deux ans élabore ses premières représentations intérieures des gens et des choses en associant leurs similarités; il construit ainsi ses premières ébauches de concepts. Plus rudimentaires que les concepts des adultes, les *préconcepts* permettent à l'enfant d'opérer des rapprochements pour identifier les objets de façon sommaire (Lefrançois, 1999).

Piaget (1945, 1970) définit les préconcepts comme des «notions attachées par l'enfant aux premiers signes verbaux dont il acquiert l'usage», notions qui sont «à mi-chemin entre la généralité du concept et l'individualité des éléments qui le composent». Pour l'enfant, le mot chien ne s'applique plus qu'à un seul chien; cependant, il ne fait pas encore la différence entre *le* chien et *les* chiens, entre l'individu et le groupe auquel il appartient.

Piaget (1951) illustre par l'exemple de son fils Laurent cette incapacité chez l'enfant de saisir que des choses semblables puissent appartenir à une même catégorie, une même classe, tout en s'en distinguant. Après avoir montré du doigt un escargot lors d'une randonnée en forêt, Laurent, qui était âgé de trois ans, fut convaincu en apercevant un second mollusque terrestre quelques minutes plus tard qu'il s'agissait toujours du premier. La réaction de l'enfant qui, après avoir croisé cinq pères Noël différents dans la même journée, raconte encore qu'il a vu *le* père Noël en est un autre exemple.

L'ÉGOCENTRISME INTELLECTUEL

À la suite de ses observations, Piaget a été amené à conclure que les bambins sont incapables d'envisager les choses autrement que de leur propre point de vue (Piaget, 1954). Précisons-le tout de suite, cet **égocentrisme intellectuel** n'a rien à voir avec l'égoïsme. Il s'agit d'un état cognitif. L'enfant est persuadé que tout le monde pense comme lui et voit le monde comme lui. Il ne peut encore se représenter d'autres points de vue que le sien. Ainsi, un bambin de trois ans se croira très bien caché avec un oreiller sur la tête: s'il ne voit pas les autres, les autres ne peuvent pas le voir!

Pour étudier l'égocentrisme intellectuel, Piaget et son collègue Inhelder (1948) ont conçu une épreuve devenue aujourd'hui classique: la tâche des trois montagnes (voir la figure 5.1, p. 137). On montre d'abord à l'enfant une scène en trois dimensions reproduisant trois montagnes de formes et de couleurs différentes. On lui demande ensuite de choisir, parmi plusieurs représentations visuelles de la scène, celle qui correspond à ce qu'il voit.

La plupart des enfants de deux à quatre ans réussissent assez facilement cette partie de l'exercice. Mais quand on leur demande de choisir l'image qui montre ce que voit une personne (ou une poupée) placée ailleurs dans la pièce, la plupart choisissent de nouveau l'image

Égocentrisme intellectuel Selon Piaget, état cognitif dans lequel l'enfant ne peut envisager le monde que de son propre point de vue et est encore incapable de se représenter d'autres points de vue.

Tableau 5.2   *Les caractéristiques de la période préopératoire*

Premier stade préopératoire: la pensée symbolique (ou préconceptuelle)		Deuxième stade préopératoire: la pensée intuitive	
Préconcepts	Notions à mi-chemin entre la généralité du concept et l'individualité des éléments qui le composent. L'enfant sait qu'il existe plus d'une poupée, mais ne comprend pas le concept de « poupée ».	**Intuition**	Perception de la réalité sans l'aide du raisonnement. C'est seulement s'il a pu suivre des yeux le contenant cylindrique que l'enfant, qui y a inséré trois boules de couleurs différentes, peut deviner (imaginer) correctement leur position quand on retourne le tube.
Égocentrisme intellectuel	Incapacité de concevoir l'existence d'un point de vue autre que le sien. L'enfant se croit bien caché sous la table, même si la moitié de son corps dépasse: s'il ne peut pas voir les autres, les autres ne peuvent pas le voir.	**Centration**	Focalisation sur un aspect de la réalité perçue au détriment de tous les autres. (A) L'enfant reconnaît que les deux boules devant lui contiennent la même quantité de pâte à modeler. (B) Après avoir lui-même divisé la boule bleue en cinq parties, il croit maintenant qu'il y a davantage de pâte à modeler bleue. A B
Raisonnement transductif	Raisonnement du particulier au particulier. L'enfant voit une mouffette et se dit : « Un chien a quatre pattes et des poils, et cette chose a quatre pattes et des poils. Donc, ça doit être un chien. »	**Précatégories**	Compréhension limitée du concept d'inclusion des classes (classes et sous-classes). L'enfant comprend que beaucoup de fleurs sont des marguerites et que certaines fleurs sont des roses, mais à la question : « Y a-t-il plus de fleurs que de marguerites dans cette image », il répond : « Plus de marguerites. »
Pensée animiste	Croyance selon laquelle les animaux, les objets et les phénomènes se comportent comme des humains. L'enfant se dit que si la lune bouge quand il se déplace, c'est qu'elle le suit.		

qui correspond à leur propre point de vue (Flavell et autres, 1981 ; Gzesh et Surber, 1985).

Selon Piaget et Inhelder (1948), jusqu'à l'âge de cinq ou six ans, les enfants ne voient aucune différence entre le point de vue de la poupée et le leur. Pour eux, toutes les images représentent les trois montagnes de tous les points de vue. À sept ans, les enfants comprennent que ce qu'on aperçoit diffère selon la position qu'on occupe (mais ils ne saisissent pas encore la relation entre les trois montagnes, qui se transforment selon le point de vue de l'observateur).

Parce que de jeunes enfants ne pouvaient pas se figurer le point de vue spatial d'une personne de l'autre côté de la table, Piaget concluait qu'ils étaient incapables de se mettre à la place d'autrui (empathie). Mais, comme nous le verrons plus loin, des expériences plus récentes permettant à des enfants du même âge d'imaginer des situations dans un contexte social plutôt que spatial ont prouvé le contraire.

LE RAISONNEMENT TRANSDUCTIF

Les jeunes enfants affirment souvent avec une certitude déconcertante des non-sens qui leur semblent parfai-

tement logiques. C'est que, comme on vient de le voir, l'enfant peut au stade préconceptuel dépasser le cas particulier, mais il n'est pas encore capable d'aller au général. Sa pensée se caractérise par un raisonnement transductif. À défaut d'idées générales ou de vrais concepts, il passe non pas d'un cas particulier à une loi générale (induction) ni d'une loi générale à un cas particulier (déduction), mais d'un cas particulier à un autre cas particulier. Par exemple, une petite fille qui n'avait pas fait sa sieste refusait de prendre son repas du soir parce que ce n'était pas encore l'après-midi. Elle avait correctement associé la sieste et l'après-midi, mais avait prêté à ce lien un caractère causal : pas de sieste, pas d'après-midi !

S'il peut parfois conduire à une déduction correcte, le raisonnement transductif aboutit généralement à une conclusion erronée. Dans les deux cas, il est boiteux.

LA PENSÉE ANIMISTE

La **pensée animiste** prête des caractéristiques humaines (des intentions, des sentiments, des humeurs et une conscience) aux objets et aux événements. Par exemple, l'enfant peut dire que la table contre laquelle il vient de se cogner est méchante ou affirmer, lors d'une promenade nocturne, que la lune le suit parce qu'il a l'impression qu'elle bouge en même temps que lui (Piaget, 1960). Les premières relations de causalité de l'enfant portent la marque de l'animisme parce que, à son âge, comme on l'a vu, les liens qu'il établit sont subjectifs. Il attribue un rôle actif à des objets ou à des phénomènes en fonction de sa propre réalité plutôt que de leurs caractéristiques propres.

La pensée animiste persiste rarement au-delà du stade de la pensée symbolique et se rencontre principalement dans l'explication des phénomènes naturels (le soleil, la lune, le vent et les nuages, etc.). On appelle **artificialisme** la démarche du jeune enfant qui attribue l'existence des éléments et autres phénomènes naturels à l'action d'un être humain ou d'un être imaginaire qui agit comme un humain. L'enfant pourra dire, par exemple, que « les lacs ont été faits pour qu'on s'y baigne ; ils ont été creusés par des hommes qui ont amené l'eau dans des tuyaux » (Larousse, 1999). L'enfant croit ainsi que toutes les

Figure 5.1
L'égocentrisme intellectuel : la tâche des trois montagnes
Dans cette épreuve utilisée par Piaget pour étudier l'égocentrisme chez l'enfant, on demande à la fillette de choisir l'image qui montre les trois montagnes telles qu'elle les voit. Puis, on lui demande de choisir l'image qui montre comment la poupée, elle, voit les trois montagnes. La plupart des enfants de deux à quatre ans choisissent dans les deux cas l'image qui montre la scène de leur point de vue.

Pensée animiste Mode de pensée qui prête des caractéristiques humaines (des intentions, des sentiments, des humeurs et une conscience) aux objets et aux phénomènes.

Artificialisme Démarche de l'enfant qui attribue l'existence des éléments et autres phénomènes naturels à l'action d'un être humain ou d'un être imaginaire qui agit comme un humain.

choses ont une raison d'être, qu'elles poursuivent un but, un objectif. L'artificialisme est lié au caractère symbolique, préconceptuel et égocentrique de la pensée enfantine ; l'enfant de cet âge demeure centré sur son point de vue et sur ses expériences personnelles (Legendre-Bergeron, 1980).

Le stade de la pensée intuitive

Au deuxième stade préopératoire, l'importance de l'égocentrisme intellectuel diminue. L'enfant n'envisage plus seulement la réalité à partir de ce qu'il éprouve ; il devient de plus en plus capable d'envisager les choses comme extérieures à lui-même, de leur accorder une existence indépendante de sa propre volonté ou activité. Il se sert maintenant de ses perceptions visuelles pour comprendre la réalité sur un mode intuitif, mais cela lui joue parfois des tours (Bergeron et Bois, 1999, p. 114). À ce stade, sa pensée est caractérisée par l'intuition, la centration sur l'apparence et les précatégories (collections figurales et non figurales).

L'INTUITION

Caractéristique de la transition entre l'intelligence symbolique (préconceptuelle) et l'intelligence opératoire, l'intelligence intuitive ne parvient pas encore à relier et à enchaîner logiquement plusieurs éléments ; elle appréhende donc la réalité sur un mode perceptif, sans l'aide du raisonnement logique. C'est une ébauche de pensée opératoire, puisqu'elle travaille déjà sur la réalité que perçoit l'enfant, mais elle ne peut pas encore se détacher de la perception. De plus, elle est encore à sens unique, non réversible ; s'il y a changement ou transformation, elle ne peut pas revenir à l'état ou à la situation initiale.

Piaget en donne un exemple éloquent. Il demande à un enfant d'introduire dans un tube cylindrique opaque trois boules de différentes couleurs qui se superposent dans un certain ordre : la première est verte ; la seconde, jaune ; la troisième, bleue. Piaget met le tube à la verticale et demande à l'enfant la couleur de la boule du dessus. « Bleue », répond l'enfant. Piaget renverse le cylindre et redemande à l'enfant quelle est maintenant la boule du dessus. « La verte », répond l'enfant. Piaget retourne de nouveau le cylindre et repose la question. « La bleue », répond l'enfant. Troisième renversement, quatrième, cinquième, et ainsi de suite. Tant qu'ils peuvent suivre des yeux le déplacement du tube et imaginer la position des boules, les enfants d'âge préscolaire sont capables de trouver intuitivement la couleur de la boule du dessus. Cependant, ils sont incapables de déduire la règle générale abstraite qui leur permettrait de répondre correctement à la question « Et si on retourne encore le cylindre ? » ou de comprendre que la boule jaune ne sera jamais au-dessus.

Au stade de la pensée intuitive, les enfants semblent connaître les réponses à toutes sortes de questions sans qu'il y ait un fondement logique à leur façon d'appréhender le fonctionnement du monde.

LA CENTRATION

Piaget était convaincu que la pensée de l'enfant d'âge préscolaire était prisonnière de l'apparence des choses au détriment de leur réalité — un thème encore très étudié aujourd'hui. Il expliquait ce biais de la pensée enfantine par l'effet de *centration* produit par « les interactions entre éléments perçus simultanément lors d'une seule fixation du regard ». Les jeunes enfants se centrent sur un aspect de la réalité, et ce, au détriment de tous les autres, comme si cet aspect devenait le seul à importer ou qu'ils ne pouvaient qu'en traiter un à la fois. Le meilleur exemple de la centration chez l'enfant au stade préopératoire est leur difficulté à comprendre la notion de *conservation*.

Au stade sensorimoteur, le nourrisson acquiert une certaine compréhension de la nature des objets et finit par se rendre compte que ceux-ci continuent d'exister même s'il ne les voit plus (permanence de l'objet). Cependant, certaines choses, comme une quantité ou un volume, ne changent pas même si on modifie leur apparence ; elles sont « conservées », pour reprendre le terme de Piaget. Et cette *conservation* déconcerte encore l'enfant d'âge préscolaire.

Piaget a étudié l'acquisition de la notion de conservation chez l'enfant à l'aide de diverses épreuves, elles aussi devenues classiques. Dans l'une d'elles, on présente à l'enfant deux verres identiques contenant la même quantité de liquide ; on lui propose de vérifier qu'ils sont bien pareils et que la quantité de liquide dans chacun est exactement la même. Puis on lui suggère de transvaser le contenu de l'un des verres dans un verre plus haut et plus étroit (voir la figure 5.2). Une fois la chose faite, on lui demande quel verre contient maintenant le plus de liquide. Avant l'âge de cinq ou six ans, constatait Piaget, l'enfant répond presque toujours que c'est le verre étroit, parce que le niveau du liquide est plus haut. Il est trop « centré » sur un aspect du problème — l'*apparence* du liquide — pour voir ce qui reste inchangé — la *quantité* de liquide qu'il y a lui-même versée.

De même, si on lui présente deux boules de pâte à modeler de la même grosseur, l'une rose et l'autre bleue, et qu'on lui demande de diviser la boule bleue en plusieurs petites boules, l'enfant dira, une fois la boule morcelée, qu'il y a maintenant plus de pâte à modeler bleue.

Figure 5.2
La centration : l'épreuve de la conservation d'un liquide
Quel verre contient le plus de liquide ? Cette jeune enfant a vérifié que les deux verres identiques contenaient bien la même quantité de liquide, puis a versé elle-même le liquide de l'un des verres dans un nouveau verre plus étroit. Pourtant, se fiant à l'apparence du liquide (son niveau dans le verre), elle affirme que le nouveau verre en contient davantage.

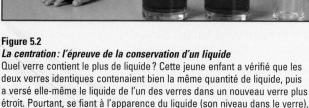

La centration ainsi que le caractère non réversible de la pensée préopératoire (son incapacité de revenir en arrière) empêchent l'enfant de percevoir les autres données du problème, comme la forme différente du verre étroit ou le fait qu'il vient lui-même d'y vider la même quantité de liquide.

LES PRÉCATÉGORIES (COLLECTIONS FIGURALES ET NON FIGURALES)

Piaget a beaucoup étudié les habiletés de classification (catégorisation) chez les jeunes enfants. La capacité de classer des objets selon une ou plusieurs propriétés communes (concrètes ou abstraites) est primordiale dans le développement de la cognition. La classification des informations permet de les trier et de séparer l'important du superflu, un processus essentiel pour ne pas être submergé par le flux incessant des stimulations.

En soumettant à des enfants des formes ou des images (d'objets, de personnes ou d'animaux), Piaget a pu observer et décrire une progression de leurs habiletés de classification. Ainsi, explique-t-il, durant la période préopératoire, l'enfant passe par deux étapes (Piaget et Inhelder, 1959).

De deux à quatre ans, les enfants regroupent les éléments selon une configuration spatiale. Les *collections figurales,* comme les nomme Piaget, peuvent être des configurations auxquelles l'enfant attribue une signification (une maison, un train, etc.) ou des alignements d'éléments qui se ressemblent ou qui s'accordent pour des raisons qui changent constamment, l'enfant ne voyant pas l'utilité d'utiliser une règle de façon constante.

Ainsi, il peut décider qu'un objet s'associe bien à tel autre, qu'un camion se combine à une auto (roues), que la balle jaune se marie bien avec le bâton bleu (balle et bâton) et le crayon jaune, avec la balle jaune (couleur).

Le raisonnement qui guide ces collections figurales s'appelle le *raisonnement syncrétique ;* il est global et amalgame différents types de raisonnements. Cette forme de pensée magique est anarchique et exclut toute rigueur — un luxe qu'on ne peut plus s'offrir à l'âge adulte !

À partir de cinq ans, l'enfant commence à regrouper les éléments sur la base de ressemblances et de différences perçues. Il peut procéder par petites collections qu'il réunit ensuite en collections plus grandes (avec des roses et des marguerites, on peut faire une collection de fleurs), ou au contraire commencer par de grands assemblages qu'il subdivisera ensuite en petites collections. L'enfant forme maintenant des ensembles complémentaires, mais ce ne sont pas encore des classes logiques, seulement des *collections non figurales,* sans hiérarchie inclusive des ensembles d'éléments.

À ce stade, l'enfant ne comprend toujours pas le principe de l'**inclusion des classes**, selon lequel les classes en incluent d'autres (sous-classes). Par exemple, il sait que des roses et des marguerites sont des fleurs, mais si on lui présente un bouquet de trois roses et cinq marguerites et qu'on lui demande s'il y a plus de fleurs

Inclusion des classes Relation entre les classes d'objets, de sorte qu'une classe subordonnée est comprise dans une classe générique (par exemple, les bananes font partie de la classe des fruits).

L'enfant de deux ou trois ans parle différemment quand il s'adresse à un enfant plus jeune que lui, ce qui indique une certaine conscience du point de vue d'autrui.

ou plus de marguerites, il pourra répondre «Plus de marguerites». Quand il pense à la partie «marguerites», le tout «fleurs» devient un simple complément des marguerites. L'enfant voit la complémentarité entre les fleurs et les marguerites, mais ne saisit pas la relation logique entre les deux termes.

DE NOUVELLES PERSPECTIVES: LA THÉORIE DE L'ESPRIT CHEZ L'ENFANT

Dans l'ensemble, les recherches corroborent la séquence fondamentale du développement cognitif décrite par Piaget. En ce qui concerne la conservation, par exemple, la majorité des études confirment ses observations (Ciancio et autres, 1999; Gelman, 1972; Sophian, 1995; Wellman, 1982;). Si des enfants de trois ou quatre ans peuvent montrer une certaine compréhension de la conservation, c'est que nous leur simplifions grandement la tâche en leur proposant un problème familier, en leur donnant des indices et en éliminant toute source de distraction. Sans quoi la très grande majorité des enfants n'arriveront pas à résoudre les problèmes de conservation ni d'autres problèmes logiques avant l'âge de cinq ou six ans, et même plus tard.

De manière générale, l'enfant d'âge préscolaire ne semble pas appréhender le monde ni traiter l'information selon un ensemble de règles générales comme le fait l'enfant plus âgé. Par exemple, il n'arrive pas aisément à transposer (généraliser) une notion qu'il a acquise dans un contexte donné à une situation semblable mais non identique. Or, c'est précisément ce processus de généralisation et de transposition qui caractérise la période

des opérations concrètes, que Piaget situait vers l'âge de six ou sept ans.

Cependant, les recherches indiquent aussi que les habiletés cognitives de l'enfant d'âge préscolaire sont plus précoces et plus raffinées que le croyait Piaget. En effet, dès l'âge de quatre ou cinq ans, soutiennent de nombreux psychologues et chercheurs, l'enfant a déjà une **théorie de l'esprit**, c'est-à-dire un ensemble d'idées qui lui permet de se représenter l'état d'esprit d'autrui (pensées, croyances, sentiments, intentions) et de prédire ses comportements.

Comme nous allons le voir, les recherches sur la théorie de l'esprit indiquent que l'enfant de quatre ou cinq ans manie déjà certaines formes de pensée logique que Piaget croyait inexistantes à la période préopératoire. Ces recherches s'articulent autour de la conscience du point de vue d'autrui, de la distinction entre apparence et réalité et du principe de fausse croyance.

La conscience du point de vue d'autrui

La théorie de l'esprit n'est pas donnée telle quelle à l'enfant de quatre ans. À 18 mois, certains nourrissons comprennent déjà de façon rudimentaire que les gens (mais pas les objets inanimés) fonctionnent avec des objectifs et des intentions (Meltzoff, 1995). De plus, l'égocentrisme de l'enfant de deux ou trois ans ne l'empêche pas de saisir jusqu'à un certain point qu'une autre personne voit ou vit les choses autrement que lui. Ainsi, à trois ans, les enfants jouent différemment selon que leur compagnon de jeu est plus jeune ou plus vieux qu'eux, et ils parlent différemment quand ils s'adressent à un enfant plus jeune ou à un enfant handicapé (Brownell, 1990; Guralnik et Paul-Brown, 1984). Ils comprennent certains éléments du lien entre le comportement d'autrui et ce que ce dernier pense, ressent ou désire. Par exemple, ils savent que, lorsqu'on veut quelque chose, on va essayer de l'obtenir, et qu'on peut continuer à désirer quelque chose qu'on ne peut pas obtenir (Lillard et Flavell, 1992). Cependant, cette compréhension est loin d'être parfaite à un si jeune âge.

Le psychologue du développement John Flavell distingue deux stades dans la conscience du point de vue d'autrui (Flavell, Green et Flavell, 1990):
- vers deux ou trois ans, l'enfant *sait* que les autres vivent les choses différemment d'eux;

Théorie de l'esprit Ensemble d'idées qui permet à un individu de se représenter l'état d'esprit d'autrui (pensées, croyances, sentiments, intentions) et de prédire ses comportements.

- vers quatre ou cinq ans, il élabore une série de règles complexes pour arriver à comprendre ce que l'autre pense, ressent ou désire.

Par exemple, l'enfant de quatre ou cinq ans comprend qu'une autre personne est triste quand elle échoue, et heureuse quand elle réussit. Il commence aussi à saisir que la différence entre ce qu'on veut et la réalité engendre des émotions désagréables. Il comprend par exemple que perdre quelque chose qu'on aime ou ne pas réussir à l'obtenir entraîne habituellement de la tristesse (Harris, 1989).

Les études sur la compréhension de l'émotion montrent aussi que, avec les années, l'enfant d'âge préscolaire devient de plus en plus perméable au point de vue d'autrui. Ainsi, entre l'âge de deux et six ans, il apprend graduellement à réguler ou à moduler ses manifestations émotionnelles selon les attentes d'autrui (Dunn, 1994). De plus, il utilise des manifestations émotionnelles comme le sourire ou les larmes pour obtenir ce qu'il veut, ce qui suppose une certaine conscience que ces expressions émotionnelles sont vues et jugées par l'autre.

La distinction entre apparence et réalité

Le fait que le jeune enfant s'éloigne ainsi de l'égocentrisme semble lié à un changement plus général dans ses capacités conceptuelles — changement résultant de la distinction entre l'apparence et la réalité.

Flavell a étudié cette notion de toutes sortes de manières (Flavell, Green et Flavell, 1989 ; Flavell, Green, Wahl et Flavell, 1987), la première et la plus connue étant l'épreuve de l'éponge. L'expérimentateur montre à l'enfant une éponge, qui a été peinte pour ressembler à un caillou. Il lui demande d'abord à quoi cette chose

ressemble, puis ce que c'est. Avant quatre ans, les enfants répondent soit que cela ressemble à une éponge et que c'est une éponge, soit que cela ressemble à un caillou et que c'est un caillou. Par contre, à quatre ou cinq ans, les enfants différencient apparence et réalité : ils comprennent que l'éponge a l'air d'un caillou, mais que c'est une éponge. Ils comprennent donc qu'une même chose — ici, une éponge — peut avoir des représentations différentes — éponge ou caillou — selon le point de vue (Flavell, 1986).

Cette épreuve et plusieurs autres montrent que, même si la notion de conservation lui échappe encore, le jeune enfant est capable de prendre simultanément en considération deux représentations différentes d'une même chose.

Le principe de fausse croyance

À l'aide du même test de l'éponge peinte en caillou, les chercheurs ont voulu savoir à quel moment les enfants pouvaient se mettre à la place d'une autre personne ; ils ont aussi voulu déterminer quel type d'information pouvait les amener à croire quelque chose qui en réalité était faux. Dans cette épreuve, l'expérimentateur dit à l'enfant, après lui avoir fait toucher l'éponge et l'avoir interrogé sur ce qu'elle semble être et ce qu'elle est vraiment : « Ton ami Mathieu, lui, n'y a pas touché. S'il la voyait de là-bas, est-ce qu'il penserait que c'est un caillou ou une éponge ? » (Gopnik et Astington, 1988, p. 35). La plupart des enfants de trois ans répondent que leur ami va penser que c'est une éponge parce que c'est une éponge. Par contre, à quatre ou cinq ans, les enfants comprennent que, parce qu'il n'a pas touché à l'éponge, leur ami croira à tort qu'il s'agit d'un caillou. Ils ont saisi le *principe de fausse croyance* ; ils comprennent que quelqu'un peut avoir une fausse représentation de la réalité et que, le cas échéant, il se comportera en conséquence. Par exemple, un enfant qui croit que sa mère l'a laissé seul dans la maison pourra pleurer même si en réalité elle est cachée derrière le divan.

Les gens agissent en fonction de leurs représentations, que celles-ci correspondent ou non à la réalité. Dans la théorie de l'esprit, c'est ce principe fondamental qui émerge clairement vers l'âge de quatre ou cinq ans.

Les limites de la théorie de l'esprit à l'âge préscolaire

La conscience accrue qu'a l'enfant de cet âge du fonctionnement de la pensée se manifeste aussi dans d'autres habiletés. Par exemple, entre trois ans et cinq ans, les

Les enfants de deux ou trois ans savent déjà que les idées, croyances et sentiments des autres influent sur leurs actes. Vers quatre ou cinq ans, ils saisiront le principe de fausse croyance.

enfants comprennent que, pour résoudre le problème de l'éponge et de la roche, il faut nécessairement toucher ou tenir l'objet; le regarder ne suffit pas (Flavell, 1993; O'Neill, Astington et Flavell, 1992). De même, les enfants de quatre ans (mais pas de trois ans) savent que, pour se souvenir d'une chose ou pour l'oublier, il faut l'avoir apprise ou avoir été en contact avec elle auparavant (Lyon et Flavell, 1994).

Ces changements sont importants, car ils sont les premiers signes de la *métacognition*, c'est-à-dire la conscience qu'a un individu de ses propres processus d'acquisition de connaissances (mémoire et résolution de problèmes).

Cependant, l'enfant de quatre ou cinq ans n'en est pas encore là, et bien des aspects de la pensée d'autrui lui échappent toujours. Par exemple, s'il comprend que la perception directe est une source de savoir, il a du mal à concevoir qu'on puisse connaître quelque chose indirectement, par inférence, c'est-à-dire par raisonnement logique (déduction ou induction).

Dans une étude (Pillow, 1999), on a montré à des enfants de quatre ans, à d'autres de six ans ainsi qu'à une poupée deux jouets de couleur différente qu'on a ensuite cachés dans deux contenants opaques. Puis, après avoir ouvert l'un des contenants et montré à la poupée le jouet qui s'y trouvait, l'expérimentateur a demandé aux enfants si la poupée savait maintenant de quelle couleur était le jouet dans chacune des boîtes; seuls les enfants de six ans ont répondu oui. Dans une étude subséquente, Pillow (2002) a soumis des enfants à une épreuve similaire, mais tantôt avec une poupée, tantôt sans poupée. Dans les deux cas, les enfants devaient expliquer leur réponse et dire jusqu'à quel point ils en étaient certains. Les résultats ont indiqué que ceux de six ans commençaient à comprendre la différence entre deviner et inférer (par déduction ou par induction) et étaient plus certains de la réponse lorsqu'il s'agissait de la leur que lorsqu'il s'agissait de celle d'autrui (la poupée).

Enfin, l'enfant de quatre ans sait que les autres *pensent*, mais il n'envisage pas encore qu'ils peuvent *penser à lui*. Si on lui dit: «Je sais que tu sais», il comprend; mais il ne saisit pas vraiment que le processus est réciproque, qu'on peut lui dire: «Tu sais que je sais.» La compréhension du caractère réciproque (réversible) de la pensée semble apparaître entre cinq ans et sept ans chez la plupart des enfants (Sullivan, Zaitchik et Tager-Flusberg, 1994).

Le fait est important, car cette compréhension est probablement nécessaire pour établir de vraies amitiés réciproques à l'école primaire. D'ailleurs, la vitesse à laquelle un enfant d'âge préscolaire développe une théorie de l'esprit est un prédicteur de ses habiletés sociales dans la petite enfance et au primaire (Moore, Barresi et Thompson, 1998; Watson et autres, 1999).

La théorie de l'esprit dans d'autres cultures

Bien que l'idée demeure contestée, de nombreuses recherches indiquent que certains aspects de la théorie de l'esprit chez l'enfant ont un caractère universel. Par exemple, des études montrent que cette théorie se manifeste selon une séquence similaire aux États-Unis, en Chine, au Japon, en Europe et en Inde (Flavell, Zhang, Zou, Dong et Qi, 1983; Jin et autres, 2002; Joshi et MacLean, 1994; Tardif et Wellman, 2000; Wellman, Cross et Watson, 2001).

Des critiques ont toutefois fait remarquer que la plupart des sociétés où ces études ont été menées sont industrialisées, et que les résultats pourraient s'avérer très différents dans des sociétés non industrialisées.

Pour répondre à cet argument, Jeremy Avis et Paul Harris (1991) ont adapté un test standard afin d'évaluer le principe de fausse croyance chez le peuple baka. Les Bakas sont des chasseurs-cueilleurs semi-nomades qui vivent dans les forêts tropicales du Cameroun. Chaque enfant a été évalué dans sa propre hutte avec du matériel qui lui était familier. On laissait d'abord l'enfant regarder un adulte du nom de Mopfana (un membre de la tribu) mettre des amandes dans un bol avec un couvercle. Après le départ de Mopfana, un autre adulte de la tribu disait à l'enfant: «On va jouer un tour à Mopfana. On va cacher les amandes dans un chaudron.» Puis il demandait à l'enfant ce que Mopfana allait faire à son retour. Allait-il chercher les amandes dans le bol ou dans le chaudron? Serait-il content ou triste *avant* d'enlever le couvercle du bol? Et *après* l'avoir enlevé? Les enfants de deux et trois ans ainsi que ceux qui venaient tout juste d'avoir quatre ans ont généralement répondu que Mopfana chercherait les amandes dans le chaudron ou qu'il serait triste avant de chercher dans le bol. Par contre, les enfants de quatre ans passés et ceux de cinq ans ont presque toujours donné la «bonne» réponse aux trois questions.

Ainsi, dans des cultures bien différentes les unes des autres, on observe un phénomène similaire chez les enfants de trois à cinq ans: ils semblent comprendre une vérité fondamentale concernant d'une part la distinction entre l'apparence et la réalité et d'autre part le principe de fausse croyance.

La façon dont les parents conversent avec les enfants de même que la sécurité de leur attachement et de leurs liens influent sur le développement de la théorie de l'esprit.

Le langage et la théorie de l'esprit

La théorie de l'esprit paraît intimement liée au langage. D'ailleurs, l'actuel courant de recherche sur la théorie de l'esprit au stade préopératoire est issu de recherches en éthologie cognitive sur les compétences langagières et communicatives des singes supérieurs. Dans un article intitulé « Does the chimpanzee have a Theory of mind ? », Premack et Woodruff (1978) décrivent une série d'expériences menées avec un chimpanzé nommé Sarah. Ils ont noté que l'animal, qui connaissait le système symbolique, était capable de prédire et d'interpréter l'action humaine à partir d'états mentaux. En ce qui concerne le principe de fausse croyance, les expériences de Seyfarth et autres (1980) sur la capacité de tromper des gorilles ont été déterminantes. Elles montrent que ces derniers, aptes à produire des cris d'alarme distincts selon les prédateurs décelés à proximité (langage), utilisent ces mêmes cris en l'absence de prédateurs quand ils disputent un territoire à une bande rivale de gorilles et qu'ils veulent la tromper et la faire fuir. Ces singes sont-ils capables d'induire intentionnellement une fausse croyance chez leurs semblables ? Ont-ils une théorie de l'esprit ?

Certaines études sur l'acquisition du langage chez les humains, en particulier celles qui portent sur l'acquisition et la compréhension des termes relatifs aux états mentaux (Bretherton et Beeghly, 1982; Johnson et Maratsos, 1977; Johnson et Wellman, 1980; Shatz, Wellman et Siber, 1983), ont également poussé les chercheurs à analyser les liens entre l'acquisition du langage et celle d'une théorie de l'esprit.

On pense aujourd'hui qu'un certain degré d'habiletés langagières — notamment la connaissance de mots qui expriment des sentiments, des désirs ou des réflexions comme *vouloir*, *avoir besoin*, *penser* ou *se souvenir* — est nécessaire à l'élaboration d'une théorie de l'esprit (Astington et Jenkins, 1995). On constate en effet que, tant qu'ils n'ont pas franchi un certain seuil de compétence langagière, les enfants de trois à six ans échouent aux épreuves de fausse croyance (Astington et Jenkins, 1999; Jenkins et Astington, 1996; Watson et autres, 1999).

De plus, les recherches sur le lien entre le langage et le développement d'une théorie de l'esprit montrent que certaines déficiences qui entravent le développement du langage, comme la surdité congénitale ou la déficience intellectuelle, retardent le développement de la théorie de l'esprit (Peterson et Siegal, 1995; Sicotte et Stemberger, 1999). Qui plus est, au chapitre des déficiences intellectuelles, les habiletés langagières sont davantage prédictives des progrès dans l'acquisition d'une théorie de l'esprit que ne l'est la nature du trouble (Bauminger et Kasari, 1999; Peterson et Siegal, 1999; Yirmiya et autres, 1998; Yirmiya et autres, 1996).

D'autres études indiquent que la façon dont les adultes conversent avec les enfants de même que la sécurité de leur attachement et de leurs liens influent sur le développement de la théorie de l'esprit (Newcombe et Reese, 2004). Ainsi, le fait que les parents discutent avec les enfants d'événements passés portant une lourde charge émotionnelle accélère ce développement chez les enfants (Farrant et Reese, 2000; Reese, 2002; Welch-Ross, 1997).

Pause APPRENTISSAGE

Le développement cognitif

1. Définissez les termes suivants: *préconcept, animisme, artificialisme, raisonnement syncrétique*.

2. Comment se manifeste l'égocentrisme intellectuel chez l'enfant ?

3. Qu'est-ce qui caractérise la pensée intuitive ?

4. Qu'entend-on par « centration » ? Donnez un exemple.

5. Expliquez les termes *conservation, collections figurales, collections non figurales* et *inclusion des classes*.

6. Qu'est-ce que la théorie de l'esprit ?

LE DÉVELOPPEMENT DU LANGAGE

Piaget a le mérite d'avoir reconnu que le thème primordial du développement cognitif à l'âge préscolaire est l'acquisition du langage. Étonnamment, alors qu'ils entreprennent cette importante période de leur développement avec seulement quelques mots et quelques phrases simples en poche, les enfants parlent au moins une langue couramment quand elle prend fin.

LE MAPPAGE RAPIDE

Le vocabulaire d'environ 600 mots que possède l'enfant de 21 mois est assez impressionnant si on le compare à la douzaine de mots que connaît l'enfant de 12 mois (E. Bates et autres, 1994). Entre 12 et 24 mois, l'enfant apprend un ou deux nouveaux mots par jour. Cependant, si remarquable soit-il, cet exploit est peu en comparaison des changements qui surviennent chez les enfants d'âge préscolaire, dont le vocabulaire peut grimper jusqu'à 15 000 mots de l'âge de deux à cinq ou six ans, et qui peuvent apprendre jusqu'à 10 nouveaux mots par jour (Anglin, 1995; Pinker, 1994). Qu'est-ce qui donne cette impulsion prodigieuse à l'apprentissage lexical?

Les chercheurs ont découvert qu'il se produit vers l'âge de trois ans un changement capital dans la façon dont les enfants abordent les nouveaux mots: ils commencent à regrouper des mots qui désignent des choses semblables (comme des fruits ou des animaux) ou qui ont une signification similaire. Le fait d'entrevoir la nature catégorielle des mots aide les enfants à concevoir des espèces de «guichets mentaux» pour les nouveaux mots. Tout se passe comme si, une fois en place, ces guichets organisaient automatiquement les apports linguistiques des parents, des éducateurs, des pairs, des livres, des émissions télévisées, etc., pour permettre aux enfants d'y déposer ou d'en retirer très rapidement les mots nouveaux et connus.

Les psychologues appellent *mappage rapide* cette capacité de mettre promptement en correspondance une étiquette verbale (le mot) et son référent (ce à quoi renvoie le mot) dans le monde réel (Carey et Bartlett, 1978). Selon les chercheurs, ce mécanisme permet à l'enfant d'élaborer très rapidement une hypothèse sur la signification du nouveau mot qu'il entend (Behrend, Scofield et Kleinknecht, 2001). En s'appuyant à la fois sur les mots qu'il connaît et sur le contexte dans lequel le nouveau mot est utilisé, l'enfant peut éliminer les significations les plus improbables pour retenir l'hypothèse la plus probable (Waxman, 1998). Par exemple, si sa mère dit *coussin* en montrant une chaise et un coussin, l'enfant qui connaît déjà le mot *chaise* suppose que le mot inconnu désigne le coussin. Il teste ensuite son hypothèse, souvent dès qu'il l'a formée, en utilisant à son tour le mot; la rétroaction qu'il reçoit lui permet de vérifier si elle est juste. Ce processus pourrait expliquer pourquoi les enfants d'âge préscolaire non seulement parlent tant mais insistent tant pour que leurs interlocuteurs leur répondent vraiment.

LE DEUXIÈME STADE GRAMMATICAL

Au cours du deuxième stade grammatical, comme on l'a vu au chapitre 3, l'enfant passe du langage télégraphique à un véritable langage articulé qui lui permet de préciser et de nuancer sa pensée.

L'explosion de la grammaire (entre 27 et 36 mois)

Comme l'explosion du vocabulaire qui survient après des débuts lents, l'explosion de la grammaire est précédée de plusieurs mois au cours desquels l'enfant utilise des phrases de deux ou trois mots. Puis, soudainement, le langage télégraphique s'estompe, et l'enfant se met à composer des phrases presque complètes.

L'explosion de la grammaire se traduit par l'apparition, dans les phrases de l'enfant, des *flexions* — pluriels, auxiliaires, prépositions, déterminants, etc. Ainsi, «Jouet cassé» devient «Le jouet est cassé». Les premières constructions négatives et interrogatives apparaissent. Quelle que soit la langue, les enfants semblent ajouter les flexions et les mots plus complexes dans une séquence assez prévisible.

La **surgénéralisation** est un phénomène caractéristique de l'explosion de la grammaire. Aucune langue n'est parfaitement régulière; toutes ont leurs exceptions, tels les verbes irréguliers ou les pluriels anormaux. Or, l'enfant de trois à quatre ans applique la règle de base à tous les cas, rendant la langue plus régulière qu'elle ne l'est en réalité. En français, il dira par exemple «ils sontaient» au lieu de «ils étaient». Curieusement, l'enfant commence par apprendre et utiliser correctement quelques formes irrégulières, puis, assez soudainement, il semble découvrir la règle générale (ajouter «aient» pour marquer le passé, par exemple) et la généralise à outrance (Fenson et autres, 1994; Kuczaj, 1977, 1978). Il peut aussi

---

Surgénéralisation Tendance à régulariser la langue en appliquant une règle générale à des formes irrégulières.

surgénéraliser l'emploi d'un mot comme «auto» en l'appliquant à tous les véhicules motorisés (camions, autobus, tracteurs, etc.).

Parallèlement à la surgénéralisation, on observe un phénomène de **surdiscrimination**, faisant que l'enfant restreint un terme général à une seule désignation. Par exemple, il appelle son toutou préféré «peluche» et refuse d'attribuer le nom à toute autre peluche. Pour lui, le mot fait référence à une chose précise plutôt qu'à tous les exemples de cette chose (Caplan et Barr, 1989).

Les phrases complexes (entre 36 et 48 mois)

L'enfant qui a introduit des flexions et de nouvelles tournures (interrogatives et négatives) dans ses phrases simples peut désormais créer des phrases remarquablement complexes en utilisant des conjonctions telles que «et» ou «mais» pour combiner deux idées ou pour enchâsser une proposition. Des phrases comme «Où as-tu dit que tu as mis ma poupée?» ou «Je ne l'ai pas attrapé, mais Alice l'a fait» permettent d'apprécier le chemin parcouru par l'enfant qui disait encore «poupée dodo» 18 mois plus tôt.

LES TYPES DE LANGAGE

Vygotsky décrit trois types de langage qui ont chacun leur fonction et qui se développent selon une séquence précise:

• Le *langage extérieur (ou social)* Premier à apparaître chez l'enfant, ce langage est le plus primitif; il a pour fonction d'exprimer des concepts simples ou de régir le comportement d'autrui («je veux un bonbon»).

• Le *langage égocentrique* À mi-chemin entre le langage extérieur de la période précédente et le langage intérieur de la période suivante, ce type de langage qui domine la vie de l'enfant de trois à sept ans environ ne s'adresse à personne en particulier. L'enfant d'âge pré-

scolaire l'utilise pour régir son propre comportement et s'exprime fréquemment à haute voix: «Je vais droit devant, puis je tourne.» L'enfant se parle à lui-même comme s'il réfléchissait tout haut. Ce phénomène est appelé *soliloque*.

• Le *langage intérieur* Le langage intérieur est notre langage privé, ce que James (1892) appelait «la vie mouvante et insaisissable de la conscience». Selon Vygotsky, il est le fondement de tous nos processus mentaux supérieurs; sans lui, nous ne pouvons pas concevoir le futur. Curieusement, à quatre ans, les enfants n'ont que très peu conscience du langage intérieur ou de la réflexion verbale. Ainsi, Flavell et ses collègues (1997) ont découvert qu'à cet âge les enfants de quatre ans sont incapables de comprendre que les gens qui sont en train de lire, de compter, de résoudre des problèmes ou de se livrer à toute autre tâche mentale se parlent intérieurement. En fait, ils croient généralement que le langage silencieux ou intérieur n'est pas vraiment possible.

Pause
APPRENTISSAGE

Le développement du langage

1. Expliquez la notion de mappage rapide.

2. Nommez et expliquez les caractéristiques du deuxième stade grammatical.

3. Nommez et décrivez les trois formes de langage qui se développent chez l'enfant selon Vygotsky.

Surdiscrimination Restriction d'un terme général à une seule signification.

UN DERNIER MOT

... SUR LE JEU

Si vous observez de jeunes enfants dans leurs moments libres, c'est-à-dire en dehors des heures de repas, de sieste et d'activités organisées par les adultes, vous les verrez construire des tours avec des cubes, jouer avec des poupées, faire semblant de servir le thé, faire rouler des camions sur le plancher, s'habiller avec des vêtements d'adulte, faire des casse-tête; bref, jouer. C'est sur cette base ludique que semble se construire une grande partie du développement cognitif.

Les activités ludiques des enfants évoluent considérablement entre un et six ans. Les psychologues qui ont étudié cette évolution décrivent plusieurs types de jeu. Bien que les enfants y jouent souvent simultanément, leur nature et leur séquence d'apparition correspondent d'assez près aux stades décrits par Piaget (Rubin, Fein et Vandenberg, 1983).

Les jeux sensorimoteurs

Vers l'âge de un an, le nourrisson qui joue passe le plus clair de son temps à explorer et à manipuler des objets en se servant de tous les schèmes sensorimoteurs de son répertoire. Il porte les objets à sa bouche, les secoue, les empile ou les déplace sur le plancher; ainsi, il comprend petit à petit les différentes propriétés des objets et ce qu'il peut en faire. Cette exploration se poursuit après la première année, particulièrement avec les nouveaux objets.

Les jeux de construction

Vers l'âge de 12 mois, l'enfant commence à utiliser des objets pour assembler, fabriquer ou construire des choses — bâtir une tour avec des cubes, faire un casse-tête, façonner des objets avec de l'argile ou de la pâte à modeler, etc. Piaget pensait que ce type de jeu permettait aux enfants de comprendre les règles qui gouvernaient le monde physique — par exemple, qu'une tour de blocs plus étroite à la base qu'au sommet est instable. De trois à six ans, les jeux constructifs occupent la moitié du temps de jeu des enfants (Rubin, Fein et Vandenberg, 1983).

Les jeux de simulation

Pour Piaget, le jeu de simulation (faire semblant) était un indicateur important de la capacité de l'enfant à manier les symboles. Des études plus récentes montrent que les jeux de simulation favorisent également le développement de la théorie de l'esprit, en particulier quand ils sont partagés avec d'autres enfants (Dockett et Smith, 1995; Schwebel, Rosen et Singer, 1999), et cet aspect semble se vérifier dans toutes les cultures (Tan-Niam, Wood et O'Malley, 1998).

LES PREMIÈRES SIMULATIONS

Les premières simulations sont généralement très simples: l'enfant fait semblant de boire dans une tasse-jouet, par exemple. Les jouets sont utilisés selon leur usage habituel (une tasse sert à boire), et les actions de l'enfant, toujours orientées vers lui-même ; cependant, il y a une part de simulation. L'âge d'apparition de ces premiers jeux de simulation varie considérablement, mais la plupart des enfants s'y engagent vers 12 mois, en même temps que dans les jeux sensorimoteurs. Les deux types de jeu coexistent donc pendant un certain temps.

Entre 15 mois et 21 mois, le destinataire de la simulation devient une autre personne ou un jouet. L'enfant utilise encore les objets selon leur usage habituel, mais il transfère l'action sur autrui. Poupées et toutous sont parfaits pour ce type de jeu, car il n'y a pas une grande différence entre faire quelque chose et leur faire faire à eux. Ainsi, l'enfant fait semblant de les nourrir, de les faire boire, de les habiller, de les coiffer, etc. Ce changement indique qu'il est en train de passer de la pensée sensorimotrice à une *vraie* pensée symbolique.

LE JEU DE SIMULATION AVEC SUBSTITUT

Entre deux et trois ans, l'enfant commence à détourner la fonction des objets. Il peut, par exemple, coiffer les cheveux d'une poupée avec un craie ou transformer ses cubes en camions. Les autres formes de jeu persistent, mais celle-ci prend de plus en plus de place dans ses activités ludiques.

LE JEU SOCIOTHÉÂTRAL

À un moment ou l'autre, l'enfant d'âge préscolaire commence à jouer des scènes et à tenir des rôles. Là encore, il fait semblant, mais avec un ou plusieurs autres enfants qui font semblant avec lui. Par exemple, ils peuvent jouer au papa, à la maman et au bébé, chacun tenant l'un des rôles. Au début, ils se contentent de jouer à être quelqu'un d'autre. Par la suite, ils se distribuent des rôles plus complexes et se donnent des consignes précises sur la façon de jouer tel ou tel personnage. La plupart des enfants adorent se déguiser et s'inventer des costumes ; là encore, l'âge varie — certains enfants de deux ans le font —, mais, vers l'âge de quatre ans, presque tous les enfants se livrent à ce genre de jeu (Howes et Matheson, 1992). Fait intéressant, c'est aussi vers cet âge que beaucoup d'enfants se créent un ou une amie imaginaire (Taylor, Cartwright et Carlson, 1993). Les psychologues ont longtemps cru que la création d'un ami imaginaire était un signe de perturbation, mais il est désormais clairement établi qu'il s'agit d'une évolution normale du jeu de simulation chez beaucoup d'enfants.

Les jeux régis par des règles

Vers cinq ou six ans, les enfants commencent à préférer les jeux structurés ou régis par des règles. Ils introduisent dans leurs jeux des règles comme « c'est le plus petit qui fait le bébé », et jouent à la cachette, au chat ou au drapeau. Les enfants plus jeunes y jouent aussi, mais ceux de cinq ou six ans en comprennent mieux les règles et s'y amusent plus longtemps. Piaget a émis l'hypothèse que la préférence pour les jeux régis par des règles indiquait que l'enfant était sur le point d'entrer dans la période des opérations concrètes (Piaget et Inhelder, 1969).

RÉSUMÉ

LE DÉVELOPPEMENT PHYSIQUE

- Le développement physique est plus lent chez l'enfant de deux à six ans que chez le nourrisson. La myélinisation de la formation réticulée, qui régularise l'attention et la concentration, et de l'hippocampe, qui contribue au transfert de l'information de la mémoire à court terme à la mémoire à long terme, améliore les capacités cognitives de l'enfant. Les capacités motrices continuent de se développer graduellement. Enfin, la prédominance de la main droite ou de la main gauche est associée à la latéralisation du cerveau.

- Les enfants d'âge préscolaire contractent de quatre à six maladies aiguës par année. Heureusement, les maladies chroniques sont moins répandues. Les troubles respiratoires sont la première cause d'hospitalisation, et les accidents, la principale cause de décès.

- Les conséquences à court terme et à long terme de la maltraitance et de la négligence touchent tous les aspects du développement humain. Certaines caractéristiques des parents et de l'enfant lui-même augmentent les risques de maltraitance et de négligence.

LE DÉVELOPPEMENT COGNITIF

- Selon Piaget, la période préopératoire commence entre 18 et 24 mois, au moment où l'enfant commence à utiliser la fonction symbolique (ou représentation mentale). La période préopératoire se divise en deux stades: celui de la pensée symbolique (préconceptuelle), qui va de deux à quatre ans environ, et celui de la pensée intuitive, qui va de quatre à sept ans environ.

- La pensée symbolique se caractérise par les préconcepts, l'égocentrisme intellectuel, le raisonnement transductif et la pensée animiste.

- La pensée intuitive se caractérise par l'intuition, la centration sur les aspects perceptifs et les précatégories.

- Les recherches ont ouvert de nouvelles perspectives sur la période préopératoire en démontrant que l'enfant de quatre ou cinq ans s'est déjà élaboré une théorie de l'esprit. Ces recherches s'articulent autour de la conscience du point de vue d'autrui, de la distinction entre apparence et réalité et du principe de fausse croyance.

LE DÉVELOPPEMENT DU LANGAGE

- Le mappage rapide, c'est-à-dire la capacité de mettre promptement en correspondance une étiquette verbale (le mot) et son référent (ce à quoi renvoie le mot), permet à l'enfant d'âge préscolaire d'apprendre de nouveaux mots à une vitesse prodigieuse.

- L'explosion de la grammaire entre 27 et 36 mois est marquée par la surgénéralisation, qui fait que l'enfant applique une règle générale à des formes irrégulières, et par la surdiscrimination, par laquelle l'enfant restreint le sens d'un terme général à une seule chose. Les phrases complexes, entre 36 et 48 mois, permettent l'ajout de conjonctions.

- Vygotsky décrit trois types de langage chez l'enfant: le langage extérieur, qui a pour fonction de régir le comportement d'autrui; le langage égocentrique, par lequel l'enfant régit son propre comportement; et le langage intérieur, qui est associé à la réflexion consciente.

UN DERNIER MOT... SUR LE JEU

- L'âge préscolaire est l'âge du jeu. Le jeu évolue selon une séquence précise: les jeux sensorimoteurs, les jeux de construction, les jeux de simulation et les jeux régis par des règles.

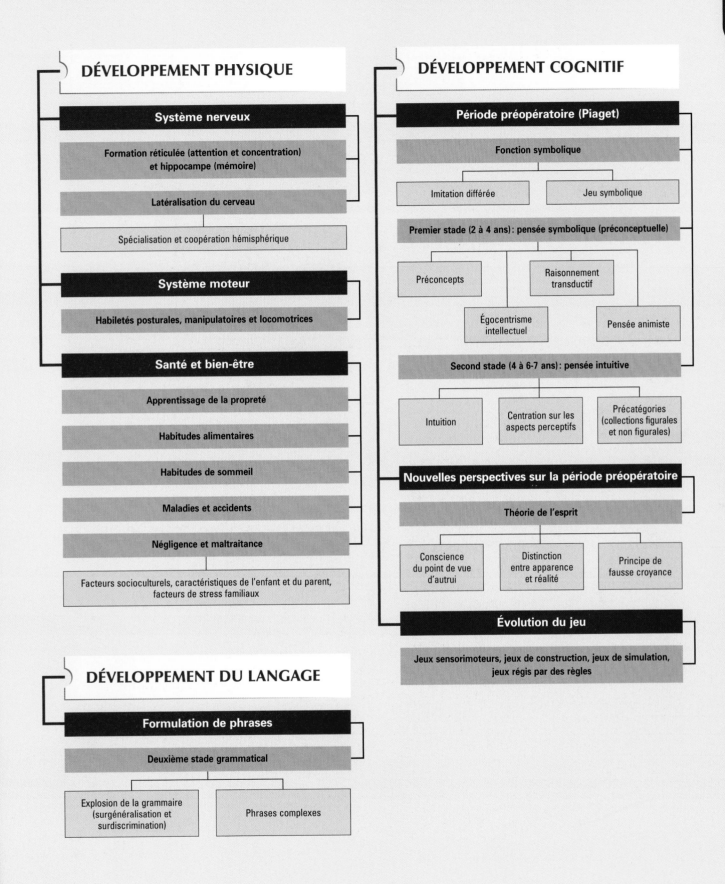

L'âge préscolaire : développement social et personnalité

*P*eut-être vous est-il arrivé d'avoir un choc en retrouvant dans une réunion familiale un enfant de cinq ans qui était encore un bébé la dernière fois que vous l'avez vu. Le voilà devenu un petit homme, qui vous salue poliment, vous observe avec attention, quitte sa mère pour aller jouer avec un ami de son âge, lui prête gentiment ses jouets, console sa petite sœur qui pleure... mais refuse énergiquement qu'elle se joigne à eux : «On ne joue pas avec les filles !»

Comment tant de changements peuvent-ils survenir en si peu de temps ? C'est ce que nous allons voir dans ce chapitre. Nous y présenterons d'abord deux perspectives théoriques très différentes sur le développement social et le développement de la personnalité à l'âge préscolaire : la perspective psychanalytique et la perspective sociale cognitive. Nous nous pencherons ensuite sur le développement social de l'enfant dans sa famille et avec ses pairs. Enfin, nous nous intéresserons à l'évolution de sa personnalité et de son concept de soi, et plus particulièrement à l'émergence de son identité sexuée.

LES PERSPECTIVES THÉORIQUES

Deux grandes perspectives théoriques ont éclairé notre compréhension du développement de la personnalité et du développement social à l'âge préscolaire :

- la perspective psychanalytique, qui se concentre sur leur composante sexuelle et affective, ainsi que sur le rôle crucial qu'y joue la famille ;
- la perspective sociale cognitive, qui met en lumière leur composante cognitive, ainsi que le rôle qu'y jouent *toutes* les relations sociales du jeune enfant, y compris celles qu'il a avec ses pairs.

LA PERSPECTIVE PSYCHANALYTIQUE

Pour Freud comme pour Erikson, l'âge préscolaire est une étape cruciale du développement humain. Cependant, comme on l'a vu au chapitre 1, Erikson rejette l'hypothèse de Freud selon laquelle les pulsions sexuelles y jouent un rôle déterminant.

Freud et les stades psychosexuels

Pour Freud, l'âge préscolaire correspond à deux stades psychosexuels, chacun caractérisé par la zone du corps où se concentre alors l'énergie libidinale (voir le tableau 1.1, p. 15).

LE STADE ANAL

Au cours de sa deuxième année, explique Freud, l'enfant s'engage dans le *stade anal*, période durant laquelle sa principale tâche sera l'apprentissage de la propreté. Le fait que les parents entreprennent alors d'apprendre à l'enfant à « devenir propre » entre en conflit avec le besoin de l'enfant de maîtriser ses fonctions anales. L'enfant dont l'entraînement à la propreté est trop strict ou trop permissif risque de présenter des troubles de la personnalité à l'âge adulte.

LE STADE PHALLIQUE

Toujours selon Freud, au cours de son apprentissage de la propreté, l'enfant découvre ses organes génitaux et, vers quatre ans, passe au *stade phallique*.

Le petit garçon qui vient de prendre conscience de son pénis et du plaisir qu'il peut en tirer devient amoureux de sa mère. Cependant, le père avec qui il entre en opposition représente l'autorité menaçante qui, en fin de compte, a le pouvoir de le castrer ; il se retrouve donc tiraillé entre son désir pour sa mère et sa peur de la puissance paternelle (complexe de castration). Bien qu'inconscient, ce conflit psychique que Freud a appelé le *complexe d'Œdipe* est une source d'anxiété. Pour y échapper, le garçon finit par intégrer l'image paternelle et tente d'adapter son propre comportement à cette image. L'identification au père lui permet à la fois de réduire le risque que celui-ci s'en prenne à lui et d'acquérir un peu de son pouvoir.

Après avoir d'abord soutenu que, chez la fillette, le complexe d'Œdipe était simplement l'inverse de celui du garçon, Freud a ensuite avancé que le processus était nécessairement plus long et plus compliqué chez elle. Privée de pénis, la fillette ne peut ni espérer conquérir sa mère — l'objet de son premier amour — ni entrer ouvertement en conflit avec son père. Elle vit donc le complexe de castration non pas comme la peur de perdre son pénis, mais comme la frustration de ne pas en avoir. Comme le jeune garçon, elle refoule ses pulsions sexuelles et entre dans le stade de latence jusqu'à l'adolescence. Elle peut alors réagir soit en rejetant purement et simplement la sexualité ; soit en refusant sa « castration » et donc son destin de femme ; soit en se détachant temporairement de sa mère qui l'a si mal faite et en se tournant vers son père pour obtenir de lui le pénis qui lui manque. Dans ce dernier cas, sa mère devient à la fois l'objet de son amour et la rivale qu'elle craint.

La tâche principale du stade phallique sera la résolution du complexe d'Œdipe par l'identification au parent de même sexe et le refoulement des pulsions sexuelles (entrée dans le stade de latence) jusqu'à l'adolescence. Pour résoudre le complexe d'Œdipe et développer une personnalité saine, affirmait Freud, l'enfant a besoin de la présence de ses deux parents et doit pouvoir établir avec chacun d'eux une relation chaleureuse et aimante.

Erikson et les stades psychosociaux

Erikson a plutôt insisté sur les aspects psychosociaux du développement durant la période préscolaire. Ainsi, les deux stades qui la caractérisent, selon lui (voir le tableau 1.2, p. 16), sont déclenchés par l'acquisition de nouvelles habiletés physiques, cognitives et sociales.

LE STADE « AUTONOMIE OU HONTE ET DOUTE »

Le stade « autonomie ou honte et doute » est centré sur la nouvelle mobilité de l'enfant de deux ans et sur le désir d'autonomie qui l'accompagne. Pour Erikson, la force adaptative de ce stade est la *volonté*, c'est-à-dire « [...] la ferme détermination d'exercer librement son choix aussi bien que la maîtrise de soi, en dépit de l'inévitable expérience infantile de la honte et du doute » (Erikson, 1974).

Selon André Bergeron et Yvon Bois (1999), auteurs d'une synthèse des travaux d'Erikson, la résolution du stade, c'est-à-dire l'acquisition de la volonté, repose sur la croyance de l'individu en sa capacité d'agir (autonomie) et la reconnaissance de son incapacité à tout comprendre (doute). Pour Bois et Bergeron, les attitudes parentales suivantes favorisent le développement de l'autonomie:

- ne jamais frapper l'enfant (ce geste a toujours des conséquences négatives);
- éviter d'imposer à l'enfant un encadrement trop strict et des contraintes trop rigides;
- respecter le rythme d'apprentissage de l'enfant;
- favoriser des expériences nouvelles dans son milieu.

LE STADE «INITIATIVE OU CULPABILITÉ»

Vers l'âge de quatre ans, l'enfant acquiert de nouvelles habiletés cognitives. Celles-ci lui permettent notamment de planifier ses actes, ce qui amorce, selon Erikson, le stade «initiative ou culpabilité». La force adaptative de ce stade réside dans la capacité de se fixer un *but*, c'est-à-dire dans «le courage d'envisager et de poursuivre des objectifs valables sans se laisser inhiber par la faillite des fantasmes infantiles, par la culpabilité ou par la crainte paralysante de la punition» (Erikson, 1974).

Pour Bergeron et Bois (1999), la capacité de se fixer des buts repose sur la capacité de l'individu à planifier des actions (initiative), avec la conscience qu'une énergie mal canalisée peut avoir des conséquences fâcheuses (culpabilité). Les attitudes parentales suivantes favorisent l'initiative:

- permettre à l'enfant d'apprivoiser ses émotions (l'enfant doit trouver en lui-même des ressources pour dominer ses peurs);
- apprendre l'intimité à l'enfant en lui montrant à respecter celle de ses parents;
- encourager les initiatives de l'enfant et répondre à ses questions;
- dédramatiser les échecs en insistant sur les réussites.

Selon Freud et Erikson, le développement sain durant cette période passe par un équilibre entre les nouvelles habiletés de l'enfant et son désir d'autonomie d'une part, et la nécessité pour les parents de le protéger et de l'encadrer d'autre part. Autrement dit, la tâche parentale, qui jusque-là consistait à lui fournir assez de chaleur, de constance et d'attention pour combler ses besoins et favoriser un attachement sécurisant, change radicalement. Quand l'enfant devient plus indépendant sur tous les plans, les parents doivent lui fixer des limites. S'il est trop encadré, l'enfant n'aura pas l'occasion d'explorer suffisamment son univers; s'il l'est trop peu, il deviendra insupportable et n'acquerra pas les habiletés sociales essentielles à sa bonne entente avec les adultes et avec ses pairs.

LA PERSPECTIVE SOCIALE COGNITIVE

En rupture avec la tradition psychanalytique, la perspective sociale cognitive postule que les changements émotionnels et sociaux que connaît l'enfant d'âge préscolaire sont étroitement liés au développement de ses capacités cognitives (Macrae et Bodenhausen, 2000).

Les principes généraux et les questions centrales

Nous avons déjà abordé plusieurs aspects du développement de la cognition sociale dans les chapitres précédents; notamment la capacité qu'a le nourrisson de reconnaître les gens et d'utiliser leurs expressions faciales ainsi que leur langage corporel comme référence sociale pour guider son propre comportement, sa compréhension accrue des émotions d'autrui, l'acquisition d'une théorie de l'esprit à l'âge préscolaire, etc. Le modèle interne de l'attachement et le schème de soi du nourrisson peuvent aussi être vus comme des modèles internes de cognition sociale.

Aux chapitres 3 et 5, nous avons étudié le développement de la pensée de la naissance à la fin de l'âge préscolaire. Selon la perspective sociale cognitive, l'enfant applique ses habiletés cognitives à ses interactions avec les gens comme il le fait avec les objets. Sa perception et sa compréhension de soi, d'autrui et des relations sociales reflètent donc son niveau de développement cognitif — sa capacité d'imaginer le point de vue d'autrui, par exemple (Rubin et autres, 2005; Selman, 1980).

Cette façon de voir comporte une évidence qui repose sur une intuition fondamentale. Après tout, fait remarquer John Flavell (1985), que l'enfant tente de résoudre un problème de conservation ou qu'il cherche à comprendre les gens, c'est toujours la même tête qui pense! D'ailleurs, les recherches confirment que beaucoup des principes mis en lumière par les théoriciens du développement cognitif s'appliquent au développement de la cognition sociale. Ainsi, la cognition sociale se développe dans des directions bien précises:

- *Des caractéristiques extérieures vers les caractéristiques intérieures* Les jeunes enfants sont captivés par l'apparence des gens comme des choses; en vieillissant, ils se mettent à chercher les causes et les principes sous-jacents.
- *De l'observation à l'inférence* Les conclusions des jeunes enfants ne se basent que sur ce qu'ils peuvent voir ou ressentir; en vieillissant, ils apprennent à faire des inférences sur ce qui doit ou ce qui peut se passer.

- *De l'absolu au nuancé* Les «règles» des jeunes enfants (celles qui s'appliquent aux rôles sexués, par exemple) sont absolues et immuables; à l'adolescence, elles commencent à se nuancer.
- *Du point de vue de l'observateur à un point de vue plus général* Avec le temps, les enfants deviennent moins égocentriques, moins obnubilés par leur point de vue personnel, et plus aptes à construire des modèles d'expériences ou de processus qui s'appliquent à tout le monde.

Toutes ces dimensions rendent compte aussi bien du développement de la cognition sociale chez l'enfant que de l'ensemble de son développement cognitif.

Pour être en mesure d'interpréter et de prédire les comportements des autres, les enfants doivent donc en apprendre suffisamment sur les pensées, les croyances, les sentiments et les intentions d'autrui. Pour ce faire, ils doivent développer une théorie de l'esprit.

Les enfants doivent également apprendre différentes règles qui régissent certaines formes d'interactions sociales, comme celles qui ont trait à la politesse, aux moments où il convient de parler ou de se taire, aux hiérarchies de dominance ou de pouvoir, aux comportements et aux rôles sexués. Pour reprendre des termes cognitifs, ils doivent apprendre diverses formes de *scénarios sociaux* qui leur permettront d'anticiper la manière dont les gens se comporteront dans tel ou tel contexte (Schank et Abelson, 1977). Ces scénarios changent avec l'âge.

PERCEVOIR ET JUGER AUTRUI

On l'a vu au chapitre précédent, la capacité de catégorisation du jeune enfant est encore très embryonnaire. À l'âge préscolaire, il en est encore au stade des précatégories. Dans le domaine social, ce fait se reflète entre autres dans la *perception d'autrui* ou le *jugement sur autrui*.

Au début de l'âge préscolaire, l'enfant commence à «classer» les gens sur la base de leurs caractéristiques les plus simples et les plus évidentes, comme la couleur de la peau, le sexe et l'âge. Par exemple, ils parlent des «grands» (les enfants d'âge scolaire) et des «petits» (ceux de leur âge), et semblent savoir qu'ils appartiennent au deuxième groupe. La tendance des enfants à se regrouper par sexe — sujet sur lequel nous reviendrons plus loin dans ce chapitre — peut apparaître dès l'âge de deux ans. De même, les jeunes enfants se regroupent parfois selon la couleur de leur peau (voir à la page suivante l'encadré sur le racisme à la garderie). Ces préférences précoces reflètent probablement la pensée égocentrique des enfants en bas âge: en gros, ils considèrent que les bons compagnons de jeu sont

ceux qui sont comme eux (sexe, couleur de la peau, etc.), et les mauvais, ceux qui sont différents d'eux (Doyle et Aboud, 1995).

En vieillissant, les enfants commencent à attribuer aux autres des traits plus intérieurs, comme *grognon* ou *méchant* (Yuill, 1997). Ils font des remarques sur les modes de comportement d'autrui — «Grand-maman me laisse toujours choisir les céréales à l'épicerie» —, et ils utilisent ces observations pour départager les gens qu'ils aiment et ceux qu'ils n'aiment pas. Cependant, les observations et les jugements des enfants d'âge préscolaire sur autrui sont beaucoup moins constants et cohérents que ceux des enfants d'âge scolaire, car leur perception ne repose que sur leurs interactions les plus récentes avec les gens (Ruble et Dweck, 1995). Ainsi, une fillette de quatre ans pourra décrire une camarade de jeu comme «gentille» le lundi parce que celle-ci lui a donné un biscuit, et comme «méchante» le mardi parce qu'elle a refusé de lui donner du chocolat.

Bref, la perception d'autrui et le jugement d'autrui des enfants d'âge préscolaire demeurent essentiellement globaux et centrés sur l'apparence. Ils commencent à percevoir l'existence de certains traits internes, mais n'ont pas encore saisi la notion de «conservation» de la personnalité.

COMPRENDRE LES INTENTIONS D'AUTRUI

Nous avons tendance à juger du comportement des autres et à y réagir en fonction des intentions que nous leur attribuons. Ainsi, nous pardonnerons beaucoup plus à quelqu'un qui a brisé accidentellement le pare-brise de notre voiture en la lavant pour nous rendre service qu'à quelqu'un qui l'a brisé intentionnellement à coups de bâton de baseball.

Si vous demandez à un enfant de quatre ans de décrire une fillette qu'il connaît, vous obtiendrez probablement une description centrée sur les caractéristiques physiques apparentes.

Le racisme à la garderie

Comme c'est souvent le seul endroit où les enfants de divers groupes ethnoculturels se rencontrent à l'âge préscolaire, la garderie ou la maternelle peut jouer un rôle important dans l'acquisition d'attitudes raciales.

Une fois qu'ils ont acquis des schèmes raciaux, indiquent les recherches, les jeunes enfants les utilisent pour porter des jugements sur les autres. Ainsi, ils jugent que les bons compagnons de jeu sont ceux qui leur ressemblent, et les mauvais, ceux qui diffèrent d'eux. Évidemment, le développement cognitif ne se fait pas dans un vacuum social, et, dans nos sociétés, la plupart des petits Blancs de cinq ans ont déjà acquis une certaine conscience des stéréotypes et des préjugés raciaux de leur culture (Bigler et Liben, 1993). De même, les enfants des minorités visibles sentent très tôt que les gens de leur groupe ethnoculturel sont perçus négativement par bien des Blancs. Certaines études indiquent que cette conscience précoce des stéréotypes raciaux influe négativement sur leur estime de soi (Jambunathan et Burts, 2003). De plus, les éducateurs blancs ne perçoivent pas nécessairement les incidents raciaux entre les enfants dont ils s'occupent, alors que les enfants des minorités en rapportent un nombre significatif à leurs parents (Bernhard, Lefebvre, Kilbride, Chud et Lange, 1998).

Selon de nombreux psychologues, la combinaison de l'immaturité des structures cognitives des enfants (pensée égocentrique), des stéréotypes qu'ils ont déjà acquis et de l'insensibilité des éducateurs aux incidents raciaux peut favoriser des attitudes racistes. La meilleure façon pour les éducateurs d'éviter que la conscience des stéréotypes raciaux dégénère en racisme serait d'y être attentif, d'aborder ouvertement la question avec les enfants et de les aider à acquérir des attitudes exemptes de préjugés (Cushner, McClelland et Safford, 1992). Par exemple, les éducateurs peuvent les sensibiliser à des réalités historiques telles que l'esclavage, la colonisation, la discrimination raciale et la lutte des groupes minoritaires pour leurs libertés et leurs droits. Ils peuvent aussi demander à des enfants d'origines ethnoculturelles diverses de réaliser des projets ensemble. Enfin, pour contrer la tendance des enfants (et des adultes) à ne percevoir les différences individuelles que chez les gens de leur propre groupe, ils peuvent insister sur les forces de chacun en tant qu'individu (Ostrom, Carpenter, Sedikides et Li, 1993).

Idéalement, tous les enfants devraient apprendre à évaluer leur comportement et celui d'autrui selon des critères individuels plutôt qu'en fonction de l'appartenance à un groupe. Quant aux enfants des minorités, ils devraient acquérir une vision positive de leur groupe.

Comme on l'a vu au chapitre précédent, Piaget croyait les enfants d'âge préscolaire incapables de faire de telles nuances parce qu'il leur était impossible d'envisager l'existence d'un point de vue autre que le leur (égocentrisme intellectuel). Cependant, des recherches récentes montrent que les jeunes enfants peuvent comprendre jusqu'à un certain point les intentions d'autrui (Zhang et Yu, 2002). Ainsi, on entend souvent des enfants d'âge préscolaire dire « C'était un accident, je n'ai pas fait exprès » lorsqu'ils craignent d'être punis, ce qui indique qu'ils comprennent qu'une mauvaise action intentionnelle est punie plus sévèrement.

Plusieurs études suggèrent que les jeunes enfants peuvent jauger les intentions d'autrui quand ils sont motivés par le désir d'éviter une punition, mais aussi dans l'abstrait. Une étude classique (Nelson, 1980) a permis d'évaluer la compréhension qu'avaient des enfants de trois ans des intentions des personnages représentés sur des images comme celles de la figure 6.1. Les enfants qualifiaient plus souvent de « vilain » ou de « méchant » le personnage qui avait l'intention d'atteindre à la tête un camarade de jeu avec sa balle que celui qui le faisait par accident. Toutefois, les jugements des bambins étaient également influencés par le résultat de l'action : ils étaient plus enclins à qualifier de « gentil » le personnage qui voulait atteindre son camarade de jeu s'il n'y arrivait pas.

Ces résultats suggèrent que les enfants de cet âge en savent davantage sur les intentions que le croyait Piaget, mais que leur capacité de fonder entièrement leurs jugements sur des intentions est encore limitée.

DIFFÉRENCIER LES RÈGLES MORALES DES CONVENTIONS SOCIALES

Si rudimentaires soient-elles, les premières habiletés de classification des bambins leur permettent de faire un pas important dans la socialisation : différencier les *règles morales*, basées sur les notions fondamentales du bien et du mal, des *conventions sociales*, qui ne visent qu'à coordonner les interactions sociales (Turiel, 1983). Les chercheurs ont en effet constaté que les enfants de deux à trois ans commencent déjà à faire cette différence (Smetana, Schlagman et Adams, 1993). Par exemple, prendre le jouet d'un autre enfant sans sa permission leur semble plus grave que de ne pas dire « merci ». Même en l'absence de règles explicites condamnant de tels comportements, ils considèrent également que le vol et la violence physique sont « mal ». Notons cependant que ce genre de compréhension semble résulter non seulement d'habiletés accrues de classification, mais aussi de la tendance qu'ont les adultes à punir davantage les transgressions des règles morales que des conventions sociales (Nucci et Smetana, 1996).

Figure 6.1
Évaluer la compréhension des intentions d'autrui chez les jeunes enfants
Des images comme celles-ci permettent aux chercheurs d'évaluer la compréhension qu'ont de jeunes enfants des intentions d'autrui.

Pause
APPRENTISSAGE

Les perspectives théoriques

1. Qu'entendait Freud par *stade anal* et *stade phallique*? Quelle tâche développementale associait-il à chacun de ces stades?

2. Expliquez le stade de l'autonomie ou de la honte et du doute, et le stade de l'initiative ou de la culpabilité.

3. Selon la perspective sociale cognitive, quel principe de base gouverne le développement social de l'enfant d'âge préscolaire?

4. Pourquoi la capacité de « lire » dans l'esprit d'une autre personne est-elle une habileté clé dans le développement des habiletés sociales?

LE DÉVELOPPEMENT SOCIAL

De toute évidence, le milieu familial influe considérablement sur la personnalité et la socialisation du jeune enfant. Dans cette section, nous nous pencherons donc sur l'évolution de l'attachement à l'âge préscolaire, puis sur les effets du fonctionnement familial, du style parental et de la structure familiale sur le développement de la personnalité et des relations sociales de l'enfant à cet âge.

L'ÉVOLUTION DE L'ATTACHEMENT

On l'a vu au chapitre 4, dès l'âge d'un an, le nourrisson manifeste son attachement par divers comportements typiques, comme se blottir contre la figure d'attachement, s'y agripper, se servir de ses réactions pour orienter son propre comportement (référence sociale) et l'utiliser comme base de sécurité pour explorer le monde.

Vers l'âge de deux ou trois ans, bien que l'attachement reste aussi fort, plusieurs de ses manifestations s'atténuent. L'enfant de trois ou quatre ans aime encore s'asseoir sur les genoux de ses parents, et a tendance à rechercher la proximité de sa mère à son retour. Cependant, son angoisse de la séparation s'estompe à mesure que son développement cognitif lui permet de comprendre sa mère quand elle lui explique qu'elle doit partir et qu'elle va revenir. Si la situation ne lui apparaît pas menaçante ou stressante, l'enfant devient de plus en plus capable de s'éloigner de sa base de sécurité sans manifester de désarroi. Souvent, il calme son angoisse de séparation en négociant des ententes. Par exemple, si sa mère lui dit «Je vais être de retour après ta sieste», il peut répondre «Est-ce qu'on va aller au parc?» (Crittenden, 1992).

Chez la plupart des enfants, autour de quatre ans, la relation d'attachement (sécurisante ou non) semble se réorienter pour devenir ce que Bowlby (1969) a appelé un «partenariat rectifié». Un peu comme le bébé saisit que sa mère continue d'exister même si elle n'est pas là (permanence de l'objet), l'enfant de quatre ans saisit que la relation continue d'exister même si les partenaires sont séparés. Toujours selon Bowlby, à cet âge, le modèle interne d'attachement de l'enfant se généralise à ses autres relations sociales. Ainsi, les enfants qui ont connu un attachement sécurisant sont plus susceptibles d'établir des relations positives avec leurs éducateurs à la garderie ou à la maternelle que ceux qui ont connu un attachement insécurisant (De Mulder et autres, 2000).

LE FONCTIONNEMENT DE LA FAMILLE

Les parents diffèrent dans leur façon de réagir aux manifestations d'indépendance des enfants d'âge préscolaire. Depuis des années, les psychologues cherchent la meilleure manière de décrire les différents fonctionnements observés d'une famille à l'autre. À l'heure actuelle, la conceptualisation la plus productive reste celle de Diana Baumrind (1972), qui se focalise sur quatre caractéristiques du fonctionnement familial liées à plusieurs comportements de l'enfant:

- *La chaleur et l'affection* Dans les deux premières années de vie, comparativement aux enfants que leurs parents rejettent, les enfants de parents chaleureux manifestent un attachement plus sécurisant et une plus grande estime de soi. Ils se montrent aussi plus ouverts, plus

En marche vers l'indépendance... L'enfant de cet âge, surtout s'il a connu un attachement sécurisant, craint beaucoup moins de s'éloigner de sa base de sécurité que lorsqu'il était plus jeune.

altruistes et plus réceptifs à la détresse ou à la souffrance d'autrui. Leur quotient intellectuel est plus élevé à la maternelle et au primaire, et ils sont moins susceptibles d'adopter des comportements délinquants à l'adolescence ou criminels à l'âge adulte (Maughan, Pickles et Quinton, 1995; Stormshak et autres, 2000). De nombreuses études sur des enfants et des adolescents de milieux défavorisés et difficiles montrent que l'affection et la chaleur des parents sont associées à de meilleurs résultats scolaires et à de meilleures habiletés sociales (Masten et Coastworth, 1998). Au contraire, le rejet parental est associé à de moins bons résultats scolaires et à des risques élevés de délinquance (Melby et Conger, 1996).

- *L'encadrement* La clarté et la fermeté des règles parentales ont une grande portée. Les parents qui établissent des règles claires et les appliquent avec constance et fermeté ont des enfants moins enclins à la désobéissance et à la rébellion, plus compétents, plus sûrs d'eux (Kurdek et Fine, 1994) et moins agressifs (Patterson, 1980). La forme de l'encadrement parental est aussi très importante, l'idéal pour l'enfant étant une structure qui n'est pas trop répressive, où on lui explique le pourquoi des choses (discipline inductive) et où on évite les châtiments corporels. Cependant, les recherches démontrent que les enfants qui sont très actifs physiquement et aiment prendre des risques semblent avoir besoin d'une discipline plus ferme (Houck et Lecuyer-Marcus, 2004; Kochanska, 1997b; Kochanska et autres, 1996).

- *Les attentes selon l'âge* Les enfants dont les parents ont de bonnes exigences quant à la maturité ont une meilleure estime de soi, et se montrent plus altruistes et moins agressifs.

- *La qualité de la communication* Une communication parent-enfant ouverte et soutenue donne les meilleurs résultats. Écouter l'enfant est aussi important que de lui parler; idéalement, les parents lui font sentir que ce qu'il a à dire vaut la peine d'être écouté, que ses idées sont valables et que les décisions familiales en tiennent compte. Les enfants dont les parents agissent ainsi manifestent une plus grande maturité sociale et affective (Baumrind, 1971; Bell et Bell, 1982).

LE STYLE PARENTAL

Si chacune de ces caractéristiques familiales prise isolément peut être importante, elle ne se présente jamais seule; elle se combine et interagit avec d'autres pour donner divers styles parentaux. Baumrind en distingue trois:

- le *style autoritaire*: il se distingue par beaucoup d'encadrement et d'attentes, mais peu d'affection et de communication;

- le *style permissif*: il se caractérise par beaucoup d'affection, mais peu d'attentes, d'encadrement et de communication;
- le *style démocratique*: il se définit par beaucoup d'affection, de communication, d'encadrement et d'attentes.

Eleanor Maccoby et John Martin (1983) ont proposé une variante du modèle de Baumrind. Comme le montre la figure 6.2, il s'agit d'un système à deux dimensions dans lequel on évalue d'une part le degré d'exigence (encadrement et attentes) et d'autre part le degré d'acceptation (affection et communication). Ces deux dimensions créent donc quatre styles parentaux, dont trois correspondent d'assez près aux styles autoritaire, permissif et démocratique décrits par Baumrind. Le modèle de Maccoby et Martin en ajoute un quatrième, le style *désengagé* ou *négligent,* qui, selon les recherches, est le plus dommageable. Voyons brièvement ce que donnent ces quatre styles parentaux.

Le style autoritaire

En général, les enfants élevés par des parents au style autoritaire (beaucoup d'attentes et d'encadrement, peu d'affection et de communication) ont de moins bons résultats scolaires, une plus faible estime de soi et de moins bonnes habiletés sociales avec leurs pairs que les enfants provenant d'autres types de familles. Certains sont renfermés; d'autres se montrent très agressifs ou donnent des signes indiquant qu'ils ont du mal à se maîtriser. Ces effets ne se limitent pas à l'âge préscolaire, comme l'a montré une série d'études longitudinales portant sur plus de 6 000 jeunes du secondaire (Dornbusch, Ritter, Liederman, Roberts et Fraleigh, 1987; Lamborn, Mounts, Steinberg et Dornbusch, 1991; Steinberg, Darling, Fletcher, Brown et Dornbusch, 1995; Steinberg, Lamborn, Darling, Mounts et Dornbusch, 1994; Steinberg, Lamborn,

Dornbusch et Darling, 1992). Ces études révèlent que, généralement, les adolescents provenant de familles au style autoritaire quittent l'école plus tôt et ont un concept de soi plus négatif que ceux qui ont grandi dans des familles au style démocratique.

Le style permissif

Ces mêmes études indiquent aussi que, en général, les adolescents élevés par des parents au style permissif réussissent un peu moins bien à l'école. Ils sont plus enclins à l'agressivité (surtout si les parents se montrent permissifs à cet égard) et manquent de maturité dans leurs comportements avec les pairs et à l'école. Ils assument moins de responsabilités et se montrent moins indépendants.

Le style démocratique

Les résultats les plus positifs sont associés au style parental démocratique (beaucoup d'attentes, d'encadrement, d'affection et de communication). En général, les enfants élevés par des parents qui fixent et appliquent des règles claires tout en répondant à leurs besoins individuels ont une meilleure estime de soi et sont plus indépendants; ils sont aussi plus enclins à répondre aux exigences de leurs parents et à se montrer plus altruistes. Ils ont confiance en eux, visent la réussite scolaire et ont de meilleures notes (Crockenberg et Litman, 1990; Dornbusch et autres, 1987; Steinberg, Elmen et Mounts, 1989).

Les parents démocratiques sont beaucoup plus enclins à s'investir dans les activités scolaires de leur enfant — en suivant ses progrès, en assistant aux réunions de parents, en parlant aux enseignants, etc. Les enfants dont les parents démocratiques ne participent pas à la vie scolaire ne réussissent pas aussi bien. Il en est de même des enfants dont les parents s'investissent énormément dans les activités scolaires sans avoir un style démocratique. C'est la combinaison du style démocratique et de l'investissement des parents dans la démarche scolaire de l'enfant qui donne les meilleurs résultats (Steinberg et autres, 1992).

Le style désengagé

Les résultats les plus négatifs sont associés au style désengagé ou négligent. On l'a vu au chapitre 4, dans la section qui traite des déterminants de la qualité de l'attachement (p. 109): une des caractéristiques familiales courantes chez les enfants qui manifestent un attachement de type fuyant est la non-disponibilité émotionnelle de la mère, qui, parce qu'elle est dépressive, submergée par

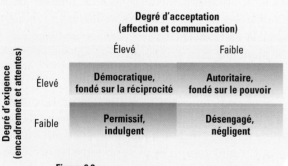

Figure 6.2
Les styles parentaux
S'inspirant du modèle de Baumrind, Maccoby et Martin ont conçu ce système à deux dimensions.

Source: Adapté de Maccoby et Martin, 1983, figure 2, p. 39.

d'autres problèmes ou accaparée par d'autres activités qui lui plaisent davantage, n'a pas établi un lien profond avec son enfant. Quelles que soient les causes de cette attitude parentale, les enfants qui la subissent ont des relations sociales problématiques, et ce, pendant des années. Ainsi, à l'adolescence, les jeunes élevés par des parents de style désengagé se distinguent par des comportements plus impulsifs et antisociaux, de moins bonnes habiletés sociales avec leurs pairs et un intérêt beaucoup plus faible pour la réussite scolaire (Block, 1971 ; Lamborn et autres, 1991 ; Pulkkinen, 1982).

LA STRUCTURE FAMILIALE

Malgré l'augmentation du nombre de familles mono-parentales, la famille biparentale demeure la structure dominante en Amérique du Nord. Ainsi, en 2001, 81 % des enfants au Canada vivaient dans une famille biparentale ; aux États-Unis, ce pourcentage était de 72 % (Statistique Canada, 2002). Cependant, les statistiques sont comme une photo : elles captent un moment précis, mais ne rendent pas compte du nombre de changements de structure

Obéissance et rébellion

Contrairement aux croyances populaires sur l'« âge terrible », les enfants de deux ans se soumettent plus souvent qu'ils ne résistent. Ils sont beaucoup plus enclins à obéir aux demandes concernant leur sécurité (« Ne touche pas à ça, c'est chaud »), aux interdits (« Ne déchire pas ce livre »), aux appels à la patience (« Attends, je suis au téléphone ») et aux ordres (« C'est l'heure du dodo ») qu'à se rebeller. Bref, plus souvent qu'autrement, les enfants de deux ans se soumettent (Gralinski et Kopp, 1993). Lorsqu'ils résistent, ils le font surtout passivement en refusant de faire ce qu'on leur demande ; et on peut dire que les véritables défis à l'autorité sont rares à cet âge (Kuczynski et autres, 1987).

Lorsque l'enfant atteint trois ou quatre ans, les refus catégoriques (« Non », « Je ne veux pas ») deviennent plus fréquents, de même que les négociations actives avec les parents. De nombreux psychologues croient qu'il faut distinguer les simples refus de la rébellion, alors que le refus de l'enfant s'accompagne d'accès de colère ou de crises de larmes (Crockenberg et Litman, 1990). Le simple refus semble être une manifestation importante et saine de l'affirmation de soi, dénotant un attachement sécurisant et une plus grande maturité (Mata, Arend et Sroufe, 1978), tandis que la rébellion à répétition serait associée à un attachement insécurisant ou à de mauvais traitements.

Les accès de colère, les crises de larmes et autres emportements sont plus rares à six ans qu'à deux ans, car, à mesure que ses habiletés cognitives et linguistiques évoluent, l'enfant peut de plus en plus recourir à la négociation.

---

familiale que les enfants peuvent vivre au cours de leurs premières années d'existence.

Les familles biparentales : mariages et unions libres

Bien qu'elle soit encore la structure familiale la plus répandue pour les enfants nord-américains, la famille biparentale y est beaucoup plus diversifiée qu'autrefois.

Au Canada, la proportion des familles biparentales constituées d'un couple marié vivant avec des enfants de moins de 25 ans a beaucoup diminué, passant de 55 % en 1981 à 41 % de l'ensemble des familles en 2001 (Conseil canadien de développement social [CCDS], 2006).

En 1981, 84 % des enfants de moins de 15 ans vivaient avec deux parents mariés ; en 2001, ce pourcentage était tombé à 68 %. Par contre, le nombre d'enfants de moins de 15 ans vivant avec des parents en union libre a beaucoup augmenté : de 3 % en 1981, il est passé à 13 % en 2001. Comme la tendance se maintient, les enfants plus jeunes sont plus susceptibles de vivre avec des parents en union libre : en 2001, c'était le cas de 17 % des enfants de moins de cinq ans au Canada, et de 29 % au Québec (CCDS, 2006).

Les recherches indiquent que, peu importe l'état matrimonial des parents, une dynamique familiale saine est un indicateur important de résultats positifs chez les enfants. Cependant, c'est dans une famille biparentale composée d'un couple marié que cette dynamique familiale saine est plus susceptible de survenir (Ambert, 2005a), car ce type de famille connaît en général plus de stabilité, moins de pauvreté, moins de facteurs de stress et un niveau plus élevé d'engagement à long terme des adultes concernés.

Bien qu'elles puissent être agréables et enrichissantes pour les adultes, les unions libres sont loin d'être aussi solides que les mariages. Au Canada comme au Québec, les couples en union libre se séparent beaucoup plus fréquemment que les couples mariés et le font plus rapidement, de sorte que les enfants sont plus jeunes au moment de la rupture (Le Bourdais et Juby, 2001 ; Marcil-Gratton, 2003). Or, les recherches montrent que les enfants nés de parents en union libre ne sont guère plus avantagés que les enfants de familles monoparentales, principalement à cause de cette instabilité (Ambert, 2005a).

Les familles monoparentales

En 2001, 19 % des enfants au Canada et 28 % des enfants aux États-Unis vivaient dans une famille monoparentale ayant pour chef de famille, dans la plupart des cas, une mère seule, le plus souvent divorcée.

De manière générale, la monoparentalité est une situation plus difficile que la biparentalité au sein d'une famille stable, a observé la sociologue Anne-Marie Ambert (2006). La présence de deux parents diminue les risques de pauvreté, permet un partage des tâches et assure un soutien affectif aux enfants ; elle facilite aussi la surveillance des enfants, et ceux-ci ont tendance à mieux écouter quand deux parents, plutôt qu'un seul, leur enseignent la différence entre le bien et le mal.

Par rapport à ceux qui vivent avec leurs deux parents, les enfants qui grandissent dans une famille monoparentale sont plus susceptibles d'avoir des problèmes comportementaux et relationnels, de devenir de jeunes délinquants, de moins bien réussir à l'école et d'y rester moins longtemps (Ambert, 2006). Les adultes qui ont vécu une partie de leur enfance dans une famille monoparentale risquent davantage d'être moins instruits, de se retrouver au chômage, de moins bien réussir sur le plan économique, de commettre des délits violents et des infractions graves contre la propriété, d'avoir un enfant à l'adolescence et de vivre des problèmes conjugaux, voire de divorcer (Ambert, 2006).

Le profil des enfants issus de familles monoparentales est assez semblable à celui des enfants qui ont vécu leur enfance dans la pauvreté, en milieu défavorisé (Ambert, 2006). Cette similitude est attribuable à des taux de pauvreté élevés chez les familles monoparentales, en particulier celles qui sont dirigées par une femme (Duncan et autres, 1998 ; Evans, 2004 ; McLoyd, 1998).

Par contre, et il importe de le souligner, quand la mère dispose d'un bon revenu, le développement de l'enfant est semblable à celui d'un enfant en situation comparable dont la mère vit maritalement. Qui plus est, quand on tient compte de la santé mentale de la mère, les effets négatifs de la monoparentalité sur les comportements des enfants diminuent de façon significative (Carlson et Corcoran, 2001).

De nombreuses familles constituent un réseau social qu'on appelle la *famille étendue*, une structure familiale qui inclut les parents, les grands-parents, les oncles et tantes, les cousins et cousines, etc. Ces familles étendues semblent avoir un effet protecteur sur les enfants qui grandissent dans une famille à parent unique (Wilson, 1995). Les grands-mères, par exemple, semblent apporter un soutien affectif important aux enfants de mères adolescentes (Coley et Chase-Lansdale, 1998).

Les familles atypiques : les grands-parents comme parents

Dans certaines familles, les «parents» sont en réalité les grands-parents. À défaut d'études canadiennes sur le sujet, on doit se tourner vers les études menées aux États-Unis, où le nombre de grands-parents servant de parents à leurs petits-enfants s'est accru depuis les années 1980. Cette hausse s'explique par divers facteurs, dont l'augmentation du taux d'alcoolisme et de toxicomanie, du nombre de divorces, du taux de grossesse chez les adolescentes et du taux d'incarcération des mères, ainsi que les ravages de l'épidémie de sida qui sévit dans la génération intermédiaire (Rosenthal et Gladstone, 2000). Les grands-parents s'engagent souvent dans cette tâche à la demande de leur enfant ou d'une agence de services sociaux (Jendrek, 1994).

On a très peu d'information sur la façon dont les enfants réagissent au fait que leurs grands-parents leur servent de parents. Les réponses des grands-mères aux problèmes des enfants semblent sensiblement les mêmes que celles des parents (Daly et Glenwick, 2000). Notons que la combinaison du stress de la parentalité et des effets du vieillissement physique expose davantage les adultes âgés à des périodes d'anxiété et de dépression que les parents plus jeunes (Burton, 1992 ; Jendrek, 1993, 1994).

Les familles atypiques : les couples homosexuels

Les recherches sur les parents homosexuels (hommes et femmes) se sont surtout intéressées au développement de l'identité et de l'orientation sexuelles chez leurs enfants (Ambert, 2005b). Elles révèlent que les enfants de partenaires homosexuels adoptent généralement une identité hétérosexuelle (Bailey et Dawood, 1998). Les jeunes qui ont été élevés dans des familles homoparentales se montrent plus tolérants en matière d'expérimentation de relations homosexuelles (Stacey, 1998) et sont légèrement plus nombreux à adopter une identité homosexuelle que les enfants de parents hétérosexuels. Il est toutefois impossible, à l'heure actuelle, de départager l'influence relative de l'hérédité et de l'apprentissage sur ces résultats (Stacey et Biblarz, 2001).

La majorité des rares études menées sur le développement cognitif et social des enfants élevés par des couples homosexuels ne révèlent aucune différence entre ces enfants et des enfants élevés par des couples hétérosexuels (Fitzgerald, 1999 ; Patterson, 1997).

Selon une recension des études comparant les familles recomposées homoparentales et hétéroparentales (Chamberland, Jouvin et Julien, 2003), les effets du divorce et de la recomposition familiale sur l'adaptation des enfants semblent être les mêmes chez les enfants de mères lesbiennes et ceux de mères hétérosexuelles. Bien qu'elles présentent plusieurs similarités avec les familles recomposées hétéroparentales, les familles recomposées homoparentales s'en distinguent par leur tendance à placer la parentalité au centre des nouveaux rapports familiaux et à partager les rôles parentaux de manière plus flexible et plus égalitaire. Leur grande particularité, en ce qui concerne les enfants et l'entourage familial et social, réside dans le dévoilement de l'homosexualité des parents, qui engendre des difficultés liées à l'homophobie du milieu et à la non-reconnaissance des familles homoparentales.

Enfin, dans une étude portant sur 80 enfants d'âge scolaire conçus par insémination artificielle (Chan, Raboy et Patterson, 1998), les chercheurs ont comparé l'évolution de ces enfants à travers quatre types de structures familiales — couples de lesbiennes, mères monoparentales lesbiennes, couples hétérosexuels et mères monoparentales hétérosexuelles. Ils n'ont trouvé aucune différence dans leur développement cognitif.

Le divorce

Les dernières estimations de Statistique Canada indiquent que, pour l'ensemble du pays, 38 % des couples risquent de divorcer avant leur 30ᵉ anniversaire de mariage, ce pourcentage allant de 50 % au Québec à 17 % à Terre-Neuve (Statistique Canada, 2005) .

La sociologue Anne-Marie Ambert (2005c) souligne deux faits importants au sujet de ces statistiques. Premièrement, un nombre inconnu de couples se séparent, mais ne divorcent jamais, de sorte qu'ils ne figurent pas dans les statistiques sur le taux de divorce. Deuxièmement, ces données ne tiennent pas compte de la dissolution des unions libres, qui, dans bien des cas, pourrait être considérée comme un divorce. Néanmoins, comme beaucoup de cohabitations durent à peine quelques mois, considérer *toutes* les formes de cohabitations comme des relations conjugales, et les ruptures de ce type comme des divorces, pourrait également être trompeur. Selon Ambert, le mieux serait d'inclure dans les statistiques les cohabitations ayant duré au moins deux ans.

Le divorce des parents est un événement traumatisant pour les enfants, sur qui il a des effets négatifs indéniables. Notons toutefois que certains de ces effets sont liés à des facteurs préexistants, comme le tempérament difficile de l'enfant ou les querelles permanentes entre les parents (Cherlin, Chase-Lansdale et McRae, 1998). De plus, le divorce n'est pas une variable isolée, et les enfants sont probablement affectés par une multitude d'autres facteurs qui lui sont reliés — conflits parentaux, pauvreté, perturbation de la routine journalière, intervention d'un nouveau conjoint ou d'une nouvelle conjointe, etc. (Bailey et Zvonkovic, 2003 ; Hetherington, Bridges et Insabella, 1998). D'ailleurs, les enfants dont les parents

se séparent sans divorcer et ceux dont les parents continuent à vivre ensemble malgré des querelles perpétuelles peuvent connaître certains des effets négatifs associés au divorce (Ingoldsby et autres, 1999).

Bref, bien que la plupart des enfants de parents divorcés ne présentent pas de problèmes développementaux, le divorce est sans aucun doute une transition émotionnelle douloureuse. Il peut engendrer un sentiment persistant de tristesse, d'anxiété et de regret chez l'enfant même si son fonctionnement psychologique et social est par ailleurs adapté (Kelly et Emery, 2003). L'encadré « Le monde réel » présente des conseils aux parents afin d'adoucir le choc du divorce.

Selon d'autres recherches, la gravité des effets négatifs du divorce varierait selon l'âge de l'enfant. En général, dans les premières années qui suivent le divorce, les résultats scolaires déclinent, et les enfants manifestent davantage de comportements agressifs, défiants, négatifs ou dépressifs (p. ex., Bonde et autres, 2004 ; Harland et autres, 2002 ; Pagani et autres, 1997). D'autre part, une étude longitudinale a révélé que, chez des enfants de 12 ans, les effets étaient plus graves parmi ceux qui avaient vécu le divorce dans la petite enfance et l'âge préscolaire que parmi ceux qui l'avaient vécu plus tard (Pagani et autres, 1997).

À l'adolescence, comparés à leurs pairs dont les parents ne sont pas divorcés, les enfants de parents divorcés sont plus enclins à s'engager dans des comportements criminels (Price et Kunz, 2003) ; à l'âge adulte, ils présentent un risque accru de troubles mentaux (Chase-Lansdale, Cherlin et Kiernan, 1995 ; Cherlin, Chase-Lansdale et McRae, 1998 ; Wallerstein et Lewis, 1998). Les jeunes adultes dont les parents ont divorcé manquent souvent des ressources financières ou du soutien émotionnel nécessaires pour réussir des études collégiales et universitaires ; et la plupart disent avoir du mal à s'engager dans des relations intimes (Wallerstein et Lewis, 1998). Enfin, ils présentent davantage de risques de divorcer à leur tour.

Les effets de la structure familiale

Que doit-on retenir de toutes ces données sur la structure familiale et le divorce ? Essayons d'en dégager l'essentiel.

D'abord, en général, la monoparentalité et le divorce réduisent les ressources disponibles pour l'enfant. Habituellement, le ménage avec un seul parent ne peut compter que sur un seul revenu et sur un seul adulte pour répondre aux besoins de l'enfant.

Ensuite, tout changement familial entraîne des bouleversements. Les adultes comme les enfants s'adaptent lentement et difficilement au retrait ou à l'ajout d'une autre personne dans le système familial (Hetherington et Stanley-Hagan, 1995). Les perturbations importantes semblent durer plusieurs années, période pendant laquelle les parents ont souvent du mal à bien superviser et encadrer leurs enfants.

Enfin — et c'est peut-être le plus important —, la monoparentalité, le divorce et la famille recomposée augmentent le risque que les parents s'éloignent du style parental démocratique. Un tel changement n'est pas rare dans les années qui suivent le divorce, lorsque, par exemple, le parent qui a la charge des enfants (généralement la mère) se sent dépassé ou déprimé, et a du mal à leur donner toute la chaleur qui leur est nécessaire ; on l'observe aussi dans les familles recomposées, où le style parental démocratique est plus rare que dans les familles traditionnelles. N'oublions pas qu'un style parental autoritaire ou désengagé est associé à des conséquences négatives pour l'enfant, quelle qu'en soit la cause (Goldberg, 1990).

En définitive, plus que la structure familiale, c'est le style parental qui est déterminant pour l'enfant.

LES RELATIONS AVEC LES PAIRS

L'expérience familiale de l'enfant a indéniablement une influence centrale sur sa personnalité émergente et

Grâce à leurs efforts et à leur débrouillardise, beaucoup de parents divorcés ou à la tête de familles monoparentales réussissent à procurer à leurs enfants tout le soutien et l'encadrement nécessaires.

sur sa socialisation, surtout dans ses premières années de vie. Cependant, à l'âge préscolaire, les relations avec les autres enfants prennent de plus en plus d'importance dans sa vie.

Selon le psychologue Willard W. Hartup (1989, 1996), tout enfant a besoin de deux types de relations. D'abord, il a besoin d'un attachement à une personne qui possède des connaissances et un pouvoir social supérieurs aux siens, comme un parent, un éducateur ou encore un frère ou une sœur. Ce type de relation, que Hartup qualifie de *verticale*, est complémentaire plutôt

LE MONDE RÉEL

Pour adoucir le choc du divorce...

Sachant que leur rupture sera traumatisante pour leurs enfants, la plupart des parents essaient de l'éviter. Cependant, c'est parfois la seule solution. S'il n'existe aucune recette simple – ni complexe, d'ailleurs – pour éliminer tous les effets perturbateurs d'un divorce sur les enfants, certaines mesures peuvent aider les parents à les atténuer.

- Essayer d'imposer le moins possible de changements aux enfants ; autant que faire se peut, les laisser dans la même maison, la même garderie, la même école, etc.

- Envisager la possibilité de laisser l'adolescent vivre avec le parent de son sexe. Cette solution semble moins stressante pour eux, bien que les recherches ne soient pas tout à fait concluantes (Lee et autres, 1994).

- Aider les enfants à rester en contact avec le parent qui n'en a pas la garde. Celui-ci devrait les appeler souvent, les voir régulièrement, assister aux réunions de parents à l'école, etc.

- Limiter autant que possible les conflits entre parents, surtout devant les enfants. Ces conflits ouverts ont toujours des effets négatifs sur les enfants (Amato, 1993 ; Coiro, 1995 ; Insabella, 1995). Dans le contexte d'un divorce, leurs effets sont encore plus néfastes.

- Quoi que l'on vive, ne jamais utiliser les enfants comme intermédiaires, ni dénigrer l'autre parent (le père ou la mère) devant eux. Les enfants déchirés entre leurs deux parents risquent davantage d'en subir des conséquences indésirables, tels la dépression ou les problèmes de comportement (Buchanan, Maccoby et Dornbusch, 1991).

- Ne pas attendre des enfants un soutien émotionnel. Entretenir son réseau social et l'utiliser. Rester en contact avec les amis, se rapprocher de personnes qui sont dans la même situation, devenir membre d'un groupe de soutien. Mettre en œuvre tous les moyens possibles pour prendre soin de soi et répondre à ses propres besoins.

Ces conseils ne sont pas faciles à suivre lorsqu'on se trouve au cœur de la tourmente ; mais si les parents font tout en leur pouvoir pour y arriver, les enfants souffriront moins.

que réciproque. Le lien peut être très fort dans les deux sens, mais le comportement que les deux individus manifestent l'un envers l'autre n'est pas du même ordre — pour prendre un exemple banal, le parent fait beaucoup plus souvent un sandwich à l'enfant que l'inverse. En second lieu, l'enfant a besoin de relations réciproques avec des enfants qui ont à peu près son âge, et dont les connaissances et le pouvoir social sont équivalents aux siens. Dans ces relations *horizontales,* le comportement des partenaires est du même ordre, et ceux-ci coopèrent souvent pour accomplir une tâche — se faire un sandwich, par exemple. Pour Hartup, ces deux types de relations ont des fonctions différentes, et l'enfant a besoin des deux pour acquérir de solides habiletés sociales. Les relations d'attachement non seulement lui procurent protection et sécurité, mais elles lui permettent de se créer des modèles internes fondamentaux et de développer des habiletés sociales de base. Toutefois, c'est dans les relations réciproques — amitiés et relations de groupe — qu'il acquiert les habiletés sociales qui ne s'apprennent qu'entre égaux : la coopération, la compétition et l'intimité.

Les travaux de Hartup ont mis en lumière le rôle clé des relations réciproques et de l'amitié dans le développement de l'enfant, et nous savons maintenant que les relations de l'enfant avec ses parents et celles qu'il a avec ses pairs sont interactives (Chen et autres, 2005). Une bonne relation parent-enfant est plus efficace lorsqu'elle s'accompagne de relations avec des pairs qui ont une bonne compétence sociale. Inversement, des relations avec des pairs antisociaux peuvent atténuer les effets positifs d'une bonne éducation parentale.

L'acquisition des habiletés sociales par le jeu

Au chapitre précédent, nous avons traité des aspects cognitifs du jeu. Mais qu'en est-il de ses aspects sociaux ?

À tout âge, les enfants passent du temps à jouer seuls ; c'est ce qu'on appelle le *jeu solitaire.* Mais dès l'âge de 6 mois, ils commencent à aimer s'amuser avec d'autres enfants. Si l'on assoit deux bébés de cet âge par terre, face à face, ils vont se regarder, se toucher, se tirer les cheveux, imiter les actions de l'autre et se sourire.

De 14 à 18 mois, les nourrissons jouent ensemble avec des jouets. À certains moments, ils coopèrent ; à d'autres, ils se contentent de s'amuser côte à côte avec des jouets différents, un type de jeu que les spécialistes nomment le *jeu parallèle.* À cet âge, ils se montrent leur intérêt mutuel en se regardant et en produisant des sons.

Ce n'est généralement pas avant l'âge de 18 mois que les bébés commencent à se livrer au *jeu associatif.*

Dans ce type de jeu, les bébés s'engagent spontanément dans des interactions sociales, généralement de courte durée, tout en poursuivant leurs activités propres. Ainsi, l'un des bébés pourra lâcher son jouet et se lancer à la poursuite de l'autre, ou encore imiter ce que l'autre fait avec un jouet.

Vers trois ou quatre ans, les enfants s'engagent dans le *jeu coopératif,* dans lequel ils collaborent à deux ou à plusieurs pour atteindre un but. Le jeu coopératif peut être constructif ou symbolique. Les enfants construisent des édifices de blocs ou des châteaux de sable, s'amusent à des jeux de rôles avec des poupées, des accessoires ou des déguisements.

Le jeu donne aux enfants l'occasion d'acquérir des **habiletés sociales,** c'est-à-dire un ensemble d'habiletés qui permettent à un individu d'être accepté par les autres.

Ainsi, de nombreux chercheurs se sont intéressés aux habiletés requises pour *entrer dans un groupe.* Les enfants qui possèdent ces habiletés prennent le temps d'observer les autres pour comprendre ce qu'ils font avant d'essayer de prendre part à l'activité du groupe, tandis que ceux qui n'ont pas ces habiletés essaient de se faire accepter par le groupe en affichant un comportement agressif ou en interrompant l'activité. Or, l'acceptation ou le rejet par les pairs est un facteur crucial dans le développement social ultérieur.

Des études récentes indiquent que les raisons et les conséquences de l'absence ou de la faiblesse des habiletés requises pour entrer dans un groupe diffèrent selon les sexes. Par exemple, une étude a montré que les fillettes de trois ans qui avaient ces habiletés consacraient plus de temps au jeu coopératif qu'au jeu parallèle, tandis que celles qui ne les avaient pas consacraient plus de temps au jeu parallèle qu'au jeu coopératif (Sims, Hutchins et Taylor, 1997).

La même étude a révélé que les garçonnets de trois ans dépourvus de ces habiletés avaient tendance à se montrer plus agressifs, et que, souvent, ils étaient rejetés par leurs pairs. De manière systématique, ils répondaient à ce rejet en devenant encore plus agressifs et perturbateurs (Sims, Hutchins et Taylor, 1997). Ce genre de situation peut amener les enfants à acquérir un modèle interne de relations sociales qui les pousse à toujours réagir agressivement aux autres lorsqu'ils sont en société.

Habiletés sociales Ensemble d'habiletés qui permettent habituellement à un individu d'être accepté par les autres.

Afin de pallier les risques inhérents au manque d'habiletés sociales, on a enseigné à des enfants de quatre et cinq ans certaines phrases clés susceptibles de les aider à se faire accepter dans un groupe de pairs (Doctoroff, 1997). Dans la majorité des cas, les interventions de ce type ont eu des résultats positifs immédiats en ce qui concerne l'acceptation sociale.

Les premières amitiés

La formation d'un lien amical est l'un des principaux changements à survenir dans les rapports sociaux à l'âge préscolaire (Hay, Payne et Chadwick, 2004). Certains enfants commencent dès l'âge de 18 mois à manifester une préférence marquée et durable pour un ou une enfant en particulier (Howes, 1983, 1987). À trois ans, environ 20 % des enfants ont un compagnon ou une compagne de jeu stable. À quatre ans, plus de la moitié des enfants en garderie passent plus de 30 % de leur temps avec un enfant qu'ils préfèrent aux autres (Hinde et autres, 1985).

Le fait d'avoir vécu une amitié au début de l'enfance favoriserait aussi une meilleure compétence sociale à l'âge scolaire (Maguire et Dunn, 1997 ; Sebanc, 2003). Notons que les enfants d'âge préscolaire se lient plus souvent d'amitié avec des enfants de même sexe.

L'AGRESSIVITÉ

Les interactions agressives sont communes au début de l'enfance. On définit généralement l'**agression** comme un comportement manifestement intentionnel qui vise à blesser autrui ou à abîmer un objet. Le caractère intentionnel permet de distinguer l'agression du geste acci-

Les psychologues distinguent l'agression, dont l'intention est de blesser l'autre, du geste accidentel qui blesse l'autre dans une bataille amicale.

dentel de l'enfant qui en blesse un autre sans le vouloir lors d'une bataille amicale.

Tous les jeunes enfants ont de temps à autre un comportement agressif, mais la forme et la fréquence des agressions changent au cours de la période préscolaire (voir le tableau 6.1).

Tableau 6.1 *L'évolution typique de l'agressivité chez le jeune enfant*

	De deux à quatre ans	De quatre à huit ans
Agressions physiques	Fréquence maximale	De moins en moins fréquentes
Agressions verbales	Relativement rares à deux ans, elles augmentent à mesure que les habiletés langagières de l'enfant s'améliorent.	Forme d'agressivité dominante
But des agressions	Essentiellement instrumentales	Essentiellement hostiles
Moment des agressions	Le plus souvent après un conflit avec les parents	Le plus souvent après un conflit avec les pairs

Sources : Cummings et autres, 1986 ; Goodenough, 1931 ; Hartup, 1974.

Le premier changement est le passage de l'agression physique à l'agression verbale. Quand ils sont bouleversés ou frustrés, les enfants de deux à trois ans ont tendance à se lancer des objets ou à se frapper les uns les autres. Cependant, à mesure que leurs habiletés langagières progressent, ils délaissent l'agression physique au profit de l'agression verbale, se moquant les uns des autres ou se criant des noms ; de même, leur rébellion envers leurs parents se manifeste par des stratégies verbales plutôt que physiques.

Ce déclin de l'agression physique reflète aussi le déclin de l'égocentrisme de l'enfant d'âge préscolaire et sa meilleure compréhension des pensées, des sentiments et des intentions des autres enfants. Mais un autre facteur intervient : l'émergence d'un ordre hiérarchique. Dès l'âge de trois ou quatre ans, les groupes d'enfants s'organisent selon une hiérarchie très claire de meneurs et de suiveurs (Strayer, 1980). Les enfants de cet âge savent qui va gagner et qui va perdre une bagarre, à qui ils peuvent s'attaquer, à qui ils doivent se soumettre — un savoir qui réduit le nombre d'agressions physiques réelles.

Agression Comportement manifestement intentionnel qui vise à blesser autrui ou à abîmer un objet.

Le deuxième changement est le passage de l'**agression instrumentale**, qui vise à obtenir ou à détruire un objet, à l'**agression hostile**, qui vise à blesser ou à dominer une personne. Quand Laurie, trois ans, pousse son amie Véro pour lui arracher son jouet, il s'agit d'une agression instrumentale ; quand Véro se fâche et traite Laurie d'idiote, il s'agit d'une agression hostile.

Les psychologues ont émis diverses hypothèses sur les facteurs clés du comportement agressif durant l'enfance.

À la fin des années 1930, un groupe de psychologues américains (Dollard et autres, 1939) a avancé qu'une agression était toujours précédée d'une frustration, et que la frustration était toujours suivie d'une agression. Comme on l'a démontré par la suite, cette hypothèse était une généralisation abusive : la frustration ne mène pas toujours à une agression, mais elle en augmente la probabilité. Comme ils ne peuvent pas toujours faire ou avoir ce qu'ils veulent ni exprimer clairement leurs besoins, les jeunes enfants sont souvent frustrés. À mesure qu'ils apprennent à communiquer, à planifier et à organiser leurs activités, leur niveau de frustration baisse, et la fréquence des agressions ouvertes diminue.

La deuxième hypothèse est celle du renforcement. Quand elle pousse Véro pour lui arracher son jouet, Laurie reçoit un renforcement positif (elle obtient le jouet qu'elle voulait), lequel augmente la probabilité qu'elle répète l'agression. Cet effet de renforcement direct joue un rôle vital dans le développement des modèles de comportements agressifs chez les enfants. Quand ils cèdent devant les crises ou les agressions de leur enfant, les parents renforcent le comportement qu'ils déplorent et contribuent ainsi, sans le vouloir, à ancrer un modèle d'agression et de défiance chez l'enfant.

Bandura a démontré que les enfants pouvaient apprendre certains comportements agressifs — frapper autrui, par exemple — simplement en observant une personne ou un personnage de dessin animé qui agit de la sorte (Bandura, Ross et Ross, 1961, 1963). De toute évidence, les médias offrent aux enfants d'innombrables occasions d'observer des comportements agressifs, mais les modèles de la vraie vie peuvent avoir encore plus d'influence sur eux. Par exemple, en étant témoins des réactions agressives de leurs parents, de leurs frères et sœurs ou d'autres personnes, ils apprennent que l'agression est un moyen acceptable de résoudre des problèmes. D'ailleurs, on constate que les enfants dont les parents recourent régulièrement aux châtiments corporels sont plus agressifs que ceux dont les parents n'adoptent pas de telles pratiques (Eron, Huesmann et Zelli, 1991).

L'agressivité caractérielle

Quelle que soit la raison de leur agressivité, la plupart des enfants deviennent moins agressifs durant leurs années préscolaires. Chez certains, toutefois, le modèle agressif typique du début de l'enfance devient littéralement un mode de vie. De multiples études, dont plusieurs transculturelles, corroborent cette observation (Hart et autres, 1997 ; Henry et autres, 1996 ; Newman et autres, 1997). Les chercheurs ont tenté de déterminer les causes de ce type d'agressivité persistante, souvent qualifiée d'**agressivité caractérielle** pour la distinguer de l'agressivité typique du début de l'enfance.

Des chercheurs ont exploré la possibilité d'une base génétique à l'agressivité caractérielle et recueilli des données de recherche intéressantes (Hudziak et autres, 2003 ; Plomin, 1990 ; vanBeijsterveldt, Bartels, Hudziak et Boomsma, 2003). D'autres études ont relié l'agressivité caractérielle à une enfance passée dans un milieu agressif — une famille qui se livre à des agressions sexuelles, physiques ou verbales, par exemple (Dodge, 1993). Le manque d'affection et les mesures coercitives semblent également favoriser l'agressivité caractérielle, particulièrement chez les garçons (Chang et autres, 2003 ; McFayden-Ketchumm et autres, 1996).

Selon d'autres spécialistes du développement, les enfants agressifs façonnent eux-mêmes leur environnement de manière à ce que celui-ci renforce constamment leur comportement. Ainsi, dès l'âge de quatre ans, les garçons agressifs tendent à se réunir et à former des groupes stables, dans lesquels ils développent leurs modes d'interaction propres et renforcent mutuellement leurs comportements agressifs par l'approbation du groupe (Farver, 1996). Ce modèle d'association typique chez les garçons agressifs persiste tout au long de l'enfance et de l'adolescence.

Enfin, la perspective sociale cognitive a produit un vaste corpus de recherches indiquant que les enfants très agressifs accusent un retard sur leurs pairs quant à la compréhension des intentions d'autrui. Les études qui montrent qu'enseigner à des enfants agressifs à réfléchir sur les intentions d'autrui réduit leurs comportements

---

Agression instrumentale Comportement agressif visant l'obtention ou la destruction d'un objet.

Agression hostile Comportement agressif visant à blesser (physiquement ou psychologiquement) une personne ou à lui nuire.

Agressivité caractérielle Mode de comportement dans lequel le modèle agressif typique du début de l'enfance devient un mode de vie pour l'individu.

agressifs vont également dans ce sens (Crick et Dodge, 1994, 1996 ; Webster-Stratton et Reid, 2003). Plus précisément, ces recherches établissent que les enfants agressifs d'âge scolaire raisonnent comme des bambins de deux ou trois ans en ce qui concerne les intentions d'autrui. Ainsi, sur un terrain de jeu, ils percevront un geste accidentel — tomber sur quelqu'un pendant un match de soccer, par exemple — comme un acte intentionnel qui exige

Rapports DE **RECHERCHE**

Un monde sans agression ne serait pas le paradis !

Par Daniel Baril

FORUM, UNIVERSITÉ DE MONTRÉAL, VOL. 39, Nº 32, 13 JUIN 2005

« L'agressivité est une donnée fondamentale de la force des humains et un monde sans agression physique ne serait pas forcément le paradis. » Par ces propos, Richard Tremblay, titulaire de la Chaire de recherche sur le développement de l'enfant [de l'Université de Montréal], renverse totalement l'image qu'on se fait habituellement de l'agressivité.

Encore considérée dans les sciences sociales comme un effet de l'environnement, l'agressivité est aux yeux du professeur une composante essentielle de la survie qu'il nous faut apprendre à maîtriser par la socialisation. « L'agressivité est un besoin de l'être humain », affirme-t-il.

Sans agressivité, l'espèce n'aurait évidemment pu survivre ni même exister. Si, dans nos sociétés, nous n'avons plus besoin d'attaquer pour nous nourrir, nous demeurons évidemment le produit de l'environnement où notre génome a été retenu par la sélection naturelle.

[…] Richard Tremblay n'en croit pas moins à l'influence de l'éducation pour amener l'enfant à apprendre à tempérer son agressivité. Ses travaux montrent que le nombre de gestes violents est à son maximum autour de l'âge de 20 mois et diminue par la suite même si l'enfant est exposé à de plus en plus de gestes violents au fur et à mesure qu'il vieillit.

« Ce fait, qui est maintenant bien accepté, va à l'encontre des attentes fondées sur la perspective sociale[1], souligne le professeur. Si l'agressivité venait de l'apprentissage, ce serait au cours des 18 à 24 premiers mois de la vie que l'enfant devrait être en contact avec le plus grand nombre de gestes agressifs ! L'enfant qui n'aurait pas de contacts sociaux devrait quant à lui être moins agressif, mais c'est le contraire qui est observé. C'est aussi le cas chez les primates : si l'on isole des macaques dans l'enfance, ils deviennent plus agressifs par la suite. »

Par ailleurs, le chercheur ne connaît pas de cas d'adolescents qui seraient subitement devenus agressifs sans l'avoir été au cours de l'enfance.

Agressivité indirecte : le propre de l'être humain

Richard Tremblay a dirigé la publication du premier volume présentant l'ensemble des données développementales sur l'agression. Sous le titre *Developmental Origins of Agression*[2], l'ouvrage met à contribution 34 chercheurs internationaux, dont 16 du Québec, et fait le point sur les aspects à la fois évolutionnistes, génétiques et sociaux de l'agressivité et de son contrôle.

Plusieurs des travaux présentés ont été menés par le Groupe de recherche sur l'inadaptation psychosociale chez l'enfant (GRIP), dont le professeur Tremblay est directeur[3]. L'ensemble de ces recherches porte sur cinq cohortes totalisant 28 000 enfants.

Le volume ne traite pas que de l'agressivité physique ; il aborde également l'agressivité verbale, qui est une forme d'agression secondaire propre à l'espèce humaine. « L'agression verbale repose sur les mêmes bases que l'agression physique et vise le même but : attaquer ou se défendre, indique Richard Tremblay. Par l'agression indirecte, on évite de se frapper, mais on peut aussi détruire des réputations. Cette forme d'agression peut être très vicieuse et se révéler pire qu'un coup de poing. »

L'agressivité verbale qui permet d'éviter la violence est omniprésente dans les sociétés humaines, y compris chez les intellectuels, et causerait autant de tort que l'agression physique. « Un monde sans agression physique ne serait donc pas le paradis », fait-il remarquer.

L'agression indirecte commence vers l'âge de trois ou quatre ans, au moment où les enfants forment des groupes et rejettent ceux qu'ils ne veulent pas parmi eux. Les jeunes filles apprennent plus tôt que les garçons à ne pas utiliser la force physique et recourent donc plus rapidement et plus fréquemment à l'agression verbale. Pour le professeur Tremblay, ceci serait dû au fait que le développement cognitif s'effectue généralement plus tôt chez les filles et qu'elles sont moins bien pourvues que les garçons pour recourir à la force physique.

Les travaux montrent par ailleurs que les enfants les plus à risque de développer un comportement violent sont ceux dont les parents sont agressifs et qui n'apprennent pas à l'enfant à contrôler ses impulsions. « Même les tempéraments les plus agressifs arrivent à contenir leur agressivité s'ils ont été bien encadrés, signale le psychologue. Il est extrêmement rare que la socialisation ne puisse rien contre l'agressivité si le milieu a permis un apprentissage adéquat au départ. »

Cette observation apporte un éclairage nuancé sur la part de la génétique et de l'environnement dans le comportement agressif. La composante génétique du tempérament agressif serait très forte, mais son expression est modulée par l'environnement social.

[…]

---

[1] Théories classiques de l'apprentissage social.

[2] *Developmental Origins of Agression*, sous la direction de Richard E. Tremblay, Willard Hartup et John Archer, New York, Guilford Press, 2005, 480 p.

[3] Pour en savoir plus long sur le Groupe de recherche sur l'inadaptation psychosociale chez l'enfant (GRIP), voir son site Web : http://www.gripinfo.ca/Grip/Public/www/

vengeance. Les programmes d'entraînement qui comportent des techniques de gestion de la colère aident les enfants agressifs d'âge scolaire à acquérir une compréhension des intentions d'autrui que la plupart des enfants apprennent entre trois et cinq ans.

Des études sur la capacité des enfants agressifs à tenir d'autres formes de raisonnement social ont donné des résultats similaires (p. ex., Harvey, Fletcher et French, 2001). Les spécialistes du développement ont constaté que, comme le raisonnement sur les intentions d'autrui, le raisonnement social des enfants agressifs peut s'améliorer avec de l'entraînement. Ainsi, des chercheurs ont utilisé avec succès des vidéos d'enfants qui se livraient à des bagarres amicales pour aider des enfants agressifs à saisir la différence entre une bagarre pour jouer et un acte agressif pouvant causer une douleur physique (Smith, Smees et Pelligrini, 2004). L'agressivité dite caractérielle pourrait donc résulter au moins en partie d'une déviation du développement normal de la cognition sociale à l'âge préscolaire ; le cas échéant, il serait possible de la réduire par des interventions visant à remettre l'enfant sur la bonne voie.

LES COMPORTEMENTS PROSOCIAUX

Nous venons de parler de l'agressivité, qui se manifeste par un comportement antisocial. À l'autre bout du spectre, les **comportements prosociaux** peuvent se définir comme des comportements opportuns, constructifs et utiles.

L'altruisme est une forme de comportement prosocial. Comme l'agressivité, c'est un comportement intentionnel qui évolue avec l'âge. Autour de deux ou trois ans, quand ils commencent à vraiment s'intéresser au jeu avec leurs pairs, les enfants manifestent leurs premiers comportements altruistes, comme prêter leurs jouets, aider celui qui s'est blessé, essayer de consoler celle qui pleure, etc. (Marcus, 1986 ; Zahn-Waxler et autres, 1992 ; Zahn-Waxler et Radke-Yarrow, 1982). À cet âge, ils n'ont pas encore développé une théorie de l'esprit et commencent à peine à entrevoir que les autres ne ressentent pas la même chose qu'eux. Pourtant, ils en savent manifestement assez long sur les émotions d'autrui pour offrir sympathie et soutien à un enfant ou un adulte blessé ou triste.

Certaines formes de comportement prosocial, comme attendre son tour, semblent plus fréquentes à mesure qu'ils grandissent. La serviabilité aussi semble augmenter jusqu'à la fin de l'adolescence. Néanmoins, les comportements prosociaux n'évoluent pas tous dans ce sens. Consoler un autre enfant, par exemple, semble être un geste plus fréquent au début du primaire que chez les plus vieux (Eisenberg, 1992).

La fréquence des comportements prosociaux varie beaucoup d'un enfant à l'autre. Les jeunes enfants qui montrent le plus d'empathie et d'altruisme sont aussi ceux qui régulent le mieux leurs émotions (Eisenberg et autres, 1996b). Ces variations dans le degré d'empathie et d'altruisme semblent associées au style parental, le style démocratique étant celui qui favorise le plus les comportements prosociaux (voir l'encadré « Comment élever les enfants pour qu'ils soient ouverts et altruistes ? »). Enfin, les études longitudinales indiquent que les enfants d'âge préscolaire qui y sont le plus enclins le demeurent à l'âge adulte (Eisenberg et autres, 1999).

LE MONDE RÉEL

Comment élever les enfants pour qu'ils soient ouverts et altruistes ?

De nombreuses études (résumées dans Eisenberg, 1992) indiquent que certains comportements parentaux favorisent un comportement prosocial chez l'enfant.

Comme on pouvait s'y attendre, les parents aimants, chaleureux et attentifs tendent à avoir des enfants plus serviables, plus ouverts et plus attentionnés. Cet effet bénéfique est encore plus prononcé si les parents, en plus d'être chaleureux et attentifs, donnent aux enfants des règles et des explications claires sur ce qu'ils doivent faire et ne pas faire. Ils leur expliquent les conséquences de leurs actions – « Si tu frappes Maxime, ça va lui faire mal ». Et ils formulent les règles à suivre de manière positive – « C'est bien d'être généreux » – plutôt que négative – « Ne sois pas égoïste », ce qui semble aussi porter ses fruits.

Assimiler les comportements prosociaux de l'enfant à sa personnalité peut l'aider à les intérioriser. On peut, par exemple, le féliciter en disant : « Tu es une enfant tellement serviable ! » ou « Tu es tellement généreux avec les gens ! » Le fait d'entendre fréquemment de tels commentaires pendant leurs premières années de vie aide les enfants à les incorporer à leur concept de soi plus tard dans l'enfance, et peut influer sur leurs modèles internes.

Les parents des enfants altruistes leur donnent souvent l'occasion de se rendre utiles – participer à la préparation du repas, s'occuper des animaux, donner des jouets à des enfants défavorisés, apprendre des choses à leurs frères et sœurs plus jeunes, rendre service à une voisine –, mais sans les y forcer, en leur laissant l'impression que le geste vient d'eux.

Dernier facteur, mais non le moindre : ces parents donnent l'exemple en se montrant eux-mêmes généreux et altruistes, bref en mettant eux-mêmes en pratique ce qu'ils prêchent.

Comportement prosocial Comportement opportun, constructif et utile ; à l'opposé d'un comportement antisocial.

Pause
APPRENTISSAGE

Le développement social

1. Décrivez l'évolution de l'attachement à l'âge préscolaire.

2. Nommez et décrivez les quatre styles parentaux décrits par Baumrind, Maccoby et Martin. Lequel a les effets les plus positifs sur les enfants ? Lequel a les résultats les plus négatifs ?

3. Que doit-on retenir des données de recherche sur les effets de la structure familiale et du divorce sur le développement des enfants ?

4. Dans le modèle des relations sociales de Hartup, quel est le rôle respectif des relations verticales et des relations horizontales dans le développement de l'enfant ?

5. Qu'entend-t-on par *habiletés sociales* ?

6. Décrivez l'évolution habituelle des comportements agressifs entre deux ans et huit ans (forme, but, fréquence). Qu'est-ce que l'agressivité caractérielle ?

7. Définissez le terme *comportement prosocial*.

LE DÉVELOPPEMENT DE LA PERSONNALITÉ ET DU CONCEPT DE SOI

À mesure que les jeunes enfants progressent dans leur compréhension du monde social, leur personnalité distinctive émerge. Parallèlement, leur concept de soi s'étoffe, ce qui leur permet de mieux maîtriser leur comportement.

DU TEMPÉRAMENT À LA PERSONNALITÉ

On l'a vu au chapitre 4, qu'il soit de type facile, difficile ou inhibé (lent à s'adapter), le tempérament reste relativement stable tout au long de la vie (Novosad et Thoman, 1999 ; Rubin et autres, 1999). À l'âge préscolaire, un lien entre le tempérament difficile et les problèmes comportementaux apparaît. Ainsi, un tempérament inhibé à l'âge préscolaire est associé à des risques accrus de problèmes émotionnels plus tard dans l'enfance (Sanson et autres, 1996 ; Schwartz, Snidman et Kagan, 1996). De même, un tempérament difficile à l'âge de trois ou quatre ans est associé à un risque accru d'agressivité, de délinquance ou d'autres problèmes comportementaux à l'âge scolaire, à l'adolescence et à l'âge adulte (Bates, 1989 ; Caspi et autres, 1995 ; Chess et Thomas, 1984 ; Gunnar et autres, 2003). Cependant, malgré cette probabilité accrue, la plupart des enfants d'âge préscolaire chez qui on a décelé un tempérament difficile ne présentent pas de problèmes de comportement plus tard.

On a aussi vu que la plupart les psychologues du développement voient le tempérament comme la base de la personnalité (Caspi et autres, 2003 ; Hagekull et Bohlin, 2003). Le processus qui transforme le tempérament en personnalité commence probablement très tôt dans l'enfance, et l'enfant y participe activement. Ainsi, à l'âge préscolaire, les enfants au tempérament difficile apprennent que les accès de colère et les plaintes continuelles entraînent le rejet des pairs ; c'est pourquoi plusieurs d'entre eux modifient leur comportement pour être mieux acceptés. La personnalité représente donc la combinaison du tempérament initial de l'enfant et des connaissances qu'il acquiert sur les comportements liés à son tempérament (McCrae et autres, 2000 ; Svrakic, Svrakic et Cloninger, 1996).

La réaction parentale au tempérament de leur enfant influe également sur l'évolution de sa personnalité. S'il est rejeté par ses parents, l'enfant difficile ou introverti risque encore davantage, à la fin de sa période préscolaire, de présenter des déficits cognitifs et de développer une personnalité qui lui causera de sérieux problèmes de relations sociales (Bates, 1989 ; Fish, Stifter et Belsky, 1991). Par contre, si ses parents lui apprennent à maîtriser ses émotions et son comportement, les risques de problèmes diminuent (Coplan, Bowker et Cooper, 2003). De même, l'enfant timide que ses parents encouragent à interagir avec ses pairs deviendra probablement plus sociable (Rubin, Burgess et Hastings, 2002).

Ainsi, bien qu'elles demeurent importantes, les corrélations entre le tempérament des bébés et les évaluations ultérieures de la personnalité diminuent durant l'enfance et l'adolescence (Shaw, Ryst et Steiner, 1996). Le tempérament inné ne dicte donc pas nécessairement le genre de personnalité que développera l'enfant ; il n'est que l'un des nombreux facteurs qui la façonnent.

L'ÉVOLUTION DU CONCEPT DE SOI

À partir de son moi subjectif (ou existentiel), comme on l'a vu au chapitre 4, l'enfant de 18 à 24 mois commence à développer son moi objectif (ou catégoriel), son moi émotionnel et son moi sexué. Entre deux et six ans, il poursuit le développement de ces divers aspects du moi, auxquels s'ajoute le moi social.

Le moi objectif ou catégoriel

À la fin de la période préscolaire, l'enfant peut généralement donner une bonne description de lui-même à maints égards. Toutefois, ses premières ébauches de concept de soi restent très concrètes : le concept de soi focalise encore sur des caractéristiques visibles — son sexe, ses traits physiques, ce avec quoi il joue, avec qui, où il habite, ce qu'il fait le mieux, etc. — plutôt que sur des traits internes plus stables. Comme on l'a vu plus haut, la perception d'autrui chez les enfants d'âge préscolaire se limite à une catégorisation sommaire — grand ou petit, fille ou garçon, etc.

Le moi émotionnel

Ces dernières années, la recherche sur le développement du moi émotionnel au début de l'enfance s'est beaucoup concentrée sur l'apprentissage de la **régulation émotionnelle**, c'est-à-dire la capacité de maîtriser ses réponses

> **Régulation émotionnelle**   Capacité de maîtriser ses réponses émotionnelles (états et comportements).

Des circuits neurologiques prédisposent à l'empathie

Par Daniel Baril

Forum, Université de Montréal, vol. 39, nᵒ 15, 13 décembre 2004

Lorsque nous observons quelqu'un faire un geste, les circuits neuronaux qui commandent cet acte s'activent dans notre cerveau même si nous demeurons totalement immobiles. Le phénomène se répète quand nous entendons un son associé à un mouvement particulier, comme taper des mains.

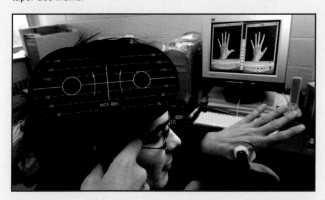

La simple observation d'une action, comme celle d'une main qui bouge un doigt sur un écran vidéo, active les neurones prémoteurs de cette action chez l'observateur. Ce réseau de neurones miroirs jouerait un rôle dans l'apprentissage des rapports sociaux.

Cette étonnante constatation a été faite sur des chimpanzés au début des années 90, et ce phénomène a été attesté par la suite chez les êtres humains. Les circuits neuronaux en question ont été appelés *neurones miroirs* parce qu'ils reflètent l'activité cérébrale de la personne qui accomplit le geste. Ces circuits ont été localisés dans le cortex prémoteur et plus particulièrement dans l'aire de Broca.

Selon les théories actuelles, les neurones miroirs seraient à la base de l'apprentissage par imitation, une fonction centrale notamment dans l'apprentissage de la langue.

« Ces cellules sont vraiment à la source de la compréhension de ce qui se passe chez les autres personnes, affirme Hugo Théoret, chercheur au Département de psychologie [de l'Université de Montréal]. Les recherches montrent que la compréhension d'une action est possible lorsque l'observateur la reproduit dans son propre système moteur. Si l'on suspend l'activité des neurones miroirs par stimulation magnétique transcrânienne, le sujet ne comprend plus ce que fait l'autre. »

Selon le chercheur, les neurones miroirs non seulement nous feraient reproduire mentalement ce que font les autres, mais joueraient également un rôle fondamental dans l'empathie en permettant d'éprouver ce que ressentent les gens. Les cellules miroirs expliqueraient pourquoi les émotions, tant le rire que la peine, sont contagieuses ; en voyant une personne s'esclaffer ou pleurer, nous ressentons automatiquement la même émotion. Ces réseaux constitueraient donc l'une des bases neuronales de la cognition sociale gérant l'établissement de nos relations avec les autres.

Déficit chez les autistes

Hugo Théoret a voulu tester cette hypothèse auprès d'autistes. « Si les circuits des neurones miroirs sont à l'origine de l'empathie, l'un des effets de leur perturbation pourrait être l'autisme », affirme-t-il.

[...]

Le chercheur a conçu une expérience simple qui consiste à observer la vidéo d'une main qui bouge un doigt. Les sujets doivent d'abord observer le geste tout en demeurant immobiles et, ensuite, imiter le geste. Pendant ce temps, des mesures électrocorticales du cortex prémoteur sont prises.

Chez les membres du groupe témoin, les mesures de potentiels évoqués montrent la même activation cérébrale dans la zone des neurones miroirs lorsque les sujets observent l'action et lorsqu'ils la reproduisent. Chez les sujets autistes, l'activité neuronale pendant l'observation est significativement plus faible que lorsqu'ils exécutent le geste. « Leurs neurones miroirs sont déficitaires, conclut Hugo Théoret. Nous avons établi pour la première fois qu'il n'y a pas de parité dans les décharges neuronales entre l'observation et l'exécution d'un geste chez les autistes. »

[...]

Source : Theoret, H, Halligan, E, Kobayashi, M, Fregni, F, Tager-Flusberg, H, Pascual-Leone, A. (8 février 2005). « Impaired motor facilitation during action observation in individuals with autism spectrum disorder », *Current Biology*; 15(3):R84-5.

émotionnelles tant dans les états que les comportements (Hoeksma, Oosterlaan et Schipper, 2004). Ainsi, le jeune enfant qui trouve une façon de se consoler quand il est triste, ou qui passe à une autre activité quand quelque chose le frustre, est capable de réguler ses émotions.

Les recherches récentes montrent que la régulation des émotions à l'âge préscolaire est liée à diverses variables sociales. Ainsi, les enfants qui régulent bien leurs émotions sont plus populaires auprès de leurs pairs que ceux qui les régulent difficilement (Denham et autres, 2003 ; Fantuzzo, Sekino et Cohen, 2004). Une étude longitudinale a également établi un lien entre la régulation émotionnelle à l'âge préscolaire et la capacité, à l'âge scolaire, de respecter les règles morales et de raisonner sur le bien et le mal (Kochanska, Murray et Coy, 1997).

La responsabilité de l'apprentissage de la régulation émotionnelle passe graduellement des parents à l'enfant lui-même (Houck et Lecuyer-Maus, 2004). Ici encore, le tempérament est un facteur d'influence important. Par exemple, les enfants ayant un tempérament difficile depuis la petite enfance risquent d'avoir du mal à apprendre à se maîtriser à l'âge préscolaire (Schmitz et autres, 1999) ; ce sera aussi le cas des enfants prématurés et de ceux qui connaissent des retards langagiers dans leur deuxième année de vie (Carson, Klee et Perry, 1998 ; Schothorst et van Engeland, 1996).

Cependant, les comportements parentaux de même que les attentes parentales déterminés en fonction de l'âge de l'enfant jouent un rôle non négligeable dans l'apprentissage de la régulation des émotions. Ainsi, de trois à six ans, les enfants intériorisent graduellement les normes et les attentes parentales, et assument de plus en plus eux-mêmes la tâche de se maîtriser. Dans une salle d'attente, par exemple, vous remarquerez que les parents de très jeunes enfants qui s'ennuient interviennent souvent physiquement : ils pourront les prendre sur leurs genoux, leur lire une histoire, etc. Les enfants un peu plus vieux, par contre, chercheront à s'occuper — ils trouveront un magazine et le feuilletteront ou demanderont qu'on leur fasse la lecture. En réponse à ces manifestations de régulation émotionnelle, les parents interviendront verbalement plutôt que physiquement.

Au fil des ans, les enfants d'âge préscolaire apprennent à se conformer aux règles sociales propres à leur culture. Ils apprennent, en outre, à dissimuler leurs sentiments dans de nombreuses situations. Cette habileté à masquer ses sentiments semble associée au développement de la théorie de l'esprit. Le fait qu'un enfant cache une émotion pour ne pas blesser une autre personne indique qu'il a conscience de ce qui peut

l'offenser. De la même façon, l'enfant qui apprend à simuler des émotions — à pleurer ou à sourire, par exemple — pour obtenir ce qu'il veut est nécessairement conscient que ses parents vont réagir comme il le souhaite aux émotions qu'il feint d'éprouver.

Une autre composante du moi émotionnel est l'**empathie**. Les chercheurs ont mis en évidence un lien négatif entre l'empathie et l'agressivité à l'âge préscolaire : plus l'enfant est capable d'empathie, moins il se montre agressif (Strayer et Roberts, 2004). De plus, le développement de l'empathie à l'âge préscolaire semble servir de base à une émotion plus subtile qui s'acquiert à la fin de l'enfance et à l'adolescence : la *sympathie*, c'est-à-dire la capacité de partager la douleur d'autrui.

Le moi social

Une autre facette de l'émergence du concept de soi chez l'enfant se manifeste par sa conscience accrue d'être lui-même un acteur du grand jeu social. À deux ans, il a déjà appris toute une gamme de scénarios sociaux (routines de jeu ou d'interactions avec autrui), et il commence à comprendre implicitement son propre rôle dans ces scénarios. Il peut donc se percevoir comme l'« assistant » dans certaines situations ou comme le « patron » quand il ordonne à un autre enfant de faire quelque chose. Cela apparaît clairement dans le jeu sociodramatique, quand les enfants endossent des rôles explicites : « C'est moi le professeur ; toi, tu es l'élève » ou « Moi, je suis la maman et toi, le papa ». Dans ce processus, le jeune enfant saisit peu à peu sa place dans le réseau des rôles sociaux et familiaux : il a une mère, un père, des sœurs, des frères, un professeur, etc.

Pause
APPRENTISSAGE

La personnalité et le concept de soi

1. Quels facteurs peuvent influer sur le processus par lequel le tempérament se modifie pour devenir la personnalité ?

2. Qu'est-ce qui caractérise le concept de soi de l'enfant d'âge préscolaire ?

3. Qu'est-ce que la *régulation émotionnelle* ? Quels facteurs influent sur son apprentissage à l'âge préscolaire ?

4. Qu'est-ce que l'*empathie* ?

Empathie Capacité de se mettre à la place d'autrui, de percevoir et de comprendre ses états émotionnels.

Le moi sexué

L'âge préscolaire est déterminant en ce qui concerne le développement du moi sexué, et plus précisément du concept de genre. Nous y consacrerons donc la dernière section de ce chapitre.

LE DÉVELOPPEMENT DE L'IDENTITÉ SEXUÉE

L'un des aspects les plus intrigants et les plus fascinants de l'émergence du concept de soi est la façon dont les enfants développent leur identité sexuée. À ce sujet, l'enfant d'âge préscolaire doit accomplir plusieurs tâches interreliées. Sur le plan cognitif, il doit apprendre la nature de la catégorie « genre » : une personne est un garçon ou une fille pour toujours, et les vêtements ou la longueur des cheveux n'y changent rien. Cette acquisition cognitive se nomme le **concept de genre**. Sur le plan social, l'enfant doit apprendre quels sont les comportements qui sont associés au fait d'être un garçon ou une fille. En d'autres mots, il doit apprendre le **rôle sexuel** qui est approprié à son genre.

LE DÉVELOPPEMENT DU CONCEPT DE GENRE

À partir de quel moment l'enfant comprend-il pour de bon qu'il est un garçon ou une fille et pourquoi il en est ainsi ? Selon Laurence Kohlberg (1966), l'enfant doit d'abord comprendre le concept de genre, ce qu'il fait en trois étapes.

La première étape est celle de l'**identité de genre**, qui est la capacité de l'enfant d'étiqueter correctement son propre sexe biologique et celui des autres (garçon ou fille, homme ou femme). Dès l'âge de 9 à 12 mois, les bébés différencient les visages d'hommes et de femmes (Fagot et Leinbach, 1993). Vers deux ans, la plupart des enfants savent à quel sexe ils appartiennent. Dans l'année qui suit, ils peuvent déterminer le sexe des autres *en se basant sur des caractéristiques apparentes* (longueur des cheveux, vêtements, jouets, type d'activités). Ainsi, un enfant qui a intégré l'idée qu'une personne aux cheveux longs est une femme et qu'une personne aux cheveux courts est un homme estimera qu'un homme avec des cheveux longs est une femme.

À la deuxième étape, celle de la **stabilité du genre**, qui survient vers quatre ans (Slaby et Frey, 1975), l'enfant comprend que le sexe est une caractéristique stable dans le temps. Des chercheurs ont mesuré cette compréhen-sion en posant à des enfants des questions comme « Quand tu étais bébé, étais-tu un bébé fille ou un bébé garçon ? » et « Quand tu seras adulte, seras-tu une maman ou un papa ? » Cependant, à cette étape, ils ne comprennent pas encore que le sexe reste stable en toutes circonstances ; ainsi, ils pourront croire par exemple qu'une fille qui met une barbe devient un garçon, et qu'elle redevient une fille quand elle enlève sa barbe.

Ce n'est qu'à la troisième et dernière étape, celle de la **constance du genre** (ou *permanence du genre*), vers l'âge de cinq ou six ans, que l'enfant comprend qu'un garçon reste un garçon même s'il a les cheveux longs, qu'il porte une robe ou qu'il joue avec des poupées. Il a alors intégré la notion qu'une personne reste du même sexe en tout temps et en toutes circonstances, et que ce sexe est déterminé non pas par des critères socioculturels (vêtements, jouets, rôles, activités), mais bien par des critères biologiques (Dafflon Novelle, 2006).

Il peut sembler étrange qu'un enfant conscient de la stabilité du genre se laisse tromper par des changements d'apparence. Pourtant, de nombreuses études, y compris des études auprès d'enfants d'autres cultures au Kenya, au Népal, au Belize et aux îles Samoa, confirment l'existence de cette séquence en trois étapes (Munroe, Shimmin et Munroe, 1984), dont la logique est liée au développement cognitif général (Trautner, Gervai et Nemeth, 2003).

LA CONNAISSANCE DES RÔLES SEXUÉS

Comprendre qu'on reste un garçon ou une fille est une chose, et apprendre les stéréotypes et les rôles qui se rattachent à l'étiquette « fille/femme » ou « garçon/homme » dans une culture donnée en est une autre.

Concept de genre Conscience de son propre sexe biologique et compréhension de la permanence et de la constance du genre.

Rôle sexuel Ensemble de comportements, d'attitudes, de droits, de devoirs et d'obligations associés au fait d'être un homme ou une femme dans une culture donnée.

Identité de genre Selon Kohlberg, première étape de l'acquisition du concept de genre : l'enfant est capable d'étiqueter son propre sexe et celui d'autrui (garçon/fille, homme/femme) en se basant sur des caractéristiques apparentes (coiffure, vêtements, activités, etc.).

Stabilité du genre Selon Kohlberg, deuxième étape de l'acquisition du concept de genre : l'enfant comprend que le sexe d'une personne est une caractéristique stable dans le temps.

Constance du genre Selon Kohlberg, troisième étape de l'acquisition du concept de genre : l'enfant comprend que le sexe ne change pas quelles que soient les circonstances (habillement, longueur des cheveux, rôles, activités) et qu'il est déterminé par des critères biologiques.

Pour comprendre le développement du moi sexué, il est donc crucial d'examiner quand et comment les enfants acquièrent leurs connaissances sur ces indices socioculturels au cours de leur développement (Dafflon Novelle, 2006). Pour ce faire, des chercheurs ont interrogé les enfants d'une part sur les stéréotypes liés au sexe — en leur demandant par exemple à quoi ressemblent les filles et les garçons (ou les femmes et les hommes) et ce qu'ils aiment faire —, et d'autre part sur les rôles sexués — en leur demandant par exemple s'il était approprié pour un garçon de jouer à la poupée, pour une fille de grimper aux arbres, etc.

Les études démontrent que ces stéréotypes s'apprennent très tôt dans la vie. Ainsi, en Amérique du Nord, il ne serait pas rare d'entendre un enfant de trois ans dire : « Les mamans se servent de la cuisinière et les papas du barbecue. » Un enfant de quatre ans pourra définir les rôles sexués selon les compétences : « Les papas sont meilleurs pour réparer les choses et les mamans sont meilleures pour faire des boucles et des décorations. » Des enfants d'à peine deux ans associent déjà certaines tâches et certains biens aux hommes (les outils et les voitures, par exemple), et d'autres aux femmes (les aspirateurs et les aliments, par exemple). Vers trois ou quatre ans, les enfants peuvent assigner à chaque sexe des emplois, des activités et des jouets stéréotypés. Vers cinq ans, ils commencent à associer certains traits de personnalité, comme l'assurance ou la tendance à la sympathie, aux hommes ou aux femmes (Martin, 1993 ; Serbin, Powlishta et Gulko, 1993).

Les recherches sur les idées des enfants quant à la façon dont les hommes et les femmes (ou les garçons et les filles) doivent se comporter ajoutent encore au tableau. Par exemple, le psychologue William Damon (1977) a raconté à des enfants de quatre à neuf ans l'histoire de Georges, un petit garçon qui aime jouer à la poupée, mais à qui ses parents disent que c'est un jeu pour les filles, pas pour les garçons. Le chercheur leur a ensuite posé des questions sur cette histoire, comme « Pourquoi les gens disent-il à Georges qu'il ne devrait pas jouer à la poupée ? » ou « Y a-t-il une règle qui interdit aux garçons de jouer avec des poupées ? » Les enfants de quatre ans ne voyaient aucun problème à ce que Georges joue à la poupée. Selon eux, aucune règle ne l'interdisait et, si Georges en avait envie, il pouvait le faire. Les enfants de six ans, au contraire, disaient que c'était mal pour Georges de jouer à la poupée. Les enfants de neuf ans, eux, distinguaient ce qui est « mal » de ce qui est inhabituel pour les garçons et les filles. Par exemple, un garçon a expliqué que briser des vitres était mal, mais que jouer avec des poupées n'était pas mal de la même

manière : « On ne doit pas casser des vitres. Et, si on joue avec des poupées, on peut, mais d'habitude les garçons ne font pas ça. »

Cette étude semblait indiquer que les enfants de cinq et six ans, qui ont admis que le genre est permanent, sont en quête d'une règle dictant la conduite appropriée pour chaque sexe (Martin et Halverson, 1981). Les enfants obtiennent des indices sur ce code de conduite en observant les adultes, en regardant la télévision et en retenant les étiquettes qu'on appose aux différentes activités (par exemple, « Les garçons ne pleurent pas »). Au début, ils interprètent ces indices comme des règles morales absolues. Puis, avec l'âge, ils comprennent qu'il s'agit plutôt de conventions sociales ; dès lors, leur conception des rôles sexués s'assouplit et leurs stéréotypes s'atténuent quelque peu (Katz et Ksansnak, 1994). De même, de nombreux préjugés au sujet des autres, tels que les préjugés touchant les personnes d'une autre race, les personnes qui parlent une autre langue ou les personnes obèses, connaissent un sommet au moment de l'entrée à l'école et déclinent par la suite au cours de l'enfance et de l'adolescence (Doyle et Aboud, 1995 ; Powlishta et autres, 1994).

L'ÉMERGENCE DES COMPORTEMENTS STÉRÉOTYPÉS

Des données de recherche révèlent que, contrairement à ce qu'on pourrait croire, l'apparition des comportements stéréotypés ou différenciés selon les sexes précède la formation des idées sur les rôles sexués (Campbell, Shirley et Candy, 2004). Les enfants commencent à montrer une préférence pour des jouets stéréotypés, comme les poupées pour les filles ou les camions pour les garçons, dès l'âge de 18 à 24 mois, soit plusieurs mois avant de pouvoir déterminer correctement leur propre sexe (Campbell, Shirley et Caygill, 2002 ; O'Brien, 1992 ; Serbin, et autres, 2001). De plus, ils commencent à montrer une préférence pour les camarades de leur sexe et une plus grande sociabilité avec eux vers l'âge de trois ans, soit avant même d'avoir compris la stabilité du genre, (Corsaro et autres, 2003 ; Maccoby, 1988, 1990 ; Maccoby et Jacklin, 1987). Il semble également que, dès cet âge, les interactions entre filles et celles entre garçons diffèrent, et qu'elles consistent en bonne partie en enseignement et en modelage de comportements sexués. Autrement dit, les garçons plus vieux montrent aux plus jeunes à être masculins, et les filles plus âgées montrent aux plus jeunes à être féminines (Danby et Baker, 1998).

Durant cette période, on observe aussi des comportements qui transgressent les stéréotypes de genre, comme jouer à la poupée pour un garçon ou se battre pour une fille. Généralement, les adultes et les pairs tolèrent mieux ces **comportements sexuels croisés** chez les petites filles (Sandnabba et Ahlberg, 1999), peut-être parce qu'un comportement à la garçonne dans l'enfance ne semble pas nuire à l'acquisition d'une personnalité «féminine» à l'âge adulte, et peut même favoriser des caractéristiques positives comme l'affirmation de soi (Burn, O'Neil et Nederend, 1996). Par contre, les comportements sexuels croisés sont fortement découragés chez les garçons, et ceux qui jouent à la poupée ou qui agissent de façon «efféminée» sont exposés à la désapprobation voire aux moqueries de leurs pairs, de leurs parents et de leurs professeurs (Martin et Little, 1990).

Si on ne peut affirmer que les différences de comportement entre les petits garçons et les petites filles résultent strictement de l'influence du milieu, le fait est que la préférence pour les jeux stéréotypés apparaît plus tôt et est plus marquée chez les garçons (Blakemore, LaRue et Olejnik, 1979). Dès l'âge de trois ans, ces derniers sont plus enclins à manifester une véritable aversion pour les activités «de filles», par exemple en disant «Ouache!» quand les chercheurs leur offrent des jouets comme des poupées (Bussey et Bandura, 1992). De plus, les garçons peuvent préférer la compagnie d'une petite fille garçonne à celle d'un garçon qui affiche un comportement sexuel croisé (Alexander et Hines, 1994).

Il est tentant de voir dans la précocité des conduites stéréotypées selon le sexe la «preuve» qu'elles se développent chez les humains avant que l'influence du milieu ait eu le temps de faire son œuvre — autrement dit, qu'elles ont une base biologique. Dans nos sociétés, on reconnaît généralement que les filles et les garçons ont été élevés de manière différente durant des siècles, mais beaucoup ont l'impression qu'aujourd'hui les enfants des deux sexes sont socialisés de manière similaire et égalitaire. Cependant, la très grande majorité des recherches ne confirment pas cette impression (Zaouche-Gaudron, 2002). Ainsi, des chercheurs ont montré que c'est pendant la deuxième année de vie de l'enfant que le renforcement différencié des parents envers les enfants des deux sexes est le plus marqué, et ce, dans un vaste éventail de contextes (par ex., Golombok et Fivush, 1994). De plus, dès l'âge de trois ans, les enfants sont conscients du comportement différencié des adultes en fonction du sexe et capables de prédire que les adultes vont plutôt choisir un jouet féminin pour une petite fille et un jouet masculin pour un petit garçon (Muller et Goldberg, 1980).

Une étude réalisée par la psychologue suisse Anne Dafflon Novelle (2004) révèle que les croyances des adultes sur l'origine des comportements différenciés selon le sexe varient selon qu'ils ont des enfants ou non, et selon que leurs enfants sont du même sexe ou non. Les adultes qui n'ont pas d'enfants croient généralement que les différences de comportements et d'attitude entre les garçons et les filles sont essentiellement d'origine socioculturelle (éducation, famille, médias, etc.), tandis que les parents, surtout ceux qui ont des enfants des deux sexes, pensent qu'elles sont essentiellement biologiques. Selon la chercheuse, ce résultat s'explique par le fait que les parents sont souvent convaincus d'avoir élevé leurs enfants de la même manière et d'être ceux qui ont la plus grande influence sur leurs enfants. Or, note Dafflon Novelle, les recherches indiquent qu'une bonne partie des apprentissages des enfants d'âge préscolaire se fait par des films, des émissions de télévision, des dessins animés, des publicités, des livres, des jouets et des jeux qui, dans la plupart des cas, véhiculent des stéréotypes sexués. Les enfants ne tardent pas à constater que les femmes sont beaucoup plus souvent associées à certains comportements et à certaines activités, et les hommes à d'autres. Décontenancés par le constat que leur enfant de cinq ou six ans est devenu «un vrai petit garçon» ou «une vraie petite fille», qui respecte à la lettre le code de conduite dicté par les stéréotypes sexués, les parents sont portés à en conclure que les comportements stéréotypés qu'ils observent chez leurs jeunes enfants sont déterminés par des facteurs biologiques — et donc qu'il est inutile de lutter contre la nature. Or, comme on l'a vu, c'est justement entre cinq et sept ans que la valorisation des rôles sexués est à son apogée, les enfants de cet âge ayant tendance à considérer que les violations de *toutes* les règles, y compris celles qui régissent les comportements sexués, sont inacceptables (Ruble et Stangor, 1986). Par la suite, de sept à douze ans, ils tiennent compte des différences individuelles et acceptent des chevauchements importants pour ce qui est considéré comme admissible pour chaque sexe en matière d'apparence et de comportements dans les caractéristiques apparentes. On observe un retour à une certaine rigidité par rapport aux rôles sexués à l'adolescence, puis, de nouveau, une certaine flexibilité à l'âge adulte.

Les explications biologiques

Concernant le développement des rôles sexués, la nature fournit des données importantes sur les effets comportementaux de l'exposition prénatale à la testostérone

---

Comportement sexuel croisé Comportement atypique pour un individu d'un sexe donné, et typique de l'autre sexe.

chez les humains. Normalement, les embryons de sexe féminin produisent d'infimes quantités de testostérone. Cependant, certaines anomalies génétiques rendent la production de testostérone anormalement élevée (Rosenthal et Gitelman, 2002), ce qui peut entraîner des malformations des organes génitaux. Les filles atteintes sont aussi plus susceptibles que les autres de présenter un comportement habituellement plus typique des garçons (Lippa, 2005).

L'influence des hormones pourrait expliquer les résultats médiocres des réassignations de sexe en bas âge. Ainsi, certains garçons présentent une anomalie génétique qui cause des malformations des organes génitaux, mais celle-ci n'influe que sur les effets de la testostérone sur les organes sexuels; le cerveau de ces fœtus mâles est exposé à des quantités normales de testostérone au cours du développement prénatal (Rosenthal et Gitelman, 2002). Selon l'hypothèse hormonale, même si on les élève comme des filles, les garçons qui présentent ce type d'anomalie génétique développeraient une identité masculine parce que leur cerveau a été exposé aux mêmes quantités de testostérone prénatales que les autres fœtus mâles. Comme les autres garçons, ils naîtraient donc avec une tendance à rechercher des «choses de garçon», qu'ils intégreraient subtilement à leur concept de soi en émergence. Toujours selon cette hypothèse, on ne peut pas s'attendre à introduire un sentiment de «féminité» dans le concept de soi de ces garçons en leur faisant croire qu'ils sont des filles. De plus, indiquent les recherches, même quand ils choisissent de garder l'identité féminine qu'on leur a attribuée, ces individus présentent davantage d'attributs et de comportements typiquement «masculins» que «féminins» (Reiner et Gearhardt, 2004).

Si vous demandez à un enfant de quatre ans et à un enfant de huit ans de décrire une telle fillette, vous obtiendrez probablement des descriptions très différentes. Le plus jeune enfant décrira sûrement des caractéristiques physiques, alors que l'enfant plus âgé mettra davantage l'accent sur les sentiments ou sur d'autres caractéristiques plus stables.

LES PERSPECTIVES THÉORIQUES SUR L'ACQUISITION DES RÔLES SEXUÉS

Les théoriciens de presque toutes les écoles de psychologie ont tenté d'expliquer cette étape du développement qu'est l'acquisition des rôles sexués. On peut résumer ces tentatives en cinq modèles: le modèle psychanalytique, le modèle de l'apprentissage social, le modèle du concept de genre, le modèle du schéma de genre et enfin la perspective sociale cognitive.

- Selon Freud, la résolution du stade phallique, soit *l'identification au parent du même sexe,* permet d'expliquer pourquoi l'enfant adopte les comportements qui sont appropriés à son sexe. Cependant, cette théorie n'explique pas pourquoi les enfants manifestent des comportements sexués bien avant l'âge de 4 ou 5 ans, qui est l'âge de l'apprentissage par l'identification.

- Les tenants de la théorie de l'apprentissage social Walter Mischel (1966, 1970) et Albert Bandura (1977) ont démontré le rôle primordial du renforcement direct et du modelage par les parents dans la formation d'attitudes et de comportements stéréotypés chez leurs enfants. Des études montrent que les parents encouragent les activités stéréotypées chez leurs enfants dès l'âge de 18 mois, non seulement en leur achetant des jouets différents selon le sexe, mais aussi en réagissant plus favorablement quand leurs fils jouent avec des cubes ou des camions, et leurs filles, avec des poupées (Fagot et Hagan, 1991; Lytton et Romney, 1991). Cette différence dans le renforcement est encore plus marquée pour les garçons. On observe le même genre de stéréotypes chez les parents d'enfants d'âge préscolaire en ce qui a trait au choix des loisirs et des activités ludiques (Fredricks et Eccles, 2005; Simpkins, Davis-Kean et Eccles, 2005).

Vers l'âge de deux ou trois ans, le choix des jouets indique déjà des différences marquées dans les rôles sexuels. Laissés à eux-mêmes, les garçons choisissent des cubes ou des camions; les filles du même âge choisiront des poupées, un service à thé ou des déguisements.

- Selon une troisième école de pensée, principalement fondée sur la théorie du développement du concept de genre que nous venons d'aborder, Laurence Kohlberg (1966) pensait que les enfants s'identifiaient à leur propre sexe et devenaient très motivés à acquérir des connaissances sur les rôles sexués et à s'engager dans des activités typiques de leur propre sexe seulement une fois qu'ils comprenaient pleinement le concept de genre — c'est-à-dire une fois qu'ils avaient atteint le stade de constance du genre. Depuis, la recherche a confirmé que les enfants deviennent effectivement plus sensibles aux modèles de leur propre sexe une fois qu'ils ont compris la constance du genre (Frey et Ruble, 1992). Cependant, elle a aussi révélé que les comportements systématiquement différenciés selon le sexe apparaissent *bien avant* que les enfants aient atteint le stade de la constance du genre.

- S'inspirant de la théorie de Kohlberg (ainsi que de la théorie du traitement de l'information et de l'apprentissage schématique), d'autres théoriciens cognitivistes ont élaboré la *théorie du schéma de genre* (Martin, 1991 ; Martin et Halverson, 1981 ; Martin et Ruble, 2004). La différence la plus marquante entre cette théorie et celle de Kohlberg réside dans le fait que, pour qu'un schéma de genre se dessine, il n'est pas nécessaire que l'enfant ait compris la constance du genre ; il doit simplement être capable d'étiqueter son propre sexe et celui d'autrui. Selon cette théorie, le schéma de genre commence à se développer dès que l'enfant remarque des différences entre les hommes et les femmes, reconnaît son propre sexe et peut différencier les deux catégories avec une certaine consistance, soit vers l'âge de deux ou trois ans. Les catégories hommes/femmes étant très simples, les enfants semblent les comprendre très tôt. Une fois que l'enfant a établi un schéma de genre même très primitif, de très nombreuses expériences liées aux rôles sexués peuvent y être assimilées. Cette compréhension leur sert de filtre pour recueillir et traiter les nouvelles informations sur les rôles sexuels, et les motive à s'y conformer (« Je suis un garçon »). Ainsi, dès que ce schéma est conçu, les enfants se mettent à exprimer des préférences pour des compagnons de jeu de leur sexe ou des activités traditionnellement associées à leur sexe (Martin et Little, 1990).

• Enfin, selon la *perspective sociale cognitive*, le développement du genre passe essentiellement par trois grands vecteurs, et par la façon dont l'information véhiculée par chacun est traitée sur le plan cognitif.

Le premier de ces vecteurs est l'apprentissage social ou le modelage. Une grande quantité d'information liée au genre est exemplifiée par des modèles — parents, pairs et autres personnes importantes — dans l'environnement éducatif, professionnel et social de l'individu. Les médias de masse fournissent également à ce dernier des modèles extrêmement influents de rôles et de conduites liés au genre.

Le deuxième vecteur est l'expérience directe. L'individu établit un lien entre son sexe et les conséquences de ses actes. Comme la plupart des sociétés récompensent généreusement les comportements différenciés selon le sexe, les réactions sociales évaluatives constituent d'importantes sources d'information pour la construction des conceptions liées au genre.

Enfin, les gens ayant des opinions sur ce qui est approprié pour chacun des deux sexes, le troisième vecteur, l'éducation directe, est une façon commode d'en informer les autres. On y recourt souvent pour généraliser les informations véhiculées par tels ou tels modèles et les résultats de tels ou tels comportements.

UN DERNIER MOT

… SUR LE TRAITEMENT DIFFÉRENT DES ENFANTS D'UNE MÊME FAMILLE

On a vu dans ce chapitre à quel point le style parental peut influer sur le développement de la personnalité et des relations sociales de l'enfant. Jusqu'à récemment, la plupart des psychologues présumaient que si un enfant connaissait un style parental autoritaire, il en allait de même pour les autres enfants de la maisonnée, et qu'on pouvait s'attendre à ce qu'ils acquièrent des habiletés, des forces et des faiblesses, voire des personnalités, similaires. On sait aujourd'hui que les deux parties de ce postulat sont erronées. Non seulement les enfants élevés dans une même famille se développent différemment, mais le système familial, et peut-être même le style parental, peut différer d'un enfant à l'autre.

Certaines des données les plus convaincantes sur la question proviennent de diverses études réalisées en Angleterre et aux États-Unis par Judy Dunn (Deater-Deckard, Dunn et Lussier, 2002 ; Dunn et McGuire, 1994). Dunn a constaté que les mêmes parents pouvaient manifester chaleur et fierté à l'un de leurs enfants et froideur et mépris à l'autre, comme ils pouvaient se montrer indulgents avec l'un et sévères avec l'autre. Voici un exemple des observations de Dunn, qui concerne un petit garçon de 30 mois, Mathieu, et sa sœur de 14 mois, Pascale:

> Mathieu était un enfant assez timide, sensible, prudent, peu sûr de lui et conciliant [...] Pascale était tout le contraire: déterminée, téméraire, turbulente et épuisante pour sa mère, laquelle se montrait néanmoins enchantée d'elle. Lors d'une observation des deux enfants, Pascale tenta à plusieurs reprises, et ce malgré les interdictions répétées de sa mère, d'attraper un objet placé sur le comptoir de la cuisine. Lorsqu'elle y parvint enfin, sa mère lui lança sur un ton plein de chaleur et d'affection: «Pascale, tu es aussi déterminée qu'un petit diable!» Mathieu entendit la remarque de sa mère et, tout triste, lui dit: «Moi, je ne suis pas aussi déterminé qu'un petit diable...», ce à quoi elle répondit: «Non! Qu'est-ce que tu es, toi? Un pauvre vieux garçon!» (Dunn, 1992, p. 6)

De telles scènes ne sont pas rares dans les familles, et les enfants sont très sensibles à ces différences de traitement. Ainsi, même s'il dépassait à peine deux ans, Mathieu avait surveillé attentivement l'interaction entre sa mère et sa sœur, puis s'était comparé avec sa sœur. Les enfants de cet âge sont déjà conscients de la qualité émotionnelle des échanges entre leurs parents et eux de même qu'entre leurs parents et leurs frères et sœurs. Dunn a constaté que ceux et celles qui recevaient moins d'affection ou de chaleur maternelle que leurs frères et sœurs se montraient plus dépressifs, inquiets ou anxieux. Et plus les parents traitaient leurs enfants différemment, plus ces derniers manifestaient de la rivalité et de l'hostilité les uns envers les autres (Brody et autres, 1992).

Bien des raisons, y compris leur âge respectif, font que les parents traitent leurs enfants différemment. Peut-être la mère de Pascale et de Mathieu était-elle aussi indulgente envers son garçon quand il avait 14 mois. Mais Mathieu ne s'en souvient plus; ce qu'il voit sur le moment, c'est la différence de traitement que sa mère leur réserve, à lui et à sa sœur. Par conséquent, même quand les parents sont constants dans la façon dont ils réagissent à chacun de leurs enfants à un âge donné, ils ne se comportent pas constamment de la même façon avec tous leurs enfants à tout moment. Les enfants s'en aperçoivent et donnent une certaine signification à ces différences de traitement.

Les parents réagissent également aux différences de sexe, de tempérament, d'habiletés et de talents de leurs enfants, créant ainsi un mode d'interactions unique avec chacun d'eux. Pour les spécialistes du développement, il est de plus en plus évident que de telles différences de traitement envers les enfants d'une même famille constituent une composante importante de leur modèle interne de soi, et contribuent pour une large part aux différences de comportement qu'on observe chez eux (Feinberg et Hetherington, 2001).

Pause
APPRENTISSAGE

Le développement de l'identité sexuée

1. Quelles sont les étapes du développement du concept de genre chez l'enfant ?

2. Qu'est-ce qu'un *comportement sexuel croisé* ?

3. Expliquez les différentes perspectives théoriques de l'acquisition des rôles sexués.

4. Les enfants d'une même famille sont-ils tous élevés de la même façon ? Expliquez votre réponse.

RÉSUMÉ

LES PERSPECTIVES THÉORIQUES

- Dans la perspective psychanalytique, l'âge préscolaire est une étape cruciale du développement humain. Selon Freud, l'enfant d'âge préscolaire traverse deux stades de développement psychosexuel : le stade anal, qui se résout par l'apprentissage de la propreté, et le stade phallique, qui se résout par l'identification au parent du même sexe. Selon Erikson, l'enfant d'âge préscolaire traverse deux stades de développement psychosocial : le stade de l'autonomie ou honte et doute, durant lequel la force adaptative à acquérir est la volonté, et le stade de l'initiative ou culpabilité, durant lequel la force à acquérir est la capacité de se fixer un but.

- La perspective sociale cognitive postule que les changements émotionnels et sociaux que connaît l'enfant d'âge préscolaire sont étroitement liés à son développement cognitif ; elle englobe donc l'étude de la théorie de l'esprit. Les théoriciens et les chercheurs qui travaillent dans cette perspective tentent de comprendre les processus qui sous-tendent la perception, le jugement et la mémoire des stimulus sociaux ; l'influence des facteurs sociaux et affectifs sur ces processus ; et les conséquences de ces processus sur le comportement et les relations interpersonnelles. Ainsi, ils s'intéressent à la façon dont l'enfant d'âge préscolaire apprend à percevoir et à juger autrui, à comprendre ses intentions et à différencier les règles morales des conventions sociales.

LE DÉVELOPPEMENT SOCIAL : LES RELATIONS FAMILIALES

- Vers l'âge de deux ou trois ans, bien que l'attachement de l'enfant demeure aussi fort, plusieurs de ses manifestations commencent à s'atténuer. Vers l'âge de quatre ans, la relation d'attachement, qu'elle soit sécurisante ou non, semble se réorienter pour devenir ce que Bowlby a appelé un « partenariat rectifié ».

- Selon le modèle de Baumrind, les quatre principales caractéristiques du fonctionnement familial qui influent sur le développement de l'enfant sont la chaleur et l'affection, l'encadrement, les attentes selon l'âge et la qualité de la communication.

- Le style parental influe considérablement sur le développement de l'enfant. Le style démocratique (beaucoup d'affection, de communication, d'encadrement et d'attentes) est associé aux résultats les plus positifs, et le style autoritaire (beaucoup d'encadrement et d'attentes, mais peu d'affection et de communication), aux moins positifs.

- La structure familiale influe également sur la personnalité et le développement social de l'enfant. La structure familiale biparentale d'origine est celle qui est associée aux résultats les plus positifs. Les adultes comme les enfants s'adaptent lentement et difficilement au retrait ou à l'ajout d'une autre personne dans le système familial. Le divorce a généralement des effets négatifs à long terme sur les enfants ; cependant, nombre de ces effets sont liés à des facteurs préexistants. Typiquement, la monoparentalité, le divorce et la famille recomposée augmentent le risque que les parents s'éloignent du style parental démocratique.

LE DÉVELOPPEMENT SOCIAL : LES RELATIONS AVEC LES PAIRS

• Selon le modèle de Hartup, deux types de relations influent sur le développement de la personnalité et des relations sociales de l'enfant : les relations verticales (avec les parents et les figures d'autorité) et les relations horizontales (avec la fratrie et les pairs).

• Les relations avec les pairs permettent à l'enfant d'âge préscolaire de développer ses habiletés sociales, en particulier à travers le jeu, qui devient de plus en plus important entre deux et six ans.

• La formation d'un lien amical est l'un des principaux changements à survenir dans les rapports sociaux à l'âge préscolaire. Bien qu'elles soient encore primitives, les amitiés favorisent une meilleure compétence sociale à l'âge scolaire. En général, ces liens se nouent entre enfants du même sexe.

• Les interactions agressives sont communes durant la période préscolaire. Entre deux et huit ans, la forme et la fréquence des agressions évoluent. Chez les enfants de deux à quatre ans, les agressions sont plus souvent physiques que verbales, et elles sont essentiellement instrumentales – elles visent à obtenir ou à briser quelque chose. À mesure que l'enfant améliore ses habiletés langagières, les agressions physiques deviennent moins fréquentes. Entre quatre et huit ans, les agressions verbales dominent, et elles deviennent essentiellement hostiles – elles visent à blesser ou à dominer une personne.

• Chez certains enfants, le modèle agressif typique de l'âge préscolaire devient un mode de vie. Selon des chercheurs, ce type d'agressivité anormalement persistante, parfois qualifiée de caractérielle, pourrait avoir une base génétique. D'autres l'ont reliée à divers facteurs sociaux (milieu agressif, manque d'affection, mesures coercitives). D'autres encore ont émis l'hypothèse que certains enfants agressifs façonnent leur environnement de manière à ce que celui-ci renforce leur agressivité. Enfin, de nombreuses études révèlent que certains enfants très agressifs à l'âge scolaire accusent un net retard sur le plan de la cognition sociale, raisonnant comme des enfants de deux ou trois ans en ce qui concerne la compréhension des intentions d'autrui.

• Certains enfants peuvent manifester des comportements prosociaux dès l'âge de deux ans. La fréquence de tels comportements varie beaucoup d'un enfant à l'autre, les plus enclins à l'empathie et à l'altruisme étant ceux qui régulent le mieux leurs émotions.

LE DÉVELOPPEMENT DE LA PERSONNALITÉ ET DU CONCEPT DE SOI

• La personnalité se construit graduellement au cours de l'enfance sous l'influence, entre autres, de trois facteurs en interaction : le tempérament (inné), le concept de soi et l'influence du milieu.

• À la fin de la période préscolaire, l'enfant peut généralement donner une bonne description de lui-même à maints égards. Cependant, ses premières ébauches de concept de soi restent très concrètes. Le moi objectif (ou catégoriel) est encore focalisé sur des caractéristiques visibles (son sexe, ses traits physiques, ce avec quoi il joue et avec qui, où il habite, ce qu'il fait le mieux, etc.) plutôt que sur des traits internes plus stables.

• Le développement du moi émotionnel au début de l'enfance est intimement lié à l'apprentissage de la régulation émotionnelle, dont la responsabilité passe graduellement des parents à l'enfant lui-même. La période préscolaire est aussi celle du développement d'une autre composante importante du moi émotionnel : l'empathie.

• L'enfant d'âge préscolaire développe son moi social à mesure qu'il prend conscience qu'il est lui-même un acteur du grand jeu social, qu'il découvre qu'il a un rôle à jouer au sein de la cellule familiale et avec ses pairs, et qu'il apprend divers scénarios sociaux, notamment par le jeu.

• L'âge préscolaire est déterminant quant au développement du moi sexué, et plus précisément du concept de genre.

RÉSUMÉ

LE DÉVELOPPEMENT DE L'IDENTITÉ SEXUÉE

- La compréhension du concept de genre est une tâche cruciale dans le développement du moi sexué. Selon Kohlberg, elle se fait en trois étapes. La première est celle de l'identité de genre : entre deux et trois ans, l'enfant apprend à étiqueter correctement son propre sexe et celui d'autrui en se basant sur des caractéristiques apparentes (coiffure, vêtements, etc.). La deuxième étape est celle de la stabilité du genre : vers quatre ans, l'enfant comprend que le sexe est une caractéristique stable dans le temps. La troisième et dernière étape est celle de la constance du genre : vers cinq ou six ans, l'enfant comprend que le sexe est déterminé par des critères biologiques, et qu'une personne demeure du même sexe en toutes circonstances.

- Les enfants commencent dès leurs premiers mois de vie à acquérir des connaissances sur les rôles sexués. Comme le sexe est l'une des premières catégories qu'ils appréhendent, et comme ils le croient déterminé par des critères socioculturels plutôt que biologiques, ils sont très attentifs aux indices sexués apparents.

- Au cours de la même période, les enfants apprennent les comportements propres à leur genre. Vers l'âge de cinq ou six ans, la plupart des enfants ont mis au point des règles relativement rigides régissant ce que les garçons et les filles sont censés faire ou ne pas faire.

- Ni les explications de Freud ni celles de Kohlberg sur le développement du concept de genre ne sont satisfaisantes. Les explications des théoriciens de l'apprentissage social sont plus convaincantes. Le modèle du schéma de genre est plus fonctionnel, car il allie des éléments de la théorie de Piaget et ceux de la théorie de l'apprentissage social. Enfin, la perspective sociale cognitive stipule que le développement du genre passe par l'apprentissage social, l'expérience directe de l'enfant et son éducation.

- Les recherches démontrent que les enfants élevés dans une même famille se développent différemment, mais aussi que le système familial et peut-être même le style parental peuvent différer d'un enfant à l'autre.

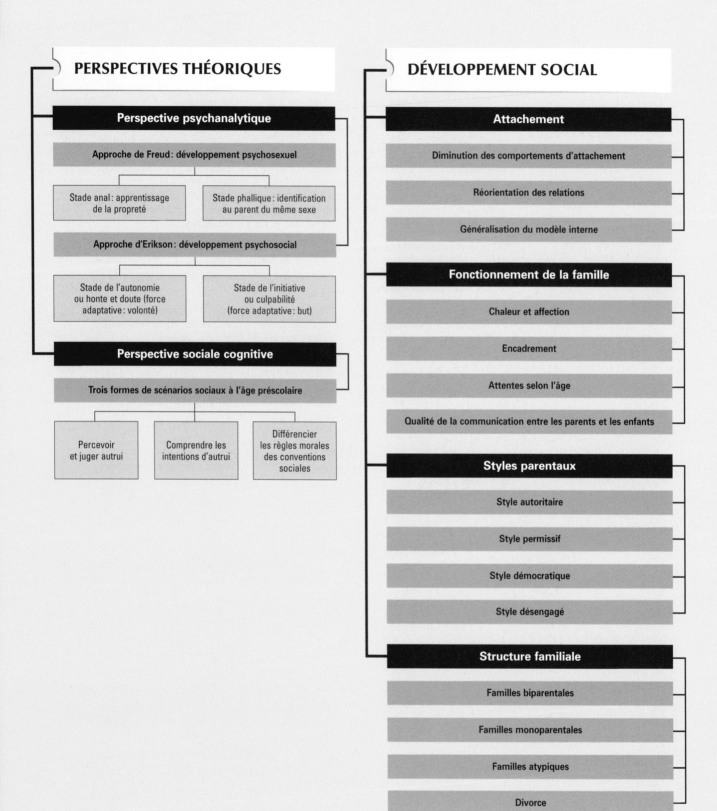

PERSPECTIVES THÉORIQUES

Perspective psychanalytique

Approche de Freud : développement psychosexuel

- Stade anal : apprentissage de la propreté
- Stade phallique : identification au parent du même sexe

Approche d'Erikson : développement psychosocial

- Stade de l'autonomie ou honte et doute (force adaptative : volonté)
- Stade de l'initiative ou culpabilité (force adaptative : but)

Perspective sociale cognitive

Trois formes de scénarios sociaux à l'âge préscolaire

- Percevoir et juger autrui
- Comprendre les intentions d'autrui
- Différencier les règles morales des conventions sociales

DÉVELOPPEMENT SOCIAL

Attachement

- Diminution des comportements d'attachement
- Réorientation des relations
- Généralisation du modèle interne

Fonctionnement de la famille

- Chaleur et affection
- Encadrement
- Attentes selon l'âge
- Qualité de la communication entre les parents et les enfants

Styles parentaux

- Style autoritaire
- Style permissif
- Style démocratique
- Style désengagé

Structure familiale

- Familles biparentales
- Familles monoparentales
- Familles atypiques
- Divorce

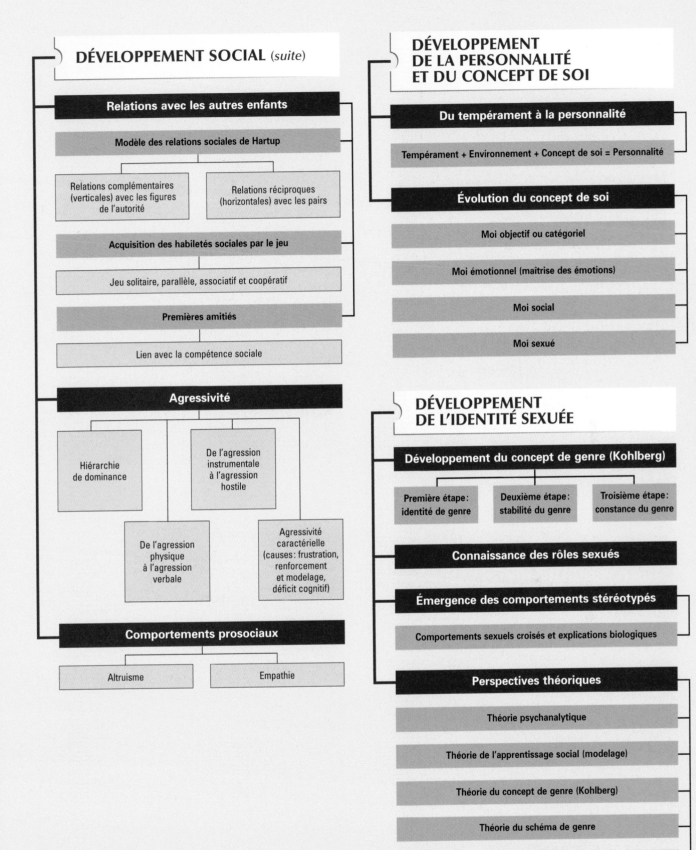

DÉVELOPPEMENT SOCIAL (*suite*)

Relations avec les autres enfants

Modèle des relations sociales de Hartup

Relations complémentaires (verticales) avec les figures de l'autorité

Relations réciproques (horizontales) avec les pairs

Acquisition des habiletés sociales par le jeu

Jeu solitaire, parallèle, associatif et coopératif

Premières amitiés

Lien avec la compétence sociale

Agressivité

Hiérarchie de dominance

De l'agression instrumentale à l'agression hostile

De l'agression physique à l'agression verbale

Agressivité caractérielle (causes : frustration, renforcement et modelage, déficit cognitif)

Comportements prosociaux

Altruisme

Empathie

DÉVELOPPEMENT DE LA PERSONNALITÉ ET DU CONCEPT DE SOI

Du tempérament à la personnalité

Tempérament + Environnement + Concept de soi = Personnalité

Évolution du concept de soi

Moi objectif ou catégoriel

Moi émotionnel (maîtrise des émotions)

Moi social

Moi sexué

DÉVELOPPEMENT DE L'IDENTITÉ SEXUÉE

Développement du concept de genre (Kohlberg)

Première étape : identité de genre

Deuxième étape : stabilité du genre

Troisième étape : constance du genre

Connaissance des rôles sexués

Émergence des comportements stéréotypés

Comportements sexuels croisés et explications biologiques

Perspectives théoriques

Théorie psychanalytique

Théorie de l'apprentissage social (modelage)

Théorie du concept de genre (Kohlberg)

Théorie du schéma de genre

Théorie sociale cognitive

L'âge scolaire : développement physique et cognitif

*D*ans le monde industrialisé et les régions les plus avancées des pays en développement, les années de la « deuxième enfance », qui se déroulent de 6 à 12 ans, sont consacrées à la scolarisation. Le premier jour d'école marque un tournant dans la vie de l'enfant. En Amérique du Nord, les parents soulignent l'événement de diverses manières : nouveaux vêtements, fournitures scolaires flambant neuves, sac à dos et boîte à lunch choisis avec soin, photos ou vidéos du nouvel écolier qui monte dans l'autobus scolaire ou franchit les portes de l'école pour la première fois, etc. Toutes ces marques d'attention font comprendre aux enfants l'importance de la journée : ils sont devenus des « grands », et ils accomplissent dorénavant cette chose sérieuse que représente la fréquentation de l'école plutôt que de passer leur temps à jouer comme les « petits ».

Malgré l'importance de l'âge scolaire dans le développement humain, les chercheurs s'intéressent relativement peu à ces années de l'enfance — comme si elles étaient d'un intérêt mineur —, de sorte que beaucoup moins de recherches ont été menées sur les enfants de ce groupe d'âge que sur les plus jeunes ou sur les adolescents. Pourtant, les enfants âgés de 6 à 12 ans vivent des changements cognitifs majeurs ; et les habitudes ainsi que les modèles établis durant cette période influent non seulement sur leur expérience de l'adolescence, mais aussi sur celle de l'âge adulte.

LE DÉVELOPPEMENT PHYSIQUE

Bien qu'ils soient moins faciles à observer directement, les changements physiques qui se produisent au cours de l'âge scolaire sont tout aussi remarquables que ceux de l'âge préscolaire.

LES CHANGEMENTS PHYSIQUES

Les changements physiques se produisent de façon continue à l'âge scolaire. Chaque année, l'enfant gagne de cinq à sept centimètres en hauteur et de deux à trois kilogrammes en poids. On constate aussi une augmentation de la vitesse d'exécution, une amélioration graduelle de la coordination et une plus grande habileté dans l'exécution d'activités physiques. De plus, la coordination visuelle et la coordination motrice s'améliorent de manière notable (Thomas, Yan et Stelmach, 2000). Ainsi, l'enfant peut dribler avec un ballon et tirer au panier avec une plus grande précision.

L'acquisition de la motricité fine constitue un autre changement physique important de l'âge scolaire ; elle permet à l'enfant d'écrire, de jouer de la plupart des instruments de musique, de dessiner, de découper et de développer plusieurs autres habiletés. Cette plus grande dextérité manuelle est associée à la maturation du poignet, laquelle s'effectue plus rapidement chez les filles que chez les garçons (Tanner, 1990).

Notons à cet effet que, sur le plan de la maturation dans son ensemble, les filles d'âge scolaire possèdent une longueur d'avance sur les garçons. À 12 ans, par exemple, elles ont atteint 94 % de leur taille adulte, alors que les garçons de leur âge n'en sont qu'à 84 % de la leur (Tanner, 1990). En revanche, les filles présentent un peu plus de tissu adipeux et un peu moins de masse musculaire que les garçons, ce qui rend généralement ces derniers un peu plus rapides et un peu plus forts physiquement. C'est également au cours de cette période que s'amorcent les changements qui mèneront à la puberté. Les changements hormonaux pubertaires peuvent s'amorcer dès l'âge de 8 ans chez les filles, et vers 9 ou 10 ans chez les garçons. Même si le processus est enclenché durant les premières années de l'apprentissage scolaire, ce n'est qu'à l'adolescence que la puberté prendra toute son ampleur.

LE SYSTÈME NERVEUX

Deux changements majeurs se produisent dans le cerveau de l'enfant d'âge scolaire (Spreen, Risser et Edgell, 1995). Le premier, qui apparaît autour de six à huit ans, est marqué par une croissance rapide de nouvelles synapses ainsi que par une augmentation de la densité du cortex cérébral dans les aires sensorielles et motrices. La croissance de ces aires est associée à l'amélioration de la dextérité manuelle ainsi qu'à une meilleure coordination visuelle et motrice. Le second changement, qui apparaît vers l'âge de 10 à 12 ans, se caractérise également par une croissance rapide de nouvelles synapses ainsi que par une augmentation de la densité du cortex cérébral, mais cette fois il se manifeste dans le lobe frontal du cerveau (van der Molen et Molenaar, 1994). Or, les aires corticales qui gouvernent la logique et la planification, deux fonctions cognitives qui s'améliorent grandement durant cette période, se situent précisément dans le lobe frontal.

La *myélinisation*, ce processus de développement de gaines qui protègent les axones et améliorent leur conductivité, se poursuit aussi durant l'âge scolaire, en particulier au niveau de la formation réticulée et plus précisément au niveau des fibres nerveuses qui la relient au lobe frontal (Sowell et autres, 2003). Ces connexions sont essentielles au développement de l'enfant, car ce sont elles qui permettent une amélioration sensible des fonctions cérébrales associées au lobe frontal. Comme on l'a vu au chapitre 5 — et de nombreux chercheurs l'ont observé —, la formation réticulée gouverne l'attention, et la régulation de l'attention augmente de façon significative durant l'âge scolaire (Lin, Hsiao et Chen, 1999). Penchons-nous donc sur l'attention.

La myélinisation permet au lobe frontal et à la formation réticulée de travailler conjointement. En conséquence, l'enfant de 6 à 12 ans se trouve doté d'une nouvelle habileté : l'attention sélective. L'**attention sélective** désigne cette capacité qu'a l'enfant de centrer son activité cognitive sur les éléments importants d'un problème ou d'une situation, comme le fait l'adulte. Prenons l'exemple d'un enfant qui a toujours reçu sa copie d'examen sur une feuille blanche et qui, un jour, la reçoit imprimée sur une feuille bleue. C'est l'attention sélective qui lui permettra de ne pas se laisser distraire par ce détail et de se concentrer sur les questions d'examen. Ce n'est pas le cas de certains enfants plus jeunes, qui seront dérangés par la couleur inhabituelle du papier et dont la performance à l'examen s'en trouvera réduite.

Attention sélective Capacité à se concentrer sur les éléments importants d'un problème ou d'une situation.

À l'âge scolaire, les neurones des aires associatives se myélinisent eux aussi fortement. Ce sont ces **aires associatives** qui gouvernent les fonctions sensorielles, motrices et intellectuelles du cerveau. Or, les neurologues croient que la myélinisation de ces aires contribue à augmenter la vitesse du traitement de l'information chez l'enfant. Supposons qu'on demande à deux enfants, un de 6 ans et un autre de 12 ans, d'identifier le plus rapidement possible des objets dans des images, tels une bicyclette, une pomme, un bureau, un chien. On constate que l'enfant de 12 ans nomme les objets plus rapidement que celui de 6 ans. On peut probablement associer cette amélioration du traitement de l'information à celle de la mémoire qu'on observe durant la même période (Kail, 1990 ; Li, Lindenberger, Aschersleben, Prinz et Baltes, 2004).

Un autre changement majeur qui survient à l'âge scolaire touche l'hémisphère droit du cerveau. Il s'agit de la *latéralisation* de la **perception spatiale**, c'est-à-dire la capacité qu'a maintenant l'enfant de reconnaître et de comprendre les mouvements des objets dans l'espace. Vous utilisez votre perception spatiale lorsque vous imaginez un nouvel agencement des meubles dans votre chambre. La perception des objets, comme celle des visages, se latéralise vers l'âge de six ans, alors que la perception spatiale plus complexe, telle la lecture de cartes routières, ne se latéralise pas complètement avant l'âge de huit ans. Les neuropsychologues ont démontré que l'*orientation spatiale relative gauche-droite* qui provient de perspectives multiples, tel le fait pour un enfant de situer sa droite et celle d'une personne qui lui fait face, ne se développe généralement pas avant l'âge de huit ans. Voilà pourquoi les enfants de huit ans et plus peuvent comprendre la différence entre des expressions comme « C'est à votre droite » et « C'est à ma droite », alors que les enfants plus jeunes sont incapables de distinguer la droite de la gauche selon différentes perspectives. La latéralisation de la perception spatiale peut aussi être associée à une plus grande efficacité sur le plan de l'apprentissage des mathématiques et des stratégies de résolution de problèmes. D'autre part, la *cognition spatiale* se définit comme l'habileté à inférer des règles afin de prédire le mouvement des objets dans l'espace. Les recherches sur ce sujet démontrent que les garçons, à un très jeune âge, réussissent davantage que les filles dans une tâche particulière de cognition spatiale : celle de la rotation d'un objet. Certains chercheurs attribuent cette différence au fait que les garçons jouent plus souvent à des jeux vidéo. Cependant, des recherches transculturelles renforcent l'hypothèse voulant que cette différence soit le résultat d'un facteur biologique (Lippa, 2005) : les parties du cer-

veau associées à la perception spatiale présentent un plus grand volume chez les garçons que chez les filles (Durston et autres, 2001).

LA SANTÉ ET LE BIEN-ÊTRE

Les enfants d'âge scolaire sont généralement en bonne santé. En moyenne, le taux de maladies dans ce groupe est légèrement inférieur à celui des enfants d'âge préscolaire. À l'école primaire, les enfants contractent une maladie aiguë environ quatre à six fois par année ; la plupart du temps, il s'agit de rhumes et de grippes. Le problème le plus souvent signalé est la difficulté à dormir, qui touche 10 % de la population d'âge scolaire (Owens et autres, 2000). Les parents ne s'aperçoivent généralement pas du problème jusqu'à ce qu'un médecin ou une infirmière pose directement la question à l'enfant. Au Canada, les principales causes d'hospitalisation chez les enfants de cinq à neuf ans sont les chutes de toute nature (36 %) et les chutes qui se produisent spécifiquement en aire de jeu (15 %). Selon Statistique Canada (2003), les blessures à la tête résultant d'un accident — en véhicule motorisé ou à pied — représentent toujours la première cause de mortalité dans ce groupe d'âge (18 % chacune), suivies des noyades (13 %) et des brûlures (12 %).

Les maladies chroniques ou aiguës ne constituent pas le seul danger pour la santé de l'enfant. Mis à part les accidents, l'obésité représente le risque le plus important pour la santé de l'enfant. L'obésité est un excès de graisses corporelles évalué à l'aide de l'indice de masse corporelle (IMC = poids en kilogrammes/taille en mètres carrés). Pour classer les enfants dans les catégories de l'embonpoint et de l'obésité, on utilise les seuils de l'IMC qui sont respectivement de 25 et de 30. En 2004, au Canada, un enfant sur trois (32 %) âgé de 7 à 13 ans souffrait d'embonpoint. Il y a 25 ans, cette proportion était d'à peine 12 % (Statistique Canada, 2004). Cette augmentation des taux d'obésité est sensiblement la même dans les autres pays industrialisés, faisant de l'obésité le trouble alimentaire le plus répandu chez les enfants et les adolescents des pays industrialisés. Par ailleurs, le fait d'être obèse durant l'enfance augmente d'une manière significative les risques d'obésité à l'âge adulte.

Aires associatives Régions du cerveau qui abritent les fonctions sensorielles, motrices et intellectuelles.

Perception spatiale Capacité à comprendre et à identifier les mouvements des objets dans l'espace.

LE MONDE RÉEL

L'enfant et les sports

À six ans, Noémie trépignait d'impatience à l'idée de disputer son premier match de soccer. Sans être la meilleure joueuse de l'équipe, elle adorait pratiquer ce sport avec ses camarades et, année après année, elle avait toujours hâte que la saison commence. Son enthousiasme ne s'est pas démenti jusqu'à l'été de ses 12 ans. Cet été-là, le désir qu'avait Noémie de retrouver son soccer et ses camarades de jeu était aussi vif que par le passé. Pourtant, dès son deuxième entraînement, elle a commencé à rechigner et s'est mise à supplier ses parents de la laisser quitter l'équipe. Craignant de la dégoûter à jamais de toute forme d'activité physique s'ils la forçaient à respecter son engagement, ses parents ont fini par céder.

Le cas de Noémie n'a rien d'inhabituel. Bien des enfants pratiquent un sport puis y perdent tout intérêt. Pourquoi en est-il ainsi ? L'une des raisons qui poussent les préadolescentes comme Noémie à abandonner le sport est la peur d'être perçue comme trop masculine. Des recherches ont montré que les joueuses de basketball qui sont talentueuses et qui continuent à jouer après la puberté sont généralement celles qui ont trouvé une façon d'intégrer l'athlétisme à leur identité tout en gardant une image de soi « féminine » à l'extérieur du terrain (Shakib, 2003).

Mais un autre facteur, plus important que le premier et s'appliquant aux garçons comme aux filles, incite les enfants à délaisser le sport : la place démesurée qu'occupent la compétition et la victoire dans de nombreux programmes sportifs (Anshel, 1990). Les enfants de six ou sept ans font du sport bien plus parce qu'ils aiment bouger que parce qu'ils trouvent du plaisir à battre un adversaire. Ils cherchent à faire de leur mieux, mais ils se soucient bien plus de jouer que de gagner. Or, dans beaucoup de sports organisés, les entraîneurs ont tendance à insister davantage sur la victoire que sur le plaisir de jouer, l'esprit sportif ou les bienfaits de l'exercice. À un point tel qu'on parle parfois de la « professionnalisation du jeu » (Hodge et Tod, 1993).

Par ailleurs, beaucoup d'entraîneurs amateurs ont une piètre compréhension des habiletés motrices normales d'un enfant de six ou sept ans. Quand ils voient des enfants chanceler sur leurs patins ou avoir du mal à courir avec un ballon et à le botter, ils ont tôt fait de les catégoriser comme patauds ou maladroits. Dès lors, ces garçons et ces filles, dont les habiletés sont pourtant parfaitement normales, se verront accorder moins de temps de jeu et moins d'encouragements que les enfants dont la coordination motrice est précoce. Il arrive aussi que les entraîneurs amateurs comparent les habiletés respectives des enfants et critiquent ceux qui jouent moins bien, alors qu'il faudrait plutôt récompenser l'effort et le progrès.

Par conséquent, si les enfants délaissent le sport vers 10 ou 11 ans, c'est qu'ils ont souvent la nette impression « de ne pas être assez bons » (Anshel, 1990) ou qu'ils trouvent leurs entraîneurs trop critiques et pas assez encourageants (Smith et Smoll, 1997).

Quel que soit leur niveau d'adresse sportive, les enfants devraient consacrer les premières années du primaire à acquérir et à perfectionner leurs habiletés physiques de base en se livrant à des activités amusantes qui font appel au plus grand nombre de mouvements possible. Le soccer et la natation sont des activités particulièrement intéressantes à cet égard : en plus d'être de bons exercices aérobiques, les habiletés qu'elles engagent sont à la portée d'un enfant de six ou sept ans, ce qui n'est pas le cas du baseball, par exemple, qui exige une coordination œil-main que la plupart des enfants de cet âge ne possèdent pas (frapper une petite balle avec un bâton). Vers l'âge de 10 ans, beaucoup d'enfants sont prêts à passer au baseball et au basketball ; par contre, d'autres sports tel le tennis demeurent difficiles pour eux.

Si on veut encourager son enfant à s'investir dans un sport organisé (plutôt qu'à se livrer simplement à des activités physiques libres et à des jeux à l'extérieur), il faut le choisir avec soin. L'enfant peut essayer plusieurs sports individuels et sports d'équipe pour cerner ses préférences. Sa taille et sa morphologie sont aussi des éléments qui guideront le choix à faire : un enfant plutôt chétif ou moins grand que la moyenne peut apprécier le soccer et la gymnastique ; l'enfant costaud doté d'une bonne carrure peut faire un bon nageur ; un enfant plus grand que ses camarades peut être tout désigné pour le basketball – encore que la petite taille ne soit pas un critère de disqualification (Malina, 1994).

Quel que soit le sport désigné, il est recommandé de choisir des programmes et des entraîneurs qui, tout en écartant explicitement l'aspect compétitif de l'activité, privilégient l'entraînement dans le plaisir, encouragent les enfants et les traitent tous et toutes sur un pied d'égalité. On évite aussi de pousser l'enfant trop tôt ou avec trop d'insistance, sans quoi il risque de ne pas se sentir à la hauteur des attentes parentales, ce qui gâchera son plaisir. Enfin, on fait au mieux pour que les filles grandissent avec l'idée que la beauté physique n'est pas la seule chose qui compte dans la vie. Et on attire leur attention sur les athlètes qui sont la preuve vivante que ni le sport ni même l'athlétisme ne sont incompatibles avec la féminité dans ce qu'elle a de plus sain.

L'obésité semble être le résultat de l'interaction entre une prédisposition génétique, certains facteurs environnementaux favorisant la surconsommation de nourriture (on associe la faible consommation de fruits et de légumes à l'excès de poids chez les jeunes) et la sédentarité (ou un faible niveau d'exercice physique). Ainsi, la probabilité de faire de l'embonpoint ou d'être obèse augmente avec le temps passé devant un écran (regarder la télévision, jouer à des jeux vidéo ou utiliser un ordinateur).

Des recherches portant sur des jumeaux et des enfants adoptés font état d'une composante génétique indéniable. Les jumeaux adultes, qu'ils aient ou non été élevés séparément, présentent des poids corporels semblables. De la même façon, les enfants adoptés et élevés par des parents obèses risquent moins de devenir obèses que les enfants naturels de parents obèses (Stunkard et autres, 1990). Le fait qu'un enfant possédant une prédisposition génétique à l'obésité devienne obèse dépend de

Lorsque des enfants d'âge scolaire s'adonnent à des activités sportives mixtes, l'avantage des garçons sur le plan de la rapidité et de la force est compensé par l'avantage des filles sur le plan de la coordination.

son bilan énergétique, c'est-à-dire de l'équilibre entre les apports d'énergie provenant de l'alimentation et les dépenses d'énergie découlant de l'exercice physique. Les enfants obèses ont tendance à choisir des activités plus sédentaires et à faire peu d'exercice.

L'obésité influe sur l'expérience sociale de l'enfant et de l'adolescent durant les années scolaires, et ses effets peuvent se faire sentir jusqu'à l'âge adulte. En effet, l'excès du tissu adipeux est à l'origine de problèmes de santé à long terme. Ainsi, non seulement les adultes obèses ont-ils une espérance de vie plus courte, mais ils courent aussi un risque élevé de subir un accident cardio-vasculaire et de souffrir d'hypertension artérielle. De plus, l'obésité provoque des troubles graves du comportement alimentaire chez certains adolescents, telles la boulimie et l'anorexie mentale. Beaucoup d'enfants d'âge scolaire, bien au fait des normes culturelles de minceur, suivent déjà un régime alimentaire (Tanofsky-Kraff et autres, 2004).

Pause
APPRENTISSAGE

Le développement physique

1. Résumez les changements physiques qui se produisent à l'âge scolaire.

2. Décrivez brièvement les changements qui touchent le cerveau et le système nerveux à l'âge scolaire.

3. Quelles sont les principales causes de l'augmentation de l'obésité chez les enfants d'âge scolaire ?

LE DÉVELOPPEMENT COGNITIF

Parallèlement aux gains impressionnants observés dans leur développement physique, les enfants de 6 à 12 ans réalisent des progrès importants dans leur façon de penser. C'est par le biais de trois approches que nous aborderons le développement cognitif de l'âge scolaire : la période des opérations concrètes de Piaget, l'approche du traitement de l'information et l'approche psychométrique.

L'APPROCHE DE PIAGET : LA PÉRIODE DES OPÉRATIONS CONCRÈTES

L'émergence de nouvelles habiletés qu'on peut observer entre l'âge de cinq et sept ans repose sur tous les petits changements qu'on a constatés chez l'enfant d'âge pré-scolaire. Toutefois, selon Piaget, l'enfant fait un grand bond en avant lorsqu'il découvre qu'une certaine logique gouverne les choses et leurs interrelations. Dans le déve-loppement de ses connaissances, l'enfant est capable d'extraire de ses observations certaines règles internes. Il commence à comprendre que le jeu comporte des règles qui lui permettent d'éviter les erreurs et les pièges typiques de la période préopératoire. Il développe alors, peu à peu, un ensemble de règles et de stratégies d'explo-ration et d'interaction avec le monde qui l'entoure. Piaget nomme ce nouvel ensemble d'habiletés les *opérations concrètes*. Les opérations sont des façons de manipuler mentalement les objets entre eux (Bergeron et Bois, 1999, p. 115). Elles mènent à la période des opérations formelles qui apparaît à l'adolescence et que nous aborderons au chapitre 9. Ainsi, l'enfant de la période opératoire concrète se montre très bon pour résoudre des problèmes d'ordre matériel reliés à un monde qu'il connaît, qu'il peut voir ou manipuler. Il présente par contre plus de difficultés à manipuler mentalement ce qui relève du domaine des idées ou des probabilités (opérations formelles).

Comme le mentionnent Thomas et Michel (1994), le terme « concret » ne signifie pas nécessairement que l'enfant doit toucher des objets réels pour résoudre un problème, mais que le problème donné doit porter sur des objets identifiables qui sont directement perçus ou imaginés par lui. Les deux exemples suivants illustrent bien cette distinction.

Période des opérations concrètes – Si Alice a deux pommes et que Carole lui en donne trois autres, combien de pommes Alice possédera-t-elle au total ?

Période des opérations formelles – Voici deux quantités qui ensemble forment un tout. Si on augmente la première quantité et que le tout demeure le même, qu'arrive-t-il à la deuxième quantité ? (Bergeron et Bois, 1999, p. 115)

Chaque opération concrète représente une sorte de règle interne qui porte sur les objets et leurs relations. Plusieurs opérations concrètes semblent être acquises entre cinq et sept ans. La figure 7.1 donne l'exemple d'une opération ou d'une règle qui est acquise pendant la période opératoire. Lorsqu'on demande à des enfants de tracer la ligne qui indique le niveau d'eau de deux bocaux inclinés, celle que tracent généralement les enfants de la période préopératoire suit l'inclinaison de la base du bocal (pensée intuitive); au contraire, les enfants de la période opératoire ont compris la règle de l'horizontalité et savent que, quelle que soit l'inclinaison du bocal, la ligne devra suivre un plan horizontal, celui de la surface de la table, et non celui de la base du bocal.

Le stade des conduites opératoires

Piaget décrit un ensemble d'opérations concrètes puissantes, abstraites et internes: la réversibilité, la conservation, la classification (inclusion des classes), la sériation, les opérations sur les nombres et la logique inductive.

LA RÉVERSIBILITÉ

De toutes les opérations concrètes, Piaget pensait que la *réversibilité* — la possibilité que les actions et les opérations mentales puissent s'inverser — était la plus cruciale. La réversibilité permet à l'enfant d'effectuer une opération et de retourner à son point de départ. L'enfant comprend alors que certaines transformations sont susceptibles d'être annulées par une transformation inverse. Par exemple, le boudin de pâte à modeler (expé-

Figure 7.1
Le bocal incliné
Les jeunes enfants de la période préopératoire dessinent généralement sur un plan incliné le niveau de l'eau d'un bocal incliné, comme le montre l'illustration *a*). Ils le dessinent ainsi non pas parce qu'ils ont déjà vu quelque chose de semblable dans le monde réel, mais parce que, selon leur logique, le niveau d'eau suit la base du bocal. Les enfants de la période opératoire comprennent qu'il existe une règle (ou une opération) qu'on doit appliquer et qui permet de résoudre ce problème, comme le montre l'illustration *b*): quelle que soit la position du bocal, le niveau de l'eau est toujours parallèle à la base de la table (notion d'horizontalité).

rience de conservation) peut être retransformé en boule, et l'eau peut être versée dans un verre plus court mais plus large. Cette compréhension élémentaire de la réversibilité des actions sous-tend d'autres acquisitions réalisées durant cette période. Par exemple, si l'enfant maîtrise l'opération de la réversibilité, il sait aussi que, si A est plus grand que B, alors B est plus petit que A. La capacité de comprendre la hiérarchie des classes, comme *Fido, épagneul, chien* et *animal*, repose sur la capacité de concevoir la réversibilité de la relation des objets entre eux. La réversibilité permet également d'aller au-delà de l'intuition, de faire des liens, d'établir des relations entre les actions et de faire appel à la logique. Ainsi, la compréhension de la réversibilité est associée au développement des premières structures logiques chez l'enfant.

LA CONSERVATION

Nous avons vu que, à la période préopératoire (âge préscolaire), l'enfant était centré sur les aspects perceptifs d'une situation, et qu'il ne pouvait donc pas comprendre le concept de conservation selon lequel toute quantité de matière ou de liquide est conservée ou demeure identique (identité), quelles que soient les transformations que subit son apparence. Vers l'âge de six ans, l'enfant est en mesure de se décentrer (*décentration*), c'est-à-dire de se libérer du phénomène perceptif et de prendre ainsi conscience des transformations. À cet âge, presque tous les enfants comprennent le concept de conservation de la substance, du liquide et du nombre. Le concept de conservation du poids est acquis vers l'âge de 7 ou 8 ans, et celui de la conservation du volume, vers 10 ou 11 ans. Le tableau 7.1 dresse la liste des sept types de conservation étudiés par Piaget. Dans chaque cas, on présente deux objets identiques à l'enfant, puis on lui demande de confirmer l'identité des objets quant au poids, à la substance, à la longueur ou au nombre. Après avoir déplacé ou déformé l'un des objets, on demande ensuite à l'enfant si les objets sont toujours identiques. Les enfants reconnaissent rarement ce type de conservation avant l'âge de cinq ans. Piaget explique cette situation par le fait que les enfants sont si absorbés par l'apparence du changement qu'ils ne se concentrent pas sur l'aspect inchangé et sous-jacent. Différentes stratégies permettent à l'enfant d'arriver à ce type de compréhension:

- la réversibilité — «Si je le remets dans sa forme initiale, ce sera le même objet» (substance);
- l'addition ou la soustraction — «Tu n'en as pas enlevé ou ajouté, alors c'est pareil» (substance);
- la compensation ou la capacité de porter attention à plus d'un élément à la fois — «C'est plus long (étroit), donc ça monte plus haut» (liquide).

Tableau 7.1   *Les sept types de conservation étudiés par Piaget, avec les réponses typiques d'enfants d'âge préopératoire et opératoire concret*

Type de conservation et âge d'accession	Disposition	Transformation	Âge préopératoire	Âge opératoire concret
Nombre (6 à 7 ans)	Deux rangées parallèles de même longueur, contenant le même nombre de pièces de monnaie. L'enfant convient de l'égalité de ces deux rangées.	On augmente ou on diminue l'écart entre les pièces, ou on les dispose autrement. On demande à l'enfant s'il y a le même nombre de pièces dans les deux rangées.	La rangée du bas compte plus de pièces parce qu'elle est plus longue.	Le nombre de pièces dans chaque rangée n'a pas changé.
Liquide (6 à 7 ans)	Deux verres identiques contenant la même quantité d'eau et un grand verre étroit. L'enfant convient que les deux verres contiennent la même quantité de liquide.	On verse le liquide d'un verre dans le grand verre étroit. On demande à l'enfant s'il y a la même quantité de liquide dans chaque verre.	Le grand verre contient plus d'eau.	Les deux verres contiennent la même quantité d'eau.
Longueur (7 à 8 ans)	Deux crayons de longueur identique et de même taille. L'enfant convient que les deux crayons ont la même longueur.	On déplace un crayon vers la gauche ou la droite pour que la pointe d'un des crayons dépasse l'autre. On demande à l'enfant si les deux crayons sont de la même longueur.	Le crayon du bas est plus long.	Les deux crayons sont de la même longueur.
Substance (7 à 8 ans)	Deux boules identiques d'argile. L'enfant reconnaît que les deux boules contiennent la même quantité d'argile.	On donne la forme d'un boudin à l'une des boules. On demande à l'enfant si le boudin et la boule contiennent la même quantité d'argile.	Le boudin contient plus d'argile.	La boule et le boudin contiennent la même quantité d'argile.
Surface ou espace (7 à 8 ans)	Deux prés d'égale surface où sont disposées un nombre identique de maisons. L'enfant doit reconnaître l'égalité des surfaces.	On change la disposition des maisons et on demande à l'enfant dans quel pré une vache aurait le plus d'herbe à manger.	Le pré de droite contient la plus grande quantité d'herbe.	Les deux prés contiennent la même quantité d'herbe.
Poids (9 à 10 ans)	Trois boîtes de poids identique sont disposées côte à côte.	Les trois boîtes sont disposées l'une sur l'autre. On demande à l'enfant si le poids des boîtes est le même dans les deux dispositions.	Les boîtes empilées sont plus lourdes.	Les poids sont identiques, quelle que soit la disposition des boîtes.
Volume (11 à 12 ans)	Un objet immergé à la verticale dans un contenant d'eau.	Le même objet immergé à l'horizontale dans un autre contenant d'eau. On demande si le niveau d'eau déplacé est le même dans les deux cas.	L'objet immergé à l'horizontale va déplacer moins d'eau que l'objet immergé à la verticale.	Le déplacement d'eau est le même dans les deux cas.

Les chercheurs qui ont fondé leurs travaux de recherche sur l'observation de la période des opérations concrètes s'entendent généralement sur la séquence et l'apparition de la plupart des types d'opérations observés par Piaget. Ils ont constaté, à l'instar de Piaget, que le concept de conservation du liquide et de la substance apparaissait au début de cette période, suivi du concept de conservation du poids et du volume (Piaget a nommé *décalage horizontal* le phénomène selon lequel, à l'intérieur d'une même période de développement, les enfants ne réussissent pas à généraliser leur raisonnement et à l'appliquer à des contenus différents).

LA CLASSIFICATION

Comme nous l'avons vu, l'enfant de quatre ans en période préopératoire commence à trier et à regrouper plus systématiquement les objets, d'abord en utilisant une caractéristique commune — la forme, par exemple –, puis deux caractéristiques ou plus à la fois — la taille et la forme, par exemple. L'enfant d'âge opératoire se met à traiter les classes et les relations entre les classes dans un système unifié. Il est capable d'effectuer une classification multiple. La figure 7.2 donne l'exemple d'un type de matrice que des chercheurs utilisent pour étudier la compréhension de la classification multiple chez les enfants. La tâche consiste à trouver quel objet doit se retrouver dans la case qui contient un point d'interrogation. Pour réussir, l'enfant doit identifier les deux classes pertinentes (forme et couleur). Selon Inhelder et Piaget (1964), les enfants de quatre à six ans sélectionnent les objets qui appartiennent à au moins une des deux classes dans 85 % des problèmes présentés ; cependant, ils choisissent l'objet unique qui fait partie des deux classes dans seulement 15 % des cas. Vers 9 ou 10 ans, la grande majorité des enfants choisissent l'objet qui relève des deux classes pertinentes, soit le triangle rouge (Siegler, 2001).

Vers l'âge de sept ou huit ans, l'enfant franchit un pas important au regard de la classification : il saisit pour la première fois le principe de l'**inclusion des classes** (concept abordé au chapitre 5). L'enfant comprend alors que le même objet peut appartenir à plusieurs catégories à la fois et que ces catégories ont un rapport logique entre elles. Ainsi, les bananes sont incluses dans la classe des fruits, qui font eux-mêmes partie de la classe des aliments, et ainsi de suite. Les enfants de la période préopératoire comprennent aussi que les bananes sont des fruits, mais ils ne comprennent pas complètement les relations entre les classes. Piaget a généralement étudié ce concept en laissant d'abord les enfants créer eux-mêmes leurs propres classes et sous-classes, puis en leur posant des questions. Un enfant de cinq ans et demi jouait avec des

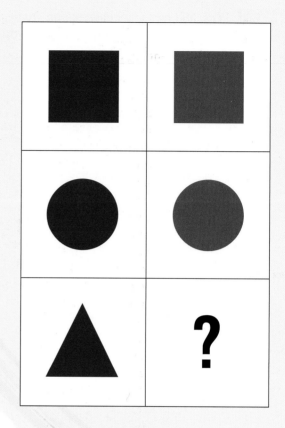

Figure 7.2
Matrice servant à étudier la classification
La plupart des enfants de la période préopératoire et du début de la période opératoire affirment que c'est un triangle bleu ou un cercle rouge qui doit compléter la matrice.

fleurs dont il avait composé deux bouquets : un gros avec des marguerites et un plus petit avec des fleurs variées. Piaget a alors engagé la conversation avec l'enfant (Piaget et Inhelder, 1959, p. 108) :

> Piaget : Si je fais un bouquet avec toutes les marguerites et que toi, tu fais un bouquet avec toutes les fleurs, lequel sera le plus gros ?
>
> L'enfant : Le tien.
>
> Piaget : Et maintenant, si je cueille toutes les marguerites d'un pré, restera-t-il d'autres fleurs ?
>
> L'enfant : Oui.

L'enfant comprend qu'il existe d'autres fleurs que les marguerites, mais il ne comprend d'aucune manière que toutes les marguerites sont des fleurs, c'est-à-dire

Inclusion des classes Relation entre les classes d'objets, de sorte qu'une classe subordonnée est comprise dans une classe générique (par exemple, les bananes font partie de la classe des fruits).

qu'une petite classe subordonnée est *incluse* dans une plus grande classe. C'est au début de la **période des opérations concrètes** que l'enfant comprend le principe de l'inclusion des classes.

LA SÉRIATION

La *sériation* consiste à ordonner des éléments en séquence, par exemple du plus petit au plus grand ou encore du plus foncé au plus pâle. Il s'agit donc de placer divers éléments selon un ordre croissant ou un ordre décroissant. En général, les enfants de trois à cinq ans auxquels on demande d'ordonner une série de tiges de différentes longueurs établissent une série partielle : ils rangent l'une des extrémités, habituellement le sommet des tiges, et oublient d'aligner les bases. Puis ils réussissent à ordonner les éléments par essais et erreurs (tâtonnement). Mais ce n'est que vers sept ou huit ans qu'ils appliquent une méthode systématique, laquelle consiste à comparer les éléments (tiges) par paires successives afin de découvrir quel élément est le plus petit. Cette façon de procéder constitue une opération, c'est-à-dire une règle interne que l'enfant applique systématiquement en vue de résoudre un problème. Ainsi, il compare chaque élément à un autre pour vérifier s'il est plus grand que les précédents et plus petit que les suivants. C'est ce que Piaget appelle la *réversibilité par réciprocité*. Cela signifie que l'enfant est désormais capable non seulement d'ordonner une série simple, mais aussi d'intégrer un nouvel élément dans la série.

LES OPÉRATIONS SUR LES NOMBRES

La compréhension du *concept de nombre* suit une progression établie. Très tôt, l'enfant est capable d'apprécier l'importance relative de diverses collections d'objets. Les expériences de Spelke ont permis de démontrer que, dans une situation de transfert intermodal entre la vision et l'audition, les enfants de six à huit mois pouvaient discerner un ensemble de deux éléments d'un autre de trois éléments selon la méthode des préférences visuelles (Starkey, Spelke et Gelman, 1990). Très tôt se manifeste une certaine notion du « peu » par rapport au « beaucoup », du « singulier » par rapport au « pluriel », du « petit » par rapport au « grand ». Cependant, la distinction de collections comportant un nombre plus élevé d'éléments pose beaucoup plus de difficultés. Et ce n'est pas avant l'âge de trois ou quatre ans que les enfants sont capables de différencier des collections comptant quatre, cinq ou six éléments (Strauss et Curtis, 1984). En dépit de cette compréhension précoce de la cardinalité (aspect quantitatif du nombre), ce n'est pas avant l'âge de quatre ou cinq ans que les enfants comprennent la conséquence de l'addition de nombres telle que 2 + 2 (Huttenlocher, Jordan et Levine, 1994). Les aspects perceptifs sont toujours dominants au cours de la période préopératoire, et la quantité d'objets est souvent confondue avec l'espace occupé (non-conservation du nombre). Cependant, dès l'âge de quatre ans, la compréhension des nombres est assez avancée pour que l'enfant de la période préopératoire puisse effectuer des additions et des soustractions simples, et comparer différentes quantités avec succès (Donlan, 1998). Au début de la période opératoire, il sera en mesure d'appliquer avec constance la règle voulant que l'addition entraîne une augmentation et la soustraction, une diminution. Tout comme le développement de la classification permet de comprendre l'aspect cardinal du nombre, la compréhension de la sériation permet d'assimiler la propriété ordinale (qui marque l'ordre, le rang) et de réaliser des opérations plus complexes d'addition, de soustraction, de multiplication ou de division.

LA LOGIQUE INDUCTIVE

C'est donc au cours de la période opératoire qu'apparaît une première forme de logique. L'enfant développe sa capacité de faire des liens et d'associer des actions. Il s'agit de la **logique inductive**, qui consiste essentiellement à passer du particulier au général. Ainsi, l'enfant de cet âge peut induire un principe général à partir de son expérience personnelle. Par exemple, il peut constater en s'amusant que, s'il ajoute un jouet à un ensemble de jouets et qu'il fait ensuite le compte, il y en aura un de plus. Il comprend qu'il n'aura pas besoin de recompter chaque fois tous les jouets et qu'il lui suffira d'appliquer une règle, soit le total précédent plus 1. L'enfant de quatre ou cinq ans s'arrête à cette conclusion, mais l'enfant de sept ou huit ans applique cette observation au principe général selon lequel *ajouter* signifie toujours *aller en augmentant*.

Les enfants d'âge scolaire sont de très bons observateurs scientifiques ; ils aiment cataloguer et compter les variétés d'arbres et les espèces d'oiseaux, ou découvrir les mœurs des cochons d'Inde. Ils ne maîtrisent pas encore très bien la **logique déductive**, qui permet de passer

---

Période des opérations concrètes Période du développement, que Piaget situe entre 6 et 12 ans, au cours de laquelle sont acquises les opérations mentales telles que la soustraction, la réversibilité et la classification.

Logique inductive Forme de raisonnement qui consiste à passer du particulier au général, de l'expérience à des règles générales, et qui est caractéristique de la pensée opératoire concrète.

Logique déductive Forme de raisonnement qui consiste à passer du général au particulier, d'une règle à un exemple précis ou d'une théorie à une hypothèse, et qui est caractéristique de la pensée opératoire formelle.

du général au particulier. Ainsi, l'enfant peut, à partir d'une théorie (principe général), émettre des hypothèses, prédire un résultat ou une conséquence. Supposez qu'on vous demande d'imaginer les changements que connaîtrait notre société si les femmes étaient physiquement aussi fortes que les hommes. Se pencher sur une telle perspective requiert une logique déductive et non une logique inductive (qui va au-delà de ce qu'on connaît). Étant capable de résoudre des problèmes relatifs au monde matériel qu'il connaît, qu'il peut voir ou qu'il peut manipuler, l'enfant d'âge opératoire concret répondrait à cette supposition selon ses propres expériences ou à travers les histoires qu'il a déjà entendues. Par contre, il éprouvera plus de difficultés à manier mentalement des idées ou des possibilités. C'est donc dire que la logique déductive exige beaucoup plus d'aptitudes que la logique

inductive, car l'individu doit imaginer des faits ou des événements dont il n'a jamais fait l'expérience.

La découverte des caractéristiques de la pensée chez l'enfant à l'école primaire conduit à une importante application pratique : les enfants apprennent les sciences (et d'autres matières) beaucoup plus facilement si la matière est présentée d'une façon concrète, avec beaucoup d'expériences pratiques et d'expérimentations inductives, telle une expédition de chasse aux fossiles ou une cueillette de champignons qu'on classera ensuite selon leurs différentes caractéristiques. Les enfants apprennent moins aisément lorsque les concepts scientifiques et théoriques sont présentés selon un mode déductif (Saunders et Shepardson, 1987).

Le tableau 7.2 présente une récapitulation des caractéristiques de la période des opérations concrètes.

Tableau 7.2 — *Récapitulation des caractéristiques de la période des opérations concrètes*

Réversibilité : si A = B, alors B = A	Un garçon affirme qu'il a une sœur, mais que sa sœur n'a pas de frère (période préopératoire) ; puis il comprend que, s'il a une sœur, celle-ci a nécessairement un frère – en l'occurrence lui (période opératoire concrète).
Conservation	L'enfant prend conscience des transformations effectuées sur la matière. Il comprend que deux quantités identiques demeurent identiques malgré une transformation de l'apparence, dans la mesure où rien n'est ajouté ni enlevé aux deux quantités. L'enfant passe par une première étape où il nie la conservation (période préopératoire) à une deuxième étape intermédiaire (pensée intuitive) où il affirme que la conservation a lieu dans certains cas, lorsque les changements ne sont pas trop apparents, mais pas dans d'autres. Il ne peut expliquer la conservation que dans de rares cas. À la troisième étape, il affirme qu'il y a conservation et peut l'expliquer dans tous les cas selon les principes établis (réversibilité, addition ou soustraction et compensation).
Classification	L'enfant accède à une compréhension fondamentale, celle de l'inclusion des classes. Il assimile la théorie des ensembles. Un objet peut appartenir simultanément à deux ensembles : un premier ensemble (les vaches) et un second ensemble plus grand (les animaux de la ferme). De la même façon, les spaghettis sont à la fois des pâtes alimentaires et des aliments. B A L'ensemble A est inclus dans l'ensemble B.
Sériation	On présente à l'enfant les éléments d'une série dans le désordre. On lui demande de les ordonner de façon décroissante (du plus grand au plus petit). La rangée de gauche représente le travail effectué par un enfant de trois ans et demi (période préopératoire). La rangée de droite a été ordonnée par un enfant de huit ans (période opératoire concrète).
Opérations sur les nombres	L'enfant comprend que le nombre peut être une classe, une relation et un dénombrement. Il intègre les opérations simples (règles de base) de l'addition et de la soustraction. Un peu plus tard, il assimilera les opérations (règles) de division et de multiplication. À mesure qu'il grandit, il devient de plus en plus souple quant au transfert de ces apprentissages.
Logique inductive	Cette première forme de logique permet à l'enfant de déduire, à partir de ses observations et des informations qu'il a accumulées, des règles et des principes qui expliquent le fonctionnement du réel. Cette logique va donc du particulier (observations et informations) à un principe général (règles). Pour la première fois, l'enfant peut opérer sur le concret, le réel. Et il arrive à des conclusions basées sur plusieurs expériences personnelles.

Les nouvelles perspectives sur la période des opérations concrètes

Voyons maintenant l'état actuel des recherches effectuées sur la pensée des enfants âgés de 7 à 12 ans. Comme on le constatera, ces recherches ont permis soit de confirmer, soit de nuancer les résultats obtenus par Piaget.

LES RECHERCHES SUR LA COMPÉTENCE (OU LA CONNAISSANCE PRÉALABLE)

Si l'enfant emploie des formes générales de logique dans toutes ses expériences, on pourrait en conclure que le bagage de connaissances qu'il possède ne devrait pas influer sur la forme de logique qu'il utilise. Par exemple, un enfant qui n'a jamais vu d'images de dinosaures, mais qui maîtrise le concept de classification, devrait être en mesure de classer des dinosaures comme celui qui a joué avec des dizaines de figurines de dinosaures. Or, dans les faits, ce n'est pas le cas.

De nombreuses recherches montrent que la connaissance préalable constitue un élément déterminant du processus. Les enfants et les adultes qui connaissent bien un sujet ou un type d'objets, qu'il s'agisse de dinosaures, de cartes de hockey ou de mathématiques, n'en ont pas la même perception qu'un novice. Ils catégorisent l'information de leur sphère de connaissances de façon plus complexe et plus hiérarchisée. Ils utilisent des formes plus élaborées de logique quand il s'agit d'un domaine qui relève de leur **compétence**, et ils mémorisent plus facilement l'information relative à ce domaine (Ericsson et Crutcher, 1990 ; Ni, 1998 ; Schneider et Bjorklund, 1992 ; Schneider et autres, 1995).

Les jeunes enfants sont des novices dans presque tous les domaines, alors que les enfants plus âgés ont déjà acquis des connaissances dans plusieurs domaines. Il est donc possible que l'apparente différence entre les jeunes enfants et les enfants plus âgés en ce qui concerne les stratégies cognitives ou le fonctionnement relève d'un plus grand bagage de connaissances et d'une plus grande expérience plutôt que de changements liés aux stades dans les structures cognitives de base.

Piaget a reconnu lui-même que l'expérience constituait un élément essentiel des processus du développement cognitif. Et il apparaît de plus en plus évident que la performance de l'enfant varie grandement selon ses acquis (habiletés et connaissances), la clarté ou la simplicité des directives, sa familiarité avec le matériel, et d'autres facteurs situationnels. Il demeure cependant qu'il existe une grande différence dans la manière dont l'enfant de quatre ans et celui de huit ans abordent les problèmes, et cette différence ne dépend pas seulement de l'expérience.

L'APPROCHE DU TRAITEMENT DE L'INFORMATION

Les théoriciens qui, comme Piaget, étudient la structure cognitive se demandent à quels types de logique l'enfant a recours pour résoudre un problème, et comment ces structures se modifient avec l'âge. Les théoriciens du **traitement de l'information** se demandent pour leur part quels processus intellectuels l'enfant utilise lorsqu'il doit effectuer une tâche, et comment ces processus pourraient changer avec l'âge (Lamb et Lewis, 2005). L'objectif de cette approche est donc d'étudier les processus cognitifs qui sont à la base du traitement de l'information.

La mémorisation

Nous avons vu au premier chapitre que la plupart des chercheurs qui s'intéressent à la mémoire intègrent les étapes de la mémorisation dans un modèle présentant trois systèmes de mémoire : la mémoire sensorielle, la mémoire à court terme et la mémoire à long terme. Selon ce modèle d'organisation de la mémoire, l'information circulerait à travers les trois systèmes (voir la figure 1.8, p. 26).

Compétence Connaissance que possède une personne d'un sujet particulier. Il est impossible de mesurer directement la compétence.

Traitement de l'information Étude du développement cognitif qui s'attache aux changements survenant avec l'âge et aux différences individuelles dans les processus intellectuels fondamentaux.

Certains chercheurs du développement affirment que les enfants de la période préopératoire sont incapables de résoudre des problèmes typiques de la période opératoire, comme la conservation, parce que la capacité de leur mémoire à court terme est insuffisante. Ce n'est que vers six ou sept ans que les enfants sont en mesure de dégager suffisamment d'espace de travail dans leur mémoire à court terme pour traiter plus d'information (Case, 1985, 1997).

La figure 7.3 illustre les résultats de quelques recherches sur la mémoire des lettres chez les enfants et les adultes (Dempster, 1981). Dans le cadre de ces investigations, le sujet devait se rappeler une liste d'éléments énoncés à haute voix (lettres, chiffres ou mots) qu'il devait ensuite répéter dans l'ordre de l'énonciation. La première liste était généralement très courte. Puis on ajoutait graduellement à la liste un élément à la fois, jusqu'à ce que le sujet ne puisse plus la répéter sans faire d'erreur. De tels travaux nous permettent de constater que la portée de la mémoire (empan) augmente progres-

sivement pendant l'enfance. Toutefois, ils posent une difficulté: les résultats observés ne peuvent que refléter un changement dans l'expérience du jeune sujet (comme nous l'avons vu à propos de la compétence) puisque les sujets plus âgés ont nécessairement une expérience plus grande des nombres, des lettres et des mots. D'autres recherches portant sur des processus cognitifs différents, comme la vitesse de réponse à un stimulus ou la reproduction d'un rythme donné, confirment par ailleurs les observations faites (Kail, 1991, 2004). Il apparaît donc que l'efficacité augmente sensiblement avec l'âge et que cette transformation est à l'origine des changements cognitifs importants survenant à l'âge scolaire (Case, 1985; Halford et autres, 1994; Johnson, 2005; Kuhn, 1992; Li et autres, 2004; Schneider et Pressley, 1989). Une explication possible de ces changements trouverait sa source dans l'émondage des synapses du cerveau, qui se produit à diverses périodes du développement humain, et dans la myélinisation des fibres nerveuses: la restructuration du cerveau qui s'opère alors rendrait notre réseau nerveux plus rapide et par conséquent plus efficace.

Le recours plus fréquent à diverses *stratégies* cognitives — les techniques que nous utilisons pour simplifier ou fractionner une tâche cognitive — constitue une autre façon d'expliquer et d'améliorer l'efficacité de la mémoire. De nombreuses recherches sur le traitement de l'information tentent par ailleurs de comprendre l'apparition de ces *stratégies* — la recherche sur les stratégies de mémorisation en est un exemple.

LES STRATÉGIES DE MÉMORISATION

Si la capacité maximale d'une mémorisation normale était de six ou sept éléments, comme le laissent entendre les données de la figure 7.3, nous éprouverions des difficultés à nous rappeler une liste plus longue — une liste d'épicerie, par exemple. Or, ce n'est pas le cas. Pourquoi? Parce que nous utilisons diverses stratégies de mémorisation. Quelques-unes sont décrites dans le tableau 7.3. On peut répéter une liste plusieurs fois, grouper les éléments par thème (par exemple, tous les ingrédients d'une recette de gâteau), créer un scénario qui intègre tous les éléments, ou encore mémoriser le parcours qu'on doit suivre pour faire les courses.

À quel moment les enfants commencent-ils à avoir recours à de telles stratégies? On observe des signes d'utilisation de stratégies de mémorisation dès l'âge de deux ou trois ans quand les conditions sont optimales (DeLoache, 1989; DeLoache et autres, 1985). À mesure qu'il grandit, l'enfant en utilisera ou si on les lui explique ou si on lui rappelle d'en faire usage, puis finit par s'en servir spontanément. Enfin, particulièrement entre 6 et

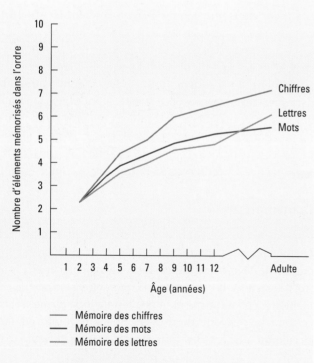

Figure 7. 3

La capacité fondamentale de mémorisation
Des psychologues ont tenté de mesurer la capacité fondamentale de mémorisation en demandant aux sujets de répéter dans l'ordre et à haute voix une liste d'objets. Ce graphique montre le nombre d'objets mémorisés dans l'ordre par des enfants d'âges variés, selon quelques recherches.

Source: Dempster, 1981, adaptation des figures 1, 2 et 3, p. 66 à 68.

12 ans, l'enfant a recours à ces stratégies de manière de plus en plus efficace et il les applique à un nombre croissant de situations. On remarque alors des changements non seulement dans la quantité de stratégies utilisées, mais aussi dans la qualité de ces stratégies.

L'ACQUISITION DES AUTOMATISMES

C'est à l'âge scolaire que les enfants deviennent plus efficaces dans le traitement de l'information, car c'est alors qu'ils acquièrent leurs premiers automatismes. On peut définir l'**automatisme** comme étant l'habileté à se rappeler les informations ou les connaissances en provenance de la mémoire à long terme sans faire appel à la mémoire à court terme. Par exemple, quand un enfant répond spontanément « 56 » à la question « Que donne la multiplication 8 × 7 ? », c'est qu'il a acquis un automatisme relativement à la table de multiplication et qu'il n'a plus besoin de faire appel à sa volonté ou à sa conscience pour répondre. Les automatismes sont indispensables au bon fonctionnement du traitement de l'information, car ils permettent de libérer la mémoire à court terme pour

> **Automatisme** Habileté à récupérer l'information de la mémoire à long terme sans utiliser les capacités de la mémoire à court terme.

Tableau 7.3   *Quelques stratégies de mémorisation courantes*

La répétition Il s'agit sans doute de la stratégie la plus utilisée. Elle suppose une répétition mentale ou vocale, ou une répétition de mouvements (comme dans l'apprentissage de la danse). Elle est utilisée dans certains cas dès l'âge de deux ans.

Exemple : Se répéter un numéro de téléphone trouvé dans l'annuaire afin de le composer une fois l'annuaire refermé, ou se répéter mentalement la cote d'un ouvrage qu'on veut lire jusqu'au bon rayon de la bibliothèque.

L'organisation Il s'agit de classer des idées, des objets ou des mots selon des catégories pour les mémoriser. Cette stratégie de regroupement se raffine avec l'exercice d'une activité particulière ou avec la connaissance d'un sujet précis, car on peut apprendre ou découvrir des catégories en explorant ou en manipulant une série d'objets. La stratégie de regroupement à l'état primaire s'observe chez les enfants de deux ans.

Exemple : Se souvenir de sa liste d'épicerie en regroupant les articles selon des catégories. Ou encore, se remémorer tous les animaux d'une zone géographique donnée, tous les ingrédients d'une recette de lasagne, les pièces du jeu d'échecs.

L'élaboration Cette stratégie de mémorisation consiste à imaginer un lien entre deux objets ou plus. La méthode de mémorisation utilisée pour se rappeler les conjonctions de coordination (or, mais, ou, et, donc, ni, car) est un genre d'élaboration au même titre que l'association du nom d'une personne récemment rencontrée à un objet ou à un mot. À priori, l'utilisation de cette stratégie n'est pas spontanée ; on ne l'emploie fréquemment et efficacement que tard dans le développement.

Exemple : Se rappeler les noms des enfants d'un quartier en associant chacun à son lieu de résidence.

La recherche systématique Lorsque vous cherchez à vous souvenir de quelque chose, vous être prêt à passer votre mémoire au crible pour trouver la réponse. Les enfants de trois et quatre ans peuvent employer ce mode de recherche pour des objets tangibles, mais ils se montrent peu habiles quand il s'agit de sonder leur mémoire. L'enfant apprend donc les stratégies de recherche pour le monde tangible, puis les applique plus tard à des recherches abstraites.

Exemple : Essayer de se rappeler le parcours d'un objet égaré pour le trouver.

Source : Flavell, 1985.

des tâches plus complexes. En outre, les enfants d'âge scolaire qui acquièrent rapidement des automatismes en mathématiques (comme dans l'exemple que nous venons de voir) apprennent plus rapidement d'autres habiletés cognitives complexes (Jensen et Whang, 1994).

Les automatismes s'acquièrent principalement par l'expérience. Ainsi, lorsque les enfants font leurs premiers pas, ils doivent se concentrer sur l'action de marcher. Après quelques semaines de pratique, la marche devient un automatisme, et l'enfant peut se déplacer tout en poursuivant le chat ou en cherchant une balle. C'est de cette façon qu'un adulte peut penser à sa liste d'épicerie tout en conduisant son automobile vers le supermarché, car les habiletés de conduite et le trajet qu'il doit suivre sont devenus des automatismes. À l'âge scolaire, l'enfant semble commencer à transformer en automatismes une grande quantité d'informations et d'habiletés, et ce, à un rythme plus rapide qu'auparavant.

LES RÈGLES DE LA RÉSOLUTION DE PROBLÈMES

Certains psychologues ont avancé l'hypothèse que le problème du *décalage horizontal* remettait en cause l'affirmation de Piaget voulant que la pensée opérationnelle soit un stade du développement cognitif. Les recherches de Robert Siegler (1996; Siegler et Chen, 2002) ont montré que les enfants pouvaient appliquer divers types de règles — certaines très simples et d'autres relativement complexes — pour tenter de résoudre le même type de problèmes, et ce, dans une même journée. Par exemple, si on demande à une élève de première ou de deuxième année de faire des additions simples (3 + 6; 9 + 4; etc.), cette dernière pourra les résoudre en utilisant des méthodes différentes d'une addition à l'autre. Si elle a mémorisé que 6 + 3 = 9, elle pourra trouver la réponse de mémoire, sans calcul — une stratégie qu'utilisent la plupart des adultes pour les calculs simples. Si elle n'a pas mémorisé l'opération, l'élève pourra simplement compter, à partir de un, jusqu'à ce qu'elle arrive à la somme; ainsi, 6 + 3 deviendra «un, deux, trois, quatre, cinq, six, ... sept, huit, neuf». Elle pourra aussi utiliser ce que les chercheurs appellent la *stratégie du minimum,* une règle un peu plus complexe suivant laquelle l'enfant part avec le gros nombre et y ajoute le plus petit en comptant; ainsi, elle arrivera à la somme de 6 + 3 en se disant «sept, huit, neuf». Autrement dit, elle comptera mentalement chaque nombre à mesure que celui-ci s'ajoutera; si elle part à six, elle saura qu'elle a ajouté une unité quand elle sera à sept; qu'elle a ajouté deux unités quand elle sera à huit; et qu'elle a ajouté les trois unités quand elle aura atteint neuf. Enfin, l'enfant pourra utiliser la stratégie encore plus complexe de la *décomposition,* qui consiste à diviser le problème en unités plus petites. Par exemple, l'enfant

pourra additionner 9 + 4 en se disant «10 + 4 = 14; 9, c'est 1 de moins que 10; 14 − 1 = 13, donc 9 + 4 = 13» (Siegler, 1996, p. 94). On peut utiliser cette méthode pour des problèmes plus complexes, comme 16 × 9, en se disant «9 × 10 = 90; 9 × 6 = 54; 54 + 90 = 144».

Les recherches montrent que, à mesure qu'ils avancent, les enfants du primaire comptent de moins en moins et se servent de plus en plus de la mémoire, de la stratégie du minimum et de la décomposition — un comportement qui est entièrement compatible avec la notion de progression graduelle dans l'utilisation de stratégies plus complexes. Ce que Siegler nous apprend de plus, c'est que le même enfant peut utiliser en une même journée toutes ces stratégies pour résoudre différents problèmes. Autrement dit, chaque enfant ne passe pas systématiquement d'un niveau de stratégies au niveau suivant, plus complexe. En fait, chacun possède tout un répertoire de stratégies et peut recourir à certaines ou à toutes pour résoudre différents problèmes. Cela dit, avec le temps, le répertoire de stratégies possibles évolue vers des stratégies plus complexes ou plus raffinées, exactement comme Piaget et d'autres l'ont décrit. Mais ce processus ne se produit pas par stades; il ressemble plutôt à une série de vagues qui se chevauchent, comme à la figure 7.4. Quand les enfants apprennent une nouvelle stratégie, ils n'abandonnent pas immédiatement les

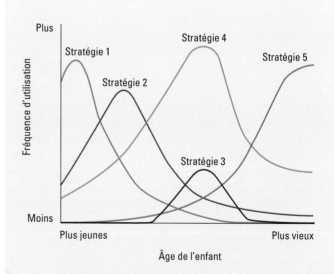

Figure 7.4
Le modèle de Siegler
Le modèle du développement cognitif par «vagues qui se chevauchent» de Robert Siegler décrit probablement mieux la façon dont les enfants évoluent vers des formes plus complexes de pensée que le modèle du développement cognitif par stades proposé par Piaget.

Source : Siegler, 1996, figure 4.4, p. 89. Copyright © 1996, Oxford University Press.

anciennes ; ils continuent à utiliser à la fois les anciennes et la nouvelle pendant un certain temps. Ce n'est qu'à mesure que les nouvelles stratégies deviennent plus ancrées et mieux maîtrisées qu'ils laissent tomber les moins efficaces ou les moins efficientes.

Certains résultats de recherche remettent en question quelques-unes des hypothèses de Piaget. Mais son concept central de *constructivisme*, selon lequel les enfants sont des penseurs actifs qui tentent constamment de « construire » des stratégies plus efficaces et des cognitions plus approfondies, a été conforté par une somme considérable de recherches. Siegler souligne que les enfants continuent à construire de nouvelles stratégies pour résoudre certains types de problèmes (comme les additions) « même quand ils en possèdent déjà de parfaitement adéquates » (Siegler et Ellis, 1996, p. 211). De plus, Piaget semble avoir touché juste en soutenant que la forme de pensée des enfants connaissait de véritables changements qualitatifs. Un enfant de huit ans aborde les nouvelles tâches différemment d'un enfant de quatre ans : il est plus apte à essayer une stratégie complexe puis d'en essayer une autre si cette dernière échoue. Cependant, l'apparition des nouvelles habiletés cognitives est bien plus graduelle — et beaucoup moins organisée par stades — que le pensait Piaget à l'origine.

La métacognition et les processus d'exécution

Les chercheurs en traitement de l'information ont un autre champ de prédilection : l'étude des processus par lesquels les enfants parviennent à entrer en possession de ce qu'ils savent. Nous avons abordé ces notions chez l'enfant d'âge préscolaire. Si, par exemple, on vous donne une liste d'objets à mémoriser et qu'on vous demande ensuite quelle méthode vous avez utilisée pour retenir chaque élément de cette liste, vous expliquerez votre façon de procéder. Vous pourriez même avoir réfléchi à diverses stratégies de mémorisation avant de choisir celle qui vous sera apparue la plus efficace. Vous pourriez aussi nommer de bonnes méthodes de recherche ou les types de tâches les plus ardues, et dire pourquoi elles le sont. Voilà des exemples de **métamémoire** ou de **métacognition**, c'est-à-dire de connaissance des processus de mémorisation et d'acquisition des connaissances. Lorsque les théoriciens du traitement de l'information font référence à ces facultés, ils parlent de **processus d'exécution**, lesquels supposent une planification et une organisation centralisées, un peu à la manière des directions d'entreprise.

La réussite de l'enfant dans l'exécution de nombreuses tâches tendra à s'améliorer avec l'apparition des facultés métacognitives. L'enfant sera dorénavant capable

Si elle ne trouve pas ce qu'elle cherche après seulement quelques essais, cette fillette d'âge préscolaire éprouvera de la difficulté à concevoir d'autres méthodes de recherche ou à imaginer d'autres endroits où orienter sa recherche. Les enfants d'âge scolaire disposent d'un plus grand nombre de stratégies et les utilisent avec une plus grande souplesse.

de suivre de près sa propre démarche et de la mesurer ; de plus, il sera apte à reconnaître le moment où l'utilisation d'une stratégie particulière sera, ou non, appropriée. Des recherches ont montré que les enfants de quatre et cinq ans font preuve d'une telle capacité d'évaluation (Schneider et Pressley, 1989), mais que cette capacité ne se manifeste que rarement avant cet âge et qu'elle augmente de façon considérable après l'âge scolaire. Les processus d'exécution corroborent les fondements de nombreux changements que Piaget associait à la période des opérations concrètes. Par exemple, les enfants de 10 ans sont aptes à comprendre que l'attention portée à une histoire demande un effort, alors que les enfants de 8 ans le sont moins (Parault et Schwanenflugel, 2000).

L'APPROCHE PSYCHOMÉTRIQUE

Au cœur de la continuité du développement se trouve une infinité de variations individuelles auxquelles s'intéresse l'approche psychométrique. Comme Piaget et les tenants de sa théorie ne se sont jamais intéressés à ces variations, presque toute l'information sur les différences

---

Métamémoire   Sous-catégorie de la métacognition. Connaissance de ses propres processus de mémorisation.

Métacognition   Connaissance de ses propres processus de réflexion : savoir ce qu'on sait et la façon dont on l'a appris et mémorisé.

Processus d'exécution   Sous-ensemble du traitement de l'information comprenant des stratégies d'organisation et de planification. Synonyme de métacognition et de métamémoire.

individuelles dans le fonctionnement cognitif au cours des années de l'apprentissage scolaire provient de recherches sur le quotient intellectuel ou sur la performance scolaire.

Les premiers tests

Le premier test d'intelligence structuré a été publié en 1905 par deux Français, Alfred Binet et Théodore Simon (Binet et Simon, 1905). Dès le départ, le test avait un but pratique : déterminer les enfants susceptibles d'éprouver des difficultés scolaires. C'est d'ailleurs pourquoi les éléments des premiers tests étaient de nature scolaire et concernaient le vocabulaire, la compréhension des faits et des relations, ainsi que le raisonnement mathématique et verbal. L'enfant peut-il décrire la différence entre le bois et le verre ? Le jeune enfant peut-il toucher son nez, ses oreilles et sa tête ? Peut-il dire lequel de deux poids est le plus lourd ?

Le système de mesure de l'intelligence élaboré par Binet et Simon a été traduit et adapté par Lewis Terman et ses collaborateurs, à l'Université Stanford (Terman, 1916 ; Terman et Merrill, 1937), pour qu'on puisse l'utiliser aux États-Unis. Ainsi, le **test de Stanford-Binet** tel qu'il est connu aujourd'hui comporte une série de six éléments distincts dans chaque test pour chaque groupe d'âge. Lorsqu'un enfant passe ce test, on lui soumet les éléments en ordre de difficulté croissante jusqu'à ce qu'il ne puisse plus accomplir aucune des tâches d'un groupe d'âge donné. Terman a initialement évalué la performance d'un enfant par un résultat nommé **quotient intellectuel (QI)**. On obtient le résultat en comparant l'âge réel du sujet (en années et en mois) avec son *âge mental*, c'est-à-dire le groupe d'âge le plus élevé qu'il ait atteint lors du test. Ainsi, un enfant de six ans qui répond correctement à tous les éléments correspondant à son groupe d'âge, mais qui ne réussit pas à répondre aux questions s'adressant au groupe des sept ans, aurait l'âge mental d'un enfant de six ans. L'équation utilisée pour calculer le QI est la suivante :

$$\frac{\text{Âge mental}}{\text{Âge réel}} \times 100 = QI$$

Le QI est supérieur à 100 lorsque l'âge mental est supérieur à l'âge réel ; il est inférieur à 100 lorsque l'âge mental est inférieur à l'âge réel. Cette méthode de calcul du QI n'est plus en usage aujourd'hui, même dans les révisions modernes du test de Stanford-Binet ou de l'échelle d'intelligence de Wechsler pour enfants (WISC-3), dont nous traitons dans la section qui suit. On compare maintenant le résultat obtenu par l'enfant avec ceux des enfants du même groupe d'âge réel. Il n'en demeure pas moins qu'un QI de 100 est un QI moyen ; des totaux supé-rieurs à 100 correspondent à des performances au test supérieures à la moyenne. Les deux tiers des enfants obtiennent des totaux se situant entre 85 et 115, et environ 95 % se classent entre 70 et 130. On considère que les enfants qui obtiennent un résultat supérieur à 130 sont doués, alors que ceux qui ont un total inférieur à 70 souffrent d'une déficience intellectuelle, sujet que nous abordons à la page 204. La figure 7.5 montre la courbe de distribution normale du QI. Il faut veiller à ne pas appliquer l'étiquette de déficience intellectuelle à un enfant s'il ne présente pas également des troubles majeurs d'adaptation, telles l'incapacité de s'habiller ou de manger seul, l'incapacité d'interagir seul avec d'autres enfants, ou l'incapacité de répondre aux demandes du programme normal de l'école (c'est-à-dire de suivre le rythme des autres élèves). Certains enfants dont les résultats de QI sont faibles s'avèrent néanmoins capables de fonctionner adéquatement dans une classe normale et ne devraient pas être étiquetés comme déficients intellectuels.

Les tests modernes

L'**échelle d'intelligence de Wechsler pour enfants (WISC-3)** est le test le plus utilisé aujourd'hui par les psychologues pour mesurer l'intelligence. David Wechsler (1974) a établi un instrument de mesure qui s'intéresse à 10 types de problèmes différents, dont le niveau de difficulté pour chacun va de très facile à très difficile. Les 10 épreuves se divisent en deux sous-groupes : le premier vérifie l'acquisition d'habiletés verbales, comme le vocabulaire, la compréhension de la similarité entre les objets, les connaissances générales et l'arithmétique ; le second vérifie l'acquisition d'habiletés non verbales, comme l'agencement d'images dans le but de raconter une histoire, l'assemblage d'objets ou la reproduction d'un modèle construit à l'aide de cubes. De nombreux psychologues considèrent que cette distinction entre habiletés verbales et habiletés non verbales est très utile, car un résultat particulièrement faible dans l'un ou l'autre sous-groupe permet de déceler certains troubles d'apprentissage scolaire.

Test de Stanford-Binet Test d'intelligence conçu par Lewis Terman et ses collaborateurs, qui se sont inspirés des premiers tests de Binet et Simon.

Quotient intellectuel (QI) À l'origine, rapport entre l'âge mental et l'âge réel. Aujourd'hui, comparaison de la performance d'un enfant avec celle d'autres enfants de son âge.

Échelle d'intelligence de Wechsler pour enfants (WISC-3) Instrument de mesure de l'intelligence qui est le plus utilisé aujourd'hui par les psychologues.

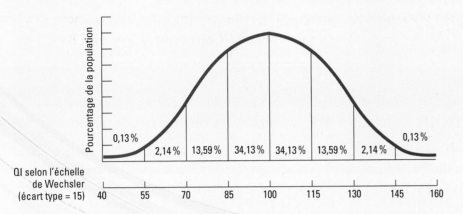

Figure 7. 5
La distribution du QI
Les résultats aux tests de QI forment ce que les mathématiciens appellent une courbe normale de distribution, cette fameuse représentation graphique dont vous avez sûrement déjà entendu parler. Les deux côtés de la courbe sont identiques. D'autres caractéristiques humaines, comme la taille, ont également une distribution normale, mais elles sont relativement rares.

Pour mesurer les capacités intellectuelles des enfants d'âge scolaire, on fait également souvent appel aux **tests de performance**. Ceux-ci sont conçus pour évaluer des *données précises* apprises à l'école. L'enfant à qui on fait passer un test de performance ne se verra pas attribuer un résultat de QI, mais sa performance sera comparée avec celle d'autres enfants de même niveau dans l'ensemble du pays.

La principale différence entre le test de QI et le test de performance réside dans le fait que le premier mesure les capacités de base (la *compétence* sous-jacente) alors que le second évalue l'apprentissage de l'enfant (sa *performance*). Il s'agit d'une distinction importante. Nous possédons tous vraisemblablement une limite supérieure de capacités que nous pouvons atteindre dans des conditions idéales, quand nous sommes motivés, bien portants et reposés. Étant donné que ces conditions idéales sont rarement réunies, notre performance se situe habituellement au-dessous de notre capacité hypothétique ou de notre potentiel.

La stabilité et la prévisibilité des tests

Puisque les tests ont d'abord été conçus en vue de mesurer la performance scolaire d'un enfant, il est essentiel de savoir s'ils sont efficaces. Les résultats des recherches sur la question sont relativement homogènes : la corrélation entre les résultats obtenus par l'enfant d'âge préscolaire aux tests de QI et ses résultats scolaires se situe entre 0,50 et 0,60 (Brody, 1992 ; Carver, 1990 ; Neisser et autres, 1996). Cette corrélation est forte, mais elle n'est pas parfaite. Les tests nous indiquent que, dans l'ensemble, les enfants qui ont des résultats de QI élevés seront de meilleurs élèves que les autres. Or, le succès scolaire dépend aussi de nombreux autres facteurs, tels la motivation, l'intérêt et la persévérance de l'élève, si bien que certains enfants ayant obtenu des résultats de QI élevés ont de faibles résultats scolaires alors que d'autres qui ont obtenu des résultats de QI faibles s'avèrent des élèves

brillants. À l'âge scolaire, toutefois, les tests de QI constituent de bons indices des capacités intellectuelles ultérieures, principalement en raison de la stabilité accrue des résultats aux tests.

Par ailleurs, l'utilité des tests de QI au primaire ne réside pas tant dans leurs caractéristiques prédictives que dans la possibilité qu'ils offrent, conjointement avec d'autres données, de reconnaître les enfants susceptibles d'avoir besoin de programmes mieux adaptés. Cette utilisation des tests de QI rejoint donc l'objectif que s'était fixé Binet il y a plus de cent ans. Pourtant, les fonctions diagnostiques qu'on prête aux tests de QI soulèvent la controverse.

Pause
APPRENTISSAGE

L'approche du traitement de l'information et l'approche psychométrique

1. En quoi l'approche du traitement de l'information diffère-t-elle de la théorie de Piaget ?

2. Existe-t-il des changements dans la capacité de traitement de l'information ? Expliquez votre réponse.

3. Expliquez les stratégies courantes du traitement de l'information dans la mémorisation et précisez à quel moment les enfants commencent à utiliser de telles stratégies.

4. Expliquez comment Siegler perçoit le développement cognitif à l'âge scolaire.

5. Que sont la métacognition et la métamémoire ?

6. Comment calcule-t-on le QI d'un individu ?

7. Quelle est la différence entre performance et compétence ?

Test de performance Test conçu pour évaluer les capacités d'apprentissage d'un enfant dans une matière donnée, comme l'orthographe ou le calcul mathématique.

LES PARCOURS PARTICULIERS : LE DÉVELOPPEMENT ATYPIQUE

Le **développement atypique** (aussi appelé *comportement anormal*, *psychopathologie* ou *développement mésadapté*) est un développement qui dévie de la trajectoire développementale «normale» et se révèle néfaste ou préjudiciable à l'individu. Les déviations du développement, ou parcours particuliers, peuvent survenir à n'importe quel âge de la vie d'un individu, se manifestant, par exemple, par des problèmes comportementaux comme l'agressivité excessive chez l'enfant ou le jeu compulsif chez l'adulte. Nous allons donc aborder, dans cette dernière partie du chapitre, certains parcours particuliers qui perturbent les enfants : les troubles de l'apprentissage, le trouble déficitaire de l'attention avec ou sans hyperactivité, la déficience intellectuelle et les troubles envahissants du développement.

LES TROUBLES DE L'APPRENTISSAGE

En Amérique du Nord, la plupart des enfants suivis par des éducateurs spécialisés souffrent d'un **trouble de l'apprentissage**, c'est-à-dire d'une difficulté à maîtriser une habileté scolaire — le plus souvent la lecture —, malgré une intelligence normale ou supérieure et l'absence de handicap physique ou sensoriel. Lorsqu'il s'agit d'une difficulté de lecture, on parle souvent de **dyslexie**, bien qu'en principe ce terme désigne une incapacité totale de lire. Or, la plupart des enfants atteints d'un tel trouble parviennent à lire, mais moins bien que les autres enfants de leur âge. Notons qu'ici le problème concerne spécifiquement la lecture (par exemple, il peut se traduire par une incapacité à automatiser les correspondances sons-lettres) et ne semble pas résulter d'une dysfonction cognitive généralisée (Wimmer, Mayringer et Landerl, 1998).

La fréquence des troubles de l'apprentissage demeure une question très controversée. Selon certains experts, jusqu'à 80 % des enfants classés par le réseau scolaire comme ayant des troubles de l'apprentissage le seraient à tort ; seulement 5 enfants sur 1 000 souffriraient de «vrais» troubles de l'apprentissage d'origine neurologique (Farnham-Diggory, 1992). Selon ces mêmes experts, les difficultés des enfants qu'on désigne à tort comme étant atteints d'un trouble de l'apprentissage s'expliquent soit par la lenteur intellectuelle, soit par un problème d'un autre ordre — une détresse psychologique temporaire, par exemple, ou un enseignement médiocre.

En pratique, le système scolaire accole l'étiquette «trouble de l'apprentissage» à tous les enfants qui éprouvent des difficultés scolaires inattendues, inexplicables ou dont il est compliqué de s'occuper.

Les explications du problème se révèlent tout aussi subjectives que les définitions. Les tests neurologiques standards permettent rarement de déceler un signe quelconque de lésion cérébrale chez les enfants qui souffrent d'un trouble de l'apprentissage ; s'il s'agit d'un problème neurologique, il doit donc être très subtil. Certains chercheurs croient que le cerveau en croissance compense diverses petites anomalies cérébrales qui se produisent durant la période prénatale (bizarreries dans la configuration neurologique, amas de cellules immatures, cicatrices, tumeurs congénitales, etc.) en «recâblant» les régions avoisinantes. Or, il se pourrait que ces «recâblages» brouillent les circuits de traitement de l'information juste ce qu'il faut pour rendre très difficile la lecture, le calcul ou d'autres tâches (Farnham-Diggory, 1992).

D'autres chercheurs pensent que l'origine des troubles de l'apprentissage (en particulier ceux liés à la lecture) n'est pas neurologique, et que les enfants qui en sont atteints souffrent d'un problème plus généralisé de compréhension des sons et de la structure du langage (Carroll et Snowling, 2004 ; Share et Leiken, 2004 ; Torgesen et autres, 1999). Enfin, certaines recherches indiquent que les troubles de l'apprentissage, et en particulier la dyslexie, pourraient avoir une cause génétique (Gallagher, Frith et Snowling, 2000 ; Turic et autres, 2004).

Comme on pouvait s'y attendre, ces désaccords sur la définition et l'explication des troubles de l'apprentissage ont des conséquences pratiques. Les enfants qui en souffrent sont souvent regroupés dans des classes spéciales. Pourtant, un programme qui réussit à certains n'est pas nécessairement approprié pour d'autres. À l'heure actuelle, l'approche la plus prometteuse semble être celle de l'enseignement réciproque, inspirée de Vygotsky (voir le chapitre 1). Dans cette méthode, les enfants travaillent à deux ou en équipe plus large ; tour à tour, chacun résume et explique la matière à l'autre ou aux autres. De nombreuses recherches montrent que les enfants qui bénéficient de ce type de programme améliorent leurs habiletés de synthèse et leurs stratégies de

---

Développement atypique Développement qui dévie de la trajectoire développementale «normale» et se révèle néfaste ou préjudiciable à l'individu.

Trouble de l'apprentissage Difficulté à maîtriser une habileté scolaire – le plus souvent la lecture – malgré une intelligence normale ou supérieure et l'absence de handicap physique ou sensoriel.

Dyslexie Difficulté ou incapacité à maîtriser la lecture.

mémorisation (par exemple, Lederer, 2000). Motiver les enfants à faire plus d'efforts peut également les aider. Car, comparés à ceux qui éprouvent d'autres types de difficultés ou handicaps, les enfants qui souffrent de troubles de l'apprentissage sont moins enclins à penser qu'un effort accru mène au succès (Kunnen et Steenbeek, 1999). Malgré tout, une fois à l'âge adulte, beaucoup d'entre eux ont surmonté leurs difficultés ; et ils sont par ailleurs de plus en plus nombreux à atteindre le niveau collégial (Horn et Bertold, 1999 ; Rojewski, 1999).

LE TROUBLE DÉFICITAIRE DE L'ATTENTION AVEC OU SANS HYPERACTIVITÉ

Un coup d'œil aux critères diagnostiques du **trouble déficitaire de l'attention avec ou sans hyperactivité (TDA/H)** énumérés au tableau 7.4 révèle que, comme son nom l'indique, ce trouble se caractérise par une inattention accompagnée ou non d'une agitation physique. Selon Russell Barkley (1997), un des plus éminents chercheurs et théoriciens en la matière, le problème sous-jacent est l'incapacité de l'enfant à inhiber son comportement, c'est-à-dire qu'il ne peut s'empêcher d'entreprendre quelque chose d'interdit ou d'inutile ni de réagir à un stimulus fascinant ou qu'il est incapable d'interrompre un comportement une fois qu'il est amorcé. Dans des environnements complexes où les stimulus abondent (comme une salle de classe), les enfants qui souffrent de TDA/H ne peuvent pas s'empêcher de réagir à tous les stimulus sonores et visuels qui leur parviennent, de sorte qu'ils sont agités et n'arrivent pas à se focaliser sur une activité et à y accorder une attention soutenue.

> **Trouble déficitaire de l'attention avec ou sans hyperactivité (TDA/H)** Trouble caractérisé par l'inattention et l'agitation physique ; les enfants atteints ont du mal à se concentrer sur une tâche et à la mener à terme.

Tableau 7.4   ***Les critères diagnostiques du trouble déficitaire de l'attention avec ou sans hyperactivité selon le DSM-IV***

L'enfant doit présenter une inattention importante ou une hyperactivité-impulsivité importante (ou les deux).

L'inattention se traduit par la présence d'au moins six des symptômes suivants :

1. Ne parvient souvent pas à prêter attention aux détails ou fait souvent des fautes d'inattention dans ses devoirs scolaires, son travail ou ses autres activités.
2. A souvent du mal à rester attentif au travail ou au jeu.
3. Semble souvent ne pas écouter quand on lui parle.
4. Ne se conforme souvent pas aux consignes et ne parvient souvent pas à mener à terme ses devoirs scolaires, ses tâches domestiques ou autres obligations.
5. A souvent du mal à organiser ses travaux ou ses activités.
6. Évite souvent, a en aversion ou fait à contrecœur les tâches qui nécessitent un effort mental soutenu (comme le travail scolaire ou les devoirs à la maison).
7. Perd souvent les objets nécessaires à son travail ou à ses activités (p. ex., jouets, cahiers de devoirs, crayons, livres ou outils).
8. Se laisse facilement distraire par des stimulus externes.
9. Commet des oublis fréquents dans la vie quotidienne.

L'hyperactivité-impulsivité se traduit par la présence d'au moins six des symptômes suivants, persistant au moins six mois :

1. Remue souvent les mains ou les pieds, ou se tortille souvent sur son siège.
2. Se lève souvent en classe ou dans d'autres situations où il doit rester assis.
3. Court ou grimpe partout, souvent et dans des situations inappropriées (chez les adolescents ou les adultes, ce symptôme peut se limiter à un sentiment subjectif d'impatience motrice).
4. A souvent du mal à jouer ou à se divertir tranquillement.
5. Est souvent « sur la brèche » ou agit souvent comme s'il était « monté sur des ressorts ».
6. Parle souvent trop.
7. Laisse souvent échapper la réponse à une question encore incomplète.
8. A souvent du mal à attendre son tour.
9. Interrompt souvent les autres ou leur impose sa présence (p. ex., fait irruption dans les conversations ou dans les jeux).

Le problème doit apparaître avant l'âge de sept ans.

Certains de ces symptômes doivent se manifester dans tout au moins deux contextes différents (par exemple, à la maison et en classe, ou en classe et au jeu).

Le comportement doit nuire au fonctionnement social, scolaire ou professionnel normal selon l'âge.

Source : American Psychiatric Association, *Manuel diagnostique et statistique des troubles mentaux* (*DSM-IV*, 4e édition (texte révisé)
© 2000.

Cerner le problème

On ignore encore si cette constellation de symptômes forme un seul syndrome ou plusieurs variétés distinctes. Le tableau 7.4 présente deux séries de critères, l'une concernant l'inattention, l'autre l'hyperactivité, ce qui donne à penser qu'il existe deux types de trouble déficitaire de l'attention. En Europe, les psychologues ne reconnaissent que le trouble déficitaire de l'attention avec hyperactivité, qu'ils appellent *syndrome hyperkinétique* (Taylor, 1995). En Amérique du Nord, on admet l'existence des deux types de trouble, mais on s'entend sur le fait que le type le plus fréquent est celui qui s'accompagne d'hyperactivité ; en l'absence d'hyperactivité, on parle alors de *trouble déficitaire de l'attention* (TDA).

On sait maintenant que de 2 % à 10 % des enfants souffrent d'hyperactivité — terme populaire qui décrit le trouble déficitaire de l'attention avec ou sans hyperactivité (Vincent, 2004). Or, quelles que soient les formes sous lesquelles il peut apparaître, ce trouble est cinq fois plus fréquent chez les garçons que chez les filles (Heptinstall et Taylor, 1996), un autre exemple de la plus grande vulnérabilité des garçons.

Les enfants qui souffrent du trouble déficitaire de l'attention avec hyperactivité sont physiquement plus actifs que leurs pairs et se montrent souvent très aventureux.

Le diagnostic de TDA/H est difficile à poser, d'autant plus que bon nombre d'enfants normaux sont agités ou inattentifs à l'occasion. C'est pourquoi parents comme professeurs peuvent être tentés de croire que certains enfants lunatiques ou turbulents souffrent de TDA ou de TDA/H. Or, des recherches expérimentales révèlent que, pour de nombreuses tâches qui exigent de l'attention, les enfants qui ont reçu un diagnostic de TDA/H ne diffèrent en rien de leurs pairs (Lawrence et autres, 2004). On constate que les premiers se démarquaient nettement par leur niveau global d'activité, sauf qu'un niveau d'activité élevé ne suffit pas à justifier un diagnostic de TDA/H. Pour qu'on le pose, l'enfant doit présenter à la fois de l'hyperactivité et les caractéristiques d'inattention communes au TDA et au TDA/H. Plus précisément, les enfants atteints de l'un ou l'autre de ces troubles se distinguent des autres par leur capacité moindre à rester attentifs dans des tâches répétitives ou ennuyeuses ; ils semblent également moins aptes à maîtriser leurs impulsions.

Par définition, le TDA/H se manifeste tôt dans le développement de l'enfant. La majorité des enfants hyperactifs d'âge préscolaire éprouvent déjà de la difficulté à fixer leur attention et à inhiber leur activité. Ils ont du mal à se faire des amis ou à jouer de façon fonctionnelle avec leurs compagnons parce qu'ils ne sont pas à leur écoute. Ils se montrent intrusifs et insensibles aux signaux de leurs pairs, et ils affichent divers comportements désagréables (Hinshaw et Melnick, 1995 ; Sandberg, Day et Gotz, 1996). De plus, les enfants qui souffrent du TDA/H présentent souvent des troubles de l'apprentissage et d'autres troubles (Brook et Boaz, 2005 ; Decker, McIntosh, Kelly, Nicholls et Dean, 2001). Le TDA/H persiste à l'adolescence dans 50 % à 75 % des cas (Barkley, 1997), et à l'âge adulte dans près de 50 % des cas (Vincent, 2004).

À long terme, la gravité du problème semble en bonne part dépendre de ce que l'enfant développe ou non un comportement violent. La combinaison de l'hyperactivité et de l'agressivité est le facteur le plus susceptible d'alourdir le problème, entraînant dans l'enfance le rejet par les pairs et à l'âge adulte des problèmes divers tel l'abus de psychotropes (Barkley, Fischer, Edelbrock et Smallish, 1990 ; Kuperman et autres, 2001).

Les origines du TDA/H

L'hérédité explique près de 90 % des cas de TDA/H, rappelle la psychiatre Annick Vincent, de l'Université Laval. La proportion restante de 10 % proviendrait d'atteintes au cerveau causées par la prématurité ou par des maladies telle la méningite. « La façon dont on élève un enfant n'a

LE MONDE RÉEL

Stop aux idées tamponneuses

Nous savons maintenant que plus de la moitié des enfants atteints de TDAH deviendront un jour des adultes hyperactifs. « On croyait que le problème passait tout seul en vieillissant, mais le suivi à long terme montre que ce n'est pas le cas », a souligné Annick Vincent, professeure de psychiatrie à la Faculté de médecine de l'Université Laval de Québec. « Le problème est sous-diagnostiqué chez l'adulte, a-t-elle poursuivi. Souvent, on va s'en rendre compte lorsqu'une personne consulte pour des problèmes d'anxiété ou de dépression. »

La professeure Vincent vient tout juste de publier *Mon cerveau a besoin de lunettes*, un ouvrage pour enfants qui vient remettre les pendules à l'heure au sujet du TDAH. Dans un langage accessible à tous, la psychiatre y aborde, à travers le personnage de Tom, un enfant hyperactif, les faits, les préjugés et les mythes entourant cette maladie. « Je travaille auprès des adultes et j'ai écrit ce livre à leur demande, pour les aider à expliquer à leurs propres enfants, souvent eux-mêmes atteints, la nature de leur maladie. »

La science attribue le TDAH à un manque de neurotransmetteurs. « Le cerveau d'une personne atteinte ne s'active pas comme celui d'un individu normal. Elle doit faire des efforts supplémentaires pour se concentrer sur un sujet, elle a la bougeotte et la parlotte, ses idées se bousculent comme si elles étaient zappées par une télécommande dont elle n'aurait pas le contrôle », explique la professeure. D'où le titre de cet encadré, qui évoque les voiturettes tamponneuses dans les foires.

Les personnes atteintes de TDAH fonctionnent mieux lorsqu'elles sont stressées – et elles le sont souvent parce que, comme elles oublient les tâches à accomplir, elles sont souvent à la dernière minute –, lorsqu'elles fument abondamment et lorsqu'elles consomment beaucoup de café ou de cola. « L'adrénaline, la nicotine et la caféine sont des stimulants qui les aident à pallier leur déficit en neurotransmetteurs », explique Annick Vincent.

Forte de son expérience clinique, la psychiatre propose donc, dans son ouvrage, des méthodes pour aider les personnes atteintes du TDAH. Ces méthodes touchent l'organisation du temps, de l'espace et de l'environnement de travail. Elle y aborde aussi la controversée question du traitement pharmacologique du TDAH à l'aide de psychostimulants comme le Ritalin. « La pharmacothérapie corrige le fonctionnement du cerveau comme des lunettes corrigent les problèmes de myopie, estime-t-elle. Nous savons que l'efficacité des médicaments est de 70 % à 90 %, mais ça marche juste si on n'oublie pas de prendre sa médication ! »

Source : Adapté d'un article de Jean Hamann, journal *Au fil des événements*, Université Laval, 3 juin 2004.

donc rien à voir avec le fait qu'il souffre ou non d'un TDA/H », insiste la psychiatre (Vincent, 2004).

Les médecins et les psychologues savent depuis un certain temps qu'un traitement biologique (pharmacologique) peut très souvent atténuer ou éliminer le comportement déviant. La plupart des enfants qui reçoivent un diagnostic de TDA/H en Amérique du Nord (mais beaucoup moins en Europe) sont traités avec du méthylphénidate. Popularisé sous l'appellation commerciale de Ritalin, ce médicament stimule la partie du cerveau responsable du maintien de l'attention. De 70 % à 90 % des enfants traités au méthylphénidate voient leur état s'améliorer : leurs comportements indisciplinés, perturbateurs et exigeants diminuent, ils se montrent moins agressifs et plus conciliants, plus attentifs en classe et plus efficaces dans de nombreuses tâches scolaires (Gillberg et autres, 1997 ; Goldman et autres, 1998 ; Schachar, Tannock et Cunningham, 1996). Des recherches expérimentales avec placebo montrent que ces effets sont vraiment attribuables au médicament (Pelham et autres, 2002 ; Ridderinkhof, Scheres, Oosterlaan et Sergeant, 2005), et que l'origine du TDA/H est biologique. Plus précisément, le problème serait lié à un ou plusieurs neurotransmetteurs.

Toutes ces données indiquant que le TDA/H est d'origine biologique pourraient laisser croire que l'enfant qui en souffre est voué à l'échec scolaire et à une vie sociale ardue. Or, ce serait oublier ce que nous savons de la vulnérabilité et de la résilience : il est plus juste de considérer le TDA/H comme *un* facteur de vulnérabilité qui peut être compensé par plusieurs facteurs de protection, comme un QI élevé ou une forte motivation intrinsèque (Chang et Burns, 2005). Même s'ils souffrent de TDA/H, de nombreux enfants intelligents qui aiment les défis intellectuels conçoivent des façons de pallier leur déficit. Et bien que leurs résultats scolaires demeurent faibles malgré les stratégies compensatoires, ils peuvent trouver des activités parascolaires dans lesquelles ils excellent. De plus, l'héritabilité du TDA/H peut jouer en faveur de certains enfants : un parent qui en a lui-même souffert pourra plus facilement manifester son empathie à son enfant et l'aider à gérer le problème. Ici encore, la différence entre l'enfant qui éprouve des problèmes à long terme et celui qui surmonte ses difficultés réside en bonne partie dans l'interaction entre les caractéristiques innées ou précoces de l'enfant et la capacité de son milieu à favoriser un comportement optimal. Ainsi, l'adoption d'un style parental autoritaire semble réduire l'agressivité chez les enfants qui sont affectés d'un TDA/H et augmenter leurs aptitudes sociales (Hinshaw, Zupan, Simmel, Nigg et Melnick, 1997).

LA DÉFICIENCE INTELLECTUELLE

En temps normal, on pose un diagnostic de **déficience intellectuelle** lorsqu'on se trouve en présence de limites importantes du fonctionnement intellectuel (un QI inférieur à 70 ou 75) et du comportement adaptatif (incapacité de se nourrir ou de s'habiller seul, de s'entendre avec les autres ou de répondre aux exigences d'un programme scolaire régulier) (MacMillan et Reschly, 1997). Un faible QI est donc une condition nécessaire mais insuffisante pour qu'un enfant soit considéré comme déficient intellectuel. Pour reprendre les termes de Thomas Achenbach (1982, p. 214), « quel que soit leur quotient intellectuel, les enfants qui réussissent à l'école ne risquent pas d'être considérés comme mentalement retardés ».

Le fonctionnement cognitif des enfants déficients

Certains chercheurs qui s'intéressent au traitement de l'information ont tenté de comprendre le processus intellectuel normal de la manière suivante : ils ont comparé la façon de penser ou d'aborder les problèmes chez les enfants qui souffrent de retard mental et chez ceux dont le QI est normal (Bray, Fletcher et Turner, 1997 ; Calhoun et Dickerson Mayes, 2005 ; Campione, Brown et Ferrara, 1982 ; De Loache et Brown, 1987). Leurs recherches nous ont appris des choses importantes sur les enfants déficients :

- ils pensent et réagissent plus lentement que les enfants au QI normal ;
- leur pensée est concrète, et ils ont du mal à raisonner dans l'abstrait ;
- pour apprendre une nouvelle information ou une nouvelle stratégie, ils ont besoin de directives beaucoup plus détaillées et répétées (les enfants au QI normal peuvent découvrir une stratégie par eux-mêmes ou parvenir à la maîtriser même avec des directives incomplètes) ;
- ils ne généralisent pas, et ils ne transfèrent pas ce qu'ils ont appris dans un contexte donné à un nouveau problème ou à une nouvelle tâche ; ils semblent dépourvus de ces fonctions « exécutives » qui permettent aux enfants et aux adultes dont le QI est normal de comparer un nouveau problème à d'autres qui leur sont familiers ou de chercher dans leur répertoire de stratégies jusqu'à ce qu'ils en trouvent une qui fonctionne ;

- leur déficience intellectuelle nuit souvent au développement de leurs habiletés sociales, comme la capacité de reconnaître les expressions faciales et d'y répondre (Moore, 2001).

Quand il s'agit de tâches concrètes et simples, les enfants déficients apprennent sensiblement de la même manière et à la même vitesse que des enfants plus jeunes dotés d'un QI normal. Leur déficience la plus importante touche les fonctions supérieures de la pensée : ils peuvent apprendre, mais ils le font plus lentement et ils ont besoin de recevoir des directives beaucoup plus exhaustives que les autres pour chaque nouvelle tâche à entreprendre.

Notons qu'une bonne part des concepts théoriques liés au développement normal de l'enfant s'appliquent à ceux qui sont atteints d'une déficience intellectuelle. Ces derniers traversent les mêmes stades de Piaget, mais à un rythme plus lent, et leurs caractéristiques motivationnelles sont très semblables (Blair, Greenberg et Crnic, 2001). Ainsi, les tâches qui suscitent une très forte motivation intrinsèque chez les enfants normaux — l'apprentissage d'un nouveau jeu vidéo, par exemple — provoquent la même très forte motivation intrinsèque chez les enfants atteints d'une déficience intellectuelle. De même, les tâches qui exigent souvent une motivation extrinsèque chez les enfants normaux — les devoirs et les leçons, par exemple — requièrent une même motivation extrinsèque chez les jeunes déficients intellectuels, qui ont eux aussi besoin des incitatifs d'un parent ou d'un professeur.

Les causes de la déficience intellectuelle

Selon la cause de leur déficience intellectuelle, on peut diviser les enfants atteints en deux groupes. La déficience d'une minorité d'entre eux (de 15 % à 25 %) provient d'un problème physique évident. C'est le cas des enfants qui présentent une anomalie génétique comme le syndrome de Down, lequel semble responsable du mauvais fonctionnement des parties du cerveau associées à l'apprentissage (Pennington, Moon, Edgin, Stedron et Nadel, 2003). Le problème physique qui cause le retard mental peut également résulter d'une maladie, de l'effet d'un agent tératogène (alcool, drogues, polluants, etc.), d'une malnutrition grave de la mère durant la grossesse ou d'une anoxie prolongée au cours de l'accouchement. Enfin, chez un petit pourcentage de ces enfants, la déficience

Déficience intellectuelle Limites importantes du fonctionnement intellectuel (QI inférieur à 70 ou 75) et du comportement adaptatif.

intellectuelle résulte d'une lésion cérébrale postnatale, souvent causée par un accident de la route ou une chute.

Mais la plupart des enfants qui sont atteints d'une déficience intellectuelle ne présentent aucun signe évident de dommage cérébral ou d'un autre trouble physique. Leur déficience résulte d'une combinaison de facteurs génétiques et environnementaux. Plus particulièrement, soit leurs parents ont un faible QI ou souffrent de maladie mentale, soit ils proviennent de foyers où règne une vie familiale très désorganisée, soit ils ont souffert d'importantes carences émotionnelles ou cognitives. Certains facteurs physiques comme la malnutrition de leur mère ou l'exposition à des agents tératogènes durant la grossesse, ou encore l'exposition postnatale à une substance toxique comme le plomb, peuvent avoir aggravé leur déficience intellectuelle, mais aucun d'entre eux ne suffit à l'expliquer.

Les recherches à grande échelle ont établi de façon assez concluante que les multiples causes du retard mental ne se distribuent pas également dans l'éventail des faibles QI. Ainsi, plus le QI est bas, plus il est probable que la déficience intellectuelle résulte d'une cause physique plutôt qu'environnementale (Broman et autres, 1987). Les interventions menées dans les garderies enrichies (les centres de la petite enfance du Québec, par exemple) sont donc en mesure de contrer les effets des carences familiales causant la déficience intellectuelle légère. Mais cela ne signifie d'aucune manière qu'on doive priver d'un milieu enrichi et d'une éducation spécialisée les enfants dont la déficience intellectuelle a une cause physique. Au contraire, ces expériences pourront contribuer à améliorer leur qualité de vie de même qu'à optimiser leur potentiel et à leur permettre de fonctionner de façon plus autonome (Spiker, 1990). Cependant, aussi précoces et massives soient-elles, les interventions ne sauront donner un fonctionnement intellectuel normal à des enfants souffrant d'anomalies génétiques ou dont le cerveau est endommagé.

LES TROUBLES ENVAHISSANTS DU DÉVELOPPEMENT

Plusieurs formes de développement atypique peuvent indirectement entraîner des difficultés dans les relations sociales des enfants. Ainsi, ceux et celles qui souffrent de déficience intellectuelle peuvent avoir du mal à suivre les jeux des camarades de leur âge. Par exemple, ils peuvent atteindre plus tard que les autres le stade du jeu symbolique. Et s'ils arrivent à établir des relations sociales en jouant avec d'autres enfants, dans la plupart des cas ces derniers seront plus jeunes qu'eux.

Les **troubles envahissants du développement (TED)**, notamment les troubles autistiques, se caractérisent par l'incapacité d'établir des relations sociales. Dans les TED, l'absence d'habiletés sociales constitue le trouble lui-même et non la conséquence indirecte d'un autre mode de développement atypique. Les difficultés sociales des individus qui souffrent d'un TED résultent habituellement de la faiblesse de leurs habiletés de communication et de leur incapacité à saisir le caractère réciproque des interactions sociales.

Beaucoup des enfants atteints affichent des comportements bizarres et répétitifs. Certains battent des mains. D'autres s'attachent à des objets au point de devenir extrêmement anxieux, voire furieux, s'ils en sont séparés. D'autres encore adoptent des comportements d'automutilation, comme se frapper la tête. En Amérique du Nord comme en Europe, moins de 1% des enfants souffrent d'une forme de TED (Kagan et Herschowitz, 2005 ; Lauritsen et autres, 2004 ; NIMH, 2001). Les TED les plus fréquemment diagnostiqués sont l'**autisme (ou trouble autistique)** et le **syndrome d'Asperger**.

Les enfants atteints d'autisme présentent des symptômes distinctifs incluant l'absence ou le retard du développement des habiletés langagières (sans compensation par le geste ou par la mimique), l'incapacité de s'engager dans des relations sociales réciproques et un éventail d'intérêts très restreint (American Psychiatric Association, 2000b). La plupart d'entre eux sont également déficients intellectuellement, facilement distraits, lents à réagir aux stimulus externes et très impulsifs (Calhoun et Dickerson Mayes, 2005). Dans certains cas, les stimulants du SNC qu'on prescrit souvent aux enfants atteints d'un TDA/H peuvent diminuer leur distractivité et leur impulsivité (Posey, Puntney, Sasher, Kem et McDougle, 2004).

De nombreux parents remarquent les particularités de leur enfant autiste dès ses premiers mois de vie. Ce qui les frappe surtout est son manque d'intérêt pour les autres humains. Dans la plupart des cas, cependant, le trouble n'est vraiment diagnostiqué que lorsque l'incapacité de l'enfant à développer des habiletés langagières

---

Troubles envahissants du développement (TED) Ensemble de troubles mentaux apparaissant très tôt dans l'enfance et caractérisés par l'incapacité d'établir des rapports sociaux.

Autisme (ou trouble autistique) Trouble mental caractérisé par l'absence ou le retard du développement des habiletés langagières, l'incapacité de s'engager dans des relations sociales réciproques et un éventail d'intérêts très restreint.

Syndrome d'Asperger Trouble autistique dans lequel les sujets atteints ont des habiletés cognitives et langagières normales.

devient évidente, ce qui se produit généralement entre son premier et son deuxième anniversaire.

On parle parfois d'*autistes de haut niveau* pour désigner ceux dont les déficiences cognitives sont légères et qui arrivent à communiquer verbalement. Toutefois, comme leur cognition sociale est limitée, les habiletés de communication des autistes de haut niveau demeurent médiocres. La plupart ne développeront jamais vraiment cette capacité de comprendre les pensées, les sentiments et les motivations d'autrui qu'on nomme la théorie de l'esprit (Peterson, Wellman et Liu, 2005). De manière typique, ils n'arrivent pas à saisir l'effet sur autrui de ce qu'ils disent et ils sont incapables de soutenir une conversation normale. Le ton et le rythme de leur discours sont souvent anormaux; certains utilisent des phrases répétitives et inappropriées au contexte, parlant un peu comme des robots.

On conçoit souvent le syndrome d'Asperger comme une forme légère d'autisme, car les critères diagnostiques sont très similaires (American Psychiatric Association, 2000b). Les enfants atteints du syndrome d'Asperger se démarquent cependant par des habiletés cognitives et langagières normales pour leur âge de même que par leurs excellents résultats aux tests de QI. Cependant, malgré leurs habiletés langagières normales, comme les autistes de haut niveau, ils ne développent jamais une théorie de l'esprit complète ni n'arriveront vraiment à s'engager dans des relations sociales normales.

Leur développement cognitif et langagier étant normal, la plupart des enfants atteints du syndrome d'Asperger ne se distinguent guère de leurs pairs avant d'atteindre deux ou trois ans, âge où les autres enfants s'engagent dans le jeu coopératif. Mais là encore, les enfants normaux étant différents les uns des autres, on a souvent l'impression que ceux qui sont atteints du syndrome d'Asperger «traversent une phase» ou sont «plus lents à s'épanouir» que les autres. Certains reçoivent un diagnostic erroné de TDA/H (Pozzi, 2003). Lorsqu'ils entrent à l'école, ils peuvent commencer à afficher des comportements étranges que la plupart des gens associent aux troubles envahissants du développement. Par exemple, ils peuvent se concentrer intensément sur la mémorisation de données qui ont peu de sens pour eux, comme celle des horaires de lignes aériennes. Ils peuvent aussi adopter des comportements obsessifs, comme compter et recompter les carreaux de la nappe. C'est généralement à cet âge que leur incapacité à lier des amitiés, à l'instar des autres enfants de leur âge, devient flagrante.

On croyait naguère, comme on l'avait fait pour les TDA/H, que les troubles envahissants du développement résultaient de carences parentales. On sait aujourd'hui qu'ils sont d'origine neurologique (Kagan et Herschowitz, 2005). Cela dit, ils ne sont associés à aucune zone ou dysfonction cérébrale en particulier, et les chercheurs n'ont trouvé aucun marqueur neurologique distinctif pour l'un ou l'autre trouble de cette catégorie. On sait que, dans quelques rares cas, des anomalies génétiques entraînent un développement neurologique atypique, lequel entraîne à son tour un TED. Ainsi, le *syndrome du X fragile* peut causer un trouble autistique. Mais pour l'essentiel, la cause exacte des TED demeure un mystère (Kagan et Herschowitz, 2005).

Quels que soient les mécanismes neurologiques à l'origine des TED, les recherches sur les jumeaux indiquent qu'ils sont héréditaires. Lorsqu'on diagnostique un TED chez un jumeau monozygote, les probabilités que l'autre jumeau en souffre aussi sont de l'ordre de 70% à 90% (Zoghbi, 2003). De nombreux facteurs semblent interagir avec les prédispositions génétiques pour déclencher l'apparition des TED (Rutter, 2005). Ainsi, le risque qu'un bébé manifeste des symptômes de TED est plus élevé quand la mère souffre de dépression (Pozzi, 2003). Notons en passant que l'hypothèse très médiatisée voulant que les vaccins soient responsables des TED s'est révélée infondée (Rutter, 2005a).

Chez certains enfants atteints d'un TED, les symptômes s'aggravent malheureusement avec l'âge (Sigman et McGovern, 2005). Les quelques habiletés sociales et langagières acquises dans leurs premières années de vie grâce à des programmes éducatifs intensifs disparaissent presque totalement avant qu'ils aient atteint l'âge adulte. De nombreux adultes qui souffrent d'un TED vivent en établissement spécialisé et ne peuvent accomplir que des travaux très simples.

Les habiletés langagières de l'enfant atteint d'un TED sont le meilleur indicateur de son pronostic (American Psychiatric Association, 2000b). Les enfants atteints du syndrome d'Asperger sont donc ceux qui ont le plus de chances de mener une vie indépendante à l'âge adulte. Grâce à leurs habiletés cognitives et langagières, plusieurs d'entre eux arrivent à faire des études supérieures et même à s'y distinguer. Certains s'illustrent même par leurs réalisations hors du commun. Ce serait le cas du grand pianiste canadien Glenn Gould et de l'un des plus grands écrivains allemands du XXe siècle, Robert Walser, qui auraient tous deux souffert, selon les experts, du syndrome d'Asperger (Fitzgerald, 2004; Oswald, 1997). Malgré leur parcours exceptionnel, ces deux hommes ont connu des relations sociales difficiles tout au long de leur vie.

... SUR LES INTELLIGENCES DE L'ENFANT

Nous venons de voir dans ce chapitre quelques-unes des différentes approches de l'intelligence de l'enfant. La journaliste Hélène Vaillé, de la revue mensuelle *Sciences humaines*, propose une synthèse intéressante des nouvelles approches de ce que l'on pourrait appeler les « intelligences de l'enfant ».

QUATRE NOUVELLES APPROCHES DE L'INTELLIGENCE DE L'ENFANT

Les néopiagétiens

- Tentent de concilier les théories du développement de Jean Piaget et la psychologie cognitive.
- Découpent le développement cognitif en stades.

Quelques représentants :

– **Pierre Mounoud,** Université de Genève, a été l'assistant de Jean Piaget au Centre international d'épistémologie génétique (Genève).

– **Juan Pascual Leone,** Université York de Toronto (Canada), considéré comme le « père incontesté » des néopiagétiens, est l'auteur d'une « théorie des opérateurs constructifs ».

– **Robbie Case,** Université de Stanford (États-Unis). Sa théorie en psychologie du développement a exercé un fort impact.

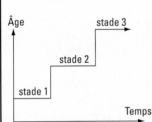

Les évolutionnistes

- Abordent le développement cognitif comme une évolution au sens de Charles Darwin, en intégrant variation et sélection.
- Ont une conception dynamique de l'intelligence, qui évolue selon eux de façon graduelle et chaotique.

Quelques représentants :

– **Robert Siegler,** Université Carnegie Mellon de Pittsburg (États-Unis), compare le développement cognitif à des « vagues qui se chevauchent ».

– **Olivier Houdé,** Université Paris-V-Sorbonne. La pensée serait régulée par des capacités d'inhibition.

– **Paul Van Geert,** Université de Groningen (Pays-Bas), voit la pensée comme un système dynamique non linéaire, qu'illustrent des courbes du développement irrégulières et chaotiques.

Le courant du développement précoce

- Étudie un domaine cognitif (ou module pour les tenants de la théorie modulaire) particulier pour une tranche d'âge donnée.
- Décrit le fonctionnement de l'enfant sans se préoccuper des notions de structure ou de stade.
- Discute du caractère inné des compétences observées.

Quelques représentants :

– **Renée Baillargeon,** Université de Pennsylvanie (États-Unis). Seule la perception serait « préprogrammée ».

– **Elisabeth Spelke,** Université de Harvard (États-Unis). Spécialiste des capacités numériques du nourrisson.

– **Jacques Mehler,** CNRS. Le bébé serait doté de compétences innées.

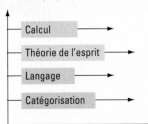

Le courant de l'environnement social

- Considère le contexte – les interactions sociales, l'éducation, la culture – comme un facteur déterminant du développement cognitif.
- S'inscrit dans la lignée de Lev S. Vygotsky et Henri Wallon.

Quelques représentants :

– **Willem Doise,** Université de Genève, insiste sur le rôle des interactions sociales et des « conflits sociocognitifs ».

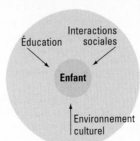

– **Jerome Bruner,** pionnier des sciences cognitives, fondateur de la psychologie culturelle, tente de concilier les approches de J. Piaget et L.S. Vygotsky.

– **Albert Bandura,** Université de Stanford (États-Unis), estime que l'apprentissage passe avant tout par l'expérience.

Source : Hélène Vaillé, « L'enfant et ses intelligences », *Sciences humaines*, n° 164, octobre 2005.

Pause
APPRENTISSAGE

Le développement atypique et les intelligences de l'enfant

1. Expliquez ce que sont la dyslexie et le trouble déficitaire de l'attention avec ou sans hyperactivité.

2. Quelles sont les causes de la déficience intellectuelle?

3. Nommez et expliquez les deux principaux troubles envahissants du développement.

4. Expliquez les courants modernes de l'étude de l'intelligence de l'enfant.

RÉSUMÉ

LE DÉVELOPPEMENT PHYSIQUE

- Le cerveau connaît une croissance rapide à l'âge de 6 à 8 ans et de 10 à 12 ans. Ce développement neurologique permet une amélioration de l'attention sélective, de la vitesse du traitement de l'information et de la perception spatiale.

- Le taux de maladies chez les enfants d'âge scolaire est en moyenne légèrement inférieur à celui des enfants d'âge préscolaire. Les troubles respiratoires (rhumes et grippes), la difficulté à dormir, les blessures à la tête et l'obésité constituent les principaux problèmes de santé de ce groupe d'âge.

LE DÉVELOPPEMENT COGNITIF

L'approche de Piaget: la période des opérations concrètes

- Selon Piaget, la pensée de l'enfant subit des changements importants vers l'âge de six ou sept ans lorsque certaines habiletés cognitives, telles que la réversibilité, la conservation, la classification, la sériation et le concept de nombre, se développent.

- Durant la période des opérations concrètes, l'enfant apprend également à utiliser la logique inductive, mais il n'utilise pas encore la logique déductive.

- Des recherches sur la compétence mettent davantage l'accent sur le rôle de l'expérience et de la compétence dans l'évolution de la pensée chez l'enfant que les travaux de Piaget.

L'approche du traitement de l'information

- Selon le modèle de la mémoire que présente l'approche du traitement de l'information, cette dernière passe d'abord par la mémoire sensorielle; puis elle est encodée (ou transformée) dans la mémoire à court terme afin d'être stockée dans la mémoire à long terme et utilisée (récupérée) plus tard.

- La plupart des théoriciens du traitement de l'information s'entendent pour dire que l'âge scolaire est marqué par une amélioration du traitement de l'information sur le plan de la rapidité et de l'efficacité.

- Siegler propose une théorie du développement cognitif différente de celle de Piaget: devant un même problème, les enfants peuvent utiliser différentes stratégies de résolution qui varient en complexité. Le niveau de complexité de ce répertoire de stratégies augmente avec l'âge.

- L'augmentation de l'efficacité se mesure aussi à l'utilisation accrue, avec l'âge, des divers types de stratégies de traitement de l'information, notamment les stratégies de mémorisation. Les enfants d'âge préscolaire utilisent déjà ces stratégies, mais les enfants d'âge scolaire les utilisent plus fréquemment et avec plus de souplesse.

- À l'âge scolaire, la plupart des enfants acquièrent également des automatismes et des processus d'exécution qui leur permettent de maîtriser leurs habiletés cognitives et de planifier ainsi leurs activités intellectuelles.

RÉSUMÉ

L'approche psychométrique

- Le premier test d'intelligence conçu par Alfred Binet et Théodore Simon avait un but pratique: déterminer les enfants susceptibles d'éprouver des difficultés scolaires.

- On calcule le quotient intellectuel (QI) d'un enfant en comparant son âge réel (en années et en mois) avec son âge mental, c'est-à-dire le groupe d'âge le plus élevé atteint lors d'un test.

- Les tests de performance sont conçus pour évaluer des données précises apprises à l'école.

LES PARCOURS PARTICULIERS : LE DÉVELOPPEMENT ATYPIQUE

- Certains enfants présentent des difficultés d'apprentissage à l'école, dont un trouble associé à la lecture appelé dyslexie. D'autres enfants présentent des troubles de l'attention avec ou sans hyperactivité.

- Certains enfants souffrent d'une déficience intellectuelle alors que d'autres présentent des troubles envahissants du développement, dont l'autisme et le syndrome d'Asperger.

UN DERNIER MOT... SUR LES INTELLIGENCES DE L'ENFANT

- Les approches actuelles concernant l'intelligence de l'enfant sont: l'approche néopiagétienne, qui tente de concilier l'approche piagétienne et la psychologie cognitive; l'approche évolutionniste, qui stipule que l'intelligence évolue de façon graduelle et chaotique; le courant du développement précoce, qui étudie un domaine cognitif particulier pour une tranche d'âge donnée; et, enfin, le courant de l'environnement social, qui considère les interactions sociales, l'éducation et la culture – autrement dit, le contexte – comme étant des facteurs déterminants du développement cognitif.

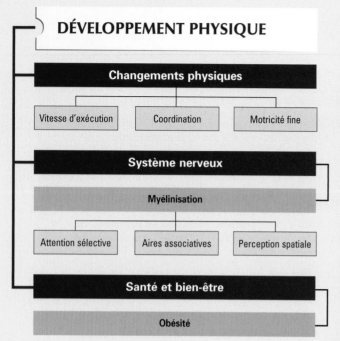

DÉVELOPPEMENT PHYSIQUE

Changements physiques

- Vitesse d'exécution
- Coordination
- Motricité fine

Système nerveux

Myélinisation

- Attention sélective
- Aires associatives
- Perception spatiale

Santé et bien-être

Obésité

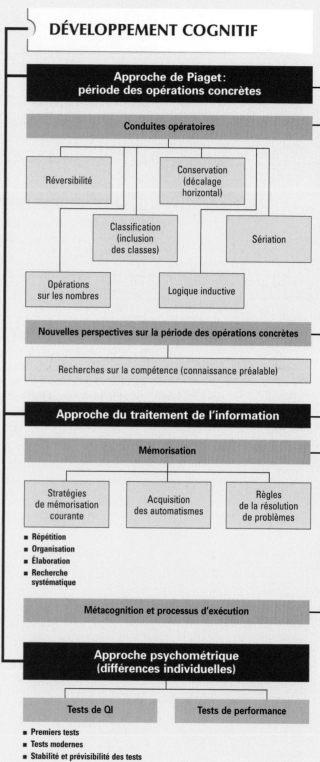

DÉVELOPPEMENT COGNITIF

Approche de Piaget : période des opérations concrètes

Conduites opératoires

- Réversibilité
- Conservation (décalage horizontal)
- Classification (inclusion des classes)
- Sériation
- Opérations sur les nombres
- Logique inductive

Nouvelles perspectives sur la période des opérations concrètes

Recherches sur la compétence (connaissance préalable)

Approche du traitement de l'information

Mémorisation

- Stratégies de mémorisation courante
- Acquisition des automatismes
- Règles de la résolution de problèmes

- Répétition
- Organisation
- Élaboration
- Recherche systématique

Métacognition et processus d'exécution

Approche psychométrique (différences individuelles)

- Tests de QI
- Tests de performance

- Premiers tests
- Tests modernes
- Stabilité et prévisibilité des tests

PARCOURS PARTICULIERS : DÉVELOPPEMENT ATYPIQUE

Troubles de l'apprentissage

Dyslexie

Trouble déficitaire de l'attention avec ou sans hyperactivité

Inattention

Hyperactivité-impulsivité

Déficience intellectuelle

Fonctionnement cognitif

Causes

Troubles envahissants du développement

- Autisme
- Syndrome d'Asperger

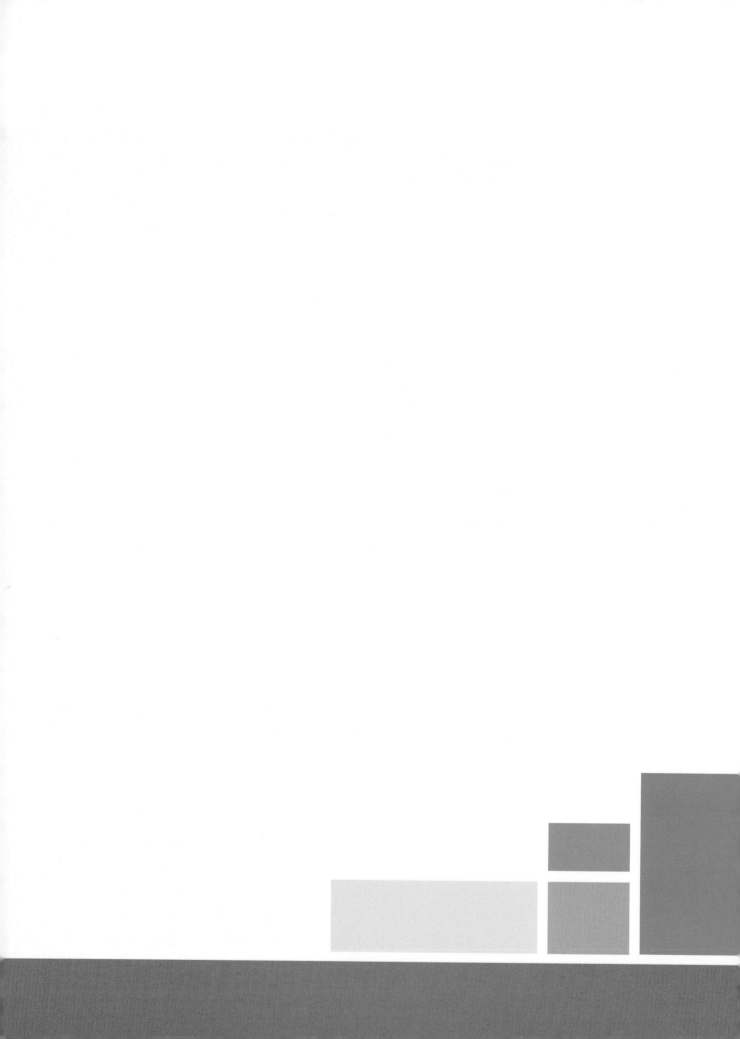

L'âge scolaire: développement social et personnalité

*O*n a souvent tendance à considérer le développement social des enfants d'âge scolaire comme le prolongement logique des habiletés apparues à l'âge préscolaire. Or, on mésestime les changements majeurs qui surviennent durant cette période. La personnalité de l'enfant s'exprime alors davantage, ce qui fait qu'on se laisse souvent surprendre au jeu des interactions sociales. Prenons l'exemple de Joëlle, une fillette de sept ans. Sa mère, qui poursuit des études supérieures en psychologie, l'utilise souvent comme cobaye dans ses travaux pratiques. Un matin où elle demande à sa fille comment elle va s'habiller pour aller à l'école, Joëlle lui répond: «Comme la plupart des enfants de 6 à 12 ans. Tu n'as qu'à regarder dans tes livres!» Joëlle veut maintenant que sa mère la considère comme une personne plutôt que comme une enfant de sept ans parmi d'autres. Les enfants de cet âge commencent à comprendre qu'ils sont uniques et ils veulent que leur particularité soit reconnue par leurs parents et leur entourage. Par ailleurs, ils cherchent à s'insérer dans le monde social d'une façon qui a un sens pour eux. Toutes les cultures ont leur «société d'enfants» où ces derniers possèdent leurs propres règles, différentes de celles de la société des adultes. Ainsi, dans les cafétérias des écoles nord-américaines, les échanges de nourriture sont pratique courante, et l'enfant qui s'y refuse risque d'être mal vu. En revanche, dans le monde adulte, celui qui voudra échanger son sandwich avec celui d'un collègue se fera regarder... de travers. L'exemple peut sembler banal, mais il montre bien que les enfants s'exercent à la compétence sociale non pas en se contentant de copier les règles des adultes, mais en créant et en appliquant leurs propres règles. Ce faisant, ils apprennent à coopérer et à envisager les choses du point de vue d'autrui.

LES PERSPECTIVES THÉORIQUES

On l'a vu, les théoriciens de la psychanalyse expliquent le développement émotionnel et social par la lutte entre les forces internes et les exigences socioculturelles. Les tenants de la perspective sociale cognitive voient les choses autrement : pour eux, le développement émotionnel et social de l'enfant résulte d'une compréhension du monde de plus en plus approfondie.

LA PERSPECTIVE PSYCHANALYTIQUE

Freud et Erikson ont essayé de décrire les changements qui s'opèrent dans la personnalité de l'enfant et dans ses relations avec les autres. Nous allons maintenant voir comment ils abordent le développement de la personnalité à l'âge scolaire.

Freud et les stades psychosexuels

Pour Freud, l'âge scolaire correspond à un temps d'arrêt dans le développement psychosexuel : c'est la *période de latence*, durant laquelle les pulsions sexuelles sont mises en veilleuse. La sexualité n'est plus aussi exclusive ni dominante (Cloutier, Gosselin et Tap, 2005) qu'au cours du stade phallique. Les enfants de 6 à 12 ans refoulent leurs désirs sexuels pour se concentrer sur l'amitié avec des pairs de leur sexe et sur l'acquisition d'habiletés sociales et scolaires (voir le tableau 1.1, p. 15). L'essentiel du comportement social des enfants d'âge scolaire tient dans leur préférence pour les relations avec des pairs de leur sexe, ce qui leur permet d'affirmer et de déployer l'identité sexuée qu'ils ont commencé à acquérir au stade phallique par l'identification au parent du même sexe. En évitant la compagnie des pairs de l'autre sexe, soutenait Freud, les enfants de cet âge éliminent le stress de l'attirance sexuelle, ce qui les aide à se concentrer sur le développement de leur identité sexuée.

Par ailleurs, comme nous l'avons mentionné dans le premier chapitre, cette période est marquée par le développement des **mécanismes de défense**, c'est-à-dire des stratégies inconscientes et normales qui permettent de réduire l'anxiété associée à des situations ou à des expériences particulières (tableau 8.1). La résolution de la période de latence passe donc principalement par le *développement des mécanismes de défense* et par l'*identification aux pairs du même sexe*.

Mécanismes de défense Dans la théorie de Freud, stratégies automatiques, inconscientes et normales auxquelles nous recourons quotidiennement pour réduire l'anxiété.

Tableau 8.1   *Les mécanismes de défense les plus courants*

Mécanisme	Comportement	Exemple
Négation ou déni	Se comporter comme si un problème n'existait pas.	Une femme enceinte rejette l'idée de consulter un médecin pour recevoir des soins prénatals parce qu'elle refuse d'admettre sa grossesse, même si elle en présente tous les signes.
Refoulement	Repousser dans l'inconscient des souvenirs ou des événements déplaisants.	Un enfant « oublie » qu'il est victime d'intimidation à l'école dès qu'il est de retour à la maison, un milieu sécuritaire pour lui.
Projection	Attribuer aux autres ses propres sentiments ou motivations.	Une femme qui vient de se plaindre de son patron à un collègue est convaincue que ce dernier partage son opinion, même s'il n'a émis aucun commentaire sur ses propos.
Régression	Revenir à un stade antérieur du développement.	Un enfant de deux ans qui était « propre » recommence à mouiller son lit après l'arrivée d'un nouveau-né dans la maison.
Déplacement	Transférer l'émotion qu'on ressent (colère ou agressivité) envers une chose ou une personne sur un substitut moins dangereux.	Une personne âgée qui a subi un infarctus devient déplaisante avec le personnel infirmier.
Rationalisation	Donner une explication logique et raisonnable à un comportement ou à un sentiment pour en camoufler les véritables motivations.	Un employé qui vole son patron justifie son geste par sa trop faible rémunération.
Formation réactionnelle	Adopter une attitude ou un comportement à l'opposé de ce qu'on est réellement.	Un adolescent qui sent en lui un fort désir sexuel y réagit en critiquant les femmes et en se montrant misogyne.
Sublimation	Transformer des pulsions (sexuelles ou agressives) inacceptables ou insatisfaites en activités constructives.	Une fois au secondaire, un enfant agressif qui se battait régulièrement au primaire se passionne pour le football, sport qui « absorbe » toute son agressivité.

Erikson et les stades psychosociaux

La théorie d'Erikson insiste sur les aspects psychosociaux du développement durant la période scolaire. Pour le chercheur, c'est cette importante période du *stade du travail ou de l'infériorité* qui donnera lieu, selon qu'elle est bien ou mal réussie, à un sentiment de compétence ou d'infériorité chez l'enfant (voir le tableau 1.2, p. 16). Car, dans des conditions favorables, elle lui permettra d'assimiler toutes les habiletés et les normes culturelles élémentaires, y compris les habiletés scolaires.

La résolution du stade   Entre 6 ans et 12 ans, les enfants traversent une crise psychosociale au cours de laquelle ils acquièrent, ou non, un sentiment de *compétence* à mesure qu'ils atteignent, ou non, des objectifs culturellement déterminés. Au cours de ce quatrième stade, la tâche psychosociale de l'enfant consiste à développer sa disposition au travail — autrement dit, à accepter de travailler pour atteindre les objectifs que sa culture et sa société ont déterminés pour les enfants de son âge. Par exemple, la plupart des sociétés considèrent que les enfants doivent apprendre à lire, à écrire et à compter entre 6 et 12 ans. S'ils n'y arrivent pas, ils entreront dans l'adolescence et l'âge adulte avec un sentiment d'infériorité. Les recherches indiquent qu'Erikson avait vu juste quant au lien entre les expériences scolaires et l'émergence d'un sentiment de compétence: la plupart des enfants semblent en effet se faire graduellement une idée de leur propre compétence au cours de ces années, à mesure qu'ils réussissent ou pas à maîtriser des tâches scolaires comme la lecture et l'arithmétique (Chapman et Tunmer, 1997; Skaalvik et Valas, 1999). Leurs autoévaluations et leurs réalisations réelles sont donc fortement corrélées: ceux qui réussissent bien se jugent très compétents alors que ceux qui réussissent moins bien se jugent peu compétents.

Selon Bergeron et Bois (1999), cette période est celle du travail artistique, des loisirs multiples et des jeux d'équipe. La compétition spontanée qui a cours fournit à l'enfant l'occasion de se mesurer aux autres et de se découvrir certains talents et aptitudes. À l'école, il doit affronter pour la première fois une évaluation comparative systématique et formelle. Fillette ou garçon, il apprend à se concentrer sur des tâches productives dont la réussite génère en lui un sentiment de *compétence*, laquelle constitue la force adaptatrice et la résolution de ce stade. Le goût du travail y représente l'enjeu majeur. On comprendra combien il est important que le milieu familial et le milieu scolaire tiennent compte du rythme d'apprentissage propre à chaque enfant s'ils veulent le protéger contre des expériences pouvant être néfastes à son développement. Pour Bergeron et Bois, la compétence se compose à la fois de la connaissance de nos ressources et de nos capacités (sur le plan du travail) ainsi que de l'expérience qui nous aura permis de mesurer nos limites (qui peut mener au sentiment d'infériorité). On recommande donc d'adopter les attitudes éducatives suivantes pour favoriser l'acquisition du sentiment de compétence chez l'enfant:

* s'intéresser à ses activités;
* l'initier à des tâches à sa portée qui faciliteront son intégration dans son réseau social;
* établir une discipline de travail à la maison;
* favoriser un lien constant entre l'école et la maison.

LA PERSPECTIVE SOCIALE COGNITIVE

Nous l'avons vu au chapitre 7, un enfant d'âge scolaire est apte à comprendre la notion de conservation en bonne partie parce qu'il est capable de passer outre au changement d'apparence pour se concentrer sur la continuité sous-jacente. Les premières recherches dans le domaine de la cognition sociale ont d'ailleurs démontré que l'enfant de cet âge cherche au-delà des apparences pour trouver les constantes qui l'aideront à interpréter son propre comportement et celui d'autrui. Comme celles du monde physique, les descriptions que les enfants de 6 à 12 ans font des gens évoluent du concret vers l'abstrait. Si on demande à un enfant de six ou sept ans de décrire une personne, il s'attachera presque exclusivement à ses caractéristiques externes — de quoi elle a l'air, où elle habite, ce qu'elle fait, etc. Tirée d'une étude devenue classique sur le développement sociocognitif, la description suivante faite par un garçon de sept ans représente un exemple typique du constat:

> « Il est très grand. Il a les cheveux bruns. Il vient à notre école. Je pense qu'il n'a pas de frères ni de sœurs. Il est dans ma classe. Aujourd'hui, il portait [un chandail] orange foncé, un pantalon gris et des chaussures brunes. » (Livesley et Bromley, 1973, p. 213)

Quand ils évaluent des caractéristiques internes pour décrire les gens, les jeunes enfants utilisent des termes assez globaux, comme «gentil» et «méchant», ou «bon» et «mauvais». De plus, ils ne semblent pas considérer ces caractéristiques comme des traits constants et permanents qui s'appliquent en tout temps aux personnes concernées (Rholes et Ruble, 1984). Autrement dit, l'enfant de six ou sept ans n'a pas encore acquis la notion de «conservation de la personnalité», selon la terminologie piagétienne.

Lorsque les enfants atteignent l'âge de sept ou huit ans, on observe un changement assez marqué dans leurs descriptions des gens. Ils commencent à se focaliser sur des éléments ou des traits internes, et à tenir pour acquis que ces caractéristiques se manifestent dans diverses situations (Gnepp et Chilamkurti, 1988). Ils décrivent encore les caractéristiques physiques des autres, mais ces descriptions servent maintenant d'exemples pour illustrer des traits internes. Constatons la différence entre la description précédente et celle-ci, faite par un enfant de presque 10 ans:

> « Il sent très mauvais et il est très méchant. Il n'a aucun sens de l'humour, et il est très ennuyeux. Il est toujours en train de se battre et il est cruel. Il fait des choses idiotes, il est très stupide. Il a des cheveux bruns et des yeux cruels. Il boude toujours, et il a 11 ans, et il a plein de sœurs. Je pense que c'est le garçon le plus affreux de la classe. Il a une voix de crapaud, et il mâche toujours son crayon et se nettoie les dents avec. Je le trouve dégoûtant. » (Livesley et Bromley, 1973, p. 217)

Bien qu'elle porte encore sur plusieurs caractéristiques physiques, cette description va au-delà des apparences pour s'intéresser à des traits de personnalité tels que le manque d'humour et la cruauté.

Pause APPRENTISSAGE

Les perspectives théoriques

1. Définissez la période de latence selon Freud. Quelle tâche y correspond?

2. Définissez le stade du travail ou de l'infériorité selon Erikson et expliquez la tâche qui y est associée.

3. Quelles attitudes éducatives favorisent l'acquisition du sentiment de compétence?

4. Quels changements observe-t-on chez l'enfant d'âge scolaire selon la perspective sociale cognitive?

LE DÉVELOPPEMENT MORAL

Nous avons vu au chapitre 6 que l'enfant d'âge préscolaire commençait à différencier les *règles morales*, basées sur les notions du bien et du mal, des *conventions sociales*, qui ne visent qu'à coordonner les interactions sociales (Turiel, 1983). C'est toutefois au début de l'âge scolaire que les notions de bien et de mal commencent à prendre vraiment de l'importance dans la vie de l'enfant. Ainsi, l'une des plus grandes préoccupations des parents et des enseignants est d'aider les enfants de cet âge à devenir de « bonnes personnes » et à se comporter de façon « correcte » en fonction des normes et des valeurs de leur culture.

Le **développement moral** est très complexe. Les théories de la psychanalyse, de l'apprentissage et du développement cognitif se concentrent toutes sur un aspect distinct du développement moral. Nous allons pour notre part nous pencher sur chacune de ces dimensions: les émotions morales, le comportement moral et le raisonnement moral.

LES ÉMOTIONS MORALES

Dans sa description du développement moral, la théorie psychanalytique insiste sur les émotions. Selon Freud, un enfant assimile les règles morales en s'identifiant au parent du même sexe que lui durant le stade phallique. Les règles qu'un enfant apprend du parent du même sexe forment son surmoi, c'est-à-dire son juge moral interne. Le surmoi est composé de deux parties: la conscience et le moi idéal. La **conscience** désigne la liste de choses que les bons garçons et les bonnes filles ne font pas, comme mentir. Le **moi idéal** réunit une liste de choses que les bons garçons et les bonnes filles font, comme obéir à leurs parents. Quand un enfant désobéit à sa conscience, il se sent coupable. Quand il n'arrive pas à respecter les normes du moi idéal, il éprouve de la honte. Freud croyait qu'un enfant apprenait à obéir aux règles de sa conscience et de son moi idéal afin d'éviter d'éprouver ces sentiments désagréables.

Pour mieux comprendre l'hypothèse de Freud à propos du fonctionnement du surmoi, imaginons un garçon de sept ans affamé et se trouvant dans une épicerie. Il peut se débrouiller pour prendre une tablette de chocolat sans que personne ne s'en rende compte. Toutefois, son surmoi considère ce comportement comme un vol, et l'idée de commettre un vol lui fait ressentir de la culpabilité. Il se trouve donc en situation de conflit. S'il vole la tablette, il se sentira coupable. S'il ne le fait pas, il aura faim. Pour Freud, l'enfant doté d'une personnalité équilibrée obéira à son surmoi, dût-il rester le ventre creux.

Le point de vue d'Erikson sur le développement moral est semblable à celui de Freud, sauf sur un point: un enfant apprend aussi les règles morales de ses parents. Ajoutons que, selon Erikson, la fierté est un

---

Développement moral Processus d'apprentissage permettant de distinguer le bien du mal conformément aux valeurs culturelles.

Conscience Liste des choses à ne pas faire dictée par le surmoi; la violation de l'une des interdictions entraîne un sentiment de culpabilité.

Moi idéal Liste des choses à faire dictée par le surmoi; la violation de l'une de ces prescriptions entraîne un sentiment de honte.

élément tout aussi important pour le développement moral de l'enfant que la culpabilité et la honte. Alors, si le garçon décide de ne pas prendre la tablette de chocolat, non seulement il évitera de se sentir coupable, mais il tirera une fierté d'avoir résisté à la tentation.

Récemment, les spécialistes du développement ont manifesté un intérêt nouveau pour les émotions morales (Eisenberg, 2000). Des recherches ont démontré que, comme Freud et Erikson l'avaient prédit, les sentiments de culpabilité, de honte et de fierté se développent avant l'âge de six ans (Aksan et Kochanska, 2005 ; Fung, 1999 ; Kochanska, Casey et Fukumoto, 1995 ; Kochanska, Gross, Lin et Nichols, 2002). De plus, elles ont confirmé que la qualité de la relation parent-enfant contribuait au développement des émotions morales. Ainsi, les enfants qui ont subi de mauvais traitements comprennent moins bien que les autres enfants les situations qui engendrent de la culpabilité ou de la fierté chez la plupart des individus (Koenig, Cicchetti et Rogosch, 2004).

Les chercheurs en concluent que les enfants ressentent de la honte quand ils essaient de cacher une action qu'ils savent être mauvaise. En fait, la plupart des enfants d'âge scolaire définissent la honte comme une émotion qu'on ressent quand d'autres découvrent qu'on a fait quelque chose de mal (Levorato et Donati, 1999). Ce n'est toutefois qu'à la fin du primaire, vers l'âge de 10 ans, que les enfants associent la honte exclusivement à de mauvaises actions morales (Olthof, Ferguson, Bloemers et Deij, 2004). La perception des adolescents relativement à la honte est évidemment plus fine. Selon eux, les gens ressentent de la honte lorsqu'ils n'arrivent pas à respecter leurs propres normes de comportement ou lorsque d'autres personnes apprennent leurs mauvais agissements.

Certaines recherches donnent à penser que les liens entre les émotions morales et le comportement moral sont plus ténus que ne le croyait Freud, car ils relèvent du développement cognitif (Hoffman, 1988). Les jeunes enfants relient les sentiments moraux à l'observation des adultes. Ils ont tendance à penser qu'ils ne ressentiront de la culpabilité ou de la honte que si un parent ou un enseignant les voit enfreindre une règle morale. C'est pourquoi un voleur de chocolat de sept ans ne risque pas de se sentir coupable s'il ne se fait pas prendre. Par la suite, quand les enfants ont dépassé l'âge de 9 ou 10 ans et qu'ils saisissent mieux les sentiments moraux, ils sont plus enclins à faire des choix de comportement en fonction de la culpabilité, de la honte ou de la fierté qu'ils pensent en tirer. Ainsi, si le garçon qui veut la tablette de chocolat est plus âgé, il choisira probablement de ne pas la prendre sachant que, en résistant à la tentation, il sera fier de lui.

Par ailleurs, les recherches de Grazyna Kochanska ont permis de découvrir que le lien entre la culpabilité et le comportement était associé au tempérament des jeunes enfants. Les enfants timides ou craintifs montrent plus de signes de culpabilité — ils manifestent comme une tension corporelle — quand ils croient avoir fait quelque chose de mal (Kochanska et autres, 2002). Le genre d'éducation qu'on leur a donnée constitue un autre facteur d'influence. Ainsi, les travaux de Kochanska révèlent que les enfants dont les mères utilisent abondamment des techniques disciplinaires fondées sur l'affirmation de leur pouvoir — par des cris et des fessées, par exemple — manifestent moins de culpabilité que les enfants soumis aux autres types de discipline.

LE COMPORTEMENT MORAL

On peut aborder le développement moral du point de vue du modèle de conditionnement opérant proposé par le théoricien de l'apprentissage B. F. Skinner, selon lequel les conséquences d'un acte enseignent aux enfants à obéir aux règles morales. Ainsi, les adultes récompensent les enfants en les félicitant d'avoir adopté un comportement acceptable sur le plan moral. De même, ils les punissent quand ils optent pour un comportement inacceptable sur le plan moral. En conséquence, les comportements acceptables augmentent et les comportements inacceptables diminuent à mesure que les enfants vieillissent.

Les conséquences ont donc une influence certaine sur le comportement des enfants. Mais dans les faits, les punitions peuvent altérer le développement moral. Par exemple, quand un parent donne à son enfant une fessée dans le stationnement de l'épicerie parce qu'il a volé une tablette de chocolat, son but est de lui apprendre qu'il est mal de voler. Toutefois, il est possible que l'enfant en conclue simplement qu'il ne peut pas voler en présence de ses parents. De la même manière, quand une punition est grave ou humiliante, il se peut que l'enfant soit incapable de faire le lien entre son comportement et la punition. Ainsi, il est possible que l'enfant qui a volé une tablette de chocolat soit si fâché contre le parent qui l'a humilié par la fessée en public qu'il concentre son attention sur sa colère. Alors, il n'arrivera pas à se rendre compte que c'est le vol qu'il a commis qui est à l'origine de la fessée (Hoffman, 1988).

L'idéal, c'est une méthode qui combine les punitions et les explications sensées. Quand il se rend compte, par exemple, que son garçon de sept ans a volé une tablette de chocolat, le parent doit dire en privé à l'enfant qu'il est mal de prendre des choses qui ne nous appartiennent pas, même lorsqu'on a très faim. Il doit ensuite exiger de l'enfant qu'il corrige sa faute en reconnaissant son méfait, en s'excusant auprès du commerçant et en payant la tablette de chocolat. Enfin, le garçon devra probablement rendre à ses parents, sous une forme ou sous une autre, l'argent qu'ils lui ont avancé pour qu'il paie au commerçant la tablette volée. Une telle méthode permet à l'enfant d'apprendre qu'il est mal de voler et que, quand on enfreint une règle morale, on doit faire quelque chose pour corriger la situation (Zahn-Waxler, Radke-Yarrow et King, 1979).

Le théoricien de l'apprentissage social Albert Bandura, quant à lui, affirme que les enfants apprennent davantage en observant les autres qu'en recevant des récompenses et des punitions, ainsi que nous l'avons vu au chapitre 1. Pour Bandura, quand un enfant voit que le comportement d'une personne est récompensé, il croit qu'il obtiendra une récompense semblable s'il agit d'une même manière. Pareillement, quand il voit un enfant se faire punir, il suppose qu'il subira le même traitement s'il reproduit son comportement (Bandura, 1977a, 1989). Par exemple, un enfant qui en voit un autre recevoir les félicitations de ses parents pour avoir résisté à la tentation de voler comprendra qu'il est louable de résister. Au contraire, l'exemple d'un garçon ou d'une fille qui vole et ne se fait pas prendre montrera à l'enfant qu'il est possible de voler sans se faire attraper.

Comme l'explique la théorie de Bandura, les enfants en apprennent beaucoup sur les comportements, qu'ils soient acceptables ou non, en observant le comportement de leurs modèles. Les modèles peuvent même influer sur un enfant pour qu'il modifie un comportement moral. Par exemple, un enfant de sept ans qui en voit un autre dérober une tablette de chocolat après avoir lui-même décidé de ne pas commettre de vol peut changer d'idée et dérober à son tour quelque chose.

LE RAISONNEMENT MORAL

Le raisonnement moral est ce processus qui permet de poser un jugement sur la moralité ou l'immoralité de certaines actions. Comme nous l'avons vu au chapitre 6, c'est entre deux et six ans que les enfants apprennent à discerner le caractère intentionnel ou non intentionnel des actions. Toutefois, appliquer cette habileté à la formulation de jugements moraux relève d'un tout autre procédé. Selon Piaget, c'est au stade des opérations concrètes qu'émergerait la capacité de recourir à un raisonnement sur l'intention pour juger de la moralité d'un comportement.

Piaget a étudié le développement moral en observant des enfants occupés à jouer. Il a remarqué que les plus jeunes semblaient moins bien comprendre les règles des divers jeux. Par la suite, il a interrogé des enfants de différents groupes d'âge sur les règles suivies. À partir des réponses recueillies, il a proposé une théorie du développement moral en deux stades : le stade du réalisme moral et le stade du relativisme moral (Piaget, 1932).

Le réalisme moral

Au début de la « moyenne enfance », vers l'âge de huit ans, les enfants ont atteint ce que Piaget appelle le **stade du réalisme moral** (ou de la **moralité hétéronome**). Ce stade présente notamment les caractéristiques suivantes :

- Pour l'enfant de ce stade, les règles sont fixes et immuables, car elles proviennent de figures d'autorité comme les parents, des représentants de l'administration publique ou des membres d'une institution religieuse (DeVries, 1997). Ainsi, un enfant de six ans a déclaré à Piaget que le jeu de billes avait été inventé à bord de l'arche de Noé. Les règles ne pouvaient pas être modifiées, parce que « les grands », c'est-à-dire les adultes et les enfants plus âgés, n'aimeraient pas ça (Piaget, 1965, p. 60). Les enfants appliquent donc les règlements des jeux de façon très rigide ; ils supposent qu'il n'existe qu'une seule façon de jouer, et que les autres sont mauvaises.

- Les enfants croient à une *justice immanente*. Pour eux, toute infraction aux règles finit par entraîner un châtiment. Et s'ils font quelque chose de mal, ils seront tôt ou tard punis, même si aucun témoin n'est présent pour attester leur mauvaise action. Piaget a raconté à des enfants l'histoire d'un garçon qui, après avoir volé des pommes chez une vieille dame, était tombé dans un ruisseau en tentant de le traverser à l'aide d'une planche pourrie pour passerelle. Les enfants âgés de moins de huit ans lui ont alors répondu que le garçon était puni pour avoir commis une « mauvaise action » dans le passé.

- La conséquence apparente et immédiate de l'action détermine son caractère positif ou négatif. Si elle mène à une récompense ou à un plaisir, l'action est nécessairement bonne. Si, par contre, elle provoque une punition ou entraîne de la douleur, elle est nécessairement mauvaise. L'exemple suivant illustre bien cette notion. Un petit garçon a mis de l'ordre dans sa chambre ;

Stade du réalisme moral (ou de la **moralité hétéronome**) Premier des deux stades du développement moral selon Piaget au cours duquel les enfants croient que les règles sont immuables.

Pour Piaget, il existe un lien entre la compréhension des règles du jeu et le raisonnement sur les questions d'ordre moral.

lorsque sa mère est rentrée du travail, elle l'a puni. Un autre petit garçon a été désagréable avec sa sœur toute la journée ; lorsque sa mère est rentrée du travail, elle lui a donné une friandise. Lequel des deux a mal agi ? Les enfants répondent habituellement que c'est le premier, car il a été puni.

- Comme nous l'avons mentionné au chapitre 6, les enfants parvenus au stade du réalisme moral ne comprennent pas le caractère intentionnel ou accidentel d'un comportement ou d'une action.

Le relativisme moral

Piaget a postulé que les enfants, après huit ans, passaient au **stade du relativisme moral** (ou de la **moralité auto-** nome). À ce stade, l'égocentrisme de l'enfant diminue, et ses interactions et habiletés sociales augmentent. Ses jugements deviennent moins catégoriques et s'assouplissent, et il peut comprendre le point de vue des autres. Il se montre plus réceptif à l'apprentissage des normes sociales, du respect mutuel et de la coopération. Voici quelques-unes des caractéristiques de ce stade.

- Les enfants de 8 à 12 ans apprennent que les gens peuvent convenir de modifier les règles. Ils comprennent que les règles du jeu ne sont plus immuables et qu'elles importent peu ; ce qui compte c'est que tous les joueurs suivent les mêmes règles, quelles qu'elles soient. Par exemple, ils savent qu'un groupe d'enfants qui jouent au baseball peuvent décider d'accorder quatre prises au batteur plutôt que trois. Ils comprennent que cette convention ne change pas le jeu et que leur nouvelle règle ne s'applique pas à d'autres équipes. À ce stade, les enfants suivent plus facilement les règles.

- Les enfants de 8 à 12 ans savent aussi qu'ils ne seront pas punis s'ils ne suivent pas les règles, à moins qu'ils se fassent prendre. L'histoire de l'enfant tombé dans le ruisseau leur apparaît donc comme un accident. Ils comprennent que les accidents ne sont pas provoqués par une « mauvaise action ».

> **Stade du relativisme moral** (ou de la **moralité autonome**) Second des deux stades du développement moral selon Piaget au cours duquel les enfants comprennent que plusieurs règles peuvent être modifiées par convention sociale.

LE MONDE RÉEL

Favoriser le raisonnement moral

Dans son livre intitulé *Raising Good Children* (1983), le psychologue du développement Thomas Lickona rappelle aux lecteurs qu'il faut plusieurs années pour que le raisonnement moral atteigne la maturité. Il suggère aux parents et aux professeurs divers moyens d'aider les enfants de 6 à 12 ans à progresser dans leur raisonnement moral. Voici quelques-unes de ses suggestions :

- Lorsque les enfants veulent quelque chose, leur demander pourquoi.

- Jouer avec eux à des jeux correspondant à leur stade de développement.

- Les féliciter lorsqu'ils observent certaines conventions sociales, comme lorsqu'ils disent « s'il vous plaît » et « merci ».

- Lorsqu'il est nécessaire d'imposer une punition, l'accompagner d'une explication, donner des conseils sur la façon de l'éviter à l'avenir et suggérer un moyen de réparer les torts causés par la mauvaise action.

- Enseigner aux enfants le principe de la réciprocité : « Nous faisons beaucoup pour toi ; en retour, tu devrais être prêt à nous aider. »

- Leur confier des tâches significatives qui les aideront à comprendre qu'ils ont un rôle à jouer dans la famille et la société.

- Les aider et les encourager à fonder leur obéissance sur l'amour et le respect plutôt que sur la crainte d'être punis.

- Leur transmettre des valeurs spirituelles ou philosophiques, ou les deux, notamment le principe selon lequel certaines actions sont bonnes et d'autres mauvaises, quelle que soit la circonstance.

• Les enfants de plus de huit ans saisissent aussi la relation qui existe entre le châtiment et les intentions. Par exemple, les recherches de Piaget semblent indiquer que les enfants de cet âge font la différence entre le fait de sortir d'un magasin en oubliant de payer une tablette de chocolat et le fait d'en voler une délibérément. Ils diront probablement que dans les deux cas les enfants doivent retourner la tablette de chocolat ou la payer, mais que seul celui qui l'a volée intentionnellement doit être puni. D'autres recherches confirment la théorie de Piaget selon laquelle les enfants de plus de huit ans accordent davantage de poids à l'intention qu'à la conséquence au moment de formuler un jugement moral (Zelazo, Helwig et Lau, 1996). Toutefois, bien que leur pensée démontre plus de maturité que celle des enfants d'âge préscolaire, ceux de 8 à 12 ans ont un raisonnement moral encore très égocentrique. Tous les parents ont déjà entendu leurs enfants s'écrier « Ce n'est pas juste ! » quand on ne leur accordait pas la même récompense ou le même privilège qu'à leurs frères ou sœurs. Pourtant, lorsqu'ils reçoivent eux-mêmes quelque chose que leurs frères ou sœurs n'ont pas eu, ils ne sont pas forcément enclins à protester. C'est donc dire que les enfants d'âge scolaire ont encore du chemin à parcourir en matière de raisonnement moral (voir l'encadré « Le monde réel » sur le raisonnement moral, à la page précédente). Nous reviendrons sur le sujet dans les chapitres consacrés au développement de l'adolescent.

LE DÉVELOPPEMENT SOCIAL

Le fait que les enfants d'âge scolaire comprennent de mieux en mieux les autres modifie leurs relations sociales à plusieurs égards. Bien qu'ils restent attachés à leurs parents, ils deviennent beaucoup plus indépendants. Leurs relations avec leurs pairs se stabilisent et se transforment souvent en amitiés à long terme. En fait, la qualité des relations que les enfants d'âge scolaire entretiennent avec leurs pairs façonne leur avenir de bien des manières.

LES RELATIONS FAMILIALES

La deuxième enfance se caractérise par l'indépendance croissante de l'enfant par rapport à sa famille, même si les relations avec les parents et la fratrie restent importantes.

La compréhension des rôles et des processus familiaux

Comme le prédisait la théorie sociale cognitive, les progrès du développement cognitif à l'âge scolaire permettent à l'enfant de mieux saisir le sens des relations et des rôles familiaux. Par exemple, les enfants de neuf ans comprennent que les rôles des parents diffèrent de ceux des conjoints (Jenkins et Buccioni, 2000). Et un enfant de neuf ans dont les parents se séparent comprendra mieux que son cadet de cinq ans que leurs parents vont continuer à les aimer de la même façon, même s'ils ne vivent plus ensemble. L'expérience du divorce des parents peut se vivre difficilement sur le plan émotif, mais les enfants d'âge scolaire entendent mieux cet événement sur le plan cognitif.

Les enfants d'âge scolaire comprennent aussi que les conflits entre leurs parents surviennent lorsque ceux-ci ont des objectifs différents (Jenkins et Buccioni, 2000). De plus, alors que l'enfant d'âge préscolaire croit que la meilleure façon de régler un conflit réside dans l'adhésion de l'un des parents à l'argument de l'autre, l'enfant d'âge scolaire comprend que les parents peuvent arriver à un compromis.

L'attachement

On commettrait une grave erreur en présumant que l'attachement s'affaiblit parce que l'enfant à l'âge scolaire est de plus en plus indépendant. Durant cette période, l'enfant considère toujours ses parents comme l'assise de sa sécurité, et il compte sur leur présence, leur soutien et leur affection (Buhrmester, 1992). On observe d'ailleurs que les enfants d'âge scolaire qui ont été séparés de leurs parents pendant de longues périodes sont plus susceptibles de connaître des problèmes sociaux et émotionnels que les autres qui n'ont pas connu de telles séparations (Smith, Lalonde et Johnson, 2004). La qualité de l'attachement demeure donc importante dans la deuxième enfance. Et les enfants qui éprouvent un attachement sécurisant envers leurs parents pendant cette période entretiennent des relations plus harmonieuses avec leurs pairs que ceux dont l'attachement envers les parents est insécurisant (Lieberman, Doyle et Markiewicz, 1999).

Les attentes parentales

À l'âge scolaire, un autre changement apparaît dans la relation parent-enfant : la nécessité des mesures disciplinaires s'estompe graduellement. Désormais, les sujets de discussion portent davantage sur les tâches que l'enfant doit accomplir régulièrement à la maison, la réussite scolaire qu'on attend de lui et les libertés qu'on lui accorde (Furnham, 1999 ; Maccoby, 1984). Sébastien peut-il aller chez un de ses amis sans la permission préalable de ses parents ? Jusqu'à quelle distance de la maison Mélanie peut-elle s'éloigner à bicyclette ? C'est à cet âge que, dans nombre de pays en développement, les enfants sont initiés par leurs parents à des tâches productrices souvent indispensables à la survie de la famille, telles que le travail agricole et le soin des plus jeunes ou des animaux.

L'AUTORÉGULATION

On observe aussi chez l'enfant d'âge scolaire une capacité de plus en plus grande d'autorégulation, laquelle consiste à se conformer aux directives et aux règles des parents sans leur supervision directe. En conséquence, lorsque les enfants grandissent, les parents sont plus enclins à les laisser pratiquer des activités non supervisées, comme la bicyclette ou la planche à roulettes (Soori et Bhopal, 2002). Les attentes des parents quant à cette **habileté d'autorégulation** chez l'enfant varient toutefois selon l'âge et la culture d'appartenance (Savage et Gauvain, 1998). D'après certaines recherches, les attentes des parents varient également selon le sexe de l'enfant. Par exemple, bien qu'elles semblent donner les mêmes directives à tous leurs enfants, quel que soit leur sexe, les mères sont enclines à laisser plus d'autonomie à leurs garçons qu'à leurs filles. Par contre, quand elles demandent des comptes à l'enfant pour une erreur commise ou un échec, elles se montrent plus exigeantes envers leur fille que leur garçon (Pomerantz et Ruble, 1998). Des spécialistes du développement croient que cette différence d'attitude peut entraîner des normes de comportement plus élevées chez les filles au cours des stades développementaux ultérieurs.

LES ATTITUDES PARENTALES QUI FAVORISENT L'AUTORÉGULATION

Les chercheurs ont mis en lumière plusieurs variables qui contribuent au développement de l'autorégulation chez l'enfant. Ainsi, la capacité d'autorégulation des parents eux-mêmes a beaucoup d'importance, possiblement parce qu'ils servent de modèles à l'enfant (Prinstein et La Greca, 1999). Le niveau d'autorégulation qu'ils attendent de leur enfant influe également sur le comportement autorégulateur de ce dernier. Certaines recherches démontrent que des attentes élevées jumelées à une supervision parentale serrée visant à ce que leurs demandes soient satisfaites concordent avec une plus grande capacité d'autorégulation chez l'enfant (Rodrigo, Janssens et Ceballos, 1999).

De tels comportements parentaux, rappelons-le, sont associés à une éducation de type démocratique. Dans une recherche longitudinale sur le sujet (Baumrind, 1991), les enfants d'âge scolaire élevés depuis la petite enfance par des parents à l'approche démocratique se sont révélés les plus habiles sur le plan social. Ces enfants

« socialement compétents » apparaissaient à la fois assurés et responsables dans leurs relations, alors que les enfants classés « partiellement compétents » n'affichaient que l'une ou l'autre qualité. Quant à ceux classés « incompétents », ils étaient dépourvus des deux habiletés. Dans l'étude de Baumrind (1991), la majorité des enfants de parents démocratiques se classaient dans la catégorie « pleinement compétents », et la majorité des enfants de parents permissifs ou « négligents », dans la catégorie « incompétents ».

Avoir des frères et sœurs ou être enfant unique

Les relations entre frères et sœurs semblent généralement moins vitales à l'enfant que les relations avec les amis et les parents (Buhrmester, 1992). Les enfants d'âge scolaire sont moins susceptibles de se tourner vers un frère ou une sœur pour rechercher de l'affection que vers leurs parents. De plus, ils sont moins enclins à choisir un frère ou une sœur qu'un ami comme compagnon de jeu, moins portés aussi à établir une relation intime avec un frère ou une sœur qu'avec un ami. On observe plus souvent des relations rivales ou conflictuelles chez les frères et les sœurs qui sont pratiquement du même âge (écart de quatre ans et moins) (Buhrmester et Furman, 1990). Enfin, les relations amicales et intimes semblent plus communes entre sœurs qu'entre frères (Buhrmester et Furman, 1990), alors que les relations de rivalité s'observent plus fréquemment entre frères (Stewart et autres, 1995).

Dans les familles où les enfants se retrouvent seuls à la maison après l'école, les relations au sein de la fratrie diffèrent quelque peu de ce modèle. Plus précisément, elles se caractérisent par la prédominance d'une relation d'aide, la sœur ou le frère aîné s'occupant habituellement des plus jeunes. Une recherche longitudinale indique que, dans ce type de situation, l'aîné peut aider ses frères et sœurs cadets à acquérir de l'autonomie (Brody, Kim, Murry et Brown, 2003). De plus, les parents dont l'enfant aîné joue efficacement son rôle de soutien ont une meilleure estime de soi et sont moins touchés par la dépression que ceux dont l'aîné se montre peu efficace quand on lui demande de s'occuper de ses frères et sœurs.

Les enfants uniques, c'est-à-dire sans frères ni sœurs, se trouvent-ils ainsi privés d'une expérience relationnelle importante pour leur développement ? La question revient souvent et vaut la peine qu'on s'y

Habileté d'autorégulation Capacité de l'enfant à se conformer aux règles et aux directives parentales sans supervision directe.

Les enfants uniques sont tout aussi adaptés que les enfants qui ont des frères et des sœurs, indiquent les recherches.

attarde. Jusqu'à récemment, les familles ne comptant qu'un seul enfant étaient relativement rares, mais la politique de l'enfant unique pratiquée par la Chine a permis aux spécialistes du développement de mener des recherches à très grande échelle sur le sujet. Or, il n'en ressort aucune différence notable entre les enfants uniques et les enfants qui ont des frères ou des sœurs (Wang et autres, 2000). Des recherches menées dans d'autres pays donnent même à penser que le fait d'être enfant unique peut s'avérer avantageux : en effet, les enfants uniques auraient tendance à obtenir de meilleurs résultats aux tests évaluant leur besoin de réussite ; de plus, ils se montreraient plus obéissants et entretiendraient de meilleures relations avec leurs pairs (Doh et Falbo, 1999 ; Falbo, 1992).

LES RELATIONS AVEC LES PAIRS

Durant les années scolaires, la plus grande transformation observée dans les relations sociales de l'enfant est l'importance grandissante du groupe des pairs. Les pairs, en particulier les amis intimes, occupent tout le temps des enfants quand ils ne sont pas à l'école, à table, au lit ou devant le téléviseur.

L'amitié

L'importance accordée aux pairs se manifeste fréquemment par l'apparition de la notion de «meilleur ami». Des études transculturelles confirment le poids de ces relations privilégiées dans le développement social de l'enfant (Schraf et Hertz-Lazarowitz, 2003). Dès l'âge de trois ans, certains enfants manifestent déjà une préférence pour certains compagnons de jeu (Hay, Payne et Chadwick, 2004). Chez les enfants d'âge scolaire, cependant, le ou la meilleure amie représente davantage qu'un

compagnon ou une compagne de jeu, ce qui dénote leur compréhension des caractéristiques distinguant l'amitié des autres types de relations.

Les travaux de Robert Selman (1980) et de Thomas Berndt (1983, 1986) montrent que, durant le primaire, la première conception de l'amitié (*proximité physique*) cède le pas à une nouvelle conception dont l'élément clé semble être la *confiance réciproque*. Les amis sont dorénavant des personnes qui s'entraident et qui se font confiance. Parce que cet âge est aussi celui où la compréhension des autres s'appuie moins sur des caractéristiques externes et davantage sur des caractéristiques psychologiques, il n'est pas étonnant de constater que les amis sont désormais perçus comme des personnes spéciales dont les qualités dépassent la simple proximité physique. Pour beaucoup d'enfants de ce groupe d'âge, en effet, la générosité et la gentillesse deviennent des éléments majeurs de l'amitié. Un enfant de 10 ans décrivait ainsi un ami : c'est quelqu'un «à qui on peut faire confiance», qui «est avec vous quand vous avez le cafard», et qui «s'assoit toujours avec vous à l'heure du dîner». Cette description indique que l'enfant saisit les dimensions de confiance, de soutien émotionnel et de loyauté dans l'amitié.

Les chercheurs ont étudié la relation entre la compréhension qu'ont les enfants de l'amitié, d'une part, et la quantité et la qualité de leurs amitiés, d'autre part. Dans l'une de ces recherches, Amanda Rose et Steven Asher (2004) ont soumis à des élèves de cinquième année des situations hypothétiques où un enfant avait la possibilité d'aider un ou une amie (un des scénarios, par

Il est plus courant d'observer un partage d'activités physiques entre des parents et un enfant d'âge scolaire que des démonstrations d'affection. Cela ne signifie pas pour autant que l'attachement de l'enfant pour ses parents diminue.

exemple, mettait en scène un enfant taquiné par ses camarades de classe). Or, les deux chercheurs ont fait la découverte suivante: les enfants pour qui il valait mieux ne pas aider un ami dans une telle situation, par crainte d'être traités comme lui, avaient moins d'amis que ceux pour qui l'amitié devait primer et qui se portaient au secours de leur ami, quitte à ce que leur statut social s'en trouve amoindri.

Les enfants de ce groupe d'âge traitent différemment leurs amis et les étrangers. Ils se montrent plus polis avec ces derniers comme avec les personnes qui ne sont pas leurs amis. En revanche, ils sont plus ouverts avec leurs copains et leur accordent une plus grande attention: ils se sourient, se regardent et se touchent plus souvent qu'ils le font avec des enfants de leur âge qui ne sont pas leurs amis. Par ailleurs, ils sont plus critiques envers leurs amis et entrent plus souvent en conflit avec eux (Hartup, 1996). Lorsque des différends surviennent avec leurs amis, ils sont plus soucieux de les régler que s'il s'agit de différends avec des enfants qui ne leur sont pas proches. Ainsi, l'amitié devient un lien qui permet à l'enfant d'apprendre à gérer des conflits de toutes sortes (Newcomb et Bagwell, 1995).

L'ÉVOLUTION DE L'AMITIÉ ET LA PERSPECTIVE SOCIALE COGNITIVE

Grâce à ses nouvelles habiletés cognitives, l'enfant d'âge scolaire est en mesure de comprendre le *concept de conservation*, notamment parce qu'il peut mettre de côté les apparences trompeuses du changement pour se concentrer sur ce qui est constant. Ainsi, il voit au-delà de l'apparence physique et recherche la cohérence profonde qui l'aidera à interpréter son propre comportement et celui des autres. Selman (1980) ajoute que ce n'est qu'au moment où il comprend la réciprocité de la perspective (ce que Piaget nomme la *réversibilité*) que l'enfant peut établir avec ses amis des relations véritablement fondées sur la réciprocité. C'est à ce moment seulement que des qualités telles la confiance ou l'honnêteté deviennent primordiales dans la conception de l'amitié des enfants.

La ségrégation sexuelle

Nous avons vu dans le chapitre 6 que les enfants d'âge préscolaire se lient plus souvent d'amitié avec des enfants du même sexe qu'eux. À l'âge scolaire, les relations entre pairs s'établissent presque exclusivement entre enfants du même sexe. C'est d'ailleurs un phénomène qui s'observe dans les cultures du monde entier (Cairns et Cairns, 1994; Harkness et Super, 1985). Les garçons jouent avec les gar-

La ségrégation sexuelle est à son apogée durant l'âge scolaire: les garçons jouent avec les garçons; et les filles, avec les filles.

çons et les filles, avec les filles, chaque groupe dans des endroits distincts et à des jeux différents.

Les champs d'intérêt et les activités partagées constituent les critères des amitiés au début de l'âge scolaire. Par exemple, les jeux physiques et rudes sont chose commune dans les interactions entre garçons, mais la plupart des filles évitent ce type de jeux. C'est en raison de ces préférences que les garçons ont davantage d'occasions de côtoyer d'autres garçons en société. Ce faisant, ils acquièrent des habiletés sociales en fréquentant d'autres garçons et apprennent peu d'habiletés sociales typiques des filles telle l'ouverture de soi (*self-disclosure*) (Phillipsen, 1999). Par conséquent, les garçons établissent des groupes de pairs stables caractérisés par une hiérarchie basée sur les habiletés ayant trait aux bagarres et aux jeux rudes (Pelligrini et Smith, 1998). Un modèle semblable existe chez les filles: la ségrégation sexuelle commence avec les activités partagées et mène par la suite à l'acquisition d'habiletés sociales qui seront plus utiles dans les interactions avec les filles que dans les relations avec les garçons.

Certains enfants préfèrent les activités solitaires, et le fait de ne pas être inclus dans des groupes de pairs les dérange peu.

Le statut social

Le **statut social** d'un enfant — c'est-à-dire son degré de popularité auprès des autres enfants — est un aspect important des différences individuelles dans les relations avec les pairs. Les psychologues ont beaucoup étudié le statut social des enfants et ont pu grouper ces derniers selon trois catégories principales : les **enfants populaires**, qu'une majorité de pairs disent aimer et choisissent comme camarades de jeu ; les **enfants négligés**, que la plupart des pairs ne disent ni aimer ni ne pas aimer ; et les **enfants rejetés**, que les pairs n'aiment pas et évitent activement.

LES ENFANTS POPULAIRES ET LES ENFANTS NÉGLIGÉS

Certaines des caractéristiques qui distinguent les enfants populaires sont arbitraires et ne dépendent pas de leur volonté. Ainsi, les enfants beaux et physiquement imposants ont plus de chances d'être populaires. Cependant, le fait d'être très différent des pairs peut aussi susciter la négligence ou le rejet. Par exemple, les enfants timides ont habituellement peu d'amis (Fordham et Stevenson-Hinde, 1999), et les enfants très créatifs sont souvent rejetés, tout comme ceux qui ont du mal à maîtriser leurs émotions (Aranha, 1997 ; Maszk, Eisenberg et Guthrie, 1999).

Cela dit, plus que l'apparence ou le tempérament, c'est le comportement social des enfants qui semble déterminant. La plupart des études révèlent que les enfants populaires se comportent de façon positive, altruiste, non punitive et non agressive avec leurs pairs. Ils expliquent les choses, tiennent compte des désirs de leur entourage, attendent leur tour pour parler et savent maîtriser leurs émotions. De plus, ils sont généralement capables de bien évaluer les émotions d'autrui

(Underwood, 1997) et d'envisager la situation du point de vue de l'autre (Fitzgerald et White, 2003).

L'adéquation entre la popularité et l'adaptation sociale n'est toutefois pas absolue. Elle dépend du milieu social. Ainsi, les adolescents populaires dont les pairs approuvent et valorisent des comportements inappropriés, comme faire l'école buissonnière, sont plus enclins à adopter de tels comportements (Allen, Porter, McFarland, Marsh et McElhaney, 2005). Dans ce cas, la popularité peut nuire à l'atteinte d'objectifs développementaux plus positifs.

Les enfants négligés ont plusieurs points en commun avec les enfants populaires, notamment une assez bonne réussite à l'école. Cependant, ils sont plus susceptibles de souffrir de dépression et de solitude (Cillessen, van IJzendoorn, van Lieshout et Hartup, 1992 ; Rubin, Hymel, Mills et Rose-Krasnor, 1991 ; Wentzel et Asher, 1995). On observe particulièrement le phénomène chez les filles, qui semblent attacher plus d'importance à la popularité que les garçons (Oldenburg et Kerns, 1997). La dépression peut être associée à la négligence par les pairs : des études d'imagerie cérébrale indiquent que la négligence par les pairs stimule les mêmes régions du cerveau que la douleur (Eisenberger, 2003). De plus, certains enfants négligés entretiennent des attentes irréalistes quant à la capacité qu'ont les adultes d'« arranger les choses » (Galanaki, 2004) ; ils peuvent se demander, par exemple, pourquoi le professeur ne fait rien pour que les autres deviennent ses amis — une pensée qui peut conduire au désespoir.

Malgré tout, bien des enfants négligés par leurs pairs ne se soucient pas le moins du monde de leur manque de popularité. Souvent, ces enfants sont timides et préfèrent les activités solitaires : dans une certaine mesure, leur statut d'enfant négligé ne tient qu'à leur personnalité. Cependant, ce statut peut changer, ce qui indique qu'il dépend à la fois de la personnalité de l'enfant et du contexte social. En fait, les enfants négligés deviennent souvent des enfants populaires quand ils évoluent dans un nouveau groupe de pairs.

Statut social En psychologie du développement, degré de popularité d'un enfant auprès de ses pairs.

Enfant populaire Enfant qu'une majorité de pairs disent aimer.

Enfant négligé Enfant qu'une majorité de pairs ne disent ni aimer ni ne pas aimer.

Enfant rejeté Enfant impopulaire que les pairs ne choisissent pas comme ami ou comme camarade de jeu et qu'ils évitent manifestement.

LES ENFANTS REJETÉS

Les psychologues distinguent deux types d'enfants rejetés. Les enfants *rejetés repliés* sont conscients de ne pas être aimés de leurs pairs (Harrist, Zaia, Bates, Dodge et Pettit, 1997) ; après plusieurs tentatives infructueuses pour se faire accepter, ils y renoncent, se replient sur eux-mêmes et souffrent souvent de solitude. Pour leur part, les enfants *rejetés agressifs*, bien qu'ils ne coopèrent pas avec les autres et qu'ils soient souvent perturbateurs, se croient habituellement aimés de leurs pairs (Zakriski et Coie, 1996). Plusieurs semblent incapables de maîtriser leurs émotions (Eisenberg, Fabes et autres, 1995 ; Pettit, Clawson, Dodge et Bates, 1996). Ils interrompent souvent leurs camarades de jeu et sont incapables d'attendre leur tour de façon systématique.

LES CAUSES ET LES CONSÉQUENCES DU REJET PAR LES PAIRS

L'essentiel des données dont nous disposons sur les enfants rejetés agressifs concorde avec ce que nous apprennent les travaux de Gerald Patterson, dont nous avons décrit le modèle au premier chapitre. Patterson est convaincu que l'agressivité excessive de l'enfant a pour origine une discipline parentale inefficace. Une fois l'agressivité bien ancrée, l'enfant la manifeste avec ses pairs, se voit rejeté par la majorité d'entre eux et est de plus en plus poussé vers les seuls pairs qui l'acceptent, habituellement d'autres jeunes agressifs ou délinquants. Les enfants agressifs ne sont donc pas dépourvus d'amis, mais ces derniers ont presque toujours des comportements antisociaux. De plus, ces amitiés tendent à être plutôt transitoires et centrées sur une coercition mutuelle (Dishion, Andrews et Crosby, 1995).

La gravité de cet ensemble de problèmes interreliés est amplement documentée. Des recherches de plus en plus nombreuses montrent que le rejet par les pairs à l'école primaire — en particulier le rejet pour cause d'agressivité excessive — est l'un des très rares aspects du fonctionnement du jeune enfant qui permet de prédire de façon fiable des problèmes comportementaux ou des troubles émotionnels plus tard dans l'enfance, à l'adolescence et à l'âge adulte (p. ex., Bagwell, Newcomb et Bukowski, 1998 ; Dishion, 1990 ; Ladd et Troop-Gordon, 2003 ; Serbin, Moskowitz, Schwartzman et Ledingham, 1991 ; Stattin et Magnusson, 1996). Ainsi, Melissa DeRosier et ses collègues (1994) ont suivi pendant quatre ans plus de 600 enfants dans leurs premières années de primaire. Ils ont découvert que les enfants les plus chroniquement rejetés par leurs pairs présentaient avec le temps des taux plus élevés d'absentéisme scolaire, de dépression ou de tristesse, ainsi que d'autres problèmes émotionnels et comportementaux.

De même, John Coie et ses collègues (1995) ont suivi plus de 1 000 enfants de la troisième à la septième année scolaire. Chez les garçons, ceux qui étaient à la fois agressifs et rejetés en troisième année étaient beaucoup plus susceptibles que ceux de tout autre groupe d'avoir des comportements délinquants ou problématiques à l'école secondaire. Chez les filles, l'agressivité (mais pas le rejet par les pairs) était liée à des problèmes comportementaux subséquents.

Le lien entre l'impopularité précoce et les problèmes de comportement ultérieurs peut s'expliquer de diverses façons. Les problèmes avec les pairs à un jeune âge sont peut-être le signe le plus visible d'une inadaptation générale qui se traduira ultérieurement par la délinquance ou des troubles émotionnels. Par ailleurs, l'incapacité à se faire des amis peut en soi entraîner des problèmes qui se généralisent avec le temps. Il se pourrait également que le problème provienne d'un modèle interne des relations sociales gravement déficient, qui conduit au rejet par les pairs au primaire, puis à la délinquance. Enfin, toutes ces hypothèses pourraient être exactes.

Heureusement, les enfants rejetés ne demeurent pas tous dans cette situation ni ne connaissent tous des problèmes de comportement ou de délinquance plus tard. Et les enfants agressifs ne sont pas tous rejetés. Les recherches fournissent quelques indications sur ce qui distingue ces divers sous-groupes. Par exemple, certains enfants agressifs sont aussi capables à l'occasion de manifester des comportements altruistes ou prosociaux ; pour eux, le pronostic est beaucoup plus positif que pour les enfants dont l'agressivité n'est pas compensée par une telle obligeance (Coie et Cillessen, 1993 ; Newcomb et autres, 1993). Ce genre de nuances peut aider les spécialistes du développement à raffiner leurs prédictions, mais aussi à concevoir des programmes d'intervention mieux adaptés aux enfants rejetés agressifs.

L'agressivité

Comme nous l'avons vu au chapitre 6, le recours à l'agressivité physique diminue durant les années préscolaires, alors que le recours à l'agressivité verbale augmente. Cette tendance se poursuit à l'âge scolaire : la fréquence des agressions physiques et des querelles diminue encore, en même temps qu'augmente le recours à l'insulte et aux remarques désobligeantes visant à porter atteinte à l'estime de soi d'un autre enfant plutôt qu'à son intégrité physique. Les enfants apprennent alors les règles de leur culture qui régissent l'agressivité, c'est-à-dire quand et comment il est approprié d'exprimer de la colère et de l'agressivité. Dans la plupart des cultures,

À L'ÈRE DE L'INFORMATION

Les effets des jeux vidéo

La télévision reste le divertissement électronique le plus populaire chez les enfants d'âge préscolaire et scolaire. Toutefois, à mesure que ces derniers progressent vers l'adolescence, le temps consacré aux jeux vidéo se rapproche de plus en plus du temps passé devant la télévision, puis finit par le dépasser (Bee et Boyd, 2007). Une recherche américaine réalisée auprès de 1 000 élèves de 5e année, de 8e année (1re secondaire) et de 11e année (4e secondaire) a révélé que, en 8e année, les garçons consacraient en moyenne 23 heures par semaine aux jeux vidéo, et les filles autour de 16 heures par semaine; en 11e année, ce temps avait un peu diminué. Ces données expliquent pourquoi, aujourd'hui, les dépenses des familles en jeux vidéo ont presque dépassé leurs dépenses en films (Gentile, 2005).

Nombre d'anthropologues affirment que les jeux vidéo constituent un des outils par lesquels les sociétés industrialisées enseignent aux enfants les habiletés techniques et intellectuelles dont ils auront besoin lorsqu'ils seront adultes (Greenfield, 1994). Plusieurs recherches concluent que les jeux vidéo améliorent les habiletés de perception spatiale (Greenfield, Brannon et Lohr, 1994). La perception spatiale est associée à la réussite en mathématiques, une habileté très prisée dans le monde industrialisé. De plus, des chercheurs ont démontré que les garçons et les filles qui apprennent un nouveau jeu vidéo cherchent d'abord à se l'approprier, par exemple en consultant un guide d'utilisation plutôt qu'en demandant à leurs pairs de les aider – une forme d'autonomie particulièrement valorisée dans nos sociétés industrialisées (Blumberg et Sokol, 2004). Les jeux vidéos aident aussi les enfants à être plus autonomes relativement aux directives et aux règles des jeux. Les explications anthropologiques donnent ainsi un sens à la prolifération de ces jeux dans le monde moderne.

Mais, bien que les jeux vidéo semblent favoriser le développement cognitif, les chercheurs qui s'intéressent à l'effet de ces jeux sur le développement social et émotionnel appellent à la prudence. En effet, on retrouve le thème de la violence et du pouvoir dans 75 % de ces jeux. De plus, la majorité des joueurs, dont 70 % à 80 % sont des garçons, préfèrent des jeux violents à tout autre type de jeux vidéo (Funk et Buchman, 1999).

Les chercheurs ont découvert que le fait de jouer à des jeux vidéo violents provoque une augmentation directe des comportements agressifs et que, chez les enfants qui sont déjà plus agressifs que la moyenne de leur âge, cet effet se fait sentir à long terme (Anderson et Dill, 2000). Les enfants qui jouent à des jeux vidéo violents pendant au moins 90 minutes par jour font également preuve de niveaux élevés d'anxiété et ont un seuil de tolérance à la frustration plus bas que leurs pairs (Mediascope Press, 1999). On observe même qu'une courte exposition aux jeux vidéo violents en laboratoire augmente le niveau d'hostilité chez les participants (Anderson et Dill, 2000). Cette augmentation de l'agressivité chez les grands consommateurs de jeux vidéo serait associée, selon certains chercheurs, à un accroissement de l'agressivité hostile et émotionnelle ainsi qu'à une diminution des habiletés d'empathie envers les autres (Funk et autres, 2003; Gentile et autres, 2004).

Les jeux vidéo violents semblent aussi associés à un ensemble plus vaste de préférences allant des stimulus violents aux comportements agressifs. Ainsi, les enfants qui aiment les émissions de télévision violentes et qui préfèrent aussi les jeux vidéo violents sont plus agressifs envers leurs pairs que la moyenne (Mediascope Press, 1999). Cette observation vaut autant pour les garçons que pour les filles. La plupart des filles ne s'intéressent pas aux jeux violents, mais celles qui y jouent sont plus agressives physiquement que la moyenne. Par conséquent, les parents qui s'aperçoivent que l'agressivité et la violence prédominent dans les activités récréatives de leurs enfants et dans leurs interactions avec leurs pairs devraient s'inquiéter du fait qu'ils passent beaucoup de temps à jouer à des jeux vidéo (Funk et autres, 2000).

Enfin, les parents peuvent ignorer que de nombreux jeux vidéo contiennent de la publicité sous forme de placement de produits – par exemple, un personnage boit une certaine marque de soda (Gentile, 2005). Les jeux vidéo peuvent donc, là aussi, influer sur le développement des enfants en les incitant à acheter et à consommer certains produits. Conséquemment, les parents soucieux de ne pas exposer leurs enfants à des annonces de produits qu'ils jugent néfastes à leur santé physique ou mentale devraient veiller à ce que leurs jeux vidéo en soit exempts.

---

cette distinction signifie que, avec l'âge, la colère est de plus en plus dissimulée et l'agressivité de plus en plus maîtrisée (Underwood, Coie et Herbsman, 1992).

Les chercheurs ont également découvert une différence entre les sexes dans le degré d'agressivité. À tout âge, les garçons se montrent plus agressifs, plus tranchants et plus dominants que les filles (Fabes, Knight et Higgins, 1995). Ils sont aussi très fortement représentés chez les enfants souffrant de troubles du comportement, c'est-à-dire chez ceux qui manifestent des comportements antisociaux ou agressifs, tels la brutalité, la désobéissance, les discussions sans fin, une forte irritabilité et

Il est fort possible que ces deux frères soient de très bons amis malgré leur dispute. Les garçons d'âge scolaire font plus souvent preuve d'agressivité envers leur fratrie et leurs amis qu'envers de simples connaissances ou des étrangers.

des comportements menaçants ou tapageurs. Ces observations semblent si claires et si évidentes que la plupart des psychologues en ont conclu que les garçons sont tout simplement «plus agressifs». Or, cette hypothèse pourrait se révéler fausse, car il apparaît de plus en plus que les filles ne font qu'exprimer autrement leur agressivité.

Ainsi, de récentes études ont permis d'observer que les filles expriment une agressivité qu'on peut qualifier de *relationnelle* plutôt que de physique ou de verbale.

L'agression physique blesse par le biais de dommages, ou de menaces de dommages, corporels, alors que le but de l'agression relationnelle est de blesser l'estime de soi de l'autre ou de rompre ses relations avec les pairs, au moyen du chantage, de la menace d'exclusion («Je ne vais pas t'inviter à mon anniversaire si tu fais ça»), de commérages cruels ou d'expressions faciales de dédain. Les enfants considèrent cette forme d'agression indirecte comme très blessante et évitent généralement ceux qui

LE MONDE RÉEL

Taxage, intimidation et victimes

Au premier coup d'œil, les interactions agressives entre les enfants peuvent sembler assez simples : un enfant en blesse un autre. Des études indiquent toutefois que, au cours de la période intermédiaire de l'enfance, les interactions agressives deviennent de plus en plus complexes (Hay, Payne et Chadwick, 2004). À mesure qu'ils vieillissent, les enfants ont tendance à jouer toujours le même rôle dans les interactions agressives : agresseur, victime, assistant de l'agresseur, spectateur renforçateur, spectateur passif, défenseur de la victime, etc. (Andreou et Metallidou, 2004). La personnalité de l'enfant détermine jusqu'à un certain point le rôle qu'il assume. Par exemple, un enfant timide joue généralement le rôle de spectateur passif, tandis qu'un enfant instable sur le plan affectif assume plus souvent le rôle d'assistant de l'agresseur ou de spectateur renforçateur (Tani, Greenman, Schneider et Fregoso, 2003). Chaque enfant qui assume un rôle influe sur la poursuite de l'interaction et sur sa répétition probable entre le même agresseur et la même victime.

Jusqu'à tout récemment, les recherches portant sur les agressions ainsi que sur les interventions visant à réduire ces dernières se concentraient surtout sur les agresseurs récidivistes ou intimidateurs. Cependant, la plupart des spécialistes du développement croient maintenant qu'il est tout aussi important de changer le comportement des enfants qui jouent d'autres rôles dans les interactions agressives, en particulier ceux qui en sont habituellement les victimes, que d'intervenir auprès des enfants agressifs eux-mêmes (Green, 2001). C'est Dan Olweus (1995) qui a mené les travaux les plus importants sur les intimidateurs et les victimes. Ses études effectuées en Suède indiquent que jusqu'à 9 % des enfants fréquentant l'école primaire sont régulièrement victimes d'agressions, tandis que 7 % d'entre eux pourraient être qualifiés d'intimidateurs. Ces pourcentages ont été confirmés par des études menées dans d'autres pays (p. ex., Perry, Kusel et Perry, 1988). Au Québec, selon une enquête du ministère de la Sécurité publique menée en 2002, 11 % des enfants sont victimes de taxage et 23 % constituent des témoins.

Les victimes possèdent certaines caractéristiques communes, notamment l'anxiété, la passivité, une faible estime de soi ou un manque de confiance en soi, le manque d'humour et un nombre relativement faible d'amis (Egan et Perry, 1998 ; Hodges, Malone et Perry, 1997 ; Olweus, 1995). Des recherches interculturelles montrent que ces caractéristiques des victimes s'observent dans une grande diversité d'environnements culturels (Eslea et autres, 2004). Les garçons victimes d'agression sont souvent plus petits et plus faibles que les autres enfants de leur

âge. Qu'il s'agisse de garçons ou de filles, les victimes s'affirment rarement devant les autres ; ils ne proposent pas de jeux et n'adoptent pas de comportements prosociaux. Ils acceptent plutôt les suggestions des autres. Certains enfants n'apprécient pas ce comportement et n'aiment donc pas les victimes (Crick et Grotpeter, 1996 ; Schwartz, Dodge et Coie, 1993). Au nombre des conséquences de cette victimisation, citons la solitude, les absences à l'école, une faible estime de soi et une dépression importante plus tard (Kochenderfer et Ladd, 1996 ; Olweus, 1995).

Par ailleurs, les enfants qui côtoient des camarades passifs et indifférents ne deviennent pas tous des intimidateurs. Les intimidateurs sont particuliers parce qu'ils sont habituellement agressifs dans diverses situations, et pas seulement dans leurs relations avec certaines victimes. Ils ont également tendance à être plus agressifs que les autres enfants envers les adultes. Ils n'arrivent pas à comprendre la douleur ou le malheur de leurs victimes, ressentent peu de culpabilité ou de honte – voire pas du tout – à propos de leur comportement et sont souvent impulsifs (Menesini et autres, 2003). Les études d'Olweus ne confirment pas l'hypothèse fréquemment formulée selon laquelle les intimidateurs sont essentiellement des enfants qui manquent d'assurance et qui ont adopté une attitude dure pour camoufler leur insécurité. En fait, c'est le contraire qui semble être vrai : les intimidateurs présentent souvent un faible degré d'anxiété et d'insécurité. Olweus propose quatre facteurs qui contribueraient au développement d'un comportement intimidateur :

- l'indifférence envers l'enfant et le manque de tendresse de la part des parents dans ses premières années de vie ;

- l'incapacité des parents d'imposer des limites claires et appropriées au comportement agressif ;

- l'utilisation par les parents des punitions corporelles ;

- le tempérament difficile et impulsif de l'enfant.

Les facteurs ci-dessus présentent de nombreuses similitudes avec ceux que Gerald Patterson a proposés comme éléments contribuant au développement de la délinquance chez les adolescents (voir la figure 1.2, p. 8). Il est toutefois évident que l'intimidation est un phénomène complexe qui découle des caractéristiques des intimidateurs eux-mêmes, de l'environnement familial dans lequel ils grandissent et du contexte social dans lequel l'intimidation se produit (Ahmed et Braithwaite, 2004).

y ont recours, de la même façon qu'ils rejettent ceux qui usent d'agressivité physique (Casas et Mosher, 1995 ; Cowan et Underwood, 1995 ; Crick et Grotpeter, 1995 ; Mayeux et Cillissen, 2003 ; Rys et Bear, 1997).

Quelles peuvent être les causes de ces différences entre les sexes dans l'expression de l'agressivité ? L'une des explications possibles, et la plus évidente, a trait aux différences hormonales. On a en effet observé des taux plus élevés d'agression physique chez les mâles de toutes les sociétés humaines et chez de nombreuses espèces de primates. Certaines données de recherche indiquent également un lien entre le taux d'agression physique et le taux de testostérone chez les mâles (p. ex., Susman et autres, 1987), particulièrement à partir de l'adolescence. La différence entre les sexes en ce qui concerne le taux d'agression physique semble donc avoir une certaine base biologique.

Le renforcement par les pairs peut également contribuer à l'expression de l'agressivité. Les chercheurs ont découvert que, dès l'âge de trois ans, les enfants croient déjà que les filles sont plus susceptibles de manifester de l'agressivité relationnelle, et les garçons, de l'agressivité physique (Giles et Heyman, 2005). Par conséquent, de la même manière qu'ils incitent leurs pairs à s'engager dans d'autres types de comportements stéréotypés, les enfants récompensent les garçons et les filles qui affichent des comportements d'agressivité « appropriés à leur sexe », et punissent ceux et celles qui s'en écartent.

Pause
APPRENTISSAGE

Le développement social

1. Comment évolue l'attachement à l'âge scolaire ?

2. Expliquez les changements qui s'opèrent dans les relations avec les pairs à l'âge scolaire.

3. Dans quel sens évolue la ségrégation sexuelle à l'âge scolaire ?

4. Expliquez la notion d'agressivité relationnelle.

5. Quelles conséquences le rejet par les pairs entraîne-t-il chez un enfant ?

LE CONCEPT DE SOI

L'un des facteurs clés dans les relations sociales de l'enfant d'âge scolaire est, bien sûr, sa propre personnalité. Le concept de soi de l'enfant influe également sur ses relations sociales, et, inversement, la qualité de ses relations sociales influe sur le développement de son concept de soi.

LE MOI PSYCHOLOGIQUE

Comme nous l'avons vu dans les chapitres précédents, l'enfant construit d'abord son moi objectif (ou catégoriel), puis son moi émotionnel, son moi social, et enfin son moi sexué. Pendant les années scolaires, l'enfant ajoute une nouvelle dimension à son concept de soi : le **moi psychologique**. L'enfant comprend alors qu'il possède des traits psychologiques permanents et une personnalité qui lui est propre. On observe ainsi une transition vers une définition de soi plus abstraite, plus comparative et plus générale. Un enfant de 6 ans se décrira comme « intelligent » ou « bête », alors qu'un autre de 10 ans fera une description plutôt comparative : « Je suis plus intelligent que la plupart des enfants » ou « Je ne suis pas aussi bon dans les sports que mes amis » (Rosenberg, 1986 ; Ruble, 1987).

Certains de ces thèmes sont illustrés dans une recherche de Montemayor et Eisen qui date de 1977. On a demandé à plusieurs enfants et adolescents de 9 à 18 ans de fournir 20 réponses à la question « Qui suis-je ? ». Les chercheurs ont observé que les jeunes enfants utilisaient encore couramment des caractéristiques de surface (externes) pour se décrire, comme dans l'exemple qui suit.

> « Je m'appelle Pierre-Luc. J'ai les yeux bruns. J'ai les cheveux bruns. J'ai neuf ans. J'ADORE le sport. Nous sommes sept enfants dans notre famille. J'ai beaucoup d'amis. Je demeure rue De Lorimier. Je suis un garçon. J'ai un oncle qui mesure au moins 2,10 m. Je vais à l'école du Plateau, et mon professeur s'appelle monsieur Gendron. Je joue au soccer (foot) et je suis le garçon le plus intelligent de la classe. J'ADORE la nourriture. J'ADORE le plein air. J'ADORE l'école. » (p. 317)

Voyons maintenant la description que fait d'elle-même une fillette de 11 ans.

> « Je m'appelle Caroline. Je suis un être humain. Je suis une fille. Je suis une personne loyale. Je ne suis pas très belle. J'ai des résultats scolaires moyens. Je suis une bonne violoncelliste. Je suis un peu grande pour mon âge. J'aime plusieurs garçons. J'aime plusieurs filles. Je suis un peu vieux jeu. Je suis une très bonne nageuse. J'essaie d'aider les gens. Parfois, je suis impatiente. Je ne suis pas bien aimée par certains gars et filles. Je ne sais pas si les garçons m'aiment ou non. » (p. 317-318)

Comme les autres jeunes de son âge, cette fillette se décrit selon des caractéristiques externes ; mais elle met également l'accent sur ses croyances, sur la qualité de ses relations interpersonnelles et sur ses traits de

Moi psychologique Compréhension du fait que les traits internes de la personnalité sont stables.

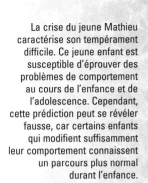

La crise du jeune Mathieu caractérise son tempérament difficile. Ce jeune enfant est susceptible d'éprouver des problèmes de comportement au cours de l'enfance et de l'adolescence. Cependant, cette prédiction peut se révéler fausse, car certains enfants qui modifient suffisamment leur comportement connaissent un parcours plus normal durant l'enfance.

personnalité. Ainsi, au fur et à mesure que l'enfant traverse la période des opérations concrètes, son concept de soi devient plus complexe, plus relatif (il a tendance à se comparer aux autres), moins dépendant des caractéristiques externes et davantage centré sur les sentiments et les idées. On assiste alors à l'émergence d'une vision d'ensemble, ou à l'apparition du concept de *conservation de la personnalité*. Une trajectoire très similaire s'observe dans la description des autres, qui va du concret à l'abstrait, de l'éphémère à la stabilité.

L'ESTIME DE SOI

Le concept de soi de l'enfant d'âge scolaire comporte une part d'autoévaluation. On remarque ainsi une différence de ton dans les deux séries de réponses à la question «Qui suis-je?» que nous avons présentées ci-dessus. L'enfant de 9 ans fait une série d'énoncés positifs sur lui-même, tandis que celle de 11 ans livre une autoévaluation plus nuancée. Les jugements autoévaluatifs d'un enfant présentent plusieurs caractéristiques intéressantes. D'abord, au cours des années scolaires, les enfants s'aperçoivent que leurs habiletés se distinguent de plus en plus, et ils portent de nouveaux jugements sur leur apparence physique, leurs habiletés scolaires et sportives, leur acceptabilité sociale, leurs amitiés et leurs relations avec leurs parents (Harter, 1990 ; Marsh, Craven et Debus, 1999). Paradoxalement, c'est au moment où ils atteignent l'âge scolaire — vers l'âge de sept ans — qu'ils commencent à avoir une autoévaluation globale. Ainsi, les enfants de sept ou huit ans (mais pas plus jeunes) répondent sans hésiter quand on leur demande dans quelle mesure ils s'aiment en tant que personne, jusqu'à quel point ils sont heureux, ou s'ils sont satisfaits de la façon dont ils mènent leur vie.

C'est cette évaluation globale de sa propre valeur qu'on appelle l'**estime de soi**, et non la somme des jugements qu'on porte sur ses habiletés dans divers domaines. Le degré d'estime de soi de l'enfant résulte de deux jugements internes (Harter, 1987, 1990). Premièrement, à l'aide de ses nouvelles habiletés cognitives, chaque enfant remarque un certain écart entre *ce qu'il aimerait être* (ou ce qu'il pense devoir être) et *la façon dont il se perçoit*. Quand cet écart est faible, l'estime de soi est généralement élevée. Quand l'écart est important — et que l'enfant se sent incapable d'atteindre ses propres objectifs ou de vivre en accord avec ses propres valeurs —, l'estime de soi est faible. Par exemple, l'estime de soi sociale, c'est-à-dire le jugement que l'on porte sur ses habiletés sociales, est plus élevée chez les enfants populaires que chez ceux qui sont rejetés par leurs pairs (Jackson et Bracken, 1998). Cependant, tous les enfants n'ont pas les mêmes attentes. Certains attachent beaucoup d'importance aux résultats scolaires, alors que d'autres privilégient les qualités sportives ou les amitiés. Selon Harter (1987, 1990), l'élément clé de l'estime de soi est l'importance de l'écart entre ce que l'enfant désire et ce qu'il pense avoir accompli. Ainsi, un enfant qui accorde beaucoup d'importance aux prouesses sportives, mais qui n'est pas assez robuste ou qui n'a pas la coordination requise pour exceller dans les sports, aura une estime de soi plus faible qu'un autre enfant tout aussi chétif et manquant de coordination, mais qui ne valorise pas autant les aptitudes sportives. De la même manière, le fait d'exceller dans un domaine tel que le chant, les échecs ou l'aptitude à communiquer avec sa mère n'augmentera l'estime de soi d'un enfant qu'à la condition qu'il accorde de l'importance à ce talent particulier.

Deuxièmement, l'estime de soi dépend de la *qualité du soutien que l'enfant pense recevoir des personnes qui l'entourent*, particulièrement de ses parents et de ses pairs (Franco et Levitt, 1998). Ainsi, les enfants qui se sentent aimés tels qu'ils sont ont une plus grande estime de soi que ceux qui se sentent globalement moins soutenus.

Les deux facteurs peuvent se combiner de manière particulièrement *destructrice* si l'enfant perçoit que le soutien de ses parents dépend de son succès dans certains domaines : l'obtention de bonnes notes, l'admission dans l'équipe de football, la popularité auprès des autres enfants. Si l'enfant ne se montre pas à la hauteur de ce

---

Estime de soi Jugement global porté sur sa propre valeur ; satisfaction que l'on retire de la façon dont on se perçoit.

qu'il *pense qu'on attend de lui,* il verra à la fois l'écart entre son idéal et ses réalisations s'accroître et l'appui de ses parents diminuer.

La stabilité de l'estime de soi dans le temps

Quel est le degré de persistance de l'estime de soi au cours de la vie ? Est-ce que l'enfant de troisième année qui a une faible estime de soi est voué à se sentir inférieur le reste de ses jours ? Nombre de recherches longitudinales à court terme portant sur des élèves du primaire et du secondaire révèlent que l'estime de soi globale est relativement constante à court terme, mais qu'elle l'est beaucoup moins à long terme (sur une période de plusieurs années). La corrélation entre deux résultats d'estime de soi obtenus dans l'espace de quelques mois est le plus souvent d'à peu près 0,60. Après plusieurs années, elle n'est généralement plus que d'environ 0,40 (Alsaker et Olweus, 1992 ; Block et Robins, 1993). Par conséquent, il est vrai qu'un enfant qui possède une haute estime de soi à l'âge de 8 ou 9 ans est davantage susceptible de présenter cette caractéristique à l'âge de 10 ou 11 ans. Mais il est aussi vrai que l'estime de soi peut varier considérablement durant l'âge scolaire. Et que les filles semblent avoir une estime de soi plus stable que les garçons (Heinonen, Raikkonen et Keltikangas-Jarvinen, 2003).

Les conséquences des variations dans l'estime de soi

Les travaux sur l'estime de soi ont notamment mis en évidence une forte corrélation négative entre l'estime de soi et la dépression au cours de l'enfance et de l'adolescence. Plus le résultat du test d'estime de soi est bas, plus l'enfant se décrit lui-même comme déprimé. Les corrélations dans plusieurs des recherches effectuées par Harter sont de l'ordre de −0,67 à −0,80, soit des résultats particulièrement élevés pour une étude de ce genre (Harter, 1987 ; Renouf et Harter, 1990). Il faut cependant garder à l'esprit qu'il ne s'agit que d'indices de corrélation : ils ne prouvent pas l'existence d'une relation de cause à effet entre une faible estime de soi et la dépression.

L'origine des différences dans l'estime de soi

D'où proviennent les différences dans l'estime de soi ? On peut considérer au moins quatre sources :

1. Les expériences personnelles de réussite et d'échec de l'enfant dans différents domaines — par exemple, dans les travaux scolaires, les relations avec les pairs, les jeux ou les sports — influent sur la perception qu'il a de sa compétence ou de son acceptation par les autres.

2. Les valeurs et les attitudes des parents et des pairs influent sur l'importance que l'enfant accordera à certaines qualités et habiletés. Les normes concernant l'apparence imposées par les pairs (trop grand, trop petit) ainsi que le contexte culturel déterminent l'estime de soi à tout âge. De même, le poids que les parents attribuent à la réussite scolaire joue sur les attentes personnelles de l'enfant à cet égard.

3. La façon dont un enfant est catalogué et jugé par les autres constitue un autre élément de l'équation. En effet, on en vient à se percevoir comme les autres nous perçoivent (Cole, 1991). Les enfants à qui l'on dit souvent qu'ils sont beaux, intelligents ou bons athlètes auront généralement une plus haute estime de soi que ceux à qui l'on répète qu'ils sont stupides, maladroits ou gaffeurs. Un enfant qui a obtenu des B et des C dans son bulletin, et à qui les parents disent « C'est très bien, mon chéri, nous ne nous attendons pas à ce que tu obtiennes des A dans toutes les matières », tire des conclusions sur les attentes de ses parents et sur la façon dont ces derniers jugent ses habiletés.

4. Les critères qu'un enfant utilise afin de s'évaluer varient considérablement d'une culture à l'autre (Miller et autres, 2002 ; Wang et Ollendick, 2001). Dans les cultures « individualistes » qu'on trouve en Amérique du Nord et en Europe occidentale, les parents favorisent le développement d'une estime de soi basée sur les intérêts et les habiletés de l'enfant. Dans les cultures « collectivistes », comme en Chine ou

Pour cette fille, le fait de compter un but va augmenter son estime de soi uniquement si elle accorde une grande importance au fait d'être bonne dans les sports.

au Viêtnam, les enfants sont encouragés à développer une estime de soi basée sur ce que doit être une « bonne personne » selon des idéaux culturels.

À partir de ces quatre sources, l'enfant construit ses propres représentations de ce qu'il devrait être et de ce qu'il est. Encore une fois, on constate le rôle essentiel que jouent à la fois le modèle interne créé par l'enfant lui-même et les interactions avec les parents et les pairs, qui constituent le creuset dans lequel ce modèle interne prend forme. Comme le modèle interne d'attachement, le modèle interne de l'estime de soi de l'enfant n'est pas fixé une fois pour toutes. L'estime de soi est modifiée aussi bien par les changements dans les jugements des autres que par les changements dans l'expérience de la réussite ou de l'échec. Cependant, une fois créé, le modèle interne tendra à persister, parce que l'enfant choisira souvent des expériences qui confirment et renforcent son concept de soi et parce que l'environnement social, qui comprend l'évaluation de l'enfant par les parents, tend également à être constant.

Pause APPRENTISSAGE

Le concept de soi

1. Décrivez le moi psychologique.

2. Selon Harter, le degré d'estime de soi est le produit de deux jugements internes. Quels sont-ils ?

3. Qu'entend-on par « combinaison particulièrement destructrice » de l'estime de soi ?

4. Quelles sont les origines des différences dans l'estime de soi ?

... SUR LA PAUVRETÉ ET LA RÉSILIENCE

Les interactions sociales avec les parents et les pairs constituent la base des expériences à l'âge scolaire. Ces interactions permettent l'émergence du moi psychologique ainsi que le développement de l'estime de soi. Les facteurs environnementaux sont toujours très importants, car ils influent sur la trajectoire de vie de la personne durant cette période. Nous allons maintenant aborder une composante environnementale qui joue un rôle particulièrement déterminant sur l'enfant au cours de la période scolaire : la pauvreté.

Durant les premières années de l'enfance, lorsqu'ils passent le plus clair de leur temps avec un parent, une gardienne, leurs frères ou leurs sœurs, les jeunes peuvent être protégés contre certains des dangers inhérents à un environnement pauvre. Toutefois, durant les années du primaire, lorsqu'ils empruntent seuls les rues pour se rendre à l'école ou chez leurs amis, autrement dit quand ils commencent à sortir du cercle familial, les enfants des quartiers défavorisés subissent plus fortement que les autres les effets de la pauvreté et de la dégradation urbaine.

Sur le plan intellectuel, ces enfants obtiennent en général de moins bons résultats aux tests de QI et franchissent moins rapidement les stades du développement cognitif que les autres élèves. C'est ce qu'ont démontré des études au cours desquelles les chercheurs ont neutralisé différents facteurs susceptibles de fausser les résultats, comme le QI de la mère ou la structure familiale (McLoyd, 1998). Ces enfants affichent plus souvent des problèmes de comportement que leurs pairs mieux nantis ; de plus, puisqu'ils n'ont généralement pas bénéficié d'une bonne part des diverses formes de stimulation intellectuelle nécessaires à la réussite, ils connaissent des taux élevés de difficultés et d'échecs scolaires (Qi et Kaiser, 2003). Ainsi, les enfants pauvres élevés en milieu urbain sont de moins en moins nombreux à obtenir un diplôme d'études secondaires (Garbarino et autres, 1991). On constate aussi que tous ces effets sont plus marqués chez les enfants qui ont connu la pauvreté dans leur petite enfance ou qui ont toujours vécu dans la pauvreté, comparativement à ceux qui ont connu une alternance de périodes d'abondance et de pauvreté (Bolger, 1997 ; Duncan et autres, 1994 ; Shanahan, Sayer, Davey et Brooks, 1997 ; Smith, Brooks-Gunn et Klebanov, 1997).

L'influence du stress et les facteurs de protection

Les causes de l'échec scolaire sont complexes, mais il est à peu près certain que le stress chronique que subissent les enfants pauvres constitue un facteur déterminant. À ce titre, de nombreux enfants des quartiers défavorisés montrent tous les symptômes du *syndrome de stress post-traumatique*, incluant des niveaux extrêmes d'anxiété, des troubles du sommeil, de l'irritabilité et des troubles de la concentration, des explosions de colère et de l'hypervigilance. Nombre d'entre eux ont des souvenirs récurrents ou importuns (*flash-back*) d'événements traumatisants (Ackerman, Brown et Izard, 2004 ; Garbarino et autres, 1992 ; Owen, 1998). De plus, leurs enseignants entretiennent peu d'attentes envers eux (McLoyd, 1998). Tous ces facteurs, combinés à la mauvaise santé physique, à l'instabilité du soutien intellectuel et émotionnel à la maison ainsi qu'au manque de ressources soutenant l'apprentissage tels les livres et l'ordinateur, mènent en grande partie à l'échec scolaire (McLoyd, 1998).

Pourtant, la plupart des enfants exposés à la pauvreté se développent normalement. Pourquoi alors des enfants pauvres se développent-ils normalement alors que d'autres présentent des difficultés ? Les psychologues du développement trouvent la cause de cette différence dans l'effet cumulatif des divers types de stress. Un enfant peut être en mesure d'en gérer un ou deux, mais, à mesure que les sources de stress et les risques s'accumulent, la probabilité que l'enfant s'épanouisse sur les plans intellectuel, émotionnel et social diminue (McLoyd, 1998). Par exemple, si l'alcoolisme de l'un des parents s'ajoute à la pauvreté, les risques de conséquences négatives pour l'enfant sont plus grands (Malo et Tremblay, 1997). Or, les enfants qui grandissent dans un quartier défavorisé sont souvent exposés à de telles combinaisons de stress.

Les enfants exposés au stress ne sont pas tous également vulnérables. Ainsi, les recherches comparant les enfants résilients et les enfants vulnérables semblent indiquer que certaines caractéristiques ou circonstances contribueraient à protéger certains enfants des effets nuisibles du stress et des perturbations répétés (Cederblad, Pruksachatkunakorn, Boripunkul, Intraprasert et Hook, 2003 ; Easterbrooks, Davidson et Chazan, 1993 ; Furstenberg et Hughes, 1995 ; Garmezy et Masten, 1991 ; Masten, Best et Garmezy, 1990 ; Masten et Coatsworth, 1998 ; Runyan et autres, 1998 ; Townsend et Belgrave, 2003 ; Winfield, 1995). Le tableau 8.2 présente les caractéristiques des enfants résilients selon une typologie établie par

Ann Masten et Douglas Coatsworth (1998). Il est à noter que ces caractéristiques sont les mêmes que celles décrivant les compétences des enfants qui n'ont pas grandi dans la pauvreté ou dans un autre milieu à risque. Masten et Coatsworth écrivent:

> Les enfants résilients ne semblent pas posséder des qualités mystérieuses ou uniques; ils ont plutôt obtenu ou retenu des ressources importantes qui représentent les systèmes de protection de base du développement humain. [...] Ces compétences se développent dans l'adversité lorsque, en dépit des circonstances, les systèmes fondamentaux qui favorisent en général l'éclosion des compétences sont à l'œuvre pour protéger l'enfant ou faire échec aux éléments qui menacent son développement (1998, p. 212).

Tableau 8.2   *Les caractéristiques des enfants et des adolescents résilients*

Caractéristiques individuelles
Bon fonctionnement intellectuel
Caractère facile, attachant et sociable
Sentiment d'efficacité personnelle, confiance en soi, haute estime de soi
Talents
Convictions
Caractéristiques familiales
Relations étroites avec une figure parentale aimante
Éducation de type démocratique: chaleur, structure, attentes élevées, bonne supervision des parents
Avantages socioéconomiques
Interactions avec un réseau familial étendu offrant du soutien
Caractéristiques extrafamiliales
Liens sociaux positifs avec des adultes hors de la cellule familiale
Interactions avec des organismes prosociaux
Fréquentation d'écoles efficaces

Source: Masten et Coatsworth, 1998.

De façon plus générale, les psychologues du développement soutiennent que la caractéristique clé de l'enfant résilient est ce qu'ils appellent la *compétence*, une disposition qui englobe à la fois les aptitudes cognitives et interpersonnelles. L'enfant qui possède les aptitudes sociales nécessaires pour acquérir au moins une popularité moyenne auprès de ses pairs de même que pour établir et maintenir des amitiés intimes sera davantage en mesure de résister au stress familial. L'enfant qui possède les aptitudes cognitives requises pour comprendre ce qui se passe et qui peut élaborer des stratégies de rechange pour faire face aux problèmes est lui aussi protégé contre les pires effets du stress. Il est à noter que les enfants qui vivent dans un pays en guerre sont exposés aux mêmes facteurs de stress que les enfants de milieux défavorisés.

RÉSUMÉ

LES PERSPECTIVES THÉORIQUES

- Freud et Erikson ont chacun associé un stade au développement de la personnalité pendant les années scolaires. Il s'agit de la période de latence, chez Freud, et du stade du travail ou de l'infériorité, chez Erikson.

- La résolution de la période de latence passe par l'acquisition de mécanismes de défense et l'identification aux pairs du même sexe.

- La force adaptative du stade du travail ou de l'infériorité est le développement d'un sentiment de compétence par le biais de la disposition au travail et du goût du travail.

- À l'âge scolaire, les enfants commencent à comprendre la notion de « conservation » de la personnalité.

LE DÉVELOPPEMENT MORAL

- Les théories psychanalytiques mettent l'accent sur les émotions afin d'expliquer le développement moral. Freud et Erikson s'intéressent ainsi aux sentiments de culpabilité, de honte et de fierté dans l'émergence du sens moral.

- Les théories de l'apprentissage stipulent que le développement moral est tributaire des récompenses, des punitions et du modelage. Sous certaines conditions, les punitions et le modelage peuvent influer de façon négative sur le développement moral.

- La théorie du développement cognitif insiste sur le raisonnement moral. Selon Piaget, le développement moral s'effectue selon deux stades séquentiels en lien avec les stades du développement cognitif.

LE DÉVELOPPEMENT SOCIAL

- À l'âge scolaire, l'enfant continue à construire son réseau social par le biais de ses relations verticales (parents et figures d'autorité) et de ses relations horizontales (pairs).

- L'attachement de l'enfant à ses parents demeure fort durant l'enfance. Toutefois, les comportements d'attachement sont moins visibles à mesure que l'enfant grandit, sauf en cas de situations stressantes.

- Le besoin de mesures disciplinaires s'estompe graduellement. La question centrale devient alors le degré d'autonomie à accorder à l'enfant.

- Les relations avec les pairs occupent une place de plus en plus grande pour l'enfant. La ségrégation sexuelle dans les activités de groupe entre pairs atteint son plus haut niveau durant les années scolaires et se manifeste dans l'ensemble des cultures.

- Les enfants d'âge scolaire perçoivent davantage leurs amitiés comme des relations réciproques où la générosité et la confiance constituent des éléments de premier plan. Ces changements sont équivalents aux changements cognitifs que l'on observe au cours des mêmes années, notamment la diminution de l'importance accordée à l'apparence.

- La ségrégation sexuelle qui apparaît à l'âge préscolaire devient absolue au milieu de l'âge scolaire.

- L'agressivité existe chez les deux sexes, mais de façon différente. À tout âge, les garçons se montrent en général plus agressifs, plus tranchants et plus dominants, alors que chez les filles l'agressivité est plutôt *relationnelle*, visant à blesser l'amour-propre de la personne concernée.

RÉSUMÉ

LE CONCEPT DE SOI

- À l'âge scolaire, le concept de soi et la description des autres deviennent plus abstraits, plus comparatifs et plus généralisés.

- Entre 6 et 12 ans, l'enfant construit son moi psychologique ; par conséquent, la description qu'il fait de lui-même inclura dorénavant des traits de sa personnalité, telles son intelligence et son amabilité, en plus de ses caractéristiques physiques.

- L'estime de soi semble être issue de deux jugements internes : l'écart que perçoit l'enfant entre ses buts et ses réalisations, et la qualité du soutien social qu'il pense recevoir de ses pairs et de ses parents.

UN DERNIER MOT... SUR LA PAUVRETÉ ET LA RÉSILIENCE

- De très nombreux enfants grandissent dans la pauvreté ; ils sont exposés à divers effets de la pauvreté et de la dégradation urbaine (manque de soutien ou de stimulants intellectuels, instabilité affective, violence, alcoolisme et autres événements traumatisants).

- Le stress associé à un tel environnement contribue à la faiblesse des résultats scolaires. Il existe cependant des facteurs de protection qui permettent à l'enfant de mieux affronter ce stress.

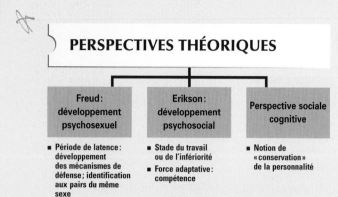

PERSPECTIVES THÉORIQUES

Freud: développement psychosexuel	Erikson: développement psychosocial	Perspective sociale cognitive

- **Freud:** Période de latence: développement des mécanismes de défense; identification aux pairs du même sexe
- **Erikson:** Stade du travail ou de l'infériorité
- Force adaptative: compétence
- **Perspective sociale cognitive:** Notion de « conservation » de la personnalité

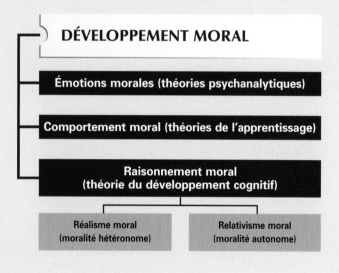

DÉVELOPPEMENT MORAL

Émotions morales (théories psychanalytiques)

Comportement moral (théories de l'apprentissage)

Raisonnement moral (théorie du développement cognitif)

Réalisme moral (moralité hétéronome)	Relativisme moral (moralité autonome)

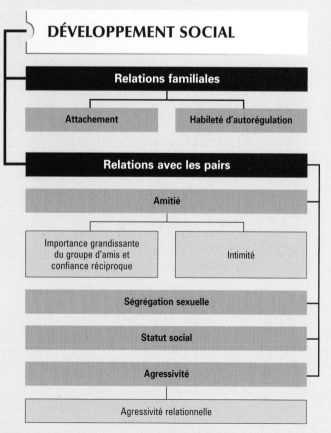

DÉVELOPPEMENT SOCIAL

Relations familiales

Attachement	Habileté d'autorégulation

Relations avec les pairs

Amitié

Importance grandissante du groupe d'amis et confiance réciproque	Intimité

Ségrégation sexuelle

Statut social

Agressivité

Agressivité relationnelle

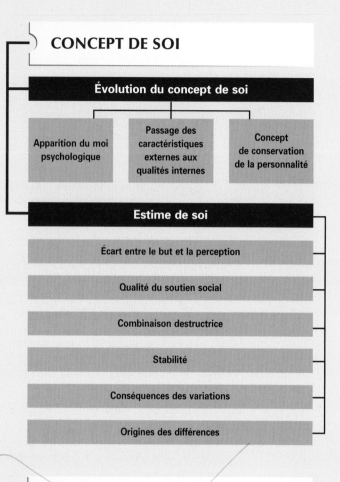

CONCEPT DE SOI

Évolution du concept de soi

Apparition du moi psychologique	Passage des caractéristiques externes aux qualités internes	Concept de conservation de la personnalité

Estime de soi

Écart entre le but et la perception

Qualité du soutien social

Combinaison destructrice

Stabilité

Conséquences des variations

Origines des différences

PAUVRETÉ ET RÉSILIENCE

Syndrome de stress post-traumatique

Enfants résilients et enfants vulnérables

Facteurs de protection

C L'adolescence

ette troisième partie est consacrée à la période de l'adolescence. Dans les chapitres 9 et 10, nous nous pencherons sur le développement physique et cognitif de l'adolescent, sur son développement social ainsi que sur le développement de sa personnalité, en tenant toujours compte des changements et de la continuité au cours des années. Selon Michel Claes, chercheur en développement à l'Université de Montréal, on peut diviser l'adolescence en trois parties : le début de l'adolescence (de 11 à 14 ans), marqué par l'apparition des premiers signes de la puberté ; le milieu de l'adolescence (de 14 à 17 ans), qui est particulièrement touché par les changements dans les relations sociales ; et la fin de l'adolescence (de 17 à 20 ans), influencée particulièrement par les changements liés à l'identité (Claes, 2005). Au début de l'adolescence, la puberté s'accompagne de nouvelles interrogations sur l'indépendance, sur l'autonomie et sur les règles sociales. Par ailleurs, la pensée formelle permet à l'adolescent de jeter un nouveau regard sur lui-même et de mieux comprendre sa propre personnalité ainsi que son environnement.

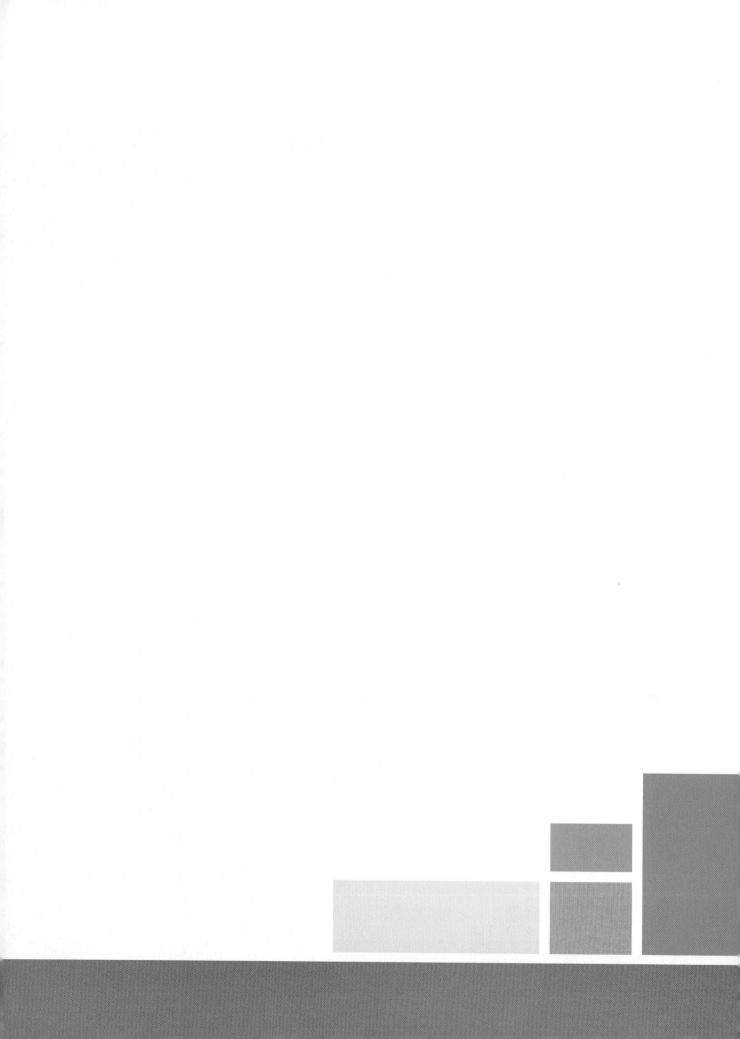

L'adolescence : développement physique et cognitif

*P*our plusieurs, quand il est question d'adolescence, ce sont d'abord les changements sexuels qui leur viennent à l'esprit. Pourtant, aussi spectaculaires soient-ils, les changements physiques associés à la maturation sexuelle ne constituent qu'une partie des changements importants qui surviennent durant cette période. Par exemple, si vous demandez à un enfant de huit ans ce qu'il veut faire comme métier plus tard, il est possible qu'il vous réponde quelque chose comme «pompier ou vétérinaire». Si vous demandez la même chose à un adolescent de 15 ans, vous recevrez probablement une réponse comme celle-ci: «Bien, je pense à plusieurs possibilités, je sais que je veux faire des études supérieures, mais je ne sais pas dans quel établissement, ni dans quel programme.» De telles paroles reflètent bien les changements associés à l'âge et à la façon de penser.

La seconde idée qui vient à l'esprit à propos de l'adolescence, c'est celle d'une période de développement remplie de confrontations et de problèmes. Or, cette idée préconçue provient du premier ouvrage publié sur le sujet, Adolescence, par G. Stanley Hall, en 1904, qui présentait l'adolescence comme une période de transition entre l'enfance et l'âge adulte marquée par «des tempêtes et du stress» (storm and stress). Nous savons aujourd'hui qu'il n'est pas approprié de parler de crise parce que la grande majorité des adolescents ne vivent pas de crise véritable (Cloutier, 1996). Cent ans plus tard, pourtant, le stéréotype persiste chez nombre de personnes. Et encore beaucoup de professionnels et de parents se centrent essentiellement sur les aspects négatifs de cette période de la vie plutôt que sur le bond prodigieux que réalise l'adolescent pour parvenir à la vie adulte.

LE DÉVELOPPEMENT PHYSIQUE

Le rôle des hormones

La maturation sexuelle

Les changements corporels

La santé et le bien-être

LE DÉVELOPPEMENT COGNITIF

L'approche de Piaget: la période des opérations formelles

L'approche du traitement de l'information: les transformations graduelles des habiletés cognitives

L'égocentrisme à l'adolescence

UN DERNIER MOT...
SUR L'EXPÉRIENCE SCOLAIRE

LE DÉVELOPPEMENT PHYSIQUE

Qu'est-ce qui déclenche la puberté? Un gain de poids rapide sur une courte période, à la fin de l'enfance, est une des hypothèses envisagées. L'alimentation, l'hérédité et l'activité physique sont d'autres facteurs associés au déclenchement de la puberté. Mais nous savons que les nombreux changements corporels liés à la puberté sont largement régis par les hormones, qui jouent un rôle central dans la métamorphose physique à l'adolescence.

LE RÔLE DES HORMONES

Les hormones sont sécrétées par les **glandes endocrines**, qui régissent la croissance pubertaire et les changements physiques de différentes façons. Parmi les glandes endocrines, la plus importante est l'**hypophyse** : en effet, elle produit ses propres hormones de même que des hormones messagères qui déclenchent la production hormonale des autres glandes. Ainsi, l'hormone de croissance est sécrétée par l'hypophyse 10 semaines après la conception ; elle contribue à stimuler la croissance extrêmement rapide des cellules et des organes corporels.

Après la naissance, l'hypophyse stimule la glande thyroïde afin qu'elle produise la thyroxine. Le rythme de croissance est alors régi en bonne partie par la thyroxine et par la somatotrophine (l'hormone de croissance de l'hypophyse). Pendant les deux premières années de la vie, la production de thyroxine est très importante, puis elle ralentit et demeure stable jusqu'à l'adolescence (Tanner, 1990).

Les androgènes sécrétés par les testicules et les ovaires ainsi que par les glandes surrénales demeurent à des taux extrêmement bas jusqu'à l'âge de sept ou huit ans. À ce moment, les glandes surrénales commencent à augmenter leur sécrétion d'androgènes. Il s'agit du premier signe de la puberté (Shonkoff, 1984). Après cette explosion d'androgènes dans le circuit sanguin, il se produit une séquence complexe de changements hormonaux, résumée dans le tableau 9.1.

La synchronisation de ces changements varie beaucoup d'un enfant à l'autre, mais la séquence demeure la même. Au début de la puberté, dès que le corps dispose de réserves suffisantes de lipides, ou graisse (Herculano-Houzel, 2006), l'hypothalamus transmet un signal à l'hypophyse. L'hypothalamus, région du cerveau située sous le thalamus, joue un rôle vital dans la régulation d'une variété de comportements, tels les comportements alimentaires et sexuels. Recevant ce signal, l'hypophyse se met alors à sécréter en plus grande quantité les hormones **gonadotrophines** (au nombre de deux chez l'homme et de trois chez la femme), qui sont responsables du développement des organes sexuels. À leur tour, ces hormones stimulent le développement des glandes situées dans les testicules et les ovaires, lesquelles dès lors synthétisent plus d'*hormones sexuelles* — la **testostérone** chez les garçons et, chez les filles, l'œstradiol, une des principales hormones **œstrogènes**. Au cours de la puberté, le taux de testostérone est multiplié par 18 chez les garçons,

---

Glandes endocrines Glandes comprenant les surrénales, la thyroïde, l'hypophyse, les testicules et les ovaires. Elles sécrètent des hormones à l'intérieur de la circulation sanguine, lesquelles régissent la croissance physique et la maturation sexuelle.

Hypophyse Glande endocrine qui joue un rôle majeur dans la régulation de la maturation physique et sexuelle. Elle stimule la production hormonale des autres glandes endocrines.

Gonadotrophines Hormones responsables du développement des organes sexuels.

Testostérone Principale hormone mâle sécrétée par les testicules.

Œstrogènes Hormones sexuelles femelles sécrétées par les ovaires.

Tableau 9.1 *Les principales hormones et le développement physique*

Glandes	Hormones sécrétées	Fonction des hormones dans la régulation de la croissance
Hypophyse	Hormones de croissance ; hormones de libération	Influent sur la vitesse de la maturation physique ; transmettent des signaux permettant à d'autres glandes d'amorcer la sécrétion d'hormones.
Thyroïde	Thyroxine	Influe sur le développement normal du cerveau et sur le rythme global de la croissance.
Surrénales	Androgènes	Participent à certains changements durant la puberté, surtout dans le développement des caractères sexuels secondaires chez les filles (poussée de croissance et pilosité pubienne).
Testicules (chez les garçons)	Testostérone	Joue un rôle essentiel dans la formation des organes génitaux mâles avant la naissance ; déclenche aussi la séquence de changements des caractères sexuels primaires et secondaires à la puberté chez les garçons (poussée de croissance, pilosité pubienne et faciale, changements génitaux).
Ovaires (chez les filles)	Œstrogènes (œstradiol)	Influent sur le développement du cycle menstruel et le développement des seins chez les filles, mais modifient moins les caractères sexuels secondaires que la testostérone chez les garçons.

alors que le taux d'œstradiol est multiplié par 8 chez les filles (Biro et autres, 1995).

Au même moment, l'hypophyse sécrète deux autres hormones qui, avec les androgènes, interagissent avec les hormones sexuelles et influent sur la croissance. Comme on peut l'observer dans le tableau 9.1, l'interaction est légèrement différente chez les garçons et chez les filles: la poussée de croissance et le développement de la pilosité pubienne, en particulier, sont davantage soumis à l'influence de l'androgène surrénal chez les filles que chez les garçons. Cette hormone, chimiquement très semblable à la testostérone, est nécessaire à la production d'une poussée de croissance chez les filles. Chez les garçons, l'androgène surrénal est moins important, probablement parce qu'ils possèdent dans leur sang une quantité suffisante d'hormone sexuelle sous forme de testostérone.

LA MATURATION SEXUELLE

Les changements hormonaux qui se produisent à la puberté déclenchent aussi le développement de la maturation sexuelle, laquelle se traduit par deux séries de changements physiques. Premièrement, on note un ensemble de changements quant aux organes sexuels ayant trait à la reproduction. Ces modifications des **caractères sexuels primaires** amènent à maturité chez les garçons le pénis, le scrotum et les testicules, lesquels permettent la production du sperme, et, chez les filles, le vagin, l'utérus ainsi que les ovaires, ces derniers produisant ensuite les ovules. Deuxièmement, on peut observer un ensemble de changements indépendants du système reproducteur qui concernent les **caractères sexuels secondaires**; ceux-ci incluent le développement des seins chez les filles et la transformation du timbre de la voix (ou mue) ainsi que la pousse de la barbe chez les garçons. Le tableau 9.2 présente les changements des *caractères sexuels primaires* et *secondaires*.

Tous ces changements physiques apparaissent selon une séquence prédéterminée. Chaque séquence se divise en cinq stades, comme le propose Tanner (1990):
• le premier stade reflète la prépuberté;
• le deuxième stade présente les premiers signes du changement pubertaire;
• les troisième et quatrième stades constituent des étapes intermédiaires;
• le cinquième stade correspond à l'atteinte de la maturité sexuelle.

Le tableau 9.3 donne un aperçu de ces séquences pour chaque sexe. La connaissance de ces séquences permet aux médecins de répondre aux adolescents qui s'interrogent sur leur développement pubertaire.

Le développement sexuel chez les filles

Des recherches effectuées en Europe et en Amérique du Nord auprès de préadolescentes et d'adolescentes (Malina, 1990) montrent que, chez les filles, les divers changements séquentiels sont imbriqués dans une structure particulière. Les premières étapes sont marquées par le début de la transformation des seins et l'apparition de la pilosité pubienne. Elles sont suivies par le sommet de

---

Caractères sexuels primaires Organes sexuels liés à la reproduction: ovaires, utérus et vagin chez la fille; pénis, scrotum et testicules chez le garçon.

Caractères sexuels secondaires Parties du corps indépendantes du système reproducteur, dont les seins chez les filles et la voix chez les garçons, et la pilosité pubienne chez les deux sexes.

Tableau 9.2   *Les changements des caractères sexuels primaires et secondaires*

	Filles	Points communs	Garçons
Caractères sexuels primaires (associés à la reproduction)	Croissance des ovaires, du vagin et de l'utérus		Croissance des testicules, du scrotum et du pénis
Caractères sexuels secondaires (non associés à la reproduction)	Développement des seins	Pilosité axillaire	Barbe
	Élargissement des hanches (bassin)	Pilosité pubienne	Élargissement des épaules
	Augmentation de la masse adipeuse	Changements cutanés	Augmentation de la masse musculaire
		Maturation des glandes sudoripares	
		Mue de la voix (muance)	
		Poussée de croissance (taille et ossature)	
		Morphologie (corps et visage)	
		Organes corporels (cœur et poumons)	

Tableau 9.3   *Les stades du développement pubertaire selon Tanner*

Développement des seins chez la femme	Stade	Développement génital chez l'homme
Aucun changement, mis à part une légère élévation du mamelon.	1	Les testicules, le scrotum et le pénis ont la même forme et les mêmes dimensions qu'au cours de l'enfance.
Stade du bourgeonnement des seins. Les seins et les mamelons sont surélevés. Le diamètre de l'aréole s'agrandit.	2	Le scrotum et les testicules se développent légèrement. La peau du scrotum rougit et change de texture. Toutefois, le pénis ne se développe pas ou très peu.
Les seins et les aréoles grossissent et sont encore plus proéminents que dans le stade 2, bien que les contours ne soient pas nettement démarqués.	3	Le pénis s'allonge légèrement. Les testicules et le scrotum continuent de grossir.
L'aréole et le mamelon forment une saillie au-dessus du contour du sein.	4	Le pénis devient plus gros et plus large. Le gland se développe. Les testicules et le scrotum grossissent encore, et la peau du scrotum devient plus foncée.
Au stade de la maturité, seul le mamelon est proéminent. L'aréole épouse le contour du sein.	5	Les organes génitaux ont maintenant atteint leur grosseur et leur taille adultes.

Source: Petersen et Taylor, 1980, p. 127.

la poussée de croissance et par le quatrième stade du développement des seins et de la pilosité pubienne. C'est alors seulement qu'apparaissent les premières règles. La **ménarche**, ou apparition des premières règles, survient généralement deux ans après les premiers changements visibles et n'est suivie que par le dernier stade du développement des seins et de la pilosité pubienne. La partie supérieure de la figure 9.1 présente l'ensemble du développement pubertaire chez les filles. Dans les pays industrialisés, l'apparition des premières règles survient en moyenne vers l'âge de 12 ans et demi à 13 ans et demi. Ainsi, 95 % des filles ont leurs premières règles entre l'âge de 11 ans et l'âge de 15 ans (Malina, 1990).

Il est intéressant de noter que le moment précis de l'apparition de la ménarche a changé de façon importante au cours du dernier siècle. En 1840, l'âge moyen de la ménarche dans les pays industrialisés était d'environ 17 ans. Depuis ce temps, il a diminué de façon constante dans les pays européens, empruntant un rythme de quatre mois par décennie (Roche, 1979). Les psychologues nomment ce phénomène la **tendance séculaire**. Cette tendance, surtout observée dans les pays industrialisés, serait principalement causée par des changements importants dans le style de vie et l'alimentation, en particulier dans la quantité de protéines et de gras ingurgités et la diminution de l'exercice physique, ce qui provoque une augmentation du gras corporel chez les filles. Dans les pays non industrialisés où le régime alimentaire est moins riche en gras et où une large part des activités des adolescentes est souvent consacrée aux travaux physiques, la ménarche apparaît plutôt au milieu de l'adolescence qu'au début.

La ménarche ne traduit cependant pas une pleine maturité sexuelle. La jeune fille peut concevoir et devenir enceinte peu après l'apparition de la menstruation, mais les premières règles seront souvent irrégulières pendant un certain temps. En fait, aucun ovule n'est produit dans les trois quarts des cycles de la première année de même que dans la moitié des cycles de la deuxième et de la troisième année suivant l'apparition des règles (Vihko et Apter, 1980). Cette irrégularité initiale dans l'ovulation contribue notamment à nourrir chez les jeunes adolescentes la fausse impression qu'elles sont « trop jeunes » pour devenir enceintes.

Le développement sexuel chez les garçons

Chez les garçons comme chez les filles, la poussée de croissance atteint un sommet vers la fin du développement pubertaire. Les données de Malina (1990) donnent à penser que le garçon termine généralement le quatrième stade du développement génital ainsi que le troisième stade du développement de la pilosité pubienne avant d'arriver au sommet de la poussée de croissance. L'apparition de la barbe et la mue de la voix surviennent vers la fin du développement pubertaire, comme on peut le voir dans la partie inférieure de la figure 9.1.

Ménarche   Apparition des premières règles chez les jeunes filles.

Tendance séculaire   Modèle de changements observés dans les caractéristiques de plusieurs cohortes, comme le changement systématique de l'âge moyen à la ménarche ou celui du poids et de la taille.

Le moment où, dans le déroulement pubertaire, les garçons produisent un sperme viable n'est pas clairement défini, bien que certaines données récentes situent le fait à l'âge de 12 à 14 ans, habituellement avant que le garçon ait atteint le sommet de sa poussée de croissance (Brooks-Gunn et Reiter, 1990).

Deux faits particulièrement intéressants ressortent des séquences du développement pubertaire. Premièrement, les filles sont visiblement en avance de deux ans sur les garçons dans ce processus de développement. Deuxièmement, alors que la séquence semble très logique à l'intérieur de chaque type de développement physique (comme le développement des seins ou de la pilosité pubienne), il existe de nombreuses variations dans les séquences de chaque type de développement. Par exemple, un garçon parvenu au stade 2 du développement génital a peut-être déjà atteint le stade 5 du développement de la pilosité pubienne. De même, une fille peut passer par plusieurs stades de développement de la pilosité pubienne avant que ses seins commencent à changer; ou encore, elle peut avoir ses règles beaucoup plus tôt que dans la séquence moyenne. Les physiologistes s'expliquent mal ces divergences, mais il est important d'en tenir compte lorsqu'on se penche sur le cas particulier d'un adolescent.

Le moment de la puberté

Dans n'importe quel échantillon aléatoire d'enfants de 12 et 13 ans, on en trouve certains qui ont déjà atteint le stade 5 de la maturité sexuelle selon Tanner alors que d'autres en sont encore au stade 1. Les chercheurs croient que des facteurs héréditaires et comportementaux influent conjointement sur les sécrétions hormonales chez les adolescents, et que c'est leur interaction qui détermine le moment de la puberté (Dorn et autres, 2003). Ainsi, comme nous venons de le voir, le pourcentage des réserves lipidiques du corps (graisses), qui est déterminé à la fois par l'hérédité, l'alimentation et l'activité physique, influe sur le déclenchement des menstruations. Les réserves lipidiques doivent en effet constituer au moins 17% de la masse corporelle pour qu'il y ait menstruation, et au moins 22% pour que des cycles menstruels réguliers s'établissent. Les différences individuelles de réserves lipidiques expliquent donc en partie les variations dans le déroulement de la puberté (Adelman et Ellen, 2002).

L'effet psychologique de la puberté dépend de l'adéquation entre les attentes de la jeune fille, son *modèle interne*, et ce qu'elle vit réellement. Selon cette hypothèse, chaque enfant possède un modèle qui lui est propre de ce que doit être l'âge «normal» ou souhaitable

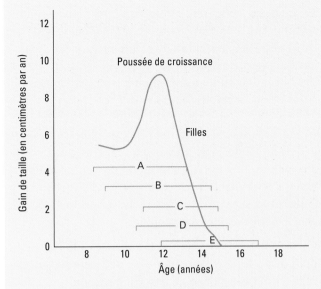

A: Développement des seins: stade 2
B: Développement de la pilosité pubienne: stade 2
C: Ménarche
D: Développement des seins: stade 4
E: Développement de la pilosité pubienne: stade 5

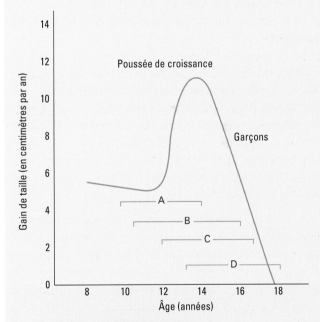

A: Développement génital: stade 2
B: Développement de la pilosité pubienne: stade 2
C: Développement génital: stade 4
D: Développement de la pilosité pubienne: stade 5

Figure 9.1
La séquence du développement pubertaire
La séquence type du développement pubertaire chez les filles (graphique du haut) et chez les garçons (graphique du bas) associe la croissance à différents âges ainsi que le moment d'apparition des divers changements physiques. Notons l'apparition tardive de la menstruation chez les filles et le fait que les filles ont deux ans d'avance sur les garçons.

Sources: Biro et autres, 1995; Chumlea, 1982; Garn, 1980; Malina, 1990; Tanner, 1978.

de la puberté (Petersen, 1987). Ainsi, pour chaque fille, il y a un «bon moment» pour le développement de ses seins ou pour l'apparition de sa première menstruation. Chaque garçon possède aussi son modèle interne, sa représentation du moment opportun pour qu'apparaisse sa barbe ou la mue de sa voix. Et c'est l'écart entre les attentes des adolescents et la réalité qui déterminerait les répercussions psychologiques. Les adolescentes dont le développement ne correspond pas à la trajectoire attendue ou désirée risquent donc de penser moins de bien d'elles-mêmes, d'être moins satisfaites de leur corps et du processus pubertaire, et de présenter d'autres signes de détresse psychologique.

D'autre part, des recherches menées aux États-Unis indiquent que les filles qui vivent une puberté précoce, c'est-à-dire avant l'âge de 11 ou 12 ans, ont une image de leur corps plus négative — elles se trouvent «trop grosses», par exemple — que celles dont le développement est normal ou tardif (Sweeting et West, 2002). Ces jeunes filles sont aussi plus susceptibles d'éprouver des problèmes à la maison et à l'école, de se joindre à des groupes de jeunes qui se conduisent mal, de s'engager dans des comportements délinquants, d'être déprimées et de commencer à fumer à l'adolescence (Alsaker, 1995; Caspi, Lynam, Moffitt et Silva, 1993; Dick, Rose, Viken et Kaprio, 2000; Kaltiala-Heino, Kosunen et Rimpela, 2003; Rierdan et Koff, 1993; Silbereisen et Kracke, 1993). Chez les garçons, on observe exactement l'inverse: plus leur développement est précoce, plus leur image corporelle est bonne, mieux ils réussissent à l'école, moins ils ont de comportements problématiques et plus ils ont d'amis (Duke et autres, 1982).

Cela dit, les recherches indiquent que les effets que peut avoir le moment où survient la puberté sur le développement de l'adolescente sont modulés — favorable-

ment ou défavorablement — par d'autres variables. Les traits de la personnalité en sont une: chez les filles qui vivent une puberté précoce, celles qui montrent le plus d'ouverture à l'expérience selon le modèle de personnalité à cinq facteurs de McCrae et Costa (le *Big Five*, que nous aborderons au chapitre suivant) sont les plus susceptibles d'avoir une activité sexuelle précoce (Markey, Markey et Tinsley, 2003). Toutefois, la variable la plus déterminante dans la modulation des effets du moment de la puberté demeure probablement le contexte social dans lequel l'adolescente vit ces changements physiques. Prenons le cas des filles qui s'adonnent intensivement à des activités physiques faisant obstacle à une accumulation des réserves lipidiques nécessaires au déclenchement de la puberté, comme le ballet ou la gymnastique. Dans un tel milieu où une puberté tardive semble normale, la puberté précoce peut avoir un effet dévastateur sur l'adolescente qui craint de ne plus obtenir autant de succès dans son activité préférée; une puberté tardive, par contre, peut améliorer la confiance en soi et l'estime de soi (Brooks-Gunn, 1987; Brooks-Gunn et Warren, 1985).

LES CHANGEMENTS CORPORELS

Les changements corporels permettent à l'adolescent d'acquérir de nouvelles habiletés cognitives et motrices.

Le cerveau

Le cerveau connaît deux périodes de croissance majeures durant l'adolescence. La première poussée de croissance se produit à l'âge de 13 à 15 ans (Spreen, Risser et Edgell, 1995). Le cortex cérébral s'épaissit alors et le réseau neuronal devient plus efficace. De plus, le cerveau produit et consomme plus d'énergie au cours de cette croissance que pendant les années qui la précèdent et la suivent (Fischer et Rose, 1994). Cette croissance et cette dépense d'énergie se localisent principalement dans la région du cerveau qui commande les habiletés spatiales et les fonctions motrices. Par conséquent, de telles habiletés chez un adolescent de 15 ans sont de loin supérieures à celles d'un enfant du primaire.

Les neuropsychologues Kurt Fischer et Samuel Rose croient qu'un nouveau réseau neuronal se développe durant cette période. Ce nouveau réseau neuronal serait qualitativement différent et constituerait le support de la nouvelle pensée abstraite et des progrès dans les processus cognitifs de l'adolescent (Fischer et Rose, 1994). Cette hypothèse découle de nombreuses études faisant état de modifications majeures dans l'organisation du

Les filles qui vivent une puberté précoce souffrent plus souvent de dépression et disent trouver l'expérience de l'adolescence beaucoup moins positive que celles qui vivent la puberté à l'« âge normal » ou plus tardivement.

cerveau à l'âge de 13 à 15 ans, d'où les changements qualitatifs apparaissant dans le fonctionnement cognitif après l'âge de 15 ans.

La seconde période de changements majeurs du cerveau se situe autour de l'âge de 17 ans et se poursuit jusqu'au début de l'âge adulte (Van der Molen et Molenaar, 1994). Cette fois, le changement s'effectue dans le lobe frontal du cortex cérébral (Davies et Rose, 1999), région du cerveau qui régit la logique et la planification. Ainsi, il n'est pas surprenant de constater que les adolescents plus âgés diffèrent passablement des jeunes adolescents lorsqu'ils doivent résoudre des problèmes qui font appel à ces fonctions cognitives.

La taille

Un des changements les plus remarquables à l'adolescence est la taille. Dans les chapitres précédents, nous avons vu que, durant la petite enfance, le poupon grandissait très rapidement, soit de 25 à 30 cm durant la première année. Le petit qui trottine et l'enfant d'âge scolaire croissent beaucoup moins vite. La troisième phase de croissance débute à l'adolescence, alors qu'une poussée spectaculaire est déclenchée par la forte augmentation des hormones de croissance dans l'organisme. Au cours de cette période, l'adolescent peut grandir de 8 à 15 cm par an. Après cette poussée de croissance commence la quatrième phase, au cours de laquelle l'adolescent continue de grandir et de prendre du poids jusqu'à ce qu'il ait atteint sa taille adulte. Cette courbe de croissance est illustrée à la figure 9.2. Les filles atteignent généralement leur taille adulte vers l'âge de 16 ans, alors que les garçons continuent à grandir jusqu'à l'âge de 18 ou 20 ans (Tanner, 1990).

La morphologie

Les différentes parties du corps de l'enfant n'atteignent pas leur taille adulte au même rythme. Ainsi, la morphologie et les proportions du corps de l'adolescent passent par de nombreux changements successifs. Ce sont d'abord les mains et les pieds qui arrivent à maturité. Suivent les bras et les jambes, le tronc étant la partie qui se transforme le plus tardivement. Les pieds des enfants deviennent rapidement trop grands pour leurs chaussures, les jambes trop longues pour leur pantalon, les bras trop grands pour leur chemise. Par contre, un maillot de bain peut être seyant plus longtemps, même quand les autres parties du corps se sont transformées. En raison de cette asymétrie dans le développement des parties du corps, on pense souvent que les adolescents sont gauches ou manquent de coordination. Pourtant, les recherches

infirment cette croyance populaire. Robert Malina, qui a effectué des recherches poussées sur le développement physique, n'a trouvé aucun moment précis du processus de croissance où on pouvait constater chez l'adolescent une baisse systématique de coordination ou d'habileté dans l'exécution des tâches physiques (Malina, 1990).

La tête et le visage des enfants se transforment eux aussi au cours de l'enfance et de l'adolescence. À l'âge scolaire, la taille et la forme de la mâchoire de l'enfant se modifient pour accueillir les nouvelles dents. À l'adolescence, la mâchoire et le front deviennent plus proéminents. Ces transformations rendent souvent le visage anguleux et osseux (surtout chez les garçons), contrairement à ce que l'on observe avant la puberté, comme l'illustrent les photographies de la figure 9.3.

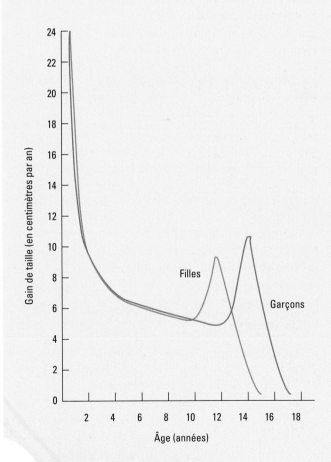

Figure 9.2
La poussée de croissance à l'adolescence
Ces courbes reflètent le gain de taille par année, de la naissance à l'adolescence, avec une poussée remarquable à l'adolescence.

Sources: Malina, 1990; Tanner, 1978, p. 14.

Figure 9.3
La transformation du visage à l'adolescence
Ces photographies du même garçon avant, pendant et après sa puberté témoignent des transformations frappantes de la forme de la mâchoire et du front qui modifient considérablement la physionomie des adolescents. Les mêmes changements transforment le visage des filles, mais de façon beaucoup moins marquée.

La musculature

Les fibres musculaires subissent une poussée de croissance à l'adolescence, et deviennent plus massives et plus denses. En conséquence, la force musculaire des adolescents augmente considérablement en quelques années. On observe un accroissement du tissu musculaire et de la force qui en résulte aussi bien chez les garçons que chez les filles, mais l'augmentation est beaucoup plus marquée chez les garçons. Cette différence substantielle en ce qui touche la force physique illustre bien la différence sexuelle quant à la masse musculaire. Chez l'homme adulte, la masse musculaire représente à peu près 40 % de la masse corporelle, contre seulement 24 % chez la femme adulte.

Le tissu adipeux

Le tissu adipeux, emmagasiné surtout sous la peau, constitue une autre composante essentielle du corps. Ici encore, on note un écart très net entre les deux sexes quant à ce modèle de développement. À la naissance, la masse adipeuse chez les filles est légèrement plus importante que chez les garçons. Cette différence s'accentue graduellement pendant l'enfance pour s'imposer de manière frappante à l'adolescence. Une étude réalisée auprès d'un nombre élevé d'adolescents canadiens (Smoll et Schutz, 1990) a montré qu'à l'âge de 13 à 17 ans le pourcentage de tissu adipeux corporel augmentait chez les filles, passant de 21 % à 24 %, alors qu'il

diminuait chez les garçons, passant de 16 % à 14 %. Ainsi, pendant et après la puberté, la masse adipeuse augmente chez les filles et baisse chez les garçons, tandis que la masse musculaire augmente chez les garçons et baisse chez les filles.

Comme pour le tissu musculaire, ces différences sexuelles sont en partie attribuables au mode de vie ou au degré d'activité physique. Les filles et les femmes très athlétiques, comme les coureuses de marathon et les danseuses de ballet, possèdent une masse adipeuse qui se rapproche de celle du garçon moyen. Cependant, chez les filles et les garçons qui ont une condition physique équivalente, on constate que la masse adipeuse des garçons est toujours inférieure à celle des filles.

Le cœur et les poumons

La puberté provoque aussi des changements importants dans certains organes vitaux. Ainsi, le cœur et les poumons augmentent considérablement de volume, et la fréquence cardiaque diminue. Ces deux changements sont plus marqués chez les garçons que chez les filles, ce qui contribue à augmenter leur potentiel. Avant l'âge de 12 ans, les garçons et les filles possèdent une force, une rapidité et une endurance comparables, encore que, même à cet âge, les garçons sont avantagés par leur plus faible masse adipeuse. Après la puberté, les garçons ont un net avantage sur les filles dans ces trois caractéristiques physiques (Smoll et Schutz, 1990).

Les filles ont généralement deux ans d'avance sur les garçons en matière de croissance physique, comme on peut le constater sur cette photographie qui présente deux adolescents du même âge.

Pause
APPRENTISSAGE

Les hormones, la maturation sexuelle et les changements corporels

1. Expliquez les changements qui surviennent dans les caractères sexuels primaires et secondaires à la puberté.

2. L'apparition des premières menstruations signifie-t-elle que la jeune fille a atteint la maturité sexuelle ?

3. Expliquez le rôle du modèle interne dans les répercussions psychologiques de la puberté précoce et tardive.

4. Quel est le moment idéal pour l'apparition de la puberté (précoce, moyenne, tardive) si on est une fille ? si on est un garçon ? Expliquez votre réponse.

5. Qu'est-ce que la poussée de croissance ?

6. Expliquez les changements physiques qui surviennent à la puberté en ce qui concerne le cerveau, la taille, la morphologie, la musculature, le tissu adipeux, le cœur et les poumons.

LA SANTÉ ET LE BIEN-ÊTRE

Pour la plupart des individus, l'adolescence constitue une période de développement où la santé est optimale. Cependant, au fur et à mesure que les adolescents gagnent leur indépendance, ils sont exposés à diverses situations à risque. Ainsi, le taux de mortalité augmente sensiblement, les principales causes étant les accidents de véhicules motorisés et les suicides.

Les comportements à risque

Les adolescents de toutes les cultures semblent présenter ce que Jeffrey Arnett (1995) décrit comme des comportements axés vers une recherche de sensations fortes, telles que la conduite automobile à des vitesses excessives ou la consommation d'alcool et de drogues. Cette recherche de sensations fortes s'accompagne d'imprudences et d'insouciances qui peuvent causer des accidents mortels.

Cependant, si on en croit Richard Jessor (1992), ces comportements à risque s'observent surtout chez l'adolescent en quête d'acceptation et de respect de la part de ses pairs, et d'une forme d'autonomie par rapport à ses parents ou à d'autres figures d'autorité. Jessor confirme ce que plusieurs chercheurs ont noté : les adolescents les plus susceptibles de présenter des comportements à risque sont ceux qui entrent dans l'adolescence sans beaucoup d'habiletés sociales ou de solutions de remplacement pour atteindre leurs objectifs personnels et sociaux. Les adolescents particulièrement imprudents et insouciants sont plus susceptibles d'avoir connu de piètres résultats scolaires, d'avoir été rejetés très tôt par les pairs, d'être négligés à la maison ou de vivre une combinaison de ces problèmes (Robins et McEvoy, 1990). Ces adolescents se dirigent généralement vers d'autres adolescents qui partagent leurs idées et dont le modèle interne social est semblable au leur. Ajoutons que ceux qui ne sont pas engagés dans des activités parascolaires ou pour qui la popularité est importante adopteront davantage des comportements à risque (Carpenter, 2001 ; Stein, Roeser et Markus, 1998).

LES COMPORTEMENTS SEXUELS À RISQUE

Les comportements sexuels à risque (relations avec de multiples partenaires ou relations non protégées) représentent une autre menace pour l'adolescent. Ainsi, chez les filles, les grossesses non désirées ont augmenté en Amérique du Nord durant les 20 dernières années. La transmission de maladies vénériennes constitue toujours un problème majeur, et le sida est devenu une cause importante de mortalité dans ce groupe d'âge. Les adolescents qui s'adonnent à des expériences homosexuelles, à la prostitution ou à la consommation de drogues intraveineuses sont les plus menacés.

Bien que l'activité sexuelle chez les garçons soit en corrélation avec le taux de testostérone contenu dans le sang, les facteurs sociaux semblent encore davantage l'influencer que les hormones (Halpern et autres, 1993 ; Udry et Campbell, 1994). En fait, des recherches transculturelles donnent à penser que les facteurs associés au comportement sexuel sont analogues même chez les adolescents qui, comme à Taïwan, ont peu d'activités de cette nature (Wang et Chou, 1999). Les plus précoces vivent généralement dans des quartiers défavorisés, là où les jeunes adolescents sont davantage laissés à eux-mêmes et où on fait preuve d'un certain laxisme en matière de sexualité. Ces jeunes sont aussi plus susceptibles de consommer de l'alcool. Nombre d'entre eux ont été maltraités ou négligés dans leur enfance (Herrenkohl et autres, 1998).

Les filles sexuellement actives ont généralement connu une ménarche hâtive, elles ont manifesté peu d'intérêt pour les études, elles ont commencé à fréquenter des garçons relativement jeunes et elles ont été victimes d'agression sexuelle (Billy, Brewster et Grady, 1994 ; Buzi et autres, 2003 ; Hovell et autres, 1994 ; Miller et autres, 1998 ; Schvaneveldt et autres, 2001 ; Small et Luster, 1994). Quel que soit le groupe, plus ces facteurs de risque sont présents dans la vie d'un jeune, plus celui-ci est susceptible d'être sexuellement actif.

La grossesse à l'adolescence

Les grossesses chez les adolescentes canadiennes ont diminué ces dernières années. En 2003, on a observé chez les moins de 20 ans un taux global de 27,1 grossesses pour 1 000 adolescentes, comparativement à 48,8 grossesses pour 1 000 adolescentes en 1994. Ces chiffres incluent les naissances vivantes et les pertes fœtales, dont les mortinatalités, les fausses-couches et les avortements déclarés en milieu hospitalier. Le taux de grossesse est plus élevé chez les 18 et 19 ans — 54,1 grossesses pour 1 000 adolescentes —, qui sont nombreuses à avoir planifié leur grossesse. Chez les 15 à 17 ans, le taux est considérablement plus faible (16,8), mais on trouve un plus haut taux de grossesse non planifiée dans ce groupe d'âge. Les grossesses d'adolescentes de moins de 15 ans représentent une faible proportion de l'ensemble des grossesses au sein de la population canadienne. Cinquante pour cent de ces grossesses se terminent par une IVG (interruption volontaire de grossesse) effectuée en milieu hospitalier ou en clinique (Société canadienne de pédiatrie, 2006).

Au Québec, une adolescente sur 12 tombera enceinte avant d'avoir atteint ses 18 ans, et 80 % de ces grossesses non désirées se termineront par une IVG (Programme national de santé publique du Québec, 2005). Le profil des adolescentes qui choisissent de garder leur enfant est différent de celles qui optent pour une IVG. « Les premières présentent davantage de difficultés scolaires, elles ont moins d'aspirations professionnelles et viennent davantage de milieux défavorisés. Le profil du père est souvent semblable à celui de la mère, et la relation se détériore souvent dans les deux années

suivant l'accouchement. » (Ministère de la Santé et des Services sociaux du Québec, 2005)

Pour évaluer les répercussions de la grossesse chez une adolescente, il faut considérer à la fois les conséquences à long terme sur sa vie adulte et les conséquences à long terme pour l'enfant qu'elle porte. Il semble évident que cette expérience s'avère négative dans la plupart des cas, bien qu'il soit difficile de départager les effets d'une grossesse à un très jeune âge et ceux d'une grossesse en milieu défavorisé. La plupart des recherches indiquent qu'une grossesse à l'adolescence est associée à un plus grand risque de naissance prématurée ; en outre, le nouveau-né est plus exposé à la négligence et plus tard au décrochage scolaire. Du côté de la mère, on observe les répercussions suivantes :

- comparativement à la moyenne, un plus faible degré de scolarité pendant la vie adulte, ce qui signifie des perspectives d'emploi peu reluisantes ;
- une moins bonne réussite professionnelle ;
- un revenu plus bas à l'âge adulte ;
- une plus grande probabilité de divorce à l'âge adulte.

Le fait qu'une jeune fille tombe ou non enceinte durant son adolescence relève de plusieurs des facteurs qui permettent généralement de prédire l'activité sexuelle, dont le milieu familial, les objectifs d'éducation, le moment du début de l'activité sexuelle et les attitudes relevant de la culture d'origine. Les relations avec les pairs pendant le primaire constituent également un facteur prédictif (Underwood, Kupersmidt et Coie, 1996).

Ainsi, la probabilité de devenir enceinte à l'adolescence est élevée :

- chez les filles qui deviennent actives sexuellement très jeunes ;
- chez les filles qui proviennent d'une famille pauvre, d'une famille monoparentale ou d'une famille dont les parents sont relativement peu scolarisés ;
- chez les filles dont les mères sont devenues actives sexuellement très jeunes et qui ont porté un enfant très tôt ;
- chez les filles qui ont été rejetées par leurs pairs au primaire, particulièrement si elles présentaient un niveau d'agressivité élevé.

La probabilité de devenir enceinte à l'adolescence est réduite :

- chez les filles qui réussissent bien à l'école et qui ont des objectifs d'éducation élevés, car ces filles sont plus susceptibles d'utiliser un moyen contraceptif lors de leurs relations sexuelles ;
- chez les filles qui s'engagent dans une relation stable avec leur partenaire sexuel ;

- chez les filles qui ont une bonne communication sur la contraception avec leur mère, laquelle approuve leur usage de contraceptifs ;
- chez les filles qui étaient populaires auprès de leurs pairs au primaire.

La période la plus à risque concernant les grossesses non désirées chez les adolescentes est l'année qui suit leur première relation sexuelle. Particulièrement au cours des premiers mois, les jeunes filles négligent souvent de demander les informations pouvant leur être utiles ou d'utiliser systématiquement un moyen contraceptif.

Afin de contrer ce phénomène, Édith Guilbert, médecin-conseil à la Direction de la santé publique du Québec et auteure de nombreuses études sur le sujet, souligne que l'éducation à la sexualité dans les écoles doit être un élément clé fourni par des intervenants et des enseignants bien formés. Elle conseille aussi de modifier l'environnement, de réduire les inégalités sociales et de permettre à chacun et à chacune d'avoir un emploi décemment rémunéré et de réaliser ses rêves.

LA CONSOMMATION DE TABAC, D'ALCOOL ET DE DROGUES

On observerait depuis les dernières années une tendance à la baisse de ces comportements à risque, selon l'Enquête québécoise sur le tabac, l'alcool, la drogue et le jeu chez les élèves du secondaire, réalisée à l'automne 2004 (Émond, Pica et Dubé, 2006). Cette tendance à la baisse est aussi constatée ailleurs au Canada et aux États-Unis.

Le tabac Entre 2000 et 2004, on a noté une chute impressionnante du tabagisme chez les adolescents, la prévalence sur une période de 30 jours passant de 29 % à 19 %. L'âge moyen de l'initiation à la cigarette se situe à 12,3 ans. Les fumeurs de sexe féminin (23 %) sont toujours en plus grande proportion que ceux de sexe masculin (15 %). Les données de l'enquête révèlent un lien entre l'usage du tabac et les ressources financières : les fumeurs actuels sont proportionnellement plus nombreux chez les élèves qui occupent un emploi à l'extérieur de la maison ou qui reçoivent une somme hebdomadaire relativement élevée comme argent de poche. Le statut qu'occupe le fumeur chez les parents, dans la fratrie et la structure familiale influe également sur le fait de fumer. La proportion d'adolescents fumeurs est plus élevée dans les foyers où le père ou la mère fume, ou encore un frère ou une sœur. Par ailleurs, on observe proportionnellement moins d'adolescents fumeurs dans une structure familiale « biparentale » (qui comprend les enfants vivant en garde partagée ; seuls ceux qui habitent avec un seul de leurs parents, que ce dernier ait ou non un nouveau conjoint, et qui ne voient jamais leur autre parent sont classés dans la structure monoparentale ou recomposée). Enfin, les adolescents fumeurs sont plus susceptibles de fréquenter un groupe de pairs qui fument aussi.

On observe une dépendance à la cigarette chez le quart des élèves, sans égard au sexe. Toutefois, près de la moitié de ceux qui fument, soit 48 %, croient qu'ils ne deviendront jamais dépendants de la cigarette, alors que 30 % estiment qu'il n'est pas trop dangereux de fumer à leur âge parce qu'ils pourront toujours arrêter plus tard. Curieux paradoxe : les élèves reconnaissent le danger du tabac tout en croyant qu'ils sont à l'abri des effets de la cigarette sur le plan de la dépendance. Voilà un exemple éloquent de la pensée magique qu'on peut trouver chez les adolescents.

Selon des recherches américaines, les campagnes de sensibilisation aux effets nocifs du tabac sur la santé ne semblent pas atteindre leur cible. Les adolescents paraissent bien informés des conséquences de l'usage du tabac. En fait, ils connaissent tous les arguments les incitant à cesser de fumer. Pourquoi alors commencent-ils à fumer ? Selon Kirkcaldy et ses collaborateurs (2004), les adolescents qui s'estiment en mauvaise santé sont plus enclins à fumer que ceux qui se considèrent comme étant en bonne santé. Or, on sait que la perception qu'on a de notre santé peut différer considérablement de son état réel. Ainsi, les adolescents qui commencent à fumer croient être en mauvaise santé, sans pour autant l'être, et ils pensent n'avoir que peu ou pas d'influence sur leur état de santé. Autrement dit, leurs perceptions se traduisent par une attitude fataliste quant à la consommation de tabac (« De toute façon, qu'est-ce que j'ai à perdre ! »). Ils se voient confinés à un avenir où leur état de santé, quoi qu'ils fassent, sera toujours mauvais.

D'autres facteurs sont aussi associés à l'usage du tabac. Ainsi, certains traits de personnalité semblent liés au fait de commencer à fumer : les rebelles, les téméraires ou ceux qui cherchent des sensations fortes ont davantage tendance à fumer (Lalonde et Heneman, 2004). Les adolescents introvertis qui sont pessimistes sont aussi plus sujets au tabagisme. L'attitude des pairs ainsi que celle des parents sont également déterminantes dans la décision de consommer ou non (Leff et autres, 2003). Par ailleurs, peu de recherches ont été effectuées sur les facteurs liés à l'abandon du tabac, mais, selon Santé Canada, les pairs y jouent un rôle important.

Par contre, les campagnes de sensibilisation qui dénoncent le fait que les jeunes fumeurs représentent un marché en or à long terme pour les multinationales du tabac touchent davantage les adolescents. Les approches qui mettent l'accent sur la dépendance et l'aspect économique du problème semblent donc mieux reçues et intégrées que celles qui traitent de ses répercussions sur la santé.

L'alcool et les drogues   La prévalence de la consommation d'alcool sur une période de 12 mois est passée de 69 % en 2002 à 63 % en 2004. Ainsi, en 2004, on compte proportionnellement moins d'élèves qui boivent de l'alcool que dans les années précédentes, mais ceux qui consomment sont, en proportion, plus nombreux à le faire de façon excessive. On estime que la consommation excessive d'alcool touche 16 % des jeunes (INSP, 2006). En général, on ne constate pas de différence importante entre les garçons et les filles quant à la consommation d'alcool. Environ 70 % des garçons qui boivent le font de façon excessive contre 65 % des filles. La première consommation survient vers l'âge de 12 ans alors que l'âge moyen du début de la consommation régulière est de 14 ans.

La proportion de consommateurs de drogues a, elle aussi, chuté. Elle s'établit à 36 % sur une période de 12 mois en 2004, comparativement à 43 % en 2002. La polyconsommation d'alcool et de drogues a aussi connu une baisse depuis 2002, passant de 39 % à 35 %, une baisse notée plus spécifiquement chez les garçons. Depuis 2000, la consommation de cannabis perd tranquillement de sa popularité. Relevée sur une période de 12 mois, la proportion des élèves qui ont fumé cette drogue est passée de 41 % en 2000 à 36 % en 2004. Il y a proportionnellement plus de filles que de garçons qui consomment occasionnellement du cannabis (16 % contre 13 %). Par ailleurs, 32 % des consommateurs de drogues ont pris des hallucinogènes, dont l'ecstasy (6 %). La consommation d'amphétamines est passée à 10 % en 2004, une hausse qu'on observe particulièrement chez les filles (de 7 % à 11 %). La consommation de PCP et de LSD a baissé. L'âge de la première consommation de drogues est de 13 ans, et l'âge du début de la consommation régulière est de 13,6 ans. Toujours selon l'enquête de l'INSP, 10 % des consommateurs de drogues sont classés comme étant à risque ou ayant un problème en émergence pour lequel une intervention légère est souhaitable, alors que 5 % nécessitent une intervention spécialisée.

Comme dans le cas de l'usage du tabac, on trouve proportionnellement moins d'élèves qui consomment de l'alcool ou de la drogue dans une structure familiale biparentale et plus d'élèves qui en font usage parmi ceux qui travaillent ou qui reçoivent une somme d'argent hebdomadaire relativement élevée comme argent de poche. Ajoutons que l'autoévaluation de la performance scolaire est moins positive chez les élèves qui consomment. Enfin, la consommation d'alcool et de drogues semble associée, chez les adolescents, à la recherche de sensations fortes.

LE JEU

Environ 45 % des élèves des écoles secondaires du Québec se sont adonnés à des jeux de hasard et d'argent au cours d'une période de 12 mois en 2004. Ce pourcentage est lui aussi en décroissance depuis 2002. Les jeux les plus populaires sont les loteries instantanées (billets à gratter, 26 %), les cartes (23 %), les jeux d'habiletés (19 %), les paris sportifs privés (14 %), les jeux de dés et le bingo (13 % respectivement).

L'enquête indique aussi que 30 % des élèves reçoivent en cadeau des produits de loterie, un comportement parental inapproprié qui peut avoir des conséquences négatives pour le jeune ainsi qu'un effet de banalisation des jeux de hasard. Concernant la mesure du jeu problématique, la proportion des joueurs à risque en 2004 a augmenté (de 4,8 % à 6 %). La proportion des joueurs pathologiques et à risque (les deux regroupés) a aussi augmenté (de 14 % à 19 %). Par ailleurs, on compte proportionnellement plus de joueurs habituels chez les non-francophones que chez les francophones (14 % contre 8 %).

Encore une fois, on observe plus d'élèves ayant des problèmes de jeu chez ceux dont la structure familiale est monoparentale ou recomposée, de même que chez ceux qui occupent un emploi à l'extérieur de la maison ou dont l'argent de poche hebdomadaire est de 51 $ et plus.

Les troubles alimentaires

On constate chez les adolescents des pays industrialisés, en particulier, une augmentation de la fréquence de deux troubles de l'alimentation : la boulimie et l'anorexie mentale. Ces troubles font ressortir l'effet des valeurs culturelles de la société ainsi que l'importance des modèles internes pour l'adolescent.

LA BOULIMIE

La **boulimie** se caractérise par « une préoccupation obsessionnelle du poids, des épisodes récurrents de gavage (deux fois par semaine ou plus fréquemment), accompagnés d'un sentiment subjectif de perte de maîtrise, et le

---

Boulimie Trouble caractérisé par « une préoccupation obsessionnelle du poids, des épisodes récurrents de gavage, accompagnés par un sentiment subjectif de perte de maîtrise, et le recours abusif au vomissement, à l'exercice physique ou aux purgatifs dans le but de contrer les effets de la goinfrerie ».

recours abusif au vomissement, à l'exercice physique ou aux purgatifs dans le but de contrer les effets de la goinfrerie » (Attie, Brooks-Gunn et Petersen, 1990, p. 410). L'alternance des périodes de bombance et de frugalité est normale chez les individus, peu importe leur poids. Ce n'est qu'au moment où l'excès s'accompagne d'une purge qu'apparaît le syndrome boulimique. Qu'elles soient minces ou grasses, les personnes boulimiques sont obsédées par leur poids, ont honte de leur comportement et sont souvent déprimées. Physiquement, la boulimie se caractérise aussi par de nombreuses caries dentaires (une conséquence des vomissements répétés), une irritation de l'estomac, une température corporelle sous la normale, une perturbation des hormones et une perte de cheveux (Palla et Litt, 1988). La fréquence de la boulimie a grimpé en flèche au cours des dernières décennies, surtout chez les adolescentes et les jeunes femmes adultes de race blanche.

L'ANOREXIE MENTALE

L'**anorexie mentale** est moins fréquente que la boulimie, mais elle peut être mortelle. Ce syndrome se caractérise par « une diète extrême, une peur intense de prendre du poids, une perception faussée de son propre corps, des exercices excessifs et un refus obstiné de se maintenir à un poids normal » (Attie et autres, 1990, p. 410). Chez les filles et les femmes anorexiques (on ne compte que très peu d'hommes souffrant de ce problème), la perte de poids finit par produire une variété de symptômes physiques associés à la sous-alimentation : une perturbation du sommeil, une *aménorrhée* (interruption des règles), une insensibilité à la douleur, une perte de cheveux, une pression artérielle faible, des problèmes cardiovasculaires ainsi qu'une température corporelle sous la normale. La perception corporelle de la personne anorexique est si faussée qu'elle peut croire en se regardant dans le miroir qu'elle présente un surplus de poids, alors que l'image reflétée est squelettique. Entre 10 % et 15 % des jeunes anorexiques se laissent littéralement mourir de faim, tandis que d'autres succombent à un dysfonctionnement cardiovasculaire majeur (Deter et Herzog, 1994).

La fréquence de l'anorexie est difficile à établir. Dans les pays industrialisés, environ une fille sur 500 est anorexique (Graber et autres, 1994). Ce nombre est beaucoup plus élevé chez certains sous-groupes soumis à de fortes pressions, comme les danseuses de ballet et les athlètes de haut niveau, chez qui une minceur extrême est fortement recherchée et valorisée (Picard, 1999 ; Stoutjesdyk et Jevne, 1993). Au Canada, environ 4 % des jeunes filles souffrent d'anorexie ou de boulimie.

Lorsqu'elle se regarde dans le miroir, cette jeune fille de 15 ans se trouve fort probablement trop grasse.

LES FACTEURS ASSOCIÉS AUX TROUBLES ALIMENTAIRES

Bien qu'il soit à peu près impossible de préciser leur influence respective, on peut classer en quatre catégories les facteurs qui influent sur les troubles alimentaires.

Les facteurs biologiques Une composante génétique, c'est-à-dire un facteur héréditaire, serait associée à l'anorexie. Certains neurotransmetteurs responsables de la régulation endocrinienne dans le cerveau seraient également en cause.

Les facteurs socioculturels La minceur extrême véhiculée par les médias dans notre société correspond à une image inaccessible, voire malsaine, de la femme idéale que les adolescentes assimilent. Le stéréotype de la minceur devient alors une caractéristique incontournable de la femme séduisante et attirante (Pelletier, Dion et Lévesque, 2004). L'affirmation sociale de l'adolescente semble conditionnée par l'image de ce corps ultramince qu'elle devra maîtriser pour en faire un instrument de puissance et non de plaisir. Même les programmes de

Anorexie mentale Syndrome caractérisé par « une diète extrême, une peur intense de prendre du poids, une perception faussée de son propre corps, des exercices excessifs et un refus obstiné de se maintenir à un poids normal ». Chez les personnes affectées par ce trouble, la perte de poids finit par produire une variété de symptômes physiques associés à la sous-alimentation.

conditionnement mettent l'accent sur la minceur plutôt que sur le maintien d'un poids santé et d'une bonne forme physique. Ce stéréotype de la minceur débute dès l'enfance : on a constaté son influence même parmi les plus jeunes dans un groupe de filles âgées de 6 à 12 ans (Murnen, Smolak, Mills et Good, 2003). Les chercheurs ont aussi noté que la tendance chez ces jeunes filles à se comparer à un modèle idéal de minceur augmentait à mesure qu'elles s'approchaient de la puberté (Hermes et Keel, 2003).

Les facteurs individuels   Certaines attitudes personnelles constituent un terreau propice aux troubles alimentaires, notamment une grande sensibilité au jugement des autres, une immaturité affective, un refus de devenir adulte, une faible estime de soi, un sentiment d'impuissance ou d'inaptitude, une très grande compétitivité et l'association de l'apparence physique au succès.

Les facteurs familiaux   Une mauvaise communication au sein de la famille et le manque d'autonomie de quelques-uns de ses membres, la rigidité et la surprotection des parents ainsi que des antécédents familiaux de troubles alimentaires, d'alcoolisme et de dépression peuvent créer un contexte favorable à l'apparition de troubles alimentaires.

Autres facteurs   Aux quatre types de facteurs de risque reconnus s'ajoutent aussi les suivants : une personnalité présentant une forte instabilité émotionnelle, un historique familial de troubles alimentaires ainsi que le fait d'avoir une amie qui a souffert d'anorexie ou de boulimie (Tylka, 2004).

Pause APPRENTISSAGE

La santé

1. À quels domaines s'appliquent les comportements à risque ? Donnez des exemples et expliquez-les.

2. Quelles sont les conséquences possibles de la maternité chez les adolescentes ?

3. Que sont la boulimie et l'anorexie mentale ? Quelles en seraient les causes ?

LE MONDE RÉEL

L'anorexie frappe au primaire

Un mal de l'adolescence, l'anorexie ? Plus maintenant. Cette maladie fait de plus en plus de ravages dans les cours d'école, à un âge où on s'amuse normalement à jouer à la marelle plutôt qu'avec sa vie. Un peu partout, les spécialistes des troubles alimentaires constatent avec étonnement cette introduction par effraction de l'anorexie dans le doux âge de l'innocence.

À l'hôpital Sainte-Justine, où le Dr Jean Wilkins suit depuis 35 ans les jeunes souffrant de troubles du comportement alimentaire, l'âge des filles qui se retrouvent dans son bureau le laisse pantois. Il y a quelques semaines, on lui a confié deux fillettes d'à peine 10 ans qui se laissaient dépérir. Pour rescaper *in extremis* ces deux petites libellules fragilisées, il se peut que la seule arme se résume au gavage forcé : l'alimentation par un tube inséré par la narine jusque dans l'œsophage, et l'hydratation par soluté. Au début de sa carrière, le Dr Wilkins traitait les jeunes filles blanches de 16 ans issues de milieux nantis. Des premières de classe de collèges privés. Aujourd'hui, la maladie frappe toutes les couches de la société, y compris des garçons, constate-t-il. Et, surtout, des enfants plus jeunes. La Dre Franzisca Baltzer, responsable de la clinique de l'adolescence de l'Hôpital de Montréal pour enfants (HME), a aussi hospitalisé, l'automne dernier, une fillette de huit ans pesant 30 kilos, au pouls incertain, qui avait perdu trois ou quatre kilos. « En 12 ans de pratique, je n'avais eu à traiter qu'une seule enfant de moins de 12 ans. Mais depuis deux ans, j'ai eu au moins 20 cas », raconte-t-elle.

Si on s'inquiète tant, c'est que l'anorexie à l'enfance n'est pas qu'une banale affaire de perte de poids. Grave à tout âge, l'anorexie chez les jeunes enfants entraîne l'arrêt complet de la croissance. « Quand elles sont plus jeunes, il y a un impact encore plus grand sur la santé car cela freine carrément leur développement pubertaire. Leurs menstruations peuvent ne réapparaître qu'à 17 ou 18 ans », explique le Dr Wilkins. « Et ce qui est encore plus grave, renchérit la Dre Baltzer, c'est qu'on ne sait pas si on peut rattraper cette croissance plus tard car on n'a pas encore assez de recul. » À l'âge prépubère survient normalement un durcissement des os, un renforcement du cœur et une augmentation de la masse du cerveau pour que le corps se prépare à la croissance accélérée que provoquera bientôt l'adolescence. Or, l'anorexie nerveuse a de graves conséquences sur le corps et les signes vitaux. Privé d'énergie pour fonctionner, le corps sous-alimenté réduit la circulation sanguine en périphérie pour la concentrer vers le muscle cardiaque, provoquant ainsi l'hypothermie dans les membres et une chute de la pression artérielle. Le rythme cardiaque chute jusqu'à 50 battements à la minute, voire 30 ou 40 battements la nuit. À ce stade, c'est l'alerte. « C'est notre critère pour les hospitaliser. En bas de 50 battements à la minute, il faut les surveiller de près jour et nuit car il y a des risques d'arrêt cardiaque », précise le Dr Wilkins.

De fait, l'anorexie nerveuse est la maladie mentale qui affiche le plus haut taux de mortalité, pouvant atteindre jusqu'à 10 % de décès. Avant d'en arriver là, le corps est soumis à de rudes épreuves. Affamé, il commence à se nourrir de masse musculaire. Privé des gras essentiels à sa croissance, le cerveau s'atrophie et sécrète un taux anormal de sérotonine. Alerté, le corps commence à libérer du cortisol, une hormone du stress qui empêche les os de durcir normalement. La carence en protéines rend la peau et les cheveux secs et cassants. « Ce qui est difficile avec les plus petites, contrairement aux adolescentes, c'est qu'elles sont inconscientes de l'impact de la sous-alimentation sur leur santé », soutient Line Roy, infirmière responsable des troubles alimentaires à l'hôpital Sainte-Justine.

La chute récente de l'âge des anorexiques oblige la médecine à refaire ses devoirs et à revoir complètement ses critères pour diagnostiquer la maladie. Avant, les médecins concluaient à l'anorexie en présence des quatre A: adolescence, aménorrhée (arrêt des menstruations), amaigrissement et alimentation restrictive. Or, de nos jours, les enfants qui glissent dans l'anorexie n'ont jamais atteint les deux premiers critères ni même, parfois, le troisième. En effet, affirme la Dre Baltzer, plusieurs fillettes anorexiques de huit, neuf ou dix ans n'ont pas encore leurs règles et perdent peu ou pas de poids. Chez les prépubères, la maladie est donc beaucoup plus difficile à diagnostiquer pour celui qui n'a pas l'œil aiguisé.

Qui faut-il blâmer pour ce mal étrange? On a longtemps accusé le lavage de cerveau exercé par la publicité et le monde de la mode, obsédée par la minceur, la nudité et une certaine forme de beauté, de déclencher cette folie de la maigreur chez les adolescentes. Mais dans le cas des enfants, les spécialistes sont déroutés. « Il faut réajuster nos façons de faire avec les enfants. Il ne se passe pas la même chose dans leur tête que dans celle d'adolescentes de 15 ans. Elles ne parlent pas des filles qu'on voit dans les magazines. C'est une peur inconsciente de vieillir », explique Mme Roy.

Pendant des lustres, on a accusé les mères trop strictes d'être à la source de l'anorexie de leurs filles. Or aujourd'hui, plusieurs chercheurs, dont le Dr Howard Steiger, directeur du programme des troubles alimentaires de l'hôpital Douglas, battent en brèche cette théorie culpabilisante pour les parents et mettent plutôt en cause une vulnérabilité génétique que certains événements générateurs de stress – par exemple, la transition vers l'adolescence, la séparation des parents, une maladie grave ou une agression physique ou sexuelle – activeraient.

« Ce qui est sûr, c'est que certains gènes, notamment ceux qui régissent la production de sérotonine, peuvent rendre une personne plus vulnérable à l'anorexie ou à la boulimie. Mais ce trouble ne se développera que si certaines conditions se présentent dans l'environnement de la personne », explique le Dr Steiger, qui multiplie les recherches sur le rôle de la sérotonine et d'autres systèmes neurobiologiques dans ces maladies.

Cela étant, l'anorexie ne se règle pas avec des pilules. « Même s'il y a un aspect physiologique à la maladie, ça ne veut pas dire que le traitement doit être biologique. Notre approche est toujours basée sur la psychothérapie. Et le seul vrai médicament, c'est la nourriture! », insiste le Dr Steiger.

Il reste que les médecins qui soignent ces jeunes enfants se posent de plus en plus de questions quant à l'impact du discours omniprésent et culpabilisant sur l'obésité. À cet âge vulnérable où le corps est en proie à toutes les transformations et où il est normal d'avoir constamment faim, il ne faut pas inciter les enfants à surveiller leur poids, poursuit-il. Selon la Dre Baltzer, il est clair que pour les jeunes enfants, l'environnement familial peut être déterminant, mais pas toujours dans le sens où on l'entendait auparavant. Sans s'en rendre compte, certains adultes transmettent à leurs enfants leur propre rapport obsessionnel à la nourriture et au corps. Habités par la perfection et la performance, ils inculquent à leur insu un message délétère à leurs enfants, qui finissent par angoisser à la vue du moindre petit bout de gras.

Et si les fillettes adoptent le code vestimentaire des adolescentes en exposant leur nombril, en suivant la même musique et en idolâtrant les mêmes chanteurs, faut-il s'étonner qu'elles finissent par souffrir des mêmes maux? soulève la Dre Baltzer. « D'après moi, cette hypersexualisation des fillettes les entraîne à avoir des manies d'adultes avant l'âge. Très tôt, elles développent cette peur de vieillir qui les mène à stopper leur croissance », poursuit la médecin. Selon elle, c'est tout l'environnement culturel et social des enfants qui est subtilement anorexigène.

Source: Adapté d'un article d'Isabelle Paré, « L'anorexie frappe au primaire », journal *Le Devoir*, édition du 18-19 février 2006.

LE DÉVELOPPEMENT COGNITIF

La plupart des adolescents parviennent à effectuer des types de raisonnement qui leur semblaient auparavant inaccessibles. Piaget fut le premier à tenter d'expliquer ce changement dans le mode de pensée des adolescents.

L'APPROCHE DE PIAGET: LA PÉRIODE DES OPÉRATIONS FORMELLES

À la suite de ses observations, Piaget est arrivé à la conclusion que la **période des opérations formelles** émergeait rapidement à l'adolescence, soit à l'âge de 12 à 16 ans. Cette période comporte les cinq caractéristiques qui sont présentées au tableau 9.4. Il est important de souligner que ces caractéristiques, et surtout les trois premières, *désignent plusieurs aspects d'une même pensée qui se détache du concret et du réel pour se situer dans un ensemble de transformations possibles.*

Les cinq caractéristiques de la période des opérations formelles

Examinons une à une les cinq caractéristiques de la période des opérations formelles.

Période des opérations formelles Selon la théorie de Piaget, il s'agit de la quatrième et dernière période importante du développement cognitif. Elle apparaît à l'adolescence, lorsque l'enfant devient capable de manipuler et d'organiser tant les idées que les objets.

Tableau 9.4	*Les caractéristiques des opérations formelles*

1. Du concret à l'abstrait La pensée n'est plus limitée à des objets tangibles ou à des événements réels; elle peut dorénavant porter sur des situations abstraites. Exemple: À quoi ressemblerait un monde où les humains n'auraient pas de mémoire?

2. Du réel au possible L'adolescent est capable d'envisager les différentes possibilités d'une situation en se détachant d'une perspective unique. Cette caractéristique comprend aussi l'envol de l'imaginaire. Exemple: Un petit avion s'écrase lors d'une excursion de pêche. Quelles sont les causes possibles de cet accident?

3. Prévision des conséquences à long terme L'adolescent peut envisager les diverses options et possibilités qui s'offrent à lui et prévoir les conséquences de ses actions ou de ses choix à long terme. Exemple: Un étudiant doit décider s'il entreprendra ou non des démarches pour poursuivre ses études à l'étranger afin de compléter sa formation.

4. Logique déductive Devant un problème, l'adolescent peut poser des hypothèses et les vérifier systématiquement (ce qu'on appelle la pensée hypothético-déductive). Exemple: Si tous les A sont B et tous les B sont C, alors tous les A sont C.

5. Résolution systématique des problèmes Devant un problème, l'adolescent est capable de chercher systématiquement et méthodiquement la réponse. Exemple: Le problème du pendule (voir p. 255).

DU CONCRET À L'ABSTRAIT

L'adolescent passe d'un mode de pensée qui opère sur le réel, le concret ou le perceptible à un mode de pensée qui peut opérer sur des données et des propositions abstraites ou encore sur des hypothèses. L'une des premières étapes de ce processus est la capacité d'étendre ses habiletés de raisonnement opératoire concret à des objets qu'il ne peut pas manipuler et à des situations dont il n'a jamais fait l'expérience.

> **Exemple:** Quel serait le meilleur système d'éducation au Québec? Un enfant de la période des opérations concrètes proposerait des idées relatives au domaine pratique, comme un plus grand choix d'activités parascolaires, alors que les suggestions de l'adolescent seraient davantage abstraites, comme une plus grande liberté pour les élèves.

DU RÉEL AU POSSIBLE

L'adolescent commence à envisager toutes les possibilités d'une situation afin de combiner mentalement les différentes relations possibles. La capacité de raisonner sur des propositions abstraites libère l'intelligence du réel et la rend indépendante du contenu.

> **Exemple:** Un automobiliste perd le contrôle de sa voiture; celle-ci quitte la route et frappe un arbre. Quelles pourraient être les causes de cet accident? Alors qu'un enfant de la période des opérations concrètes n'avancera qu'une explication possible, soit la maladresse du conducteur, un adolescent envisagera plusieurs possibilités: la maladresse du conducteur, une chaussée glissante, un bris mécanique, un malaise du conducteur, etc.

Cette nouvelle capacité permet à l'adolescent d'imaginer des mondes possibles en dehors du monde réel, comme concevoir ce à quoi pourrait ressembler une civili-

sation extraterrestre. L'adolescent peut aussi utiliser cette nouvelle capacité intellectuelle pour penser à un monde idéal et le comparer au monde réel. Il n'est pas surprenant de constater que le monde idéal de l'adolescent est très loin de sa réalité vécue. Piaget parle d'«idéalisme naïf» pour décrire ce nouvel outil cognitif (Piaget et Inhelder, 1969). L'adolescent peut alors décider de réagir à ce constat négatif en essayant de «changer le monde». Pour plusieurs, les changements proposés sont personnels. Ainsi, un adolescent dont les parents sont divorcés depuis plusieurs années peut soudainement décider d'aller vivre avec l'autre parent dont il est séparé parce qu'il croit que sa vie sera meilleure. Un autre adolescent peut décider de militer dans un groupe politique ou religieux.

LA PRÉVISION DES CONSÉQUENCES À LONG TERME

L'adolescent commence à penser à l'avenir de façon systématique. Il peut envisager les diverses options ou possibilités qui s'offrent à lui et prévoir les conséquences de ses actions à long terme. Il peut réfléchir aux implications possibles des choix qu'il a à faire.

> **Exemple:** Quel sera mon avenir si je fais des études supérieures? Et si je n'en fais pas? Quel métier vais-je exercer plus tard? L'adolescent de la période des opérations formelles est plus susceptible de se poser ce type de questions que l'enfant de la période des opérations concrètes.

Une recherche de Catherine Lewis (1981) a démontré que cette nouvelle habileté cognitive de l'adolescent modifiait aussi sa façon de prendre des décisions. Lewis a soumis à des adolescents de 13, 15 et 17 ans des dilemmes difficiles à résoudre, comme celui de décider si on doit ou non subir une intervention chirurgicale délicate visant à corriger une difformité importante du visage. Or, 42% des adolescents âgés de 17 ans ont mentionné dans leurs réponses les possibilités futures, comparativement à 11% des adolescents âgés de 13 ans.

Au sujet de la chirurgie esthétique, par exemple, un adolescent de 17 ans a répondu: «Bien, vous devez considérer plusieurs choses… qui peuvent être importantes plus tard dans votre vie. Ce geste peut-il avoir des conséquences sur votre avenir et sur les personnes que vous rencontrerez?» Un autre, âgé de 13 ans, a quant à lui répondu: «Les questions que je me poserais avant de subir une telle opération sont celles-ci: Est-ce que les filles vont refuser de sortir avec moi? Combien va coûter cette opération? Est-ce que les gars de l'école vont encore me harceler?»

Comme on peut le constater, l'adolescent de 13 ans répond selon son groupe d'âge, il pense en termes concrets et en fonction de l'«ici et maintenant», alors que celui de 17 ans considère ce qui peut arriver dans l'avenir. Il faut cependant noter que, dans la recherche de Lewis, près de trois adolescents sur cinq âgés de 17 ans n'ont pas abordé les conséquences à long terme dans leurs réponses.

4. LA LOGIQUE DÉDUCTIVE

La logique inductive de l'enfance permet d'aboutir à une conclusion ou à une règle en se basant sur des expériences ou des observations individuelles. La *logique déductive*, qui constitue une forme de raisonnement plus complexe qu'on nomme aussi **raisonnement hypothético-déductif**, suppose une relation de type « si..., alors... » comportant une hypothèse de départ. Par exemple, « si tous les êtres sont égaux, alors vous et moi sommes égaux ». Dès l'âge de quatre ou cinq ans, les enfants peuvent comprendre une telle relation si l'hypothèse de départ est vérifiable dans les faits. Par contre, c'est seulement à l'adolescence qu'il est possible de comprendre la relation logique fondamentale et de l'appliquer (Mueller, Overton et Reene, 2001 ; Ward et Overton, 1990).

Une grande part de la logique scientifique est de type déductif. On part d'une théorie ou d'un principe général pour émettre des propositions et arriver à une application particulière — si cette théorie est vraie, nous devrions donc observer tel phénomène. Dans cette démarche, on va bien au-delà de l'observation : on se penche sur des éléments, des choses ou des événements qu'on n'a jamais vus et dont on n'a jamais fait l'expérience, mais qui devraient être observables et vérifiables. Cette transformation de la pensée atteste la continuité du processus de décentration qui commence beaucoup plus tôt dans le développement cognitif. L'enfant de la période préopératoire se libère graduellement de sa perspective égocentrique afin de pouvoir tenir compte de la perspective physique ou émotionnelle des autres. Pendant la période des opérations formelles, l'adolescent fait un autre pas en avant en se libérant des contingences de ses expériences particulières.

5. LA RÉSOLUTION SYSTÉMATIQUE DES PROBLÈMES

La pensée hypothético-déductive permet à l'adolescent de générer plusieurs hypothèses de résolution d'un problème particulier, d'en vérifier la pertinence et finalement d'en tirer les conclusions appropriées. Pour étudier cette méthode, Piaget et sa collaboratrice Barbel Inhelder ont soumis à des adolescents des problèmes complexes provenant pour la plupart du domaine des sciences physiques (Inhelder et Piaget, 1958). Dans l'un d'eux, le *problème du pendule*, les sujets se sont vu attribuer plusieurs cordes de différentes longueurs et une série d'objets de poids variés pouvant être attachés à une corde pour faire un pendule. On leur avait enseigné que, pour

Les classes de sciences au secondaire pourraient être le premier lieu où l'adolescent fera appel à la logique déductive.

mettre le pendule en marche, il fallait donner une impulsion au poids, tout en variant la force initiale de cette impulsion et en laissant tomber le poids à des hauteurs différentes. La tâche du sujet consistait à trouver quel facteur ou quelle combinaison de facteurs déterminait la rapidité d'oscillation du pendule, soit la durée d'un mouvement complet : la longueur de la corde, le poids de l'objet, la force de l'impulsion ou la hauteur du poids. (En fait, seule la longueur de la corde influe sur la période d'oscillation du pendule.)

Pour résoudre ce problème, un enfant parvenu à la période des opérations concrètes essaiera plusieurs combinaisons de facteurs en faisant varier la longueur de la corde, en plaçant des poids différents, en donnant des impulsions variées à diverses hauteurs. Ainsi, il utilisera un poids lourd avec une longue corde, puis un poids léger avec une petite corde. La longueur de la corde et le poids ayant été modifiés en même temps, il lui sera impossible de tirer une conclusion concernant l'effet spécifique de chacun des facteurs. Et comme son approche du problème n'est pas systématique, il risque de reprendre des combinaisons déjà testées et d'en oublier d'autres.

Les adolescents parvenus à la période des opérations formelles adoptent généralement une approche plus systématique. Ils réfléchissent d'abord à la question, puis précisent leur plan pour essayer de manière systématique toutes les combinaisons possibles des facteurs

Raisonnement hypothético-déductif Capacité de tirer des conclusions de prémisses hypothétiques.

concernés. C'est ce qu'on nomme la **résolution systématique des problèmes**. Ils vont faire l'expérience avec un seul des quatre facteurs à la fois en le faisant varier, tout en maintenant les autres facteurs constants. Ils placeront un objet lourd au bout de chaque longueur de corde, puis ils renouvelleront l'opération en accrochant un objet léger au bout des cordes. Ils procéderont de la manière la plus systématique qui soit pour découvrir ce qui fait varier la durée du mouvement du pendule. Ils pourront ainsi obtenir des données pertinentes et les interpréter de manière appropriée. Bien sûr, tous les adolescents et tous les adultes ne sont pas aussi méthodiques et organisés dans leur approche. On constate néanmoins une différence notable dans la stratégie utilisée par un enfant de 10 ans et dans celle utilisée par un adolescent de 15 ans qui est passé des opérations concrètes aux opérations formelles.

Les nouvelles perspectives de la période des opérations formelles

La plupart des travaux sur les opérations formelles tentent de répondre à deux questions fondamentales.

EXISTE-T-IL VRAIMENT UN CHANGEMENT ?

Il est indéniable que de nouvelles caractéristiques de la pensée émergent à l'adolescence, notamment la perception de l'univers des possibilités et la capacité d'utiliser un raisonnement déductif. Comme l'écrit le chercheur John Flavell (1985), la pensée de l'enfant d'âge scolaire est axée sur la réalité empirique, alors que celle de l'adolescent se projette dans un monde de spéculation et de possibilité.

Une recherche transversale de Susan Martorano (1977) fournit une bonne illustration de la théorie du changement cognitif. Elle a fait passer un test à un échantillon d'adolescents composé de 20 filles appartenant à quatre classes différentes : 6e année du primaire, 2e et 4e années du secondaire et 1re année du collégial. Le test comportait 10 tâches, la plupart conçues par Piaget lui-même, qui faisaient appel à une ou plusieurs opérations formelles. La figure 9.4 illustre les résultats obtenus pour deux de ces tâches : le problème du pendule, que nous venons de voir, et le *problème de la balance,* qui consiste à prédire de quel côté l'instrument penchera selon le nombre de poids et leur position sur chaque bras (figure 9.5). Pour résoudre le problème avec les opérations formelles, l'adolescent doit simultanément prendre en considération les facteurs de poids et de distance. Notons que dans les deux tâches les filles plus âgées réussissent en général mieux, et que l'amélioration la plus notable survient à l'âge de 13 à 15 ans.

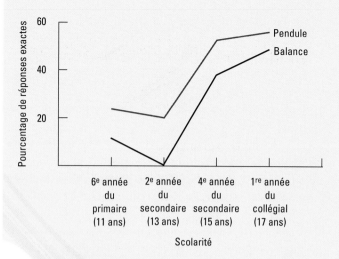

Figure 9.4
L'étude de Martorano
Ce graphique illustre les résultats obtenus à deux des dix tâches faisant appel à des opérations formelles, qui ont été effectuées par des élèves au cours d'une étude transversale de Martorano.

Source: Martorano, 1977, p. 670.

Les opérations formelles semblent aussi permettre à l'adolescent de comprendre à un niveau plus élevé le langage figuré, telles les métaphores. Par exemple, un proverbe comme *Pierre qui roule n'amasse pas mousse* est habituellement interprété de façon littérale par les enfants de 6 à 11 ans. À 12 ou 13 ans, la plupart des adolescents peuvent comprendre cette expression, mais ce n'est qu'un peu plus tard qu'ils peuvent l'insérer dans leur langage quotidien (Gibbs et Beitel, 1995).

ATTEIGNONS-NOUS TOUS LA PÉRIODE DES OPÉRATIONS FORMELLES ?

Il semble que non. Les premières données de Piaget faisaient état de la possibilité que de nombreux adolescents n'atteignent pas la pensée formelle. D.P. Keating (1980) estime que, dans les pays industrialisés, de 50 % à 60 % des jeunes de 18 à 20 ans se servent des opérations formelles, et seulement à l'occasion. De plus, des études récentes ont enregistré les mêmes taux que ceux observés durant les années 1960, 1970 et 1980 (Bradmetz, 1999). Dans les pays non industrialisés, ce taux est encore plus bas.

Chez les adultes, une étude a démontré que l'utilisation de la pensée formelle augmentait avec le nombre d'années de scolarité. Ainsi, on trouve davantage cette forme de pensée chez les personnes instruites

Résolution systématique des problèmes Processus qui permet de trouver une solution à un problème en validant les facteurs un à un.

Figure 9.5
L'expérience de la balance
Cette balance est semblable à celle que Robert
S. Siegler a utilisée dans sa recherche. Elle était
maintenue par un levier pendant que l'expérimentateur plaçait des poids sur une ou plusieurs
chevilles, d'un côté ou de l'autre de l'instrument.
À chaque nouvelle combinaison de poids,
on demandait à l'enfant de prédire de quel côté
pencherait la balance une fois le levier retiré.

Source : Adapté de Siegler, 1981, p. 7.

(Mwamwenda, 1999). Selon les psychologues du développement, il y aurait actuellement consensus sur le fait suivant : tous les adolescents et les adultes ne souffrant pas
de déficience intellectuelle seraient dotés d'une capacité
de logique formelle, mais seuls ceux dont le style de vie
l'exige (le type de travail et les demandes d'une éducation supérieure) en maîtriseraient réellement l'usage.
Ainsi, les personnes dont les tâches, la culture ou les situations quotidiennes ne requièrent pas l'usage de la pensée formelle ne la développeraient tout simplement pas.

L'APPROCHE DU TRAITEMENT DE L'INFORMATION : LES TRANSFORMATIONS GRADUELLES DES HABILETÉS COGNITIVES

Contrairement à Piaget, qui considère les nouvelles habiletés cognitives de l'adolescent comme le résultat d'une
évolution marquée par des stades ou des périodes de
croissance accélérées, les tenants de l'approche du traitement de l'information affirment que les adolescents
connaissent une croissance graduelle et continue de leurs
habiletés cognitives, notamment la *capacité d'extraire,
d'utiliser et de stocker l'information*. Les adolescents traitent
l'information plus rapidement et plus efficacement, ils
sont plus conscients de leurs processus mnémoniques et
ont davantage de connaissances que les plus jeunes (Kail,
1990, 1997). De ce point de vue, les changements touchant
les processus du traitement de l'information sont au cœur
même de l'importante transformation des habiletés mentales observées durant l'adolescence.

Cette transformation est provoquée par les changements suivants :

• la façon dont les adolescents perçoivent le monde qui
les entoure ;

• la conception de stratégies afin d'affronter de nouvelles
situations ;

• la classification des données et des faits observés ;

• l'amélioration des capacités mnémoniques et percep-
tuelles (Burbules et Lin, 1988 ; Pressley et Schneider,
1997 ; Wellman et Gelman, 1992).

Les progrès accomplis pendant l'adolescence sont
énormes. Quoique l'intelligence générale mesurée par les
tests de QI demeure sensiblement la même, les habiletés
verbales, spatiales et mathématiques augmentent ainsi que
la capacité mnémonique. Les adolescents sont capables
de porter attention à plus d'un élément à la fois, comme
étudier pour un examen de psychologie tout en écoutant
leur groupe rock préféré. Par contre, les résultats de ce
mariage sont discutables...

De plus, les adolescents connaissent une amélioration remarquable et très raffinée de leur capacité à
comprendre les éléments d'un problème, à saisir des
concepts abstraits et à penser de façon hypothétique aux
différentes possibilités que présente une situation particulière. Ils connaissent mieux le monde. Leur capacité
mnémonique et leur aptitude à stocker des connaissances
augmentent au fur et à mesure qu'ils sont exposés à de
nouvelles informations (Pressley, 1987). Dans l'ensemble,
on observe une amélioration marquée des habiletés mentales jusqu'autour de la vingtaine.

Ce sont les processus de métacognition qui seraient
responsables de ce bond cognitif prodigieux chez l'adolescent. La métacognition, rappelons-le, est la prise de conscience par un individu de ses processus de pensée et
d'acquisition des connaissances ainsi que de son habileté à utiliser ces processus. Par exemple, plus l'adolescent

L'utilisation de la pensée
formelle chez cette adolescente
égyptienne peut sensiblement
se distinguer de celle d'une
adolescente d'Amérique du Nord
ou d'Europe occidentale.

Pensez-vous qu'une mécanicienne compétente, comme cette jeune femme sur la photographie, recourt aux opérations formelles dans son travail?

prend conscience de sa capacité à stocker l'information, mieux il évalue le temps requis pour préparer un examen. En outre, sa capacité à traiter l'information écrite (par exemple dégager le plan d'un texte et résumer ce texte) s'améliore considérablement vers l'âge de 15 ans. Ces améliorations notables lui permettent d'être plus efficace dans le traitement des nouvelles connaissances qu'il acquiert (Garner et Alexandre, 1989; Landine et Stewart, 1998; Nelson, 1990, 1994).

D'un autre côté, ces bonds prodigieux dans le traitement de l'information n'entraînent pas seulement des conséquences positives; ils peuvent aussi être à l'origine d'une introspection prononcée et d'une conscience de soi exacerbée.

L'ÉGOCENTRISME À L'ADOLESCENCE

Pierre-Luc est furieux contre ses parents. Il les trouve injustes d'exiger qu'il rende des comptes après leur avoir emprunté la voiture familiale. Amélie est en colère contre Carolane parce que cette dernière s'est acheté des boucles d'oreilles identiques aux siennes et qu'elle insiste pour les porter à l'école. Julie-Pierre est furieuse contre son professeur de biologie, qui a préparé un examen très difficile. Ces trois adolescents sont fâchés. Pour l'observateur extérieur, pourtant, leurs raisons de l'être semblent injustifiées. Ces sentiments exacerbés seraient-ils liés à l'égocentrisme caractéristique de l'adolescence?

Selon David Elkind, psychologue du développement, l'adolescence favorise un état de centration sur soi selon lequel le jeune perçoit le monde à partir de son seul point de vue (Elkind, 1967, 1985). L'égocentrisme rend toute figure d'autorité rébarbative aux adolescents, qui sont incapables d'accepter la critique et qui se montrent particulièrement prompts à mettre en tort les comportements des autres. Il correspondrait à un état cognitif qui apparaîtrait de manière récurrente et sous diverses formes tout au long du développement plutôt qu'à un stade précis.

Ce type d'égocentrisme explique le fait que l'adolescent peut parfois éprouver des difficultés à distinguer ses préoccupations personnelles de celles des autres; il se croit alors le centre d'intérêt, ce qu'Elkind décrit comme la perception d'avoir un **public imaginaire**. S'appuyant sur ses nouvelles habiletés métacognitives, l'adolescent imagine facilement que les autres parlent de lui, et il se construit des scénarios afin de comprendre ce que les autres pensent de lui. Le concept de public imaginaire s'exprime chez l'élève ou le collégien qui, assis en classe, est certain que le professeur ne regarde que lui et personne d'autre. Il s'exprime aussi chez le jeune joueur de basketball qui s'imagine que tous les spectateurs n'ont d'yeux que pour lui.

L'égocentrisme provoque aussi une autre distorsion de la pensée chez l'adolescent: l'impression que sa propre expérience est unique. La **fable personnelle** désigne la tendance à percevoir ses propres idées et sentiments comme uniques et très importants et à croire que personne d'autre ne peut comprendre l'intensité du sentiment que l'on vit. Par exemple, les adolescents qui vivent une rupture amoureuse ont le sentiment que personne n'a jamais ressenti une blessure aussi profonde que la leur, que personne n'a été traité avec autant de méchanceté et que, par le fait même, personne ne comprend ce qu'ils éprouvent. La fable personnelle de l'adolescent serait une extension du phénomène du compagnon imaginaire observé chez l'enfant de trois ans. Au début de l'adolescence, la fable personnelle porte à des rêveries où les identifications aux héros de romans, de films ou de bandes dessinées prennent un caractère quasi réel.

Ce phénomène est aussi accompagné d'un sentiment d'invulnérabilité, une forme de face-à-face avec le danger (Klaczynski, 1997). Par exemple, les adolescentes peuvent penser qu'elles n'ont pas à se protéger lors d'une relation sexuelle parce qu'elles ne peuvent tomber

---

Public imaginaire Conviction chez l'adolescent que les personnes qui l'entourent se préoccupent autant de ses propres pensées et sentiments que lui-même.

Fable personnelle Croyance voulant que ce qui nous arrive est unique, exceptionnel et n'est partagé par aucune autre personne.

enceintes ou contracter une maladie transmissible sexuellement comme le sida. Il en est de même des adolescents qui conduisent en état d'ébriété parce qu'ils se perçoivent comme des conducteurs émérites, toujours maîtres de la situation! Les comportements à risque des adolescents sont généralement associés à la fable personnelle (Arnett, 1995; Dolcini et autres, 1989; Lightfoot, 1997). Il existe d'autres formes d'égocentrisme propres à l'adolescence, comme la conscience de soi excessive et le narcissisme. Ces formes s'expriment notamment par l'écriture d'un journal intime, par la critique de l'autorité et par le chauvinisme («la production musicale de ma génération est bien meilleure que celle de ta génération»). Selon certains théoriciens du développement, toutes ces formes d'expression d'égocentrisme pourraient faciliter le processus de développement de l'identité à l'adolescence.

Pause
APPRENTISSAGE

Le développement cognitif

1. Expliquez les cinq caractéristiques de la pensée formelle.

2. Existe-t-il un changement réel dans la structure cognitive à l'adolescence? Expliquez votre réponse.

3. Comment peut-on expliquer le fait que tous les individus n'atteignent pas le niveau de la pensée formelle?

4. Expliquez les notions de public imaginaire et de fable personnelle.

5. Quels changements cognitifs surviennent à l'adolescence selon l'approche du traitement de l'information?

... SUR L'EXPÉRIENCE SCOLAIRE

Nous savons que l'expérience de l'école constitue un facteur déterminant dans le développement de l'enfant. Nous allons maintenant voir comment cette expérience continue d'être tout aussi importante dans la vie de l'adolescent.

Tout comme l'expérience scolaire est formatrice pendant l'enfance, l'école agit comme une force centrale dans la vie des adolescents, mais l'effet est différent. Bien que les élèves à l'école secondaire acquièrent plus de connaissances et que l'apprentissage favorise le développement de la pensée formelle, la scolarité remplit de nombreuses autres fonctions. Pour l'adolescent, l'école secondaire n'est pas seulement un lieu d'expérimentation de nouvelles habiletés sociales, elle est aussi un lieu par lequel la société tente de façonner ses attitudes et ses comportements pour le préparer à la vie adulte. Les écoles secondaires offrent différents cours qui favorisent la réflexion sur des questions d'actualité. Les conseillers d'orientation guident également l'adolescent dans le choix de ses études collégiales et universitaires ou d'une carrière professionnelle. Par ailleurs, les activités sportives organisées offrent des chances de succès (ou d'échecs) parascolaires.

Malgré ces divers rôles éducatifs de l'école secondaire, c'est à la réussite scolaire que la plupart des chercheurs se sont intéressés. En effet, la société considère la réussite scolaire comme une mesure clé du succès ou de l'échec du parcours de l'adolescence. Nous allons donc nous pencher sur les deux pôles du continuum, soit les adolescents qui persistent dans leurs études et ceux qui les abandonnent.

La persévérance et la réussite

Le meilleur outil prédictif de la performance scolaire d'un élève à l'école secondaire est le QI. S'il est vrai que les enfants issus de la classe moyenne sont plus susceptibles de réussir leurs études que ceux qui sont issus d'un milieu défavorisé, l'appartenance à une classe sociale donnée n'est que très faiblement liée à la réussite scolaire. En effet, pour chaque groupe ethnique et pour chaque milieu social, les élèves qui ont un QI élevé ont plus de chances d'obtenir de bonnes notes, de mener à bien leurs études secondaires, de poursuivre des études supérieures et de connaître du succès sur le plan professionnel.

Un autre indicateur d'une bonne adaptation à l'école secondaire est le sentiment d'**efficacité personnelle** qui se développe pendant l'enfance, mais qui occupe une place importante dans le succès scolaire à l'adolescence. Albert Bandura (1977b, 1982c, 1986), dont nous avons abordé les travaux au chapitre 1, parle d'autoefficacité pour désigner ce sentiment. Ainsi, l'efficacité personnelle se décrit comme la confiance qu'entretient une personne en ses aptitudes à effectuer une tâche, à maîtriser son comportement ou son environnement, à atteindre un but ou à provoquer un événement. Cette confiance en soi constitue un aspect de ce que nous avons appelé le modèle interne du concept de soi, et elle est influencée par les expériences passées relatives à la maîtrise des tâches ou à la capacité de surmonter des obstacles.

Efficacité personnelle
Selon Bandura, confiance d'un individu en sa capacité de provoquer des événements, d'exécuter une tâche ou de mener un projet à terme.

Ainsi, de bonnes habiletés intellectuelles ne constituent pas un facteur suffisant à la réussite scolaire, le sentiment d'efficacité personnelle y jouant un rôle tout aussi important. Bien sûr, les enfants doués ont plus de facilité à faire leurs travaux scolaires, et leur succès leur permet d'acquérir une plus grande confiance en leur efficacité personnelle. Par ailleurs, même s'ils proviennent de milieux défavorisés ou doivent affronter divers obstacles, ceux qui réussissent ont des parents qui nourrissent à leur égard des aspirations élevées ou utilisent un style d'éducation démocratique. Ainsi, quels que soient la situation économique de la famille ou le groupe ethnique d'appartenance, les adolescents ont de meilleurs résultats scolaires si leurs parents établissent des règles claires, encouragent la réussite, sont chaleureux et compréhensifs et ont de grandes capacités de communication. Le milieu familial influe donc sur la réussite scolaire et vice versa.

L'école secondaire ne représente donc pas seulement une expérience scolaire : elle constitue aussi un milieu dans lequel les adolescents apprennent divers éléments relatifs au statut d'adulte, expérimentent de nouvelles relations sociales et se comparent aux autres sur le plan intellectuel et sportif.

Le décrochage

Malheureusement, certains étudiants abandonnent leurs études et quittent l'école secondaire sans avoir obtenu leur diplôme. Toutefois, selon une recherche publiée par Statistique Canada (2005), le taux de décrochage scolaire au secondaire aurait considérablement diminué depuis le début des années 1990, passant de 16,7 % durant l'année scolaire 1990-1991 à 9,8 % pour l'année 2004-2005. Cette baisse concerne aussi le Québec où, pendant la même période, le taux de décrochage est passé d'environ 17 % à 12 %.

De façon générale, les raisons invoquées par les décrocheurs ont plus souvent trait à leur perception de l'école proprement dite qu'à d'autres motifs. Selon une enquête menée auprès des jeunes en transition et réalisée par Statistique Canada (2005), les élèves de 17 ans qui ont quitté l'école secondaire sans diplôme ont mentionné les motifs suivants pour expliquer leur retrait : ils s'ennuyaient à l'école, ils n'appréciaient pas le travail solaire, ils ne s'entendaient pas avec les professeurs, ils avaient été renvoyés de l'école, ou ils n'avaient pas tous les crédits requis. Les motifs diffèrent selon le sexe. Par exemple, les filles ont tendance à invoquer des raisons personnelles, familiales ou de santé, alors que les garçons invoquent plutôt des raisons reliées au travail. En règle générale, les décrocheurs affichent souvent des notes scolaires moins élevées que la moyenne. Par ailleurs, les pairs peuvent exercer une certaine influence dans cette situation. Ainsi, une certaine proportion de futurs décrocheurs de 15 ans ont déclaré que la plupart de leurs amis ou tous leurs amis considéraient qu'il était important de terminer les études secondaires. De même, les décrocheurs étaient plus susceptibles d'avoir adopté un comportement négatif avant de quitter l'école, et de s'être entourés d'amis ayant une attitude semblable. La classe sociale constitue aussi un bon indicateur de décrochage scolaire. Les adolescents qui grandissent dans des familles défavorisées sont davantage portés à abandonner leurs études secondaires que ceux issus de familles plus aisées.

Par ailleurs, certains élèves entretiennent l'idée qu'un diplôme d'études secondaires ne leur servirait à rien pour trouver un emploi. Cependant, les adolescents qui s'appuient sur un raisonnement aussi radical pour abandonner leurs études se trompent dans leurs prédictions à long terme : le taux de chômage est plus élevé parmi les décrocheurs que dans n'importe quel autre groupe, et ceux qui dénichent un emploi ont un salaire moindre que ceux qui possèdent un diplôme d'études secondaires. Les études secondaires offrent donc de nombreux avantages, et ceux qui s'en privent diminuent considérablement leurs chances de réussite.

Enfin, en 2004-2005, les garçons représentaient toujours près des deux tiers des décrocheurs. C'est au Québec que la proportion de décrocheurs masculins était la plus importante, soit sept décrocheurs sur dix pour la même année scolaire. Cette situation se répercute au niveau collégial. Selon une recherche menée par Gilles Tremblay, de l'École de service social de l'Université Laval, de 1985 à 2005, la présence des jeunes hommes dans le secteur collégial préuniversitaire a chuté de cinq points (de 48 % à 43 %), alors qu'elle chutait de quatre points (de 44 % à 40 %) dans le secteur professionnel. Cette même recherche révèle aussi que les garçons ne présentent pas un profil de difficultés par manque de moyens mais bien par manque d'intérêt. C'est la passion qui leur fait défaut ; une fois qu'ils sont intéressés et qu'ils ont modifié leur attitude, ils se rendent généralement à bon port.

Pause
APPRENTISSAGE

L'expérience scolaire

1. Quels sont les facteurs de la réussite scolaire ?

2. Quelles sont les causes du décrochage ?

RÉSUMÉ

LE DÉVELOPPEMENT PHYSIQUE

- L'adolescence est définie non seulement comme la période du changement pubertaire, mais aussi comme une période de transition entre l'enfance et l'âge adulte.

- Les changements physiques qui surviennent à l'adolescence sont provoqués par un ensemble complexe de changements hormonaux débutant chez l'enfant vers l'âge de huit ou neuf ans. De très importantes augmentations des gonadotrophines, dont les œstrogènes et la testostérone, sont au cœur de ce processus.

- Les changements hormonaux provoquent l'apparition des caractères sexuels primaires associés à la reproduction ainsi que des caractères sexuels secondaires, non directement liés à la reproduction (seins, voix, barbe, etc.).

- Chez les filles, la maturation sexuelle se traduit par un ensemble de changements commençant dès l'âge de huit ou neuf ans. Les premières règles (la ménarche) arrivent généralement deux ans après l'apparition des premiers changements visibles.

- La maturation sexuelle se produit plus tard chez les garçons. Elle se caractérise par une poussée de croissance apparaissant un an ou plus après le début du développement génital.

- La précocité comme le retard du développement pubertaire ont des répercussions psychologiques. En général, des effets négatifs découlent d'un grand écart entre ce qui, pour l'adolescent, constitue le moment normal de l'apparition de la puberté et ce qu'il perçoit comme le moment réel de sa propre puberté. Dans la culture nord-américaine contemporaine, tant les filles qui ont un développement pubertaire très précoce que les garçons qui ont un développement pubertaire très tardif sont plus enclins à vivre cette expérience de manière négative.

- Les effets des changements hormonaux se traduisent par une croissance rapide de la taille et une augmentation de la masse musculaire et adipeuse. Les garçons deviennent plus musclés, et la masse corporelle des filles contient plus de tissu adipeux.

- Les adolescents ont un peu moins de maladies aiguës que les enfants, mais sont plus souvent victimes d'accidents mortels.

- Les comportements sexuels à risque (relations avec de multiples partenaires ou relations non protégées) représentent une autre menace pour l'adolescent.

- Dans la majorité des cas, l'expérience de la maternité à l'adolescence s'avère négative, quoiqu'il soit difficile de départager les effets d'une grossesse à un très jeune âge et ceux d'une grossesse en milieu défavorisé.

- Le tabagisme, la consommation d'alcool et de drogues ainsi que le jeu constituent des comportements à risque à l'adolescence.

- La boulimie et l'anorexie mentale semblent être des désordres réactionnels liés aux critères de minceur véhiculés par la société. Ces troubles sont aussi rattachés à la perception que les adolescentes ont de leur propre corps et du corps idéal.

LE DÉVELOPPEMENT COGNITIF

- Piaget propose une quatrième période importante du développement cognitif à l'adolescence, soit la période des opérations formelles. Elle se caractérise par la capacité d'appliquer des opérations de la période opératoire concrète non seulement aux objets, mais aussi aux idées et aux hypothèses. La capacité de passer du concret à l'abstrait et du réel au possible de même que la prévision des conséquences à long terme des actes qu'on accomplit sont des caractéristiques de cette période.

- La logique déductive et la résolution systématique des problèmes font également partie de la pensée formelle.

- Des chercheurs ont démontré que les adolescents qui ont atteint le stade de la pensée formelle ne l'utilisent pas tous de façon constante.

RÉSUMÉ

- L'adolescent traite l'information d'une nouvelle façon. Ce changement lui permet d'être plus efficace dans l'organisation de sa pensée, de mieux stocker et classifier les faits, les informations et les connaissances qu'il acquiert, de concevoir des stratégies afin d'affronter de nouvelles situations, de penser de façon hypothétique et d'accorder son attention à plus d'un sujet à la fois (faire plusieurs tâches en même temps).

- L'égocentrisme, ou le fait d'être excessivement centré sur soi, incite l'adolescent à se créer un public imaginaire et à recourir à la fable personnelle.

UN DERNIER MOT... SUR L'EXPÉRIENCE SCOLAIRE

- L'environnement scolaire joue un rôle particulièrement formateur dans l'expérience de l'adolescence. En général, les adolescents qui réussissent à l'école ont un QI élevé ou sont issus de familles au style d'éducation démocratique. Ceux qui abandonnent leurs études ont souvent des comportements négatifs ou de mauvais résultats scolaires.

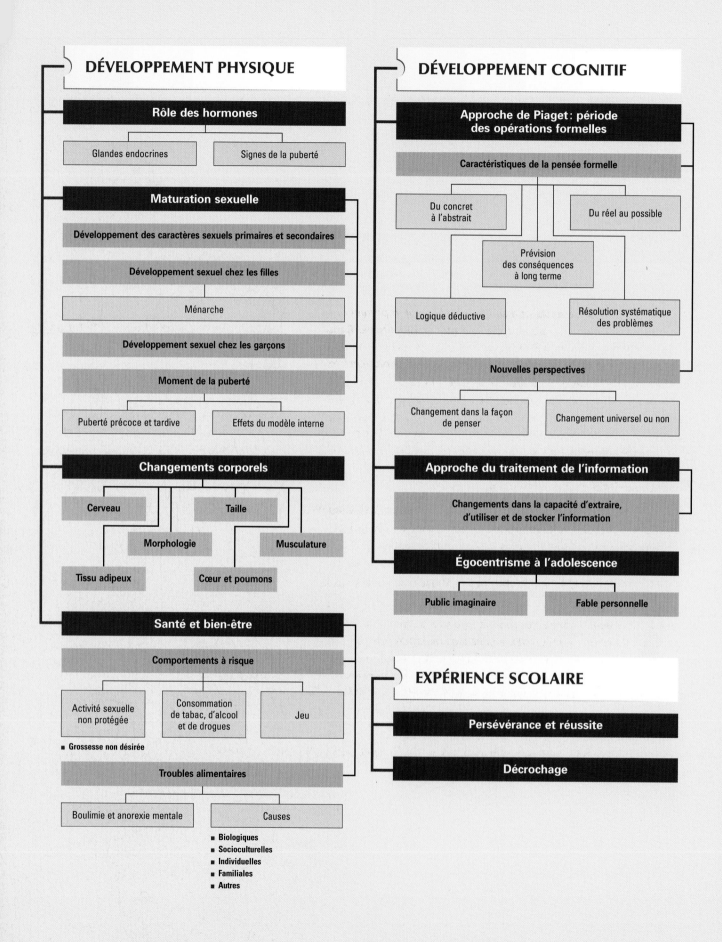

DÉVELOPPEMENT PHYSIQUE

Rôle des hormones

- Glandes endocrines
- Signes de la puberté

Maturation sexuelle

- Développement des caractères sexuels primaires et secondaires
- Développement sexuel chez les filles
- Ménarche
- Développement sexuel chez les garçons
- Moment de la puberté
  - Puberté précoce et tardive
  - Effets du modèle interne

Changements corporels

- Cerveau
- Taille
- Morphologie
- Musculature
- Tissu adipeux
- Cœur et poumons

Santé et bien-être

- Comportements à risque
  - Activité sexuelle non protégée
  - Consommation de tabac, d'alcool et de drogues
  - Jeu
    - Grossesse non désirée
- Troubles alimentaires
  - Boulimie et anorexie mentale
  - Causes
    - Biologiques
    - Socioculturelles
    - Individuelles
    - Familiales
    - Autres

DÉVELOPPEMENT COGNITIF

Approche de Piaget : période des opérations formelles

Caractéristiques de la pensée formelle

- Du concret à l'abstrait
- Du réel au possible
- Prévision des conséquences à long terme
- Logique déductive
- Résolution systématique des problèmes

Nouvelles perspectives

- Changement dans la façon de penser
- Changement universel ou non

Approche du traitement de l'information

- Changements dans la capacité d'extraire, d'utiliser et de stocker l'information

Égocentrisme à l'adolescence

- Public imaginaire
- Fable personnelle

EXPÉRIENCE SCOLAIRE

Persévérance et réussite

Décrochage

L'adolescence : développement social et personnalité

Le passage de l'enfance au statut d'adulte est tellement important que de nombreuses sociétés le marquent par des rites et des rituels. Dans certaines sociétés non industrialisées, les jeunes commencent à travailler dès le début de l'adolescence, et d'autres dorment pour la première fois depuis leur naissance dans un endroit séparé de leur famille. Cette pratique d'isolation souligne le fait que l'enfant « appartient » non seulement à la famille, mais aussi au groupe familial plus large que représente la société ou la tribu. Dans d'autres cultures, l'altération de l'apparence (peintures sur le visage et le corps), la mutilation physique (circoncision, excision du clitoris, coups de fouet ou scarification) et des épreuves d'endurance soulignent ce passage (Cohen, 1964).

Dans les sociétés industrialisées, il n'existe pas de rituels d'initiation universels, les rites de passage étant habituellement confinés à des groupes sociaux, ethniques ou religieux spécifiques. C'est sans doute la raison pour laquelle de nombreux adolescents de notre société cherchent à se singulariser en s'habillant ou en se coiffant de façon particulière, par exemple.

Cependant, de nombreux changements dans le statut légal marquent le passage à l'âge adulte. Ainsi, les jeunes peuvent obtenir un permis de conduire à l'âge de 16 ans. À 18 ans, ils acquièrent le droit de vote, peuvent se marier et s'engager dans l'armée sans le consentement de leurs parents et, dans les cas d'infraction à la loi, ils comparaissent devant le tribunal pour adultes plutôt que devant le tribunal pour enfants.

Enfin, quelle que soit sa société d'appartenance, l'adolescent doit devenir un adulte autonome, c'est-à-dire gagner sa vie, comprendre qui il est et ce qu'il va faire de sa vie. C'est pourquoi l'indépendance et l'identité constituent les thèmes centraux de ce chapitre.

LES PERSPECTIVES THÉORIQUES

Comme nous l'avons appris dans les chapitres précédents, les théoriciens de la psychanalyse expliquent le développement émotionnel et social d'une personne par la lutte entre des forces internes et les exigences socioculturelles. Freud et Erikson ont essayé de décrire le développement social et la personnalité de l'adolescent.

LA PERSPECTIVE PSYCHANALYTIQUE

Les approches psychanalytiques du développement social et de la personnalité mettent l'accent sur les conflits entre les besoins de l'individu et les demandes de la société. Les théories psychanalytiques s'intéressent à des thèmes majeurs du développement social et de la personnalité à l'adolescence, tel le développement de l'identité. De plus, les perspectives culturelles en provenance d'autres disciplines nous permettent de mieux comprendre le rôle important que joue la culture dans la transition qu'effectue l'adolescent de l'enfance à l'âge adulte.

Freud et les stades psychosexuels

Le *stade génital*, dernier stade psychosexuel défini par Freud, apparaît à l'adolescence et au début de l'âge adulte (voir le chapitre 1). Après la période de latence, les pulsions sexuelles se réveillent sous l'effet des changements physiologiques et sont dirigées vers des pairs du sexe opposé. Le principal but psychosexuel de ce stade est l'ouverture à la sexualité adulte (Cloutier, Gosselin et Tap, 2005). Selon la perspective de Freud, le mariage et la

Au cours du rituel d'initiation de la tribu kota au Congo, on peint les visages des garçons en bleu de façon à leur donner l'apparence du fantôme, symbole de leur enfance désormais révolue.

procréation constituent une adaptation saine au stade génital. Cependant, il croit qu'une fixation à un stade antérieur pourrait entraver la réalisation de cet objectif chez l'adolescent et l'adulte, surtout dans le cas d'une fixation au stade phallique, qui peut mener à une déviation ou à une dysfonction sexuelle.

Erikson et les stades psychosociaux

Selon Erikson, la principale tâche de l'adolescent est de définir son identité. Au cours de ce cinquième stade, celui de l'identité réalisée ou diffuse, chaque adolescent doit développer une vision intégrée de lui-même, incluant son propre modèle de croyances, ses aspirations professionnelles et ses relations avec autrui. L'identité globale est formée de plusieurs composantes ayant atteint divers niveaux d'évolution. Voici quelques exemples de questions liées à ces composantes :

- Identité professionnelle : Que vais-je faire dans la vie ?
- Identité sexuelle : Quelles conduites sexuelles dois-je adopter ?
- Identité religieuse : Quelles sont mes croyances religieuses ?
- Identité quant au style de vie : Quelles seront mes habitudes de vie, ma façon de vivre ?
- Identité sur le plan amical : Comment vais-je développer mes relations d'amitié ?
- Identité récréative : Comment vais-je occuper mes loisirs ?
- Identité amoureuse : Quel genre d'amoureux est-ce que je veux être ?
- Identité politique : Quelles sont mes opinions politiques ?

Erikson souligne que, pour parvenir à la maturité de l'identité sexuelle et professionnelle, l'adolescent doit réexaminer son identité et les rôles qu'il doit assumer. Il doit faire son bilan personnel : Qui suis-je ? D'où est-ce que je viens ? Où vais-je ? Ces questionnements sont individuels et privés, et personne ne peut répondre à sa place. L'adolescent doit acquérir une perception de soi intégrée de ce qu'il est et désire être, et du rôle sexuel approprié. Le risque réside dans la confusion qu'entraîne la profusion des rôles qui s'offrent à l'adolescent. Erikson pense que le sentiment d'identité de l'enfant s'effondre au début de l'adolescence en raison de la croissance corporelle rapide et des changements sexuels liés à la puberté. Selon lui, la pensée de l'adolescent pendant cette période devient une sorte de moratoire entre l'enfance et l'âge adulte, une période pendant laquelle il se questionne sans vraiment s'engager dans une identité précise. L'ancienne identité ne suffisant plus, l'adolescent doit se forger une nouvelle identité qui l'aidera à trouver

Au Liberia, la tradition veut que les filles participent à une cérémonie rituelle en se peignant le corps afin de marquer le début de l'adolescence.

sa place parmi la multitude des rôles de la vie adulte. Les nombreux choix de rôles qui s'offrent à lui sèment inévitablement la confusion dans son esprit. Voici comment Erikson (1980a, p. 97-98) perçoit ce phénomène :

> En général, c'est d'abord l'incapacité de se forger une identité professionnelle qui perturbe l'adolescent. Pour se retrouver, il s'identifie à outrance au héros de la clique ou du groupe, jusqu'à en arriver temporairement à une perte d'identité apparemment complète [...]. Il devient excessivement sectaire, intolérant, cruel : il exclut les personnes qui sont [...] « différentes », que ce soit sur le plan de la couleur de la peau ou de la culture, [...] et, souvent, divers aspects insignifiants comme l'habillement et les mimiques (gestes, comportements) deviennent des critères de sélection arbitraires qui font qu'une personne sera ou ne sera pas admise au sein du groupe. Il est important de comprendre [...] qu'une telle intolérance constitue une défense nécessaire contre un sens de diffusion de l'identité, ce qui est inévitable à cette période de la vie.

Pour l'adolescent, la clique ou la bande constitue une base de sécurité à partir de laquelle il trouvera une solution à son processus d'identité.

La résolution du stade   Les changements pubertaires, l'investigation pour connaître la perception que les autres ont de lui, les relations avec ses pairs et ses parents permettent à l'adolescent de définir sa nouvelle identité. La force caractéristique de ce stade est la *fidélité*. La fidélité se construit au fur et à mesure que le besoin d'être conseillé se déplace des figures parentales vers des mentors ou des personnes d'influence. Enfin, la fidélité fournit à l'adolescent l'occasion de développer son sentiment d'identité, souvent par l'expression du moi dans des rôles variés et expérimentaux (Houde, 1998).

Les parents doivent accompagner, et non diriger, l'adolescent dans sa quête d'un sens clair de son identité.

Ils doivent modifier leur conduite afin de répondre à leur nouveau rôle d'agents de socialisation de l'adolescent. Les attitudes éducatives favorisant l'acquisition de la fidélité selon Richard Cloutier (1996) sont les suivantes :

- Se respecter mutuellement (concerne autant les parents que l'adolescent).
- Maîtriser ses émotions (ne pas réagir sous l'emprise de la colère).
- Adopter une approche du type « gagnant-gagnant » (rechercher des solutions ou des compromis qui permettent aux deux parties d'être satisfaites).
- Préciser les messages (comprend-on la même chose ? est-ce clair pour les deux parties ?)
- Être ouvert (envisager toutes les options ou possibilités d'une situation).
- Agir de bonne foi (ne pas cacher ses intentions réelles).
- Distinguer le comportement de la personne (agir sur le comportement à changer et non sur la personnalité de l'individu).

LA THÉORIE DE MARCIA SUR LE DÉVELOPPEMENT DE L'IDENTITÉ

Presque toutes les recherches actuelles sur la formation de l'identité de l'adolescent sont basées sur la description des *états d'identité*, proposée par James Marcia (1966, 1980). Selon ce chercheur, la quête de l'identité de l'adolescent se fait à travers le *questionnement* et l'*engagement*. Le questionnement est une période de remise en question et de prise de décisions où les anciennes valeurs et les choix antérieurs sont réévalués. Il peut apparaître progressivement ou soudainement. Le résultat du processus de questionnement consiste en une forme d'engagement dans un rôle précis ou une idéologie particulière. Le degré de questionnement et le degré d'engagement déterminent quatre états d'identité (figure 10.1) :

- l'**identité en phase de réalisation** : l'adolescent a traversé une remise en question et a pris des engagements pour atteindre des objectifs idéologiques ou professionnels ;
- l'**identité en moratoire** : l'adolescent se questionne sans prendre d'engagement ;
- l'**identité forclose** : l'adolescent a pris un engagement sans pour autant avoir remis en question ses choix antérieurs ; il a simplement adopté les valeurs de ses parents ou de sa culture ;
- l'**identité diffuse** : l'adolescent n'a pas traversé de période de remise en question et n'a pas pris d'engagement ; la diffusion exprime soit un stade précoce de la formation d'identité (avant une crise), soit un échec dans la prise d'un engagement au terme de la crise.

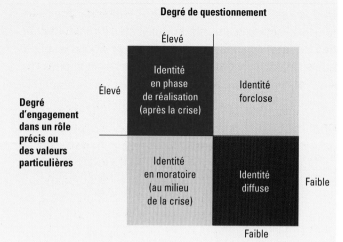

Degré de questionnement

Figure 10.1
Les états d'identité à l'adolescence selon Marcia
Marcia a défini quatre états d'identité à partir de la théorie d'Erikson. Pour acquérir pleinement son identité, l'adolescent doit traverser une crise de questionnement de ses objectifs et de ses valeurs, à l'issue de laquelle il s'engage dans un rôle précis ou adopte un ensemble de valeurs.

Source: Marcia, 1980.

Le processus complet de la formation de l'identité semble survenir plus tard que ne l'avaient prévu Erikson et Marcia, peut-être parce que le développement cognitif est davantage lié à la formation de l'identité que nous l'avions cru jusqu'ici. Ainsi, certaines recherches indiquent que les adolescents les plus avancés sur le plan cognitif et sur le plan de la pensée logique et du traitement de l'information sont aussi les plus susceptibles d'avoir atteint le statut d'identité en phase de réalisation de Marcia (Klaczynski, Fauth et Swanger, 1998). Il semble aussi de plus en plus évident que la quête de l'identité personnelle constitue un processus qui se perpétue durant toute la vie, avec une alternance de périodes de stabilité et d'instabilité (Marcia, 2002). Par exemple, le fait de se sentir «jeune ou âgée» pour une personne et le sens qu'elle donne à cette idée selon la génération à laquelle elle appartient semblent se modifier à plusieurs reprises au cours de l'adolescence et de l'âge adulte (Sato et autres, 1997). Par conséquent, l'identité constitue un long processus qui débute avec l'adolescence et qui se réaménage sans cesse au cours de l'existence.

De plus, le processus de définition de soi n'est pas unitaire. Certains aspects de l'identité peuvent être réalisés alors que d'autres demeurent inaccomplis. Des recherches suggèrent aussi que les individus qui ont atteint le statut d'identité en phase de réalisation de Marcia régressent parfois dans les autres catégories (Berzonsky, 2003). Ce recul peut survenir parce que le statut d'identité en phase de réalisation n'est peut-être pas le plus adéquat dans certaines situations. Ainsi, les adolescents qui sont aux prises avec des stress extrêmes, comme une maladie chronique, semblent être plus à l'aise dans une identité forclose (Madan-Swain et autres, 2000). L'adoption temporaire des objectifs de leurs pairs semble les protéger contre les effets émotionnels négatifs des difficultés qu'ils doivent affronter. Ainsi, l'idée que la progression vers une identité en phase de réalisation constitue la réponse la plus saine psychologiquement ne s'applique pas à ces adolescents.

Pour terminer, comme nous l'avons souligné au chapitre précédent, le concept même de la «crise d'identité» à l'adolescence est peut-être aussi fortement influencé par notre culture occidentale, qui stipule que le statut réel d'adulte n'est totalement atteint qu'une décennie après la puberté. Ainsi, dans la culture occidentale, les jeunes n'adoptent pas nécessairement les mêmes rôles ni n'embrassent les mêmes professions que leurs parents. D'ailleurs, ils sont encouragés à choisir eux-mêmes leur carrière. Ces adolescents se heurtent alors à un éventail déconcertant d'options, un modèle qui est susceptible d'engendrer une forme de remise en question de l'identité, selon Erikson. Dans les sociétés moins industrialisées, on observe une transition entre l'enfance et l'âge adulte, mais sans crise. De plus, la recherche d'identité des adolescents dans ces cultures est peut-être davantage soutenue, au moins dans un sens symbolique, par des rituels d'initiation qui permettent de séparer l'enfance de l'âge adulte.

Pause
APPRENTISSAGE

Les perspectives théoriques

1. Définissez le stade génital, selon la théorie de Freud.

2. Définissez le stade de l'identité ou de la diffusion de rôle, selon Erikson, et expliquez la tâche qui y est associée.

3. Quels sont les deux éléments clés dans la formation de l'identité selon Marcia?

4. Nommez et expliquez les quatre états d'identité définis par Marcia.

LE CONCEPT DE SOI ET LA PERSONNALITÉ

À cette étape du développement, la question «Qui suis-je?» devient primordiale pour l'individu en croissance. Le concept de soi est remis en question à cause des transformations sexuelles liées à la puberté ainsi que des nouvelles capacités intellectuelles et physiques qui caractérisent l'adolescence.

LA COMPRÉHENSION DU CONCEPT DE SOI

Au cours des années du primaire, le concept de soi de l'enfant s'appuie de moins en moins sur les qualités externes et de plus en plus sur les caractéristiques internes, qui sont plus durables. Cette transformation continue pendant l'adolescence, alors que la définition de soi devient de plus en plus abstraite. Vers la fin de l'adolescence, le concept de soi subit une réorganisation caractérisée par une nouvelle orientation sur les plans sexuel, professionnel et idéologique. Nous avons cité au chapitre 8 quelques-uns des qualificatifs que se donnaient des enfants d'âge scolaire (9 et 11 ans). Voici la réponse d'une adolescente de 17 ans à la question «Qui suis-je?», proposée par Montemayor et Eisen (1977, p. 318):

> Je suis un être humain. Je suis une fille. Je suis une personne. Je ne sais pas qui je suis. Je suis Capricorne. Je suis indécise. Je suis ambitieuse. Je suis très curieuse. Je ne suis pas individualiste. Je suis solitaire. Je suis pour la démocratie. Je suis radicale. Je suis conservatrice. Je suis athée. Je ne suis pas une personne qu'on peut classer. D'ailleurs, je ne veux pas être classée.

On constate aisément que, pour se définir, cette jeune fille fait moins référence à ses caractéristiques physiques ou à ses aptitudes que le ferait un jeune enfant. Elle se décrit en utilisant des caractéristiques abstraites ou idéologiques.

L'étude de Montemayor et Eisen illustre bien ces changements. Les réponses des sujets à la question «Qui suis-je?» ont été classées dans diverses catégories, selon qu'elles faisaient référence aux caractéristiques physiques («Je suis grand», «J'ai les yeux bleus») ou aux idéologies («Je suis pour la démocratie», «Je crois en Dieu», etc.). Comme on peut le constater, l'apparence physique est une dimension très importante au cours de la préadolescence et au début de l'adolescence, mais elle tend à s'atténuer au terme de l'adolescence, une période où l'idéologie et les croyances sont plus marquées. Vers la fin de l'adolescence, la plupart des jeunes se définissent à l'aide de traits durables, liés à leur philosophie personnelle et à des normes morales (Damon et Hart, 1988).

Des études effectuées par Susan Harter montrent également que le concept de soi devient plus différencié au cours de l'adolescence, selon le rôle assumé par l'adolescent comme élève, avec ses parents et dans ses relations amicales et amoureuses (Harter et Monsour, 1992). Le concept de soi devient plus souple, car les catégories sont moins rigides.

Selon Michel Perron, du groupe ÉCOBES et du CRÉPAS, la perception positive de soi est un des facteurs déterminants de la réussite scolaire. Il est important de préciser qu'une fois le concept de soi formé et bien établi, il commence à exercer une influence remarquable sur le comportement de l'adolescent. Par exemple, les adolescents qui possèdent un concept de soi scolaire élevé, c'est-à-dire qui se perçoivent comme ayant de bonnes habiletés pour les études, s'inscrivent à des cours plus difficiles que les adolescents dont le concept de soi scolaire est faible. De plus, les adolescents ont tendance à choisir des disciplines dans lesquelles ils pensent avoir de bonnes habiletés et évitent les matières où ils se sentent faibles (Marsh et Yeung, 1997). Le concept de soi scolaire de l'adolescent est le résultat d'une comparaison interne de ses performances avec un concept de soi scolaire idéal et d'une comparaison externe avec les performances de ses pairs (Bong, 1998). Il semble aussi que la perception de sa compétence dans une discipline puisse influer sur la perception de ses habiletés dans d'autres domaines. Par exemple, un échec en mathématiques est susceptible de porter atteinte au concept de soi en mathématiques, bien sûr, mais aussi dans d'autres disciplines. Il semblerait que le concept de soi à l'adolescence soit hiérarchisé: la perception des compétences dans plusieurs domaines constitue la base du concept de soi scolaire (Yeung, Chui et Lau, 1999). Ainsi, chaque adolescent choisit systématiquement des activités, des expériences et des environnements qui sont en accord avec l'idée qu'il se fait de lui-même.

Le concept de soi social permet aussi de prédire le comportement. Les psychologues du développement ont observé que les adolescents qui sont en rupture avec leur famille, comme les fugueurs, se perçoivent comme moins compétents dans les relations familiales que les adolescents qui ont de bonnes relations avec leurs parents, leurs frères et leurs sœurs (Swaim et Bracken, 1997). L'adolescent qui se croit incapable de se faire des amis effectue des choix différents de celui qui a beaucoup d'amis. Ces croyances influent sur presque tous les domaines. Plusieurs d'entre elles apparaissent tôt et, quoiqu'elles soient relativement sensibles aux changements, elles agissent un peu comme une prédiction qui se réalise et, par le fait même, elles contribuent à orienter la trajectoire de vie de la personne au cours de l'âge adulte.

LE CONCEPT DE SOI SEXUÉ

Les enfants de sept et huit ans semblent traiter les catégories du genre sexuel comme s'il s'agissait de règles immuables, mais les adolescents s'aperçoivent qu'elles sont des conventions sociales et qu'il existe une vaste gamme de comportements au sein de chaque groupe sexuel (Katz et Ksansnak, 1994). Les attitudes et les comportements des parents jouent un rôle majeur dans la compréhension de l'adolescent quant au genre et aux rôles sexuels (Castellino et autres, 1998; Ex et Janssens, 1998; Jackson et Tein, 1998; Raffaelli et Ontai, 2004). De plus, les différentes croyances au sujet du genre et des rôles sexuels qu'entretenait l'enfant semblent se fusionner dans un concept que l'adolescent élabore pour formuler ses propres idées concernant son genre et son identité personnelle ainsi que ses relations sociales (Mallet, Apostolidis et Paty, 1997). Au milieu de l'adolescence, la plupart des jeunes ont abandonné la présomption de la supériorité de leur genre (ce que l'on fait est meilleur et préférable) (Powlishta et autres, 1994). Ainsi, une minorité significative d'adolescents et de jeunes adultes commencent à se définir en utilisant à la fois des traits masculins et féminins. Ils manifestent alors ce que Sandra Bem (1974) qualifie de conception androgyne des rôles des femmes et des hommes dans notre société.

Au début des recherches sur le concept des rôles sexuels, les psychologues opposaient nettement masculinité et féminité en les plaçant dans un même continuum. Une personne pouvait présenter soit des traits féminins ou des traits masculins, mais jamais les deux à la fois.

AUPARAVANT   Masculin ◄──────► Féminin

Toutefois, les travaux de Sandra Bem et ceux de Janet Spence et Robert Helmreich (1978) ont montré qu'il est possible pour un individu d'exprimer à la fois les aspects féminins et masculins de sa personnalité, par exemple la sensibilité et l'indépendance, la tendresse et l'affirmation de soi.

Selon cette nouvelle approche des rôles sexuels, la masculinité et la féminité sont conçues comme étant deux dimensions distinctes. Une personne peut posséder chacune de ces dimensions à un degré faible ou élevé, ou présenter les deux à la fois.

MAINTENANT   Masculin (faible) ──────► (élevé)
              Féminin (faible) ──────► (élevé)

Les termes utilisés pour décrire les quatre possibilités découlant de ce modèle à deux dimensions sont présentés dans la figure 10.2. Les deux modèles traditionnels des rôles sexuels sont les modèles féminin et masculin. Deux nouveaux modèles apparaissent lorsqu'on

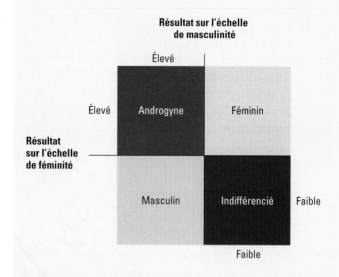

Figure 10.2
Les modèles des rôles sexuels
Selon cette façon de conceptualiser la masculinité et la féminité, chaque personne posséderait chacune des dimensions à un degré différent. Lorsque chaque dimension est divisée, on obtient quatre « modèles ».

considère les rôles sexuels selon la nouvelle approche : le *modèle sexuel androgyne*, qui possède des traits masculins et des traits féminins marqués, et le *modèle sexuel indifférencié*, qui est dépourvu de traits masculins ou féminins distinctifs.

Selon de nombreuses études, environ 25% à 35% des élèves du secondaire se définissent comme étant androgynes (Boldizar, 1991; Rose et Montemayor, 1994). Cette perception concerne plus de filles que de garçons, de même que plus de filles se classent dans la dimension masculine que de garçons dans la dimension féminine.

Enfin, nous avons abordé à la fin du chapitre 6 les notions de sexe biologique et de genre (lequel est plus associé au rôle social). Il arrive parfois que le sexe biologique d'un individu ne corresponde pas à son identité de genre. C'est souvent au début de l'adolescence que cette différence devient plus évidente. L'encadré « Rapports de recherche » sur le cas John/Joan donne un exemple éloquent de conflit entre le sexe et le genre.

L'ESTIME DE SOI

De manière intéressante, les recherches démontrent que les modèles masculin et androgyne sont associés à une

Rapports DE RECHERCHE

Le cas John/Joan et l'identité de genre

Typiquement, les enfants de sexe masculin acquièrent une identité de genre qui leur permet de vivre leur masculinité conformément à ce que leur culture juge acceptable pour les hommes. De même, la plupart des enfants de sexe féminin acquièrent une identité de genre conforme au modèle féminin que valorise leur culture. Mais que se passe-t-il quand le sexe et le genre d'un individu entrent en conflit ?

Connue comme le « cas John/Joan », l'histoire tragique de David Reimer a fait couler plus d'encre et de salive que toute autre sur le sujet. Bruce Reimer et son jumeau monozygote Brian sont nés à Winnipeg le 22 août 1965. Sept mois plus tard, au grand désespoir des parents, une circoncision bâclée endommage irrémédiablement le pénis de Bruce. À l'époque, bien des chercheurs croient que, malgré leur rôle dans le développement des caractères sexuels, les hormones n'influent pas sur le sexe psychologique et social (le genre). Ils sont convaincus qu'on peut élever un enfant de manière à en faire un garçon ou une fille indépendamment de son sexe biologique. Sur les conseils du psychologue américain John Money de la Johns Hopkins University à Baltimore, les parents de Bruce laissent donc les médecins procéder à une « réassignation de sexe » chirurgicale (castration et construction d'un semblant de vulve), renomment l'enfant Brenda et tentent de l'élever comme une fille en lui faisant croire qu'il en est une. Money suit l'évolution des jumeaux, que les Reimer lui amènent une fois l'an à Baltimore. Bruce sert de sujet d'expérience, et Brian, de sujet témoin. Au début des années 1970, le chercheur commence à publier des articles sur le cas John/Joan, comme il l'appelle, affirmant que cette réassignation de sexe parfaitement réussie d'un garçon normal à la naissance démontre que l'identité de genre s'acquiert par simple apprentissage (Money, 1975). L'histoire fait sensation – même le *Time* en parle – et devient vite un cas d'école, discuté dans les congrès et cité dans les manuels.

En réalité, l'« expérience » de Money est loin d'être concluante. Dès l'enfance, Bruce/Brenda déteste les robes et les poupées presque autant que les visites à Money et n'arrive pas à se faire des amis. Choqués par ses comportements « masculins », ses camarades d'école insultent, harcèlent et isolent ce « garçon manqué » qui fait pipi debout ; même son frère n'aime pas jouer avec « elle » devant les autres. Au seuil de la puberté, Money soumet l'enfant à un traitement à l'œstrogène pour inhiber ses caractères physiques masculins et faire pousser ses seins, et tente de lui faire accepter une reconstruction du vagin. Peine perdue. À 13 ans, Bruce/Brenda se rebelle : elle refuse d'être une fille et menace ses parents de se suicider s'ils l'obligent à revoir Money. Devant la gravité des problèmes émotionnels de leur enfant, les Reimer mettent fin à l'expérience et finissent par lui avouer la vérité. À 14 ans, Bruce/Brenda entreprend de reconquérir sa masculinité sous le prénom de David, subissant au fil des ans des injections de testostérone, une double mastectomie et deux phalloplasties. Au milieu de la vingtaine, David se marie, adopte les trois enfants de sa conjointe et vit dans l'anonymat avec sa petite famille. Son mariage va bien et, de l'extérieur, tout semble normal – mais David n'arrive pas à être vraiment heureux.

Durant toutes ces années, Money, qui devait en bonne partie sa renommée au succès du cas John/Joan, ne publie pas un mot sur le sujet – laissant les scientifiques continuer à croire au succès de l'expérience, et les chirurgiens continuer à pratiquer des réassignations de sexe dans des cas similaires. En 1997, le biologiste Milton Diamond convainc David de le laisser écrire la vérité dans une revue pédiatrique pour dissuader les médecins de commettre la même erreur avec d'autres enfants ; son article a l'effet d'une bombe dans la communauté scientifique (Diamond et Sigmundson, 1997). Peu après, David décide de sortir de l'anonymat pour alerter le grand public. Avec sa collaboration, le journaliste John Colapinto (1997) publie, dans le magazine *The Rolling Stone*, « The true case of John/Joan », un compte rendu détaillé de la vie de David mettant en cause tant les procédés de Money que son silence. Par la suite, David et lui en font un livre (Colapinto, 2000) qui les amène jusque sur le plateau d'Oprah Winfrey avec toute la famille Reimer. La même année, l'histoire fait l'objet d'un documentaire de la BBC (*The Boy who was Turned into a Girl*, 2000). Mais David n'est pas au bout de ses peines. Déjà très affecté par le suicide de son jumeau Brian, il perd l'argent que lui ont rapporté les droits de son histoire aux mains d'un homme d'affaires véreux et se retrouve au chômage. Son mariage bat de l'aile, et, quand sa femme lui demande une courte séparation, il le prend très mal. Le 4 mai 2004, à 38 ans, il se suicide d'une balle dans la tête.

John Money n'a jamais reparlé publiquement de David, se contentant de publier dans un de ses livres (Money, 1998) une liste de dix raisons pouvant expliquer l'échec de cette réassignation de sexe, les principales étant que sa première intervention a pu être trop tardive, que le fait d'avoir un frère jumeau a pu renforcer son sentiment d'anormalité, que le traumatisme subi par ses parents dans cette histoire a pu nuire à son développement, et qu'on ne lui a pas présenté un mode de vie lesbien comme solution de rechange à un deuxième changement de sexe. Mais ces explications venaient trop tard, et bien des gens les jugèrent trop simples.

Le cas John/Joan fournit un exemple convaincant à ceux qui soutiennent que les aspects physiologiques du sexe biologique influent sur l'identité de genre. De plus, des études longitudinales indiquent que la plupart des individus de sexe masculin ayant subi une réassignation de sexe chirurgicale à cause d'une malformation congénitale ou d'une circoncision ratée reprennent leur identité masculine quand ils réalisent ce qui leur est arrivé (Reiner et Gearhardt, 2004). La plupart des chercheurs attribuent ce phénomène à l'exposition prénatale à la testostérone.

Mais comment expliquer que des individus chez qui on ne trouve aucune anomalie physique et qui ont reçu une éducation conforme à leur sexe biologique et aux stéréotypes de genre s'identifient au sexe opposé ? Souvent, ces personnes dites « transgenres » portent les vêtements typiques de l'autre sexe, et certaines se comportent comme si elles appartenaient à l'autre sexe. Elles assument le rôle du sexe opposé à temps plein, sans subir de chirurgie, qu'elles prennent ou non des hormones. Certains transgenres choisissent de prendre des hormones pour avoir des seins, tout en conservant leur pénis. Parfois, le conflit sexe/genre devient si angoissant qu'ils se tournent vers la réassignation de sexe chirurgicale pour harmoniser le tout ; la recherche indique que les personnes qui ont subi de telles interventions (dorénavant appelées transsexuées) se disent généralement satisfaites des résultats et regrettent rarement leur décision (Lawrence, 2003). Si quelques transgenres peuvent avoir été exposés à des quantités atypiques d'hormones sexuelles dans l'utérus, indiquent les études, la plupart n'ont aucun antécédent de cet ordre (Lippa, 2005). Jusqu'ici, le phénomène transgenre reste donc un mystère pour la science.

Ces cas très différents de conflit entre le sexe et le genre nous permettent de tirer certaines conclusions sur le rôle du sexe et du genre dans le développement du concept de soi. Premièrement, le genre est probablement déterminé à la fois par la nature et par la culture. En effet, si la nature seule déterminait le genre, le phénomène transgenre n'existerait pas, et si la culture seule déterminait le genre, les petits garçons qui croient être des filles et sont élevés en filles ne développeraient pas une identité masculine. Deuxièmement, le développement d'un concept de soi sain exige probablement une certaine intégration du sexe et du genre. Cela expliquerait que les garçons élevés comme des filles sont soulagés d'apprendre la vérité et adoptent ensuite un mode de vie masculin, mais aussi que la plupart des transgenres qui recourent à la chirurgie pour changer de sexe trouvent leur vie plus satisfaisante par la suite. Enfin, le sexe biologique est catégorique – sauf dans de très rares cas d'anomalies génétiques ou congénitales, on naît soit mâle, soit femelle –, tandis que le genre ne l'est pas – sur le plan psychologique, personne n'est purement mâle ou femelle, tout le monde est l'un et l'autre à divers degrés. Autrement dit, nous avons tous des caractéristiques courantes chez notre sexe et d'autres plus répandues chez l'autre sexe, en proportions variables selon les individus. Ce qui ne semble pas varier d'un individu à l'autre, c'est l'importance du sexe et du genre dans le concept de soi.

---

haute estime de soi, et ce, tant chez les adolescents que chez les adolescentes (Boldizar, 1991; Burnett, Anderson et Heppner, 1995; Gurnáková et Kusá, 2004; Rose et Montemayor, 1994). Cette observation semble indiquer que les garçons et les filles valorisent les caractéristiques qui définissent les stéréotypes masculins, telles l'indépendance et la compétitivité, une sorte de « préjugé » favorable au genre masculin. Ainsi, un jeune garçon peut développer une haute estime de soi et avoir du succès auprès de ses pairs en adoptant un rôle sexuel masculin traditionnel. Pour les filles, par contre, l'adoption d'un rôle sexuel féminin traditionnel sans caractéristiques masculines semble entraîner un risque de faible estime de soi, voire de piètres relations avec les pairs (Rose et Montemayor, 1994). Par conséquent, s'il est acceptable – et même souhaitable – que les enfants créent des règles rigides relativement aux rôles sexuels, il est nécessaire que les adolescents les bouleversent. Cela est particulièrement important pour les filles chez qui un concept de soi androgyne est davantage associé à des conséquences positives.

Cependant, des recherches transculturelles mentionnent que l'adoption du modèle masculin ou androgyne pour une fille peut conduire à une baisse de l'estime de soi. Par exemple, selon une étude portant sur des filles israéliennes, les préadolescentes qui étaient « garçonnes » ou qui se définissaient elles-mêmes comme masculines étaient moins populaires et avaient une estime de soi moins grande que les préadolescentes qui adoptaient des caractéristiques féminines (Lobel, Slone et Winch, 1997). Par conséquent, pour interpréter ces résultats, il est important de considérer la culture. Une société peut valoriser les rôles masculins et décourager les filles de s'aventurer dans cette voie, comme on a pu l'observer en Afghanistan sous le régime des talibans.

L'estime de soi connaît aussi d'autres variations intéressantes à l'adolescence: en général, elle diminue légèrement au début de cette période pour augmenter ensuite régulièrement et substantiellement (Diehl, Vicary et Deike, 1997; Harter, 1990; Wigfield et autres, 1991). Vers la fin de l'adolescence, les jeunes adultes de 19 ou 20 ans ont une estime de soi beaucoup plus positive qu'à l'âge de 8 ou 11 ans (Seidman et autres, 1994). Cette brève diminution de l'estime de soi au début de l'adolescence semble davantage liée au changement d'école et aux changements pubertaires simultanés qu'à l'âge chronologique

Ce groupe de jeunes garçons est plus susceptible de développer une estime de soi élevée comparativement aux filles du même âge parce que les deux groupes (garçons et filles) accordent de l'importance à certains traits de personnalité typiquement masculins plutôt qu'à des traits typiquement féminins.

LE MONDE RÉEL

L'identité ethnique

L'*identité ethnique* est le sentiment d'appartenir à un groupe ethnique. Pour les adolescents qui font partie d'une minorité culturelle, et plus particulièrement les jeunes de couleur vivant dans une culture blanche dominante, définir leur identité s'avère encore plus compliqué que pour les autres adolescents. En effet, ils doivent acquérir non pas une, mais deux identités au cours de leur adolescence. Comme les autres membres de leur communauté, ils doivent acquérir une identité individuelle associée à la culture dominante du pays où ils vivent et également une identité ethnique liée à leur groupe d'origine. Cette identité ethnique peut comprendre les aspects suivants (Phinney et Rosenthal, 1992) :

- l'identification de soi comme membre d'un groupe ;
- le sentiment d'appartenance et l'engagement à l'égard d'un groupe ;
- les attitudes positives (ou négatives) envers le groupe ;
- le sens des valeurs et les attitudes partagées ;
- l'apprentissage de traditions et de pratiques ethniques, comme la langue, les coutumes et les comportements.

L'identité ethnique diffère de la plupart des aspects généralement associés à l'identité du moi, telle que l'entendent Erikson et Marcia, car il n'existe aucune autre option à cette identité. On peut choisir une identité professionnelle, voire une identité du rôle sexuel, mais les jeunes d'une minorité ethnique ne peuvent pas choisir l'identité de leur communauté d'origine, ils ne peuvent que décider de son contenu.

Jean Phinney (1990 ; Phinney et Rosenthal, 1992) mentionne que, à l'adolescence, le développement d'une identité ethnique traverse trois stades. Le premier stade constitue une « identité ethnique non réfléchie », équivalente à l'identité forclose de Marcia. Pour certains groupes, cette identité non réfléchie comprend souvent des images et des stéréotypes négatifs qui sont présents dans la culture dominante. De nombreux adolescents issus de minorités ethniques ou de groupes culturels minoritaires préfèrent la culture dominante blanche ou souhaiteraient être nés au sein de cette majorité. Cependant, tous les adolescents issus de minorités n'ont pas une vision aussi négative de leur groupe. Les adolescents peuvent avoir une image très positive de leur ethnie si le contenu de leur identité ethnique véhiculé par leurs parents et leur entourage est positif. En effet, la perception du concept de soi ethnique de l'adolescent ne se forme pas en vase clos, mais bien à partir de sources extérieures, de la même façon que les jugements moraux conventionnels sont basés sur une autorité extérieure.

Le deuxième stade est la « recherche de l'identité ethnique », qui s'apparente à la crise telle que la décrit Marcia dans son analyse de l'identité du moi. Cette recherche est déclenchée par certaines expériences qui font ressortir l'appartenance ethnique, par exemple l'expression de préjugés raciaux ostensibles ou même l'expérience du secondaire. À ce stade, l'adolescent commence à comparer son propre groupe ethnique avec celui des autres afin de formuler son *propre* jugement.

Le troisième stade se caractérise par une résolution des conflits et des contradictions, qui correspond à l'identité en phase de réalisation de Marcia. Il ne s'agit pas d'un processus facile. Certains adolescents qui souhaitent réussir dans la culture dominante peuvent faire l'expérience d'ostracisme de la part de leurs amis de la même ethnie, qui les accusent de se comporter en Blancs et de trahir leur propre culture. D'autres trouvent une solution au problème en tenant leur propre groupe ethnique

à distance. D'autres encore se créent deux identités, l'une associée à la culture dominante et l'autre à leur groupe ethnique. Certains résolvent le problème en choisissant les modèles et les valeurs de leur propre groupe ethnique, même si cela peut limiter leur accès à la culture dominante.

Dans des études longitudinales et transversales, Phinney a découvert que les adolescents et les jeunes adultes qui recherchent une identité propre ou qui l'ont atteinte, tout comme ceux qui ont adopté une orientation biculturelle, possèdent une meilleure estime de soi et une meilleure faculté d'adaptation (Phinney, 1990 ; Yamada et Singelis, 1999) que ceux qui sont encore au stade de l'identité non réfléchie. À l'inverse, chez les étudiants de culture blanche dominante, l'identité ethnique n'est aucunement liée à l'estime de soi ou à la faculté d'adaptation.

Ces trois stades constituent le début d'une description appropriée du processus de la formation de l'identité ethnique. Toutefois, il ne faut pas perdre de vue que les caractéristiques et le contenu de l'identité ethnique différeront considérablement d'un groupe à l'autre. Les groupes qui font l'expérience de préjugés raciaux emprunteront un chemin différent de ceux qui peuvent s'assimiler plus facilement. Ceux dont la culture propose des valeurs qui se rapprochent de celles de la culture dominante auront moins de difficulté à résoudre les conflits que ceux dont la culture familiale est très différente de celle de la majorité.

Les jeunes gens de couleur développent généralement deux identités : une identité associée à la culture dominante et une identité liée à leur culture d'origine. Ceux qui le font se perçoivent comme « biculturels » et ont plus de facilité à nouer des relations avec leurs pairs, que ces derniers appartiennent à la culture dominante ou à la culture minoritaire.

(Harter, 1990). Des chercheurs ont surtout remarqué cette baisse chez les élèves qui arrivent très jeunes au secondaire (Wigfield et autres, 1991). Lorsque la transition est plus graduelle, on n'observe aucune baisse de l'estime de soi au début de l'adolescence.

LA PERSONNALITÉ

Nous avons vu au chapitre 6 que la personnalité de l'enfant se construisait non pas exclusivement mais principalement à partir du tempérament inné, du concept de soi et de l'influence du milieu. À l'âge scolaire, on peut voir apparaître les premières manifestations de la personnalité de l'enfant, mais c'est à l'adolescence, et plus particulièrement vers la fin de l'adolescence, que la personnalité d'un individu s'exprime plus nettement et s'affirme. La personnalité se définit comme étant l'ensemble des différents modes de réaction aux objets et aux personnes qui sont particuliers à un individu et relativement durables. Mais quelles sont les dimensions de la personnalité qui diffèrent d'un individu à l'autre?

Les cinq grands traits de personnalité Depuis les deux dernières décennies, les chercheurs qui s'intéressent à la personnalité ont défini cinq grands traits de personnalité qui demeurent tous très stables au fil des ans et des événements et qui englobent la majeure partie des variations de la personnalité chez les individus: l'*extraversion* (par opposition à l'*introversion*), l'*amabilité*, l'*intégrité*, l'*instabilité émotionnelle* (ou *névrotisme)* et l'*ouverture à l'expérience*, (Caspi et autres, 2005; McCrae et Costa, 1987, 1994).

Cet ensemble de traits de personnalité a aussi été relevé par des études menées dans de nombreux pays (notamment des pays non occidentaux), ce qui confirme une certaine stabilité transculturelle (McCrae et Terracciano, 2005). Le tableau 10.1 (Ahadi et Rothbart, 1994; Digman, 1994) présente des rapprochements entre les cinq traits de personnalité à l'adolescence et à l'âge adulte et les dimensions du tempérament de l'enfant. De plus, une étude longitudinale établit une forte corrélation entre le tempérament d'un enfant évalué à 15 mois et son résultat sur l'échelle des cinq traits de personnalité à 9 ans (Hagekull et Bohlin, 2003).

D'autres études longitudinales qui ont évalué les traits de personnalité chez des enfants d'âge scolaire ont en outre permis de découvrir que ces traits étaient fortement associés au succès scolaire et aux habiletés sociales durant l'adolescence et au début de l'âge adulte (Shiner, 2000). Les chercheurs ont aussi observé une forte corrélation entre l'évaluation faite par les parents des cinq traits de personnalité de leur adolescent et l'observation objective de leur comportement social (Markey, Markey et Tinsley, 2004). De plus, les adolescents qui obtiennent une cote élevée dans la dimension «amabilité» sont moins susceptibles d'adopter des comportements agressifs que leurs pairs qui ont obtenu une cote faible. Cette association peut être expliquée par une autre recherche qui démontre que les adolescents ayant un résultat élevé à la dimension «amabilité» utilisent davantage des stratégies efficaces de résolution de problèmes (Jensen-Campbell et autres, 2003). Les mesures de la personnalité

Tableau 10.1   ***Les cinq grands traits de personnalité (*Big Five*) selon McCrae et Costa et le tempérament associé***

Traits (facteurs)	Description sommaire	Caractéristiques de l'individu (note élevée pour ce trait)	Composantes possibles du tempérament
Extraversion/ sociabilité	Décrit dans quelle mesure l'individu s'engage activement dans le monde (par opposition à l'évitement des situations sociales).	Actif, enthousiaste, grégaire, loquace, assertif	Niveau d'activité élevé, sociabilité
Amabilité/caractère agréable	Décrit dans quelle mesure les relations interpersonnelles de l'individu se caractérisent par la chaleur et la compassion (par opposition à l'hostilité).	Chaleureux, indulgent, généreux, gentil, sympathique, confiant	Comportement d'approche, faible inhibition
Intégrité/caractère consciencieux	Décrit dans quelle mesure l'individu maîtrise ses émotions et ses impulsions.	Efficace, organisé, prévoyant, fiable, responsable, minutieux, capable de retarder la gratification pour atteindre un objectif plus lointain	Bonne capacité d'attention et de persévérance
Instabilité émotionnelle/ névrotisme	Décrit dans quelle mesure l'individu voit le monde comme une menace ou une source de souffrance.	Anxieux, enclin à s'apitoyer sur soi, tendu, susceptible, inquiet	Réponse émotionnelle négative, irritabilité
Ouverture à l'expérience	Décrit la profondeur, la complexité et la qualité de la vie mentale et de l'expérience de l'individu.	Créatif, curieux, imaginatif, original, perspicace, large d'esprit, intéressé par tout	Approche émotionnelle positive, volubilité

Sources: Caspi, 1998, p. 316; John et autres, 1994, tableau 1, p. 161; McCrae et Costa, 1994.

à la fin de l'enfance permettent aussi de prédire les comportements antisociaux, tels que le vol à l'étalage à l'adolescence et, plus tard, à l'âge adulte (John et autres, 1994 ; Shiner, 2000).

Enfin, de telles études longitudinales nous indiquent non seulement que les cinq grands traits de personnalité sont repérables et stables dès le début de l'adolescence, mais également qu'ils sont extrêmement importants. L'évaluation de ces traits durant l'enfance pourrait permettre de reconnaître les enfants qui ont un potentiel de délinquance et de planifier une intervention.

LE LIEU DE CONTRÔLE

Le **lieu de contrôle**, ou sentiment de maîtrise interne ou externe, constitue une composante particulièrement importante de la compréhension de soi et des autres. Le lieu de contrôle est un ensemble de croyances concernant la cause des événements. Cette dimension de la personnalité apparaît à la fin de l'enfance et se développe durant l'adolescence. Le lieu de contrôle interagit avec les cinq traits de personnalité de McCrae et Costa que nous venons d'aborder. Selon Rotter (1966), la personne qui possède un lieu de contrôle externe (sentiment de maîtrise externe) croit que ce sont les autres ou la société qui déterminent ce qui lui arrive : par exemple, un étudiant affirmera qu'il a réussi son cours parce qu'il a été chanceux ; s'il a échoué, il prétendra que le professeur ne l'aimait pas ou que le cours était trop difficile. Par contre, l'individu qui a un lieu de contrôle interne (sentiment de maîtrise interne) est persuadé que ce qui lui arrive est le résultat de ses propres actions : par exemple, l'étudiant qui réussit un cours associera ses résultats à des variables personnelles, telles que ses habiletés ou l'effort consenti ; dans le cas contraire, il attribuera son échec à son manque d'habiletés ou à l'insuffisance de ses efforts.

Il existe des corrélations importantes entre la maîtrise interne ou externe et le comportement (Janssen et Carton, 1999). L'orientation externe est associée à la procrastination et à un faible rendement scolaire, alors que l'orientation interne (chez les adolescents comme chez les adultes) est liée à une plus grande propension à terminer les tâches entreprises et à réussir ses études. Ces personnes se montrent aussi plus optimistes (Phinney, Baumann et Blanton, 2001).

Chez la plupart des adolescents, l'orientation externe est contrebalancée par d'autres traits de personnalité plus positifs. Toutefois, des chercheurs ont observé que certains adolescents qui possèdent une orientation externe présentent également une faible estime de soi,

sont introvertis (ils préfèrent les activités solitaires plutôt que sociales) et ont une personnalité associée à une forte instabilité émotionnelle ou à une tendance névrotique (ils sont pessimistes, irritables et portés à l'inquiétude) (Beautrais, Joyce et Mulder, 1999). Les psychologues du développement ont remarqué dans plusieurs cultures que cette combinaison de traits particuliers est associée chez les adolescents à une attitude négative devant la vie, à une résistance à l'aide offerte par les parents et les pairs, ainsi qu'à un plus grand risque de problèmes d'adaptation. Par exemple, ces adolescents sont plus susceptibles d'utiliser une stratégie d'évitement quand ils doivent affronter des problèmes (Gomez et autres, 1999 ; Medvedova, 1998) ; ils peuvent les ignorer ou refuser d'y faire face. Ainsi, un étudiant qui pense qu'il va échouer à un cours peut attendre délibérément jusqu'à ce qu'il soit trop tard avant d'entreprendre quoi que ce soit ; et, comme il a tendance à blâmer les autres pour ses problèmes, il est incapable de tirer une leçon de ses expériences. Si les échecs et les déceptions se répètent, ces adolescents risquent plus souvent d'être dépressifs (del Barrio et autres, 1997 ; Ge et Conger, 1999) et, par conséquent, d'être suicidaires (Beautrais, Joyce et Mulder, 1999). De plus, leurs difficultés émotionnelles sont amplifiées par le rejet de leurs pairs (Young et Bradley, 1998). Conséquemment, les psychologues du développement cherchent des moyens de dépister ces problèmes et d'intervenir le plus tôt possible afin d'aider ces personnes dès l'enfance ou au début de l'adolescence.

Le lieu de contrôle et l'image de soi

L'image de soi est une combinaison de l'estime de soi et du lieu de contrôle. Selon une étude de l'Enquête nationale sur la santé de la population, les adolescentes ont tendance à avoir une moins bonne image de soi que les adolescents et elles sont particulièrement susceptibles d'être touchées par les effets de cette perception. Or, une image de soi positive (une bonne estime de soi et un sentiment de contrôle) semble être essentielle à l'acquisition d'un bon état de santé mentale et physique. Cette tendance critique chez les filles peut s'expliquer en partie par les expériences différentes vécues au début de l'adolescence, au moment où les garçons et les filles découvrent les rôles stéréotypés assignés à chaque sexe (Statistique Canada, *Le Quotidien*, 19 novembre 2003).

Lieu de contrôle   Sentiment d'exercer ou non une maîtrise sur les événements de sa vie. (Parfois appelé « locus de contrôle ».)

Le concept de soi et la personnalité

1. Décrivez l'évolution du concept de soi depuis la petite enfance.

2. Qu'est-ce qui caractérise le concept de soi à l'adolescence?

3. Qu'entend-on par modèle sexuel androgyne et modèle sexuel indifférencié?

4. Expliquez l'évolution de l'estime de soi du début à la fin de l'adolescence.

5. Nommez et expliquez les trois stades du développement de l'identité ethnique à l'adolescence.

6. Décrivez les cinq traits de personnalité définis par McCrae et Costa.

7. Expliquez la notion de lieu de contrôle.

LE DÉVELOPPEMENT SOCIAL

Comme nous venons de le voir, l'idée que se fait l'adolescent au sujet des autres personnes et sa compréhension des situations sociales deviennent de plus en plus complexes. Ce progrès dans la compréhension des relations interpersonnelles amène aussi un changement dans les relations familiales et les relations avec les pairs.

LES RELATIONS AVEC LES PARENTS

Les adolescents doivent accomplir deux tâches apparemment opposées dans leurs relations avec leurs parents: 1) acquérir leur autonomie; 2) maintenir les liens d'attachement. L'acquisition de l'autonomie se manifeste par une augmentation des conflits entre les parents et l'adolescent. Le maintien du lien se traduit par la continuité de l'attachement de l'adolescent à ses parents.

L'augmentation des conflits

L'augmentation du nombre de conflits a été notée par de nombreux chercheurs (p. ex. Flannery, Montemayor et Eberly, 1994; Steinberg, 1988). Dans la majorité des familles, on assiste à une augmentation des conflits mineurs concernant des problèmes quotidiens tels que les règles à suivre à la maison, l'habillement, la coupe de cheveux, les sorties, les résultats scolaires ou les tâches ménagères. Les adolescents et leurs parents s'interrompent mutuellement plus souvent et font preuve de moins de patience les uns envers les autres (Cunningham, Swanson, Spencer et Dupree, 2003; Dekovic, Noom et Meeus, 1997).

Cette augmentation des conflits est très courante, mais il ne faut pas penser pour autant qu'elle nuit gravement à la qualité de la relation entre les parents et les adolescents. Laurence Steinberg (1990) estime qu'environ 5% à 10% des familles nord-américaines étudiées subissent une détérioration catastrophique de la qualité de la relation parents-enfant au cours des premières années de l'adolescence.

Les traits de personnalité de l'adolescent semblent contribuer aux conflits avec les parents. Par exemple, les adolescents qui font preuve d'un tempérament difficile au début de l'enfance risquent de vivre des conflits majeurs et intenses à l'adolescence (Dekovic, 1999). De plus, des facteurs culturels (comme ceux abordés dans l'encadré «Le monde réel» sur l'identité ethnique, p. 11) peuvent influer à la fois sur la fréquence des conflits et sur la signification qu'on doit leur donner.

LE PROCESSUS D'INDIVIDUATION ET DE SÉPARATION

Si l'augmentation des conflits au cours de l'adolescence n'entraîne pas une détérioration de la relation parents-enfant, que signifie-t-elle? De nombreux théoriciens croient que ce phénomène, loin d'être un événement négatif, peut être à la fois sain et nécessaire au développement: il fait partie du *processus d'individuation et de séparation* (Steinberg, 1990). Dans ce processus, la remise en question des valeurs des parents semble être un élément indispensable à la formation de l'identité de l'adolescent. Chez les primates, on observe le même type d'augmentation des conflits, particulièrement entre les mâles adultes et les mâles adolescents. Quand les jeunes mâles commencent à faire des gestes compétitifs, il arrive qu'ils soient chassés de la bande pour une brève période. Chez les humains, certaines données montrent que l'augmentation des conflits familiaux n'est pas liée à l'âge, mais plutôt aux changements hormonaux de la puberté, ce qui tend à soutenir l'hypothèse qu'il s'agit d'un processus normal, voire nécessaire.

L'attachement aux parents

Paradoxalement, ni l'augmentation temporaire des conflits familiaux ni la prise de distance par rapport aux parents ne semblent indiquer que l'attachement émotionnel des jeunes à leur famille disparaît ou s'atténue. Dans une étude où ils ont interrogé de jeunes Américains

Même s'il est vrai que les changements physiques de la puberté sont souvent suivis d'une augmentation des conflits, il est faux de prétendre que les conflits constituent l'aspect dominant des relations entre les parents et leur adolescent.

âgés de 7, 10 et 14 ans, Mary Levitt et ses collègues (1993) ont observé qu'à tout âge l'attachement aux parents demeure primordial. En même temps, les pairs deviennent de plus en plus importants en tant que sources de soutien. Les amis apportent plus de soutien à 14 ans qu'au début de l'âge scolaire.

Une autre étude provenant de Hollande (van Wel, 1994) démontre que l'attachement d'un adolescent à ses parents peut diminuer au milieu de l'adolescence (à 15 ou 16 ans) pour revenir à la normale par la suite. Toutefois, presque toutes les recherches confirment que le sentiment de bien-être ou de bonheur d'un adolescent est davantage lié à la qualité de son attachement aux parents qu'à la qualité de son attachement aux pairs (Greenberg, Siegel et Leitch, 1983; Raja, McGee et Stanton, 1992). Les mêmes observations ont été faites dans d'autres cultures (Claes, 1998; Okamoto et Uechi, 1999).

Ainsi, les recherches effectuées dans de nombreux pays indiquent que les adolescents qui demeurent intimement attachés à leurs parents sont plus susceptibles de bien réussir sur le plan scolaire et de maintenir de bonnes relations sociales avec leurs pairs (Black et McCartney, 1997; Claes, 1998; Kim, Hetherington et Reiss, 1999; Mayseless, Wiseman et Hai, 1998; Turnage, 2004; Weimer, Kerns et Oldenburg, 2004; Zimmermann, 2004). Ces adolescents sont aussi moins susceptibles d'adopter des comportements asociaux, comparativement à ceux qui ressentent un sentiment d'insécurité dans leur attachement à leurs parents (Ma et autres, 2000). Globalement, ces données convergent vers le fait que, même si les adolescents deviennent de plus en plus indépendants et autonomes, la relation avec leurs parents et l'attachement qu'ils éprouvent pour ces derniers continuent d'être

très présents dans leur vie, et c'est toujours auprès de leurs parents qu'ils comblent leur besoin de sécurité.

LE STYLE PARENTAL

Durant les années d'adolescence, certains parents sont plus habiles que d'autres à donner un sentiment de sécurité à leur adolescent. Pour les adolescents comme pour les enfants plus jeunes, le style d'éducation démocratique donne toujours de meilleurs résultats. La recherche autorise à penser que le style parental influe sur le développement du concept de soi ainsi que sur d'autres variables qui modifient les relations interpersonnelles (Dekovic et Meeus, 1997). Le lieu de contrôle interne est plus commun chez les adolescents qui croient que leurs parents utilisent un style démocratique (McClun et Merrell, 1998). Le sentiment de se sentir accepté par ses parents semble également un facteur important dans l'élaboration d'objectifs réalistes par l'adolescent en fonction de ses habiletés scolaires (Bornholt et Goodnow, 1999).

L'engagement des parents dans l'éducation et dans les activités parascolaires semble aussi important pour l'adolescent que pour l'enfant. Ainsi, l'absence d'engagement des parents est fortement corrélée avec le comportement perturbateur de l'enfant en classe (Frick, Christian et Wooton, 1999). De plus, les adolescents dont les parents s'investissent dans les diverses organisations de l'école sont plus susceptibles de faire des études supérieures que ceux dont les parents ne participent pas (Trusty, 1999).

La structure familiale

La structure familiale constitue toujours un élément important dans la vie de l'adolescent. Les adolescents qui vivent dans un milieu familial comprenant un beau-parent sont généralement plus susceptibles d'éprouver des difficultés d'adaptation que ceux qui vivent avec leurs deux parents biologiques. Ces différences seraient encore plus évidentes lorsque l'adolescent vit avec un beau-parent depuis plusieurs années (Hetherington et autres, 1999).

Cependant, on constate une différence entre les sexes à ce chapitre. Nous avons vu au chapitre 6 que les garçons sont généralement plus sensibles aux effets négatifs du divorce ou du remariage de leurs parents. Par contre, les jeunes adolescentes manifestent un plus grand désarroi lorsqu'elles sont élevées par une mère célibataire ou dans une famille comptant un nouveau conjoint (Amato, 1993; Hetherington et Clingempeel, 1992). Les adolescentes — ce n'est apparemment pas le cas des fillettes à la maternelle ou au primaire — ont plus de problèmes relationnels que leurs frères avec leur beau-père et ont tendance à le traiter comme un intrus. Elles se montrent distantes, critiques et maussades, et s'efforcent d'éviter les contacts avec lui, même si, dans la plupart des cas, ce dernier fait des efforts évidents pour leur prêter attention et ne pas être trop autoritaire. Les adolescentes dans cette situation sont plus souvent déprimées et sombrent plus facilement dans l'usage de stupéfiants que les garçons.

Il n'est pas facile d'expliquer ce modèle. Il se peut que la jeune fille se sente privée de la position particulière ou des responsabilités qu'elle assumait au sein de la famille après le divorce et avant le remariage de sa mère. Il se peut aussi qu'elle soit dérangée par l'engagement sentimental et sexuel de sa mère envers son beau-père. Par contre, un jeune garçon peut davantage tirer bénéfice de la présence d'un beau-père. Il acquiert un modèle masculin et peut aussi se décharger en partie des responsabilités qu'il devait assumer à la suite du divorce. Quelle que soit l'explication, les recherches nous rappellent, une fois de plus, la complexité de la structure familiale. Il faut renoncer à des concepts de structure simple, comme les familles traditionnelles ou les familles comprenant un nouveau conjoint, et élaborer des analyses plus détaillées qui prennent en compte non seulement l'âge et le sexe de l'enfant, mais aussi le style d'éducation, l'histoire de la famille et de sa structure, la présence d'autres membres dans la famille, etc.

LES RELATIONS AVEC LES PAIRS

Les relations avec les pairs occupent indéniablement une place prépondérante à l'adolescence. Cette place est plus déterminante qu'elle ne l'était au cours de l'enfance et qu'elle ne le sera à l'âge adulte. Les adolescents passent le plus clair de leurs journées en compagnie de jeunes de leur âge et consacrent moins de temps à chacun de leurs parents.

Si les adolescents passent moins de temps avec leurs parents que lorsqu'ils étaient plus jeunes, la plupart continuent de leur être très attachés.

L'amitié

Les activités et les champs d'intérêt communs continuent d'être des éléments importants dans le choix des amis à l'adolescence. Cependant, la similarité des caractéristiques psychologiques et des attitudes prend une nouvelle signification durant cette période. Par exemple, les adolescents ont tendance à choisir des amis qui partagent leurs croyances concernant le fait de fumer la cigarette, de consommer de la drogue, d'avoir ou non des relations sexuelles et d'accorder de l'importance à la réussite scolaire (Urdan, 1997).

Ces amitiés sont de plus en plus intimes. Elles deviennent également plus complexes et psychologiquement enrichissantes. L'intimité se développe davantage dans les amitiés adolescentes dans la mesure où les amis échangent de plus en plus leurs sentiments profonds et leurs secrets, tout en étant plus conscients des sentiments des autres. La loyauté et la fidélité deviennent aussi des composantes essentielles de l'amitié. Cependant, la capacité d'exprimer le besoin d'intimité et les sentiments de loyauté et de fidélité dans le contexte de l'amitié ne vient pas automatiquement avec l'âge. En fait, les adolescents diffèrent considérablement les uns des autres sur le plan de ces habiletés interpersonnelles. Ces variations peuvent être attribuées à des différences individuelles dans le tempérament et la personnalité ou aux expériences de l'adolescent dans ses relations familiales (Updegraff et Obeidallah, 1999).

Les amitiés entre adolescents sont aussi plus stables que celles entre enfants (Degirmencioglu, Urberg et Tolson, 1998). La plupart de ces amitiés durent un an et plus. Dans une étude longitudinale, Robert et Beverly Cairns ont noté que seulement 20% des amitiés des enfants de 9 ans duraient un an et plus comparativement à 40% des amitiés d'adolescents de 15 ans (Cairns et Cairns, 1994). Cette stabilité augmente probablement au cours de l'adolescence parce que les adolescents plus âgés consacrent plus d'effort à maintenir des relations amicales positives avec leurs amis que les adolescents plus jeunes et les enfants du primaire (Nagamine, 1999).

De plus, les adolescents choisissent souvent des amis qui partagent les mêmes activités qu'eux, comme le sport, la danse ou la musique. Pour ces adolescents, l'amitié et la pratique de leur activité sont liées (Marsh, Craven et Debus, 1999). En d'autres termes, ils continuent leurs activités parce que leurs amis le font et ils maintiennent leurs amitiés à long terme en partageant des activités. De tels liens contribuent à la stabilité de l'amitié durant l'adolescence.

Il est probable que la jeune adolescente de cette famille est plus perturbée que son frère par le remariage de sa mère et la naissance d'un nouvel enfant.

Finalement, les raisons invoquées pour mettre fin à une relation amicale reflètent l'influence des différences individuelles dans les habiletés sociales. Par exemple, un changement du statut d'identité sur le plan de la maturité mène souvent à la formation de nouvelles amitiés (Akers, Jones et Coyl, 1998). Les filles semblent préférer les amitiés avec des filles qui partagent le même statut romantique : ainsi, une jeune fille qui a un amoureux passera moins de temps avec ses amies qui n'ont pas encore de petit ami (Benenson et Benarroch, 1998 ; Zimmer-Gembeck, 1999). Chez les garçons, les différences dans les performances athlétiques peuvent mener à la rupture d'amitiés importantes.

Les groupes de pairs et la conformité

Tout comme l'amitié, les groupes de pairs deviennent relativement stables durant l'adolescence (Degirmencioglu, Urberg et Tolson, 1998). L'adhésion et la conformité au groupe de pairs semblent s'intensifier vers l'âge de 13 ou 14 ans (au moment où l'estime de soi de l'adolescent diminue), pour s'estomper ensuite progressivement à mesure que l'adolescent se forge une identité plus indépendante du groupe. Cependant, bien qu'il soit évident que le groupe de pairs exerce une pression sur chacun afin qu'il se conforme aux normes comportementales du groupe, il est aussi vrai que la pression des pairs est moins forte et moins négative que ne le laissent entendre les stéréotypes culturels (Berndt, 1992).

Thomas Berndt a demandé à des jeunes gens ce qu'ils feraient dans une série de situations hypothétiques où leurs pairs désireraient accomplir des actes qui s'opposent à leur volonté ou à leur conception du bien. Les résultats de son étude démontrent que l'influence des pairs dans les situations neutres ou prosociales ne varie guère en fonction de l'âge, contrairement à ce qui se produit dans le cas de dilemmes antisociaux. L'influence des pairs atteint un sommet vers l'âge de 14 ans.

Il ne faut pas croire pour autant que tous les enfants de 13 ou 14 ans ont un comportement déchaîné avec leurs amis. Au départ, ce sont les adolescents eux-mêmes qui choisissent leurs amis et leur groupe d'appartenance. Ils sont naturellement plus susceptibles de choisir des jeunes qui partagent les mêmes valeurs, attitudes et comportements qu'eux. Si l'écart entre leurs idées et celles du groupe d'amis devient trop grand, les adolescents sont alors enclins à quitter le groupe afin de se joindre à un nouveau groupe qui partage leurs idées et leurs valeurs. On arrivera rarement à les convaincre de réintégrer les rangs du premier groupe. De plus, lorsqu'une influence explicite du groupe s'exerce sur un individu, elle va plus souvent à l'encontre des comportements déviants qu'en leur faveur. Cette influence s'observe donc davantage dans les actions positives, telles que l'entraide pour un travail scolaire. On trouve une influence négative du groupe de pairs seulement dans les groupes « délinquants », alors que certains adolescents cherchent à prouver qu'ils sont aussi « durs » que les autres membres du groupe (Berndt et Keefe, 1995b ; Brown, Dolcini et Leventhal, 1995). Ainsi, quoique Erikson ait raison d'affirmer que les pairs constituent une influence majeure dans le façonnement de l'identité de l'adolescent, cette influence n'est ni monolithique ni uniformément négative.

LES CHANGEMENTS DANS LA STRUCTURE DU GROUPE DE PAIRS

La structure du groupe de pairs change au cours de l'adolescence. L'étude classique dans ce domaine est celle que Dunphy a effectuée sur la formation, la dissolution et l'interaction de groupes d'adolescents dans une école secondaire à Sydney, en Australie, entre 1958 et 1960 (Dunphy, 1963). Il a défini deux types de groupes en utilisant des appellations qui font aujourd'hui école dans les textes sur l'adolescence. Le premier groupe, que Dunphy appelle la *clique*, est constitué de quatre à six adolescents qui paraissent fortement attachés les uns aux autres. La clique suscite une forte adhésion, et ses membres sont très intimes. Au début de l'adolescence, la clique est généralement formée d'individus de même sexe, vestige d'un trait caractéristique des préadolescents. Graduellement, toutefois, les cliques se fondent en un groupe plus large, composé de plusieurs cliques de garçons et de filles, que l'on appelle une *bande*. Par la suite, la bande se disloque et fait place à de nouvelles cliques, mixtes cette fois, pour céder finalement le pas à la libre association des couples.

D'après l'étude de Dunphy, la constitution de la bande a lieu vers l'âge de 13 à 15 ans, ce qui correspond par ailleurs à l'âge où le jeune offre le plus de vulnérabilité à l'influence du groupe de pairs. Lors de la libre association des couples, les premiers couples qui se forment sont souvent «amoureux de l'amour»; par la suite, les jeunes accorderont plus d'importance à la personne elle-même.

Aujourd'hui, les chercheurs ne partagent pas tous le point de vue de Dunphy selon lequel la bande serait simplement constituée de plusieurs cliques. Bradford Brown (Brown, 1990; Brown, Mory et Kinney, 1994), par exemple, utilise le terme *bande* pour désigner un groupe défini par une réputation, auquel le jeune est associé par choix ou encore par le fait de ses pairs. Des groupes comme les «sportifs», les «intellos», les «emos» ou les «gothiques» sont des bandes selon Brown. À l'inverse, les cliques sont toujours des groupes que l'adolescent choisit. Brown s'entend cependant avec Dunphy pour affirmer que, au début de l'adolescence, les cliques sont composées presque entièrement d'individus de même sexe et que, plus tard, elles deviennent mixtes. Les descriptions des caractéristiques associées aux différentes bandes d'adolescents sont assez caricaturales et stéréotypées lorsqu'elles sont formulées par les adolescents eux-mêmes. Elles ont comme fonction de fournir à l'adolescent ce que Brown appelle un «prototype d'identité». Étiqueter les autres et s'étiqueter soi-même comme appartenant à une ou à plusieurs bandes aide l'adolescent à créer ou à renforcer sa propre identité naissante. Ce procédé lui permet aussi de reconnaître ses amis et ses ennemis potentiels. Ainsi, l'appartenance à une bande oriente l'adolescent vers des activités et des relations particulières.

Au cours des années du secondaire, le système social des bandes se différencie graduellement en formant de plus en plus de groupes distincts. Kinney (1993) a remarqué que les adolescents du début du secondaire pouvaient désigner seulement deux bandes. Quelques années plus tard, ces mêmes adolescents pouvaient en mentionner cinq, et, à la fin du secondaire et au début du collégial, ils pouvaient en recenser jusqu'à sept ou huit. Cependant, à cet âge, les bandes deviennent moins importantes dans le système social pour les groupes de pairs. Les amitiés individuelles ainsi que les rencontres amoureuses deviennent alors prépondérantes (Urberg et autres, 1995).

Quelle que soit l'appellation utilisée, les théoriciens s'accordent pour reconnaître la fonction capitale du groupe de pairs. Il permet à l'adolescent de faire la transition des interactions sociales entre personnes du même sexe aux interactions sociales mixtes. Le jeune de 13 ou

14 ans peut entreprendre ses premières expériences hétérosexuelles dans le cadre de l'environnement protégé de la bande ou de la clique. Ce n'est que plus tard, lorsqu'il aura acquis une certaine confiance en lui-même, qu'il s'engagera dans une relation de couple.

Les relations amoureuses

De tous les changements observables dans les relations sociales à l'adolescence, le plus important est probablement le passage des amitiés entre personnes du même sexe aux interactions mixtes. Le changement se produit graduellement, bien qu'il semble plus rapide chez les filles. Au début de l'adolescence, les jeunes sont très rigides dans leurs choix d'amis du même sexe (Bukowski, Sippola et Hoza, 1999). Puis, au cours des années suivantes (un ou deux ans plus tard), ils deviennent plus ouverts à l'idée

Selon vous, quels stades de la séquence de Dunphy portant sur les structures de groupes de pairs ces adolescents illustrent-ils?

d'avoir des amis de l'autre sexe (Harton et Latane, 1997 ; Kuttler, La Greca et Prinstein, 1999). Les habiletés qu'ils acquièrent dans leurs relations avec des amis de l'autre sexe ainsi qu'à l'intérieur des groupes mixtes les préparent aux relations amoureuses (Feiring, 1999). De plus, bien que les adultes croient que le désir sexuel est à la base de l'émergence des relations amoureuses, il semble que les facteurs sociaux soient tout aussi importants. En fait, selon la recherche, la compétence sociale dans une variété de situations relationnelles avec les parents, les pairs et les amis permet de prédire la facilité avec laquelle les adolescents vont passer d'une relation exclusive avec des amis du même sexe à des relations amoureuses (Theriault, 1998).

Outre leur fonction sociale, ces nouvelles relations préparent l'individu à assumer une identité sexuelle adulte. La sexualité physique fait partie de ce processus, tout comme les habiletés personnelles intimes avec le sexe opposé, incluant le flirt, la communication et le décodage des indices sociaux utilisés par l'autre sexe. Dans les pays occidentaux, on fait d'abord cet apprentissage à l'intérieur de groupes élargis (bandes ou cliques) et ensuite dans l'intimité du couple (Zani, 1993).

À 12 ou 13 ans, la plupart des adolescents comprennent de façon primaire ce que signifie l'expression « être amoureux ». Les filles semblent privilégier davantage une intimité psychologique au cours des premières relations amoureuses que les garçons (Feiring, 1999).

Les fréquentations et l'activité sexuelle précoces apparaissent plus souvent dans les classes sociales les plus défavorisées de la population, particulièrement chez les adolescents qui ont une puberté précoce. Ainsi, les filles qui ont leurs règles très jeunes commencent plus tôt leur activité sexuelle. L'enseignement religieux et l'opinion individuelle de chacun sur l'âge approprié pour avoir une relation sexuelle sont autant d'éléments déterminants, au même titre que la structure familiale. Les filles issues de familles divorcées ou recomposées, par exemple, montrent une plus grande expérience sexuelle que celles provenant de familles intactes. Par ailleurs, celles qui ont de fortes croyances religieuses rapportent moins d'expériences sexuelles (Bingham, Miller et Adams, 1990 ; Miller et Moore, 1990).

L'homosexualité chez les adolescents

Pour la grande majorité des adolescents, la séquence des relations sociales avec les pairs va d'un groupe unisexué à un groupe mixte et, finalement, à la formation d'un couple hétérosexuel. Chez les adolescents homosexuels, cette progression est différente. Le processus par lequel ceux-ci prennent conscience de leur homosexualité est graduel et débute, selon certains chercheurs, au milieu de l'enfance par des doutes concernant leur orientation sexuelle (Carver, Egan et Perry, 2004). Des études rétrospectives démontrent que certains homosexuels se souviennent avoir entretenu des fantasmes sexuels durant leur adolescence mais que peu d'entre eux acceptaient leur homosexualité durant ces années (Wong et Tang, 2004). L'étape finale incluant la prise de conscience ainsi que l'acceptation de leur orientation sexuelle survenait généralement au début de l'âge adulte.

Lorsqu'on questionne des homosexuels au sujet de leur orientation sexuelle, on s'aperçoit que les adolescents homosexuels constituent une minorité qui est victime de nombreux stéréotypes et préjugés. Plusieurs se sentent isolés et rejetés par leurs pairs (Martin et D'Augelli, 2003).

Les adolescents homosexuels partagent les mêmes préoccupations que les adolescents hétérosexuels. Par exemple, les adolescentes homosexuelles, tout comme les adolescentes hétérosexuelles, sont plus susceptibles d'être insatisfaites de leur apparence physique (Saewyc et autres, 1998). Par conséquent, les régimes alimentaires sont plus fréquents chez les filles que chez les garçons, quelle que soit leur orientation sexuelle. Tout comme les adolescents hétérosexuels, les adolescents homosexuels consomment davantage d'alcool et s'engagent plus souvent dans des comportements à risque que les adolescentes. L'attachement aux parents semble aussi important pour les adolescents homosexuels que pour les adolescents hétérosexuels. En fait, l'attachement et le maintien de bonnes relations avec les parents semblent aider l'adolescent homosexuel à mieux traverser cette période (Beaty, 1999 ; Floyd et autres, 1999).

De toute évidence, on ne dispose que de peu d'informations sur la jeunesse homosexuelle. Il est cependant facile d'imaginer que la période de l'adolescence est particulièrement éprouvante pour les individus de ce groupe. Plusieurs sont agressés verbalement ou ridiculisés, et près d'un tiers sont agressés physiquement par leurs pairs ; certains sont aussi plus souvent déprimés et font davantage de tentatives de suicide que les adolescents hétérosexuels (Cato et Canetto, 2003 ; Remafedi et autres, 1998 ; Safren et Heimberg, 1999 ; Savin-Williams et Ream, 2003). À l'instar des jeunes appartenant à des minorités ethniques, les adolescents homosexuels doivent surmonter une difficulté supplémentaire pour arriver à définir leur identité. Ces propos rejoignent les conclusions des résultats d'une étude menée par Michel Dorais, professeur et chercheur en sociologie de la sexualité à l'Université Laval, avec la collaboration de Simon Louis Lajeunesse, sur la face cachée du suicide chez les garçons (2001).

Pause APPRENTISSAGE

Le développement social

1. Quelles sont les deux tâches principales de l'adolescent quant à ses relations avec ses parents ?

2. Quelles observations peut-on faire sur l'attachement aux parents durant l'adolescence ?

3. Comment se modifient à l'adolescence la fonction du groupe de pairs et la fonction de l'amitié ?

4. Vers quel âge l'adhésion au groupe de pairs s'intensifie-t-elle ?

5. Précisez les changements qui se produisent dans un groupe d'adolescents selon Dunphy.

6. Décrivez le processus par lequel les adolescents prennent conscience de leur homosexualité.

LE DÉVELOPPEMENT MORAL

Comme nous l'avons mentionné au chapitre 8, Piaget a été le premier à proposer une description du raisonnement moral (Piaget, 1932), mais c'est cependant Lawrence Kohlberg (Colby et autres, 1983 ; Kohlberg, 1976, 1981), un collaborateur de Piaget, qui a élaboré la théorie la plus complète sur ce sujet.

LA THÉORIE DE KOHLBERG

De nombreux changements clés dans le raisonnement moral semblent coïncider soit avec l'adolescence, soit avec l'émergence du raisonnement formel. Kohlberg a été l'un des premiers à instaurer la pratique de l'évaluation du raisonnement moral. Pour ce faire, il présente à l'adolescent une série de dilemmes sous forme d'histoires dont chacune met en évidence un problème moral particulier, comme la valeur de la vie humaine. Le dilemme de Heinz est l'un des plus connus.

> Quelque part en Europe, une femme est atteinte d'une forme rare de cancer et risque de mourir. Il n'existe qu'un seul médicament qui puisse la sauver. Il s'agit d'une forme de radium qu'un pharmacien a découverte et qu'il vend dix fois plus cher que le prix réel de fabrication. Le coût de fabrication du médicament s'élève à 200 $, et il en demande 2 000 $. Heinz, le mari de la femme malade, a bien essayé de réunir cette somme auprès de ses amis, mais il n'a pu obtenir que 1 000 $. Il demande donc au pharmacien de lui laisser le remède à moitié prix ou de lui permettre de payer plus tard, car sa femme est en train de mourir. Devant le refus du pharmacien, Heinz, désespéré, entre par effraction dans la pharmacie et vole le médicament dont sa femme a besoin (Kohlberg et Elfenbein, 1975, p. 621).

Après que l'enfant ou l'adolescent a entendu cette histoire, on lui pose une série de questions : Heinz a-t-il bien fait de voler le médicament ? Qu'aurait-il fait s'il n'avait pas aimé sa femme ? Cela aurait-il changé quelque chose ? Si la personne mourante lui avait été étrangère, est-ce que Heinz aurait quand même dû voler le médicament ?

Sur la base des solutions à de tels dilemmes, Kohlberg a conclu qu'il existait trois principaux niveaux de raisonnement moral, comportant chacun deux stades, comme on peut le voir dans le tableau 10.2.

Il est important de comprendre que le stade ou le niveau de jugement moral d'une personne ne dépend pas de ses choix moraux particuliers (qu'il s'agisse d'un jeune ou d'un adulte), mais du type de logique inhérente et de la source d'autorité sur lesquels repose la justification de ces choix.

Kohlberg soutient que la séquence du raisonnement moral qu'il a établie est universelle et organisée de manière hiérarchique, tout comme Piaget considérait les stades du développement cognitif qu'il avait définis. Autrement dit, chaque stade possède une cohérence interne et précède un autre stade dans une progression constante. Les individus ne peuvent pas « revenir en arrière » dans cette séquence, mais seulement suivre une progression. Kohlberg ne prétend pas que tous les individus passent par les six stades, ni même que l'arrivée à un stade corresponde à un âge précis, mais il insiste sur le caractère immuable et universel de la séquence. Nous allons maintenant poser un regard critique sur ces propositions.

Pouvez-vous dire en regardant cette photographie à quel stade ou à quel niveau de raisonnement faisaient appel ces manifestants antiapartheid pour appuyer leurs revendications ?

Tableau 10.2   *Les stades du développement moral selon Kohlberg*

Niveau 1: Morale préconventionnelle. Les jugements de l'enfant (de l'adolescent et même de l'adulte) reposent sur des sources d'autorité présentes dans son environnement immédiat et physiquement supérieures à lui, en général les parents. Ce sont les résultats ou les conséquences de ses actions qui en déterminent la valeur morale.

Stade 1: Orientation vers la punition et l'obéissance. L'enfant s'en remet aux conséquences physiques d'une action pour juger si ce qu'il fait est bien ou mal. S'il est puni, c'est donc mal ; s'il ne l'est pas, c'est donc bien. L'obéissance est perçue comme une valeur en soi, mais l'enfant obéit parce que l'adulte possède un pouvoir supérieur au sien. Exemple : Heinz ne devrait pas voler le médicament, car il risque d'aller en prison.	**Stade 2: Relativisme instrumental.** L'enfant se plie aux règles qui satisfont son intérêt immédiat. Ce qui entraîne des conséquences plaisantes est nécessairement bien (hédonisme naïf). Il se préoccupe des autres seulement s'il peut en tirer un avantage. Il comprend les relations de réciprocité (si tu m'aides, je t'aiderai aussi) et peut saisir que chacun agit en fonction de son intérêt personnel. Exemple : Heinz devrait voler le médicament, car il doit empêcher la mort de sa femme pour ne pas passer le reste de sa vie dans la solitude.

Niveau 2: Morale conventionnelle. À ce niveau, on observe un déplacement des jugements fondés sur les conséquences extérieures et le bénéfice personnel vers des jugements basés sur les règles ou les normes édictées par le groupe d'appartenance de l'enfant, que ce soit la famille, le groupe de pairs, l'Église ou la nation. L'enfant considère que ce que le groupe de référence définit comme bien est bien et il intériorisera profondément ces normes.

Stade 3: Concordance interpersonnelle (parfois appelé *stade du bon garçon et de la bonne fille*). La famille ou le petit groupe dont l'enfant fait partie deviennent importants. Les actions morales sont celles qui correspondent aux attentes des autres. L'intérêt personnel fait place à un début de conscience sociale. L'intention manifeste est de plaire aux autres et de se conformer au groupe d'appartenance (famille et pairs). L'enfant comprend la notion d'*intentionnalité* d'un geste. Si quelqu'un commet un acte répréhensible sans le faire exprès ou en pensant bien faire, sa faute est moins grave que s'il l'avait commis avec l'intention de mal faire. Exemple : Heinz ne devrait pas voler le médicament, car les autres vont penser qu'il est un voleur.	**Stade 4: Conscience du système social** (parfois appelé *stade de la loi et de l'ordre*). L'assentiment des autres est moins important qu'au stade 3. Les actions morales sont définies par des groupes sociaux importants ou par la société. Le bien consiste à accomplir son devoir, en respectant l'autorité et en respectant les règles et les lois. On ne remet pas en question les lois et l'on doit maintenir l'intégrité du système social. Les lois ont été instituées pour le bien-être de tous et elles doivent être respectées, sauf en cas extrême. Une moralité sociale apparaît au détriment des intérêts personnels. Exemple : Heinz devrait voler le médicament, car le mariage n'est pas seulement une question d'amour, c'est une obligation, une forme de contrat.

Niveau 3: Morale postconventionnelle ou principes moraux. Ce niveau est marqué par de nombreux changements, dont le plus remarquable est un déplacement de la source d'autorité. Au premier niveau, l'enfant voit l'autorité comme émanant totalement de l'extérieur. Au deuxième niveau, les jugements ou les règles provenant de l'extérieur sont intériorisés, mais ils ne sont pas remis en question ou analysés. Au troisième niveau apparaît un nouveau type d'autorité, impliquant des choix individuels et des jugements personnels fondés sur des principes librement choisis.

Stade 5: Contrat social et droits individuels. À ce stade, on observe le début de l'édification de principes moraux librement choisis. L'action doit tendre vers « le meilleur pour le plus grand nombre ». L'adolescent ou l'adulte sait qu'il existe différents points de vue et que les valeurs sont relatives. Une moralité personnelle apparaît chez la personne, qui assume les conséquences de ses actes. Les lois et les règles doivent être respectées pour préserver l'ordre social, la justice et l'équité, mais elles peuvent être modifiées de façon démocratique et par consensus. Toutefois, certaines valeurs sont absolues, comme l'importance de la vie humaine. Les principes de liberté et d'égalité entre les humains doivent être défendus à tout prix. Exemple : La loi ne prévoit pas un tel cas. Ce n'est pas bien de voler le médicament mais, dans les circonstances, le geste de Heinz est justifié.	**Stade 6: Principes éthiques universels.** L'adulte a développé des principes éthiques librement choisis, une moralité universelle qui va au-delà de toute autre considération. Il agit selon ces principes et cette moralité et assume la pleine responsabilité de ses actes. Comme les lois suivent normalement ces principes, elles doivent être respectées. Mais lorsque apparaît une contradiction entre la loi et la conscience, c'est la conscience qui prédomine. Kohlberg précise que de tels principes moraux universels ne guident le raisonnement moral que de quelques individus hors du commun, ceux qui consacrent leur vie entière à des causes humanitaires, comme mère Teresa ou Gandhi. Exemple : Heinz doit voler le médicament, car la vie d'une personne est plus importante que le profit d'un marchand. Il doit suivre le principe du maintien et du respect de la vie.

Sources : Adapté de Kohlberg, 1976, et de Lickona, 1978.

Évaluation de la théorie

L'âge et le raisonnement moral   Les résultats de Kohlberg, confirmés par plusieurs autres chercheurs (Colby et autres, 1983 ; Rest, 1983 ; Walker, de Vries et Trevethan, 1987), montrent que le raisonnement moral préconventionnel (stades 1 et 2) domine chez les élèves du primaire et que le stade 2 est encore présent chez de nombreux jeunes adolescents. La morale conventionnelle (stades 3 et 4) s'observe principalement chez les sujets en pleine adolescence et demeure la forme de raisonnement de prédilection chez l'adulte. La morale postconventionnelle (stades 5 et 6) apparaît beaucoup plus rarement, même chez les adultes. Ainsi, on a évalué que 13 % seulement des hommes dans la quarantaine et dans la cinquantaine qui ont participé à une étude longitudinale menée à Berkeley faisaient montre d'un raisonnement moral appartenant au stade 5 (Gibson, 1990).

La séquence des stades   La séquence proposée par Kohlberg dans laquelle les stades se suivent les uns les autres semble confirmée. Dans de nombreuses études longitudinales à long terme effectuées auprès d'adolescents et de jeunes adultes aux États-Unis, en Israël et en Turquie (Colby et autres, 1983 ; Nisan et Kohlberg, 1982 ; Snarey, Reimer et Kohlberg, 1985), le changement de la forme de raisonnement suit presque toujours l'ordre pro-posé. Les sujets ne sautent pas de stades, et seulement 5 % à 7 % des cas indiquent une régression, un taux qui concorde avec les indices de fiabilité de la mesure utilisée.

L'universalité Cette séquence de stades est-elle un phé-nomène propre à la culture occidentale, ou Kohlberg aurait-il levé le voile sur un processus universel ? À ce jour, des variantes des dilemmes de Kohlberg ont été utilisées auprès d'enfants de 27 cultures distinctes, occi-dentales et non occidentales, industrialisées et non industrialisées.

John Snarey (1985), qui a commenté et analysé ces nombreuses études, constate plusieurs faits qui viennent étayer la thèse de Kohlberg : 1) dans les études portant sur des enfants, on observe constamment un progrès dans le stade de raisonnement utilisé ; 2) les quelques études longitudinales font état de « données se recoupant de façon frappante » (p. 215), où les sujets progressent généralement dans la séquence et régressent rarement ; 3) on observe que le niveau le plus élevé n'est pas le même dans toutes les cultures. Dans les sociétés urbaines com-plexes (aussi bien occidentales que non occidentales), le stade 5 est typiquement le niveau le plus élevé observé, tandis que les cultures que Snarey qualifie de « folklo-riques » plafonnent au stade 4. L'ensemble de ces don-nées corrobore l'universalité de la séquence des stades de Kohlberg.

Critique de la théorie

Les critiques ont reproché à Kohlberg de ne pas envisa-ger tous les aspects du raisonnement moral. Kohlberg lui-même le reconnaît dans ses écrits ultérieurs (Kohlberg, Levine et Hewer, 1983) : son propos porte sur le dévelop-pement du raisonnement en ce qui concerne les ques-tions de *justice* et d'*équité*. Il serait également intéressant de se pencher sur d'autres problèmes éthiques que la justice, comme l'empathie ou les relations interperson-nelles. Dans ce domaine, Carol Gilligan a fourni la cri-tique la plus connue.

L'éthique de la bienveillance selon Gilligan Outre le fait que l'échantillon de Kohlberg ait été uniquement com-posé de garçons, Carol Gilligan (1982a, 1982b, 1987 ; Gilligan et Wiggins, 1987) reproche essentiellement à Kohlberg de mettre l'accent sur la justice et l'équité en tant que facteurs déterminants du raisonnement moral. Selon Gilligan, il existerait deux orientations morales distinctes : la justice et la bienveillance envers les autres, chacune ayant son propre prédicat, soit de ne pas traiter les autres de façon inéquitable (justice) et de ne pas laisser

quelqu'un dans le besoin (bienveillance). Les garçons comme les filles apprennent ces deux principes moraux et les appliquent dans les dilemmes de leur vie quoti-dienne (Skoe et autres, 1999). Cependant, pour Gilligan, les filles auraient une prédisposition à l'empathie et aux relations interpersonnelles, tandis que les garçons ten-draient vers la justice et l'équité. En raison de cette dis-tinction, les deux sexes percevraient les dilemmes moraux de façon différente. Plusieurs études portant sur des adultes traduisent bien une telle tendance (Lyons, 1983 ; Wark et Krebs, 1996), mais les travaux effectués auprès d'enfants et d'adolescents ne reflètent générale-ment pas cette différence (Jadack et autres, 1995 ; Smetana, Killen et Turiel, 1991 ; Walker, de Vries et Trevethan, 1987). De plus, certaines recherches sur ce sujet démontrent que cette différence, si elle existe, ne s'observe que dans la culture nord-américaine (Skoe et autres, 1999).

Le jugement moral et le comportement Certains critiques de Kohlberg ont également invoqué le fait que le com-portement ne correspond pas toujours au niveau de rai-sonnement moral. Or, Kohlberg n'a jamais affirmé qu'il devait exister une correspondance exacte entre les deux. Le fait d'employer un raisonnement du stade 4 (morale conventionnelle) ne garantit pas que vous ne tricherez jamais ou que vous serez toujours gentil avec votre mère. La forme de raisonnement qu'un jeune adulte applique aux problèmes moraux devrait malgré tout *influer* sur ses choix moraux dans la vie réelle. En outre, Kohlberg pense que plus un adolescent a atteint un niveau élevé de rai-sonnement moral, plus le lien avec son comportement sera étroit. Ainsi, les jeunes gens dont le raisonnement a atteint le stade 4 ou 5 seraient davantage enclins à se conformer à leurs propres règles de raisonnement que les enfants dont le raisonnement moral se situe à des niveaux inférieurs.

Pause
APPRENTISSAGE

Le développement moral

1. Expliquez les trois niveaux et les six stades de la théorie de Kohlberg sur le développement du raisonnement moral.

2. Que peut-on dire de cette théorie en ce qui concerne l'âge, la séquence des stades et son universalité ?

3. Quelle critique principale Gilligan formule-t-elle à l'égard de la théorie de Kohlberg ?

4. Est-ce que le jugement moral correspond au comportement ? Pourquoi ?

LES PARCOURS PARTICULIERS

Les thèmes que nous venons d'aborder décrivent un parcours normatif de l'adolescence. Toutefois, certains adolescents, pour une raison ou pour une autre, dévient de cette trajectoire et vivent des expériences particulières. En voici deux exemples : les comportements délinquants et la dépression à l'adolescence.

LES COMPORTEMENTS DÉLINQUANTS ET LA DÉLINQUANCE JUVÉNILE

Il est important de bien définir ces deux expressions afin de mieux comprendre les trajectoires de vie de certains adolescents. Ainsi, bon nombre d'adolescents adoptent, à un moment ou à un autre, des comportements délinquants ; toutefois, peu d'entre eux deviennent de vrais délinquants. La délinquance appartient à la catégorie générale des *troubles du comportement*. Les adolescents étiquetés comme délinquants présentent non seulement des signes de brutalité, de provocation et de désobéissance communs à tous les troubles du comportement, mais ils commettent également des infractions délibérées à la loi.

Il est extrêmement difficile d'évaluer le nombre d'adolescents qui adoptent des comportements délinquants. Statistique Canada (2006) indique que, parmi toutes les tranches d'âge, celle des jeunes de 14 à 19 ans court le plus de risques de commettre des crimes contre la propriété et des crimes violents. Cependant, les motifs d'arrestation des jeunes sont le plus souvent des infractions relativement mineures, telles que le vol à l'étalage, l'entrée par effraction et le vandalisme (Ministère de la Sécurité publique, 2002).

La délinquance apparaît pour certains comme une déficience sur le plan du raisonnement moral. Les délinquants se situent généralement dans les premiers stades du développement moral de Kohlberg (Ma, 2003) et semblent incapables d'avoir un comportement empathique, tel que se mettre à la place de la victime afin de mieux comprendre ce qu'elle ressent. Des chercheurs ont également constaté que les adolescents capables d'envisager les actes qu'ils projetaient du point de vue de leurs parents sont moins susceptibles de s'engager dans des comportements délinquants (Wyatt et Carlo, 2002).

Des programmes d'enseignement basés sur les travaux de Kohlberg visent à corriger les difficultés qu'éprouvent les délinquants à percevoir le point de vue de la victime. Cependant, peu de ces programmes ont produit les résultats escomptés (Armstrong, 2003 ; Moody, 1997 ; Putnins, 1997). Par conséquent, les psychologues

croient que ces comportements délinquants cachent beaucoup plus qu'un simple problème de raisonnement moral.

Par ailleurs, la délinquance semblerait associée à un *sentiment d'injustice subie* de la part de certains adolescents. Laurent Bègue (2006), professeur de psychologie sociale à l'Université de Grenoble, et ses collaborateurs ont mené une étude auprès de 1 200 adolescents de 11 à 18 ans sur le sentiment d'injustice subie. Cette étude indique un lien systématique entre la délinquance autodéclarée et le sentiment de vivre dans un monde injuste. Ainsi, plus les adolescents pensaient que le monde était injuste avec eux, plus ils déclaraient avoir eu des conduites proscrites graves. Cette rhétorique participe de ce que Bandura nomme l'autodisculpation, c'est-à-dire une « tournure mentale » permettant de diminuer un éventuel sentiment de culpabilité.

La plupart des psychologues qui étudient les comportements délinquants distinguent deux sous-groupes importants, selon l'âge où les premiers troubles de comportements ont été observés :

- Les individus dont le comportement délinquant est apparu dès l'enfance constituent des cas sérieux et présentent un degré élevé d'agression persistante ainsi qu'une forte probabilité de criminalité à l'âge adulte. Ces jeunes gens sont généralement des solitaires et semblent dépourvus de conscience ou de sentiment de culpabilité. Ils paraissent aimer les conflits et n'avoir confiance en personne.
- Les individus dont le comportement délinquant a commencé à l'adolescence sont généralement moins violents. Leurs comportements semblent être davantage l'expression d'un processus lié au groupe de pairs qui cherchent à tester les limites de l'autorité que l'expression d'un comportement déviant fortement ancré depuis l'enfance. Ces adolescents ont de mauvaises fréquentations, restent dehors tard, sont très attachés à leur clique ou à leur bande et peuvent commettre différentes infractions dans le cadre de leurs activités de groupe.

Les recherches de Patterson sur l'agressivité des enfants ont permis de comprendre le parcours des délinquants du premier sous-groupe. Ainsi, dès leur plus jeune âge, ces enfants particulièrement agressifs, qui sont plus susceptibles de développer un attachement insécurisant, font des crises et défient leurs parents (Greenberg, Speltz et DeKlyen, 1993). Si les parents n'arrivent pas à maîtriser l'enfant dès la première apparition de déviance, le comportement de ce dernier va continuer de se détériorer jusqu'aux agressions contre les autres, qui alors le rejetteront. Cela aura pour effet d'aggraver encore plus le problème, car cet enfant fortement agressif se tournera vers d'autres enfants vivant des problèmes similaires aux siens. Ces enfants deviendront par la suite son unique groupe de soutien (Shaw, Kennan et Vondra, 1994).

À l'adolescence, ces jeunes peuvent présenter de sérieux problèmes de raisonnement, comme nous l'avons déjà souligné. Les comportements délinquants et antisociaux deviennent fortement ancrés avec le soutien d'amis provenant presque exclusivement du milieu de la délinquance (Tremblay et autres, 1995). Cette situation est naturellement renforcée par le rejet fréquent des pairs qui ne sont pas délinquants (Brendgen, Vitaro et Bukowski, 1998). Parmi ces jeunes, nombreux sont ceux dont les parents présentent des antécédents de comportements asociaux (Gainey et autres, 1997). Ces jeunes sont aussi plus susceptibles que d'autres de présenter une combinaison de différents problèmes comportementaux, tels que la consommation de drogues et d'alcool, l'absentéisme et le décrochage scolaires, et une activité sexuelle précoce et à risque incluant des partenaires multiples (Dishion, French et Patterson, 1995).

Pour les jeunes dont la délinquance n'apparaît qu'à l'adolescence, le parcours est différent. Ils ont, eux aussi, des amis délinquants. Cependant, leur association avec des pairs déviants aggrave leur comportement, ce qui n'est pas le cas chez le premier sous-groupe, dont le comportement demeure essentiellement le même, qu'ils aient des amis déviants ou qu'ils soient solitaires (Vitaro et autres, 1997). De plus, le comportement de l'adolescent du second sous-groupe se modifie généralement si ses fréquentations changent (Laird et autres, 1999). Par conséquent, l'influence des pairs semble le facteur le plus déterminant de ce second type de délinquance.

Ces jeunes délinquants souffrent d'une carence sur le plan de la supervision parentale, et leurs amitiés individuelles ne sont pas très intimes et offrent peu de soutien. Lorsque les parents offrent une supervision parentale adéquate et beaucoup de soutien émotionnel à l'adolescent, ce dernier est moins susceptible de commettre des actes délinquants ou de consommer des drogues, même s'il fréquente un groupe à risque ou si ses amis intimes sont engagés dans de tels comportements (Brown et Huang, 1995; Mounts et Steinberg, 1995). Ce second sous-groupe semble aussi présenter des lacunes au regard de certaines habiletés sociales, comme la capacité de se faire des amis, ce qui représente un facteur de protection contre l'influence négative de certains groupes de pairs (Berndt et Keefe, 1995a).

LA DÉPRESSION À L'ADOLESCENCE

Pendant de nombreuses années, les psychiatres ont pensé que la *dépression* se manifestait uniquement chez les adultes. De nos jours, il est largement démontré que la dépression est un phénomène très répandu chez les adolescents et aussi chez les enfants. Selon l'Organisation mondiale de la santé (OMS), la prévalence de la dépression est la plus élevée dans le groupe d'âge des 15-24 ans et représente la première cause de morbidité (taux d'hospitalisation) (Kavanagh et autres, 2006). Selon John Abela, professeur et chercheur à l'Université McGill de Montréal, les enfants peuvent souffrir de dépression dès l'âge de 6 ans; à 14 ans, 9 % des adolescents ont au moins connu une crise de dépression grave (Abela, 2005). De nombreux adolescents expérimentent des épisodes dépressifs significatifs. Lorsque ces épisodes se prolongent pendant quelques semaines et sont accompagnés de symptômes, tels que des troubles du sommeil, des problèmes nutritionnels et des difficultés de concentration, on parle de *dépression majeure*. Il est important de différencier la déprime passagère de la dépression majeure. La dépression majeure est un état de profonde détresse

Le milieu familial relié à la dépression chez les jeunes

Le contexte familial joue un rôle de première importance dans l'apparition de la dépression chez les enfants et les adolescents. C'est le constat auquel arrive la docteure Lise Bergeron, psychologue et chercheuse à l'hôpital Rivière-des-Prairies et à l'Université de Montréal. Une vaste enquête menée par la docteure Bergeron a permis de cerner plusieurs caractéristiques psychosociales qui augmentent la vulnérabilité des jeunes à la dépression. La chercheuse constate notamment que les enfants de 6 à 11 ans qui vivent dans des familles nanties ne sont pas à l'abri de la dépression. Ce résultat peut être expliqué notamment par un niveau très élevé d'attentes.

Par ailleurs, cette étude permet d'observer que les enfants dont les parents ont vécu des épisodes de dépression majeure au cours de leur vie sont plus susceptibles de présenter eux-mêmes des problèmes dépressifs. Elle met aussi en lumière le rôle majeur de la relation parents-enfant qui, jusqu'à présent, avait été peu étudié en relation avec la dépression des enfants et des adolescents. Il s'avère que les enfants dont les parents sont peu enclins à manifester concrètement leur soutien sont plus à risque de faire une dépression. Les résultats de cette étude sont publiés dans le prestigieux *Journal of Abnormal Child Psychology**. Cette recherche a été menée auprès de 2 400 enfants et adolescents du Québec âgés de 6 à 14 ans. Cette enquête est la plus importante du genre jamais effectuée au Québec à l'égard des troubles mentaux des enfants et des adolescents.

* « Correlates of depressive disorders in the Quebec general population 6 to 14 years of age », vol. 35, n° 31, juin 2007.

Source : Adapté de la Presse canadienne, *Le Soleil*, 22 mars 2007.

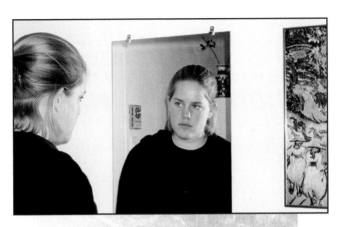

Cette adolescente semble vivre l'expérience courante du cafard ou de l'humeur dépressive. Près de 10% des adolescents connaissent des épisodes prolongés de dépression.

qui se maintient pendant plusieurs semaines et constitue une véritable maladie qui nécessite une attention particulière et des traitements adéquats (voir le tableau 10.3 pour les symptômes de la dépression chez les adolescents). La déprime est une réaction dépressive normale à différents événements de la vie comme le décès d'un ami ou d'un parent. Une portion significative des adolescents déprimés affirment avoir pensé au suicide. La section «Un dernier mot… sur le suicide», à la fin du chapitre, donne quelques précisions sur l'importance de ce phénomène à l'adolescence.

Bien que tous les préadolescents et les adolescents qui se disent déprimés ne présentent pas toujours les autres symptômes d'une dépression majeure observés chez les adultes, ils connaissent néanmoins les mêmes changements hormonaux et endocriniens que ceux-ci. On sait donc que la dépression infantile est réelle et qu'elle peut être cliniquement très grave; il ne s'agit pas d'un malaise passager et «normal».

Il est intéressant de noter que, parmi les préadolescents, les garçons sont généralement plus malheureux ou plus déprimés que les filles. À partir de l'âge de 13 ans, cependant, les filles sont davantage sujettes aux dépressions et aux états dépressifs chroniques; on observe cette différence sexuelle pendant tout l'âge adulte dans de nombreux pays industrialisés (Nolen-Hoeksema et Girgus, 1994; Petersen et autres, 1993; Roberts et Sobhan, 1992).

Pourquoi existe-t-il une augmentation de l'indice de dépression à l'adolescence? Et pourquoi les filles sont-elles plus souvent victimes de ces problèmes? On a observé que les adolescents vivant avec des parents déprimés sont beaucoup plus enclins à la dépression que les autres adolescents (Merikangas et Angst, 1995). Bien sûr, il est possible qu'un facteur génétique soit en cause, une

hypothèse étayée par certaines études portant sur des jumeaux et des enfants adoptés (Petersen et autres, 1993). On pourrait aussi expliquer ce lien entre la dépression parentale et la dépression infantile par les changements dans l'interaction entre les parents et l'enfant, attribuables à la dépression des parents.

Nous avons vu au chapitre 4 que les mères déprimées risquent plus que les autres mères de voir leurs enfants manifester un attachement insécurisant. Leur relation avec leurs enfants comporte si peu de communication que ceux-ci entretiennent une sorte de résignation impuissante. On a découvert que ce sentiment d'impuissance était en relation étroite avec la dépression chez les adultes et chez les adolescents (Dodge, 1990).

Évidemment, tous les adolescents dont les parents sont dépressifs ne souffrent pas eux-mêmes de dépression. Environ 60% d'entre eux n'en présentent absolument aucun signe. Plusieurs facteurs perturbateurs peuvent influer dans un sens ou dans l'autre sur l'état d'un enfant vivant dans une famille touchée par cette affection:

- Si la dépression des parents est de courte durée ou traitée médicalement de sorte que les symptômes sont atténués, l'enfant a plus de chances d'éviter la dépression.
- Plus la famille est touchée par d'autres formes de stress qui viennent s'ajouter à la dépression de l'un des parents (comme la maladie, les disputes, le stress professionnel, la perte de revenu, la perte d'un emploi ou une séparation), plus l'adolescent risque de présenter des symptômes dépressifs (Compas et autres, 1993; D'Imperio, Dubow et Ippolito, 2000).
- Si la famille reçoit un soutien émotionnel et une aide matérielle de son entourage, l'enfant court moins de risques d'être dépressif.

Ainsi, la famille peut épargner à l'enfant les effets de la dépression de l'un des parents si elle reçoit un soutien social adapté et ne subit pas d'autres formes de stress.

Des différences sur le plan du stress vécu par les adolescents permettent aussi d'expliquer les différences sexuelles dans la dépression dans ce groupe d'âge. Anne Petersen (Petersen, Sarigiani et Kennedy, 1991) a récemment mentionné que les filles éprouvent plus de difficultés et de stress pendant l'adolescence que les garçons. Elle explique notamment que les filles vivent plus d'expériences stressantes simultanées pendant l'adolescence, tels les changements pubertaires et le changement d'école. Dans sa propre étude longitudinale, Petersen a découvert que, lorsque de telles formes de stress simultanées sont prises en compte, l'écart entre les deux sexes disparaît. Autrement dit, dans cette étude, la dépression

Tableau 10.3　*Les symptômes de la dépression chez les adolescents*

Manifestations visibles	Symptômes physiques	Symptômes subjectifs	Changements de comportement
Irritabilité excessive (mauvaise humeur)	Troubles de l'appétit: perte ou gain d'appétit ou de poids	Dévalorisation ou culpabilité excessive	Retrait ou dépendance sociale
Déprime ou tristesse permanente	Trouble du sommeil: insomnie ou hypersomnie	Difficultés de concentration ou indécision	Masques (l'adolescent affiche un comportement qui ne lui ressemble pas)
Perte d'intérêt ou de plaisir pour toute activité	Agitation ou ralentissement	Pensées récurrentes de mort ou de suicide	Négation ou résistance
	Fatigue ou manque d'énergie		

Remarque: Pour qu'un diagnostic de dépression soit envisagé chez un adolescent, on doit vérifier la présence de plusieurs symptômes qui persistent et qui ne montrent aucun signe d'amélioration.

Source: Fondations des maladies mentales, *La dépression*, Québec, 2006.

ne s'avérait pas plus courante chez les filles que chez les garçons, lorsque les deux groupes subissaient des niveaux équivalents de stress ou d'expériences stressantes simultanées.

Susan Nolen-Hoeksema partage l'avis de Petersen sur le fait que les adolescentes affrontent davantage de stress que les adolescents (1994; Nolen-Hoeksema et Girgus, 1994). Cependant, elle affirme également que les filles répondent différemment aux humeurs dépressives que les garçons. Les filles (et les femmes) sont plus sujettes à «ruminer» ou à méditer sur leur état dépressif ou de détresse psychologique, une stratégie qui accentue la durée de la dépression: «Comment se fait-il que je me sente ainsi?» «Je n'ai pas le goût de faire quoi que ce soit.» Les garçons (comme les hommes) cherchent plutôt à se distraire, au cours des épisodes dépressifs, en faisant de l'exercice physique, en pratiquant des activités diverses ou en travaillant, ce qui constitue une stratégie qui tend à réduire la durée de la dépression.

L'isolement social par les pairs au début du primaire constitue un autre facteur associé à la dépression (Hymel et autres, 1990). Le rejet par les pairs est associé à ce que les psychopathologistes appellent les problèmes *extériorisants*, comme la délinquance, les troubles du comportement, etc., alors que l'isolement est lié à des problèmes *intériorisants*, tels que la dépression.

Nous avons vu au chapitre 8 qu'une faible estime de soi peut également jouer un rôle. Les études de Harter révèlent qu'un jeune adulte qui pense ne pas être à la hauteur de ses propres attentes est beaucoup plus enclin à présenter des symptômes de dépression qu'un jeune dont l'estime de soi est plus élevée.

Par ailleurs, on peut rattacher l'augmentation des dépressions, au moment de l'adolescence, à l'apparition de certains changements cognitifs. Par exemple, on sait que les adolescents ont tendance à se définir et à définir les autres en termes *comparatifs*, c'est-à-dire à se juger en fonction de certaines normes, ou à se percevoir comme «moins» ou «plus» que d'autres personnes. On sait également que l'apparence devient très importante à l'adolescence et que la grande majorité des adolescents sont convaincus qu'ils ne sont pas à la hauteur des normes culturelles dans ce domaine. L'estime de soi chute ainsi au début de l'adolescence, ce qui accroît le risque de dépression. Les filles des pays industrialisés semblent particulièrement vulnérables parce que l'augmentation du poids corporel (tissu adipeux), observée à la puberté, va à l'encontre du corps idéal associé à la minceur extrême.

Finalement, la dépression peut aussi influer sur le rendement scolaire puisqu'elle interfère avec la mémoire. Ainsi, les adolescents déprimés sont plus susceptibles de retenir les renseignements négatifs plutôt que les renseignements positifs (Neshat-Doost et autres, 1998). Par exemple, si un enseignant dit à un adolescent déprimé qu'il va échouer à un cours s'il ne fait pas plus d'efforts pour remettre ses travaux à temps, l'adolescent risque fort de retenir uniquement la première partie de l'énoncé, c'est-à-dire qu'il va échouer à son cours. Il ne comprend pas que le message de l'enseignant comporte aussi une solution, c'est-à-dire qu'il doit remettre ses travaux à temps. De plus, les adolescents déprimés semblent moins capables que les autres adolescents de mémoriser l'information qu'ils ont entendue (Horan et autres, 1997). Enfin, nous avons vu précédemment que certains adolescents possédant une orientation externe (lieu de contrôle externe) sont plus affectés par les échecs et les déceptions qui se répètent, et risquent plus souvent d'être dépressifs (del Barrio et autres, 1997; Ge et Conger, 1999) et, par conséquent, d'être suicidaires.

... SUR LE SUICIDE

Comme nous l'avons vu au chapitre 8, Susan Harter a établi l'existence d'une trajectoire allant d'une faible estime de soi à la dépression. Chez certains jeunes, ce parcours inclut une étape supplémentaire : les pensées suicidaires (Harter, Marold et Whitesell, 1992). Malheureusement, dans certains cas, ces pensées suicidaires se concrétisent dans un geste irréparable. Notons que les suicides sont très rares chez les préadolescents, et qu'ils sont relativement rares chez les adolescents de 10 à 14 ans, bien qu'ils augmentent de façon constante depuis deux décennies. En revanche, le taux de suicide est neuf fois plus élevé chez les jeunes âgés de 15 à 19 ans, et il n'a pas cessé d'augmenter au cours des dernières décennies. Au Québec, Michel Tousignant, professeur et chercheur de renommée internationale à l'Université du Québec à Montréal, a publié un ouvrage sur le suicide (Mishara et Tousignant, 2004) et mené de nombreuses recherches sur le suicide des adolescents (Brian Mishara, coauteur de cet ouvrage, est directeur du Centre de recherche et d'intervention sur le suicide et l'euthanasie [CRISE] de cette même université). Chaque jour, près de quatre jeunes Québécois se suicident. À l'échelle internationale, peu de pays présentent un taux de mortalité par suicide plus élevé que le Québec. Cependant, les données les plus récentes montrent une légère diminution du phénomène (Portait de santé du Québec et de ses régions, 2006). Selon l'Enquête sociale et de santé, près de 4 % des Québécois de 15 ans et plus admettent avoir sérieusement pensé au suicide. D'après les plus récentes données de l'Institut de la statistique du Québec, le suicide est la première cause de décès chez les adolescents de 15 à 19 ans. L'incidence du suicide est cinq fois plus importante chez les garçons que chez les filles. Par contre, d'après les estimations, les tentatives de suicide ratées sont trois fois plus fréquentes chez les filles que chez les garçons (Garland et Zigler, 1993). En effet, les filles ont souvent recours à l'empoisonnement, qui est généralement moins efficace que les moyens utilisés par les garçons.

Il est apparemment très difficile de découvrir les facteurs qui conduisent à des suicides réussis, car la principale personne concernée ne peut plus être interrogée. Les chercheurs et les cliniciens sont obligés de s'en tenir aux déclarations des parents ou de l'entourage sur l'état mental du jeune avant son suicide. Ces déclarations sont partiellement invalides puisque, dans la plupart des cas, les parents et les amis n'avaient absolument pas conscience que le jeune se préparait au suicide. Il semble qu'une forme de psychopathologie, qui n'est pas forcément la dépression, soit en cause. Les troubles du comportement, telle l'agressivité, sont aussi courants dans les cas de suicide, tout comme le sont les antécédents familiaux de troubles mentaux, d'alcoolisme et de consommation de drogues (Garland et Zigler, 1993). Toutefois, ces facteurs pris séparément ne suffisent pas à expliquer le comportement suicidaire. Après tout, de nombreux adolescents (ou adultes) présentent un ou plusieurs de ces facteurs de risque, et très peu vont passer à l'acte. Dans une analyse portant sur la prévention du suicide, David Shaffer et ses collaborateurs (1988) indiquent au moins trois autres facteurs qui pourraient faire partie de l'équation :

- Un événement stressant déclenchant : les études sur le suicide révèlent que l'événement déclenchant prend souvent la forme d'un conflit avec les parents (lié à la discipline), d'un rejet ou d'une humiliation, par exemple une rupture amoureuse ou encore un échec dans une activité particulièrement prisée.

- Une altération de l'état mental, comme une attitude de désespoir ou une désinhibition due aux effets de l'alcool ou de la colère (Swedo et autres, 1991) ; chez les filles, le sentiment de désespoir est très courant : elles ont l'impression que le monde entier est contre elles et qu'elles ne peuvent rien y faire.

- Une occasion particulière, une possibilité : par exemple, un fusil armé dans la maison, des comprimés de somnifères dans l'armoire à pharmacie des parents, etc.

Les tentatives de prévention du suicide chez les jeunes ne se sont pas révélées très fructueuses jusqu'à présent. Bien que les adolescents manifestent souvent des comportements déviants quelque temps avant un suicide ou une tentative de suicide, la plupart d'entre eux ne sont pas orientés vers des soins appropriés ni vers des personnes compétentes. En dépit de la multiplication des structures d'accueil, le taux de suicide n'a pas diminué. Certains mythes ont toujours cours concernant le suicide des adolescents, expliquant peut-être cette situation. Les suivants sont tirés d'une conférence du juge Michael Sheehan de la Cour supérieure du Québec :

- *Le suicide est un geste libérateur.* L'adolescent qui prend conscience de l'effet de son état dépressif sur ses proches peut en arriver à concevoir la croyance irrationnelle selon laquelle mettre fin à ses jours libérerait son entourage, alors que c'est tout le contraire qui se produit.

- *Rien ne peut arrêter une personne qui a décidé de mettre fin à ses jours.* Cela est faux. Il y a toujours quelque chose à faire. Il ne faut pas prendre les idées suicidaires à la légère : il faut intervenir immédiatement et demander de l'aide. Tout être humain dont la vie est en péril a le droit de recevoir de l'aide. Si on n'intervient pas, on peut être poursuivi pour non-assistance à une personne en danger.

- *Le suicide est un geste de courage.* En fait, le suicide est surtout un geste désespéré, qui ne comporte pas une intention noble ou glorieuse. La personne qui se suicide veut échapper à sa souffrance avant tout. Elle veut mettre fin à une douleur ou à un mal de vivre qu'elle ne peut plus supporter.

- *Une personne qui parle de son désir de mourir ne passera pas à l'acte.* Au contraire, 75 % des gens qui se suicident en parlent auparavant. Si une personne planifie son geste (que l'on vérifie par la « règle du COQ » : comment, où et quand), il faut alors intervenir très rapidement.

Certains efforts ont été faits pour éduquer la population, par exemple des séances d'information pour les élèves des écoles secondaires sur les facteurs de risque afin qu'ils soient plus en mesure de déceler les difficultés de leurs amis. On offre également des formations pour présenter diverses façons de faire face aux problèmes ainsi que différentes stratégies d'adaptation afin que les adolescents puissent trouver des solutions moins extrêmes à leurs problèmes. Malheureusement, les rares études qui ont tenté d'évaluer ces programmes n'ont pas décelé de changement radical dans l'attitude des élèves (Shaffer et autres, 1988).

Il est peu probable que ces résultats plutôt décourageants s'améliorent, tant qu'on n'en saura pas davantage sur les chemins qui conduisent à cette forme particulière de psychopathologie. Pourquoi un adolescent est-il plus vulnérable qu'un autre au suicide ? Quelle est la combinaison d'événements stressants la plus propice au déclenchement d'une tentative de suicide ? Comment ces événements interagissent-ils avec les ressources personnelles de l'adolescent ? Tant que nous serons incapables de répondre à ce genre de questions, nous ne pourrons pas comprendre ni prévenir le suicide chez les adolescents.

Pause
APPRENTISSAGE

Les parcours particuliers et le suicide

1. Nommez les caractéristiques de chacun des deux sous-groupes de délinquants.

2. Quels critères permettent de définir la dépression clinique ?

3. Pourquoi les filles sont-elles plus souvent déprimées à l'adolescence ?

4. Comment les adolescents dont les parents sont dépressifs peuvent-ils éviter la dépression à leur tour ?

5. Quels sont les trois facteurs de risque associés au suicide selon Shaffer ?

6. Quels sont les mythes associés au suicide ?

RÉSUMÉ

LES PERSPECTIVES THÉORIQUES

- Freud et Erikson ont tous deux décrit un stade de développement de la personnalité au cours de l'adolescence : le stade génital chez Freud et le stade de l'identité ou de la diffusion de rôle chez Erikson.

- Selon la théorie d'Erikson, les adolescents doivent développer leur identité et redéfinir leur moi. La fidélité permet à l'adolescent de résoudre le stade de l'identité.

- Selon James Marcia, deux éléments clés entrent en jeu dans la formation de l'identité de l'adolescent : un questionnement et un engagement. En réunissant ces deux éléments, on obtient quatre états d'identité : l'identité en phase de réalisation, l'identité en moratoire, l'identité forclose et l'identité diffuse.

RÉSUMÉ

LE CONCEPT DE SOI ET LA PERSONNALITÉ

- Le concept de soi devient de plus en plus abstrait à l'adolescence, car il s'appuie davantage sur les qualités internes stables et sur l'idéologie.

- Les adolescents se définissent de plus en plus selon des traits féminins et masculins (concept de soi sexué). Une personne qui possède à la fois des traits féminins et des traits masculins marqués est qualifiée d'androgyne. Les adolescents androgynes ont généralement une haute estime de soi.

- L'estime de soi baisse vers le début de l'adolescence, puis augmente régulièrement par la suite. Pour sa part, la perception de soi devient plus abstraite durant cette période, alors que les jeunes mettent l'accent sur leurs qualités intérieures et sur leur idéologie.

- Les adolescents qui proviennent de minorités ethniques visibles ont une tâche supplémentaire à réaliser à l'adolescence, celle de définir leur identité ethnique. Ce processus présente plusieurs étapes analogues à celles du modèle de formation de l'identité de Marcia.

- Certains aspects de la personnalité sont stables dès la fin de l'adolescence, particulièrement les cinq traits de personnalité (*Big Five*) définis par McCrae et Costa : l'instabilité émotionnelle (ou névrotisme), l'extraversion, l'ouverture à l'expérience, l'amabilité et l'intégrité.

- Les adolescents qui sont introvertis, pessimistes, instables émotionnellement et qui attribuent leurs problèmes à des forces extérieures (lieu de contrôle externe) rencontrent plus de difficultés dans leur développement que les adolescents qui ont une image plus positive d'eux-mêmes.

LE DÉVELOPPEMENT SOCIAL

- Les interactions entre les parents et les adolescents deviennent généralement plus conflictuelles au début de l'adolescence, vraisemblablement en raison des changements physiologiques qui surviennent à la puberté. Toutefois, l'attachement aux parents demeure très fort.

- La relation centrale avec les parents et l'attachement aux parents continuent d'être très marqués à l'adolescence, même lorsque l'adolescent acquiert une plus grande autonomie.

- Le style d'éducation démocratique continue d'être le modèle le plus positif pendant l'adolescence. Les adolescents qui en profitent ont davantage confiance en eux et présentent une estime de soi plus élevée que ceux provenant de familles négligentes ou autoritaires.

- Le remariage d'un parent durant l'adolescence semble avoir un effet plus négatif chez les filles que chez les garçons.

- Le concept des relations sociales subit également des changements : il devient plus souple et plus nuancé. Les amitiés sont perçues comme de plus en plus malléables et changeantes.

- Les relations avec les pairs deviennent très importantes, à la fois qualitativement et quantitativement. Les théoriciens soulignent que les pairs jouent un rôle important dans le passage de la dépendance de l'enfant à l'autonomie de l'adulte.

- L'influence des pairs sur l'adolescent atteint un sommet au début de l'adolescence, autour de 13 ou 14 ans. À ce moment, les groupes de pairs cessent d'être des cliques unisexuées pour devenir des bandes mixtes.

- En général, les relations amoureuses commencent au milieu ou à la fin de l'adolescence, bien que le moment diffère grandement d'une personne à l'autre. L'activité sexuelle chez les adolescents est devenue courante dans bien des pays industrialisés.

- Les adolescents homosexuels ou ceux qui ne sont pas certains de leur orientation sexuelle font face à plusieurs obstacles dans la formation de leur identité.

RÉSUMÉ

LE DÉVELOPPEMENT MORAL

- Une autre facette de la pensée de l'adolescent est le développement de nouveaux stades de raisonnement moral. Kohlberg divise le raisonnement moral en six stades, organisés en trois niveaux.

- La morale préconventionnelle est basée sur l'obéissance stricte aux normes édictées par l'autorité et caractérise l'âge préscolaire et scolaire. Au stade 1, une action punie est nécessairement mauvaise et, au stade 2, l'intérêt personnel prédomine dans les relations avec l'autre.

- La morale conventionnelle couvre toute la période de l'adolescence jusqu'à l'apparition d'une conscience sociale. Au stade 3, l'adolescent cherche à se conformer aux attentes des autres et, au stade 4, il comprend qu'il faut respecter la loi pour maintenir l'ordre social.

- Dans la morale postconventionnelle, qui correspond à la fin de l'adolescence, les valeurs universelles dépassent l'intérêt individuel. Au stade 5, le principe de l'égalité prévaut, et l'adolescent comprend qu'on peut changer les lois de façon démocratique. Au stade 6, les valeurs humaines universelles sont primordiales, librement choisies et respectées.

- Des données de recherche semblent confirmer la théorie de Kohlberg selon laquelle ces niveaux et ces stades se suivent selon un ordre précis, et ce, dans toutes les cultures étudiées.

- On reproche au modèle de Kohlberg de tenir compte seulement du raisonnement concernant la justice et l'équité. Selon Gilligan, les individus peuvent aussi raisonner en se basant sur la bienveillance et les relations interpersonnelles ; les filles seraient davantage portées à utiliser ce dernier modèle. Mais la recherche ne confirme pas la théorie de Gilligan sur ce point.

LES PARCOURS PARTICULIERS

- Les actes de délinquance augmentent également à l'adolescence, particulièrement chez les garçons.

- On distingue deux sous-groupes de délinquants : ceux dont les comportements délinquants ont débuté dès l'enfance et ceux dont les comportements délinquants ont débuté à l'adolescence.

- Les taux de dépression augmentent considérablement à l'adolescence et sont plus élevés chez les filles que chez les garçons. Les adolescents déprimés sont plus souvent issus de familles comptant au moins un parent déprimé, mais d'autres facteurs entrent en ligne de compte, notamment une faible acceptation par les pairs au primaire, une faible estime de soi ainsi que de nombreux changements ou des niveaux élevés de stress.

UN DERNIER MOT... SUR LE SUICIDE

- Les mythes les plus répandus sur le suicide sont les suivants : 1) le suicide est un geste libérateur ; 2) rien ne peut arrêter une personne qui a décidé de mettre fin à ses jours ; 3) le suicide est un geste de courage ; 4) une personne qui parle de son désir de mourir ne passera pas à l'acte.

PERSPECTIVES THÉORIQUES

Perspective psychanalytique

Freud : développement psychosexuel

- Stade génital

Erikson : développement psychosocial

- Stade de l'identité ou de la diffusion de rôle
- Force adaptative : fidélité

Théorie de Marcia sur le développement de l'identité

- Identité en phase de réalisation
- Identité en moratoire
- Identité forclose
- Identité diffuse

CONCEPT DE SOI ET PERSONNALITÉ

Compréhension du concept de soi

- Concept de soi de plus en plus abstrait (qualités internes)

Concept de soi sexué

Modèle sexuel

- Masculin
- Féminin
- Androgyne
- Indifférencié

Estime de soi

- Diminution au début de l'adolescence et augmentation par la suite

Personnalité

Cinq traits stables de personnalité de McCrae et Costa

- Instabilité émotionnelle (ou névrotisme)
- Extraversion
- Ouverture à l'expérience
- Amabilité
- Intégrité

Lieu de contrôle

DÉVELOPPEMENT SOCIAL

Relations avec les parents

Augmentation des conflits

Processus d'individuation et de séparation

Attachement aux parents

Style parental

Structure familiale

Relations avec les pairs

Amitié

Groupe de pairs et conformité

Changements dans la structure du groupe

- Clique
- Bande

Relations amoureuses

Libre association des couples

Homosexualité chez les adolescents

DÉVELOPPEMENT MORAL

Théorie de Kohlberg

Stade 1   Orientation vers la punition et l'obéissance
Stade 2   Relativisme instrumental
Stade 3   Concordance interpersonnelle
Stade 4   Conscience du système social
Stade 5   Contrat social et droits individuels
Stade 6   Principes éthiques universels

Évaluation de la théorie

Critique de la théorie

■ Gilligan: justice et équité

SUICIDE

Trois facteurs importants et quatre mythes

PARCOURS PARTICULIERS

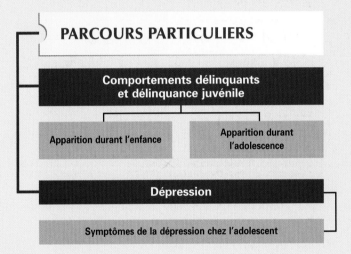

Comportements délinquants et délinquance juvénile

Apparition durant l'enfance

Apparition durant l'adolescence

Dépression

Symptômes de la dépression chez l'adolescent

L'âge adulte

Dans cette quatrième et dernière partie des Âges de la vie, nous nous pencherons sur la plus longue des périodes du développement humain, soit l'âge adulte. La plupart des manuels traitant du développement présentent l'âge adulte en plusieurs chapitres portant sur les différents aspects de la question et sur les trois périodes qui le divisent: le début de l'âge adulte, de 20 à 40 ans; l'âge adulte moyen, de 40 à 65 ans; et l'âge adulte avancé, à 65 ans et plus. Cette façon de procéder est intéressante, mais elle présente l'inconvénient d'étaler et de compartimenter les informations en forçant parfois certaines répétitions. C'est pourquoi, afin de permettre une compréhension plus globale de l'âge adulte et de sa dynamique propre, nous avons réuni les trois périodes de l'âge adulte en un même chapitre. Ainsi, vous trouverez dans le chapitre 11 les informations consacrées aux changements physiques et cognitifs, et dans le chapitre 12 les informations sur la personnalité et le développement social, les deux couvrant l'ensemble de l'âge adulte. Enfin, nous terminerons le manuel avec un chapitre sur la mort et le deuil.

Comme nous l'avons vu dans la troisième partie du manuel, l'horloge biologique s'est grandement manifestée au cours de l'adolescence. Au début de l'âge adulte, c'est le phénomène inverse qui se produit, l'horloge sociale l'emportant presque totalement sur l'horloge biologique. L'horloge sociale impose en effet des changements de vie marquants à la plupart des jeunes adultes: le passage du

célibat à la vie conjugale, du rôle d'enfant à celui de parent, de la dépendance à l'autonomie. Aux rôles de conjoint et de parent s'ajoute donc celui de travailleur. Et chaque individu abordera ces rôles avec le style de vie et les modèles internes qui lui sont propres.

Au milieu de l'âge adulte apparaît pour la première fois un certain équilibre entre l'horloge biologique et l'horloge sociale. D'une part, les changements physiques associés au vieillissement deviennent plus apparents; d'autre part, les rôles sociaux deviennent moins rigoureux ou contraignants. Au cours de cette période, ce sont surtout les changements de rôles qui entraînent des variations dans la structure stable de la vie, de même que les changements imprévus, telle la perte d'un emploi.

Enfin, à l'âge adulte avancé, l'horloge biologique reprend une place prépondérante. Cependant, les effets du vieillissement ne se font véritablement sentir qu'à la toute fin de l'existence, si l'on retire de l'équation le facteur de la maladie. L'espérance de vie a considérablement augmenté au cours des dernières décennies, si bien qu'une bonne partie d'entre nous peut s'attendre à parcourir encore un long trajet. Soulignons aussi qu'une infinie variété de modèles de vie s'offre aux adultes d'âge avancé, et que chacun d'entre eux est une occasion de changements et de croissance personnelle. C'est sur cette note optimiste que nous aborderons la dernière étape de notre voyage à travers les âges de la vie humaine.

L'âge adulte : développement physique et cognitif

- *À 22 ans, Amélie est mère célibataire d'un jeune enfant de quatre ans et elle demeure chez ses parents. Elle travaille à temps plein et suit des cours du soir afin d'obtenir un diplôme.*
- *Alexandre, 25 ans, est marié. Il a quitté les Forces armées canadiennes après quatre ans de service et il suit maintenant un cours de mécanique.*
- *Étudiant de 22 ans au baccalauréat en études littéraires, Daniel se demande dans quel domaine il va se spécialiser.*
- *Caroline est âgée de 33 ans. Elle enseigne les sciences physiques au secondaire depuis 10 ans.*

Le développement des individus au cours de l'enfance et de l'adolescence suit généralement une trajectoire commune à l'intérieur d'une même société. Des événements semblables le ponctuent, telles l'entrée à l'école vers l'âge de 6 ans ou l'apparition de la puberté vers l'âge de 12 ans. C'est à l'âge adulte que les trajectoires de vie éclatent et se diversifient. Nous empruntons alors des parcours différents. Les quatre personnes que nous venons de vous présenter sont de jeunes adultes. Vous connaissez vous-mêmes des individus qui sont âgés de 20 à 40 ans, et vous savez que leurs vies sont tout aussi diversifiées. Certains vont intégrer très tôt le marché du travail, d'autres vont entreprendre des études supérieures, certains vont voyager, d'autres vont se marier et fonder une famille, etc. Les chemins empruntés dépendent de nombreux facteurs, notamment des choix individuels.

L'ÉTUDE DU DÉVELOPPEMENT AU COURS DE L'ÂGE ADULTE

Lorsqu'on étudie le développement de l'enfant, on parle généralement de croissance et d'évolution. Le développement suit une direction, et les changements se produisent dans un ordre prévisible. Le bébé s'assoit, se traîne à quatre pattes, puis marche ; l'enfant évolue sur le plan cognitif en passant du concret à l'abstrait ; l'adolescent traverse les étapes de la puberté. La maturation physique forme le substrat de la plupart des changements liés au développement. Par contre, lorsqu'on étudie le développement de l'adulte, on constate que la notion de développement devient beaucoup plus ambiguë et que le changement qui se produit peut être croissant ou décroissant.

Au début de l'âge adulte, presque tous les individus sont touchés par des changements communs sur le plan des rôles. Mais existe-t-il dans ces changements une direction, un schème récurrent qu'on pourrait raisonnablement percevoir comme un développement ? Les gens deviennent-ils plus intelligents, plus sages, plus stables ou plus lents en vieillissant ? Par ailleurs, quel est le rôle précis de la maturation dans ce processus ? Peut-on étudier et analyser les changements chez l'adulte en utilisant les modèles théoriques qui ont servi à étudier le développement chez l'enfant ?

LES MODÈLES THÉORIQUES DU DÉVELOPPEMENT À L'ÂGE ADULTE

Les psychologues du développement utilisent certains modèles théoriques pour rendre compte de cette diversité du développement à l'âge adulte. Passons-les en revue.

Selon un premier modèle dit *par stades*, le développement est directionnel et représente une succession d'étapes, une séquence ordonnée et constante de stades vers une meilleure compréhension et une meilleure adaptation à l'environnement. Le développement est ascendant et continu, telle la suite des marches d'un escalier. Il s'agit du modèle que soutiennent Piaget et Kohlberg. Selon un second modèle, celui des *tâches développementales*, la personne doit traverser différentes « crises », conformément aux exigences sociales du milieu. L'individu doit trouver un équilibre entre deux tendances opposées dans chacune de ces crises. Les tâches développementales sont des occasions de grandir, d'évoluer vers une personnalité saine et adaptée. C'est le modèle d'Erikson, de Peck et de Levinson.

Le modèle dit *interactif,* privilégié notamment par Bronfenbrenner, avance que les composantes du milieu (le système écologique) interagissent constamment les unes avec les autres et avec l'individu pour déterminer le tracé particulier de son développement. Selon le modèle de l'*actualisation de soi,* adopté par Rogers, l'individu possède en lui une force qui le pousse à se réaliser pleinement. Et ce sont les événements de la vie en contact avec ce besoin qui façonneront son développement. Enfin, selon le modèle *croissance-décroissance,* le développement à l'âge adulte suit une courbe ascendante au début de l'âge adulte, alors que culminent les habiletés intellectuelles et les capacités physiques qui, inexorablement, vont se mettre peu à peu à décroître au milieu de l'âge adulte. C'est le modèle que privilégient Schaie et Denney. Examinons-le de plus près.

LE MODÈLE DU VIEILLISSEMENT PHYSIQUE ET COGNITIF DE DENNEY (CROISSANCE-DÉCROISSANCE)

La majorité des informations sur les changements physiques et cognitifs à l'âge adulte que nous allons apporter dans ce chapitre peuvent être réunies sous un seul modèle, comme l'a fait Nancy Denney (figure 11.1). Selon Denney, il existe une courbe de l'augmentation et du déclin des habiletés communes à presque toutes les évaluations physiques et cognitives. De plus, on remarque de grandes variations dans le degré absolu de performance

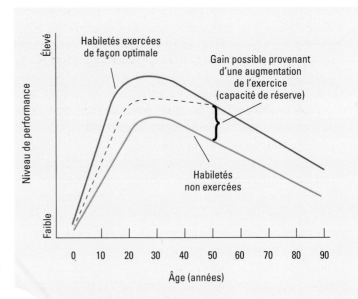

Figure 11.1
Le modèle de Denney
Le modèle de Denney semble indiquer à la fois une courbe de déclin de base et un écart relativement considérable entre le niveau de performance des habiletés exercées et des habiletés non exercées.

Source : Denney, 1982, 1984.

en fonction de la quantité d'exercices pratiqués par un individu pour améliorer une habileté ou exécuter une tâche. Le terme « exercice » est employé ici dans un sens très large. Il désigne aussi bien l'exercice physique que l'exercice cognitif, et le niveau d'intensité qu'ont exigé certaines tâches accomplies dans le passé. De nombreux tests effectués sur la mémoire en laboratoire, telle la mémorisation de listes de noms, mesurent des habiletés non exercées. Les tâches quotidiennes de mémorisation, tels les détails des articles de journaux qu'on vient de lire, font appel à des habiletés beaucoup plus courantes qui ont donc déjà été exercées. Ainsi, d'après Denney, ce sont les habiletés qui sont le plus souvent exercées qui atteindront un point plus élevé sur la courbe.

L'écart entre la courbe des *habiletés non exercées* et la courbe des *habiletés exercées* de façon optimale représente le niveau d'amélioration possible d'une habileté ou sa *capacité de réserve*. Toute habileté peut être améliorée, même à un âge avancé, si on y travaille. Ainsi, il est clairement démontré qu'on peut améliorer la capacité respiratoire (VO$_2$ max) à tout âge si on entreprend un programme d'exercice physique (Blumenthal et autres, 1991; Buchner et autres, 1992; Cheitlin, 2003). Néanmoins, selon le modèle de Denney, le niveau de capacité maximal qu'il est possible d'atteindre, même en faisant des exercices de façon optimale, déclinera avec l'âge, tout comme déclinera la performance des meilleurs athlètes avec l'âge malgré un programme d'entraînement optimal. Par conséquent, lorsqu'on est jeune, on peut obtenir une performance relativement bonne, même si on est paresseux physiquement ou intellectuellement, alors qu'en vieillissant, au contraire, il faut lutter contre le déclin des habiletés.

À la figure 11.1, la ligne pointillée représente la courbe imaginaire d'une habileté relativement peu développée, mais utilisée régulièrement. De nombreuses habiletés verbales se classent dans cette catégorie, tout comme les tâches de résolution de problèmes ou les occupations quotidiennes. Puisqu'elles sont considérées comme nécessaires dans de nombreux emplois, elles sont fortement sollicitées chez les individus dans la vingtaine et la trentaine. De plus, leur bonne préservation crée une courbe à sommet plat semblable à celle que Schaie propose pour l'apprentissage du vocabulaire et d'autres habiletés exercées ou cristallisées (nous reviendrons plus loin sur ce concept). Denney et Schaie s'entendent pour dire que, même si on les a exercées de façon optimale, ces habiletés ne pourront pas être constamment maintenues au même niveau et qu'elles déclineront peu à peu avec l'âge.

LA MATURATION ET LE VIEILLISSEMENT

De prime abord, on note que certains changements physiques communs et inévitables se produisant à l'âge adulte semblent tous liés, par nature, à la maturation. Pour décrire le phénomène, on parle en général de vieillissement. L'apparition de cheveux blancs et de rides témoigne de ces changements. De nombreuses personnes croient que des changements similaires touchent leur façon de penser à l'âge de 40 ou 50 ans: la mémorisation des noms devient plus difficile, et l'apprentissage de nouvelles habiletés nécessite plus de temps et d'efforts.

Les physiologistes et les psychologues ne contestent pas ces observations: il existe bien une horloge biologique, et son tic-tac se fait de plus en plus présent à mesure qu'on avance dans l'âge adulte. Cependant, des recherches récentes révèlent que certains phénomènes attribués jusqu'ici au vieillissement physique inévitable sont peut-être dus à d'autres causes, comme la maladie et l'invalidité.

Comment étudier le vieillissement ?

Prenons l'exemple du chercheur qui s'intéresse aux changements de la fonction cardiaque ou pulmonaire durant l'âge adulte. Nous savons que les maladies du cœur ne constituent pas une composante normale du vieillissement, car nous n'en souffrons pas tous. Il convient donc d'observer les changements survenant avec l'âge uniquement chez les adultes qui ne sont pas malades. On peut ainsi espérer découvrir les processus de base qui soustendent le vieillissement. C'est en empruntant cette voie qu'on a découvert que certains changements étaient bien liés à l'âge; mais ils sont beaucoup moins importants qu'on l'avait prévu. Il s'agit du **vieillissement primaire**, le processus de vieillissement inévitable qui n'est pas associé à la maladie (Birren et Schroots, 1996).

Le **vieillissement secondaire** est le résultat des influences de l'environnement, de l'hygiène de vie (habitudes de vie) et de la maladie. Ces influences ne sont pas inévitables, et tous les adultes ne les subissent pas. De plus, certains aspects du vieillissement secondaire sont

---

Vieillissement primaire Changements physiques inévitables causés par l'âge et que tout être humain subit. Ces changements sont davantage associés au processus biologique sous-jacent qu'à l'expérience particulière d'un individu.

Vieillissement secondaire Changements physiques évitables liés à l'âge et que tous les individus de l'espèce humaine subissent. Ces changements sont généralement associés à la maladie, au stress et aux influences de l'environnement.

réversibles. Ainsi, chez les personnes en bonne santé, le vieillissement primaire s'avère plus lent et plus tardif qu'on l'aurait cru. En outre, certains changements qu'on pensait inhérents au vieillissement primaire s'avèrent des changements liés au vieillissement secondaire.

Nous ne voulons pas donner ici une image édulcorée de l'âge adulte. Le sable s'écoule dans le sablier, et la mort nous attend tous au bout du chemin. Cependant, il est nécessaire de déterminer exactement quels changements sont attribuables au vieillissement normal et lesquels sont associés à d'autres facteurs qui pourraient être évités. Ces informations sont importantes même lorsqu'on observe les fonctions physiques et cognitives du début de l'âge adulte, au moment de la performance optimale. Car les recherches les plus récentes laissent entrevoir que les différences entre les jeunes adultes et les adultes âgés pourraient être moins marquées qu'on le pense.

LES TROIS ÂGES DE LA VIE ADULTE

Les changements physiques et cognitifs sont plus graduels et varient davantage d'un individu à l'autre au cours de l'âge adulte que pendant l'enfance, ce qui rend délicate la division de cette partie de la vie. La plupart des psychologues qui s'intéressent au développement humain établissent, par convention, trois périodes à peu près égales : le début de l'âge adulte, de 20 à 40 ans ; l'âge adulte moyen, de 40 à 65 ans ; et l'âge adulte avancé, de 65 ans à la mort. Cette division reflète un ensemble de changements dans les rôles qui se produisent à chaque étape. Mais c'est surtout au début de la quarantaine et de la cinquantaine que les changements sont les plus

Ces jeunes hommes sont sûrement plus en forme actuellement qu'ils ne le seront à tout autre moment de leur vie.

marquants, alors que la carrière atteint un plafond et que les enfants commencent à quitter la maison. Cette division traduit aussi le fait que les fonctions cognitives et physiques, optimales au cours de la vingtaine et de la trentaine, commencent alors à se modifier de façon sensible et mesurable. La pente peut être très douce, mais on la descend à partir de 40 ou 50 ans. N'oublions cependant pas qu'il s'agit d'une division arbitraire et que, au cours des années dites de transition, les événements déterminants et les changements graduels se produisent à des moments très différents d'un individu à l'autre.

L'âge adulte avancé constitue le groupe d'âge qui a connu le plus de changements ces dernières décennies. Cette période de la vie, celle de l'expérience du vieillissement, présente une très grande variabilité individuelle. Voici quelques notions théoriques qui traitent des changements observés dans ce groupe d'âge.

Les sous-groupes de l'âge adulte avancé

Comme on ne peut plus réunir tous les adultes d'âge avancé dans un seul groupe, les gérontologues (la **gérontologie** est l'étude scientifique du vieillissement) divisent cette période en trois sous-groupes : le troisième âge, de 65 à 75 ans ; le quatrième âge, de 75 à 85 ans ; et le cinquième âge, à partir de 85 ans. Plusieurs caractéristiques distinguent ces trois sous-groupes les uns des autres, notamment le risque d'invalidité ou de maladies graves. De nombreuses évaluations des fonctions cognitives et physiques indiquent leur déclin plus rapide chez les personnes du cinquième âge que chez celles du troisième et du quatrième âge. Sur le plan démographique, c'est la population du cinquième âge qui connaît actuellement la plus forte croissance en Amérique du Nord. Cette population est fragile et nécessite des soins. Comme elle va considérablement augmenter dans les sociétés industrialisées, les démographes prévoient que les jeunes adultes et les adultes d'âge moyen seront de plus en plus sollicités pour subvenir aux besoins des adultes de ce groupe.

LA DIVERSITÉ DU RYTHME DE VIEILLISSEMENT

« Énormes » est le mot qui peut qualifier les variations individuelles dans les modèles de changements physiques et cognitifs à l'âge adulte avancé. En fait, il faudrait peut-être distinguer les personnes âgées en bonne santé de celles qui ne le sont pas. Les différences qui existent

Gérontologie Étude scientifique du vieillissement.

entre les personnes du troisième, du quatrième et du cinquième âge nous rappellent que le vieillissement n'est pas un processus qui, vers l'âge de 65 ans, se met subitement à s'accélérer. Les besoins et les capacités des personnes âgées, tant sur le plan social que physique, varient considérablement. Certains adultes souffrent déjà d'une incapacité ou de pertes cognitives au cours de la cinquantaine et de la soixantaine, alors que d'autres semblent conserver la totalité de leurs capacités cognitives et une grande partie de leur vigueur physique jusqu'à l'âge de 70, 80 et même 90 ans.

L'espérance de vie et la durée de vie maximale

Les personnes qui ont survécu jusqu'à l'âge adulte moyen peuvent s'attendre à vivre encore de nombreuses années. On utilise le terme technique **espérance de vie** pour désigner le nombre moyen d'années que vivra une personne à partir d'un âge donné. Ainsi, en 2003, l'espérance de vie à la naissance, au Québec, se situait à 77,2 ans pour les hommes et à 82,4 ans pour les femmes (INSP, 2006).

On établit une distinction entre l'espérance de vie et la **durée de vie maximale**. Ce dernier terme désigne la limite supérieure — c'est-à-dire l'espérance de vie maximale ou le nombre d'années — que tout membre d'une espèce donnée peut espérer atteindre. La durée de vie maximale des êtres humains semble se situer aux environs de 110 ans. En ce moment toutefois, l'espérance de vie humaine à travers le monde est très inférieure à la durée de vie, bien qu'elle ait augmenté rapidement dans les pays développés au cours des dernières décennies. Au Canada, par exemple, les gains ont été impressionnants chez les hommes (Statistique Canada, 2006). Et

Cet homme risque de mourir avant sa femme. Par contre, sa femme risque plus que lui de souffrir d'une maladie chronique durant l'âge adulte moyen et avancé.

certains médecins et physiologistes prévoient que l'amélioration des soins de santé et des habitudes de vie permettra à la grande majorité des adultes d'atteindre le plein potentiel de leur durée de vie.

Les changements démographiques

Outre l'arrivée massive des femmes dans la population active, le vieillissement rapide de la population au cours des dernières décennies constitue l'un des changements démographiques les plus frappants. Étant donné que, dans de nombreux pays, l'espérance de vie a considérablement augmenté et que le taux de natalité a fortement diminué, la population des personnes âgées de plus de 65 ans s'est accrue et continue d'augmenter rapidement. Cette croissance de la population âgée est plus prononcée dans les pays industrialisés, mais elle touche néanmoins toutes les régions du monde, comme on peut l'observer dans la figure 11.2 (Myers, 1990). L'un des principaux facteurs responsables de ce phénomène est le *baby-boom*. Les personnes de cette cohorte, nées après la Deuxième Guerre mondiale et avant 1960, ont déjà atteint

Le vieillissement de la population est un phénomène qu'on observe dans la plupart des pays du monde.

Espérance de vie Nombre moyen d'années qu'une personne peut espérer vivre à partir d'un âge donné (par exemple à la naissance ou à 65 ans).

Durée de vie maximale Théoriquement, nombre maximal d'années de vie pour une espèce donnée. On présume que même des découvertes importantes dans le domaine des soins de santé ne permettront pas à l'espèce humaine de dépasser cette limite.

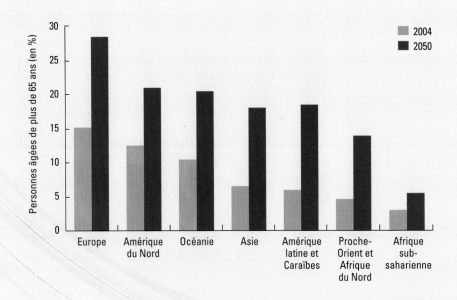

Figure 11.2
Le vieillissement de la population mondiale

le milieu de l'âge adulte et viendront gonfler les rangs des personnes âgées après 2010. En 2040, lorsque la plupart d'entre elles seront décédées, le taux de croissance de la population âgée connaîtra une forte diminution. La figure 11.3 présente la transformation que subira la répartition de la population du Québec de 2006 à 2031.

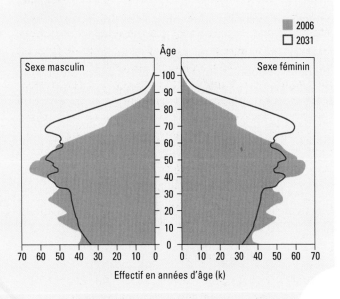

Figure 11.3
Les pyramides des âges de la population du Québec en 2006 et en 2031

Pause APPRENTISSAGE

L'étude du développement au cours de l'âge adulte

1. En quoi l'étude du développement de l'adulte diffère-t-elle de celle du développement de l'enfant et de l'adolescent ?

2. Expliquez les différents modèles théoriques du développement à l'âge adulte.

3. Dans le modèle de Denney, que signifie l'expression « capacité de réserve » ?

4. Comment le vieillissement primaire se distingue-t-il du vieillissement secondaire ?

5. Quelles sont les trois périodes (divisions) de l'âge adulte ?

6. Définissez l'espérance de vie et la durée de vie maximale.

LE DÉVELOPPEMENT PHYSIQUE

Dans cette section, tout en gardant à l'esprit l'idée d'une compréhension globale du développement adulte, nous allons aborder les changements physiques associés au début de l'âge adulte et à l'âge adulte moyen pour terminer avec les changements physiques qui marquent l'âge adulte avancé.

LES CHANGEMENTS PHYSIQUES AU DÉBUT DE L'ÂGE ADULTE ET À L'ÂGE ADULTE MOYEN

Le début de l'âge adulte constitue une étape de la vie où les fonctions physiques et cognitives sont généralement à leur niveau maximal. À l'âge adulte moyen, certaines fonctions physiques commencent toutefois à décroître.

Le cerveau et le système nerveux

Quel que soit l'âge de l'individu, de nouvelles synapses se forment, la myélinisation se poursuit, et les connexions devenues inutiles disparaissent. Nous savons aussi, depuis le début des années 1990, que certaines parties du cerveau produisent de nouveaux neurones pour remplacer ceux qui meurent, même chez les adultes âgés (Gould et autres, 1999). Notons en passant ce fait intéressant : la recherche sur des animaux démontre que la production de ces nouveaux neurones est activée aussi bien par un environnement riche en stimulations que par l'exercice physique (Cao et autres, 2004 ; Rhodes et autres, 2003). Ainsi, tout comme durant l'enfance et l'adolescence, un environnement stimulant favorise probablement le développement du cerveau. C'est habituellement au début de la vingtaine que les processus du développement atteignent un équilibre ; le poids et le volume du cerveau se stabilisent, et la majorité des fonctions sont maintenant bien établies dans des aires spécifiques du cerveau (Gaillard et autres, 2000).

LA CROISSANCE NEURONALE

Selon les neurologues, on peut observer au début de l'âge adulte le modèle de développement des fonctions du cerveau, caractérisé par des pics (périodes de forte croissance) et des plateaux (périodes de stabilité). En fait, il existe probablement deux périodes de forte croissance du cerveau chez le jeune adulte. Autour de l'âge de 17 ans, comme nous l'avons vu au chapitre 9, une croissance majeure du cerveau se produit dans le lobe frontal, cette aire où logent les fonctions de la logique, de la planification et du contrôle émotionnel. Cette croissance se poursuit jusqu'à l'âge de 21 ou 22 ans (Spreen, Risser et Edgell, 1995). Selon de nombreux neuropsychologues, cette croissance serait associée au développement de la pensée opératoire formelle et à d'autres raisonnements abstraits qui surviennent à la fin de l'adolescence.

En plus de cette croissance observée vers l'âge de 17 à 21 ans, certains neuropsychologues croient qu'une autre forme de croissance rapide se produit au milieu ou à la fin de la vingtaine (Fischer et Rose, 1994). Selon eux, les changements au cerveau influent sur les habiletés cognitives qui émergent au milieu du jeune âge adulte. Par exemple, quand vous avez à répondre à une question à choix multiples, vous devez prendre le temps d'examiner et d'évaluer tous les choix proposés avant de donner votre réponse. Les neuropsychologues pensent que cette forme d'inhibition de la réponse dépend de l'habileté du lobe frontal du cerveau à réguler son site des émotions, le **système limbique**. Certains scientifiques considèrent que cette capacité d'intégration de plusieurs fonctions du cerveau n'atteint pas son plein développement avant le jeune âge adulte (Spreen, Risser et Edgell, 1995).

La densité synaptique est donc stable pendant l'adolescence et la première décennie de l'âge adulte. Elle commence à diminuer vers l'âge de 30 ans (Huttenlocher, 1994) et poursuit sa décroissance pendant tout l'âge adulte. Pendant ce temps, de nouvelles synapses continuent de se former, poursuivant leur action durant l'âge adulte moyen et l'âge adulte avancé, mais à un rythme plus lent qu'au début de l'âge adulte. C'est ce qui explique qu'un plus grand nombre de connexions synaptiques sont perdues que créées. Les effets de ce déclin restent à déterminer.

Or, certains chercheurs affirment que le ralentissement général, observé dans presque tous les aspects du fonctionnement corporel à l'âge adulte moyen, serait le résultat de ces changements très graduels sur le plan neuronal, plus précisément la perte de dendrites et une diminution de la rapidité de la conduction nerveuse (Birren et Fisher, 1995 ; Earles et Salthouse, 1995 ; Salthouse, 1993). Au fur et à mesure que nous vieillissons, nos yeux s'adaptent plus lentement aux changements de l'intensité lumineuse, nous mettons plus de temps à réchauffer notre corps lorsque nous avons pris un coup de froid ou à le rafraîchir après une chaleur excessive (l'hypothalamus régularise la température corporelle) et nous réagissons moins rapidement (la communication entre la formation réticulée et le cortex cérébral est plus lente). Nous sommes plus lents à tourner le volant pour éviter un véhicule qui a fait une fausse manœuvre. Les tâches intellectuelles suivent le même déclin graduel au cours de l'âge adulte. Par exemple, une personne de 45 ans prend une fraction de seconde de plus qu'une personne de 20 ans pour se rappeler le nom de quelqu'un.

Les fonctions corporelles

À la fin de l'adolescence, la croissance physique est terminée, et le corps a atteint sa pleine maturité. Sur le plan

---

Système limbique Partie du cerveau qui gouverne les réponses émotionnelles.

physique, les jeunes adultes font généralement preuve d'une meilleure performance que les adultes âgés. Entre 20 et 30 ans, la masse musculaire est plus importante. La force musculaire et la rapidité parviennent à un sommet au début de la trentaine, puis elles amorcent leur déclin. Par rapport à l'enfant et à l'adulte d'âge avancé, le jeune adulte a des os plus solides (la calcification est achevée); son cerveau est plus volumineux; sa vision, son ouïe et son odorat sont supérieurs; sa capacité oxyphorique (capacité d'absorption d'oxygène) est plus grande; et son système immunitaire, plus efficace. Le jeune adulte est plus fort et plus rapide, et il récupère mieux après l'effort. En outre, il s'adapte mieux aux conditions changeantes, telles les variations de température ou d'intensité lumineuse.

La plupart des études tant longitudinales que transversales confirment le fait que des changements physiologiques mesurables commencent à se manifester chez l'adulte d'âge moyen à divers niveaux de sa performance physique. La perte graduelle de la rapidité (qui serait associée au système nerveux) semble être l'élément le plus important du vieillissement primaire et celui qui touche le plus visiblement l'ensemble du fonctionnement corporel. Les résultats de ces recherches sont confirmés même chez les athlètes professionnels qui, eux aussi, accusent une perte de force musculaire et de rapidité avec l'âge.

Le tableau 11.1 schématise l'ensemble des données actuellement disponibles concernant les changements physiques communs au milieu de l'âge adulte. Pour un grand nombre des fonctions physiques, la dégénérescence et le déclin s'observent au cours de la quarantaine ou de la cinquantaine, mais ils sont très progressifs au cours de la vie adulte et ne s'accélèrent qu'après l'âge de

Vers l'âge de 45 ou 50 ans, presque tout le monde a besoin de porter des lunettes, surtout pour lire.

65 ans, voire de 75 ans. Pour certaines parties de l'organisme, le déclin est déjà bien entamé au milieu de l'âge adulte. Cependant, comme beaucoup de ces études n'ont pas pris en compte l'état de santé des sujets, il est envisageable que certaines des différences observées soient en réalité moindres ou qu'elles aient pu, dans d'autres conditions, se produire à un âge plus avancé. La fonction cardiovasculaire, par exemple, peut être partiellement améliorée par l'exercice; et les changements observés pourraient être l'effet d'une vie de plus en plus sédentaire chez les adultes âgés. Il est donc possible que l'ensemble des résultats dans ce tableau traduise l'effet d'un vieillissement secondaire plutôt que d'un vieillissement primaire.

Le climatère masculin et le climatère féminin

Si on vous demandait de ne nommer qu'un seul changement physique important se produisant au milieu de l'âge adulte, vous mentionneriez sans doute la ménopause, surtout si vous êtes une femme. Il existe un terme plus

Le système immunitaire fonctionne moins bien quand on est stressé, par exemple en période d'examens.

Presbytie Perte normale de l'acuité visuelle avec l'âge caractérisée par l'incapacité de distinguer avec précision les objets proches. Elle est causée par un épaississement du cristallin et une perte de sa capacité d'accommodation.

Presbyacousie Perte normale de l'ouïe avec l'âge, en particulier des sons aigus, résultant du vieillissement physiologique du système auditif.

Ostéoporose Diminution de la masse osseuse avec l'âge caractérisée par la fragilisation des os et l'augmentation de la porosité du tissu osseux.

Tableau 11.1   *Résumé des changements physiques associés à l'âge (vieillissement primaire)*

Fonction ou structure corporelle	Âge auquel on peut voir ou mesurer les changements	Nature du changement
Vision	40 à 50 ans	Épaississement du cristallin de l'œil et diminution de sa capacité d'accommodation, ce qui cause la **presbytie** et une plus grande sensibilité à la lumière.
Ouïe	Vers 50 ou 60 ans	Apparition de la **presbyacousie** ou perte de la capacité de discerner les sons très hauts et très bas (fréquence des sons).
Odorat	Vers 40 ans	Déclin de la capacité de déceler différentes odeurs.
Goût	Aucun	Aucune perte apparente dans la capacité de distinguer les goûts.
Muscles	Environ 50 ans	Perte du tissu musculaire, surtout dans les fibres à « réaction rapide » utilisées pour les élans de force ou de rapidité, entraînant ainsi une diminution de la force physique.
Ossature	Milieu de la trentaine chez la femme, s'accélérant après la ménopause ; plus tard chez l'homme	Décalcification des os, appelée **ostéoporose** ; usure et déchirure des cartilages articulaires, appelée *arthrose,* plus marquées après 60 ans.
Poumons (capacité pulmonaire)	35 ou 40 ans	Aucune différence liée à l'âge (jeune adulte et âge adulte moyen) dans les mesures prises au repos de la capacité pulmonaire à absorber et à transporter l'oxygène vers les différents organes du corps (mesure VO$_2$ max) ; déclin avec l'âge dans la plupart des aspects de ces fonctions évaluées pendant ou après l'exercice.
Cœur (débit cardiaque)	35 ou 40 ans	Aucune différence liée à l'âge (jeune adulte et âge adulte moyen) dans les mesures du volume de sang propulsé par le cœur au repos ; déclin avec l'âge dans la plupart des aspects de ces fonctions évaluées pendant ou après l'exercice.
Pression artérielle	40 ans et plus	Pression artérielle systolique (chiffre le plus élevé), ou force avec laquelle le cœur propulse le sang quand il se contracte, plus basse (même au repos) chez les adultes dans la vingtaine et dans la trentaine ; puis augmentation graduelle avec l'âge. Le phénomène a même été observé chez les individus en santé qui font de l'exercice régulièrement (Cheitlin, 2003).
Système nerveux	Graduellement tout au long de l'âge adulte (probabilité)	Diminution de la densité des dendrites ; perte de la substance grise du cerveau ; réduction de la masse cérébrale ; ralentissement de la vitesse synaptique.
Système immunitaire	Adolescence	Diminution de la masse du thymus (glande du système immunitaire située à la base du cou) ; réduction du nombre des lymphocytes T, produits par le thymus, qui combattent les infections internes (comparativement aux lymphocytes B, produits par la moelle osseuse, qui combattent les infections externes comme les virus et les bactéries). Ce sont les lymphocytes T, dont le nombre et l'efficacité diminuent le plus avec l'âge, qui présentent la plus grande vulnérabilité au VIH (Garcia et Miller, 2001). La combinaison de ces changements fait en sorte que les adultes en vieillissant sont plus vulnérables à la maladie. On ne sait pas si ces changements sont associés au stress ou au vieillissement primaire.
Système reproducteur	Milieu de la trentaine chez la femme ; environ 40 ans chez l'homme	Chez les femmes : fertilité, ou capacité de concevoir, à son apogée à la fin de l'adolescence et au début de la vingtaine, puis chute graduelle ; déclin de la fertilité associé à une plus grande fréquence de problèmes d'ovulation, d'endométriose et de maladies transmises sexuellement (Garner, 1995). Après 35 ans, augmentation graduelle des risques liés à la reproduction ; ménopause vers 50 ans. Chez les hommes : déclin graduel de la viabilité des spermatozoïdes à partir de 40 ans ; perte minime de la testostérone à partir du début de l'âge adulte.
Élasticité cellulaire	Graduellement	Perte graduelle de nombreuses cellules, dont celles de la peau, des muscles, des tendons et des vaisseaux sanguins ; détérioration plus importante des cellules exposées à la lumière.
Taille	40 ans	Compression des disques dans la colonne vertébrale, donnant lieu à une diminution de la taille de 2,5 à 5 cm vers l'âge de 80 ans.
Poids	Modèle non linéaire	Selon les études effectuées en Amérique du Nord, atteinte du poids maximal au milieu de l'âge adulte, puis diminution graduelle pendant l'âge adulte avancé.
Peau	40 ans	Augmentation des rides due à la perte d'élasticité de la peau ; diminution de l'efficacité des glandes qui sécrètent la sueur et le sébum (matière grasse produite par les glandes sébacées).
Cheveux	Environ 50 ans	Modification de l'apparence de la chevelure : les cheveux sont plus fins et commencent à grisonner.

Sources : Bartoshuk et Weiffenbach, 1990 ; Blatter et autres, 1995 ; Braveman, 1987 ; Briggs, 1990 ; Brock, Guralnik et Brody, 1990 ; Doty et autres, 1984 ; Fiatarone et Evans, 1993 ; Fozard, 1990 ; Fozard, Metter et Brant, 1990 ; Gray et autres, 1991 Hallfrisch et autres, 1990 ; Hayflick, 1994 ; Ivy et autres, 1992 ; Kallman, Plato et Tobin, 1990 ; Kline et Scialfa, 1996 ; Kozma, Stones et Hannah, 1991 ; Lakatta, 1990 ; Lim et autres, 1992 ; McFalls, 1990 ; Miller, 1990.

Tous les exercices mettant à contribution les articulations portantes aident à prévenir l'ostéoporose; la marche semble être particulièrement bénéfique.

général, le **climatère**, pour désigner la perte de la capacité de reproduction. Le phénomène survient tant chez la femme que chez l'homme, à l'âge adulte moyen ou avancé. Chez l'homme, le climatère est très graduel, avec une faible perte de la capacité de reproduction. Cependant, on observe des variations importantes d'un homme à l'autre — des hommes âgés de 90 ans et même plus sont devenus pères. En moyenne, il y aurait diminution de la quantité de sperme viable produite à partir de 40 ans. De plus, les testicules rétrécissent légèrement, et le volume de liquide séminal décroît après 60 ans environ.

L'ANDROPAUSE

Le facteur responsable de l'**andropause**, le climatère masculin, semble être la diminution graduelle du taux de testostérone dans le corps de l'homme, qui survient au début de l'âge adulte et se poursuit à l'âge adulte avancé. Cette diminution est maintenant prouvée par des études transversales qui comparent des adultes de tous âges en bonne santé (Tsitouras et Bulat, 1995).

La baisse de la testostérone est associée à la perte graduelle du tissu musculaire (donc de la force musculaire) et à l'augmentation des risques de cardiopathie qu'on observe chez les hommes d'âge moyen et avancé. Cette baisse semble aussi nuire à la fonction sexuelle, particulièrement vers la cinquantaine — une période où la fréquence de la dysfonction érectile se met à augmenter. La dysfonction érectile (parfois appelée *impuissance*) désigne la difficulté à obtenir et à maintenir une érection. Le médicament sildenafil (Viagra) traite ce problème de façon efficace. Cependant, plusieurs facteurs

autres que la légère baisse de production de la testostérone peuvent expliquer ce changement: l'obésité, une santé déficiente, les maladies cardiaques, la médication contre la tension artérielle, l'alcoolisme et le tabagisme (Keil et autres, 1992).

LA MÉNOPAUSE

La diminution chez la femme des hormones sexuelles clés est aussi responsable de la série de changements qui marquent le climatère féminin et qu'on appelle **ménopause**. Peu avant la ménopause, c'est-à-dire la cessation des règles, ou menstruations, les ovaires réduisent sensiblement leur production d'œstrogènes et de progestérone. En outre, ils sont de moins en moins sensibles à la stimulation des hormones hypophysaires qui contribuent à la régulation des taux d'œstrogènes.

Lorsque les taux d'œstrogènes commencent à baisser, les menstruations deviennent parfois irrégulières, annonçant ainsi l'approche de la ménopause. Le signal alors transmis par les œstrogènes à l'ovaire pour qu'il libère un ovule devient trop faible. Pendant un certain nombre d'années, les taux d'œstrogènes peuvent fluctuer, rendant les menstruations imprévisibles. De plus, les taux d'œstrogènes demeurent toujours bas, ne suffisant plus à déclencher la libération de l'ovule. Il y a ménopause lorsque les menstruations ont cessé pendant un an.

La diminution des œstrogènes modifie le tissu des organes génitaux et les autres tissus. Les seins perdent de leur fermeté, et les tissus des organes génitaux diminuent: l'utérus rétrécit, le vagin devient plus court et son diamètre se réduit. Les parois du vagin s'amenuisent, perdent de leur élasticité et produisent moins de lubrification lors des rapports sexuels (Weg, 1987; Wich et Carnes, 1995).

Le symptôme le plus apparent d'une ménopause imminente est l'apparition de bouffées de chaleur. On désigne ainsi une sensation de chaleur qui se répand rapidement dans le corps; elle est accompagnée de rougeurs sur la poitrine et le visage et est suivie de sueurs

Climatère Période de la vie, chez l'homme et chez la femme, qui marque la fin de la capacité de reproduction. On emploie aussi les termes *ménopause* chez la femme et *andropause* chez l'homme.

Andropause Diminution graduelle de la testostérone chez l'homme qui survient au début de l'âge adulte et se poursuit jusqu'à l'âge avancé.

Ménopause Moment dans la vie d'une femme où les menstruations cessent totalement.

abondantes. La ménopause est souvent accompagnée d'insomnie, car les bouffées de chaleur sont plus courantes la nuit. Durant ces bouffées de chaleur, la température de la peau sur certaines parties du corps peut augmenter de 0,5 °C à 4 °C, alors que la température intérieure diminue (Kronenberg, 1994). Les bouffées de chaleur durent environ trois minutes, et leur fréquence va de une à trois fois par jour (Bellantoni et Blackman, 1996).

Mis à part les fréquentes bouffées de chaleur, certaines femmes éprouvent des symptômes physiques désagréables qu'on associe à la ménopause. Karen Matthews et ses collègues (Matthews et autres, 1990) estiment qu'environ une femme sur 10 souffre d'irritabilité ou de dépression causée par ces symptômes physiques. Les chercheurs ont aussi découvert que ces femmes risquent davantage de se voir diagnostiquer à tort un trouble d'anxiété généralisé, car les symptômes de ces deux pathologies sont pratiquement identiques. De plus, l'activité cérébrale révélée par une encéphalographie est semblable dans les deux cas (Terashima et autres, 2004).

L'âge moyen de la ménopause se situe vers 50 ans. Près d'une femme sur 12, toutefois, est ménopausée avant l'âge de 40 ans; c'est ce qu'on appelle la «ménopause précoce» (Wich et Carnes, 1995).

La ménopause précoce   Une ménopause qui survient à la fin de la trentaine ou au début de la quarantaine semble constituer un événement particulièrement stressant pour les femmes, qui réagissent alors négativement au simple mot «ménopause» (Singer et Hunter, 1999), et nombre d'entre elles manifestent de la stupeur et du déni. Lorsqu'elles comprennent que cette transformation physique est inévitable, certaines se mettent en colère et ont le sentiment de perdre la maîtrise de leur vie. Les conséquences à long terme d'une ménopause précoce sont associées à l'histoire du développement, aux circonstances matérielles et à la façon d'intégrer ce passage précoce à son récit de vie et à son concept de soi.

L'ACTIVITÉ SEXUELLE

En dépit de tous les changements du système reproducteur, la grande majorité des adultes d'âge moyen demeurent sexuellement actifs, quoique la fréquence des relations sexuelles diminue pendant ces années.

LES CHANGEMENTS PHYSIQUES À L'ÂGE ADULTE AVANCÉ

Pour presque tous les systèmes corporels, comme nous venons de le voir, la perte fonctionnelle s'amorce vers l'âge de 40 ou 50 ans et se poursuit graduellement jusqu'à la fin de la vie. Ce modèle est très semblable au tracé général de la courbe croissance-décroissance que Denney a proposée dans son modèle global des changements cognitifs et physiques liés à l'âge. Il se produit toutefois une accélération du déclin après l'âge de 75 ou 80 ans, mais qui ne semble pas s'appliquer à tous les systèmes corporels.

Le cerveau et le système nerveux

Si vous vous reportez au tableau 11.1, vous constaterez que, à l'âge adulte, quatre principaux changements surviennent dans le système nerveux: la réduction de la masse cérébrale, la perte de la substance grise, la diminution de la densité des dendrites et le ralentissement de la vitesse synaptique.

La réduction de la densité dendritique est le changement le plus important qui se produit dans le cerveau. Nous avons vu au chapitre 3 que, au cours des premières années de vie, il se produit un émondage des dendrites qui élimine les voies neuronales redondantes ou inutilisées. Au milieu et à la fin de l'âge adulte, la perte de dendrites ne semble pas relever du même type d'émondage: il s'agit plutôt d'une diminution des connexions dendritiques utiles.

La perte dendritique provoque également un ralentissement graduel de la vitesse synaptique, lequel entraîne à son tour une augmentation du temps de réaction dans de nombreuses tâches quotidiennes. Il existe suffisamment de redondance dans les voies neuronales pour permettre le passage du neurone A au neurone B, ou du neurone A à une cellule musculaire. Toutefois, en raison de la diminution des dendrites, le chemin le plus court peut être perdu, ce qui, en conséquence, augmente le temps de réaction. Les neurologues nomment ce processus la perte de la **plasticité synaptique**.

Le système nerveux subit également une diminution du nombre de ses neurones. Cependant, puisque nous possédons un très grand nombre de neurones et de dendrites, les effets initiaux de la perte dendritique sur le comportement sont relativement faibles. Par ailleurs, comme l'ont récemment découvert des scientifiques, de nouveaux neurones sont produits à l'âge adulte dans

> **Plasticité synaptique** Redondance du système nerveux qui assure toujours une voie neuronale pour l'influx nerveux qui passe d'un neurone à l'autre ou d'un neurone à un autre type de cellule (comme une cellule musculaire).

certaines parties du cerveau. L'effet de cette régénération neuronale, toutefois, n'est pas encore bien cerné (Gould et autres, 1999).

Les changements sensoriels

Les fonctions sensorielles et d'autres fonctions d'ordre physique connaissent donc un certain déclin à l'âge adulte moyen. Ce déclin s'accentue à l'âge adulte avancé, alors que les atteintes à la santé des systèmes sensoriels augmentent.

LA VISION

Des changements de la vision se produisent durant la quarantaine et la cinquantaine, qui nécessitent chez pratiquement tous les adultes le port de verres correcteurs. Ces transformations se poursuivent à l'âge adulte avancé et sont tributaires d'une variété d'autres changements corporels. Par exemple, la diminution de l'irrigation sanguine de l'œil (il peut s'agir d'un effet secondaire de l'artériosclérose) a pour effet d'agrandir la « tache aveugle » sur la rétine, réduisant ainsi le champ de vision (la tache aveugle est une petite zone sur la rétine qui est dépourvue de bâtonnets [cellules sensibles à la lumière] et de cônes [cellules sensibles à la couleur] et où émergent le nerf optique et les vaisseaux sanguins). La dilatation et la contraction de la pupille sont désormais moins immédiates et moins fréquentes, ce qui entraîne chez les personnes âgées une baisse de la vision nocturne et de l'adaptabilité aux changements rapides de la lumière les exposant davantage aux éblouissements (Kline et Scialfa, 1996). Une minorité non négligeable de personnes âgées souffrent de maladies associées aux yeux qui diminuent leur acuité et leur adaptabilité visuelles. C'est le cas des cataractes (opacification du cristallin) et du glaucome (durcissement du globe oculaire causé par une insuffisance ou un blocage du liquide [l'humeur aqueuse] dans la chambre antérieure de l'œil, ce qui y fait augmenter la pression, peut endommager la rétine et le nerf optique et mener à la cécité). Sur le plan collectif, ces changements signifient que de plus en plus de personnes âgées doivent s'adapter à des troubles importants de la vision. Certaines recherches indiquent que les personnes d'âge adulte moyen s'habituent plus facilement aux problèmes de vision que les adultes d'âge avancé (Lindo et Nordholm, 1999). De plus, la perte de la vision a des conséquences plus négatives sur le sentiment de bien-être des personnes âgées.

L'OUÏE

La perte normale de l'ouïe (presbyacousie) apparaît à l'âge adulte moyen, mais elle ne provoque pas d'incapacité fonctionnelle avant un certain nombre d'années. On constate aussi que les hommes souffrent davantage de troubles auditifs que les femmes. On attribue généralement cette différence sexuelle à une exposition particulière au bruit. En effet, parmi les cohortes actuelles d'adultes, dans les pays industrialisés tout au moins, les hommes sont plus nombreux à avoir travaillé dans des environnements où le niveau de bruit était très élevé.

Parmi les diverses déficiences auditives chez les adultes d'âge avancé, notons les deux suivantes :

- La perte de capacité de discrimination du langage. Même lorsque l'intensité sonore est suffisante, les adultes âgés ont de la difficulté à différencier les mots qu'ils entendent. Par conséquent, ils suivent moins bien les conversations dans une réunion de famille ou dans un lieu public où règnent un bruit de fond important ou de nombreuses conversations.

- L'acouphène. Il s'agit d'un bruit interne dans les oreilles, persistant ou intermittent, qui se manifeste généralement sous forme de tintement, de sifflement ou de bourdonnement. Sa fréquence augmente avec le vieillissement, même s'il semble indépendant des autres transformations que nous venons de voir. L'exposition au bruit intense (à un nombre élevé de décibels) serait, selon plusieurs recherches, une des causes principales des acouphènes. Des maladies de même que la prise de certains médicaments peuvent aussi être à la source des acouphènes.

Une déficience auditive, même légère, pose des problèmes de communication dans certaines situations. Les personnes atteintes semblent désorientées ou souffrir de troubles de la mémoire, surtout quand elles ne révèlent pas leur déficience à leur entourage et demandent souvent qu'on répète. Néanmoins, une personne âgée atteinte de surdité partielle n'est pas nécessairement isolée ou malheureuse : les déficiences auditives légères et modérées, même lorsqu'elles ne sont pas corrigées, n'influent pas sur la santé sociale, affective ou psychologique des individus de ce groupe d'âge. Seule une déficience auditive grave entraîne une augmentation des problèmes sociaux et psychologiques, notamment la dépression (Corso, 1987 ; Schieber, 1992).

La presbyacousie et les autres changements altérant l'audition dépendent apparemment de la dégénérescence graduelle de presque toutes les composantes du système auditif. Les personnes âgées sécrètent plus

---

Acouphène Bruit persistant dans les oreilles (tintement, sifflement ou bourdonnement) et ne provenant pas d'une source externe.

de cérumen que leurs cadets, ce qui bloque souvent leur conduit auditif; les osselets de l'oreille moyenne subissent une calcification et perdent de leur élasticité; la membrane cochléaire de l'oreille interne perd de sa souplesse et de sa sensibilité; il se produit alors une dégénérescence des voies neuronales reliées au cerveau (Schieber, 1992). Une détérioration normale semble donc être la cause de ces problèmes.

LE GOÛT, L'ODORAT ET LE TOUCHER

La capacité de distinguer les quatre goûts fondamentaux (salé, sucré, amer et acide) ne semble pas décliner pendant les années de l'âge adulte. Même si les cellules réceptrices des papilles gustatives possèdent une existence éphémère, elles sont constamment remplacées (Bornstein, 1992). Cependant, d'autres changements modifient le goût des personnes âgées, dont la diminution de la sécrétion salivaire qui produit chez certains une sécheresse buccale (sensation de bouche sèche). Nombre de personnes âgées affirment aussi que les saveurs semblent moins prononcées, plus fades, que lorsqu'elles étaient jeunes, ce qui les porte à assaisonner et surtout à sucrer davantage leurs aliments (de Graaf, Polet et van Staveren, 1994). En fait, cette perte gustative proviendrait plutôt d'une perte olfactive.

Les changements olfactifs sont plus flagrants. Les données les plus intéressantes nous viennent d'une étude transversale effectuée par Richard Doty et ses collaborateurs (Doty et autres, 1984). L'analyse portait sur environ 2 000 enfants et adultes et visait à mesurer leur capacité de reconnaître 40 odeurs différentes, de la pizza à l'essence. Or, le test a dévoilé que les jeunes adultes et les adultes d'âge moyen obtenaient des résultats équivalents, mais qu'après l'âge de 60 ans un déclin rapide se

Plus d'un tiers des adultes d'âge avancé sont victimes d'une déficience auditive. Les répercussions de cette déficience sur les habitudes de vie dépendent de la gravité de l'affection et de la manière dont la personne peut la compenser. Cet homme a résolu son problème en portant une prothèse auditive.

produisait. Des chercheurs ont aussi constaté que la perte de la sensibilité aux odeurs chez les personnes âgées était beaucoup plus grande chez les hommes que chez les femmes (Morgan et autres, 1997). Comme dans le cas de l'ouïe, la perte olfactive semble présenter une composante environnementale. Ainsi, les personnes qui travaillaient en usine (dont on présume qu'elles ont été plus exposées à divers produits polluants ou nocifs) présentaient une perte olfactive plus importante à l'âge adulte avancé que celles qui travaillaient dans un bureau (Corwin, Loury et Gilbert, 1995).

La perte du goût et de l'odorat peut gâcher de nombreux plaisirs de la vie, mais elle peut également avoir des conséquences directes sur la santé. L'odorat améliore le goût des aliments, si bien que, à mesure qu'il baisse, les personnes âgées ont moins envie de se préparer des repas appétissants et savoureux. Quant à l'incapacité de reconnaître le goût salé, elle peut parfois causer des problèmes graves, car elle incite à trop saler les aliments. Or, un apport élevé en sel peut, à son tour, provoquer de l'hypertension.

La perte de la sensibilité au toucher peut, elle aussi, provoquer une diminution de la qualité de vie. Par exemple, la peau des personnes âgées répond moins bien aux stimulations du froid et de la chaleur (Stevens et Choo, 1998). La recherche semble indiquer que cette perte de sensibilité suit un modèle inverse du principe proximodistal (que nous avons abordé au chapitre 2). En d'autres mots, on pense que les extrémités du corps, habituellement les pieds, sont les premières parties à connaître un déclin de la sensibilité. Par conséquent, les personnes âgées sont moins en mesure de profiter des effets bénéfiques des stimulations physiques. Ainsi, pour tirer un plus grand bien-être de son bain, une personne âgée fera couler une eau de plus en plus chaude, augmentant en conséquence les risques de brûlures de la peau.

Les effets des changements physiques sur le comportement

Il est important de préciser que la grande majorité des adultes d'âge avancé sont en mesure de composer efficacement avec les différentes tâches de la vie quotidienne, comme faire leur épicerie, administrer leurs biens, lire un horaire d'autobus et planifier leur vie, en dépit des changements sensoriels et physiques subis (Willis, 1996). Nous allons maintenant nous pencher sur les types de changements comportementaux qui touchent certaines personnes à l'âge adulte avancé et sur la façon dont ces changements modifient leur vie quotidienne.

LE RALENTISSEMENT GÉNÉRAL

Le principal effet du vieillissement se traduit par une impression générale de ralentissement qui provient de la diminution de la densité dendritique des neurones. L'arthrite, la perte de l'élasticité musculaire ainsi que de nombreux autres changements contribuent également à ce ralentissement. Par exemple, les personnes âgées mettent plus de temps à écrire (Schaie et Willis, 1991), à attacher leurs chaussures et à s'adapter aux changements de température ou d'intensité lumineuse. Même les tâches qui font appel au vocabulaire, et qui ne connaissent guère de déclin au fil des ans, sont effectuées plus lentement (Lima, Hale et Myerson, 1991; Madden, 1992).

De nombreux psychologues du développement croient que la diminution de la vitesse de l'impulsion nerveuse est à l'origine du ralentissement associé à l'âge qui touche la traduction des pensées en actes. Ainsi, les neurologues étudient parfois le fonctionnement du système nerveux en demandant à leur patient d'exécuter un geste avec un outil, par exemple un marteau. Le fait d'adopter une position appropriée pour la main et de bouger le bras correctement constitue un indicateur de santé neurologique. Les psychologues du développement ont découvert que les adultes en bonne santé qui ont atteint un âge avancé faisaient plus d'erreurs dans l'exécution de ces tâches que des adultes jeunes (Peigneux et van der Linden, 1999). Cependant, les adultes d'âge avancé corrigent leurs erreurs tout aussi rapidement que les jeunes adultes. Par conséquent, les neurologues pensent que c'est le ralentissement général de l'activité cérébrale chez les adultes d'âge avancé qui gêne la récupération des connaissances nécessaires à l'accomplissement d'une tâche.

Les activités motrices complexes, telle la conduite automobile, constituent l'un des domaines les plus touchés par le ralentissement dans le fonctionnement quotidien. Si les jeunes adultes ont plus d'accidents de la route que tout autre groupe d'âge, surtout parce qu'ils conduisent trop vite, ce sont les adultes âgés qui ont le plus d'accidents par kilomètre parcouru (Bianchi, 1993). Lorsqu'on questionne des adultes de tout âge sur leurs expériences de conduite, les adultes âgés répondent plus souvent que les autres qu'ils ont de la difficulté à lire les panneaux de signalisation (surtout la nuit), à réagir aux mouvements rapides des autres véhicules ou à avoir les réflexes appropriés lorsqu'un véhicule apparaît à proximité de façon imprévue (Keskinen, Ota et Katila, 1998). Ils disent aussi éprouver de la difficulté à évaluer leur propre vitesse et trouvent que le tableau de bord est insuffisamment éclairé (Kline et autres, 1992). Certaines de ces difficultés découlent des changements oculaires qui surviennent avec le vieillissement et qui expliquent notamment pourquoi les adultes âgés sont plus sujets aux éblouissements. Toutefois, de nombreux changements semblent liés au ralentissement général de la réaction. Il devient de plus en plus difficile pour les conducteurs âgés de réagir de façon adéquate à des conditions qui changent rapidement.

LE SOMMEIL ET L'ALIMENTATION

Il semble qu'un changement dans les habitudes de sommeil à l'âge adulte avancé modifie beaucoup la routine quotidienne. Ce changement associé au vieillissement primaire s'observe chez toutes les personnes âgées, indépendamment de leur état de santé. Passé 65 ans, les adultes se réveillent plus souvent pendant la nuit, et leurs périodes de sommeil paradoxal (MOR) — le sommeil le moins profond pendant lequel on rêve — diminuent. Les adultes d'âge avancé se réveillent et se couchent habituellement plus tôt (Hoch et autres, 1992; Richardson, 1990). En outre, étant donné que leurs nuits de sommeil sont discontinues, ils font davantage de siestes pendant la journée pour rattraper le sommeil dont ils ont besoin. Ces changements dans les habitudes de sommeil et dans l'activité générale semblent associés à ceux touchant le fonctionnement du système nerveux.

L'habileté du cerveau à gérer l'appétit change aussi à l'âge adulte avancé. Lorsque vous mangez, le taux de sucre dans votre sang augmente, et un message chimique acheminé au cerveau permet de créer ce qu'on appelle la **satiété**, c'est-à-dire la sensation d'être repu. Cette sensation de satiété se maintient jusqu'à ce que le taux de sucre dans votre sang diminue suffisamment pour déclencher un autre message chimique au cerveau stimulant alors la sensation de faim. Chez les adultes d'âge avancé, la sensation de satiété semble diminuer (Keene et autres, 1998), ce qui expliquerait pourquoi ils sont nombreux à avoir souvent une impression de faim et à manger parfois de façon exagérée. Pour compenser cette perte de maîtrise de l'appétit, certains adoptent des habitudes alimentaires rigides et mangent à des heures précises, parfois même un type de nourriture semblable chaque jour. Ces comportements alimentaires semblent démesurément stricts pour l'adulte jeune, alors qu'ils ne reflètent, chez l'adulte d'âge avancé, qu'une façon de compenser (peut-être à un niveau inconscient) les changements physiologiques.

Satiété   Sensation d'être repu après avoir mangé un repas.

Cette femme est peut-être une conductrice émérite, mais en raison de plusieurs changements physiques liés au vieillissement, elle s'adapte sûrement moins rapidement que par le passé aux conditions changeantes de la route.

LES FONCTIONS MOTRICES

La combinaison des changements physiques et du vieillissement produit une diminution de l'endurance, de la dextérité et de l'équilibre. La perte d'endurance survient en grande partie en raison des changements dans les systèmes cardiovasculaire et musculaire. La dextérité est réduite principalement à cause de l'arthrite qui se développe dans les articulations. Les adultes d'âge avancé éprouvent également plus de difficulté avec les mouvements de motricité fine (Smith et autres, 1999). Cependant, cette difficulté apparaît généralement de façon graduelle, sauf en ce qui concerne les habiletés qui sont exercées, telle l'écriture. Selon la recherche, certaines activités de motricité fine, particulièrement celles qui requièrent l'apprentissage de nouveaux mouvements, sont difficiles à exécuter pour les personnes de ce groupe d'âge. Par exemple, elles apprennent plus difficilement à exécuter des actions précises avec une souris d'ordinateur, comme déplacer des objets sur un écran ou cliquer sur une fonction (Smith, Sharit et Czaja, 1999).

La diminution de l'équilibre constitue un autre changement appréciable des fonctions motrices (Guralnik et autres, 1994 ; Simoneau et Liebowitz, 1996 ; Slobounov et autres, 1998). Les personnes âgées se déplacent assez facilement dans un environnement qui leur est familier. Toutefois, lorsque l'environnement est inhabituel ou plus exigeant — un autobus, un escalier ou un complexe multifonctionnel fréquenté —, elles ont plus de difficulté à garder leur équilibre. Ces situations requièrent du corps une capacité d'adaptation rapide à des conditions changeantes ainsi qu'une force musculaire suffisante pour pouvoir bien s'y maintenir. Ce sont justement ces deux éléments qui déclinent à l'âge adulte avancé et qui représentent l'une des causes des chutes plus fréquentes chez ces personnes. Le quart des personnes du troisième âge et plus du tiers des personnes du quatrième âge ont déclaré être tombées au cours de l'année (Hornbrook, Stevens et Wingfield, 1994). En raison de l'ostéoporose, de telles chutes mènent plus souvent à des fractures chez les adultes de cet âge, ce qui peut sérieusement aggraver leur état de santé et miner leurs conditions de vie.

L'ACTIVITÉ SEXUELLE

L'ensemble des changements physiques relatifs au vieillissement influe sur le comportement sexuel, bien qu'il n'y ait pas de transformation abrupte dans l'activité sexuelle à 65 ans. Comme vous l'avez lu précédemment, la fréquence de l'activité sexuelle diminue graduellement à l'âge adulte moyen. Les recherches longitudinales et transversales indiquent que cette diminution se poursuit à l'âge adulte avancé (Marsiglio et Donnelly, 1991 ; Palmore, 1981).

Les causes du déclin de l'activité sexuelle sont sûrement nombreuses, mais la plupart demeurent inexpliquées (National Institute on Aging [NIA], 2000b). La baisse continue du niveau de testostérone chez les hommes y joue sans doute un rôle, de même que la fragilisation de l'état de santé chez les deux sexes. La médication ou une douleur chronique peut aussi perturber le désir sexuel. Les stéréotypes sociaux qui dépeignent la vieillesse comme une période essentiellement asexuée sont également considérés comme un facteur susceptible d'influer sur le désir.

Ce qui nous apparaît intéressant, toutefois, ce n'est pas tant le déclin de l'activité sexuelle que le fait que de nombreux adultes âgés continuent, en dépit des changements physiques, d'éprouver du plaisir durant l'activité sexuelle. Ainsi, 70 % d'entre eux continuent d'être sexuellement actifs (Bartlik et Goldstein, 2000). De plus, la capacité physiologique de répondre à une stimulation sexuelle, contrairement aux autres aspects du fonctionnement humain, ne semble pas diminuer avec l'âge. Certaines études indiquent même que les adultes d'âge avancé, et particulièrement les femmes, sont plus aventureux sexuellement que les jeunes adultes (Purnine et Carey, 1998).

Les théories du vieillissement biologique

Quelles sont les causes du vieillissement biologique ? Les théoriciens actuels trouvent l'explication la plus plausible dans le fait que le vieillissement se produit au niveau des processus cellulaires, lesquels semblent avec l'âge changer de façon spécifique en réduisant l'efficacité du fonctionnement cellulaire. Un certain nombre de variations théoriques sur ce thème ont été proposées.

LA SÉNESCENCE GÉNÉTIQUEMENT PROGRAMMÉE

La sénescence est la détérioration progressive des systèmes corporels se produisant lors du vieillissement de l'organisme. Selon la **théorie de la sénescence programmée**, la sénescence résulte de l'action de gènes qui sont associés au vieillissement et sont propres à l'espèce humaine. Les théoriciens de l'évolution affirment que la sénescence programmée empêche les personnes âgées de devenir parents à un âge où elles sont moins aptes à assumer cette tâche et où elles risquent de ne pouvoir élever leur enfant jusqu'à sa majorité (Buss, 1999). Les gènes du vieillissement seraient donc munis d'une horloge interne inopérante durant la période de reproduction, mais s'activant une fois la période de reproduction passée.

LA RÉPARATION DU MATÉRIEL GÉNÉTIQUE ET LES LIAISONS CROISÉES

Selon une autre théorie du vieillissement, celle de la réparation du matériel génétique, la cellule serait apte à réparer les ruptures des chaînes d'ADN qui se produisent couramment et qui résulteraient d'un processus métabolique encore inconnu. En général, la rupture est réparée, et la cellule continue de fonctionner efficacement. Cependant, l'organisme est apparemment incapable de réparer tous les dommages, permettant avec le temps une accumulation des petites fractions d'ADN endommagées. La cellule n'est alors plus en mesure de remplir sa fonction. C'est l'accumulation dans les organes de cellules portant des tissus endommagés qui provoquerait le phénomène du vieillissement (Tice et Setlow, 1985).

Une théorie similaire repose sur un autre processus cellulaire plus fréquent chez les adultes âgés que chez les jeunes : celui des **liaisons croisées**, qui désignent les liaisons chimiques indésirables se formant entre les protéines ou entre les gras. Dans la peau ou dans les tissus conjonctifs, par exemple, deux protéines, le collagène et l'élastine, forment des liaisons croisées soit entre leurs molécules, soit avec une autre. Les molécules qui en résultent ne peuvent plus prendre la forme nécessaire à leur fonction, ce qui entraîne des effets comme les rides cutanées et le durcissement artériel. Un processus équivalent se produit dans le vieux caoutchouc, qui explique pourquoi le caoutchouc des essuie-glaces sèche et durcit avec le temps.

LES RADICAUX LIBRES

Une troisième théorie portant sur le type de processus cellulaire susceptible de contribuer au vieillissement s'appuie sur la capacité du corps à gérer les radicaux libres. Les mitochondries, qui constituent le point faible des cellules humaines, sont de petites centrales d'énergie où le sucre est brûlé par l'oxygène. Cette réaction chimique produit des **radicaux libres**, c'est-à-dire des molécules ou des atomes possédant un électron libre ou non apparié. Les radicaux libres forment un sous-produit normal du métabolisme corporel. Ils sont aussi le résultat d'une exposition à certaines substances qu'on trouve dans les aliments, les rayons solaires, les rayons X et la pollution atmosphérique. Ces radicaux — et plus particulièrement les radicaux libres de l'oxygène, qui forment un sous-groupe — réagissent violemment à d'autres molécules, pouvant même endommager la structure de la mitochondrie.

Plus les mitochondries sont endommagées, plus elles perdent des radicaux libres qui s'attaquent alors au reste de la cellule, notamment aux chromosomes. Avec le temps, les bris cellulaires s'accumulent, agissant comme la rouille qui ronge le métal. De plus, les réactions d'oxydation causées par les radicaux libres peuvent abîmer les membranes cellulaires, réduisant ainsi la protection des cellules contre les toxines et les substances carcinogènes (ou cancérigènes). Les radicaux libres de l'oxygène jouent aussi un rôle dans la réaction du corps au cholestérol : l'oxydation contribue à transformer certains types de cholestérol de telle sorte qu'il adhère aux parois des artères, entraînant leur rétrécissement et augmentant les risques de crise cardiaque et d'accident vasculaire cérébral (Brody, 1994).

Une recherche sur les variations du régime alimentaire indique la possibilité que certains aliments agissent sur la formation de radicaux libres. En particulier, les aliments à forte teneur en gras ou en additifs alimentaires, tels que les agents de conservation, favorisent la formation des radicaux libres. D'autres additifs, tels que les antioxydants, empêchent la formation de ces radicaux ou

---

Théorie de la sénescence programmée Théorie selon laquelle le déclin associé à l'âge est le résultat de l'action de gènes propres à l'espèce humaine et ayant trait au vieillissement.

Liaisons croisées Formation de liaisons chimiques indésirables entre les protéines ou les gras.

Radicaux libres Molécules ou atomes qui possèdent un électron libre ou non apparié.

facilitent les processus chimiques qui aident le corps à s'en défendre. Les aliments riches en vitamines C et E ainsi que le bêtacarotène (vitamine A) appartiennent tous à ce dernier groupe (Ornish, 1990). De nombreuses études épidémiologiques approfondies démontrent que les personnes dont le régime alimentaire est riche en antioxydants ou qui prennent régulièrement des suppléments de vitamines E ou du bêtacarotène vivent en quelque sorte plus longtemps et présentent des taux moins élevés de maladie cardiaque (Blumberg, 1996).

De plus, une recherche récente sur les suppléments alimentaires donne à entendre que certaines pertes de la vision durant la vieillesse peuvent être réversibles quand les personnes âgées augmentent leur consommation d'antioxydants. Les chercheurs de l'Université Johns Hopkins ont donné à des patients présentant divers types de dégénérescence de la rétine de fortes doses d'un antioxydant appelé lutéine, un pigment jaune qu'on retrouve dans le jaune d'œuf et dans certains légumes (Dgnelie, Zorge et McDonald, 2000). Ils ont découvert que l'acuité visuelle des patients s'était améliorée en deux semaines seulement et que cette amélioration s'était poursuivie pendant plusieurs mois.

De telles découvertes ne signifient pas que les problèmes de santé liés à l'âge, tels que les maladies cardiaques et la perte de la vision, sont causés par des carences en antioxydants. De plus, les recherches sur les suppléments alimentaires riches en antioxydants ne donnent pas toutes des résultats positifs (voir en particulier les résultats de l'Alpha-Tocopherol Beta Carotene Cancer Prevention Study Group, 1994). Cependant, celles qui démontrent de tels bienfaits viennent renforcer l'argument selon lequel bon nombre des effets du vieillissement peuvent être modifiés et peut-être même évités.

LA CHUTE TERMINALE

Une dernière théorie s'intéresse à la notion de chute terminale. Certains théoriciens affirment que les déclins physiques et cognitifs chez les personnes âgées font partie du processus de la mort. Par exemple, l'**hypothèse de la chute terminale** suppose que tous les adultes conservent une excellente condition physique et cognitive qui commence à se détériorer quelques années avant leur mort. Au cours de ces quelques années, il se produit des déclins importants de toutes les fonctions (Kleemeier, 1962). Cependant, une recherche longitudinale montre que la plupart des fonctions déclinent progressivement au cours de l'âge adulte avancé (Berg, 1996; Birren et Schroots, 1996). Seuls les changements dans les résultats de QI correspondraient au modèle de la chute terminale (Palmore et Cleveland, 1976).

LE DÉVELOPPEMENT COGNITIF

L'observation des fonctions cognitives à l'âge adulte nous révèle que certaines facultés intellectuelles suivent la même évolution que la condition physique et l'état de santé: elles culminent chez le jeune adulte et au début de l'âge adulte moyen (c'est le cas de l'intelligence fluide), puis déclinent, quoique plus lentement que les observations initiales des chercheurs l'avaient indiqué. D'autres facultés intellectuelles (comme l'intelligence cristallisée) évoluent jusqu'à la fin de la vie. Nous allons donc préciser dans cette partie du chapitre les concepts d'intelligence fluide et cristallisée. Enfin, il existe entre les individus une diversité beaucoup plus grande qu'on le pensait, diversité qui serait attribuable à l'hérédité, à des facteurs environnementaux ainsi qu'au mode de vie. La compréhension du modèle de base du vieillissement cognitif se révèle donc complexe.

LES CHANGEMENTS COGNITIFS AU DÉBUT DE L'ÂGE ADULTE ET À L'ÂGE ADULTE MOYEN

Nous allons aborder dans cette section les théories relatives aux travaux de Piaget, aux changements que

Hypothèse de la chute terminale Hypothèse selon laquelle les fonctions cognitives et physiques restent stables durant l'âge adulte avancé, puis déclinent fortement quelques années avant la mort.

subissent la mémoire et l'intelligence, ainsi qu'aux notions de productivité et de créativité chez le jeune adulte et l'adulte d'âge moyen.

Le développement de la pensée post-formelle

Comme nous l'avons vu au chapitre 9, bien que des opérations formelles soient effectuées au milieu et à la fin de l'adolescence, la pensée formelle ne se développe pas entièrement avant l'âge adulte. Cette forme de pensée semble fortement associée aux expériences éducatives. Cependant, pour de nombreux théoriciens post-piagétiens, l'âge adulte entraîne un autre type de changement dans le développement cognitif: une réorganisation structurale permettant d'accéder à une forme de pensée qui transcende la pensée formelle (que nous avons brièvement abordée dans le premier chapitre). Gisela Labouvie-Vief (1980, 1990) soutient notamment que les opérations formelles ne constituent pas l'étape finale du développement cognitif. En mettant l'accent sur l'exploration de toutes les possibilités logiques, il se pourrait que la pensée formelle atteigne un plafond au début de l'âge adulte, au moment où l'individu affirme son identité, fait des choix, assimile de nouvelles idées et de nouvelles habiletés. Au-delà de cette étape, toutefois, Labouvie-Vief pense que les exigences de la vie adulte imposent deux types de changements dans la structure de la pensée. Voyons de quoi il s'agit.

Chaque jeune adulte, une fois ses choix déterminés, doit développer de nouvelles habiletés et apprendre à résoudre des problèmes associés à ses nouveaux rôles sociaux ainsi qu'à ses nouvelles tâches professionnelles. Il se produirait alors une transition vers une forme plus pragmatique et spécialisée de pensée. Au cours de ce processus, comme il n'est plus vraiment adéquat, le raisonnement déductif de la pensée formelle est troqué pour une nouvelle forme de pensée que Labouvie-Vief nomme la *validité contextuelle*. Pour la chercheuse, ce passage ne représente pas une perte ou une régression de la fonction cognitive, mais un changement cognitif structural nécessaire, car il est fondamentalement impossible d'aborder les problèmes quotidiens de la vie adulte, leurs complexités et leurs inconsistances, avec un mode opératoire formel.

Dans ses écrits les plus récents, Labouvie-Vief soutient également que, après le début de la vie adulte, nous ne cherchons plus à comprendre nos expériences au moyen d'un mode purement analytique ou logique, centré sur des faits et visant à obtenir des réponses précises. Nous faisons davantage appel à l'imaginaire et à la métaphore avec une ouverture plus grande à l'incertitude et aux paradoxes. Nos certitudes s'émoussent sur un grand nombre de sujets. Nous comprenons aussi que, dans de nombreuses situations et pour de nombreux problèmes quotidiens de notre vie adulte, il n'existe aucune certitude. Michael Basseches (1984, 1989) nomme cette nouvelle forme de pensée la **pensée dialectique**. Selon ce chercheur (1984, p. 24), la pensée formelle (ou analytique) s'efforcerait de trouver des liens réels et immuables entre les faits observés, alors que la pensée dialectique s'intéresserait aux changements dans les processus fondamentaux ainsi qu'à la dynamique de ces changements.

Les adultes ne perdraient donc pas leurs habiletés de pensée formelle, mais ils en acquerraient une nouvelle: l'habileté à affronter les problèmes qui caractérisent l'âge adulte, lesquels problèmes, entre autres caractères, ne présentent pas de solution unique et comportent des données qui nous échappent. Ainsi, vous pourrez utiliser certains éléments des opérations formelles pour choisir un nouveau réfrigérateur, mais, pour prendre la décision d'adopter un enfant, vous devrez faire appel à une tout autre forme de pensée. Afin de choisir une garderie pour votre enfant, vous considérerez les différentes possibilités qui s'offrent; vos sentiments pourront être ambivalents et le choix difficile, mais la décision que vous prendrez enfin relèvera davantage de la pensée dialectique que de la pensée formelle. Basseches affirme que ces problèmes demandent non pas une forme supérieure de pensée, mais une façon différente de penser.

Patricia Arlin (1975, 1989, 1990) décrit autrement cette pensée post-formelle. Pour cette chercheuse, la période des opérations formelles en est une de résolution de problèmes, alors que le nouveau stade émergeant au début de l'âge adulte est caractérisé par la recherche de problèmes. Ce nouveau mode permet de faire face de façon optimale aux problèmes pour lesquels il n'existe pas de solution évidente ou, au contraire, pour lesquels il existe plusieurs solutions. Il englobe l'essentiel de ce qu'on appelle communément la créativité. Une personne parvenue à ce stade de pensée est capable de proposer plusieurs solutions à des problèmes mal définis ou peut envisager d'anciens problèmes sous un nouvel angle. Arlin pense que la recherche de problèmes constitue le stade qui suit les opérations formelles, mais que ce dernier n'est atteint que par un nombre restreint d'adultes, en particulier par ceux et celles qui font carrière en sciences ou en art.

Pensée dialectique Forme de la pensée à l'âge adulte qui comporte la recherche d'une synthèse ainsi que la reconnaissance et l'acceptation du paradoxe et de l'incertitude.

Quel type de pensée ce jeune couple est-il en train d'utiliser pour équilibrer son budget? Analytique? Pragmatique? Concrète? Formelle?

William Perry propose une troisième conception de cette pensée post-formelle (1970). Sa théorie inclut celle de Kohlberg sur le raisonnement moral, de même que celle de Piaget sur les opérations formelles. Au début de l'âge adulte, selon Perry, de nombreuses personnes traversent une série de quatre étapes, ou stades, quant à leur façon d'appréhender le monde.

- Au départ, les jeunes perçoivent les choses de façon extrême. Leur vision est catégorique, l'autorité est extérieure, et toute question a une bonne réponse, ce qui rappelle fortement la moralité conventionnelle de Kohlberg. La grande majorité des adolescents et de nombreux adultes continuent de voir le monde de cette façon.
- Certains jeunes, surtout les étudiants des cégeps et des universités qui sont exposés à une variété de points de vue, ne se confinent pas à cette vision catégorique. À ce stade intermédiaire, ils ont l'impression qu'il existe une bonne réponse, mais qu'ils ne la connaissent pas encore. Plus tard, ils acceptent l'existence de plusieurs solutions de remplacement.
- L'étape suivante est celle de la relativité. L'étudiant ou l'adulte suppose que toutes les connaissances sont relatives et qu'il n'existe pas de vérité absolue. Cette étape s'apparente au stade 5 de la séquence du développement moral de Kohlberg.
- Un certain nombre de jeunes adultes forgent leurs propres opinions et leurs propres valeurs, et ils se montrent capables de les défendre. On assiste alors à un engagement issu de convictions et de valeurs.

La force qui détermine cette série de transitions provient à la fois de l'exposition aux opinions des autres et de l'expérience des dilemmes de la vie courante pour

lesquels il n'existe pas de réponse incontestable. Selon Labouvie-Vief, ce sont ces événements qui poussent l'adulte vers la pensée pragmatique plutôt que formelle.

L'intelligence

Quand on examine les données relatives à l'intelligence et à la mémoire chez les jeunes adultes, on s'aperçoit que la continuité et le changement caractérisent les transformations associées à ces composantes du fonctionnement cognitif (Schroeder et Salthouse, 2004). Les habiletés verbales et le vocabulaire s'accroissent durant la période du jeune âge adulte alors que les habiletés spatiales déclinent légèrement. Vous vous demanderez alors si une personne devient plus intelligente ou moins intelligente durant ces années! La réponse à cette question réside dans la façon dont le fonctionnement intellectuel est mesuré.

LE QUOTIENT INTELLECTUEL

Les premières études transversales ont montré que le point culminant du quotient intellectuel (QI) se situait vers l'âge de 30 ans, et qu'il était suivi d'une baisse progressive. Cependant, comme nous l'avons vu dans le premier chapitre, ce genre d'études présente le désavantage de confondre l'âge et la cohorte. En conséquence, comme les sujets âgés diffèrent des sujets jeunes sur plusieurs points, dont celui du niveau de scolarité, nous sommes dans l'impossibilité de savoir si le déclin apparent du QI doit être associé au vieillissement primaire ou aux différences entre les cohortes. En prenant pour référence la même cohorte pendant plusieurs années, les études longitudinales nous offrent aujourd'hui une image beaucoup plus optimiste du développement cognitif au cours de l'âge adulte. Ainsi, une étude réalisée auprès des vétérans de l'armée canadienne, dont le QI avait été évalué une première fois alors qu'ils étaient dans la vingtaine puis une seconde fois alors qu'ils étaient dans la soixantaine, indique une corrélation de 0,78 entre les résultats des deux mesures sur l'échelle verbale du QI (Gold et autres, 1995). Quant aux intervalles de temps plus courts, la corrélation observée est encore plus forte.

La meilleure source de données provient d'une étude longitudinale remarquable effectuée par Schaie, à Seattle (Schaie, 1983b, 1989, 1993, 1994, 1996; Schaie et Hertzog, 1983). En 1956, Schaie a travaillé avec plusieurs séries d'échantillons transversaux espacés de sept ans et s'échelonnant de 25 à 67 ans. Certains des sujets n'ont été testés qu'une fois, alors que d'autres l'ont été à intervalles réguliers après 7, 14, 21 et 28 ans. Des échantillons ont été ajoutés en 1970, 1977, 1984 et 1991. Cette méthode a permis à Schaie d'observer les changements de QI au cours d'intervalles de 7, 14, 21 et 28 ans pour divers groupes de sujets, dont chacun appartenait à une cohorte légèrement distincte des autres. La figure 11.4 présente la comparaison des données transversales obtenues en 1977 ainsi que des données d'études longitudinales ayant duré 14 ans et concernant plusieurs groupes d'âge. Le test utilisé est une mesure de l'intelligence globale dont le résultat moyen est établi à 50 points (ce qui équivaut à un QI de 100 dans la plupart des autres tests).

Vous pouvez constater que les données transversales indiquent une baisse constante du QI. Cependant, les données longitudinales montrent que les résultats obtenus aux tests d'intelligence globale augmentent au début de l'âge adulte et demeurent relativement stables jusqu'à l'âge de 60 ans environ, moment où ils commencent à diminuer. Désormais, on peut donc affirmer de façon presque certaine que l'intelligence générale d'un individu demeure essentiellement stable au cours de l'âge adulte.

L'INTELLIGENCE CRISTALLISÉE ET L'INTELLIGENCE FLUIDE

On obtient un tableau légèrement différent du fonctionnement intellectuel à l'âge adulte si on décompose la mesure globale du QI. Parmi les composantes du QI, on peut notamment évaluer l'intelligence cristallisée et l'intelligence fluide (voir la figure 11.5). L'**intelligence cristallisée** dépend en grande partie de l'instruction et de l'expérience (Cattell, 1963; Horn, 1982; Horn et

Donaldson, 1980). On peut la définir comme l'ensemble des habiletés et des connaissances que chaque individu acquiert dans son environnement culturel : le vocabulaire, l'habileté à lire et à comprendre les informations, l'habileté à évaluer l'expérience, les habiletés techniques nécessaires à l'exercice d'une profession ou d'un métier, ou encore les habiletés nécessaires au fonctionnement dans la vie quotidienne (par exemple, l'utilisation d'un ordinateur). Les résultats de l'évaluation de telles habiletés menée par Schaie, comme ceux obtenus par de nombreux autres chercheurs, avancent que la performance intellectuelle se maintiendrait au cours de l'âge adulte moyen. Ainsi, nous nous souvenons des mots que nous avons appris, nous sommes toujours aptes à lire des articles de journaux et à en comprendre le sens, de même que nous sommes capables de résoudre des problèmes dans notre domaine de spécialisation.

Néanmoins, les tests qui mesurent l'**intelligence fluide** (Horn et Cattell), c'est-à-dire les habiletés de base comme la rapidité de réaction, la mémoire ou le raisonnement abstrait (par exemple, trouver la lettre qui suit la séquence A C F J O), ont démontré que son déclin se produisait plus tôt, précisément au milieu de l'âge adulte. Ainsi, si on évalue chez des adultes leurs habiletés en arithmétique et que les résultats sont déterminés par le nombre de problèmes résolus en un temps limité, on observe une diminution importante de la performance à partir de l'âge de 40 ans environ. De même, la capacité de visualiser les objets en rotation dans l'espace — une aptitude que la plupart d'entre nous n'utilisent pas régulièrement — commence à diminuer très tôt. Ces habiletés relèvent davantage du fonctionnement du système nerveux central et moins de l'expérience.

Par ailleurs, comme pour la santé physique, il existe d'importantes différences individuelles. Ainsi, des sujets soumis aux tests tirés des études de Schaie (intelligence cristallisée ou intelligence fluide) ne présentaient aucun déclin durant l'âge adulte moyen et avancé. Par contre, d'autres affichaient un déclin précoce et rapide, même dans le cas de certaines facultés cristallisées comme la mémorisation du vocabulaire. Cependant, les dernières informations à ce sujet nous permettent d'affirmer que les habiletés intellectuelles d'un individu ne montrent aucun déclin pendant le début de l'âge adulte. Par contre,

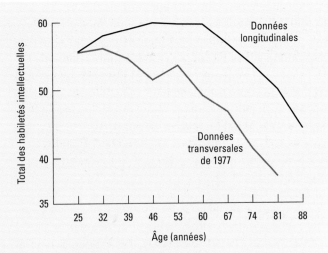

Figure 11.4
Le quotient intellectuel et l'âge
Ces résultats tirés de l'étude longitudinale de Seattle réunissent des données transversales et longitudinales dans le but d'évaluer des habiletés intellectuelles globales (résultat moyen = 50).

Source : Schaie, 1983b, tableaux 4.5 et 4.9, p. 89 et 100.

Intelligence cristallisée   Aspect de l'intelligence qui dépend avant tout des études et de l'expérience. Connaissances et jugement acquis par l'expérience.

Intelligence fluide   Partie de l'intelligence qui dépend des processus biologiques fondamentaux plutôt que de l'expérience.

L'INTELLIGENCE CRISTALLISÉE

L'intelligence cristallisée s'exprime le plus souvent, mais pas uniquement, dans les tâches verbales qui mettent en jeu des connaissances scolaires ou culturelles. Les questions suivantes permettent de la mesurer.

Test de vocabulaire

Choisir parmi les différentes propositions le synonyme du mot apparaissant en majuscule.

– CONFESSER: entonner, composer, attraper, avouer, repousser, confluer.

– EXCÈS: étau, immodération, violence, succès, punition, caprice.

– ADÉQUAT: répandu, bas, possible, trié, cohérent, las.

QI verbal de la WAIS* – Test de connaissances

Répondre aux questions suivantes.

– Qui était Pierre Corneille?

– Où se trouve le Mexique?

– Quelle est la distance entre Paris et Marseille?

– Qu'est-ce que la CEE?

Test de compréhension

Répondre aux questions suivantes.

– À quoi servent les impôts?

– Que signifie le proverbe *Il ne faut pas jeter de l'huile sur le feu*?

– Que faites-vous si, au théâtre, vous êtes le premier à remarquer qu'un feu s'est déclaré?

---

* Wechsler Adult Inventory Scale (Échelle d'intelligence de Wechsler pour adultes).

Figure 11.5
Deux formes d'intelligence
Dans les tests, deux formes d'intelligence sont très fréquemment évaluées. Il s'agit de l'intelligence cristallisée, appelée aussi intelligence verbale, et de l'intelligence fluide, appelée aussi intelligence logico-mathématique ou intelligence de performance.

Source: Adapté de *Sciences humaines*, n° 116, mai 2001, p. 24.

L'INTELLIGENCE FLUIDE

L'intelligence fluide reflète la capacité de raisonnement ou de logique. On la mesure à l'aide de questions qui font appel à la souplesse du raisonnement, mais d'aucune manière à des connaissances particulières, sauf dans le cas du test de Rennes qui requiert la connaissance de l'alphabet et des tables de multiplication.

Test de Rennes

Compléter les suites logiques suivantes. À chaque suite correspond une logique à trouver.

Exemple: marchandise   peine   répartie
             MaRCHaNDiSe   PeiNe   ....

Matrices de Raven

Dans les suites logiques de l'encadré, trouvez l'élément manquant parmi les différentes possibilités.

Possibilités

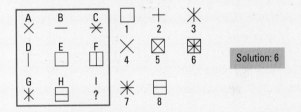

Solution: 6

QI de performance de la WAIS* – Cubes de Kohs

Reproduire sur un carton le modèle présenté à l'aide de neuf cubes bicolores rouge et blanc.

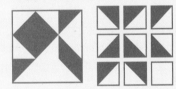

à l'âge adulte moyen, on observe un léger déclin de l'intelligence fluide, principalement en ce qui a trait aux tâches intellectuelles non exercées mais associées à un processus physiologique (Salthouse, 1991). De plus, le rythme du déclin semble coïncider avec la réduction de la masse cérébrale, ce qui suggère qu'il existe un lien direct entre l'intelligence fluide et la masse cérébrale (Bigler et autres, 1995).

L'INTELLIGENCE MULTIFACTORIELLE

L'intelligence est-elle unique ou multiple? En 1904, Charles Spearman affirmait qu'il n'existait qu'une seule intelligence générale (le facteur G), selon laquelle on expliquait les différences de performance entre les élèves dans divers tests. Vers la fin des années 1970, Cattell et Horn appuient l'hypothèse des deux formes d'intelligence: l'intelligence cristallisée et l'intelligence fluide. Aujourd'hui, de nombreux chercheurs considèrent que l'intelligence est multifactorielle et qu'elle possède plusieurs composantes indépendantes les unes des autres. Ainsi, Howard Gardner (1983; Gardner, Kornhaber et Wake, 1996) décom-

pose l'intelligence en huit formes, représentées à la figure 11.6. De son côté, Robert Sternberg (1985, 2003; Sternberg et Wagner, 1993) propose une théorie triarchique de l'intelligence, c'est-à-dire une intelligence qui est formée de trois composantes: l'intelligence sociale (comprendre autrui, ses pensées, ses sentiments), l'intelligence émotionnelle (comprendre et gérer ses propres émotions ainsi que celles des autres) et l'intelligence pratique (gérer les problèmes de la vie courante).

La mémoire

Les recherches sur la capacité de mémorisation au début de l'âge adulte et celles sur l'intelligence fluide ont fourni des résultats très similaires. On y constate que les habiletés de mémorisation demeurent stables chez le jeune adulte et commencent à décroître légèrement à la fin de l'âge adulte moyen. Ainsi, les évaluations de la mémoire à court terme (concernant des informations à retenir pour un court laps de temps — un numéro de téléphone qu'on

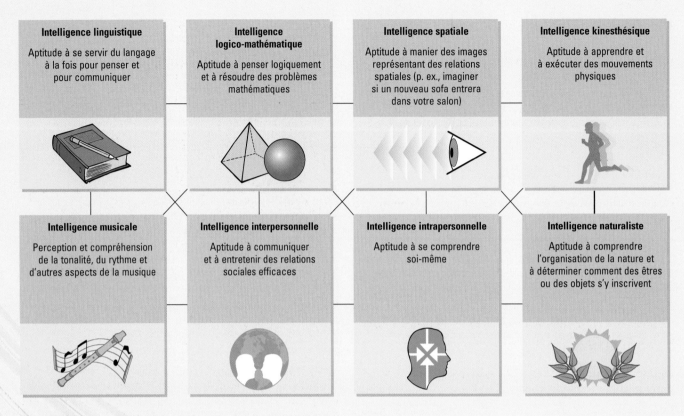

Figure 11.6
Les huit formes d'intelligence de Gardner

Source : Extrait de Samuel Wood et autres, *The World of Psychology*, 5ᵉ éd., Boston, Allyn and Bacon, Copyright © 2005, Pearson Education. Reproduction autorisée.

vient de chercher, par exemple, et qu'on compose immédiatement), qui sont effectuées auprès de personnes de différents âges, révèlent que la capacité de mémorisation à court terme demeure très stable pendant tout l'âge adulte. Ce qui change, apparemment, c'est l'habileté à utiliser efficacement ce potentiel disponible (Lincourt, Rybash et Hoyer, 1998).

Les évaluations de la mémoire à long terme, comme la capacité de se rappeler une liste de mots ou un extrait de texte, diminuent progressivement, mais généralement pas avant l'âge de 55 ans (Zelinski et Burnight, 1997).

Ainsi, le processus de mémorisation à long terme — appelé encodage par les théoriciens de la mémoire — et le processus de récupération semblent moins fonctionnels chez les adultes âgés que chez les jeunes adultes (Salthouse, 1991). Certaines recherches suggèrent que les déclins relatifs aux habiletés associées à la métamémoire et à la métacognition qui ont été observés pourraient être à l'origine de ces pertes (Salthouse, Atkinson, Berish, 2003).

Toutefois, comme les recherches portant sur la fonction mnésique à l'âge adulte moyen incluent rarement des personnes de l'âge concerné, il est difficile d'en tirer des conclusions claires. Généralement, les chercheurs comparent de très jeunes adultes, comme des collégiens, à des adultes de 60 ou 70 ans. Quand ils rencontrent des différences entre les deux groupes, ils concluent souvent que le rendement des adultes d'âge moyen se situe quelque part entre les deux. En d'autres mots, ils supposent, peut-être à tort, que la fonction mnésique diminue régulièrement, de manière linéaire, tout au long de l'âge adulte.

Il est par contre reconnu que l'expérience subjective de l'oubli augmente avec l'âge. Plus nous vieillissons, plus nous nous imaginons que notre mémoire fait défaut (Commissaris, Ponds et Jolles, 1998). Cependant, il se peut que, dans la vie quotidienne des adultes d'âge moyen, les demandes de mémorisation soient plus grandes que dans celle des jeunes adultes. Comme la mémoire à court terme (mémoire de travail) est limitée, plus le nombre d'informations à mémoriser simultanément est grand, plus le risque d'en oublier augmente.

Les adultes d'âge moyen sont généralement très habiles à compenser les limites de leur mémoire par l'emploi d'aide-mémoire ou d'indices. Ainsi, une personne d'âge moyen qui sait qu'elle peut oublier l'endroit où elle a garé sa voiture prend la peine de noter des repères qui l'aideront à la retrouver. Ce comportement est peut-être dû au fait que les adultes d'âge moyen, contrairement aux adultes d'âge avancé, continuent d'avoir un sens aigu de leur efficacité personnelle quant à la mémoire (Lineweaver et Hertzog, 1998). En d'autres mots, ils croient que leurs efforts feront une différence, alors ils travaillent activement à améliorer leur mémoire.

On observe néanmoins de véritables différences dans la capacité de mémorisation entre les jeunes adultes et les adultes d'âge moyen. Par exemple, la mémoire visuelle, notamment la capacité de se rappeler un objet qu'on n'a vu que pendant quelques secondes, diminue à l'âge adulte moyen (Fahle et Daum, 1997; Giambra et autres, 1995). La différence est également plus marquée si le stimulus visuel est complexe et que l'intervalle entre la présentation et le rappel est long. Par contre, la mémoire des stimulus auditifs semble demeurer stable tout au long de l'âge adulte.

Il n'est pas plus difficile à l'âge adulte moyen qu'au début de l'âge adulte de se rappeler ce qu'on a lu dans le journal. Cependant, l'adulte d'âge moyen se concentrera moins sur les détails et plus sur l'essentiel.

LA MÉMOIRE SÉMANTIQUE ET LA MÉMOIRE ÉPISODIQUE

Pour obtenir un autre point de vue sur les transformations de la mémoire causées par l'âge, les chercheurs peuvent étudier comment les jeunes adultes et les adultes d'âge moyen réussissent à coder différents types d'informations. La **mémoire épisodique** est constituée des souvenirs d'événements ou de faits personnels, alors que la **mémoire sémantique** regroupe les connaissances générales. Par exemple, les souvenirs qu'une personne conserve de ses vacances en Europe relèvent de la mémoire épisodique, tandis que les connaissances qu'elle acquiert sur l'Europe relèvent de la mémoire sémantique.

Les chercheurs ont découvert que les jeunes adultes et les adultes d'âge moyen se distinguaient davantage sur le plan de la mémoire épisodique que sur celui de la mémoire sémantique (Maylor, 1998; Nilsson, Baeckman, Erngrund et Nyberg, 1997). Par exemple, une personne d'âge moyen qui assiste à un match de football peut oublier où elle a garé sa voiture (mémoire épisodique), mais elle se souviendra des règlements de base du jeu (mémoire sémantique).

Toutefois, il serait simpliste d'affirmer que l'encodage de l'information épisodique est plus efficace chez les jeunes adultes que chez les adultes âgés. Selon une recherche sur le sujet, l'âge n'aurait aucun effet sur la capacité de mémorisation d'épisodes lorsqu'ils sont exceptionnels; on appelle souvent ce phénomène la mémoire *flashbulb* (mémoire instantanée). Par exemple, si on demandait à de jeunes adultes, à des adultes d'âge moyen et à d'autres d'âge avancé de se rappeler où ils se trouvaient et ce qu'ils faisaient quand ils ont appris la nouvelle de l'attentat du 11 septembre 2001 à New York, les répondants de tous les âges se souviendraient de l'événement très clairement; et ce sont probablement les plus jeunes qui seraient mieux en mesure de fournir des détails (Bluck, Levine et Laulhere, 1999). Cependant, une autre recherche sur ce type de mémoire révèle que la mémoire des détails qui entourent de tels épisodes est sujette à la suggestion et à la présomption (Neisser et Harsch, 1992; Niedwienska, 2003). Des études longitudinales ont par ailleurs démontré que la mémoire des détails de tels événements déclinait avec le temps (Smith, Bibi et Sheard, 2003). Il est ainsi possible que les participants les plus jeunes compensent leurs trous de mémoire en faisant appel à leur imagination.

LES HABILETÉS EXERCÉES ET LES HABILETÉS NON EXERCÉES

En général, les adultes maintiennent, et améliorent même, leurs habiletés dans les tâches qu'ils pratiquent régulièrement ou qui prennent source dans leurs apprentissages spécifiques. Par exemple, les habiletés verbales augmentent à l'âge adulte moyen (Giambra et autres, 1995; Salthouse, 2004). La performance dans les tests de vocabulaire ne décline pas avant l'âge de 65 ans. Le dicton *Use it or loose it!* («Si vous ne l'utilisez pas, vous le perdrez!») semble s'appliquer dans le cas des habiletés

Mémoire épisodique Conservation dans le cerveau des souvenirs d'événements personnels.

Mémoire sémantique Conservation dans le cerveau des connaissances générales.

Si nous nous fions aux résultats des recherches, ces danseurs amateurs d'âge adulte moyen conserveront sans doute mieux leurs habiletés intellectuelles au cours de la décennie suivante que leurs pairs sédentaires. Qu'est-ce qui explique cette différence ? Serait-ce seulement le fait de pratiquer régulièrement une activité physique ? Ou est-ce que les personnes actives possèdent des caractéristiques différentes qui les amènent à avoir une meilleure performance intellectuelle ?

cognitives. Les individus qui pratiquent des activités exigeantes sur le plan cognitif, comme le bridge, maintiennent avec l'âge de bonnes habiletés intellectuelles (Salthouse, 2004).

LES NOUVEAUX APPRENTISSAGES

Les adultes d'âge moyen semblent aussi aptes que les jeunes adultes à apprendre de nouvelles informations et à les mémoriser. En effet, les étudiants adultes réussissent mieux dans leurs études que leurs pairs plus jeunes (Burley, Turner et Vitulli, 1999). Selon les psychologues, cette différence serait attribuable à la motivation et au bagage de connaissances et d'expériences que possèdent les adultes.

Fait intéressant à noter : selon certains sondages, les employeurs considéreraient que les jeunes adultes sont plus en mesure d'acquérir de nouvelles compétences professionnelles que les adultes d'âge moyen. Cependant, certaines recherches semblent indiquer qu'il y a peu, sinon pas, de différences entre ces deux groupes d'âge dans le rythme d'apprentissage de nouvelles compétences professionnelles (Forte et Hansvick, 1999). Il en va de même des habiletés informatiques qui, une fois acquises, sont appliquées avec un rendement égal.

LES SCHÉMAS COGNITIFS

La documentation sur l'étude des transformations de la mémoire qui surviennent avec l'âge appuie le point de vue de Labouvie-Vief, selon lequel les changements cognitifs à l'âge adulte entraîneraient non seulement un

déclin, mais aussi une réorganisation structurale des schémas cognitifs. Comme nous venons de le voir, cette chercheuse affirme que les adultes d'âge moyen auraient tendance à délaisser le raisonnement formel (ou logique et analytique), qui domine la pensée à la fin de l'adolescence et au début de l'âge adulte, au profit d'une approche plus pragmatique, mieux adaptée à la résolution des problèmes quotidiens (Labouvie-Vief, 1990). En d'autres mots, un adulte d'âge moyen peut, pour traiter l'information, utiliser des schémas cognitifs qui sont qualitativement différents de ceux qu'il utilisait quand il était jeune. Ce changement peut conduire l'adulte d'âge moyen à être plus attentif aux informations globales (partagées par l'ensemble de la société) qu'aux détails. Sur le plan de la mémoire, cette différence dans le processus de formation des schémas cognitifs peut se manifester par une diminution de la mémoire pour les détails superficiels et une augmentation de la mémoire pour les thèmes et les significations.

La productivité et la créativité

Une autre question sur la fonction cognitive au milieu de l'âge adulte — peut être plus directement reliée à la vie professionnelle — porte sur la créativité et la productivité. Les dirigeants d'âge moyen sont-ils plus doués pour la résolution des problèmes professionnels ? Les scientifiques d'âge moyen sont-ils aussi créatifs que leurs jeunes collègues ?

De ses premières recherches, Lehman (1953) conclut que la créativité, tout comme la fonction physique, est optimale au début de l'âge adulte. Il est arrivé à cette conclusion en examinant une série de découvertes scientifiques importantes faites au cours des cent dernières années, puis en déterminant l'âge qu'avait chaque scientifique au moment de sa découverte. Dans le domaine des sciences et des mathématiques, en particulier, la plupart d'entre eux étaient très jeunes. L'exemple classique est celui d'Einstein, qui n'avait que 26 ans lorsqu'il a énoncé la théorie de la relativité.

La méthodologie de Lehman nous semble toutefois inappropriée, car elle ne porte que sur des chercheurs qui ont marqué l'histoire, des êtres d'exception comme le grand Einstein. Dans le contexte, l'étude de la production du scientifique moyen tout au long de sa vie (incluant la détermination de sa période la plus productive) nous apparaît bien plus révélatrice et pertinente. C'est la voie qu'a empruntée Dean Simonton (1991, 2000), qui a observé la créativité et la productivité de centaines de scientifiques du XIXᵉ et du début du XXᵉ siècle, du début à la fin de leur vie professionnelle adulte. Il a pu déterminer l'âge auquel ces chercheurs, presque tous des hommes, avaient publié leur premier ouvrage important, leur meilleur ouvrage, et leur dernier. Toutes disciplines scientifiques confondues dans cet échantillon inhabituel, ces chercheurs avaient produit leurs meilleurs travaux à l'âge moyen de 40 ans, et la plupart d'entre eux publiaient encore des travaux de recherche importants, voire remarquables, durant leur quarantaine et leur cinquantaine. En fait, Simonton estime que les meilleurs travaux ont été réalisés à l'âge de 40 ans, non pas parce que le cerveau travaille mieux à cet âge, mais parce que la productivité est à son sommet. Il paraît donc logique que les meilleurs travaux voient le jour au cours de la plus longue période d'activité.

La productivité et la créativité des scientifiques modernes évoluent de façon similaire. Les mathématiciens, les psychologues, les physiciens et les autres scientifiques contemporains ont, comme leurs prédécesseurs, atteint leur productivité maximale — le plus grand nombre d'articles publiés en une année — lorsqu'ils étaient âgés d'environ 40 ans. Par ailleurs, lorsqu'on analyse la qualité de la recherche, par exemple en comptant le nombre de fois que chaque recherche est citée par des collègues, on découvre qu'elle demeure élevée jusqu'à l'âge de 50 ou 60 ans (Horner, Rushton et Vernon, 1986 ; Simonton, 1988). Chez les musiciens et autres artistes, la créativité maximale peut se poursuivre longtemps, voire persister très tardivement. Simonton (1989) a demandé à des juges d'évaluer les qualités esthétiques de 172 compositions musicales fréquemment jouées. Or, celles considérées comme des chefs-d'œuvre avaient souvent été écrites tardivement. C'est le cas de l'œuvre de Franz Schubert *Le chant du cygne*.

LES CHANGEMENTS COGNITIFS À L'ÂGE ADULTE AVANCÉ

Si l'âge adulte moyen est la période durant laquelle les adultes conservent la plupart de leurs capacités cognitives, l'âge adulte avancé peut être considéré comme la période durant laquelle certaines de ces capacités commencent à décliner alors que d'autres poursuivent leur croissance. Chez les adultes du troisième âge (de 65 à 75 ans), ces changements demeurent relativement faibles, et des capacités telles que le maintien du vocabulaire déclinent peu ou pas du tout. Par contre, les personnes du quatrième et du cinquième âge présentent un déclin moyen de presque toutes les habiletés intellectuelles. De plus, on observe chez elles un déclin particulièrement marqué lorsqu'on évalue leur rapidité d'exécution ou leurs habiletés non exercées (Cunningham et Haman, 1992 ; Giambra et autres, 1995). Selon Schaie, que nous avons cité plus haut dans ce chapitre, « des diminutions appréciables

peuvent être observées dans toutes les habiletés vers l'âge de 74 ans » (Schaie, 1983b, p. 127). À partir de 80 ans, le déclin s'accentue dans la plupart des habiletés (Schaie, 1993).

L'attention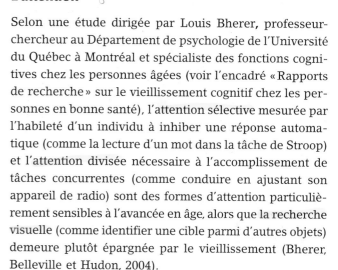

Selon une étude dirigée par Louis Bherer, professeur-chercheur au Département de psychologie de l'Université du Québec à Montréal et spécialiste des fonctions cognitives chez les personnes âgées (voir l'encadré « Rapports de recherche » sur le vieillissement cognitif chez les personnes en bonne santé), l'attention sélective mesurée par l'habileté d'un individu à inhiber une réponse automatique (comme la lecture d'un mot dans la tâche de Stroop) et l'attention divisée nécessaire à l'accomplissement de tâches concurrentes (comme conduire en ajustant son appareil de radio) sont des formes d'attention particulièrement sensibles à l'avancée en âge, alors que la recherche visuelle (comme identifier une cible parmi d'autres objets) demeure plutôt épargnée par le vieillissement (Bherer, Belleville et Hudon, 2004).

La mémoire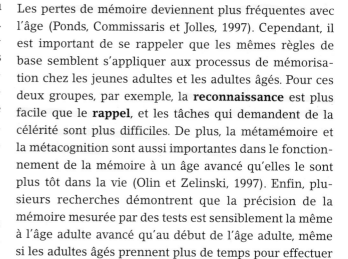

Les pertes de mémoire deviennent plus fréquentes avec l'âge (Ponds, Commissaris et Jolles, 1997). Cependant, il est important de se rappeler que les mêmes règles de base semblent s'appliquer aux processus de mémorisation chez les jeunes adultes et les adultes âgés. Pour ces deux groupes, par exemple, la **reconnaissance** est plus facile que le **rappel**, et les tâches qui demandent de la célérité sont plus difficiles. De plus, la métamémoire et la métacognition sont aussi importantes dans le fonctionnement de la mémoire à un âge avancé qu'elles le sont plus tôt dans la vie (Olin et Zelinski, 1997). Enfin, plusieurs recherches démontrent que la précision de la mémoire mesurée par des tests est sensiblement la même à l'âge adulte avancé qu'au début de l'âge adulte, même si les adultes âgés prennent plus de temps pour effectuer les tests et font plus d'erreurs (Babiloni et autres, 2004).

Timothy Salthouse (1991, 1993, 1996, 2004) a étudié la rapidité de réaction et la mémoire ainsi que d'autres habiletés cognitives chez des adultes d'âges variés. Selon

Reconnaissance Fait d'identifier un élément particulier parmi plusieurs éléments représentés (comme dans le cas d'une question à choix multiples).

Rappel Évocation spontanée d'une information (comme dans le cas d'une question ouverte ou à développement).

Rapports DE RECHERCHE

Le vieillissement cognitif chez les personnes en bonne santé : une remise en question des notions défaitistes classiques

On associe trop souvent le vieillissement à la diminution des activités, à l'isolement social, à la perte de la joie de vivre et surtout au déclin progressif des fonctions intellectuelles. Pourtant, les recherches actuelles sur le vieillissement montrent clairement que le développement cognitif n'est pas un phénomène homogène et que certaines personnes non seulement maintiennent un mode de vie actif, mais sont capables de performances cognitives impressionnantes malgré leur âge avancé.

Nous savons aujourd'hui que toutes les fonctions cognitives ne sont pas également touchées au cours du vieillissement. Ainsi, les habiletés mentales qui s'appuient sur les connaissances acquises au fil des années semblent relativement maintenues (intelligence cristallisée). Par contre, les habiletés mentales dites fluides, qui s'appuient davantage sur des processus cognitifs (mémoire, attention, rapidité), sont souvent touchées et de façon plus précoce.

Non seulement le vieillissement cognitif n'atteint pas toutes les fonctions cognitives de la même façon et au même moment, mais il semble aussi que tous les individus ne déclinent pas au même rythme. En effet, de plus en plus de recherches tendent à démontrer que certaines personnes bénéficient d'une vitalité cognitive impressionnante, même à un âge très avancé. Un nombre croissant d'études concernant des centenaires, ou des personnes de plus de 90 ans, suggèrent qu'environ 40 % à 60 % des individus de 90 à 99 ans présentent des signes de démence. C'est donc dire qu'un fort pourcentage d'individus centenaires – 30 % et plus dans certaines recherches – ne présentent aucun signe de déclin cognitif majeur ou de démence. Plusieurs auteurs ont tenté d'expliquer ces résultats par le mode de sélection des sujets – des individus particulièrement préservés des maladies répandues

chez les aînés (troubles cardiaques, hypertension, diabète, dépression, etc.). Il n'en demeure pas moins que ces individus sont la preuve que le déclin cognitif (associé à l'âge) et la démence ne sont pas en soi une fin incontournable.

En outre, plusieurs études récentes donnent à penser qu'il existe des facteurs de protection ou des modérateurs du vieillissement cognitif. Selon des études longitudinales, par exemple, la scolarité en bas âge, le style de vie, l'activité physique et l'engagement dans des activités stimulantes intellectuellement, comme la lecture ou la pratique d'un instrument de musique, favorisent le maintien des performances cognitives chez la personne âgée. Les chercheurs en neurosciences ont recours au concept de réserve cérébrale pour expliquer le phénomène de relative préservation des performances cognitives en dépit de l'avancée en âge, chez les personnes plus actives ou plus scolarisées. Cette hypothèse donne à croire que les expériences passées influent directement sur les structures cérébrales en les protégeant des effets délétères de l'âge chronologique.

Enfin, les performances cognitives des personnes saines peuvent être améliorées sensiblement par un entraînement cognitif et des exercices visant l'acquisition ou l'amélioration d'habiletés cognitives, ainsi que par l'entraînement physique permettant une meilleure vascularisation des tissus cérébraux.

Source : Adapté d'un article de Louis Bherer, spécialiste des fonctions cognitives, professeur au Département de psychologie de l'Université du Québec à Montréal et chercheur au Centre de recherche de l'Institut universitaire de gériatrie de Montréal ; revue *Cardinale*, tome XVII, nº 7, septembre 2005.

---

lui, on peut attribuer une très grande partie du déclin de la mémoire causé par l'âge au temps de réaction moins rapide chez les adultes âgés. Salthouse est convaincu que cette perte de rapidité se produit au niveau du système nerveux central et non au niveau d'un système périphérique. Ainsi, les changements physiologiques dans les neurones (que nous avons déjà décrits) qui sont accompagnés d'une diminution de la vitesse synaptique seraient à l'origine des changements observés quant à la mémoire.

Pratiquement tous les experts s'accordent avec Salthouse sur le fait que la diminution de la rapidité de traitement de l'information est l'élément central du processus de mémorisation (Byrne, 1998 ; Maylor, Vousden et Brown, 1999). Mais bon nombre d'entre eux soutiennent que cet élément n'explique pas entièrement l'ensemble du processus observé. D'autres facteurs sont susceptibles d'intervenir, telles la baisse de la capacité de l'attention à un ou plusieurs éléments à la fois (comme la surveillance

d'une piscine publique) ou la baisse de la capacité de la mémoire de travail (Gottlob et Madden, 1999).

LA MÉMOIRE À COURT TERME

La capacité de la mémoire à court terme, la **mémoire de travail**, a dévoilé aux chercheurs qui l'ont étudiée des changements importants à la fin de l'âge adulte (Hester, Kinsella et Ong, 2004 ; Jenkins et autres, 1999). Nous savons que le nombre d'éléments qu'une personne peut mémoriser en un seul essai est limité. Plus la quantité de renseignements à mémoriser est grande, plus la personne en oublie et plus son rendement sur le plan de la

---

Mémoire de travail Processus simultané qui consiste à conserver des informations en mémoire tout en les utilisant pour résoudre un problème, pour s'initier à une nouvelle tâche ou pour prendre des décisions. On peut comparer la mémoire de travail à la mémoire vive d'un ordinateur.

mémoire et d'autres types de tâches cognitives est faible. Ainsi, plus une tâche cognitive est exigeante quant à la mémoire de travail, plus son déclin augmente avec l'âge.

Cependant, les modèles selon la différence d'âge ne sont pas similaires pour toutes les tâches de mémorisation. Par exemple, les adultes âgés obtiennent des résultats moindres que les adultes jeunes dans des tâches faisant appel à la mémoire rétrospective, ou rappel d'informations du passé (Henry, MacLeod, Phillips et Crawford, 2004), alors que les adultes âgés obtiennent de meilleurs résultats que les adultes jeunes dans les tâches qui font appel à la mémoire prospective (Henry et autres, 2004 ; Rendell et Thomson, 1999). Ces tâches consistent à mémoriser une action qui devra être effectuée plus tard. Des chercheurs ont donc demandé aux participants d'appeler à une heure donnée, tous les jours pendant deux semaines. Or, ils se sont aperçus que les personnes âgées obtenaient généralement de meilleurs résultats que les jeunes adultes et les adultes d'âge moyen dans ce type de tâches.

LA MÉMOIRE QUOTIDIENNE

Selon les personnes qui voient d'un œil optimiste les effets du vieillissement sur le fonctionnement cognitif, les adultes âgés ont une capacité de mémorisation équivalant à celle des jeunes adultes. Mais ces adultes âgés seraient tout simplement moins motivés à mémoriser des listes de mots sans liens que leur remettent les chercheurs dans un laboratoire. Par ailleurs, les adultes âgés obtiennent de moins bons résultats que les jeunes adultes dans presque toutes les tâches quotidiennes — par exemple, se rappeler les faits saillants d'une histoire ou d'un article de journal ; se souvenir d'un film,

Ce boulanger français n'a aucune difficulté à se rappeler la recette de pain qu'il a répétée toute sa vie durant. Cependant, il se peut qu'il prenne plus de temps à apprendre une nouvelle recette que lorsqu'il avait 25 ans.

d'une conversation, d'une liste d'épicerie ou d'une recette ; se remémorer l'information apparaissant sur une étiquette de médicament ; se souvenir d'un geste machinal tel qu'éteindre le four ; ou se rappeler où on a entendu une phrase donnée (ce qu'on appelle la mémoire source) (Brown, Jones et Davis, 1995 ; Light, 1991 ; Mäntylä, 1994 ; Maylor, 1993 ; Salthouse, 1991 ; Verhaeghen et Marcoen, 1993 ; Verhaeghen, Marcoen et Goossens, 1993). On a aussi observé ces résultats dans des études longitudinales et transversales, particulièrement celles menées auprès d'adultes de plus de 70 ans (Arenberg, 1983 ; Hultsch et autres, 1992 ; Zelinski, Gilewski et Schaie, 1993).

Les connaissances nécessaires (ou préalables) à une tâche semblent toutefois donner des résultats différents parmi les personnes âgées. Par exemple, celles qui possèdent un vocabulaire étendu obtiennent de meilleurs résultats dans les tâches exigeant une reconnaissance rapide des mots que leurs pairs dont le vocabulaire est restreint (Kitzan et autres, 1999). Les chercheurs savent que, dans un tel contexte, les connaissances acquises constituent le facteur déterminant : dans les tâches où apparaissent des mots dénués de sens, les personnes âgées qui possèdent un vocabulaire riche ont un rendement aussi faible que leurs pairs dont le vocabulaire est limité.

La sagesse

Les théoriciens qui étudient la cognition à l'âge adulte avancé ont récemment entrepris d'examiner de manière plus systématique la notion de sagesse. Les adultes âgés détiennent-ils un avantage sur les jeunes adultes en raison des connaissances, des expériences et des habiletés qu'ils ont acquises tout au long de leur vie ? Les chercheurs ne s'entendent pas encore sur la définition de la sagesse, quoique la plupart d'entre eux soulignent le fait qu'elle dépasse la simple accumulation de données. Alors, de quoi s'agit-il ? La **sagesse** reflète la compréhension des vérités universelles, des lois ou des modèles de base. Elle se fonde sur la conjugaison d'une somme de connaissances et d'un système tant de valeurs que de significations. La sagesse repose sur la compréhension que les faits en soi ne sont pas toujours des certitudes, et que l'imprévisibilité et l'incertitude font partie de la vie (Baltes et Smith, 1990 ; Baltes, Smith et Staudinger, 1992 ; Baltes et autres, 1995 ; Csikszentmihalyi et Rathunde, 1990 ; Sternberg, 1990a).

Sagesse Caractéristique cognitive de l'âge adulte avancé s'appuyant sur une somme de connaissances ainsi que sur l'habileté à appliquer ces connaissances aux problèmes pratiques de l'existence.

Demander des conseils à une personne âgée qu'elle considère comme sage constitue une façon pour cette jeune adulte de bénéficier de son bagage d'expériences et de connaissances.

Vous vous demandez peut-être comment les chercheurs mesurent la sagesse. Une sommité dans ce domaine, Paul Baltes, a élaboré une technique utile à cet égard (Baltes et Staudinger, 2000) : il a présenté aux participants des histoires de personnages fictifs qui tentaient de prendre une décision importante concernant leur vie. Il a, par exemple, utilisé le dilemme d'une jeune fille de 15 ans qui désirait se marier. Les réponses des participants aux dilemmes posés dans les récits étaient jugées selon cinq critères considérés par le chercheur comme essentiels à la sagesse parce qu'ils contribuent à résoudre des problèmes de la vie pratique. Ces critères sont :
• les connaissances factuelles ;
• les connaissances procédurales ;
• la compréhension de la pertinence d'un contexte ;
• la compréhension de la pertinence des valeurs ;
• la reconnaissance de l'impossibilité de connaître les conséquences d'une décision sur la vie d'une personne.

Ainsi, on jugera qu'une personne fait preuve de peu de sagesse si sa réponse à l'histoire de la jeune fille ressemble à ceci : « Le mariage d'une jeune fille de 15 ans ? C'est ridicule ! Je dirais à cette jeune fille d'oublier l'idée et d'attendre encore quelques années. » Quant à la personne très sage, sa réponse serait beaucoup plus nuancée. Elle pourrait faire remarquer qu'« il existe des circonstances qui font que le mariage d'une fille aussi jeune peut être une bonne décision. Cette jeune fille est-elle motivée par le désir de donner un foyer à l'enfant qu'elle attend ? Par ailleurs, se pourrait-il que cette jeune fille soit d'une culture où le mariage à 15 ans est une pratique courante, voire une tradition ? On doit considérer les motivations des gens et leurs antécédents pour comprendre leurs décisions. On doit aussi savoir comment la personne concernée considère la situation pour être en mesure de lui donner des conseils éclairés… ».

Presque tous les théoriciens qui ont écrit sur la sagesse supposent qu'elle est plus susceptible d'apparaître chez les adultes d'âge moyen et d'âge avancé. Cependant, Baltes a noté que les jeunes adultes ont d'aussi bonnes réponses que les adultes âgés dans la tâche du dilemme fictif. Il a en effet remarqué que les réponses au dilemme étaient avant tout liées à l'intelligence et à l'expérience professionnelle plutôt qu'à l'âge. Par conséquent, l'étude de Baltes semble indiquer que l'idée populaire selon laquelle l'âge et la sagesse sont associés est probablement fausse. La sagesse ne semble pas être une caractéristique qui distingue les adultes d'âge avancé des autres groupes d'adultes.

Pause APPRENTISSAGE

Le développement cognitif

1. Expliquez les trois conceptions de la pensée post-formelle, c'est-à-dire celles de Labouvie-Vief, Arlin et Perry.

2. Quels sont les résultats des études transversales et longitudinales effectuées sur la stabilité du QI ?

3. Expliquez ce que Cattell et Horn entendent par intelligence cristallisée et intelligence fluide. Comment ces intelligences évoluent-elles avec les années ?

4. Quelles sont les formes d'intelligence selon la théorie multifactorielle de Gardner ?

5. Expliquez les notions de mémoire sémantique et de mémoire épisodique. Quelle est la performance de l'adulte d'âge moyen concernant ces deux types de mémoire ?

6. À quelle période de l'âge adulte atteint-on le niveau optimal de productivité et de créativité selon Lehman ? Selon Simonton ?

7. Quels changements observe-t-on quant à la mémoire à l'âge adulte avancé ?

8. Expliquez ce qu'on entend par sagesse.

LA SANTÉ ET LE BIEN-ÊTRE

Quels sont les facteurs et les caractéristiques associés à la santé physique et mentale à l'âge adulte ? Les recherches sur le sujet nous permettent de brosser un tableau éclairant de plusieurs aspects du développement qui devrait retenir notre attention.

LA SANTÉ PHYSIQUE ET MENTALE

Lorsqu'on observe les différences d'âge en ce qui a trait à la santé physique et au taux de mortalité, les résultats suivent l'évolution prévue. Certes, plus la personne est âgée, plus elle court le risque de mourir à n'importe quel moment. Chez les jeunes adultes, les décès sont plus fréquemment liés à un accident, à un suicide ou à un homicide qu'à la maladie. Ce n'est qu'à partir de la fin de la trentaine et du début de la quarantaine que la maladie devient la cause principale des décès. Toutefois, contrairement à d'autres troubles de l'organisme, la plupart des MTS — notamment la syphilis, la gonorrhée, la chlamydia, l'herpès et le sida — sont plus répandues chez les jeunes adultes que parmi tout autre groupe d'âge (CDC, 1999a, 1999b, 2000a, 2000b). De plus, le jeune adulte risque davantage d'être victime de violence sexuelle ou conjugale, thème que nous aborderons dans le prochain chapitre. À l'âge adulte moyen et avancé, outre l'augmentation des maladies ou des invalidités chroniques comme les allergies alimentaires, les maux de dos, l'hypertension et l'arthrite ou le rhumatisme (INSP, 2006), ce sont les problèmes du système circulatoire (cardiopathie) et le cancer (du sein chez la femme, de la prostate chez l'homme) qui demeurent les dangers les plus courants.

Ainsi, la santé se dégrade nettement avec l'âge, et l'invalidité augmente, ce qui n'a rien de vraiment surprenant (voir l'encadré « Rapports de recherche » sur la perception de la santé selon différents groupes d'âge). Une mauvaise santé se manifeste de différentes façons. Chez certaines personnes (surtout les hommes), elle se traduit par l'apparition et l'évolution rapide d'une maladie mortelle, notamment un cancer ou une crise cardiaque. La mort par pneumonie, un phénomène de plus en plus fréquent à l'âge avancé, survient généralement d'une manière tout aussi rapide. La plupart de ces individus présentent peu de symptômes et ne connaissent qu'une courte période d'incapacité, voire aucune, avant le début de la maladie. D'autres (plus souvent les femmes) présentent des symptômes de maladie pendant une plus longue période, et ces symptômes entraînent parfois diverses incapacités physiques, mineures ou majeures. Nous savons que les femmes vivent plus longtemps que les hommes (espérance de vie), mais cette différence s'amenuise légèrement avec l'âge. Cependant, si les femmes vivent plus longtemps que les hommes, elles souffrent aussi plus souvent d'une incapacité quelconque. Une femme de 65 ans peut s'attendre à être invalide deux fois plus longtemps qu'un homme. Par contre, les femmes ne souffriront d'aucune incapacité au cours des trois quarts du temps qu'il leur reste à vivre. La situation n'est donc pas si déplorable ! Quant à l'**espérance de vie active**, elle désigne le nombre moyen d'années qu'une personne peut espérer vivre sans subir une incapacité qui l'empêcherait de faire face à ses besoins quotidiens.

L'espérance de vie active à la naissance en 2001 était de 72 ans (ministère de la Santé et des Services sociaux, 2004).

Par ailleurs, la période du jeune âge adulte, qui correspond au sommet de la forme physique et intellectuelle, est aussi celle où l'individu est le plus vulnérable aux problèmes de santé mentale, dont l'anxiété, la dépression, la toxicomanie, les troubles de la personnalité et la schizophrénie. Au Québec, environ 10 % de la population présenterait un trouble mental, incluant la dépendance à une substance (Statistique Canada, 2004, *Enquête sur la santé dans les collectivités canadiennes : santé mentale et bien-être — 2002*). Des études effectuées dans de nombreux pays industrialisés montrent que les risques de souffrir de troubles émotionnels de toutes sortes sont plus élevés chez les jeunes adultes que chez les adultes âgés (Kessler et autres, 1992).

LES FACTEURS ASSOCIÉS À LA SANTÉ ET AU BIEN-ÊTRE

Dans cette section, nous allons aborder les facteurs associés à la santé et au bien-être à l'âge adulte, mais aussi les facteurs associés à la longévité chez les adultes âgés. Vous le devinez sûrement, les habitudes de vie des individus, comme l'exercice, influent sur leur santé et leur bien-être tout au long de l'âge adulte. Cependant, la recherche nous indique que d'autres facteurs comme le soutien social et le sentiment de maîtrise (les attitudes de la personne) sont tout aussi importants pour la santé et le bien-être de la personne.

Les habitudes de vie

L'ensemble des habitudes de vie au début et au milieu de l'âge adulte pourrait en partie expliquer les différences individuelles observées au cours du vieillissement physique et cognitif. Ces habitudes de vie constituent des facteurs de risque ou de protection qui influent sur le cours du développement, nous prédisposant à certaines conséquences positives ou négatives. Elles orientent notre trajectoire de vie de façon inéluctable. Par exemple, à 25 ou 30 ans, nous sommes souvent convaincus que notre corps peut supporter toutes sortes d'excès ou de comportements dommageables, et que nous nous en tirerons à bon compte. Tel n'est pourtant pas le cas. La meilleure illustration des effets à long terme de l'hygiène

---

Espérance de vie active Nombre moyen d'années qu'une personne peut espérer vivre sans subir une incapacité qui l'empêcherait de faire face à ses besoins quotidiens.

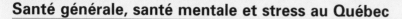

Rapports DE **RECHERCHE**

Santé générale, santé mentale et stress au Québec

La perception de la santé est un indicateur fiable et valide du fonctionnement physique et mental utilisé dans plusieurs enquêtes sociosanitaires à travers le monde, qui présente l'avantage de pouvoir être appliqué à l'ensemble de la population. Quatre indicateurs de santé perçue ont été abordés dans une enquête portant sur des Québécois de 12 ans et plus. Le premier indicateur, concernant l'autoévaluation de la santé générale, posait la question suivante: «En général, diriez-vous que votre santé est: excellente, très bonne, bonne, passable ou mauvaise?» Le second indicateur vérifiait l'autoévaluation de la santé mentale par le biais de la question suivante: «En général, diriez-vous que votre santé mentale est: excellente, très bonne, bonne, passable ou mauvaise?» Le troisième indicateur touchait le stress quotidien et

posait la question suivante: «En pensant à la quantité de stress dans votre vie, diriez-vous que la plupart de vos journées sont: pas du tout stressantes, pas tellement stressantes, un peu stressantes, assez stressantes ou extrêmement stressantes?» Enfin, le dernier indicateur s'intéressait au stress au travail et soumettait aux sujets cette question: «La question suivante se rapporte à votre entreprise ou votre emploi principal: au cours des 12 derniers mois, diriez-vous que la plupart de vos journées étaient: pas du tout stressantes, pas tellement stressantes, un peu stressantes, assez stressantes ou extrêmement stressantes?»

Voici les résultats de cette enquête.

Pourcentage de la population de 12 ans et plus évaluant sa santé (générale et mentale) comme excellente ainsi que son niveau de stress (quotidien et au travail) comme élevé selon l'âge et le niveau de scolarité, Québec, 2005

	Excellente santé générale %	Excellente santé mentale %	Stress quotidien élevé[1] %	Stress au travail[2] %
Groupe d'âge				
12 à 24 ans	26,6	42,0	22,6	25,2
25 à 44 ans	28,2	40,4	33,3	41,2
45 à 64 ans	21,5	43,0	26,2	37,7
65 ans et plus	12,7	39,4	10,1	13,6
Niveau de scolarité				
Moins d'un diplôme d'études secondaires	17,5	38,6	17,5	27,3
Diplôme d'études secondaires	23,4	42,7	23,1	31,3
Études postsecondaires	23,4	41,8	27,9	31,5
Diplôme d'études postsecondaires	26,5	42,7	30,2	40,4

1. Population de 15 à 74 ans.
2. Population de 15 à 74 ans ayant travaillé au cours des 12 derniers mois précédant l'enquête.

Source : Statistique Canada, *Enquête sur la santé dans les collectivités canadiennes*, cycle 3.1, fichier de micro-données à grande diffusion.
Compilation : Institut de la statistique du Québec.

Comme on peut l'observer, les jeunes se disent en meilleure santé. Le constat est particulièrement frappant chez les personnes de moins de 45 ans, qui se distinguent des personnes âgées. La perception de la santé mentale est également liée à l'âge, mais la seule distinction se trouve entre les personnes de 65 ans et plus et celles de 45 à 64 ans, ces dernières étant plus nombreuses à s'estimer en excellente santé mentale. Concernant le niveau de scolarité, les Québécois titulaires d'un diplôme d'études postsecondaires se disent en excellente santé tant générale que mentale dans des proportions significativement plus élevées que ceux qui n'ont pas terminé leurs études secondaires.

On constate aussi que le stress, celui qu'on ressent aussi bien au quotidien qu'au travail, est lié à l'âge et que ce sont les personnes de 25 à 44 ans qui sont les plus touchées.

Enfin, on observe une relation positive entre le niveau de stress dans la vie quotidienne et au travail, les deux augmentant dans la même direction. Plus la scolarité est élevée, plus le stress ressenti est important.

Source : Adapté d'un article de Monique Bordeleau et Issouf Traoré, Institut de la statistique du Québec. Série «Enquête sur la santé dans les collectivités canadiennes», revue *Zoom Santé – Santé et Bien-être*, juin 2007. Cette enquête établit aussi des liens entre la santé et le revenu.

Grâce à l'exercice physique, ces personnes auront peut-être la chance de jouir d'une bonne santé tout au long de l'âge adulte avancé.

de vie nous vient d'une importante étude longitudinale et épidémiologique effectuée dans le comté d'Alameda, en Californie (Berkman et Breslow, 1983 ; Breslow et Breslow, 1993 ; Kaplan, 1992 ; Stallworth et Lennon, 2003). L'étude a débuté en 1965 par un questionnaire exhaustif concernant divers aspects des habitudes de vie et auquel 6 928 sujets d'un échantillon aléatoire ont répondu. En 1974 puis en 1983, on a encore demandé aux mêmes personnes interrogées de décrire leur état de santé. Les chercheurs ont aussi consulté les registres de décès, ce qui leur a permis de connaître le moment du décès de chacun des sujets disparus entre 1965 et 1983. Ils ont alors pu établir un rapport entre l'hygiène de vie en 1965 et la mortalité, la maladie ou l'invalidité en 1974 et en 1983.

Les chercheurs ont choisi sept habitudes de vie qu'ils considéraient comme cruciales dans l'étude de la santé et du bien-être : l'activité physique, le tabagisme, le poids, la consommation d'alcool, la prise du petit-déjeuner, l'alimentation (sous-alimentation et suralimentation) et le sommeil. Les données portant sur les neuf premières années de l'étude d'Alameda montrent que six des sept habitudes avaient un effet direct sur le risque de mortalité. Seule celle mettant en cause le petit-déjeuner n'avait aucune répercussion sur la mortalité. À tout âge, les hommes et les femmes qui avaient de mauvaises habitudes de vie présentaient un risque accru de mortalité. Chose peu surprenante, ces habitudes de vie ont également influé sur la maladie et l'invalidité des sujets au cours des 18 années qu'a duré l'étude. En effet, les personnes qui avaient une mauvaise hygiène de vie en 1965 avaient plus souvent tendance à souffrir d'invalidité et à présenter des symptômes de maladie en 1974 et en 1983 (Breslow et Breslow, 1993 ; Guralnik et Kaplan, 1989 ; Strawbridge et autres, 1993). De plus, l'étude a

démontré qu'un mode de vie sédentaire au début de l'âge adulte prédisposait les individus à développer des maladies chroniques comme le diabète dans les années qui suivaient (Hu, Li, Colditz, Willet et Manson, 2003). L'encadré « Le monde réel », qui a pour thème la fontaine de Jouvence, dresse une liste simple des habitudes de vie à adopter qui s'inspire des résultats de cette étude.

LES HABITUDES DE VIE À L'ÂGE ADULTE AVANCÉ

Les habitudes de vie qui représentaient d'importants facteurs prédictifs de la longévité et de la santé au début

LE MONDE RÉEL

Oubliez la fontaine de Jouvence !

Passer quelques heures à regarder la télévision ou à feuilleter des magazines nous en apprend long sur l'âge adulte. Si on se fie aux publicités, une bonne partie de la population adulte est à la recherche d'un moyen facile et rapide d'échapper aux outrages du temps. De la pilule qui prétend guérir la calvitie masculine à la crème qui déclare dissoudre le gras des cuisses féminines, les exemples ne manquent pas. Cependant, aussi séduisante que soit l'idée de la fontaine de Jouvence, le meilleur moyen de retarder les effets physiques du vieillissement primaire demeure la voie – nettement plus ardue – du changement comportemental. Pour ce qui est de rester jeune, les principaux obstacles résultent du vieillissement secondaire et sont souvent évitables. Si vous prenez de bonnes habitudes pendant que vous êtes jeune, il vous sera plus facile de les garder et vous en récolterez les bénéfices pendant de nombreuses années.

Les changements les plus importants à faire sont les suivants :

Évitez le tabagisme. Si vous fumez, arrêtez ; si vous ne fumez pas, ne commencez pas.

Faites de l'exercice. Prenez l'escalier plutôt que l'ascenseur ; faites vos courses à pied ; allez travailler en vélo ; faites un minimum de 20 à 30 minutes d'exercices vigoureux au moins trois fois par semaine (et plus, c'est encore mieux !).

Optez pour une alimentation faible en gras. Une alimentation riche en gras est associée à des risques accrus de cancer du sein, de maladies coronariennes et d'obésité. Il est recommandé de manger beaucoup plus de fruits, de légumes, de céréales et de légumineuses, moins de viande et de produits laitiers. Adieu McDo et autres semblables restos !

Consommez suffisamment de calcium. Cette recommandation est particulièrement importante pour les femmes, dont l'ossature perd plus de calcium que celle des hommes, surtout après la ménopause. Ici, la prévention est cruciale, car une fois ce calcium perdu, il est très difficile – voire impossible – de le regagner. Les exercices de mise en forme contribuent à la rétention du calcium, mais la prise de suppléments de calcium dès le début de l'âge adulte semble bénéfique.

de l'âge adulte le sont assurément à l'âge adulte avancé. Dans l'étude du comté d'Alameda abordée précédemment, on a observé chez les personnes de 60 ans et plus des risques accrus de mortalité liés au tabagisme, au manque d'activité physique et à un poids corporel trop élevé ou trop bas (Kaplan, 1992). De nombreuses autres études épidémiologiques importantes confirment ces résultats (Brody, 1996; Paffenbarger et autres, 1987). L'exercice physique constitue probablement le facteur de santé le plus important. Sans le moindre doute, il est lié non seulement à une plus grande longévité, mais aussi à un meilleur maintien des différentes fonctions physiques et à un taux moins élevé de maladie, tels la cardiopathie, le cancer, l'ostéoporose, le diabète, les problèmes gastro-intestinaux et arthritiques (Brody, 1995; Deeg, Kardaun et Fozard, 1996). L'exercice physique semble aussi permettre de maintenir la fonction cognitive des personnes âgées à un niveau plus élevé (Albert et autres, 1995). Certains auteurs soutiennent qu'on peut réduire de moitié le déclin de différentes capacités physiques (et peut-être cognitives) à l'âge adulte avancé en améliorant son mode de vie, surtout au moyen de l'exercice.

Les effets de l'exercice intellectuel sur les capacités cognitives des personnes âgées sont quant à eux plus difficiles à cerner, mais certaines sources nous autorisent à penser que l'exercice intellectuel pourrait être aussi important que l'exercice physique. Toutefois, les recherches sur le sujet soulèvent de sérieux problèmes, dont celui du biais que posent leurs échantillons souvent établis par autosélection (des échantillons non aléatoires, donc susceptibles de manquer de représentativité). Et les personnes qui s'efforcent de se maintenir en forme sur le plan intellectuel sont probablement *différentes* de celles qui fournissent peu ou pas d'efforts à cet égard (Hultsch, Hertzog, Small et Dixon, 1999). En outre, tenter

Ces hommes conservent de bonnes habiletés cognitives, car ils pratiquent des activités qui exercent leur mémoire et la stratégie de résolution de problèmes.

d'isoler les effets de l'activité intellectuelle des facteurs comme l'instruction, la classe sociale ou la santé représente une tâche pour le moins considérable et complexe. Cela étant, on peut dire sans se tromper qu'une personne qui maintient une vie intellectuelle active et engagée a plus de chances de maintenir, voire d'améliorer ses habiletés intellectuelles — peut-être même de façon marquée (Gold et autres, 1995).

Le soutien social

De nombreuses recherches montrent que les adultes qui disposent d'un soutien social approprié présentent des risques moins élevés de maladie, de décès prématuré et de dépression que ceux dont les réseaux sociaux sont peu étendus ou qui reçoivent peu de soutien de leurs proches (Légaré et autres, 2000). Cependant, la perception qu'a une personne de l'adéquation entre ses relations sociales et son soutien émotionnel agit davantage sur sa santé physique et mentale que la plupart des critères objectifs (Feld et George, 1994; Sarason, Sarason et Pierce, 1990). L'impression déterminante que produit la perception d'être soutenu concorde parfaitement avec le rôle important que jouent les modèles internes dans la formation du comportement et des attitudes. Ainsi, ce n'est pas la quantité de contacts avec les autres qui importe, mais bien la façon dont on perçoit ou interprète ces contacts.

L'étude d'Alameda a permis de démontrer l'importance du lien qui existe entre le soutien social et l'état de santé. Dans cette étude, on a utilisé l'indice du réseau social qui relève d'une évaluation objective — par exemple, le nombre de contacts avec des amis et des parents, la situation familiale, la participation active à un groupe (social,

Il existe de nombreuses façons de préserver une bonne condition physique à l'âge adulte avancé. En Chine, le taï chi à l'aube est une pratique courante chez les vieillards.

religieux ou autre). Or, même en utilisant cette évaluation peu précise du soutien social, le lien apparaît clairement : chez les hommes et les femmes de trois différents groupes d'âge (30-49, 50-59 et 60-69), ceux qui ont moins de relations sociales présentent un taux de mortalité plus élevé que ceux qui en ont davantage. Des modèles similaires ont été observés dans d'autres pays, dont la Suède (Orth-Gomér, Rosengren et Wilhelmsen, 1993) et le Japon (Sugisawa, Liang et Liu, 1994). De même, on a remarqué que le lien entre le soutien social et l'état de santé existait aussi ailleurs que dans les pays occidentaux.

Cet effet bénéfique du soutien social, qu'on nomme habituellement *effet tampon* ou *effet protecteur*, est particulièrement évident lorsqu'un individu est soumis à un stress intense. Une recherche réalisée en Grande-Bretagne par George Brown et Tirril Harris (Brown, 1989, 1993 ; Brown et Harris, 1978) nous fournit un excellent exemple de cet effet tampon. Les deux chercheurs ont étudié les cas de 419 femmes dont l'âge variait de 18 à 65 ans. Ils se sont informés du nombre d'événements stressants que chacune d'elles avait vécus au cours de l'année précédente — la mort d'un proche, un divorce ou une autre rupture. Ils leur ont aussi demandé si elles avaient vécu, durant la même période, des épisodes dépressifs et si elles avaient pu bénéficier de la présence d'un confident. Les résultats ont démontré que la probabilité de vivre un épisode dépressif est plus grande chez les femmes qui ont récemment vécu un stress important. Toutefois, l'absence de dépression est aussi associée à la présence d'un confident et au degré d'intimité avec ce confident. Les femmes qui avaient pour confident leur mari ou leur partenaire amoureux étaient moins susceptibles de vivre un épisode dépressif après avoir vécu un événement stressant. Ainsi, le soutien social de leur partenaire ou d'un autre confident produisait un effet tampon qui les a protégées des effets négatifs du stress.

LE SOUTIEN SOCIAL À L'ÂGE ADULTE AVANCÉ

La présence d'un soutien social adéquat influe aussi sur les fonctions physiques et cognitives à l'âge adulte avancé, tout comme aux autres âges de la vie. L'étude du comté d'Alameda nous en fournit des exemples. Les vieillards qui étaient socialement isolés au début de l'étude couraient davantage de risques d'être atteints de maladie ou de mourir dans les années suivantes que ceux qui bénéficiaient d'un réseau social plus adéquat, quels que soient leur état de santé ou leurs habitudes de vie.

Le sentiment de maîtrise

Le sentiment de maîtrise des événements, ce que Rodin (1990) désigne comme la maîtrise perçue, est une autre caractéristique personnelle qui influe sur la santé physique et mentale. Certains théoriciens ont fait ressortir différentes facettes du sentiment de maîtrise. Nous avons abordé dans le chapitre 9 la notion d'efficacité personnelle de Bandura (1977b, 1982c, 1986), c'est-à-dire la confiance d'une personne en ses aptitudes à effectuer une tâche, à maîtriser son comportement ou son environnement, à atteindre un but ou à provoquer un événement.

Nous avons aussi abordé dans le chapitre 10 la notion de lieu de contrôle, c'est-à-dire la maîtrise interne ou externe, de Rotter (1966). Selon ce chercheur, la personne qui possède une orientation externe croit que ce sont les autres ou la société qui déterminent ce qui lui arrive. Par contre, l'individu qui a une orientation interne est persuadé que ce qui lui arrive est le résultat de ses propres actions.

Martin Seligman (1991) exprime un point de vue comparable à celui du sentiment de maîtrise lorsqu'il parle d'**optimisme** et d'**impuissance**. La personne pessimiste se sent impuissante ; elle croit qu'elle est malheureuse par sa propre faute et qu'elle ne peut rien faire pour changer sa situation. La personne optimiste est convaincue qu'il existe toujours une solution et qu'elle pourra la trouver en faisant des efforts. Bandura et Seligman pensent que le sentiment d'efficacité personnelle et d'optimisme s'acquiert au cours de l'enfance et de l'adolescence au fil des premières expériences de succès, d'échecs, d'efficacité et de frustration.

Les recherches sur le lien existant entre le sentiment de maîtrise et la santé montrent que les personnes qui ont une attitude d'impuissance ou un sentiment de faible efficacité personnelle sont plus enclines à la dépression ou à la maladie (*New York Times*, 1994 ; Seligman, 1991 ; Syme, 1990). La démonstration la plus éloquente de ce lien provient d'une recherche menée pendant 35 ans auprès d'un groupe d'étudiants de sexe masculin de l'Université Harvard, qui ont d'abord été interrogés lors de leur première année d'études entre 1938 et 1940. Afin d'évaluer leur degré de pessimisme, les chercheurs ont utilisé les données des entrevues effectuées lorsque ces jeunes hommes étaient âgés de

Optimisme Sentiment optimiste ou de confiance devant la vie, selon Seligman, qui est illustré par la phrase suivante : « Il existe une solution et je vais la trouver si je fais des efforts. »

Impuissance Sentiment d'impuissance devant la vie, selon Seligman, qui est illustré par la phrase suivante : « Je suis malheureux par ma faute et je ne peux rien y faire. »

25 ans. Puis, de l'âge de 30 à 60 ans, leur état de santé a été évalué par des médecins tous les cinq ans. Or, le pessimisme n'agissait pas sur la santé lorsqu'ils étaient âgés de 30, 35 et 40 ans. Par contre, toutes les évaluations effectuées de 45 à 60 ans ont démontré que les sujets ayant manifesté une attitude plus pessimiste à l'âge de 25 ans avaient une santé nettement moins bonne que les autres (Peterson, Seligman et Vaillant, 1988).

La recherche a également démontré que l'augmentation expérimentale du sentiment de maîtrise d'une personne améliore sa santé, et ce, jusque dans ses fonctions immunitaires. Il s'agit de l'une des rares études pour lesquelles on possède à la fois des données transversales, longitudinales et expérimentales (Welch et West, 1995). Dans les premières études de ce genre, qui sont aussi les plus connues, Judith Rodin et Ellen Langer (1977) ont noté que le taux de mortalité dans les maisons de retraite était plus bas chez les personnes à qui on avait donné la maîtrise de certaines activités, même très simples, de leur vie quotidienne — par exemple, choisir entre des œufs brouillés et une omelette pour le petit-déjeuner, ou choisir de s'inscrire ou non au visionnage d'un film.

La maladie

La santé est le principal facteur qui détermine l'état physique et cognitif d'un adulte après l'âge de 65 ans. Les personnes qui souffrent déjà de maladies chroniques à 65 ans présentent un déclin beaucoup plus rapide que celles qui entament l'âge adulte avancé en bonne santé. Ce déclin plus rapide peut, bien sûr, être considéré en partie comme une manifestation de la maladie. Les maladies cardiovasculaires, notamment, donnent lieu à une diminution de l'irrigation sanguine dans de nombreux organes, dont le cerveau, ce qui a des effets sur les aptitudes d'apprentissage ou de mémorisation d'un adulte. Les analyses en provenance de l'étude longitudinale de Seattle, dont nous avons parlé précédemment dans ce chapitre, démontrent que les adultes qui souffrent d'une maladie connaissent un déclin rapide de toutes leurs habiletés cognitives (Schaie, 1996). Le déclin des capacités cognitives sera aussi beaucoup plus rapide chez les personnes qui présentent les symptômes des stades précoces de la maladie d'Alzheimer, ou d'une autre maladie causant la démence, que chez celles qui sont en bonne santé. La mauvaise santé a aussi un effet indirect en raison de son influence sur les habitudes de vie, en particulier sur l'exercice physique: les personnes atteintes d'une maladie qui les empêche de faire régulièrement de l'exercice subissent plus souvent une diminution précoce ou rapide de nombreuses capacités physiques ou cognitives.

L'hérédité individuelle

Quelle que soit la durée de vie maximale d'un individu, nous héritons d'une tendance générale à avoir une «vie longue et prospère», selon les termes de M. Spock dans *Star Trek*. Le lien entre la durée de vie et l'hérédité a été clairement démontré (Heun et Bonsignore, 2004). Les vrais jumeaux (jumeaux *identiques*) ont une durée de vie plus semblable que les jumeaux fraternels, et les adultes dont les parents et les grands-parents ont vécu jusqu'à un âge avancé ont plus de chances de vivre longtemps (Plomin et McClearn, 1990). Le nombre de maladies dont une personne est atteinte avant la mort semble aussi lié aux modèles génétiques. Selon une recherche suédoise sur les jumeaux, les vrais jumeaux présentent des taux de maladie plus semblables que les jumeaux fraternels (Pedersen et Harris, 1990). De même, George Eman Vaillant, psychiatre, professeur à la Harvard Medical School et chercheur dans le domaine du développement, a analysé l'échantillon des étudiants de Harvard dans l'étude de Grant. Il y a découvert une corrélation faible mais significative entre la longévité des parents et des grands-parents de chaque homme et sa propre santé à l'âge de 65 ans. Le quart seulement des sujets dont les grands-parents les plus âgés avaient vécu au-delà de 90 ans étaient atteints d'une maladie chronique à l'âge de 65 ans, tandis que presque 70% de ceux dont les grands-parents les plus âgés étaient morts avant l'âge de 78 ans souffraient d'une maladie chronique (Vaillant, 1991).

Nous ne savons pas exactement ce que nous héritons de nos parents. Il est possible que les **limites de Hayflick** (voir l'encadré «Rapports de recherche») soient légèrement différentes ou qu'il existe des variations dans le taux de base de la maturation physique. Quelle qu'en soit l'explication, il faut garder à l'esprit que les effets de l'hérédité sur la longévité et sur la santé à l'âge adulte avancé ne représentent qu'un facteur dans le développement de l'individu, et que ce facteur peut être contrebalancé par un autre. Si vos grands-parents sont tous décédés vers l'âge de 60 ou 70 ans, cela ne signifie pas nécessairement que vous mourrez jeune ou que vous souffrirez d'une maladie chronique. Sachez cependant qu'il existe une corrélation entre santé et longévité, et que vous pouvez par le mode de vie que vous adoptez contribuer à la renforcer.

Limite de Hayflick   Limite du potentiel de division cellulaire génétiquement programmé qui déterminerait la durée de vie que possède chaque espèce.

La limite de Hayflick

Des chercheurs ont constaté que chaque espèce avait une durée de vie maximale qui lui était caractéristique. Chez les humains, cette durée de vie est de 110 à 120 ans. Chez les tortues, elle est beaucoup plus longue (certains de ces reptiles peuvent atteindre 200 ans). Chez les poulets, elle est beaucoup plus courte (de 7 à 8 ans). Cette constatation a conduit des biologistes comme Leonard Hayflick (1977, 1987) à penser qu'un processus biologique limitait la durée de vie. Hayflick appuie son argumentation sur l'observation suivante (qui a depuis été reproduite dans de nombreux laboratoires à travers le monde) : le nombre de fois que les cellules d'un embryon placées dans une solution nutritive se divisent est fixe ; une fois cette division terminée, la colonie des cellules dégénère. Les cellules de l'embryon humain se divisent près de 50 fois. Celles de la tortue des Galápagos se divisent environ 100 fois, et celles du poulet, environ 25 fois. Par contre, les cellules de sujets humains adultes ne se divisent que 20 fois environ, comme si elles avaient déjà utilisé une partie de leur capacité génétique. À partir de ces observations, on peut supposer que les cellules de chaque espèce comportent une limite dite « de Hayflick » et que, une fois qu'elles l'ont atteinte, elles sont incapables de se reproduire avec exactitude (Norwood, Smith et Stein, 1990).

La théorie des limites génétiques a été confirmée récemment par la découverte suivante : chaque chromosome du corps humain (et probablement d'autres espèces) possède à son extrémité une séquence d'ADN répétitif, appelée télomère (Angier, 1992 ; Campisi, Dimri et Hara, 1996). Les télomères semblent agir notamment comme des horloges génétiques internes (marqueurs de temps) pour l'organisme humain. Les chercheurs ont découvert qu'à chaque division cellulaire les télomères perdaient un petit fragment. Le nombre de télomères diminue donc légèrement chaque fois qu'une cellule se divise. Par conséquent, le nombre de télomères d'une personne de 70 ans est moins élevé que celui d'un enfant. Cette observation appuie l'hypothèse selon laquelle il existerait un nombre minimal crucial de télomères. Quand le nombre total de télomères chute en deçà de ce nombre minimal crucial, alors la cellule doit tenir le coup malgré les dommages qu'elle a subis. Ces dommages seraient à l'origine de la maladie (cancer et autres troubles de l'organisme dégénératifs), dont la mort serait l'ultime aboutissement.

La classe sociale

« Vaut mieux être riche et en santé que pauvre et malade », disait Yvon Deschamps. Eh bien, toutes les études dans le domaine confirment ce dicton. Quelle pourrait être la cause de telles différences entre les classes sociales ? House et ses collaborateurs ont étudié différentes possibilités, dont les habitudes de vie (en particulier le tabagisme et la consommation d'alcool) et les événements stressants (les problèmes financiers, les pertes d'emploi, le divorce et les déménagements). Ils ont découvert, tout

comme d'autres chercheurs (James et autres, 1992), que les adultes de la classe ouvrière avaient de moins bonnes habitudes de vie et des niveaux de stress plus élevés. Lorsqu'on occulte statistiquement ces différences, les écarts entre les classes sociales s'atténuent de manière considérable sans toutefois disparaître complètement (House et autres, 1992). Sans même considérer les habitudes de vie et le stress, on peut conclure que les adultes très défavorisés sur le plan socioéconomique ont une moins bonne santé que les autres. Ces données confirment donc que le risque de maladie ou d'invalidité augmente avec l'âge et que l'accumulation de stress est un facteur de vieillissement.

LA SANTÉ MENTALE À L'ÂGE ADULTE AVANCÉ

Le problème de santé mentale à l'âge adulte avancé le plus connu aujourd'hui est sans aucun doute la **démence**. Ce qu'on appelle la démence est en fait un ensemble de désordres neurologiques engendrant des problèmes sur le plan de la mémoire et de la pensée qui perturbent le fonctionnement émotionnel, social et physique de la personne atteinte. Après 70 ans, la démence est habituellement appelée démence sénile. La démence constitue la première cause du placement en centre d'hébergement des adultes d'âge avancé, et la dépression demeure toujours un problème sérieux.

La maladie d'Alzheimer et les autres démences

La **maladie d'Alzheimer** est une forme grave de démence. En général, les premiers stades de cette maladie évoluent très lentement. La maladie se manifeste d'abord très subtilement par de petites difficultés de mémorisation, des répétitions durant une conversation, des signes de désorientation dans un environnement inconnu. Puis, la mémoire des faits récents se met à faiblir (encodage). Même à un stade avancé de la maladie, il est fréquent que le patient conserve la mémoire des faits anciens et

Démence Trouble neurologique comportant des problèmes en ce qui touche la mémoire et la pensée, lesquels perturbent le fonctionnement émotionnel, social et physique d'un individu. La démence est plutôt un symptôme qu'une maladie, et elle peut être causée par une variété de maladies, dont celle d'Alzheimer.

Maladie d'Alzheimer Forme la plus commune de démence causée par des changements cérébraux précis, notamment une augmentation rapide des enchevêtrements neurofibrillaires, qui entraînent une perte progressive et irréversible de la mémoire et d'autres fonctions cognitives.

de la routine quotidienne, probablement parce que l'accès à ce type de mémoire s'effectue par l'intermédiaire de plusieurs voies neuronales différentes (Martin et autres, 2003). Cependant, une personne atteinte de la maladie d'Alzheimer finit en fin de compte par ne plus reconnaître les membres de sa famille et par oublier le nom d'objets familiers de même que la façon d'effectuer des tâches quotidiennes comme se brosser les dents ou s'habiller.

Les personnes atteintes de la maladie d'Alzheimer perdent donc graduellement leurs habiletés à communiquer et à assumer les tâches quotidiennes. Elles ont aussi de la difficulté à décoder les émotions des autres, telles les expressions faciales (Burnham et Hogervorst, 2004). Les changements concernant l'appétit à l'âge adulte avancé représentent également un problème particulier pour ces personnes, qui ne peuvent régulariser leurs habitudes alimentaires comme le font leurs pairs qui sont en santé : elles peuvent manger trois ou quatre portions en un seul repas sans se rendre compte de ce qu'elles ont ingéré. Par conséquent, leurs habitudes alimentaires doivent être supervisées de près. Certaines sont prises d'accès de colère, alors que d'autres perdent leur autonomie et s'accrochent à leur famille ou à leurs amis (Raskind et Peskind, 1992). De plus, selon une recherche, la fréquence de la dépression chez ces personnes pourrait atteindre 40 % (Harwood et autres, 2000).

LE DIAGNOSTIC ET LE TRAITEMENT DE LA MALADIE D'ALZHEIMER

Le diagnostic de la maladie d'Alzheimer ne peut être confirmé qu'au décès de la personne. À l'autopsie, on constate en effet que le cerveau de la personne atteinte de ce trouble présente une plus grande quantité d'enchevêtrements des prolongements dendritiques des neurones, appelés enchevêtrements neurofibrillaires, que celui des personnes décédées d'autres formes de démence (Silver, Newell, Brady, Hedley-White et Perls, 2002). Les enchevêtrements neurofibrillaires sont constitués de masses de tissus filandreux qui semblent obstruer les connexions entre les neurones. Ces masses sont entourées de dépôts de protéines et d'autres substances qu'on appelle des « plaques ».

La difficulté à établir sans équivoque un diagnostic de la maladie est amplifiée par le fait que près de 80 % des personnes âgées se plaignent de problèmes de mémoire (Hanninen et autres, 1996). C'est pourquoi les scientifiques cherchent actuellement à établir un ensemble d'indices qui pourraient les aider à distinguer les individus chez qui la maladie d'Alzheimer commence à se manifester de ceux qui souffrent des effets du vieillissement normal.

Lorsqu'une personne âgée présente des problèmes de mémoire ou des difficultés à penser d'une façon logique, mais qu'elle ne semble souffrir d'aucune forme de démence, le médecin pourrait être amené à diagnostiquer un ACD (affaiblissement cognitif doux — *mild cognitive impairment*) ou un DCAA (déclin cognitif associé à l'âge). L'ACD peut perturber plusieurs composantes de la connaissance, telles que l'attention, le raisonnement, le jugement, la lecture, le langage et l'écriture. L'ACD est moins répandu que le DCAA (9 % contre le tiers des personnes âgées en Amérique du Nord) (Tervo et autres, 2004). De nombreux chercheurs pensent que l'ACD constitue une étape de transition entre les changements cognitifs du vieillissement normal et les problèmes plus sérieux provoqués par la maladie d'Alzheimer. Cependant, l'ACD ne mène pas inévitablement à la maladie d'Alzheimer. Des études longitudinales démontrent qu'un tiers des adultes de 70 ans et plus chez qui on a posé un diagnostic d'ACD présentent des signes de démence deux ans plus tard (Amieva et autres, 2004). De plus, le fonctionnement cognitif de certaines personnes atteintes d'un ACD demeure stable durant plusieurs années.

Par ailleurs, des médicaments telle la galantamine, qui augmente la quantité de certains neurotransmetteurs dans le cerveau, semblent retarder la progression de la maladie (Kurz, Erkinjuntti, Small, Lilienfeld et Damaraju, 2003). Les chercheurs évaluent aussi le potentiel de certains autres médicaments comme les anti-inflammatoires (par exemple, l'aspirine) et les antioxydants (par exemple, la vitamine E) dans le traitement et la prévention de la maladie. Des études expérimentales ont démontré que le fait d'entraîner les personnes souffrant de la maladie à utiliser des stratégies déterminées (comme prendre des notes dans un calepin) améliorait jusqu'à un certain point leur performance dans des tâches de mémorisation quotidiennes (comme le fait d'associer un nom à un visage ou de se souvenir de prendre ses médicaments) (Lowenstein, Acevedo, Czaja et Duara, 2004).

L'HÉRÉDITÉ ET LA MALADIE D'ALZHEIMER

Dans certains cas, les facteurs génétiques semblent jouer un rôle important, mais pas dans tous les cas (Heun et Bonsignore, 2004). Les chercheurs en génétique ont découvert trois gènes différents qui seraient présents dans la maladie d'Alzheimer. Le plus commun de ces marqueurs génétiques serait un gène situé sur le chromosome 19 qui gère une protéine appelée apolipoprotéine E (dont l'abréviation est apoE). La dégénérescence de cette protéine fait augmenter les enchevêtrements neurofibrillaires (Rose, 1995). La consommation excessive d'alcool à l'âge adulte moyen semble activer le potentiel destructeur de ce gène (Anttila et autres, 2004).

Même chez les familles où la fréquence de la maladie est élevée, l'âge de l'apparition de la maladie varie énormément. Dans une étude portant sur une famille, l'âge d'apparition de la maladie variait de 44 à 67 ans (Axelman, Basun et Lannfelt, 1998). On observe aussi des variations importantes quant au niveau de gravité de la maladie et à la durée de vie des victimes après son apparition.

LES AUTRES DÉMENCES

D'après les neurologues, les démences qui ont une autre origine que la maladie d'Alzheimer suivent une trajectoire très différente de celle observée dans cette maladie. Par exemple, des signes de démence apparaissent fréquemment à la suite de nombreux petits accidents vasculaires cérébraux. On parle alors de **démence vasculaire**. Les dommages au cerveau qui en découlent, et qu'on nomme infarctus multiple, sont irréversibles. Toutefois, contrairement à la plupart des victimes de la maladie d'Alzheimer, le fonctionnement des personnes souffrant de démence vasculaire peut être amélioré par diverses formes de thérapies: les thérapies occupationnelle, récréative et physique.

La démence peut aussi être causée par la dépression, la cardiopathie, les coups répétés à la tête (courants chez les boxeurs), un traumatisme crânien, l'hypothyroïdie, l'anémie, des désordres du métabolisme, la polymédication, certains types de tumeurs, l'alcoolisme, une carence en vitamine B_{12} et certains types d'infections (Anthony et Aboraya, 1992; Butters et autres, 2004; Suryadevara, Storey, Aronow et Ahn, 2003). Si nous énumérons ainsi les causes possibles de la démence, c'est pour souligner que les personnes âgées qui présentent une diminution progressive de la mémoire et de la capacité de résoudre des problèmes ne sont pas nécessairement atteintes de la maladie d'Alzheimer et que plusieurs autres causes de la démence peuvent être traitées, dont la dépression. De plus, approximativement 10% de tous les patients atteints de démence présentent, en fait, des problèmes qui peuvent s'avérer réversibles. Aussi, lorsqu'une personne âgée montre des signes de démence, il est important d'obtenir de sources variées plusieurs évaluations de son état de santé.

LA FRÉQUENCE DE LA MALADIE D'ALZHEIMER ET DES AUTRES DÉMENCES

Les conclusions de différentes études transculturelles en provenance de la Chine, de la Suède, de la France, de la Grande-Bretagne, de l'Italie, des États-Unis, du Canada et du Japon indiquent qu'entre 2% et 8% des personnes de 65 ans et plus présentent des symptômes de démence

et que la moitié de ce groupe est atteinte de la maladie d'Alzheimer (Corrada, Brookmeyer et Kawas, 1995; Gurland et autres, 1999; Rockwood et Stadnyk, 1994). Par ailleurs, les experts s'entendent pour dire que la fréquence de la démence, incluant la maladie d'Alzheimer, augmente rapidement de 70 à 90 ans. En 2007, on estime que 420 600 Canadiens âgés de plus de 65 ans souffrent de la maladie d'Alzheimer et de démences connexes. Sur ce nombre, 280 000 seraient atteints de la maladie d'Alzheimer. Étant donné le vieillissement de la population, on prévoit que d'ici l'an 2031 plus de 750 000 personnes en seront atteintes (Société Alzheimer du Canada, 2005).

La dépression

Nous avons traité la maladie d'Alzheimer et les autres démences comme des problèmes se rapportant à la santé mentale des adultes à la fin de leur vie. Il est important de préciser que la grande majorité des cas de démence sont dus à des maladies physiques. Il ne s'agit donc pas vraiment de troubles psychologiques ni de troubles affectifs. Pour sa part, la dépression, qui est un trouble psychologique, se traduit parfois par des symptômes de démence, mais la plupart des individus déprimés ne manifestent pas les signes d'une démence prononcée.

LE DIAGNOSTIC ET LA FRÉQUENCE

Les premières études sur les différences d'âge en matière de dépression donnaient à penser que les adultes âgés couraient plus de risques de présenter de tels troubles que tout autre groupe d'âge, d'où le stéréotype culturel du vieillard déprimé. Une autre attitude répandue et négative à l'égard des personnes âgées, que les gérontologues définissent comme l'**âgisme**, est une discrimination analogue au sexisme ou au racisme (Palmore, 1990). L'âgisme peut influer sur le diagnostic de dépression chez les personnes âgées. Les signes de dépression dans ce groupe d'âge peuvent être confondus avec une humeur maussade par les membres de la famille (NIA, 2000a). La dépression peut aussi être prise pour une forme de démence parce qu'elle présente des symptômes de confusion et de perte de mémoire.

Les questionnaires usuels visant à déceler la dépression contiennent généralement des questions sur les symptômes physiques qui accompagnent cet état,

---

Démence vasculaire   Forme de démence irréversible causée par un ou plusieurs accidents vasculaires cérébraux.

Âgisme   Toute forme de discrimination envers les personnes âgées.

Le fait d'avoir des contacts avec des enfants peut prévenir la dépression à l'âge adulte avancé.

comme la perte d'appétit et d'énergie ainsi que la perturbation des habitudes de sommeil. Or, les adultes d'âge avancé sont plus susceptibles de signaler de tels symptômes, indépendamment de leur état émotionnel. Ils risquent par conséquent d'obtenir des résultats élevés lorsqu'ils sont soumis à ces outils de mesure. Il en résulte que l'on pose souvent à tort un diagnostic de dépression chez les personnes âgées.

Il est important de distinguer les symptômes de la «détresse psychologique» de ceux de la «dépression clinique». La détresse psychologique à l'âge adulte avancé, aussi connue sous le nom de **dépression gériatrique**, est associée à une humeur dépressive chronique (mélancolie). La dépression gériatrique ne mène pas à la dépression clinique (ou majeure); elle résulterait des événements stressants de la vie (Kocsis, 1998).

La fréquence de la dépression dépend de la façon dont on la définit. Les études qui la définissent en fonction de la présence d'un symptôme quelconque de dépression établissent que près du quart des personnes du quatrième et du cinquième âge souffrent de cet état, une proportion plus élevée que dans tout autre groupe d'adultes (FIFARS, 2000). Par contre, les chercheurs qui utilisent une définition plus restreinte de la dépression notent que les personnes âgées témoignent d'une légère diminution des symptômes après 75 ans, et que seulement 4% des personnes de plus de 75 ans en souffrent (Forsell et Winblad, 1999). Plusieurs études ont aussi démontré que la dépression clinique était plus commune chez les jeunes adultes, alors que les symptômes de dépression gériatrique se rencontraient davantage, comme

son nom l'indique, chez les adultes d'âge avancé (Beekman, Copeland et Prince, 1999; Gatz, Kasl-Godley et Karel, 1996).

LES FACTEURS DE RISQUE

Les facteurs de risque associés à la dépression gériatrique et à la dépression clinique chez les personnes âgées ne sont pas difficiles à cerner: un soutien social inapproprié, un revenu insuffisant, des troubles émotionnels comme le deuil (d'un conjoint, d'un membre de la famille ou d'un ami) et des problèmes de santé chroniques. Cependant, le facteur le plus important semble être l'état de santé général. Dans tous les groupes ethniques et socioéconomiques, plus l'état de santé général est mauvais, plus on observe des symptômes de dépression (Black, Markides et Miller, 1998; Curyto et autres, 1999). Déterminer dans quel sens joue la causalité entre l'état de santé général et la dépression est difficile à établir parce que la dépression interfère avec le traitement thérapeutique (Mast, Azar, MacNeill et Lichtenberg, 2004). Ainsi, une personne âgée qui souffre d'une maladie chronique comme l'arthrite est plus susceptible de souffrir de dépression qu'une autre personne âgée en bonne santé, mais la dépression constitue aussi un facteur de risque pouvant induire une pauvre réponse à la thérapie. En fait, pour de nombreuses personnes âgées, le lien entre l'état de santé général et la dépression devient circulaire.

L'appartenance sexuelle constitue aussi un facteur de risque. Les femmes adultes souffrent deux fois plus de dépression que les hommes (FIFARS, 2000; Forsell et Winblad, 1999). Cependant, il est difficile d'expliquer

Dépression gériatrique Humeur dépressive chronique chez les personnes âgées.

La présence de la canne indique que ce vieil homme souffre d'une incapacité. Toutefois, il semble encore en mesure d'accomplir ses activités quotidiennes.

cette différence. Les femmes semblent moins vulnérables aux événements stressants de la vie. La mort d'un conjoint, par exemple, mène plus souvent les hommes à la dépression que les femmes (Byrne et Raphael, 1999 ; Chen et autres, 1999). De telles découvertes laissent entendre que la dépression chez les femmes serait associée à l'accumulation du stress quotidien, alors que chez les hommes elle serait associée à des événements traumatisants. De plus, étant donné que les femmes sont plus susceptibles que les hommes de consulter un médecin, on diagnostique la dépression plus souvent chez elles.

Les personnes âgées qui vivent dans la pauvreté sont plus à risque de souffrir de dépression (Beekman et autres, 1999). Le niveau d'instruction est également associé à la dépression : les personnes peu scolarisées sont plus susceptibles d'être déprimées (Gallagher-Thompson, Tazeau et Basilio, 1997 ; Miech et Shanahan, 2000). Le lien entre le niveau d'instruction et la dépression chez les personnes âgées est indépendant du revenu et de l'ethnie.

LA THÉRAPIE ET LA MÉDICATION

Les thérapies utilisées pour contrer la dépression chez les personnes âgées sont les mêmes que celles utilisées chez les jeunes adultes. La psychothérapie est souvent recommandée, particulièrement celle qui favorise le développement de modèles de pensée optimiste chez les personnes déprimées. Néanmoins, comme chez les jeunes adultes, les thérapies semblent plus efficaces lorsqu'elles sont jumelées à une médication d'antidépresseurs. Il est toutefois important, comme le soulignent nombre d'experts, que cette médication soit attentivement dosée : entre autres raisons, les antidépresseurs sont susceptibles de diminuer l'efficacité d'autres médicaments que les personnes âgées consomment, et sont aussi associés à une augmentation des chutes chez les personnes en centre d'hébergement.

LA PRÉVENTION

Compte tenu du fait que l'état de santé général est le facteur déterminant de la dépression chez les personnes âgées, les aider à améliorer leur état de santé s'avère un outil important de prévention. Par exemple, bien des personnes âgées ignorent l'existence de nouveaux traitements efficaces pour lutter contre deux maladies qui limitent considérablement leurs activités : l'**arthrite** et l'**arthrose**. Une façon indirecte de prévenir la dépression consiste donc à les informer, comme d'ailleurs les services d'aide, de l'existence de ces nouveaux traitements afin de les inciter à les utiliser.

L'engagement social constitue un autre moyen de lutter contre la dépression. Les chercheurs d'une étude effectuée à Mexico ont démontré que le contact avec des enfants (préparer et participer à des activités récréatives) améliorait l'état émotionnel des personnes âgées (Saavedra, Ramirez et Contreras, 1997). Par conséquent, un contact périodique avec des enfants représente un moyen efficace de prévenir la dépression chez ces personnes. Un autre moyen de diminuer la fréquence de la dépression chez les adultes âgés croyants est de les encourager à maintenir leur pratique et leurs activités religieuses.

Arthrite Inflammation des articulations ; on parle d'arthrite rhumatismale lorsqu'il s'agit des petites articulations comme celles de la main.

Arthrose Dégénérescence des cartilages articulaires comme ceux du genou ou des hanches.

... SUR LES CENTENAIRES

De nombreux chercheurs ont dirigé leur attention sur le groupe que forment les personnes âgées de plus de 100 ans pour tenter de découvrir les causes de la longévité extrême. L'une des recherches les plus importantes, la *New England Centenarian Study*, qui est en cours à la Harvard Medical School, a permis de faire quelques découvertes intéressantes.

Tout d'abord, les chercheurs se sont aperçus que les rapports portant sur des régions qui semblaient compter un nombre important de personnes atteignant

150 ans étaient soit de pures fabrications, soit d'énormes exagérations. Il y a quelques années, par exemple, une publicité télévisée annonçait une certaine marque de yogourt en déclarant que les Caucasiens demeuraient en bonne santé jusqu'à l'âge de 150 ans en raison de la quantité de yogourt qu'ils consommaient. Après une étude approfondie, des chercheurs ont découvert que le groupe mentionné comptait en effet plusieurs personnes très âgées, mais que, selon leurs traditions, celles-ci s'attribuaient l'identité de leurs ancêtres en ajoutant l'âge de ces derniers à leur propre âge au moment de leur décès (Perls, 1999). Ainsi, l'âge exprimé par ces personnes était beaucoup plus avancé que leur âge chronologique réel. Cela dit, les scientifiques poursuivent leurs recherches dans des régions où on compte de nombreux centenaires afin de déterminer si certaines caractéristiques qui leur sont propres ne favoriseraient pas la longévité. Par exemple, on se penche actuellement sur une région s'étendant du Minnesota à la Nouvelle-Écosse où vivraient un nombre remarquable de centenaires.

Les effets du vieillissement sont évidents. Mais qu'est-ce qui cause tous les changements qui surviennent durant cette période?

La personne la plus âgée à avoir été répertoriée au cours de l'histoire est Jeanne Calmant, une Française décédée à l'âge de 122 ans en 1997. Des recherches sur les familles donnent à penser que la longévité est en quelque sorte héréditaire ; autrement dit, les centenaires sont plus susceptibles que les autres d'avoir des parents, des frères ou des sœurs centenaires. Fait surprenant, la plupart des centenaires sont issus de familles nombreuses. Ainsi, des chercheurs ont comparé un groupe de centenaires aux membres de la même cohorte qui sont, eux, décédés à 70 ans vers la fin des années 1960. Ils ont découvert que les centenaires avaient en moyenne 4,5 frères et sœurs, tandis que ceux qui étaient décédés vers 70 ans avaient environ 3,2 frères et sœurs. Les chercheurs supposent qu'une grande fratrie peut refléter une prédisposition génétique à un meilleur état de santé en général. Mais, à ce jour, il existe peu ou pas de preuves pour appuyer une telle hypothèse.

Il est également intéressant de constater le lien existant entre les femmes qui ont des enfants tardivement et les centenaires. Dans la recherche sur les centenaires de la Nouvelle-Angleterre, on note que 20 % des femmes centenaires avaient donné naissance à un enfant après 40 ans, alors que seulement 5 % des femmes de leur cohorte, qui sont décédées vers 70 ans, avaient eu des enfants au milieu de l'âge adulte. Les chercheurs supposent que le lien entre la longévité et l'état de santé, ou entre la longévité et la ménopause tardive, est responsable de cette corrélation. Cependant, on ne peut pas encore prouver ces hypothèses.

Peu importe la cause de la longévité extrême, le nombre croissant de centenaires est susceptible de modifier les connaissances des psychologues du développement sur la vieillesse. Et il est permis de croire que les ouvrages à venir sur le développement humain s'enrichiront de chapitres portant sur ces grands vieillards.

Pause APPRENTISSAGE

La santé et le bien-être

1. Définissez la notion d'espérance de vie active.

2. Quels sont les facteurs associés à la santé physique et mentale ?

3. Quelles sont les causes possibles de la démence ?

4. Qu'est-ce que la maladie d'Alzheimer et comment peut-on la différencier des autres formes de démence ?

5. Pourquoi est-il difficile d'établir un diagnostic de dépression à l'âge adulte avancé ?

RÉSUMÉ

L'ÉTUDE DU DÉVELOPPEMENT AU COURS DE L'ÂGE ADULTE

- Les psychologues du développement utilisent différents modèles théoriques afin d'étudier le développement à l'âge adulte. Parmi ceux-ci, on trouve le modèle par stades, le modèle des tâches développementales, le modèle interactif, le modèle d'actualisation de soi et le modèle croissance-décroissance

- Le fait d'exercer ses habiletés physiques ou cognitives peut améliorer la performance à tout âge, bien que, selon le modèle de Denney, le niveau de performance maximale diminue avec le temps.

- Lorsqu'on observe les changements de la vie adulte, il est difficile de distinguer les effets de la simple maturation (ce qu'on appelle le vieillissement primaire) de ceux attribuables à des facteurs environnementaux (l'expérience particulière d'un individu, la maladie, etc.).

- Bien qu'il s'agisse d'une division arbitraire, on peut découper l'âge adulte en trois périodes : le début de l'âge adulte, de 20 à 40 ans environ ; l'âge adulte moyen, de 40 à 65 ans ; et l'âge adulte avancé, qui se divise lui-même en trois sous-groupes – le troisième âge, de 65 à 75 ans ; le quatrième âge, de 75 à 85 ans ; et le cinquième âge, à 85 ans et plus.

- Il existe de grandes différences individuelles (une grande variabilité) quant à l'apparition et à l'évolution des changements physiques et cognitifs à l'âge adulte moyen et avancé.

- L'adulte de 60 ans a une espérance de vie de 15 à 20 ans, et ce chiffre ne cesse d'augmenter. Par contre, la durée de vie maximale de l'humain demeurera sans doute limitée à environ 110 ans.

- Le pourcentage de la population âgée de 65 ans et plus s'est accru rapidement au cours des dernières décennies et continuera de croître au cours du prochain siècle.

LE DÉVELOPPEMENT PHYSIQUE

- Selon le modèle croissance-décroissance, les adultes atteignent le sommet de leurs capacités physiques et certaines capacités cognitives vers l'âge de 40 à 50 ans. Durant ces années, une personne possède plus de tissu musculaire, plus de calcium dans ses os, une plus grande masse cérébrale, une meilleure acuité sensorielle, une plus grande capacité aérobique et un système immunitaire plus efficace.

- De nombreuses capacités physiques n'accusent que de faibles changements dans la quarantaine, la cinquantaine et la soixantaine, alors que quelques-unes subissent des changements importants.

- La masse osseuse décline considérablement au milieu de la vie adulte, surtout chez la femme, chez qui le processus se met en branle un peu avant la ménopause. Une décalcification plus rapide se produit chez les femmes qui ont une ménopause précoce, qui sont trop maigres, qui font peu d'exercice et qui ont un régime alimentaire à faible teneur en calcium.

RÉSUMÉ

- La perte de la capacité de reproduction, appelée climatère, se produit très graduellement chez l'homme, mais rapidement chez la femme. Peu à peu, les hommes produisent moins de sperme viable et de liquide séminal.

- La ménopause survient généralement vers l'âge de 50 ans, à la suite d'une série de changements hormonaux comprenant le déclin rapide des taux d'œstrogènes et de progestérone. Les bouffées de chaleur constituent l'un des principaux symptômes de la ménopause.

- La grande majorité des personnes d'âge adulte moyen et avancé demeurent sexuellement actives, mais la fréquence de cette activité diminue avec les années.

- Les changements cérébraux associés au vieillissement sont principalement caractérisés par une perte de la densité dendritique des neurones, laquelle entraîne un ralentissement du temps de réaction dans presque toutes les tâches.

- Les fonctions sensorielles (vision, ouïe, goût, odorat et toucher) connaissent un certain déclin à l'âge adulte moyen, et ce déclin s'accentue à l'âge adulte avancé.

- De nombreux changements physiques contribuent à un ralentissement général avec l'âge, qu'il s'agisse de la rapidité de déplacement ou du temps de réaction à certains stimulus. Ce déclin est même observé, voire particulièrement observé, chez les meilleurs athlètes.

- Les habitudes de sommeil changent chez les personnes âgées : elles connaissent moins d'heures de sommeil paradoxal, se réveillent plus tôt le matin et plus souvent pendant la nuit.

- Les théories du vieillissement biologique mettent l'accent sur l'existence possible de limites génétiques ou sur les effets cumulatifs des défaillances qui se produisent dans la cellule.

- Selon la théorie de la sénescence programmée, les déclins physiques liés à l'âge résultent de l'action des gènes spécifiques de l'espèce humaine associés au vieillissement.

- La théorie de la réparation cellulaire s'appuie sur la capacité de la cellule de réparer les ruptures des chaînes d'ADN. D'après la théorie des radicaux libres, des substances produites par l'organisme endommagent les cellules et les rendent plus vulnérables.

- L'hypothèse de la chute terminale avance que les fonctions cognitives et physiques restent stables durant l'âge adulte avancé, puis qu'elles déclinent fortement quelques années avant la mort.

LE DÉVELOPPEMENT COGNITIF

- Un changement de la structure cognitive est possible pendant la vie adulte. Cependant, la description des stades qui suivent la période de la pensée opératoire formelle varie d'un théoricien à l'autre. Labouvie-Vief parle d'une transition vers une pensée plus spécialisée et pragmatique ; Arlin fait état d'un passage d'une période de résolution de problèmes à une période de recherche de problèmes ; et Perry pense que ce changement cognitif se fait en quatre étapes.

- Les habiletés intellectuelles sont généralement bien conservées au milieu de la vie, sauf celles qui ne sont pas exercées ou qui exigent de la rapidité (intelligence fluide). Le QI s'améliore généralement, tout comme la richesse du vocabulaire (intelligence cristallisée).

- Aujourd'hui, de nombreux chercheurs considèrent que l'intelligence est multifactorielle et qu'elle possède plusieurs composantes indépendantes les unes des autres.

- Les jeunes adultes et les adultes d'âge moyen diffèrent davantage sur le plan de la mémoire épisodique (événements) que sur le plan de la mémoire sémantique (connaissances). De plus, quand vient le temps d'acquérir de nouvelles connaissances, les adultes d'âge moyen semblent présenter les mêmes capacités d'apprentissage et de mémorisation de nouvelles informations que les jeunes adultes.

- La productivité et la créativité semblent également demeurer relativement élevées au milieu de la vie adulte, du moins chez les sujets occupant des emplois exigeants, qui ont d'ailleurs fait l'objet de la plupart des recherches.

RÉSUMÉ

- Certains processus cognitifs subissent un déclin à l'âge adulte avancé. Ces changements semblent refléter le ralentissement général du système nerveux et peut-être la diminution de l'efficacité de la mémoire de travail (mémoire à court terme).

- Certains auteurs avancent que les adultes âgés possèdent un plus grand degré de sagesse, mais les recherches sur la question n'en sont qu'à leurs débuts.

LA SANTÉ ET LE BIEN-ÊTRE

- Le taux de maladie et de mortalité augmente de façon considérable au milieu de la vie adulte. Les jeunes adultes ont des maladies plus aiguës, mais les adultes d'âge moyen ont des maladies plus chroniques. Les femmes sont plus atteintes de maladies que les hommes, même si elles meurent plus tard.

- Les femmes d'âge adulte avancé peuvent s'attendre à vivre plus longtemps que les hommes du même âge. Cependant, pendant ces années, elles risquent davantage que les hommes d'être atteintes d'incapacités ou de maladies. L'espérance de vie active représente le nombre d'années qu'on peut espérer vivre sans souffrir d'une incapacité physique ou cognitive.

- Certains facteurs influent sur la santé et la longévité à l'âge adulte, dont les habitudes de vie (particulièrement l'exercice physique et intellectuel), le soutien social, le sentiment de maîtrise, la maladie, l'hérédité individuelle et la classe sociale.

- La démence est rare avant l'âge adulte avancé et devient nettement plus courante au cours du vieillissement. La maladie d'Alzheimer en est la cause la plus fréquente.

- La maladie d'Alzheimer se caractérise par une forme spécifique de dégénérescence du cerveau. Les causes de cette maladie ne sont pas encore connues, bien qu'on note la présence de facteurs génétiques dans certains cas.

- La plupart des troubles affectifs sont moins fréquents à l'âge adulte avancé. La dépression constitue peut-être la seule exception, car sa fréquence augmente après l'âge de 70 ou 75 ans, bien que cela ne s'applique pas aux personnes en bonne santé qui bénéficient d'un soutien social adéquat. La dépression clinique ne semble pas être plus fréquente à l'âge adulte avancé.

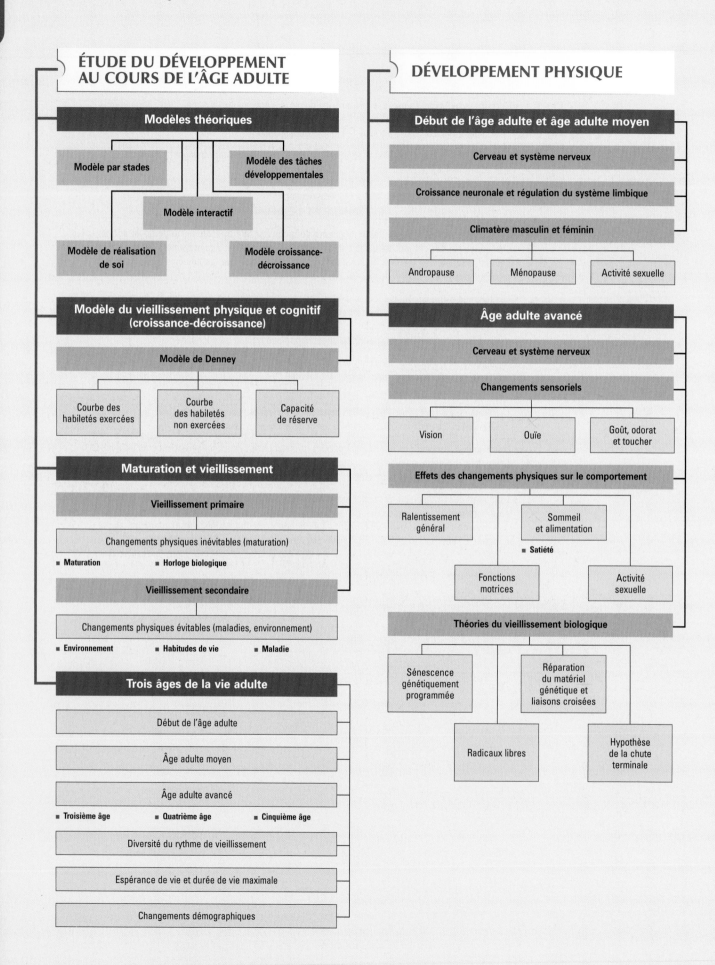

ÉTUDE DU DÉVELOPPEMENT AU COURS DE L'ÂGE ADULTE

Modèles théoriques

- Modèle par stades
- Modèle des tâches développementales
- Modèle interactif
- Modèle de réalisation de soi
- Modèle croissance-décroissance

Modèle du vieillissement physique et cognitif (croissance-décroissance)

Modèle de Denney

- Courbe des habiletés exercées
- Courbe des habiletés non exercées
- Capacité de réserve

Maturation et vieillissement

Vieillissement primaire

Changements physiques inévitables (maturation)

- Maturation
- Horloge biologique

Vieillissement secondaire

Changements physiques évitables (maladies, environnement)

- Environnement
- Habitudes de vie
- Maladie

Trois âges de la vie adulte

- Début de l'âge adulte
- Âge adulte moyen
- Âge adulte avancé
  - Troisième âge
  - Quatrième âge
  - Cinquième âge
- Diversité du rythme de vieillissement
- Espérance de vie et durée de vie maximale
- Changements démographiques

DÉVELOPPEMENT PHYSIQUE

Début de l'âge adulte et âge adulte moyen

- Cerveau et système nerveux
- Croissance neuronale et régulation du système limbique
- Climatère masculin et féminin
  - Andropause
  - Ménopause
  - Activité sexuelle

Âge adulte avancé

- Cerveau et système nerveux
- Changements sensoriels
  - Vision
  - Ouïe
  - Goût, odorat et toucher

Effets des changements physiques sur le comportement

- Ralentissement général
- Sommeil et alimentation
  - Satiété
- Fonctions motrices
- Activité sexuelle

Théories du vieillissement biologique

- Sénescence génétiquement programmée
- Réparation du matériel génétique et liaisons croisées
- Radicaux libres
- Hypothèse de la chute terminale

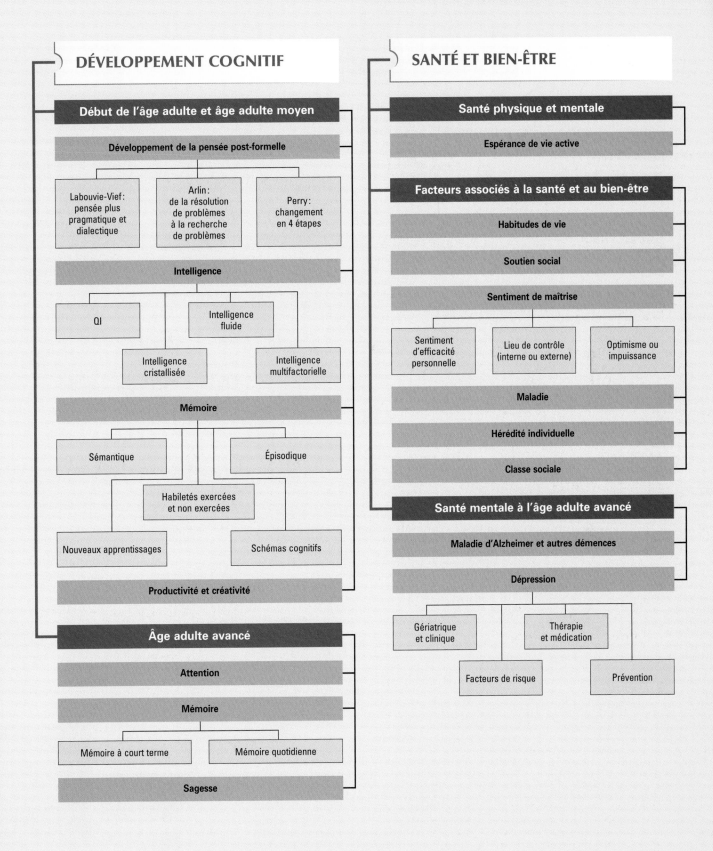

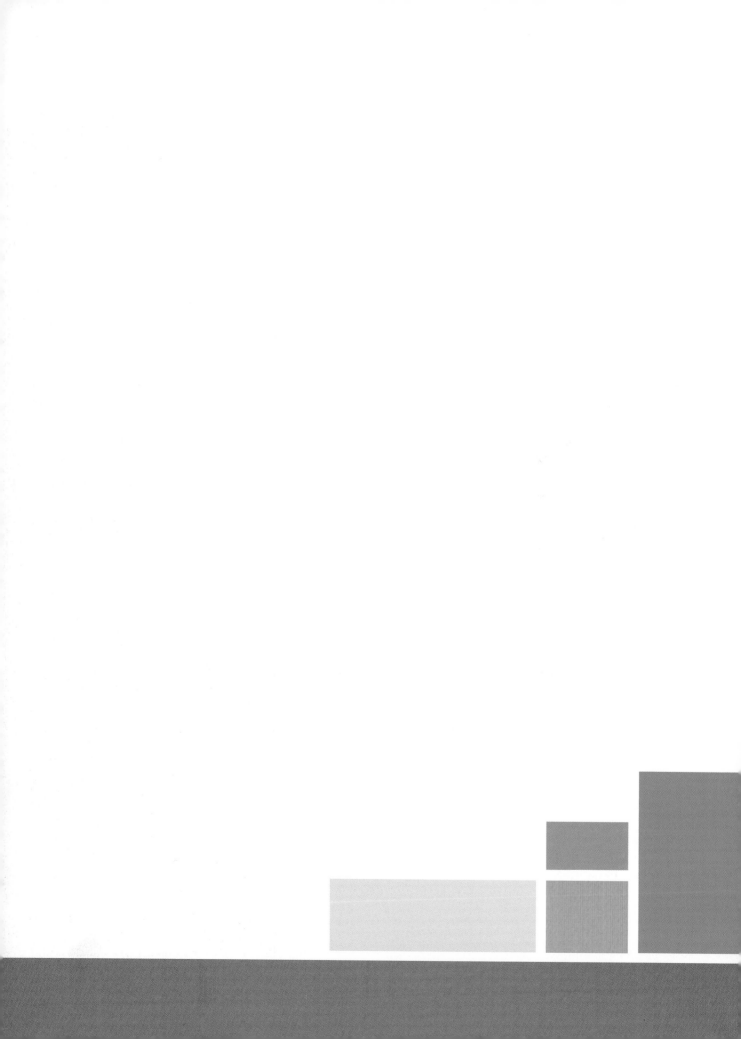

L'âge adulte : développement social et personnalité

Le temps des fêtes est propice aux réunions de famille. C'est l'occasion de revoir les cousins et les cousines, les oncles et les tantes. Je me souviens que lorsque j'arrivais à ces réunions avec mon ami que je fréquentais déjà depuis un certain temps, mes tantes me posaient immanquablement la même question : où en étaient nos projets de mariage ? Quelques années sont passées. Comme j'étais toujours avec le même partenaire amoureux, mes tantes se sont mises à me questionner sur mes projets de maternité. Cette anecdote illustre bien le fait que, au début de l'âge adulte, si l'horloge biologique est inaudible, l'horloge sociale, elle, fait un vacarme assourdissant. C'est en effet au cours de cette période que nous prenons notre place dans la société. Pour la plupart d'entre nous, cela signifie apprendre les trois principaux rôles de la vie adulte – ceux de conjoint, de parent et de travailleur –, et les jouer !

À l'âge adulte moyen, on constate que les rôles sociaux changent considérablement. Les adultes d'âge moyen occupent en général le poste le plus important de leur carrière. La majorité d'entre eux gagnent aussi le salaire le plus élevé de leur carrière, et une proportion encore plus grande occupent des postes d'autorité dans le domaine des affaires ou dans les secteurs publics et parapublics. L'horloge sociale se fait également entendre dans les relations familiales. Cette cohorte d'âge adulte moyen a tendance à assumer un maximum de responsabilités au sein de la famille et se trouve prise en sandwich entre ses enfants devenus adolescents ou jeunes adultes et ses parents âgés. Quand un membre jeune ou âgé du clan a besoin d'aide, on s'attend à ce qu'un adulte d'âge moyen intervienne.

Puis, à la fin de l'âge adulte moyen, les rôles sociaux deviennent nettement moins contraignants. Pour reprendre une métaphore que nous avons privilégiée tout au long de ce manuel, disons que l'horloge sociale se fait plus discrète. Bien qu'ils soient toujours présents, les rôles dominants du début de l'âge adulte changent de façon marquée pour la plupart des adultes au cours de la quarantaine ou de la cinquantaine. Les enfants quittent le foyer, ce qui réduit considérablement les exigences du rôle parental. Les promotions atteignent en général un plafond, ce qui diminue la nécessité d'apprendre d'autres habiletés, mais il arrive que la tâche et le contexte changent, nécessitant alors l'acquisition de nouvelles habiletés. De plus, puisque ses charges professionnelle et parentale se sont souvent allégées, l'adulte d'âge moyen peut désormais consacrer plus de temps à sa vie conjugale ou à sa relation amoureuse.

Enfin, les changements physiques et cognitifs qui se produisent à l'âge adulte avancé sont parfois si frappants qu'ils font l'objet de nombreuses discussions portant sur les dernières années de la vie. Il va sans dire que, pendant ces années, l'horloge biologique est nettement plus bruyante. Toutefois, les changements qui surviennent dans les rôles et les relations sociales sont probablement tout aussi étonnants. Si le début de l'âge adulte représente la période où on acquiert des rôles complexes qui exigent beaucoup de temps, et que l'âge adulte moyen marque le moment où on redéfinit et réorganise ces rôles, l'âge adulte avancé désigne la période où on doit encore une fois reconsidérer certains rôles et renoncer à d'autres.

LA CONTINUITÉ ET LES CHANGEMENTS DE LA PERSONNALITÉ

De nombreuses recherches portant sur des périodes plus ou moins longues de l'âge adulte démontrent la continuité des cinq traits de personnalité définis par McCrae et Costa (Shiner, 2000). Selon ces données, nous conservons notre personnalité tout au long de notre vie. Mais voyons plus en détail comment évolue notre personnalité au cours des trois périodes de l'âge adulte.

AU DÉBUT DE L'ÂGE ADULTE

Nous abordons nos nouveaux rôles au début de l'âge adulte d'une manière qui reflète les caractéristiques de base de notre personnalité. Ainsi, les individus qui présentent un niveau élevé de névrosisme (instabilité émotionnelle) semblent avoir plus de difficulté à faire face aux tâches de la vie courante. Ils sont plus malheureux et moins satisfaits de leur vie (McCrae et Costa, 1990), et ils sont plus portés à divorcer.

Même si les traits de la personnalité demeurent constants pour chaque individu, il semble exister, au début de l'âge adulte, des changements communs ayant trait à la personnalité. Plusieurs études longitudinales importantes, comme celle de Berkeley, donnent à penser que la personnalité subit un ensemble de changements nous apparaissant pertinents sur les plans théorique et intuitif. Chez les jeunes adultes, on observe une augmentation de certaines caractéristiques, telles que la confiance, l'estime de soi, l'indépendance et l'orientation vers la réussite. Selon ces découvertes, il se produirait au début de l'âge adulte un changement important se traduisant par une plus grande autonomie, des efforts soutenus pour atteindre ses objectifs, une meilleure confiance en soi et une plus grande affirmation de soi. Le jeune adulte ne devient pas seulement indépendant de sa famille sur le plan matériel et physique, il devient psychologiquement autonome. Ainsi, en même temps qu'il maîtrise les divers rôles du début de l'âge adulte, il gagne en assurance et devient plus apte à s'affirmer en tant qu'individu.

D'autres théoriciens expliquent les changements sous-jacents au début de l'âge adulte par le passage d'une définition externe de soi à une définition interne de soi (Loevinger, 1976, 1984). Durant la vingtaine, nous luttons pour apprendre l'ensemble des rôles déterminés qui sont exigés par notre culture, et nous nous laissons définir par des critères externes. Toutefois, ces rôles ne correspondent pas toujours à notre perception de nous-même, et nous finissons par repousser les exigences trop strictes afin de préciser notre propre individualité. Daniel Levinson utilise le terme *détribalisation* pour décrire ce changement. Il soutient que, vers la fin de la première période de l'âge adulte, l'adulte «devient plus critique envers la tribu, soit envers les groupes particuliers, les institutions et les traditions qui sont les plus significatifs pour lui, soit envers la matrice sociale de laquelle il se sent le plus près. Il est moins assujetti aux récompenses de la tribu, et il se questionne davantage sur les valeurs qu'elle véhicule» (1978, p. 242).

Tous ces changements n'entrent pas forcément en conflit avec la continuité des principaux traits de la personnalité décrits par McCrae et Costa. Une personne extravertie à 20 ans le sera toujours à 40 ans, même si, à cet âge, elle a acquis une plus grande indépendance et une plus grande confiance en soi. Nous pensons qu'un ensemble de traits de personnalité associés au changement au cours du développement se superpose à un autre ensemble de traits stables.

À L'ÂGE ADULTE MOYEN

L'observation de personnes qui s'adaptent difficilement au vieillissement génère un point de vue sur la continuité concordant avec celui qui se dégage des études corrélationnelles sur les traits de la personnalité. Prenons encore une fois pour exemple le niveau de névrosisme (instabilité émotionnelle) qui se fixe au fil des ans. Une récente étude longitudinale a révélé un lien entre l'émotivité négative à l'adolescence et la faible santé mentale au milieu de l'âge adulte (Offer et autres, 1998).

Il existe cependant de véritables signes de changement dans la personnalité à l'âge adulte. Par exemple, la plupart des observateurs ont remarqué la diminution, de 40 à 65 ans, de la recherche du succès, de l'indépendance, de l'affirmation de soi et de l'individualisme, ces traits atteignant leur niveau maximal vers le milieu de la vie. En fait, selon diverses études, les adultes d'âge moyen et avancé développent de plus en plus leur caractère prosocial — ils sont enclins à «faire quelque chose au bénéfice d'autrui sans en tirer de gain personnel» (*Le Quotidien*, Statistique Canada, 21 février 2005) — et deviennent moins individualistes (Van Lange, DeBruin, Otten et Joireman, 1997). Il est toutefois intéressant de noter un rapport entre ce changement et l'existence d'un attachement sécurisant durant la petite enfance et l'enfance, ce qui révélerait la présence d'éléments de continuité et de changement dans ce processus.

Des recherches portant sur l'émotivité négative et l'émotivité positive déterminent un modèle semblable. Même si l'émotivité négative au début de l'âge adulte est moyennement ou fortement liée à l'émotivité négative au milieu de l'âge adulte, des études longitudinales démontrent que de nombreux individus deviennent moins négatifs avec le temps (Helson et Klohnen, 1998).

À L'ÂGE ADULTE AVANCÉ

La perte du contenu de certains rôles sociaux, qu'on observe chez de nombreux adultes âgés, est-elle positive ou négative? Certains sociologues comme Rosow considèrent que cette perte comporte un risque marqué d'isolement ou de désaffection, tandis que d'autres chercheurs trouvent des avantages évidents à ce changement à l'âge adulte avancé. L'un de ces avantages est une plus grande «liberté accordée à l'originalité» (Bond et Coleman, 1990, p. 78). Puisqu'ils n'ont pas à s'adapter aux limites parfois étroites des attentes associées aux rôles, les adultes âgés se sentent beaucoup plus libres d'exprimer leur individualité dans leur habillement, leur manière de parler ou leurs préférences personnelles. Nous pensons que ce changement commence avant l'âge de 65 ans. L'affirmation graduelle de l'individualité semble également une caractéristique de l'âge adulte moyen. À l'âge avancé, toutefois, il se produit une acceptation généralisée de l'originalité.

Pause APPRENTISSAGE

La continuité et les changements

1. Quels traits de la personnalité changent chez le jeune adulte?

2. Quels sont les changements observés dans la personnalité de l'adulte d'âge moyen?

3. Expliquez ce qu'on entend par la perte du contenu du rôle à l'âge adulte avancé.

LES PERSPECTIVES THÉORIQUES

Nous venons de voir la continuité et les changements de la personnalité pendant l'âge adulte. Nous allons maintenant aborder les différentes perspectives théoriques qui traitent du développement social et de la personnalité à l'âge adulte.

LA PÉRIODE DU JEUNE ADULTE

Comme nous l'avons souligné plusieurs fois dans ce manuel, nous savons que la personnalité est constituée, entre autres, du tempérament de base d'un individu (Rothbart, Ahadi et Evans, 2000), des influences du milieu et du concept de soi (compréhension de soi et de l'environnement). Comme l'explique Erikson, la tâche du jeune adulte est de développer son intimité à travers les différents rôles sociaux qu'il doit assumer: ceux de conjoint, de parent et de travailleur.

La période du jeune adulte témoigne d'une plus grande variabilité dans les expériences individuelles et de plus grandes différences sur le plan de la santé. On note également des différences importantes dans ce qu'il est convenu d'appeler la croissance psychologique. Pour Levinson, le jeune adulte doit acquérir une structure ou un modèle de vie qui lui est propre.

Erikson et les stades psychosociaux

Comme nous l'avons appris dans les chapitres précédents, les théoriciens de la psychanalyse expliquent le développement émotionnel et social d'une personne par la lutte entre des forces internes et les exigences socioculturelles. Erikson avance que la personnalité et le développement social chez le jeune adulte passent par le *stade de l'intimité ou de l'isolement.*

LE STADE DE L'INTIMITÉ OU DE L'ISOLEMENT

Selon Erikson, l'opposition entre intimité et isolement constitue le stade, c'est-à-dire la tâche clé, du début de l'âge adulte. Le jeune adulte continue de développer sa personnalité en s'appuyant sur son identité d'adolescent. Erikson (dans Evans, 1969) définit l'intimité comme «la capacité de fusionner son identité avec celle d'une autre personne sans craindre de perdre un peu de soi-même». Les personnes peuvent exprimer leurs sentiments et leurs opinions sans redouter de mettre fin à une relation; elles peuvent aussi s'accorder une certaine indépendance sans se sentir menacées. Dans la notion d'intimité, on peut également inclure la préoccupation mutuelle du bonheur et du bien-être de l'autre. Ainsi, l'intimité ne sera possible que si les deux jeunes adultes sont déjà parvenus à définir clairement leur propre identité, car une identité faiblement développée pendant l'adolescence peut interférer avec l'intimité dans la relation.

Les différences entre les sexes dans les styles d'interactions constituent un autre obstacle à l'intimité. L'intimité pour les femmes correspond généralement à l'ouverture de soi et à la communication. Une femme peut juger que sa relation intime avec son partenaire amoureux qui ne se révèle pas souffre d'une lacune importante, alors que la plupart des hommes ne considèrent pas l'ouverture de soi comme une condition essentielle à l'intimité. Par conséquent, de nombreux hommes sont satisfaits de relations que les femmes jugent inadéquates. «L'intimité réfère à l'intimité sexuelle et à l'amour, bien sûr, mais également à l'intimité impliquée dans l'amitié et à l'intimité avec soi-même» (Houde, 1998).

Cependant, ce ne sont pas tous les individus qui connaîtront l'intimité à l'âge adulte. Certains développeront des amitiés sincères à long terme qui constitueront un soutien réel et rempliront les mêmes fonctions qu'une relation intime. Selon Erikson, les personnes qui ne réussissent pas à établir de telles relations d'amitié sont plus susceptibles de connaître la solitude, la dépression ou un problème de santé mentale que ceux qui y parviennent.

La résolution du stade Pour bien vivre ce stade, chaque personne doit trouver un partenaire avec lequel elle parviendra à créer un attachement étroit et fort. Cette relation centrale constituera la base de sécurité à partir de laquelle l'adulte pourra entrer dans le monde du travail. Elle fondera aussi le noyau familial au sein duquel grandira la prochaine génération d'enfants. Une personne qui ne parvient pas à établir une relation intime, un attachement central fort, n'aura pas de base de sécurité et se sentira seule ou isolée. La force adaptative (qualité du moi) de ce stade est l'*amour,* qui se définit comme cette «mutualité d'une dévotion mature qui permet de résoudre les antagonismes inhérents à la division des fonctions» (Erikson, 1982, p. 71).

Levinson: le développement et la structure de vie

Le concept de **structure de vie** de Daniel Levinson (1978, 1990) est au cœur de cette approche particulière du développement adulte. Une «structure de vie» inclut tous les rôles et les occupations individuelles ainsi que toutes les relations d'une personne, qu'ils soient positifs ou négatifs, à une période donnée de sa vie — autrement dit «le modèle sous-jacent de la vie d'une personne à un moment donné» (Levinson, 1986, p. 6). La structure de vie n'est pas permanente, elle subit des transformations à des âges précis à la suite de changements dans les rôles

Structure de vie Concept clé dans la théorie de Levinson. Modèle de la vie d'une personne à un moment donné qui comprend ses rôles, ses relations interpersonnelles et ses comportements.

et les relations. En fait, selon Levinson, chaque individu crée, au cours de son existence, une suite de structures de vie. La création d'une nouvelle structure constitue une *période de transition* au cours de laquelle l'individu réévalue, abandonne ou transforme l'ancienne structure. La figure 12.1 présente le modèle de Levinson.

Levinson a divisé le cycle d'une vie en quatre ères dont la durée est d'environ 25 ans et qui sont réparties en trois périodes: une période d'introduction, la *phase novice*, une période de transition, la *phase intermédiaire*, et une période d'établissement, la *phase culminante*. Selon Levinson, chaque phase, chaque transition et chaque ère sont formées d'un ensemble particulier de problèmes ou de tâches. Par exemple, la transition du début de l'âge adulte suppose le départ de la maison et l'établissement d'une identité individuelle. Levinson reconnaît comme Erikson que la tâche développementale du jeune adulte consiste à établir des relations intimes avec un autre adulte. L'entrée dans le monde adulte couvre aussi la période de l'exploration des rôles associés au travail et celle de l'établissement des rôles adultes stables.

Levinson observe l'adoption, autour de 30 ans, de ce qu'il appelle le **rêve**, c'est-à-dire une vision idéaliste qui inclut les objectifs de vie et les aspirations d'une personne. Le rêve constitue le « projet de vie » d'une personne. La majorité des rêves des hommes porte sur leurs projets de travail ou de carrière, parfois sur leur mariage,

leur vie familiale, leur croissance personnelle ou spirituelle. Les femmes sont plus susceptibles d'inclure le mariage et la vie familiale dans leurs objectifs de carrière (Levinson, 1996). Ainsi, la trentaine est généralement consacrée à l'atteinte des objectifs du rêve.

Bien sûr, Levinson ne prétend pas que la vie de tous les adultes est analogue. Cela n'aurait aucun sens. Chaque nouvelle structure de vie élaborée par un individu n'est ni meilleure, ni plus intégrée, ni plus développée que la précédente. En revanche, il existe chez tous les individus une alternance fondamentale entre les périodes de stabilité et les périodes de transition. Le modèle ordonné qu'a conçu Levinson, qui comprend les tâches principales ou les questions relatives à chaque période, serait universel.

LA PÉRIODE DE L'ÂGE ADULTE MOYEN

Au milieu de leur vie, certains adultes ont déjà amorcé le processus que Levinson désigne par le terme *détribalisation* (l'individu se détache des normes du groupe et des attentes sociales), alors que d'autres ne l'ont pas encore

---

Rêve Fantaisie élaborée au début de l'âge adulte, selon Levinson, qui inclut les objectifs et les aspirations d'un individu. Ceux-ci sont réévalués tout au long de la vie en fonction de leur succès et de leur échec.

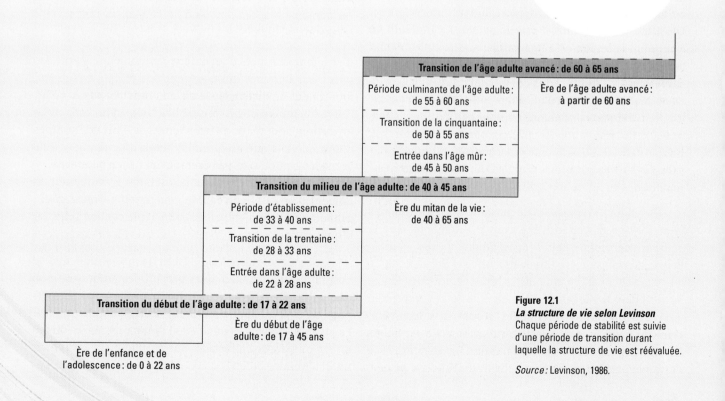

Figure 12.1
La structure de vie selon Levinson
Chaque période de stabilité est suivie d'une période de transition durant laquelle la structure de vie est réévaluée.

Source: Levinson, 1986.

fait. Certains ont atteint le stade qu'Erikson nomme la *générativité* (le souci du travail ou de la génération qui suit), alors que d'autres n'y sont pas encore rendus. Peck, quant à lui, pousse plus loin la théorie d'Erikson en précisant les tâches indispensables à une adaptation adéquate à l'âge adulte moyen. Toutes ces distinctions relèvent de l'aptitude de l'adulte à faire face aux nouveaux stress et aux contraintes propres à l'âge adulte moyen.

Erikson et les stades psychosociaux

Erikson avance que la personnalité et le développement social chez l'adulte d'âge moyen passent par le *stade de la générativité ou de la stagnation*.

LE STADE DE LA GÉNÉRATIVITÉ OU DE LA STAGNATION

Nous avons vu dans le premier chapitre qu'Erikson situait le stade psychosocial de la générativité ou de la stagnation entre l'âge de 30 et 50 ans environ. La personne manifeste alors un intérêt pour fonder la génération suivante, la guider et s'engager envers elle. Mettre des enfants au monde et les élever, c'est-à-dire passer le flambeau, constitue la tâche centrale de ce stade. Cependant, ce n'est pas l'unique façon de réaliser cette tâche — pensons à l'enseignement, au mentorat et à l'engagement personnel dans des organisations civiques, sociales, religieuses ou caritatives —, ni la garantie que le stade a été atteint.

Pour résoudre le stade de la générativité, il est nécessaire de dépasser la préoccupation de soi. L'objectif est la préoccupation des autres, à laquelle on parvient en développant son potentiel psychologique. La générativité comprend la tendance à l'empathie, ainsi que le constat de son autorité personnelle et de son pouvoir d'influence sur les autres. Les individus qui n'accomplissent pas cette tâche souffrent souvent d'un sentiment général de stagnation et d'appauvrissement personnel (Erikson, 1963, p. 267). La stagnation se traduit par le repli sur soi. L'adulte est alors avant tout préoccupé de lui-même, par exemple de son propre confort, ce qui lui laisse un sentiment de vide et de non-plénitude (Houde, 1998).

Une étude transversale portant sur des femmes jeunes, d'âge moyen et d'âge avancé a démontré que la générativité augmentait à l'âge adulte moyen, comme Erikson l'avait suggéré (Zucker, Ostrove et Stewart, 2002). On a aussi observé que le groupe de femmes d'âge avancé, dont la moyenne d'âge était de 66 ans, exprimait autant de générativité que le groupe d'âge moyen, contrairement à ce que la théorie avance. Ces résultats supportent l'idée d'Erikson pour qui le groupe d'âge moyen exprime davantage de générativité que le groupe

de jeunes femmes, mais ils indiquent aussi que la générativité continue d'être importante chez les femmes âgées. D'autres recherches ont démontré que la générativité était plus présente dans la vie d'un groupe de femmes d'âge moyen que dans la vie d'un groupe d'hommes d'âge moyen (Morfei, Hooker, Carpenter, Mix et Blakeley, 2004).

Erikson a aussi avancé que la générativité était associée à la santé mentale chez les individus d'âge adulte moyen. Des recherches ont par ailleurs révélé que la générativité était associée à une plus grande satisfaction de la vie et à un sentiment de bien-être psychologique (Ackerman, Zuroff et Moskowitz, 2000). Enfin, les femmes d'âge adulte moyen qui s'occupent d'une personne âgée et qui présentent des niveaux élevés de générativité seraient les moins affectées par le syndrome du *fardeau de la personne aidante* (Peterson, 2002).

La théorie d'Erikson soulève également des questions sur les conséquences de ne pas avoir d'enfant à l'âge adulte. Une analyse très intéressante sur le sujet a été menée à partir d'une étude longitudinale qui s'est étendue sur une période de 40 ans. Cette étude a permis d'observer un groupe de garçons d'un milieu urbain ayant servi de groupe témoin dans une étude sur la délinquance (Snarey et autres, 1987). Des 343 hommes mariés qui faisaient encore partie de l'échantillon à la fin de leur quarantaine, 29 n'avaient jamais eu d'enfant. Les chercheurs ont remarqué que la façon dont les sujets avaient abordé le fait de ne pas avoir d'enfant constituait un facteur prédictif de leur santé à l'âge de 47 ans. Chaque homme a donc été évalué à cet âge sous l'angle de la générativité, et on a établi qu'un homme avait atteint ce stade s'il avait assumé un rôle de mentor, de superviseur ou d'enseignant auprès d'un enfant ou d'un jeune adulte. Or, parmi ces hommes qui n'avaient pas été père, ceux qui montraient un niveau élevé de générativité avaient généralement trouvé un moyen de s'occuper d'un enfant. Ils en avaient adopté un, s'étaient engagés dans des groupes d'entraide tels que les Grands Frères, ou en avaient aidé un de leur entourage, par exemple un neveu ou une nièce. Les hommes qui n'avaient pas d'enfant et qui témoignaient d'un faible niveau de générativité avaient généralement choisi un animal de compagnie comme substitut d'un enfant.

Ces observations soulèvent la possibilité que le besoin d'élever et d'éduquer son propre enfant ou celui d'un autre représente une des composantes du développement psychologique au début de l'âge adulte, comme l'a affirmé Erikson. Cependant, il faut tenir compte du fait que la plupart de ces recherches portaient sur un échantillon d'hommes blancs d'âge moyen assez scolarisés. Les chercheurs qui ont étudié la générativité dans d'autres groupes ont constaté qu'elle était peu associée au niveau de scolarité (McAdams, Hart et Maruna, 1998). Ils ont également observé des comportements et des attitudes associés à la générativité tant chez les personnes de milieux défavorisés que chez les personnes de classes moyennes, et ce, dans de nombreux groupes ethniques (McAdams et autres, 1998; Schulz, 1998). On peut donc dire que l'expérience de la générativité à l'âge adulte moyen serait relativement indépendante des facteurs ethniques et économiques.

La résolution du stade   Si une personne ne réussit pas à passer de la préoccupation de soi à la préoccupation des autres en développant son potentiel psychologique, elle risque alors de connaître la stagnation. La principale force adaptative du stade de la générativité ou de la stagnation est la *sollicitude*, c'est-à-dire le fait de se préoccuper d'une autre personne, de se sentir touchée par elle et d'en prendre soin.

Peck et l'adaptation à l'âge adulte moyen

À partir de la théorie d'Erikson, Robert Peck (1968) a élaboré une théorie plus complexe qui comprend sept stades. Alors qu'Erikson ne présente que deux stades pour l'âge moyen et avancé, Peck en propose quatre pour l'âge moyen et trois pour l'âge avancé. Peck considère ces sept stades comme des tâches indispensables à une adaptation adéquate à l'âge adulte moyen. Voici les quatre stades de Peck qui correspondent à l'âge adulte moyen.

LA SAGESSE PLUTÔT QUE LA FORCE ET L'ATTRAIT PHYSIQUE

L'adulte d'âge moyen prend de plus en plus conscience que ses capacités physiques et cognitives commencent à décliner. C'est pourquoi il devient plus important pour lui d'utiliser d'autres forces, telles l'expérience, les connaissances et l'intelligence, pour compenser les pertes.

LA SOCIALISATION DES RAPPORTS HUMAINS PLUTÔT QUE LA SEXUALISATION

L'adulte d'âge moyen valorise davantage l'amitié, la confiance et le soutien moral et émotionnel dans les relations humaines que l'aspect sexuel. Il perçoit l'autre comme une personne plutôt que comme un objet sexuel.

LA FLEXIBILITÉ AFFECTIVE PLUTÔT QUE LE RÉTRÉCISSEMENT AFFECTIF

L'adulte d'âge moyen constate une diminution considérable du nombre de ses relations sociales et affectives pour diverses raisons: les décès, le départ des enfants, les séparations et les divorces ainsi que la retraite. La

Pour Erikson, mettre des enfants au monde et les élever n'est qu'une façon parmi d'autres de montrer que l'on a atteint le stade de la générativité. Ce stade comprend aussi la prise de conscience de son pouvoir et de sa valeur, qui peut s'exprimer dans le rôle de mentor ou de dirigeant ou encore dans une activité créatrice.

flexibilité affective lui permet alors de reporter son affection sur d'autres personnes ou de nouer de nouvelles relations tout en devant parfois en délaisser d'autres.

L'OUVERTURE D'ESPRIT PLUTÔT QUE LA RIGIDITÉ

L'adulte d'âge moyen doit s'adapter à une grande variété de changements sociaux et culturels en acceptant de nouvelles idées ou de nouvelles façons de voir les choses et en ayant parfois à rejeter les anciennes. Il doit modifier ses croyances, ses opinions et ses attitudes, et faire preuve d'une plus grande souplesse devant les transformations que subit son environnement.

Levinson: le développement et la structure de vie

Nous avons vu plus tôt que Daniel Levinson envisageait l'âge adulte en fonction des changements psychologiques et sociaux qui caractérisent cette période (1978, 1986, 1990, 1996), et que, à des âges précis, chaque adulte se crée une série de *structures de vie*. Ces structures sont entrecoupées de périodes de transition au cours desquelles l'individu évalue les anciennes structures, les abandonne ou les transforme.

Au début de l'âge adulte moyen, l'individu reconsidère son *rêve* et l'atteinte de ses objectifs. La *transition du milieu de la vie*, qui se produit de 40 à 45 ans, est centrée sur la préoccupation grandissante de sa propre mort et sur la réévaluation de son rêve. L'individu peut alors prendre conscience que son rêve de jeunesse ne se réalisera peut-être jamais. C'est ce qu'on appelle la *crise du milieu (ou du mitan) de la vie* (voir l'encadré «Rapports de

La crise du milieu de la vie : réalité ou fiction ?

La notion de crise du milieu de la vie n'a pas été inventée de toutes pièces par des écrivains à succès. On la retrouve dans de nombreuses théories très sérieuses sur le développement de l'adulte, dont celles de Jung et de Levinson. Ce dernier soutient qu'au milieu de la vie adulte chaque personne doit faire face à une grande variété de tâches qui la mèneront inévitablement à une crise : la prise de conscience de sa propre mortalité, l'apparition de nouvelles limites liées à des incapacités physiques ou à des risques pour la santé, et l'adaptation à de nouveaux rôles. Selon Levinson, l'obligation d'affronter ces nouvelles réalités est un défi de taille et constitue l'élément déclencheur de cette crise.

Les recherches sur ce sujet semblent démontrer qu'une telle crise pourrait survenir au milieu de la vie comme à tout autre moment. Autrement dit, il n'existerait pas un âge *précis* où se produirait une recrudescence de problèmes. Les preuves ne sont convaincantes que pour un seul sous-groupe : les hommes blancs de la classe moyenne, particulièrement ceux qui exercent une profession libérale. On ne peut pas déterminer, à partir de ces seules études, si ce modèle n'est pas simplement propre à une cohorte particulière. Par ailleurs, même si ces résultats se vérifiaient dans plusieurs cohortes, cela ne confirmerait aucunement la nécessité, voire l'existence, d'une crise du milieu de la vie. Certains stress et certaines tâches sont probablement propres à cette période de la vie, mais peu de signes laissent supposer qu'ils submergent les ressources d'adaptation d'un adulte à cet âge plutôt qu'à un autre (Gallagher, 1993).

D'autre part, « la fameuse crise du mitan de la vie n'est pas un cliché, c'est un phénomène scientifiquement prouvé, au même titre que la crise d'adolescence », affirme Luc Brunet, professeur adjoint en psychologie industrielle à l'Université de Montréal et coauteur de l'ouvrage *Le mitan de la vie et la vie professionnelle.* « Entre 35 et 50 ans, tout le monde y passe, avec plus ou moins d'intensité. »

Source : Adapté de P. Dupuis, L. Brunet, P. St-Germain, M.-J. Hamel et P. Lavoie-Ste-Marie, *Le mitan de la vie et la vie professionnelle*, Montréal, Éditions Agence d'ARC, 1986.

recherche » sur le sujet). Certains marqueurs temporels, tels que le début du déclin des fonctions physiques et cognitives ou le décès d'un parent, rappellent à l'individu que le temps presse. Il doit alors réajuster son tir et se fixer de nouveaux objectifs ou projets de vie. Il peut choisir

Les familles comptant trois générations d'adultes, comme ce grand-père, ce fils et ce petit-fils, constituent maintenant la règle, non plus l'exception. Ces trois hommes privilégient probablement certains sujets de conversation et partagent certaines activités.

de mettre l'accent sur des aspects de sa vie qu'il a négligés. Certains hommes décideront, par exemple, de consacrer moins de temps à leur travail et à leur carrière et davantage à leur famille et à leurs amis. D'autres pourront réévaluer leurs engagements et leurs responsabilités. L'observation des parcours individuels donne un aperçu de la variabilité des modèles du développement à l'âge adulte. La voie qu'emprunte un adulte et la distance parcourue sont influencées par une foule de facteurs, dont les antécédents familiaux et la personnalité, ainsi que les tensions et les crises que chaque individu doit affronter (voir l'encadré « Le monde réel » sur les crises de l'âge adulte).

Lucie Mercier (2000), sociologue et professeure-chercheuse à l'Université Laval, tient les propos suivants.

> Ce n'est pas l'atteinte des 50 ans qui peut provoquer un certain trouble, mais bien la prise de conscience du temps écoulé, qu'il reste probablement moins de la moitié de sa vie et que l'avancée en âge conduira au terme de l'existence. Cette compréhension survient quelque part entre 45 et 60 ans et est tributaire des événements vécus jusqu'à ce jour. À ce stade, la personne entrevoit son propre vieillissement, c'est parfois la première rencontre avec ses forces défaillantes ; elle se rend compte que sa vie a une fin. Il s'agit désormais de sa mort, et non plus celle des autres. Cette dure réalité vient mettre un frein dans les projets à mettre en œuvre. Du moins, ce constat incite à faire le bilan, à établir des priorités, à opérer une sélection puisque tout ne pourra être accompli et cela devient clair pour la première fois peut-être. Des zones resteront en friche. À l'occasion de cette transition apparaît généralement un questionnement sur le sens de sa vie, de ses accomplissements, de la suite à donner

LE MONDE RÉEL

Les crises de l'âge adulte

Nous devons tous faire face au stress que provoquent la proximité d'un beau-frère insupportable, la présence d'un collègue énervant, un long trajet pour se rendre au travail ou les préjugés raciaux, ethniques ou sexuels dont nous faisons l'objet. Parvenus au milieu de la vie adulte, beaucoup d'entre nous auront traversé des épreuves particulières, telles que le divorce, la maladie, un veuvage précoce, une perte d'emploi ou un déménagement. Quels sont les effets de tels événements bouleversants sur le modèle du développement à l'âge adulte ?

Comme nous l'avons déjà mentionné, un stress très intense causé par des disputes incessantes ou des crises particulières peut affaiblir le système immunitaire et altérer la santé. Cependant, de nombreuses crises majeures ont également des répercussions sur d'autres aspects de la vie adulte. Abordons les aspects positifs et négatifs des crises du développement.

Les aspects positifs et négatifs

En chinois, les caractères qui forment le mot *crise* signifient « danger » et « occasion » (Levinson, 1990). Or, il y a lieu de se demander si les crises ne portent pas un caractère positif. En fait, de nombreuses théories sur le développement de l'adulte reposent sur l'hypothèse que les crises et le stress peuvent être bénéfiques plutôt que destructeurs. La théorie d'Erikson va dans le même sens, tout comme celle de Carl Gustav Jung. Morton Lieberman et Harvey Peskin (1992, p. 132) proposent quelques exemples pour appuyer leurs conclusions.

La nostalgie de la jeunesse au milieu de l'âge adulte permet parfois de mobiliser des ressources d'attention inexploitées [...]; la prise de conscience de la mort, à la suite d'un

décès, peut permettre à un adulte d'âge moyen d'acquérir une attitude plus sereine quant à sa propre mort, de moins s'acharner à rechercher la perfection, d'exprimer de manière nouvelle sa créativité [...]; la mort d'un parent cher peut aider le survivant à devenir davantage lui-même.

On ne sait toutefois pas si le stress et la crise sont nécessaires à la croissance personnelle, même si un tel lien est fort possible. De la même façon que la douleur est le signe d'un malaise physique, la tristesse et l'angoisse peuvent attirer l'attention sur le fait qu'un changement doit s'opérer. Un mariage peut devenir plus solide et intime après des périodes difficiles si le couple a appris à mieux communiquer en les traversant. Un veuvage précoce peut forcer une jeune femme à acquérir certaines habiletés, ce qu'elle n'aurait peut-être pas fait en d'autres circonstances. Des chercheurs ont aussi remarqué que les personnes qui avaient souvent connu des problèmes de santé faisaient preuve de plus d'empathie et d'une plus grande tolérance lorsqu'elles faisaient face, vers la fin de l'âge adulte moyen, à des situations ou à des événements incertains ou ambigus.

Loin de nous l'idée de vouloir atténuer l'ampleur du stress lié aux crises ou aux changements importants de la vie. Nous pensons toutefois que la douleur, les crises ou le stress sont parfois nécessaires – même s'ils ne sont pas suffisants – à une certaine croissance psychologique, tout comme est nécessaire à la fabrication de la perle le grain de sable dans l'huître. En fait, cette hypothèse nous apparaît réconfortante : elle donne à entendre qu'il y a toujours un enseignement à tirer d'une expérience douloureuse. La vie serait, il nous semble, bien morne sans la possibilité d'une telle évolution.

pour l'avenir. À peu près personne n'échappe à cette prise de conscience du temps qui passe avec à sa suite l'éveil de sentiments mélangés. D'autant plus que l'approche de la cinquantaine ou de la soixantaine peut coïncider avec d'autres moments ou événements comme une déqualification professionnelle, une entrée précoce à la retraite, la ménopause, le rôle de grand-parent, la maladie, la perte d'un proche, etc.

LA PÉRIODE DE L'ÂGE ADULTE AVANCÉ

Si on peut décrire les changements de la personnalité au début de l'âge adulte comme une « individuation », et ceux de l'âge adulte moyen comme un « adoucissement », comment peut-on qualifier ceux qui se produisent à l'âge adulte avancé ? L'adoucissement se poursuit-il ? Y a-t-il d'autres changements ? Au début de l'âge adulte avancé, la personne doit encore reconfigurer ses rôles et en délaisser graduellement certains. C'est une période au cours de laquelle on se réapproprie une certaine liberté dans l'expression de notre être. Erikson (1959, 1982) parle d'un cheminement vers l'intégrité, Peck (1968) précise

ses tâches développementales, tandis que Butler (1963) parle d'un exercice de rétrospection. Enfin, d'autres théoriciens avancent qu'une adaptation appropriée à l'âge avancé passe par le maintien de l'activité ou par le désengagement progressif.

Erikson et les stades psychosociaux

Erikson avance que la personnalité et le développement social chez l'adulte d'âge avancé passent par le *stade de l'intégrité ou du désespoir*.

LE STADE DE L'INTÉGRITÉ OU DU DÉSESPOIR

L'intégrité ou le désespoir forment le huitième et dernier stade du développement psychosocial selon Erikson. Pour le chercheur, l'atteinte de l'intégrité, c'est-à-dire le sentiment d'avoir eu une vie remplie et utile, commence à l'âge adulte moyen, mais caractérise davantage l'âge adulte avancé. Pour atteindre l'intégrité, l'adulte d'âge avancé doit s'accepter tel qu'il est et tel qu'il a été; il doit être en accord avec la façon dont il a mené sa vie, avec les choix qu'il a faits, les occasions qu'il a saisies et manquées. Il doit aussi accepter la mort et son caractère inéluctable. Erikson stipule que l'échec dans l'atteinte de ce stade à l'âge adulte avancé se traduit par un sentiment de désespoir, en raison du peu de temps qui reste avant la mort pour apporter des changements.

Aucune donnée longitudinale ou transversale ne mentionne que les adultes âgés sont plus disposés que les jeunes adultes ou les adultes d'âge moyen à atteindre une telle acceptation de soi. Cependant, quelques résultats de recherches indiquent que les aînés sont plus portés à la réflexion et sont parfois plus philosophes que leurs cadets (Prager, 1998). De plus, ceux qui utilisent leurs nouvelles habiletés de réflexion philosophique afin d'atteindre l'intégrité personnelle sont moins susceptibles d'avoir peur de la mort. Il semblerait aussi que les adultes d'âge avancé ont plus souvent tendance que les jeunes adultes à éprouver de l'amertume lorsqu'ils n'ont pas atteint certains de leurs objectifs, ce qui est un indice du sentiment de désespoir dont parle Erikson, qui serait plus répandu à l'âge avancé qu'aux autres âges (Levine et Bluck, 1997).

Afin de vérifier ces différentes hypothèses, Maxine Walaskay (Walaskay, Whitbourne et Nehrke, 1983-1984) a utilisé une méthode semblable à celle de Marcia dans la description des états d'identité. Elle a classé les adultes âgés en fonction des quatre états suivants :

- *L'atteinte de l'intégrité* La personne est consciente de son vieillissement, elle est capable d'accepter sa vie telle qu'elle l'a vécue, et elle peut s'adapter aux changements.
- *Le désespoir* La personne évalue négativement sa vie : elle ne l'accepte pas et elle est convaincue qu'elle ne peut plus rien faire, car elle n'a plus assez de temps. Elle éprouve de l'amertume, du ressentiment et des regrets.

Bien qu'il présente une trajectoire de vie qui suit les normes, cet homme n'a pas encore atteint l'âge de 65 ans. Comme il a prévu le moment de sa retraite, il n'éprouvera que peu de stress au cours de cette transition.

- *L'identité forclose* La personne est satisfaite de sa vie présente, mais elle résiste à toute exploration de soi et refuse de faire le bilan de sa vie.
- *La dissonance* La personne tente de résoudre le dilemme de l'intégrité et se sent indécise ou ambivalente.

Après avoir classé, à l'aide de ses entrevues, un groupe de 40 adultes âgés, puis évalué leur peur de la mort et leur niveau de satisfaction, Walaskay a découvert que les personnes qui avaient atteint l'intégrité ou l'identité forclose étaient plus satisfaites de leur vie et moins anxieuses devant la mort. Une telle étude n'apporte cependant que quelques indications. Étant donné qu'il y a peu de différence entre les états d'intégrité et d'identité forclose sur le plan de la satisfaction ou de la peur, on ne peut pas en conclure que l'acceptation de sa vie soit un élément nécessaire au contentement de soi ou même à l'adaptation à l'âge adulte avancé. Il serait utile de recueillir un plus grand nombre de données de même nature sur ce sujet.

La résolution du stade   Le désespoir constitue le pôle opposé de l'intégrité, auquel s'ajoute l'amertume. Le désespoir peut s'exprimer par la prise de conscience qu'il ne reste pas assez de temps devant soi pour réparer les erreurs du passé ou recommencer sa vie. La personne n'accepte pas le caractère définitif de son existence et elle peut refuser ou craindre de mourir. La force adaptative de ce stade est la *sagesse*, qui émerge du conflit entre l'intégrité et le désespoir. L'éventail des relations qu'une personne juge précieuses s'étend alors à l'humanité entière.

Peck et l'adaptation à l'âge adulte avancé

Comme nous l'avons vu, Robert Peck a élargi la théorie d'Erikson et proposé sept stades additionnels : les quatre premiers concernent l'âge adulte moyen et les trois derniers, l'âge adulte avancé. Nous allons maintenant aborder les trois derniers stades de l'adaptation à l'âge adulte avancé. Pour Peck, ces stades représentent des passages nécessaires à une adaptation adéquate à cet âge de la vie.

LA DIFFÉRENCIATION DE L'EGO PLUTÔT QUE LA PRÉOCCUPATION DU RÔLE DE TRAVAILLEUR

Le développement constitue un processus dynamique et continu. Le développement de la personnalité ne s'achève donc pas à l'âge adulte moyen, et il se poursuit tout au long de la vie. Au moment de la retraite, l'individu doit modifier son concept de soi afin d'inclure d'autres rôles que celui de travailleur, une façon de faire face à la tâche émotionnelle que représente la retraite. Les adultes qui présentent des problèmes d'adaptation à cette étape de leur vie sont ceux qui éprouvent des difficultés à se définir autrement que par les préoccupations relatives au travail.

LA TRANSCENDANCE DU CORPS PLUTÔT QUE LA PRÉOCCUPATION DU CORPS

Les adultes qui arrivent à composer efficacement avec le processus du vieillissement sont ceux qui sont capables de se détacher du déclin graduel de leurs fonctions physiques et cognitives (santé physique et mentale) et qui peuvent se tourner vers d'autres sources de compensation, telles les relations interpersonnelles.

LA TRANSCENDANCE DU MOI PLUTÔT QUE LA PRÉOCCUPATION DU MOI

Peck considère cette tâche comme la plus difficile. Il s'agit de transcender ses propres préoccupations au sujet de sa personne et de sa vie, ce qui suppose qu'il faut accepter le caractère inévitable de la mort. Cette tâche suppose aussi que la personne âgée se sente satisfaite de ce qu'elle a fait pour les autres et pour la société (éducation des enfants, réalisations professionnelles, etc.).

Butler : la réminiscence ou la rétrospection

Selon certains chercheurs qui se sont inspirés de la théorie d'Erikson, la **réminiscence** fait partie des tâches du développement de l'âge adulte avancé et constitue une condition de l'atteinte de l'intégrité. Ainsi, pour qu'une personne adopte un point de vue positif sur sa vie, il serait essentiel qu'elle se penche sur son passé, qu'elle évalue ses expériences et ses conflits non résolus et qu'elle fasse un bilan de sa vie qui lui procure un sentiment de satisfaction. Robert Butler décrit ce cheminement universel comme une *rétrospection* (Butler, 1963). Il stipule qu'au cours de ce stade final de la vie, qui nous prépare à l'imminence de notre mort, nous nous engageons dans une analyse et une évaluation de notre vie passée. Cependant, peu de psychologues du développement diront aujourd'hui que l'unique objectif de la réminiscence, ou le plus important, est de permettre à l'individu de se préparer à la mort. Au contraire, les recherches récentes tentent plutôt d'établir un lien entre la réminiscence et la santé.

D'entrée de jeu, il est important de préciser que la réminiscence s'observe dans tous les groupes d'âge adulte. En fait, les jeunes adultes effectuent plus souvent ce type d'analyse que les adultes d'âge moyen ou les adultes d'âge avancé (Parker, 1999). De plus, les effets émotionnels de la réminiscence sont associés à l'âge. Pour les jeunes adultes, la réminiscence évoque davantage des émotions négatives, alors qu'elle constitue une activité plus positive chez les personnes âgées.

Certains chercheurs du développement ont émis l'hypothèse que l'objectif de la réminiscence chez le jeune adulte n'était pas le même que chez la personne âgée (Webster et McCall, 1999). Les jeunes adultes utilisent davantage ce type d'analyse pour chercher des méthodes de résolution de problèmes (par exemple, comment ai-je résolu ce problème la dernière fois ?). Pour les adultes âgés, la réminiscence est une façon de communiquer et de transmettre leur expérience aux jeunes adultes. En fait, les personnes âgées qui considèrent la réminiscence comme faisant partie d'un processus intergénérationnel l'utilisent plus souvent que celles qui ne partagent pas cette opinion (Muthesius, 1997).

L'hypothèse selon laquelle la réminiscence serait associée à une expérience émotionnelle positive chez les personnes âgées a grandement influencé les spécialistes en gérontologie (médecins, psychologues, travailleurs sociaux, infirmières), qui ont d'ailleurs conçu de nombreuses interventions basées sur ce modèle. Plusieurs études ont démontré que cette approche pouvait améliorer la satisfaction de vivre chez les personnes âgées qui demeuraient en centre d'hébergement (Lin, Dai et Hwang, 2003). De plus, des thérapies qui s'appuient sur la structure de la réminiscence ont connu du succès dans le traitement de la dépression chez les personnes âgées (Watt et Cappeliez, 2000). Les psychologues du développement ont observé qu'en général les personnes âgées manifestaient de l'intérêt pour la réminiscence (Atkinson et autres, 1999). Cependant, certaines questions restent sans réponse malgré les avantages indiscutables de cette approche pour les personnes de ce groupe d'âge. La réminiscence serait-elle l'expression d'un besoin de raconter sa vie et d'éprouver du plaisir à se souvenir du passé ? Jusqu'à quel point le processus qui comprend la réminiscence et le bilan de vie constitue-t-il un ingrédient indispensable à l'atteinte du stade de l'intégrité à la fin de sa vie ?

La théorie de l'activité et la théorie du désengagement

Une dernière approche met l'accent sur le contraste entre le maintien de l'activité (théorie de l'activité) et le désengagement graduel (théorie du désengagement). La question fondamentale qui se pose est la suivante : laquelle de ces deux théories constitue une condition nécessaire à un vieillissement normal et sain (santé physique et mentale) ? Autrement dit, vaut-il mieux demeurer actif le plus longtemps possible (extériorisation) ou se retirer graduellement (intériorisation) ?

Réminiscence Analyse et évaluation des expériences du passé qui, selon Butler, constituent une tâche essentielle à l'acceptation du vieillissement.

Les chercheurs qui prônent la **théorie de l'activité** affirment que plus une personne est active et engagée dans différents rôles, plus elle est satisfaite de sa vie, plus elle est en santé, et plus son moral est bon (Adelmann, 1994; Bryant et Rakowski, 1992; George, 1996; McIntosh et Danigelis, 1995). L'effet n'est pas considérable, mais il est constant. Un engagement social important est associé à des conséquences positives même chez les personnes âgées qui souffrent d'incapacités, telles que l'arthrite, et dont l'activité sociale entraîne davantage de douleur et de désagrément physique que l'inactivité (Zimmer, Hickey et Searle, 1995). Par ailleurs, dans toutes les études approfondies sur le mode de vie des adultes d'âge avancé, on relève des cas d'individus socialement isolés qui mènent une vie satisfaisante et dont les passe-temps les absorbent complètement (Maas et Kuypers, 1974; Rubinstein, 1986).

Élaborée par Cumming et Henry (1961), la **théorie du désengagement** décrit le modèle psychologique central de l'âge adulte avancé qu'ils ont observé. Selon la reformulation de Cumming (1975), cette théorie comporte trois aspects:

- *Le rétrécissement de l'espace de vie* Au fur et à mesure qu'elle vieillit, la personne âgée entretient de moins en moins de relations avec autrui, et elle tient de moins en moins de rôles.
- *L'augmentation de l'individualité* Dans les rôles et les relations qui subsistent à l'âge avancé, l'adulte subit de moins en moins l'influence de règles et d'attentes précises.
- *L'acceptation des changements* La personne âgée en bonne santé se détache elle-même de ses rôles et de ses relations; elle se tourne de plus en plus vers sa vie intérieure, s'éloignant ainsi des autres.

Les deux premiers aspects de la théorie du désengagement semblent faire l'unanimité. Toutefois, le troisième aspect est très controversé. Cumming et Henry soutiennent que la réaction normale et saine au rétrécissement des rôles et des relations à l'âge adulte avancé consiste à prendre du recul, à cesser de chercher de nouveaux rôles, à passer plus de temps seul et à se tourner vers sa vie intérieure. Essentiellement, ces auteurs proposent une sorte de changement de la personnalité, et non seulement un retrait graduel de la vie sociale. Il serait donc possible de choisir un mode de vie détaché à l'âge adulte avancé et de s'en trouver satisfait. Cependant, un tel désengagement n'est pas nécessaire à la santé mentale de la plupart des adultes âgés. Et même, une certaine forme d'engagement social est à la fois un signe, et probablement une cause, d'un meilleur moral et d'un faible niveau de dépression ou d'autres troubles psychologiques (Zunzunegui, Alvarado, Del Ser et Otero, 2003). Même si les rôles et les relations interpersonnelles régissent moins notre vie à l'âge avancé qu'à un plus jeune âge, ils semblent constituer un élément essentiel à notre équilibre affectif, du moins pour la plupart d'entre nous.

Certaines personnes âgées sont heureuses de mener une vie solitaire. Cependant, le désengagement de la vie sociale n'est ni un choix typique ni un choix optimal pour la plupart des personnes âgées.

Pause APPRENTISSAGE

Les perspectives théoriques

1. Définissez le stade de l'intimité ou de l'isolement d'Erikson. Quelle en est la force adaptative?

2. Expliquez l'approche de Levinson et précisez ce qu'il entend par la notion de rêve.

3. Définissez le stade de la générativité ou de la stagnation selon Erikson. Quelle en est la force adaptative?

4. Expliquez les quatre tâches de Peck associées à l'âge adulte moyen.

5. Expliquez ce que Levinson entend par crise du mitan de la vie.

6. Définissez le stade de l'intégrité ou du désespoir dans la théorie d'Erikson. Quelle en est la force adaptative?

7. Expliquez les trois stades de l'adaptation personnelle à l'âge adulte avancé de Peck.

8. Définissez le concept de la réminiscence dans le modèle de Butler.

9. Expliquez la théorie de l'activité et la théorie du désengagement élaborées par Cumming et Henry.

Théorie de l'activité Théorie qui soutient qu'il est normal et sain pour les personnes âgées de demeurer actives le plus longtemps possible.

Théorie du désengagement Théorie élaborée par Cumming et Henry, selon laquelle le détachement progressif, ou désengagement, de la vie sociale à l'âge adulte avancé constitue une réaction normale et saine au vieillissement.

LE DÉVELOPPEMENT DES RÔLES SOCIAUX

La période du début de l'âge adulte est celle de l'acquisition de trois principaux rôles. C'est en général à ce moment de notre existence que nous choisissons un partenaire amoureux (rôle conjugal), que nous devenons parent (rôle parental) et que, en même temps, nous nous établissons dans notre travail (rôle de travailleur).

LES DÉFIS DE L'ÂGE ADULTE

Avant d'aborder ces divers rôles sociaux qui constituent les grands défis de l'âge adulte, voyons les différentes étapes menant à leur acquisition. Le jeune adulte doit s'établir dans la vie. Il termine ses études, entreprend une carrière, affermit ses relations amicales, s'investit dans une relation amoureuse et choisit son style de vie. Le calendrier est impressionnant, et on comprend aisément qu'il peut représenter une source importante de stress quand on considère les pressions sociales qui y sont associées.

Le départ de la maison et le désir d'autonomie

Le processus d'acquisition des rôles sociaux est marqué, voire déclenché, par le départ de la maison. Dans les pays industrialisés, les jeunes adultes traversent souvent une *phase de transition* au cours de laquelle ils ne vivent plus avec leur famille, sans être mariés ou en union libre (Thorton, Young-DeMarco et Goldscheider, 1993). Pour un grand nombre de jeunes adultes, cette période de transition se produit souvent lors de leur entrée au collège ou à l'université; pour d'autres, elle arrive lorsqu'ils quittent la maison pour vivre de manière autonome, particulièrement lorsqu'ils obtiennent un emploi à temps plein.

Le départ de la maison signifie bien plus qu'un simple changement de lieu de résidence. Il suppose un processus d'émancipation psychologique majeur. Au cours de ce processus, le jeune adulte introduit une certaine distance émotionnelle dans sa relation avec ses parents. En fait, il doit reporter l'attachement central qui le lie à ses parents vers un partenaire amoureux ou vers un ou plusieurs pairs.

Cependant, cela ne signifie pas que l'attachement aux parents prend fin à l'âge adulte (Cicirelli, 1991). La plupart des adultes gardent toute leur vie des contacts réguliers avec leurs parents et sont profondément affligés par leur décès. Il arrive souvent qu'une personne ait recours à la présence réconfortante de ses parents lorsqu'elle subit un stress intense, ce qui témoigne de l'attachement qui existe encore. Toutefois, cet attache-

Le départ de la maison n'est pas toujours un moment facile, mais tous les jeunes adultes doivent partir un jour ou l'autre, que ce soit pour aller étudier ou travailler.

ment diminue nettement au début de l'âge adulte. C'est grâce à cette évolution que la relation avec un partenaire intime pourra devenir l'attachement central de la vie affective; c'est aussi grâce à la baisse de son attachement à ses parents que le jeune adulte sera capable de les considérer avec plus d'objectivité, en tant qu'individus et non plus seulement en tant que parents.

Pour la plupart des personnes, cette émancipation se produit au début de la vingtaine. Aux questions «Qui est la personne dont vous n'aimeriez pas être séparé?» ou «Qui est la personne sur laquelle vous pouvez toujours compter?», les enfants et les adolescents répondent généralement qu'il s'agit de leurs parents, tandis que les adultes nomment le plus souvent leur conjoint et ne mentionnent presque jamais leurs parents (Hazan et autres, 1991).

Selon certaines recherches, les relations avec les mères sont plus intimes que les relations avec les pères (Rossi, 1989), et les relations avec les parents divorcés tendent à devenir moins intimes, particulièrement avec le père (Cooney, 1994; Webster et Herzog, 1995). D'autre part, on observe que si les adultes d'âge moyen et avancé s'occupent parfois par obligation de leurs parents âgés, ils le font en général par affection véritable.

Enfin, les jeunes adultes dotés d'un attachement sécurisant semblent traverser la période de transition plus facilement que ceux dont l'attachement est insécurisant de type ambivalent (Zirkel et Cantor, 1990). Tout comme l'enfant fortement attaché se sent physiquement à l'aise lorsqu'il s'éloigne de ses parents et qu'il explore son environnement, un jeune adulte fortement attaché se défait plus facilement du lien psychologique qui le lie à ses parents.

L'accession à l'autonomie constitue la tâche développementale centrale pour le jeune adulte.

Le maintien des relations familiales

Le nombre et le type de contacts qu'un jeune adulte entretient avec ses parents dépendent largement de la proximité. La plupart des jeunes adultes continuent de voir régulièrement leurs parents et de leur parler par téléphone, même si leur sentiment d'attachement envers eux se transforme. Par ailleurs, les contacts avec les frères et sœurs s'avèrent en général moins fréquents.

Se construire une escorte sociale

Au début de l'âge adulte, chacun de nous établit ce que Toni Antonucci (1990, 1994b) appelle une **escorte sociale**, «une couche protectrice formée des membres de la famille et d'amis, qui entoure la personne et l'aide à surmonter efficacement les difficultés de la vie» (Antonucci et Akiyama, 1987a, p. 519), et qui peut aussi comprendre le conjoint. Pour la plupart d'entre nous, un tel réseau demeure assez stable tout au long de l'âge adulte; et même s'il n'est pas toujours composé des mêmes personnes, sa taille de même que la satisfaction du soutien qu'il nous procure semblent relativement constantes.

LES RÔLES SOCIAUX

La plupart des adultes considèrent que les tâches développementales du début de l'âge adulte font partie des événements les plus marquants de leur existence. L'accession à l'autonomie nous permet alors d'aborder les rôles sociaux typiques de notre culture. Pour mieux comprendre le processus d'acquisition des rôles sociaux, définissons d'abord plus précisément le concept de rôle social.

Le concept de rôle social

Toute structure sociale est composée de différents acteurs dotés de divers statuts qui forment un réseau. Ainsi, l'employeur, le travailleur et l'étudiant font partie d'un réseau social. Le **rôle social** englobe le statut social et le modèle associé à ce statut, c'est-à-dire les attitudes, les comportements et les caractéristiques associés à la personne qui occupe ce statut. En fait, le rôle social constitue une description de la fonction; par exemple, un professeur doit connaître la matière qu'il enseigne, la communiquer clairement, être bien préparé et organisé, être un bon modèle pour ses élèves, etc. Cet ensemble de comportements et de qualités qu'on attend d'un professeur détermine son rôle dans la société ainsi que les stéréotypes qui y sont rattachés.

Pour bien comprendre le processus du développement, il est important de préciser les divers aspects du rôle social. Il faut d'abord savoir que les rôles sont, en partie tout au moins, propres à la culture et à la cohorte, comme l'est le rôle de professeur, qui varie selon les cultures et les époques. De plus, le fait d'assumer différents rôles simultanément peut faire naître des conflits, car il est parfois difficile de concilier différents rôles, par exemple celui d'étudiant, de travailleur, de conjoint et de fils. Les sociologues parlent de **conflit de rôles** lorsqu'il y a incompatibilité tout au moins partielle entre deux rôles, soit parce que chacun des rôles exige des comportements différents, soit parce que leurs exigences respectives nécessitent plus d'heures que n'en compte une journée. Par contre, lorsqu'une personne doute de sa capacité à répondre aux exigences de l'un de ses rôles, des **tensions de rôle** apparaissent. Une mère qui se sent incompétente parce qu'elle n'arrive pas à empêcher son enfant de deux ans de dessiner sur les murs éprouve ce genre de tension, tout comme le nouveau diplômé qui vient de décrocher son premier emploi et qui met en doute ses

---

Escorte sociale Selon Antonucci, ensemble des individus qui constituent le réseau social intime d'une personne qui l'accompagnent à travers les divers stades de l'âge adulte.

Rôle social Notion empruntée à la sociologie qui comprend le statut social et le modèle qui y est associé, c'est-à-dire les comportements et les attitudes propres à un statut social donné – par exemple, ce qu'on attend d'un professeur, d'un caissier ou d'un conjoint. Chaque individu occupe plusieurs rôles dans la société.

Conflit de rôles Conflit logistique ou psychologique résultant de l'incompatibilité entre deux ou plusieurs rôles.

Tension de rôle Tension produite par le sentiment d'incompétence éprouvé par un individu qui met en doute ses aptitudes ou ses qualités à bien jouer l'un de ses rôles.

habiletés à bien effectuer son travail. Abordons maintenant les principaux rôles sociaux (conjoint, parent et travailleur) ainsi que les étapes menant à leur acquisition.

Pause APPRENTISSAGE

Les défis de l'âge adulte et les rôles sociaux

1. Qu'est-ce que la phase de transition chez le jeune adulte ?

2. Expliquez comment se modifie l'attachement aux parents lors du départ de la maison.

3. Définissez ce qu'est une escorte sociale.

4. Expliquez la notion de rôle.

5. Quelle différence existe-t-il entre un conflit de rôles et une tension de rôle ?

6. Quels sont les trois principaux rôles que doit assumer une personne au début de l'âge adulte ?

LE RÔLE DE CONJOINT

Comme nous l'avons vu dans le chapitre précédent, le sentiment de solitude atteint un sommet au début de l'âge adulte, lorsque de nombreux jeunes adultes qui se sont partiellement détachés de leurs parents n'ont pas encore noué de relations intimes avec un partenaire. Nous utilisons délibérément le terme *partenaire* plutôt que celui de *conjoint*, car nous voulons inclure ici tous les types de relations, qu'elles soient homosexuelles ou hétérosexuelles, avec ou sans cohabitation, ou conjugales. Les informations dont nous disposons sur les deux premiers types de relations ne sont que partielles, mais les recherches effectuées jusqu'à présent portent à croire que les trois types de relations font appel aux mêmes processus.

Le choix d'un partenaire

Qu'est-ce qui nous attire chez un individu et nous éloigne d'un autre ? Pourquoi certains couples se séparent-ils tandis que d'autres décident de se marier ? La théorie de l'homogamie est une des approches qui tentent d'apporter des réponses à ces questions.

LA THÉORIE DE L'HOMOGAMIE

Des recherches effectuées par des sociologues montrent clairement que le facteur le plus important dans le choix d'un partenaire est la ressemblance, celle-ci constituant également un motif d'attirance. Nous sommes attirés par les personnes qui nous ressemblent à divers égards, notamment l'âge, la scolarité, la classe sociale, l'ethnie, la religion, le comportement, les champs d'intérêt ou le tempérament. L'homogamie éducationnelle, c'est-à-dire l'union de personnes qui ont le même degré de scolarité, a d'ailleurs connu une forte augmentation au Canada et aux États-Unis depuis les années 1970 (Hou et Myles, 2007).

Les sociologues définissent le processus d'*homogamie* comme étant la *formation d'unions assorties*. C'est l'illustration du proverbe *Qui se ressemble s'assemble*. Les relations basées sur l'homogamie ont de meilleures chances de réussir que celles fondées sur les différences entre les partenaires (Murstein, 1986).

La théorie de l'homogamie décrit le choix du partenaire comme une démarche faite de filtres ou d'étapes (Cate et Lloyd, 1992). Selon Bernard Murstein (1986), une personne qui en rencontre une autre applique trois filtres dans l'ordre suivant :

- *Les caractéristiques externes* Cette personne possède-t-elle une allure générale et des manières qui correspondent aux miennes ? Appartient-elle à la même classe sociale que la mienne ?
- *Les attitudes et les croyances* Partageons-nous les mêmes idées sur des sujets fondamentaux comme la sexualité, la religion ou la politique ?
- *La correspondance des rôles* Cette personne conçoit-elle notre relation de la même manière que moi ? Ses opinions sur une relation amoureuse sont-elles en accord avec les miennes ? Nous entendons-nous sur les rôles sexuels appropriés ? Sommes-nous compatibles sexuellement ? Par exemple, si l'un des partenaires recherche une grande ouverture d'esprit et que l'autre hésite à exprimer ses sentiments, ces deux personnes n'auront aucune affinité à cette étape.

Les psychologues ne sont pas encore parvenus à élaborer une théorie expliquant les élans de romantisme comme celui-ci.

Cette photographie ne nous permet pas de dire quel est le modèle interne d'attachement de cette jeune femme, mais nous savons qu'il influera sur ses attentes et sur son comportement envers son conjoint.

D'autres recherches confirment que ces filtres sont déterminants dans le processus du choix d'un partenaire, bien qu'ils n'apparaissent pas forcément dans l'ordre indiqué par Murstein. Comme ils interviennent dans la réaction initiale d'une personne lors d'une première rencontre, ils peuvent donner l'impression que le processus est rationnel et réfléchi. Or, il ne faut pas négliger la puissante influence de l'attirance sexuelle, de la personnalité et des modèles de l'attachement dans le choix d'un partenaire et dans la relation qui se tisse avec lui.

LE RÔLE DE L'AMOUR

On peut aussi examiner le processus du choix d'un partenaire en s'éclairant des travaux de psychologues sociaux qui ont tenté de comprendre les différences observées dans les relations amoureuses chez les adultes. Ainsi, selon la théorie de Robert Sternberg (1987), l'amour serait fait de trois composantes essentielles :

- *L'intimité* Les sentiments qui favorisent le rapprochement (proximité) et l'union ;
- *La passion* Le désir intense de s'unir à l'autre, incluant l'union sexuelle ;
- *L'engagement* La fidélité envers l'autre personne, souvent pour une longue période.

Les différentes combinaisons de ces trois composantes fournissent sept modèles amoureux qui sont présentés à la figure 12.2. Robert Sternberg tente ainsi de

Amour compagnon
Intimité et engagement élevés, mais passion faible. Ce modèle peut caractériser des amitiés à long terme, des relations avec les parents ou des membres de la famille ainsi que des relations amoureuses dont la passion s'est éteinte.

Amour vide
Engagement sans passion ni intimité. Certains mariages et certaines amitiés suivent ce modèle, car l'intimité et la passion n'ont pas survécu au passage du temps. Certaines relations parent-enfant correspondent aussi à ce modèle.

Amitié
Intimité élevée, mais passion et engagement faibles. Plusieurs amitiés suivent ce modèle.

Amour achevé
Présence des trois composantes : intimité, engagement et passion.

Amour insensé
Passion et engagement élevés, mais absence d'intimité. Les fréquentations sont souvent orageuses. L'engagement est basé sur la passion plutôt que sur l'intimité, laquelle peut toutefois apparaître par la suite.

Amour romantique
Passion et intimité élevées, mais engagement faible. Ce modèle caractérise souvent les premières étapes d'une relation amoureuse. Lorsqu'il y a engagement, ces relations deviennent plus stables.

Béguin
Passion élevée mais passagère, avec intimité et engagement faibles.

Figure 12.2
Les modèles amoureux de Sternberg
La théorie de Sternberg présente trois composantes de l'amour : l'intimité, la passion et l'engagement. Les relations amoureuses s'établissent en fonction de la présence ou de l'absence de ces composantes.

comprendre et de décrire le vaste éventail des relations amoureuses adultes, sans se confiner exclusivement à celles qui concernent l'attachement.

Ce qui se dégage des théories de Murstein et de Sternberg, c'est notre besoin de comprendre la *qualité* des différentes relations amoureuses, notamment la qualité des modèles d'attachement que l'adulte y apporte et le niveau d'intimité, de passion et d'engagement qu'il y investit.

L'évolution de la relation conjugale au début de l'âge adulte

Lorsque deux personnes se marient ou décident d'habiter ensemble, comment leur relation évolue-t-elle dans les années qui suivent ? Existe-t-il des changements prévisibles ou des modèles de développement ? Qu'ils aient eu ou non un enfant, les couples disent connaître une diminution de l'intensité amoureuse pendant la première année de mariage (Huston et Chorost, 1994). Ce phénomène nous laisse croire que le changement relèverait de la relation et non pas d'une tension issue de la maternité. Pendant la même période, les activités que partageait le couple se transforment elles aussi. Dans les premiers mois d'union conjugale, les partenaires s'adonnent ensemble à des loisirs mais, après un an de vie commune, ils partagent surtout les tâches domestiques (épicerie, travaux ménagers, etc.).

Au cours de cette même première année, enfin, il semble que la satisfaction diminue, car les comportements agréables ou plaisants se feraient plus rares. Puisque les marques d'affection déclinent, la satisfaction conjugale diminue. Ces observations sont confirmées par les plus récentes recherches qui portent sur les causes de la stabilité, de l'instabilité, de la satisfaction et de l'insatisfaction dans les unions.

LA QUALITÉ DE LA RELATION

Plusieurs des facteurs les plus déterminants quant au succès d'une union conjugale étaient présents bien avant le mariage. Les deux conjoints apportent dans la relation certaines habiletés, certaines ressources et certains traits de caractère qui influent sur la relation en formation. Et la personnalité des conjoints, en particulier, tiendrait une place importante dans l'issue de la relation (Arrindell et Luteijn, 2000 ; Haring, Hewitt et Flett, 2003). Ainsi, un niveau élevé de névrosisme (instabilité émotionnelle) chez l'un des conjoints constituerait le meilleur indicateur de divorce (Robins et autres, 2000). De plus, les attitudes quant au divorce nuisent à la stabilité du mariage : les couples qui affichent une plus grande tolérance relativement au divorce sont moins susceptibles d'être satisfaits dans leur mariage que ceux qui perçoivent le divorce comme un aboutissement indésirable (Amato et Rogers, 1999).

Un autre facteur important semble être le type d'attachement des partenaires amoureux. Les recherches sur l'attachement présentent un grand intérêt, car elles nous permettent d'établir un lien entre le développement de l'enfant et celui de l'adulte, et de souligner l'influence des modèles internes d'attachement sur notre comportement dans diverses situations. Dans cette perspective, chacun de nous a tendance à recréer son modèle interne d'attachement dans ses relations amoureuses. La recherche va dans le sens de cette hypothèse. Ainsi, dans une étude dont l'échantillon était composé de jeunes couples sur le point de se marier, on a découvert que les deux tiers des personnes présentaient le même type d'attachement (sécurisant, ambivalent ou fuyant) lorsqu'elles décrivaient leurs relations amoureuses et les relations avec leurs parents (Owens et autres, 1995).

D'autre part, les adultes qui présentent un attachement sécurisant ont tendance à faire confiance aux autres, à considérer leur conjoint comme un ami et un amant, à être rarement jaloux et à ne pas douter de la réciprocité de leurs sentiments. Ces adultes soutiennent davantage leur conjoint dans les situations tendues ou stressantes, et recherchent plus facilement du réconfort auprès de lui. Les adultes qui présentent un attachement insécurisant manquent d'assurance dans leurs relations, doutent de la réciprocité de leurs sentiments, sont jaloux et se montrent très préoccupés par leurs relations. Quant aux adultes présentant un attachement insécurisant de type ambivalent ou fuyant, ils sont plus malheureux dans leurs relations, font moins confiance aux autres, évitent l'intimité, se confient très peu et acceptent plus difficilement l'autre. Dans une situation tendue ou stressante, ils recherchent moins de soutien et offrent moins de réconfort. Puisqu'ils s'attendent à être rejetés, ils évitent de s'engager.

Enfin, la qualité des interactions qui s'établissent au sein du couple est aussi essentielle à sa réussite. Les adultes qui ont de bonnes habiletés de communication et de résolution de problèmes sont plus susceptibles de bâtir de meilleurs rapports entre eux. Toutefois, c'est le caractère positif ou négatif de l'interaction qui semble l'élément le plus important, quelle que soit la façon dont il s'exprime. Une étude de John Gottman (1994a) montre très clairement que la différence primordiale entre un couple heureux et un couple malheureux est la relative amabilité ou agressivité dans les conversations quotidiennes. Lorsque la quantité des interactions négatives dépasse celle des interactions positives, la relation devient *chaotique*, et les problèmes ont tendance à s'amplifier au lieu de se résoudre. Si cette augmentation est graduelle, le sentiment par rapport à la relation se modifie rapidement et amène l'individu à envisager la séparation et le divorce.

Les couples homosexuels

Le mouvement international en faveur de la légalisation du mariage entre conjoints de même sexe prend de plus en plus d'ampleur. Ces dernières années, les spécialistes du développement ont donc déployé des efforts accrus pour vérifier dans quelle mesure les prédicteurs de stabilité et de satisfaction chez les couples hétérosexuels s'appliquaient aussi aux couples homosexuels (Kurdek, 1998).

La sécurité de l'attachement semble être un facteur de stabilité et de satisfaction tout aussi important chez les couples homosexuels que chez les couples hétérosexuels (Elizur et Mintzer, 2003). Comme dans les couples homme-femme, le névrosisme chez l'un des partenaires ou chez les deux influe sur la durée et la qualité de la relation dans les couples de même sexe (Kurdek, 1997, 2000). De plus, les couples homosexuels se querellent sur les mêmes sujets que les couples hétérosexuels et, comme ces derniers, entretiennent de meilleures relations lorsque les deux partenaires ont des antécédents similaires et un même niveau d'engagement l'un envers l'autre (Krueger-Lebus et Rauchfleisch, 1999; Kurdek, 1997; Peplau, 1991; Solomon, Rothblum et Balsam, 2004).

Ces similarités mises à part, on observe d'importantes différences entre les deux types de relations. D'abord, les partenaires des couples de même sexe dépendent souvent davantage l'un de l'autre que les partenaires des couples hétérosexuels pour ce qui est du soutien social. Ce phénomène s'explique par le fait que les gais et les lesbiennes se retrouvent souvent isolés de leur famille, la plupart du temps parce que celle-ci désapprouve leur orientation sexuelle (Hill, 1999). De nombreux gais et lesbiennes se bâtissent donc des *familles d'élection*. Typiquement constitués de leur partenaire stable et d'un cercle d'intimes, ces réseaux sociaux leur fournissent le même type de soutien social que la plupart des adultes hétérosexuels trouvent dans leur famille d'origine (Kurdek, 2003; Weeks, 2004).

Une autre différence importante réside dans la relation de pouvoir entre les partenaires. Les couples homosexuels semblent plus égalitaires que les couples hétérosexuels, moins soumis à une division des rôles. Ainsi, il est assez rare qu'un ou une des partenaires y tienne le rôle de l'«homme», et l'autre, celui de la «femme»; le pouvoir et les tâches se partagent plus

également. Toutefois, certaines recherches indiquent que cela est plus vrai chez les couples lesbiens, pour qui l'égalité des rôles est souvent un idéal philosophique, que chez les couples gais (Kurdek, 1995a).

La troisième différence concerne les attentes relatives à l'exclusivité sexuelle. La très grande majorité des partenaires hétérosexuels — hommes et femmes — disent s'attendre à ce que leur partenaire leur reste fidèle sur le plan sexuel. De même, les partenaires lesbiennes tiennent souvent à l'exclusivité sexuelle. Par contre, même lorsqu'ils entretiennent des relations à long terme, les partenaires gais ne jugent pas nécessairement la fidélité sexuelle essentielle à leur couple. Selon les thérapeutes conjugaux, les hommes gais trouvent l'exclusivité sexuelle importante, mais la plupart y voient une question négociable (LaSala, 2001).

Le célibat

De nombreux adultes restent célibataires par choix. Les effets du célibat à l'âge adulte dépendent donc souvent de la raison qui en est à la source. Par exemple, le célibat ininterrompu peut être associé à une plus grande autonomie individuelle et à une capacité de croissance personnelle plus importante qu'un itinéraire de vie marqué par le divorce ou par la perte d'un conjoint ou d'une conjointe (Marks et Lamberg, 1998). Notons que les enquêtes et les statistiques étiquettent trop souvent comme «célibataires» les nombreux adultes des deux sexes qui vivent une relation de couple hors du mariage ou sans cohabitation. Cependant, si on les compare aux adultes mariés ou cohabitant avec leur partenaire, les

Nous ne savons pas pourquoi cet homme est célibataire. En revanche, nous savons que cette situation lui fait courir un risque plus élevé de souffrir de troubles de santé physique et mentale. Bien sûr, s'il dispose d'autres sources de soutien émotionnel, il pourra éviter de telles conséquences négatives.

célibataires de cette catégorie trouvent plus souvent dans leur famille d'origine une source importante d'intimité psychologique et émotionnelle ; leurs amis proches sont aussi plus susceptibles de jouer un rôle prédominant dans leur réseau social (Allen et Pickett, 1987 ; Campbell, Connidis et Davies, 1999).

Le nombre d'années vécues en tant que célibataire semble également une variable importante dans l'influence du célibat sur le développement. Les psychologues du développement ont découvert que les célibataires de longue date traversent une période de transition qui les amène à se voir de moins en moins comme des personnes qui se marieront ou vivront en couple un jour, mais comme des célibataires par choix (Davies, 2003). Le célibat devient alors une composante positive importante de leur identité. Ce type d'affirmation de soi peut protéger les célibataires contre certaines des conséquences négatives du célibat sur la santé.

La rupture de la relation

Pour beaucoup de personnes, le début de l'âge adulte signifie aussi l'échec de la relation de couple. En fait, la majorité des ruptures conjugales surviennent au début de l'âge adulte. Il est intéressant de noter que près de 70 % des personnes séparées ou divorcées se remarieront ou amorceront une nouvelle relation, et que plus de la moitié de ces dernières se sépareront une seconde fois (Gottman, 1994a). Ce n'est donc pas la formule du mariage ou de l'union qui est en cause, mais bien le choix du conjoint.

Au chapitre 6, nous avons fait mention des principaux effets de la rupture conjugale sur les enfants. Mais les adultes eux-mêmes n'en sont pas moins perturbés. Le divorce ou la séparation peut entraîner des répercussions considérables sur le modèle et la séquence des rôles sociaux. L'âge auquel survient la rupture joue également un rôle dans les conséquences qu'aura l'événement.

LES EFFETS PSYCHOLOGIQUES

Sur le plan psychologique, le divorce constitue un facteur de stress considérable. On l'associe à une augmentation des maladies physiques et des troubles affectifs. Les adultes séparés ou divorcés depuis peu sont plus souvent victimes d'accidents de la route, sont plus sujets au suicide, perdent davantage de journées de travail pour cause de maladie et sont plus enclins à la dépression (Stack, 1992a, 1992b ; Stack et Wasserman, 1993). Ils éprouvent également un profond sentiment d'échec, présentent une baisse de l'estime de soi et se sentent seuls (Chase-Lansdale et Hetherington, 1990). Ces effets négatifs sont à leur paroxysme au cours des premiers mois qui suivent la séparation ou le divorce. Chez les enfants, ils se font sentir davantage dans les 12 à 24 mois suivant l'événement (Chase-Lansdale et Hetherington, 1990 ; Kitson, 1992). Enfin, la rupture conjugale est plus fortement reliée à la dépression chez les hommes que chez les femmes (Rottermann, 2007).

LES TRAJECTOIRES DE VIE

Pour bien des adultes, le divorce modifie également la séquence et l'apparition des rôles familiaux. Même si les femmes divorcées qui ont des enfants sont moins susceptibles de se remarier que les femmes divorcées sans enfants, le remariage augmente le nombre moyen d'années consacré à l'éducation des enfants (Lampard et Peggs, 1999). Dans certains cas, toutefois, ce nombre total d'années peut être considérablement plus élevé, en particulier pour les hommes qui épousent une femme plus jeune qui a de jeunes enfants ou qui veut devenir mère. L'une des conséquences de ce phénomène est la réduction du nombre d'années dont dispose une personne entre le départ du dernier enfant et le moment où ses parents âgés peuvent avoir besoin d'une aide financière ou d'une autre nature.

La séparation apporte un ensemble de nouveaux rôles. En effet, qu'il ait ou non la garde des enfants, le parent doit assumer les rôles de son ex-conjoint : réparer une fuite sur le toit, faire les courses, aller porter les vêtements chez le nettoyeur, etc. Par ailleurs, les mères divorcées sont portées à s'investir davantage dans leur rôle professionnel. Comme la garde des enfants leur incombe habituellement, il n'est pas surprenant qu'elles ressentent de la colère et de la frustration longtemps après le divorce comparativement aux pères qui n'ont pas la garde des enfants (Dreman, Pielberger et Darzi, 1997).

Le remariage ou la nouvelle union engendre souvent un nouveau rôle remarquablement complexe : celui de beau-parent. Lorsque la famille recomposée compte plusieurs enfants, certains stades s'ajoutent au cycle du rôle familial habituel. Par exemple, une femme qui a des enfants au primaire peut se retrouver soudainement mère d'adolescents, ce qui exige d'elle l'acquisition de nouvelles aptitudes. Chacun de ces changements semble être accompagné d'une période d'adaptation et de bouleversements importants.

La violence conjugale

Au Québec, on dénombre près de 14 000 cas de violence conjugale par année. En 2003, le nombre d'agressions à l'endroit des femmes de 12 ans et plus, dans un contexte conjugal, était de 13 840. Les victimes de ces agressions sont deux fois plus nombreuses chez les femmes de 18 à 39 ans que dans les autres groupes d'âge. Un nombre non négligeable de victimes se retrouve chez les adolescentes de 12 à 17 ans. Entre 1997 et 2003, le taux de violence conjugale a augmenté de 14 % (INSP, 2006).

Les chercheurs définissent la **violence conjugale** comme des gestes ou des comportements qui portent atteinte à l'intégrité physique ou psychologique d'un partenaire intime et qui sont destinés à l'intimider ou à le blesser. On considère comme partenaires intimes deux personnes qui se fréquentent régulièrement, qui habitent ensemble, qui sont engagées l'une envers l'autre (mariées ou en union de fait) ou qui ont déjà vécu ensemble. L'expression *violence familiale* fait exclusivement référence à des gestes ou des comportements du même type concernant des individus qui vivent sous le même toit. Partout dans le monde, les femmes risquent davantage d'être maltraitées par un partenaire intime que les hommes.

LES CAUSES

Les anthropologues croient que les attitudes culturelles contribuent aux taux élevés de violence conjugale envers les femmes (Hicks et Gwynne, 1996). Dans bon nombre de sociétés où les femmes sont considérées comme la propriété de l'homme, le fait de battre sa partenaire ne contrevient pas à la loi. Chez nous, il fut une époque où la common law (droit coutumier anglais), en vigueur en Angleterre, aux États-Unis et au Canada, autorisait cette pratique.

Les prescriptions du rôle sexuel assigné à chacun des partenaires peuvent aussi favoriser la violence conjugale. Par exemple, les taux de violence conjugale sont particulièrement élevés chez les femmes japonaises, dont plus de 50 % affirment avoir été maltraitées (Kozu, 1999). Les chercheurs attribuent cette prévalence de la violence conjugale à la croyance culturelle selon laquelle les maris japonais ont une autorité absolue sur leur femme et leurs enfants. De plus, pour éviter de déshonorer son mari, l'épouse japonaise est forcée de cacher les violences qu'elle a subies aux personnes extérieures à la famille.

En plus des croyances culturelles, un certain nombre de caractéristiques propres aux agresseurs et à leurs victimes sont associées à la violence conjugale. Par exemple, on retrouve les mêmes traits de personnalité chez les couples hétérosexuels et homosexuels où s'exerce la violence conjugale (Burke et Follingstad, 1999). Ces traits comprennent une tendance à la jalousie irrationnelle, la dépendance, le besoin de contrôle, des changements d'humeur soudains et un tempérament impulsif (Landolt et Dutton, 1997). Les hommes de tempérament

agressif sont également plus portés à maltraiter leur partenaire (Kane, Staiger et Ricciardelli, 2000). De plus, les hommes qui ont abandonné leurs études secondaires ou qui se retrouvent souvent sans emploi maltraitent plus fréquemment leur partenaire (Kyriacou et autres, 1999).

Les victimes de violence conjugale sont plus susceptibles que d'autres d'avoir été maltraitées au cours de leur enfance (Wyatt et autres, 2000). L'âge constitue également un autre facteur: les jeunes femmes de 16 à 24 ans sont plus exposées à la violence conjugale que les femmes plus âgées (Buss, 1999; Duncan et autres, 1999). On peut attribuer cette différence au fait que les jeunes femmes sont moins autonomes en raison de leur faible niveau de scolarité ou de leur manque d'expérience, qui les empêchent de se dénicher un emploi. De même, elles risquent davantage d'être forcées de s'occuper de leurs enfants si elles ne peuvent trouver un service de garde. Par conséquent, bon nombre de ces femmes continuent de subir la violence de leur partenaire en croyant qu'elles n'ont pas d'autres choix (Kaplan et Sadock, 1991).

Les problèmes d'alcool et de drogue sont plus courants chez les agresseurs et les victimes que chez les partenaires non violents (Kyriacou et autres, 1999; Van Hightower et Gorton, 1998). Une étude approfondie portant sur plus de 8 000 meurtres commis dans des familles a révélé que, pour environ la moitié des homicides entre conjoints, l'auteur du crime, tout comme la victime, avait consommé de l'alcool ou de la drogue (Dawson et Langan, 1994).

LES EFFETS DES ABUS SUR LA PERSONNE

Les femmes maltraitées peuvent souffrir d'anxiété, devenir dépressives et avoir une faible estime de soi (Kaplan et Sadock, 1991). De tels sentiments sont renforcés quand les victimes croient qu'elles ne peuvent sortir du cycle de la violence. Certaines d'entre elles deviennent si déprimées qu'elles envisagent le suicide, alors que d'autres passent à l'acte (NCIPC, 2000).

Être témoin de violence conjugale influe sur le développement de l'enfant. Une étude menée auprès de 420 adultes qui ont été témoins de violence physique entre leurs parents au cours de leur enfance démontre qu'un lien très étroit existe entre la violence parentale et divers problèmes liés au développement (McNeal et Amato, 1998). On a d'ailleurs découvert que bon nombre

---

Violence conjugale Gestes ou comportements visant à intimider ou à blesser un partenaire intime.

de ces adultes avaient des relations médiocres avec leur partenaire et leurs enfants, et que certains d'entre eux étaient devenus des agresseurs ou des victimes.

LA PRÉVENTION

Un respect rigoureux de la loi constitue une approche préventive (Sacco et Kennedy, 1996). Les défenseurs de cette approche soutiennent que les stigmates d'une arrestation peuvent forcer les agresseurs à voir les choses en face et à admettre qu'ils ont un grave problème. Il est également essentiel que les responsables de l'application de la loi ainsi que le personnel hospitalier, qui doit savoir déceler les signes de sévices, suivent des programmes de formation (Hamberger et Minsky, 2000). Ainsi, les médecins et les infirmières pourraient reconnaître les signes de ces abus lors d'examens médicaux de routine (Scholle et autres, 2003) et poursuivre les agresseurs en justice, même lorsque les victimes ne les dénoncent pas.

Il faudrait aussi enseigner des méthodes de résolution de problèmes aux victimes. Au Québec, l'hébergement dans des maisons ou des refuges temporaires est offert aux victimes pour les protéger de nouveaux abus et leur offrir des services d'aide. Des programmes de prévention sont aussi offerts dans la communauté et dans les écoles afin d'éduquer le public et de l'inciter à ne pas tolérer la violence conjugale.

La violence sexuelle

Le jeune adulte est aussi plus susceptible d'être victime de violence sexuelle. La **violence sexuelle** est l'utilisation de contraintes physiques pour amener une personne à avoir un rapport sexuel contre sa volonté. Le fait d'avoir des rapports sexuels avec une personne incapable de comprendre ce qui lui arrive, en raison d'un handicap mental ou d'un état d'inconscience temporaire, est également considéré comme de la violence sexuelle. Le mot *viol* est un terme plus précis qui décrit une relation sexuelle avec pénétration imposée à une personne de sexe masculin ou féminin.

Comme dans le cas de la violence conjugale, les femmes risquent plus que les hommes d'être victimes de violence sexuelle. Au Québec, en 2003, les agressions sexuelles ont représenté 9 % du total des voies de fait (Institut de la statistique du Québec, 2005). On inclut dans ces voies de fait les viols homosexuels. La violence sexuelle se produit surtout dans le contexte d'une relation sociale ou romantique. Des sondages menés aux États-Unis indiquent que 26 % des auteurs de violence sexuelle sont des connaissances de la victime et que 26 % sont des partenaires intimes (NCIPC, 2000). De même, le viol d'un homme par un homme est généralement commis par une connaissance de la victime ou par son partenaire intime (Hodge et Canter, 1998).

Les effets psychologiques sur la victime sont très semblables à ceux qu'entraîne la violence conjugale : la dépression, une faible estime de soi, la peur, l'apparition de dysfonctions sexuelles et du syndrome de stress post-traumatique, aussi bien que la possibilité d'un traumatisme physique et d'une grossesse (Elliott et autres, 2004). Les hommes qui sont violés par d'autres hommes expérimentent parfois des doutes au sujet de leur orientation sexuelle (Kaplan et Sadock, 1991). De plus, les effets psychologiques semblent persister plus d'une décennie chez plusieurs victimes (Elliott et autres, 2004).

Un des types les plus troublants d'agression sexuelle sur de jeunes adultes est le viol commis par un ami ou une connaissance (*date rape*), qui survient dans le contexte d'un rendez-vous amoureux (mais il peut aussi être perpétré par plusieurs individus). Le fait que les hommes croient que le « non » d'une femme signifie plutôt un « oui » contribue à perpétuer ces types d'agressions. Cependant, plusieurs cas de ce viol particulier sont prémédités et impliquent la consommation d'alcool ou de drogues qui lèvent les inhibitions de la victime. Les recherches indiquent que de telles agressions sont souvent plus traumatisantes encore qu'un viol perpétré par un étranger, car la victime entretient la pensée irrationnelle qu'elle aurait pu prévenir l'agression. Les victimes sont abusées après avoir consommé de l'alcool ou, pire, après avoir absorbé à leur insu une drogue dite drogue du viol (*date rape drug*) qui provoque chez elles une amnésie. Elles présentent donc, en général, des pertes de mémoire quant à l'épisode traumatisant, un facteur qui, à long terme, aggrave les conséquences émotionnelles négatives de ces agressions (Gauntlett-Gilbert, Keegan et Petrak, 2004).

Une façon de prévenir ces agressions est d'informer la population et surtout les groupes cibles d'adolescents et de jeunes adultes afin qu'ils puissent reconnaître et éviter les situations ou les comportements potentiellement dangereux (Kalmuss, 2004). Les cours d'autodéfense et l'apprentissage de techniques à la fois verbales et physiques peuvent aussi aider les femmes à réagir plus efficacement et adéquatement lors de situations périlleuses (Hollander, 2004).

Violence sexuelle Utilisation de la force physique pour contraindre une personne à avoir une relation sexuelle.

L'évolution de la relation conjugale à l'âge adulte moyen

De nombreuses études indiquent que la stabilité et la satisfaction conjugale augmentent à l'âge adulte moyen, au moment où les conflits à propos de l'éducation des enfants ou d'autres sujets diminuent (Wu et Penning, 1997). De plus, au fur et à mesure que les couples prennent de l'âge, le nombre d'amis communs augmente alors que les amitiés non partagées diminuent (Kalmijn, 2003). Le réseau social du couple semble plus important et procure probablement un meilleur soutien au cours de l'âge adulte moyen. Ainsi, en dépit de la diversité considérable des relations conjugales à cet âge, cette période de la vie semble moins conflictuelle que le début de l'âge adulte.

L'augmentation de la satisfaction conjugale semble liée à l'accroissement du sentiment de maîtrise de la relation conjugale, qu'on pourrait qualifier de sentiment d'efficacité conjugale (Lachman et Weaver, 1998). Il semblerait que l'adoption de stratégies efficaces de résolution de problèmes contribue au sentiment qu'éprouvent les conjoints d'âge adulte moyen de maîtriser la relation conjugale. La recherche actuelle permet d'illustrer ce dernier point. Par exemple, les chercheurs ont remarqué que les difficultés éprouvées à l'âge adulte moyen sont généralement les mêmes que celles du début de l'âge adulte. Les femmes se plaignent d'une division inéquitable des tâches, alors que les hommes expriment leur insatisfaction quant aux limites imposées à leur liberté. De plus, la stabilité conjugale observée durant cette période semble associée à une stratégie de résolution de problèmes appelée «stratégie de l'habile diplomate». Cette stratégie suppose la confrontation avec le conjoint sur un sujet donné, suivie d'une période pendant laquelle celui des conjoints qui a suscité la discussion cherche à restaurer l'harmonie (Perho et Korhonen, 1999). Cette stratégie est pratiquée plus souvent par les femmes que par les hommes. Elle est considérée comme efficace pour la résolution de problèmes, quel que soit le sexe du conjoint qui l'utilise.

Comme la courbe de la satisfaction conjugale l'avait prédit, on observe moins de divorces durant l'âge adulte moyen que chez les jeunes adultes. Les femmes d'âge adulte moyen surmontent mieux les effets négatifs d'un divorce que les jeunes femmes (Marks et Lamberg, 1998). Il semble que l'assouplissement de la personnalité, dont nous avons parlé au début de ce chapitre, fait en sorte que les femmes d'âge moyen affrontent mieux ce genre d'événements traumatisants.

L'évolution de la relation conjugale à l'âge adulte avancé

Selon le peu d'information dont nous disposons, il semblerait que les relations conjugales à l'âge adulte avancé ne diffèrent pas tellement des relations conjugales à l'âge adulte moyen. Les comparaisons transversales indiquent que la satisfaction conjugale est plus élevée à la fin de la vie adulte que lorsque les enfants sont encore à la maison ou qu'ils se préparent à partir. Toutefois, la satisfaction à l'âge adulte avancé peut avoir une origine assez différente de celle qui est ressentie pendant les premières années du mariage. À l'âge adulte avancé, les relations sont moins basées sur la passion et l'ouverture réciproque, et davantage sur la loyauté, la familiarité et l'investissement personnel (Bengtson et autres, 1990; Fouquereau et Baudoin, 2002). Selon les termes de Sternberg (revoir la figure 12.2 sur les différents modèles amoureux, p. 360), les personnes âgées sont plus susceptibles de vivre un amour compagnon, voire un amour achevé, qu'un amour romantique.

Il ne faudrait pas penser pour autant que la plupart des mariages à l'âge adulte avancé sont comme des coquilles vides, sans vie ni énergie, dans lesquelles il ne reste que la loyauté et l'habitude. Cette description peut correspondre à certains mariages, mais pas à tous. Nous avons vu au chapitre 11 que la moitié au moins, et même la majorité, des couples d'âge avancé étaient encore actifs sexuellement. Les couples âgés passent également plus de temps ensemble qu'avec leur famille ou leurs amis, même s'ils consacrent la majeure partie de ce temps à des activités passives ou à des travaux ménagers, tels que regarder la télévision, faire le ménage et les courses. Par ailleurs, les personnes âgées qui passent davantage de temps avec leur conjoint se disent plus heureuses (Larson, Mannell et Zuzanek, 1986).

Les liens profonds qui continuent d'exister dans un couple d'âge avancé sont marqués par le soutien et la quantité étonnante de soins que reçoit de son conjoint une personne atteinte d'une invalidité ou d'une démence. La principale source d'aide de cette dernière est de loin son conjoint, et non pas ses enfants ou ses amis. De nombreux époux âgés prodiguent pendant de longues périodes des soins à leur conjoint gravement malade ou atteint de démence. Ils sont même nombreux à souffrir tous les deux d'une invalidité grave, mais à continuer néanmoins à prendre soin l'un de l'autre. Les mariages entre adultes âgés sont parfois moins romantiques et moins intenses sur le plan affectif que les mariages du début de l'âge adulte. Toutefois, ils sont en général satisfaisants et présentent un niveau d'engagement élevé.

Chez les couples mariés, l'affection et le bonheur d'être ensemble ne disparaissent absolument pas à l'âge adulte avancé. Cet homme et cette femme sont mariés depuis 50 ans et avaient tous les deux plus de 70 ans lorsque cette photographie a été prise.

Pause APPRENTISSAGE

Le rôle de conjoint

1. Expliquez la théorie de l'homogamie.

2. Quelles sont les trois composantes essentielles de l'amour selon Sternberg ?

3. Quels sont les facteurs associés au succès d'un mariage ?

4. En quoi les couples hétérosexuels et homosexuels diffèrent-ils ?

5. Quels sont les effets psychologiques du divorce, ses conséquences économiques et ses séquelles sur la trajectoire de vie ? Comment l'âge influe-t-il sur le divorce ?

6. Quelles sont les caractéristiques propres aux agresseurs et à leurs victimes dans les cas de violence conjugale ?

7. Quels sont les effets psychologiques de la violence sexuelle ?

8. Comment évolue la relation conjugale à l'âge adulte moyen et à l'âge adulte avancé ?

Les chercheurs ont observé des caractéristiques et des effets semblables à long terme chez les couples homosexuels (Grossman, Daugelli et Hershberger, 2000). Chez les couples homosexuels durables (aussi bien gais que lesbiens), tout comme chez les couples hétérosexuels, le conjoint est considéré comme la plus importante source de soutien émotionnel. De plus, les homosexuels qui vivent en couple connaissent moins de solitude et ont une meilleure santé physique et mentale.

À la suite du décès de leur partenaire, les hommes se remarient plus souvent que les femmes, mais le remariage semble être bénéfique pour les deux (Curran, McLanahan et Knab, 2003). Les adultes âgés mariés, comme les personnes mariées de tout âge, jouissent d'avantages précis : ils éprouvent plus de satisfaction dans la vie, ils sont en meilleure santé et ils sont moins souvent placés dans un centre d'hébergement (Iwashyna et Christakis, 2003). Ces avantages sont souvent plus importants pour les hommes âgés que pour les femmes âgées, comme c'est le cas chez les jeunes adultes. Cet écart pourrait indiquer que le mariage est plus profitable pour les hommes que pour les femmes. On pourrait également conclure que les hommes comptent davantage sur leur relation conjugale pour obtenir un soutien social et qu'ils sont donc plus touchés par la perte de leur conjointe. Quelle que soit l'explication qu'on en donne, il est clair que la situation familiale des femmes âgées est moins étroitement liée à leur santé et à leur satisfaction générale que les hommes âgés, mais qu'elle est fortement associée à leur sécurité financière.

LES RELATIONS D'AMITIÉ

Les amis constituent eux aussi des membres essentiels du réseau social. Nous choisissons nos amis de la même manière qu'un conjoint, c'est-à-dire parmi les gens qui nous ressemblent. Et nous utilisons les mêmes critères, soit le niveau de scolarité, le milieu social, les champs d'intérêt, les antécédents familiaux ou le stade du cycle de la vie familiale. Les amitiés mixtes sont plus fréquentes chez les adultes que chez les enfants de 10 ans, mais elles sont toujours moins nombreuses que les amitiés avec des personnes du même sexe. Au-delà de ce filtre de similitude, l'amitié intime semble reposer principalement sur l'ouverture personnelle et mutuelle.

Les relations d'amitié au début de l'âge adulte

Les amis des jeunes adultes sont presque toujours choisis parmi des personnes du même âge. Certains signes indiquent que le nombre d'amis qui font partie du réseau social d'une personne atteint un sommet au début de l'âge adulte, puis diminue au début de la trentaine (Carstensen, 1992 ; Carstensen et autres, 1995). Il est peut-être plus facile de se faire des amis avant l'acquisition des rôles sociaux, c'est-à-dire avant de se marier, d'avoir des enfants et un travail dont les impératifs réduisent le temps consacré aux loisirs. Ainsi, les relations amicales établies au début de la vingtaine peuvent durer jusqu'à la trentaine. Par contre, peu d'amitiés intimes naissent pendant la trentaine, et même, certaines se perdent en raison d'un déménagement ou d'une diminution des échanges. Toutefois, ces données sont très hypothétiques, car on ne dispose d'aucune étude longitudinale portant sur cette période de la vie.

LES DIFFÉRENCES SEXUELLES DANS LES AMITIÉS

On possède des données plus précises sur les différences associées au sexe dans les modèles d'amitié au début de l'âge adulte. Comme durant l'enfance, il existe au début de l'âge adulte des différences sexuelles frappantes dans le nombre et la qualité des amitiés composant le réseau social. Les femmes ont plus d'amies intimes, car elles s'ouvrent davantage à l'autre et s'offrent mutuellement un soutien émotionnel. Les amitiés entre hommes, comme celles des garçons et des hommes âgés, ont un caractère plus compétitif. Les hommes sont plus souvent en désaccord avec leurs amis; ils demandent et offrent moins de soutien émotionnel (Dindia et Allen, 1992; Maccoby, 1990). Les femmes adultes ont des conversations entre amies, tandis que les hommes pratiquent des activités avec leurs amis. De plus, les hommes semblent moins empêtrés dans des relations émotionnelles et plus centrés sur leur travail que les femmes (Antonucci, 1994a).

Ainsi, si vous regardez les modèles d'amitié de l'enfance, de l'adolescence, du début de l'âge adulte et de l'âge adulte moyen, vous retrouverez ce modèle unique des différences sexuelles dans le réseau social: les femmes ont plus d'amies intimes. Cependant, ce serait une erreur de conclure que, parce que les hommes ont un réseau social moins développé que les femmes, ils accordent moins d'importance à leurs relations sociales. Selon certains psychologues du développement, les études sur les réseaux sociaux seraient d'une certaine façon biaisées parce que les chercheurs observent toujours un réseau social plus étendu chez les femmes et mettent l'accent sur les activités partagées et la fréquence des contacts plutôt que sur la qualité des relations. D'ailleurs, lorsqu'on tient compte de la qualité des relations, les résultats démontrent que les hommes accordent autant d'importance à leur réseau social que les femmes et que ce réseau leur fournit le même type de soutien émotionnel, quoiqu'il soit moins étendu (Riggs, 1997). Cela dit, on constate tout de même que les femmes bénéficient davantage de l'effet tampon de leur réseau d'amitié. En fait, les hommes tout comme les femmes semblent satisfaire leur besoin d'*intimité* dans leurs amitiés avec des femmes. Mais pour la plupart des hommes, ce besoin d'intimité est satisfait dans le mariage: ils sont beaucoup plus nombreux que les femmes à n'avoir que leur partenaire comme amie intime.

Il n'est pas étonnant d'observer que les femmes jouent aussi le rôle d'*organisatrice familiale* (Moen, 1996). Ce sont elles qui écrivent les lettres, font les appels téléphoniques et organisent les rencontres. Plus tard dans la vie adulte, ce sont généralement les femmes qui s'occupent de leurs parents âgés, comme nous le verrons plus loin dans ce chapitre. Dans l'ensemble, ces faits semblent indiquer que les femmes jouent un rôle plus important dans les relations interpersonnelles que les hommes. Dans presque toutes les cultures, ce sont les femmes qui veillent au maintien de la composante émotionnelle des relations avec le conjoint, les amis, la famille et, évidemment, les enfants.

Les relations d'amitié à l'âge adulte moyen

Selon les quelques données dont nous disposons, l'amitié occupe une place moins centrale au milieu de l'âge adulte qu'au début ou à la fin. Le nombre d'amis est élevé au début de la vingtaine, puis il diminue et demeure stable au milieu de l'âge adulte (Kalmijn, 2003). La fréquence des rencontres avec les amis suit la même tendance.

On peut en partie expliquer ce modèle par le fait que les adultes dans la trentaine, la quarantaine ou la cinquantaine sont absorbés par leurs autres rôles. Toutefois, il est également possible que l'adulte d'âge moyen ait tendance à se contenter des amitiés acquises et qu'il prenne moins l'initiative d'en nouer de nouvelles. En général, l'adulte d'âge moyen semble voir moins souvent ses amis de longue date. Il les connaît depuis plus longtemps que les jeunes adultes connaissent les leurs, et ses amitiés de longue date sont plus intimes. Laura Carstensen (1992) a observé que les amitiés chez les adultes d'âge moyen, quoiqu'elles soient moins nombreuses, deviennent plus intimes avec le temps, quel que soit le sexe de la personne. On peut donc dire que le cercle d'amis est réduit à l'âge adulte moyen, mais que ces amitiés sont plus solides et qu'il n'est pas besoin de contacts fréquents pour y maintenir l'intimité. Les amitiés profondes survivent à un léger éloignement et gardent leur importance.

Comme l'adulte d'âge moyen a un moins grand nombre d'amis, on peut penser que son réseau social est relativement petit. Il se peut que celui-ci soit restreint tout simplement parce que le besoin d'un tel réseau se fait moins sentir à ce moment de la vie. Les conflits de rôles et les tensions de rôle diminuent considérablement durant cette période; le besoin d'un soutien émotionnel de la part du réseau social est donc moins important (Due et autres, 1999). Mais il existe toujours à cet âge des différences sexuelles dans le modèle de l'amitié. Les femmes ont un plus grand nombre d'amis intimes, tandis que les hommes possèdent un réseau d'amis généralement plus grand, mais moins intime: ils pratiquent des activités avec eux, mais ils leur font moins de confidences quant à leurs problèmes ou à leurs sentiments.

Les relations d'amitié à l'âge adulte avancé

À l'âge adulte avancé, la plupart des amis intimes sont des amis de longue date qui appartiennent à la même cohorte. Quoiqu'on ne possède pas de preuves convaincantes (ni de données longitudinales valables) à cet égard, il semble que le nombre d'amis diminue après l'âge de 65 ans (Blieszner et Adams, 1992 ; Levitt, Weber et Guacci, 1993). Cependant, l'amitié gagne en importance au fur et à mesure qu'elle diminue en nombre. En outre, les contacts avec les amis, contrairement aux contacts avec les membres de la famille, semblent avoir un effet marquant sur la satisfaction de vivre, sur l'estime de soi et sur le sentiment de solitude à l'âge adulte avancé (Antonucci, 1990 ; Hartup et Stevens, 1997 ; Jerrome, 1990). Si on les observe chez les personnes âgées mariées, ces effets se font plus particulièrement sentir chez les personnes âgées célibataires (Takahashi, Tamura et Tokoro, 1997).

À l'âge adulte avancé, les amis ne répondent pas aux mêmes types de besoins que les membres de la famille. Ainsi, les relations amicales sont plus souvent réciproques et équitables ; elles ont donc plus de valeur et elles sont moins stressantes. Les amis nous tiennent compagnie, nous font rire et participent à nos activités. Dans une étude canadienne, par exemple, les amis occupaient la deuxième place, après le conjoint, comme source de camaraderie chez les personnes de plus de 65 ans (Connidis et Davies, 1992). Puisqu'ils sont généralement issus de la même cohorte, les amis partagent une histoire, une culture, de vieilles chansons, des plaisanteries et des expériences sociales qui procurent le même sentiment de solidarité générationnelle qu'un frère ou une sœur. Les amis offrent également une aide précieuse dans l'exécution des tâches quotidiennes, telles que les courses et les travaux ménagers, même s'ils le font dans une moindre mesure que les membres de la famille.

LA CONTINUITÉ DU MODÈLE DES RELATIONS

Lorsque nous analysons les modèles des relations à l'âge adulte avancé, notre attention est attirée par deux éléments. Le premier nous fait voir la continuité des modèles de relations établies au cours des périodes précédentes. Les femmes étendent leur réseau d'amies intimes et jouent toujours leur rôle d'organisatrice familiale ; et les hommes ont encore pour confidente principale leur conjointe. Cette continuité existe également sur le plan individuel : les personnes qui ont de nombreux amis et un réseau social étendu au début et au milieu de l'âge adulte ont davantage tendance à maintenir ces réseaux à l'âge adulte avancé (Hansson et Carpenter, 1994 ; McCrae et Costa, 1990), tandis que les personnes qui sont plutôt solitaires et introverties maintiennent leur modèle de relations.

À la fin de l'âge adulte, les amis semblent jouer un rôle particulier, peut-être parce qu'ils ont le même passé et les mêmes souvenirs, tels que les vieilles chansons.

Le deuxième élément concerne le fait que cette continuité subsiste malgré le vieillissement considérable du réseau social des personnes âgées. La majorité des femmes âgées sont veuves ; les amis, les frères et les sœurs des personnes âgées meurent les uns après les autres. Toutefois, la plupart des personnes âgées s'adaptent d'une manière remarquablement efficace à ces changements et conservent des contacts sociaux tout au long de leur vie. Elles rendent visite à leurs parents et amis, vont à l'église ou participent à d'autres activités. Le facteur qui limite le plus souvent les activités sociales à l'âge adulte avancé est l'invalidité physique plutôt que la mort du conjoint ou des proches. Le maintien des relations sociales à l'âge adulte avancé illustre non seulement l'importance de leur continuité pour le sentiment d'appartenance et de bien-être de l'adulte, mais aussi la forte capacité d'adaptation qui se maintient chez l'humain jusqu'à la fin de sa vie.

Pause APPRENTISSAGE

Les relations d'amitié

1. Comment les jeunes adultes choisissent-ils leurs amis ?

2. Qu'est-ce qui distingue l'amitié entre hommes de l'amitié entre femmes ?

3. Pourquoi l'amitié est-elle un phénomène moins central à l'âge adulte moyen ?

4. L'amitié joue-t-elle un rôle aussi important à l'âge adulte avancé qu'au début de l'âge adulte ? Pourquoi ?

LE RÔLE DE PARENT

Au début de l'âge adulte, le *rôle de parent* constitue le second rôle majeur que l'adulte est appelé à jouer. Selon les dernières données recueillies, 70 % des adultes deviendront des parents (Statistique Canada, 2002), la plupart pendant la vingtaine ou la trentaine. La majorité des parents tirent une profonde satisfaction de ce rôle. Celui-ci semble donner plus de sens à leur vie, les valorise et leur permet de se sentir pleinement adultes. Il offre également l'occasion à l'homme et à la femme de partager une des grandes joies de l'existence humaine : devenir parent.

Le désir de devenir parent

Le pourcentage d'hommes qui désirent fortement devenir parent et qui perçoivent cette expérience comme enrichissante est actuellement supérieur à celui des femmes (Horowitz, McLaughlin et White, 1998 ; Muzi, 2000). De plus, la majorité de ces futurs pères s'attachent émotionnellement à l'enfant pendant le dernier trimestre de la grossesse et attendent l'arrivée de l'enfant avec enthousiasme (White et autres, 1999). Cependant, la naissance du premier enfant génère un stress important et marque une série de modifications dans la vie des adultes, en particulier dans les rôles sexuels et les relations conjugales. Ces changements ne se font pas sans difficulté.

LE CHANGEMENT DES RÔLES SEXUELS

La naissance du premier enfant semble avant tout provoquer un renforcement des rôles sexuels. C'est ce que l'anthropologue David Gutmann appelle l'**impératif parental** (1975). Parce qu'ils sont remarquablement vulnérables et que leur croissance est lente, les petits des humains ont besoin, durant une longue période, d'un soutien physique et émotionnel. Gutmann affirme que, en tant qu'espèce animale, nous sommes programmés pour assumer ces deux responsabilités de la manière suivante : les mères ont la charge du soutien émotionnel, et les pères veillent au soutien physique et à la protection.

Selon Gutmann, même les couples qui prônent l'égalité des sexes auront tendance à se tourner vers cette division traditionnelle des rôles après la naissance du premier enfant. Gutmann explique de façon imagée que les femmes seront de plus en plus portées vers le « foyer », alors que les hommes iront de plus en plus dans le monde extérieur, armés d'un gourdin pour défendre les leurs. La recherche de sensations fortes et les comportements à risque diminuent aussi chez l'homme (Arnett, 1998). L'entrevue qui suit, réalisée par Daniels et Weingarten (1988, p. 38), illustre bien cette tendance.

« L'arrivée du bébé a été une bonne chose pour moi, parce que je me suis brusquement rendu compte que je devais trouver un meilleur emploi. Je savais que j'allais devoir étudier pour obtenir une meilleure situation. Je me suis donc fait muter sur le quart de nuit pour pouvoir aller à l'université le jour. Les journées étaient longues, j'étais stressé, et ma famille me manquait beaucoup, mais il fallait que je le fasse. »

Les recherches de Gutmann chez les Navahos, les Mayas et les Druzes confirment généralement ces hypothèses, de même que certaines autres réalisées aux États-Unis. Par exemple, Caroline Cowan et ses collègues (1991) ont trouvé que, après la naissance du premier enfant, la tendance à se définir comme « travailleuse » ou « étudiante » diminue considérablement chez la femme. Chez l'homme, par contre, les rôles de travailleur ou d'étudiant demeurent prioritaires, même après la naissance du premier enfant. Ces chercheurs ont aussi constaté que les femmes assumaient une plus grande part des tâches ménagères et des soins prodigués à l'enfant que les conjoints ne l'avaient envisagé avant la naissance de ce dernier (Cowan et autres, 1991).

Les relations familiales au début de l'âge adulte

Malgré le stress que peut provoquer la venue d'un enfant chez un couple, l'événement est aussi associé à des changements comportementaux positifs. Ainsi, la recherche de sensations fortes et les comportements à risque déclinent considérablement lorsque les jeunes adultes deviennent parents. Cependant, la naissance du premier enfant entraîne également, du moins au début, une diminution de la satisfaction conjugale (Glenn, 1990). La figure 12.3 présente un ensemble de résultats typiques montrant que le niveau de satisfaction atteint un sommet avant l'arrivée des enfants, qu'il diminue et demeure relativement faible aussi longtemps que les enfants demeurent à la maison, puis qu'il augmente de nouveau quand les enfants quittent la maison et quand s'amorce la retraite (Rollins et Feldman, 1970). C'est sur la baisse de la satisfaction conjugale après la naissance du premier enfant qu'on possède le plus d'informations, grâce à plusieurs données longitudinales et transversales.

Nous avons vu précédemment dans ce chapitre que le nombre d'échanges positifs baissait pendant la première année de mariage. D'autres travaux montrent que l'arrivée d'un enfant exacerbe les conflits de rôles et les tensions de rôle. On sait qu'un conflit de rôles apparaît quand une personne tente d'assumer deux ou plusieurs

---

Impératif parental Selon David Gutmann, modèle « inné » du renforcement des rôles sexuels traditionnels après la naissance du premier enfant.

fonctions qui sont incompatibles physiquement ou psychologiquement. Les jeunes parents se rendent rapidement compte que les rôles de parents et de conjoints sont tout au moins partiellement incompatibles. Les journées sont trop courtes, et les heures passées à prodiguer des soins à l'enfant sont en général soustraites de celles que les conjoints se consacraient l'un à l'autre (Cowan et autres, 1991). La plupart des nouveaux parents révèlent qu'ils disposent de beaucoup moins de temps, que ce soit pour le dialogue, les relations sexuelles, les marques élémentaires d'affection ou même l'exécution conjointe des tâches journalières (Belsky, Lang et Rovine, 1985). Beaucoup de nouveaux parents vivent aussi une tension de rôle considérable: ils ne savent pas comment s'acquitter des tâches associées à leur nouveau rôle. De plus, cette tension est aggravée par tout élément qui fait monter d'un cran le stress à l'intérieur de la famille: une situation financière difficile, par exemple, des pressions relatives à l'emploi, un bébé au tempérament difficile (Sirignano et Lachman, 1985).

Cependant, des recherches plus récentes permettent de penser que ce déclin de la satisfaction conjugale serait une caractéristique des cohortes modernes de nouveaux parents. Les chercheurs ont observé un modèle de satisfaction conjugale identique à celui de Rollins et Feldman dans différentes cultures (Ahmad et Najam, 1998; Gloger-Tippelt et Huerkamp, 1998; Twenge, Campbell et Foster, 2003). Plusieurs variables peuvent expliquer cette baisse de satisfaction dans le couple. La division des tâches semble jouer un rôle important. Plus une personne perçoit qu'elle assume la majeure partie des tâches associées au ménage et aux soins du bébé, plus son niveau de satisfaction diminue (Wicki, 1999). La présence ou l'absence de soutien des autres membres de la famille contribue au niveau de satisfaction conjugale (Lee et Keith, 1999). La capacité de faire face aux nouvelles adaptations requises influerait également sur la satisfaction conjugale, selon certaines études (Belsky et Hsieh, 1998). Par exemple, les couples qui possèdent de bonnes habiletés de résolution de problèmes avant la naissance de leur enfant savent mieux composer avec les changements qu'elle occasionne, et la baisse de leur niveau de satisfaction est moins marquée (Cox et autres, 1999; Lindahl, Clements et Markman, 1997). La qualité de l'attachement des nouveaux parents à leurs propres parents représenterait aussi une variable dans le niveau de satisfaction (Gloger-Tippelt et Huerkamp, 1998). Ainsi, les jeunes adultes qui présentent un attachement insécurisant de type fuyant ou ambivalent sont plus nombreux à envisager la naissance de leur enfant comme une expérience négative que ceux dont le type d'attachement est sécurisant (Rholes et autres, 1997).

Il est par ailleurs important de garder à l'esprit le fait que la naissance d'un enfant puisse représenter une expérience plus stressante et compliquée pour les pères ou les mères célibataires que pour les couples mariés ou

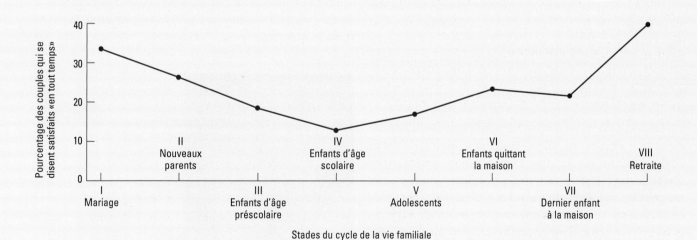

Figure 12.3
La satisfaction conjugale et la vie familiale
Ce modèle de l'évolution de la satisfaction conjugale au cours des divers stades de la vie familiale est l'un des plus documentés en sociologie familiale.

Source: Rollins et Feldman, 1970, tableaux 2 et 3, p. 24.

conjoints de fait (Lee, Law et Tam, 1999). De plus, ces parents uniques sont plus susceptibles de souffrir de problèmes de santé et de faibles promotions dans leur travail (Khlat, Sermet et Le Pape, 2000; Tharenou, 1999). C'est pourquoi plusieurs psychologues insistent sur la présence d'un conjoint comme facteur de protection dans les changements considérables qu'entraîne la naissance d'un enfant.

Les relations familiales à l'âge adulte moyen

Lorsque nous avons parlé des relations familiales des jeunes adultes, nous avons envisagé la situation presque exclusivement de leur point de vue. Par contre, pour étudier les relations familiales au milieu de l'âge adulte, il faut observer à la fois la génération précédente et celle qui suit. Autrement dit, il faut examiner à la fois les relations des adultes d'âge moyen avec les enfants devenus adultes, ou presque, et celles avec les parents âgés. L'augmentation de l'espérance de vie dans les pays industrialisés accroît aussi considérablement le nombre d'années pendant lesquelles les différentes générations se côtoient.

Chaque position dans la lignée familiale comporte certaines prescriptions de rôles (Hagestad, 1986, 1990). Ces rôles devraient incomber à un individu selon un ordre bien précis. Le rôle d'un adulte d'âge moyen, du moins dans les cohortes actuelles, consiste non seulement à offrir un soutien important à la génération précédente ainsi qu'à la génération suivante, mais également à assumer de nombreuses responsabilités visant à maintenir les liens affectifs. C'est pourquoi on parle de *génération médiane* ou *sandwich*.

Les adultes d'âge moyen (de 40 à 65 ans) ont donné plus d'aide aux deux autres générations qu'ils n'en ont reçu (Bumpass et Aquilino, 1995). Ce modèle se retrouve dans beaucoup d'études, notamment au Canada (par exemple Gallagher, 1994; Hirdes et Strain, 1995). Les informations dont nous disposons actuellement nous permettent d'affirmer que le fait de s'occuper de parents âgés est généralement perçu comme un fardeau (Bengtson, Rosenthal et Burton, 1996; Statistique Canada, 2005). Dans certains cas, cette aide est vécue difficilement, dans d'autres, elle l'est avec facilité, selon notamment le niveau d'invalidité ou de dépendance des parents âgés, la nature des relations entre l'adulte d'âge moyen et ses parents, et la présence nécessaire auprès des enfants. Une personne de 50 ans dont la fille divorcée revient vivre à la maison avec ses enfants ou dont un parent âgé présente les premiers signes de la maladie d'Alzheimer vit des tensions de rôle différentes de celles d'une personne du même âge qui garde à l'occasion ses petits-enfants et qui

aide parfois un parent âgé à faire ses emplettes ou à entretenir sa maison. Toutefois, il est évident que les personnes de la génération médiane sont plus susceptibles, en général, d'apporter une aide que d'en recevoir.

LE DÉPART DES ENFANTS

Le départ des enfants de la maison familiale est associé à une croyance populaire voulant que la plupart des femmes deviennent dépressives ou contrariées à cette période de leur vie en raison de la perte de leur rôle central de mère. Les femmes qui retardent le moment d'avoir des enfants reportent à plus tard le *syndrome du nid déserté*. Il est possible qu'un tel modèle existe dans certaines cultures, mais tel n'est pas le cas en Amérique du Nord pour la grande majorité des femmes d'âge moyen. Ce sont celles qui ont largement investi leur identité dans le rôle de mère qui éprouvent une certaine détresse lors de cette transition. Les femmes de cet âge qui font partie de la population active considèrent généralement le départ de leurs enfants comme un événement positif. Le rôle parental est alors totalement modifié. Le parent n'a plus à s'occuper quotidiennement de ses enfants, et les tâches ménagères diminuent considérablement. Le parent a donc plus de temps à consacrer à son rôle de conjoint. Ce changement contribue indéniablement à l'augmentation de la satisfaction conjugale. Il est intéressant de constater que l'impératif parental semble également diminuer. Ainsi, maris et femmes se répartissent dorénavant les tâches domestiques de manière beaucoup plus équitable qu'aux stades antérieurs.

Enfin, on assiste aujourd'hui à un nouveau phénomène social: les jeunes adultes ont de plus en plus tendance à retarder le départ de la maison. L'encadré «Le monde réel» qui suit nous présente quelques informations sur ce sujet.

Lorsque les enfants quittent la maison, de nombreux couples peuvent alors consacrer plus de temps à leur relation. Ils en retirent plus de plaisir et de satisfaction.

LE RÔLE DE GRAND-PARENT

La majorité des adultes d'âge moyen assument un nouveau rôle familial, celui de grand-père ou de grand-mère. En Amérique du Nord, près du tiers des adultes deviennent grands-parents à la fin de la quarantaine ; la moitié des femmes le deviennent au début de la cinquantaine (Bumpass et Aquilino, 1995). D'autres adultes le deviennent avant la quarantaine avec les conséquences que cela implique (voir l'encadré « Le monde réel » sur les jeunes grands-parents).

La plupart des grands-parents voient régulièrement leurs petits-enfants ou communiquent avec eux par téléphone. Certains leur écrivent, leur téléphonent ou leur rendent visite au moins toutes les deux semaines. Le plus souvent, les générations actuelles de grands-parents décrivent leurs relations avec leurs petits-enfants comme chaleureuses et affectueuses. De plus, de nombreuses études ont démontré l'effet positif de ces relations sur le développement des enfants (Adkins, 1999). Les grands-parents semblent être une source particulièrement importante de stabilité dans la vie des enfants dont les parents ont divorcé. Les grands-parents luttent de plus en plus fréquemment pour obtenir le droit de voir leurs petits-enfants lorsque leur enfant divorce. Heureusement, la plupart des parents reconnaissent l'importance de l'engagement des grands-parents envers leurs petits-enfants. Des recherches indiquent que certains grands-parents partagent de nombreuses activités avec leurs petits-enfants, telles que regarder la télévision ou faire du lèche-vitrine (Waggoner, 2000).

Le rôle de grand-parent représente généralement une source de joie et de satisfaction pour les adultes d'âge moyen et avancé. Parmi tous les adultes d'âge moyen qui deviennent grands-parents, 92 % se disent satisfaits de leur rôle (Peterson, 1999). Il se peut que cette moyenne change chez les futures cohortes puisque l'âge moyen de la maternité y est plus avancé. Toutefois, la satisfaction générale d'un adulte dépend peu de la qualité des rapports qu'il entretient avec ses petits-enfants. Les grands-parents qui voient leurs petits-enfants souvent ne se disent pas plus heureux que ceux qui les voient moins (Palmore, 1981). Cela ne signifie pas pour autant que les grands-parents soient insatisfaits de leur rôle, mais plutôt que, pour la plupart des individus d'âge moyen, le rôle de grand-parent n'est pas essentiel à leur bien-être global.

LA PRISE EN CHARGE D'UN PARENT ÂGÉ

Au milieu de l'âge adulte, on doit parfois s'occuper d'un parent âgé. Ce nouveau rôle a des répercussions considérables sur la satisfaction générale d'un individu. Dans presque toutes les cultures, la grande majorité des adultes éprouvent un fort sentiment de responsabilité filiale. Ils feront tout leur possible pour aider leurs parents dans le besoin (Ogawa et Retherford, 1993 ; Wolfson et autres, 1993). Curieusement, les jeunes adultes ont un sentiment de responsabilité filiale plus fort que les adultes d'âge moyen (Stein et autres, 1998), peut-être parce qu'ils n'ont pas encore envisagé de s'occuper de leurs parents, qui sont en général relativement jeunes et en bonne santé.

LE MONDE RÉEL

Les jeunes adultes qui restent à la maison

[...]

On a enregistré une hausse considérable du nombre d'enfants demeurant toujours chez leurs parents bien après qu'ils ont atteint l'âge où leurs parents prévoyaient leur départ. La plus forte augmentation a été observée chez les jeunes adultes d'un peu moins ou d'un peu plus de trente ans. En effet, entre 1981 et 2001, les proportions sont passées de 12 % à 24 % pour les personnes de 25 à 29 ans, et de 5 % à 11 % pour celles de 30 à 34 ans.

Si un jeune adulte n'a pas quitté le foyer familial après l'âge de 25 ans, les parents risquent de subir une pression supplémentaire, voire d'éprouver un sentiment d'échec (Hagestad, 1986). De plus, les conflits entre les parents et les jeunes adultes qui vivent sous un même toit sont fréquents (Muzi, 2000). Les parents et les jeunes adultes ont

l'impression de ne pas avoir de vie privée. Les parents ont également le sentiment d'avoir des obligations envers le jeune adulte, et pensent qu'ils doivent délaisser leurs propres projets afin d'aider leur enfant à devenir vraiment autonome. Si le départ de la maison d'un jeune adulte est remis à plusieurs reprises, la frustration peut alors s'accumuler. Le pourcentage de jeunes adultes vivant à la maison semble augmenter. En 1970, seulement 8 % des jeunes adultes âgés de 25 ans vivaient encore avec leurs parents. À la fin des années 1990, ce pourcentage était passé à 20 % (Muzi, 2000). Les mariages retardés, l'augmentation des divorces ainsi que des conditions économiques difficiles (logement, coût de la vie, etc.) peuvent en partie expliquer cette augmentation.

Source : Adapté de Statistique Canada, « Fiston quitte la maison… et puis il revient », *Tendances sociales canadiennes*, hiver 2006, n° 82.

LE MONDE RÉEL

Les jeunes grands-parents

L'augmentation des grossesses chez les adolescentes entraîne une augmentation du nombre de jeunes grands-parents. Les gens qui deviennent grands-parents très tôt ou très tard semblent être moins à l'aise dans leur rôle (Burton et Bengtson, 1985 ; Troll, 1985). Une étude effectuée à Los Angeles au milieu des années 1980 portait sur des familles comprenant une nouvelle maman, une grand-mère et une arrière-grand-mère. Dans cette étude, chaque femme était classée selon son rôle particulier dans l'une de deux catégories : précoce ou opportun. La catégorie *opportun* signifiait que les grands-mères avaient acquis ce rôle de 42 à 57 ans. La catégorie *précoce* regroupait les grands-mères qui avaient acquis leur rôle avant 38 ans, plusieurs d'entre elles l'ayant même atteint dans la vingtaine. La grande majorité de ces grands-mères avaient au moins terminé des études secondaires ; peu d'entre elles dépendaient de l'assistance sociale. Elles provenaient majoritairement de familles de la classe ouvrière ou de la classe moyenne.

Peut-on vraiment s'étonner de la perception de ces femmes dites grands-mères précoces ? Celles-ci parlaient davantage de pression et de détresse que celles qui étaient devenues grands-mères en temps opportun. Leur perception plutôt négative de leur nouveau rôle était partiellement attribuable au fait qu'elles étaient encore au début de l'âge adulte. Elles devaient donc faire face aux conflits de rôles qu'engendre cette période. Bon nombre d'entre elles avaient encore des enfants à la maison. Elles étaient découragées de devoir en outre assumer le rôle de grand-mère, particulièrement quand elles s'attendaient à devoir prendre en charge certaines tâches relatives à l'éducation de leurs petits-enfants. Par ailleurs, la précocité du nouveau rôle semblait être dérangeante en elle-même, car ces femmes associaient le rôle de grand-mère au fait d'être « vieille », ce qu'elles ne voulaient pas. On retrouve un sentiment analogue chez les personnes dont les parents meurent tôt : elles se voient involontairement propulsées dans le rôle de soutien de famille, sans être préparées à l'assumer. Un homme de 40 ans, qui a récemment perdu ses deux parents, explique : « Je suis trop jeune pour être le prochain sur la liste ! » (Hagestad, 1986). En général, l'effet du temps lié à une situation traumatisante n'entraîne de profondes répercussions que si on perçoit que la situation se produit plus tôt que prévu et qu'elle propulse l'individu dans l'âge adulte avancé, comme c'est le cas pour le rôle de jeunes grands-parents.

Pour les adultes d'âge moyen, au contraire, les soins quotidiens à donner à leurs parents font parfois déjà partie de leur vie.

Il est toutefois très difficile d'évaluer le pourcentage d'individus d'âge moyen qui assument ce rôle. Presque toutes les données qu'on possède proviennent d'études portant sur des adultes âgés qu'on a interrogés sur la nature et la quantité des soins qu'ils recevaient de leurs enfants. Ces données n'apportent aucune réponse aux questions portant sur l'expérience caractéristique du milieu de l'âge adulte.

Cependant, avec le vieillissement de la population en cours, il est fort probable que de plus en plus d'adultes seront amenés à jouer ce rôle dans les prochaines décennies, car l'espérance de vie continue d'augmenter et les personnes âgées vivront plus longtemps tout en souffrant d'invalidité. Les adultes d'âge moyen qui sont les plus susceptibles de s'occuper de leurs parents âgés sont les enfants uniques, les célibataires, les personnes qui travaillent à temps partiel et les femmes.

Les effets de la prise en charge   Au cours des dernières années, des douzaines de recherches ont tenté d'évaluer les répercussions de la prise en charge quotidienne d'un parent (ou d'un conjoint) invalide, très faible ou atteint de démence. Dans la grande majorité des études, le bénéficiaire était atteint de la maladie d'Alzheimer ou d'une

autre forme de démence. Il perdait progressivement la capacité de s'acquitter des tâches quotidiennes normales. Il était parfois incapable de se nourrir et de se vêtir seul et, dans certains cas, il ne reconnaissait pas les personnes qui s'occupaient de lui.

Les contraintes peuvent être très éprouvantes pour l'enfant adulte soignant. En effet, il faut parfois porter ou soulever le malade et accomplir des tâches domestiques, sans compter que le patient requiert parfois une surveillance constante. Une telle prise en charge, notamment

Les filles, beaucoup plus que les fils, ont tendance à prendre en charge un parent invalide ou dément, comme cette femme le fait pour sa mère atteinte de la maladie d'Alzheimer.

Un plus grand nombre d'hommes âgés que de femmes âgées sont mariés, non seulement parce que les femmes vivent plus longtemps, mais aussi parce que les hommes ont plus tendance à se remarier s'ils sont veufs, comme celui qui apparaît sur la photographie. Les hommes se remarient habituellement avec une femme plus jeune qu'eux, ce qui augmente le risque qu'elle devienne veuve à son tour.

si la personne aidante doit simultanément répondre aux exigences de son travail et de sa famille, devient souvent une source d'épuisement et creuse un gouffre financier.

Il n'est donc pas surprenant d'apprendre que le fait d'assumer un rôle aussi exigeant comporte un lourd tribut. Un survol récent de toutes les études sur le sujet (Hoyert et Seltzer, 1992 ; Jutras et Lavoie, 1995 ; Li et Seltzer, 2003 ; Schulz, Visintainer et Williamson, 1990) montre que les conjoints et les enfants qui donnent des soins paraissent plus déprimés lorsqu'on les compare à un groupe d'adultes du même âge et de la même classe sociale. Il semblerait également que les personnes qui s'occupent d'un parent malade sont plus portées à être elles-mêmes malades que les autres, car leur système immunitaire s'affaiblirait (Dura et Kiecolt-Glaser, 1991 ; Hoyert et Seltzer, 1992). L'ensemble de tous ces facteurs constitue le *fardeau de la personne aidante*.

En ce qui concerne la majorité des adultes d'âge moyen, le modèle est beaucoup moins tranché et beaucoup plus positif. Ils aident davantage leurs parents que lorsqu'ils étaient plus jeunes. Ils les voient lors des anniversaires ou des fêtes de famille. Ils éprouvent de l'affection pour eux et ont conscience de leur responsabilité filiale. Les parents jouent aussi un rôle important sur le plan symbolique, car tant qu'ils vivront ils occuperont la place des aînés dans la lignée. Lorsqu'ils meurent, les générations suivantes se déplacent dans la séquence généalogique. Les personnes qui font partie de la génération médiane doivent alors se faire à l'idée qu'elles seront les prochaines à partir.

Dans la très grande majorité des cas, ce sont les femmes (filles ou belles-filles) qui prennent en charge un parent âgé, car elles assument déjà une responsabilité similaire à l'intérieur du mariage et auprès des enfants. Il se peut fort bien cependant que cette situation change au cours des prochaines décennies, puisqu'un plus grand nombre de femmes feront de plus en plus partie de la population active. Toutefois, étant donné que la distribution des tâches ménagères n'a pas tellement évolué malgré les changements radicaux des modèles du travail chez la femme, le mode de prise en charge d'un parent âgé ne risque pas de changer rapidement.

Les relations familiales à l'âge adulte avancé

Les descriptions de la presse à grand tirage sur l'âge adulte avancé donnent à entendre que la famille, en particulier les enfants et les petits-enfants, forme le centre de la vie sociale des personnes âgées, surtout chez les veuves. Certaines études indiquent que les relations intimes et harmonieuses entre les adultes âgés et leurs enfants constituent plus que tout autre le facteur déterminant de la satisfaction de vivre chez les adultes d'âge avancé (Pinquart et Soerensen, 2000). D'autres études notent au contraire que les adultes âgés qui voient souvent leurs enfants ou qui affirment avoir avec eux des relations positives ne se décrivent pas comme des personnes plus heureuses ou en meilleure santé que ceux qui ont des contacts moins fréquents ou moins positifs avec leurs enfants (Mullins et Mushel, 1992). De tels résultats ont aussi été observés dans des études portant sur les personnes âgées de cultures très différentes, notamment de l'Inde (Venkatraman, 1995), et, dans au

Les adultes d'âge avancé nouvellement remariés témoignent d'une plus grande satisfaction de vivre que les adultes du même âge qui sont mariés depuis longtemps ou qui sont célibataires.

moins une étude, de la communauté d'origine mexicaine des États-Unis (Lawrence, Bennett et Markides, 1992). Dans toutes ces recherches, les adultes d'âge avancé affirment être sensibles au contact régulier avec leurs enfants, mais ce contact ne semble pas accroître leur satisfaction de vivre ni améliorer leur santé. De plus, des études montrent que les personnes âgées sans enfant semblent aussi heureuses et s'adaptent aussi bien à l'âge adulte avancé que les personnes âgées qui ont des enfants (Connidis et McMullin, 1993).

Certains psychologues du développement en concluent que la qualité de vie d'une personne âgée peut être améliorée par de bonnes relations courantes avec ses enfants adultes, mais que ces relations ne constituent pas une condition nécessaire à une bonne qualité de vie. Les exigences du rôle parental, même à un âge avancé, marquent toujours les relations avec les enfants. Bien qu'elles puissent être chaleureuses, ces relations ne sont pas choisies de la même manière que les relations avec les amis. Avec un ami, on se sent libre d'être soi-même, car on se sent accepté tel qu'on est. Avec les enfants, on se sent parfois obligé de se montrer à la hauteur de leurs exigences et de leurs attentes.

LES RELATIONS AVEC LES PETITS-ENFANTS, LES FRÈRES ET LES SŒURS

Nous savons que les interactions entre les petits-enfants et les grands-parents sont bénéfiques pour les deux parties. Cependant, les contacts entre ces deux groupes diminuent au fur et à mesure que les petits-enfants deviennent adultes (Barer, 2001; Silverstein et Long, 1998). Ainsi, les petits-enfants ne font généralement pas partie du réseau social des personnes âgées.

Cette dame de 80 ans est très heureuse de fêter son anniversaire avec sa famille. Toutefois, les recherches révèlent que de tels contacts familiaux ne sont pas essentiels au bon moral d'une personne âgée.

À l'âge adulte avancé, les relations entre frères et sœurs semblent devenir plus importantes (Bedford, 1995; Gold, 1996). Dans les dernières années de la vie, de façon générale, les frères et les sœurs (et plus particulièrement une sœur) deviennent l'unique source de soutien émotionnel qui s'appuie sur une amitié et des souvenirs partagés, ce que Gold appelle la *solidarité générationnelle*. En fait, quand nous y réfléchissons bien, ces personnes uniques sont, au crépuscule de notre vie, les compagnons d'armes qui ont bravé la tempête à nos côtés.

Pause APPRENTISSAGE

Le rôle de parent

1. Définissez l'impératif parental selon Gutmann.

2. Comment la satisfaction conjugale évolue-t-elle au cours du cycle de la vie familiale?

3. Quelles sont les femmes qui courent le plus grand risque d'être affectées par le départ des enfants de la maison?

4. Définissez les différents types de relations entre les grands-parents et les petits-enfants.

5. Quels sont les effets de la prise en charge d'un parent âgé pour un adulte d'âge moyen?

6. Existe-t-il un lien entre la satisfaction de vivre à l'âge adulte avancé et la fréquence des contacts avec les enfants? Expliquez votre réponse.

LE RÔLE DE TRAVAILLEUR

Un travail satisfaisant semble être un facteur de bonheur dans la vie, autant pour les hommes que pour les femmes (Meeus, Dekovic et Iedema, 1997; Tait, Padgett et Baldwin, 1989). Nous allons étudier le rôle de travailleur à l'âge adulte sous divers aspects: le choix de carrière, le parcours professionnel, le modèle du travail chez la femme et la conciliation des rôles professionnel et familial.

Les relations avec le milieu de travail au début de l'âge adulte

Un pourcentage très élevé de jeunes adultes assument un troisième rôle relativement nouveau qui occupe beaucoup de leur temps: le *rôle de travailleur*. Les jeunes adultes adoptent ce rôle pour subvenir à leurs besoins économiques, mais aussi, comme on vient de le souligner, pour se réaliser pleinement.

LE CHOIX DE CARRIÈRE

Comme vous pouvez l'imaginer, une multitude de facteurs influent sur le choix de carrière d'un jeune adulte. Voici un bref aperçu de quelques-uns de ces facteurs.

- *L'influence de la famille* En général, quoique le phénomène semble moins répandu qu'il y a 20 ou 30 ans, le jeune adulte tend à choisir un emploi qui se situe au même niveau social que celui de ses parents (Biblarz, Bengtson et Bucur, 1996). La famille exerce également une influence par le biais de son système de valeurs.

- *La scolarité et l'intelligence* Ces deux facteurs exercent une influence sur la réussite d'une carrière à long terme. Plus une personne est intelligente, plus elle a tendance à étudier longtemps; plus le niveau de scolarité d'une personne est élevé, plus elle a des chances de s'insérer dans le marché du travail à des échelons relativement élevés et de les grimper au cours de sa vie professionnelle (Brody, 1992; Kamo et autres, 1991).

- *Le sexe* Malgré les acquis du féminisme, la définition traditionnelle des rôles sexuels fait que certains emplois sont encore classés comme *féminins* et d'autres, comme *masculins* (Zhou et autres, 2004). Très jeunes, les enfants apprennent la signification culturelle rattachée aux emplois *appropriés* aux hommes et aux femmes, tout comme ils intègrent les autres caractéristiques associées aux rôles sexuels.

- *La personnalité* Selon John Holland, dont les travaux ont été marquants dans le domaine, chacun de nous a tendance à choisir un champ d'activité qui correspond le mieux à sa personnalité et dans lequel il connaît plus de succès (Holland, 1973, 1992). Les personnes dont la personnalité correspond à l'emploi choisi seront généralement plus satisfaites de leur travail (Francis-Smythe et Smith, 1997).

LE PARCOURS PROFESSIONNEL

Une fois qu'il a opté pour un emploi ou une carrière, quels genres d'expériences le jeune adulte fait-il dans sa vie active? Sa satisfaction professionnelle augmente-t-elle ou diminue-t-elle au fil du temps? Sa carrière est-elle composée d'étapes distinctes qu'on pourrait définir comme des stades ou des échelons communs?

La satisfaction professionnelle De nombreuses recherches indiquent que le niveau de satisfaction professionnelle est à son plus bas au début de la vie adulte et qu'il augmente graduellement jusqu'à la retraite. On retrouve ce modèle dans de nombreuses études effectuées aussi bien auprès de femmes que d'hommes (Glenn et Weaver, 1985). Cette caractéristique n'est pas simplement un effet de cohorte puisque des résultats similaires ont été obtenus dans des recherches étalées sur de nombreuses années. Il

ne s'agit pas non plus d'un effet de culture, car ce modèle a été observé dans plusieurs pays industrialisés. Quelle en est donc l'origine?

Certains travaux (Bedeian, Ferris et Kacmar, 1992) ont permis de conclure que cet effet n'était pas lié à l'âge, mais à la durée de l'emploi. Les travailleurs âgés occupent habituellement leur emploi depuis longtemps. Ils tirent donc leur satisfaction de diverses sources: un meilleur salaire, une plus grande sécurité d'emploi et un plus grand pouvoir (ou de plus grandes responsabilités). Certains effets pourraient toutefois être associés à l'âge. Les emplois qu'occupent les jeunes adultes sont souvent plus salissants, plus exigeants physiquement, moins complexes et moins intéressants (Spenner, 1988). Cette différence découle en partie de leur manque d'expérience, mais elle pourrait aussi refléter leur plus grande force physique et leur plus grande vigueur.

Les recherches indiquent également qu'il existe d'autres variables relatives à la satisfaction au travail chez les jeunes adultes. Ainsi, comme dans de nombreuses situations de la vie, certains traits de la personnalité, comme le niveau de névrotisme (instabilité émotionnelle), nuisent à la satisfaction au travail (Blustein et autres, 1997; Judge, Bono et Locke, 2000). Par contre, un emploi lié au champ d'études ainsi qu'un milieu de travail stimulant contribuent à l'augmentation de la satisfaction professionnelle (Blustein et autres, 1997). Les recherches démontrent aussi que les travailleurs sont plus satisfaits lorsque des émotions positives sont associées à leur emploi (Fisher, 2000).

Les stades du travail Deux stades permettent de décrire l'expérience du travail chez le jeune adulte. Le premier, le **stade d'essai**, couvre habituellement la période de 20 à 30 ans (Super, 1971, 1986). C'est le moment où le jeune adulte choisit sa carrière: il explore diverses possibilités ou reprend ses études pour parfaire sa formation. Une fois qu'il a trouvé un emploi à sa mesure, il doit apprendre les rudiments du métier afin de pouvoir gravir les premiers échelons, ce qu'il fera au fur et à mesure qu'il maîtrisera les compétences nécessaires.

Vient ensuite le **stade de stabilisation**, de 30 à 45 ans environ. Après avoir choisi son travail et appris

---

Stade d'essai Stade au cours duquel le jeune adulte dans la vingtaine explore divers emplois et acquiert des compétences.

Stade de stabilisation Stade qui commence au début de la trentaine et au cours duquel l'adulte atteint généralement un plafond sur le plan professionnel.

les rudiments du métier, l'adulte se concentre sur la réalisation de ses aspirations personnelles ou de ses objectifs. Le jeune scientifique peut aspirer à gagner le prix Nobel; le jeune avocat cherche des associés; le jeune gestionnaire d'entreprise s'efforce de se hisser au sommet de la hiérarchie; le jeune ouvrier peut rechercher la stabilité d'emploi ou vouloir obtenir un poste de contremaître. C'est au cours de cette période que l'adulte obtient une ou des promotions et que sa carrière atteint un plafond.

LE MODÈLE DU TRAVAIL CHEZ LA FEMME

Certaines caractéristiques que nous avons vues s'appliquent aussi bien aux femmes qu'aux hommes. Par exemple, la satisfaction professionnelle des femmes augmente avec l'âge (et avec la stabilité de l'emploi), comme celle des hommes. Toutefois, l'expérience du travail chez les femmes au début de l'âge adulte diffère énormément de celle des hommes: elle est plus souvent discontinue. La majorité des femmes quittent le marché du travail puis le réintègrent au moins une fois, souvent plusieurs (Drobnic, Blossfeld et Rohwer, 1999). Cette différence a un effet considérable sur le rôle des femmes dans le monde du travail.

Le modèle du travail chez la femme change rapidement. Il se peut donc que, dans les cohortes actuelles de femmes âgées de 20 à 30 ans, le pourcentage de celles qui travailleront sans interruption pendant cette période soit plus élevé. Cependant, puisqu'elles portent les enfants, leur prodiguent des soins et les élèvent (du moins dans les premières années), les femmes demeurent généralement à la maison pour au moins une brève période au début de la vie adulte. Et il est peu probable que cette situation se modifie du tout au tout.

Les données dont on dispose semblent toutefois indiquer que le caractère discontinu du modèle du travail chez les femmes, que nous pourrions nommer *alternance d'emploi et de non-emploi* (Blanchard et Lichtenberg, 2003), influe sur leur réussite professionnelle. Par exemple, les femmes qui travaillent de façon continue ont des salaires plus élevés et atteignent des objectifs de carrière supérieurs à ceux des femmes qui travaillent de façon discontinue (Betz, 1984; Van Velsor et O'Rand, 1984).

LA CONCILIATION DES RÔLES PROFESSIONNEL ET FAMILIAL

La plupart des étudiants incluent dans leurs projets d'avenir le mariage (ou la cohabitation), les enfants et une carrière intéressante (Hoffnung, 2004). Mais comment arrive-t-on à concilier les rôles de travailleur, de parent et de conjoint? Une étude québécoise a démontré que le conflit travail-famille chez les parents était associé à un plus haut taux de stress, à un niveau plus élevé de dépression, à des troubles d'anxiété et à une dégradation

de la santé physique se manifestant par l'hypertension, les allergies et la migraine (St-Amour, Laverdure, Deveault et Manseau, 2005).

Par ailleurs, il est intéressant de constater le phénomène suivant: nos stéréotypes culturels nous portent à croire que, d'une part, il est simple pour un homme de remplir ses rôles professionnel, parental et conjugal et que, d'autre part, cette situation s'avère problématique pour la femme. En effet, pour des raisons qu'on peut aisément comprendre, les femmes *vivent* davantage de conflits que les hommes quand elles endossent ces trois rôles (Higgins, Duxbury et Lee, 1994).

S'il en est ainsi, c'est que les femmes qui exercent un emploi doivent ajouter aux heures de travail rémunérées les heures qu'elles consacrent aux tâches domestiques et familiales (soins des enfants, ménage, cuisine, emplettes, etc.), ce qui fait qu'elles travaillent un plus grand nombre d'heures par semaine que leur partenaire. Au sein d'un couple, la femme assume plus de tâches ménagères que l'homme, même lorsque les partenaires travaillent tous les deux à temps plein, et ce, même si les hommes d'aujourd'hui s'occupent davantage des enfants que ceux des générations précédentes (Higgins et autres, 1994). La participation quotidienne au travail rémunéré des femmes ayant des enfants a connu une croissance importante, passant de 39% en 1986 à 45% en 2005. Alors qu'en 1986 seulement la moitié des hommes (ayant ou non des enfants) participaient aux travaux ménagers quotidiens, environ 7 sur 10 d'entre eux y participaient en 2005 (Statistique Canada, 2006).

Pour les couples sans enfant, on observe une répartition plus égale des tâches ménagères (Kerpelman et Schvaneveldt, 1999). Chez les couples avec enfants, cependant, lorsque ces derniers sont jeunes, les femmes travaillent tout simplement plus d'heures que leur partenaire. Ce modèle confirme notamment la notion de l'impératif parental de Gutmann: les rôles sexuels traditionnels sont renforcés après la naissance d'un enfant.

Les conflits de rôles sont plus nombreux chez les femmes en raison de la définition des rôles sexuels dans la plupart des cultures. Le rôle de la femme est orienté vers la relation, les soins à donner aux enfants et l'éducation. La plupart des femmes ont à tel point assimilé ce rôle qu'elles se définissent et se jugent davantage en fonction de leur rôle maternel que de leur rôle professionnel. Ainsi, le rôle familial d'une femme empiète sur sa vie professionnelle. Non seulement prend-elle un congé quand son enfant vient au monde, mais elle reste aussi à la maison lorsqu'il est malade, assiste aux réunions d'école et pense aux tâches domestiques durant ses

si la plupart des adultes n'obtiennent plus d'avancement (promotion). D'autre part, la performance au travail (productivité) demeure élevée en dépit du déclin progressif des habiletés intellectuelles et physiques.

LA SATISFACTION AU TRAVAIL

Une explication possible de ce phénomène réside dans le fait que, d'une part, la majorité des hommes et des femmes d'âge moyen connaissent le succès sur le plan professionnel, ils ont une bonne situation et ils en sont plutôt satisfaits. Pour certaines personnes aussi, le travail est plus stable, l'alternance d'emploi et de non-emploi s'étant résorbée (Boxall, Macky et Rasmussen, 2003). D'autre part, ils se font à l'idée qu'il est peu probable qu'ils gravissent encore des échelons. C'est pourquoi ils se convainquent qu'ils ont atteint une situation satisfaisante, ou alors ils revoient leurs attentes et leurs valeurs professionnelles.

Une étude transversale menée par Tamir (1982) auprès d'un échantillon d'hommes représentatifs confirme plutôt la seconde hypothèse. Chez les hommes jeunes participant à cette étude (de 25 à 39 ans), le niveau de satisfaction professionnelle était lié à divers éléments de satisfaction personnelle, ce qui n'était pas le cas chez les adultes d'âge moyen. À l'âge adulte moyen (de 40 à 65 ans), les hommes commencent à ne plus percevoir leur emploi comme la principale source de satisfaction et d'accomplissement. Ce changement de point de vue constitue en soi une forme de désengagement, même si les hommes sont plus satisfaits de leur travail que lorsqu'ils étaient jeunes.

On ne retrouve pas aisément les mêmes caractéristiques chez les femmes d'âge moyen qui travaillent. Pour les femmes qui sont entrées dans la vie active au cours de la trentaine ou de la quarantaine, il se pourrait que le milieu de l'âge adulte soit une période d'avancement rapide plutôt qu'un moment de conservation des acquis. Par conséquent, la satisfaction professionnelle aurait peut-être chez elles le même effet sur la satisfaction générale que chez les hommes au début de l'âge adulte.

Cependant, le modèle de la satisfaction professionnelle chez les femmes d'âge moyen diffère considérablement de celui des hommes (Auster, 2001). Par exemple, la satisfaction professionnelle chez l'homme est habituellement associée à des mesures objectives de réussite, telles que les promotions ou le salaire (Allen, Poteet et Russell, 1998). Chez les femmes, au contraire, la satisfaction professionnelle serait associée aux décisions prises au début de l'âge adulte. Ainsi, si une femme croit qu'elle a accordé trop d'importance aux responsabilités familiales et conjugales au détriment de sa carrière, elle est

Il y a de plus en plus de femmes sur le marché du travail, mais un peu moins du tiers d'entre elles travaillent régulièrement au début de l'âge adulte.

heures de travail. Ces exigences simultanées et contradictoires constituent un véritable conflit de rôles.

Il semble que, pour les hommes, les rôles familial et professionnel soient séquentiels plutôt que simultanés. Durant la journée, les hommes assument leur rôle professionnel et, lorsqu'ils rentrent à la maison, ils adoptent leur rôle de conjoint et de père. Les femmes, même lorsqu'elles sont au travail, sont à la fois mères et conjointes. Si l'homme a un conflit de rôles, il est plus probable que ce soit son rôle professionnel qui empiète sur son rôle familial, et non l'inverse.

On note aussi que plus les salaires sont égaux entre les partenaires, plus la prise de décision et les tâches ménagères sont réparties également. Toutefois, il est étonnant de constater que les femmes, malgré leur présence de plus en plus grande sur le marché du travail, doivent lutter plus que les hommes pour résoudre le conflit des rôles professionnel et familial. Il est également clair que ce conflit est beaucoup plus important au début de l'âge adulte, alors que les enfants sont jeunes et nécessitent des soins constants, qu'à l'âge adulte moyen ou avancé. C'est donc ce chevauchement très complexe entre les rôles professionnel, parental et conjugal qui, de bien des façons, constitue la principale caractéristique du début de l'âge adulte dans nos sociétés industrialisées.

Les relations avec le milieu de travail à l'âge adulte moyen

La relation avec le milieu de travail à l'âge adulte moyen présente deux paradoxes. D'une part, la satisfaction au travail atteint un sommet au cours de cette période, même

plus susceptible d'être insatisfaite au travail (Stewart et Ostrove, 1998). Certaines de ces femmes retournent aux études ou changent carrément d'emploi.

Les variations dans les modèles du travail et dans la satisfaction professionnelle s'accompagnent de variations dans la façon d'aborder le travail (Perho et Korhonen, 1999). Les hommes et les femmes témoignent des mêmes sources d'insatisfaction professionnelle à l'âge adulte moyen: un sentiment d'urgence temporelle, des collègues difficiles, des tâches ennuyeuses et la peur de perdre son emploi. Toutefois, les hommes et les femmes affrontent ces problèmes différemment. Les hommes cherchent plus souvent à négocier directement avec leurs supérieurs et leurs collègues afin de modifier la situation. Les femmes, au contraire, ont tendance à se replier et à discuter de leur insatisfaction avec des collègues féminines. De plus, les femmes sont plus enclines que les hommes à compenser leur insatisfaction par la mise en valeur des avantages liés à leur travail, en se disant par exemple: «Je n'aime pas le patron, mais les heures de travail me conviennent». Les hommes ont donc plus souvent tendance à améliorer leur niveau de satisfaction au travail en intervenant directement sur des situations qui peuvent changer. De leur côté, les femmes sont probablement plus en mesure d'affronter un milieu de travail auquel elles doivent s'adapter parce que la situation ne peut pas changer.

En dépit de ces différences, les hommes et les femmes d'âge moyen possèdent un sentiment de maîtrise sur leur vie professionnelle plus élevé que les jeunes adultes (Lachman et Weaver, 1998). L'amélioration des habiletés sociales et cognitives observée du début de l'âge adulte à l'âge adulte moyen peut expliquer en partie cet écart (Blanchard-Fields et autres, 1998; Hess et autres, 1999). Les adultes d'âge moyen sont plus en mesure d'évaluer des situations, des personnes ou des relations avec efficacité que les jeunes adultes. En outre, les adultes d'âge moyen réussissent mieux à s'adapter à une situation déplaisante de façon à maintenir un niveau acceptable de satisfaction personnelle.

LA PRODUCTIVITÉ AU TRAVAIL

Dans la plupart des métiers, la productivité demeure élevée pendant l'âge adulte moyen. On observe cependant une exception dans les emplois qui requièrent la force physique ou la rapidité de réaction, tels que le travail de débardeur, de contrôleur aérien, de camionneur ou d'athlète professionnel. Dans ces métiers, la productivité tend à diminuer vers 40 ans ou plus tard (Sparrow et Davies, 1988). Dans les faits, nombre de personnes occupant ces emplois prévoient les effets physiques du vieillissement

et changent d'emploi au milieu de leur vie adulte. Cependant, pour la plupart des emplois, y compris ceux qui demandent de bonnes habiletés cognitives, la productivité demeure constante pendant toute la période de l'âge adulte moyen (Salthouse et Maurer, 1996).

Selon Paul et Margaret Baltes (1990a), pour maintenir un niveau élevé de productivité au travail, les adultes doivent composer avec un léger déclin des habiletés physiques et cognitives. Ce processus, appelé *optimisation sélective avec compensation*, comprend:

- la *sélection*, qui entraîne une réduction des activités; par exemple, se centrer essentiellement sur les tâches importantes, déléguer plus de responsabilités aux autres et diminuer, voire abandonner, les activités périphériques à l'emploi;

- l'*optimisation*, qui nécessite l'exercice délibéré des habiletés de façon à maintenir une performance maximale dans les activités, sans quoi ces habiletés risquent de décliner rapidement;

- la *compensation*, qui s'appuie sur des stratégies pragmatiques afin de surmonter des obstacles particuliers; par exemple, modifier la force des verres correcteurs, porter une prothèse auditive ou utiliser divers moyens pour compenser les pertes de mémoire, notamment en notant systématiquement les informations importantes ou en dressant une liste des choses à ne pas oublier; il est aussi possible pour un individu d'investir davantage dans des activités où il se sait efficace, tout en délaissant celles où il l'est moins.

Joseph Abraham et Robert Hansson (1995) ont testé ce modèle dans une étude portant sur 224 travailleurs âgés de 40 à 69 ans. Ils ont évalué chacun des trois aspects de la théorie d'optimisation sélective avec compensation ainsi que la productivité au travail. Ils ont constaté la présence de plus en plus importante, au cours du vieillissement, d'un lien entre la sélection, l'optimisation et la compensation, d'une part, et la productivité, d'autre part. Ainsi, plus l'individu est âgé, plus il lui faut utiliser des stratégies afin de compenser le déclin physique et cognitif. Dans le groupe plus âgé (cinquantaine et début de la soixantaine), ceux qui utilisaient plus souvent les stratégies de sélection, d'optimisation et de compensation réussissaient mieux dans leur travail. Par contre, on n'observait pas ce lien dans le groupe plus jeune (début de la quarantaine). Il ne s'agit, bien sûr, que d'une seule étude. Toutefois, les résultats obtenus confirment l'hypothèse selon laquelle la productivité au travail demeure élevée pendant l'âge adulte moyen parce que les personnes utilisent des stratégies pour compenser le déclin de leurs habiletés physiques et cognitives.

LA PRÉPARATION À LA RETRAITE

Beaucoup d'adultes d'âge moyen commencent à se préparer de diverses façons à leur retraite, souvent une quinzaine d'années avant la date prévue. Cette préparation commence généralement par une réduction graduelle de la charge de travail. On observe aussi une réduction progressive du caractère central du travail dans la vie de l'adulte d'âge moyen. Cette constatation semble se vérifier tant sur le plan matériel que sur le plan psychologique. Les heures consacrées au travail tendent à diminuer, et on commence à penser de plus en plus à la retraite. De façon générale, il est possible que la satisfaction professionnelle ait une portée moins grande sur le sentiment de bonheur et de bien-être dans son ensemble que durant les premières décennies de l'âge adulte. Comme le rôle familial, le rôle professionnel perdrait donc une part de son importance au milieu de l'âge adulte.

La préparation à la retraite est un peu différente pour la cohorte des baby-boomers que pour les cohortes précédentes (Monroy, 2000). Jadis essentiellement une affaire d'homme, la préparation à la retraite concerne aujourd'hui aussi la femme, qui s'y attelle seule ou avec son mari (Glass et Kilpatrick, 1998). La plupart des personnes issues du baby-boom espèrent vivre jusqu'à 85 ans et même au-delà. Comme elles planifient leur retraite au début de la soixantaine (Monroy, 2000), elles profiteront d'un plus grand nombre d'années en dehors du marché du travail. Les besoins de revenus et de soins vont également changer considérablement, ce qui modifiera profondément le portrait social des pays industrialisés.

Les relations avec le milieu de travail à l'âge adulte avancé

La transition de la période de travail à la période de la retraite exige une grande capacité d'adaptation. Bien que cette transition soit marquée par la perte d'un rôle majeur, presque toutes les croyances populaires sur les effets négatifs associés à la perte du rôle de travailleur sont erronées, du moins en ce qui concerne les cohortes actuelles dans les pays industrialisés. Les connaissances sur le processus de la retraite ont été approfondies grâce à une série d'études longitudinales portant sur un groupe d'hommes et de femmes, de la préretraite à la retraite. Dans une analyse particulièrement utile, Erdman Palmore et ses collaborateurs (Palmore et autres, 1985) ont combiné les résultats de sept de ces études, obtenant ainsi un échantillon de plus de 7 000 adultes qui ont été interrogés à au moins deux reprises et même, dans la plupart des cas, à plusieurs reprises. Nous vous présentons l'essentiel de leurs découvertes puisqu'il s'agit du plus vaste ensemble de données longitudinales à notre disposition.

LE MOMENT DE LA RETRAITE

La croyance populaire voulant que l'âge normal de la retraite soit de 65 ans est fausse. Dans la plupart des pays industrialisés, les individus prennent leur retraite de plus en plus tôt depuis quelques décennies. En comparant récemment divers pays, Alex Inkeles et Chikako Usui (1989) ont découvert que, dans 13 des 34 pays capitalistes et communistes qu'ils ont étudiés, l'âge officiel de la retraite était de 60 ans. Dans 17 autres pays, l'âge officiel d'admissibilité aux pensions de retraite était de 65 ans. Toutefois, dans presque tous les cas, les travailleurs qui décidaient de prendre leur retraite plus tôt recevaient un soutien financier. Au Canada, par exemple, une personne bénéficie de tous les avantages sociaux à l'âge de 65 ans, mais elle peut commencer à profiter de certains d'entre eux dès l'âge de 62 ans. D'autres régimes de retraite offrent maintenant des avantages anticipés. En raison de ces avantages, l'âge moyen de la retraite a diminué assez rapidement. Certains pays européens tentent actuellement de renverser cette tendance en augmentant graduellement l'âge d'admissibilité pour les pensions gouvernementales. Des changements semblables ont été proposés aux États-Unis et au Canada au cours des dernières années.

LES EFFETS DE LA RETRAITE

Certains changements associés à la retraite sont positifs, alors que d'autres sont négatifs. Dans l'ensemble, cependant, la retraite semble avoir un effet positif sur la vie d'un adulte d'âge avancé. Outre les considérations financières, les raisons pour prendre sa retraite varient d'un individu à l'autre. Pour certains, l'âge constitue le facteur déterminant, alors que pour d'autres c'est l'état de santé qui est décisif. Les considérations familiales sont aussi importantes. Certains ont encore la responsabilité d'enfants mineurs parce qu'ils les ont eus tard ou qu'ils se sont remariés. Enfin, les caractéristiques du travail elles-mêmes (travail physique par exemple) peuvent aussi constituer une raison de se retirer.

Les conséquences sur le revenu Au Canada, les retraités peuvent généralement disposer de revenus provenant de quatre sources différentes: la pension de vieillesse du gouvernement (accessible à 65 ans), le fonds de retraite de l'employeur, les revenus provenant des économies ou de placements faits durant les années de travail (par exemple, un régime de retraite individuel) et une aide financière gouvernementale pour les personnes vivant sous le seuil de pauvreté. On ne s'étonnera pas d'apprendre que le revenu diminue généralement à la retraite. Des données provenant de l'analyse combinée effectuée par Palmore indiquent que cette baisse est de l'ordre de 25%. Toutefois, ce pourcentage illustre assez mal la situation financière réelle des retraités.

Dans la plupart des pays industrialisés, beaucoup de retraités possèdent une maison et n'ont plus d'hypothèque à payer. Leurs enfants ont quitté la maison. Ils ont droit à une assistance médicale ainsi qu'à plusieurs avantages liés à leur statut de personnes âgées. On a aussi considérablement bonifié les régimes de la sécurité sociale, notamment par des indexations au coût de la vie, ce qui signifie que, durant les dernières décennies, la situation financière des personnes âgées s'est améliorée plus que celle de tout autre groupe d'âge.

Les conséquences sur la santé physique et la santé mentale

Les études longitudinales qu'on peut consulter indiquent clairement que la retraite n'a tout simplement pas d'effet sur l'amélioration ou l'aggravation de l'état de santé. Une personne retraitée malade l'était presque toujours avant de se retirer, et c'est souvent ce qui a été à l'origine de son départ pour la retraite. Par ailleurs, la retraite n'a aucun effet sur l'état des personnes en bonne santé au cours des premières années (Palmore et autres, 1985). Ces résultats semblent indiquer que, pour la grande majorité des adultes, la retraite ne représente pas un changement de vie très stressant. Cette conclusion est appuyée par des études portant sur l'effet de la retraite sur les attitudes et la santé mentale.

D'après les recherches effectuées, la retraite n'a que très peu de répercussions sur la satisfaction de vivre ou sur le bien-être d'un individu. Des études longitudinales comprenant de telles mesures révèlent de légères différences dans les résultats avant et après la retraite, mais ne rapportent guère d'augmentation de la dépression parmi les personnes qui ont récemment pris leur retraite (Palmore et autres, 1985). Pour la plupart, la retraite n'est

que peu ou pas du tout stressante lorsqu'elle est prise au moment prévu (modèle interne).

Selon d'autres données, les individus qui réagissent le moins bien à la retraite sont ceux qui maîtrisent le moins le processus. Par exemple, on a remarqué un déclin de la santé physique et mentale chez les personnes qui ont pris leur retraite à la suite de la perte d'un emploi qu'elles ont occupé tardivement dans leur vie (Gallo et autres, 2000). Les personnes forcées de prendre leur retraite — que ce soit à cause d'un problème de santé, d'un régime de retraite obligatoire, de l'abolition de leur poste ou de pressions de leur employeur, qui leur offre un programme «doré» de retraite anticipée alors qu'elles ne sont pas encore admissibles aux programmes habituels d'accession à la retraite — mentionnent une diminution de la satisfaction de vivre et un niveau élevé de stress, comparativement aux personnes qui ont le sentiment d'avoir choisi le moment de leur retraite (Hardy et Quadagno, 1995; Herzog et autres, 1991).

Si on veut prédire la satisfaction de vivre à l'âge adulte avancé, le modèle qui semble se dégager n'est pas associé au fait de prendre ou non sa retraite, ni au niveau de satisfaction atteint à l'âge adulte moyen. Il semble que nous transportions au fil des ans notre bagage personnel. Les jeunes adultes qui sont maussades et négatifs deviennent des adultes âgés maussades et négatifs, alors que les jeunes adultes qui sont satisfaits de la vie éprouvent également de la satisfaction durant leur retraite. La constance de ces observations renforce les théories du développement qui soutiennent la continuité du comportement au cours de la vie adulte. Le travail façonne notre existence durant les quarante années de notre vie adulte. Cependant, notre niveau de satisfaction ou d'insatisfaction quant à la vie et notre évolution ou notre stagnation semblent être moins le résultat de nos expériences professionnelles que le produit des attitudes et des qualités qui nous habitent au cours du processus.

Pause
APPRENTISSAGE

Le rôle de travailleur

1. Quels facteurs influent sur le choix d'une carrière? Expliquez votre réponse.

2. Définissez le stade d'essai et le stade de stabilisation.

3. En quoi le modèle féminin du travail diffère-t-il du modèle masculin?

4. Expliquez pourquoi les femmes vivent davantage de conflits de rôles que les hommes au début de l'âge adulte.

5. Comment peut-on expliquer le fait que la satisfaction au travail soit à son sommet à l'âge adulte moyen?

6. Expliquez le processus d'optimisation sélective avec compensation.

7. Quels facteurs incitent une personne à prendre sa retraite?

8. Quels sont les facteurs associés à une réaction négative à la retraite?

... SUR L'APPROCHE DU VIEILLISSEMENT HARMONIEUX

UN DERNIER MOT

Vieillissement harmonieux
Terme utilisé par les gérontologues comprenant le maintien de la santé physique, des habiletés cognitives et de l'engagement social.

Ces dernières années, le **vieillissement harmonieux** a été l'un des sujets dominants de la littérature en gérontologie. Selon les auteurs John Rowe et Robert Kahn, ce concept compte trois composantes : une bonne santé physique (en évitant, autant que faire se peut, la maladie et les incapacités par la prévention et autres comportements et attitudes), le maintien des habiletés cognitives et la participation régulière à des activités sociales et productives (Rowe et Kahn, 1997, 1998). Le niveau de satisfaction d'une personne par rapport à sa vie constitue un autre aspect du vieillissement harmonieux. En gérontologie, on considère le concept du vieillissement réussi comme une tendance générale à percevoir la vieillesse comme une période de grande variabilité individuelle plutôt que comme un déclin universel. De plus, on tente d'intégrer à ce concept le développement physique, social et personnel afin de créer une image précise de ce que signifie bien vieillir.

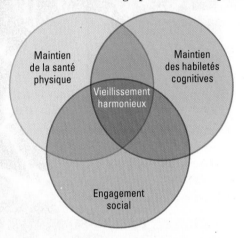

Les trois aspects du vieillissement harmonieux décrits par Rowe et Kahn ne sont pas, bien entendu, complètement indépendants. Par exemple, si un adulte âgé est en bonne santé, il est plus susceptible de maintenir ses habiletés cognitives ; ce bon fonctionnement cognitif lui permettra aussi de rester actif socialement. On dit que le concept du vieillissement harmonieux est un *paradigme*, car il comporte des modèles et des exemples d'un vieillissement harmonieux. Plutôt que de présenter une théorie du développement, le paradigme du vieillissement harmonieux propose une manière de réfléchir à l'âge adulte avancé et d'observer la façon dont les décisions et les comportements du passé favorisent la qualité de la vie. Le tableau 12.1 décrit les différentes composantes du vieillissement harmonieux.

Tableau 12.1   *Les composantes du vieillissement harmonieux*

La santé	Il importe de demeurer alerte et en bonne santé durant l'âge adulte moyen et avancé.
L'activité mentale	La participation à des activités stimulantes sur le plan cognitif favorise le maintien de bonnes habiletés intellectuelles.
L'engagement social	Il est crucial de rester actif socialement. Les contacts sociaux qui supposent une aide apportée à d'autres personnes sont particulièrement importants.
La productivité	Les activités de bénévolat peuvent aider les adultes retraités à rester productifs.
La satisfaction de vivre	Les adultes âgés doivent apprendre à modifier leurs attentes de manière à ce que leur niveau de satisfaction quant à la vie demeure élevé.

Critiques du paradigme du vieillissement harmonieux

Les critiques du paradigme du vieillissement harmonieux affirment que ce concept peut être trompeur. D'abord, ce paradigme pourrait selon eux devenir un nouveau genre de stéréotype de l'âgisme qui qualifierait d'incompétents les adultes d'âge avancé qui présentent des incapacités (Minkler et Fadem, 2002; Scheidt, Humpherys et Yorgason, 1999). Ces critiques affirment que, pour nombre de personnes âgées, l'absence d'optimisme, de volonté d'adaptation, de soutien social ou de participa-

Certaines personnes âgées mènent une vie active et occupent leurs loisirs en faisant de la peinture, de la sculpture ou d'autres activités artistiques.

tion à des activités stimulantes sur le plan intellectuel peut réduire leurs limites physiques. Par exemple, des études sur le rendement dans des tests de compréhension de lecture qui comparent des professeurs d'université de plus de 70 ans et des étudiants diplômés démontrent qu'on peut déceler un certain déclin cognitif lié à l'âge même chez ces adultes très intelligents, expérimentés et productifs (Christensen et autres, 1997). Les critiques soulignent donc le danger que représente le paradigme du vieillissement harmonieux, qui crée chez l'individu (et la population) une fausse impression de maîtrise de tous les effets du vieillissement (Holstein et Minkler, 2003).

En outre, le grand intérêt que porte la recherche en gérontologie pour la qualité de la vie plutôt que pour la maladie et le déclin relatifs au vieillissement peut renforcer le danger de ce paradigme. En effet, il ne faut pas perdre de vue que la recherche médicale recèle un potentiel énorme pour découvrir des remèdes à de nombreuses maladies associées à la vieillesse (Portnoi, 1999). Or, cet accent mis sur le vieillissement harmonieux risque d'entraîner une diminution du soutien gouvernemental et institutionnel pour la recherche sur la maladie. Selon les critiques, on a de bonnes raisons de croire que de nombreuses situations qui sont considérées comme faisant partie du vieillissement normal sont en fait des processus morbides pour lesquels la science médicale pourrait trouver des traitements efficaces (Portnoi, 1999).

Les critiques admettent néanmoins que le paradigme du vieillissement harmonieux a élargi les méthodes d'étude des gérontologues, et conviennent que son influence a été très positive. En fait, les critiques du paradigme du vieillissement harmonieux peuvent contribuer à trouver un équilibre entre l'optimisme et la réalité. Elles peuvent aussi inciter les chercheurs à poursuivre leur travail afin qu'ils trouvent des traitements aux maladies liées au vieillissement, telles que la maladie d'Alzheimer.

Pause
APPRENTISSAGE

Le vieillissement harmonieux

1. Quels sont les trois aspects du vieillissement harmonieux? Expliquez votre réponse.

RÉSUMÉ

LA CONTINUITÉ ET LES CHANGEMENTS

- Certains aspects de la personnalité sont très stables durant l'âge adulte, particulièrement les cinq traits définis par McCrae et Costa: le névrotisme (instabilité émotionnelle), l'extraversion, l'ouverture à l'expérience, l'amabilité et l'intégrité.

- Certains changements dans la personnalité seraient communs à tous les individus. De 30 à 40 ans, les jeunes adultes deviennent plus indépendants, plus confiants, plus sûrs d'eux, plus orientés vers la réussite, plus individualistes et moins soumis aux règles sociales.

- Il y a beaucoup moins de changements communs dans la personnalité au milieu de l'âge adulte qu'au début de l'âge adulte. Même si certains signes d'assouplissement de la personnalité apparaissent, on observe une plus grande variabilité des traits de la personnalité à l'âge adulte moyen qu'à un plus jeune âge.

- L'âge adulte avancé est une période où les rôles se vident de plus en plus de leur contenu. Ce phénomène peut procurer une plus grande liberté de choix à l'individu. De nombreux adultes d'âge avancé perdent leur rôle de conjoint, particulièrement les femmes, chez qui le taux de veuvage est plus élevé.

LES PERSPECTIVES THÉORIQUES

- Selon Erikson, l'engagement dans l'intimité représente la tâche centrale du jeune adulte, et l'amour en constitue la force adaptative.

- Levinson propose un modèle qui s'appuie sur l'alternance des périodes de stabilité et des périodes de transition au cours de la vie adulte.

- Selon Erikson, la générativité constitue la tâche centrale de l'âge adulte moyen, dont la force adaptative est la sollicitude.

- Peck a divisé le stade de la générativité en quatre tâches associées à une adaptation positive de l'adulte d'âge moyen.

- La notion de crise du mitan de la vie de Levinson est fortement contestée.

- Bien que le stade de l'intégrité ou du désespoir d'Erikson, la notion de réminiscence de Butler et l'adaptation à l'âge adulte avancé de Peck aient exercé une certaine influence, les recherches n'indiquent pas qu'il s'agit d'étapes ou de stades fréquents ou nécessaires à l'âge adulte avancé.

- De la même façon, la théorie de l'activité et celle du désengagement suscitent la controverse. En général, on observe un niveau de satisfaction élevé et une bonne santé mentale chez les personnes âgées qui se détachent (ou se désengagent) le moins.

LE DÉVELOPPEMENT DES RÔLES SOCIAUX

- Le départ du foyer parental suppose une séparation physique et émotionnelle des parents. Certains théoriciens croient que les jeunes adultes doivent renoncer à leur attachement aux parents.

- Le concept de rôle social permet de décrire les fonctions propres à un statut particulier dans une culture, tels le rôle d'enseignant ou celui de partenaire. Les rôles changent systématiquement avec l'âge, particulièrement au début de l'âge adulte.

- Les tâches centrales dont les jeunes adultes doivent s'acquitter sont l'acquisition et l'apprentissage de trois rôles majeurs: celui de conjoint, celui de parent et celui de travailleur.

- Chaque adulte se constitue une escorte sociale qui comprend la famille, les amis et le conjoint. Les relations avec les membres de la famille tendent à être stables et solidaires, même si elles sont moins centrales qu'elles l'étaient à un plus jeune âge.

RÉSUMÉ

Le rôle de conjoint

- L'attachement à un partenaire devient l'attachement central et sert de base de sécurité pour s'aventurer dans le monde du travail.

- Le choix d'un partenaire est très marqué par la similitude (théorie de l'homogamie).

- Les trois composantes essentielles de l'amour, selon Sternberg, sont l'intimité, la passion et l'engagement. Le modèle amoureux est défini en fonction de la présence ou de l'absence de ces composantes.

- Pendant la première année de mariage, les couples mentionnent une diminution de l'intensité de l'amour, que le couple ait eu ou non un enfant. La satisfaction diminue, car les comportements agréables ou plaisants se font plus rares.

- Les facteurs qui influent sur la qualité de la relation conjugale sont le type de personnalité, les attitudes quant au divorce, le type d'attachement et la qualité des interactions dans le couple.

- Les couples homosexuels et hétérosexuels sont très similaires ; toutefois, ils diffèrent sur certains points.

- L'expérience du divorce chez le jeune adulte engendre davantage de solitude et de dépression. Les femmes divorcées sont plus susceptibles de vivre dans la pauvreté.

- Le divorce et le remariage influent également sur la trajectoire de vie du jeune adulte en augmentant le nombre d'années consacrées à l'éducation des enfants et en complexifiant les rôles familiaux.

- Les chercheurs définissent la violence conjugale comme des gestes ou des comportements qui portent atteinte à l'intégrité physique ou psychologique d'un partenaire intime et qui sont destinés à l'intimider ou à le blesser.

- La violence sexuelle est l'utilisation de contraintes physiques pour amener une personne à avoir un rapport sexuel contre sa volonté.

Les relations d'amitié

- Le nombre d'amis est généralement plus élevé au début de l'âge adulte qu'à n'importe quel autre âge.

- Il existe des différences sexuelles quant au nombre d'amis et à la qualité des relations amicales : les femmes ont plus d'amis, et leurs relations sont plus intimes.

- Les amitiés se raréfient au milieu de l'âge adulte, même si rien n'indique qu'elles deviennent moins intimes ou moins importantes. L'aptitude à nouer des amitiés et à les entretenir semble être stable tout au long de la vie adulte.

- Le nombre de contacts avec les amis joue un grand rôle dans la satisfaction de vivre chez les personnes âgées. Les femmes âgées continuent d'avoir un réseau social plus vaste que celui des hommes. Ceux-ci dépendent davantage de leur conjointe pour le soutien social, tandis que les femmes s'appuient sur leurs amis et leurs enfants.

Le rôle de parent

- Le nouveau rôle de parent entraîne des joies et du stress. Il accentue dans le couple la différenciation des rôles sexuels traditionnels, ce que Gutmann appelle l'*impératif parental*.

- La satisfaction conjugale diminue habituellement après la naissance du premier enfant et continue de décroître durant presque toute la période du début de l'âge adulte.

RÉSUMÉ

- Les adultes d'âge moyen qui constituent la génération médiane ont des liens importants avec leurs parents et leurs enfants. Ce sont eux qui offrent le plus d'aide aux deux autres générations.

- Il n'existe guère de données qui confirment l'existence du syndrome du nid déserté, c'est-à-dire d'une réaction négative des parents au milieu de l'âge adulte au moment du départ de leur dernier enfant. Au contraire, l'atténuation des exigences relatives au rôle semble contribuer à l'accroissement de la satisfaction générale.

- La majorité des adultes deviennent grands-parents à l'âge adulte moyen. Ils établissent généralement des relations chaleureuses et affectueuses avec leurs petits-enfants, bien que certains aient parfois une relation distante. Une minorité de grands-parents prennent une part active dans l'éducation de leurs petits-enfants.

- Seulement une minorité d'adultes d'âge moyen semblent prendre en charge leurs parents âgés. Ces personnes ont l'impression de porter un fardeau et sont plus dépressives, particulièrement si leur parent souffre d'une forme de démence. Deux fois plus de femmes que d'hommes prennent en charge un parent âgé.

- La majorité des personnes âgées ont au moins un enfant vivant, et la plupart voient leurs enfants régulièrement et en retirent du plaisir. Toutefois, on constate que le nombre de contacts avec les enfants n'est pas lié à la satisfaction de vivre chez les personnes âgées.

- Certaines observations indiquent que les relations avec la fratrie, et particulièrement avec les sœurs, deviennent plus intenses à l'âge adulte avancé qu'aux autres périodes de l'âge adulte.

Le rôle de travailleur

- La satisfaction professionnelle augmente progressivement au début de l'âge adulte, notamment parce que les emplois au fil des ans sont mieux rémunérés, moins répétitifs et plus créatifs, et qu'ils offrent plus de responsabilités.

- Le rôle professionnel comprend deux stades : un stade d'essai pendant lequel le jeune adulte dans la vingtaine explore d'autres possibilités, puis un stade de stabilisation pendant lequel l'adulte dans la trentaine se concentre sur la réalisation de ses objectifs professionnels.

- Il existe généralement un stade supplémentaire pour la plupart des femmes, soit l'alternance d'emploi et de non-emploi. Il s'agit d'un stade de travail discontinu au cours duquel les responsabilités familiales alternent avec les périodes de travail à l'extérieur de la maison.

- Lorsque les deux partenaires travaillent à l'extérieur de la maison, les tâches ménagères ne sont pas divisées de manière équitable : la femme continue d'en avoir la charge et, de ce fait, elle doit faire face à un plus grand conflit de rôles.

- À l'âge adulte moyen, la satisfaction professionnelle connaît un sommet, et la productivité demeure élevée. Toutefois, le travail ne constitue plus le centre de l'existence, et la satisfaction professionnelle semble moins liée à la satisfaction générale qu'à un plus jeune âge.

- La retraite anticipée est généralement causée par la maladie, par l'abolition d'un poste ou par les pressions de l'employeur, qui offre un programme de retraite avant l'âge officiel prévu.

- Pour la grande majorité des personnes, la retraite ne semble pas constituer un changement de vie stressant, et elle n'est pas directement liée à une détérioration de la santé physique ou mentale. Les personnes qui trouvent cet événement stressant sont souvent celles qui n'ont pas le sentiment de maîtriser ce processus.

UN DERNIER MOT... SUR L'APPROCHE DU VIEILLISSEMENT HARMONIEUX

- Le vieillissement harmonieux dépend du maintien de la santé physique ainsi que du bon fonctionnement cognitif et social. La productivité et la satisfaction de vivre font également partie des facteurs associés au vieillissement harmonieux, de même que la perception d'un soutien social adéquat et le sentiment de maîtrise.

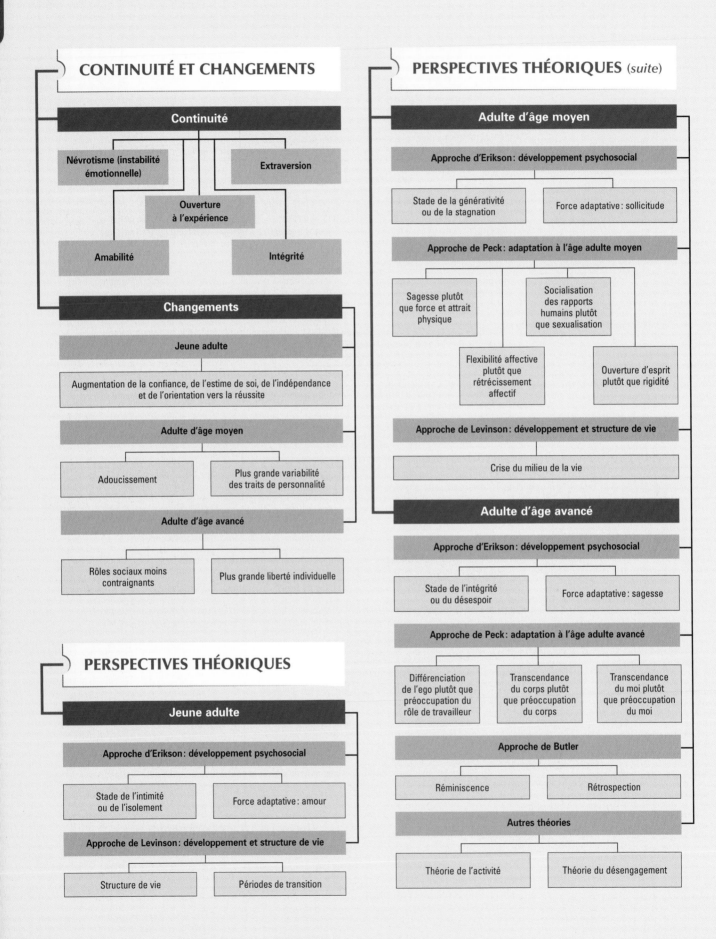

CONTINUITÉ ET CHANGEMENTS

Continuité

- Névrotisme (instabilité émotionnelle)
- Extraversion
- Ouverture à l'expérience
- Amabilité
- Intégrité

Changements

Jeune adulte
- Augmentation de la confiance, de l'estime de soi, de l'indépendance et de l'orientation vers la réussite

Adulte d'âge moyen
- Adoucissement
- Plus grande variabilité des traits de personnalité

Adulte d'âge avancé
- Rôles sociaux moins contraignants
- Plus grande liberté individuelle

PERSPECTIVES THÉORIQUES

Jeune adulte

Approche d'Erikson: développement psychosocial
- Stade de l'intimité ou de l'isolement
- Force adaptative: amour

Approche de Levinson: développement et structure de vie
- Structure de vie
- Périodes de transition

PERSPECTIVES THÉORIQUES (*suite*)

Adulte d'âge moyen

Approche d'Erikson: développement psychosocial
- Stade de la générativité ou de la stagnation
- Force adaptative: sollicitude

Approche de Peck: adaptation à l'âge adulte moyen
- Sagesse plutôt que force et attrait physique
- Socialisation des rapports humains plutôt que sexualisation
- Flexibilité affective plutôt que rétrécissement affectif
- Ouverture d'esprit plutôt que rigidité

Approche de Levinson: développement et structure de vie
- Crise du milieu de la vie

Adulte d'âge avancé

Approche d'Erikson: développement psychosocial
- Stade de l'intégrité ou du désespoir
- Force adaptative: sagesse

Approche de Peck: adaptation à l'âge adulte avancé
- Différenciation de l'ego plutôt que préoccupation du rôle de travailleur
- Transcendance du corps plutôt que préoccupation du corps
- Transcendance du moi plutôt que préoccupation du moi

Approche de Butler
- Réminiscence
- Rétrospection

Autres théories
- Théorie de l'activité
- Théorie du désengagement

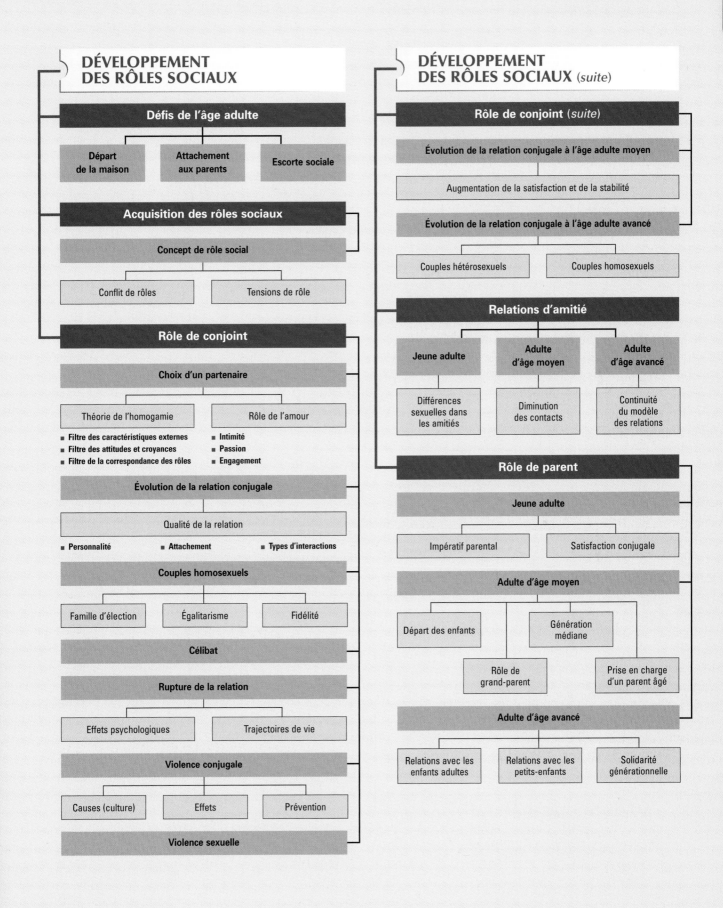

DÉVELOPPEMENT DES RÔLES SOCIAUX

Défis de l'âge adulte

- Départ de la maison
- Attachement aux parents
- Escorte sociale

Acquisition des rôles sociaux

Concept de rôle social

- Conflit de rôles
- Tensions de rôle

Rôle de conjoint

Choix d'un partenaire

- Théorie de l'homogamie
- Rôle de l'amour

- Filtre des caractéristiques externes
- Filtre des attitudes et croyances
- Filtre de la correspondance des rôles
- Intimité
- Passion
- Engagement

Évolution de la relation conjugale

Qualité de la relation

- Personnalité
- Attachement
- Types d'interactions

Couples homosexuels

- Famille d'élection
- Égalitarisme
- Fidélité

Célibat

Rupture de la relation

- Effets psychologiques
- Trajectoires de vie

Violence conjugale

- Causes (culture)
- Effets
- Prévention

Violence sexuelle

DÉVELOPPEMENT DES RÔLES SOCIAUX (*suite*)

Rôle de conjoint (*suite*)

Évolution de la relation conjugale à l'âge adulte moyen

Augmentation de la satisfaction et de la stabilité

Évolution de la relation conjugale à l'âge adulte avancé

- Couples hétérosexuels
- Couples homosexuels

Relations d'amitié

- Jeune adulte
- Adulte d'âge moyen
- Adulte d'âge avancé

- Différences sexuelles dans les amitiés
- Diminution des contacts
- Continuité du modèle des relations

Rôle de parent

Jeune adulte

- Impératif parental
- Satisfaction conjugale

Adulte d'âge moyen

- Départ des enfants
- Génération médiane
- Rôle de grand-parent
- Prise en charge d'un parent âgé

Adulte d'âge avancé

- Relations avec les enfants adultes
- Relations avec les petits-enfants
- Solidarité générationnelle

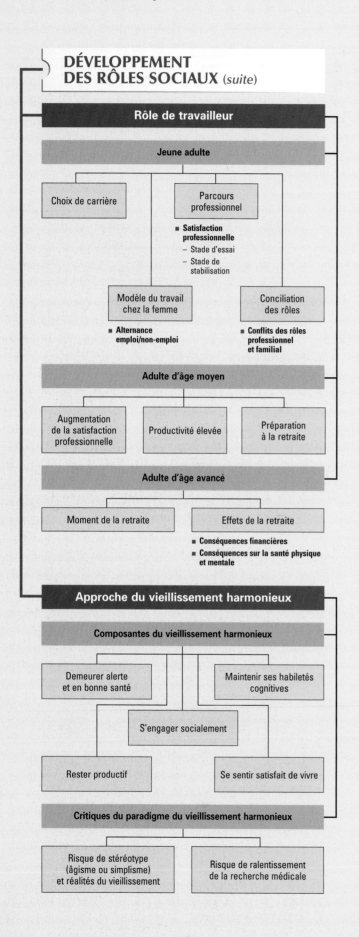

DÉVELOPPEMENT DES RÔLES SOCIAUX (*suite*)

Rôle de travailleur

Jeune adulte

- Choix de carrière
- Parcours professionnel
  - **Satisfaction professionnelle**
    - Stade d'essai
    - Stade de stabilisation
- Modèle du travail chez la femme
  - **Alternance emploi/non-emploi**
- Conciliation des rôles
  - **Conflits des rôles professionnel et familial**

Adulte d'âge moyen

- Augmentation de la satisfaction professionnelle
- Productivité élevée
- Préparation à la retraite

Adulte d'âge avancé

- Moment de la retraite
- Effets de la retraite
  - **Conséquences financières**
  - **Conséquences sur la santé physique et mentale**

Approche du vieillissement harmonieux

Composantes du vieillissement harmonieux

- Demeurer alerte et en bonne santé
- Maintenir ses habiletés cognitives
- S'engager socialement
- Rester productif
- Se sentir satisfait de vivre

Critiques du paradigme du vieillissement harmonieux

- Risque de stéréotype (âgisme ou simplisme) et réalités du vieillissement
- Risque de ralentissement de la recherche médicale

La mort et le deuil

*C*omme nous avons commencé notre exploration du développement humain par l'étude de la naissance, nous allons la terminer par l'étude de la mort. Pour cette dernière expérience de la vie humaine, le développement suit la même trajectoire : un événement universel survient à un moment particulier pour chaque individu. Certaines personnes atteintes d'une maladie mortelle devront faire face à l'imminence de leur propre mort, alors que d'autres seront emportées prématurément par un événement inattendu, tel un accident.

Pour la plupart d'entre nous, le dernier voyage surviendra à l'âge adulte avancé et résultera du subtil pas de deux entre le vieillissement primaire et le vieillissement secondaire. C'est pourquoi une grande partie de ce dernier chapitre porte sur les adultes âgés. La mort, de façon ultime, peut être considérée comme une étape de la vie, une occasion de croissance personnelle autant pour la personne qui se prépare à mourir que pour les personnes qui l'accompagnent. James Bamber, un journaliste de Radio-Canada, nous a donné une leçon d'une étonnante lucidité quand, se sachant atteint d'un cancer incurable, il a dit dans une entrevue quelques jours avant sa mort : « Lorsqu'on vient au monde, nous ne souffrons pas de ne pas avoir vécu avant. Alors, lorsqu'on doit partir, au seuil de notre mort pourquoi souffririons-nous de ne plus vivre après ? »

L'EXPÉRIENCE DE LA MORT

Pour clore *Les âges de la vie*, nous allons aborder les dimensions de la mort et la façon dont évolue la compréhension que nous en avons au cours de la vie. Puis, nous nous pencherons sur les réactions de l'individu à sa mort imminente ainsi que sur l'expérience du deuil pour les proches. Pour terminer, nous examinerons les interrogations morales que soulève l'euthanasie.

LES DIMENSIONS DE LA MORT

La plupart d'entre nous considèrent la mort comme un interrupteur. Nous sommes en vie, et puis clic! l'interrupteur est fermé. Dans les faits, cependant, la mort est un processus dont les médecins désignent les différentes étapes par des termes précis. La **mort clinique** représente les premières minutes qui suivent l'arrêt des battements du cœur, de la respiration et de l'activité cérébrale. À cette étape, il est encore possible de ramener une personne à la vie. Des patients qui ont subi un arrêt cardiaque sont parfois *ressuscités* après une mort clinique. Il est probable que les gens qui témoignent d'une expérience de *vie après la mort* sont revenus d'une mort clinique.

La **mort cérébrale** désigne l'état dans lequel se trouve une personne qui ne réagit plus à une forte stimulation extérieure et dont le cerveau ne présente plus d'activité électrique. Quand le cortex cérébral, mais non le tronc, est affecté, le patient peut parfois respirer avec ou sans l'aide d'appareils et il peut survivre ainsi pendant une longue période dans un état végétatif. Quand le tronc cérébral arrête à son tour, les fonctions corporelles ne peuvent plus se maintenir de façon indépendante. C'est à cet instant que l'individu est déclaré légalement mort (Detchant, 1995). La mort cérébrale survient, la plupart du temps, de 8 à 10 minutes après la mort clinique. Il existe cependant des cas où la mort cérébrale survient à cause d'une blessure au cerveau, à la suite d'un accident d'automobile, par exemple, alors que les autres fonctions corporelles peuvent être maintenues artificiellement. Dans de tels cas, les autres organes du corps, comme le cœur et les reins, sont viables suffisamment longtemps pour être transplantés.

La **mort sociale** est le constat du décès. Quand un membre de la famille ferme les yeux d'un corps devenu inerte et que le médecin signe le certificat de décès, la personne est déclarée morte. On prépare alors le corps pour les rituels funéraires propres à la culture du défunt. Et la famille et les amis font face à la perte d'un être cher.

Nous venons de voir que la mort peut survenir à n'importe quel moment au cours de notre vie. Mais de quoi meurt-on principalement aux différents âges de la vie? La figure 13.1 présente une compilation intéressante faite par Louis Duchesne de l'Institut de la statistique du Québec sur la répartition des décès selon la cause, le sexe et le groupe d'âge au Québec pour l'année 2004.

Les soins palliatifs

Au Canada et en Europe comme dans l'ensemble des pays industrialisés, la grande majorité des adultes meurent dans des hôpitaux ou des centres d'accueil plutôt qu'à leur domicile. Au cours des deux dernières décennies se sont développés les **soins palliatifs**: ils s'adressent aux personnes atteintes d'une maladie incurable et ont pour fonction d'adoucir au mieux la fin de leur vie. Fortement encouragée par les écrits d'Elisabeth Kübler-Ross (1974), cette célèbre psychiatre qui a mis de l'avant l'importance d'une «mort digne», l'approche veut donner au patient et à sa famille une plus grande maîtrise du processus de la mort. De nombreux professionnels de la santé, surtout en Grande-Bretagne, au Canada et aux États-Unis, considèrent qu'une personne agonisante devrait demeurer à la maison ou dans un environnement qui lui est familier pour voir quotidiennement sa famille et ses amis. Emboîtant le pas de ce mouvement sur le droit à une *mort digne*, on a créé au Canada et aux États-Unis des programmes et des unités de soins palliatifs qui s'appuient sur les mêmes principes de base (Bass, 1985):

1. La mort est une étape normale de la vie. Il ne faut pas chercher à l'éviter, mais y faire face et l'accepter.

2. Il faut encourager le patient et sa famille (ou ses proches) à se préparer à la mort en analysant leurs sentiments respectifs, en planifiant la fin de la vie du patient et en parlant ouvertement de la mort.

Mort clinique Absence de signes vitaux durant laquelle il est encore possible de ramener la personne à la vie.

Mort cérébrale Absence de signes vitaux, incluant l'activité cérébrale, durant laquelle il n'est plus possible de ramener la personne à la vie.

Mort sociale Constat du décès par les membres de la famille et le personnel médical.

Soins palliatifs Ensemble de soins destinés aux patients en phase terminale qui sont, la plupart du temps, pris en charge par les membres de leur famille. L'administration des soins relève alors de la responsabilité du patient et de ses proches, qui peuvent les prodiguer à domicile, dans un centre de soins palliatifs ou dans un hôpital.

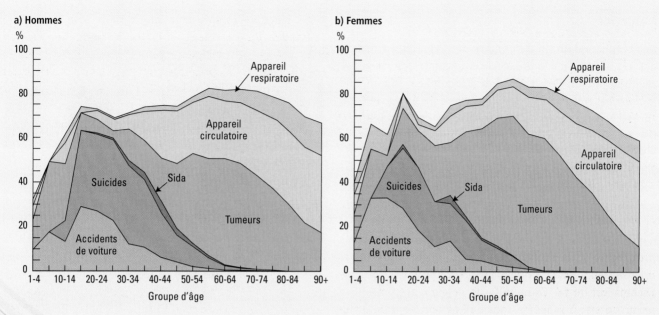

Figure 13.1
La répartition des décès selon la cause, le sexe et le groupe d'âge pour l'année 2004 au Québec
Source: Institut de la statistique du Québec. Tiré de Louis Duchesne, *La situation démographique au Québec: bilan 2006: la migration interne de 55 à 65 ans au cours de la décennie 1995-2005* (en ligne), Québec, Institut de la statistique du Québec, 2006, p. 60. http://www.stat.gouv.qc.ca/publications/demograph/sit_demo_pdf.htm (Page consultée le 1er août 2007). Reproduction autorisée par les Publications du Québec.

3. Les proches (membres de la famille ou autres) doivent participer autant que possible aux soins du patient, non seulement parce qu'ils lui apportent ainsi le soutien dont il a besoin, mais aussi parce que chacun peut faire le point sur sa relation avec la personne mourante.

4. Le patient et ses proches doivent participer au choix du type de traitement et du lieu où les soins seront prodigués.

5. Les soins médicaux sont palliatifs plutôt que curatifs. Il faut mettre l'accent sur la maîtrise de la douleur et la maximisation du bien-être, et non sur les interventions radicales ou les mesures qui permettront de prolonger la vie.

Trois types de programmes respectant ces principes ont été mis au point: les soins à domicile, les soins dans un centre de soins palliatifs et les soins en milieu hospitalier. Dans le premier et le plus courant, un membre de la famille — généralement le conjoint — prodigue à domicile les soins quotidiens à la personne mourante avec l'assistance d'infirmières qui rendent régulièrement visite au patient pour lui donner ses médicaments et pour apporter un soutien psychologique à la famille. Dans le deuxième type, un centre de soins palliatifs accueille un petit nombre de patients en phase terminale et leur procure un environnement aussi chaleureux que possible.

Le troisième type de programmes fournit des services en milieu hospitalier, dans une unité consacrée à cette fin où on favorise la participation quotidienne des membres de la famille aux soins du patient.

Notons au passage que ces trois options ressemblent à celles qui sont offertes aux femmes enceintes: l'accouchement à domicile, la maison de naissance et la chambre de naissance. Les soins hospitaliers traditionnels offrent une quatrième option pour la naissance comme pour la mort. La personne agonisante peut choisir la façon dont elle va mourir, tout comme les futurs parents peuvent choisir la façon dont naîtra leur enfant. Puisqu'il semble constituer un facteur primordial dans la satisfaction de vivre, le sentiment de maîtrise joue probablement le même rôle au moment de la mort.

LA COMPRÉHENSION DE LA MORT

En tant qu'adultes, nous comprenons tous que la mort constitue un phénomène irréversible, universel et inéluctable. Mais à quel âge les enfants et les adolescents comprennent-ils cet aspect de la mort? Et que signifie la mort pour les adultes? Réalité lointaine pour la plupart des jeunes adultes, la mort revêt un caractère plus personnel à l'âge adulte moyen, alors que la pensée de la mort habite les adultes d'âge avancé.

L'enfance

Les résultats d'un grand nombre de recherches révèlent que les enfants d'âge préscolaire ne comprennent généralement aucun des aspects de la mort. Ils croient que la mort est réversible grâce à la prière ou à la magie, ou simplement parce qu'ils le souhaitent (pensée magique); ils s'imaginent que les personnes mortes peuvent sentir les choses et qu'elles respirent encore; ils pensent que certaines personnes échappent à la mort, notamment les personnes intelligentes ou chanceuses, de même que les membres de leur famille (Lansdown et Benjamin, 1985; Speece et Brent, 1984, 1992). Les recherches démontrent aussi que les idées que se font les enfants de la mort prennent racine dans leur propre compréhension de la vie (Slaughter et Lyons, 2003). Ce lien entre la compréhension de la vie et celle de la mort a été établi à partir de travaux démontrant que le fait d'enseigner la nature de la vie biologique à des enfants les aidait à mieux comprendre les causes de la mort et la raison de son irréversibilité.

À l'âge scolaire, la plupart des enfants semblent comprendre le caractère irréversible et universel de la mort. Voici les commentaires de trois enfants d'âges différents à la suite du décès de leur grand-père:

- «Je sais que grand-papa est mort, mais il sera à ma fête la semaine prochaine!» dit celui de cinq ans.
- «Il ne reviendra pas à la vie. Vous ne pouvez bouger car votre cœur a arrêté de battre. Les gens aimeraient vous voir encore en vie, mais vous ne pouvez pas. Les enfants ne peuvent mourir parce qu'ils commencent à un et vont jusqu'à 100», dit l'autre de sept ans.
- «Son cœur ne pouvait pas aller plus loin et il est mort. Les bébés peuvent mourir d'un cancer ou d'autres maladies. Le paradis est beaucoup plus beau qu'ici-bas», dit le troisième âgé de neuf ans.

Le premier de ces enfants ne comprend pas encore le caractère permanent de la mort. Le second ne comprend pas son universalité. Quant au troisième, il semble avoir compris les concepts entourant la mort.

Selon certains chercheurs, l'acquisition du concept de conservation semble favoriser la compréhension du caractère inéluctable de la mort. Toutefois, tous ne s'entendent pas sur l'existence d'un tel lien (Speece et Brent, 1984). Pour d'autres chercheurs, en effet, l'expérience de chaque enfant jouerait un rôle déterminant dans la compréhension qu'il a de ces concepts, comme c'est le cas pour de nombreux autres. Les enfants de quatre ou cinq ans dont un membre de la famille est décédé sont plus susceptibles de saisir l'irréversibilité de la mort et

Ces garçons qui se réconfortent mutuellement devant la tombe de leur mère ont acquis à l'égard de la mort une plus grande maturité que leurs pairs qui n'ont pas vécu une telle expérience.

l'arrêt des fonctions vitales que les autres enfants (Stambrook et Parker, 1987).

Il arrive que certains enfants perçoivent la mort comme une punition pour des actes répréhensibles, ce qui relève du stade 1 du raisonnement moral ultime de Kohlberg. On retrouve encore cette croyance et son corollaire (si on est bon, on est récompensé par une longue vie) chez certains adultes. Ainsi, une étude de Kalish et Reynolds (1976) montre que 36% des adultes interrogés sont d'accord avec l'affirmation suivante: «La plupart des gens qui vivent jusqu'à 90 ans ou plus ont dû être des personnes moralement bonnes.» Ce point de vue est renforcé par l'enseignement religieux qui met l'accent sur la relation entre le péché et la mort.

L'adolescence

Les adolescents comprennent beaucoup mieux que les enfants la finalité de la mort et son caractère inévitable. Selon le psychologue David Elkind, toutefois, les adolescents développent, au début de la pensée opératoire formelle, un ensemble de croyances appelé *fable personnelle*. Comme nous l'avons vu au chapitre 9, la fable personnelle consiste pour l'adolescent, qui est habité par la conviction de son invulnérabilité, à construire des scénarios démesurément optimistes dans lesquels il se donne le rôle du héros. Étant donné que la plupart des adolescents se croient immortels, Elkind et d'autres psychologues pensent que la fable personnelle entraîne une augmentation des comportements à risque, telles la conduite en état d'ébriété ou les relations sexuelles non protégées (Klaczynski, 1997).

Le suicide chez les adolescents semble également découler de leurs croyances irrationnelles. Les adolescents qui tentent de se suicider prétendent comprendre que la mort est irrévocable et qu'elle met un terme définitif à leur vie. Pourtant, nombre d'entre eux révèlent aux chercheurs et aux intervenants qu'ils ont accompli ce geste pour échapper *provisoirement* à un problème personnel particulièrement stressant (Blau, 1996). Ces adolescents croient en outre que la mort constitue une expérience agréable pour la plupart des gens (Gothelf et autres, 1998). De telles distorsions ne semblent pas provenir du cours normal des pensées chez les adolescents, mais plutôt d'émotions puissantes qui perturbent leur fonctionnement et les poussent au suicide. Les adultes suicidaires, par contre, perçoivent la mort comme une expérience douloureuse et désagréable même s'ils la désirent. Il existe donc une différence dans la compréhension de la mort qu'ont un adolescent suicidaire et un adulte suicidaire.

Tout comme les enfants, les adolescents sont affectés par leur expérience personnelle de la mort. Le décès d'un membre de la famille ou d'un ami proche du même âge semble amener l'adolescent à réexaminer de façon critique sa propre invulnérabilité et ses croyances au sujet de la mort (Batten et Oltjenbruns, 1999).

Le début de l'âge adulte

Depuis quelques années, un concept théorique similaire à celui de la fable personnelle guide les chercheurs qui s'intéressent à la perception de la mort chez les jeunes adultes. Les jeunes adultes présentent un **sentiment unique d'invulnérabilité**, c'est-à-dire qu'ils croient que les mauvaises expériences, notamment celle de la mort, n'arrivent qu'aux autres, bien qu'ils soient plus réalistes que les adolescents au sujet du caractère personnel de la mort. De nombreux chercheurs ont observé que certains jeunes adultes croyaient posséder des caractéristiques uniques et personnelles qui les protégeaient de la mort. Par exemple, des adultes de tous âges devaient calculer leur espérance de vie en fonction des statistiques actuelles sur la question et de leurs propres facteurs de risque. Or, les résultats ont démontré que les jeunes adultes surestimaient leur espérance de vie (Snyder, 1997). On a aussi noté qu'une discussion ouverte sur la mort était plus susceptible de provoquer une augmentation de la peur de la mort chez les jeunes adultes que chez les adultes d'âge moyen ou avancé (Abengozar, Bueno et Vega, 1999).

Ici encore, l'expérience personnelle de la mort occupe un rôle dans la compréhension du phénomène. Par exemple, les étudiants en soins infirmiers ont moins peur de la mort que les étudiants d'autres disciplines, et chaque nouvelle année d'études diminue encore leur peur (Sharma, Monsen et Gary, 1997). La perte soudaine d'une personne aimée semble ébranler les croyances des jeunes adultes quant à leur invulnérabilité personnelle, si bien qu'un tel décès semble souvent plus dramatique pour eux que pour les adultes âgés. En fait, quoique la plupart d'entre eux ne mettent jamais leur plan à exécution, une telle perte conduit fréquemment les jeunes adultes à des pensées suicidaires, particulièrement dans le cas d'une mort violente par accident, homicide ou suicide (Prigerson et autres, 1999).

Selon certains psychologues, les jeunes adultes se protègent en accordant le statut de héros aux jeunes célébrités décédées prématurément, tels la princesse Diana et le chanteur Kurt Cobain (Bourreille, 1999). De plus, l'intérêt que porte le public sur les circonstances entourant leur mort se maintient plusieurs années après leur décès, comme en témoigne la couverture considérable qu'accordent les médias à ces événements (Brown, Basil et Bocarnea, 2003). En d'autres mots, pour maintenir le sentiment de leur propre invulnérabilité, les jeunes adultes doivent s'expliquer pourquoi la mort touche certains individus dans la fleur de l'âge, et pourquoi elle ne les atteindra pas.

L'âge adulte moyen et avancé

La notion de mort chez les adultes d'âge moyen et avancé va bien au-delà de la simple acceptation de son caractère final, inévitable et universel. Le décès d'une personne revêt une *signification sociale* importante, car il modifie le rôle et les relations interpersonnelles de tous les membres de sa famille. Lorsqu'une personne âgée meurt, tous les individus de sa lignée changent de place dans la généalogie, ce qui peut être très perturbant pour un adulte d'âge moyen qui n'est pas prêt à assumer un rôle d'aîné, par exemple. La mort influe également sur les rôles professionnels des collègues de travail, qui doivent désormais prendre en charge les responsabilités de la personne décédée.

Sur le plan personnel, la perspective de la mort peut modeler la conception du temps (Kalish, 1985) et agir comme *repère temporel*. Au milieu de l'âge adulte, la plupart des gens divisent leur vie entre «le temps qui

---

Sentiment unique d'invulnérabilité Croyance voulant que les mauvaises expériences, incluant la mort, n'arrivent qu'aux autres.

s'est écoulé depuis la naissance» et «le temps qui reste jusqu'à la mort», comme l'exprime à un chercheur un adulte d'âge moyen :

> «Avant d'avoir 35 ans, l'avenir semblait infini. J'avais l'impression d'avoir le temps de réfléchir à ce que je voulais faire et de mener à bien tous mes projets... À présent, je ne cesse de me demander si j'ai suffisamment de temps pour en réaliser quelques-uns.» (Neugarten, 1970, p. 78)

Cette conscience de la finitude — selon l'expression de Victor Marshall (1975) — ne fait pas partie de la conception de la mort de tous les adultes d'âge moyen ou avancé. Des recherches, dont celle de Pat Keith (1981-1982) sur des adultes âgés de 72 ans et plus, rapportent que les personnes qui parlent du «temps qui leur reste avant la mort» — elles ne représentent que la moitié des personnes interrogées — ont moins peur de la mort que celles qui parlent du «temps écoulé depuis la naissance». La préoccupation du passé semble donc générer une plus grande anxiété quant à la mort chez les adultes d'âge moyen et avancé (Pollack, 1979-1980).

La plupart des adultes considèrent la mort comme une *perte*. Cela n'a rien à voir avec l'arrêt des fonctions vitales. Il s'agit plutôt d'une prise de conscience de ce que nous perdons en mourant — nos relations, par exemple, la satisfaction de vivre, et toutes les sensations agréables que nous connaissons. La mort signifie que je ne dégusterai plus jamais un bon repas, que je n'écouterai plus jamais une pièce musicale, que je ne m'endormirai plus jamais dans les bras de la personne aimée. Les pertes dont les gens se préoccupent le plus semblent varier avec l'âge. Les jeunes adultes sont plus soucieux de perdre l'occasion de vivre de nouvelles expériences et leurs relations familiales, alors que les personnes âgées s'inquiètent davantage de ne pouvoir terminer leur

La mort est source de chagrin et de bouleversement au sein de la famille. Ce jeune homme devra sans doute assumer précocement certaines responsabilités familiales.

introspection. Si enfin on la perçoit comme une punition ou comme une perte, alors la mort risque de revêtir un caractère redoutable.

LA PEUR DE LA MORT

La peur de la mort est faite de toutes sortes de craintes, telles que celles de souffrir, de perdre sa dignité ou de subir un châtiment. Différents facteurs influent sur la façon dont un individu voit la cessation définitive de la vie.

L'âge

À ce jour, les chercheurs ont surtout étudié la peur de la mort au moyen de questionnaires. Ainsi, David Lester (1990) a demandé à des individus d'évaluer, sur une échelle de cinq points, leur niveau d'anxiété quant à diverses facettes de la mort, telles la brièveté de la vie ou la perte de la dignité. Dans une étude similaire, James Thorson et F. C. Powell ont inclus dans leur questionnaire des affirmations comme «J'ai peur que ma mort soit douloureuse» ou «Je m'inquiète de ce qui m'arrivera quand je mourrai» (Thorson et Powell, 1992). Selon ces recherches, les adultes d'âge moyen ont plus peur de la mort que les personnes âgées, et les jeunes adultes se situent généralement entre les deux (Thorson et Powell, 1992).

Une recherche effectuée par Vern Bengtson et ses collaborateurs (Bengtson, Cuellar et Ragan, 1977) fait clairement ressortir la différence qui existe entre les adultes d'âge moyen et ceux d'âge avancé. Les chercheurs se sont basés sur un échantillon d'adultes de 45 à 74 ans représentatifs de la population de Los Angeles. Les résultats de leurs travaux montrent que le paroxysme de la peur de la mort est atteint au milieu de l'âge adulte, ce qui correspond aux modèles de nombreux théoriciens, dont Levinson, pour qui l'acceptation du caractère inéluctable de sa propre mort constitue l'une des principales tâches de l'adulte d'âge moyen. Ce sont l'apparition des signes du vieillissement physique et le décès de leurs parents qui font prendre conscience aux adultes d'âge moyen du caractère inexorable de la mort. L'effet combiné de ces deux facteurs détruit les mécanismes de défense qui les ont jusque-là protégés de la conscience de leur propre mort et les force à affronter leur peur.

Les personnes âgées ne se désintéressent pas de la mort. Au contraire, elles pensent à la mort et en parlent davantage que tous les autres adultes, ce qui semble faire diminuer leur anxiété (Abengozar et autres, 1999). Bien qu'elle les préoccupe beaucoup, la mort génère apparemment moins d'angoisse chez les adultes d'âge avancé que chez les adultes d'âge moyen, sans doute parce que, à cet âge, la plupart des individus ont accepté son caractère inéluctable. En général, les personnes âgées redoutent davantage la période d'incertitude qui précède la mort que la mort elle-même (Sullivan et autres, 1998). Elles s'inquiètent de l'endroit où elles vivront, des personnes qui les soigneront ou de leur capacité d'adaptation à la perte de maîtrise et d'autonomie qui pourrait marquer leurs derniers mois ou leurs dernières années de vie (Marshall et Levy, 1990).

Les croyances, les doctrines ou les attitudes

Dans nombre de cas, les recherches indiquent que les personnes très croyantes ont moins peur de la mort que les personnes non croyantes (Ardelt, 2003 ; Lin, 2003). Par contre, selon certaines études, les personnes profondément athées ou agnostiques éprouvent peu de crainte devant la mort. Les personnes les plus angoissées sont sans doute celles qui se trouvent dans l'incertitude quant à leurs traditions religieuses ou philosophiques ou qui ne s'engagent dans aucune d'elles. Bon nombre d'adultes considèrent la mort comme une transition vers une autre forme de vie, de la vie physique vers une sorte d'immortalité.

La personnalité

Encore plus intéressant est le lien qui existe entre la peur de la mort et le sentiment de sa valeur personnelle ou de sa compétence. Les personnes qui ont le sentiment d'avoir atteint leurs objectifs de vie ou qui sont satisfaites de leur existence ont moins peur de la mort que celles qui en sont insatisfaites (Neimeyer et Chapman, 1980-1981). De même, les personnes qui ont un but dans la vie ou qui donnent à leur vie une signification ont moins peur de la mort (Durlack, 1972 ; Pollack, 1979-1980). On peut penser que les personnes qui ont réussi à répondre adéquatement aux exigences des rôles de l'âge adulte et qui se sont épanouies intérieurement sont en mesure d'affronter la mort plus sereinement. Pendant les dernières années de leur vie, celles qui n'ont pu résoudre les différentes tâches de l'âge adulte sont plus angoissées par l'idée de mourir, ce qu'Erikson décrit comme le désespoir. La peur de la mort peut représenter une facette de leur désespoir. Dans cette perspective, la vie pourrait être considérée comme une préparation à la mort.

L'ADAPTATION À UNE MORT IMMINENTE

Comment une personne réagit-elle à l'annonce de sa mort imminente ? Comment se prepare-t-elle à mourir ? Diverses approches s'intéressent à ces questions et

Les adultes se préparent à la mort de diverses façons. Par exemple, ils prennent une assurance vie ou rédigent leur testament, comme le fait cette femme d'âge moyen.

proposent des modèles. Mais quel que soit celui auquel on se réfère, il est clair qu'il n'existe aucune étape fixe, aucune forme commune caractérisant l'ensemble des réactions à l'approche de la mort. Il existe bien des thèmes communs, mais ils sont associés à des modèles différents pour chaque individu qui se retrouve devant la mort.

Selon la Société canadienne de psychologie (2007), la plupart des individus à qui on annonce qu'ils sont en proie à une maladie ayant atteint un stade avancé éprouvent des périodes d'anxiété, de tristesse et de deuil en anticipant la perte et la mort prochaine. Ces réactions peuvent toutes être considérées comme faisant partie du processus normal d'adaptation, aussi difficiles soient-elles. Pour nombre de gens physiquement malades, toutefois, ces émotions peuvent devenir écrasantes et poser des difficultés en elles-mêmes. Par exemple, on estime qu'environ 25 % des personnes atteintes d'un cancer en phase avancée manifestent des troubles de dépression ou d'anxiété. Il est important de reconnaître et de traiter ces problèmes. Non seulement représentent-ils une cause de détresse, mais ils compliquent la gestion des symptômes physiques et le face-à-face avec l'ensemble des préoccupations découlant de la préparation du terme de la vie.

Arrivées au stade avancé d'une maladie, que veulent obtenir du système de soins de santé les personnes malades ? En tout premier lieu, elles disent vouloir un traitement adéquat qui allégera leurs souffrances et les autres symptômes. Elles veulent aussi prendre part aux décisions relatives à leur traitement pour garder un sentiment de maîtrise de leur vie ; et être traitées par les profession-nels de la santé comme une « personne à part entière ». La plupart d'entre elles veulent par ailleurs obtenir une information véridique qui tient compte de leurs espoirs et de leurs craintes. Elles veulent se préparer à la mort dans un esprit de plénitude. Enfin, elles veulent réduire le fardeau des soins qui retombe sur leurs proches, tout en ayant le sentiment d'avoir bouclé la boucle avec celles et ceux qu'elles laissent derrière.

La préparation à la mort

La préparation à la mort se fait sur de nombreux plans. Sur le plan pratique, on peut prendre des dispositions, telles que contracter une assurance vie ou rédiger son testament. Ces dispositions sont plus courantes au fur et à mesure qu'on vieillit et qu'on s'habitue à l'idée d'une mort prochaine.

Sur le plan personnel, les personnes âgées peuvent utiliser la réminiscence ou le bilan de vie pour se prépa-rer à la mort, c'est-à-dire faire, sous une forme ou sous une autre, un retour sur leur passé, y jeter un dernier regard, « écrire le dernier chapitre de leur vie » (Marshall et Levy, 1990). Toutefois, aucune recherche ne relève l'uti-lisation systématique de telles démarches ni la fréquence de leur utilisation.

Divers changements inconscients se produisent au cours des dernières années de vie qui préparent eux aussi l'individu à la mort. Selon les recherches effectuées par Morton Lieberman (1965 ; Lieberman et Coplan, 1970), il pourrait exister des changements psychologiques *terminaux*, tout comme il existe des changements phy-siques et cognitifs liés à la chute terminale. Dans les résultats d'une étude longitudinale qu'il a réalisée, Lieberman a observé certains changements susceptibles de survenir peu de temps avant la mort. Après avoir interrogé régulièrement sur une période de trois ans des personnes âgées, il a gardé le contact avec elles et a noté la date de leur décès. Ainsi, il a pu comparer les résul-tats obtenus aux tests psychologiques d'un groupe de 40 personnes décédées dans l'année qui a suivi la fin des entrevues à ceux d'un autre groupe de 40 personnes qui avaient survécu au moins trois ans. Les deux groupes avaient été jumelés au début de l'étude, selon leur âge, leur sexe et leur situation familiale.

Or, Lieberman a remarqué que les personnes dont la mort approchait présentaient une chute terminale aux tests de mémoire et d'apprentissage. Elles étaient moins émotives, introspectives, agressives ou péremp-toires, et plus conventionnelles, dociles, dépendantes et

chaleureuses. Plus la mort était imminente, plus les caractéristiques s'accentuaient. Ce modèle n'apparaissait pas chez les personnes du même âge dont la mort était plus éloignée, même si elles étaient initialement conven-tionnelles, dociles, dépendantes et non introspectives.

Si ces observations ne proviennent que d'une seule étude, elles suscitent toutefois la curiosité et indiquent à la recherche certaines directions à prendre. Elles brossent le tableau d'une préparation psychologique à la mort — consciente ou non — au cours de laquelle l'individu cesse de lutter contre des moulins à vent et devient moins actif physiquement ou psychologiquement. Les personnes à l'approche de la mort ne se lient pas moins intimement avec les autres, mais elles semblent faire preuve d'un certain désengagement.

L'approche de Kübler-Ross

Elisabeth Kübler-Ross (1969) a tiré de ses recherches sur les adultes et les enfants en phase terminale certaines conclusions similaires à celles que nous venons de voir. Dans ses premiers travaux, elle affirmait que les per-sonnes conscientes de l'imminence de leur mort tra-versaient une série d'étapes pour arriver à ce qu'elle nommait le stade d'*acceptation*. Ce modèle a soulevé de nombreuses critiques, et Kübler-Ross elle-même, dans ses derniers travaux, ne soutenait plus l'existence d'étapes précises ou ordonnées (Kübler-Ross, 1974), préférant plutôt parler de *tâches affectives*. Toutefois, ses premières hypothèses ont exercé une très grande influence dans plusieurs pays. Aujourd'hui, sa termino-logie demeure répandue, et son approche systématique de la personne mourante est la plus utilisée par le per-sonnel médical (Downe-Wamboldt et Tamlyn, 1997).

La colère que suscite un diagnostic de maladie incurable peut être dirigée contre Dieu, le médecin, les infirmières, les membres de la famille ou d'autres proches.

LES ÉTAPES DU PROCESSUS DE LA MORT

En se basant sur l'observation de centaines de patients mourants, Kübler-Ross a défini les cinq étapes suivantes dans le processus de la mort: la négation, la colère, le marchandage, la dépression et l'acceptation.

1. *La négation* Lorsqu'ils apprennent qu'ils vont mourir, la plupart des individus pensent: «Oh non! pas moi!» ou «C'est impossible! Il doit y avoir une erreur!» Ce sont là des manifestations de la négation, un mécanisme de défense qui peut s'avérer très utile dans les premières heures ou les premiers jours qui suivent un tel verdict, car il aide la personne à y faire face. Kübler-Ross croyait que ces manifestations extrêmes de la négation s'estompaient quelques jours plus tard pour faire place à la colère.

2. *La colère* Souvent exprimée par des pensées telles que «Ce n'est pas juste!», la colère peut être dirigée contre Dieu, le médecin, les infirmières, les membres de la famille ou d'autres proches. Elle semble constituer non seulement une réaction au diagnostic de maladie incurable, mais aussi au sentiment d'impuissance et de perte de maîtrise que de nombreux patients ressentent dans un milieu hospitalier impersonnel.

3. *Le marchandage* La troisième étape, le marchandage, fait également appel à un mécanisme de défense. Le patient essaie de négocier avec les médecins, les infirmières, la famille ou Dieu: «Si je fais tout ce que vous me dites de faire, est-ce que je pourrai vivre jusqu'au printemps?» Kübler-Ross (1969, p. 83) raconte une situation caractéristique du marchandage. Une patiente en phase terminale voulait se rendre au mariage de son fils aîné. Pour l'aider à atteindre cet objectif, le personnel hospitalier lui a appris une technique d'autosuggestion afin qu'elle puisse mieux maîtriser la douleur, ce qui lui a permis d'assister au mariage. Kübler-Ross décrit la suite: «Je n'oublierai jamais le moment où elle est revenue à l'hôpital. Elle avait l'air fatiguée et épuisée et, avant que je puisse la saluer, elle m'a dit: "N'oubliez pas que j'ai un autre fils."» Le marchandage peut être efficace pendant un certain temps, mais, comme le pensait Kübler-Ross, il finit par disparaître sous les assauts du dépérissement physique.

4. *La dépression* Quand le marchandage est devenu inefficace, beaucoup de personnes agonisantes sombrent dans la dépression, et cet état peut s'étendre sur une période relativement prolongée. Selon Kübler-Ross, la dépression constitue une étape nécessaire pour parvenir à l'acceptation. La personne mourante doit alors faire le deuil de tout ce qu'elle va perdre.

Cette femme atteinte du cancer a choisi de rester chez elle durant les derniers mois de sa vie. Les infirmières lui rendent régulièrement visite pour lui prodiguer des soins.

5. *L'acceptation* Une fois la dépression terminée, la personne peut accepter de faire face à la mort. L'écrivain Stewart Alsop (1973, p. 299), qui souffrait d'une leucémie, a livré un témoignage particulièrement éloquent de l'acceptation: «Un homme agonisant doit mourir, tout comme l'homme fatigué doit dormir, et il vient un temps où il est vain et inutile de résister.»

CRITIQUES DE L'APPROCHE DE KÜBLER-ROSS

Il n'y a aucun doute que la description du processus de l'agonie par Kübler-Ross a exercé une immense influence sur les médecins, les infirmières, les travailleurs sociaux et les autres personnes qui travaillent auprès des personnes agonisantes et de leurs proches. En plus de leur avoir donné un langage commun, Kübler-Ross a mis au cœur du débat le besoin de compassion du personnel soignant et le besoin de dignité de la personne mourante. La personne mourante a besoin parfois d'être réconfortée, parfois d'être simplement écoutée. Bien que les écrits du Kübler-Ross aient contribué à implanter de nouvelles structures pour les personnes agonisantes, telles que les soins palliatifs, son hypothèse concernant une suite d'étapes déterminées a été fortement critiquée et largement rejetée.

Les cliniciens et les chercheurs en **thanatologie** qui se sont penchés sur la question des personnes agonisantes de manière plus systématique que Kübler-Ross n'ont pas toujours constaté les cinq émotions qu'elle a décrites, ni l'ordre qu'elle a établi. Parmi les cinq étapes, seule la dépression semblait, dans la culture occidentale, être commune aux personnes mourantes. Peu de signes

Thanatologie Étude du processus de la mort.

indiquent que la majorité des personnes agonisantes en viennent à accepter la mort comme l'étape finale (Baugher et autres, 1989-1990). Au contraire, si certaines personnes manifestent une forme d'acceptation, d'autres demeurent actives et engagées jusqu'à la fin.

L'approche de Corr

Dans son approche basée sur les tâches, Charles Corr (1991-1992) considère la préparation à la mort comme n'importe quel dilemme : il est nécessaire d'effectuer certaines tâches pour le résoudre, dont les quatre suivantes :

1. Satisfaire les besoins corporels et atténuer le stress physique.

2. Améliorer la sécurité psychologique, l'autonomie et la qualité de vie.

3. Maintenir les relations affectives importantes pour la personne agonisante.

4. Découvrir les sources d'énergie spirituelle et les renforcer pour stimuler l'espoir.

Corr ne nie pas l'importance des différents comportements affectifs décrits par Shneidman (1980, 1983). En fait, il soutient que, pour les professionnels de la santé qui travaillent avec des personnes mourantes, il est utile de penser aux tâches que doit effectuer le patient, car celui-ci peut avoir besoin d'aide pour les réaliser.

L'approche de Greer

L'étude la plus influente sur la façon d'aborder la mort a été menée par Steven Greer et ses collaborateurs (Greer, 1991 ; Greer, Morris et Pettingale, 1979 ; Pettingale et autres, 1985). Ces chercheurs ont suivi un groupe de 62 femmes atteintes d'un cancer du sein aux tout premiers stades. Trois mois après l'annonce du diagnostic, chaque femme a été interrogée longuement, et sa réaction au diagnostic et au traitement était classée dans l'une des cinq catégories suivantes :

1. *La négation (évitement positif)* Rejet des preuves du diagnostic. La patiente prétend que l'opération était seulement de nature préventive.

2. *La combativité* Attitude optimiste. La patiente cherche de l'information sur sa maladie, elle la perçoit comme un défi à relever, et elle a l'intention de lutter en utilisant tous les moyens possibles.

3. *L'acceptation stoïque (fatalisme)* Acceptation du diagnostic sans chercher à en savoir plus. La patiente ne tient pas compte du diagnostic et mène une vie aussi normale que possible.

4. *L'impuissance et le désespoir* Accablement à la suite du diagnostic. La patiente se perçoit comme une personne mourante ou très malade, et elle a perdu tout espoir.

5. *La préoccupation anxieuse* Forte réaction à l'annonce du diagnostic et anxiété persistante. Initialement incluse dans l'impuissance et le désespoir, cette catégorie en a été séparée dernièrement. La patiente perçoit négativement l'information. Elle surveille minutieusement l'évolution de son état et interprète chaque sensation corporelle comme un malaise, chaque douleur comme une rechute possible.

Greer a ensuite vérifié le taux de survie dans les cinq catégories à des intervalles de 5, 10 et 15 ans après l'annonce du diagnostic. Le tableau 13.1 présente des résultats étonnants étalés sur 15 ans. Chez les femmes dont la réaction initiale avait été la négation ou la combativité, seulement 35 % étaient mortes du cancer 15 ans plus tard, comparativement à 76 % des femmes dont la réaction initiale avait été une acceptation stoïque, l'impuissance et le désespoir ou la préoccupation anxieuse. Puisqu'à l'origine il n'y avait pas de différence dans la maladie ou le traitement chez ces femmes, il est permis de penser que la réaction psychologique peut influer sur l'évolution de la maladie.

D'autres études menées auprès de patients souffrant d'un mélanome (forme de cancer de la peau particulièrement mortelle) ou d'un autre type de cancer (Reed et autres, 1994 ; Solano et autres, 1993 ; Temoshok, 1987), de même qu'auprès de patients sidéens (Reed et autres, 1994 ; Solano et autres, 1993), ont donné des résultats semblables. Au moins une étude portant sur des patients ayant subi un pontage coronarien (Scheier et autres, 1989) démontre que les hommes qui présentent une attitude plus optimiste avant l'opération se rétablissent plus rapidement dans les six mois qui suivent et reprennent leur ancien mode de vie. En général, les personnes qui manifestent moins d'hostilité, plus d'acceptation stoïque et plus d'impuissance, de même que celles qui n'expriment pas leurs sentiments négatifs, meurent plus rapidement (O'Leary, 1990). Les personnes qui luttent, qui se battent avec acharnement, qui expriment ouvertement leur rage et leur hostilité et qui trouvent des sources de joie dans leur existence vivent plus longtemps. D'une certaine façon, les données semblent indiquer que les personnes dociles ou accommodantes qui ne posent pas trop de questions, qui ne se mettent pas en colère contre les médecins ou qui ne rendent pas la vie impossible à leurs proches sont susceptibles de mourir plus tôt. Les patients insoumis ou difficiles qui posent des questions et défient les personnes qui les entourent vivent plus longtemps.

De récentes études établissent un lien entre ces différences psychologiques et le fonctionnement du système immunitaire. En effet, les patients qui rapportent moins de détresse et qui semblent mieux s'adapter à leur maladie présenteraient des taux moins élevés d'un sous-groupe particulier de cellules immunitaires, les cellules tueuses naturelles, ou cellules NK, qui jouent un rôle essentiel dans la défense contre les cellules cancéreuses (O'Leary, 1990). Selon une étude, le nombre de cellules T diminue plus rapidement chez les patients sidéens qui réagissent à l'annonce de leur maladie sur un mode répressif (similaire à l'acceptation stoïque ou à l'impuissance et au désespoir) que chez les patients sidéens qui manifestent leur combativité (Solano et autres, 1993).

En dépit de la concordance de ces résultats, il ne faut pas conclure que la combativité constitue la meilleure réponse possible à toutes les maladies. En effet, certaines études n'ont établi aucun lien entre la dépression, l'acceptation stoïque ou l'impuissance et une mort plus rapide des suites du cancer (Cassileth, Walsh et Lusk, 1988; Richardson et autres, 1990). Par ailleurs, la même réaction psychologique n'est pas forcément idéale pour chaque maladie. Il reste encore beaucoup de questions quant à l'influence de la réaction psychologique sur les maladies du cœur, par exemple. Ce n'est pas sans une certaine ironie qu'on remarque la présence de plusieurs qualités considérées comme optimales chez les patients cancéreux dotés d'une personnalité de type A (caractérisée par une compétitivité chronique, un fort besoin de réussite et de l'hostilité). Comme ce type de personnalité constitue un facteur de risque pour les maladies cardiaques, la combativité ne paraît guère souhaitable dans le cas d'une grave maladie du cœur. Par contre, ces recherches indiquent qu'il existe des liens entre les mécanismes de défense — notre réaction devant la mort — et les capacités physiques, même au cours des tout derniers stades de la vie.

Le rôle du soutien social

Le soutien social joue un rôle important dans la réaction d'une personne à l'annonce de sa mort. Les personnes qui bénéficient d'un soutien social positif expriment une douleur moins intense et font face à une dépression moins forte durant les derniers mois de la maladie (Carey, 1974; Hinton, 1975). Elles vivent aussi plus longtemps. Ainsi, les patients victimes d'une crise cardiaque qui vivent seuls sont plus susceptibles de subir une deuxième attaque que les personnes qui vivent avec quelqu'un (Case et autres, 1992). De même, les personnes atteintes d'une grave artériosclérose vivent plus longtemps si elles ont un confident (Williams et autres, 1992).

Des études expérimentales ont été effectuées sur des patients dont le diagnostic et les soins étaient équivalents. Ces patients ont été répartis aléatoirement dans deux groupes : un groupe de soutien expérimental qui se réunissait régulièrement et un groupe témoin qui ne se réunissait jamais. Ces études nous permettent de faire l'étonnant constat suivant : il existerait un lien entre le soutien social et la durée de survie. Dans une étude semblable réalisée auprès de 86 femmes atteintes d'un cancer métastatique du sein (cancer qui se dissémine en dehors du site initial), David Spiegel (Spiegel et autres, 1989) a noté que la durée moyenne de survie était de 36,6 mois pour les personnes du groupe expérimental et de 18,9 mois pour celles du groupe témoin. Ainsi, tout comme il protège les enfants et les adultes des effets négatifs de différentes formes de stress mineur, le soutien social semble jouer un rôle similaire chez les personnes qui font face à la mort.

Tableau 13.1 *Les réactions psychologiques à la mort et le taux de survie (sur 15 ans) après l'annonce du diagnostic de cancer*

Attitude adoptée trois mois après la chirurgie	Résultats après 15 ans			
	Nombre de personnes en bonne santé	Nombre de personnes décédées du cancer	Nombre de personnes décédées d'autres causes que le cancer	Total
Négation	5	5	0	10
Combativité	4	2	4	10
Acceptation stoïque	6	24	3	33
Préoccupation anxieuse	0	3	0	3
Impuissance et désespoir	1	5	0	6
Total	16	39	7	62

Source : Greer, 1991, tableau 1, p. 45.

Pause APPRENTISSAGE

L'expérience de la mort

1. Décrivez une mort clinique, une mort cérébrale et une mort sociale.

2. Expliquez l'approche des soins palliatifs.

3. Comment comprend-on la mort à chacun des âges de la vie?

4. Comment évolue la peur de la mort à l'âge adulte?

5. Décrivez les étapes du processus de la mort selon Kübler-Ross. Quelles sont les critiques de ce modèle?

6. Expliquez le modèle de Corr.

7. Quel rapport Greer a-t-il établi entre le taux de survie et le type de réaction chez des patientes atteintes d'un cancer du sein?

8. Quel est le rôle du soutien social à l'approche de la mort?

L'EXPÉRIENCE DU DEUIL

Quels que soient l'endroit et la façon dont elle meurt, une personne laisse généralement dans le **deuil** les membres de sa famille, ses amis, son entourage. La réaction à la mort, dans presque toutes les cultures, se traduit par un rite funèbre.

LES FONCTIONS PSYCHOSOCIALES DES RITES FUNÈBRES

Souvenez-vous des funérailles auxquelles vous avez assisté. Vous semblaient-elles complètement dénuées de sens? Vous êtes-vous déjà interrogé sur la raison de la rencontre entourant le décès, de la cérémonie et de l'enterrement du corps ou de ses cendres? À mesure que nous vieillissons, notre perception des rites funèbres se modifie et nous finissons par comprendre qu'ils remplissent plusieurs fonctions sociales essentielles. Comme l'expliquent Marshall et Levy (1990, p. 246 et 253), «les rituels [...] permettent aux différentes cultures de chercher à maîtriser l'aspect perturbateur de la mort et de la rendre porteuse de sens. [...] Les funérailles constituent un moyen officiel d'achever le travail biographique, de gérer le deuil et d'établir de nouvelles relations sociales après la mort».

Les funérailles permettent aux membres de la famille de vivre dignement leur deuil en prescrivant un ensemble précis de rôles à jouer. Chaque culture détermine ces rôles de façon particulière. Dans certaines cultures, les membres de la famille doivent porter du noir et dans d'autres, du blanc. Dans la culture nord-américaine, on s'attend à ce que les membres de la famille supportent leur chagrin de façon stoïque, alors que, dans d'autres cultures, ils doivent se lamenter et pleurer sans retenue. Quelle que soit la forme que revêt le rituel, il existe des règles qui dictent la façon dont les premiers jours ou les premières semaines suivant la mort doivent se dérouler pour les proches du défunt. Ces règles précisent le comportement qu'ils doivent adopter — comme participer à une veillée funèbre, prier ou planifier le déroulement des funérailles. Les amis et les connaissances doivent également suivre certaines règles de conduite, du moins pendant les premiers jours — par exemple, en écrivant une lettre de condoléances, en offrant leur aide ou en assistant aux funérailles.

À l'occasion des funérailles, comme dans les mariages, les membres des familles touchées se réunissent. Les rites funèbres contribuent à renforcer les liens familiaux, à déterminer les nouvelles influences ou les nouvelles sources d'autorité au sein d'une famille et à passer le flambeau à la génération suivante. La mort peut aussi servir de repère temporel permettant d'établir une chronologie familiale. On entendra de la bouche des membres de la famille des phrases comme «C'était avant que grand-papa meure», qui servent à situer un événement dans le temps. L'utilisation de tels repères favorise le processus du deuil (Katz et Bartone, 1998).

Les rites funèbres qui soulignent le sens de la vie de la personne décédée permettent aux proches de mieux comprendre le sens de sa mort. Ce n'est pas un hasard si la plupart des rites funèbres comprennent des témoignages, des éléments biographiques, des discours. En racontant l'histoire d'une personne et en témoignant du sens de sa vie, on parvient à mieux accepter son départ. D'une certaine manière, les funérailles constituent souvent une rétrospection qui remplit pour les vivants les mêmes fonctions que la réminiscence pour les personnes âgées. Finalement, les rites funèbres représentent un moyen de transcender la mort en répondant aux interrogations spirituelles ou philosophiques (Pang et Lam, 2002), ce qui constitue une source de réconfort pour la famille du disparu.

LE PROCESSUS DU DEUIL

Comme nous venons de le voir, les rites funéraires peuvent fournir une structure et apporter un réconfort

Deuil Réponse émotionnelle à l'égard de la mort.

au cours des premiers jours qui suivent la mort. Mais que se produit-il lorsque cette structure disparaît? Comment fait-on face individuellement au sentiment de perte? Pour répondre à ces questions, il faut se tourner vers l'épidémiologie du deuil et étudier les différentes réactions individuelles à la perte d'un être cher.

Les réactions selon l'âge

Devant la mort, les enfants expriment leurs sentiments sensiblement de la même façon que les adolescents et les adultes. Comme les adultes, les enfants manifestent leur chagrin par des expressions faciales de tristesse, par des pleurs, par une perte d'appétit ou par des réactions de colère typiques de leur âge (Oatley et Jenkins, 1996). Les funérailles semblent avoir la même fonction adaptative pour les enfants que pour les adultes. La plupart des enfants font leur deuil au cours de la première année qui suit la perte. De plus, les enfants peuvent, comme les autres personnes, se préparer à la perte d'un être cher (ou d'un animal de compagnie) si on les informe de sa maladie et de sa mort prochaine (Jarolmen, 1998).

Quoique leurs comportements relativement au deuil diffèrent légèrement de ceux des adultes, les adolescents sont plus susceptibles de vivre un deuil prolongé que les enfants et les adultes. Selon une recherche sur le sujet, 20% des élèves du secondaire qui avaient perdu un ami dans un accident continuaient à vivre des sentiments intenses quant à ce deuil neuf mois après le décès (Dyregrov et autres, 1999). Les adolescentes qui ont perdu leur mère risquent davantage que les autres de présenter à long terme des problèmes relatifs au deuil (Lenhardt et McCourt, 2000). Les adolescents sont également plus susceptibles que les adultes d'être affectés par le décès de célébrités, ou d'idéaliser le suicide de leurs pairs (voir l'encadré «À l'ère de l'information» sur les suicides «par imitation»).

À L'ÈRE DE L'INFORMATION

Les suicides «par imitation»

Dans la célèbre pièce de Shakespeare *Roméo et Juliette*, un héros adolescent se suicide, croyant que sa bien-aimée s'est enlevé la vie. Quand elle aperçoit le corps inerte de Roméo, Juliette met à son tour fin à ses jours. Or, nombreux sont ceux qui croient que cette pièce de théâtre propose un portrait réaliste du suicide d'un adolescent en détresse émotionnelle: un suicide inspiré ou *par imitation* (*copycat suicide*). En se basant sur cette croyance, nombre d'observateurs se sont dits inquiets des effets potentiels des récits émouvants de suicides présentés dans les films ou dans les médias (Samaritans, 1998).

En général, les recherches indiquent que les inquiétudes par rapport aux suicides fictifs ne sont pas fondées. Il y a quelques années, par exemple, le public britannique a été choqué par une émission télévisée qui racontait la tentative de suicide d'une jeune fille de 15 ans par surdose (*overdose*). Le public craignait que les jeunes téléspectateurs en difficulté émotionnelle imitent le comportement de cette jeune fille. Cependant, les sondages qui ont suivi la diffusion de cette émission n'ont révélé aucune augmentation du taux de tentatives de suicide chez les adolescents. De plus, peu d'adolescents qui ont fait une tentative de suicide par la suite avaient vu l'émission (Simkin et autres, 1995). Des études complémentaires concernant d'autres émissions télévisées sur le suicide ont donné les mêmes résultats.

Toutefois, les reportages sur les suicides exercent une influence plus marquée, particulièrement chez les adultes. La couverture par les médias d'une méthode de suicide différente, par exemple l'immolation, produit une augmentation du nombre de tentatives de suicide et de suicides réussis, comme on l'a vu en Grande-Bretagne (Ashton et Donnan, 1981). De la même façon, une vague de suicides dans le métro de Vienne a été endiguée par l'arrêt de la diffusion par les médias de bulletins sensationnalistes (Sonneck, Etzersdorfer et Nagel-Kuess, 1992).

Pour éviter de penser à leur propre mort, les jeunes gens idéalisent les célébrités qui meurent prématurément, comme ce fut le cas de la princesse Diana.

Malgré les incohérences dans la recherche portant sur les suicides par imitation, les professionnels de la santé mentale croient que les histoires fictives ou journalistiques peuvent influer sur le comportement de certains individus. Ils affirment qu'une jeune fille de 15 ans qui a déjà pensé à se suicider en prenant une grande quantité de médicaments risque davantage de passer à l'acte après avoir regardé une émission où un personnage prépare avec soin un suicide semblable. De la même manière, une personne qui désire rendre son suicide spectaculaire peut s'inspirer d'une méthode décrite dans un reportage. Par conséquent, les professionnels de la santé mentale croient que les médias ne devraient pas faire du sensationnalisme avec les suicides, de même que les créateurs de divertissements ne devraient pas s'en inspirer pour produire des œuvres de fiction (Samaritans, 1998).

Chaque culture possède ses propres rites funèbres.
Selon la coutume libanaise musulmane, la foule transporte
la personne décédée à bout de bras.

L'adaptation au deuil des adolescents est probablement associée aux changements cognitifs observés durant cette période. Vous vous rappelez sans doute que les adolescents interprètent le monde réel à partir d'images idéalisées. Ainsi, un adolescent peut imaginer le monde tel qu'il serait si son ami, ou une autre personne aimée, n'était pas mort. Cette capacité d'aborder le domaine du possible, cette tendance à s'engager dans une réflexion du type « Que se passerait-il si… ? » conduirait les adolescents à croire qu'ils auraient pu faire quelque chose pour prévenir la mort de la personne aimée. C'est pourquoi ils éprouveraient des sentiments irrationnels de culpabilité qui seraient à l'origine de certains deuils prolongés (Cunningham, 1996).

Le type de mort et ses effets

La façon dont un individu meurt influe également sur le processus de deuil de ses proches. Par exemple, les veufs et les veuves qui ont accompagné leur conjoint malade sont moins susceptibles de se sentir déprimés après sa mort que ceux qui doivent faire face à la mort subite du conjoint (Carnelley, Wortman et Kessler, 1999). Chez les premiers, le sentiment de dépression associé au deuil semble se manifester durant la période d'accompagnement plutôt qu'à la suite du décès. La personne soignante perçoit alors la mort de son conjoint comme une libération pour lui de ses souffrances et comme une délivrance pour elle-même. De la même façon, quand la mort revêt une signification particulière, comme celle d'un jeune soldat au combat, les personnes qui survivent parviennent à faire face à leur deuil en se disant que sa mort, au moins, n'aura pas été inutile (Malkinson et Bar-Tur, 1999). La plupart des individus qui vivent un deuil ont tendance à

donner une explication rationnelle à la mort, ce qui leur permet de se protéger d'une dépression à long terme.

Les décès soudains et violents provoqueraient des réactions plus intenses au deuil (Murphy, Johnson et Lohan, 2003). Selon une étude, 36 % des personnes devenues veuves à la suite d'un accident ou d'un suicide souffrent, deux mois après le décès, du syndrome de stress post-traumatique (SSPT) et de cauchemars, comparativement à 10 % des personnes devenues veuves à la suite d'une mort naturelle (Zisook, Chentsova-Dutton et Shuchter, 1998). De plus, les personnes qui ont perdu un conjoint et qui souffrent du SSPT sont plus susceptibles de souffrir aussi de dépression.

La mort qui survient dans le contexte d'un désastre naturel ou d'une attaque terroriste, telle celle du 11 septembre 2001, est associée comme la précédente à un deuil prolongé et à l'apparition des symptômes du SSPT (Kilic et Ulusoy, 2003). De tels événements nous portent à réfléchir à la fragilité de l'existence humaine. Des obsèques publiques où l'expérience commune des survivants est reconnue et où on met l'accent sur les aspects maîtrisables et non maîtrisables de la vie peuvent aider les survivants à affronter ce type de deuil.

Le suicide, enfin, provoque un modèle particulier de réactions dans l'entourage (Bailley, Kral et Dunham, 1999). En général, la famille et les autres proches d'une personne qui s'est suicidée éprouvent de la colère et le sentiment d'être rejetés. Ils croient en outre qu'ils auraient dû prévenir le suicide. Ils discutent plus rarement avec leur entourage de la perte qu'ils ont subie parce que le suicide est souvent considéré comme un geste honteux. Pour toutes ces raisons, les proches d'une personne qui s'est enlevé la vie risquent plus que les autres personnes en deuil de souffrir d'effets négatifs à long terme.

LA PERTE DU CONJOINT ET LES AUTRES DEUILS

La relation qui existait entre la personne décédée et celle qui lui survit influe sur le processus du deuil. L'état de santé des parents est souvent moins bon après le décès de leur enfant, et ces parents vivent souvent des périodes d'une intense tristesse pendant de nombreuses années (Arbuckle et De Vries, 1995 ; Malkinson et Bar-Tur, 1999) (voir l'encadré « Le monde réel » sur la mort d'un jeune enfant). Les enfants qui perdent un frère ou une sœur peuvent penser que le fait d'avoir, à l'occasion, souhaité leur mort dans un contexte de rivalité est à l'origine de leur décès (Crehan, 2004). Par ailleurs, selon certaines recherches, la mort du conjoint représenterait le deuil le plus difficile à surmonter (Kaslow, 2004).

LE MONDE RÉEL

La mort d'un jeune enfant

Nombre de parents qui ont perdu un jeune enfant ne reçoivent pas un soutien approprié de leur réseau social ou des professionnels de la santé (Vaeisaenen, 1998). Il est pourtant important que les personnes qui sont en mesure d'offrir un soutien à ces parents en deuil comprennent que ces derniers ressentent un chagrin tout aussi intense que celui vécu dans tout autre deuil. En fait, ce deuil peut être encore plus complexe que les autres.

Selon quelques recherches, les parents qui perdent un enfant d'un certain âge ont des souvenirs qui les aideraient à réorganiser leur attachement à l'enfant disparu pour qu'ils puissent s'en libérer psychologiquement. Quand il s'agit d'un jeune enfant, les parents éprouveraient aussi des sentiments d'attachement très profonds, mais ils n'auraient pas de souvenirs pouvant les aider à surmonter cette épreuve. Ils ont donc souvent besoin d'un plus grand soutien de leur famille, de leurs amis et des professionnels de la santé, et ce, plus qu'ils ne le croient eux-mêmes (Vaeisaenen, 1998).

Des amis ou des membres de la famille bien intentionnés peuvent encourager les parents en deuil à remplacer cet enfant par un autre. Cependant, les études indiquent qu'une nouvelle grossesse peu après la perte d'un jeune enfant ne mettra pas nécessairement fin au deuil, bien que cela puisse protéger les parents des effets négatifs à long terme du deuil, tels que la dépression (Franche et Bulow, 1999). Toutefois, la crainte que peuvent ressentir les parents de perdre leur nouvel enfant peut les empêcher de s'attacher à lui (Wong, 1993), ce qui risque de produire des conséquences fâcheuses sur la vie familiale.

Voici quelques conseils de professionnels de la santé s'adressant aux membres de la famille ou aux amis qui soutiennent des parents ayant perdu un jeune enfant (Wong, 1993) :

- Ne forcez pas les parents en deuil à parler de leur peine ou de leur enfant s'ils ne le souhaitent pas.

- Quand vous parlez de l'enfant décédé, nommez-le toujours par son prénom.

- Exprimez sincèrement vos sentiments par rapport à cette perte.

- Suivez l'exemple des parents en partageant des souvenirs sur l'apparence ou la personnalité de l'enfant décédé.

- Déconseillez aux parents de consommer de la drogue ou de l'alcool pour oublier leur peine.

- Rassurez les parents en leur disant que leurs réactions sont normales et que le temps apaisera leur douleur.

- N'insistez pas auprès des parents pour qu'ils *remplacent* l'enfant décédé par un autre.

- N'essayez pas de rationaliser la situation, en disant par exemple « Votre bébé est devenu un ange maintenant », car cela peut offenser les parents.

- Soyez conscient du chagrin que peuvent éprouver les frères et les sœurs de l'enfant décédé, même s'ils sont très jeunes ou qu'en apparence rien n'y paraît.

La santé physique et mentale

L'expérience de la perte du conjoint semble produire des effets immédiats et à long terme sur le système immunitaire (Beem et autres, 1999 ; Gallagher-Thompson et autres, 1993 ; Irwin et Pike, 1993). Selon une étude norvégienne portant sur le système immunitaire des veuves et des veufs (Lindstrom, 1997), le fonctionnement du système immunitaire est à son plus bas niveau peu après le décès du conjoint, mais il redevient normal, dans la plupart des cas, un an plus tard. De même, selon une étude réalisée aux Pays-Bas (Beem et autres, 1999), la réponse immunitaire des veuves, sept mois après le décès de leur conjoint, est différente de celle des femmes mariées. Toutefois, malgré la diminution des différences psychologiques (comme le sentiment de tristesse), les différences de la réponse immunitaire persisteraient. De plus, la personne qui vit un deuil peut continuer de souffrir sur le plan biochimique bien après la disparition des signes apparents du deuil. Le deuil influe enfin sur les mécanismes de défense contre les agents infectieux, tels les virus et les bactéries.

La fréquence de dépression augmente considérablement au cours de l'année qui suit le deuil, et le taux de mortalité et de maladie s'accroît légèrement chez le veuf ou la veuve (Reich, Zautra et Guarnaccia, 1989 ; Stroebe et Stroebe, 1993). Une importante étude longitudinale avance que les taux de dépression augmentent dans les six premiers mois suivant le décès du conjoint ou de la conjointe. Dans cette recherche portant sur 3 000 adultes âgés de plus de 55 ans, Fran Norris et Stanley Murrell (1990) n'ont noté aucune différence entre les personnes veuves et les autres lors des évaluations physiques, mais ils ont observé d'importantes différences lors des évaluations de la dépression (voir la figure 13.2). Les veufs et les veuves étaient souvent plus déprimés avant le décès de leur conjoint, probablement parce que certains savaient déjà que ce dernier était malade. Toutefois, le taux de dépression a augmenté en flèche dans les six mois qui ont suivi la mort du conjoint, puis il a diminué.

Sur le plan de la santé mentale, les veuves âgées différeraient des femmes mariées pendant plusieurs années après le décès de leur conjoint (Bennett, 1997).

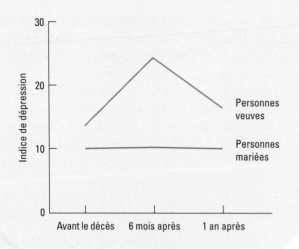

Figure 13.2
Le taux de dépression chez les personnes veuves
La dépression atteint un sommet chez les
personnes veuves dans les mois suivant le décès
du conjoint.

Source : Norris et Murrell, 1990, tiré du tableau 1, p. 432.

Un déclin de la santé physique et mentale, dont la durée serait très variable, accompagnerait indéniablement le décès d'un conjoint. Les antécédents en santé mentale, l'absence de soutien social (Reed, 1998 ; Tomita et autres, 1997) et la qualité de la relation font partie des nombreux facteurs qui influent sur la durée de ce déclin. Le décès du conjoint peut causer une nouvelle dépression chez les personnes âgées qui ont déjà vécu un épisode dépressif (Zisook et autres, 1997). De même, la perte d'une relation distante et conflictuelle est plus susceptible de mener à la dépression que celle d'une relation chaleureuse (Van Doorn et autres, 1998).

Le décès d'un conjoint entraîne également des changements sur le plan économique. Les femmes doivent généralement faire face à une baisse de revenu plus importante que les hommes parce qu'elles perdent la pension ou le revenu de leur conjoint (Zick et Holden, 2000).

Le deuil pathologique

Certains symptômes reliés au deuil, tels que la perte d'appétit, s'apparentent à ceux de la dépression. Selon certains psychologues, les personnes veuves qui manifestent de tels symptômes plus de deux mois après le décès de leur conjoint pourraient souffrir d'un **deuil pathologique** (Stroebe et autres, 2000), dont le traitement pourrait prévenir l'apparition de problèmes de santé mentale et physique. La présence de symptômes associés au deuil plus de six mois après le décès du conjoint risque de mener à une dépression sévère ou à une maladie grave,

comme le cancer ou la cardiopathie (Prigerson et autres, 1997). Enfin, ces symptômes affectent considérablement le fonctionnement physique et cognitif plus de deux ans après le décès du conjoint.

Cependant, il ne faut pas oublier que plusieurs aspects du deuil, notamment sa durée et les comportements appropriés, sont aussi déterminés par la culture et varient considérablement de l'une à l'autre (Braun et Nichols, 1997 ; Rubin et Schechter, 1997). Ainsi, ce que nous pouvons interpréter comme un deuil pathologique peut constituer un comportement typique d'une culture donnée.

Les différences sexuelles

En dépit du fait qu'on ne relève pas vraiment de différences sexuelles dans le processus de deuil, le décès du conjoint semble constituer une expérience plus éprouvante pour un homme que pour une femme (Quigley et Schatz, 1999). Le risque de décès par cause naturelle ou par suicide dans les mois qui suivent la mort du conjoint est significativement plus élevé chez les hommes que chez les femmes (Stroebe et Stroebe, 1993). De même, les taux de dépression et de pensées suicidaires ainsi que les difficultés à retrouver un état émotionnel équilibré sont plus importants chez les hommes (Byrne et Raphael, 1999 ; Chen et autres, 1999 ; van Grootheest et autres, 1999). Ces différences sont souvent interprétées comme un autre indice de l'importance du soutien social. Contrairement aux veuves, les veufs négligent davantage leurs activités sociales et leurs amitiés dans les mois qui suivent le décès de leur conjointe (Bennett, 1998), et ce facteur semble constituer un élément majeur dans l'état de la santé mentale et la dépression qui peut suivre (Riggs, 1997). D'autre part, une étude longitudinale australienne portant sur des veufs et des hommes mariés de plus de 65 ans indique que l'alcool pourrait jouer un rôle important dans l'augmentation des taux de dépression chez les veufs (Byrne, Raphael et Arnold, 1999). Ces chercheurs ont en effet découvert que 19 % des veufs prenaient cinq consommations alcoolisées par jour, comparativement à 8 % des hommes mariés. Bien qu'il puisse temporairement diminuer les sentiments négatifs associés au deuil, l'alcool constitue un dépresseur du système nerveux central, et une consommation excessive sur une période prolongée peut mener à la dépression.

Deuil pathologique Symptômes de dépression provoqués par le décès d'un être aimé.

EXPÉRIENCE DU DEUIL

Réponse émotionnelle

Fonctions psychosociales des rites funèbres

Maîtrise du caractère perturbateur de la mort

Recherche de sens

Renforcement des liens, redéfinition des rôles

Repère temporel et histoire familiale

Rétrospection

Processus du deuil

Réactions selon l'âge

Réactions selon le type de mort

Perte du conjoint et autres deuils

- Santé physique et mentale
- Deuil pathologique
- Différences selon le sexe
- Prévention à long terme

Perspectives théoriques

Théorie psychanalytique de Freud

Traumatisme émotionnel et mécanismes de défense

- Sublimation
- Identification

Théorie de l'attachement de Bowlby

Qualité de l'attachement

Étapes du deuil (Bowlby / Sanders)

- Torpeur / Choc
- Nostalgie / Conscience de la perte
- Désorganisation et désespoir / Conservation et recul
- Réorganisation / Guérison et nouveau départ

Autres théories

Jacobs

Wortman et Silver : les types distincts de deuil

- Émotions simultanées et variées (nature et intensité)

- Deuil normal
- Deuil chronique
- Deuil tardif
- Deuil absent

CHOISIR SA MORT

Euthanasie active (suicide assisté)

Euthanasie passive

Testament biologique

Acharnement thérapeutique

Débat sur l'euthanasie active

Autres théories

De nombreux points de vue brossent un tableau du deuil différent de celui de Freud ou des théoriciens de l'attachement. Contrairement à l'hypothèse psychanalytique, certains chercheurs et théoriciens pensent que le deuil des personnes qui n'expriment pas leurs émotions ne sera pas plus long et n'entraînera pas nécessairement des problèmes physiques ou mentaux. En fait, au moins une étude mentionne que les personnes qui évitent de parler de la personne décédée ou de leurs sentiments vivent un deuil modéré et sont moins susceptibles de souffrir d'effets à long terme (Bonanno et autres, 1999). Plusieurs chercheurs et théoriciens pensent que le deuil ne se déroule pas selon des étapes fixes (Wortman et Silver, 1990), bien qu'ils notent la présence de certains sentiments et états comme la colère, la culpabilité, la dépression ou l'agitation.

LA THÉORIE DE JACOBS

Le point de vue de Selby Jacobs et de ses collaborateurs (Jacobs et autres, 1987-1988) constitue un compromis intéressant (voir la figure 13.3). Pour ces chercheurs, plusieurs émotions sont simultanément ressenties lors d'un deuil, mais chacune d'elles varie en intensité et peut dominer selon une séquence approximative. Ainsi, l'incrédulité pourrait être l'émotion dominante immédiatement après la mort, et la dépression pourrait atteindre un sommet quelques mois plus tard, ce qui créera l'impression que le processus s'effectue par étapes. Pourtant, ces deux émotions sont présentes en même temps tout au long du deuil. Jacobs ne prétend pas que toutes les personnes en deuil suivent nécessairement un chemin semblable. On le voit, par exemple, dans l'évolution du processus : certaines personnes avancent rapidement, d'autres, lentement.

LA THÉORIE DE WORTMAN ET SILVER

Camille Wortman et Roxane Silver (Wortman et Silver, 1989, 1990, 1992 ; Wortman, Silver et Kessler, 1993) ont recueilli une quantité impressionnante de données qui remettent en cause deux points de vue traditionnels sur le deuil : la réaction inévitable de détresse et l'impossibilité de faire un deuil sans exprimer cette détresse. Selon les théories de Freud et de Bowlby, qui ont dominé pendant de nombreuses décennies, la répression de la détresse signifie une négation des sentiments pénibles, laquelle aura ultérieurement des conséquences négatives. Bowlby affirme de plus que les personnes qui expriment leur douleur et s'autorisent à vivre leur deuil se comportent de façon saine.

Si cette hypothèse est exacte, les personnes en deuil qui présentent le plus de détresse immédiatement après le décès s'adapteront mieux à long terme que celles qui en présentent le moins. Toutefois, les recherches n'appuient pas cette affirmation. Au contraire, les personnes qui manifestent des taux très élevés de détresse après la perte d'un être cher sont généralement encore déprimées plusieurs années plus tard, alors que les personnes qui manifestent moins de détresse immédiate ne démontrent aucun symptôme ultérieur. Après avoir passé en revue un ensemble de recherches, Wortman et Silver (1990) ont conclu qu'il existait au moins quatre types distincts de deuil (voir la figure 13.4) :

- *Le deuil normal* Détresse relativement intense immédiatement après la perte, suivie d'un rétablissement relativement rapide.
- *Le deuil chronique* Détresse élevée durant plusieurs années.
- *Le deuil tardif* Peu de détresse durant les premiers mois, mais détresse élevée quelques mois ou quelques années plus tard.
- *Le deuil absent* Absence de détresse immédiatement après le décès ou plus tard.

Les deux chercheuses ont constaté que l'absence de deuil était remarquablement courante. Leur première recherche (1990) montre que 26 % des personnes en deuil n'ont connu aucune détresse, un résultat qui est confirmé par une autre recherche (Levy, Martinkowski et Derby, 1994). Le modèle le moins courant est le deuil tardif, qui affecte de 1 % à 5 % des adultes, selon l'étude de Wortman et Silver et toutes les recherches de ce type. Peu de

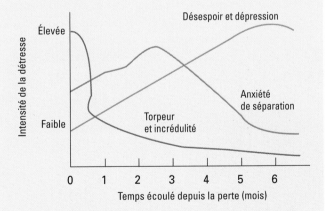

Figure 13.3
Le deuil selon le modèle de Jacobs
Jacobs propose une autre avenue que les théories présentant le deuil comme des étapes fixes. De nombreuses émotions différentes peuvent se manifester à n'importe quel moment, simultanément ou pas, et chacune peut avoir une intensité particulière.

Source : Jacobs et autres, 1987-1988, figure 1, p. 43.

Figure 13.4
Les types de deuil selon Wortman et Silver
Si l'on répartit les veuves selon l'intensité de leur détresse immédiate et de leur détresse à long terme, on observe les quatre types de deuil décrits par Wortman et Silver. D'après la théorie psychanalytique, le deuil normal, avec une détresse immédiate élevée suivie d'une guérison, serait la seule réaction saine. Cependant, les recherches ne corroborent pas cette théorie.

Source : Wortman et Silver, 1990.

recherches, donc, soutiennent le point de vue traditionnel. De nombreux adultes semblent faire face à la mort d'un conjoint, d'un enfant ou d'un parent sans manifester une grande détresse émotionnelle. Il n'en demeure pas moins que, en moyenne, les personnes en deuil sont plus déprimées, moins satisfaites de leur vie, et elles courent plus de risques de souffrir d'une maladie.

Actuellement, les quelques informations que nous possédons sur les différences entre les individus selon le type de deuil qu'elles vivent proviennent d'une recherche de Wortman et Silver (Wortman et autres, 1993). D'après les résultats de cette recherche, les personnes dont le mariage a été heureux réagissent au deuil sur une plus longue période. Curieusement, les personnes qui présentaient une grande maîtrise de soi avant le décès de leur conjoint éprouvaient plus de difficulté à s'adapter au deuil, comme si cette perte les avait remises en question. Selon une recherche allemande conduite par Wolfgang et Margaret Stroebe (1993), la tendance à la névrose ou à l'instabilité émotionnelle générerait les effets négatifs les plus importants et les plus persistants. Les bouleversements, le stress et le manque de soutien social sont d'autres facteurs susceptibles d'exacerber les effets du deuil.

Certaines personnes en deuil semblent puiser beaucoup de force dans leurs croyances religieuses ou autres. Elles se disent, par exemple : « C'est la volonté de Dieu. » Cependant, celles qui croient que le dur labeur et la vertu seront récompensés éprouvent beaucoup plus de difficulté à faire face à la mort. Les croyances religieuses peuvent donc tantôt réduire, tantôt augmenter la gravité d'une réaction de deuil.

Les recherches de Wortman et Silver suscitent un intérêt en raison de la grande variété des types de deuil qu'elles présentent, et de l'accent qu'elles mettent sur la normalité du deuil absent. Selon les chercheuses, tous n'éprouvent pas nécessairement une série d'émotions négatives ; par contre, tous ne se remettent pas forcément de la mort d'un être cher. Même s'il est préférable de mieux comprendre l'origine de ces différences, la conscience des variations existant d'un individu à l'autre permet d'être plus attentif aux réactions des personnes en deuil. Les personnes qui manifestent peu de détresse ne répriment pas forcément leurs émotions ; elles y font peut-être face à leur manière, et il se peut qu'elles n'aiment pas qu'on leur conseille d'exprimer leurs sentiments. De la même façon, les personnes très déprimées ne souhaitent peut-être pas qu'on leur dise que la situation est difficile, mais qu'elle passera. Il faut se montrer réceptif aux signaux des personnes en deuil et éviter de leur imposer notre point de vue sur la façon de vivre un deuil.

Ne perdons pas non plus de vue que le deuil peut aussi apporter une croissance personnelle. En effet, la majorité des veuves mentionnent une évolution positive après la mort de leur mari : elles font preuve d'une plus grande indépendance et de meilleures compétences (Wortman et Silver, 1990). Comme toutes les crises et les changements importants de la vie, en effet, le deuil peut être une occasion de croissance personnelle, et non seulement une expérience déstabilisante. La façon dont nous réagissons dépend sans doute des modèles que nous avons établis dès la première enfance : notre tempérament ou notre personnalité, notre modèle interne d'attachement et notre concept de soi, nos aptitudes intellectuelles et le réseau social que nous avons créé. Finalement, nous réagissons à la mort — la nôtre et celle des autres — de la même façon dont nous réagissons à la vie.

Selon les travaux de Helena Lopata (1981, 1986), la tendance des veuves à sanctifier leur conjoint décédé est presque universelle, ce qui leur permet sans doute de penser qu'elles méritaient leur amour.

CHOISIR SA MORT

Choisir le moment de sa mort constitue une façon de la maîtriser. Lorsqu'un individu s'enlève la vie, on parle de *suicide*. Lorsqu'il est assisté dans ce geste, on parle d'*euthanasie*. Aujourd'hui, la plupart des médecins et des spécialistes en éthique médicale font une distinction entre l'euthanasie active (appelée aussi suicide assisté) et l'euthanasie passive. L'**euthanasie active** consiste, pour un professionnel de la santé ou un proche, à intervenir afin d'activer le processus de la mort à la demande du patient, par exemple en administrant une dose létale de morphine. L'**euthanasie passive** consiste à ne pas intervenir pour prolonger la vie et à laisser le processus de la mort suivre son cours, par exemple en débranchant les appareils qui maintiennent le patient en vie ou en arrêtant la médication.

LE TESTAMENT BIOLOGIQUE

Aujourd'hui, il y a peu de controverse sur l'euthanasie passive. La plupart des gens conviennent que chaque individu a le droit de décider si on doit recourir ou non à la technologie pour maintenir ses fonctions vitales. De plus en plus d'adultes rédigent des *testaments biologiques* qui interdisent au personnel médical d'utiliser des appareils ou une médication prolongeant leur vie après leur mort clinique. Toutes ces personnes désirent qu'il n'y ait pas d'*acharnement thérapeutique* lorsque leur état sera devenu irréversible. Cette demande a pour but d'inciter les médecins à participer à une forme d'euthanasie passive. Dans un contexte d'urgence médicale, cependant, les professionnels de la santé ne sont pas souvent informés d'une telle demande, et plusieurs d'entre eux trouvent extrêmement difficile de mettre fin à un traitement ou de ne pas utiliser tous les moyens dont ils disposent pour soigner un patient. Leur formation les dirige spontanément vers les soins curatifs et non palliatifs. Toutefois, les médecins qui ont traité un patient pendant plusieurs années se sentent plus à l'aise avec une telle demande.

LE DÉBAT SUR L'EUTHANASIE ACTIVE

Le suicide assisté (ou toute autre forme d'euthanasie active) est plus répandu et beaucoup plus controversé aux États-Unis, où l'activité de Jack Kevorkian a soulevé des réactions déchaînées. Défiant les lois, ce médecin a assisté plusieurs personnes en phase terminale ou sévèrement handicapées dans leur désir de mettre fin à leurs jours. Au Canada, le geste accompli par Robert Latimer, un fermier de l'Ouest qui a mis fin à la vie de sa fille gravement handicapée, a fait l'objet d'un procès qui a soulevé de nombreuses questions d'éthique.

En 1996, le Territoire du Nord, en Australie, a adopté une loi qui autorise l'euthanasie active basée sur le modèle hollandais (Ryan et Kaye, 1996). En Hollande, il existe depuis longtemps une forme d'euthanasie active qui consiste à fournir aux patients en phase terminale des doses létales de médicaments antidouleur. C'est le seul endroit au monde où le suicide assisté est entièrement et explicitement légal. Une loi y a été adoptée en 2001 légalisant cette pratique (« Dutch Senate Oks doctor-assisted suicide », 2001). Les personnes qui souhaitent mourir doivent être en phase terminale et n'avoir aucune chance de guérison. Elles doivent également obtenir l'approbation de deux médecins. Les enfants de moins de 12 ans n'ont pas le droit de demander la mort, et ceux âgés de 12 à 15 ans doivent obtenir le consentement de leurs parents. Les parents d'un adolescent de 16 ou 17 ans doivent être informés de la demande de leur enfant, mais ils n'ont pas le pouvoir d'empêcher son suicide assisté. Pour être appliquée, cette loi doit suivre les principes suivants qui protègent les médecins hollandais et australiens des poursuites en justice :

1. Bien établir le diagnostic et la gravité de l'état de santé. Il est primordial que le processus de mort soit amorcé et qu'aucun espoir ne soit permis. La qualité de la vie du patient doit être irrémédiablement affectée. Ce diagnostic doit être confirmé par au moins deux médecins.

2. Informer le patient et ses proches (famille) de son état et du traitement qui lui sera offert.

3. Recevoir une demande formelle écrite et répétée du patient (au moins deux fois) afin d'être assuré d'obtenir un consentement libre et éclairé.

Bon nombre des personnes qui s'opposent à l'euthanasie active croient que la vie est sacrée et que seule l'autorité divine peut décider de la mort d'une personne. Elles considèrent l'euthanasie active comme une pratique immorale, tout comme le suicide. D'autres, dont les défenseurs des personnes handicapées, s'opposent à

Euthanasie active Intervention visant à activer le processus de la mort à la demande du patient.

Euthanasie passive Absence d'intervention visant à prolonger la vie afin de laisser la mort suivre son cours.

Au moment d'admettre des patients en phase terminale, de nombreux hôpitaux leur demandent comment ils veulent être traités dans l'éventualité où ils présenteraient une incapacité mentale.

l'euthanasie active parce qu'il peut s'avérer excessivement difficile d'établir une procédure stricte à partir de critères précis (Twycross, 1996). Les défenseurs des droits des personnes handicapées craignent aussi que l'acceptation morale du suicide assisté par la société conduise à inciter (subtilement ou non) les personnes handicapées ou souffrant d'une déficience grave à mettre fin à leur vie pour enlever un poids à ceux qui les soignent et pour supprimer les coûts élevés de leurs soins. Ces personnes pensent même que les médecins pourraient éventuellement administrer des drogues létales sans le consentement du patient.

Un troisième argument contre l'euthanasie active souligne les progrès énormes de la médecine dans la maîtrise de la douleur. Étant donné qu'on peut maintenant soulager les souffrances d'une personne en phase terminale, il devient inutile de provoquer sa mort. Mais les coûts de plus en plus élevés des soins de santé pourraient inciter les compagnies d'assurances et les centres hospitaliers à ne pas informer les patients de la vaste gamme de méthodes soulageant la douleur afin d'économiser de l'argent. Certains travailleurs sociaux affirment que les patients qui ont envisagé le suicide assisté changent souvent d'avis quand ils prennent connaissance des ressources sociales et médicales qui leur sont offertes (Hornik, 1998).

Pour toutes ces raisons et en considération de leurs croyances, les trois quarts environ des 3 000 oncologues (médecins spécialisés dans le traitement du cancer) qui ont participé à un sondage du National Institute of Health, aux États-Unis, s'opposent à toute forme d'euthanasie active (Emanuel et autres, 2000). Ils préconisent plutôt une formation en soins palliatifs pour tous les médecins de manière à leur faire prendre conscience

des avantages de cette thérapeutique et à les informer des méthodes les plus efficaces pour soulager la douleur. Ils recommandent aussi que les médecins qui traitent des patients en phase terminale discutent le plus tôt possible avec eux pour qu'ils choisissent conjointement les méthodes de soulagement de la douleur qu'ils utiliseront.

Des recherches portant sur des patients qui refusent les traitements tels que la chimiothérapie indiquent que ces personnes veulent souvent vivre le plus longtemps possible. Cependant, elles ne veulent pas traverser les périodes pénibles résultant de ces traitements (Abrams, 1998). De tels constats devraient amener les chercheurs à se questionner avant de conclure qu'une personne qui refuse un traitement médical désire avancer le moment de sa mort.

Les opposants au suicide assisté mettent par ailleurs en doute la capacité des patients en phase terminale de prendre une décision rationnelle. Certains croient qu'ils peuvent agir par désespoir plutôt que par raison. Cette distinction est importante puisque le fondement philosophique des lois sur le suicide assisté repose sur un choix rationnel. Ces lois imposent généralement une période d'attente entre la demande d'euthanasie et son autorisation. Durant cette période, un psychiatre doit évaluer l'état mental du patient pour déterminer s'il est en mesure de prendre une telle décision. Or, les professionnels de la santé mentale doutent généralement de la capacité de ces patients de porter un tel jugement (Fenn et Ganzini, 1999), et nombre d'entre eux croient qu'il est nécessaire de connaître de longue date un patient pour arriver à accomplir un tel acte. En outre, leur propre opinion du suicide assisté, sur le plan moral, peut influer sur leur évaluation.

Les personnes en faveur d'une loi autorisant le suicide assisté font remarquer que la technologie médicale moderne permet de prolonger la vie bien au-delà du moment où la mort serait naturellement survenue. Elles se demandent donc pourquoi prolonger une vie qui autrement n'existerait plus. Pour les partisans du suicide assisté, chaque personne devrait avoir le droit de décider du moment de sa mort. De plus, nombreux sont les patients en phase terminale, disent-ils, qui ne disposent pas des moyens nécessaires pour mettre fin à leur vie, ce pour quoi ils ont besoin de l'aide d'un médecin. À cela, les opposants répliquent que l'aide au suicide est loin de permettre une mort digne. Un médecin allemand qui s'oppose au suicide assisté tient ces mots sur la question: «Tout le monde a le droit de mourir dignement, mais personne n'a le droit d'être tué» (Cohen, 2000).

Pause
APPRENTISSAGE

Faire l'expérience du deuil et choisir sa mort

1. À quoi servent les rites funèbres ?

2. Quelles sont les réactions au deuil selon l'âge ?

3. La façon dont le décès survient influe-t-elle sur la réaction au deuil ?

4. Qu'est-ce que le deuil pathologique ?

5. Existe-t-il des différences sexuelles dans les réactions au deuil ?

6. Comment peut-on prévenir à long terme les problèmes associés au deuil ?

7. Quels sont les effets de la perte du conjoint sur la santé physique et mentale ?

8. Peut-on dire qu'il existe des étapes du deuil ? Justifiez votre réponse à l'aide des modèles de Bowlby et de Sanders ainsi que des critiques qu'ils ont suscitées.

9. Quelles sont les caractéristiques des étapes du deuil selon Jacobs ?

10. Quelles sont les conclusions des travaux de Wortman et Silver en ce qui concerne la perception traditionnelle du deuil ?

11. Expliquez les concepts d'euthanasie active, d'euthanasie passive et d'acharnement thérapeutique.

... SUR LA FIN DU CYCLE DE LA VIE

Nous avons maintenant atteint la fin du cycle de la vie. La dernière étape de la vie, la mort, nous permet de poser un autre regard sur les thèmes que nous avons abordés dans notre étude du développement humain. En premier lieu, la relation entre l'attachement et le processus du deuil nous donne un bon exemple de la continuité du développement. En deuxième lieu, on observe des différences individuelles, sexuelles, culturelles et sociales dans l'expérience de la mort et du deuil, tout comme dans les autres étapes de la vie. La façon dont nous allons faire face à notre mort et aux deuils que nous allons vivre dépend de l'ensemble des facteurs que nous avons soulevés dans ce manuel.

RÉSUMÉ

L'EXPÉRIENCE DE LA MORT

- Les médecins utilisent les termes de mort clinique, de mort cérébrale et de mort sociale pour nommer les étapes du processus de la mort.

- La grande majorité des adultes des pays industrialisés meurent dans des hôpitaux. Toutefois, les soins palliatifs pour les personnes agonisantes mettent l'accent sur la maîtrise par le patient et sa famille du processus de la mort.

- Jusqu'à l'âge de 6 ou 7 ans, les enfants ne comprennent pas que la mort est permanente et inévitable, et qu'elle entraîne un arrêt des fonctions vitales.

RÉSUMÉ

- Les adolescents comprennent beaucoup mieux que les enfants les différents aspects de la mort, bien qu'ils entretiennent souvent de fausses croyances sur le sujet, notamment en ce qui a trait à leur propre mort.

- Nombre de jeunes adultes pensent qu'ils possèdent des caractéristiques uniques qui les protègent de la mort.

- Pour les adultes d'âge moyen et avancé, la mort peut avoir plusieurs significations: un changement des rôles familiaux; une punition pour avoir mené une mauvaise vie; une transition vers un autre état, comme la vie après la mort; la perte de la satisfaction de vivre et la fin des relations. La conscience de la mort peut servir à mieux organiser le temps qui reste à vivre (repère temporel).

- La peur de la mort semble s'intensifier au milieu de la vie, puis elle chute radicalement. Les adultes âgés parlent davantage de la mort, mais la craignent moins. Les personnes qui sont fortement ancrées dans leurs convictions ont moins peur de la mort que les personnes névrotiques, qui l'appréhendent.

- Beaucoup d'adultes se préparent à la mort de façon pratique en prenant une assurance vie ou en rédigeant un testament. La réminiscence (ou le bilan de vie) peut servir de préparation à la mort.

- Des changements profonds dans la personnalité se produisent immédiatement avant la mort, notamment une plus grande dépendance et une plus grande docilité, une moins grande émotivité et une moins grande agressivité.

- Kübler-Ross a divisé en cinq étapes le processus de la mort: la négation, la colère, le marchandage, la dépression et l'acceptation. Les recherches montrent que tous les adultes ne franchissent pas nécessairement ces cinq étapes dans un ordre déterminé. La dépression est le sentiment le plus partagé.

- Selon les recherches sur des patients atteints du cancer et du sida, les personnes dociles et résignées quant au diagnostic et au traitement ainsi que les personnes désespérées ont une espérance de vie plus courte. Les personnes qui luttent davantage, ou qui se rebellent, vivent plus longtemps. Une attitude optimiste comparativement à une attitude pessimiste est associée à une meilleure réponse au traitement médical.

- Les adultes en phase terminale qui bénéficient d'un soutien social adéquat de leur famille, d'amis ou de groupes de soutien spécialement formés à cet effet vivent plus longtemps que ceux qui ne bénéficient pas d'un tel soutien.

L'EXPÉRIENCE DU DEUIL

- Les rites funèbres ont des fonctions culturelles et sociales précises, notamment celles de déterminer le rôle des personnes en deuil, de rassembler la famille et de donner un sens à la vie et à la mort du défunt.

- Les réactions au deuil dépendent de plusieurs variables, dont l'âge de la personne en deuil et la façon dont la mort est survenue. Le décès du conjoint est associé à un deuil intense qui dure longtemps, comme celui d'un enfant.

- Généralement, les personnes en deuil présentent des taux accrus de maladie, de mortalité et de dépression dans les mois qui suivent immédiatement le décès d'une personne chère, ce qui est probablement la conséquence de l'effet du deuil sur le système immunitaire.

- Les veufs semblent éprouver plus de difficulté que les veuves à vivre leur deuil.

- La théorie psychanalytique met l'accent sur le traumatisme produit par la mort d'un proche, sur l'effet des mécanismes de défense et sur l'importance du deuil qui, s'il est bien vécu, évitera à l'individu concerné des troubles ultérieurs.

RÉSUMÉ

- Les théories sur les étapes du deuil, comme celles de Bowlby ou de Sanders, n'ont pas été corroborées par la recherche. Un nombre considérable d'adultes en deuil ne présentent pas de dépression ou de problèmes élevés, que ce soit dans l'immédiat ou plus tard. D'autres, par contre, présentent des problèmes persistants, même plusieurs années après le décès.

- Jacobs propose un compromis intéressant aux théories qui s'appuient sur des étapes. Il pense que la personne en deuil vit de nombreuses émotions qui peuvent apparaître à n'importe quel moment et varier en intensité.

- Wortman et Silver ont établi quatre types de deuil en fonction de la manifestation immédiate ou tardive de la détresse et de son intensité : le deuil normal, le deuil chronique, le deuil tardif et le deuil absent.

CHOISIR SA MORT

- Le testament biologique est rédigé par la personne qui refuse l'acharnement thérapeutique (utilisation d'appareils ou d'une médication afin de prolonger la vie) si sa santé se détériore et que son état devient irréversible.

- L'euthanasie est une forme d'intervention qui ne peut être faite qu'à la demande du patient. L'euthanasie active, ou suicide assisté, consiste à intervenir pour activer le processus de la mort, alors que l'euthanasie passive consiste à ne pas intervenir pour prolonger la vie et à laisser le processus de la mort suivre son cours.

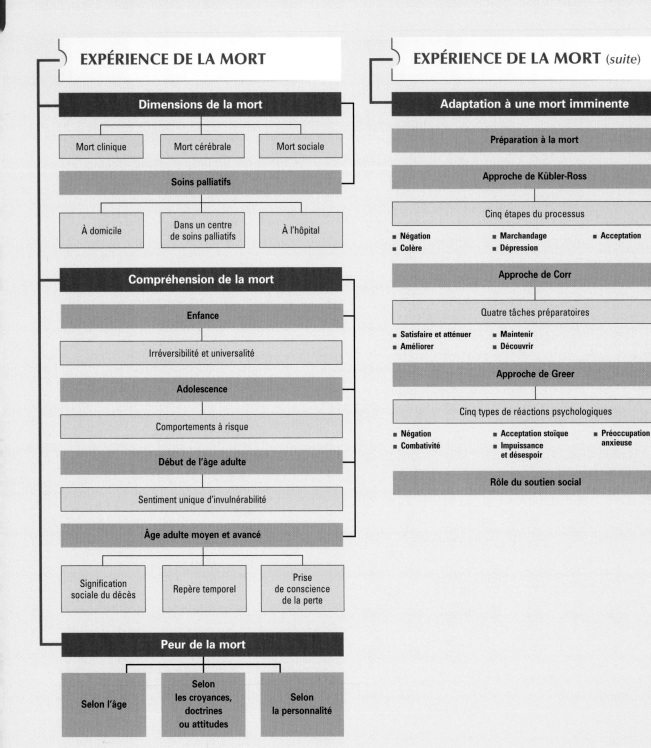

EXPÉRIENCE DE LA MORT

Dimensions de la mort

Mort clinique

Mort cérébrale

Mort sociale

Soins palliatifs

À domicile

Dans un centre de soins palliatifs

À l'hôpital

Compréhension de la mort

Enfance

Irréversibilité et universalité

Adolescence

Comportements à risque

Début de l'âge adulte

Sentiment unique d'invulnérabilité

Âge adulte moyen et avancé

Signification sociale du décès

Repère temporel

Prise de conscience de la perte

Peur de la mort

Selon l'âge

Selon les croyances, doctrines ou attitudes

Selon la personnalité

EXPÉRIENCE DE LA MORT (*suite*)

Adaptation à une mort imminente

Préparation à la mort

Approche de Kübler-Ross

Cinq étapes du processus

- Négation
- Colère
- Marchandage
- Dépression
- Acceptation

Approche de Corr

Quatre tâches préparatoires

- Satisfaire et atténuer
- Améliorer
- Maintenir
- Découvrir

Approche de Greer

Cinq types de réactions psychologiques

- Négation
- Combativité
- Acceptation stoïque
- Impuissance et désespoir
- Préoccupation anxieuse

Rôle du soutien social

La recherche sur le développement humain

LA DÉMARCHE SCIENTIFIQUE

Il est essentiel de bien comprendre la terminologie utilisée par les chercheurs en développement humain pour saisir le lien qui unit les observations (faits), les théories et les hypothèses. Nombre d'étudiants manifestent peu d'intérêt pour les théories; ce qu'ils veulent, ce sont des faits. Toutefois, les données que sont les faits ou les observations ne servent pas à grand-chose si elles ne sont pas accompagnées d'une explication ou d'un cadre théorique. Par exemple, dans nos interactions quotidiennes avec nos amis, notre famille et nos connaissances, nous interprétons constamment les situations que nous vivons et nous nous efforçons de découvrir le sens des paroles ou des actes d'autrui. Si un ami fronce les sourcils, alors que nous nous attendions à un sourire, nous essayons d'expliquer ce geste à la lumière de la théorie que nous avons élaborée en nous basant sur ce que nous connaissons de lui.

Les modèles internes de relations ou de concept de soi sont élaborés à partir d'une **théorie**, c'est-à-dire d'un ensemble d'observations et d'hypothèses concernant la façon dont le monde fonctionne. Les théories nous permettent de clarifier nos expériences et de les classer. Les chercheurs en développement humain procèdent de la même façon. Pour faire une collecte de données (faits) sur le sujet qu'ils veulent étudier, ils s'appuient sur une théorie qui leur permet de cibler les éléments qu'ils doivent observer.

À partir de la théorie, les chercheurs formulent une **hypothèse** précise qui oriente leur recherche empirique. Prenons comme exemple l'observation suivante : le divorce de leurs parents affecte la plupart des enfants. On remarque chez les garçons plus de troubles de comportement que chez les filles, notamment plus d'agressivité et un moins bon rendement scolaire (Hetherington, 1989; Kline et autres, 1989). Cette observation est extrêmement intéressante en soi. Mais comment pouvons-nous l'étudier? La formulation de l'hypothèse, c'est-à-dire la façon d'étudier cette observation, influera considérablement sur le choix de la méthode de recherche utilisée. Voici trois hypothèses :

- Hypothèse 1: Les mères traitent leurs garçons différemment de leurs filles après le divorce.
- Hypothèse 2: Quand la mère obtient la garde des enfants, les garçons souffrent davantage de l'absence du père.
- Hypothèse 3: Les garçons éprouvent plus de difficultés à affronter le stress, quelle qu'en soit la cause.

Chacune de ces hypothèses provient d'une théorie différente et déterminera le type de recherche qui permettra de la confirmer ou de l'infirmer. Pour étudier la façon dont sont traités les garçons lors d'un divorce, il sera nécessaire d'observer les interactions dans des familles où il y en a eu un récemment. Par contre, si nous voulons nous pencher sur l'absence du père, nous devrons interroger des garçons et des filles qui vivent avec leur père après le divorce. Finalement, si nous choisissons l'hypothèse 3, il faudra noter les différences entre les réactions des garçons et des filles à d'autres événements stressants de la vie familiale, tels que la perte d'emploi d'un parent, un déménagement dans une région éloignée ou la mort d'un membre de la famille. Nous pouvons en conclure que la création de modèles ou de théories est un processus naturel et nécessaire pour décoder des données, que celles-ci proviennent d'une démarche scientifique ou d'une expérience personnelle (voir l'encadré «Le monde réel»). Dans le texte qui suit, nous allons examiner les différents outils dont nous disposons pour étudier les changements développementaux associés à l'âge. Par la suite, nous allons voir les méthodes de recherche qui nous permettent de comprendre les différentes relations qui existent entre les variables. Enfin, nous terminerons cette annexe en nous intéressant à l'importance du contexte transculturel et aux questions éthiques qui touchent la recherche sur le développement humain.

L'ÉTUDE DES CHANGEMENTS ASSOCIÉS À L'ÂGE : LES MÉTHODES DE COLLECTE DE DONNÉES

Pour étudier les changements (ou la continuité) associés à l'âge, les psychologues du développement disposent d'outils que l'on appelle «méthodes de collecte de données». Afin de déterminer la façon dont sera étudiée une population ciblée (un ou plusieurs groupes, âges fixes ou variés, etc.), le choix de la méthode de collecte de données est très important. On peut choisir l'une des trois méthodes suivantes :

- l'étude transversale, qui permet de comparer des groupes de personnes d'âges différents;

Théorie Ensemble d'observations organisé de telle façon qu'on peut leur donner une signification et orienter la recherche.

Hypothèse Proposition découlant de connaissances scientifiques qui permet de prédire le lien existant entre les facteurs étudiés et les comportements des individus.

LE MONDE RÉEL

Ça dépend...

Par la recherche, les chercheurs en développement humain souhaitent améliorer la vie des gens. Cependant, son application concrète aux problèmes de développement est moins simple qu'il n'y paraît. Il faut comprendre que, dans ce type de recherche, les réponses qu'obtiennent les chercheurs à des questions précises sont souvent vagues et ont tendance à commencer par des expressions comme : « Ça dépend... »

Par exemple, lorsqu'elle découvre que son fils a été agressé sexuellement par un voisin, une mère veut savoir quelles répercussions cela aura sur son enfant dans l'avenir. Or, les psychologues du développement ne peuvent pas lui répondre concrètement. Par contre, ils peuvent affirmer que la grande majorité des enfants traumatisés ne gardent pas de séquelles à long terme. Ils sont aussi en mesure d'analyser l'enfant et sa situation et de faire des hypothèses plausibles sur la façon dont il pourrait réagir dans l'avenir. En d'autres mots, les effets à long terme dépendent de nombreuses variables : la nature et la durée de l'agres-

sion sexuelle, l'âge de l'enfant quand tout a commencé, la personnalité de cet enfant, la réaction de ses parents quand ils ont appris les faits, etc.

De plus, l'interaction entre ces variables vient davantage brouiller les cartes. Par exemple, rencontrer un clinicien en développement peut se révéler bénéfique pour un enfant extraverti, mais inefficace pour un enfant timide qui a tendance à refouler ses sentiments. Inversement, la thérapie par l'art – où l'on incite l'enfant à s'exprimer par le dessin – peut être bénéfique pour un enfant timide, mais peu efficace pour un enfant extraverti. Toutes ces complexités empêchent les spécialistes du développement de répondre concrètement à la mère : c'est-à-dire de lui dire que si elle suit telle ou telle recette, tout finira par s'arranger pour son enfant. Il faut retenir que le développement humain est un sujet d'étude bien vaste et complexe, et que cette complexité brime souvent les efforts des psychologues pour trouver des solutions aux problèmes de tous les jours. Il est important de toujours nuancer nos analyses et nos propos lorsque nous interprétons nos observations et nos résultats de recherche.

- l'étude longitudinale, qui permet de suivre les mêmes personnes au cours d'une période donnée ;
- l'étude séquentielle, qui permet de combiner les deux types d'études précédentes (Schaie, 1983).

L'ÉTUDE TRANSVERSALE

L'**étude transversale** a pour but d'évaluer différents groupes d'âge en ne testant chaque sujet qu'une seule fois. Par exemple, pour étudier la capacité mémorielle selon l'âge, on sélectionne des sujets de différents groupes d'âge (de 25 à 85 ans). On évalue ensuite chaque sujet selon une mesure déterminée de la capacité mémorielle, puis on vérifie si les résultats diminuent avec l'âge. La figure A.1 montre les résultats d'une telle étude : des adultes d'âges différents ont écouté une suite de lettres lues à haute voix à raison d'une lettre par seconde. Ils devaient ensuite répéter les lettres dans l'ordre — cet exercice se rapproche de l'effort requis pour mémoriser un numéro de téléphone. On constate que la performance des personnes de 60 ans et de 70 ans a été très faible.

Puisque ces résultats concordent avec l'hypothèse de départ, on est tenté de conclure que la mémoire diminue avec l'âge. Or, l'étude transversale ne permet pas de tirer une telle conclusion, car ces adultes ont des âges différents et proviennent de cohortes différentes. De plus, nous savons que, dans notre société, les cohortes âgées ont fait de moins longues études que les cohortes qui ont

Étude transversale Étude qui consiste à observer et à évaluer différents groupes d'âge en ne testant chaque sujet qu'une seule fois.

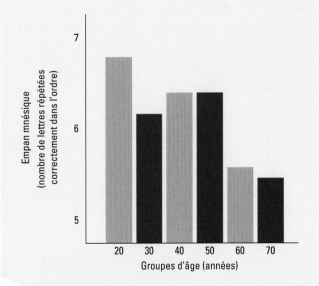

Figure A.1
La mémoire et le vieillissement
Dans cette étude, des adultes d'âges différents ont écouté une série de lettres au rythme d'une lettre par seconde. La tâche du sujet consistait à essayer de répéter ces lettres dans le même ordre. Les résultats indiquent le nombre moyen de lettres que chaque groupe a pu répéter. Peut-on conclure de ces résultats que la mémoire diminue avec l'âge ?

Source : Botwinick et Storandt, 1974.

suivi. Les différences enregistrées sur le plan de la mémoire pourraient donc refléter le niveau d'études (ou d'autres différences entre les cohortes), et non un changement lié à l'âge ou au développement.

L'ÉTUDE LONGITUDINALE

Une **étude longitudinale** suit les mêmes individus durant une période donnée afin d'observer les séquences de changement et de continuité. En outre, elle permet d'éviter le problème que pose la cohorte en comparant la performance des mêmes personnes à des âges différents. L'étude de Berkeley/Oakland sur la croissance, que nous avons déjà mentionnée, est l'une des études longitudinales les plus connues (Eichorn et autres, 1981). L'étude de Grant, tout aussi célèbre (Vaillant, 1977), qui s'est penchée sur un échantillon composé d'étudiants de Harvard, a suivi plusieurs centaines d'hommes de 18 ans jusqu'à 60 ans. Enfin, plusieurs organismes québécois dont l'Institut de la statistique mènent actuellement une étude longitudinale d'envergure amorcée en 1998 (voir l'encadré « Le monde réel » à ce sujet).

Supposons qu'une étude transversale sur les rôles sexuels révèle que les adultes de 20 à 50 ans ont tendance à faire preuve d'une attitude égalitaire, alors que les adolescents et les personnes de plus de 50 ans adoptent des attitudes plus traditionnelles. Comment pourriez-vous interpréter ces résultats ?

L'ÉTUDE SÉQUENTIELLE

L'**étude séquentielle**, qui s'intéresse à plusieurs cohortes durant une période donnée, permet de combiner l'étude transversale et l'étude longitudinale. Un exemple de ce type d'étude est l'Enquête internationale sur l'alphabétisation des adultes : Acquisition et perte de compétences en littéracie au cours de la vie. Cette étude menée en 2007

> **Étude longitudinale** Étude qui consiste à observer ou à évaluer les mêmes sujets à diverses reprises pendant plusieurs mois ou plusieurs années.
>
> **Étude séquentielle** Étude qui consiste à regrouper les données provenant d'études transversales et longitudinales.

LE MONDE RÉEL

L'étude longitudinale du développement des enfants du Québec (ÉLDEQ)

L'Étude longitudinale du développement des enfants du Québec (ÉLDEQ) a été conçue pour contribuer tout particulièrement à notre connaissance du développement des enfants ; son principal objectif est de déterminer les facteurs qui, mis en place pendant la petite enfance, contribuent à l'adaptation sociale et à la réussite scolaire des petits Québécois.

C'est en 1998 qu'a été réalisé le premier volet (la première année de la phase I) de l'ÉLDEQ auprès d'une cohorte de 2 120 nourrissons québécois faisant l'objet d'un suivi annuel de l'âge de 5 mois à l'âge d'environ 4 ans. Il s'agit d'un échantillon représentatif des enfants (naissances simples) nés au Québec en 1997-1998.

Jusqu'à présent, les données recueillies lors de cette première phase (1998-2002) ont permis d'évaluer l'influence des milieux de vie (la famille, la garderie et l'environnement social plus large) sur divers aspects de leur bien-être. À ce titre, de nombreux travaux concernant la santé, le développement (moteur, social et cognitif), le comportement, l'alimentation, le sommeil, l'environnement familial et économique, l'utilisation des services de garde, etc., ont déjà été réalisés. [...] Soulignons que les chercheurs, étudiants et professionnels associés au projet poursuivent actuellement de nombreux travaux à partir des données qui ont été recueillies durant la première phase de l'étude.

La deuxième phase de l'ÉLDEQ (2003-2011) s'inscrit dans la continuation de l'ÉLDEQ 1998-2002 et continuera de recueillir les informations nécessaires à partir d'un questionnaire informatisé, d'instruments papier et de tests. La collecte se déroulera à travers tout le Québec en quatre vagues d'environ un mois (de mars à juin), et ce, annuellement jusqu'à ce que les enfants atteignent la deuxième année du primaire (maternelle, première et deuxième année) et tous les deux ans, jusqu'à la fin du cycle primaire (quatrième et sixième année). Le devis méthodologique de l'ÉLDEQ 2003-2011 est déterminé par l'Institut de la statistique du Québec et ses partenaires (le ministère de la Santé et des Services sociaux, le ministère de la Famille, des Aînés et de la Condition féminine, le ministère de l'Éducation, du Loisir et du Sport, la Fondation Lucie et André Chagnon et les chercheurs universitaires).

La poursuite de l'ÉLDEQ est très importante, car les enfants suivis depuis six ans font actuellement leur passage à l'école primaire. C'est donc à partir de maintenant que nous recueillerons des données qui nous permettront de mieux comprendre les cheminements qui conduisent à la réussite scolaire pendant les années d'école primaire à la lumière de ce que les enfants ont vécu pendant la petite enfance. De plus, la *longue durée* d'une enquête longitudinale joue non seulement un rôle primordial dans la richesse des problématiques de recherche pouvant être abordées, mais aussi dans l'exhaustivité des connaissances qui en sont issues. Ces connaissances serviront, nous l'espérons, à mettre en place des politiques sociales et familiales qui favorisent un développement harmonieux des enfants québécois, ceux qui sont l'avenir du Québec.

Source : Adapté de l'Institut de la statistique du Québec, 2006.

par J. Douglas Willms et T. Scott Murray, de Statistique Canada, a analysé plusieurs cohortes pendant un certain nombre d'années.

La figure A.2 présente une matrice de groupes d'âge qui illustre les trois méthodes que nous venons de mentionner. En haut de la figure apparaissent les années de naissance de chaque cohorte et, à gauche, les années d'évaluation possible d'une cohorte donnée. La matrice fournit les âges de chaque cohorte au moment de l'évaluation. On peut voir que l'étude transversale établit une comparaison entre des éléments de n'importe quelle rangée, tandis que l'étude longitudinale porte sur des portions de n'importe quelle colonne. Représentée par le rectangle ombragé du centre, l'étude séquentielle se penche sur plusieurs rangées (étude transversale) et plusieurs colonnes (étude longitudinale). Le tableau A.1 présente un bref survol de ces différentes méthodes de collecte de données que nous venons d'aborder.

L'ÉTUDE DES RELATIONS ENTRE LES VARIABLES : LES MÉTHODES DE RECHERCHE

Après avoir décidé d'une méthode de collecte de données, le chercheur en développement humain doit évaluer quelle méthode de recherche utiliser pour comprendre les différentes relations qui existent entre les variables. Ce choix constitue une seconde décision cruciale pour un chercheur. Il est en effet tout aussi important de choisir le sujet sur lequel portera la recherche que les outils de recherche et d'analyse.

Année de naissance de chaque cohorte

Année d'obtention de chaque mesure	1905	1915	1925	1935	1945	1955	1965	1975
1920	15							
1930	25	15						
1940	35	25	15					
1950	45	35	25	15				
1960	55	45	35	25	15			
1970	65	55	45	35	25	15		
1980	75	65	55	45	35	25	15	
1990	85	75	65	55	45	35	25	15
2000	95	85	75	65	55	45	35	25
2010		95	85	75	65	55	45	35
2020			95	85	75	65	55	45

Figure A.2
La matrice de groupes d'âge
Bien que cette figure soit complexe, il est important d'essayer de la comprendre. Chaque chiffre de la matrice correspond à l'âge d'un groupe d'individus appartenant à une cohorte donnée à un moment de l'évaluation. L'étude transversale porte sur certaines parties de n'importe quelle rangée et l'étude longitudinale, sur des portions de n'importe quelle colonne. L'étude séquentielle combine ces deux analyses, comme on peut le voir dans le rectangle.

Le choix des sujets Idéalement, les chercheurs aimeraient découvrir des modèles développementaux de base qui s'appliqueraient à tous les enfants, à tous les

Tableau A.1 *Les méthodes de collecte de données en développement humain*

Méthodes de collecte de données	Avantages	Désavantages
ÉTUDE TRANSVERSALE : Étude qui consiste à évaluer différents groupes d'âge en ne testant chaque sujet qu'une seule fois.	1) Grande quantité de données en peu de temps. 2) Détermination de normes de développement. 3) Comparaison immédiate des cohortes. 4) Relativement facile à réaliser (ne mobilise qu'un seul groupe de personnes pour le temps de l'évaluation).	1) Confusion entre l'âge et la cohorte : impossibilité d'établir leur effet respectif. 2) Impossibilité d'étudier la séquence et la continuité du développement (évaluation d'un seul groupe d'âge).
ÉTUDE LONGITUDINALE : Étude qui consiste à évaluer les mêmes sujets (du même groupe d'âge) à diverses reprises pendant une période donnée (plusieurs mois ou plusieurs années).	1) Observation de la séquence et de la continuité (stabilité) du comportement au fil des ans. 2) Détermination des effets des événements survenus plus tôt dans le développement. 3) Élimination de l'effet de cohorte. 4) Détermination de modèles de développement et de changements individuels.	1) Méthode assez laborieuse qui mobilise beaucoup de personnes pendant une grande période. 2) Résultats longs à obtenir. 3) Problèmes d'abandons sélectifs (refus de continuer, déménagement sans adresse, maladie et mortalité, etc.). 4) Effet du temps sur la mesure*.
ÉTUDE SÉQUENTIELLE : Étude qui consiste à combiner les données provenant d'études transversales et longitudinales.	1) Possibilité d'étudier plusieurs cohortes du même âge (étude de décalage). 2) Possibilité d'effectuer plusieurs études transversales à quelques années d'intervalle, ou deux ou plusieurs études longitudinales, chacune portant sur une cohorte différente.	1) Effets négatifs variables selon le type d'étude retenu.

* Le modèle de développement observé est-il propre à la cohorte étudiée ou reflète-t-il un changement (ou une continuité) fondamental dans le développement, que l'on retrouve dans d'autres cultures ou cohortes ?

adolescents ou à tous les adultes. Pour ce faire, il leur faudrait sélectionner un échantillon aléatoire de l'ensemble des habitants de la planète, ce qui est évidemment impossible. À l'heure actuelle, les chercheurs optent souvent pour un compromis qui consiste à sélectionner de larges échantillons représentatifs de certains sous-groupes ou d'une population ciblée. Il est difficile cependant avec ce type d'échantillon d'obtenir des informations précises et détaillées. C'est pourquoi de plus en plus de chercheurs préfèrent examiner des échantillons moins vastes (petits groupes) afin de repérer des processus de base.

Le choix d'une méthode de recherche Après avoir choisi leur sujet, les chercheurs doivent décider de la façon dont ils vont le traiter. Ils doivent formuler leur hypothèse et se demander quelle méthode de recherche sera la plus appropriée. Le tableau A.2 présente une récapitulation des principales méthodes de recherche utilisées en psychologie du développement et de leurs caractéristiques, soit les méthodes descriptives naturalistes, les méthodes descriptives systématiques et les méthodes d'expérimentation.

LES MÉTHODES DESCRIPTIVES NATURALISTES

Les méthodes descriptives naturalistes servent à étudier, sans aucune intervention du chercheur, une situation particulière qui se produit couramment. Le but de ces méthodes est de *décrire* le plus précisément possible le phénomène étudié. Grâce à la méthode descriptive naturaliste, le chercheur peut observer le comportement d'une personne ou d'un groupe, mais il ne peut pas le prédire ni l'expliquer. Il doit également utiliser cette méthode avec beaucoup de précaution afin de ne pas contaminer le comportement étudié et de ne pas manquer d'objectivité. Deux méthodes descriptives naturalistes sont décrites dans le tableau A.2, soit l'*observation en milieu naturel* et l'*étude de cas*. Observer le déroulement d'une journée type dans une garderie constitue un exemple d'observation en milieu naturel, alors qu'étudier en profondeur le comportement d'un adolescent qui éprouve des difficultés scolaires est un exemple d'étude de cas.

LES MÉTHODES DESCRIPTIVES SYSTÉMATIQUES

Les méthodes descriptives systématiques se distinguent des méthodes descriptives naturalistes principalement parce qu'elles visent à mettre en relation le phénomène étudié avec d'autres facteurs et qu'elles nécessitent une intervention du chercheur. Le but de ces méthodes est

de *prédire* un comportement sans toutefois permettre de l'expliquer ou d'établir des liens de causalité. Les méthodes descriptives systématiques ciblent des comportements de façon plus précise que les méthodes naturalistes et tentent de les étudier de façon plus méthodique. L'*observation systématique*, l'*analyse de contenu*, l'*entrevue* et le *questionnaire* sont des méthodes descriptives systématiques (voir le tableau A.2). Par exemple, une étude des différents types de comportements agressifs chez les enfants d'âge préscolaire et scolaire pourrait être effectuée par l'observation systématique. L'analyse de contenu serait plus appropriée pour l'examen des stéréotypes que l'on trouve dans les livres pour enfants. L'entrevue pourrait être fort pertinente pour approfondir les difficultés d'adaptation des nouveaux couples. Et le questionnaire pourrait permettre d'évaluer le temps d'étude nécessaire pour réussir un cours universitaire.

Les méthodes descriptives systématiques tentent de déterminer si deux ou plusieurs phénomènes sont liés et, si oui, jusqu'à quel point. Elles permettent d'établir entre deux ou plusieurs variables distinctes une relation, appelée **corrélation**. Le coefficient de corrélation est tout simplement un nombre situé entre −1,00 et +1,00 qui indique la force d'une relation entre deux variables. Un coefficient de corrélation de 0 indique une **corrélation nulle** entre les deux variables. Par exemple, on peut s'attendre à trouver une corrélation nulle, ou presque nulle, entre la taille des gros orteils et le QI. En effet, quelle que soit la longueur de leurs orteils, les individus peuvent avoir un quotient intellectuel élevé ou bas. Plus le coefficient de corrélation se rapproche de −1,00 ou de +1,00, plus la relation est étroite.

Si la **corrélation** est **positive**, les scores élevés ou faibles des deux variables tendent à évoluer dans le même sens, tout comme la longueur des gros orteils et la grandeur des chaussures. Si la **corrélation** est **négative**,

---

Corrélation Relation entre deux variables, mesurée à l'aide d'un indice, qui indique dans quelle mesure les deux variables sont liées l'une à l'autre. Le coefficient de corrélation peut varier entre +1,00 et −1,00. Plus les coefficients de corrélation se rapprochent des extrêmes, plus la relation entre les deux variables est forte. La relation est directe et positive si elle est près de +1,00, et inverse et négative si elle est près de −1,00.

Corrélation nulle Corrélation dont le coefficient est égal à 0 (les deux variables ne sont aucunement liées).

Corrélation positive Corrélation dont les coefficients suivent la même direction (les deux variables tendent à croître ou à décroître ensemble).

Corrélation négative Corrélation dont les coefficients vont dans des directions opposées (une des variables augmente lorsque l'autre diminue).

les scores élevés d'une variable sont mis en relation avec les scores faibles d'une autre variable. On peut constater une corrélation négative entre le niveau de tabagisme chez la mère pendant la grossesse et le poids à la naissance du bébé (une forte consommation de tabac est associée à un faible poids à la naissance). Les corrélations parfaites (−1,00 ou +1,00) n'existent pas, mais on observe parfois des coefficients de corrélation de 0,80 ou de 0,70. Les coefficients de corrélation de 0,50, que l'on trouve assez fréquemment dans la recherche en psychologie, indiquent des relations d'intensité moyenne.

La corrélation constitue un outil de travail extrêmement utile. Pour savoir si des enfants timides à 4 ans le

Tableau A.2 *Les méthodes de recherche en développement humain*

Méthodes de recherche	Avantages	Désavantages
MÉTHODES DESCRIPTIVES NATURALISTES *But: décrire un comportement.*		
OBSERVATION EN MILIEU NATUREL: Méthode qui consiste à observer et à enregistrer méticuleusement les comportements d'un groupe de personnes dans leur contexte familier, sans aucune intervention du chercheur.	1) Possibilité d'observer le comportement d'un groupe dans son milieu naturel. 2) Très utile durant les premières étapes d'un programme de recherche. 3) Très près de la réalité.	1) Aucune maîtrise sur la situation étudiée. 2) Difficulté à rester objectif. 3) Difficulté à généraliser. 4) Impossibilité de faire des prédictions ou de trouver des explications causales.
ÉTUDE DE CAS: Méthode qui consiste à étudier en profondeur un comportement ou un individu à partir de plusieurs sources d'information.	1) Informations détaillées. 2) Étude de problématiques délicates qui autrement ne pourraient être analysées pour des raisons d'ordre moral ou pratique. 3) Utile pour étudier un nouveau phénomène.	1) Le cas étudié n'est pas forcément représentatif de la population. 2) Difficulté à rester objectif. 3) Difficulté à confirmer l'information. 4) Impossibilité de faire des prédictions ou de trouver des explications causales.
MÉTHODES DESCRIPTIVES SYSTÉMATIQUES *But: prédire un comportement.*		
OBSERVATION SYSTÉMATIQUE: Méthode qui consiste à observer et à enregistrer méticuleusement et systématiquement le comportement de personnes dans un environnement contrôlé ou en laboratoire.	1) Maîtrise plus grande que dans l'observation en milieu naturel. 2) Utilisation d'un équipement perfectionné. 3) Possibilité de confirmer des observations.	1) Différence possible entre le comportement observé en laboratoire (situation artificielle) et le comportement en milieu naturel. 2) Maîtrise limitée de la situation étudiée. 3) Difficulté à rester objectif. 4) Impossibilité de faire des prédictions ou de trouver des explications causales.
ANALYSE DE CONTENU: Méthode qui consiste à décrire objectivement et systématiquement le contenu de documents.	1) Possibilité d'approfondir la symbolique. 2) Possibilité d'études comparatives. 3) Grande richesse d'interprétation.	1) Longue analyse. 2) Écart par rapport à la réalité. 3) Risque d'une mauvaise évaluation du matériel.
ENTREVUE: Méthode d'investigation systématique qui consiste à faire des entrevues pour obtenir des renseignements précis.	1) Possibilité pour les individus de nuancer leurs réponses. 2) Excellente méthode pour connaître le fond de la pensée des individus.	1) Subjectivité de l'intervieweur. 2) Difficulté à comparer les entrevues. 3) Exige beaucoup de temps.
QUESTIONNAIRE: Méthode qui consiste à interroger de façon directive des individus à partir d'un questionnaire standardisé.	1) Applicable à un grand nombre d'individus. 2) Rapidité de la collecte des données. 3) Possibilité de comparer les réponses.	1) Renseignements sommaires. 2) Difficulté à formuler des questions pertinentes. 3) Inaptitude de certains répondants. 4) Désirabilité sociale*.
MÉTHODES D'EXPÉRIMENTATION *But: expliquer un comportement.*		
MÉTHODE EXPÉRIMENTALE: Méthode explicative dont le principe de base est la maîtrise systématique de tous les facteurs pouvant influer sur le phénomène étudié et qui consiste à soumettre un individu à des conditions particulières.	1) Maîtrise de la situation étudiée. 2) Possibilité de déterminer les causes et les effets.	1) Difficulté, dans certains cas, à généraliser et à étendre les résultats à des situations réelles (la situation étudiée est artificielle). 2) Difficulté, dans certains cas, à rester objectif. 3) Problèmes d'éthique dans la manipulation de certaines variables. 4) Difficulté à respecter l'assignation aléatoire des sujets.
MÉTHODE QUASI EXPÉRIMENTALE: Méthode explicative dont le principe de base est la maîtrise systématique de tous les facteurs pouvant influer sur le phénomène étudié et qui consiste à comparer des individus dont les caractéristiques ne peuvent pas être modifiées.	1) Maîtrise de la situation étudiée. 2) Possibilité de déterminer les causes et les effets. 3) Possibilité d'utiliser l'expérimentation pour effectuer des études soulevant des problèmes d'éthique.	1) Difficulté, dans certains cas, à généraliser et à étendre les résultats à des situations réelles (la situation étudiée est artificielle). 2) Difficulté, dans certains cas, à rester objectif. 3) Confusion possible des variables choisies. 4) Impossibilité d'assignation aléatoire des sujets.

* Une personne interrogée peut être tentée de répondre selon le bon sens social afin de plaire à la personne qui l'interroge ou par désir de conformité.

sont encore à 20 ans, il faudra obtenir des données longitudinales pertinentes et établir une corrélation pour connaître le degré de consistance. La présence simultanée de deux facteurs indique un degré élevé de consistance; dans le cas contraire, le degré de consistance est faible. Pour savoir si les enfants des mères qui ont reçu une bonne éducation sont plus susceptibles de posséder un vocabulaire riche, on utilisera également une corrélation.

Il est important de comprendre que les corrélations n'apportent aucune information sur les liens de *causalité*, même si on établit souvent de tels liens entre deux variables lorsque la corrélation est forte. Par exemple, de nombreux chercheurs ont remarqué une corrélation positive moyenne entre le tempérament difficile d'un enfant et le nombre de punitions qu'il reçoit de ses parents : plus le tempérament de l'enfant est difficile, plus il reçoit de punitions. Mais quel est le lien de causalité ? Les enfants difficiles sont-ils plus souvent punis ? Les nombreuses punitions entraînent-elles un tempérament difficile ? Ou existe-t-il un troisième facteur simultanément responsable de ces deux situations, tel un facteur génétique lié à la fois au tempérament difficile de l'enfant et à la personnalité des parents ? La corrélation ne permet pas à elle seule de trouver un lien de causalité. Une corrélation peut laisser entrevoir une direction particulière ou des liens possibles de cause à effet. Cependant, pour découvrir ces liens, on doit faire appel aux méthodes d'expérimentation.

LES MÉTHODES D'EXPÉRIMENTATION

Les méthodes descriptives naturalistes et systématiques possèdent chacune leurs limites. Si l'on souhaite étudier un processus de base, tel que l'apprentissage ou la mémoire, ou *expliquer* un phénomène observé, il vaut mieux utiliser les méthodes d'expérimentation. La méthode expérimentale et la méthode quasi expérimentale sont les méthodes d'expérimentation les plus couramment utilisées dans les recherches sur le développement (voir le tableau A.2).

La **méthode expérimentale** sert habituellement à vérifier une hypothèse, c'est-à-dire une explication causale particulière. Prenons un exemple : les personnes âgées se plaignent souvent d'avoir plus de difficulté à se souvenir du nom des personnes ou des numéros de téléphone que lorsqu'elles étaient jeunes. Pour savoir si la mémoire diminue avec l'âge, on formule l'hypothèse suivante : les différences observées relativement à la capacité mémorielle d'un échantillon de personnes âgées reflètent la fréquence avec laquelle ces personnes utilisent leur mémoire. Afin de vérifier cette hypothèse, nous donnerons à un groupe de personnes âgées des exercices pour faire travailler leur mémoire et nous n'en donnerons aucun à un autre groupe de personnes du même âge. Si les adultes qui ont fait les exercices parviennent à mémoriser plus de lettres ou de chiffres qu'avant, et que le groupe privé d'exercices ne montre aucun changement, le résultat de cette expérimentation concordera avec l'hypothèse de départ.

La méthode expérimentale se caractérise essentiellement par l'*assignation aléatoire* de sujets à différents groupes. Les sujets du **groupe expérimental** reçoivent le traitement qui, selon l'expérimentateur, produira un effet connu (comme le travail de la mémoire), tandis que ceux du **groupe témoin** ne reçoivent aucun traitement ou reçoivent un traitement neutre (placebo). La **variable indépendante** (dans ce cas, les exercices) est l'élément introduit systématiquement par l'expérimentateur, alors que la **variable dépendante** (dans ce cas, le résultat du test de mémoire) est l'effet mesuré.

Cette recherche pourrait devenir plus complexe et présenter un plus grand intérêt si l'on répétait la même expérience plusieurs fois avec des sujets d'âges différents. Cette expérimentation permettrait de vérifier si les exercices ont le même effet chez tous les sujets, quel que soit leur âge, ou s'ils ont un effet plus marquant chez les sujets âgés comparativement aux sujets plus jeunes — ce dernier résultat confirmerait davantage l'hypothèse à l'étude. Pour déterminer s'il existe un déclin de la mémoire avec l'âge, on pourrait aussi mesurer la rétention d'un groupe d'individus d'âge moyen et les suivre pendant plusieurs années afin d'observer si chaque individu présente une diminution de la mémoire. Ces dernières questions relèvent cependant du choix de la méthode de collecte de données.

Toutefois, la méthode expérimentale ne permet pas toujours de comprendre divers aspects du développement.

Méthode expérimentale Méthode de recherche dont le principe de base est le contrôle systématique de tous les facteurs pouvant influer sur le phénomène étudié. Elle se caractérise par une assignation aléatoire des sujets à un groupe témoin ou à un groupe expérimental.

Groupe expérimental Groupe (ou groupes) de sujets d'une expérimentation à qui l'on donne un traitement dans le but de vérifier l'hypothèse de départ.

Groupe témoin Groupe (ou groupes) de sujets d'une expérimentation qui ne reçoit aucun traitement ou qui reçoit un traitement neutre.

Variable indépendante Donnée que l'expérimentateur manipule de façon systématique afin d'observer l'effet qu'elle produit sur le comportement du sujet.

Variable dépendante Effet des variations de la variable indépendante.

Deux problèmes particuliers liés à l'étude du développement de l'enfant ou de l'adulte posent des limites à l'utilisation de la méthode expérimentale. Premièrement, bon nombre de questions auxquelles on cherche à répondre portent sur les effets d'expériences désagréables ou stressantes pour les individus, telles que les mauvais traitements, l'influence sur le fœtus de la prise d'alcool ou de tabac par la mère, la pauvreté, le chômage ou le veuvage. Pour des raisons d'éthique évidentes, il est impossible de manipuler ces variables. On ne peut pas demander à un groupe de femmes enceintes de prendre deux verres d'alcool par jour et à un autre groupe de ne pas en prendre. On ne peut pas choisir des adultes au hasard et leur demander de quitter leur emploi. C'est pourquoi on ne peut pas étudier les effets de ces expériences avec la méthode expérimentale. Deuxièmement, la variable indépendante qui nous intéresse généralement le plus est l'âge. Or, on ne peut pas assigner aléatoirement des sujets à des groupes d'âge. On peut comparer la façon dont les enfants de quatre ans et de six ans s'acquittent d'une tâche particulière, telle que la recherche d'un objet égaré, mais les enfants diffèrent sur bien d'autres plans que l'âge. Les enfants plus âgés ont une plus grande expérience de vie. Ainsi, contrairement aux psychologues qui étudient les autres aspects du comportement, les psychologues du développement ne peuvent pas manipuler systématiquement les variables déterminantes.

Pour résoudre ce problème, il est possible d'utiliser la **méthode quasi expérimentale**, qui consiste à comparer des groupes sans répartir les sujets de façon aléatoire. La comparaison transversale (plusieurs groupes d'âge) est une méthode quasi expérimentale, de même que la sélection de groupes naturels qui diffèrent sur une dimension présentant un intérêt pour le chercheur, par exemple les adultes qui ont perdu leur emploi et ceux qui l'ont conservé dans le même secteur d'activité. Cependant, on se heurte à des problèmes inhérents à ce type de comparaisons : les groupes qui diffèrent sur un point ont de fortes chances de différer sur d'autres points. Pour tenter d'atténuer ce problème, il est possible de sélectionner les groupes de comparaison de telle sorte qu'ils partagent les variables que l'on croit pertinentes, telles que le revenu, la situation familiale ou la religion.

De par sa nature, la méthode quasi expérimentale donnera toujours des résultats plus ambigus que ceux obtenus grâce à une expérimentation entièrement contrôlée. Même si on ne peut pas toujours y avoir recours, car elle est longue et coûteuse, la meilleure stratégie consiste souvent à collecter différents types de données auprès de chaque sujet.

> **Méthode quasi expérimentale** Méthode de recherche inspirée de la méthode expérimentale, mais dans laquelle la variable indépendante est inhérente au sujet lui-même et ne peut être modifiée (p. ex. l'âge, le sexe, le statut socioéconomique, etc.).

... SUR LA CULTURE ET L'ÉTHIQUE

Pour terminer cette annexe sur la recherche portant sur le développement humain, nous allons aborder la question du rôle de la culture dans le développement et les questions d'éthique dans la recherche sur le développement humain.

L'étude transculturelle

> **Étude transculturelle** Étude qui consiste à comparer des recherches provenant de différentes cultures.
>
> **Ethnographie** Description détaillée d'une culture ou d'un contexte social, basée sur une observation rigoureuse par un chercheur résident.

La recherche sur le développement fait de plus en plus souvent appel à l'**étude transculturelle**, dont le but est de comparer différentes cultures ou contextes sociaux. On utilise notamment l'**ethnographie** pour décrire de la façon la plus détaillée possible une culture ou un contexte social. Cette description s'appuie sur une observation approfondie. Souvent, l'observateur partage la vie des gens de la communauté (culture) durant une période qui peut varier de plusieurs mois à plusieurs années. Chaque description est unique, bien qu'il soit possible de comparer plusieurs descriptions (plusieurs cultures) afin de découvrir des modèles identiques de développement dans différentes cultures (Whiting et Edwards, 1988). Par exemple, les tâches attribuées aux jeunes garçons et aux jeunes filles de différentes cultures se ressemblent-elles ? Les chercheurs peuvent également comparer directement deux ou plusieurs cultures en testant des échantillons d'enfants ou d'adultes provenant de ces cultures à l'aide d'instruments de mesure semblables ou comparables.

Toutefois, la difficulté majeure de ce type d'études réside dans l'équivalence de la mesure (voir le tableau A.3). Est-il suffisant de traduire des tests dans une autre langue ? Est-ce que l'instrument de mesure ou la technique d'évaluation possède la même validité dans toutes les cultures ? Est-ce que, dans toutes les cultures, on attribue à un comportement donné la même signification ? Comme le souligne Anne-Marie Ambert (1994), les chercheurs occidentaux, dans leurs études des comportements parentaux, considèrent la mère comme la figure centrale dans l'éducation de l'enfant. Cependant, dans plusieurs cultures à travers le monde, les soins maternels ne sont pas réservés exclusivement à la mère biologique, mais ils sont assumés par plusieurs femmes de la communauté. Ainsi, si nous mesurons la qualité des soins maternels en comptant le nombre de gestes liés aux soins prodigués à l'enfant, tels que la fréquence des sourires et des interactions verbales, nous pouvons tirer des conclusions erronées.

Tableau A.3   *L'étude transculturelle*

Étude transculturelle	Avantages	Désavantages
Étude qui consiste à comparer des recherches sur différentes cultures (ou contextes sociaux).	1) Possibilité de découvrir l'existence de modèles de développement identiques dans différentes cultures.	1) Problèmes d'équivalence, de validité et de fiabilité des instruments de mesure. 2) Difficultés liées à la signification attribuée aux comportements d'une culture à l'autre (effet de culture).

Les questions d'éthique dans la recherche sur le développement

Chaque fois que l'on cherche à comprendre un comportement humain — que ce soit en observant des sujets, en les testant ou en les interrogeant —, on s'introduit dans la vie privée d'autrui. Par exemple, en observant une personne à son domicile, un chercheur peut, malgré lui, donner l'impression qu'il porte un jugement sur la façon dont elle élève sa famille. Lors de tests de laboratoire, certaines personnes réussiront très bien et d'autres, moins bien. Celles qui ont obtenu de piètres résultats risquent-elles d'être perturbées ? De quelle façon vont-elles interpréter leur expérience ?

Toute recherche sur le comportement humain comporte donc des risques et soulève des questions d'éthique. C'est pourquoi les psychologues et les biologistes ont établi des règles et des lignes directrices précises qui doivent être respectées avant une observation ou un test. Dans tous les collèges et universités — les milieux où sont effectuées la plupart des recherches —, un comité doit approuver tous les projets de recherche qui portent sur des sujets humains. La ligne directrice la plus fondamentale consiste à toujours protéger les sujets de préjudices mentaux ou physiques. Les chercheurs doivent suivre rigoureusement les principes énumérés ci-dessous.

Consentement libre et éclairé Avant d'être soumis à un test, chaque adulte doit donner son consentement par écrit. Dans le cas des enfants, on doit obtenir le consentement éclairé des parents ou du tuteur. Pour chaque test, on doit expliquer de façon détaillée la méthode utilisée et ses conséquences éventuelles. Par exemple, vous voulez observer des couples mariés pendant une discussion afin d'étudier leurs modèles de résolution de problèmes. Lors de la demande de consentement éclairé, vous devrez expliquer à chaque couple que, même si elle finit souvent par éclairer la situation, une discussion peut faire augmenter la tension entre les personnes. De plus, vous devrez remettre à tous les couples un compte rendu à la fin de l'expérimentation et offrir un soutien à ceux qui auront trouvé la tâche stressante ou déstabilisante.

Respect de la vie privée Les sujets doivent avoir l'assurance que les renseignements personnels resteront confidentiels, particulièrement les renseignements sur le revenu et sur les comportements ou les gestes illégaux, tels que la consommation de drogue. Les chercheurs peuvent utiliser l'information obtenue dans une compilation de données, mais ils ne peuvent en aucun cas la citer en associant le nom d'un sujet à des données particulières — à moins que le sujet n'ait donné son consentement. En règle générale, il est contraire à l'éthique de ne pas informer une personne qu'on l'observe derrière un miroir sans tain ou qu'on note secrètement son comportement.

Respect de l'estime de soi Les principes que l'on vient de mentionner sont importants, et les chercheurs doivent s'y conformer à la lettre, tout particulièrement en ce qui concerne les enfants. Il ne faut en aucun cas observer ni interroger un enfant contre son gré. Si un enfant semble bouleversé ou exprime une quelconque détresse, il faut le rassurer et le réconforter. S'il demande des informations concernant sa performance ou ses résultats, il faut veiller à ne jamais mettre en péril son estime de soi et sa confiance en soi.

Droit de retrait en tout temps Les sujets peuvent mettre fin à leur participation à une étude en tout temps, sans avertissement préalable et sans avoir à justifier leur décision. Les sujets participent à l'étude sur une base volontaire et peuvent décider de se retirer sans subir de pression de la part des expérimentateurs.

LE MONDE RÉEL

L'esprit critique et la recherche

Les médias diffusent tous les jours des nouvelles relatives au développement humain. Tantôt on annonce que boire du jus de raisin réduit le risque d'infarctus, tantôt on dit que cela augmente le risque de maladie d'Alzheimer. Tantôt une étude révèle que la garderie favorise le développement cognitif, tantôt une autre laisse entendre que la garderie nuit aux enfants.

Quand des résultats de recherche sont contradictoires ou vont à l'encontre de leurs valeurs, plusieurs réagissent en disant: « Je suis d'accord avec cette étude » ou « Je ne suis pas d'accord avec cette étude ». Vos connaissances sur la méthodologie scientifique vous permettent maintenant d'éviter ce genre de réaction et de devenir des « consommateurs avertis » en matière de recherche.

Supposons, par exemple, que vous lisiez dans un journal le compte rendu d'une étude « prouvant » que la fréquentation de la garderie entraîne des problèmes comportementaux plus tard dans l'enfance. Si vous avez bien compris la méthodologie de la recherche en psychologie, vous devriez savoir que seule la méthode expérimentale permet d'arriver à une telle conclusion. Autrement dit, pour démontrer que la fréquentation de la garderie *cause* des problèmes comportementaux, il aurait fallu que les chercheurs soumettent de jeunes enfants, choisis au hasard, les uns à la condition « fréquentent une garderie » et les autres à la condition « ne fréquentent pas une garderie ». Or, comme vous le savez, ce genre d'étude est contraire à la déontologie, et donc impossible à réaliser. Ainsi, un article de journal a beau affirmer qu'une corrélation entre la fréquentation de la garderie (x) et les problèmes comportementaux ultérieurs (y) démontre que x cause y, il est possible – pour les consommateurs avertis – de déduire que ce n'est pas le cas.

Après avoir évalué les mérites scientifiques d'une étude donnée, vous pouvez aller plus loin et vous demander ce qu'elle signifie pour vous, dans votre propre « monde réel ». Mais n'oubliez jamais ceci: qu'ils soient cités dans un journal ou dans un manuel de psychologie, les résultats de recherche ne doivent jamais être considérés comme des énoncés définitifs et incontestables, pas plus que de simples opinions auxquelles on peut répondre par « Je suis d'accord » ou « Je ne suis pas d'accord ». La réponse appropriée à des résultats de recherche demande l'application d'un esprit critique qui s'appuie sur une solide connaissance des possibilités et des limites de la recherche en psychologie.

Pause
APPRENTISSAGE

La recherche sur le développement humain

1. Expliquez ce que sont une observation, une théorie et une hypothèse.

2. Quelles sont les différentes méthodes de collecte de données et quelles sont leurs limites ?

3. Quels principes éthiques les chercheurs en développement humain doivent-ils respecter ?

4. Expliquez les différentes méthodes descriptives naturalistes et leurs particularités.

5. Expliquez les différentes méthodes descriptives systématiques.

6. Qu'est-ce que la méthode expérimentale et quelles sont ses limites ?

7. Expliquez ce qu'est une étude transculturelle.

8. Quelles questions éthiques comporte la recherche sur le développement humain ?

RÉSUMÉ

LA DÉMARCHE SCIENTIFIQUE

- Les théories nous permettent de classer les faits issus de la recherche, de les organiser et de les interpréter. À partir des théories, les chercheurs formulent des hypothèses précises qui orientent leur recherche.

LES MÉTHODES DE COLLECTE DE DONNÉES

- Il existe trois principales méthodes de collecte de données pour les études sur le développement: les études transversales, longitudinales et séquentielles.
  - L'étude transversale permet d'évaluer une fois différents groupes d'âge.
  - L'étude longitudinale permet d'évaluer plusieurs fois au cours d'une période donnée un groupe d'individus.
  - L'étude séquentielle permet de combiner les données de l'étude transversale et de l'étude longitudinale.

LES MÉTHODES DE RECHERCHE

- Les recherches de corrélation, très courantes dans les études sur le développement humain, peuvent fournir des informations très pertinentes. Cependant, comme les corrélations ne permettent pas d'établir de relations causales, il faut user de prudence dans l'interprétation qu'on en fait.
- Les trois principales méthodes de recherche utilisées dans les études sur le développement sont les méthodes descriptives naturalistes, les méthodes descriptives systématiques et les méthodes d'expérimentation.
  - Les méthodes descriptives naturalistes visent à décrire le comportement et comprennent l'observation sur le terrain et l'étude de cas.
  - Les méthodes descriptives systématiques visent à prédire le comportement et comprennent l'observation systématique, l'analyse de contenu, l'entrevue et le questionnaire.
  - Les méthodes d'expérimentation visent à expliquer le comportement en établissant une relation de causalité et comprennent la méthode expérimentale et la méthode quasi expérimentale.

UN DERNIER MOT... SUR LA CULTURE ET L'ÉTHIQUE

- L'étude transculturelle vise à comparer des groupes de différentes cultures.
- La recherche sur le développement humain soulève plusieurs questions éthiques.

Accommodation: Dans la théorie de Piaget, processus d'intégration complémentaire à l'assimilation par lequel l'individu modifie et diversifie ses schèmes pour s'adapter à de nouvelles expériences.

Acide désoxyribonucléique (ADN): Composante chimique des gènes.

Acouphène: Bruit persistant dans les oreilles (tintement, sifflement ou bourdonnement) et ne provenant pas d'une source externe.

Agent tératogène: Tout agent susceptible de provoquer des malformations congénitales ou de perturber le développement prénatal de l'embryon; il peut s'agir d'un agent physique, d'un trouble métabolique de la mère, d'un agent infectieux ou d'une substance chimique.

Âgisme: Toute forme de discrimination envers les personnes âgées.

Agression: Comportement manifestement intentionnel qui vise à blesser autrui ou à abîmer un objet.

Agression hostile: Comportement agressif visant à blesser (physiquement ou psychologiquement) une personne ou à lui nuire.

Agression instrumentale: Comportement agressif visant l'obtention ou la destruction d'un objet.

Agressivité caractérielle: Mode de comportement dans lequel le modèle agressif typique du début de l'enfance devient un mode de vie pour l'individu.

Aires associatives: Régions du cerveau qui abritent les fonctions sensorielles, motrices et intellectuelles.

Amnios: Membrane remplie du liquide amniotique dans lequel baigne l'embryon puis le fœtus.

Andropause: Diminution graduelle de la testostérone chez l'homme qui survient au début de l'âge adulte et se poursuit jusqu'à l'âge avancé.

Anorexie mentale: Syndrome caractérisé par «une diète extrême, une peur intense de prendre du poids, une perception faussée de son propre corps, des exercices excessifs et un refus obstiné de se maintenir à un poids normal». Chez les personnes affectées par ce trouble, la perte de poids finit par produire une variété de symptômes physiques associés à la sous-alimentation.

Anoxie: Suppression ou diminution importante de la quantité d'oxygène dans les tissus.

Anxiété de séparation: Chez le nourrisson, fait de pleurer ou de protester lorsqu'il est séparé de la personne à qui il est attaché.

Apprentissage: Tout changement relativement permanent qui résulte de l'expérience.

Apprentissage par observation (ou modelage): Dans la théorie de Bandura (apprentissage social), type d'apprentissage qui se fait par l'observation et l'imitation d'autrui.

Approximations successives: Dans la technique du façonnement, série de comportements intermédiaires que l'on renforce pour que le sujet parvienne au comportement désiré.

Arthrite: Inflammation des articulations; on parle d'arthrite rhumatismale lorsqu'il s'agit des petites articulations comme celles de la main.

Arthrose: Dégénérescence des cartilages articulaires comme ceux du genou ou des hanches.

Artificialisme: Démarche de l'enfant qui attribue l'existence des éléments et autres phénomènes naturels à l'action d'un être humain ou d'un être imaginaire qui agit comme un humain.

Assimilation: Dans la théorie de Piaget, processus d'intégration et d'adaptation par lequel un individu associe de nouvelles informations à des schèmes existants.

Attachement: Lien affectif puissant qui unit une personne à une autre, dans lequel la présence du partenaire produit un sentiment de sécurité chez l'individu. C'est ce type de lien que l'enfant établit avec sa mère.

Attachement insécurisant de type ambivalent: Type d'attachement où le nourrisson a peu tendance à partir en exploration, semble très perturbé lorsqu'il est séparé de la figure d'attachement, mais n'est pas rassuré par son retour ou ses efforts pour le réconforter.

Attachement insécurisant de type désorganisé: Type d'attachement où le nourrisson semble confus ou craintif et adopte des comportements contradictoires envers la figure d'attachement, comme se diriger vers sa mère tout en regardant ailleurs.

Attachement insécurisant de type fuyant: Type d'attachement où le nourrisson évite le contact avec la figure d'attachement et ne semble pas la préférer à d'autres personnes.

Attachement sécurisant: Type d'attachement où le nourrisson recherche la proximité de la figure d'attachement après une séparation ou une situation stressante, et s'en sert comme d'une base de sécurité lorsqu'il part en exploration.

Attention sélective: Capacité à se concentrer sur les éléments importants d'un problème ou d'une situation.

Autisme (ou trouble autistique): Trouble mental caractérisé par l'absence ou le retard du développement des habiletés langagières, l'incapacité de s'engager dans des relations sociales réciproques et un éventail d'intérêts très restreint.

Automatisme: Habileté à récupérer l'information de la mémoire à long terme sans utiliser les capacités de la mémoire à court terme.

Autosome: Chromosome non sexuel.

Babillage: Vocalises de syllabes répétées que les nourrissons se plaisent à émettre au deuxième stade de la phase prélinguistique (à partir de six mois).

Besoins de réalisation de soi: Dans la théorie de Maslow, besoins humains qui visent la réalisation de soi; comprennent les besoins cognitifs et esthétiques, ainsi que le besoin d'accomplissement de soi.

Besoins de survie: Dans la théorie de Maslow, besoins humains fondamentaux qui visent la conservation de l'individu et de l'espèce, et auxquels visent à répondre les instincts et les pulsions qui poussent l'individu à maintenir l'homéostasie physique et émotionnelle; comprennent les besoins physiologiques, les besoins de sécurité, les besoins d'amour et d'appartenance ainsi que le besoin d'estime de soi et d'autrui.

Boulimie: Trouble caractérisé par «une préoccupation obsessionnelle du poids, des épisodes récurrents de gavage, accompagnés par un sentiment subjectif de perte de maîtrise, et le recours abusif au vomissement, à l'exercice physique ou aux purgatifs dans le but de contrer les effets de la goinfrerie».

Bulbe rachidien: Partie du tronc cérébral située immédiatement au-dessus de la moelle épinière et qui régule le rythme cardiaque, la respiration et la pression artérielle; déjà très développé à la naissance.

Ça: Dans la théorie freudienne, instance primitive de la personnalité et siège de la libido, laquelle exige constamment une gratification immédiate; répond au principe de plaisir.

Caractères sexuels primaires: Organes sexuels liés à la reproduction: ovaires, utérus et vagin chez la fille; pénis, scrotum et testicules chez le garçon.

Caractères sexuels secondaires: Parties du corps indépendantes du système reproducteur, dont les seins chez les filles et la voix chez les garçons, et la pilosité pubienne chez les deux sexes.

Cellule gliale: Cellule de base du système nerveux. Les cellules gliales assurent la cohésion des centres nerveux et confèrent au cerveau sa fermeté et sa structure.

Cerveau: Partie antérieure de l'encéphale

Césarienne: Accouchement chirurgical par incision de l'abdomen et de l'utérus pour extraire le fœtus.

Champ phénoménologique: Ensemble des expériences (pensées, perceptions, sensations) qui peuvent occuper la conscience.

Changement qualitatif: Variation dans la nature, la structure ou l'organisation d'un phénomène.

Changement quantitatif: Variation dans le nombre, la grandeur ou la fréquence d'un phénomène quantifiable.

Chorion: Couche externe de cellules qui, durant le stade de développement prénatal du blastocyste, va donner naissance au placenta et au cordon ombilical (prononcer *korion*).

Chromosome: Filament d'acide désoxyribonucléique (ADN) qui sert de support physique à l'information génétique; chaque cellule humaine possède 46 chromosomes disposés en 23 paires.

Climatère: Période de la vie, chez l'homme et chez la femme, qui marque la fin de la capacité de reproduction. On emploie aussi les termes *ménopause* chez la femme et *andropause* chez l'homme.

Cohorte: Ensemble de personnes d'une même tranche d'âge ayant connu des expériences semblables au même moment de leur vie.

Coliques du nourrisson: Affection bénigne caractérisée par des douleurs violentes et soudaines, et qui entraînent d'intenses périodes de pleurs pouvant totaliser plusieurs heures par jour.

Compétence: Connaissance que possède une personne d'un sujet particulier. Il est impossible de mesurer directement la compétence.

Comportement intentionnel: Comportement qui consiste à se fixer un but et à planifier des actions afin de l'atteindre.

Comportement prosocial: Comportement opportun, constructif et utile; à l'opposé d'un comportement antisocial.

Comportement sexuel croisé: Comportement atypique pour un individu d'un sexe donné, et typique de l'autre sexe.

Comportements d'attachement: Comportements utilisés pour établir et maintenir le contact avec l'autre, ou pour obtenir son attention et son réconfort.

Concept de genre: Conscience de son propre sexe biologique et compréhension de la permanence et de la constance du genre.

Concept de soi: Ensemble des connaissances et perceptions de soi.

Conditionnement classique: Type d'apprentissage où un stimulus conditionnel associé plusieurs fois au stimulus inconditionnel initial finit par déclencher la même réponse automatique.

Conditionnement opérant (ou **conditionnement instrumental**)**:** Type d'apprentissage dans lequel des renforcements positifs ou négatifs façonnent le comportement d'un individu.

Conflit de rôles: Conflit logistique ou psychologique résultant de l'incompatibilité entre deux ou plusieurs rôles.

Conscience: Liste des choses à ne pas faire dictée par le surmoi; la violation de l'une des interdictions entraîne un sentiment de culpabilité.

Constance du genre: Selon Kohlberg, troisième étape de l'acquisition du concept de genre: l'enfant comprend que le sexe ne change pas quelles que soient les circonstances (habillement, longueur des cheveux, rôles, activités) et qu'il est déterminé par des critères biologiques.

Continuité cumulative: Stabilité des comportements renforcée par les choix personnels.

Continuité interactive: Stabilité des comportements renforcée par les réactions qu'ils suscitent chez autrui.

Cordon ombilical: Structure de soutien qui se développe durant la période embryonnaire et qui relie le système cardiovasculaire de l'embryon et du fœtus au placenta, permettant ainsi d'acheminer les nutriments et d'évacuer les déchets.

Corps calleux: Masse de fibres nerveuses qui relie l'hémisphère droit et l'hémisphère gauche du cortex cérébral.

Corrélation: Relation entre deux variables, mesurée à l'aide d'un indice, qui indique dans quelle mesure les deux variables sont liées l'une à l'autre. Le coefficient de corrélation peut varier entre +1,00 et −1,00. Plus les coefficients de corrélation se rapprochent des extrêmes, plus la relation entre les deux variables est forte. La relation est directe et positive si elle est près de +1,00, et inverse et négative si elle est près de −1,00.

Corrélation négative: Corrélation dont les coefficients vont dans des directions opposées (une des variables augmente lorsque l'autre diminue).

Corrélation nulle: Corrélation dont le coefficient est égal à 0 (les deux variables ne sont aucunement liées).

Corrélation positive: Corrélation dont les coefficients suivent la même direction (les deux variables tendent à croître ou à décroître ensemble).

Cortex cérébral: Couche externe du cerveau constituée de substance grise; régit les fonctions supérieures de la perception, les mouvements du corps et tous les aspects de la pensée et du langage.

Croissance: Accroissement en taille et en poids que connaît l'individu de sa naissance jusqu'à son développement physique complet; résulte de l'interaction de la maturation et de facteurs environnementaux comme l'alimentation.

Culture: Système de significations et d'us et coutumes partagé par un groupe identifiable et qui se transmet d'une génération de ce groupe à la suivante; inclut les croyances, les valeurs, les attitudes, les buts, les lois et les règles morales, ainsi que toutes sortes d'artefacts physiques comme les outils et les habitations.

Déficience intellectuelle: Limites importantes du fonctionnement intellectuel (QI inférieur à 70 ou 75) et du comportement adaptatif.

Démence: Trouble neurologique comportant des problèmes en ce qui touche la mémoire et la pensée, lesquels perturbent le fonctionnement émotionnel, social et physique d'un individu. La démence est plutôt un symptôme qu'une maladie, et elle peut être causée par une variété de maladies, dont celle d'Alzheimer.

Démence vasculaire: Forme de démence irréversible causée par un ou plusieurs accidents vasculaires cérébraux.

Dépression gériatrique: Humeur dépressive chronique chez les personnes âgées.

Désordre réactionnel de l'attachement: Trouble affectif qui apparaît chez l'enfant et l'empêche d'établir des relations sociales intimes.

Deuil: Réponse émotionnelle à l'égard de la mort.

Deuil pathologique: Symptômes de dépression provoqués par le décès d'un être aimé.

Développement atypique: Développement qui dévie de la trajectoire développementale «normale» et se révèle néfaste ou préjudiciable à l'individu.

Développement céphalocaudal: Chez l'enfant, développement physique qui se fait de la tête vers les membres inférieurs.

Développement moral: Processus d'apprentissage permettant de distinguer le bien du mal conformément aux valeurs culturelles.

Développement proximodistal: Chez l'enfant, développement physique qui se fait du tronc vers les membres.

Dilatation du col: Ouverture du col de l'utérus pour permettre à la tête du fœtus de passer dans le canal génital.

Disponibilité émotionnelle: Capacité et désir d'établir un lien affectif avec un enfant.

Dispositif d'acquisition du langage: Selon Chomsky, dispositif inné qui contient les structures grammaticales fondamentales de tous les langages humains.

Domaine cognitif: Domaine du développement humain qui englobe les aspects liés à la pensée, au langage, à la mémoire et à l'apprentissage de diverses habiletés intellectuelles, dont la résolution de problèmes.

Domaine de la personnalité: Domaine du développement humain qui englobe les aspects liés au concept de soi, à l'affectivité, aux émotions et aux réactions particulières de l'individu face à son environnement.

Domaine physique: Domaine du développement humain qui englobe les aspects liés à la santé, à la croissance du corps et à sa maturation.

Domaine social: Domaine du développement humain qui englobe les aspects liés aux relations de l'individu avec autrui et avec la société.

Double mauvais sort: Combinaison de la vulnérabilité d'un enfant et d'un milieu peu stimulant qui entraîne un développement inadapté ou pathologique.

Durée de vie maximale: Théoriquement, nombre maximal d'années de vie pour une espèce donnée. On présume que même des découvertes importantes dans le domaine des soins de santé ne permettront pas à l'espèce humaine de dépasser cette limite.

Dyslexie: Difficulté ou incapacité à maîtriser la lecture.

Échelle d'intelligence de Wechsler pour enfants (WISC-3): Instrument de mesure de l'intelligence qui est le plus utilisé aujourd'hui par les psychologues.

Échelle de Brazelton: Méthode d'évaluation qui permet de déceler des troubles neurologiques chez le nouveau-né.

Éclectisme: Recours aux meilleurs modèles théoriques, quelles que soient la perspective et la discipline d'où ils proviennent.

Effacement du col: Amincissement et raccourcissement du col de l'utérus au début du travail; précède la dilatation qui permet à la tête du fœtus de passer dans le canal génital.

Efficacité personnelle: Selon Bandura, confiance d'un individu en sa capacité de provoquer des événements, d'exécuter une tâche ou de mener un projet à terme.

Égocentrisme intellectuel: Selon Piaget, état cognitif dans lequel l'enfant ne peut envisager le monde que de son propre point de vue et est encore incapable de se représenter d'autres points de vue.

Émondage: Élimination de certaines connexions neuronales de l'arbre dendritique.

Empathie: Capacité de se mettre à la place d'autrui, de percevoir et de comprendre ses états émotionnels.

Encéphale: Ensemble constitué par le cerveau proprement dit, le cervelet et le tronc cérébral; parfois appelé cerveau par extension.

Encodage: Transformation de l'information sous une forme appropriée au stockage et à la récupération.

Enfant négligé: Enfant qu'une majorité de pairs ne disent ni aimer ni ne pas aimer.

Enfant populaire: Enfant qu'une majorité de pairs disent aimer.

Enfant rejeté: Enfant impopulaire que les pairs ne choisissent pas comme ami ou comme camarade de jeu et qu'ils évitent manifestement.

Équilibration: Dans la théorie de Piaget, processus d'adaptation qui met en œuvre une restructuration périodique des schèmes.

Escorte sociale: Selon Antonucci, ensemble des individus qui constituent le réseau social intime d'une personne qui l'accompagnent à travers les divers stades de l'âge adulte.

Espérance de vie: Nombre moyen d'années qu'une personne peut espérer vivre à partir d'un âge donné (par exemple à la naissance ou à 65 ans).

Espérance de vie active: Nombre moyen d'années qu'une personne peut espérer vivre sans subir une incapacité qui l'empêcherait de faire face à ses besoins quotidiens.

Estime de soi : Jugement global porté sur sa propre valeur ; satisfaction que l'on retire de la façon dont on se perçoit.

États de conscience (du nourrisson) : États fondamentaux et cycliques chez le nourrisson ; sommeil profond ; sommeil actif ; éveil calme ; éveil actif ; pleurs et pleurnichements.

Ethnographie : Description détaillée d'une culture ou d'un contexte social, basée sur une observation rigoureuse par un chercheur résident.

Étude longitudinale : Étude qui consiste à observer ou à évaluer les mêmes sujets à diverses reprises pendant plusieurs mois ou plusieurs années.

Étude séquentielle : Étude qui consiste à regrouper les données provenant d'études transversales et longitudinales.

Étude transculturelle : Étude qui consiste à comparer des recherches provenant de différentes cultures.

Étude transversale : Étude qui consiste à observer et à évaluer différents groupes d'âge en ne testant chaque sujet qu'une seule fois.

Euthanasie active : Intervention visant à activer le processus de la mort à la demande du patient.

Euthanasie passive : Absence d'intervention visant à prolonger la vie afin de laisser la mort suivre son cours.

Extinction : Dans la théorie de Pavlov (conditionnement classique), disparition progressive d'une réponse apprise lorsque le stimulus conditionnel cesse d'être associé au stimulus inconditionnel. Dans la théorie de Skinner (conditionnement opérant), disparition de certaines réactions en l'absence de renforcement.

Fable personnelle : Croyance voulant que ce qui nous arrive est unique, exceptionnel et n'est partagé par aucune autre personne.

Façonnement : Technique de conditionnement opérant dans laquelle on renforce des approximations successives du comportement désiré.

Faible poids à la naissance : Poids d'un nouveau-né inférieur à 2 500 g, qu'il s'agisse d'une naissance prématurée ou d'un enfant petit pour l'âge gestationnel.

Fixation : Persistance d'un lieu émotionnel créé autour d'un objet ou d'une personne.

Flexion : Marque grammaticale comme les pluriels, les temps passés, etc.

Fœtus : Nom donné à l'embryon humain à partir de son troisième mois de développement.

Fonction symbolique (ou sémiotique) : Propriété qu'a une chose (objet, comportement, signe) d'en représenter une autre.

Fontanelles : Espaces membraneux entre les os du crâne qui sont présents à la naissance et qui disparaissent avec l'ossification du crâne.

Formation réticulée : Région du cerveau qui régule l'attention et la concentration.

Gamète : Cellule reproductrice (spermatozoïde ou ovule) qui, contrairement à toutes les autres cellules du corps, ne contient que 23 chromosomes au lieu de 23 paires.

Gazouillis : Sons de voyelles que les nourrissons répètent constamment pendant le premier stade de la phase prélinguistique (de un à quatre mois).

Gène : Segment d'ADN qui occupe un emplacement précis (locus) sur un chromosome déterminé, et qui constitue une information génétique dont la transmission est héréditaire.

Génétique comportementale : Partie de la génétique qui étudie l'influence des gènes sur le comportement individuel.

Génotype : Ensemble des informations inscrites dans les gènes d'un individu.

Gérontologie : Étude scientifique du vieillissement.

Glandes endocrines : Glandes comprenant les surrénales, la thyroïde, l'hypophyse, les testicules et les ovaires. Elles sécrètent des hormones à l'intérieur de la circulation sanguine, lesquelles régissent la croissance physique et la maturation sexuelle.

Gonadotrophines : Hormones responsables du développement des organes sexuels.

Groupe expérimental : Groupe (ou groupes) de sujets d'une expérimentation à qui l'on donne un traitement dans le but de vérifier l'hypothèse de départ.

Groupe témoin : Groupe (ou groupes) de sujets d'une expérimentation qui ne reçoit aucun traitement ou qui reçoit un traitement neutre.

Habileté d'autorégulation : Capacité de l'enfant à se conformer aux règles et aux directives parentales sans supervision directe.

Habiletés sociales : Ensemble d'habiletés qui permettent habituellement à un individu d'être accepté par les autres.

Habituation : Réduction progressive et automatique de la réponse à un stimulus répété.

Hérédité dominante-récessive : Mode de transmission d'un caractère héréditaire où un seul gène dominant influe sur le phénotype et où deux gènes récessifs sont nécessaires pour produire le caractère qui y est associé.

Hérédité multifactorielle : Mode de transmission d'un caractère héréditaire où ce dernier est déterminé à la fois par des gènes et par l'environnement.

Hérédité polygénique : Mode de transmission héréditaire d'un même caractère où plusieurs gènes influent sur le phénotype.

Hippocampe : Structure du cerveau qui contribue au transfert de l'information de la mémoire à court terme à la mémoire à long terme.

Holophrase : Mot qui exprime une phrase ou une idée complète, et dont se servent beaucoup les bébés de 12 à 18 mois.

Horloge biologique : Concept désignant un mécanisme qui régule la séquence normale des événements biologiques de la vie d'un individu, de la conception jusqu'à l'âge adulte le plus avancé.

Horloge sociale : Concept désignant un mécanisme qui régule la séquence normale des événements et des rôles sociaux au cours de la vie de l'individu.

Hypophyse : Glande endocrine qui joue un rôle majeur dans la régulation de la maturation physique et sexuelle. Elle stimule la production hormonale des autres glandes endocrines.

Hypothèse : Proposition découlant de connaissances scientifiques qui permet de prédire le lien existant entre les facteurs étudiés et les comportements des individus.

Hypothèse de la chute terminale: Hypothèse selon laquelle les fonctions cognitives et physiques restent stables durant l'âge adulte avancé, puis déclinent fortement quelques années avant la mort.

Identité: Dans la théorie d'Erikson, concept de soi qui émerge et évolue progressivement en traversant huit stades développementaux.

Identité de genre: Selon Kohlberg, première étape de l'acquisition du concept de genre: l'enfant est capable d'étiqueter son propre sexe et celui d'autrui (garçon/fille, homme/femme) en se basant sur des caractéristiques apparentes (coiffure, vêtements, activités, etc.).

Imitation différée: Reproduction d'un geste en l'absence du modèle.

Impératif parental: Selon David Gutmann, modèle «inné» du renforcement des rôles sexuels traditionnels après la naissance du premier enfant.

Impuissance: Sentiment d'impuissance devant la vie, selon Seligman, qui est illustré par la phrase suivante: «Je suis malheureux par ma faute et je ne peux rien y faire.»

Inclusion des classes: Relation entre les classes d'objets, de sorte qu'une classe subordonnée est comprise dans une classe générique (par exemple, les bananes font partie de la classe des fruits).

Indice d'Apgar: Technique d'évaluation du nouveau-né selon cinq critères: la fréquence cardiaque, la respiration, le tonus musculaire, la réponse aux stimulus et la couleur de la peau.

Intelligence cristallisée: Aspect de l'intelligence qui dépend avant tout des études et de l'expérience. Connaissances et jugement acquis par l'expérience.

Intelligence fluide: Partie de l'intelligence qui dépend des processus biologiques fondamentaux plutôt que de l'expérience.

Langage expressif: Langage que le sujet émet pour s'exprimer et communiquer oralement.

Langage gestuel: Langage où le sujet communique par gestes ou par une combinaison de gestes et de sons.

Langage modulé («parler bébé»): Discours simplifié et prononcé sur un ton plus aigu que les adultes utilisent avec les bébés et les jeunes enfants.

Langage réceptif: Langage que le sujet comprend (reçoit) sans toutefois arriver à l'émettre.

Langage télégraphique: Langage dont les mots qui ne sont pas nécessaires à la compréhension d'un message sont laissés de côté.

Latéralisation: Organisation de l'asymétrie fonctionnelle du corps (à droite ou à gauche) résultant de la spécialisation des hémisphères cérébraux.

Liaisons croisées: Formation de liaisons chimiques indésirables entre les protéines ou les gras.

Libido: Dans la théorie freudienne, énergie psychique qui se dégage des pulsions sexuelles.

Lien affectif: Lien relativement durable dans lequel le partenaire est important, car il est perçu comme un individu unique et irremplaçable.

Lieu de contrôle: Sentiment d'exercer ou non une maîtrise sur les événements de sa vie. (Parfois appelé «locus de contrôle».)

Limite de Hayflick: Limite du potentiel de division cellulaire génétiquement programmé qui déterminerait la durée de vie que possède chaque espèce.

Logique déductive: Forme de raisonnement qui consiste à passer du général au particulier, d'une règle à un exemple précis ou d'une théorie à une hypothèse, et qui est caractéristique de la pensée opératoire formelle.

Logique inductive: Forme de raisonnement qui consiste à passer du particulier au général, de l'expérience à des règles générales, et qui est caractéristique de la pensée opératoire concrète.

Maladie d'Alzheimer: Forme la plus commune de démence causée par des changements cérébraux précis, notamment une augmentation rapide des enchevêtrements neurofibrillaires, qui entraînent une perte progressive et irréversible de la mémoire et d'autres fonctions cognitives.

Maturation: Processus naturel de transformation par lequel l'organisme atteint son plein développement.

Mécanismes de défense: Dans la théorie de Freud, stratégies automatiques, inconscientes et normales auxquelles nous recourons quotidiennement pour réduire l'anxiété.

Mémoire de travail: Processus simultané qui consiste à conserver des informations en mémoire tout en les utilisant pour résoudre un problème, pour s'initier à une nouvelle tâche ou pour prendre des décisions. On peut comparer la mémoire de travail à la mémoire vive d'un ordinateur.

Mémoire épisodique: Conservation dans le cerveau des souvenirs d'événements personnels.

Mémoire sémantique: Conservation dans le cerveau des connaissances générales.

Ménarche: Apparition des premières règles chez les jeunes filles.

Ménopause: Moment dans la vie d'une femme où les menstruations cessent totalement.

Mésencéphale: Partie du tronc cérébral située au-dessous du bulbe rachidien et sous le cortex; assure la régulation de l'attention, du sommeil, de l'éveil et d'autres fonctions «automatiques»; déjà très développé à la naissance.

Métacognition: Connaissance de ses propres processus de réflexion: savoir ce qu'on sait et la façon dont on l'a appris et mémorisé.

Métamémoire: Sous-catégorie de la métacognition. Connaissance de ses propres processus de mémorisation.

Méthode expérimentale: Méthode de recherche dont le principe de base est le contrôle systématique de tous les facteurs pouvant influer sur le phénomène étudié. Elle se caractérise par une assignation aléatoire des sujets à un groupe témoin ou à un groupe expérimental.

Méthode quasi expérimentale: Méthode de recherche inspirée de la méthode expérimentale, mais dans laquelle la variable indépendante est inhérente au sujet lui-même et ne peut être modifiée (p. ex. l'âge, le sexe, le statut socio-économique, etc.).

Modèle interne: Système intériorisé d'interprétations et de significations que l'individu se construit à partir de ses expériences.

Moi (ou ego): Dans la théorie freudienne, instance de la personnalité qui dirige celle-ci; aide le ça à assouvir ses pulsions tout en assurant la sécurité physique de l'individu; répond au principe de réalité.

Moi idéal: Liste des choses à faire dictée par le surmoi; la violation de l'une de ces prescriptions entraîne un sentiment de honte.

Moi objectif (ou **moi catégoriel**)**:** Conscience qu'acquiert le nourrisson d'être un objet pourvu de propriétés particulières, comme son sexe, ses traits physiques ou ses qualités et défauts.

Moi psychologique: Compréhension du fait que les traits internes de la personnalité sont stables.

Moi subjectif (ou **moi existentiel**)**:** Compréhension qu'acquiert le nourrisson d'être une personne distincte qui existe dans le temps et dans l'espace et qui peut agir sur son environnement.

Mort cérébrale: Absence de signes vitaux, incluant l'activité cérébrale, durant laquelle il n'est plus possible de ramener la personne à la vie.

Mort clinique: Absence de signes vitaux durant laquelle il est encore possible de ramener la personne à la vie.

Mort sociale: Constat du décès par les membres de la famille et le personnel médical.

Myélinisation: Processus de développement des gaines de myéline sur les axones neuronaux.

Néonatologie: Branche de la médecine qui étudie le nouveau-né.

Neurone: Cellule de base du système nerveux. Les neurones assurent la transmission et la réception des influx nerveux.

Neurotransmetteurs: Substances libérées par les terminaisons neuronales qui assurent chimiquement la transmission de l'influx nerveux dans les synapses.

Œstrogènes: Hormones sexuelles femelles sécrétées par les ovaires.

Opération: Dans la théorie de Piaget, type de schème mental plus complexe qui permet à l'enfant de penser logiquement; apparaît vers l'âge de six ou sept ans.

Optimisme: Sentiment optimiste ou de confiance devant la vie, selon Seligman, qui est illustré par la phrase suivante: «Il existe une solution et je vais la trouver si je fais des efforts.»

Ossification: Transformation de tissus fibreux ou cartilagineux en os.

Ostéoporose: Diminution de la masse osseuse avec l'âge caractérisée par la fragilisation des os et l'augmentation de la porosité du tissu osseux.

Ovule: Gamète femelle qui, une fois fécondé par un spermatozoïde, forme l'embryon.

Pensée animiste: Mode de pensée qui prête des caractéristiques humaines (des intentions, des sentiments, des humeurs et une conscience) aux objets et aux phénomènes.

Pensée dialectique: Forme de la pensée à l'âge adulte qui comporte la recherche d'une synthèse ainsi que la reconnaissance et l'acceptation du paradoxe et de l'incertitude.

Perception spatiale: Capacité à comprendre et à identifier les mouvements des objets dans l'espace.

Période critique: Période du développement durant laquelle l'organisme est réceptif à la présence ou à l'absence de tels ou tels types de stimulation qui n'auront que peu ou pas d'effet à d'autres moments.

Période des opérations concrètes: Période du développement, que Piaget situe entre 6 et 12 ans, au cours de laquelle sont acquises les opérations mentales telles que la soustraction, la réversibilité et la classification.

Période des opérations formelles: Selon la théorie de Piaget, il s'agit de la quatrième et dernière période importante du développement cognitif. Elle apparaît à l'adolescence, lorsque l'enfant devient capable de manipuler et d'organiser tant les idées que les objets.

Période sensible: Période du développement de l'enfant durant laquelle certains types de stimulation sont particulièrement importants ou efficaces.

Période sensorimotrice: Selon Piaget, première période du développement cognitif durant laquelle le bébé passe des mouvements réflexes à la représentation symbolique; comprend six stades et correspond en gros aux deux premières années de vie.

Permanence de l'objet: Conscience qu'un objet a une existence propre et continue d'exister même s'il est hors de vue ou hors de portée.

Personnalité (ou **caractère**)**:** Ensemble relativement stable de modes de réactions — aux objets, aux gens et aux situations — qui caractérise l'individu.

Peur des étrangers: Chez le nourrisson, peur qui se manifeste par divers comportements comme le cramponnement à sa mère en présence d'étrangers.

Phénotype: Ensemble des caractéristiques physiques observables d'un individu; résulte de l'interaction de facteurs génétiques et environnementaux.

Placenta: Organe qui se développe entre le fœtus et la paroi de l'utérus; filtre les nutriments du sang de la mère, et fait office de foie, de poumons et de reins pour le fœtus.

Plasticité (du cerveau)**:** Propriété du cerveau d'établir de nouveaux circuits et de se réorganiser en réponse à l'expérience et aux défis de l'environnement.

Plasticité synaptique: Redondance du système nerveux qui assure toujours une voie neuronale pour l'influx nerveux qui passe d'un neurone à l'autre ou d'un neurone à un autre type de cellule (comme une cellule musculaire).

Prédisposition (ou **contrainte**) **innée:** Tendance innée qui porte l'individu à réagir de telle ou telle manière aux stimulus environnementaux.

Presbyacousie: Perte normale de l'ouïe avec l'âge, en particulier des sons aigus, résultant du vieillissement physiologique du système auditif.

Presbytie: Perte normale de l'acuité visuelle avec l'âge caractérisée par l'incapacité de distinguer avec précision les objets proches. Elle est causée par un épaississement du cristallin et une perte de sa capacité d'accommodation.

Processus d'exécution: Sous-ensemble du traitement de l'information comprenant des stratégies d'organisation et de planification. Synonyme de métacognition et de métamémoire.

Psychologie du développement humain: Étude scientifique des phénomènes de changement et de continuité qui marquent la vie d'un individu et des facteurs qui influent sur ces phénomènes.

Public imaginaire: Conviction chez l'adolescent que les personnes qui l'entourent se préoccupent autant de ses propres pensées et sentiments que lui-même.

Punition négative: Intervention qui diminue la probabilité d'apparition d'un comportement en retirant un stimulus agréable.

Punition positive: Intervention qui diminue la probabilité d'apparition d'un comportement en le faisant suivre d'un stimulus désagréable.

Quotient intellectuel (QI): À l'origine, rapport entre l'âge mental et l'âge réel. Aujourd'hui, comparaison de la performance d'un enfant avec celle d'autres enfants de son âge.

Radicaux libres: Molécules ou atomes qui possèdent un électron libre ou non apparié.

Raisonnement hypothético-déductif: Capacité de tirer des conclusions de prémisses hypothétiques.

Rappel: Évocation spontanée d'une information (comme dans le cas d'une question ouverte ou à développement).

Réaction circulaire primaire: Action simple et répétitive du nouveau-né sur son propre corps visant à reproduire un effet agréable découvert par hasard.

Réaction circulaire secondaire: Action répétitive du nourrisson sur un objet extérieur à son propre corps visant à reproduire un effet agréable.

Réaction circulaire tertiaire: Variations sur une même action qui permet au nourrisson d'en évaluer les effets.

Réaction parentale appropriée: Caractéristique d'une personne qui réagit au bon moment et de façon efficace aux signaux d'un enfant.

Reconnaissance: Fait d'identifier un élément particulier parmi plusieurs éléments représentés (comme dans le cas d'une question à choix multiples).

Récupération: Recouvrement de l'information stockée dans la mémoire afin de l'utiliser.

Référence sociale: Utilisation des émotions et des réactions d'une autre personne pour orienter son propre comportement.

Réflexe: Réaction physique involontaire en réponse à une stimulation sensorielle ou sensitive.

Réflexe adaptatif: Réflexe qui nous protège contre certains stimulus; persiste toute la vie.

Réflexe primitif: Réflexe régi par les parties primitives du cerveau; disparaît dans la première année de vie ou plus tard dans l'enfance.

Régulation émotionnelle: Capacité de maîtriser ses réponses émotionnelles (états et comportements).

Réminiscence: Analyse et évaluation des expériences du passé qui, selon Butler, constituent une tâche essentielle à l'acceptation du vieillissement.

Renforcement: Intervention qui augmente la probabilité de réapparition d'un comportement donné en le faisant suivre d'un stimulus agréable ou du retrait d'un stimulus désagréable.

Renforcement continu: Renforcement d'un comportement chaque fois qu'il se produit.

Renforcement intermittent: Renforcement occasionnel d'un comportement.

Renforcement intrinsèque: Renforcement interne lié à la satisfaction personnelle, à la fierté ou au plaisir de réaliser ou de découvrir quelque chose.

Renforcement négatif: Intervention qui augmente la probabilité d'apparition d'un comportement en le faisant suivre du retrait d'un stimulus désagréable.

Renforcement positif: Intervention qui augmente la probabilité d'apparition d'un comportement en le faisant suivre d'un stimulus agréable.

Réponse conditionnelle: Dans la théorie du conditionnement classique, réponse déclenchée par un stimulus conditionnel lorsque ce dernier a été associé plusieurs fois à un stimulus inconditionnel.

Réponse inconditionnelle: Dans la théorie du conditionnement classique, réponse automatique et innée déclenchée par un stimulus inconditionnel.

Résilience: Trait de caractère résultant de caractéristiques innées et acquises, et qui augmente les possibilités que l'individu s'adapte bien au stress.

Résolution systématique des problèmes: Processus qui permet de trouver une solution à un problème en validant les facteurs un à un.

Rêve: Fantaisie élaborée au début de l'âge adulte, selon Levinson, qui inclut les objectifs et les aspirations d'un individu. Ceux-ci sont réévalués tout au long de la vie en fonction de leur succès et de leur échec.

Rôle sexuel: Ensemble de comportements, d'attitudes, de droits, de devoirs et d'obligations associés au fait d'être un homme ou une femme dans une culture donnée.

Rôle social: Notion empruntée à la sociologie qui comprend le statut social et le modèle qui y est associé, c'est-à-dire les comportements et les attitudes propres à un statut social donné — par exemple, ce qu'on attend d'un professeur, d'un caissier ou d'un conjoint. Chaque individu occupe plusieurs rôles dans la société.

Sagesse: Caractéristique cognitive de l'âge adulte avancé s'appuyant sur une somme de connaissances ainsi que sur l'habileté à appliquer ces connaissances aux problèmes pratiques de l'existence.

Satiété: Sensation d'être repu après avoir mangé un repas.

Schéma cognitif: Réseau d'information préexistant auquel est intégrée une nouvelle information.

Schème: Dans la théorie de Piaget, structure cognitive interne qui fournit à l'individu une procédure à suivre dans une circonstance donnée; peut être sensoriel, moteur ou mental.

Sentiment unique d'invulnérabilité: Croyance voulant que les mauvaises expériences, incluant la mort, n'arrivent qu'aux autres.

Situation étrange: Technique d'observation mise au point Mary Ainsworth pour étudier la qualité de l'attachement chez le nourrisson; consiste à observer ce dernier en présence de la mère, seul avec un étranger, complètement seul, et en présence de la mère et d'un étranger.

Soins palliatifs: Ensemble de soins destinés aux patients en phase terminale qui sont, la plupart du temps, pris en charge par les membres de leur famille. L'administration des soins relève alors de la responsabilité du patient et de ses proches, qui peuvent les prodiguer à domicile, dans un centre de soins palliatifs ou dans un hôpital.

Spermatozoïde: Gamète mâle

Stabilité du genre: Selon Kohlberg, deuxième étape de l'acquisition du concept de genre: l'enfant comprend que le sexe d'une personne est une caractéristique stable dans le temps.

Stade d'essai : Stade au cours duquel le jeune adulte dans la vingtaine explore divers emplois et acquiert des compétences.

Stade de stabilisation : Stade qui commence au début de la trentaine et au cours duquel l'adulte atteint généralement un plafond sur le plan professionnel.

Stade du réalisme moral (ou de la **moralité hétéronome**) : Premier des deux stades du développement moral selon Piaget au cours duquel les enfants croient que les règles sont immuables.

Stade du relativisme moral (ou de la **moralité autonome**) : Second des deux stades du développement moral selon Piaget au cours duquel les enfants comprennent que plusieurs règles peuvent être modifiées par convention sociale.

Stades psychosexuels : Dans la théorie de Freud, stades du développement de la personnalité ; comprennent le stade oral, le stade anal, le stade phallique, la période de latence et le stade génital.

Stades psychosociaux : Dans la théorie d'Erikson, stades du développement de la personnalité ; comprennent la confiance, l'autonomie, l'initiative, le travail, l'identité, l'intimité, la générativité et l'intégrité personnelle.

Statut social : En psychologie du développement, degré de popularité d'un enfant auprès de ses pairs.

Stéréotypies rythmiques : Mouvements rythmiques répétés chez les jeunes enfants.

Stimulus conditionnel : Dans la théorie du conditionnement classique, stimulus qui, après avoir été associé plusieurs fois à un stimulus inconditionnel, finit par déclencher la même réponse que ce dernier.

Stimulus inconditionnel : Dans la théorie du conditionnement classique, stimulus qui déclenche automatiquement (sans apprentissage) la réponse inconditionnelle.

Stockage : Façon de conserver l'information encodée.

Structure de vie : Concept clé dans la théorie de Levinson. Modèle de la vie d'une personne à un moment donné qui comprend ses rôles, ses relations interpersonnelles et ses comportements.

Surdiscrimination : Restriction d'un terme général à une seule signification.

Surgénéralisation : Tendance à régulariser la langue en appliquant une règle générale à des formes irrégulières.

Surmoi : Dans la théorie freudienne, instance de la personnalité qui représente les valeurs, les interdits et les tabous parentaux et sociaux intériorisés ; répond au principe de moralité.

Synapse : Point de contact entre l'axone d'un neurone et les dendrites d'un autre neurone ; permet la transmission des influx nerveux d'un neurone à l'autre ou d'un neurone à un autre type de cellules, comme les cellules musculaires.

Synaptogenèse : Développement de synapses.

Synchronie (ou **danse interactive**) : Ensemble de comportements d'attachement mutuels et interactifs qui jouent un rôle crucial dans la formation d'un lien affectif stable entre le nourrisson et l'adulte qui s'en occupe.

Syndrome d'alcoolisation fœtale (SAF) : Anomalie congénitale permanente caractérisée par des malformations faciales et des troubles neurodéveloppementaux.

Syndrome d'Asperger : Trouble autistique dans lequel les sujets atteints ont des habiletés cognitives et langagières normales.

Syndrome de mort subite du nourrisson (SMSN) : Décès subit et imprévu d'un nourrisson de moins d'un an apparemment en parfaite santé et dont la mort demeure inexplicable même après une enquête approfondie.

Système limbique : Partie du cerveau qui gouverne les réponses émotionnelles.

Tempérament : Ensemble de prédispositions émotionnelles et comportementales innées, comme le niveau d'activité, à partir duquel se forme la personnalité.

Tendance séculaire : Modèle de changements observés dans les caractéristiques de plusieurs cohortes, comme le changement systématique de l'âge moyen à la ménarche ou celui du poids et de la taille.

Tension de rôle : Tension produite par le sentiment d'incompétence éprouvé par un individu qui met en doute ses aptitudes ou ses qualités à bien jouer l'un de ses rôles.

Test de performance : Test conçu pour évaluer les capacités d'apprentissage d'un enfant dans une matière donnée, comme l'orthographe ou le calcul mathématique.

Test de Stanford-Binet : Test d'intelligence conçu par Lewis Terman et ses collaborateurs, qui se sont inspirés des premiers tests de Binet et Simon.

Testostérone : Principale hormone mâle sécrétée par les testicules.

Thanatologie : Étude du processus de la mort.

Théorie : Ensemble d'observations organisé de telle façon qu'on peut leur donner une signification et orienter la recherche.

Théorie de l'activité : Théorie qui soutient qu'il est normal et sain pour les personnes âgées de demeurer actives le plus longtemps possible.

Théorie de l'esprit : Ensemble d'idées qui permet à un individu de se représenter l'état d'esprit d'autrui (pensées, croyances, sentiments, intentions) et de prédire ses comportements.

Théorie de la sénescence programmée : Théorie selon laquelle le déclin associé à l'âge est le résultat de l'action de gènes propres à l'espèce humaine et ayant trait au vieillissement.

Théorie du désengagement : Théorie élaborée par Cumming et Henry, selon laquelle le détachement progressif, ou désengagement, de la vie sociale à l'âge adulte avancé constitue une réaction normale et saine au vieillissement.

Théorie du traitement de l'information : Approche cognitive qui s'inspire du modèle informatique afin d'expliquer les changements survenant avec l'âge dans les processus cognitifs.

Traitement de l'information : Étude du développement cognitif qui s'attache aux changements survenant avec l'âge et aux différences individuelles dans les processus intellectuels fondamentaux.

Trompe de Fallope : Chacun des deux conduits situés de chaque côté de l'utérus et qui le relient à un ovaire ; sert de passage à l'ovule qui descend vers l'utérus et aux spermatozoïdes qui montent vers l'ovule ; lieu fréquent de la conception.

Trouble de l'apprentissage: Difficulté à maîtriser une habileté scolaire — le plus souvent la lecture — malgré une intelligence normale ou supérieure et l'absence de handicap physique ou sensoriel.

Trouble déficitaire de l'attention avec ou sans hyperactivité (TDA/H): Trouble caractérisé par l'inattention et l'agitation physique; les enfants atteints ont du mal à se concentrer sur une tâche et à la mener à terme.

Troubles envahissants du développement (TED): Ensemble de troubles mentaux apparaissant très tôt dans l'enfance et caractérisés par l'incapacité d'établir des rapports sociaux.

Utérus: Organe situé dans la cavité pelvienne de la femme, entre la vessie et le rectum; destiné à contenir l'œuf fécondé jusqu'à son complet développement.

Variable dépendante: Effet des variations de la variable indépendante.

Variable indépendante: Donnée que l'expérimentateur manipule de façon systématique afin d'observer l'effet qu'elle produit sur le comportement du sujet.

Vieillissement: Processus naturel de transformation graduelle que subit tout individu de la naissance à la mort du fait de son avancée en âge.

Vieillissement harmonieux: Terme utilisé par les gérontologues comprenant le maintien de la santé physique, des habiletés cognitives et de l'engagement social.

Vieillissement primaire: Changements physiques inévitables causés par l'âge et que tout être humain subit. Ces changements sont davantage associés au processus biologique sous-jacent qu'à l'expérience particulière d'un individu.

Vieillissement secondaire: Changements physiques évitables liés à l'âge et que tous les individus de l'espèce humaine subissent. Ces changements sont généralement associés à la maladie, au stress et aux influences de l'environnement.

Violence conjugale: Gestes ou comportements visant à intimider ou à blesser un partenaire intime.

Violence sexuelle: Utilisation de la force physique pour contraindre une personne à avoir une relation sexuelle.

Vulnérabilité: Trait de caractère résultant de caractéristiques innées et acquises, et qui augmente les risques que l'individu réagisse au stress de façon inadaptée ou pathologique.

Zygote: Œuf fécondé qui résulte de l'union de l'ovule et du spermatozoïde avant la première division cellulaire.

Bibliographie

Abela, J. (2005). Nouvel éclairage sur la dépression infantile. *McGill en Tête, 1,1* (par Charlotte Hussey).

Abengozar, C., Bueno, B., & Vega, J. (1999). Intervention on attitudes toward death along the life span. *Educational Gerontology, 25,* 435–447.

Abraham, J. D., & Hansson, R. O. (1995). Successful aging at work: An applied study of selection, optimization, and compensation through impression management. *Journals of Gerontology: Psychological Sciences, 50B,* P94–P103.

Abrams, R. (1998). Physician-assisted suicide and euthanasia's impact on the frail elderly: Something to think about. *Journal of Long Term Home Health Care: The Pride Institute Journal, 17,* 19–27.

Achenbach, T. M. (1982). *Developmental psychopathology* (2 nd ed.). New York: Wiley.

Ackerman, B., Brown, E., & Izard, C. (2004). The relations between contextual risk, earned income, and the school adjustment of children from economically disadvantaged families. *Developmental Psychology, 40,* 204–216.

Ackerman, S., Zuroff, D., & Moskowitz, D. (2000). Generativity in midlife and young adults: Links to agency, communion and subjective well-being. *Aging and Human Development, 50,* 17–41.

Adelman, W., & Ellen, J. (2002). Adolescence. In A. Rudolph, R. Kamei, & K. Overby (Eds.), *Rudolph's fundamental of pediatrics* (3rd ed., pp. 70–109). New York: McGraw-Hill.

Adelmann, P. K. (1994). Multiple roles and physical health among older adults: Gender and ethnic comparisons. *Research on Aging, 16,* 142–166.

Adkins, V. (1999). Grandparents as a national asset: A brief note. *Activities, Adaptation, & Aging, 24,* 13–18.

Ahadi, S. A., & Rothbart, M. K. (1994). Temperament, development, and the big five. In C. F. Halverson, Jr., G. A. Kohnstamm, & R. P. Martin (Eds.), *The developing structure of temperament and personality from infancy to adulthood* (pp. 189–207). Hillsdale, NJ: Erlbaum.

Ahmad, G., & Najam, N. (1998). A study of marital adjustment during first transition to parenthood. *Journal of Behavioural Sciences, 9,* 67–86.

Ahmed, E., & Braithwaite, V. (2004). Bullying and victimization: Cause for concern for both families and schools. *Social Psychology of Education, 7,* 35–54.

Ainsworth, M. D. S. (1989). Attachments beyond infancy. *American Psychologist, 44,* 709–716.

Ainsworth, M. D. S., & Marvin, R. S. (1995). On the shaping of attachment theory and research: An interview with Mary D. S. Ainsworth (Fall 1994). *Monographs of the Society for Research in Child Development, 60* (244, Nos. 2–3), 3–21.

Ainsworth, M. D. S., Blehar, M., Waters, E., & Wall, S. (1978). *Patterns of attachment.* Hillsdale, NJ: Erlbaum.

Ainsworth, M.D.S. (1972). Attachment and dependancy: A comparison. In J.L. Gewirtz (Ed.), *Attachment and dependancy* (pp. 97-138). Washington, DC: V.H. Winston.

Ainsworth, M.D.S. (1982). Attachment: Retrospect and prospect. In C.M. Parkes & J. stevenson-Hinde (Eds), The place of attachment in human behavior (pp. 3-30). New York: Basic Books.

Akers, J., Jones, R., & Coyl, D. (1998). Adolescent friendship pairs: Similarities in identity status development, behaviors, attitudes, and interests. *Journal of Adolescent Research, 13,* 178–201.

Aksan, N., & Kochanska, G. (2005). Conscience in childhood: Old questions, new answers. *Developmental Psychology, 41,* 506-516.

Albert, M. S., Jones, K., Savage, C. R., Berkman, L., Seeman, T., Blazer, D., & Rowe, J. W. (1995). Predictors of cognitive change in older persons: MacArthur studies of successful aging. *Psychology and Aging, 10,* 578–589.

Alexander, G., & Hines, M. (1994). Gender labels and play styles: Their relative contribution to children's selection of playmates: *Child Development, 65,* 869–879.

Allen, J., Porter, M., McFarland, F., Marsh, P., & McElhaney, K. (2005). The two faces of adolescents' success with peers: Adolescent popularity, social adaptation, and deviant behavior. *Child Development, 76,* 747-760.

Allen, K. R., & Pickett, R. S. (1987). Forgotten streams in the family life course: Utilization of qualitative retrospective interviews in the analysis of lifelong single women's family careers. *Journal of Marriage & the Family, 49,* 517–526.

Allen, T., Poteet, M., & Russell, J. (1998). Attitudes of managers who are more or less career plateaued. *Career Development Quarterly, 47,* 159–172.

Alpha-Tocopherol Beta Carotene Cancer Prevention Study Group (1994). The effect of vitamin E and beta carotene on the incidence of lung cancer and other cancers in male smokers. *New England Journal of Medicine, 330,* 1029–1035.

Alsaker, F. D. (1995). Timing of puberty and reactions to pubertal change. In M. Rutter (Ed.), *Psychosocial disturbances in young people: Challenges for prevention* (pp. 37–82). Cambridge, England: Cambridge University Press.

Alsaker, F. D., & Olweus, D. (1992). Stability of global self-evaluations in early adolescence: A cohort longitudinal study. *Journal of Research on Adolescence, 2,* 123–145.

Alsop, S. (1973). *Stay of execution.* New York: Lippincott.

Amato, P. R. (1993). Children's adjustment to divorce: Theories, hypotheses, and empirical support. *Journal of Marriage & the Family, 55,* 23–38.

Amato, P., & Rogers, S. (1999). Do attitudes toward divorce affect marital quality? *Journal of Family Issues, 20,* 69–86.

Ambert, A. (1994). An international perspective on parenting: social change and social constructs. *Journal of Marriage and the Family, 56,* 529-543.

Ambert, A.-M. (2005a). Union libre et mariage: Y a-t-il des similitudes? *Tendances contemporaines de la famille,* Institut Vanier de la famille. Disponible en ligne (site Web consulté le 19 novembre 2006): http://www.vifamily.ca/library/cft/cft_fr.html.

Ambert, A.-M. (2005b). Les couples de même sexe et les familles homoparentales. *Tendances contemporaines de la famille,* Institut Vanier de la famille. Disponible en ligne (site Web consulté le 19 novembre 2006): http://www.vifamily.ca/library/cft/cft_fr.html.

Ambert, A.-M. (2005c). Divorce: Faits, causes et conséquences. *Tendances contemporaines de la famille,* Institut Vanier de la famille. Disponible en ligne (site Web consulté le 19 novembre 2006): http://www.vifamily.ca/library/cft/cft_fr.html.

Ambert, A.-M. (2006). Les familles monoparentales. *Tendances contemporaines de la famille,* Institut Vanier de la famille. Disponible en ligne (site Web consulté le 19 novembre 2006): http://www.vifamily.ca/library/cft/cft_fr.html.

American Psychiatric Association (2000b). *The diagnostic and statistical manual of mental disorders* (4th ed., Text Revision). Washington, DC: Author.

Anderson, C., & Dill, K. (2000). Video games and aggressive thoughts, feelings, and behavior in the laboratory and in life. *Journal of Personality & Social Psychology, 78,* 772–790.

Anderson, R. (1998). Examining language loss in bilingual children. *Electronic Multicultural Journal of Communication Disorders, 1.*

Andersson, H. (1996). The Fagan Test of Infant Intelligence: Predictive validity in a random sample. Psychological Reports, 78, 1015–1026.

Andreou, E., & Metallidou, P. (2004). The relationship of academic and social cognition to behaviour in bullying situations among Greek primary school children. *Educational Psychology, 24,* 27–41.

Angier, N. (June 9, 1992). Clue to longevity found at chromosome tip. *New York Times,* pp. B5, B9.

Anglin, J. M. (1995, March). *Word learning and the growth of potentially knowable vocabulary.* Paper presented at the biennial meetings of the Society for Research in Child Development, Indianapolis, IN.

Anshel, M. H. (1990). *Sport psychology: From theory to practice.* Scottsdale, AZ: Gorsuch Scarisbrick.

Anthony, J. C., & Aboraya, A. (1992). The epidemiology of selected mental disorders in later life. In J. E. Birren, R. B. Sloane, & G. D. Cohen (Eds.), *Handbook of mental health and aging* (2nd ed., pp. 28–73). San Diego, CA: Academic Press.

Antonucci, T. C. (1990). Social supports and social relationships. In R. H. Binstock & L. K. George (Eds.), *Handbook of aging and the social sciences* (3rd ed.) (pp. 205–226). San Diego, CA: Academic Press.

Antonucci, T.C. (1994a). A life-span view of women's social relations. In B.F. Turner & L.E. Troll (Eds), *Women growing older: Psychological perspectives* (pp. 239-269). Thousand Oaks, CA: Sage.

Antonucci, T.C. (1994b). Attachment in adulthood and aging. In M. B. Sterling & W.H. Berman (Eds), *Attachment in adults: Clinical and developmental perspectives* (pp. 256-274). New York: Guilford Press.

Anttila, T., Helkala, E., Vitanen, M., Kareholt, I., Fratiglioni, L., Winblad, B., Soininen, H., Tuomilehto, J., Nissinen, A., & Kivipelto, M. (2004). Alcohol drinking in middle age and subsequent risk of mild cognitive impairment and dementia in old age: A prospective population based study. *British Medical Journal, 329,* 539.

Apgar, V. A. (1953). A Proposal for a New Method of Evaluation of the Newborn Infant. *Current Research in Anesthesia and Analgesia, 32,* 260–267.

Aranha, M. (1997). Creativity in students and its relation to intelligence and peer perception. *Revista Interamericana de Psicologia, 31,* 309–313.

Arbuckle, N. W., & De Vries, B. (1995). The long-term effects of later life spousal and parental bereavement on personal functioning. *The Gerontologist, 35,* 637–647.

Ardelt, M. (2003). Effects of religion and purpose in life on elders' subjective well-being and attitudes toward death. *Journal of Religious Gerontology, 14,* 55–77.

Arenberg, D. (1983). Memory and learning do decline late in life. In J. E. Birren, J. M. A. Munnichs, H. Thomae, & M. Marios (Eds.), *Aging: A challenge to science and society, Vol. 3: Behavioral sciences and conclusions* (pp. 312–322). New York: Oxford University Press.

Arlin, P. K. (1975). Cognitive development in adulthood: A fifth stage? *Developmental Psychology, 11,* 602–606.

Arlin, P. K. (1989). Problem solving and problem finding in young artists and young scientists. In M. L. Commons, J. D. Sinnott, F. A. Richards, & C. Armon (Eds.), *Adult Development: Vol. 1. Comparisons and applications of developmental models* (pp. 197–216). New York: Praeger.

Arlin, P. K. (1990). Wisdom: The art of problem finding. In R. J. Sternberg (Ed.), *Wisdom. Its nature, origins, and development* (pp. 230–243). New York: Cambridge University Press.

Armstrong, T. (2003). Effect of moral reconation therapy on the recidivism of youthful offenders: A randomized experiment. *Criminal Justice & Behavior, 30,* 668–687.

Arnett, J. (1995). The young and the reckless: Adolescent reckless behavior. *Current Directions in Psychological Science, 4,* 67-71.

Arnett, J. (1998). Risk behavior and family role transitions during the twenties. *Journal of Youth & Adolescence, 27,* 301–320.

Arrindell, W., & Luteijn, F. (2000). Similarity between intimate partners for personality traits as related to individual levels of satisfaction with life. *Personality & Individual Differences, 28,* 629–637.

Asendorpf, J. B., Warkentin, V., & Baudonnière, P. (1996). Self-awareness and other-awareness. II: Mirror self-recognition, social contingency awareness, and synchronic imitation. *Developmental Psychology, 32,* 313–321.

Ashton, J., & Donnan, S. (1981). Suicide by burning as an epidemic phenomenon: An analysis of 82 deaths and inquests in England and Wales in 1978–1979. *Psychological Medicine, 11,* 735–739. Astington, J. W., & Gopnik, A. (1991). Theoretical explanations of children's understanding of the mind. In G. E. Butterworth, P. L. Harris, A. M. Leslie, & H. M. Wellman (Eds.), *Perspectives on the child's theory of mind* (pp. 7–31). New York: Oxford University Press.

Astington, J. W., & Jenkins, J. M. (1995, March). *Language and theory of mind: A theoretical review and a longitudinal study.* Paper presented at the biennial meetings of the Society for Research in Child Development, Indianapolis, IN.

Astington, J., & Jenkins, J. (1999). A longitudinal study of the relation between language and theory-of-mind development. *Developmental Psychology, 35,* 1311–1320.

Atkinson, D., Kim, A., Ruelas, S., & Lin, A. (1999). Ethnicity and attitudes toward facilitated reminiscence. *Journal of Mental Health Counseling, 21,* 66–81.

Attie, I., Brooks-Gunn, J., & Petersen, A. (1990). A developmental perspective on eating disorders and eating problems. In M. Lewis & S. M. Miller (Eds.), *Handbook of developmental psychopathology* (pp. 409–420). New York: Plenum.

Auster, E. (2001). Professional women's midcareer satisfaction: Toward an explanatory framework. *Sex Roles, 44,* 719–750.

Avis, J., & Harris, P. L. (1991). Belief-desire reasoning among Baka children: Evidence for a universal conception of mind. *Child Development, 62,* 460–467.

Axelman, K., Basun, H., & Lannfelt, L. (1998). Wide range of disease onset in a family with Alzheimer disease and a His163Tyr mutation in the presenilin-l gene. *Archives of Neurology, 55,* 698–702.

Aylward, G. (2002). Cognitive and neuropsychological outcomes: More than IQ scores. *Mental Retardation & Developmental Disabilities Research Reviews, 8,* 234–240.

Babiloni, C., Babiloni, F., Carducci, F., Cappa, S., Cincotti, F., Del Percio, C., Miniussi, C., Moretti, D., Rossi, S., Sosta, K., & Rossini, P. (2004). Human cortical rhythms during visual delayed choice reaction time tasks: A high-resolution EEG study on normal aging. *Behavioural Brain Research, 153,* 261–271.

Bagwell, C. L., Newcomb, A. F., & Bukowski, W. M. (1998). Preadolescent friendship and peer rejection as predictors of adult adjusment. *Child Development, 69,* 140-153.

Bailey, J. M., & Dawood, K. (1998). Behavior genetics, sexual orientation, and the family. In C. Patterson & A. R. D'Augelli (Eds.), *Lesbian, gay, and bisexual identities in families: Psychological perspectives.* New York: Oxford University Press.

Bailey, S., & Zvonkovic, A. (2003). Parenting after divorce: Non-residential parents' perceptions of social and institutional support. *Journal of Divorce & Remarriage, 39,* 59–80.

Bailley, S., Kral, M., & Dunham, K. (1999). Survivors of suicide do grieve differently: Empirical support for a common sense proposition. *Suicide and Life-Threatening Behavior, 29,* 256–271.

Balaban, M. T. (1995). Affective influences on startle in five-month-old infants: Reactions to facial expressions of emotion. *Child Development, 66,* 28–36.

Baltes, P. B., & Baltes, M. M. (1990a). Psychological perspectives on successful aging: The model of selective organization with compensation. In P. B. Baltes & M. M. Baltes (Eds), *Successfull aging* (pp. 1-34). Cambridge, England: Cambridge University Press.

Baltes, P. B., & Smith, J. (1990). Toward a psychology of wisdom and its ontogenesis. In R. J. Sternberg (Ed.), *Wisdom. Its nature, origins, and development* (pp. 87–120). Cambridge, England: Cambridge University Press.

Baltes, P. B., Smith, J., & Staudinger, U. M. (1992). Wisdom and successful aging. In T. B. Sonderegger (Ed.), *Nebraska Symposium on Motivation,* 1991 (pp. 123–168). Lincoln: University of Nebraska Press.

Baltes, P. B., Staudinger, U. M., Maercker, A., & Smith, J. (1995). People nominated as wise: A comparative study of wisdom-related knowledge. *Psychology & Aging, 10,* 155–166.

Baltes, P., & Staudinger, U. (2000). Wisdom: A metaheuristic (pragmatic) to orchestrate mind and virtue toward excellence. *American Psychologist, 55,* 122–136.

Bambang, S., Spencer, N., Logan, S., & Gill, L. (2000). Cause-specific perinatal death rates, birth weight and deprivation in the West Midlands, 1991–1993. *Child: Care, Health & Development, 26,* 73–82.

Bandura, A. (1977a). *Social learning theory.* Englewood Cliffs, NJ: Prentice-Hall.

Bandura, A. (1977b). Self-efficacy: Toward a unifying theory of behavioral change. *Psychological Review, 84,* 91–125.

Bandura, A. (1982b). Self-efficacy mechanism in human agency. *American Psychologist, 37,* 122-147.

Bandura, A. (1982c). Self-efficacy mechanism in human agency. *American Psychologist, 37,* 747-755.

Bandura, A. (1986). *Social foundations of thought and action: A social cognitive theory.* Englewood Cliffs, NJ: Prentice-Hall.

Bandura, A. (1989). Social cognitive theory. *Annals of Child Development, 6,* 1-60.

Bandura, A. (1997). *Self-efficacy. The exercise of control.* New York: Freeman.

Bandura, A., Ross, D., & Ross, S. A. (1961). Transmission of aggression through imitation of aggressive models. *Journal of Abnormal and Social Psychology, 63,* 575–582.

Bandura, A., Ross, D., & Ross, S. A. (1963). Imitation of film-mediated aggressive models. *Journal of Abnormal and Social Psychology, 66,* 3–11.

Bangerter, A., & Heath, C. (2004). The Mozart effect: Tracking the evolution of a scientific legend. *British Journal of Social Psychology, 43,* 605-623.

Barer, B. (2001). The "grands and greats" of very old black grandmothers. *Journal of Aging*

Barkley, R. A. (1997). Behavioral inhibition, sustained attention, and executive functions: Constructing an unifying theory of ADHD. *Psychological Bulletin, 121,* 65-94.

Barkley, R. A., Fischer, M., Edelbrock, C. S., & Smallish, L. (1990). The adolescent outcome of hyperactive children diagnosed by research criteria: I. An 8-year prospective follow-up study. *Journal of the American Academy of Child and Adolescent Psychiatry, 29,* 546-557.

Barr, R., Marrott, H., & Rovee-Collier, C. (2003). The role of sensory preconditioning in memory retrieval by preverbal infants. *Learning & Behavior, 31,* 111–123.

Bartlik, B., & Goldstein, M. (2000, June). Maintaining sexual health after menopause. *Psychiatric Services Journal, 51,* 751–753.

Bartoshuk, L. M., & Weiffenbach, J. M. (1990). Chemical senses and aging. In E. L. Schneider & J. W. Rowe (Eds.), *Handbook of the biology of aging* (3rd ed., pp. 429–444). San Diego, CA: Academic Press.

Bass, D. M. (1985). The hospice ideology and success of hospice care. *Research on Aging, 7,* 307–328.

Basseches, M. (1984). *Dialectical thinking and adult development.* Norwood, NJ: Ablex.

Basseches, M. (1989). Dialectical thinking as an organized whole: Comments on Irwin and Kramer. In M. L. Commons, J. D. Sinnott, F. A. Richards, & C. Armon (Eds.), *Adult development: Vol. 1. Comparisons and applications of developmental models* (pp. 161–178). New York: Praeger.

Bates, E., Marchman, V., Thal, D., Fenson, L., Dale, P., Reznick, J. S., Reilly, J., & Hartung, J. (1994). Developmental and stylistic variation in the composition of the early vocabulary. *Journal of Child Language, 21,* 85-123.

Bates, E., O'Connell, B., & Shore, C. (1987). Language and communication in infancy. In J. D. Osofsky (Ed.), *Handbook of infant development* (2nd ed.) (pp. 149–203). New York: Wiley.

Bates, J. E. (1989). Applications of temperament concepts. In G. A. Kohnstamm, J. E. Bates, & M. K. Rothbart (Eds.), *Temperament in childhood* (pp. 321–356). Chichester, England: Wiley.

Batten, M., & Oltjenbruns, K. (1999). Adolescent sibling bereavement as a catalyst for spiritual development: A model for understanding. *Death Studies, 23,* 529–546.

Bauer, P., Schwade, J., Wewerka, S., & Delaney, K. (1999). Planning ahead: Goal-directed problem solving by 2-year-olds. *Developmental Psychology, 35,* 1321–1337.

Baugher, R. J., Burger, C., Smith, R., & Wallston, K. (1989/1990). A comparison of terminally ill persons at various time periods to death. *Omega, 20,* 103–115.

Bauminger, N., & Kasari, C. (1999). Brief report: Theory of mind in high-functioning children with autism. *Journal of Autism & Developmental Disorders, 29,* 81–86.

Baumrind, D. (1971). Current patterns of parental authority. *Developmental Psychology Monograph, 4* (1, Part 2).

Baumrind, D. (1972). Socialization and instrumental competence in young children. In W. W. Hartup (Ed.), *The young child: Reviews of research* (Vol. 2) (pp. 202–224). Washington, DC: National Association for the Education of Young Children.

Baumrind, D. (1991). Effective parenting during the early adolescent transition. In P. A. Cowan & M. Hetherington (Eds.), *Family transitions*

Bayley, N. (1969). *Bayley scales of infant development.* New York: Psychological Corporation.

Bayley, N. (1993). *Bayley scales of infant development: Birth to two years.* San Antonio, TX: Psychological Corporation.

Beautrais, A., Joyce, P., & Mulder, R. (1999). Personality traits and cognitive styles as risk factors for serious suicide attempts among young people. *Suicide & Life-Threatening Behavior, 29,* 37–47.

Bedeian, A. G., Ferris, G. R., & Kacmar, K. M. (1992). Age, tenure, and job satisfaction: A tale of two perspectives. *Journal of Vocational Behavior, 40,* 33–48.

Bedford, V. (1995). Sibling relationships in middle and old age. In R. Blieszner & V. H. Bedford (Eds.), *Handbook of aging and the family.* Westport, CT: Greenwood Press.Bee, H. (1995). *The growing child.* New York: HarperCollins Publishers.

Bee, H. L., & Boyd, D. R. (2007). *The developing child* (11ᵉ éd.). Pearson Education.

Beekman, A., Copeland, J., & Prince, M. (1999). Review of community prevalence of depression in later life. *British Journal of Psychiatry, 174,* 307–311.

Beem, E., Hooijkaas, H., Cleriren, M., Schut, H., Garssen, B., Croon, M., Jabaaij, L., Goodkin, K., Wind, H., & de Vries, M. (1999). The immunological and psychological effects of bereavement: Does grief counseling really make a difference? A pilot study. *Psychiatry Research, 85,* 81–93.

Bègue, L. (juillet 2006). La croyance en un monde juste. Dossier L'adolescence, une véritable crise? *Cerveau et Psycho, 16,* 58-62.

Behrend, D., Scofield, J., & Kleinknecht, E. (2001) Beyond fast mapping: Young children's extensions of novel words and novel facts. *Developmental Psychology, 37,* 690–705.

Bell, L. G., & Bell, D. C. (1982). Family climate and the role of the female adolescent:

Belsky, J., & Hsieh, K. (1998). Patterns of marital change during the early childhood years: Parent personality, coparenting, and division-of-labor correlates. *Journal of Family Psychology, 12,* 511–528.

Belsky, J., Hsieh, K., & Crnic, K. (1996). Infant positive and negative emotionality: One dimension or two? *Developmental Psychology, 32,* 289–298.

Belsky, J., Lang, M. E., & Rovine, M. (1985). Stability and change in marriage across the transition to parenthood: A second study. *Journal of Marriage and the Family, 47,* 855–865.

Bem, S. L. (1974). The measurement of psychological androgyny. *Journal of Consulting & Clinical Psychology, 42,* 155–162.

Benenson, J., & Benarroch, D. (1998). Gender differences in responses to friends' hypothetical greater success. *Journal of Early Adolescence, 18,* 192–208.

Bengtson, V. L., Cuellar, J. B., & Ragan, P. K. (1977). Stratum contrasts and similarities in attitudes toward death. *Journal of gerontology, 32,* 76-88.

Bengtson, V., Rosenthal, C., & Burton, L. (1990). Families and aging: Diversity and heterogeneity. In R. H. Binstock & L. K. George (Eds.), *Handbook of aging and the social sciences* (3rd ed.) (pp. 263–287). San Diego, CA: Academic Press.

Bengtson, V., Rosenthal, C., & Burton, L. (1996). Paradoxes of families and aging. In R. H. Binstock & L. K. George (Eds.), *Handbook of aging and the social sciences* (4th ed.) (pp. 253–282). San Diego, CA: Academic Press.

Bennett, M. (1997). A longitudinal study of wellbeing in widowed women. *International Journal of Geriatric Psychiatry, 12,* 61–66.

Bennett, M. (1998). Longitudinal changes in mental and physical health among elderly, recently widowed men. *Mortality, 3,* 265–273.

Berg, S. (1996). Aging, behavior, and terminal decline. In J. E. Birren & K. W. Schaie (Eds.), *Handbook of the psychology of aging* (4th ed., pp. 323–337). San Diego, CA: Academic Press.

Bergeron A., & Bois, Y. (1999), *Quelques théories explicatives du développement de l'enfant,* Saint-Lambert (Québec, Canada), Soulières éditeur.

Berkman, L. F., & Breslow, L. (1983). *Health and ways of living: The Alameda County Study.* New York: Oxford University Press.

Berndt, T. J. (1983). Social cognition, social behavior, and children's friendships. In E. T. Higgins, D. N. Rubble, & W. W. Hartup (Eds), *Social cognition and social development: A sociocultural perspective* (pp. 158-192). Cambridge, England: Cambridge University Press.

Berndt, T. J. (1986), Children's comments about their friendships. In M. Perlmutter (Ed.), *Minnesota Symposia on Child Psychology* (Vol. 18) (pp. 189-212), Hillsdale, NJ: Erlbaum.

Berndt, T. J. (1992). Friendship and friends' influence in adolescence. *Current Directions in Psychological Science, 1,* 156–159.

Berndt, T. J., & Keefe, K. (1995a). Friends' influence on adolescents' adjustment to school. *Child Development, 66,* 1312–1329.

Berndt, T. J., & Keefe, K. (1995b, March). *Friends' influence on school adjustment: A motivational analysis.* Paper presented at the biennial meetings of the Society for Research in Child Development, Indianapolis, IN.

Bernhard, J., Lefebvre, M., Kilbride, K., Chud, G., & Lange, R. (1998). Troubled relationships in early childhood education: Parent-teacher interactions in ethnoculturally diverse child care settings. *Early Education & Development, 9,* 5–28.

Berzonsky, M. (2003). The structure of identity: Commentary on Jane Kroger's view of identity status transition. *Identity, 3,* 231–245.

Betancourt, H., & Lopez, S. R. (1993). The study of culture, ethnicity, and race in american psychology. *American Psychologist, 48,* 629-637.

Betancourt, L., Fischer, R., Gianetta, J., Malmud, E., Brodsky, N. & Hurt, H. (1999). Problem-solving ability of inner-city children with and without in utero cocaine exposure. *Journal of Developmental Disabilities, 20,* 418–424.

Betz, E. L. (1984). A study of career patterns of women college graduates. *Journal of Vocational Behavior, 24,* 249–263.

Bhatt, R. S., & Rovee-Collier, C. (1996). Infants' forgetting of correlated attributes and object recognition. *Child Development, 67,* 172–187.

Bhatt, R., Wilk, A., Hill, D., & Rovee-Collier, C. (2004). Correlated attributes and categorization in the first half-year of life. *Developmental Psychobiology, 44,* 103–115.

Bherer, L., Belleville, S., & Hudon, C. (2004). Le déclin des fonctions exécutives au cours du vieillissement normal, dans la maladie d'Alzheimer et dans la démence frontotemporale. *Psychologie et neuropsychiatrie du vieillissement, 2 (3),* 181-189.

Bialystok, E. (1997). Effects of bilingualism and biliteracy on children's emerging concepts of print. *Developmental Psychology, 33.*

Bialystok, E., & Majumder, S. (1998). The relationship between bilingualism and the development of cognitive processes in problem solving. *Applied Psycholinguistics, 19,* 69–85.

Bialystok, E., Majumder, S., & Martin, M. (2003). Developing phonological awareness: Is there a bilingual advantage? *Applied Linguistics, 24,* 27–44.

Bialystok, E., Shenfield, T., & Codd, J. (2000). Languages, scripts, and the environment: Factors in developing concepts of print. *Developmental Psychology, 36,* 66–76.

Bianchi, A. (1993, January-February). *Older drivers: The good, the bad, and the iffy.* Harvard Magazine, pp. 12–13.

Biblarz, T. J., Bengtson, V. L., & Bucur, A. (1996). Social mobility across three generations. *Journal of Marriage & the Family, 58,* 188–200.

Bigler, E. D., Johnson, S. C., Jackson, C., & Blatter, D. D. (1995). Aging, brain size, and IQ. *Intelligence, 21,* 109–119.

Bigler, R., & Liben, S. (1993). The role of attitudes and interventions in gender-schematic processing. *Child Development, 61,* 1440–1452.

Billy, J. O. G., Brewster, K. L., & Grady, W. R. (1994). Contextual effects on the sexual behavior of adolescent women. *Journal of Marriage and the Family, 56,* 387–404.

Binet, A., & Simon, T. (1905). Méthodes nouvelles pour le diagnostic du niveau intellectuel des anormaux [New methods for diagnosing the intellectual level of the abnormal]. *L'Anée Psychologique, 11,* 191–244.

Bingham, C. R., Miller, B. C., & Adams, G. R. (1990). Correlates of age at first sexual intercourse in a national sample of young women. *Journal of Adolescent Research, 5,* 18–33.

Birney, D., Citron-Pousty, J., Lutz, D., & Sternberg, R. (2005). The development of cognitive and intellectual abilities. In M. Borsntein & M. Lamb (Eds.), *Developmental science: An advanced textbook* (5th ed., pp. 327-358). Hillsdale, NJ: Erlbaum.

Biro, F. M., Lucky, A. W., Huster, G. A., & Morrison, J. A. (1995). Pubertal staging in boys. *Journal of Pediatrics, 127,* 100–102.

Biro, F. M., Lucky, A. W., Huster, G. A., & Morrison, J. A. (1995). Pubertal staging in boys. *Journal of Pediatrics, 127,* 100–102.

Birren, J. E., & Fisher, L. M. (1995). Aging and speed of behavior: Possible consequences for psychological functioning. *Annual Review of Psychology, 56,* 329–353.

Birren, J. E., & Schroots, J. J. F. (1996). History, concepts, and theory in the psychology of aging. In J. R. Birren & K. W. Schaie (Eds.), *Handbook of the psychology of aging* (4th ed., pp. 3–23). San Diego, CA: Academic Press.

Bittner, S., & Newberger, E. (1981). Pediatric understanding of child abuse and neglect. *Pediatric Review, 2,* 198.

Black, K. A., & McCartney, K. (1995, March). *Associations between adolescent attachment to parents and peer interactions.* Paper presented at the biennial meetings of the Society for Research in Child Development, Indianapolis, IN.

Black, K., & McCartney, K. (1997). Adolescent females' security with parents predicts the quality of peer interactions. *Social Development, 6,* 91–110.

Black, S., Markides, K., & Miller, T. (1998). Correlates of depressive symptomatology among older community-dwelling Mexican Americans: The hispanic EPESE. *Journals of Gerontology: Series B: Psychological Sciences & Social Sciences, 53B,* S198–S208.

Blair, C., Greenberg, M. & Crnic, K. (2001). Age-related increases in motivation among children with mental retardation and MA- and CA-matched controls. *American Journal on Mental Retardation, 106,* 511-524.

Blakemore, J., LaRue, A., Olejnik, A. (1979). Sex-appropriate toy preference and the ability to conceptualize toys as sex-role related. *Developmental Psychology, 15,* 339–340.

Blanchard, C., & Lichtenberg, J. (2003). Compromise in career decision making: A test of Gottfredson's theory. *Journal of Vocational Behavior, 62,* 250–271.

Blanchard-Fields, F., Chen, Y., Schocke, M., & Hertzog, C. (1998). Evidence for content-specificity of causal attributions across the adult life span. *Aging, Neuropsychology, & Cognition, 5,* 241–263.

Blatter, D. D., Bigler, E. D., Gale, S. D., Johnson, S. C., Anderson, C. V., Burnett, B. M., Parker, N., Kurth, S., & Horn, S. (1995). Quantitative volumetric analysis of brain MR: Normative database spanning five decades (16–65). *American Journal of Neuroradiology, 16,* 241–251.

Blau, G. (1996). Adolescent depression and suicide. In G. Blau & T. Gullotta (Eds.), *Adolescent dysfunctional behavior: Causes, interventions, and prevention* (pp. 187–205). Newbury Park, CA: Sage.

Blickstine, I., Jones, C., & Keith, L. (2003). Zygotic-splitting rates after single-embryo transfers in in vitro fertilization. *New England Journal of Medicine, 348,* 2366–2367.

Blieszner, R., & Adams, R. G. (1992). *Adult friendship.* Newbury Park, CA: Sage.

Block, J. (1971). *Lives through time.* Berkeley, CA: Bancroft.

Block, J. (1987). *Longitudinal antecedents of ego-control and ego-resiliency in late adolescence.* Paper presented at the biennal meetings of the Society for Research in Child Development, Baltimore, April.

Block, J., & Robins, R. W. (1993). A longitudinal study of consistency and change in self-esteem from early adolescence to early adulthood. *Child Development, 64,* 909–923.

Bloom, L. (1993). *The transition from infancy to language: Acquiring the power of expression.* Cambridge, England: Cambridge University Press.

Bloom, L. (1997, April). *The child's action drives the interaction.* Paper presented at the biennial meetings of the Society for Research in Child Development, Washington, DC.

Bluck, S., Levine, L., & Laulhere, T. (1999). Autobiographical remembering and hypermnesia: A comparison of older and younger adults. *Psychology & Aging, 14,* 671–682.

Blumberg, F., & Sokol, L. (2004). Boys' and girls' use of cognitive strategies when learning to play video games. *Journal of General Psychology, 131,* 151–158.

Blumberg, J. B. (1996). Status and functional impact of nutrition in older adults. In E. L. Schneider & J. W. Rowe (Eds.), *Handbook of the biology of aging* (4th ed., pp. 393–414). San Diego, CA: Academic Press.

Blumenthal, J. A., Emery, C. F., Madden, D. J., Schniebolk, S., Walsh-Riddle, M., George, L. K., McKee, D. C., Higginbotham, M. B., Cobb, R. R., & Coleman, R. E. (1991). Long-term effects of exercise on physiological functioning in older men and women. *Journals of Gerontology: Psychological Sciences, 46,* P352–361.

Blustein, D., Phillips, S., Jobin-Davis, K., & Finkelberg, S. (1997). A theory-building investigation of the school-to-work transition. *Counseling Psychology, 25,* 364–402.

Bohman, M., & Sigvardsson, S. (1990). Outcome in adoption: Lessons from longitudinal studies. In D. M. Brodzinsky (Ed.), *The psychology of adoption* (pp. 93–106). New York: Oxford University Press.

Boldizar, J. (1991). Assessing sex-typing and androgyny in children. *Developmental Psychology, 27,* 506–535.

Bolger, K. (1997, April). *Children's adjustment as a function of timing of family economic hardship.* Paper presented at the biennal meetings of the Society for Research in Child Development, Washington, DC.

Bonanno, G., Znoj, H., Siddique, H., & Horowitz, M. (1999). Verbal-autonomic dissociation and adaptation to midlife conjugal loss: A follow-up at 25 months. *Cognitive Therapy & Research, 23,* 605–624.

Bond, J., & Coleman, P. (Eds.). (1990). *Aging in society.* London: Sage.

Bonde, E., Obel, C., Nedergard, N., & Thomsen, P. (2004). Social risk factors as predictors for parental report of deviant behaviour in 3-year-old children. *Nordic Journal of Psychiatry, 58,* 17–23.

Bong, M. (1998). Tests of the internal/external frames of reference model with subject-specific academic self-efficacy and frame-specific academic self-concepts. *Journal of Educational Psychology, 90,* 102–110.

Borkowski, M., Hunter, K., & Johnson, C. (2001). White noise and scheduled bedtime routines to reduce infant and childhood sleep disturbances. *Behavior Therapist, 24,* 29–37.

Bornholt, L., & Goodnow, J. (1999). Cross-generation perceptions of academic competence: Parental expectations and adolescent self-disclosure. *Journal of Adolescent Research, 14,* 427–447.

Bornstein, M. H. (1992). Perception across the life span. In M. H. Bornstein & M. E. Lamb (Eds.), *Developmental psychology: An advanced textbook* (3rd ed.) (pp. 155–210). Hillsdale, NJ: Erlbaum.

Bornstein, M., Tamis-LeMonda, D., Tal, J., Ludemann, P., Toda, S., Rahn, C., Pecheux, M., Azuma, H., & Vardi, D. (1992). Maternal responsiveness *to infants in three societies: The United States, France, and Japan. Child* Development, 63, 808–821.

Bosch, L., & Sebastian-Galles, N. (1997). Native-language recognition abilities in 4-month-old infants from monolingual and bilingual environments. *Cognition, 65,* 33–69.

Botwinick, J., & Storandt, M. (1974). *Memory, related functions and age.* Springfield, IL: Charles C. Thomas

Bouchard, S., & Morin, P. C. (1992). *Introduction aux théories de la personnalité.* Boucherville: Gaëtan Morin Éditeur.

Boudreault, M.-C., Cabirol, É.-A., Trudeau, N., Poulin-Dubois, D., & Sutton, A. (2007). Les inventaires MacArthur du développement de la communication : validité et données normatives préliminaires. *Revue Canadienne d'Orthophonie et d'Audiologie, 31,1.*

Bourreille, C. (1999). Diana/Diana. *Cahiers Jungiens de Psychanalyse, 96,* 75–76.

Bowen, J., Gibson, F., & Hand, P. (2002). Educational outcome at 8 years for children who were born extremely prematurely: A controlled study. *Journal of Pediatrics & Child Health, 38,* 438–444.

Bowerman, M. (1985). Beyond communicative adequacy: From piecemeal knowledge to an integrated system in the child's acquisition of language. In K. E. Nelson (Ed.), *Children's language,* Vol. 5 (pp. 369–398). Hillsdale, NJ: Erlbaum.

Bowlby, J. (1969). *Attachment and loss: Vol. 1. Attachment.* New York: Basic Books.

Bowlby, J. (1973). *Attachment and loss: Vol. 2. Separation, anxiety, and anger.* New York: Basic Books.

Bowlby, J. (1980). *Attachment and loss: Vol. 3. Loss, sadness, and depression.* New York: Basic Books.

Bowlby, J. (1988a). Developmental psychiatry comes of age. *American Journal of Psychiatry, 145,* 1–10.

Bowlby, J. (1988b). *A secure base.* New York: Basic Books.

Boxall, P., Macky, K., & Rasmussen, E. (2003). Labour turnover and retention in New Zealand: The causes and consequences of leaving and staying with employers. *Asia Pacific Journal of Human Resources, 41,* 195–214.

Bradley, R. H., Whiteside, L., Mundfrom, D. J., Casey, P. H., Kelleher, K. J., & Pope, S. K. (1994). Early indications of resilience and their relation to experiences in the home environments of low birthweight, premature children living in povery. *Child development, 65,* 346-360.

Bradmetz, J. (1999). Precursors of formal thought: A longitudinal study. *British Journal of Developmental Psychology, 17,* 61–81.

Brand, A., & Brinich, P. (1999). Behavior problems and mental health contacts in adopted, foster, and nonadopted children. *Journal of Child Psychology & Psychiatry & Allied Disciplines, 40,* 1221–1229.

Braun, K., & Nichols, R. (1997). Death and dying in four Asian American cultures: A descriptive study. *Death Studies, 21,* 327–359.

Braveman, N. S. (1987). Immunity and aging immunologic and behavioral perspectives. In M. W. Riley, J. D. Matarazzo, & A. Baum (Eds.), *Perspectives in behavioral medicine: The aging dimension* (pp. 94–124). Hillsdale, NJ: Erlbaum.

Bray, N. W., Fletcher, K. L., & Turner, L. A. (1997). Cognitive competencies and strategy use in individuals with mental retardation. In W. W. Maclean, Jr. (Ed.), *Ellis' handbook of mental deficiency: Psychological theory and research* (3rd ed., pp. 197-217). Mahwah, NJ: Erlbaum.

Brazelton, T. B. (1962). A child-oriented approach to toilet training. *Pediatrics, 29,* 121-128.

Brazelton, T. B. (1984). *Neonatal Behavioral Assessment Scale.* Philadelphia: Lippincott.

Brazelton, T. B., Christophersen, E. R., Frauman, A. C., & al. (1999). Instruction, timeliness, and medical influences affecting toilet training. *Pediatrics, 103,* 1353-1358.

Brendgen, M., Vitaro, F., & Bukowski, W. (1998). Affiliation with delinquent friends: Contributions of parents, self-esteem, delinquent behavior, and rejection by peers. *Journal of Early Adolescence, 18,* 244–265.

Breslau, N., & Chilcoat, H. (2000). Psychiatric sequelae of low birth weight at 11 years of age. *Biological Psychiatry, 47,* 1005–1011.

Breslow, L., & Breslow, N. (1993). Health practices and disability: Some evidence from Alameda County. *Preventive Medicine, 22,* 86–95.

Bretherton, I. (1991). Pouring new wine into old bottles: The social self as internal working model. In M. R. Gunnar & L. A. Sroufe (Eds) *Minnesota Symposia on Child Development* (Vol. 23) (pp. 1-42). Hillsdale, NJ: Erlbaum

Bretherton, I., & Beeghly, M. (1982). Talking about internal states: The acquisition of an explicit theory of mind. *Developmental Psychology, 18,* 906-921.

Briggs, R. (1990). Biological aging. In J. Bond & P. Coleman (Eds.), *Aging in society* (pp. 48–61). London: Sage.

Brock, D. B., Guralnik, J. M., & Brody, J. A. (1990). Demography and the epidemiology of aging in the United States. In E. L. Schneider & J. W. Rowe (Eds.), *Handbook of the biology of aging* (3rd ed., pp. 3–23). San Diego, CA: Academic Press.

Brockington, I. (1996). *Motherhood and mental health.* Oxford, England: Oxford University Press.

Brody, E. M., Litvin, S. J., Hoffman, C., & Kleban, M. H. (1992). Differential effects of daughters' marital status on their parent care experiences. *The Gerontologist, 32,* 58–67.

Brody, G., Kim, S., Murry, V., & Brown, A. (2003). Longitudinal direct and indirect pathways linking older sibling competence to the development of younger sibling competence. *Developmental Psychology, 39,* 618–628.

Brody, J. E. (1994, April 20). *Making a strong case for antioxidants.* New York Times, p. B9.

Brody, J. E. (1995, October 4). Personal health. *New York Times,* p. B7.

Brody, J. E. (1996, February 28). Good habits outweigh genes as key to a healthy old age. *New York Times,* p. B9.

Brody, N. (1992). *Intelligence* (2nd ed.). San Diego, CA: Academic Press.

Broman, S. H., Nichols, P. L., Shaughnessy, P., & Kennedy, W. (1987). *Retardation in young children.* Hillsdale. NJ: Erlbaum.

Bronfenbrenner, U. (1979). *The ecology of human development.* Cambridge, MA: Harvard University Press.

Bronfenbrenner, U. (1986). Ecology of the family as a context for human development: Research perspectives. *Developmental Psychology, 22,* 723-742.

Bronfenbrenner, U. (1989). Ecological systems theory. *Annals of Child Development, 6,* 187-249.

Bronfenbrenner, U. (1993). The ecology of cognitive development: Research models and fugitive findings. In R. H. Wozniak and K. W. Fischer (Eds.), *Development in context: Acting and thinking in specific environments.* Hillsdale, NJ: Erlbaum.

Bronfenbrenner, U. (2001). The bioecological theory of human development. In N. Smelser & P. Baltes (Eds.), *International encyclopedia of the social and behavioral sciences* (pp. 6963-6970). New York: Elsevier.

Brook, U., & Boaz, M. (2005). Attention deficit and hyperactivity disorder/learning disabilities (ADHD/LD): Parental characterization and perception. *Patient Education & Counseling, 57,* 96-100.

Brooks-Gunn, J. (1987). Pubertal processes and girls' psychological adaptation. In R. M. Lerner & T. T. Foch (Eds.), *Biological-psychosocial interactions in early adolescence* (pp. 123–154). Hillsdale, NJ: Erlbaum.

Brooks-Gunn, J., & Reiter, E. O. (1990). The role of pubertal processes. In S. S. Feldman & G. R. Elliott (Eds.), *At the threshold: The developing adolescent* (pp. 16–53). Cambridge, MA: Harvard University Press.

Brooks-Gunn, J., & Warren, M. P. (1985). The effects of delayed menarche in different contexts: Dance and nondance students. *Journal of Youth & Adolescence, 13,* 285–300.

Brown, A. S., Jones, E. M., & Davis, T. L. (1995). Age differences in conversational source monitoring. *Psychology & Aging, 10,* 111–122.

Brown, B. B. (1990). Peer groups and peer cultures. In S. S. Feldman & G. R. Elliott (Eds.), *At the threshold: The developing adolescent* (pp. 171–196). Cambridge, MA: Harvard University Press.

Brown, B. B., & Huang, B. (1995). Examining parenting practices in different peer contexts: Implications for adolescent trajectories. In L. J. Crockett & A. C. Crouter (Eds.), *Pathways through adolescence* (pp. 151–174). Mahwah, NJ: Erlbaum.

Brown, B. B., Dolcini, M. M., & Leventhal, A. (1995, March). *The emergence of peer crowds: Friend or foe to adolescent health?* Paper presented at the biennial meetings of the Society for Research in Child Development, Indianapolis, IN.

Brown, B. B., Mory, M. S., & Kinney, D. (1994). Casting adolescent crowds in a relational perspective: Caricature, channel, and context. In R. Montemayor, G. R. Adams, & T. P. Gullotta (Eds.), *Personal relationships during adolescence* (pp. 123–167). Thousand Oaks, CA: Sage.

Brown, G. W. (1989). Life events and measurement. In G. W. Brown & T. O. Harris (Eds.), *Life events and illness* (pp. 3–45). New York: Guilford Press.

Brown, G. W. (1993). Life events and affective disorder: Replications and limitations. *Psychosomatic Medicine, 55,* 248–259.

Brown, G. W., & Harris, T. (1978). *Social origins of depression.* New York: Free Press.

Brown, W., Basil, M., & Bocarnea, M. (2003). Social influence of an international celebrity: Responses to the death of Princess Diana. *Journal of Communication, 53,* 587–605.

Brownell, C. A. (1990). Peer social skills in toddlers: Competencies and constraints illustrated by

Bryant, S., & Rakowski, W. (1992). Predictors of mortality among elderly African-Americans. *Research on Aging, 14,* 50–67.

Buchanan, C. M., Maccoby, E. E., & Dornbusch, S. M. (1991). Caught between parents: Adolescents' experience in divorced homes. *Child Development, 62,* 1008–1029.

Bugental, D., & Happaney, K. (2004). Predicting infant maltreatment in low-income families: The interactive effects of maternal attributions and child status at birth. *Developmental Psychology, 40,* 234–243.

Buhrmester, D. (1992). The developmental courses of sibling and peer relationships. In F. Boer & J. Dunn (Eds.), *Children's sibling relationships: Developmental and clinical issues.* Hillsdale, NJ: Erlbaum.

Buhrmester, D., & Furman, W. (1990). Perceptions of sibling relationships during middle childhood and adolescence. *Child Development, 61,* 1387–1398.

Bukowski, W., Sippola, L., & Hoza, B. (1999). Same and other: Interdependency between participation in same- and other-sex friendships. *Journal of Youth & Adolescence, 28,* 439–459.

Bullock, M., & Lütkenhaus, P. (1990). Who am I? Self-understanding in toddlers. *Merrill-Palmer Quarterly, 36,* 217–238.

Bumpass, L. L., & Aquilino, W. S. (1995). *A social map of midlife: Family and work over the middle life course.* Report of the MacArthur Foundation research network on successful midlife development, Vero Beach, FL.

Burbules, N.C. et Linn, M.C., Response to contradiction: Scientific reasoning during adolescence. *Journal of Educational Psychology,* 80, 1988, 67-75.

Burke, L., & Follingstad, D. (1999). Violence in lesbian and gay relationships: Theory, prevalence, and correlational factors. *Clinical Psychology Review, 19,* 487–512.

Burley, R., Turner, L., & Vitulli, W. (1999). The relationship between goal orientation and age among adolescents and adults. *Journal of Genetic Psychology, 160,* 84–88.

Burn, S., O'Neil, A., & Nederend, S. (1996). Childhood tomboyishness and adult androgeny. *Sex Roles, 34,* 419–428.

Burnett, J. W., Anderson, W. P., & Heppner, P. P. (1995). Gender roles and self-esteem: A consideration of environmental factors. *Journal of Counseling & Development, 73,* 323–326.

Burnham, H., & Hogervorst, E. (2004). Recognition of facial expressions of emotion by patients with dementia of the Alzheimer type. *Dementia & Geriatric Cognitive Disorders, 18,* 75–79.

Burton, L. (1992). Black grandparents rearing children of drug-addicted parents: Stressors, outcomes, and social service needs. *Gerontologist, 31,* 744–751.

Burton, L. M., & Bengtson, V. L. (1985). Black grandmothers: Issues of timing and continuity of roles. In V. L. Bengtson & J. F. Robertson (Eds.), *Grandparenthood* (pp. 61–78). Beverly Hills, CA: Sage.

Buss, A. (1989). Temperaments as personality traits. In G. A. Kohnstamm, J. E. Bates, & M. K. Rothbart (Eds.), *Temperament in childhood* (pp. 49–58). Chichester, England: Wiley.

Buss, A. H., & Plomin, R. (1984). *Temperament: Early developing personality traits.* Hillsdale, NJ: Erlbaum.

Buss, A. H., & Plomin, R. (1986). The EAS approach to temperament. In R. Plomin & J. Dunn (Eds.), *The study of temperament: Changes, continuities and challenges* (pp. 67–80). Hillsdale, NJ: Erlbaum.

Buss, D. (1999). *Evolutionary psychology.* Boston: Allyn & Bacon.

Butler, R. N. (1963). The life review: An interpretation of reminiscence in the aged. *Psychiatry, 256,* 65–76.

Butters, M., Whyte, E., Nebes, R., Begley, A., Dew, M., Mulsant, B., Zmuda, M., Bhalla, R., Meltzer, C., Pollock, B., Reynolds, C., & Becker, J. (2004). Nature and determinants of neuropsychological functioning in late-life depression. *Archives of General Psychiatry, 61,* 587–595.

Buzi, R., Roberts, R., Ross, M., Addy, R., & Markham, C. (2003). The impact of a history of sexual abuse on high-risk sexual behaviors among females attending alternative schools. *Adolescence, 38,* 595–605.

Byrne, G., & Raphael, B. (1999). Depressive symptoms and depressive episodes in recently widowed older men. *International Psychogeriatrics, 11,* 67–74.

Byrne, G., Raphael, G., & Arnold, E. (1999). Alcohol consumption and psychological distress in recently widowed older men. *Australian & New Zealand Journal of Psychiatry, 33,* 740–747.

Byrne, M. (1998). Taking a computational approach to aging: The SPAN theory of working memory. *Psychology & Aging, 13,* 309–322.

Cairns, R. B., & Cairns, B. D. (1994). *Lifelines and risks: Pathways of youth in our time.* Cambridge, England: Cambridge University Press.

Calhoun, S., & Dickerson Mayes, S. (2005). Processing speed in children with clinical disorders. *Psychology in the Schools, 42,* 333-343.

Calkins, S., Dedmon, S., Gill, K., Lomax, L., & Johnson, L. (2002). Frustration in infancy: Implications for emotion regulation, physiological processes, and temperament. *Infancy, 3,* 175–197.

Callaghan, T. (1999). Early understanding and production of graphic symbols. *Child Development, 70,* 1314-1324.

Callaghan, T., & Rankin, M. (2002). Emergence of graphic symbol functioning and the question of domain specificity: A longitudinal training study. *Child Development, 73,* 359–376.

Campbell, A., Shirley, L., & Candy, J. (2004). A longitudinal study of gender-related cognition and behaviour. *Developmental Science, 7,* 1–9.

Campbell, A., Shirley, L., & Caygill, L. (2002). Sex-typed preferences in three domains: Do two-year-olds need cognitive variables? *British Journal of Psychology, 93,* 203–217.

Campbell, L., Connidis, I., & Davies, L. (1999). Sibling ties in later life: A social network analysis. *Journal of Family Issues, 20,* 114–148.

Campione, J. C., Brown, A. L., & Ferrara, R. A. (1982). Mental retardation and intelligence. In J. R. Sternberg (Ed.), *Handbook of human intelligence* (pp 392-492). Cambridge, England: Cambridge University Press.

Campisi, J., Dimri, G., & Hara, E. (1996). Control of replicative senescence. In E. L. Schneider & J. W. Rowe (Eds.), *Handbook of the biology of aging* (4th ed., pp. 121–149). San Diego, CA: Academic Press.

Cao, L., Jiao, X., Zuzga, D., Liu, Y., Fong, D., Young, D., & During, M. (2004). VEGF links hippocampal activity with neurogenesis, learning and memory. *Nature Genetics, 36,* 827–835.

Caplan, J. L., & Barr, R. A. (1989). On the relationship between category intensions and extensions in children. *Journal of Experimental Child Psychology, 47,* 413-429.

Capute, A. J., Palmer, F. B., Shapiro, B. K., Wachtel, R. C., Ross, A., & Accardo, P. J. (1984). Primitive reflex profile: A quantification of primitive reflexes in infancy. *Developmental Medicine & Child Neurology, 26,* 375–383.

Cardon, R., & Fulker, D. (1991). Sources of continuity in infant predictors of later IQ. *Intelligence, 15,* 279–293.

Carey, R. G. (1974). Living until death: A program of service and research for the terminally ill. *Hospital Progress.* (Reprinted in E. Kübler-Ross [Ed.], *Death. The final stage of growth.* Englewood Cliffs, NJ: Prentice-Hall, 1975.)

Carey, S., & Bartlett, E. (1978). Acquiring a single new word. *Papers & Reports on Child Language Development, 15,* 17–29.

Carlson, E. A., & Sroufe, L. A. (1995). Contribution of attachment theory to developmental psychopathology. In D. Cicchetti & D. J. Conen (Eds.), *Developmental psychopathology: Vol. 1. Theory and methods* (pp. 581–617). New York: Wiley.

Carlson, E., Sampson, M., & Sroufe, A. (2003). Implications of attachment theory and research for developmental-behavioral pediatrics. *Journal of Developmental & Behavioral Pediatrics, 24,* 364–379.

Carlson, E., Sroufe, A., & Egeland, B. (2004). The construction of experience: A longitudinal study of representation and behavior. *Child Development, 75,* 66–83.

Carlson, M. J, & Corcoran, M. E. (2001). Family structure and children's behavioral and cognitive outcomes. *Journal of Marriage and Family, 63,* 779-792.

Carnelley, K., Wortman, C., & Kessler, R. (1999). The impact of widowhood on depression: Findings from a prospective survey. *Psychological Medicine, 29,* 1111–1123.

Carpenter, S. (2001). Teens' risky behavior is about more than race and family resources. *APA Monitor, 32,* 22–23.

Carroll, J., & Snowling, M. (2004). Language and phonological skills in children at high risk of reading difficulties. *Journal of Child Psychology & Psychiatry, 45,* 631–640.

Carson, D., Klee, T. & Perry, C. (1998). Comparisons of children with delayed and normal language at 24 months of age on measures of behavioral difficulties, social and cognitive development. *Infant Mental Health Journal, 19,* 59–75.

Carstensen, L. L. (1992). Social and emotional patterns in adulthood: Support for socioemotional selectivity theory. *Psychology and Aging, 7,* 331–338.
Carstensen, L. L., Gottman, J. M., & Levenson, R. W. (1995). Emotional behavior in long-term marriage. *Psychology and Aging, 10,* 149–149.
Carver, P., Egan, S., & Perry, D. (2004). Children who question their heterosexuality. *Developmental Psychology, 40,* 43–53.
Carver, R. P. (1990). Intelligence and reading ability in grades 2–12. *Intelligence, 14,* 449–455.
Casas, J. F., & Mosher, M. (1995, March). *Relational and overt aggression in preschool: "You can't come to my birthday party unless..."* Paper presented at the biennial meeting of the Society for Research in Child Development, Indianapolis, IN.
Casasola, M., & Cohen, L. (2000). Infants' association of linguistic labels with causal actions. *Developmental Psychology, 36,* 155–168.
Case, R. (1985). *Intellectual development: Birth to adulthood.* New York: Academic Press.
Case, R. (1997). The development of conceptual structures. In B. Damon (General Ed.) and D. Kuhn & R. S. Siegler (Series Eds.), *Handbook of child psychology: Vol. 2. Cognitive, language, and perceptual development.* New York: Wiley.
Case, R. B., Moss, A. J., Case, N., McDermott, M., & Eberly, S. (1992). Living alone after myocardial infarction: Impact on prognosis. *Journal of the American Medical Association, 267,* 515–519.
Caspi, A. (1998). Personality development across the life course. In W. Damon (Ed.), *Handbook of child psychology: Vol. 3. Social, emotional, and personality development* (5th ed., pp. 311-388). New York: Wiley
Caspi, A. (2000). The child is father of the man: Personality continuities from childhood to adulthood. *Journal of Personality & Social Psychology, 78,* 158–172.
Caspi, A., Bem, D. J., & Elder, G. H. Jr. (1989). Continuities and consequences of interactional styles across the life course. *Journal of Personality, 57,* 375-406.
Caspi, A., Harrington, H., Milne, B., Amell, J., Theodore, R., & Moffitt, T. (2003). Children's behavioral styles at age 3 are linked to their adult personality traits at age 26. *Journal of Personality, 71,* 495–513.
Caspi, A., Henry, B., McGee, R. O., Moffitt, T. E., & Silva, P. A. (1995). Temperamental origins of child and adolescent behavior problems: From age three to age fifteen. *Child Development, 66,* 55–68.
Caspi, A., Lynam, D., Moffitt, T. E., & Silva, P. A. (1993). Unraveling girls' delinquency: Biological, dispositional, and contextual contributions to adolescent misbehavior. *Developmental Psychology, 29,* 19–30.
Caspi, A., Roberts, B., & Shiner, R. (2005). Personality development: Stability and change. *Annual Review of Psychology, 56,* 453-484.
Cassidy, J., & Berlin, L. J. (1994). The insecure/ambivalent pattern of attachment: Theory and research. *Child Development, 65,* 971–991.
Cassileth, B. R., Walsh, W. P., & Lusk, E. J. (1988). Psychosocial correlates of cancer survival: A subsequent report 3 to 8 years after cancer diagnosis. *Journal of Clinical Oncology, 6,* 1753–1759.
Castellino, D., Lerner, J., Lerner, R., & von Eye, A. (1998). Maternal employment and education: Predictors of young adolescent career trajectories. *Applied Developmental Science, 2,* 114–126.
Castle, J., Groothues, C., Bredenkamp, D., Beckett, C., et al. (1999). Effects of qualities of early institutional care on cognitive attainment. *American Journal of Orthopsychiatry, 69,* 424–437.
Cate, R. M., & Lloyd, S. A. (1992). *Courtship.* Newbury Park, CA: Sage.
Cato, J., & Canetto, S. (2003). Attitudes and beliefs about suicidal behavior when coming out is the precipitant of the suicidal behavior. *Sex Roles, 49,* 497–505.
Cattell, R. B. (1963). Theory of fluid and crystallized intelligence: A critical experiment. *Journal of Educational Psychology, 54,* 1–22.
CCDS, voir Conseil canadien de développement social.
CDC, voir Centers for Disease Control.
Cederblad, M., Hook, B., Irhammar, M., & Mercke, A. (1999). Mental health in international adoptees as teenagers and young adults: An epidemiological study. *Journal of Child Psychology & Psychiatry & Allied Disciplines, 40,* 1239–1248.
Cederblad, M., Pruksachatkunakorn, P., Boripunkul, T., Intraprasert, S., & Hook, B. (2003). Sense of coherence in a Thai sample. *Transcultural Psychiatry, 40,* 585–600.
Centers for Disease Control. (1999a). AIDS surveillance report. *Morbidity & Mortality Weekly Report, 11.*
Centers for Disease Control. (1999b). *Syphilis fact sheet.* Retrieved September 1, 2000, from http://www.cdc.gov.
Centers for Disease Control. (2000a). *The burden of prostate cancer.* Retrieved October 4, 2000, from http://www.cdc.gov.
Centers for Disease Control. (2000b). *Some facts about genital herpes.* Retrieved September 1, 2000, from http://www.cdc.gov.
Ceponiene, R., Kuchnerenko, E., Fellman, V., Renlund, M., Suominen, K., & Naeaetaenen, R. (2002). Event-related potential features indexing central auditory discrimination by newborns. *Cognitive Brain Research,* 13, 101–113.
Chabris, C. F. (1999). Prelude or requiem for the 'Mozart effect'? *Nature, 400,* 826-827.
Chamberland, D., Jouvin, E., & Julien, D. (2003). Familles recomposées homoparentales et hétéroparentales. *Nouvelles pratiques sociales, 16, 1.* © Disponible en ligne (site Web consulté le 20 décembre 2006): http://www.erudit.org/revue/nps/2003/v16/n1/009629ar.html.
Chan, R., Raboy, B., & Patterson, C. (1998). Psychosocial adjustment among children conceived via donor insemination by lesbian and heterosexual mothers. *Child Development, 69,* 443–457.
Chang, F., & Burns, B. (2005). Attention in preschoolers: Associations with effortful control and motivation. *Child Development, 76,* 247-263.
Chang, L., Schwartz, D., Dodge, K., & McBride-Chang, C. (2003). Harsh parenting in relation to child emotion regulation and aggression. *Journal of Family Psychology, 17,* 598–606.
Chapman, J., & Tunmer, W. (1997). A longitudinal study of beginning reading achievement and reading self-concept. *British Journal of Educational Psychology, 67,* 279–291.
Chase-Lansdale, P. L., & Hetherington, E. M. (1990). The impact of divorce on life-span development: Short and long term effects. In P. B. Baltes, D. L. Featherman, & R. M. Lerner (Eds.), *Life-span development and behavior* (Vol. 10) (pp. 107–151). Hillsdale, NJ: Erlbaum.
Chase-Lansdale, P. L., Cherlin, A. J., & Kiernan, K. E. (1995). The long-term effects of parental divorce on the mental health of young adults: A developmental perspective. *Child Development, 66,* 1614–1634.
Cheitlin, M. (2003). Cardiovascular physiology: Changes with aging. *American Journal of Geriatric Cardiology, 12,* 9–13.
Chen, J., Bierhals, A., Prigerson, H., Kasl, S., Mazure, C., & Jacobs, S. (1999). Gender differences in the effects of bereavement-related psychological distress in health outcomes. *Psychological Medicine, 29,* 367–380.
Chen, X., He, Y., Chang, L., & Liu, H. (2005). The peer group as a context: Moderating effects on relations between maternal parenting and social and school adjustment in Chinese children. *Child Development, 76,* 417-434.
Cherlin, A., Chase-Lansdale, P., & McRae, C. (1998). Effects of parental divorce on mental health throughout the life course. *American Sociological Review, 63,* 239–249.
Chess, S., & Thomas, A. (1984). *Origins and evolution of behavior disorders: Infancy to early adult life.* New York: Brunner/Mazel.
Children spend more time playing video games than watching TV, MSU survey shows. (2004, April 4). Retrieved July 23, 2005, from http://www.newsroom.msu.edu/site/indexer/1943/content.htm
Chincotta, D., & Underwood, G. (1997). Estimates, language of schooling and bilingual digit span. *European Journal of Cognitive Psychology, 9,* 325–348.
Chomsky, N. (1959). A review of B. F. Skinner's Verbal Behavior. *Language, 35,* 26–129.
Christensen, H., Henderson, A., Griffiths, K., & Levings, C. (1997). Does aging inevitably lead to declines in cognitive performance? A longitudinal study of elite academics. *Personality & Individual Differences, 23,* 67–78.
CHU Sainte-Justine. (2006). Site Web consulté le 19 novembre 2006: http://www. hsj.qc.ca/general/public/maltraitanceHSJ/thermometre_2.asp.
Chumlea, W. C. (1982). Physical growth in adolescence. In B. B. Wolman (Ed.), *Handbook of developmental psychology* (pp. 471–485). Englewood Cliffs, NJ: Prentice-Hall.
Ciancio, D., Sadovsky, A., Malabonga, V., Trueblood, L., et al. (1999). Teaching classification and seriation to preschoolers. *Child Study Journal, 29,* 193–205.
Cicchetti, D., Rogosch, F., Maughan, A., Toth, S., & Bruce, J. (2003). False belief understanding in maltreated children. *Development & Psychopathology, 15,* 1067–1091.
Cicirelli, V. G. (1991). Attachment theory in old age: Protection of the attached figure. In K. Pillemer & K. McCargner (Eds.), *Parent-child relationships throughout life* (pp. 25–42). Hillsdale, NJ: Erlbaum.
Cillessen, A. H. N., van IJzendoorn, H. W., van Lieshout, C. F. M., & Hartup, W. W. (1992). Heterogeneity among peer-rejected boys: Subtypes and stabilities. *Child Development, 63,* 893–905.
Claes, M. (1998). Adolescents' closeness with parents, siblings, and friends in three countries: Canada, Belgium, and Italy. *Journal of Youth & Adolescence, 27,* 165–184.
Claes, M. (2005). L'adolescence dans le cours de l'existence humaine: enjeux développementaux et défis sociaux. In J. Zabalia (Ed.), *Adolescences d'aujourd'hui* (pp. 32-46). Rennes: Presses de l'Université de Rennes.
Cloutier, R. (1996). *Psychologie de l'adolescence* (2th ed.). Boucherville: Gaëtan Morin Éditeur.
Cloutier, R., & Renaud, A. (1990). *Psychologie de l'enfant.* Boucherville: Gaëtan Morin Éditeur.
Cohen, G. (2000). *The creative age: Awakening human potential in the second half of life.* New York: Avon Books.
Cohen, Y. A. (1964). *The transition from childhood to adolescence.* Chicago: Aldine.
Coie, J. D., & Cillessen, A. H. N. (1993). Peer rejection: Origins and effects on children's development. *Current Directions in Psychological Science, 2,* 89–92.
Coie, J., Terry, R., Lenox, K., Lochman, J., & Hyman, C. (1995). Childhood peer rejection and aggression as predictors of stable patterns of adolescent disorder. *Development and Psychopathology, 7,* 697–713.
Coiro, M. J. (1995, March). *Child behavior problems as a function of marital conflict and parenting.* Paper presented at the biennial meetings of the Society for Research in Child Development, Indianapolis, IN.
Colapinto, J. (1998). The true case of John/Joan –The boy who was raised as a girl. *The Rolling Stone,* December 11, 1997, 54-97. Disponible en ligne (site Web consulté le 29 juin 2007).
Colapinto, J. (2000). *As nature made him.* Harper Collins.
Colby, A., Kohlberg, L., Gibbs, J., & Lieberman, M. (1983). A longitudinal study of moral judgment. *Monographs of the Society for Research in Child Development, 48* (1–2, Serial No. 200).
Cole, D. A. (1991). Change in self-perceived competence as a function of peer and teacher evaluation. *Developmental Psychology, 27,* 682–688.
Cole, M. (1992). Culture in development. In M. H. Bornstein & M. E. Lamb (Eds.), *Developmental psychology: An advanced textbook* (pp. 731-789). Hillsdale, NJ: Erlbaum.
Cole, M. (2005). Culture in development. In M. Bornstein & M. Lamb (Eds.), *Developmental science: An advanced textbook* (5th ed., pp. 45-102). Hillsdale, NJ: Erlbaum.
Cole, P., Martin, S., & Dennis, T. (2004). Emotion regulation as a scientific construct: Methodological challenges and directions for child development research. *Child Development, 75,* 317–333.
Coley, R., & Chase-Lansdale, L. (1998). Adolescent pregnancy and parenthood: Recent evidence and future directions. *American Psychologist, 53,* 152–166.
Colombo, J. (1993). *Infant cognition: Predicting later intellectual functioning.* Newbury Park, CA: Sage.
Colton, M., Buss, K., Mangelsdorf, S., Brooks, C., Sorenson, D., Stansbury, K., Harris, M., & Gunnar, M. (1992). *Relations between toddler coping strategies, temperament, attachment and adrenocortical stress responses.* Poster presented at the 8th International Conference on Infant Studies, Miami.
Commissaris, C., Ponds, R., & Jolles, J. (1998). Subjective forgetfulness in a normal Dutch population: Possibilities of health education and other interventions. *Patient Education & Counseling, 34,* 25–32.
Compas, B. E., Ey, S., & Grant, K. E. (1993). Taxonomy, assessment, and diagnosis of depression during adolescence. *Psychological Bulletin, 114,* 323–344.
Condry, J., & Condry, S. (1976). Sex differences: A study in the eye of the beholder. *Child Development, 47,* 812–819.
Conel, J. L. (1939/1975). *Postnatal development of the human cerebral cortex* (Vols. 1-8). Cambridge, MA: Harvard University Press.
Connidis, I. A., & Davies, L. (1992). Confidants and companions: Choices in later life. *Journals of Gerontology: Social Sciences, 47,* S115–122.
Connidis, I. A., & McMullin, J. A. (1993). To have or have not: Parent status and the subjective well-being of older men and women. *The Gerontologist, 33,* 630–636.
Connolly, K., & Dalgleish, M. (1989). The emergence of a tool-using skill in infancy. *Developmental Psychology, 25,* 894–912.
Conseil canadien de développement social. (2006). *Le progrès des enfants et des jeunes au Canada: la vie familiale.* Disponible en ligne (site Web consulté le 19 décembre 2006): http://www.ccds.ca/francais.
Cooney, T. M. (1994). Young adults' relations with parents: The influence of recent parental divorce. *Journal of Marriage and the Family, 56,* 45–56.
Coplan, R., Bowker, A., & Cooper, S. (2003). Parenting daily hassles, child temperament and social adjustment in preschool. *Early Childhood Research Quarterly, 18,* 376–395.
Cornelius, M., Goldschmidt, L., Day, N., & Larkby, C. (2002). Alcohol, tobacco and marijuana use among pregnant teenagers: 6-year follow-up of offspring growth effects. *Neurotoxicology & Teratology, 24,* 703–710.
Corr, C. A. (1991-1992). A task-based approach to coping with dying. *Omega, 24,* 81–94.
Corrada, M., Brookmeyer, R., & Kawas, C. (1995). Sources of variability in prevalence rates of Alzheimer's disease. *International Journal of Epidemiology, 24,* 1000–1005.
Corsaro, W., Molinari, L., Hadley, K., & Sugioka, H. (2003). Keeping and making friends: Italian children's transition from preschool to elementary school. *Social Psychology Quarterly, 66,* 272–292.
Corso, J. F. (1987). Sensory-perceptual processes and aging. In K. W. Schaie (Ed.), *Annual Review of Gerontology and Geriatrics* (Vol. 7) (pp. 29–56). New York: Springer.
Corwin, J., Loury, M., & Gilbert, A. N. (1995). Workplace, age, and sex as mediators of olfactory function: Data from the National Geographic smell survey. *Journals of Gerontology: Psychological Sciences, 50B,* P179–186.
Coury, D. (2002). Developmental & behavioral pediatrics. In A. Rudolph, R. Kamei, & K. Overby (Eds.), *Rudolph's fundamental of pediatrics* (3rd ed., pp. 110–124). New York: McGraw-Hill.
Cowan, B. R., & Underwood, M. K. (1995, March). *Sugar and spice and everything nice? A developmental investigation of social aggression among girls.* Paper presented at the biennial meetings of the Society for Research in Child Development, Indianapolis, IN.
Cowan, C. P., Cowan, P. A., Heming, G., & Miller, N. B. (1991). Becoming a family: marriage, parenting, and child development. In P. A. Cowan & M. Hetherington (Eds), *Family transistions* (pp. 79-109). Hillsdale, NJ: Erlbaum.
Cox, M., Paley, B., Burchinal, M., & Payne, C. (1999). Marital perceptions and interactions across the transition to parenthood. *Journal of Marriage & the Family, 61,* 611–625.
Cramer, P. (2000). Defense mechanisms in psychology today. *American Psychologist, 55,* 634-646.
Crick, N. R., & Grotpeter, J. K. (1995). Relational aggression, gender, and social-psychological adjustment. *Child Development, 66,* 710–722.
Crick, N. R., & Grotpeter, J. K. (1996). Children's treatment by peers: Victims of relational and overt aggression. *Development and Psychopathology, 8,* 367-380.
Crick, N., & Dodge, K. (1994). A review and reformulation of social information *processing mechanisms in children's social adjustment. Psychological* Bulletin, 115, 74–101.
Crick, N., & Dodge, K. (1996). Social information-processing mechanisms in reactive and proactive aggression. *Child Development, 67,* 993–1002.
Crittenden, P. M. (1992). Quality of attachment in the preschool years. *Development & Psychopathology, 4,* 209–241.
Crittenden, P. M., Partridge, M. F., & Claussen, A. H. (1991). Family patterns of relationship in normative and dysfunctional families. *Development & Psychopathology, 3,* 491–512.
Crockenberg, S., & Litman, C. (1990). Autonomy as competence in 2-year-olds: Maternal correlates of child defiance, compliance, and self-assertion. *Developmental Psychology, 26,* 961–971.
Csikszentmihalyi, M., & Rathunde, K. (1990). The psychology of wisdom: An evolutionary interpretation. In R. Sternberg (Ed.), *Wisdom: Its nature, origins, and development* (pp. 25–51). Cambridge, England: Cambridge University Press.
Cumming, E. (1975). Engagement with an old theory. *International Journal of Aging and Human Development, 6,* 187–191.
Cumming, E., & Henry, W. E. (1961). *Growing old.* New York: Basic Books.
Cummings, E. M., Hollenbeck, B., Iannotti, R., Radke-Yarrow, M., & Zahn-Waxler, C. (1986). Early organization of altruism and aggression: Developmental patterns and individual differences. In C. Zahn-Waxler, E. M. Cummings, & R. Iannotti (Eds.), *Altruism and aggression* (pp. 165–188). Cambridge, England: Cambridge University Press.

Cunningham, M., Swanson, D., Spencer, M., & Dupree, D. (2003). The association of physical maturation with family hassles among African American adolescent males. *Cultural Diversity & Ethnic Minority Psychology, 9*, 276–288.

Cunningham, W. R., & Haman, K. L. (1992). Intellectual functioning in relation to mental health. In J. E. Birren, R. B. Sloane, & G. D. Cohen (Eds.), *Handbook of mental health and aging* (2nd ed., pp. 340–355). San Diego, CA: Academic Press.

Curran, S., McLanahan, S., & Knab, J. (2003). Does remarriage expand perceptions of kinship support among the elderly? *Social Science Research, 32*, 171–190.

Curyto, K., Chapleski, E., & Lichtenberg, P. (1999). Prediction of the presence and stability of depression in the Great Lakes Native American elderly. *Journal of Mental Health & Aging, 5*, 323–340.

Cushner, K., McClelland, A., & Safford, P. (1992). *Human diversity in education*. New York: McGraw–Hill.

D'Imperio, R., Dubow, E., & Ippolito, M. (2000). Resilient and stress-affected adolescents in an urban setting. *Journal of Clinical Child Psychology, 29*, 129–142.

Dafflon Novelle, A. (2004). Socialisation différentielle des sexes: Quelles influences pour l'avenir des filles et des garçons? In *Le genre en vue*, Conférence suisse des déléguées à l'égalité, Suisse.

Dafflon Novelle, A. (2006). *Filles-garçons: Socialisation différenciée?* Grenoble: Presses universitaires de Grenoble.

Daly, S., & Glenwick, D. (2000). Personal adjustment and perceptions of grandchild behavior in custodial grandmothers. *Journal of Clinical Child Psychology, 29*, 108–118.

Damon, W. (1977). *The social world of the child*. San Francisco: Jossey-Bass.

Damon, W., & Hart, D. (1988). *Self understanding in childhood and adolescence*. New York: Cambridge University Press.

Danby, S., & Baker, C. (1998). How to be masculine in the block area. *Childhood: A Global Journal of Child Research, 5*, 151–175.

Daniels, P., & Weingarten, K. (1988). The fatherhood clock: The timing of parenthood in men's lives. In P. Bronstein & C. P. Cowan (Eds), Fatherhood today: *Men's changing role in the family* (pp. 36-52). New York: Wiley-Interscience.

Das, J. P. (1995). Some thoughts on two aspects of Vygotsky's work. *Educational Psychologist, 30*, 93-97.

Davidson, R. (1994). Temperament, affective style, and frontal lobe asymmetry. In G. Dawson & K. Fischer (Eds.), *Human behavior and the developing brain*. New York: Guilford Press.

Davies, L. (2003). Singlehood: Transitions within a gendered world. *Canadian Journal on Aging, 22*, 343–352.

Davies, P., & Rose, J. (1999). Assessment of cognitive development in adolescents by means of neuropsychological tasks. *Developmental Neuropsychology, 15*, 227–248.

Dawson, J., & Langan, P. (1994). *Murder in families*. Washington, DC: U.S. Department of Justice.

de Graaf, C., Polet, P., & van Staveren, W. A. (1994). Sensory perception and pleasantness of food flavors in elderly subjects. *Journals of Gerontology: Psychological Sciences, 49*, P93–99.

DeAngelis, T. (1997). When children don't bond with parents. *Monitor of the American Psychological Association, 28*, (6) 10–12.

Deater-Deckard, K., Dunn, J., & Lussier, G. (2002). Sibling relationships and social-emotional adjustment indifferent family contexts. *Social Development, 11*, 571-590.

Decker, S., McIntosh, D., Kelly, A., Nicholls, S., & Dear, R. (2001). Comorbidity among individuals classified with attention disorders. *International Journal of Neuroscience, 110*, 43-54.

Deeg, D. J. H., Kardaun, W. P. F., & Fozard, J. L. (1996). Health, behavior, and aging. In J. E. Birren & K. W. Schaie (Eds.), *Handbook of the psychology of aging* (4th ed., pp. 129–149). San Diego, CA: Academic Press.Degirmencioglu, S., Urberg, K., & Tolson, J. (1998). Adolescent friendship networks: Continuity and change over the school year. *Merrill-Palmer Quarterly, 44*, 313–337.

Dekovic, M. (1999). Parent-adolescent conflict: Possible determinants and consequences. *International Journal of Behavioral Development, 23*, 977–1000.

Dekovic, M., & Meeus, W. (1997). Peer relations in adolescence: Effects of parenting and adolescents' self-concept. *Journal of Adolescence, 20*, 163–176.

Dekovic, M., Noom, M., & Meeus, W. (1997). Expectations regarding development during adolescence: Parental and adolescent perceptions. *Journal of Youth & Adolescence, 26*, 253–272.

del Barrio, V., Moreno-Rosset, C., Lopez-Martinez, R., & Olmedo, M. (1997). Anxiety, depression and personality structure. *Personality & Individual Differences, 23*, 327–335.

DeLoache, J. S. (1989). The development of representation in young children. In H. W. Reese (Ed.), *Advances in child development and behavior* (Vol. 22) (pp. 2-37). San Diego, CA: Academic Press.

DeLoache, J. S. (1995). Early understanding and use of symbols: The model model. *Current Directions in Psychological Science, 4*, 109–113.

DeLoache, J. S., & Brown, A. L. (1987). Differences in the memory-based searching of delayed and normally developing young children. *Intelligence, 11*, 277-289.

DeLoache, J. S.,Cassidy, D. J., & Brown, A. L. (1985). Precursors of mnemonic strategies in very young children's memory. *Child Development, 56*, 125-137.

Dempster, F. N. (1981). Memory span: Sources of individual and developmental differences *Psychological Bulletin, 89*, 63-100.

DeMulder, E., Denham, S., Schmidt, M., & Mitchell, J. (2000). Qsort assessment of attachment security during the preschool years: Links from home to school. *Developmental Psycholgy, 36*, 274–282.

Den Ouden, L., Rijken, M., Brand, R., Verloove-Vanhorick, S. P., & Ruys, J. H. (1991). Is it correct to correct? Developmental milestones in 555 "normal" preterm infants compared with term infants. *Journal of Pediatrics, 118*, 399–404.

Denham, S., Blair, K., DeMulder, E., Levitas, J., Sawyer, K., Auerbach-Major, S., & Queenan, P. (2003). Preschool emotional competence: Pathway to social competence. *Child Development, 74*, 238–256.

Denney, N. W. (1982). Aging and cognitive changes. In B. B. Wolman (Ed.), *Handbook of developmental psychology* (pp. 807–827). Englewood Cliffs, NJ: Prentice-Hall.

Denney, N. W. (1984). Model of cognitive development across the life span. *Developmental Review, 4*, 171–191.

Dennis, W. (1960). Causes of retardation among institutional children: Iran. *Journal of Genetic Psychology, 96*, 47–59.

DeRosier, M. E., Kupersmidt, J. B., & Patterson, C. J. (1994). Children's academic and behavioral adjustment as a function of the chronicity and proximity of peer rejection. *Child Development, 65*, 1799-1831.

Detchant, Lord Walton. (1995). Dilemmas of life and death: Part one. *Journal of the Royal Society of Medicine, 88*(311–315).

Deter, H., & Herzog, W. (1994). Anorexia nervosa in a long-term perspective: Results of the Heidelberg-Mannheim study. *Psychosomatic Medicine, 56*, 20–27.

DeVries, R. (1997). Piaget's social theory. *Educational Researcher, 26*, 4-18.

Dezoete, J., MacArthur, B., & Tuck, B. (2003). Prediction of Bayley and Stanford-Binet scores with a group of very low birthweight children. *Child: Care, Health, & Development, 29*, 367–372.

Dgnelie, G., Zorge, I., & McDonald, T. (2000). Lutein improves visual function in some patients with retinal degeneration: A pilot study via the Internet. *Journal of the American Optometric Association, 71*, 147–164.

Diamond, M., & Sigmundson, H. K. (mars 1997). Sex reassignment at birth : A long term review and clinical implications. *Archives of Pediatrics and Adolescent Medicine, 151*, 298-304. Disponible en ligne (site Web consulté le 29 juin 2007).

Dick, D., Rose, R., Viken, R., & Kaprio, J. (2000). Pubertal timing and substance use: Associations between and within families across late adolescence. *Developmental Psychology, 36*, 180–189.

Diehl, L., Vicary, J., & Deike, R. (1997). Longitudinal trajectories of self-esteem from early to middle adolescence and related psychosocial variables among rural adolescents. *Journal of Research on Adolescence, 7*, 393–411.

Digman, J. M. (1994). Child personality and temperament: Does the five-factor model embrace both domains? In C. F. Halverson, Jr., G. A. Kosterman, & R. P. Martins (Eds), *The developing structure of temperament and personality from infancy to adulthood* (pp. 323-38). Hillsdale, NJ: Erlbaum.

DiMario, F. (2002). The nervous system. In A. Rudolph, R. Kamei, & K. Overby (Eds.), Rudolph's fundamental of pediatrics (3rd ed., pp. 796–846). New York: McGraw-Hill.

Dindia, K., & Allen, M. (1992). Sex differences in self-disclosure: A meta-analysis. *Psychological Bulletin, 112*, 106–124.

DiPietro, J., Hodgson, D., Costigan, K., & Johnson, T. (1996). Fetal antecedents of infant temperament. *Child Development, 67*, 2568–2583.

DiPietro, J., Hodgson, D., Costigan, K., Hilton, S., & Johnson, T. (1996). Fetal neurobehavioral development. *Child Development, 67*, 2553–2567.

Dishion, T. J. (1990). The family ecology oa boys' peer relation in middle childhood. *Child Development, 61*, 874-892.

Dishion, T. J., Andrews, D. W., & Crosby, L. (1995). Antisocial boys and their friends in early adolescence: Relationship characteristics, quality, and interactional process. *Child Development, 66*, 139-151.

Dishion, T. J., French, D. C., & Patterson, G. R. (1995). The development and ecology of antisocial behavior. In D. Cicchetti & D. J. Cohen (Eds.), *Developmental psychopathology, Vol. 2: Risk, disorder, and adaptation* (pp. 421–471). New York: Wiley.

Dishion, T. J., Patterson, G. R., Stoolmiller, M., & Skinner, M. L. (1991). Family, school, and behavioral antecedents to early adolescent involvement with antisocial peers. *Developmental Psychology, 27*, 172–180.

Dockett, S., & Smith, I. (1995, March). *Children's theories of mind and their involvement in complex shared pretense*. Paper presented at the biennial meetings of the Society for Research in Child Development, Indianapolis, IN.

Doctoroff, S. (1997). Sociodramatic script training and peer role prompting: Two tactics to promote and sociodramatic play and peer interaction. *Early Child Development & Care, 136*, 27–43.

Dodge, K. (1993). Social-cognitive mechanisms in the development of conduct disorder and depression. *Annual Review of Psychology, 44*, 559–584.

Doh, H., & Falbo, T. (1999). Social competence, maternal attentiveness, and overprotectiveness: Only children in Korea. *International Journal of Behavioral Development, 23*, 149–162.

Dolcini, M.M., Coh, L.D., Adler, N.E., Millstein, S.G., Irwin, C.E., Kegeles, S.M. et Stone, G.C., Adolescent egocentrism and feelings of invulnerability: Are they related? *Journal of early adolescence*, 9, 1989, 409-418.

Dollard, J., Doob, L. W., Miller, N. E., Mowrer, O. H., & Sears, R. R. (1939). *Frustration and aggression*. New Haven, CT: Yale University Press.Psychological Association.

Donlan, C. (1998). *The development of mathematical skills*. Philadelphia: Psychology Press.

Dorais, M., avec la collaboration de S. L. Lajeunesse. (2001). *Mort ou fif. La face cachée du suicide chez les garçons*, coll. Des hommes et des femmes en changement. Montréal: VLB éditeur.

Dorn, L., Dahl, R., Williamson, D., Birmaher, B., Axelson, D., Perel, J., Stull, S., & Ryan, N. (2003). Developmental markers in adolescence: Implications for studies of pubertal processes. *Journal of Youth & Adolescence, 32*, 315–324.

Dornbusch, S. M., Ritter, P. L., Liederman, P. H., Roberts, D. F., & Fraleigh, M. J. (1987). The relation of parenting style to adolescent school performance. *Child Development, 58*, 1244–1257.

Doty, R. L., Shaman, P., Appelbaum, S. L., Bigerson, R., Sikorski, L., & Rosenberg, L. (1984). Smell identification ability: Changes with age. *Science, 226*, 1441–1443.

Downe-Wamboldt, B., & Tamlyn, D. (1997). An international survey of death education trends in faculties of nursing and medicine. *Death Studies, 21*, 177–188.

Doyle, A. B., & Aboud, F. E. (1995). A longitudinal study of white children's racial prejudice as a social-cognitive development. *Merrill-Palmer Quarterly, 41*, 209–228.

Dreman, S., Pielberger, C., & Darzi, O. (1997). The relation of state-anger to self-esteem, perceptions of family structure and attributions of responsibility for divorce of custodial mothers in the stabilization phase of the divorce process. *Journal of Divorce & Remarriage, 28*, 157–170.

Drobnic, S., Blossfeld, H., & Rohwer, G. (1999). Dynamics of women's employment patterns over the family life course: A comparison of the United States and Germany. *Journal of Marriage & the Family, 61*, 133–146.

Due, P., Holstein, B., Lund, R., Modvig, J., & Avlund, K. (1999). Social relations: Network,

Duke, P. M., Carlsmith, J. M., Jennings, D., Martin, J. A., Dornbusch, S. M., Gross, R. T., & Siegel-Gorelick, B. (1982). Educational correlates of early and late sexual maturation in adolescence. *Journal of Pediatrics, 100*, 633–637.

Duncan, G. J. & al. (1998). How much does childhood poverty affect the life chances of chlidren? *American Sociological Review, 63*, 406-423.

Duncan, G., J., Brooks-Gunn, J., & Klebanov, P. K. (1994). Economic deprivation and early childhood development. *Child Development, 65*, 296-318.

Duncan, M., Stayton, C., & Hall, C. (1999). Police reports on domestic incidents involving intimate partners: Injuries and medical help-seeking. *Women & Health, 30*, 1–13.

Dunn, J. (1992). Siblings and development. *Current Directions in Psychological Science, 1*, 6-9.

Dunn, J. (1994). Experience and understanding of emotions, relationships, and membership in a particular culture. In P. Ekman & R. J. Davidson (Eds.), *The nature of emotion: Fundamental questions* (pp. 352–355). New York: Oxford University Press.

Dunn, J., & McGuire, S. (1994). Young children's nonshared experiences: A summary of studies in Cambridge and Colorato. In E. M. Hetherington, D. Reiss, & R. Plomin (Eds.), *Separate social worlds of siblings: The impact of nonshared environment on development* (pp 111-128). Hillsdale, NJ: Erlaum.

Dunphy, D. C. (1963). The social structure of urban adolescent peer groups. *Sociometry, 26*, 230–246.

Dura, J. R., & Kiecolt-Glaser, J. K. (1991). Family transitions, stress, and health. In P. A. Cowan & M. Hetherington (Eds.), *Family transitions* (pp. 59–76). Hillsdale, NJ: Erlbaum.

Durlak, J. A. (1972). Relationship between attitudes toward life and death among elderly women. *Developmental Psychology, 8*, 146.

Durston, S., Pol, H., Casey, B., Giedd, J., Buitelaar, J., & van Engeland, H. (2001). Anatomical MRI of the developing human brain: What have we learned? *Journal of the American Academy of Child and Adolescent Psychiatry, 40*, 1012-1020.

Dutch Senate OKs doctor-assisted suicide. (2001, April 11). *Houston Chronicle*, p. 16A.

Dyregrov, A., Gjestad, R., Bie Wikander, A., & Vigerust, S. (1999). Reactions following the sudden death of a classmate. *Scandinavian Journal of Psychology, 40*, 167–176.

Earles, J. L., & Salthouse, T. A. (1995). Interrelations of age, health, and speed. *Journals of Gerontology: Psychological Sciences, 50B*, P33–41.

Easterbrooks, M. A., Davidson, C. E., & Chazon, R. (1993). Psychosocial risk, attachment, and behavior problems among school-aged children. *Development and Psychopathology, 5*, 389-402.

Egan, S. K., & Perry, D. G. (1998). Does low self-regard invite victimization? *Developmental Psychology, 34*, 299–309.

Eichorn, D. H., Clausen, J. A., Haan, N., Honzik, M.P., & Mussen, P. H. (Eds.). (1981). *Present and past in middle life*. New York: Academic Press.

Eisenberg, N. (1992). *The caring child*. Cambridge, MA: Harvard University Press.

Eisenberg, N. (2000). Emotion, regulation, and moral development. *Annual Review of Psychology, 51*, 665–697.

Eisenberg, N., Fabes, R. A., Murphy, B., Karbon, M., Smith, M., & Maszk, P. (1996b). The relations of children's dispositional empathy-related responding to their emotionality, regulation, and social functioning. *Developmental Psychology, 32*, 195–209.

Eisenberg, N., Fabes, R. A., Murphy, B., Maszk, P., Smith, M., & Karbon, M. (1995). The role of emotionality and regulation in children's social functioning: A longitudinal study. *Child Development, 66*, 1360–1384.

Eisenberg, N., Guthrie, I., Murphy, B., Shepard, S., et al. (1999). Consistency and development of prosocial dispositions: A longitudinal study. *Child Development, 70*, 1360–1372.

Eisenberger, N. (2003). Does rejection hurt? An fMRI study of social exclusion. *Science, 302*, 290–292.

Elizur, Y., & Mintzer, A. (2003). Gay males' intimate relationship quality: The roles of attachment security, gay identity, social support, and income. *Personal Relationships, 10*, 411–435.

Elkind, D. (1967). Egocentrism in adolescence. *Child Development, 38*, 1025–1034.

Elkind, D. (1985). Egocentrism redux, *Developmental Review*, 5, 1967, 218-226.

Elliott, D., Mok, D., & Briere, J. (2004). Adult sexual assault: Prevalence, symptomatology, and sex differences in the general population. *Journal of Traumatic Stress, 17*, 203–211.

Ellsworth, C. P., Muir, D. W., & Hains, S. M. J. (1993). Social competence and person-object differentiation: An analysis of the still-face effect. *Developmental Psychology, 29*, 63–73.

Emanuel, E., Fairclough, D., Clarridge, B., Blum, D., Bruera, E., Penley, W., Schnipper, L., & Mayer, R. (2000). Attitudes and practices of U. S. oncologists regarding euthanasia and physician-assisted suicide. *Annals of Internal Medicine, 133*, 527–532.

Emde, R. N., Plomin, R., Robinson, J., Corley, R., DeFries, J., Fulker, D. W., Reznick, J. S., Campos, J., Kagan, J., & Zahn-Waxler, C. (1992). Temperament, emotion, and cognition at fourteen months: The MacArthur longitudinal twin study. *Child Development, 63*, 1437–1455.

Emery, R., & Laumann-Billings, L. (1998). An overview of the nature, causes, and consequences of abusive family relationships: Toward differentiating maltreatment and violence. *American Psychologist, 53*, 121–135.

Émond, A., Pica, L., & Dubé, G. (2006). *Enquête québécoise sur le tabac, l'alcool, la drogue et le jeu chez les élèves du secondaire*. Institut de la statistique du Québec.

Epstein, S., (1991). Cognitive-experiential self theory: Implications for developmental psychology. In M. R. Gunnar & L. A. Sroufe (Eds), *The Minnesota symposia on Child development* (Vol. 23) (pp. 79-123). Hillsdale, NJ: Erlbaum.

Ericsson, K. A., & Crutcher, R. J. (1990). The nature of exceptional performance. In P. B. Baltes, D. L. Featherman, & R. M. Lerner (Eds.), *Life-span development and behavior* (Vol. 10) (pp. 188–218). Hillsdale, NJ: Erlbaum.

Erikson, E. H. (1950). *Childhood and society*. New York: Norton.

Erikson, E. H. (1959). *Identity and the life cycle*. New York: Norton (reissued, 1980).

Erikson, E. H. (1963). *Childhood and society* (2nd ed.). New York: Norton.

Erikson, E. H. (1974). *Enfance et société* (5th ed.). Neuchâtel: Delachaux et Niestlé.

Erikson, E. H. (1980a). *Identity and the life cycle*. New York: Norton (originally published 1959).

Erikson, E. H. (1980b). Themes of adulthood in the Freud-Jung correspondence. In N. J. Smelser & E. Erikson (Eds.), *Themes of work and love in adulthood* (pp. 43–76). Cambridge, MA: Harvard University Press.

Erikson, E. H. (1982). *The life cycle completed*. New York: Norton.

Erikson, E. H., Erikson, J. M., & Kivnick, H. Q. (1986). *Vital involvement in old age*. New York: Norton.

Eron, L. D., Huesmann, L. R., & Zelli, A. (1991). The role of parental variables in the learning of aggression. In D. J. Pepler & K. H. Rubin (Eds.), *The development and treatment of childhood aggression* (pp. 169–188). Hillsdale, NJ: Erlbaum.

Eslea, M., Menesini, E., Morita, Y., O'Moore, M., Mora-Merchan, J., Pereira, B., & Smith, P. (2004). Friendship and loneliness among bullies and victims: Data from seven countries. *Aggressive Behavior, 30*, 71–83.

Evans, G. W. (2004). The environment of childhood poverty. *American Psychologist, 59*, 77-92.

Evans, R. I. (1969). *Dialogue with Erik Erikson*. New York: Dutton.

Ex, C., & Janssens, J. (1998). Maternal influences on daughters' gender role attitudes. *Sex Roles, 38*, 171–186.

Eyetsemitan, F. (1998). Stifled grief in the workplace. *Death Studies, 22*, 469–479.

Fabes, R. A., Knight, G. P., & Higgins, D. A. (1995, March). *Gender differences in aggression: A meta-analytic reexamination of time and age effects*. Paper presented at the biennial meetings of the Society for Research in Child Development, Indianapolis, IN.

Fagan, J. (2000). A theory of intelligence as processing: Implications for society. *Psychology, Public Policy, & Law, 6*, 168–179.

Fagan, J. F., & Detterman, D. K. (1992). The Fagan Test of Infant Intelligence: A technical summary. *Journal of Applied Developmental Psychology, 13*, 173–193.

Fagan, J. F., III (1992). Intelligence: A theorical viewpoint. *Current Directories in Psychological Science, 1*, 82-86.

Fagard, J., & Jacquet, A. (1989). Onset of bimanual coordination and symmetry versus asymmetry of movement. *Infant Behavior & Development, 12*, 229–235.

Fagot, B. I., & Hagan, R. (1991). Observations of parent reactions to sex-stereotyped behaviors: Age and sex effects. *Child Development, 62*, 617–628.

Fagot, B. I., & Leinbach, M. D. (1993). Gender-role development in young children: From discrimination to labeling. *Developmental Review, 13*, 205–224.

Fahle, M., & Daum, I. (1997). Visual learning and memory as functions of age. *Neuropsychologia, 35*, 1583–1589.

Fahrenfort, J., Jacobs, E., Miedema, S., & Schweizer, A. (1996). Signs of emotional disturbance three years after early hospitalization. *Journal of Pediatric Psychology, 21*, 353–366.

Falbo, T. (1992). Social norms and one-child family: Clinical and policy limitations. In F. Boer & J. Dunn (Eds.), *Children's sibling relationships* (pp. 71–82). Hillsdale, NJ: Erlbaum.

Fantuzzo, J., Sekino, Y., & Cohen, H. (2004). An examination of the contributions of interactive peer play to salient classroom competencies for urban Head Start children. *Psychology in the Schools, 41*, 323–336.

Farnham-Diggory, S. (1992). *The learning-disabled child*. Cambridge, MA: Harvard University Press.

Farrant, K., & Reese, E. (2000). Maternal style and children's participation in reminiscing: Stepping stones in children's autobiographical memory development. *Journal of Cognition and Development, 1*, 193-225.

Farver, J. (1996). Aggressive behavior in preschoolers' social networks: Do birds of a feather flock together? *Early Childhood Research Quarterly, 11*, 333–350.

Fearon, I., Hains, S., Muir, D., & Kisilevsky, B. (2002). Development of tactile responses in human preterm and full-term infants from 30 to 40 weeks postconceptional age. *Infancy, 3*, 31–51.

Federal Interagency Forum on Aging-Related Statistics (FIFARS). (2000). *Older Americans 2000: Key indicators of well-being*. Retrieved February 7, 2001 from the World Wide Web: http://www.agingstats.gov/chartbook2000

Feinberg, M., & Hetherington, E. (2001). Differential parenting as a within-family variable. *Journal of Family Psychology, 13*, 22-37.

Feiring, C. (1999). Other-sex friendship networks and the development of romantic relationships in adolescence. *Journal of Youth & Adolescence, 28*, 495–512.

Feld, S., & George, L. K. (1994). Moderating effects of prior social resources on the hospitalizations of elders who become widowed. *Aging and Health, 6*, 275–295

Feldman, R. (2003). Paternal socio-psychological factors and infant attachment: The mediating role of synchrony in father-infant interactions. *Infant Behavior & Development, 25*, 221–236.

Feldman, R., & Eidelman, A. (2003). Skin-to-skin contact (kangaroo care) accelerates autonomic and neurobehavioural maturation in preterm infants. *Developmental Medicine & Child Neurology, 45*, 274–281.

Fenn, D., & Ganzini, L. (1999). Attitudes of Oregon psychologists toward physician-assisted suicide and the Oregon Death With Dignity Act. *Professional Psychology: Research and Practice, 30*, 235–244.

Fenson, L., Dale, P. S., Reznick, J. S., Bates, E., Thal, D. J., & Pethick, S. J. (1994). Variability in early communicative development. *Monographs of the Society for Research in Child Development, 59*(5, Serial No. 242).

Fiatarone, M. A., & Evans, W. J. (1993). The etiology and reversibility of muscle dysfunction in the aged. *Journals of Gerontology, 48* (Special Issue), 77–83.

Field, T. (1995). Psychologically depressed parents. In M. H. Bornstein (Ed.), *Handbook of parenting, Vol. 4: Applied and practical parenting* (pp. 85–99). Mahwah, NJ: Erlbaum.

FIFARS, *voir* Federal Interagency Forum on Aging-Related Statitics.

Fischer, K., & Rose, S. (1994). Dynamic development of coordination of components in brain and behavior: A framework for theory and research. In K. Fischer & G. Dawson (Eds.), *Human behavior and the developing brain* (pp. 3–66). New York: Guilford Press.

Fish, M., Stifter, C. A., & Belsky, J. (1991). Conditions of continuity and discontinuity in infant negative emotionality: Newborn to five months. *Child Development, 62*, 1525–1537.

Fisher, C. (2000). Mood and emotions while working: Missing pieces of job satisfaction? *Journal of Organizational Behavior, 21*, 185–202.

Fitzgerald, B. (1999). Children of lesbian and gay parents: A review of the literature. *Marriage & Family Review, 29*, 57–75.

Fitzgerald, D., & White, K. (2003). Linking children's social worlds: Perspective-taking in parent-child and peer contexts. *Social Behavior & Personality, 31*, 509–522.

Fitzgerald, M. (2004). The case of Robert Walser (1978-1956). *Irish Journal of Psychological Medicine, 21*, 138-142.

Flannery, D. J., Montemayor, R., & Eberly, M. B. (1994). The influence of parent negative emotional expression on adolescents' perceptions of their relationships with their parents. *Personal Relationships, 1*, 259–274.

Flavell, J. H. (1985). *Cognitive development* (2nd ed.). Englewood Cliffs, NJ: Prentice-Hall.

Flavell, J. H. (1986). The development of children's knowledge about the appearance-reality distinction. *American Psychologist, 41*, 418–425.

Flavell, J. H. (1993). Young children's understanding of thinking and consciousness. *Current Directions in Psychological Science, 2*, 40–43.

Flavell, J. H., Everett, B. A., Croft, K., & Flavell, E. R. (1981). Young children's knowledge about visual perception: Further evidence for the Level 1–Level 2 distinction. *Developmental Psychology, 17*, 99–103.

Flavell, J. H., Green, F. L., & Flavell, E. R. (1989). Young children's ability to differentiate appearance-reality and level 2 perspectives in the tactile modality. *Child Development, 60*, 201–213.

Flavell, J. H., Green, F. L., & Flavell, E. R. (1990). Developmental changes in young children's knowledge about the mind. *Cognitive Development, 5*, 1–27.

Flavell, J. H., Green, F. L., Flavell, E. R., & Grossman, J. B. (1997). The development of children's knowledge about inner speech. *Child Development, 68*, 39-47.

Flavell, J. H., Green, F. L., Wahl, K. E., & Flavell, E. R. (1987). The effects of question clarification and memory aids on young children's performance on appearance-reality tasks. *Cognitive Development, 2*, 127–144.

Flavell, J. H., Zhang, X.-D., Zou, H., Dong, Q., & Qi, S. (1983). A comparison of the appearance-reality distinction in the People's Republic of China and the United States. *Cognitive Psychology, 15*, 459–466.

Floyd, F., Stein, T., Harter, K., Allison, A., et al. (1999). Gay, lesbian, and bisexual youths: Separation-individuation, parental attitudes, identity consolidation, and well-being. *Journal of Youth & Adolescence, 28*, 705–717.

Fordham, K., & Stevenson-Hinde, J. (1999). Shyness, friendship quality, and adjustment during middle childhood. *Journal of Child Psychology & Psychiatry & Allied Disciplines, 40*, 757–768.

Forsell, Y., & Winblad, B. (1999). Incidence of major depression in a very elderly population. *Journal of Geriatric Psychiatry, 14*, 368–372.

Forte, C., & Hansvick, C. (1999). Applicant age as a subjective employability factor: A study of workers over and under age fifty. *Journal of Employment Counseling, 36*, 24–34.

Foulder-Hughes, L., & Cooke, L. (2003a). Do mainstream schoolchildren who were born preterm have motor problems? *British Journal of Occupational Therapy, 66*, 9–16.

Foulder-Hughes, L., & Cooke, R. (2003b). Motor, cognitive, and behavioural disorders in children born very preterm. *Developmental Medicine & Child Neurology, 45*, 97–103.

Fouquereau, E., & Baudoin, C. (2002). The Marital Satisfaction Questionnaire for Older Persons: Factor structure in a French sample. *Social Behavior & Personality, 30*, 95–104.

Fox, N. A., Kimmerly, N. L., & Schafer, W. D. (1991). Attachment to mother/attachment to father: A meta-analysis. *Child Development, 62*, 210–225.

Fox, N., Henderson, H., Rubin, K., Calkins, S., & Schmidt, L. (2001). Continuity and discontinuity of behavioral inhibition and exuberance: Psychophysiological and behavioral influences across the first four years of life. *Child Development, 72*, 1–21.

Fozard, J. L. (1990). Vision and hearing in aging. In J. E. Birren & K. W. Schaie (Eds.), *Handbook of the psychology of aging* (3rd ed., pp. 150–171). San Diego, CA: Academic Press.

Fozard, J. L., Metter, E. J., & Brant, L. J. (1990). Next steps in describing aging and disease in longitudinal studies. *Journals of Gerontology: Psychological Sciences, 45*, P116–127.

Franche, R., & Bulow, C. (1999). The impact of a subsequent pregnancy on grief and emotional adjustment following a perinatal loss. *Infant Mental Health Journal, 20*, 175–187.

Francis, L. (1997). Ideology and interpersonal emotion management: Redefining identity in two support groups. *Social Psychology Quarterly, 60*, 153–171.

Francis-Smythe, J., & Smith, P. (1997). The psychological impact of assessment in a development center. *Human Relations, 50*, 149–167.

Franco, N., & Levitt, M. (1998). The social ecology of middle childhood: Family support, friendship quality, and self-esteem. *Family Relations: Interdisciplinary Journal of Applied Family Studies, 47*, 315–321.

Fredricks, J., & Eccles, J. (2005). Family socialization, gender, and sport motivation and involvement. *Journal of Sport & Exercise Psychology, 27*, 3-31.

Frey, K. S., & Ruble, D. N. (1992). Gender constancy and the "cost" of sex-typed behavior: A test of the conflict hypothesis. *Developmental Psychology, 28*, 714–721.

Frick, P., Christian, R., & Wooton, J. (1999). Age trends in association between parenting practices and conduct problems. *Behavior Modification, 23*, 106–128.

Funk, J., & Buchman, D. (1999). Playing violent video and computer games and adolescent self-concept. *Journal of Communication, 46*, 19–32.

Funk, J., Buchman, D., Jenks, J., & Bechtoldt, H. (2003). Playing violent video games, desensitization, and moral evaluation in children. *Journal of Applied Developmental Psychology, 24*, 413–436.

Funk, J., Buchman, D., Myers, B., & Jenks, J. (2000, August). *Asking the right questions in research on violent electronic games*. Paper presented at the annual meeting of the American Psychological Association, Washington, DC.

Furnham, A. (1999). Economic socialization: A study of adults' perceptions and uses of allowances (pocket money) to educate children. *British Journal of Developmental Psychology, 17*, 585–604.

Furstenberg, F. F., Jr., & Hughes, M. E. (1995). Social capital and successful development among at-risk youth. *Journal of Marriage and the Family, 57*, 580-592.

Gaillard, W., Hertz-Pannier, L., Mott, S., Barnett, A., LeBihan, D., & Theodore, W. (2000). Functional anatomy of cognitive development: fMRI of verbal fluency in children and adults. *Neurology, 54*, 180–185.

Gainey, R., Catalano, R., Haggerty, K., & Hoppe, M. (1997). Deviance among the children of heroin addicts in treatment: Impact of parents and peers. *Deviant Behavior, 18*, 143–159.

Galanaki, E. (2004). Teachers and loneliness: The children's perspective. *School Psychology International, 25*, 92–105.

Gallagher, A., Frith, U., & Snowling, M. (2000). Precursors of literacy delay among children at genetic risk of dyslexia. *Journal of Child Psychology & Psychiatry & Allied Disciplines, 41*, 202–213.

Gallagher, S. K. (1994). Doing their share: Comparing patterns of help given by older and younger adults. *Journal of Marriage and the Family, 56*, 567–578.

Gallagher, W. (1993, May). Midlife myths. *The Atlantic Monthly*, pp. 51–68.

Gallagher-Thompson, D., Futterman, A., Farberow, N., Thompson, L. W., & Peterson, J. (1993). The impact of spousal bereavement on older widows and widowers. In M. S. Stroebe, W. Stroebe, & R. O. Hansson (Eds.), *Handbook of bereavement: Theory, research, and intervention* (pp. 227–239). Cambridge, England: Cambridge University Press.

Gallagher-Thompson, D., Tazeau, Y., & Basilio L. (1997). The relationships of dimensions of acculturation to self-reported depression in older Mexican-American women. *Journal of Clinical Geropsychology, 3*, 123–137.

Gallo, W., Bradley, E., Siegel, M., & Kasl, S. (2000). Health effects of involuntary job loss among older workers: Findings from the health and retirement survey. Journals of Gerontology: Series B: *Psychological Sciences & Social Sciences, 55B*, S131–S140.

Galloway, J., & Thelen, E. (2004). Feet first: Object exploration in young infants. *Infant Behavior & Development, 27*, 107–112.

Garbarino, J., Dubrow, N., Kostelny, K., & Pardo, C. (1992). *Children in danger: Coping with the consequences of community violence:* San Francisco: Jossey-Bass.

Garbarino, J., Kostelny, K., & Dubrow, N. (1991). *No place to be a child: Growing up in a war zone*. Lexington, MA: Lexington Books.

Garcia, G., & Miller, R. (2001). Single-cell analyses reveal two defects in peptide-specific activation of naive T cells from aged mice. *Journal of Immunology, 166*, 3151–3157.

Gardner, H. (1983). *Frames of mind: The theory of multiple intelligence*. New York: Basic Books.

Gardner, H., Kornhaber, M. L., & Wake, W. (1996). *Intelligence: Multiple perspectives*. Thompson Learning.

Garland, A. F., & Zigler, E. (1993). Adolescent suicide prevention: Current research and social policy implications. *American Psychologist, 48*, 169–182.

Garmezy, N. (1993). Vulnerability and resilience. In D. C. Funder, R. D. Parke, C. Tomlinson-Keasey, & K. Widaman (Eds.), *Studying lives through time: Personality and development* (pp. 377–398). Washington, DC: American Psychological Association.

Garmezy, N., & Masten, A. S. (1991). The protective role of competence indicators in children at risk. In E. M. Cummings, A. L. Green, & K. H. Karraker (Eds), *Life-span developmental psychology: Perspective on stress and coping* (pp. 151-174). Hillsdale, NJ: Erlbaum.

Garmezy, N., & Rutter, M. (Eds.). (1983). *Stress, coping, and development in children*. New York: McGraw-Hill.

Garn, S. M. (1980). Continuities and change in maturational timing. In O. G. Brim, Jr. & J. Kagan (Eds.), *Constancy and change in human development* (pp. 113–162). Cambridge, MA: Harvard University Press.

Garner, C. (1995). Infertility. In C. I. Fogel & N. F. Woods (Eds.), *Women's health care* (pp. 611–628). Thousand Oaks, CA: Sage.

Garner, R., et Alexandre, P.A. Metacognition: Answered and unanswered questions, *Educational Psychologist*, 24, 1989, 143-158.

Gartstein, M., & Rothbart, M. (2003). Studying infant temperament via the revised infant behavior questionnaire. *Infant Behavior & Development, 26*, 64–86.

Gatz, M., Kasl-Godley, J. E., & Karel, M. J. (1996). Aging and mental disorders. In J. E. Birren & K. W. Schaie (Eds.), *Handbook of the psychology of aging* (4th ed.) (pp. 365–381). San Diego, CA: Academic Press.

Gauntlett-Gilbert, J., Keegan, A., & Petrak, J. (2004). Drug-facilitated sexual assault: Cognitive approaches to treating the trauma. *Behavioral & Cognitive Psychotherapy, 32,* 211.

Ge, X., & Conger, R. (1999). Adjustment problems and emerging personality characteristics from early to late adolescence. *American Journal of Community Psychology, 27,* 429–459.

Gelman, R. (1972). Logical capacity of very young children: Number invariance rules. *Child Development, 43,* 75–90.

Gentile, D., Lynch, P., Linder, J., & Walsh, D. (2004). The effects of violent video game habits on adolescent hostility, aggressive behaviors, and school performance. *Journal of Adolescence, 27,* 5–22.

Gentile, G. (2005). *Products placed liberally in video games.* Retrieved July 23, 2005, from http://www.spinwatch.org/modules.php?name=News&file=article&sid+1011

George, L. K. (1996). Social factors and illness. In R. H. Binstock & L. K. George (Eds), *Handbook of aging and the social sciences* (4th ed.) (pp. 229-252). San Diego, CA: Academic Press.

Gerhardstein, P., Liu, J., & Rovee-Collier, C. (1998). Perceptual constraints on infant memory retrieval. *Journal of Experimental Child Psychology, 69,* 109–131.

Giambra, L. M., Arenberg, D., Zonderman, A. B., Kawas, C., & Costa, P. T., Jr. (1995). Adult life span changes in immediate visual memory and verbal intelligence. *Psychology & Aging, 10,* 123–139.

Gibbs, R., & Beitel, D. (1995). What proverb understanding reveals about how people think. *Psychological Bulletin, 118,* 133–154.

Gibson, D. R. (1990). Relation of socioeconomic status to logical and sociomoral judgment of middle-aged men. *Psychology and Aging, 5,* 510–513.

Giles, J., & Heyman, G. (2005). Young children's beliefs about the relationship between gender and aggressive behavior. *Child Development, 76,* 207-121.

Gillberg, C., Melander, H., von Knorring, A., Janols, L., Thernlund, G., Hägglöf, B., Eidevall-Wallin, L., Gustafsson, P., & Kopp, S. (1997). Long-term stimulant treatment of children with attention-deficit hyperactivity disorder symptoms: A randomized, double-blind, placebo-controlled trial. *Archives of General Psychiatry, 54,* 857-864.

Gilligan, C. (1982a). New maps of development: New visions of maturity. *American Journal of Orthopsychiatry, 52,* 199-212.

Gilligan, C. (1982b). *In a different voice: Psychological theory and women's development.* Cambridge, MA: Harvard University Press.

Gilligan, C. (1987). Adolescent development reconsidered. *New Directions for Child Development, 37,* 63-92.

Gilligan, C., & Wiggins, G. (1987). The origins of morality in early childhood relationships. In J. Kagan & S. Lamb (Eds.), *The emergence of morality in young children* (pp. 277–307). Chicago: University of Chicago Press.

Glaser, D. (2000). Child abuse and neglect and the brain-a review. *Journal of Child Psychology & Psychiatry & Allied Disciplines, 41,* 97–116.

Glass, J., & Kilpatrick, B. (1998). Gender comparisons of baby boomers and financial preparation for retirement. *Educational Gerontology, 24,* 719–745.

Glazer, H. (1998). Expressions of children's grief: A qualitative study. *International Journal of Play Therapy, 7,* 51–65.

Glenn, N. D. (1990). Quantitative research on marital quality in the 1980s: A critical review. *Journal of Marriage and the Family, 52,* 818–831.

Glenn, N. D., & Weaver, C. N. (1985). Age, cohort, and reported job satisfaction in the United States. In A. S. Blau (Ed.), *Current perspectives on aging and the life cycle. A research annual: Vol. 1. Work, retirement and social policy* (pp. 89–110). Greenwich, CT.

Gloger-Tippelt, G., & Huerkamp, M. (1998). Relationship change at the transition to parenthood and security of infant-mother attachment. *International Journal of Behavioral Development, 23,* 633–655.

Gnepp, J., & Chilamkurti, C. (1988). Children's use of personality attributions to predict other people's emotional and behavioral reactions. *Child Development, 50,* 743–754.

Gold, D. (1996). Continuities and discontinuities in sibling relationships across the life span. In V. I. Bengtson (Ed.), *Adulthood and aging: Research on continuities and discontinuities.* New York: Springer.

Gold, D. P., Andres, D., Etezadi, J., Arbuckle, T., Schwartzman, A., & Chaikelson, J. (1995). Structural equation model of intellectual change and continuity and predictors of intelligence in older men. *Psychology & Aging, 10,* 294–303.

Goldberg, W. A. (1990). Marital quality, parental personality, and spousal agreement about perceptions and expectations for children. *Merrill-Palmer Quarterly, 36,* 531–556.

Goldfield, B. A., & Reznick, J. S. (1990). Early lexical acquisition: Rate, content, and the vocabulary spurt. *Journal of Child Language, 17,* 171–183.

Goldman, L. S., Genel, M., Bezman, R. J., & Slanetz, P. J. (1998). Diagnosis and treatment of attention-deficit/hyperactivity disorder in children and adolescents. *Journal of the American Medical Association, 279,* 1100-1107.

Goldsmith, H. H., Buss, K. A., & Lemery, K. S. (1995, March). *Toddler and childhood temperament: Expanded content, stronger genetic evidence, new evidence for the importance of environment.* Paper presented at the biennial meetings of the Society for Research in Child Development, Indianapolis, IN.

Goldsmith, H. H., Gottesman, I. I., & Lemery, K. S. (1997). Epigenetic approaches to developmental psychopathology. *Development and Psychopathology, 9,* 365-387.

Gollan, T., & Silverberg, N. (2001). Tip-of-the-tongue states in Hebrew-English bilinguals. *Bilingualism: Language & Cognition, 4,* 63–83.

Golombok, S., & Fivush, R. (1994). *Gender development.* Cambridge, England: Cambridge University Press.

Gomez, R., Bounds, J., Holmberg, K., Fullarton, C., & Gomez, A. (1999). Effects of neuroticism and avoidant coping style on maladjustment during early adolescence. *Personality & Individual Differences, 26,* 305–319.

Goodenough, F. L. (1931). *Anger in young children.* Minneapolis: University of Minnesota Press.

Gopnik, A., & Astington, J. W. (1988). Children's understanding of representational change and its relation to the understanding of false belief and the appearance-reality distinction. *Child Development, 59,* 26–37.

Gothelf, D., Apter, A., Brand-Gothelf, A., Offer, N., Ofek, H., Tyano, S., & Pfeffer, C. (1998). Death concepts in suicidal adolescents. *Journal of the American Academy of Child & Adolescent Psychiatry, 37,* 1279–1286.

Gottesman, I. I., & Goldsmith, H. H. (1994). Developmental psychopathology of antisocial behavior: Inserting genes into its ontogenesis and epigenesis. In C. A. Nelson (Ed.), *The Minnesota Symposia on Child Psychology* (Vol. 27) (pp. 69104). Hillsdale, NJ: Erlbaum.

Gottlob, L., & Madden, D. (1999). Age differences in the strategic allocation of visual attention. *Journals of Gerontology: Series B: Psychological Sciences & Social Sciences, 54B,* P165–P172.

Gottman, J. M. (1994a). *What predicts divorce? The relationship between marital processes and marital outcomes.* Hillsdale, NJ: Erlbaum.

Gould, E., Reeves, A., Graziano, M., & Gross, C. (1999). Neurogenesis in the neocortex of adult primates. *Science, 286,* 548–552.

Graber, J. A., Brooks-Gunn, J., Paikoff, R. L., & Warren, M. P. (1994). Prediction of eating problems: An 8-year study of adolescent girls. *Developmental Psychology, 30,* 823–834.

Gralinski, J. H., & Kopp, C. B. (1993). Everyday rules for behavior: Mothers' requests to young children. *Developmental Psychology, 29,* 573–584.

Gray, A., Berlin, J. A., McKinlay, J. B., & Longcope, C. (1991). An examination of research design effects on the association of testosterone and male aging: Results of a meta-analysis. *Journal of Clinical Epidemiology, 44,* 671–684.

Green, S. (2001). Systemic vs. individualistic approaches to bullying. *Journal of the American Medical Association, 286,* 787.

Greenberg, M. T., Siegel, J. M., & Leitch, C. J. (1983). The nature and importance of attachment relationships to parents and peers during adolescence. *Journal of Youth and Adolescence, 12,* 373–386.

Greenberg, M. T., Speltz, M. L., & DeKlyen, M. (1993). The role of attachment in the early development of disruptive behavior problems. *Development & Psychopathology, 5,* 191–213.

Greenfield, P. (1994). Video games as cultural artifacts. *Journal of Applied Developmental Psychology, 15,* 3–12.

Greenfield, P., Brannon, C., & Lohr, D. (1994). Two-dimensional representation of movement through three-dimensional space: The role of video game expertise. *Journal of Applied Developmental Psychology, 15,* 87–104.

Greer, S. (1991). Psychological response to cancer and survival. *Psychological Medicine, 21,* 43–49.

Greer, S., Morris, T., & Pettingale, K. W. (1979). Psychological response to breast cancer: Effect on outcome. *Lancet,* 785–787.

Grossman, A., Daugelli, A., & Hershberger, S. (2000). Social support networks of lesbian, gay, and bisexual adults 60 years of age and older. *Journals of Gerontology: Series B: Psychological Sciences & Social Sciences, 55B,* P171–P179.

Grusec, J. E. (1992). Social learning theory and developmental psychology: The Legacy of Robert Sears and Albert Bandura. *Developemental Psychology, 28,* 776-786.

Guerin, D. W., & Gottfried, A. W. (1994a). Developmental stability and change in parent reports of temperament: A ten-year longitudinal investigation from infancy through preadolescence. *Merrill-Palmer Quarterly, 40,* 334–355.

Guerin, D. W., & Gottfried, A. W. (1994b). Temperamental consequences of infant difficultness. *Infant Behavior and Development, 17,* 413–421.

Guesry, P. (1998). The role of nutrition in brain development. *Preventive Medicine, 27,* 189–194.

Gunnar, M. R. (1994). Psychoendocrine studies of temperament and stress in early childhood: Expanding current models. In J. E. Bates & T. D. Wachs (Eds.), *Temperament: Individual differences at the interface of biology and behavior* (pp. 175–198). Washington, DC: American Psychological Association.

Gunnar, M., Sebanc, A., Tout, K., Donzella, B., & Van Dulmen, M. (2003). Peer rejection, temperament, and cortisol activity in preschoolers. *Developmental Psychobiology, 43,* 346–358.

Gunther, M. (1955). Instinct and the learning couple. *Lancet, 1,* 575.

Gunther, M. (1961). Infant behavior at the breast. In B. Foss (Ed.), *Determinants of infant behavior* (pp. 37–44). London: Methuen.

Guralnik, J. M., & Kaplan, G. A. (1989). Predictors of healthy aging: Prospective evidence from the Alameda County Study. *American Journal of Public Health, 79,* 703–708.

Guralnik, J. M., & Paul-Brown, D. (1984). Communicative adjustments during behavior-request episodes among children at different developmental levels. *Child Development, 55,* 911–919.

Guralnik, J. M., Simonsick, E. M., Ferrucci, L., Glynn, R. J., Berkman, L. F., Blazer, D. G., Scherr, P. A., & Wallace, R. B. (1994). A short physical performance battery assessing lower extremity function: Association with self-reported disability and prediction of mortality and nursing home admission. *Journals of Gerontology: Medical Sciences, 49,* M85–94.

Gurland, B., Wilder, D., Lantiga, R., Stern, Y., Chen, J., Killeffer, E., & Mayeux, R. (1999). Rates of dementia in three ethnoracial groups. *International Journal of Geriatric Psychiatry, 14,* 481–493.

Gurnáková, J., & Kusá, D. (2004). Gender self-concept in personal theories of reality. *Studia Psychologica, 46,* 49–61.

Gutmann, D. (1975). Parenthood: A key to the comparative study of the life cycle. In N. Datan & L. H. Ginsberg (Eds), *Life-span developmental psychology: Normative life crises* (pp. 167-184). New York: Academic Press.

Gzesh, S. M., & Surber, C. F. (1985). Visual perspective-taking skills in children. *Child Development, 56,* 1204–1213.

Hagekull, B., & Bohlin, G. (2003). Early temperament and attachment as predictors of the Five Factor Model of personality. *Attachment & Human Development, 5,* 2–18.

Hagestad, G. O. (1986). Dimensions of time and the family. *American Behavioral Scientist, 29,*

Hagestad, G. O. (1990). Social perspectives on the life course. In R. H. Binstock & L. K. George (Eds.), *Handbook of aging and the social sciences* (3rd ed.) (pp. 151–168). San Diego, CA: Academic Press.

Haight, W., Wang, X., Fung, H., Williams, K., et al. (1999). Universal, developmental, and variable aspects of young children's play. *Child Development, 70,* 1477–1488.

Halford, G. S., Maybery, M. T., O'Hare, A. W., & Grant, P. (1994). The development of memory and processing capacity. *Child Development, 65,* 1338–1356.

Hall, G. (2003, September). Primary elective C-section up 20% from 1999 to 2001. *OB/GYN News.* Retrieved April 1, 2004, from http://www.imng.com.

Hallfrisch, J., Muller, D., Drinkwater, D., Tobin, J., & Adres, R. (1990). Continuing diet trends in men: The Baltimore Longitudinal Study of Aging. *Journals of Gerontology: Medical Sciences, 45,* M186–191.

Halpern, C. T., Udry, J. R., Campbell, B., & Suchindran, C. (1993). Testosterone and pubertal development as predictors of sexual activity: A panel analysis of adolescent males. *Psychosomatic Medicine, 55,* 436–447.

Hamberger, K., & Minsky, D. (2000, August). *Evaluation of domestic violence training programs for health care professionals.* Paper presented at the annual meeting of the American Psychological Association. Washington, DC.

Hamilton, C. E. (1995, March). *Continuity and discontinuity of attachment from infancy through adolescence.* Paper presented at the biennial meetings of the Society for Research in Child Development, Indianapolis, IN.

Hammond, M., Landry, S., Swank, P., & Smith, K. (2000). Relation of mothers' affective development history and parenting behavior: Effects on infant medical risk. *American Journal of Orthopsychiatry, 70,* 95–103.

Hanninen, T., Koivisto, K., Reinikainen, K., Helkala, E., Soininen, H., Mykkanen, L., Laakso, M., & Riekkinen, P. (1996). Prevalence of ageing-associated cognitive decline in an elderly population. *Age & Ageing, 25,* 201–205.

Hansen, M., Kurinczuk, J., Bower, C., & Webb, S. (2002). The risk of major birth defects after intracytoplasmic sperm injection and in vitro fertilization. *New England Journal of Medicine, 346,* 725–730.

Hansson, R. O., & Carpenter, B. N. (1994). *Relationships in old age: Coping with the challenge of transition.* New York: Guilford Press.

Hardy, M. A., & Quadagno, J. (1995). Satisfaction with early retirement: Making choices in the auto industry. *Journals of Gerontology: Social Sciences, 50B,* S217–228.

Haring, M., Hewitt, P., & Flett, G. (2003). Perfectionism, coping, and quality of intimate relationships. *Journal of Marriage & the Family, 65,* 143–158.

Harkness, S., & Super, C. M. (1985). The cultural context of gender segregation in children's peer groups. *Child Development, 56,* 219–224.

Harland, P., Reijneveld, S., Brugman, E., Verloove-Vanhorick, S., & Verhulst, F. (2002). Family factors and life events as risk factors for behavioral and emotional problems in children. *European Child & Adolescent Psychiatry, 11,* 176–184.

Harris, P. L. (1989). *Children and emotion: The development of psychological understanding.* Oxford: Blackwell.

Harrist, A., Zaia, A., Bates, J., Dodge, K., & Pettit, G. (1997). Subtypes of social withdrawal in early childhood: Sociometric status and social-cognitive differences across four years. *Child Development, 68,* 278–294.

Hart, C., Olsen, S., Robinson, C., & Mandleco, B. (1997). The development of social and communicative competence in childhood: Review and a model of personal, familial, and extrafamilial processes. *Communication Yearbook, 20,* 305–373.

Harter, S. (1987). The determinations and mediational role of global self-worth in children. In N. Eisenberg (Ed.), *Contemporary topics in developmental psychology* (pp. 219–242). New York: Wiley-Interscience.

Harter, S. (1990). Processes underlying adolescent self-concept formation. In R. Montemayor, G. R. Adams, & T. P. Gullotta (Eds.), *From childhood to adolescence: A transitional period?* (pp. 205–239). Newbury Park, CA: Sage.

Harter, S., & Monsour, A. (1992). Developmental analysis of conflict caused by opposing attributes in the adolescent self-portrait. *Developmental Psychology, 28,* 251–260.

Harter, S., Marold, D. B., & Whitesell, N. R. (1992). Model of psychosocial risk factors leading to suicidal ideation in young adolescents. *Development and Psychpathology, 4,* 167-188.

Harton, H., & Latane, B. (1997). Social influence and adolescent lifestyle attitudes. *Journal of Research on Adolescence, 7,* 197–220.

Hartup, W. (1989). Social relationships and their developmental significance. *American Psychologist, 44,* 120-126.

Hartup, W. W. (1974). Aggression in childhood: Developmental perspectives. *American Psychologist, 29,* 336–341.

Hartup, W. W. (1996). The company they keep: Friendships and their developmental significance. *Child Development, 67,* 1–13.

Harvey, R., Fletcher, J., & French, D. (2001). Social reasoning: A source of influence on aggression. *Clinicial Psychology Review, 21,* 447–469.

Harwood, D., Barker, W., Ownby, R., Bravo, M., Aguero, H., & Duara, R. (2000). Depressive symptoms in Alzheimer's disease: An examination among community-dwelling Cuban American patients. *American Journal of Geriatric Psychiatry, 8,* 84–91.

Hay, D., Payne, A., & Chadwick, A. (2004). Peer relations in childhood. *Journal of Child Psychology & Psychiatry & Allied Disciplines, 45,* 84–108.

Hayes, M., Parker, K., Sallinen, B., & Davare, A. (2001). Bedsharing, temperament, and sleep disturbance in early childhood. *Sleep: Journal of Sleep & Sleep Disorders Research, 24,* 657–662.

Hayflick, L. (1977). The cellular basis for biological aging. In C. E. Finch & L. Hayflick (Eds.), *Handbook of the biology of aging* (pp. 159–186). New York: Van Nostrand Reinhold.
Hayflick, L. (1987). Origins of longevity. In H. R. Warner, R. N. Butler, R. L. Sprott, & E. L. Schneider (Eds.), *Aging, Vol. 31. Modern biological theories of aging* (pp. 21–34). New York: Raven Press.
Hayflick, L. (1994). *How and why we age*. New York: Ballantine Books.
Hayne, H., & Rovee-Collier, C. (1995). The organization of reactivated memory in infancy. *Child Development, 66,* 893–906.
Hazan, C., Hutt, M., Sturgeon, J., & Bricker, T. (1991, April). *The process of relinquishing parents as attachment figures.* Paper presented at the biennial meetings of the Society for Research in Child Development, Seattle, WA.
Heidelise, A., Duffy, F., McAnulty, G., Rivkin, M., Vajapeyam, S., Mulkern, R., Warfield, S., Huppi, P., Butler, S., Conneman, N., Fischer, C., & Eichenwald, E. (2004). Early experience alters brain function and structure. *Pediatrics, 113,* 846–857.
Heinicke, C., Goorsky, M., Moscov, S., Dudley, K., Gordon, J., Schneider, C., & Guthrie, D. (2000). Relationship-based intervention with at-risk mothers: Factors affecting variations in outcome. *Infant Mental Health Journal, 21,* 133–155.
Heinonen, K., Raikkonen, K., & Keltikangas-Jarvinen, L. (2003). Maternal perceptions and adolescent self-esteem: A six-year longitudinal study. *Adolescence, 38,* 669–687.
Helson, R., & Klohnen, D. (1998). Affective coloring of personality from young adulthood to midlife. *Personality & Social Psychology Bulletin, 24,* 241–252.
Helson, R., Mitchell, V., & Moane, G. (1984). Personality and patterns of adherence and nonadherence to the social clock. *Journal of Personality and Social Psychology, 46,* 1079–1096.
Henderson, H., Marshall, P., Fox, N., & Rubin, K. (2004). Psychophysiological and behavioral evidence for varying forms and functions of nonsocial behavior in preschoolers. *Child Development, 75,* 236–250.
Henry, B., Caspi, A., Moffitt, T., & Silva, P. (1996). Temperamental and familial predictors of violent and nonviolent criminal convictions: Age 3 to age 18. *Developmental Psychology, 32,* 614–623.
Henry, J., MacLeod, M., Phillips, L., & Crawford, J. (2004). A meta-analytic review of prospective memory and aging. *Psychology & Aging, 19,* 27–39.
Heptinstall, E., & Taylor, E. (1996). Sex differences and their significance. In S. Sandberg (Ed.), *Hyperactivity disorders of childhood* (pp. 329-^439). Cambridge, England: Cambridge University Press.
Herculano-Houzel, S. (juillet 2006). Adieu enfance. Dossier L'adolescence, une véritable crise? *Cerveau et Psycho, 16.*
Hermes, S., & Keel, P. (2003). The influence of puberty and ethnicity on awareness and internalization of the thin ideal. *International Journal of Eating Disorders, 33,* 465–467.
Herrenkohl, E., Herrenkohl, R., Egolf, B., & Russo, M. (1998). The relationship between early maltreatment and teenage parenthood. *Journal of Adolescence, 21,* 291–303.
Herzog, A. R., House, J. S., & Morgan, J. N. (1991). Relation of work and retirement to health and well-being in older age. *Psychology and Aging, 6,* 202–211.
Hess, E. H. (1972). "Imprinting" in a natural laboratory. *Scientific American, 227,* 24–31.
Hess, T., Bolstad, C., Woodburn, S., & Auman, C. (1999). Trait diagnosticity versus behavioral consistency as determinants of impression change in adulthood. *Psychology & Aging, 14,* 77–89.
Hester, R., Kinsella, G., & Ong, B. (2004). Effect of age on forward and backward span tasks. *Journal of the International Neuropsychological Society, 10,* 475–481.
Hetherington, E. M., & Clingempeel, W. G. (1992). Coping with marital transitions: A family systems perspective. *Monographs of the Society for Research in Child Development, 57* (2–3, Serial No. 227).
Hetherington, E. M., & Stanley-Hagan, M. M. (1995). Parenting in divorced and remarried families. In M. H. Bornstein (Ed.), *Handbook of parenting, Vol. 3: Status and social conditions of parenting* (pp. 233–254). Mahwah, NJ: Erlbaum.
Hetherington, E., Bridges, M., & Insabella, G. (1998). What matters? What does not?: Five perspectives on the association between marital transitions and children's adjustment. *American Psychologist, 53,* 167–184.
Hetherington, E., Henderson, S., Reiss, D., Anderson, E., et al. (1999). Adolescent siblings in stepfamilies: Family functioning and adolescent adjustment. *Monographs of the Society for Research in Child Development, 64,* 222.
Hetherington, E.M. (1989). Coping with family transitions: Winners, losers, and survivors. *Child Development,* 60, 1-14.
Heun, R., & Bonsignore, M. (2004). No evidence for a genetic relationship between Alzheimer's disease and longevity. *Dementia & Geriatric Cognitive Disorders, 18,* 1–5.
Hicks, D., & Gwynne, M. (1996). *Cultural anthropology.* New York: HarperCollins.
Higgins, C., Duxbury, L., & Lee, C. (1994). Impact of life-cycle stage and gender on the ability to balance work and family responsibilities. *Family Relations, 43,* 144–150.
Hill, C. (1999). Fusion and conflict in lesbian relationships. *Feminism & Psychology, 9,* 179–185.
Hill, J., Brooks-Gunn, J., & Waldfogel, J. (2003). Sustained effects of high participation in an early intervention for low-birth-weight premature infants. *Developmental Psychology, 39,* 730–744.
Hinde, R. A., Titmus, G., Easton, D., & Tamplin, A. (1985). Incidence of "friendship" and behavior toward strong associates versus nonassociates in preschoolers. *Child Development, 56,* 234–245.
Hinshaw, S. P., & Melnick, S. M. (1995). Peer relationships in boys with attention-deficit hyperactivity disorder with and without comorbid aggression. *Development and Psychopathology, 7,* 627-647.
Hinshaw, S. P., Zupan, B. A., Simmel, C., Nigg, J. T., & Melnicks, S. (1997). Peer status in boys with and without attention-deficit hyperactivity disorder: Predictions from overt and covert antisocial behavior, social isolation, and authoritative parenting beliefs. *Child Development, 68,* 880-896.
Hinton, J. (1975). The influence of previous personality on reactions to having terminal cancer. *Omega, 6,* 95–111.
Hirdes, J. P., & Strain, L. A. (1995). The balance of exchange in instrumental support with network members outside the household. *Journals of Gerontology: Social Sciences, 50B,* S134–142.
Hoch, C. C., Buysse, D. J., Monk, T. H., & Reynolds, C. F. I. (1992). Sleep disorders and aging. In J. E. Birren, R. B. Sloane, & G. D. Cohen (Eds.), *Handbook of mental health and aging* (2nd ed., pp. 557–582). San Diego, CA: Academic Press.
Hodge, K. P., & Tod, D. A. (1993). Ethics of childhood sport. *Sports Medicine, 15,* 291-298.
Hodge, S., & Canter, D. (1998). Victims and perpetrators of male sexual assault. *Journal of Interpersonal Violence, 13,* 222–239.
Hodges, E. V. E., Malone, M. J., & Perry, D. G. (1997). Individual risk and social risk as interacting determinants of victimization in the peer group. *Developmental Psychology, 33,* 1032–1039.
Hoeksma, J., Oosterlaan, J., & Schipper, E. (2004). Emotion regulation and the dynamics of feelings: A conceptual and methodological framework. *Child Development, 75,* 354–360.
Hoffman, H. J., & Hillman, L. S. (1992). Epidemiology of the sudden infant death syndrome: Maternal, neonatal, and post-neonatal risk factors. *Clinics in Perinatology, 19*(4), 717–737.
Hoffman, M. (1988). Moral development. In M. Bornstein & M. Lamb (Eds.), *Developmental psychology: An advanced textbook* (2nd ed., pp. 497–548). Hillsdale, NJ: Erlbaum.
Hoffnung, M. (2004). Wanting it all: Career, marriage, and motherhood during college-educated women's 20s. *Sex Roles, 50,* 711–723.
Holland, J. L. (1973). *Making vocational choices: A theory of careers*. Englewood Cliffs, NJ: Prentice-Hall.
Holland, J. L. (1992). *Making vocational choices: A theory of vocational personalities and work environments* (2nd ed.). Odessa, FL: Psychological Assessment Resources.
Hollander, J. (2004). "I Can Take Care of Myself": The impact of self-defense training on women's lives. *Violence Against Women, 10,* 205–235.
Holstein, M., & Minkler, M. (2003). Self, society, and the "new gerontology." *Gerontologist, 43,* 787–796.
Horan, W., Pogge, D., Borgaro, S., & Stokes, J. (1997). Learning and memory in adolescent psychiatric inpatients with major depression: A normative study of the California Verbal Learning Test. *Archives of Clinical Neuropsychology, 12,* 575–584.
Horn, J. L. (1982). The aging of human abilities. In B. B. Wolman (Ed.), *Handbook of developmental psychology* (pp. 847–870). Englewood Cliffs, NJ: Prentice-Hall.
Horn, J. L., & Donaldson, G. (1980). Cognitive development in adulthood. In O. G. Brim, Jr. & J. Kagan (Eds.), *Constancy and change in human development* (pp. 415–529). Cambridge, MA: Harvard University Press.
Horn, L., & Bertold, J. (1999). *Students with disabilities in post-secondary education: A profile of preparation, participation, and outcomes.* Washington, DC: National Center for Educational Statistics. [Online report]. Retrieved August 23, 2000 from the World Wide Web: http://www.nces.ed.gov
Hornbrook, M. C., Stevens, V. J., & Wingfield, D. J. (1994). Preventing falls among community-dwelling older persons: Results from a randomized trial. *The Gerontologist, 34,* 16–23.
Horner, K. W., Rushton, J. P., & Vernon, P. A. (1986). Relation between aging and research productivity of academic psychologists. *Psychology and Aging, 1,* 319–324.
Hornik, M. (1998). Physician-assisted suicide and euthanasia's impact on the frail elderly: A social worker's response. *Journal of Long Term Home Health Care: The Pride Institute Journal, 17,* 34–41.
Horowitz, A., McLaughlin, J., & White, H. (1998). How the negative and positive aspects of partner relationships affect the mental health of young married people. *Journal of Health & Social Behavior, 39,* 124–136.
Horowitz, F. D. (1987). *Exploring developmental theories: Toward a structural/behavorial model of development.* Hilsdale, NJ, Erlbaum.
Horowitz, F. D. (1990). Developmental models of individual differences. In J. Colombo & J. Fagen (Eds.), *Individual differences in infancy: Reliability, stability, prediction* (pp. 3–18). Hillsdale, NJ: Erlbaum.
Hou, F., & Miles, J. (2007). *L'évolution du rôle de l'éducation dans le choix du conjoint: homogamie éducationnelle au Canada et aux États-Unis depuis les années 1970.* Statistique Canada, 11 F0019, n° 299.
Houck, G., & Lecuyer-Marcus, E. (2004). Maternal limit setting during toddlerhood, delay of gratification and behavior problems at age five. *Infant Mental Health Journal, 25,* 28–46.
Houde, R. (1991), *Les temps de la vie: Le développement psychosocial de l'adulte selon la perspective du cycle de vie,* Gaëtan Morin Éditeur: Boucherville, Québec (Canada).
Houde, R. (1998). *Les temps de la vie*. Boucherville: Gaëtan Morin Éditeur.
House, J. S., Kessler, R. C., Herzog, A. R., Mero, R. P., Kinney, A. M., & Breslow, M. J. (1992). Social stratification, age, and health. In K. W. Schaie, D. Blazer, & J. M. House (Eds.), *Aging, health behaviors, and health outcomes* (pp. 1–32). Hillsdale, NJ: Erlbaum.
Houston, D., & Jusczyk, P. (2003). Infants' long-term memory for the sound patterns of words and voices. *Journal of Experimental Psychology: Human Perception & Performance, 29,* 1143–1154.
Hovell, M., Sipan, C., Blumberg, E., Atkins, C., Hofstetter, C. R., & Kreitner, S. (1994). Family influences on Latino and Anglo adolescents' sexual behavior. *Journal of Marriage and the Family, 56,* 973–986.
Howes, C. (1983). Patterns of friendship. Child Development, 54, 1041–1053.
Howes, C. (1987). Social competence with peers in young children: Developmental sequences. *Developmental Review, 7,* 252–272.
Howes, C., & Matheson, C. C. (1992). Sequences in the development of competent play with peers: Social and pretend play. *Developmental Psychology, 28,* 961–974.
Hoyert, D. L., & Seltzer, M. M. (1992). Factors related to the well-being and life activities of family caregivers. *Family Relations, 41,* 74–81.
Hu, F., Li, T., Colditz, G., Willet, W., & Manson, J. (2003). Television watching and other sedentary behavior in relation to risk of obesity and type 2 diabetes mellitus in women. *Journal of the American Medical Association, 289,* 1785–1791.
Hudziak, J., van Beijsterveldt, C., Bartels, M., Rietveld, M., Rettew, D., Derks, E., & Boomsma, D. (2003). Individual differences in aggression: Genetic analyses by age, gender, and informant in 3-, 7-, and 10-year-old Dutch twins. *Behavior Genetics, 33,* 575–589.
Hultsch, D. F., Hertzog, C., Small, B. J., McDonald-Miszczak, L., & Dixon, R. A. (1992). Short-term longitudinal change in cognitive performance in later life. *Psychology & Aging, 7,* 571–584.
Hultsch, D., Hertzog, C., Small, B., & Dixon, R. (1999). Use it or lose it: Engaged lifestyle as a buffer of cognitive decline in aging? *Psychology & Aging, 14,* 245–263.
Huston, T. L., & Chorost, A. F. (1994). Behavioral buffers on the effect of negativity on marital satisfaction: A longitudinal study. *Personal Relationships, 1,* 223–239.
Huteau, M. (2006). *Psychologie différentielle* (3rd ed.). Paris: Dunod, 99.
Huth-Bocks, A., Levendosky, A., Bogat, G., & von Eye, A. (2004). The impact of maternal characteristics and contextual variables on infant-mother attachment. *Child Development, 75,* 480–496.
Huttenlocher, J., Jordan, N. C., & Levine, S. C. (1994). A mental model for early arithmetic. *Journal of Experimental Psychology: General, 123,* 284-96.
Huttenlocher, P. R. (1994). Synaptogenesis, synapse elimination, and neural plasticity in human cerebral cortex. In C. A. Nelson (Ed.), *The Minnesota Symposia on Child Psychology, Vol. 27* (pp. 35–54). Hillsdale, NJ: Erlbaum.
Ingoldsby, E., Shaw, D., Owens, E., & Winslow, E. (1999). A longitudinal study of interparental conflict, emotional and behavioral reactivity, and preschoolers' adjustment problems among low-income families. *Journal of Abnormal Child Psychology, 27,* 343–356.
Inhelder, B., & Piaget, J. (1958). *The growth of logical thinking from childhood to adolescence*. New York: Basic Books.
Inhelder, B., & Piaget, J. (1964). *The early growth of logic in the child: Classification and seriation.* London: Routledge.
Inkeles, A., & Usui, C. (1989). Retirement patterns in cross-national perspective. In D. I. Kertzer & K. W. Schaie (Eds.), *Age structuring in comparative perspective* (pp. 227–262). Hillsdale, NJ: Erlbaum.
Insabella, G. M. (1995, March). *Varying levels of exposure to marital conflict: Prediction of adolescent adjustment across intact families and stepfamilies.* Paper presented at the biennial meetings of the Society for Research in Child Development, Indianapolis, IN.
INSP, voir Institut national de santé publique.
Institut de la statistique du Québec. (2005). *Conditions de vie. Données sociales du Québec*.
Institut national de la statistique et des études économiques. (2006). France. Site Internet: www.insee.fr.
Institut national de santé publique (2006). *Portrait de santé du Québec et de ses régions 2006. Deuxième rapport national sur l'état de santé de la population du Québec: Les analyses.*
Institut national de santé publique (2007). *Portrait de santé du Québec et de ses régions 2006. Deuxième rapport national sur l'état de santé de la population du Québec: Les analyses.*
Irwin, M., & Pike, J. (1993). Bereavement, depressive symptoms, and immune function. In M. S. Stroebe, W. Stroebe, & R. O. Hansson (Eds.), *Handbook of bereavement: Theory, research, and intervention* (pp. 160–171). Cambridge, England: Cambridge University Press.
Isabella, R. A. (1995). The origins of infant-mother attachment: Maternal behavior and infant development. *Annals of Child Development, 10,* 57–81.
Ivy, G. O., MacLeod, C. M., Petit, T. L., & Marcus, E. J. (1992). A physiological framework for perceptual and cognitive changes in aging. In F. I. M. Craik & T. A. Salthouse (Eds.), *The handbook of aging and cognition* (pp. 273–314). Hillsdale, NJ: Erlbaum.
Iwashyna, T., & Christakis, N. (2003). Marriage, widowhood, and health-care use. *Social Science & Medicine, 57,* 2137–2147.
Izard, C. E., & Harris, P. (1995). Emotional development and developmental psychopathology. In D. Cicchetti & D. J. Cohen (Eds.), *Developmental psychopathology: Vol. 1. Theory and methods* (pp. 467–503). New York: Wiley.
Izard, C. E., Fantauzzo, C. A., Castle, J. M., Haynes, O. M., Rayias, M. F., & Putnam, P. H. (1995). The ontogeny and significance of infants' facial expressions in the first 9 months of life. *Developmental Psychology, 31,* 997–1013.
Jackson, D., & Tein, J. (1998). Adolescents' conceptualization of adult roles: Relationships with age, gender, work goal, and maternal employment. *Sex Roles, 38,* 987–1008.
Jackson, L., & Bracken, B. (1998). Relationship between students' social status and global and domain-specific self-concepts. *Journal of School Psychology, 36,* 233–246.
Jacobs, S. C., Kosten, T. R., Kasl, S. V., Ostfeld, A. M., Berkman, L., & Charpentier, P. (1987-1988). Attachment theory and multiple dimensions of grief. *Omega, 18,* 41–52.
Jacobsen, T., & Hofmann, V. (1997). Children's attachment representations: Longitudinal relations to school behavior, and academic competency in middle childhood and adolescence. *Developmental Psychology, 33,* 703–710.
Jacobsen, T., Husa, M., Fendrich, M., Kruesi, M., & Ziegenhain, U. (1997). Children's ability to delay gratification: Longitudinal relations to mother-child attachment. *Journal of Genetic Psychology, 158,* 411–426.
Jadack, R. A., Hyde, J. S., Moore, C. F., & Keller, M. L. (1995). Moral reasoning about sexually transmitted diseases. *Child Development, 66,* 167–177.

Jambunathan, S., & Burts, D. (2003). Comparison of perception of self-competence among five ethnic groups of preschoolers in the U.S. *Early Childhood Education, 173,* 651–660.

James, S. A., Keenan, N. L., & Browning, S. (1992). Socioeconomic status, health behaviors, and health status among blacks. In K. W. Schaie, D. Blazer, & J. M. House (Eds.), *Aging, health behaviors, and health outcomes* (pp. 39–57). Hillsdale, NJ: Erlbaum.

James, W. (1890). *Principles of psychology.* Chicago: Encyclopaedia Britannica.

James, W. (1892). *Psychology, the briefer course.* New York: Henry Holt.

Janssen, T., & Carton, J. (1999). The effects of locus of control and task difficulty on procrastination. *Journal of Genetic Psychology, 160,* 436–442.

Jarolmen, J. (1998). A comparison of the grief reaction of children and adults: Focusing on pet loss and bereavement. *Omega: Journal of Death & Dying, 37,* 133–150.

Jendrek, M. (1993). Grandparents who parent their grandchildren: Effects on lifestyle. *Journal of Marriage and the Family, 55,* 609–621.

Jendrek, M. P. (1994). Policy concerns of White grandparents who provide regular care to their grandchildren. *Journal of Gerontological Social Work, 23,* 175-200.

Jenkins, J. & Buccioni, J. (2000). Children's understanding of marital conflict and the marital relationship. *Journal of Child Psychology & Psychiatry & Allied Disciplines, 41,* 161–168.

Jenkins, J. M., & Astington, J. W. (1996). Cognitive factors and family structure associated with theory of mind development in young children. *Developmental Psychology, 32,* 70–78.

Jenkins, L., Myerson, J., Hale, S., & Fry, A. (1999). Individual and developmental differences in working memory across the life span. *Psychonomic Bulletin & Review, 6,* 28–40.

Jensen, A., & Whang, P. (1994). Speed of accessing arithmetic facts in long-term memory: A comparison of Chinese-American and Anglo-American children. *Contemporary Educational Psychology, 19,* 1–12.

Jensen-Campbell, L., Gleason, K., Adams, R., & Malcolm, K. (2003). Interpersonal conflict, agreeableness, and personality development. *Journal of Personality, 71,* 1059–1085.

Jerrome, D. (1990). Intimate relationships. In J. Bond & P. Coleman (Eds.), *Aging in society* (pp. 181–208). London: Sage.

Jessor, R. (1992). Risk behavior in adolescence: A psychosocial framework for understanding and action. *Developmental Review, 12,* 374–390.

Jin, Y., Jing, J., Morinaga, R., Miki, K., Su, X., & Chen, X. (2002). A comparative study of theory of mind in Chinese and Japanese children. *Chinese Mental Health Journal, 16,* 446–448.

John, O. P., Caspi, A., Robins, R. W., Moffitt, T. E., & Stouthamer-Loeber, M. (1994). The "little five": Exploring the nomological network of the five-factor model of personality in adolescent boys. *Child Development, 65,* 160–178.

Johnson, C., & Maratsos, M. P. (1977). Early comprehension of mental verbs: think and know. *Child Development, 48,* 1743-1747.

Johnson, C., & Wellman, H. M. (1980). Children's developing understanding of mental verbs: Remember, know and guess. *Child Development, 51,* 1095-1102.

Johnson, E., & Breslau, N. (2000). Increased risk of learning disabilities in low birth weight boys at age 11 years. *Biological Psychiatry, 47,* 490–500.

Johnson, M. (2005). Developmental neuroscience, psychophysiology, and genetics. In M. Bornstein & M. Lamb (Eds.), *Developmental science: An advanced textbook* (5th ed., pp. 187-222). Hillsdale, NJ: Erlbaum.

Jones, S., & Zigler, E. (2002). The Mozart effect: Not learning from history. *Journal of Applied Developmental Psychology, 23,* 355-372.

Joshi, M. S., & MacLean, M. (1994). Indian and English children's understanding of the distinction between real and apparent emotion. *Child Development, 65,* 1372–1384.

Judge, T., Bono, J., & Locke, E. (2000). Personality and job satisfaction: The mediating role of job characteristics. *Journal of Applied Psychology, 85,* 237–249.

Juffer, F., & Rosenboom, L., (1997). Infant mother attachment of internationally adopted children in the Netherlands. *International Journal of Behavioral Development, 20,* 93–107.

Juffer, F., Bakermans-Kranenburg, M., & van Ijzendoorn, M. (2005). The importance of parenting in the development of disorganized attachment: Evidence from a preventive intervention study in adoptive families. *Journal of Child Psychology and Psychiatry, 46,* 263-274.

Jutras, S., & Lavoie, J. (1995). Living with an impaired elderly person: The informal caregiver's physical and mental health. *Journal of Aging and Health, 7,* 46-73.Kagan, J. (1994). *Galen's prophecy.* New York: Basic Books.

Kagan, J. (1994). *Galen's prophecy.* New York: Basic Books.

Kagan, J., & Herschowitz, N. (2005). *A young mind in a growing brain.* Hillsdale, NJ: Erlbaum.

Kagan, J., Reznick, J. S., & Snidman, N. (1990). The temperamental qualities of inhibition and lack of inhibition. In M. Lewis & S. M. Miller (Eds.), *Handbook of developmental psychopathology* (pp. 219–226). New York: Plenum.

Kagan, J., Snidman, N., & Arcus, D. (1993). On the temperamental categories of inhibited and uninhibited children. In K. H. Rubin & J. B. Asendorpf (Eds.), *Social withdrawal, inhibition, and shyness in childhood* (pp. 19–28). Hillsdale, NJ: Erlbaum.

Kahana-Kalman, R., & Walker-Andrews, A. (2001). The role of person familiarity in young infants' perception of emotional expressions. *Child Development, 72,* 352–369.

Kail, R. (1990). *The development of memory in children* (3rd ed.). New York: Freeman.

Kail, R. (1991). Developmental change in speed of processing during childhood andadolescence. *Psychological Bulletin, 109,* 490-501.

Kail, R. (1997). Processing time, imagery, and spatial memory. *Journal of Experimental Child Psychology, 64,* 67–78.

Kail, R. (2004). Cognitive development includes global and domain-specific processes. *Merrill-Palmer Quarterly, 50,* 445-455.

Kalish, R. A. (1985). The social context of death and dying. In R. H. Binstock & E. Shanas (Eds.), *Handbook of aging and the social sciences* (2nd ed.) (pp. 149–170). New York: Van Nostrand Reinhold.

Kalish, R. A., & Reynolds, D. K. (1976). *Death and ethnicity: A psychocultural study.* Los Angeles: University of Southern California Press. (Reprinted 1981, Baywood Publishing Co, Farmingdale, NJ.)

Kallman, D. A., Plato, C. C., & Tobin, J. D. (1990). The role of muscle loss in the age-related decline of grip strength: Cross-sectional and longitudinal perspectives. *Journals of Gerontology: Medical Sciences, 45,* M82–88.

Kalmijn, M. (2003). Shared friendship networks and the life course: An analysis of survey data on married and cohabiting couples. *Social Networks, 25,* 231–249.

Kalmuss, D. (2004). Nonviolational sex and sexual health. *Archives of Sexual Behavior, 33,* 197–209.

Kaltiala-Heino, R., Kosunen, E., & Rimpela, M. (2003). Pubertal timing, sexual behaviour and self-reported depression in middle adolescence. *Journal of Adolescence, 26,* 531–545.

Kamo, Y., Ries, L. M., Farmer, Y. M., Nickinovich, D. G., & Borgatta, E. F. (1991). Status attainment revisited. The National Survey of Families and Households. *Research on Aging, 13,* 124–143.

Kane, T., Staiger, P., & Ricciardelli, L. (2000). Male domestic violence: Attitudes, aggression and interpersonal dependency. *Journal of Interpersonal Violence, 15,* 16–29.

Kaplan, G. A. (1992). Health and aging in the Alameda County study. In K. W. Schaie, D. Blazer, & J. M. House (Eds.), *Aging, health behaviors, and health outcomes* (pp. 69–88). Hillsdale, NJ: Erlbaum.

Kaplan, H., & Sadock, B. (1991). *Synopsis of psychiatry* (6th ed.). Baltimore, MD: Williams & Wilkins.

Kaslow, F. (2004). Death of one's partner: The anticipation and the reality. Professional Psychology: *Research & Practice, 35,* 227–233.

Katz, P. A., & Ksansnak, K. R. (1994). Developmental aspects of gender role flexibility and traditionality in middle childhood and adolescence. *Developmental Psychology, 30,* 272–282.

Katz, P., & Bartone, P. (1998). Mourning, ritual and recovery after an airline tragedy. *Omega: Journal of Death & Dying, 36,* 193–200.

Kavanagh, M., Beaucage, C., Cardinal, L., & Aubé, D. (2006). *La dépression majeure en première ligne : les impacts cliniques des stratégies d'intervention. Revue de la littérature,* 17.

Keating, D. P. (1980). Thinking processes in adolescence. In J. Adelson (Ed.), *Handbook of adolescent psychology* (pp. 211246). New York: Wiley.

Keene, J., Hope, T., Rogers, P., & Elliman, N. (1998). An investigation of satiety in ageing, dementia, and hyperphagia. *International Journal of Eating Disorders, 23,* 409–418.

Keil, J. E., Sutherland, S. E., Knapp, R. G., Waid, L. R., & Gazes, P. C. (1992). Self-reported sexual functioning in elderly blacks and whites. *Journal of Aging and Health, 4,* 112–125.

Keith, P. M. (1981-1982). Perception of time remaining and distance from death. *Omega, 12,* 307–318.

Kelly, J. B., & Emery, R. E. (2003). Children's adjustment following divorce: Risk and resilience perspectives. *Family Relation, 52,* 352-362.

Kercsmar, C. (1998). The respiratory system. In R. Behrman & R. Kliegman (Eds.), *Nelson essentials of pediatrics (third edition).* Philadelphia: W. B. Saunders.

Kerns, K., Don, A., Mateer, C., & Streissguth, A. (1997). Cognitive deficits in nonretarded adults with fetal alcohol syndrome. *Journal of Learning Disabilities, 30,* 685–693.

Kerpelman, J., & Schvaneveldt, P. (1999). Young adults' anticipated identity importance of career, marital, and parental roles: Comparisons of men and women with different role balance orientations. *Sex Roles, 41,* 189–217.

Keskinen, E., Ota, H., & Katila, A. (1998). Older drivers fail in intersections: Speed discrepancies between older and younger male drivers. *Accident Analysis & Prevention, 30,* 323–330.

Kessler, R. C., Foster, C., Webster, P. S., & House, J. S. (1992). The relationship between age and depressive symptoms in two national surveys. *Psychology and Aging, 7,* 119–126.

Khlat, M., Sermet, C., & Le Pape, A. (2000). Women's health in relation with their family and work roles: France in the early 1990s. *Social Science & Medicine, 50,* 1807–1825.

Kilbride, H., Castor, C., Hoffman, E., & Fuger, K. (2000). Thirty-six month outcome of prenatal cocaine exposure for term or near-term infants: Impact of early case management. *Journal of Developmental Pediatrics, 21,* 19–26.

Kilic, C., & Ulusoy, M. (2003). Psychological effects of the November 1999 earthquake in Turkey: An epidemiological study. *Psychiatrica Scandinavica, 108,* 232–238.

Kim, J., Hetherington, E., & Reiss, D. (1999). Associations among family relationships, antisocial peers, and adolescents' externalizing behaviors: Gender and family type differences. *Child Development, 70,* 1209–1230.

Kinney, D. A. (1993). From "nerds" to "normals": Adolescent identity recovery within a changing social system. *Sociology of Education, 66,* 21–40.

Kirkcaldy, B., Siefen, G., Surall, D., & Bischoff, R. (2004). Predictors of drug and alcohol abuse among children and adolescents. *Personality & Individual Differences, 36,* 247–265.

Kitson, G. C. (1992). *Portrait of divorce: Adjustment to marital breakdown.* New York: Guilford Press.

Kitzan, L., Ferraro, F., Petros, T., & Ludorf, M. (1999). The role of vocabulary ability during visual word recognition in younger and older adults. *Journal of General Psychology, 126,* 6–16.

Klaczynski, P., Fauth, J., & Swanger, A. (1998). Adolescent identity: Rational vs. experiential processing, formal operations, and critical thinking beliefs. *Journal of Youth & Adolescence, 27,* 185–207.

Klaczynski, P.A. Bias in adolescent' everyday reasonning and its relation with intellectuel ability, personal theories, and self-serving motivation, *Developmental Psychologiy*, 33, 1997, 273283.

Kleemeier, R. W. (1962). Intellectual changes in the senium. *Proceedings of the Social Statistics Section of the American Statistics Association, 1,* 290–295.

Kliegman, R. (1998). Fetal and neonatal medicine. In R. Behrman & R. Kliegman (Eds.), *Nelson essentials of pediatrics* (3rd ed., pp. 167–225). Philadelphia: W. B. Saunders.

Kline, D. W., & Scialfa, C. T. (1996). Visual and auditory aging. In J. E. Birren & K. W. Schaie (Eds.), *Handbook of the psychology of aging* (4th ed., pp. 181–203). San Diego, CA: Academic Press.

Kline, D. W., Kline, T. J. B., Fozard, J. L., Kosnik, W., Schieber, F., & Sekuler, R. (1992). Vision, aging, and driving: The problem of older drivers. *Journals of Gerontology: Psychological Sciences, 47,* P27–34.

Kline, M., Tschann, J. M., Johnston, J. R., & Wallerstein, J. S. (1989). Children's adjustment in joint and sole physical custody families. *Developmental Psychology, 25,* 430-438.

Klonoff-Cohen, H. D., Edelstein, S. L., Lefkowitz, E. S., Srinivasan, I. P., Kaegi, D., Chang, J. C., & Wiley, K. J. (1995). The effect of passive smoking and tobacco exposure through breast milk on sudden infant death syndrome. *Journal of the American Medical Association, 273,* 795–798.

Kochanska, G. (1997b). Mutually responsive orientation between mothers and their young: Implications for early socialization. *Child Development, 68,* 94–112.

Kochanska, G., Casey, R., & Fukumoto, A. (1995). Toddlers' sensitivity to standard violations. Child Development, 66, 643–656.

Kochanska, G., Gross, J., Lin, M., & Nichols, K. (2002). Guilt in young children: Development, determinants, and relations with a broader system of standards. *Child Development, 73,* 461-482.

Kochanska, G., Murray, K., & Coy, K. (1997). Inhibitory control as a contributor to conscience in childhood: From toddler to early school age. *Child Development, 68,* 263–277.

Kochanska, G., Murray, K., Jacques, T., Koenig, A., Vandegeest, K. (1996). Inhibitory control in young children and its role in emerging internalization. *Child Development, 67,* 490–507.

Kochenderfer, B. J., & Ladd, G. W. (1996). Peer victimization: Cause or consequence of school maladjustment. *Child Development, 67,* 1305–1317.

Kocsis, J. (1998). Geriatric dysthymia. *Journal of Clinical Psychiatry, 59,* 13–15.

Koenig, A., Cicchetti, D., & Rogosch, F. (2004). Moral development: The association between maltreatment and young children's prosocial behaviors and moral transgressions. *Social Development, 13,* 97–106.

Koeppe, R. (1996). Language differentiation in bilingual children: The development of grammatical and pragmatic competence. *Linguistics, 34,* 927–954.

Kohlberg, L. (1966). A cognitive-developmental analysis of children's sex-role concepts and attitudes. In E. E. Maccoby (Ed.), *The development of sex differences* (pp. 82–172). Stanford, CA: Stanford University Press.

Kohlberg, L. (1976). Moral stages and moralization: The cognitive developmental approach. In T. Lickona (Ed.), *Moral development and behavior: Theory, research, and social issues* (pp. 31–53). New York: Holt.

Kohlberg, L. (1981*). Essays on moral development, Vol. 1: The philosophy of moral development.* New York: Harper & Row.

Kohlberg, L., & Elfenbein, D. (1975). The development of moral judgments concerning capital punishment. *American Journal of Orthopsychiatry, 54,* 614–640.

Kohlberg, L., Levine, C., & Hewer, A. (1983). *Moral stages: A current formulation and a response to critics.* Basel, Switzerland: S. Karger.

Kozma, A., Stones, M. J., & Hannah, T. E. (1991). Age, activity, and physical performance: An evaluation of performance models. *Psychology & Aging, 6,* 43–49.

Kozu, J. (1999). Domestic violence in Japan. *American Psychologist, 54,* 50–54.

Krakovsky, M. (2005). Dubious Mozart effect remains music to many Americans' ears. *Stanford Report.* Retrieved May 3, 2005, from http://new-service.stanford.edu/news/2005/february2/mozart-0202.

Kronenberg, F. (1994). Hot flashes: Phenomenology, quality of life, and search for treatment options. *Experimental Gerontology, 29,* 319–336.

Krueger-Lebus, S., & Rauchfleisch, U. (1999). Level of contentment in lesbian partnerships with and without children. *System Familie, 12,* 74–79.

Kuczaj, S. A. II. (1977). The acquisition of regular and irregular past tense forms. *Journal of Verbal Learning and Verbal Behavior, 49,* 319-326.

Kuczaj, S. A. II. (1978). Children's judgements of grammatical and ungrammatical irregular tense verbs. *Child Development, 49,* 319-326.

Kuczynski, L., Kochanska, G., Radke-Yarrow, M., & Girnius-Brown, O. (1987). A developmental interpretation of young children's noncompliance. *Developmental Psychology, 23,* 799806.

Kübler-Ross, E. (1969). *On death and dying.* New York: Macmillan.

Kübler-Ross, E. (1974). *Questions and answers on death and dying.* New York: Macmillan.

Kuebli, J., Butler, S., & Fivush, R. (1995). Mother-child talk about past emotions: Relationships of maternal language and child gender over time. *Cognition & Emotion, 9,* 265–283.

Kuhn, D. (1992). Cognitive development. In M. H. Bornstein & M. E. Lamb (Eds.), *Developmental psychology: An advanced textbook* (3rd ed.) (pp. 211–272). Hillsdale, NJ: Erlbaum.

Kunnen, E., & Steenbeek, H. (1999). Differences in problems of motivation in different special groups. *Child: Care, Health & Development, 25,* 429–446.

Kuperman, S., Schlosser, S., Kramer, J., Bucholz, K., Hesselbrock, V., Reich, T., & Reich, W. (2001). Developmental sequence from disruptive behavior diagnosis to adolescent alcohol dependence. *American Journal of Psychiatry, 158,* 2022-2026.

Kurdek, L. (1997). Relation between neuroticism and dimensions of relationship commitment: evidence from gay, lesbian, and heterosexual couples. *Journal of Family Psychology, 11,* 109–124.

Kurdek, L. (1998). Relationship outcomes and their predictors: longitudinal evidence from heterosexual married, gay cohabiting, and lesbian cohabiting couples. *Journal of Marriage & the Family, 60,* 553–568.

Kurdek, L. (2000). The link between sociotropy/autonomy and dimensions of relationship commitment: Evidence from gay and lesbian couples. *Personal Relationships, 7,* 153–164.

Kurdek, L. A. (1995a). Developmental changes in relationship quality in gay and lesbian cohabiting couples. *Developmental Psychology, 31,* 86–94.

Kurdek, L. A. (2003). Differences between gay and lesbian cohabiting couples. *Journal of Social & Personal Relationships, 20,* 411–436.

Kurdek, L. A., & Fine, M. A. (1994). Family acceptance and family control as predictors of adjustment in young adolescents: Linear, curvilinear, or interactive effects? *Child Development, 65,* 1137–1146.

Kurz, A., Erkinjuntti, T., Small, G., Lilienfeld, S., & Damaraju, C. (2003). Long-term safety and cognitive effects of galantamine in the treatment of probable vascular dementia or Alzheimer's disease with cerebrovascular disease. *European Journal of Neurology, 10,* 633–640.

Kuttler, A., La Greca, A., & Prinstein, M. (1999). Friendship qualities and social-emotional functioning of adolescents with close, cross-sex friendships. *Journal of Research on Adolescence, 9,* 339–366.

Kyriacou, D., Anglin, D., Taliaferro, E., Stone, S., Tubb, T., Linden, J., Muelleman, R., Barton, E., & Kraus, J. (1999). Risk factors for injury to women from domestic violence. *New England Journal of Medicine, 341,* 1892–1898.

Labouvie-Vief, G. (1980). Beyond formal operations: Uses and limits of pure logic in life-span development. *Human Development, 23,* 141–161.

Labouvie-Vief, G. (1990). Modes of knowledge and the organization of development. In M. L. Commons, C. Armon, L. Kohlberg, F. A. Richards, T. A. Grotzer, & J. D. Sinnott (Eds.), *Adult development: Vol. 2. Models and methods in the study of adolescent and adult thought* (pp. 43–62). New York: Praeger.

Lachman, M., & Weaver, S. (1998). Sociodemographic variations in the sense of control by domain: Findings from the MacArthur studies of midlife. *Psychology & Aging, 13,* 553–562.

Ladd, G., & Troop-Gordon, W. (2003). The role of chronic peer difficulties in the development of children's psychological adjustment problems. *Child Development, 74,* 1344–1367.

Laird, R., Pettit, G., Dodge, K., & Bates, J. (1999). Best friendships, group relationships, and antisocial behavior in early adolescence. *Journal of Early Adolescence, 19,* 413–437.

Lakatos, K., Nemoda, Z., Birkas, E., Ronai, Z., Kovacs, E., Ney, K., Toth, I., Sasvari-Szekely, M., & Gervai, J. (2003). Association of D4 dopamine receptor gene and serotonin transporter promoter polymorphisms with infants' response to novelty. *Molecular Psychiatry, 8,* 90–97.

Lakatta, E. G. (1990). Heart and circulation. In E. L. Schneider & J. W. Rowe (Eds.), *Handbook of the biology of aging* (3rd ed., pp. 181–217). San Diego, CA: Academic Press.

Lalonde, M., & Heneman, B. (2004). *La prévention du tabagisme chez les jeunes*. Québec: Institut national de santé publique du Québec, 14.

Lamb, M., & Lewis, C. (2005). The role of parent-child relationships in child development. In M. Bornstein & M. Lamb (Eds.), *Developmental science: An advanced textbook* (5th ed., pp. 429-468). Hillsdale, NJ: Erlbaum.

Lamborn, S. D., Mounts, N. S., Steinberg, L., & Dornbusch, S. M. (1991). Patterns of competence and adjustment among adolescents from authoritative, authoritarian, indulgent, and neglectful families. *Child Development, 62,* 1049–1065.

Lampard, R., & Peggs, K. (1999). Repartnering: The relevance of parenthood and gender to cohabitation and remarriage among the formerly married. *British Journal of Sociology, 50,* 443–465.

Landine, J., et Stewart, J. Relationship between metacognition, motivation, locus of control, self-efficacy and academic achievement, *Canadien Journal of Counseling,* 32, 1998, 200212.

Landolt, M., & Dutton, D. (1997). Power and personality: An analysis of gay male intimate abuse. *Sex Roles, 37,* 335–359.

Landry, S. H., Garner, P. W., Swank, P. R., & Baldwin, C. D. (1996). Effects of maternal scaffolding during joint toy play with preterm and full-term infants. *Merrill-Palmer Quarterly, 42,* 177–199.

Landry, S., Smith, K., Miller-Loncar, C., & Swank, P. (1997). Predicting cognitive-linguistic and social growth curves from early maternal behaviors in children at varying degrees of biologic risk. *Developmental Psychology, 33,* 1040–1053.

Landry, S., Smith, K., Swank, P., Assel, M., & Vellet, S. (2001). Does early responsive parenting have a special importance for children's development or is consistency across early childhood necessary? *Developmental Psychology, 37,* 387–403.

Lansdown, R., & Benjamin, G. (1985). The development of the concept of death in children aged 5–9 years. *Child Care, Health and Development, 11,* 13–30.

Larousse (1999), *Grand dictionnaire de la psychologie.* Paris.

Larson, R., Mannell, R., & Zuzanek, J. (1986). Daily well-being of older adults with friends and family. *Psychology and Aging, 1,* 117–126.

LaSala, M. (2001). Monogamous or not: Understanding and counseling gay male couples. *Families in Society, 82,* 605–611.

Lawrence, A. (2003). Factors associated with satisfaction of regret following male-to-female sex reassignment surgery. *Archives of Sexual Behavior, 32,* 299-315.

Lawrence, R. H., Bennett, J. M., & Markides, K. S. (1992). Perceived intergenerational solidarity and psychological distress among older Mexican Americans. *Journals of Gerontology: Social Sciences, 47,* S55–65.

Lawrence, V., Houghton, S., Douglas, G., Durkin, K., Whiting, K., & Tannock, R. (2004). Children with ADHD: Neuropsychological testing and real-world activities. *Journal of Attention Disorders, 7,* 137–149.

Le Bourdais, C., & Juby, H. (2001). The impact of cohabitation on the family life course in comtemporary North America: Insight from across the border, In A. Booth & A. C. Crouter (Eds.), *Just living together: Implications of cohabitation on families, children and social policy* (pp. 107-118). Mahwah, JN: Erlbaum.

Lederer, J. (2000). Reciprocal teaching of social studies in inclusive elementary classrooms. *Journal of Learning Disabilities, 33,* 91–106.

Lee, D., & Quintana, S. (2005). Benefits of cultural exposure and development of Korean perspective-taking ability for transracially adopted Korean children. *Cultural Diversity & Ethnic Minority Psychology, 11,* 130-143.

Lee, M., Law, C., & Tam, K. (1999). Parenthood and life satisfaction: A comparison of single and dual-parent families in Hong Kong. *International Social Work, 42,* 139–162.

Lee, S. & Keith, P. (1999). The transition to motherhood of Korean women. *Journal of Comparative Family Studies, 30,* 453–470.

Lee, V. E., Burkham, D. T., Zimiles, H., & Ladewski, B. (1994). Family structure and its effect on behavioral and emotional problems in young adolescents. *Journal of Research on Adolescence, 4,* 405–437.

Leff, M., Moolchan, E., Cookus, B., Spurgeon, L., Evans, L., London, E., Kimes, A., Schroeder, J., & Ernst, M. (2003). Predictors of smoking initiation among at risk youth: A controlled study. *Journal of Child & Adolescent Substance Abuse, 13,* 59–76.

Lefrancois,G.R. (1999). *The lifespan* (6th ed.). Belmont, CA: Wadsworth Publishing Company.

Légaré., G., Préville, M., Massé, R., Poulin, C., St-Lautent, D., & Boyer, R. (2000). *Santé mentale. Enquête sociale et de santé 1998.* Québec: Institut de la statistique du Québec, 333-352.

Legendre-Bergeron, M.-F. (1980). *Lexique de la psychologie du développement de Jean Piaget*. Chicoutimi: Gaëtan Morin Éditeur.

Legerstee, M., Pomerleau, A., Malcuit, G., & Feider, H. (1987). The development of infants' responses to people and a doll: Implications for research in communication. *Infant Behavior & Development, 10,* 81–95.

Lehman, H. C. (1953). *Age and achievement.* Princeton, NJ: Princeton University Press.

Lenhardt, A., & McCourt, B. (2000). Adolescent unresolved grief in response to the death of a mother. *Professional School Counseling, 3,* 189–196.

Lerner, R., Theokas, C., & Bobek, C. (2005). Concepts and theories of human development: Historical and contemporary dimensions. In M. Bornstein & M. Lamb (Eds.), *Developmental science: An advanced textbook* (5th ed., pp. 3-44). Hillsdale, NJ: Erlbaum.

Lester, D. (1990). The Collett-Lester fear of death scale: The original version and a revision. *Death Studies, 14,* 451–468.

Leve, L.D., & Fagot, B. I. (1995). *The influence of attachment style and parenting behavior on children's prosocial behavior with peers*. Paper presented at the biennal meetings of the Society for Research in Child Development, Indianapolis, March.

Levine, L., & Bluck, S. (1997). Experienced and remembered emotional intensity in older adults. *Psychology of Aging, 12,* 514–523.

Levinson, D. J. (1978). *The seasons of a man's life.* New York: Knopf.

Levinson, D. J. (1986). A conception of adult development. *American Psychologist, 41,* 3–13.

Levinson, D. J. (1990). A theory of life structure development in adulthood. In C. N. Alexander & E. J. Langer (Eds.), *Higher stages of human development* (pp. 35–54). New York: Oxford University Press.

Levinson, D. J. (1996). *The seasons of a woman's life.* New York: Knopf.

Levitt, M. J., Guacci-Franco, N., & Levitt, J. L. (1993). Convoys of social support in childhood and early adolescence: Structure and function. *Developmental Psychology, 29,* 811–818.

Levitt, M. J., Weber, R. A., & Guacci, N. (1993). Convoys of social support: An intergenerational analysis. *Psychology and Aging, 8,* 323–326.

Levorato, M., & Donati, V. (1999). Conceptual and lexical knowledge of shame in Italian children and adolescents. *International Journal of Behavioral Development, 23,* 873–898.

Levy, L. H., Martinkowski, K. S., & Derby, J. F. (1994). Differences in patterns of adaptation in conjugal bereavement: Their sources and potential significance. *Omega, 29,* 71–87.

Lewis, C. C. (1981). How adolescents approach decisions: Changes over grades seven to twelve and policy implications. *Child Development, 52,* 538–544.

Lewis, C., & Lamb, M. E. (2003). Fathers' influences on children's development: The evidence from two-parent families. *European Journal of Psychology of Education, 18,* 211–228.

Lewis, M. (1990). Social knowledge and social development. *Merrill-Palmer Quarterly, 36,* 93–116.

Lewis, M. (1991). Ways of knowing: Objective self-awareness of consciousness. *Developmental Review, 11,* 231–243.

Lewis, M., & Brooks, J. (1978). Self-knowledge and emotional development. In M. Lewis & L. A. Rosenblum (Eds.), *The development of affect* (pp. 205–226). New York: Plenum.

Lewis, M., Allesandri, S. M., & Sullivan, M. W. (1992). Differences in shame and pride as a function of children's gender and task difficulty. *Child Development, 63,* 630–638.

Lewis, M., Sullivan, M. W., Stanger, C., & Weiss, M. (1989). Self development and self-conscious emotions. *Child Development, 60,* 146–156.

Li, L., & Seltzer, M. (2003). Parent care, intergenerational relationship quality, and mental health of adult daughters. *Research on Aging, 25,* 484–504.

Li, S., Lindenberger, B., Aschersleben, G., Prinz, W., & Baltes, P. (2004). Transformations in the couplings among intellectual abilities and constituent cognitive processes across the life span. *Psychological Science, 15,* 155–163.

Lickona, T. (1978). Moral development and moral education. In J. M. Gallagher & J. J. A. Easley (Eds.), *Knowledge and development*, Vol. 2 (pp. 21–74). New York: Plenum.

Lickona, T. (1983). *Raising good children*. New York: Bantam Books.

Lieberman, M. A. (1965). Psychological correlates of impending death: Some preliminary observations. *Journal of Gerontology, 20,* 182–190.

Lieberman, M. A., & Coplan, A. S. (1970). Distance from death as a variable in the study of aging. *Developmental Psychology, 2,* 71–84.

Lieberman, M. A., & Peskin, H. (1992). Adult life crises. In J. E. Birren, R. B. Sloane, & G. D. Cohen (Eds.), *Handbook of mental health and aging* (2nd ed.) (pp. 119–143). San Diego, CA: Academic Press.

Lieberman, M., Doyle, A., & Markiewicz, D. (1995, March). *Attachment to mother and father: Links to peer relations in children.* Paper presented at the biennial meetings of the Society for Research in Child Development, Indianapolis, IN.

Lieberman, M., Doyle, A., & Markiewicz, D. (1999). Developmental patterns in security of attachment to mother and father in late childhood and early adolescence: Associations with peer relations. *Child Development, 70,* 202–213.

Light, L. L. (1991). Memory and aging: Four hypotheses in search of data. *Annual Review of Psychology, 42,* 333–376.

Lightfoot, C. *The culture of adolescent risk-taking*, NewYork: Guilford Press 1997.

Lillard, A. S., & Flavell, J. H. (1992). Young children's understanding of different mental states. *Developmental Psychology, 28,* 626–634.

Lim, K. O., Zipursky, R. B., Watts, M. C., & Pfefferbaum, A. (1992). Decreased gray matter in normal aging: An in vivo magnetic resonance study. *Journals of Gerontology: Biological Sciences, 47,* B26–30.

Lima, S. D., Hale, S., & Myerson, J. (1991). How general is general slowing? Evidence from the lexical domain. *Psychology & Aging, 6,* 416–425.

Lin, A. (2003). Factors related to attitudes toward death among American and Chinese older adults. *Omega, 47,* 3–23.

Lin, C., Hsiao, C., & Chen, W. (1999). Development of sustained attention assessed using the Continuous Performance Test among children 6–15 years of age. *Journal of Abnormal Child Psychology, 27,* 403–412.

Lin, Y.-C., Dai, Y.-T., & Hwang, S.-L. (2003). The effect of reminiscence on the elderly population: A systematic review. *Public Health Nursing, 20(4),* 297-306.

Lincourt, A., Rybash, J., & Hoyer, W. (1998). Aging, working memory, and the development of instance-based retrieval. *Brain & Cognition, 37,* 100–102.

Lindahl, K., Clements, M., & Markman, H. (1997). Predicting marital and parent functioning in dyads and triads: A longitudinal investigation of marital processes. *Journal of Family Psychology, 11,* 139–151.

Lindo, G., & Nordholm, L. (1999). Adaptation strategies, well-being, and activities of daily living among people with low vision. *Journal of Visual Impairment & Blindness, 93,* 434–446.

Lindstrom, T. (1997). Immunity and somatic health in bereavement. A prospective study of 39 Norwegian widows. *Omega: Journal of Death & Dying, 35,* 231–241.

Lineweaver, T., & Hertzog, C. (1998). Adults' efficacy and control beliefs regarding memory and aging: Separating general from personal beliefs. *Aging, Neuropsychology, & Cognition, 5,* 264–296.

Linnet, K., Dalsgaard, S., Obel, C., Wisborg, K., Henriksen, T., Rodriquez, A., Kotimaa, A., Moilanen, I., Thomsen, P., Olsen, J., & Jarvelin, M. (2003). Maternal lifestyle factors in pregnancy risk of attention deficit hyperactivity disorder and associated behaviors: Review of the current evidence. *American Journal of Psychiatry, 160,* 1028–1040.

Livesley, W. J., & Bromley, D. B. (1973). *Person perception in childhood and adolescence*. London: Wiley.

Lobel, T., Slone, M., & Winch, G. (1997). Masculinity, popularity, and self-esteem among Israeli preadolescent girls. *Sex Roles, 36,* 395–408.

Loehlin, J. C. (1989). Partitioning environmental and genetic contributions to behavorial development. *American Psychologist, 44,* 1285-1292.

Loevinger, J. (1976). *Ego development*. San Francisco: Jossey-Bass.

Loevinger, J. (1984). On the self and predicting behavior. In R. A. Zucker, J. Aronoff, & A. I. Rabin (Eds), *Personality and the prediction of behavior* (pp. 43-68). New York: Academic Press.

Lopata, H. Z. (1981). Widowhood and husband sanctification. *Journal of marriage and the Family, 43,* 439-450.

Lopata, H. Z. (1986). Time in anticipated future and events in memory. *American Behavioral Scientist, 29,* 695-709.

Lowenstein, D., Acevedo, A., Czaja, S., & Duara, R. (2004). Cognitive rehabilitation of mildly impaired Alzheimer disease patients on cholinesterase inhibitors. *American Journal of Geriatric Psychiatry, 12,* 395–402.

Luster, T., Boger, R., & Hannan, K. (1993). Infant affect and home environment. *Journal of Marriage and the Family, 55,* 651–661.

Lyon, T. D., & Flavell, J. H. (1994). Young children's understanding of "remember" and "forget". *Child Development, 65,* 1357-1371.

Lyons, N. P. (1983). Two perspectives: On self, relationships, and morality. *Harvard Educational Review, 53,* 125–145.

Lytton, H., & Romney, D. M. (1991). Parents' differential socialization of boys and girls: A meta-analysis. *Psychological Bulletin, 109,* 267–296.

Ma, H. (2003). The relation of moral orientation and moral judgment to prosocial and antisocial behaviour of Chinese adolescents. *International Journal of Psychology, 38,* 101–111.

Ma, H., Shek, D., Cheung, P., & Oi Bun Lam, C. (2000). Parental, peer and teacher influences on the social behavior of Hong Kong Chinese adolescents. *Journal of Genetic Psychology, 161,* 65–78.

Maas, H. S., & Kuypers, J. A. (1974). *From thirty to seventy.* San Francisco: Jossey-Bass.

Maccoby, E. E. (1984). Middle childhood in the context of the family. In W. A. Collins (Ed.), *Development during middle childhood: The years from six to twelve* (pp. 184–239). Washington, DC: National Academy Press.

Maccoby, E. E. (1988). Gender as a social category. *Developmental Psychology, 24,* 755–765.

Maccoby, E. E. (1990). Gender and relationships: A developmental account. *American Psychologist, 45,* 513–520.

Maccoby, E. E., & Jacklin, C. N. (1987). Gender segregation in childhood. In H. W. Reese (Ed.), *Advances in child development and behavior*, Vol. 20 (pp. 239–288). Orlando, FL: Academic Press.

Maccoby, E. E., & Martin, J. A. (1983). Socialization in the context of the family: Parent-child interaction. In E. M. Hetherington (Ed.), *Handbook of child psychology: Socialization, personality, and social development* (Vol. 4) (pp. 1–102). New York: Wiley.

MacMillan, D. L., & Reschly, D. J. (1997). Issues of definition and classification. In W. E. MacLean, Jr. (Ed.), *Ellis' handbook of mental deficiency: Psychological theory and research* (pp. 47-74). Mahwah, NJ: Erlbaum.

Macrae, C., & Bodenhausen, G. (2000). Social cognition: Thinking categorically about others. *Annual Review of Psychology, 51,* 93–120.

Madan-Swain, A., Brown, R., Foster, M., Verga, R., et al. (2000). Identity in adolescent survivors of childhood cancer. *Journal of Pediatric Psychology, 25,* 105–115.

Madden, D. J. (1992). Four to ten milliseconds per year: Age-related slowing of visual word identification. *Journals of Gerontology: Psychological Sciences, 47,* P59–68.

Maguire, M., & Dunn, J. (1997). Friendships in early childhood and social understanding. *International Journal of Behavioral Development, 21,* 669–686.

Main, M., & Hesse, E. (1990). Parents' unresolved traumatic experiences are related to infant disorganized attachment status: Is frightened and/or frightening parental behavior the linking mechanism? In M. T. Greenberg, D. Cicchetti, & E. M. Cummings (Eds.), *Attachment in the preschool years: Theory, research, and intervention* (pp. 161–182). Chicago: University of Chicago Press.

Main, M., & Solomon, J. (1990). Procedures for identifying infants as disorganized/disoriented during the Ainsworth Strange Situation. In M. T. Greenberg, D. Cicchetti, & E. M. Cummings (Eds.), *Attachment in the preschool years: Theory, research, and intervention* (pp. 121–160). Chicago: University of Chicago Press.

Mainemer, H., Gilman, L., & Ames, E. (1998). Parenting stress in families adopting children from Romanian orphanages. *Journal of Family Issues, 19,* 164–180.

Malina, R. M. (1990). Physical growth and performance during the transition years. In R. Montemayor, G. R. Adams, & T. P. Gullotta (Eds.), *From childhood to adolescence: A transitional period?* (pp. 41–62). Newbury Park, CA: Sage.

Malina, R. M. (1994). Physical growth and biological maturatioin of young athletes. In J. O. Holloszy (Ed.), *Exercise and sports sciences reviews* (Vol. 22, pp. 389-433). Baltimore: Williams & Wilkins.

Malinosky-Rummell, R., & Hansen, D. (1993). Long-term consequences of childhood physical abuse. *Psychological Bulletin, 114,* 68–79.

Malkinson, R., & Bar-Tur, L., (1999). The aging of grief in Israel: A perspective of bereaved parents. *Death Studies, 23,* 413–431.

Mallet, P., Apostolidis, T., & Paty, B. (1997). The development of gender schemata about heterosexual and homosexual others during adolescence. *Journal of General Psychology, 124,* 91–104.

Malo, J., & Tremblay, R. (1997). The impact of parental alcoholism and maternal social position on boys' school adjustment, pubertal maturation and sexual behavior: A test of two competing hypotheses. *Journal of Child Psychology & Psychiatry & Allied Disciplines, 38,* 187–197.

Mäntylä, T. (1994). Remembering to remember: Adult age differences in prospective memory. *Journals of Gerontology: Psychological Sciences, 49,* P276–282.

Maps of the World. (2005). Site Web : http://www.mapsofworld.com/infant-mortality-rate-map.htm.

March of Dimes. (2004). *Environmental risks and pregnancy*. Retrieved September, 21, 2004, from http://www.marchofdimes.com/professionals/681_9146.asp.

Marcia, J. (2002). Identity and psychosocial development in adulthood. *Identity, 2,* 7–28.

Marcia, J. E. (1966). Development and validation of ego identity status. *Journal of Personality and Social Psychology, 3,* 551–558.

Marcia, J. E. (1980). Identity in adolescence. In J. Adelson (Ed.), *Handbook of adolescent psychology* (pp. 159–187). New York: Wiley.

Marcil-Gratton, N., & al. (2003). Du passé conjugal des parents au devenir familial des enfants: Un exemple de la nécessité d'une approche longitudinale. *Sociologie et Sociétés, 35, 1,* 143-164.

Marcovitch, S., Goldberg, S., Gold, A., & Washington, J. (1997). Determinants of behavioural problems in *Romanian children adopted in Ontario. International* Journal of Behavioral Development, 20, 17–31.

Marcus, R. F. (1986). Naturalistic observation of cooperation, helping, and sharing and their association with empathy and affect. In C. Zahn-Waxler, E. M. Cummings, & R. Iannotti (Eds.), *Altruism and aggression: Biological and social origins* (pp. 256–279). Cambridge, England: Cambridge University Press.

Margolin, G., & Gordis, E. (2000). The effects of family and community violence on children. *Annual Review of Psychology, 51,* 445–479.

Markey, C., Markey, P., & Tinsley, B. (2003). Personality, puberty, and preadolescent girls' risky behaviors: Examining the *predictive value of the Five-Factor Model of personality. Journal* of Research in Personality, 37, 405–419.

Markey, P., Markey, C., & Tinsley, B. (2004). Children's behavioral manifestations of the five-factor model of personality. *Personality & Social Psychology Bulletin, 30,* 423–432.

Marks, N., & Lamberg, J. (1998). Marital status continuity and change among young and midlife adults. *Journal of Family Issues, 19,* 652–686.

Marsh, H., & Yeung, A. (1997). Coursework selection: Relations to academic self-concept and achievement. *American Educational Research Journal, 34,* 691–720.

Marsh, H., Craven, R., & Debus, R. (1999). Separation of competency and affect components of multiple dimensions of academic self-concept: A developmental perspective. *Merrill-Palmer Quarterly, 45,* 567–601.

Marshall, V. W. (1975). Age and awareness of finitude in developmental gerontology. *Omega, 6,* 113–129.

Marshall, V. W., & Levy, J. A. (1990). Aging and dying. In R. H. Binstock & L. K. George (Eds.), *Handbook of aging and the social sciences* (3rd ed.) (pp. 245–260). San Diego, CA: Academic Press.

Marsiglio, W., & Donnelly, D. (1991). Sexual relations in later life: A national study of married persons. *Journals of Gerontology: Social Sciences, 46,* S338–344.

Martin, C. L. (1991). The role of cognition in understanding gender effects. In H. W. Reese (Ed.), *Advances in child development and behavior,* Vol. 23 (pp. 113–150). San Diego, CA: Academic Press.

Martin, C. L. (1993). New directions for investigating children's gender knowledge. *Developmental Review, 13,* 184–204.

Martin, C. L., & Halverson, C. F., Jr. (1981). A schematic processing model of sex typing and stereotyping in children. *Child Development, 52,* 1119–1134.

Martin, C. L., & Little, J. K. (1990). The relation of gender understanding to children's sex-typed preferences and gender stereotypes. *Child Development, 61,* 1427–1439.

Martin, C. L., Wood, C. H., & Little, J. K. (1990). The development of gender stereotype components. *Child Development, 61,* 1891-1904.

Martin, J., & D'Augelli, A. (2003). How lonely are gay and lesbian youth? *Psychological Reports, 93,* 486.

Martin, R. H. (2006). Site Web de la Chaire de recherche du Canada en génétique (consulté le 29 octobre 2006): http://www.chairs.gc.ca/web/chairholders/viewprofile_f.asp?id=282&PrintView=Y.

Martin, R. P., Wisenbaker, J., & Huttunen, M. (1994). Review of factor analytic studies of temperament measures based on the Thomas-Chess structural model: Implications for the Big Five. In C. F. Halverson, Jr., G. A. Kohnstamm, & R. P. Martin (Eds.), *The developing structure of temperament and personality from infancy to adulthood* (pp. 157–172). Hillsdale, NJ: Erlbaum.

Martin, R., Annis, S., Darling, L., Wadley, V., Harrell, L., & Marson, D. (2003). Loss of calculation abilities in patients with mild and moderate Alzheimer disease. *Archives of Neurology, 60,* 1585–1589.

Martin, R., Noyes, J., Wisenbaker, J. & Huttunen, M. (1999). Prediction of early childhood negative emotionality and inhibition from maternal distress during pregnancy. *Merrill-Palmer Quarterly, 45,* 370–391.

Martorano, S. C. (1977). A developmental analysis of performance on Piaget's formal operations tasks. *Developmental Psychology, 13,* 666–672.

Mascolo, M. F., & Fischer, K. W. (1995). Developmental transformations in appraisals for pride, shame, and guilt. In J. P. Tangney & K. W. Fischer (Eds.), *Self-conscious emotions: The psychology of shame, guilt, embarrassment, and pride* (pp. 64–113). New York: Guilford Press.

Maslow, A. H. (1968). *Toward a psychology of being* (2nd ed.). New York: Van Nostrand Reinhold.

Maslow, A. H. (1970a). *Motivation and personality* (2nd ed.). New York: Harper & Row.

Maslow, A. H. (1970b). *Religions, values, and peak-experiences.* New York: Viking. (Original work published 1964.)

Maslow, A. H. (1971). *The farther reaches of human nature.* New York: Viking.

Mast, B., Azar, A., MacNeill, S., & Lichtenberg, P. (2004). Depression and activities of daily living predict rehospitalization within 6 months of discharge from geriatric rehabilitation. *Rehabilitation Psychology, 49,* 219–223.

Masten, A. S., & Coatsworth, J. D. (1995). Competence, resilience, and psychopathology. In D. Cicchetti & D. J. Cohen (Eds.), *Developmental psychopathology: Vol. 2. Risk, disorder, and adaptation* (pp. 715-752). New York: Wiley-Interscience.

Masten, A. S., & Coatsworth, J. D. (1998). The development of competence in favorable and unfavorable environments: Lessons from research on successful children. *American Psychologist, 53,* 205-220.

Masten, A. S., Best, K. M., & Garmezy, N. (1990). Resilience and development: Contributions from the study of children who overcome adversity. *Development and Psychopathology, 2,* 425-444.

Masur, E., & Rodemaker, J. (1999). Mothers' and infants' spontaneous vocal, verbal, and action imitation during the second year. *Merrill-Palmer Quarterly, 45,* 392–412.

Maszk, P., Eisenberg, N., & Guthrie, I. (1999). Relations of children's social status to their emotionality and regulation: A short-term longitudinal study. *Merrill-Palmer Quarterly, 454,* 468–492.

Mata, L., Arendt, R. A., & Sroufe, L. A. (1978). Continuity of adaptation in the second year: The relationship between quality of attachment and latter competence. *Child Development, 49,* 547, 556.

Mathew, A., & Cook, M. (1990). The control of reaching movements by young infants. *Child Development, 61,* 1238–1257.

Matthews, K. A., Wing, R. R., Kuller, L. H., Meilahn, E. N., Kelsey, S. F., Costello, E. J., & Caggiula, A. W. (1990). Influences of natural menopause on psychological characteristics and symptoms of middle-aged healthy women. *Journal of Consulting and Clinical Psychology, 58,* 345–351.

Mattson, S., & Riley, E. (1999). Implicit and explicit memory functioning in children with heavy prenatal alcohol exposure. *Journal of the International Neuropsychological Society, 5,* 462–471.

Mattson, S., Riley, E., Gramling, L., Delis, D. & Jones, K. (1998). Neuropsychological comparison of alcohol-exposed children with or without physical features of fetal alcohol syndrome. *Neuropsychology, 12,* 146–153.

Maughan, B., Pickles, A., & Quinton, D. (1995). Parental hostility, childhood behavior, and adult social functioning. In J. McCord (Ed.), *Coercion and punishment in long-term perspectives* (pp. 34–58). Cambridge, England: Cambridge University Press.

Mayes, L., Cicchetti, D., Acharyya, S., & Zhang, H. (2003). Developmental trajectories of cocaine-and-other-drug-exposed and non-cocaine-exposed children. *Journal of Developmental & Behavioral Pediatrics, 24,* 323–335.

Mayeux, L., & Cillissen, A. (2003). Development of social problem solving in early childhood: Stability, change, and associations with social competence. *Journal of Genetic Psychology, 164,* 153–173.

Maylor, D., Vousden, J., & Brown, D. (1999). Adult age differences in short-term memory for serial order: Data and a model. *Psychology & Aging, 14,* 572–594.

Maylor, E. (1998). Changes in event-based prospective memory across adulthood. *Aging, Neuropsychology, & Cognition, 5,* 107–128.

Maylor, E. A. (1993). Aging and forgetting in prospective and retrospective memory tasks. *Psychology & Aging, 8,* 420–428.

Mayseless, O., Wiseman, H., & Hai, I. (1998). Adolescents' relationships with father, mother, and same-gender friend. *Journal of Adolescent Research, 13,* 101–123.

McAdams, D., Hart, H., & Maruna, S. (1998). The anatomy of generativity. In D. P. McAdams & E. de St. Aubin (Eds.), *Generativity and adult development: How and why we care about the next generation* (pp. 7–44). Washington, DC: American Psychological Association.

McClun, L., & Merrell, K. (1998). Relationship of perceived parenting styles, locus of control orientation, and self-concept among junior high age students. *Psychology in the Schools, 35,* 381–390.

McClure, E. (2000). A meta-analytic review of sex differences in facial expression processing and their development in infants, children, and adolescents. *Psychological Bulletin, 126,* 242–453.

McCrae, R. R., & Costa, P. T., Jr. (1987). Validation of the five-factor model of personality across instruments and observers. *Journal of Personality and Social Psychology, 52,* 81–90.

McCrae, R. R., & Costa, P. T., Jr. (1990). *Personality in adulthood.* New York: Guilford Press.

McCrae, R. R., & Costa, P. T., Jr. (1994). The stability of personality: Observations and evaluations. *Current Directions in Psychological Science, 3,* 173–175.

McCrae, R., Costa, P., Ostendord, F., & Angleitner, A. (2000). Nature over nurture: Temperament, personality, and life span development. *Journal of Personality & Social Psychology, 78,* 173–186.

McCrae., R., & Terracciano, A. (2005). Universal features of personality traits from the observer's perspective: Data from 50 cultures. *Journal of Personality & Social Psychology, 88,* 547-561.

McCune, L. (1995). A normative study of representational play at the transition to language. *Developmental Psychology, 31,* 198-206.

McElree, B., Jia, G., & Litvak, A. (2000). The time course of conceptual processing in three bilingual populations. *Journal of Memory & Language, 42,* 229–254.

McFalls, J. A., Jr. (1990). The risks of reproductive impairment in the later years of childbearing. *Annual Review of Sociology, 16, 491*–519.

McFayden-Ketchumm, S., Bates, J., Dodge, K., & Pettit, G. (1996). Patterns of change in early childhood aggressive-disruptive behavior: Gender differences in predictions from early coercive and affectionate mother-child interactions. *Child Development, 67,* 2417–2433.

McGrath, M., & Sullivan, M. (2002). Birth weight, neonatal morbidities, and school age outcomes in full-term and preterm infants. *Issues in Comprehensive Pediatric Nursing, 25,* 231–254.

McGue, M. (1994). Why developmental psychology should find room for behavior genetics. In C. A. Nelson (Ed.), *The Minnesota Symposia on Child Development, 27,* (pp. 105–119). Hillsdale, NJ, Erlbaum.

McIntosh, B. R., & Danigelis, N. L. (1995). Race, gender, and the relevance of productive activity for elders' affect. *Journals of Gerontology: Social Sciences, 50B,* S229–239.

McKelvie, P., & Low, J. (2002).Listening to Mozart does not improve children's spatial ability: Final curtains for the Mozart effect. *British Journal of Developmental Psychology, 29,* 241-258.

McLoyd, V. C. (1998). Socioeconomic disadvantage and child development. *American Psychologist, 53,* 185–204.

McNeal, C., & Amato, P. (1998). Parents' marital violence: Long-term consequences for children. *Journal of Family Issues, 19,* 123–139.

Mediascope Press. (1999). *The social effects of electronic interactive games: An annotated bibliography*. Studio City, CA: Mediascope Inc.

Medvedova, L. (1998). Personality dimensions—"little five"—and their relationships with coping strategies in early adolescence. *Studia Psychologica, 40,* 261–265.

Meeus, W., Dekovic, M., & Iedema, J. (1997). Unemployment and identity in adolescence: A social comparison perspective. *Career Development Quarterly, 45,* 369–380.

Melby, J. N., & Conger, R. D. (1996). Parental behaviors and adolescent academic performance: A longitudinal analysis. *Journal of Research on Adolescence, 6,* 113–137.

Melson, G., Peet, S., & Sparks, C. (1991). Children's attachments to their pets: Links to socioemotional development. *Children's Environmental Quarterly, 8,* 55–65.

Meltzoff, A. N. (1995). Understanding the intentions of others: Re-enactment of intended acts by 18-month-old children. *Developmental Psychology, 31,* 838–850.

Menesini, E., Sanchez, V., Fonzi, A., Ortega, R., Costabile, A., & Lo Feudo, G. (2003). Moral emotions and bullying: A cross-national comparison of differences between bullies, victims and outsiders. *Aggressive Behavior, 29,* 515–530.

Mercier, L. (2000). *À la retraite, re-traiter sa vie.* Montréal: Éditions de l'Homme.

Merikangas, K. R., & Angst, J. (1995). The challenge of depressive disorders in adolescence. In M. Rutter (Ed*.), Psychosocial disturbances in young people: Challenges for prevention* (pp. 131–165). Cambridge, England: Cambridge University Press.

Meyer, M. (1998). Perceptual differences in fetal alcohol syndrome affect boys performing a modeling task. *Perceptual & Motor Skills, 87,* 784–786.

Miech, R., & Shanahan, M. (2000). Socioeconomic status and depression over the life course. *Journal of Health & Social Behavior, 41,* 162–176.

Miller, B. C., & Moore, K. A. (1990). Adolescent sexual behavior, pregnancy, and parenting: Research through the 1980s. *Journal of Marriage & the Family, 52,* 1025–1044.

Miller, B., Norton, M., Curtis, T., Hill, E., Schvaneveldt, P., & Young, M. (1998). The timing of sexual intercourse among adolescents: Family, peer, and other antecedents: Erratum. *Youth & Society, 29,* 390.

Miller, P., Wang, S., Sandel, T., & Cho, G. (2002). Self-esteem as folk theory: A comparison of European American and Taiwanese mothers' beliefs. *Science & Practice, 2,* 209–239.

Miller, R. A. (1990). Aging and the immune response. In E. L. Schneider & J. W. Rowe (Eds.), *Handbook of the biology of aging* (3rd ed., pp. 157–180). San Diego, CA: Academic Press.

Ministère de la Santé et des Services sociaux. (2004). *Rapport du Québec sur les indicateurs comparables dans le domaine de la santé.* Québec: Gouvernement du Québec.

Minkler, M., & Fadem, P. (2002). "Successful aging": A disability perspective. *Journal of Disability Policy Studies, 12,* 229–235.

Minty, B. (1999). Outcomes in long-term foster family care. *Journal of Child Psychology & Psychiatry & Allied Disciplines, 40,* 991–999.

Mischel, W. (1966). A social learning view of sex differences in behavior. In E. E. Maccoby (Ed.), *The development of sex differences* (pp. 56–81). Stanford, CA: Stanford University Press.

Mischel, W. (1970). Sex typing and socialization. In P. H. Mussen (Ed.), *Carmichael's manual of child psychology* (Vol. 2) (pp. 3–72). New York: Wiley.

Mishara, B.L., & Tousignant, M. (2004). *Comprendre le suicide.* Montréal: Presses de l'Université de Montréal, 180 p.

Moen, P. (1996). Gender, age, and the life course. In R. H. Binstock & L. K. George (Eds.), *Handbook of aging and the social sciences* (4th ed.) (pp. 171–187). San Diego, CA: Academic Press.

Moen, P., & Erickson, M. A. (1995). Linked lives: A transgenerational approach to resilience. In P. Moen, G. H. Elder, Jr., & K. Lüscher (Eds.), *Examining lives in context: Perspectives on the ecology of human development* (pp. 169–210). Washington, DC: American Psychological Association.

Mohanty, A. & Perregaux, C. (1997). Language acquisition and bilingualism. In J. Berry, P. Dasen, & T. Saraswath (Eds.), *Handbook of cross-cultural psychology: Vol. 2.* Boston: Allyn & Bacon.

Money, J. (1998). *Sin, science and the sex police. Essays on sexology and sexosophy.* Amherst, NY: Prometheus Books.

Monk, C., Webb, S., & Nelson, C. (2001). Prenatal neurobiological development: Molecular mechanisms and anatomical change. *Developmental Neuropsychology, 19,* 211–236.

Monroy, T. (2000, March 15). Boomers alter economics. *Interactive Week.* Retrieved March 21, 2000 from the World Wide Web: www.ZDNet.com

Montemayor, R., & Eisen, M. (1977). The development of self-conceptions from childhood to adolescence. *Developmental Psychology, 13,* 314–319.

Moody, E. (1997). Lessons from pair counseling with incarcerated juvenile delinquents. *Journal of Addictions & Offender Counseling, 18,* 10–25.

Moon, C., & Fifer, W. P. (1990). Syllables as signals for 2-day-old infants. *Infant Behavior and Development, 13,* 377–390.

Mooney, L., Knox, D., & Schacht, C. (2000a). *Social problems.* Belmont, CA: Wadsworth.

Mooney, L., Knox, D., & Schacht, C. (2000b). *Understanding social problems* (2nd ed.). Thousand Oaks, CA: Wadsworth.

Moore, C., Barresi, J., & Thompson, C. (1998). The cognitive basis of future-oriented prosocial behavior. *Social Development, 7,* 198–218.

Moore, D. (2001). Reassessing emotion recognition performance in people with mental retardation: A review. *American Journal on Mental Retardation, 106,* 481-502.

Morfei, M., Hooker, K., Carpenter, J., Mix, C., & Blakeley, E. (2004). Agentic and communal generative behavior in four areas of adult life: Implications for psychological well-being. *Adult Development, 11,* 55–58.

Morgan, B., Finan, A., Yarnold, R., Petersen, S., Horsfield, M., Rickett, A., & Wailoo, M. (2002). Assessment of infant physiology and neuronal development using magnetic resonance imaging. *Child: Care, Health, & Development, 28,* 7–10.

Morgan, C., Covington, J., Geisler, M., Polich, J., & Murphy, C. (1997). Olfactory event-related potentials: Older males demonstrate the greatest deficits. *Electroencephalography & Clinical Neurophysiology, 104,* 351–358.

Morrissette, P. (1999). Post-traumatic stress disorder in child sexual abuse: Diagnostic and treatment considerations. *Child & Youth Care Forum, 28,* 205–219.

Mounts, N. S., & Steinberg, L. (1995). An ecological analysis of peer influence on adolescent grade point average and drug use. *Developmental Psychology, 31,* 915–922.

Mueller, U., Overton, W., & Reene, K. (2001). Development of conditional reasoning: A longitudinal study. *Journal of Cognition & Development, 2,* 27–49.

Muller, R., & Goldberg, S. (1980). Why William doesn't want a doll: Preschoolers' expectations of adult behavior toward girls and boys. *Merrill-Palmer Quarterly, 26,* 259-269.

Mullins, L. C., & Mushel, M. (1992). The existence and emotional closeness of relationships with children, friends, and spouses. The effect on loneliness among older persons. *Research on Aging, 14,* 448–470.

Munroe, R. H., Shimmin, H. S., & Munroe, R. L. (1984). Gender understanding and sex role preference in four cultures. *Developmental Psychology, 20,* 673–682.

Murnen, S., Smolak, L., Mills, J., & Good, L. (2003). Thin, sexy women and strong, muscular men: Grade-school children's responses to objectified images of women and men. *Sex Roles, 49,* 427–437.

Murphy, S., Braun, T., Tillery, L., Cain, K., Johnson, L., & Beaton, R. (1999). PTSD among bereaved parents following the violent deaths of their 12- to 28-year-old children: A longitudinal prospective analysis. *Journal of Traumatic Stress, 12,* 273–291.

Murphy, S., Johnson, L., & Lohan, J. (2003). Finding meaning in a child's violent death: A five-year propective analysis of parents' personal narratives and empirical data. *Death Studies, 27,* 381–404.

Murrell, S. A., & Himmelfarb, S. (1989). Effects of attachment bereavement and pre-event conditions on subsequent depressive symptoms in older adults. *Psychology and Aging, 4,* 166–172.

Murstein, B. I. (1986). *Paths to marriage.* Beverly Hills, CA: Sage.

Muthesius, D. (1997). Reminiscence and the relationship between young and old. *Zeitschrift fuer Gerontologie und Geriatrie, 30,* 354–361.

Muzi, M. (2000). *The experience of parenting.* Upper Saddle River, NJ: Prentice Hall.

Mwamwenda, T. (1999). Undergraduate and graduate students' combinatorial reasoning and formal operations. *Journal of Genetic Psychology, 160,* 503–506.

Myers, G. C. (1990). Demography of aging. In R. H. Binstock & L. K. George (Eds.), *Handbook of aging and the social sciences* (3rd ed.) (pp. 19–44). San Diego, CA: Academic Press.

Nagamine, S. (1999). Interpersonal conflict situations: Adolescents' negotiation processes using an interpersonal negotiation strategy model: Adolescents' relations with their parents and friends. *Japanese Journal of Educational Psychology, 47,* 218–228.

Nancy, D. (15 mai 2006). L'attachement père-enfant aide le jeune à se surpasser. *Forum, 40(30).* Disponible en ligne (site Web consulté le 10 novembre 2005) : http://www.iforum.umontreal.ca/Forum/2005-2006/20060515/Une.html.

National Center for Injury Prevention and Control (NCIPC). (2000). *Fact book for the year 2000.* Washington, DC: Author.

National Institute of Mental Health (NIMH). (2001). *The numbers count: Mental disorders in America.* NIH Publication No. 01-4584. Retrieved June 10, 2005, from http://www.nimh.nih.gov

National Institute on Aging. (2000a) *Depression: A serious but treatable illness.* [Online "Age Page"]. Retrieved February 7, 2001 from the World Wide Web: http://www.nih.gov/nia

National Institute on Aging. (2000b). *Sexuality in later life.* Retrieved February 7, 2001, from http://www.nih.gov/nia.

NCIPC, voir National Center for Injury Prevention and Control.

Neimeyer, R. A., & Chapman, K. M. (1980-1981). Self/ideal discrepancy and fear of death: The test of an existential hypothesis. *Omega, 11,* 233–239.

Neimeyer, R., Prigerson, H., & Davies, B. (2002). Mourning and meaning. *American Behavioral Scientist, 46,* 235–251.

Neisser, U., & Harsch, N. (1992). Phantom flashbulbs: False recollections of hearing the news about Challenger. In E. Winograd & U. Neisser (Eds.), *Affect and accuracy in recall: Studies of "flashbulb" memories* (pp. 9–31). New York: Cambridge University Press.

Neisser, U., Boodoo, G., Bouchard, T. J., Jr., Boykin, A. W., Brody, N., Ceci, S. J., Halpern, D. F., Loehlin, J. C., Perloff, R., Sternberg, R. J., & Urbina, S. (1996). Intelligence: Knowns and unknowns. *American Psychologist, 51,* 77–101.

Nelson, S. (1980). Factors influencing young children's use of motives and outcomes as moral criteria. *Child Development, 51,* 823–829.

Nelson,T.O. (1990). Metamemory: Theorical framework and new findings. In G.H. Bower (Ed.), *The psychology of learning and motivation.* San Diegoo: Academic Press.

Nelson,T.O. (1994). Metacognition. In V.S. Ramachandran (Ed.), *Encyclopedia of human behavior* (Vol. 3) San Diego: *Academic Press.*

Neshat-Doost, H., Taghavi, M., Moradi, A., Yule, W., & Dalgleish, T. (1998). Memory for emotional trait adjectives in clinically depressed youth. *Journal of Abnormal Psychology, 107,* 642–650.

Neugarten, B. L. (1970). Dynamics of transition of middle age to old age. *Journal of Geriatric Psychiatry, 4,* 71–87.

Neugarten, B. L. (1979). Time, age, and the life cycle. *American Journal of Psychiatry, 136,* 887–894.

New York times. (1994). Optimism can mean life for heart patients and pessimism death, study says. April, 16, 12.

Newcomb, A. F., & Bagwell, C. L. (1995). Children's friendship relations: A meta-analytic review. *Psychological Bulletin, 117,* 306–347.

Newcomb, A. F., Bukowski, W. M., & Pattee, L. (1993). Children's peer relations: A meta-analytic review of popular, rejected, neglected, controversial, and average sociometric status. *Psychological Bulletin, 113,* 99–128.

Newcombe, R., & Resse, E. (2004). Evaluations and orientations in mother-child narratives as function of attachment security: A longitudinal investigation. *International Journal of Behavioral Development, 28,* 230-245.

Newman, D., Caspi, A., Moffitt, T., & Silva, P. (1997). Antecedents of adult interpersonal functioning: Effects of individual differences in age 3 temperament. *Developmental Psychology, 33,* 206–217.

Ni, Y. (1998). Cognitive structure, content knowledge, and classificatory reasoning. *Journal of Genetic Psychology, 159,* 280–296.

NIA, voir National Institute on Aging.

Niedzwienska, A. (2003). Misleading postevent information and flashbulb memories. *Memory, 11,* 549–558.

Nilsson, L., Baeckman, L., Erngrund, K., & Nyberg, L. (1997). The Betula prospective cohort study: Memory, health, and aging. *Aging, Neuropsychology, & Cognition, 4,* 1–32.

Nisan, M., & Kohlberg, L. (1982). Universality and variation in moral judgment: A longitudinal and cross-sectional study in Turkey. *Child Development, 53,* 865–876.

Nolen-Hoeksema, S. (1994). An interactive model for the emergence of gender differences in depression in adolescence. *Journal of Research on Adolescence, 4,* 519-534.

Nolen-Hoeksema, S., & Girgus, J. S. (1994). The emergence of gender differences in depression during adolescence. *Psychological Bulletin, 115,* 424–443.

Norris, F. H., & Murrell, S. A. (1990). Social support, life events, and stress as modifiers of adjustment to bereavement by older adults. *Psychology and Aging, 5,* 429–436.

Norwood, T. H., Smith, J. R., & Stein, G. H. (1990). Aging at the cellular level: The human fibroblastlike cell model. In E. R. Schneider & J. W. Rowe (Eds.), *Handbook of the biology of aging* (3rd ed., pp. 131–154). San Diego, CA: Academic Press.

Nottelmann, E. D., Susman, E. J., Blue, J. H., Inoff-Germain, G., Dorn, L. D., Loriaux, D. L., Cutler, G. B., Jr., & Chrousos, G. P. (1987). Gonadal and adrenal hormone correlates of adjustment in early adolescence. In R. M. Lerner & T. T. Foch (Eds.), *Biological-psychosocial interactions in early adolescence* (pp. 303–324). Hillsdale, NJ: Erlbaum.

Novosad, C., & Thoman, E. (1999). Stability of temperament over the childhood years. *American Journal of Orthopsychiatry, 69,* 457–474.

Nucci, L., & Smetana, J. (1996). Mothers' concepts of young children's areas of personal freedom. *Child Development, 67,* 1870–1886.

O'Beirne, H., & Moore, C. (1995, March). *Attachment and sexual behavior in adolescence.* Paper presented at the biennial meetings of the Society for Research in Child Development, Indianapolis, IN.

O'Brien, M. (1992). Gender identity and sex roles. In V. B. Van Hasselt & M. Hersen (Eds.), *Handbook of social development: A lifespan perspective* (pp. 325–345). New York: Plenum.

O'Connor, T., Bredenkamp, D., & Rutter, M. (1999). Attachment disturbances and disorders in children exposed to early severe deprivation. *Infant Mental Health Journal, 20,* 10–29.

O'Leary, A. (1990). Stress, emotion, and human immune function. *Psychological Bulletin, 108,* 363–382.

O'Neill, D. K., Astington, J. W., & Flavell, J. H. (1992). Young children's understanding of the role that sensory experiences play in knowledge acquisition. *Child Development, 63,* 474–490.

Oatley, K., & Jenkins, J. (1996). *Understanding emotions.* Cambridge, MA: Blackwell Publishers.

Offer, D., Kaiz, M., Howard, K., & Bennett, E. (1998). Emotional variables in adolescence and their stability and contribution to the mental health of adult men: Implications for early intervention strategies. *Journal of Youth & Adolescence, 27,* 675–690.

Ogawa, N., & Retherford, R. D. (1993). Care of the elderly in Japan: Changing norms and expectations. *Journal of Marriage and the Family, 55,* 585–597.

Okamoto, K., & Uechi, Y. (1999). Adolescents' relations with parents and friends in the second individuation process. *Japanese Journal of Educational Psychology, 47,* 248–258.

Oldenburg, C., & Kerns, K. (1997). Associations between peer relationships and depressive symptoms: Testing moderator effects of gender and age. *Journal of Early Adolescence, 17,* 319–337.

Olin, J., & Zelinski, E. (1997). Age differences in calibration of comprehension. *Educational Gerontology, 23,* 67–77.

Oller, D. K. (1981). Infant vocalizations: Exploration and reflectivity. In R. E. Stark (Ed.), *Language behavior in infancy and early childhood* (pp. 85–104). New York: Elsevier North-Holland.

Oller, D., Cobo-Lewis, A., & Eilers, R. (1998). Phonological translation in bilingual and monolingual children. *Applied Psycholinguistics, 19,* 259–278.

Olson, H., Feldman, J., Streissguth, A., Sampson, P., & Bookstein, F. (1998). Neuropsychological deficits in adolescents with fetal alcohol syndrome: Clinical findings. *Alcoholism: Clinical & Experimental Research, 22,* 1998–2012.

Olthof, T., Ferguson, T., Bloemers, E., & Deij, M. (2004). Morality- and identity-related antecedents of children's guilt and shame attributions in events involving physical illness. *Cognition & Emotion, 18,* 383–404.

Olweus, D. (1995). Bullying or peer abuse at school: Facts and intervention. *Current Directions in Psychological Science, 4,* 196–200.

Ordre des sages-femmes du Québec. (2006). Site Web consulté le 20 octobre 2006 : http://www.osfq.org/lsfq/index_champ.html.

Organisation mondiale de la santé. (2005). *Rapport sur la santé dans le monde, 2005.* Site Web de l'OMS consulté le 31 octobre 2006 : http://www.who.int/features/qa/13/fr/index.html.

Organisation mondiale de la santé. (avril 2006). Site Web : www.who.int/childgrowth/en/.

Ornish, D. (1990). Dr. Dean Ornish's program for reversing heart disease. New York: Random House.

Ornoy, A. (2002). The effects of alcohol and illicit drugs on the human embryo and fetus. *Israel Journal of Psychiatry & Related Sciences, 39,* 120–132.

Orth-Gomér, K., Rosengren, A., & Wilhelmsen, L. (1993). Lack of social support and incidence of coronary heart disease in middle-aged Swedish men. *Psychosomatic Medicine, 55,* 37–43.

Ostoja, E., McCrone, E., Lehn, L., Reed, T., & Sroufe, L. A. (1995, March). *Representations of close relationships in adolescence: Longitudinal antecedents from infancy through childhood.* Paper presented at the biennial meetings of the Society for Research in Child Development, Indianapolis, IN.

Ostrom, T., Carpenter, S., Sedikides, C., & Li, F. (1993). Differential processing of in-group and out-group information. *Journal of Personality & Social Psychology, 64,* 21–34.

Ostwald, P. (1997). *Glenn Gould: The ecstasy and tragedy of genius.* New York: Norton.

Overby, K. (2002). Pediatric health supervision. In A. Rudolph, R. Kamei, & K. Overby (Eds.), *Rudolph's fundamental of pediatrics* (3rd ed., pp. 1–69). New York: McGraw-Hill.

Owen, P. (1998). Fears of Hispanic and Anglo children: Real-world fears in the 1990s. *Hispanic Journal of Behavioral Sciences, 20,* 483–491.

Owens, G., Crowell, J. A., Pan, H., Treboux, D., O'Connor, E., & Waters, E. (1995). The prototype hypothesis and the origins of attachment working models: Adult relationships with parents and romantic partners. *Monographs of the Society for Research in Child Development, 60*(244, No. 2–3), 216–233.

Owens, J., Spirito, A., McGuinn, M., & Nobile, C. (2000). Sleep habits and sleep disturbance in elementary school-aged children. *Journal of Developmental & Behavioral Pediatrics, 21,* 27–36.

Paffenbarger, R. S., Hyde, R. T., Wing, A. L., & Hsieh, C. (1987). Physical activity, all-cause mortality, and longevity of college alumni. *New England Journal of Medicine, 314,* 605–613.

Pagani, L., Boulerice, B., Tremblay, R., & Vitaro, F. (1997). Behavioural development in children of divorce and remarriage. *Journal of Child Psychology & Psychiatry & Allied Disciplines, 38*, 769–781.

Palla, B., & Litt, I. R. (1988). Medical complications of eating disorders in adolescents. *Pediatrics, 81*, 613–623.

Palmore, E. (1981). *Social patterns in normal aging: Findings from the Duke Longitudinal Study.* Durham, NC: Duke University Press.

Palmore, E. B. (1990). *Ageism: Negative and positive.* New York: Springer.

Palmore, E. B., & Cleveland, W. (1976). Aging, terminal decline, and terminal drop. *Journal of Gerontology, 31*, 76–81.

Palmore, E. B., Burchett, B. M., Fillenbaum, G. G., George, L. K., & Wallman, L. M. (1985). *Retirement. Causes and consequences.* New York: Springer.

Pang, T., & Lam, C. (2002). The widowers' bereavement process and death rituals: Hong Kong experiences. *Illness, Crisis, & Loss, 10*, 294–303.

Papousek, H., & Papousek, M. (1991). Innate and cultural guidance of infants' integrative competencies: China, the United States, and Germany. In M. H. Bornstein (Ed.), *Cultural approaches to parenting* (pp. 23–44). Hillsdale, NJ: Erlbaum.

Parault, S., & Schwanenflugel, P. (2000). The development of conceptual categories of attention during the elementary school years. *Journal of Experimental Child Psychology, 75*, 245–262.

Parke, R. (2004). The Society for Research in Child Development at 70: Progress and promise. *Child Development, 75*, 1–24.

Parker, R. (1999). Reminiscence as continuity: Comparison of young and older adults. *Journal of Clinical Geropsychology, 5*, 147–157.

Patterson, C. (1997). Children of lesbian and gay parents. *Advances in Clinical Child Psychology, 19*, 235–282.

Patterson, G. R. (1980). Mothers: The unacknowledged victims. *Monographs of the Society for Research in Child Development, 45* (Serial No. 186).

Patterson, G. R., Capaldi, D., & Bank, L. (1991). An early starter model for predicting delinquency. In D. J. Pepler & K. H. Rubin (Eds.), *The development and treatment of childhood aggression* (pp. 139–168). Hillsdale, NJ: Erlbaum.

Patterson, G. R., DeBarsyshe, B. D., & Ramsey, E. (1989). A developmental perspective on antisocial behavior. *American Psychologist, 44*, 329–335.

Patterson, J. (1998). Expressive vocabulary of bilingual toddlers: Preliminary findings. *Multicultural Electronic Journal of Communication Disorders, 1*. Retrieved April 11, 2001 from the World Wide Web: www.asha.ucf.edu/patterson.html

Pauen, S. (2000). Early differentiation within the animate domain: Are humans something special? *Journal of Experimental Child Psychology, 75*, 134–151.

Peck, R.C. (1968). Psychological developments in the second half of life. Dans B.L. Neugarten (ED.),Middle age and aging. Chicago: University of Chicago Press.

Pedersen, N. L., & Harris, J. R. (1990). Developmental behavioral genetics and successful aging. In P. B. Baltes & M. M. Baltes (Eds.), *Successful aging* (pp. 359–380). Cambridge, England: Cambridge University Press.

Pederson, D. R., & Moran, G. (1995). A categorical description of infant-mother relationships in the home and its relation to Q-sort measures of infant-mother interaction. *Monographs of the Society for Research in Child Development, 60* (244, Nos. 2–3), 111–132.

Pederson, D. R., Moran, G., Sitko, C., Campbell, K., Ghesquire, K., & Acton, H. (1990). Maternal sensitivity and the security of infant-mother attachment: A Q-sort study. *Child Development, 61*, 1974–1983.

Pedlow, R., Sanson, A., Prior, M., & Oberklaid, F. (1993). Stability of maternally reported temperament from infancy to 8 years. *Developmental Psychology, 29*, 998–1007.

Peigneux, P., & van der Linden, M. (1999). Influence of ageing and educational level on the prevalence of body-part-as-objects in normal subjects. *Journal of Clinical & Experimental Neuropsychology, 21*, 547–552.

Pelham, W., Hoza, B., Pillow, D., Gnagy, E., Kipp, H., Greiner, A., Waschbusch, D., Trane, S., Greenhouse, J., Wolfson, L., & Fitzpatrick, E. (2002). Effects of methylphenidate and expectancy on children with ADHD: Behavior, academic performance, and attributions in a summer treatment program and regular classroom setting. *Journal of Consulting and Clinical Psychology, 70*, 320-335.

Pelletier, L., Dion, S., & Lévesque, C. (2004). Can self-determination help protect women against sociocultural influences about body image and reduce their risk of experiencing bulimic symptoms? *Journal of Social & Clinical Psychology, 23*, 61–88.

Pelligrini, A., & Smith, P. (1998). Physical activity play: The nature and function of a neglected aspect of play. *Child Development, 69*, 577–598.

Pennington, B., Moon, J., Edgin, J., Stedron, J., & Nadel, L. (2003). The neuropsychology of Down syndrome: Evidence of hippocampal dysfunction. *Child Development, 74*, 75-93.

Peplau, L. A. (1991). Lesbian and gay relationships. In J. C. Gonsiorek & J. D. Weinrich (Eds.), *Homosexuality: Research implications for public policy* (pp. 177–196). Newbury Park, CA: Sage.

Pereverzeva, M., Hui-Lin Chien, S., Palmer, J., & Teller, D. (2002). Infant photometry: Are mean adult isoluminance values a sufficient approximation to individual infant values? *Vision Research, 42*, 1639–1649.

Perez-Escamilla, R. (2005). *Influence de l'allaitement sur le développement psychosocial*. In R. E. Tremblay, R. G. Barr & R. DeV. Peters (Eds.), *Encyclopédie sur le développement des jeunes enfants*. Montréal, Québec: Centre d'excellence pour le développement des jeunes enfants, 1-6. Disponible en ligne (page consultée le 31 octobre 2006): http://www.excellence-jeunesenfants.ca/documents/Perez-EscamillaFRxp.pdf.

Perho, H., & Korhonen, M. (1999). Coping in work and marriage at the onset of middle age. *Psykologia, 34*, 115–127.

Perls, T. (1999). *The New England Centenarian Study.* Harvard Medical School. [Online article]. Retrieved February 7, 2001 from the World Wide Web: http://www.med.harvard.edu/programs/necs/studies.html

Perry, D., Kusel, S. K., & Perry, L. C. (1988). Victims of peer aggression. *Developmental Psychology, 24*, 807–814.

Perry, W. B. (1970). *Forms of intellectual and ethical development in the college years*. New york: Holt, Rhinehart & Winston.

Pesonen, A., Raikkonen, K., Strandberg, T., Kelitikangas-Jarvinen, & L., Jarvenpaa, A. (2004). Insecure adult attachment style and depressive symptoms: Implications for parental perceptions of infant temperament. *Infant Mental Health Journal, 25*, 99–116.

Petersen, A. C. (1987). The nature of biological-psychosocial interactions: The sample case of early adolescence. In R. M. Lerner & T. T. Foch (Eds.), *Biological-psychosocial interactions in early adolescence* (pp. 35–62). Hillsdale, NJ: Erlbaum.

Petersen, A. C., & Taylor, B. (1980). The biological approach to adolescence. In J. Adelson (Ed.), *Handbook of adolescent psychology* (pp. 117-158). New York: Wiley.

Petersen, A. C., Compas, B. E., Brooks-Gunn, J., Stemmler, M., Ey, S., & Grant, K. E. (1993). Depression in adolescence. *American Psychologist, 48*, 155–168.

Petersen, A. C., Sarigiani, P. A., & Kennedy, R. E. (1991). Adolescent depression: Why more girls? *Journal of Youth and Adolescence, 20*, 247-272.

Peterson, B. (2002). Longitudinal analysis of midlife generativity, intergenerational roles, and caregiving. *Psychology & Aging, 17*, 161–168.

Peterson, C. (1999). Grandfathers' and grandmothers' satisfaction with the grandparenting role: Seeking new answers to old questions. *International Journal of Aging & Human Development, 49*, 61–78.

Peterson, C. C., & Siegal, M. (1995). Deafness, conversation and theory of mind. *Journal of Child Psychology and Psychiatry, 36*, 459–474.

Peterson, C., & Siegal, M. (1999). Representing inner worlds: Theory of mind in autistic, deaf, and normal hearing children. *Psychological Science, 10*, 126–129.

Peterson, C., Seligman, M. E. P., & Vaillant, G. E. (1988). Pessimistic explanatory style is a risk factor for physical illness: A thirty-five-year longitudinal study. *Journal of Personality and Social Psychology, 55*, 23–27.

Peterson, C., Wellman, H., & Liu, D. (2005). Steps in theory-of-mind development for children with deafness or autism. *Child Development, 76*, 502-517.

Pettingale, K. W., Morris, T., Greer, S., & Haybittle, J. L. (1985). Mental attitudes to cancer: An additional prognostic factor. *Lancet, 85*.

Pettit, G. S., Clawson, M. A., Dodge, K. A., & Bates, J. E. (1996). Stability and change in peer-rejected status: The role of child behavior, parenting, and family ecology. *Merrill-Palmer Quarterly, 42*, 295–318.

Phillips, A., Wellman, H., & Spelke, E. (2002). Infants' ability to connect gaze and emotional expression to intentional action. *Cognition, 85*, 53–78.

Phillipsen, L. (1999). Associations between age, gender, and group acceptance and three components of friendship quality. *Journal of Early Adolescence, 19*, 438–464.

Phinney, J. S. (1990). Ethnic identity in adolescents and adults: Review of research. *Psychological Bulletin, 108*, 499–514.

Phinney, J. S., & Rosenthal, D. A. (1992). Ethnic identity in adolescence: Process, context, and outcome. In G. R. Adams, T. P. Gullotta, & R. Montemayor (Eds.), *Adolescent identity formation* (pp. 145–172). Newbury Park, CA: Sage.

Phinney, J., Baumann, K., & Blanton, S. (2001). Life goals and attributions for expected outcomes among adolescents from five ethnic groups. *Hispanic Journal of Behavioral Sciences, 23*, 363–377.

Piaget, J. (1932). *The moral judgment of the child.* New York: Macmillan.

Piaget, J. (1951). *Plays, dreams and imitation in childhood.* New York: W. W. Norton.

Piaget, J. (1952). *The origins of intelligence in children.* New York: International Universities Press.

Piaget, J. (1954). *The construction of reality in the child.* New York: Basic Books. (Originally published 1937.)

Piaget, J. (1957), *Le jugement moral chez l'enfant*, Paris, PUF.

Piaget, J. (1960). *The child's conception of the world.* London: Routledge.

Piaget, J. (1965). *The moral judgment of the child.* New York: Free Press.

Piaget, J. (1970). Piaget's theory. In P. H. Mussen (Ed.), *Carmichael's manual of child psychology* (Vol. 1, 3rd ed.) (pp. 703–732). New York: Wiley.

Piaget, J. (1977). *The development of thought: Equilibration of cognitive structures.* New York: Viking.

Piaget, J., & Inhelder, B. (1948). *La représentation de l'espace chez l'enfant*. Paris: PUF.

Piaget, J., & Inhelder, B. (1959). *La genèse des structures logiques élémentaires: Classifications et sériations [The origin of elementary logical structures: Classification and seriation]*. Neuchâtel, Switzerland: Delachaux et Niestlé.

Piaget, J., & Inhelder, B. (1969). *The psychology of the child.* New York: Basic Books.

Picard, C. (1999). The level of competition as a factor for the development of eating disorders in female collegiate athletes. *Journal of Youth & Adolescence, 28*, 583–594.

Pillow, B. (1999). Children's understanding of inferential knowledge. *Journal of Genetic Psychology, 160*, 419–428.

Pillow, B. H. (2002). Children's and adults' evaluation of the certainty of deductive inferences, inductive inferences, and guesses. *Child Development, 73*, 779-792.

Pinker, S. (1994). *The language instinct: How the mind creates language.* New York: Morrow.

Pinquart, M., & Soerensen, S. (2000). Influences of socioeconomic status, social network, and competence on subjective well-being in later life: A meta-analysis. *Psychology & Aging, 15*, 187–224.

Plomin, R. (1990). *Nature and nurture: An introduction to behavior genetics*. Pacific Grove, CA: Brooks/Cole.

Plomin, R. (1995). Genetics and children's experience in the family. *Journal of Child Psychology and Psychiatry, 36*, 33-68.

Plomin, R., & McClearn, G. E. (1990). Human behavioral genetics of aging. *In J. E. Birren & K. W. Schaie (Eds.), Handbook* of the psychology of aging (3rd ed., pp. 67–79). San Diego, CA: Academic Press.

Plomin, R., & Rende, R. (1991). Human behavioral genetics. *Annual Review of Psychology, 42*, 161-190.

Plomin, R., Emde, R. N., Braungart, J. M., Campos, J., Corley, R., Fulker, D. W., Kagan, J., Reznick, J. S., Robinson, J., Zahn-Waxler, C., & DeFries, J. C. (1993). Genetic change and continuity from fourteen to twenty months: The MacArthur longitudinal twin study. *Child Development, 64*, 1354–1376.

Plomin, R., Pedersen, N. L., McClearn, G. E., Nesselroade, J. R., & Bergeman, C. S. (1988). EAS temperaments during the last half of the life span: Twins reared apart and twins reared together. *Psychology and Aging, 3*, 43-50.

Plomin, R., Reiss, D., Hetherington, E. M., & Howe, G. W. (1994). Nature and nurture: Genetic contribution to measures of the family environment. *Developmental Psychology, 30*, 32-43.

Plomin, R., Rende, R., & Rutter, M. (1991). Quantitative genetics and developmental psychopathology. In D. Cicchetti & S. L. Toth (Eds.), *Internalizing and externalizing expressions of dysfunction: Rochester symposium on developmental psychopathology* (pp. 155-202). Hillsdale, NJ: Erlbaum.

Pollack, J. M. (1979-1980). Correlates of death anxiety: A review of empirical studies. *Omega, 10*, 97–121.

Pomerantz, E., & Ruble, D. (1998). The role of maternal control in the development of sex differences in child self-evaluative factors. *Child Development, 69*, 458–478.

Pomerleau, A., Malcuit, G., Turgeon, L., & Cossette, L. (1997). Effects of labelled gender on vocal communication of young women with 4-month-old infants. *International Journal of Psychology, 32*, 65–72.

Ponds, R., Commissaris, K., & Jolles, J. (1997). Prevalence and covariates of subjective forgetfulness in a normal population in the Netherlands. *International Journal of Aging and & Human Development, 45*, 207–221.

Portnoi, V. (1999). Progressing from disease prevention to health promotion. *Journal of the American Medical Association, 282*, 1813.

Posthuma, D., de Geus, E., & Boomsma, D. (2003). Genetic contributions to anatomical, behavioral, and neurophysiological indices of cognition. In R. Plomin, J. DeFries, I. Craig, & P. McGuffin (Eds.), *Behavioral genetics in the postgenomic era* (pp. 141–161). Washington, DC: American Psychological Association.

Powlishta, K. K., Serbin, L. A., Doyle, A., & White, D. R. (1994). Gender, ethnic, and body type biases: The generality of prejudice in childhood. *Developmental Psychology, 30*, 526–536.

Pozzi, M. (2003). A three-year-old boy with ADHD and Asperger's syndrome treated with parent-child psychotherapy. *Journal of the British Association of Psychoterapists, 41*, 16-31.

Prager, E. (1998). Men and meaning in later life. *Journal of Clinical Geropsychology, 4*, 191–203.

Premack, D., & Woodruff, G. (1978). Does the chimpanezee have a theory of mind? *Behaviroal and Brain Sciences, 4*, 515-526.

Pressley, M. (1987). Are key word methods effect limited to slow presentation rates? An empirically based reply to Hall and Fuson, 1986. *Journal of Educational Psychology*, 79, 333335.

Pressley, M., & Schneider,W. (1997). *Introduction to memory development during childhood and adolescence.* Mahah, N.J.: Erlbaum, 1997.

Price, C., & Kunz, J. (2003). Rethinking the paradigm of juvenile delinquency as related to divorce. *Journal of Divorce & Remarriage, 39*, 109–133.

Prigerson, H., Bierhals, A., Kasl, S., Reynolds, C., et al. (1997). Traumatic grief as a risk factor for mental and physical morbidity. *American Journal of Psychiatry, 154*, 616–623.

Prigerson, H., Bridge, J., Maciejewski, P., Beery, L., Rosenheck, R., Jacobs, S., Bierhals, A., Kupfer, D., & Brent, D. (1999). Influence of traumatic grief on suicidal ideation among young adults. *American Journal of Psychiatry, 156*, 1994–1995.

Prinstein, M., & La Greca, A. (1999). Links between mothers' and children's social competence and associations with maternal adjustment. *Journal of Clinical Child Psychology, 28*, 197–210.

Provasi, J., Dubon, C., & Bloch, H. (2001). Do 9- and 12-month-olds learn means-ends relation by observing? *Infant Behavior & Development, 24*, 195–213.

Pulkkinen, L. (1982). Self-control and continuity from childhood to late adolescence. In P. Baltes & O. G. Brim, Jr. (Eds.), *Life span development and behavior*, Vol. 4 (pp. 64–107). New York: Academic Press.

Purnine, D., & Carey, M. (1998). Age and gender differences in sexual behavior preferences: A follow-up report. *Journal of Sex & Marital Therapy, 24*, 93–102.

Putnins, A. (1997). Victim awareness programs for delinquent youths: Effects on moral reasoning maturity. *Adolescence, 32*, 709–714.

Qi, C., & Kaiser, A. (2003). Behavior problems of preschool children from low-income families: Review of the literature. *Early Childhood Special Education, 23*, 188–216.

Quigley, D., & Schatz, M. (1999). Men and women and their responses in spousal bereavement. *Hospice Journal, 14*, 65–78.

Raffaelli, M., & Ontai, L. (2004). Gender socialization in Latino/a families: Results from two retrospective studies. *Sex Roles, 50*, 287–299.

Raja, S. N., McGee, R., & Stanton, W. R. (1992). Perceived attachments to parents and peers and psychological well-being in adolescence. *Journal of Youth and Adolescence, 21*, 471–485.

Raskind, M. A., & Peskind, E. R. (1992). Alzheimer's disease and other dementing disorders. In J. E. Birren, R. B. Sloane, & G. D. Cohen (Eds.), *Handbook of mental health and aging* (2nd ed., pp. 478–515). San Diego, CA: Academic Press.

Rauscher, F. H., Shaw, G. L., & Ky, K. N. (1993). Music and spatial task performance. *Nature, 365*, 611.

Rebollo, M., Molina, M., & Munoz, I. (2004). Problemas de conducta, evaluados con el CBCL, en adolescentes adoptados espanoles. *Analisis y Modificacion de Conducta, 30*, 663-691.

Reed, G. M., Kemeny, M. E., Taylor, S. E., Wang, H. J., & Visscher, B. R. (1994). Realistic acceptance as a predictor of decreased survival time in gay men with AIDS. *Health Psychology, 13*, 299–307.

Reed, M. (1998). Predicting grief symptomatology among the suddenly bereaved. *Suicide & Life-Threatening Behavior, 28*, 285–301.

Reese, E. (2002). A model of the origins of autobiographical memory. In J. W. Fagen & H. Hayne (Eds.), *Progress in Infancy Research*, 2 (pp. 215-260). Mahwah, NJ: Lawrence Erlbaum Associates.

Reich, J. W., Zautra, A. J., & Guarnaccia, C. A. (1989). Effects of disability and bereavement on the mental health and recovery of older adults. *Psychology and Aging, 4*, 57–65.

Reiner, W., & Gearhardt, J. (2004). Discordant sexual identity in some genetic males with cloacal exstrophy assigned to female sex at birth. *New England Journal of Medecine, 350*, 333-341.

Reiss, D. (1998). Mechanisms linking genetic and social influences in adolescent development: Beginning a collaborative search. *Current Directions in Psychological Science, 6*, 100-105.

Remafedi, G., French, S., Story, M., Resnick, M., & Blum, R. (1998). The relationship between suicide risk and sexual orientation: Results of a population-based study. *American Journal of Public Health, 88*, 57-60.

Remafedi, G., Resnick, M., Blum, R., & Harris, L. (1998). Demography of sexual orientation in adolescents. *Pediatrics, 89*, 714–721.

Rendell, P., & Thomson, D. (1999). Aging and prospective memory: Differences between naturalistic and laboratory tasks. *Journals of Gerontology, 54B*, P256–P269.

Renouf, A. G., & Harter, S. (1990). Low self-worth and anger as components of the depressive experience in young adolescents. *Development & Psychopathology, 2*, 293–310.

Rest, J. R. (1983). Morality. In J. H. Flavell & E. M. Markham (Eds), *Handbook of child psychology: Cognitive development* (Vol. 3) (pp. 556-629). New York: Wiley. (P. H. Mussen, General Editor).

Reynolds, M., Schieve, L., Martin, J., Jeng, G., & Macaluso, M. (2003). Trends in multiple births conceived using assisted reproductive technology, United States, 1997–2000. *Pediatrics, 111*, 1159–1162.

Rhodes, J., van Praag, H., Jeffrey, S., Girard, I., Mitchell, G., Garland, T., & Gage, F. (2003). Exercise increases hippocampal neurogenesis to high levels but does not improve spatial learning in mice bred for increased voluntary wheel running. *Behavioral Neuroscience, 117*, 1006–1016.

Rholes, W. S., & Ruble, D. N. (1984). Children's understanding of dispositional characteristics of others. *Child Development, 55*, 550–560.

Rholes, W., Simpson, J., Blakely, B., Lanigan, L., & Allen, D. (1997). Adult attachment styles, the desire to have children, and working models of parenthood. *Journal of Personality, 65*, 357–385.

Richardson, G. S. (1990). Circadian rhythms and aging. In E. R. Scheider & J. W. Rowe (Eds.), *Handbook of the biology of aging* (3rd ed., pp. 275–305). San Diego, CA: Academic Press.

Richardson, J. L., Zarnegar, Z., Bisno, B., & Levine, A. (1990). Psychosocial status at initiation of cancer treatment and survival. *Journal of Psychosomatic Research, 34*, 189–201.

Ridderinkhof, K., Scheres, A., Oosterlaan, J., & Sergeant, J. (2005). Delta plots in the study of individual differences: New tools reveal response inhibition deficits in AD/HD that are eliminated by methylphenidate treatment. *Journal of Abnormal Psychology, 114*, 197-215.

Rierdan, J., & Koff, E. (1993). Developmental variables in relation to depressive symptoms in adolescent girls. *Development & Psychopathology, 5*, 485–496.

Riggs, A. (1997). Men, friends, and widowhood: Towards successful aging. *Australian Journal on Ageing, 16*, 182–185.

Riley, M. W. (1976). Age strata in social systems. In R. H. Binstock & E. Shanas (Eds.), *Handbook of aging and the social sciences* (pp. 189-217). New York: Van Nostrand Reinhold.

Roberts, R. E., & Sobhan, M. (1992). Symptoms of depression in adolescence: A comparison of Anglo, African, and Hispanic Americans. *Journal of Youth & Adolescence, 21*, 639–651.

Robins, L. N., & McEvoy, L. (1990). Conduct problems as predictors of substance abuse. In L. N. Robins & M. Rutter (Eds.), *Straight and devious pathways from childhood to adulthood* (pp. 182–204). Cambridge, England: Cambridge University Press.

Robins, R., Caspi, A., & Moffitt, T. (2000). Two personalities, one relationship: Both partners' personality traits shape the quality of their relationship. *Journal of Personality & Social Psychology, 79*, 251–259.

Roche, A. F. (1979). Secular trends in human growth, maturation, and development. *Monographs of the Society for Research in Child Development, 44*(3–4, Serial No. 179).

Rockwood, K., & Stadnyk, K. (1994). The prevalence of dementia in the elderly: A review. *Canadian Journal of Psychiatry, 29*, 253–257.

Rodin, J. (1990). Control by any other name: Definitions, concepts, and processes. In J. Rodin, C. Schooler, & K. W. Schaie (Eds.), *Self-directedness: Cause and effects throughout the life course* (pp. 1–17). Hillsdale, NJ: Erlbaum.

Rodin, J., & Langer, E. J. (1977). Long-term effects of a control-relevant intervention with the institutionalized aged. *Journal of Personality and Social Psychology, 35*, 897–902.

Rodrigo, M., Janssens, J., & Ceballos, E. (1999). Do children's perceptions and attributions mediate the effects of mothers' child rearing actions? *Journal of Family Psychology, 13*, 508–522.

Rogoff, B. (1990). *Apprenticeship in thinking: Cognitive development in social contexts.* New York: Oxford University Press.

Rogosch, F., Cicchetti, D., & Aber, J. (1995). The role of child maltreatment in early deviations in cognitive and affective processing abilities and later peer relationship problems. *Development and Psychopathology, 7*, 591–609.

Rojewski, J. (1999). Occupational and educational aspirations and attainment of young adults with and without LD 2 years after high school completion. *Journal of Learning Disabilities, 32*, 533–552.

Rollins, B. C., & Feldman, H. (1970). Marital satisfaction over the family life cycle. *Journal of Marriage and the Family, 32*, 20–27.

Rolls, E. (2000). Memory systems in the brain. *Annual Review of Psychology, 51*, 599–630.

Rose, A. J., & Montemayor, R. (1994). The relationship between gender role orientation and perceived self-competence in male and female adolescents. *Sex Roles, 31*, 579–595.

Rose, A., & Asher, S. (2004). Children's strategies and goals in response to help-giving and help-seeking tasks within a friendship. *Child Development, 75*, 749–763.

Rose, R. J. (1995). Genes and human behavior. *Annual Review of Psychology, 56*, 625–654.

Rose, S. A., & Feldman, J. F. (1995). Prediction of IQ and specific cognitive abilities at 11 years from infancy measures. *Developmental Psychology, 31*, 685-696.

Rose, S., Feldman, J., & Jankowski, J. (2004). Infant visual recognition memory. *Developmental Review, 24*, 74–100.

Rosenberg, M. (1986). Self-concept from middle childhood through adolescence. In J. Suls & A. G. Greenwald (Eds.), *Psychological perspectives on the self* (Vol. 3) (pp. 107–136). Hillsdale, NJ: Erlbaum.

Rosenthal, C. J., & Gladstone, J. (2000). Être grand-parent au Canada. *Tendances contemporaines de la famille*, Institut Vanier de la famille. Disponible en ligne (site Web consulté le 19 novembre 2006): http://www.vifamily.ca/library/cft/cft_fr.html.

Rosenthal, S., & Gitelman, S. (2002). Endocrinology. In A. Rudolph, R., Kamei, & K. Overby (Eds.), *Rudolph's fundamentals of pediatrics* (3rd ed., pp. 747-795). New York: McGraw-Hill.

Rossi, A. S. (1989). A life-course approach to gender, aging, and intergenerational relations. In K. W. Schaie & C. Schooler (Eds.), *Social structure and aging: Psychological processes* (pp. 207–236). Hillsdale, NJ: Erlbaum.

Rothbart, M. K., & Bates, J. E. (1998). Temperament. In W. Damon (Ed.), *Handbook of child psychology: Vol. 3. Social, emotional, and personality development* (5th ed., pp. 105-176). New York: Wiley.

Rothbart, M. K., Derryberry, D., & Posner, M. I. (1994). A psychobiological approach to the development of temperament. In J. E. Bates & T. D. Wachs (Eds.), *Temperament. Individual differences at the interface of biology and behavior* (pp. 83–116). Washington, DC: American Psychological Association.

Rothbart, M., Ahadi, S., & Evans, D. (2000). Temperament and personality: Origins and outcomes. *Journal of Personality & Social Psychology, 78*, 122–135.

Rotter, J. B. (1966). Generalized expectancies for internal versus external control of reinforcement. *Psychological Monographs, 80*(1, Whole No. 609).

Rottermann, M. (2007). Rupture conjugale et dépression subséquente. *Rapports sur la santé, 18(2)*. Statistique Canada.

Rovee-Collier, C. (1993). The capacity for long-term memory in infancy. *Current Directions in Psychological Science, 2*, 130–135.

Rowe, J., & Kahn, R. (1997). Successful aging. *Gerontologist, 37*, 433–440.

Rowe, J., & Kahn, R. (1998). *Successful aging.* New York: Pantheon.

Roy, P., Rutter, M., & Pickles, A. (2000). Institutional care: Risk from family background or pattern of rearing. *Journal of Child Psychology & Psychiatry & Allied Disciplines, 41*, 139–149.

Rubin, K. H., Fein, G. G., & Vandenberg, B. (1983). Play. In E. M. Hetherington (Ed.), *Handbook of child psychology: Socialization, personality, and social development* (Vol. 4) (pp. 693–774). New York: Wiley.

Rubin, K. H., Hymel, S., Mills, R. S. L., & Rose-Krasnor, L. (1991). Conceptualizing different developmental pathways to and from social isolation in childhood. In D. Cicchetti & S. L. Toth (Eds.), *Internalizing and externalizing expressions of dysfunction: Rochester Symposium on Developmental Psychopathology* (Vol. 2) (pp. 91–122). Hillsdale, NJ: Erlbaum.

Rubin, K., Burgess, K., & Hastings, P. (2002). Stability and social-behavioral consequences of toddlers' inhibited temperament and parenting behaviors. *Child Development, 73*, 483–495.

Rubin, K., Coplan, R., Chen, X., Baskirk, A., & Wojslawowica, J. (2005). Peer relationships in childhood. In M. Bornstein & M. Lamb (Eds.), *Developmental science: An advanced textbook* (5th ed., pp. 469-512). Hillsdale, NJ: Erlbaum.

Rubin, S., & Schechter, N. (1997). Exploring the social construction of bereavement: Perceptions of adjustment and recovery in bereaved men. *American Journal of Orthopsychiatry, 67*, 279–289.

Rubinstein, R. L. (1986). *Singular paths: Old men living alone.* New York: Columbia University Press.

Ruble, D. N. (1987). The acquisition of self-knowledge: A self-socialization perspective. In N. Eisenberg (Ed.), *Contemporary topics in developmental psychology* (pp. 243–270). New York: Wiley-Interscience.

Ruble, D. N., & Stangor, C. (1986). Stalking the elusive schema: insights from developmental and social-psychological analyses of gender schemas. *Social Cognition, 4*, 227-261.

Ruble, D., & Dweck, C. (1995). Self-conceptions, person conceptions, and their development. In N. Eisenberg (Ed.), *Social development.* Thousand Oaks, CA: Sage.

Runyan, D. K., Hunter, W. M., Socolar, R. R. S., Amaya-Jackson, L., English, D., Landsverk, J., Dubowitz, H., Browne, D. H., Bandiwala, S. I., & Mathew, R. M. (1998). Children who prosper in unfavorable environments: The relationship to social capital. *Pediatrics, 101*, 12-18.

Rutter, M. (1987). Continuities and discontinuities from infancy. In J. D. Osofsky (Ed.), *Handbook of infant development* (2nd ed.) (pp. 1256–1296). New York: Wiley-Interscience.

Rutter, M. (2005a). Aetiology of autism: Findings and questions. *Journal of Intellectual Disability Research, 49*, 3-18.

Rutter, M. (2005b). Environmentally mediated risks for psychopathology: Research strategies and findings. *Journal of the American Academy of Child and Adolescent Psychiatry, 44*, 3-18.

Ryan, C. J., & Kaye, M. (1996). Euthanasia in Australia-the Northern Territory Rights of the Terminally Ill Act. *New England Journal of Medicine, 334*, 326–328.

Rys, G., & Bear, G. (1997). Relational aggression and peer relations: Gender and developmental issues. *Merrill-Palmer Quarterly, 43*, 87–106.

Saavedra, M., Ramirez, A., & Contreras, C. (1997). Interactive interviews between elders and children: A possible procedure for improving affective state in the elderly. *Psiquiatricay Psicologica de America Latina, 43*, 63–66.

Sacco, V., & Kennedy, L. (1996). *The criminal event.* Belmont, CA: Wadsworth.

Saewyc, E., Bearinger, L., Heinz, P., Blum, R., & Resnick, M. (1998). Gender differences in health and risk behaviors among bisexual and homosexual adolescents. *Journal of Adolescent Health, 23*, 181–188.

Safren, S., & Heimberg, R. (1999). Depression, hopelessness, suicidality, and related factors in sexual minority and heterosexual adolescents. *Journal of Consulting & Clinical Psychology, 67*, 859–866.

Salthouse, T. (2004). What and when of cognitive aging. *Current Directions in Psychological Science, 13*, 140–144.

Salthouse, T. A. (1991). Theoretical perspectives on cognitive aging. Hillsdale, NJ: Erlbaum.

Salthouse, T. A. (1993). Speed mediation of adult age differences in cognition. *Developmental Psychology, 29*, 722–738.

Salthouse, T. A. (1996). General and specific speed mediation of adult age differences in memory. *Journals of Gerontology: Psychological Sciences, 51B*, P30–42.

Salthouse, T. A., & Maurer, T. J. (1996). Aging, job performance, and career development. In J. E. Birren & K. W. Schaie (Eds.), *Handbook of the psychology of aging* (4th ed.) (pp. 353–364). San Diego, CA: Academic Press.

Salthouse, T., Atkinson, T., & Berish, D. (2003). Executive functioning as a potential mediator of age-related cognitive decline in normal adults. *Journal of Experimental Psychology: General, 132*, 566–594.

Samaritans. (1998). *Media guidelines on portrayals of suicide.* [Online booklet]. Retrieved February 16, 2001 from the World Wide Web: http://www.mentalhelp.net/samaritans/medreport.htm

Sandberg, S., Day, R., & Gotz, E. T. (1966). Clinical aspects. In S. Sandberg (Ed.), *Hyperactivity disorders of childhood* (pp. 69-106). Cambridge, England: Cambridge University Press.

Sanders, C. M. (1989). *Grief: The mourning after.* New York: Wiley-Interscience.

Sandnabba, N., & Ahlberg, C. (1999). Parents' attitudes and expectations about children's cross-gender behavior. *Sex Roles, 40*, 249–263.

Sanson, A., Pedlow, R., Cann, W., Prior, M., et al. (1996). Shyness ratings: Stability and correlates in early childhood. *International Journal of Behavioral Development, 19*, 705–724.

Santé Canada (2005). Centre de prévention et de contrôle des maladies chroniques, d'après la base de données sur la morbidité hospitalière de l'Institut canadien d'information sur la santé.

Sarason, B. R., Sarason, I. G., & Pierce, G. R. (1990). Traditional views of social support and their impact on assessment. In B. R. Sarason, I. G. Sarason, & G. R. Pierce (Eds.), *Social support: An interactional view* (pp. 9–25). New York: Wiley.

Sato, S., Shimonska, Y., Nakazato, K., & Kawaai, C. (1997). A life-span developmental study of age identity: Cohort and gender differences. *Japanese Journal of Developmental Psychology, 8*, 88–97.

Saudino, K. J. (1988). Moving beyond the heritability question: New directions in behavioral genetic studies of personality. *Current Directions in Psychological Science, 6*, 86-90.

Saudino, K. J., & Plomin, R. (1997). Cognitive and temperamental mediators of genetic contributions to the home environment during infancy. *Merrill-Palmer Quarterly, 43*, 1-23.

Saugstad, L. (1997). Optimal foetal growth in the reduction of learning and behavior disorder and prevention of sudden infant death (SIDS) after the first month. *International Journal of Psychophysiology, 27*, 107–121.

Saunders, W. L., & Shepardson, D. (1987). A comparison of concrete and formal science instruction upon science achievement and reasoning ability of sixth grade students. *Journal of Research in Science Teaching, 24*, 39-51.

Savage, S., & Gauvain, M. (1998). Parental beliefs and children's everyday planning in European-American and Latino families. Journal *of Applied Developmental Psychology, 19*, 319–340.

Savin-Williams, R., & Ream, G. (2003). Suicide attempts among sexual-minority male youth. *Journal of Clinical Child & Adolescent Psychology, 32*, 509–522.

Saxon, T., Colombo, J., Robinson, E., & Frick, J. (2000). Dyadic interaction profiles in infancy and preschool intelligence. *Journal of School Psychology, 38*, 9–25.

Scarr, S. (1992). Developmental theories for the 1990s: Development and individual differences. *Child development, 63*, 1-19.

Scarr, S., & McCartney, K. (1983). How people make their own environments: A theory of genotype/environment effects. *Child Development, 54*, 424–435.

Schachar, R., Tannock, R., & Cunningham, C. (1996). Treatment. In S. Sandberg (Ed.), *Hyperactivity disorders of childhood* (pp. 433-476). Cambridge, England: Cambridge University Press.

Schaie, K. W. (1983). The Seattle longitudinal study: A 21-year exploration of psychometric intelligence in adulthood. In K. W. Schaie (Ed.), *Longitudinal studies of adult psychological development* (pp. 64–135). New York: Guilford Press.

Schaie, K. W. (1989). The hazards of cognitive aging. *The Gerontologist, 29*, 484–493.

Schaie, K. W. (1990). Intellectual development in adulthood. In J. E. Birren & K. W. Schaie (Eds.), *Handbook of the psychology of aging* (3rd ed., pp. 291–309). San Diego, CA: Academic Press.

Schaie, K. W. (1993). The Seattle Longitudinal Studies of adult intelligence. *Current Directions in Psychological Science, 2*, 171–175.

Schaie, K. W. (1994). The course of adult intellectual development. *American Psychologist, 49*, 304–313.

Schaie, K. W. (1996). Intellectual development in adulthood. In J. E. Birren & K. W. Schaie (Eds.), *Handbook of the psychology of aging* (4th ed., pp. 266–286). San Diego, CA: Academic Press.

Schaie, K. W., & Hertzog, C. (1983). Fourteen-year cohort-sequential analyses of adult intellectual development. *Developmental Psychology, 19*, 531–543.

Schaie, K. W., & Willis, S. L. (1991). Adult personality and psychomotor performance: Cross-sectional and longitudinal analyses. *Journals of Gerontology: Psychological Sciences, 46*, P275–284.

Schank, R. C., & Abelson, R. (1977). *Scripts, plans, goals, and understanding*. Hillsdale, NJ: Erlbaum.

Scheidt, R., Humpherys, D., & Yorgason, J. (1999). Successful aging: What's not to like? *Journal of Applied Gerontology, 18*, 277–282.

Scheier, M. F., Matthews, K. A., Owens, J. F., Magovern, G. J., Lefebvre, S., Abbott, R. A., & Carver, C. S. (1989). Dispositional optimism and recovery from coronary artery bypass surgery: The beneficial effects on physical and psychological well-being. *Journal of Personality and Social Psychology, 57*, 1024–1040.

Schieber, F. (1992). Aging and the senses. In J. E. Birren, R. B. Sloane, & G. D. Cohen (Eds.), *Handbook of mental health and aging* (2nd ed.) (pp. 252–306). San Diego, CA: Academic Press.

Schlyter, S. (1996). Bilingual children's stories: French passé composé/imparfait and their correspondences in Swedish. *Linguistics, 34*, 1059–1085.

Schmitz, S., Fulker, D., Plomin, R., Zahn-Waxler, C., Emde, R., & DeFries, J. (1999). Temperament and problem behavior during early childhood. *International Journal of Behavioral Development, 23*, 333–355.

Schneider & J. W. Rowe (Eds.), *Handbook of the biology of aging* (4th ed.) (pp. 415–430). San Diego, CA: Academic Press.

Schneider, W., & Bjorklund, D. F. (1992). Expertise, aptitude, and strategic remembering. *Child Development, 63*, 461-473.

Schneider, W., & Pressley, M. (1989). *Memory development between 2 and 20*. New York: Springer-Verlag.

Schneider, W., Reimers, P., Roth, E., & Visé, M. (1995). *Short- and long-term effects of training phonological awareness in kindergarten: Evidence from two German studies*. Paper presented at the biennal meetings of the Society for Research in Child Development, Indianapolis, March.

Schoendorf, K. C., & Kiely, J. L. (1992). Relationship of Sudden Infant Death Syndrome to maternal smoking during and after pregnancy. *Pediatrics, 90*, 905–908.

Scholle, S., Buranosky, R., Hanusa, B., Ranieri, L., Dowd, K., & Valappil, B. (2003). Routine screening for intimate partner violence in an obstetrics and gynecology clinic. *American Journal of Public Health, 93*, 1070–1072.

Schothorst, P., & van Engeland, H. (1996). Long-term behavioral sequelae of prematurity. *Journal of the American Academy of Child & Adolescent Psychiatry, 35*, 175–183.

Schraf, M., & Hertz-Lazarowitz, R. (2003). Social networks in the school context: Effects of culture and gender. *Journal of Social & Personal Relationships, 20*, 843–858.

Schroeder, D., & Salthouse, T. (2004). Age-related effects on cognition between 20 and 50 years of age. *Personality & Individual Differences, 36*, 393–404.

Schuler, M., Nair, P., & Black, M. (2002). Ongoing maternal drug use, parenting attitudes, and a home intervention: Effects on mother-child interaction at 18 months. *Journal of Developmental & Behavioral Pediatrics, 23*, 87–94.

Schulz, A. (1998). Navajo women and the politics of identities. *Social Problems, 45*, 336–355.

Schulz, R., Visintainer, P., & Williamson, G. M. (1990). Psychiatric and physical morbidity effects of caregiving. *Journals of Gerontology: Psychological Sciences, 45*, 181–191.

Schvaneveldt, P., Miller, B., Berry, E., & Lee, T. (2001). Academic goals, achievement, and age at first sexual intercourse: Longitudinal, bidirectional influences. *Adolescence, 36*, 767–787.

Schwartz, C., Snidman, N., & Kagan, J. (1996). Early childhood temperament as a determinant of externalizing behavior in adolescence. *Development & Psychopathology, 8*, 527–537.

Schwartz, D., Dodge, K. A., & Coie, J. D. (1993). The emergence of chronic peer victimization in boys' play groups. *Child Development, 64*, 1755–1772.

Schwebel, D., Rosen, C., & Singer, J. (1999). Preschoolers' pretend play and theory of mind: The role of jointly constructed pretence. *British Journal of Developmental Psychology, 17*, 333–348.

Sebanc, A. (2003). The friendship features of preschool children: Links with prosocial behavior and aggression. *Social Development, 12*, 249–268.

Sedney, M. (1999). Children's grief narratives in popular films. *Omega: Journal of Death & Dying, 39*, 314–324.

Seidman, E., Allen, L., Aber, J. L., Mitchell, C., & Feinman, J. (1994). The impact of school transitions in early adolescence on the self-sytem and perceived social context of poor urban youth. *Child Development, 65*, 507–522.

Seifer, R., Schiller, M., Sameroff, A. J., Resnick, S., & Riordan, K. (1996). Attachment, maternal sensitivity, and infant temperament during the first year of life. *Developmental Psychology, 32*, 12–25.

Seligman, M. E. P. (1991). *Learned optimism*. New York: Knopf.

Selman, R. L. (1980). *The growth of interpersonal understanding*. New York: Academic Press.

Senchak, M., Leonard, K., & Greene, B. (1998). Alcohol use among college students as a function of their typical social drinking context. *Psychology of Addictive Behaviors, 12*, 62–70.

Serbin, L. A., Powlishta, K. K., & Gulko, J. (1993). The development of sex typing in middle childhood. *Monographs of the Society for Research in Child Development, 58* (2, Serial No. 232).

Serbin, L., Moskowitz, D. S., Schwartzman, A. E., & Ledingham, J. E. (1991). Aggressive, withdrawn, and aggressive/withdrawn children in adolescence: Into the next generation. In D. J. Pepler & K. H. Rubin (Eds.), *The development and treatment of childhood aggression* (pp. 55–70). Hillsdale, NJ: Erlbaum.

Serbin, L., Poulin-Dubois, D., Colbourne, K., Sen, M., & Eichstedt, J. (2001). Gender stereotyping in infancy: Visual preferences for and knowledge of gender-stereotyped toys in the second year. *International Journal of Behavioral Development, 25*, 7–15.

Seyfarth, R., Cheney, D., & Marler, P. (1980). Monkey responses to different alarm calls: Evidence of predator classification and animal communication. *Science, 14*, 301-321.

Shaffer, D., Garland, A., Gould, M., Fisher, P., & Trautman, P. (1988). Preventing teenage suicide: A critical review. *Journal of the American Academy of Child & Adolescent Psychiatry, 27*, 675–687.

Shakib, S. (2003). Female basketball participation. *American Behavioral Scientist, 46*, 1405-1422.

Shanahan, M., Sayer, A., Davey, A., & Brooks, J. (1997, April). *Pathways of poverty and children's trajectories of psychosocial adjustment*. Paper presented at the biennial meeting of the Society for Research in Child Development, Washington, DC.

Share, D., & Leiken, M. (2004). Language impairment at school entry and later reading disability: Connections at lexical versus supralexical levels of reading. *Scientific Studies of Reading, 8*, 87–110.

Sharma, S., Monsen, R., & Gary, B. (1997). Comparison of attitudes toward death and dying among nursing majors and other college students. *Omega: Journal of Death & Dying, 34*, 219–232.

Shatz, M., Wellman, H. M., & Silber, S. (1983). The acquisition of mental verbs: A systematic investigation of the first reference to mental state. *Cognition, 14*, 301-321.

Shaw, D. S., Kennan, K., & Vondra, J. I. (1994). Developmental precursors of externalizing behavior: Ages 1 to 3. *Developmental Psychology, 30*, 355–364.

Shaw, R., Ryst, E., & Steiner, H. (1996). Temperament as a correlate of adolescent defense mechanisms. *Child Psychiatry & Human Development, 27*, 105–114.

Shiner, R. (2000). Linking childhood personality with adaptation: Evidence for continuity and change across time into late adolescence. *Journal of Personality & Social Psychology, 78*, 310–325.

Shneidman, E. S. (1980). *Voices of death*. New York: Harper & Row.

Shneidman, E. S. (1983). *Deaths of man*. New York: Jason Aronson.

Shonkoff, J. P. (1984). The biological substrate and physical health in middle childhood. In W. A. Collins (Ed.), *Development during middle childhood: The years from six to twelve* (pp. 24–69). Washington, DC: National Academy Press.

Shore, C. (1986). Combinational play, conceptual development, and early multiword speech. *Developmental Psychology, 22*, 184-190.

Sicotte, C., & Stemberger, R. (1999). Do children with PDDNOS have a theory of mind? *Journal of Autism & Developmental Disorders, 29*, 225–233.

Siegler, R. (1996). *Emerging minds: The process of change in children's thinking*. New York: Oxford University Press.

Siegler, R. S. (1981). Developmental sequences within and between concepts. *Monographs of the Society for Research in Child Development, 46* (2, Serial No. 189).

Siegler, R. S. (2001). *Enfant et raisonnement: Le développement cognitif de l'enfant*, Bruxelles, De Boeck Université.

Siegler, R. S., & Ellis, S. (1996). Piaget on childhood. *Psychological Science, 7*, 211-215.

Siegler, R., & Chen, Z. (2002). Development of rules and strategies: Balancing the old and the new. *Journal of Experimental Child Psychology, 81*, 446-457.

Sigman, M., & McGovern, C. (2005). Improvement in cognitive and language skills from preschool to adolescence in autism. *Journal of Autism & Developmental Disorders, 35*, 15-23.

Silbereisen, R. K., & Kracke, B. (1993). Variations in maturational timing and adjustment in adolescence. In S. Jackson & H. Rodrigues-Tomé (Eds.), *Adolescence and its social worlds* (pp. 67–94). Hove, England: Erlbaum.

Silver, M., Newell, K., Brady, C., Hedley-White, E., & Perls, T. (2002). Distinguishing between neurodegenerative disease and disease-free aging: Correlating neuropsychological evaluations and neuropathological studies in centenarians. *Psychosomatic Medicine, 64*, 493–501.

Silverstein, M., & Long, J. (1998). Trajectories of grandparents' perceived solidarity with adult grandchildren: A growth curve analysis over 23 years. *Journal of Marriage & the Family, 60*, 912–923.

Simkin, S., Hawton, K., Whitehead, L., Fagg, J., & Eagle, M. (1995). A study of the effects of television drama portrayal of paracetamol self-poisoning. *British Journal of Psychiatry, 167*, 754–759.

Simonton, D. (2000). Creativity: Cognitive, personal, developmental, and social aspects. *American Psychologist, 55*, 151–158.

Simonton, D. K. (1988). Age and outstanding achievement: What do we know after a century of research? *Psychological Bulletin, 104*, 251–267.

Simonton, D. K. (1989). The swan-song phenomenon: Last-works effects for 172 classical composers. *Psychology and Aging, 4*, 42-47.

Simonton, D. K. (1991). Career landmarks in science: Individual differences and interdisciplinary contrasts. *Developmental Psychology, 27*, 119–130.

Simpkins, S., Davis-Kean, P., & Eccles, J. (2005). Parents' socializing behavior and children's participation in math, science, and computer out-of-school activities. *Applied Development Science, 9*, 14-30.

Sims, M., Hutchins, T., & Taylor, M. (1997). Conflict as social interaction: Building relationship skills in child care settings. *Child & Youth Care Forum, 26*, 247–260.

Singer, D., & Hunter, M. (1999). The experience of premature menopause: A thematic discourse analysis. *Journal of Reproductive & Infant Psychology, 17*, 63–81.

Sirignano, S. W., & Lachman, M. E. (1985). Personality change during the transition to parenthood: The role of perceived infant temperament. *Developmental Psychology, 21*, 558-567.

Skaalvik, E., & Valas, H. (1999). Relations among achievement, self-concept and motivation in mathematics and language arts: A longitudinal study. *Journal of Experimental Education, 67*, 135–149.

Skinner, B. F. (1953). *Science and human behavior*. New York: Macmillan.

Skinner, B. F. (1957). *Verbal behavior*. New York: Prentice-Hall. Slobin, D. I. (1985b). Crosslinguistic evidence for the language making capacity. In D. I. Slobin (Ed.), *The crosslinguistic study of language acquisition: Vol. 2. Theoretical issues* (pp. 1157-1256). Hillsdale, NJ: Erlbaum.

Skinner, B. F. (1980). The experimental analysis of operant behavior: A history. In R. W. Riebes & K. Salzinger (Eds.), *Psychology: Theoretical-historical perspectives*. New York: Academic Press.

Skoe, E., Hansen, K., Morch, W., Bakke, I., Hoffman, T., Larsen, B., & Aasheim, M. (1999). Care-based moral reasoning in Norwegian and Canadian early adolescents: A cross-national comparison. *Journal of Early Adolescence, 19*, 280–291.

Slaby, R. G., & Frey, K. S. (1975). Development of gender constancy and selective attention to same-sex models. *Child Development, 46*, 849–856.

Slater, A. (1995). Individual differences in infancy and later IQ. *Journal of Child Psychology & Psychiatry, 36*, 69–112.

Slaughter, V., & Lyons, M. (2003). Learning about life and death in early childhood. *Cognitive Psychology, 46*, 1–30.

Slobin, D. I. (1985a). Introduction: Why study acquisition crosslinguistically? In D. I. Slobin (Ed*.), The crosslinguistic study of language acquisition, Vol. 1: The data* (pp. 3–24). Hillsdale, NJ: Erlbaum.

Slobin, D. I. (1985b). Crosslinguistic evidence for the language-making capacity. In D. I. Slobin (Ed.), *The crosslinguistic study of language acquisition, Vol. 2: Theoretical issues* (pp. 1157–1256). Hillsdale, NJ: Erlbaum.

Slobounov, S., Moss, S., Slobounova, E., & Newell, K. (1998). Aging and time to instability in *posture. Journals* of Gerontology, Series A: Biological Sciences & Medical Sciences, 53A, B71–B78.

Small, S. A., & Luster, T. (1994). Adolescent sexual activity: An ecological, risk-factor approach. *Journal of Marriage and the Family, 56*, 181–192.

Smetana, J. G., Killen, M., & Turiel, E. (1991). Children's reasoning about interpersonal and moral conflicts. *Child Development, 62*, 629–644.

Smetana, J., Schlagman, N., & Adams, P. (1993). Preschool children's judgments about hypothetical and actual transgressions. *Child Development, 64*, 202–214.

Smikth, J. R., Brooks-Gunn, J., & Klebanov, P. K. (1997). Consequences of living in poverty for young children's cognitive and verbal ability and early school achievement. In G. J. Duncan & J. Brooks-Gunn (Eds.), *Consequence of growing up poor* (pp. 132-179). New York: Russell Sage Foundation.

Smith, A., Lalonde, R., & Johnson, S. (2004). Serial migration and its implications for the parent-child relationship: A retrospective analysis of the experiences of the children of Caribbean immigrants. *Cultural Diversity & Ethnic Minority Psychology, 10*, 107–122.

Smith, C., Umberger, G., Manning, E., Sleven, J., Wekstein, D., Schmitt, F., Markesbery, W., & Zhang, Z. (1999). Critical decline in fine motor hand movements in human aging. *Neurology, 53*, 1458–1461.

Smith, L., Fagan, J., & Ulvund, S. (2002). The relation of recognition memory in infancy and parental socioeconomic status to later intellectual competence. *Intelligence, 30*, 247–259.

Smith, M., Bibi, U., & Sheard, D. (2003). Misleading postevent information and flashbulb memories. *Memory, 11*, 549–558.

Smith, M., Sharit, J., & Czaja, S. (1999). Aging, motor control, and the performance of computer mouse tasks. *Human Factors, 41*, 389–396.

Smith, P., Smees, R., & Pelligrini, A. (2004). Play fighting and real fighting: Using video playback methodology with young children. *Aggressive Behavior, 30*, 164–173.

Smith, R. E., & Smoll, F. L. (1997). Coaching the coaches: Youth sports as a scientific and applied behavioral setting. *Current Directions in Psychological Science, 6*, 16-21.

Smith, S., Howard, J., & Monroe, A. (1998). An analysis of child behavior problems in adoptions in difficulty. *Journal of Social Service Research, 24*, 61–84.

Smith, S., Howard, J., & Monroe, A. (2000). Issues underlying behavior problems in at-risk adopted children. *Children and Youth Services Review, 22*, 539-562.

Smoll, F. L., & Schutz, R. W. (1990). Quantifying gender differences in physical performance: A developmental perspective. *Developmental Psychology, 26*, 360–369.

Snarey, J. R. (1985). Cross-cultural universality of social-moral development: A critical review of Kohlbergian research. *Psychological Bulletin, 97*, 202–232.

Snarey, J. R., Reimer, J., & Kohlberg, L. (1985). Development of social-moral reasoning among kibbutz adolescents: A longitudinal cross-sectional study. *Developmental Psychology, 21*, 3–17.

Snarey, J., Son, L., Kuehne, V. S., Hauser, S., & Vaillant, G. (1987). The role of parenting in men's psychosocial development: A longitudinal study of early adulthood infertility and midlife generativity. *Developmental Psychology, 23*, 593–603.

Snyder, C. (1997). Unique invulnerability: A classroom demonstration in estimating personal mortality. *Teaching of Psychology, 24*, 197–199.

Société Alzheimer du Canada. (2006). *La maladie d'Alzheimer. Statistiques*. Disponible en ligne: http://www.alzheimer.ca/french/index.php.

Société canadienne de pédiatrie, Comité de pédiatrie communautaire. (2000). *Paediatrics & Child Health, 5*, 342-344. Disponible en ligne (site Web consulté le 19 novembre 2006): http://www.cps.ca/francais/enonces/CP/CP00-02.htm.

Société canadienne de pédiatrie, Les diététistes du Canada et Santé Canada. (2005). *Nutrition du nourrisson en santé né à terme*. Ministre de travaux publics et Services gouvernementaux du Canada, Ottawa. Disponible en ligne (site Web consulté le 31 octobre 2006): http://www.hc-sc.gc.ca/fn-an/pubs/infant-nourrisson/nut_infant_nourrisson_term_3_f.html - pot-4.

Société canadienne de pédiatrie. (2006). La grossesse à l'adolescence. Comité de la santé de l'adolescent. *Paediatrics Child Health 2006, 11(4)*, 247-250. N° de référence : AH06-02.

Soken, N., & Pick. A. (1999). Infants' perception of dynamic affective expressions: Do infants distinguish specific expressions? *Child Development, 70*, 1275–1282.
Sola, A., Rogido, M., & Partridge, J. (2002). The perinatal period. In A. Rudolph, R. Kamei, & K. Overby (Eds.), *Rudolph's fundamental of pediatrics* (3rd ed., pp. 125–183). New York: McGraw-Hill.
Solano, L., Costa, M., Salvati, S., Coda, R., Aiuti, F., Mezzaroma, I., & Bertini, M. (1993). Psychosocial factors and clinical evolution in HIV-1 infection: A longitudinal study. *Journal of Psychosomatic Research, 37*, 39–51.
Solomon, S., Rothblum, E., & Balsam, K. (2004). Pioneers in partnership: Lesbian and gay male couples in civil unions compared with those not in civil unions and married heterosexual siblings. *Journal of Family Psychology, 18*, 275–286.
Sonneck, G., Etzersdorfer, E., & Nagel-Kuess, S. (1992). Subway suicide in Vienna (1980–1990): A contribution to the imitation effect in suicidal behavior. In P. Crepet, G. Ferrari, S. Platt, & M. Bellini (Eds.), *Suicidal behavior in Europe: Recent research findings*. Rome: Libbey.
Soori, H., & Bhopal, R. (2002). Parental permission for children's independent outdoor activities: Implications for injury prevention. *European Journal of Public Health, 12*, 104–109.
Sophian, C. (1995). Representation and reasoning in early numerical development: Counting, conservation, and comparisons between sets. *Child Development, 66*, 559–577.
Sowell, E., Peterson, B., Thompson, P., Welcome, S., Henkenius, A., & Toga, A. (2003). Mapping cortical change across the human life span. *Nature Neuroscience, 6*, 309–315.
Sparrow, P. R., & Davies, D. R. (1988). Effects of age, tenure, training, and job complexity on technical performance. *Psychology and Aging, 3*, 307–314.
Speece, M. W., & Brent, S. B. (1984). Children's understanding of death: A review of three components of a death concept. *Child Development, 55*, 1671–1686.
Speece, M. W., & Brent, S. B. (1992). The acquisition of a mature understanding of three components of the concept of death. *Death Studies, 16*, 211–229.
Spence, J. T., & Helmreich, R. L. (1978). *Masculinity and femininity*. Austin: University of Texas Press.
Spenner, K. I. (1988). Occupations, work settings and the course of adult development: Tracing the implications of select historical changes. In P. B. Baltes, D. L. Featherman, & R. M. Lerner (Eds.), *Life-span development and behavior* (Vol. 9) (pp. 244–288). Hillsdale, NJ: Erlbaum.
Spiegel, D., Bloom, J. R., Kraemer, H. C., & Gottheil, E. (1989). Effect of psychosocial treatment on survival of patients with metastatic breast cancer. *Lancet* (October 14), 888–901.
Spiker, D. (1990. Early intervention from a developmental perspective. In D. Cicchetti & M. Beeghly (Eds.), *Children with Down syndrome: A developmental perspective* (pp.424-448). Cambridge, England: Cambridge University Press.
Spock, B. (1946). *The common sense book of baby and child care* (1st ed.). New York: Duess, Sloan and Pearce.
Sprang, G., & McNeil, J. (1998). Post-homicide reactions: Grief, mourning and post-traumatic stress disorder following a drunk driving fatality. *Omega: Journal of Death & Dying, 37*, 41–58.
Spreen, O., Risser, A., & Edgell, D. (1995). *Developmental Neuropsychology*. New York: Oxford University Press.
Sroufe, L. A., Carlson, E., & Schulman, S. (1993). Individuals in relationships: Development from infancy through adolescence. In D. C. Funder, R. D. Parke, C. Tomlinson-Keasey, & K. Widaman (Eds.), *Studying lives through time: Personality and development* (pp. 315–342). Washington, DC: American Psychological Association.
St. James-Roberts, I., Bowyer, J., Varghese, S., & Sawdon, J. (1994). Infant crying patterns in Manila and London. *Child: Care, Health and Development, 20*, 323–337.
Stacey, J. (1998). Gay and lesbian families: Queer like us. In M. A. Mason, A. Skolnick, & S. D. Sugarman (Eds.), *All our families: New policies for a new* century (pp. 117-143). New York: Oxford University Press.
Stacey, J., & Biblarz, T. J. (2001). (How) does the sexual orientation of parents matter. *American Sociological Review, 66*, 159-183.
Stack, S. (1992a). The effect of divorce on suicide in Finland: A time series analysis. *Journal of Marriage and the Family, 54*, 636–642.
Stack, S. (1992b). The effect of divorce on suicide in Japan: A time series analysis, 1950–1980. *Journal of Marriage and the Family, 54*, 327–334.
Stack, S., & Wasserman, I. (1993). Marital status, alcohol consumption, and suicide: An analysis of national data. *Journal of Marriage and the Family, 55*, 1018–1024.
Stallworth, J., & Lennon, J. (2003). An interview with Dr. Lester Breslow: A pioneer in chronic disease prevention and health behavior intervention shares insights from his professional and personal experiences. *American Journal of Public Health, 93*, 1803–1805.
Stambrook, M., & Parker, K. C. H. (1987). The development of the concept of death in childhood: A review of the literature. *Merrill-Palmer Quarterly, 33*, 133–158.
Starkey, P., Spelke, E. S., & Gelman, R. (1990). Numerical abstraction by human infants. *Cognition, 36*, 97-128.
Statistique Canada. (2004). *L'embonpoint chez les enfants et les adolescents au Canada* (par M. Shields).
Statistique Canada. (2005). Divorces. *Le Quotidien*, 9 mars.
Statistique Canada. (2006). *Portrait de la population canadienne en 2006, selon l'âge et le sexe. Recensement de 2006.*
Statistique Canada. (décembre 2005). Taux de décrochage provinciaux.Tendances et conséquences. *Questions d'éducation : le point sur l'éducation, l'apprentissage et la formation au Canada, 2(4)*. Par G. Bowlby et K. Mc Mullen.
Statistique Canada. (été 2005). La génération sandwich. *Tendances sociales canadiennes, 77*.
Statistique Canada. (février 2005). Les premiers indicateurs du risque de décrochage à l'école secondaire. *Questions d'éducation : le point sur l'éducation, l'apprentissage et la formation au Canada, 6*. Par K. Mc Mullen.
Statistique Canada. (hiver 2006). Fiston quitte la maison… et puis il revient. *Tendances sociales canadiennes, 82*.
Statistique Canada. (juillet 2002). La diversification de la vie conjugale. *Enquête sociale générale. Cycle 15*.
Stattin, H., & Magnusson, D. (1996). Antisocial development: A holistic approach. *Development and Psychopathology, 8*, 617-646.
Steele, K. M., Bass, K. E., & Crook, M. D. (1999). The mystery of the Mozart effect: Failure to replicate. *Psychological Science, 10*, 366-369.
Steele, M., Hodges, J., Kaniuk, J., Hillman, S., & Henderson, K. (2003). Attachment representations and adoption: Associations between maternal states of mind and emotion narratives in previously maltreated children. *Journal of Child Psychotherapy, 29*, 187–205.
Stein, C., Wemmerus, V., Ward, M., Gaines, M., Freeberg, A., & Jewell, T. (1998). "Because they're my parents": An intergenerational study of felt obligation and parental caregiving. *Journal of Marriage & the Family, 60*, 611–622.
Stein, K., Roeser, R., & Markus, H. (1998). Self-schemas and possible selves as predictors and outcomes of risky behaviors in adolescents. *Nursing Research, 47*, 96–106.
Steinberg, L. (1988). Reciprocal relation between parent-child distance and pubertal maturation. *Developmental Psychology, 24*, 122–128.
Steinberg, L. (1990). Autonomy, conflict and harmony in the parent-adolescent relationship. In S. S. Feldman & G. R. Elliott (Eds.), *At the threshold: The developing adolescent* (pp. 255–276). Cambridge, MA: Harvard University Press.
Steinberg, L., Darling, N. E., Fletcher, A. C., Brown, B. B., & Dornbusch, S. M. (1995). Authoritative parenting and adolescent adjustment: An ecological journey. In P. Moen, G. H. Elder, Jr., & K. Lüscher (Eds.), *Examining lives in context: Perspectives on the ecology of human development* (pp. 423–466). Washington, DC: American Psychological Association.
Steinberg, L., Elmen, J. D., & Mounts, N. S. (1989). Authoritative parenting, psychosocial maturity, and academic success among adolescents. *Child Development, 60*, 1424–1436.
Steinberg, L., Lamborn, S. D., Darling, N., Mounts, N. S., & Dornbusch, S. M. (1994). Over-time changes in adjustment and competence among adolescents from authoritative, authoritarian, indulgent, and neglectful families. *Child Development, 65*, 754–770.
Steinberg, L., Lamborn, S. D., Dornbusch, S. M., & Darling, N. (1992). Impact of parenting practices on adolescent achievement: Authoritative parenting, school involvement, and encouragement to succeed. *Child Development, 63*, 1266–1281.
Stenberg, R. (2003). Construct validity of the theory of successful intelligence. In R. Sternberg, J. Lautrey, & T. Lubart (Eds.), *Models of intelligence: International perspectives* (pp. 55-80). Washington, DC: American Psychological Association.
Sternberg, R, J. (1985). *Beyond IQ: A triarchic theory of human intelligence*. New York: Cambridge University Press.
Sternberg, R. J. (1987). Liking versus loving: A comparative evaluation of theories. *Psychological Bulletin, 102*, 331–345.
Sternberg, R. J. (1990a). Wisdom and its relations to intelligence and creativity. In R. J. Sternberg (Ed.), *Wisdom: Its nature, origins, and development* (pp. 142-159).Cambridge, England: Cambridge University Press.
Sternberg, R. J., & Wagner, R. K. (1993). The g-ocentric view of intelligence and job performance is wrong. *Current Directions in Psychological Science, 2*, 1–5.
Stevens, J., & Choo, K. (1998). Temperature sensitivity of the body surface over the life span. *Somatosensory & Motor Research, 15*, 13–28.
Stewart, A., & Ostrove, J. (1998). Women's personality in middle age: Gender, history, and midcourse corrections. *American Psychologist, 53*, 1185–1194.
Stewart, R. B., Beilfuss, M. L., & Verbrugge, K. M. (1995, March). *That was then, this is now: An empirical typology of adult sibling relationships*. Paper presented at the biennial meetings of the Society for Research in Child Development, Indianapolis, IN.
Stipek, D., Gralinski, J., & Kopp, C. (1990). Self-concept development in the toddler years. *Developmental Psychology, 26*, 972–977.
Stolarova, M., Whitney, H., Webb, S., deRegnier, R., Georgieff, M., & Nelson, C. (2003). Electrophysiological brain responses of six-month-old low risk premature infants. *Infancy, 4*, 437–450.
Stormshak, E., Bierman, K., McMahon, R., Lengua, L., et al. (2000). Parenting practices and child disruptive behavior problems in early elementary school. *Journal of Clinical Child Psychology, 29*, 17–29.
Stoutjesdyk, D., & Jevne, R. (1993). Eating disorders among high performance athletes. *Journal of Youth and Adolescence, 22*, 271–282.
Strauss, M. S., & Curtis, L. E. (1984). Development of numerical concepts in infancy. In C. Sophian (Ed.), *The origin of cognitive skills*. Hillsdale, NJ: Erlbaum.
Strawbridge, W. J., Camacho, T. C., Cohen, R. D., & Kaplan, G. A. (1993). Gender differences in factors associated with change in physical functioning in old age: A 6-year longitudinal study. *The Gerontologist, 33*, 603–609.
Strayer, F. F. (1980). Social ecology of the preschool peer group. In A. Collins (Ed.), *Minnesota symposia on child psychology* (Vol. 13) (pp. 165–196). Hillsdale, NJ: Erlbaum.
Strayer, J., & Roberts, W. (2004). Empathy and observed anger and aggression in five-year-olds. *Social Development, 13*, 1–13.
Striano, T., & Rochat, P. (1999). Developmental link between dyadic and triadic social competence in infancy. *British Journal of Developmental Psychology, 17*, 551–562.
Stroebe, M. (2002). Paving the way: From early attachment theory to contemporary bereavement research. *Mortality, 7*, 127–138.
Stroebe, M. S., & Stroebe, W. (1993). The mortality of bereavement: A review. In M. S. Stroebe, W. Stroebe, & R. O. Hansson (Eds.), *Handbook of bereavement: Theory, research, and intervention* (pp. 175–195). Cambridge, England: Cambridge University Press.
Stroebe, M., van Son, M., Stroebe, W., Kleber, R., Schut, H., & van den Bout, J. (2000). On the classification and diagnosis of pathological grief. *Clinical Psychology Review, 20*, 57–75.
Stunkard, A. J., Harris, J. R., Pedersen, N. L., & McClearn, G. E. (1990). The body-mass index of twins who have been reared apart. *New England Journal of Medicine, 322*, 1483–1487.
Sugisawa, H., Liang, J., & Liu, X. (1994). Social networks, social support, and mortality among older people in Japan. *Journals of Gerontology: Social Sciences, 49*, S3–13.
Sulkes, S. (1998). Developmental and behavioral pediatrics. In R. Behrman & R. Kliegman (Eds.), *Nelson essentials of pediatrics* (3rd ed., pp. 1–55). Philadelphia: W. B. Saunders.
Sullivan, K., Zaitchik, D., & Tager-Flusberg, H. (1994). Preschoolers can attribute second-order beliefs. *Developmental Psychology, 30*, 395–402.
Super, D. E. (1971). A theory of vocational development. In H. J. Peters & J. C. Hansen (Eds.), *Vocational guidance and career development* (pp. 111–122). New York: Macmillan.
Super, D. E. (1986). Life career roles: Self-realization in work and leisure. In D. T. H. &. Associates (Es.), *Career development in organizations* (pp. 95–119). San Francisco: Jossey-Bass.
Suryadevara, V., Storey, S., Aronow, W., & Ahn, C. (2003). Association of abnormal serum lipids in elderly persons with atherosclerotic vascular disease and dementia, atherosclerotic vascular disease without dementia, dementia without atherosclerotic vascular disease, and no dementia or atherosclerotic vascular disease. *Journals of Gerontology, Series A: Biological Sciences & Medical Sciences, 58A*, 859–861.
Susman, E. J., Inoff-Germain, G., Nottelmann, E. D., Loriaux, D. L., Cutler, G. B., Jr., & Chrousos, G. P. (1987). Hormones, emotional dispositions, and aggressive attributes in young adolescents. *Child Development, 58*, 1114–1134.
Svrakic, N., Svrakic, D., & Cloninger, C. (1996). A general quantitative theory of personality development: Fundamentals of a self-organizing psychobiological complex. *Development & Psychopathology, 8*, 247–272.
Swaim, K., & Bracken, B. (1997). Global and domain-specific self-concepts of a matched sample of adolescent runaways and nonrunaways. *Journal of Clinical Child Psychology, 26*, 397–403.
Swedo, S. E., Rettew, D. C., Kuppenheimer, M., Lum, D., Dolan, S., & Goldberger, E. (1991). Can adolescent suicide attempters be distinguished from at-risk adolescents? *Pediatrics, 88*, 620–629.
Sweeting, H., & West, P. (2002). Gender differences in weight related concerns in early to late adolescence. *Journal of Family Issues, 23*, 728–747.
Syme, S. L. (1990). Control and health: An epidemiological perspective. In J. Rodin, C. Schooler, & K. W. Schaie (Eds.), *Self directedness: Cause and effects throughout the life course* (pp. 213–229). Hillsdale, NJ: Erlbaum.
Tait, M., Padgett, M. Y., & Baldwin, T. T. (1989). Job and life satisfaction: A reevaluation of the strength of the relationship and gender effects as a function of the date of the study. *Journal of Applied Psychology, 74*, 502–507.
Takahashi, K., Tamura, J., & Tokoro, M. (1997). Patterns of social relationships and psychological well-being among the elderly. *International Journal of Behavioral Development, 21*, 417–430.
Tamir, L. M. (1982). *Men in their forties: The transition to middle age*. New York: Springer.
Tani, F., Greenman, P., Schneider, B., & Fregoso, M. (2003). Bullying and the Big Five: A study of childhood personality and participant roles in bullying incidents. *School Psychology International, 24*, 131–146.
Tanner, J. M. (1978). *Fetus into man: Physical growth from conception to maturity*. Cambridge, MA: Harvard University Press.
Tanner, J. M. (1990). *Fetus into man: Physical growth from conception to maturity*. Cambridge, MA: Harvard University Press.
Tan-Niam, C., Wood, D., & O'Malley, C. (1998). A cross-cultural perspective on children's theories of mind and social interaction. *Early Child Development & Care, 144*, 55–67.
Tanofsky-Kraff, M., Yanovski, S., Wilfley, D., Marmarosh, C., Morgan, C., & Yanovski, J. (2004). Eating-disordered behaviors, body fat, and psychopathology in overweight and normal-weight children. *Journal of Consulting and Clinical Psychology, 72*, 53–61.
Tardif, T., & Wellman, H. (2000). Acquisition of mental state language in Mandarin- and Cantonese-speaking children. *Developmental Psychology, 36*, 25–43.
Tasbihsazan, R., Nettelbeck, T., & Kirby, N. (2003). Predictive validity of the Fagan Test of Infant Intelligence. *British Journal of Developmental Psychology, 21*, 585–597.
Taveras, E., Li, R., Grummer-Strawn, L., Richardson, M., Marshall, R., Rêgo, V., Miroshnik, I., & Lieu, T. (2004). Opinions and practices of clinicians associated with continuation of exclusive breastfeeding, *Pediatrics, 113*, e283–e290.
Taylor, E. (1995). Dysfunctions of attention. In D. Cicchetti & D. J. Cohen (Eds.), *Developmental psychopathology: Vol. 2. Risk, disorder, and adaptation* (pp. 243-273). New York: Wiley.
Taylor, J. A., & Danderson, M. (1995). A reexamination of the risk factors for the sudden infant death syndrome. *Journal of Pediatrics, 126*, 887–891.
Taylor, M., Cartwright, B. S., & Carlson, S. M. (1993). A developmental investigation of children's imaginary companions. *Developmental Psychology, 29*, 276–285.
Temoshok, L. (1987). Personality, coping style, emotion and cancer: Towards an integrative model. *Cancer Surveys, 6*, 545–567.
Terashima, K., Mikami, A., Tachibana, N., Kumano-Go, T., Teshima, Y., Sugita, Y., & Takeda, M. (2004). Sleep characteristics of menopausal insomnia: A polysomnographic study. *Psychiatry & Clinical Neurosciences, 58*, 179–185.
Terman, L. (1916). *The measurement of intelligence*. Boston: Houghton Mifflin.
Terman, L., & Merrill, M. A. (1937). *Measuring intelligence: A guide to the administration of the new revised Stanford-Binet tests*. Boston: Houghton Mifflin.
Tershakovec, A. & Stallings, V. (1998). Pediatric nutrition and nutritional disorders. In R. Behrman & R. Kliegman (Eds.), *Nelson essentials of pediatrics (third edition)*. Philadelphia: W. B. Saunders.

Tervo, S., Kivipelto, M., Hänninen, T., Vanhanen, M., Hallikainen, M., Mannermaa, A., & Soininen, H. (2004). Incidence and risk factors for mild cognitive impairment: A population-based three-year follow-up study of cognitively healthy elderly subjects. *Dementia & Geriatric Cognitive Disorders, 17,* 196–203.
Tessier, R., Cristo, M., Velez, S., Giron, M., Line, N., Figueroa de Calume, Z., Ruiz-Palaez, J., & Charpak, N. (2003). Kangaroo mother care: A method for protecting high-risk low-birth-weight and premature infants against developmental delay. *Infant Behavior & Development, 26,* 384–397.
Thapar, A., Fowler, T., Rice, F., Scourfield, J., van den Bree, M., Thomas, H., Harold, G., & Hay, D. (2003). Maternal smoking during pregnancy and attention deficit hyperactivity disorder symptoms in offspring. *American Journal of Psychiatry, 160,* 1985–1989.
Tharenou, P. (1999). Is there a link between family structures and women's and men's managerial career advancement? *Journal of Organizational Behavior, 20,* 837–863.
Tharp, R. G., & Gallimore, R. (1988). *Rousing minds to life.* New York: Cambridge University Press.
Thelen, E. (1981). Rhythmical behavior in infancy: An ethological perspective, *Developmental Psychology, 17,* 237-257.
Thelen, E. (1995). Motor development: A new synthesis. *American Psychologist, 50,* 79–95.
Thelen, E., & Adolph, K. E. (1992). Arnold L. Gesell: The paradox of nature and nurture. *Developmental Psychology, 28,* 368–380.
Theriault, J. (1998). Assessing intimacy with the best friend and the sexual partner during adolescence: The PAIR-M inventory. *Journal of Psychology, 132,* 493–506.
Thomas, A., & Chess, S. (1977). *Temperament and development.* New York: Brunner/Mazel.
Thomas, J., Yan, J., & Stelmach, G. (2000). Movement substructures change as a function of practice in children and adults. *Journal of Experimental Child Psychology, 75,* 228–244.
Thomas, M. (2000). Comparing theories of development (5th ed.). Pacific Grove, CA: Brooks/Cole.
Thomas, R. M. (Ed.). (1990). *The encyclopedia of human development and education: Theory, research, and studies.* Oxford, England: Pergamon Press.
Thomas, R. M. et C. Michel (1994), *Théories du développement de l'enfant, études comparatives,* Bruxelles, De Boeck Université.
Thompson, L., Fagan, J., & Fulker, D. (1991). Longitudinal prediction of specific cognitive abilities from infant novelty preference. *Child Development, 62,* 530–538.
Thorn, A., & Gathercole, S. (1999). Language-specific knowledge and short-term memory in bilingual and non-bilingual children. *Quarterly Journal of Experimental Psychology: Human Experimental Psychology, 52A,* 303–324.
Thornton, A., Young-DeMarco, L., & Goldscheider (1993). Leaving the parental nest: The experience of a young white cohort in the 1980s. *Journal of Marriage and the Family, 55,* 216-219.
Thorson, J. A., & Powell, F. C. (1992). A revised death anxiety scale. *Death Studies, 16,* 507–521.
Tice, R. R., & Setlow, R. B. (1985). DNA repair and replication in aging organisms and cells. In C. E. Finch & E. L. Schneider (Eds.), *Handbook of the biology of aging* (2nd ed., pp. 173–224). New York: Van Nostrand Reinhold.
Tomblin, J., Smith, E., & Zhang, X. (1997). Epidemiology of specific language impairment: Prenatal and perinatal risk factors. *Journal of Communication Disorders, 30,* 325–344.
Tomita, T., Ohta, Y., Ogawa, K., Sugiyama, H., Kagami, N., & Agari, I. (1997). Grief process and strategies of psychological helping: A review. *Japanese Journal of Counseling Science, 30,* 49–67.
Toomela, A. (1999). Drawing development: Stages in the representation of a cube and a cylinder. *Child Development, 70,* 1141–1150.
Torgesen, J., Wagner, R., Rashotte, C., Rose, E., et al. (1999). Preventing reading failure in young children with phonological processing disabilities: Group and individual responses to instruction. *Journal of Educational Psychology, 91,* 594–603.
Tortora, G. R. et S. R. Grabowski (2001), *Principes d'anatomie et de physiologie,* Saint-Laurent (Québec, Canada), Éditions du Renouveau Pédagogique Inc.
Townsend, G., & Belgrave, F. (2003). The influence of cultural and racial identification on the psycosocial adjustment of inner-city African American children in school. *American Journal of Community Psychology, 32,* 217-228.
Trautner, H., Gervai, J., & Nemeth, R. (2003). Appearance-reality distinction and development of gender constancy understanding in children. *International Journal of Behavioral Development, 27,* 275–283.
Tremblay, R. E., Masse, L. C., Vitaro, F., & Dobkin, P. L. (1995). The impact of friends' deviant behavior on early onset of delinquency: Longitudinal data from 6 to 13 years of age. *Development and Psychopathology, 7,* 649–667.
Trocmé, N. (2003). *Étude canadienne sur l'incidence des signalements des cas de violence et de négligence envers les enfants.* Agence de la santé publique du Canada.
Troll, L. E. (1985). The contingencies of grandparenting. In V. L. Bengtson & J. F. Robertson (Eds.), *Grandparenthood* (pp. 135–150). Beverly Hills, CA: Sage.
Trusty, J. (1999). Effects of eighth-grade parental involvement on late adolescents' educational expectations. *Journal of Research & Development in Education, 32,* 224–233.
Tsitouras, P. D., & Bulat, T. (1995). The aging male reproductive system. *Endocrinology and Metabolism Clinics of North America, 24,* 297–315.
Turic, D., Robinson, L., Duke, M., Morris, D. W., Webb, V., Hamshere, M., Milham, C., Hopkin, E., Pound, K., Fernando, S., Grierson, A., Easton, M., Williams, N., Van Den Bree, M., Chowdhury, R., Gruen, J., Krawczak, M., Owen, M. J., O'Donovan, M. C., & Williams, J. (2004). Linkage disequilibrium mapping provides further evidence of a gene for reading disability on chromosome 6p21.3–22. *Molecular Psychiatry, 8,* 176–185.
Turiel, E. (1983). *The development of social knowledge: Morality and convention.* New York: Cambridge University Press.
Turkheimer, E., Goldsmith, H. H., 7 Gottesman, I. I. (1995). Commentary. *Human Development, 38,* 142-153.
Turnage, B. (2004). African American mother-daughter relationships mediating daughter's self-esteem. *Child & Adolescent Social Work Journal, 21,* 155–173.
Twenge, J., Campbell, W., & Foster, C. (2003). Parenthood and marital satisfaction: A meta-analytic review. *Journal of Marriage & the Family, 65,* 574–583.
Twycross, R. G. (1996). Euthanasia: Going Dutch? *Journal of the Royal Society of Medicine, 89,* 61–63.
Tylka, T. (2004). The relation between body dissatisfaction and eating disorder symptomatology: An analysis of moderating variables. *Journal of Counseling Psychology, 51,* 178–191.
Udry, J. R., & Campbell, B. C. (1994). Getting started on sexual behavior. In A. S. Rossi (Ed.), *Sexuality across the life course* (pp. 187–208). Chicago: University of Chicago Press.
Uecker, A., & Nadel, L. (1996). Spatial locations gone awry: Object and spatial memory deficits in children with fetal alcohol syndrome. *Neuropsychologia, 34,* 209–223.
Umetsu, D. (1998). Immunology and allergy. In R. Behrman & R. Kleigman (Eds.), *Nelson essentials of pediatrics* (3rd ed.). Philadelphia: W. B. Saunders.
Underwood, M. (1997). Peer social status and children's understanding of the expression and control of positive and negative emotions. *Merrill-Palmer Quarterly, 43,* 610–634.
Underwood, M. K., Coie, J. D., & Herbsman, C. R. (1992). Display rules for anger and aggression in school-age children. *Child Development, 63,* 366–380.
Underwood, M. K., Kupersmidt, J. B., & Coie, J. D. (1996). Childhood peer sociometric status and aggression as predictors of adolescent childbearing. *Journal of Research on Adolescence, 6,* 201–224.
Updegraff, K., & Obeidallah, D. (1999). Young adolescents' patterns of involvement with siblings and friends. *Social Development, 8,* 52–69.
Urban, J., Carlson, E., Egeland, B., & Sroufe, L. A. (1991). Patterns of individual adaptation across childhood. *Development and Psychopathology, 3,* 445–460.
Urberg, K. A., Degirmencioglu, S. M., Tolson, J. M., & Halliday-Scher, K. (1995). The structure of adolescent peer networks. *Developmental Psychology, 31,* 540–547.
Urdan, T. (1997). Examining the relations among early adolescent students' goals and friends' orientation toward effort and achievement in school. *Contemporary Educational Psychology, 22,* 165–191.
Vaeisaenen, L. (1998). Family grief and recovery process when a baby dies. *Psychiatria Fennica, 29,* 163–174.
Vaillant, G. E. (1977). *Adaptation to life: How the best and brightest came of age.* Boston: Little, Brown.
Vaillant, G. E. (1991). The association of ancestral longevity with successful aging. Journals of Gerontology: *Psychological Sciences, 46,* P292–298.
Vaillé, H. (octobre 2005). L'enfant et ses intelligences. *Sciences Humaines, 164.*
van Beijsterveldt, C., Bartels, M., Hudziak, J., & Boomsma, D. (2003). Causes of stability of aggression from early childhood to adolescence: A longitudinal genetic analysis in Dutch twins. *Behavior Genetics, 33,* 591–605.
van den Hoonaard, D. (1999). "No regrets": Widows' stories about the last days of their husbands' lives. *Journal of Aging Studies, 13,* 59–72.
van der Molen, M., Molenaar, P. (1994). Cognitive psychophysiology: A window to cognitive development and brain maturation. In G. Dawson & K. Fischer (Eds.), *Human behavior and the developing brain* (pp. 456–492). New York: Guilford Press.
Van Doorn, C., Kasl, S., Beery, L., Jacobs, S., & Prigerson, H. (1998). The influence of marital quality and attachment styles on traumatic grief and depressive symptoms. *Journal of Nervous & Mental Disease, 186,* 566–573.
van Grootheest, D., Beekman, A., van Groenou, M., & Deeg, D. (1999). Sex differences in depression after widowhood: Do men suffer more? *Social Psychiatry & Psychiatric Epidemiology, 34,* 391–398.
Van Hightower, N., & Gorton, J. (1998). Domestic violence among patients at two rural health care clinics: Prevalence and social correlates. *Public Health Nursing, 15,* 355–362.
van IJzendoorn, M. H. (1995). Adult attachment representations, parental responsiveness, and infant attachment: A meta-analysis on the predictive validity of the Adult Attachment Interview. *Psychological Bulletin, 117,* 387–403.
van IJzendoorn, M. H., & Kroonenberg, P. M. (1988). Cross-cultural patterns of attachment: A meta-analysis of the Strange Situation. *Child Development, 59,* 147–156.
van IJzendoorn, M. H., Goldberg, S., Kroonenberg, P. M., & Frenkel, O. J. (1992). The relative effects of maternal and child problems on the quality of attachment: A meta-analysis of attachment in clinical samples. *Child Development, 63,* 840–858.
Van Lange, P., DeBruin, E., Otten, W., & Joireman, J. (1997). Development of prosocial, individualistic, and competitive orientations: Theory and preliminary evidence. *Journal of Personality & Social Psychology, 73,* 733–746.
Van Velsor, E., & O'Rand, A. M. (1984). Family life cycle, work career patterns, and women's wages at midlife. *Journal of Marriage & the Family, 46,* 365–373.
van Wel, F. (1994). "I count my parents among my best friends": Youths' bonds with parents and friends in the Netherlands. *Journal of Marriage and the Family, 56,* 835–843.
Venkatraman, M. M. (1995). A cross-cultural study of the subjective well-being of married elderly persons in the United States and India. *Journals of Gerontology: Social Sciences, 50B,* S35–44.
Verhaeghen, P., & Marcoen, A. (1993). Memory aging as a general phenomenon: Episodic recall of older adults is a function of episodic recall of young adults. *Psychology & Aging, 8,* 380–388.
Verhaeghen, P., Marcoen, A., & Goossens, L. (1993). Facts and fiction about memory aging: A quantitative integration of research findings. *Journals of Gerontology: Psychological Sciences, 48,* P157–171.
Verhulst, F., & Versluis-Den Bieman, H. (1995). Development course of problem behaviors in adolescent adoptees. *Journal of the American Academy of Child and Adolescent Psychiatry, 34,* 151–159.
Vihko, R., & Apter, D. (1980). The role of androgens in adolescent cycles. *Journal of Steroid Biochemistry, 12,* 369–373.
Vincent, A. (2004). *Mon cerveau a besoin de lunettes.* Québec: Éditeur Académie Impact (www.academieimpact.com).
Visscher, W., Feder, M., Burns, A., Brady, T., & Bray, R. (2003). The impact of smoking and other substance use by urban women on the birthweight of their infants. *Substance Use & Misuse, 38,* 1063–1093.
Vitaro, F., Tremblay, R., Kerr, M., Pagani, L., & Bukowski, W. (1997). Disruptiveness, friends' characteristics, and delinquency in early adolescence: A test of two competing models of development. *Child Development, 68,* 676–689.
Vuchinich, S., Bank, L., & Patterson, G. R. (1992). Parenting, peers, and the stability of antisocial behavior in preadolescent boys. *Developmental Psychology, 28,* 510–521.
Vuorenkoski, L., Kuure, O., Moilanen, I., & Peninkilampi, V. (2000). Bilingualism, school achievement, and mental wellbeing: A follow-up study of return migrant children. *Journal of Child Psychology & Psychiatry & Allied Disciplines, 41,* 261–266.
Vygotsky, L. S. (1978). *Mind and society: The development of higher mental processes.* Cambridge, MA: Harvard University Press. (Original works published 1930, 1933, and 1935.)
Vytgotsky, L. S. (1962). *Thought and language.* New York: Wiley.
Waggoner, G. (2000). The new grandparents: What they buy, what they think. *Modern Maturity, 43,* 85, 91.
Walaskay, M., Whitbourne, S. K., & Nehrke, M. F. (1983-1984). Construction and validation of an ego integrity status interview. *International Journal of Aging and Human Development, 18,* 61-72.
Walden, T. A. (1991). Infant social referencing. In J. Garber & K. A. Dodge (Eds.), *The development of emotion regulation and dysregulation* (pp. 69–88). Cambridge, England: Cambridge University Press.
Walker, H., Messinger, D., Fogel, A., & Karns, J. (1992). Social and communicative development in infancy. In V. B. V. Hasselt & M. Hersen (Eds.), *Handbook of social development: A lifespan perspective* (pp. 157–181). New York: Plenum.
Walker, L. J., de Vries, B., & Trevethan, S. D. (1987). Moral stages and moral orientations in real-life and hypothetical dilemmas. *Child Development, 58,* 842–858.
Walker-Andrews, A. S. (1997). Infants' perception of expressive behaviors: Differentiation of multimodal information. *Psychological Bulletin, 121,* 437–456.
Walker-Andrews, A. S., & Lennon, E. (1991). Infants' discrimination of vocal expressions: Contributions of auditory and visual information. *Infant Behavior and Development, 14,* 131–142.
Walker-Andrews, A., & Kahana-Kalman, R. (1999). The understanding of pretence across the second year of life. *British Journal of Developmental Psychology, 17,* 523–536.
Wallerstein, J., & Lewis, J. (1998). The long-term impact of divorce on children: A first report from a 25-year study. *Family & Conciliation Courts Review, 36,* 368–383.
Wallon, H. (1934). *Les origines du caractère chez l'enfant.* PUF Quadrige.
Walton, G. E., Bower, N. J. A., & Bower, T. G. R. (1992). Recognition of familiar faces by newborns. *Infant Behavior and Development, 15,* 265–269.
Wang, C., & Chou, P. (1999). Risk factors for adolescent primigravida in Kaohsium county, Taiwan. *American Journal of Preventive Medicine, 17,* 43–47.
Wang, D., Kato, N., Inaba, Y., Tango, T., et al. (2000). Physical and personality traits of preschool children in Fuzhou, China: Only child vs. sibling. *Child: Care, Health & Development, 26,* 49–60.
Wang, Y., & Ollendick, T. (2001). A cross-cultural and developmental analysis of self-esteem in Chinese and Western children. *Clinical Child & Family Psychology Review, 4,* 253–271.
Wark, G. R., & Krebs, D. L. (1996). Gender and dilemma differences in real-life moral judgment. *Developmental Psychology, 32,* 220–230.
Wartner, U. B., Grossman, K., Fremmer-Bombik, E., & Suess, G. (1994). Attachment patterns at age six in south Germany: Predictability from infancy and implications for preschool behavior. *Child Development, 65,* 1014–1027.
Waskowic, T., & Chartier, B. (2003). Attachment and the experience of grief following the loss of a spouse. *Omega, 47,* 77–91.
Waters, E., Treboux, D., Crowell, J., Merrick, S., & Albersheim, L. (1995, March). *From the Strange Situation to the Adult Attachment Interview: A 20-year longitudinal study of attachment security in infancy and early adulthood.* Paper presented at the biennial meetings of the Society for Research in Child Development, Indianapolis, IN.
Watson, A., Nixon, C., Wilson, A., & Capage, L. (1999). Social interaction skills and theory of mind in young children. *Developmental Psychology, 35,* 386–391.
Watson, J. B. (1913). Psychology as the behaviorist views it. *Psychological Review, 20,* 158-177l
Watson, J. B. (1928). *Psychological care of the infant and child.* New York: Norton.
Watson, J. B. (1930). *Behaviorism.* New York: Norton.
Watt, L., & Cappeliez, P. (2000). Integrative and instrumental reminiscence therapies for depression in older adults: Intervention strategies and treatment effectiveness. *Aging & Mental Health, 4,* 166–177.
Waxman, S. R. (1998). Linking object categorization and naming: early expectations and the shaping role of language. *The Psychology of Learning and Motivation, 38,* 249-291.
Weaver, S., Clifford, E., Hay, D., & Robinson, J. (1997). Psychosocial adjustment to unsuccessful IVF and GIFT treatment. *Patient Education & Counseling, 31,* 7–18.
Webster, J., & McCall, M. (1999). Reminiscence functions across adulthood: A replication and extension. *Journal of Adult Development, 6,* 73–85.

Webster, P. S., & Herzog, A. R. (1995). Effects of parental divorce and memories of family problems on relationships between adult children and their parents. *Journals of Gerontology: Social Sciences, 50B,* S24–34.
Webster-Stratton, C., & Reid, M. (2003). Treating conduct problems and strengthening social and emotional competence in young children: The Dina Dinosaur treatment program. *Journal of Emotional & Behavioral Disorders, 11,* 130–143.
Wechsler, D. (1974). *Manual for the Wechsler Intelligence Scale for Children–Revised.* New York: Psychological Corp.
Weeks, J. (2004). Same-sex partnerships. *Feminism & Psychology, 14,* 158–164.
Weg, R. B. (1987). Sexuality in the menopause. In D. R. Mishell, Jr. (Ed.), *Menopause: Physiology and pharmacology* (pp. 127-138). Chicago, Year Book Medical Publishers.
Weimer, B., Kerns, K., & Oldenburg, C. (2004). Adolescents' interactions with a best friend: Associations with attachment style. *Journal of Experimental Psychology, 88,* 102–120.
Weindrich, D., Jennen-Steinmetz, C., Laucht, M., & Schmidt, M. (2003). Late sequelae of low birthweight: Mediators of poor school performance at 11 years. *Developmental Medicine & Child Neurology, 45,* 463–469.
Weinfield, N., & Egeland, B. (2004). Continuity, discontinuity, and coherence in attachment from infancy to late adolescence: Sequelae of organization and disorganization. *Attachment & Human Development, 6,* 73–97.
Welch, D. C., & West, R. L. (1995). Self-efficacy and mastery: Its application to issues of environmental control, cognition, and aging. *Developmental Review, 15,* 150–171.
Welch-Ross, M. (1997). Mother-child participation in conversation about the past: Relationships to preschoolers' theory of mind. *Developmental Psychology, 33,* 618–629.
Wellman, H. M. (1982). The foundations of knowledge: Concept development in the young child. In S. G. Moore & C. C. Cooper (Eds.), *The young child: Reviews of research* (Vol. 3) (pp. 115–134). Washington, DC: National Association for the Education of Young Children.
Wellman, H., Cross, D., & Watson, J. (2001). Meta-analysis of theory-of-mind development: The truth about false belief. *Child Development, 72,* 655–684.
Wellman, H.M. et Gelman, S.A. (1992). Cognitive development: Fondational theorie of core domains, *Annual review of psychology, 43,* 337-375.
Wentzel, K. R., & Asher, S. R. (1995). The academic lives of neglected, rejected, popular, and controversial children. *Child Development, 66,* 754–763.
Werner, E. E. (1986). A longitudinal study of perinatal risk. In D. C. Farran & J. D. McKinney (Eds), *Risk in intellectual and psychosocial development* (pp. 3-28). Orlando, FL: Academic Press.
Werner, E. E. (1993). Risk, resilience, and recovery: Perspectives from the Kauai Longitudinal Study. *Development and Psychopathology, 5,* 503-515.
Werner, E. E. (1995). Resilience in development. *Current Directions in Psychological Science, 4,* 81–85.
Werner, E. E., & Smith, R. S. (1992). *Overcoming the odds: High risk children from birth to adulthood.* Ithaca, NY: Cornell University Press.
Werner, E., & Smith, R. (2001). *Journeys from childhood to midlife: Risk, resilience, and recovery.* Ithaca, NY: Cornell University Press.
Werner, H. (1948). *Comparative psychology of mental development.* Chicago: Follett.
White, M., Wilson, M., Elander, G., & Persson, B. (1999). The Swedish family: Transition to parenthood. *Scandinavian Journal of Caring Sciences, 13,* 171–176.
Whiting, B. B., & Edwards, C. P. (1988). *Children of different worlds: The formation of social behavior.* Cambridge, MA: Harvard University Press.
Wich, B. K., & Carnes, M. (1995). Menopause and the aging female reproductive system. *Endocrinology and Metabolism Clinics of North America, 24,* 273–295.
Wicki, W. (1999). The impact of family resources and satisfaction with division of labour on coping and worries after the birth of the first child. *International Journal of Behavioral Development, 23,* 431–456.
Wiehe, V. (2003). Empathy and narcissism in a sample of child abuse perpetrators and a comparison sample of foster parents. *Child Abuse & Neglect, 27,* 541–555.
Wigfield, A., Eccles, J. S., MacIver, D., Reuman, D. A., & Midgley, C. (1991). Transitions during early adolescence: Changes in children's domain-specific self-perceptions and general self-esteem across the transition to junior high school. *Developmental Psychology, 27,* 552–565.
Williams, R. B., Barefoot, J. C., Califf, R. M., Haney, T. L., Saunders, W. B., Pryor, D. B., Hlatky, M. A., Siegler, I. C., & Mark, D. B. (1992). Prognostic importance of social and economic resources among medically treated patients with angiographically documented coronary artery disease. *Journal of the American Medical Association, 267,* 520-524.
Willis, S. L. (1996). Everyday problem solving. In J. E. Birren & K. W. Schaie (Eds.), *Handbook of the psychology of aging* (4th ed., pp. 287–307). San Diego, CA: Academic Press.
Wilson, W. J. (1995). Jobless ghettos and the social outcome of youngsters. In P. Moen, G. H. Elder, Jr., & K. Lüscher (Eds.), *Examining lives in context: Perspectives on the ecology of human development* (pp. 527–543). Washington, DC: American Psychological Association.
Wimmer, H., Mayringer, H., & Landerl, K. (1998). Poor reading: A deficit in skill-automatization or a phonological deficit? *Scientific Studies of Reading, 2,* 321–340.
Winfield, L. F. (1995). The knowledge base on resilience in African-American adolescents. In L. J. Crockett & A. C. Crouter (Eds.), *Pathways through adolescence* (pp. 87-118). Mahwah, NJ: Erlbaum.
Wolfson, C., Handfield-Jones, R., Glass, K. C., McClaran, J., & Keyserlingk, E. (1993). Adult children's perceptions of their responsibility to provide care for dependent elderly parents. *The Gerontologist, 33,* 315–323.
Wong, C., & Tang, C. (2004). Coming out experiences and psychological distress of Chinese homosexual men in Hong Kong. *Archives of Sexual Behavior, 33,* 149–157.
Wong, D. (1993). *Whaley & Wong's essentials of pediatric nursing.* St. Louis, MO: Mosby-Yearbook, Inc.
Wortman, C. B., & Silver, R. C. (1989). The myths of coping with loss. *Journal of Consulting and Clinical Psychology, 57,* 349–357.
Wortman, C. B., & Silver, R. C. (1990). Successful mastery of bereavement and widowhood: A life course perspective. In P. B. Baltes & M. M. Baltes (Eds.), *Successful aging: Perspectives from the behavioral sciences* (pp. 225–264). New York: Cambridge University Press.
Wortman, C. B., & Silver, R. C. (1992). Reconsidering assumptions about coping with loss: An overview of current research. In L. Montada, S. Filipp, & M. J. Lerner (Eds.), *Life crises and experiences of loss in adulthood* (pp. 341–365). Hillsdale, NJ: Erlbaum.
Wortman, C. B., Silver, R. C., & Kessler, R. C. (1993). The meaning of loss and adjustment to bereavement. In M. S. Stroebe, W. Stroebe, & R. O. Hansson (Eds.), *Handbook of bereavement* (pp. 349–366). Cambridge, England: Cambridge University Press.
Wright, C., & Birks, E. (2000). Risk factors for failure to thrive: A population-based survey. *Child: Care, Health & Development, 26,* 5–16.
Wright, V., Schieve, L., Reynolds, M., & Jeng, G. (2005).Assisted reproductive technology surveillance—United States, 2002. *Morbidity & Mortality Weekly Report, 54,* 1-24.
Wu, Z., & Penning, M. (1997). Marital instability after midlife. *Journal of Family Issues, 18,* 459–478.
Wyatt, G., Axelrod, J., Chin, D., Carmona, J., & Loeb, T. (2000). Examining patterns of vulnerability to domestic violence among African American women. *Violence Against Women, 6,* 495–514.
Wyatt, J., & Carlo, G. (2002). What will my parents think? Relations among adolescents' expected parental reactions, prosocial moral reasoning and prosocial and antisocial behaviors. *Journal of Adolescent Research, 17,* 646–666.
Yamada, A., & Singelis, T. (1999). Biculturalism and self-construal. *International Journal of Intercultural Relations, 23,* 697–709.
Yeung, A., Chui, H., & Lau, I. (1999). Hierarchical and multidimensional academic self-concept of commercial students. *Contemporary Educational Psychology, 24,* 376–389.
Yirmiya, N., Eriel, O., Shaked, M., & Solomonica-Levi, D. (1998). Meta-analyses comparing theory of mind abilities of individuals with autism, individuals with mental retardation, and normally developing individuals. *Psychological Bulletin, 124,* 283–307.
Yirmiya, N., Solomonica-Levi, D., Shulman, C., & Pilowsky, T. (1996). Theory of mind abilities in individuals with autism, Down syndrome, and mental retardation of unknown etiology: The role of age and intelligence. *Journal of Child Psychology & Psychiatry & Allied Disciplines, 37,* 1003–1014.
Young, M., & Bradley, M. (1998). Social withdrawal: Self-efficacy, happiness, and popularity in introverted and extroverted adolescents. *Canadian Journal of School Psychology, 14,* 21–35.
Young, S., Fox, N., & Zahn-Waxler, C. (1999). The relations between temperament and empathy in 2-year-olds. *Developmental Psychology, 35,* 1189–1197.
Yuill, N. (1997). English children as personality theorists: Accounts of the modifiability, development, and origin of traits. *Genetic, Social & General Psychology Monographs, 123,* 5–26.
Zahn-Waxler, C., & Radke-Yarrow, M. (1982). The development of altruism: Alternative research strategies. In N. Eisenberg (Ed.), *The development of prosocial behavior* (pp. 109–138). New York: Academic Press.
Zahn-Waxler, C., Radke-Yarrow, M., & King, R. (1979). Child rearing and children's prosocial initiations toward victims of distress. *Child Development, 50,* 319–330.
Zahn-Waxler, C., Radke-Yarrow, M., Wagner, E., & Chapman, M. (1992). Development of concern for others. *Developmental Psychology, 28,* 126–136.
Zakriski, A., & Coie, J. (1996). A comparison of aggressive-rejected and nonaggressive-rejected children's interpretation of self-directed and other-directed rejection. *Child Development, 67,* 1048–1070.
Zani, B. (1993). Dating and interpersonal relationships in adolescence. In S. Jackson & H. Rodrigues-Tomé (Eds.), *Adolescence and its social worlds* (pp. 95–119). Hove, England: Erlbaum.
Zaouche-Gaudron, C. (2002). *Le développement social de l'enfant (du bébé à l'enfant d'âge scolaire).* Paris: Dunod.
Zelazo, N. A., Zelazo, P. R., Cohen, K. M., & Zelazo, P. D. (1993). Specificity of practice effects on elementary neuromotor patterns. *Developmental Psychology, 29,* 686–691.
Zelazo, P., Helwig, C., & Lau, A. (1996). Intention, act, and outcome in behavioral prediction and moral judgment. *Child Development, 67,* 2478–2492.
Zelinski, E. M., Gilewski, M. J., & Schaie, K. W. (1993). Individual differences in cross-sectional and 3-year longitudinal memory performance across the adult life span. *Psychology & Aging, 8,* 176–186.
Zelinski, E., & Burnight, K. (1997). Sixteen-year longitudinal and time lag changes in memory and cognition in older adults. *Psychology & Aging, 12,* 503–513.
Zhang, R., & Yu, Y. (2002). A study of children's coordinational ability for outcome and intention information. *Psychological Science (China), 25,* 527–530.
Zhou, L., Dawson, M., Herr, C., & Stukas, S. (2004). American and Chinese college students' predictions of people's occupations, housework responsibilities, and hobbies as a function of cultural and gender influences. *Sex Roles, 50,* 463.
Zick, C., & Holden, K. (2000). An assessment of the wealth holdings of recent widows. *Journal of Gerontology, 55B,* S90–S97.
Zimmer, Z., Hickey, T., & Searle, M. S. (1995). Activity participation and well-being among older people with arthritis. *The Gerontologist, 35,* 463–471.
Zimmer-Gembeck, M. (1999). Stability, change and individual differences in involvement with friends and romantic partners among adolescent females. *Journal of Youth & Adolescence, 28,* 419–438.
Zimmermann, P. (2004). Attachment representations and characteristics of friendship relations during adolescence. *Journal of Experimental Child Psychology, 88,* 83–101.
Zirkel, S., & Cantor, N. (1990). Personal construal of life tasks: Those who struggle for independance. *Journal of Personality and Social Psychology, 58,* 172-185.
Zisook, S., Chentsova-Dutton, Y., & Shuchter, S. (1998). PTSD following bereavement. *Annals of Clinical Psychiatry, 10,* 157–163.
Zisook, S., Paulus, M., Shuchter, S., & Judd, L. (1997). The many faces of depression following spousal bereavement. *Journal of Affective Disorders, 45,* 85–94.
Zoghbi, H. (2003). Postnatal neurodevelopmental disorders. *Science, 302,* 826-830.
Zucker, A., Ostrove, J., & Stewart A. (2002). College-educated women's personality development in adulthood: Perceptions and age differences. *Psychology & Aging, 17,* 236–244.
Zunzunegui, M., Alvarado, B., Del Ser, T., & Otero, A. (2003). Social networks, social integration, and social engagement determine cognitive decline in community-dwelling Spanish older adults. *Journals of Gerontology, Series B: Psychological Sciences & Social Sciences, 58B,* S93–S100.

Sources des photographies

PAGE COUVERTURE: Scott T. Baxter/PhotoDisc; Shutterstock.com; Keith Brofsky/PhotoDisc; Shutterstock.com; istockphoto; Rubber Ball Productions; Shutterstock.com; François Gosselin; Shutterstock.com.

CHAPITRE 1: *Page* 13: P. Alix/Megapress Images. Page 15: Nathan Gleave/iStockphoto. *Page* 25: Will Hart. *Page* 27: Kristin Reuber/iStockphoto.

CHAPITRE 2: Page 38: Francis Leroy, Biocosmos/SPL/Photo Researchers. Page 41 (2 photos de droite): Anthony Loveday/Pearson Education/Benjamin Cummings Publishing Company. *Page* 46: Michael Blackburn/iStockphoto. Page 47 (à gauche): P. Motta et J. Van Blerkom/Photo Researchers; (à droite): Lennart Nilsson/Albert Bonniers Forlag AB, A Child Is Born, Dell Publishing Company. Page 48: Petit Format/Nestle/Photo Researchers. Page 49 (en haut à gauche): Petit Format/Nestle/Photo Researchers; (en haut à droite): James Stevenson/Photo Researchers; (en bas): Petit Format/Nestle/Photo Researchers. Page 52: Mark Richards/PhotoEdit. Page 55: © 2000 George Steinmetz. Page 58 (en haut): S.I.U./Peter Arnold; (en bas): S. van Rees/Petit Format/Photo Researchers. Page 60: D. Young-Wolff/PhotoEdit.

CHAPITRE 3: Page 75: Françoise Lemoyne/Nuance Photo. Page 76: Avec l'autorisation de J. Campos et R. Kermoian. Page 77 (en haut à gauche): Powerstock/Superstock. Page 82 (les 2): George Zimbel. Page 84: Gracieuseté de Carolyn Rovee-Collier. Page 88: Lyne Cloutier.

CHAPITRE 4: Page 103: Dorling Kindersley. Page 114: Dorling Kindersley.

CHAPITRE 5: Page 131: Françoise Lemoyne/Nuance Photo. Page 132: Dorling Kindersley. Page 139 (les 2): Laura Dwight. Page 141: Françoise Lemoyne/Nuance Photo.

CHAPITRE 6: Page 157: Dorling Kindersley. Page 164: Laura Dwight. Page 169: Bernard Lambert, Forum, Université de Montréal.

CHAPITRE 7: Page 187: Kuhnigk/Megapress Images. Page 197: Françoise Lemoyne/Nuance Photo. Page 202: Pavel Losevsky/iStock.

CHAPITRE 8: Page 219: Bonnie Jacobs/iStockphoto. Page 222 (en haut): Galina Barskaya/iStockphoto; (en bas): Françoise Lemoyne/Nuance Photo. Page 223 (en bas): Françoise Lemoyne/Nuance Photo. Page 224: Wouter van Caspel/iStockphoto. Page 226: Vincent De Witt/Stock Boston. Page 229: Laura Dwight. Page 230: Mark Newman/Megapress Images.

CHAPITRE 9: Page 244: David Young-Wolff/PhotoEdit. Page 247: Bob Daemmrich/Image Works. Page 251: Laura Wagner/Index Stock Imagery. Page 255: Rocher/Jerrican/Megapress Images. Page 257: Y. Philiptchenko/Megapress Images.

CHAPITRE 10: Page 266: Daniel Lainé/Cosmos Prim. Page 267: Thomas S. England/Photo Researchers, Inc. Page 272: Francisco Cruz/SuperStock. Page 273 (en haut): Scott Barrow, Inc./SuperStock. Page 277: Gable/Jerrican/Megapress Images. Page 279: Phil Borden/PhotoEdit. Page 280 (en haut à gauche): Gable/Jerrican/Megapress Images; (en haut à droite): Laura Dwight; (en bas): SuperStock. Page 282: Tony Savino/Image Works.

CHAPITRE 11: Page 302: International Stock/Megapress Images. Page 303 (en haut): Chloé Dansereau-B.; (en bas): David Young-Wolff/Stone. Page 306 (en haut): Tony Freeman/PhotoEdit. Page 308: Larry Prosor/SuperStock. Page 311: Rolf Bruderer/Corbis. Page 313: Adrian Weinbrecht/Stone. Page 322: Bilderb/Ginter/Megapress Images. Page 325: T. Philiptchenko/Megapress Images. Page 326: T. Philiptchenko/Megapress Images. Page 329: Scott Barrow/International Stock/Megapress Images. Page 330 (en haut): T. Philiptchenko/Megapress Images; (en bas): G. Sion/Rapho/Megapress Images. Page 336 (en haut): Françoise Lemoyne/Nuance Photo; (en bas): M. Daniels/Megapress Images. Page 338: P. McMaster/Megapress.

CHAPITRE 12: Page 351: Patrick Ramsey/International Stock/Megapress Images. Page 354: Alan Oddie/PhotoEdit. Page 356: Gable/Jerrican/Megapress. Page 357: Tony Freeman/PhotoEdit. Page 369: B. Bachmann/Camerique/Megapress. Page 372: E. Dugas/Megapress. Page 374: Durell/Jerrican/Megapress Images. Page 375 (en haut): Rhoda Sidney/PhotoEdit; (en bas): Chuck Savage/Corbis. Page 384: Joan Glase/SuperStock.

CHAPITRE 13: Page 394: M. C. Walker/Index Stock Imagery. Page 396: Cindy Charles/PhotoEdit. Page 397: Jiang Jin/SuperStock. Page 398: Jerry Atnip/SuperStock. Page 399: Kevin Radford/SuperStock. Page 403: Adrian Dennis/AP Photo/CP Images. Page 404: T. Philiptchenko/Megapress Images. Page 408: Zigy Kaluzny/Stone. Page 410: Raymond Forbes/SuperStock. Page 412: D.Hall/Camerique/Megapress Images.

Index

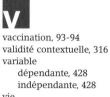

Résumé de la trame du développement humain

DÉVELOPPEMENT PHYSIQUE

Début des changements pubertaires majeurs chez les garçons.

Poussée de croissance chez les garçons.

Fin de la puberté chez les garçons.

Fonctions optimales dans tous les domaines; santé optimale; période idéale pour la grossesse; performances optimales dans la plupart des sports.

Déclin des performances pour les athlètes de haut niveau; quelques signes de déclin, bien que moins prononcés, pour l'ensemble de la population (les individus ne fonctionnant pas à un niveau optimal).

Poussée de croissance chez les filles.

Âge moyen de la ménache.

Fin de la puberté chez les filles.

DÉVELOPPEMENT COGNITIF

Début de la période des opérations formelles.

Consolidation des opérations formelles (pour certains).

Exécution optimale des tâches cognitives requérant de la rapidité; capacité de mémorisation maximale dans la plupart des domaines.

Amélioration du quotient intellectuel et meilleure performance aux tests d'intelligence cristallisée portant sur le vocabulaire ou la résolution de problèmes.

DÉVELOPPEMENT SOCIAL ET PERSONNALITÉ

La description de soi et des autres commence à inclure des exceptions, des comparaisons, des conditions particulières; traits de la personnalité plus profonds.

Baisse de l'estime de soi.

Début d'une hausse de l'estime de soi et augmentation graduelle jusqu'à la fin de l'adolescence.

Stade de l'intimité ou de l'isolement selon Erikson: dominant dans la vingtaine et central dans la trentaine.

Augmentation brusque du taux de dépression qui demeure élevé.

Établissement d'une identité claire et distincte pour la moitié des adolescents.

Période typique de l'acquisition de trois rôles majeurs: conjoint, parent et travailleur.

Stade de l'identité ou de la diffusion de rôle selon Erikson.

Paroxysme des conflits de rôles en raison du cumul des rôles.

Cliques.

Bandes.

Pairs.

Stade d'essai: recherche d'un emploi approprié.

Stade de stabilisation: période de la plupart des promotions; plafond normalement atteint à 40 ans.

Recherche d'un partenaire.

Mariage.

Déclin de la satisfaction conjugale après la naissance du premier enfant et au début de l'âge adulte.

Point culminant des conflits parents-enfant au début de la puberté.

Point culminant de l'influence du groupe de pairs.

Début normal des premières fréquentations amoureuses.

Période culminante de la définition de soi en fonction des rôles assumés.

Augmentation de la confiance en soi, de l'affirmation de soi, de l'indépendance; détribalisation; plus grande individualisation.

Stabilité des cinq principaux traits de la personnalité: névrosisme (instabilité émotive), extraversion, ouverture à l'expérience, intégrité et amabilité.

Taux les plus élevés de dépression et de solitude au début de la vingtaine.

Prédominance du stade 3 de Kohlberg (orientation «bon garçon/bonne fille»).

Stade 4 de Kohlberg pour certains (orientation «la loi et l'ordre»).